DIREITO ADMINISTRATIVO

HISTÓRICO DA OBRA

- **1.ª edição:** jan./2018
- **2.ª edição:** jan./2019
- **3.ª edição:** jan./2020
- **4.ª edição:** jan./2021
- **5.ª edição:** jan./2022
- **6.ª edição:** jan./2023
- **7.ª edição:** jan./2024
- **8.ª edição:** jan./2025

Celso Spitzcovsky

Mestre em Direito do Estado pela PUC-SP

DIREITO ADMINISTRATIVO

8ª edição
2025

Inclui **MATERIAL SUPLEMENTAR**
- Capítulos extras
- Questões de concursos

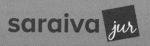

- O autor deste livro e a editora empenharam seus melhores esforços para assegurar que as informações e os procedimentos apresentados no texto estejam em acordo com os padrões aceitos à época da publicação, *e todos os dados foram atualizados pelo autor até a data da entrega dos originais à editora.* Entretanto, tendo em conta a evolução das ciências, as atualizações legislativas, as mudanças regulamentares governamentais e o constante fluxo de novas informações sobre os temas que constam do livro, recomendamos enfaticamente que os leitores consultem sempre outras fontes fidedignas, de modo a se certificarem de que as informações contidas no texto estão corretas e de que não houve alterações nas recomendações ou na legislação regulamentadora.

- Data do fechamento do livro: 06/12/2024

- O autor e a editora se empenharam para citar adequadamente e dar o devido crédito a todos os detentores de direitos autorais de qualquer material utilizado neste livro, dispondo-se a possíveis acertos posteriores caso, inadvertida e involuntariamente, a identificação de algum deles tenha sido omitida.

- Direitos exclusivos para a língua portuguesa
  Copyright ©2025 by
  Saraiva Jur, um selo da SRV Editora Ltda.
  Uma editora integrante do GEN | Grupo Editorial Nacional
  Travessa do Ouvidor, 11
  Rio de Janeiro – RJ – 20040-040

- **Atendimento ao cliente: https://www.editoradodireito.com.br/contato**

- Reservados todos os direitos. É proibida a duplicação ou reprodução deste volume, no todo ou em parte, em quaisquer formas ou por quaisquer meios (eletrônico, mecânico, gravação, fotocópia, distribuição pela Internet ou outros), sem permissão, por escrito, da **SRV Editora Ltda.**

- Capa: Lais Soriano
  Diagramação: Fernanda Matajs

- **DADOS INTERNACIONAIS DE CATALOGAÇÃO NA PUBLICAÇÃO (CIP)**
  VAGNER RODOLFO DA SILVA – CRB-8/9410

S761c   Spitzcovsky, Celso
Direito administrativo / Celso Spitzcovsky; coordenado por Pedro Lenza. – 8. ed.
   – São Paulo: Saraiva Jur, 2025.   (Coleção Esquematizado®)
   872 p.

ISBN 978-85-5362-823-0 (Impresso)

1. Direito. 2. Direito administrativo. I. Lenza, Pedro. II. Título. III. Série.

	CDD 341.3
2024-3402	CDU 342.9

Índices para catálogo sistemático:
1. Direito administrativo   341.3
2. Direito administrativo   342.9

MENSAGEM DE PAIS PARA FILHO

Começamos a te amar antes mesmo de você nascer.

Será homem? Ou será mulher?

No futuro, será médico?

Engenheiro?

Advogado talvez?

Sim, tornou-se advogado.

Dedicou-se à carreira universitária e ao magistério, e passou a produzir cada vez mais.

Temos orgulho de você, filho.

Te amamos muito.

Obrigado pelo que você é.

Queremos estar presentes com nosso carinho em todos os momentos importantes da sua vida, como esse.

AGRADECIMENTOS

Aos meus pais, não só pela oportunidade da vida, mas também por terem me ensinado os valores para enfrentá-la.

A você, Sil, maior prova de que o verdadeiro amor é eterno.

A você, Debi, por ter iluminado nossas vidas com sua alegria contagiante.

Às minhas irmãs e aos meus cunhados e sobrinhos, pelo convívio fraterno.

Às tias Nilce e Nininha e à minha sogra, Dorothy, pessoas queridas de muitas jornadas, por tudo o que me ensinaram.

Ao Professor Damásio de Jesus, pelo incentivo constante e pelos exemplos de retidão, lealdade e perseverança, inspirando todos que com ele conviveram.

Aos advogados e amigos Murilo Sechieri Costa Neves, Fábio Nilson Soares de Moraes, Felipe Mello de Almeida e Marcos Seixas Franco do Amaral.

Ao advogado e amigo João Antonio Bezinelli Neto, pela ajuda inestimável na confecção da 1.ª edição desta obra.

À advogada e amiga Marisa Germano Bortolin, pela ajuda importante na elaboração da obra, com sugestões de texto e pesquisa doutrinária e jurisprudencial.

Aos advogados e amigos Rodrigo Cardinot e Kátia Alves de Lira Santos, não só pela ajuda inestimável na elaboração desta obra, como também pelo convívio fraterno diário, propiciando crescimento pessoal.

Aos estudantes Iraê Tabajara da Cruz e Fernando Henrique Anadão Leandrin, cuja amizade o tempo não vai apagar.

Ao estudante Daniel Dantas Guimarães de Oliveira, pelo auxílio na elaboração desta obra.

A todos os funcionários do Complexo Jurídico Damásio de Jesus, por todo o apoio que sempre me ofereceram.

Um especial agradecimento ao amigo Pedro Lenza, pela confiança depositada para a elaboração desta obra.

À Leda, com todo o meu carinho, pelo exemplo que deixou e pela saudade que ficará para sempre (*in memoriam*).

METODOLOGIA ESQUEMATIZADO

Durante o ano de **1999**, portanto, **há 25 anos**, pensando, naquele primeiro momento, nos alunos que prestariam o exame da OAB, resolvemos criar uma **metodologia de estudo** que tivesse linguagem "fácil" e, ao mesmo tempo, oferecesse o conteúdo necessário à preparação para provas e concursos.

O trabalho, por sugestão de **Ada Pellegrini Grinover**, foi batizado como *Direito constitucional esquematizado*. Em nosso sentir, surgia ali uma **metodologia pioneira**, idealizada com base em nossa experiência no magistério e buscando, sempre, otimizar a preparação dos alunos.

A metodologia se materializou nos seguintes "pilares" iniciais:

- **Esquematizado:** verdadeiro método de ensino, rapidamente conquistou a preferência nacional por sua estrutura revolucionária e por utilizar uma linguagem clara, direta e objetiva.
- **Superatualizado:** doutrina, legislação e jurisprudência, em sintonia com os concursos públicos de todo o País.
- **Linguagem clara:** fácil e direta, proporciona a sensação de que o autor está "conversando" com o leitor.
- **Palavras-chave (*keywords*):** a utilização do negrito possibilita uma leitura "panorâmica" da página, facilitando a recordação e a fixação dos principais conceitos.
- **Formato:** leitura mais dinâmica e estimulante.
- **Recursos gráficos:** auxiliam o estudo e a memorização dos principais temas.
- **Provas e concursos:** ao final de cada capítulo, os assuntos são ilustrados com a apresentação de questões de provas de concursos ou elaboradas pelo próprio autor, facilitando a percepção das matérias mais cobradas, a fixação dos temas e a autoavaliação do aprendizado.

Depois de muitos anos de **aprimoramento**, o trabalho passou a atingir tanto os candidatos ao **Exame de Ordem** quanto todos aqueles que enfrentam os **concursos em geral**, sejam das **áreas jurídica** ou **não jurídica**, de **nível superior** ou mesmo os de **nível médio**, assim como **alunos de graduação** e demais **operadores do direito**, como poderosa ferramenta para o desempenho de suas atividades profissionais cotidianas.

Ada Pellegrini Grinover, sem dúvida, anteviu, naquele tempo, a evolução do *Esquematizado*. Segundo a Professora escreveu em **1999**, "a obra destina-se, declaradamente, aos candidatos às provas de concursos públicos e aos alunos de graduação, e, por isso mesmo, após cada capítulo, o autor insere questões para aplicação da parte teórica. Mas será útil também aos operadores do direito mais experientes, como fonte de consulta rápida e imediata, por oferecer grande número de informações buscadas em diversos autores, apontando as posições predominantes na doutrina, sem eximir-se de criticar algumas delas e de trazer sua própria contribuição. Da leitura amena surge um livro 'fácil', sem ser reducionista, mas que revela, ao contrário, um grande poder de síntese, difícil de encontrar mesmo em obras de autores mais maduros, sobretudo no campo do direito".

Atendendo ao apelo de "concurseiros" de todo o País, sempre com o apoio incondicional da Saraiva Jur, convidamos professores das principais matérias exigidas nos concursos públicos das *áreas jurídica* e *não jurídica* para compor a **Coleção Esquematizado®**.

Metodologia pioneira, vitoriosa, consagrada, testada e aprovada. **Professores** com larga experiência na área dos concursos públicos e com brilhante carreira profissional. Estrutura, apoio, profissionalismo e *know-how* da **Saraiva Jur**. Sem dúvida, ingredientes indispensáveis para o sucesso da nossa empreitada!

O resultado foi tão expressivo que a **Coleção Esquematizado®** se tornou **preferência nacional**, extrapolando positivamente os seus objetivos iniciais.

Para o **direito administrativo**, tivemos a honra de contar com o primoroso trabalho de **Celso Spitzcovsky**, que soube, com maestria, aplicar a **metodologia Esquematizado** à sua vasta e reconhecida trajetória profissional.

Mestre em Direito do Estado pela PUC-SP, Professor de Direito Administrativo e Eleitoral no Damásio Educacional, Coordenador do curso de Pós-graduação *lato sensu*, em agentes públicos, da Legale Educacional, com larga experiência, advogado militante e palestrante nas áreas de Direito Constitucional, Administrativo e Eleitoral, Celso, sem dúvida, foi o nome mais que certo para essa importante e estratégica matéria.

O Professor Damásio, com precisão, bem observava que este livro "supera a sua função didática para apresentar ao Advogado, Juiz, Promotor, enfim, a todos os militantes da atividade administrativa, conhecimentos precisos e atualizados".

Todas essas qualidades são reforçadas pela relação pessoal que temos com o autor e que está simbolizada em uma pessoa: *Leda Pereira Mota*, a grande responsável por este sonho que começou com o NOSSO Esquematizado e hoje está ampliado e fortificado na vitoriosa Coleção.

Leda, com a sua generosidade inigualável, despertou o amor pela docência em muitos, e, sem dúvida, essas lições estão refletidas neste primoroso trabalho, que reflete a experiência de uma vida. Afinal, conforme dissemos, são muitos anos lecionando a matéria e, também, atuando profissionalmente como advogado, o que, sem dúvida, aproxima a teoria e a prática!

Estamos certos de que este livro será um valioso aliado para "encurtar" o caminho do ilustre e "guerreiro" concurseiro na busca do "sonho dourado", além de ser uma **ferramenta indispensável** para estudantes de Direito e profissionais em suas atividades diárias.

Esperamos que a **Coleção Esquematizado®** cumpra plenamente o seu propósito. Seguimos juntos nessa **parceria contínua** e estamos abertos às suas críticas e sugestões, essenciais para o nosso constante e necessário aprimoramento.

Sucesso a todos!

Pedro Lenza
Mestre e Doutor pela USP
Visiting Scholar pela Boston College Law School

✉ pedrolenza8@gmail.com
https://twitter.com/pedrolenza
http://instagram.com/pedrolenza
https://www.youtube.com/pedrolenza
https://www.facebook.com/pedrolenza

https://www.editoradodireito.com.br/colecao-esquematizado

PREFÁCIO

Celso Spitzcovsky, além de professor de Direito Constitucional e Administrativo na Universidade Paulista (Unip) e na Pontifícia Universidade Católica de São Paulo (PUC-SP), é um dos mais competentes e respeitados Mestres do Curso do Professor Damásio, integrante do Complexo Jurídico Damásio de Jesus, em São Paulo. Inteiramente devotado à causa do ensino da Ciência Jurídica, exerce com efetivo sucesso sua missão de transmitir todos os temas relacionados ao Direito Administrativo.

Em *Direito Administrativo Esquematizado*, Celso Spitzcovsky vai além de sua pretensão didática. Abordando os pontos de modo objetivo e direto, esmera-se em oferecer ao leitor aquilo que ele necessita saber no dia a dia da prática administrativa. O resultado é precioso: um livro que supera a sua função didática para apresentar ao Advogado, Juiz, Promotor, enfim, a todos os militantes da atividade administrativa, conhecimentos precisos e atualizados. Advogado atuante, Spitzcovsky sabe muito bem o que é importante em Direito Administrativo, expondo-o com esmero e atualidade.

Damásio de Jesus

NOTA DO AUTOR À 8.ª EDIÇÃO

O passar do tempo, com o reconhecimento editorial desta obra, ratificou nossas expectativas iniciais quanto à abordagem mais compacta e direta dos diferentes pontos do programa de Direito Administrativo, acompanhada de diversos quadros sinóticos, de forma a facilitar a compreensão das noções teóricas desenvolvidas em cada capítulo.

Por outro lado, confirmou, também, a importância do destaque dado aos temas considerados polêmicos, apresentando ao leitor as posições consolidadas em nossos Tribunais.

Para esta edição, destacamos, entre as novidades legislativas, a edição, em 09.09.2024, da Lei Federal n. 14.965, que altera radicalmente a estrutura dos concursos públicos na esfera federal, disciplinando inúmeras questões levadas, até então, à apreciação do Poder Judiciário.

No campo jurisprudencial, vale o destaque para a edição da Súmula 672 do STJ, em 11.09.2024, consolidando a jurisprudência daquela Corte, quanto à possibilidade de alteração do fundamento legal inicialmente apresentado, durante o curso de um Processo Administrativo Disciplinar — PAD, sem implicar qualquer sorte de ilegalidade.

Ainda no âmbito daquela Corte, vale ressaltar a decisão proferida em 27.08.2024, quando da análise do REsp 1.929.685/TO, em que deixou expresso não ser cabível a condenação por ato ímprobo mediante a presunção da ocorrência de um dano.

Em matéria de licitações e contratos, cumpre registrar que a edição da Lei n. 14.133/2021 não revogou, de imediato, a legislação até então existente, uma vez que a Administração pôde optar por licitar e contratar por esta lei ou pelas leis já existentes, respeitados os limites estabelecidos no art. 191.

Nesse sentido, em que pese a possibilidade de abertura de certames e celebração de ajustes pelas leis anteriores, novamente prorrogada até 30.12.2023, o seu conteúdo perdurará durante todo o seu prazo de vigência, que, nos termos do art. 57 da Lei n. 8.666/93, poderá se estender por até 120 meses, caso haja interesse da administração, justificando a disponibilização de todos os comentários acerca dessa matéria, que até então encontravam-se na edição impressa, por meio do *QR Code* localizado no final dos respectivos capítulos, ao qual o leitor tem amplo acesso, permitindo uma melhor visão do conjunto da matéria.

Em relação ao direito de propriedade, oportuna a referência para a decisão proferida pelo STF, em 19.10.2023, quando da análise do RE 922.144, em que decidiu pela compatibilidade da garantia da justa e prévia indenização em dinheiro com o regime de precatórios e, ainda, que, no caso de necessidade de complementação da indenização, ao final do processo expropriatório, deverá o pagamento ser feito mediante depósito judicial direto se o Poder Público não estiver em dia com as suas obrigações.

Quanto aos servidores públicos, importante destacar decisão do STF, em 12.08.2024, quando do julgamento do RE 1.486.706, de forma unânime, mantendo a posse de um candidato aprovado em concurso público da PM/CE, mesmo não tendo a idade mínima prevista no edital, exigência que só se justificaria se prevista em lei e se houver relação com as atribuições do cargo.

Ainda sobre esse tema, decidiu o STF, em 10.05.2024, quando do julgamento das ADIs 7.480/SE, 7.482/RR e 7.491/CE, que a reserva legal de percentual de vagas a ser preenchido exclusivamente por mulheres, em concursos públicos da área de segurança pública estadual, não pode ser interpretada como autorização para impedir que elas possam concorrer à totalidade das vagas oferecidas.

Também decidiu o STF, quando do julgamento, em 14.06.2024, da ADI 2.893/PE, pela inconstitucionalidade de sanções de caráter perpétuo impeditivas da prestação de concurso público.

A mesma Corte decidiu, quando do julgamento, em 14.06.2024, da ADI 7.654 MC-Ref/DF, pela concessão de medida cautelar para a preservação dos efeitos da Lei n. 12.990/2014, que fixou reserva de vagas em concursos públicos federais para pessoas negras por dez anos, em vista do final do seu prazo de vigência.

Em 13.03.2024, quando do julgamento do RE 1.211.446/SP (Tema 1.072), concluiu pela extensão de licença-maternidade a servidora não gestante em união homoafetiva, em respeito aos princípios da dignidade da pessoa humana, da proporcionalidade e da razoabilidade e isonomia.

Para facilitar a análise desses temas, mantivemos no conteúdo do próprio texto esses excertos e, também, os dispositivos pertinentes, evitando, assim, as notas de rodapé, tudo na tentativa de melhor situar o leitor.

Outrossim, para efeitos didáticos, continuamos incluindo no final de cada capítulo quadros sinóticos, bem como questões de concursos relacionadas ao tema abordado, nos quais se promoveu a necessária atualização.

Celso Spitzcovsky
Mestre em Direito do Estado pela PUC-SP

@celso.spitz
celsospitzcovsky@gmail.com
https://www.facebook.com/profcelsospitzcovsky

SUMÁRIO

Mensagem de pais para filho	V
Agradecimentos	VII
Metodologia Esquematizado	IX
Prefácio	XI
Nota do Autor à 8.ª edição	XIII

1. REGIME JURÍDICO ADMINISTRATIVO 1

1.1. Função administrativa — definição 1

1.2. Direitos e deveres da administração 4

1.3. Quadro sinótico 6

1.4. Questões ....*online*

2. PRINCÍPIOS CONSTITUCIONAIS DA ADMINISTRAÇÃO PÚBLICA 7

2.1. Noções gerais 7

2.2. Espécies 12

    2.2.1. Princípios expressos 12

        2.2.1.1. Princípio da legalidade 12

        2.2.1.2. Princípio da impessoalidade 17

        2.2.1.3. Princípio da moralidade 23

            2.2.1.3.1. Controle dos atos imorais 24

        2.2.1.4. Princípio da publicidade 28

            2.2.1.4.1. A Lei n. 12.527/2011 32

            2.2.1.4.2. A Lei n. 13.709/2018 39

        2.2.1.5. Princípio da eficiência 47

    2.2.2. Princípios implícitos da Administração Pública 51

        2.2.2.1. Princípio da supremacia do interesse público sobre o particular 51

        2.2.2.2. Princípio da motivação 51

            2.2.2.2.1. Da impossibilidade de demissão de cargos e empregos públicos sem justa causa 53

            2.2.2.2.2. Da teoria dos motivos determinantes 57

        2.2.2.3. Princípio da autotutela 61

        2.2.2.4. Princípio da isonomia 61

        2.2.2.5. Princípio da razoabilidade 66

        2.2.2.6. Da razoabilidade e da proibição de tatuagem e altura em concurso público 70

        2.2.2.7. Princípio da segurança jurídica 73

            2.2.2.7.1. A Lei n. 13.655/2018 (LINDB) 78

2.3. A teoria do fato consumado e o princípio da confiança legítima 79

2.4. Precedente do STF permitindo a retroatividade da Lei 84

2.5. Quadro sinótico 85

2.6. Súmulas sobre princípios constitucionais da Administração Pública 86

    2.6.1. Súmulas do STF 86

    2.6.2. Súmulas vinculantes 87

2.6.3.	Súmulas do STJ	87
2.7.	Questões	*online*

3. DA IMPROBIDADE ADMINISTRATIVA **89**

3.1.	Noções gerais e definição	89
3.2.	Hipóteses previstas na Lei n. 8.429/92: noções gerais	91
	3.2.1. Extensão das hipóteses de improbidade: por atos, omissões, por danos materiais e danos morais	93
3.3.	Da ação voltada a combater atos de improbidade administrativa	103
	3.3.1. Da legitimidade ativa	105
	3.3.2. Da legitimidade passiva	105
	3.3.2.1. A questão relacionada aos agentes políticos	106
	3.3.2.2. A questão relacionada aos particulares	108
	3.3.3. Parâmetro para a aplicação de sanções: qual o cargo a ser considerado?	110
	3.3.4. Foro competente	111
3.4.	Das sanções	112
	3.4.1. Indisponibilidade de bens	113
	3.4.2. Suspensão de direitos políticos	118
3.5.	Acordo de não persecução civil	120
3.6.	Graduação da intensidade das sanções	123
3.7.	Itens a serem considerados para a aplicação de sanções	125
3.8.	Requisitos desnecessários para a aplicação das sanções	127
3.9.	Transferência de sanções para herdeiros ou sucessores	129
3.10.	Da sentença	130
3.11.	Das disposições penais	132
3.12.	Prescrição	133
3.13.	A Lei n. 12.846/2013 (Lei Anticorrupção)	138
	3.13.1. Importância	138
	3.13.2. Origem	138
	3.13.3. Objeto	139
	3.13.4. Extensão	139
	3.13.5. Perfil da responsabilidade	139
	3.13.6. Hipóteses configuradoras de responsabilização	141
	3.13.7. Das sanções	142
	3.13.8. Prescrição	147
	3.13.9. Da possibilidade de responsabilização da Administração por omissão	147
	3.13.10. Do Decreto n. 11.129/2022	147
3.14.	Quadro sinótico	148
3.15.	Súmulas sobre improbidade e imoralidade administrativa	148
	3.15.1. Súmula do STF	148
	3.15.2. Súmula vinculante	148
	3.15.3. Súmulas do STJ	149
3.16.	Questões	*online*

4. PODERES DA ADMINISTRAÇÃO **151**

4.1.	Noções gerais	151
	4.1.1. Abuso de poder — Lei n. 13.869/2019	152

Sumário

4.2. Espécies	154
4.2.1. Poder vinculado	154
4.2.2. Poder discricionário	155
4.2.3. Poder hierárquico	157
4.2.4. Poder disciplinar	159
4.2.5. Poder normativo ou regulamentar	164
4.2.6. Situação existente no Brasil	164
4.2.6.1. Poder de polícia	168
4.2.6.1.1. Atributos do poder de polícia	174
4.2.6.1.2. Remuneração	176
4.2.6.1.3. Polícia administrativa X polícia judicial	176
4.2.7. Poder de império ou extroverso	177
4.3. Quadro sinótico	177
4.4. Súmulas sobre poderes da administração	178
4.4.1. Súmulas do STF	178
4.4.2. Súmulas vinculantes	178
4.4.3. Súmula do STJ	179
4.5. Questões	*online*

5. ATOS ADMINISTRATIVOS **181**

5.1. Definição	181
5.2. Requisitos de validade	182
5.2.1. Competência	182
5.2.2. Forma	183
5.2.3. Objeto	184
5.2.4. Finalidade	184
5.2.5. Motivo e a teoria dos motivos determinantes	184
5.3. Atributos do ato administrativo	187
5.3.1. Presunção de legitimidade	187
5.3.2. Autoexecutoriedade	188
5.3.2.1. Cláusulas de reserva judicial	188
5.3.3. Imperatividade	189
5.3.4. Tipicidade	189
5.3.5. Coercibilidade	190
5.4. Classificação dos atos administrativos	190
5.4.1. Quanto aos destinatários	190
5.4.2. Quanto ao alcance	191
5.4.3. Quanto ao objeto	191
5.4.4. Quanto ao grau de liberdade conferido ao administrador	191
5.4.5. Quanto à formação do ato	192
5.4.6. Quanto à perfeição, validade e eficácia	193
5.5. Espécies de atos administrativos	194
5.5.1. Atos normativos	194
5.5.2. Atos ordinatórios	195
5.5.3. Atos negociais	195
5.5.4. Atos enunciativos	195
5.5.5. Atos punitivos	195

5.6.	Formas de extinção		196
	5.6.1.	Anulação	196
	5.6.2.	Revogação	198
	5.6.3.	Outras modalidades de extinção	199
5.7.	Convalidação dos atos administrativos		200
5.8.	Formas de controle		201
5.9.	Quadro sinótico		202
5.10.	Súmulas sobre atos administrativos		202
	5.10.1.	Súmulas do STF	202
	5.10.2.	Súmula vinculante	203
5.11.	Questões		*online*

6. ESTRUTURA DA ADMINISTRAÇÃO PÚBLICA **205**

6.1.	Estrutura da Administração			205
	6.1.1.	Noção geral		205
6.2.	Estrutura direta da Administração			205
	6.2.1.	Teoria do órgão		208
	6.2.2.	Classificação dos órgãos		209
6.3.	Estrutura indireta da Administração			211
	6.3.1.	Noções gerais		211
6.4.	Integrantes			216
	6.4.1.	Autarquias		216
	6.4.2.	Agências reguladoras		219
		6.4.2.1.	Natureza e regime jurídico	219
		6.4.2.2.	Espécies	222
		6.4.2.3.	Associações públicas	223
		6.4.2.4.	Conselhos profissionais	225
		6.4.2.5.	Da peculiar situação da OAB	226
	6.4.3.	Fundações		226
	6.4.4.	Agências executivas		233
	6.4.5.	Empresas públicas		236
	6.4.6.	Sociedades de economia mista		243
	6.4.7.	As empresas públicas e sociedades de economia mista na Lei n. 13.303/2016....		250
		6.4.7.1.	Definições	250
		6.4.7.2.	Destinatários	251
		6.4.7.3.	Da função social da empresa pública e da sociedade de economia mista	254
		6.4.7.4.	Da nomeação dos seus dirigentes	255
		6.4.7.5.	Das limitações quanto a despesas com publicidade e patrocínio	258
		6.4.7.6.	Das regras de transição	259
		6.4.7.7.	Das sanções incidentes sobre as empresas públicas e sociedades de economia mista	259
6.5.	Quadros sinóticos			262
6.6.	Súmulas sobre estrutura da Administração Pública			264
	6.6.1.	Súmulas do STF		264
	6.6.2.	Súmula vinculante		264
	6.6.3.	Súmulas do STJ		264
6.7.	Questões			*online*

Sumário

7. TERCEIRO SETOR **267**

7.1. Organizações sociais 268

7.2. Serviços sociais autônomos 271

7.3. Organizações da sociedade civil de interesse público 273

7.4. Das parcerias voluntárias: Lei n. 13.019/2014 277

    7.4.1. Dos objetivos e dos destinatários 277

    7.4.2. Do objeto 278

    7.4.3. Das organizações da sociedade civil 279

    7.4.4. Dos instrumentos viabilizadores das parcerias 280

    7.4.5. Forma de escolha: chamamento público 282

    7.4.6. Da publicidade 283

    7.4.7. Do controle de resultados e monitoramento 283

    7.4.8. Da vigência 284

    7.4.9. Das contratações diretas 284

7.5. Quadro sinótico 285

7.6. Súmulas sobre terceiro setor 286

    7.6.1. Súmula do STJ 286

    7.6.2. Súmula do STF 286

7.7. Questões .... *online*

8. SERVIÇOS PÚBLICOS **287**

8.1. Serviços públicos 287

    8.1.1. Definição 287

    8.1.2. Princípios relacionados à prestação de serviços públicos 288

        8.1.2.1. Princípio da continuidade do serviço público 288

        8.1.2.2. Princípio da mutabilidade do regime jurídico 291

        8.1.2.3. Princípio da modicidade das tarifas 291

        8.1.2.4. Princípio da generalidade 292

    8.1.3. Formas de prestação de serviços públicos 293

    8.1.4. Formas de remuneração 299

    8.1.5. Código de defesa dos usuários de serviços públicos 301

8.2. Quadro sinótico 303

8.3. Súmulas sobre serviços públicos 304

    8.3.1. Súmulas vinculantes 304

    8.3.2. Súmula do STF 304

    8.3.3. Súmula do STJ 304

8.4. Questões .... *online*

9. CONCESSÕES E PERMISSÕES DE SERVIÇOS PÚBLICOS **307**

9.1. Perfil constitucional 307

9.2. Disciplina infraconstitucional — Lei n. 8.987/95 311

    9.2.1. Noções gerais 311

    9.2.2. Definições 312

    9.2.3. Serviço público adequado 315

    9.2.4. Política tarifária 318

    9.2.5. Responsabilidade dos concessionários e permissionários 321

    9.2.6. Subconcessões e contratos com terceiros 325

    9.2.7. Encargos do Poder concedente e do concessionário 327

9.2.8.	Intervenção	327
9.2.9.	Formas de extinção	328
	9.2.9.1. Termo	328
	9.2.9.2. Encampação	328
	9.2.9.3. Caducidade	329
	9.2.9.4. Rescisão	330
	9.2.9.5. Anulação	330
	9.2.9.6. Falência	331
	9.2.9.7. Extinção e falecimento	331
9.2.10.	Consequências da extinção das concessões: a reversão de bens e a reassunção de serviço	331

9.3. Diferenças entre concessões e permissões 333

9.4. Quadro sinótico 333

9.5. Súmulas sobre concessões e permissões de serviços públicos 334

    9.5.1. Súmulas vinculantes 334

    9.5.2. Súmula do STF 335

    9.5.3. Súmula do STJ 335

9.6. Questões .... *online*

10. PARCERIAS PÚBLICO-PRIVADAS 337

10.1. Parcerias público-privadas 337

    10.1.1. Definição e modalidades 337

    10.1.2. Competência para legislar e abrangência 341

    10.1.3. Limites 342

    10.1.4. Diretrizes 343

    10.1.5. Garantias oferecidas ao parceiro privado 344

    10.1.6. Licitação 346

        10.1.6.1. Regras gerais 346

        10.1.6.2. Regras específicas sobre licitações nas PPPs 346

    10.1.7. Sociedade de propósito específico 349

    10.1.8. Cláusulas essenciais dos contratos de PPPs 350

    10.1.9. Da Lei n. 13.448, de 5 de junho de 2017 352

    10.1.10. Da Lei n. 13.529, de 4 de dezembro de 2017 355

10.2. Quadro sinótico 355

10.3. Questões .... *online*

11. LICITAÇÕES — LEI N. 14.133/2021 357

11.1. Noções gerais 357

11.2. Competência 362

11.3. Vigência e regime de trânsição 364

11.4. Aplicabilidade da nova lei 367

11.5. Alterações legislativas 369

    11.5.1. No Código de Processo Civil 369

    11.5.2. Revogação da legislação em vigor 369

    11.5.3. No Código Penal 370

        11.5.3.1. Em razão do valor 372

    11.5.4. Das concessões, permissões e PPPs 373

11.6. Princípios das licitações	373
11.7. Dos agentes públicos	380
11.7.1. Das definições	380
11.7.2. Agente e comissão de contratação	382
11.7.2.1. Responsabilidade pelos atos praticados	382
11.8. Dos objetivos da licitação	385
11.8.1. Elenco	385
11.8.2. Publicidade e transparência das licitações	386
11.8.3. Participação nas licitações: possibilidades e proibições	386
11.9. Fases da licitação	388
11.9.1. Noções gerais	388
11.9.2. Fase preparatória	389
11.9.3. Edital	390
11.9.4. Fase de propostas e lances	391
11.9.5. Fase de julgamento	391
11.9.6. Fase de habilitação	392
11.9.7. Fase recursal única	394
11.9.8. Do encerramento da licitação	394
11.10. Modalidades de licitação	396
11.10.1. Noções gerais	396
11.10.2. Modalidades	397
11.10.2.1. Concorrência	397
11.10.2.2. Concurso	397
11.10.2.3. Leilão	398
11.10.2.4. Pregão	399
11.10.2.5. Diálogo competitivo	399
11.11. Critérios de julgamento	401
11.11.1. Critérios	401
11.11.2. Particularidades de cada critério	402
11.12. Instrumentos auxiliares às licitações	403
11.12.1. Noções gerais	403
11.12.2. Modalidades	403
11.12.2.1. Credenciamento	403
11.12.2.2. Pré-qualificação	404
11.12.2.3. Procedimento de manifestação de interesse	405
11.12.2.4. Sistema de registro de preços	405
11.12.2.5. Do registro cadastral	406
11.13. Das compras, das obras e serviços de engenharia e dos serviços em geral	407
11.13.1. Localização	407
11.13.2. Das compras	407
11.13.3. Das obras e serviços de engenharia	408
11.13.4. Dos serviços em geral	410
11.14. Das contratações diretas	411
11.14.1. Noções gerais	411
11.14.2. Modalidades	413
11.14.2.1. Inexigibilidade de licitação	413
11.14.2.2. Licitação dispensável	416

11.14.2.2.1. Baixo valor	416
11.14.2.2.2. Emergência	418
11.14.2.2.3. Licitação deserta e fracassada	419
11.14.2.2.4. Aquisição de medicamentos	419
11.14.2.2.5. Equipamentos destinados ao rastreamento e à obtenção de provas	419
11.14.2.3. Licitação dispensada	419
11.15. Das licitações na Lei n. 13.303/2016 (Responsabilidade das estatais)	421
11.15.1. Da exigência de licitação e dos casos de dispensa e de inexigibilidade (arts. 28 a 30)	422
11.15.2. Disposições de caráter geral sobre licitações e contratos (arts. 31 a 41)	422
11.15.3. Das normas específicas para obras e serviços (arts. 42 a 46)	424
11.15.4. Das normas específicas para aquisição de bens (arts. 47 e 48)	426
11.15.5. Das normas específicas para alienação de bens (arts. 49 e 50)	426
11.15.6. Do procedimento de licitação (arts. 51 a 62)	427
11.16. Quadro sinótico	429
11.17. Questões	online
11.18. Capítulo extra — Licitações — Lei n. 8.666/93	online

12. CONTRATOS ADMINISTRATIVOS — LEI N. 14.133/2021 .... **433**

12.1. Definição e regime jurídico	433
12.1.1. Cláusulas exorbitantes	433
12.1.2. Cláusulas essenciais	436
12.1.3. Da eficácia	437
12.1.4. Das garantias	438
12.2. Da alocação de riscos	438
12.3. Da duração dos contratos	439
12.4. Execução dos contratos	440
12.5. Alterações nos contratos	446
12.6. Hipóteses de extinção dos contratos	448
12.7. Do recebimento dos contratos	449
12.8. Dos pagamentos	450
12.9. Da nulidade dos contratos	451
12.10. Dos meios alternativos de resolução de controvérsias	453
12.11. Das infrações e sanções administrativas	454
12.11.1. Noções gerais	454
12.11.2. Das sanções	454
12.11.3. Da prescrição	456
12.11.4. Apreciação conjunta das infrações administrativas	457
12.11.5. Desconsideração da personalidade jurídica	457
12.11.6. Publicidade das sanções	457
12.11.7. Reabilitação do licitante ou contratado	458
12.12. Das impugnações, dos pedidos de esclarecimento e dos recursos	459
12.12.1. Da legitimidade e dos prazos	459
12.12.2. Dos recursos	460
12.12.3. Do pedido de reconsideração	461
12.12.4. Das sanções administrativas	461
12.13. Controle das contratações	461
12.13.1. Das linhas de defesa	462
12.13.2. Do controle preventivo e repressivo	462

12.13.3. Dos tribunais de contas 462

12.13.4. Do portal nacional de contratações públicas 463

12.13.4.1. Objetivos 463

12.13.4.2. Natureza das informações 464

12.13.4.3. Acesso às informações 464

12.14. Convênios e consórcios 466

12.15. Consórcios públicos 466

12.16. Contratos na Lei n. 13.303/2016 473

12.17. Quadro sinótico 477

12.18. Questões .... *online*

12.19. Capítulo extra — Contratos Administrativos — Lei n. 8.666/93 .... *online*

13. RESPONSABILIDADE DO ESTADO **481**

13.1. Definição e desdobramentos 481

13.1.1. Dano certo 481

13.1.2. Dano especial 481

13.1.3. Dano anormal 482

13.1.4. Agentes públicos 482

13.1.5. Atuação na qualidade de agente público 482

13.2. Evolução histórica 483

13.2.1. Irresponsabilidade 483

13.2.2. Responsabilidade subjetiva 484

13.2.3. Responsabilidade objetiva 484

13.2.3.1. Risco integral 485

13.2.3.2. Risco administrativo 485

13.3. Responsabilidade do estado no Brasil 486

13.3.1. Evolução histórica 486

13.3.2. Perfil atual 489

13.3.2.1. Danos resultantes da prestação de serviços públicos 489

13.3.2.1.1. Da ação regressiva contra o agente causador do dano 491

13.3.2.1.2. Da prescrição 492

13.3.2.1.3. Da prescrição para a propositura de ação regressiva 494

13.3.2.2. Responsabilidade do Estado resultante de omissão 495

13.3.2.3. Dos danos resultantes de exploração de atividades econômicas 498

13.3.2.4. Da amplitude do tema ao nível da jurisprudência dos nossos tribunais .. 502

13.4. Pontos polêmicos 506

13.4.1. Denunciação da lide 506

13.4.2. Atos legislativos e judiciais 507

13.4.3. Responsabilidade por dano nuclear e ambiental 509

13.4.4. Responsabilidade por danos resultantes de atentados terroristas 512

13.4.5. Notários 513

13.4.5.1. Da natureza da atividade notarial 513

13.4.5.2. Da responsabilidade dos notários 514

13.4.5.3. Da substituição do notário ou registrador por preposto 516

13.5. Quadro sinótico 517

13.6. Súmulas sobre responsabilidade do Estado 519

13.6.1. Súmula vinculante 519

13.6.2. Súmulas do STJ 519

13.7. Questões .... *online*

14. SERVIDORES PÚBLICOS **521**

14.1. Noções gerais 521

14.2. Legitimidade para ingresso.. 522

14.3. Forma de ingresso 524

    14.3.1. Da necessidade de aprovação em concurso público 524

    14.3.2. Provas e títulos 527

    14.3.3. Idade... 529

    14.3.4. Da participação feminina 532

    14.3.5. Investigação social 532

    14.3.6. Nomeação e posse 535

        14.3.6.1. Prazo de validade do concurso e nomeação...................... 535

        14.3.6.2. Da posse 541

        14.3.6.3. Do efetivo exercício das atribuições..................................... 542

        14.3.6.4. Competência para apreciar ilegalidades na fase pré-contratual 542

    14.3.7. Extensão da regra geral para candidatos portadores de necessidades especiais e dos afrodescendentes... 542

    14.3.8. Extensão para a Administração direta e indireta 548

    14.3.9. Exceções à regra geral... 549

        14.3.9.1. Cargos em comissão.. 549

        14.3.9.2. Contratações temporárias 551

        14.3.9.3. Cargos políticos.. 552

        14.3.9.4. Agentes de combates às endemias... 553

    14.3.10. Competência para a apreciação de ilegalidades na fase contratual 554

    14.3.11. Estágio probatório 556

14.4. Estabilidade 558

    14.4.1. Definição, aquisição e extensão.. 558

    14.4.2. Extinção do cargo do servidor estável 560

    14.4.3. Estabilidade x vitaliciedade 560

    14.4.4. Hipóteses de perda do cargo pelo servidor estável............................. 561

    14.4.5. Estabilidade atípica... 564

    14.4.6. Estabilidade extraordinária 565

14.5. Remuneração 566

    14.5.1. Sistemas de remuneração 566

    14.5.2. Teto de remuneração 569

    14.5.3. Exceções ao teto 571

    14.5.4. Subtetos.. 572

    14.5.5. Revisão da remuneração 575

    14.5.6. Equiparação 577

    14.5.7. Irredutibilidade de vencimentos 580

    14.5.8. Natureza da remuneração... 581

    14.5.9. Piso de remuneração.. 581

    14.5.10. Redução de jornada e remuneração inferior ao salário mínimo 582

14.6. Acumulação remunerada 583

14.7. Regime jurídico único... 590

14.8. Direito de greve e de sindicalização 591

    14.8.1. Do direito de greve 591

    14.8.2. Direito de sindicalização... 597

14.9. Regime de aposentadoria 599

14.9.1.	Regras gerais		599
14.9.2.	Critério: tempo de contribuição		599
14.9.3.	Destinatários		600
14.9.4.	Ampliação de autonomia para as esferas de governo estadual, municipal e distrital		601
14.9.5.	Teto para o valor das aposentadorias		601
14.9.6.	Reajuste de proventos e pensões		602
14.9.7.	Hipóteses de aposentadoria		602

14.9.7.1. Aposentadoria por incapacidade permanente para o trabalho 602

14.9.7.2. Aposentadoria compulsória 603

14.9.7.3. Aposentadoria voluntária 604

14.9.7.4. Aposentadorias especiais 604

14.9.7.5. Acumulação de aposentadorias 608

14.9.7.6. Rompimento de vínculo e complementação de aposentadorias 609

14.9.7.7. Manutenção aposentadorias e de pensão a ex-governadores, ex-prefeitos e a seus dependentes 609

14.9.7.8. Acumulação de proventos com vencimentos 610

14.10. Direitos e deveres infraconstitucionais — Lei n. 8.112/90 611

14.10.1. Regime disciplinar 611

14.10.2. Da responsabilidade 612

14.10.3. Penalidades 613

14.10.4. Prazos de prescrição 615

14.10.5. Instrumentos para apuração de irregularidades: sindicância e processo disciplinar 616

14.10.5.1. Fases do processo disciplinar 619

14.10.6. Procedimento disciplinar sumário 623

14.10.7. Pedido de revisão 624

14.10.8. Direitos e vantagens 627

14.10.9. Das licenças 630

14.10.10. Das hipóteses de provimento derivado de cargos públicos 633

14.10.11. Da remoção do servidor 636

14.10.12. Vacância dos cargos 637

14.10.13. Regras sobre concursos públicos para a administração federal direta, autárquica e fundacional, estipuladas pelo Decreto n. 9.739/2019 638

14.10.14. Novas regras para a nomeação de cargos e funções comissionadas 642

14.10.15. A Lei n. 14.965/2024 643

14.11. Quadro sinótico 645

14.12. Súmulas sobre servidores públicos 647

14.12.1. Súmulas do STF 647

14.12.2. Súmulas vinculantes 649

14.12.3. Súmulas do STJ 650

14.13. Questões .... *online*

15. DIREITO DE PROPRIEDADE **653**

15.1. Perfil constitucional — localização e definição 653

15.1.1. Função social da propriedade 654

15.1.1.1. Da propriedade urbana 654

15.1.1.2. Da propriedade rural 658

15.2. Meios de intervenção na propriedade 662

    15.2.1. Desapropriação 663

        15.2.1.1. Definição e desdobramentos 663

        15.2.1.2. Desapropriação clássica ou ordinária 664

        15.2.1.3. Desapropriação extraordinária 665

        15.2.1.4. Competência para legislar e desapropriar 667

        15.2.1.5. Fases da desapropriação 668

            15.2.1.5.1. Declaratória 668

                15.2.1.5.1.1. Da retrocessão 673

            15.2.1.5.2. Fase executória: inicial e contestação 677

            15.2.1.5.3. Da imissão provisória na posse 678

            15.2.1.5.4. Fase de instrução 680

            15.2.1.5.5. Da sentença 681

        15.2.1.6. Modalidades 683

            15.2.1.6.1. Desapropriação por zona 683

            15.2.1.6.2. Desapropriação para industrialização ou urbanização 683

            15.2.1.6.3. Desapropriação indireta 684

    15.2.2. Confisco 687

    15.2.3. Requisição 690

    15.2.4. Ocupação 692

    15.2.5. Limitação administrativa 692

    15.2.6. Servidão administrativa 693

    15.2.7. Tombamento 693

    15.2.8. Meios de intervenção na propriedade regulados pelo Estatuto da Cidade — Lei n. 10.257/2001 696

        15.2.8.1. Direito de superfície 696

        15.2.8.2. Direito de preempção 697

        15.2.8.3. Outorga onerosa do direito de construir 698

        15.2.8.4. Operações urbanas consorciadas 698

        15.2.8.5. Estudo de impacto de vizinhança 700

15.3. Quadro sinótico 701

15.4. Súmulas sobre direito de propriedade 702

    15.4.1. Súmulas do STF 702

    15.4.2. Súmulas do STJ 703

15.5. Questões .... *online*

16. BENS PÚBLICOS **705**

16.1. Definição 705

16.2. Classificação 708

16.3. Regime jurídico 710

    16.3.1. Inalienabilidade 710

    16.3.2. Impenhorabilidade 714

    16.3.3. Imprescritibilidade 720

    16.3.4. A não onerabilidade 721

16.4. Uso dos bens públicos 722

    16.4.1. Autorização 724

    16.4.2. Permissão 724

    16.4.3. Concessão 724

16.4.4.	Concessão de direito real	725
16.4.5.	Cessão	725
16.5.	Espécies de bens	726
	16.5.1. Bens da União	726
	16.5.1.1. Modalidades	727
	16.5.1.1.1. Bens terrestres	727
	16.5.1.1.2. Bens aquaviários	728
	16.5.1.1.3. Subsolo	729
	16.5.2. Bens estaduais e os integrantes do patrimônio nacional	729
16.6.	Quadro sinótico	730
16.7.	Súmulas sobre bens públicos	732
	16.7.1. Súmulas do STF	732
	16.7.2. Súmula do STJ	732
16.8.	Questões	online

17. PROCESSO ADMINISTRATIVO FEDERAL ... 733

17.1.	Noções gerais	733
17.2.	Princípios	733
	17.2.1. Critérios de atuação e direitos dos administrados	735
17.3.	Etapas do processo administrativo	739
17.4.	Forma, tempo e lugar dos atos do processo	742
17.5.	Da instrução dos processos administrativos	743
17.6.	Da obrigação de decidir	743
17.7.	Dos recursos	744
17.8.	Do pedido de revisão	745
17.9.	Da anulação, revogação e convalidação	746
17.10.	Quadro sinótico	749
17.11.	Súmulas sobre processo administrativo	750
	17.11.1. Súmulas vinculantes	750
	17.11.2. Súmulas do STJ	750
17.12.	Questões	online

18. ORDEM ECONÔMICA ... 751

18.1.	Noções gerais	751
	18.1.1. Lei n. 13.874/2019 (Liberdade econômica)	753
18.2.	Princípios	754
	18.2.1. Princípio da soberania nacional	755
	18.2.2. Princípio da propriedade privada e função social da propriedade	755
	18.2.3. Princípio da livre concorrência	756
	18.2.4. Princípio da defesa do consumidor	756
	18.2.5. Princípio da defesa do meio ambiente	757
	18.2.5.1. Diretrizes constitucionais	757
	18.2.6. Princípio da redução das desigualdades regionais e sociais	760
	18.2.7. Princípio da busca do pleno emprego	760
	18.2.8. Princípio do tratamento favorecido para empresas de pequeno porte	761
18.3.	Modos de atuação do Estado na economia	762
	18.3.1. Como explorador de atividade econômica	762
	18.3.2. Como prestador de serviços públicos	764

	18.3.3. Como executor de atividades monopolísticas	766
	18.3.4. Como agente normativo e regulador	767
18.4.	Quadro sinótico	769
18.5.	Súmulas sobre intervenção do Estado na ordem econômica	769
	18.5.1. Súmulas vinculantes	769
	18.5.2. Súmulas do STJ	769
18.6.	Questões	*online*

19. FORMAS DE CONTROLE SOBRE A ADMINISTRAÇÃO **771**

19.1.	Noções gerais	771
	19.1.1. Lei de Introdução às Normas do Direito Brasileiro (LINDB)	771
19.2.	Das modalidades	776
	19.2.1. Controle interno	776
	19.2.1.1. Controle de ofício	776
	19.2.1.2. Por provocação de terceiros	777
19.3.	Controle externo	781
	19.3.1. Controle pelo Legislativo (político)	781
	19.3.2. Controle pelo Legislativo (financeiro)	783
	19.3.2.1. Dos Tribunais de Contas	783
19.4.	Controle judicial — Noções gerais	787
	19.4.1. *Habeas corpus*	789
	19.4.1.1. Histórico	789
	19.4.1.2. Objeto e partes	790
	19.4.1.3. Competência	791
	19.4.1.4. "Habeas corpus" preventivo e liberatório	792
	19.4.1.5. O caso Olga Benário Prestes	792
	19.4.2. *Habeas data*	793
	19.4.2.1. Objeto	794
	19.4.2.2. Partes	795
	19.4.2.3. Esgotamento das vias administrativas	797
	19.4.2.4. Competência	797
	19.4.3. Mandado de segurança	799
	19.4.3.1. Mandado de segurança individual	799
	19.4.3.1.1. Objeto	799
	19.4.3.1.2. Partes	801
	19.4.3.1.3. Liminar	803
	19.4.3.1.4. Prazo	805
	19.4.3.2. Mandado de segurança coletivo	806
	19.4.3.2.1. Objeto	806
	19.4.3.2.2. Legitimidade ativa, sentença e liminar	807
	19.4.3.2.3. Considerações finais	809
	19.4.3.2.4. Principais enunciados das súmulas do Supremo Tribunal Federal	809
	19.4.4. Mandado de injunção	813
	19.4.4.1. Objeto	813
	19.4.4.2. Origem	814
	19.4.4.3. Pressupostos	814
	19.4.4.4. Partes	815

		19.4.4.5.	Competência	815
		19.4.4.6.	Natureza e efeitos da decisão	816
		19.4.4.7.	Do mandado de injunção coletivo	817
		19.4.4.8.	Mandado de injunção e ação direta de inconstitucionalidade por omissão	818
	19.4.5.	Ação popular		820
		19.4.5.1.	Conceito	820
		19.4.5.2.	Objeto	820
		19.4.5.3.	Pressupostos	821
		19.4.5.4.	Partes	822
		19.4.5.5.	Competência	822
		19.4.5.6.	Liminar	823
		19.4.5.7.	Efeitos da decisão	823
	19.4.6.	Ação civil pública		825
		19.4.6.1.	Objeto	825
		19.4.6.2.	Partes	825
		19.4.6.3.	Das decisões interlocutórias e da sentença	827
	19.4.7.	Ação popular e ação civil pública		828
19.5.	Quadro sinótico			831
19.6.	Súmulas sobre formas de controle sobre a Administração			832
	19.6.1.	Súmulas do STF		832
	19.6.2.	Súmulas do STJ		835
19.7.	Questões			*online*

Referências 837

1

REGIME JURÍDICO ADMINISTRATIVO

1.1. FUNÇÃO ADMINISTRATIVA — DEFINIÇÃO

Inquestionavelmente, para que se possa compreender o **Direito Administrativo**, o primeiro passo a ser dado é detectar as regras componentes do seu **regime jurídico**.

Não se pode, com efeito, perder de vista que os **interesses** envolvendo a atuação do **Poder Público** são diametralmente **opostos àqueles** que norteiam as **atividades** desenvolvidas pelos **particulares**.

Nesse sentido, a primeira ideia importante a ser registrada é aquela segundo a qual **toda** a **atividade** desenvolvida pelo **Poder Público** tem por objetivo **representar** os **interesses** de **terceiros**, vale dizer, os da **coletividade**.

É essa, aliás, a noção de **função administrativa**, tão bem captada pelo administrativista **Celso Antônio Bandeira de Mello**, como se verifica do excerto a seguir colacionado:

"Tem-se função apenas quando alguém está assujeitado ao dever de buscar, no interesse de outrem, o atendimento de certa finalidade (...).

Onde há função, pelo contrário, não há autonomia da vontade, nem a liberdade em que se expressa, nem a autodeterminação da finalidade a ser buscada, nem a procura de interesses próprios, pessoais.

Há a discrição a uma finalidade previamente estabelecida, e, no caso de função pública, há submissão da vontade ao escopo pré-traçado na Constituição ou na lei e há o dever de bem curar o interesse alheio, que, no caso, é o interesse público; vale dizer, da coletividade como um todo, e não da entidade governamental em si mesma considerada"[1].

O conceito de função, de tamanha importância para determinar o **regime jurídico** que envolve a Administração, encontra suporte no **art. 1.º da CF**, em especial no **conceito de República**, vale dizer, *Res publica*, que, do latim, significa **coisa pública**.

Isso porque, se desde a Constituição de 1891 o Brasil se apresenta como uma **República** cuja **titularidade do poder** foi entregue ao **povo**, apresenta-se como consequência lógica o fato de a Administração ter como finalidade única atuar para representar o titular do poder, que é o povo.

---

[1] MELLO, Celso Antônio Bandeira de. *Curso de direito administrativo*. 11. ed. São Paulo: Malheiros, 1999, p. 56-57.

Em respeito ao princípio republicano, **decidiu o STF em 19.04.2024, quando do julgamento da ADI 7.180/AP**, pela inconstitucionalidade de normas estaduais, permitindo, no âmbito do Tribunal de Contas, reeleições consecutivas. Confira-se:

> "São inconstitucionais — por violarem os princípios republicano e democrático — normas estaduais (Constituição, lei e regimento interno) que permitem mais de uma reeleição consecutiva para o mesmo cargo diretivo do Tribunal de Contas local (...). A alternância no exercício do poder é pilar essencial na democracia, de modo que se revela como consequência indispensável dos princípios republicano e democrático".

Nesse sentido, pode-se afirmar que o único **objetivo** a ser perseguido pela **Administração** é a preservação dos **interesses da coletividade**, apresentando-se ela como gestora dos interesses desta, mesma conclusão que se extrai como consequência da previsão estabelecida no mesmo art. 1.º, segundo a qual o Brasil se apresenta como uma democracia, vale dizer, governo do povo.

Oportuna ainda a reprodução de precedente do **STF**, quando do julgamento do **Tema 784**, em que assinalou limites para a discricionariedade atribuída à administração:

> "O Estado Democrático de Direito republicano impõe à Administração Pública que exerça sua discricionariedade entrincheirada não, apenas, pela sua avaliação unilateral a respeito da conveniência e oportunidade de um ato, mas, sobretudo, pelos direitos fundamentais e demais normas constitucionais em um ambiente de perene diálogo com a sociedade".

Dentro desse contexto, vale destacar a previsão entre os fundamentos da república federativa, ao longo do art. 1.º, da CF, a preservação da dignidade da pessoa humana, exatamente o que fez o STF, quando do julgamento, em 13.03.2021, da ADPF 779 MC-Ref/DF, em que, **em defesa dos fundamentos do Estado Democrático de Direito**, relacionados ao longo **do art. 1.º da CF**, estabeleceu a seguinte tese:

> **"A legítima defesa da honra é inconstitucional, por contrariar os princípios da dignidade da pessoa humana [Constituição Federal (CF), art. 1.º, III] (1), da proteção à vida e da igualdade de gênero (CF, art. 5.º, *caput*).** Portanto, aquele que se vê lesado em sua honra tem meios jurídicos para buscar sua compensação".

Nesse particular, vale o registro de que o **povo** exerce a **titularidade** do **poder** a ele conferido de forma direta (sem nenhum tipo de intermediário, quando se fala em **democracia direta**), ou por intermédio de representantes eleitos, quando se trabalha com o conceito de **democracia representativa**.

Dentro desse contexto, apenas para efeito de registro, cumpre salientar que os **instrumentos** que viabilizam a chamada **democracia direta** encontram-se relacionados no art. 14 da Constituição, podendo ser assim sumariados:

- sufrágio;
- voto;
- plebiscito;
- referendo;
- iniciativa popular de leis.

1 ◼ Regime Jurídico Administrativo

De outra parte, em relação à chamada **democracia representativa**, vale destacar as **condições** de **elegibilidade** relacionadas no **art. 14, § 3.º, da Constituição**, a seguir descritas:

Art. 14. (...)

§ 3.º São condições de elegibilidade, na forma da lei:

I — a nacionalidade brasileira;

II — o pleno exercício dos direitos políticos;

III — o alistamento eleitoral;

IV — o domicílio eleitoral na circunscrição;

V — a filiação partidária;

VI — a idade mínima de:

a) trinta e cinco anos para Presidente e Vice-Presidente da República e Senador;

b) trinta anos para Governador e Vice-Governador de Estado e do Distrito Federal;

c) vinte e um anos para Deputado Federal, Deputado Estadual ou Distrital, Prefeito, Vice-Prefeito e juiz de paz;

d) dezoito anos para Vereador.

Ainda é preciso destacar as chamadas **hipóteses de inelegibilidade**, também conhecidas como direitos políticos negativos, relacionadas, de forma exemplificativa, no **art. 14, §§ 4.º a 8.º, da CF:**

Art. 14. (...)

§ 4.º São inelegíveis os inalistáveis e os analfabetos.

§ 5.º O Presidente da República, os Governadores de Estado e do Distrito Federal, os Prefeitos e quem os houver sucedido, ou substituído no curso dos mandatos poderão ser reeleitos para um único período subsequente.

§ 6.º Para concorrerem a outros cargos, o Presidente da República, os Governadores de Estado e do Distrito Federal e os Prefeitos devem renunciar aos respectivos mandatos até seis meses antes do pleito.

§ 7.º São inelegíveis, no território de jurisdição do titular, o cônjuge e os parentes consanguíneos ou afins, até o segundo grau ou por adoção, do Presidente da República, de Governador de Estado ou Território, do Distrito Federal, de Prefeito ou de quem os haja substituído dentro dos seis meses anteriores ao pleito, salvo se já titular de mandato eletivo e candidato à reeleição.

§ 8.º O militar alistável é elegível, atendidas as seguintes condições:

I — se contar menos de dez anos de serviço, deverá afastar-se da atividade;

II — se contar mais de dez anos de serviço, será agregado pela autoridade superior e, se eleito, passará automaticamente, no ato da diplomação, para a inatividade.

De qualquer forma, em razão de todo o exposto, reitera-se a conclusão segundo a qual, apresentando-se o **povo** como **titular** do **poder, sendo atribuído ao administrador**, o papel de **simples gestor** dos seus interesses, justificando-se a tese segundo a qual **só poderá atuar** para a **preservação** dos **interesses** da **coletividade**, expressão também conhecida por interesse público primário.

Nesse quadro, emerge cristalina a conclusão segundo a qual, sempre que o administrador se afastar desse objetivo único, incidirá em desvio de finalidade, forma de ilegalidade, passível de ser levada a apreciação do Judiciário, sem que implique em agressão ao princípio constitucional da separação entre os poderes.

1.2. DIREITOS E DEVERES DA ADMINISTRAÇÃO

Atingida essa primeira conclusão, ela irá nos conduzir, como desdobramento lógico, a outra constatação, segundo a qual, por força desses **interesses representados** pela **Administração** quando atua, a ela o ordenamento jurídico confere não só direitos, vantagens e **prerrogativas**, mas também **deveres** e **obrigações** que não se estendem aos particulares.

Assim, tem-se que esses **direitos** e **obrigações** não são atribuídos ao **Poder Público** gratuitamente, mas em decorrência do **interesse público** que está sendo por ele representado.

A título de exemplo, podem-se mencionar os **atributos** conferidos aos **atos administrativos**, vale dizer, a presunção de **legitimidade**, **autoexecutoriedade** e **imperatividade**.

Como se percebe, os **atributos** oferecidos aos atos praticados pela **Administração**, que serão melhor analisados em momento oportuno, não se estendem àqueles atribuídos aos particulares, traduzindo-se em vantagens conferidas por força dos **interesses** que **representa** quando atua.

Entre os poderes a ela atribuídos, pode-se destacar o **poder de polícia**, como se verá melhor em capítulo próprio, que possibilita a **restrição** de **direitos** a terceiros sem representar qualquer sorte de ilegalidade, desde que para a preservação dos interesses da coletividade.

O mesmo ocorre no campo dos **contratos administrativos**, no qual ao **Poder Público** são conferidas prerrogativas que o colocam em posição diferenciada em relação aos particulares a ele relacionados, recebendo a denominação de "cláusulas exorbitantes".

Outra situação digna de registro para exemplificar à perfeição o que se está a dizer refere-se aos meios de intervenção na propriedade, em relação aos quais a Administração, de modo unilateral, em vista dos interesses que representa, tem a possibilidade de impor comportamentos aos particulares.

Assim ocorre nas questões envolvendo **procedimentos expropriatórios**, nas quais, em vista do **interesse público**, a Administração tem a perspectiva de excepcionar direitos previstos na Constituição, como o direito de propriedade.

Aliás, o mesmo se verifica em relação aos demais meios de intervenção, como a **limitação administrativa**, a **servidão administrativa**, a **ocupação**, a **requisição**, o **tombamento**, por meio dos quais o **Poder Público** pode nos impor restrições ao direito de propriedade constitucionalmente assegurado, ainda que nenhuma ilegalidade tenha sido praticada.

De outra parte, cumpre agora registrar que, por força do mesmo **interesse público**, o ordenamento jurídico atribui à Administração **obrigações** e **deveres** que não se estendem aos particulares.

Por exemplo, se um particular pretende contratar funcionários para compor os quadros de sua empresa ou mesmo se pretende contratar algum serviço, não precisará cumprir maiores formalidades, pois, afinal, estará defendendo seus próprios interesses, seu próprio patrimônio.

O mesmo não se verifica em se tratando da **Administração Pública**, por força do **interesse** da **coletividade**, que deve ser preservado.

Dessa forma, exige o ordenamento jurídico, respectivamente, que sejam abertos concursos públicos para assim serem contratados aqueles que, de modo impessoal, obtiverem melhores resultados.

Outrossim, objetivando a mesma finalidade, tem a administração o dever, ao menos como regra geral, de abrir licitação para a contratação de obras, serviços, ou mesmo para a alienação de bens, buscando a proposta mais vantajosa, nos termos do edital, a teor do disposto no art. 37, XXI, da CF.

Em face do exposto, portanto, pode-se repetir, uma vez mais, que toda a **atividade administrativa** é regida por um **conjunto** específico de **regras** em vista dos **interesses** por ela **representados** nos momentos em que atua. Assim, pode-se concluir que a esse **conjunto** de **regras** no qual estão incluídas as **vantagens** e as **obrigações** a serem seguidas pela **Administração** dá-se o nome de **regime jurídico** administrativo, como já noticiado.

Dentro desse contexto, inequívoca a conclusão segundo a qual a **Administração**, ao se **afastar** desta **finalidade única** que deve perseguir, incide em **desvio** de **finalidade** passível, pois, de apreciação pelo Poder Judiciário, como já noticiado.

Dessa forma, tendo em vista os elementos até aqui desenvolvidos, em especial a finalidade única a ser perseguida pela Administração, pode-se sintetizá-los da seguinte forma:

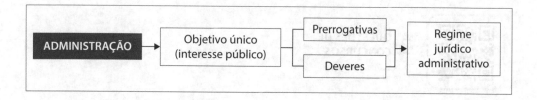

Em outras palavras, importante anotar que o **controle** feito pelo **Judiciário** em relação aos atos da **Administração** é, tão somente, de **legalidade**, com o oferecimento de contraditório e ampla defesa em homenagem à cláusula do **devido processo legal**, a teor do disposto no art. 5.º, LV, da Constituição Federal, desdobramento do princípio republicano (art. 1.º).

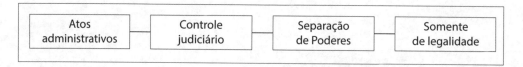

Por derradeiro, importante anotar a diferença entre regime jurídico administrativo (conjunto de regras envolvendo direitos e deveres que incide sobre a Administração para a preservação dos interesses da coletividade) e regime jurídico da Administração, que designa os regimes de direito público e privado (este último em caráter excepcional) incidentes sobre a Administração Pública.

1.3. QUADRO SINÓTICO

REGIME JURÍDICO ADMINISTRATIVO	
FUNÇÃO ADMINISTRATIVA	Em toda a atividade desenvolvida pelo Poder Público o objetivo único é a preservação dos interesses da coletividade, também rotulado como interesse público primário.
REFLEXOS	Por força desses interesses representados pela Administração, a ela o ordenamento jurídico confere não só direitos, vantagens e prerrogativas, mas também deveres e obrigações que não se estendem aos particulares.
DIREITOS DA ADMINISTRAÇÃO	**Exemplos:** ▪ poder de polícia; ▪ atributos do ato administrativo; ▪ cláusulas exorbitantes (contratos administrativos); ▪ desapropriação, confisco, requisição.
DEVERES DA ADMINISTRAÇÃO	**Exemplos:** ▪ contratação por concurso; ▪ abertura de licitação; ▪ motivação e publicação dos seus atos.
REGIME JURÍDICO ADMINISTRATIVO	Conjunto de regras no qual estão incluídas as vantagens e as obrigações a serem seguidas pela Administração para a preservação do interesse público.

1.4. QUESTÕES

QUESTÕES DE CONCURSOS
> http://uqr.to/1xgx8

2
PRINCÍPIOS CONSTITUCIONAIS DA ADMINISTRAÇÃO PÚBLICA

2.1. NOÇÕES GERAIS

Compreendido o conceito de regime jurídico da Administração Pública, o passo seguinte será dissecá-lo, procurando dele extrair as suas regras fundamentais.

Em outras palavras, a compreensão desse **regime jurídico** deverá partir de uma **análise** dos **princípios** que conformam toda a **atividade administrativa**. Isso porque são eles, os princípios, que oferecem coerência e **harmonia** a todo o **ordenamento jurídico**, procurando eliminar lacunas, além de aparentes contradições, razão pela qual toda a interpretação deve ser feita levando em conta o seu conteúdo.

Pode-se dizer, em síntese, que os **princípios** surgem como **parâmetros** para a **interpretação** do conteúdo das demais regras jurídicas, apontando as diretrizes que devem ser seguidas pelos aplicadores da lei.

Em outras palavras, para melhor visualização acerca da importância dessas normas para o Direito Administrativo, tem-se que:

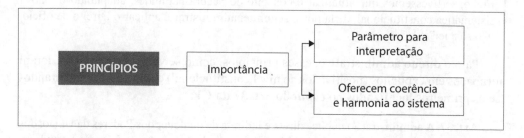

De resto, a importância desses princípios para o balizamento das atividades administrativas foi reconhecida pelo STF, quando do julgamento, **em 16.04.2015**, da **ADI 1.923/DF**, em que se destaca no voto-vista do **Min. Rel. Luiz Fux**:

> "(...) **Discricionariedade, porém, não pode significar arbitrariedade, de modo que o exame da conveniência e da oportunidade na qualificação não deve ser levado a cabo por mero capricho.** Conforme a doutrina contemporânea tem salientado, mesmo nos casos em que há competência discricionária **deve o administrador público decidir observando a principiologia constitucional, em especial os princípios da impessoalidade, moralidade, publicidade e eficiência (CF, art. 37, *caput*).** Por essa via informada pela força normativa da Constituição e pelo ideário pós-positivista, o conteúdo dos

princípios constitucionais serve de instrumento para o controle da Administração Pública, que, como componente da estrutura do Estado, não pode se furtar à observância do texto constitucional. (...)".

Também no julgamento, **em 20.08.2008**, da **ADC n. 12**, foi assentada, de forma inequívoca, a força normativa dos princípios previstos no **art. 37 da CF/88**, como é ressaltado no voto do **Ministro Menezes de Direito**:

"Mas eu tenho entendido, e creio que essa é a convergência do Supremo Tribunal Federal, que **esses princípios que estão insculpidos no *caput* do artigo 37 da Constituição Federal têm uma eficácia própria, eles são dotados de uma força própria, que podem ser imediatamente aplicados**. E eu diria até mais: sem um retorno às origens técnicas da diferenciação entre o princípio e a norma, que hoje, na perspectiva da Suprema Corte, esses princípios revestem-se da mesma força, tanto isso que, em precedente recentíssimo que julgamos aqui neste Pleno, nós aplicamos um desses princípios com a força efetiva de uma norma constitucional, e, portanto, esse princípio pode, sim, ser aplicado diretamente, independentemente da existência de uma lei formal (p. 14 et seq.)".

Nesse sentido, o **Ministro Ayres Brito**, em seu voto, quando do julgamento, em **30.11.2004**, no **RMS 24.699**, em que ressalta a função do art. 37 da CF e a vinculação da administração ao princípio não só da legalidade, mas da juridicidade. Confira-se:

"O artigo 37 da Constituição tornou o Direito maior do que a lei ao fazer da legalidade um elo, o primeiro elo de uma corrente de juridicidade que ainda incorpora a publicidade, a impessoalidade, a moralidade, a eficiência. **Ou seja, já não basta ao administrador aplicar a lei, é preciso que o faça publicamente, impessoalmente, eficientemente, moralmente. Vale dizer: a lei é um dos conteúdos desse continente que trata o artigo 37**. Então, se tivéssemos que atualizar o conceito de Seabra Fagundes, adaptando-o à nova sistemática constitucional, diríamos o seguinte: administrar é aplicar o Direito de ofício, não só a lei".

Para o direito administrativo, esses princípios, como se verá a breve trecho, foram agrupados em explícitos (positivados ao nível constitucional) e implícitos, encontrando-se os primeiros **localizados** no *caput* do **art. 37 da CF**:

Art. 37. A administração pública direta e indireta de qualquer dos Poderes da União, dos Estados, do Distrito Federal e dos Municípios obedecerá aos princípios de legalidade, impessoalidade, moralidade, publicidade e eficiência e, também, ao seguinte: (...).

Trata-se de uma **relação** meramente **exemplificativa**, de um mínimo de regras que deverão ser obrigatoriamente cumpridas no exercício de atividades administrativas. Isso porque não se pode descurar da existência de **outros princípios** que, embora **não expressamente previstos** no dispositivo constitucional, de igual sorte, comandam toda a atividade administrativa.

Nesse sentido, podem-se mencionar, a título de exemplo, os princípios da supremacia do interesse público sobre o particular, da motivação dos atos administrativos, da proporcionalidade, da finalidade, que, aliás, podem ser encontrados no **art. 2.º da Lei Federal n. 9.784/99**, que disciplina os processos administrativos. Confira-se:

2 ■ Princípios Constitucionais da Administração Pública

Art. 2.º A Administração Pública obedecerá, dentre outros, aos princípios da legalidade, **finalidade**, **motivação**, **razoabilidade**, **proporcionalidade**, moralidade, ampla defesa, contraditório, segurança jurídica, **interesse público** e eficiência.

Como se observa da leitura do dispositivo legal, a relação de princípios prevista no **art. 37 da CF** surge apenas como um conjunto de **regras mínimas** que devem ser seguidas pelo administrador, mas que longe está de esgotar o tema.

Nesse quadro, cumpre registrar ainda que cada Estado, no exercício do seu poder constituinte derivado decorrente, com fundamento no art. 25 da CF, tem a possibilidade, quando da elaboração de suas Constituições, de acrescentar outros princípios.

A mesma conclusão pode ser adotada para o Distrito Federal e para os Municípios quando da elaboração de suas leis orgânicas, a teor do disposto, respectivamente, nos arts. 32 e 29 da CF, e também para o legislador infraconstitucional.

O que não se admite é a possibilidade de não estar incluída em seus textos a relação mínima de princípios estabelecida no art. 37 da CF, a qual, como se sabe, por força do conteúdo dos arts. 25, 29 e 32, deverá ser obrigatoriamente observada.

Cumpre consignar que, mesmo se não houvesse previsão expressa nenhuma acerca desses princípios, ainda assim não perderiam eles a condição de **norteadores** de toda a **atividade administrativa** devido aos **interesses** aqui representados, vale dizer, os da **coletividade**, sob pena de esvaziamento do princípio republicano e do Estado democrático de direito.

De se considerar, também, que a previsão dessas regras na **Constituição** não se limita ao *caput* do art. 37, podendo ser encontrada em outros pontos. Servem de exemplo as previsões do art. 5.º, LXXIII (moralidade administrativa); art. 93, IX e X (motivação das decisões judiciais); art. 169 (princípio da eficiência, quando limita os gastos com folha de pessoal).

Outro ponto de destaque, diz respeito à **abrangência** desses **princípios**, ou seja, quem deve a eles se **submeter**.

A resposta a essa indagação vem oferecida pelo próprio art. 37, em seu *caput*:

Art. 37. A administração pública direta e indireta de qualquer dos Poderes da União, dos Estados, do Distrito Federal e dos Municípios (...).

Como regra geral, estão **submetidas** a eles não só a **Administração Direta** do Estado (composta basicamente de órgãos públicos, tais como Ministérios, Secretarias, Subprefeituras, Administrações Regionais) ou Prefeituras Regionais, mas também as **pessoas jurídicas** encontradas em sua **estrutura indireta**, tais como suas autarquias, fundações, empresas públicas, sociedades de economia mista e, mais recentemente, as agências reguladoras e executivas de **todas as esferas de governo**.

Oportuno registrar também que a aplicabilidade desses princípios recai sobre todas as pessoas integrantes da Administração Pública, independentemente da atividade que estejam desenvolvendo, vale dizer, prestando **serviço público** ou explorando **atividade econômica**.

Com efeito, ainda que estejam em competição com a iniciativa privada, não deixam de integrar a estrutura da Administração Pública, razão pela qual se aplica, de maneira incondicionada, a exigência de concurso para provimento de seus cargos, bem como a abertura de licitações.

Não fosse assim, estar-se-ia conferindo um cheque em branco para os administradores dessas entidades, o que não se justifica, em vista dos interesses por ela representados, vale dizer, os da coletividade.

Em outras palavras, ainda que estejam, em caráter excepcional, explorando **atividades econômicas (art. 173 da CF)**, continuam **submetidos** aos **princípios** constitucionais balizadores da atividade administrativa nomeados no *caput* do **art. 37 da CF**.

Assim, em que pese ter a CF preconizado em seu art. 173, § 1.º, que as empresas públicas e as sociedades de economia mista que explorem **atividade econômica** devam submeter-se ao mesmo regime jurídico das empresas privadas, isso não as desobriga do **cumprimento** dos **princípios** relacionados no **art. 37**, situação não alterada pela edição da Lei n. 13.303/2016 (Lei de Responsabilidade das Estatais), que disciplina as empresas públicas e sociedades de economia mista, com destaque para aquelas criadas para a exploração de atividade econômica.

De resto, outra não foi a orientação oferecida por nossa **Suprema Corte**, consoante se verifica do excerto a seguir colacionado:

"3. A jurisprudência desta Corte é pacífica no sentido de que, para a investidura em cargo ou emprego público, as empresas públicas e as sociedades de economia mista se submetem à regra constitucional do concurso público, nos termos do art. 37, II, da Constituição Federal" (STF, ArGr no RE n. 1310318/SE, j. 11.11.2021).

Assim, para a **contratação** de contingente humano pelo governo, a abertura de **concurso público**, como regra geral, se impõe, o mesmo se verificando para a **contratação** de **serviços** ou a aquisição e a alienação de bens, que deverão ser precedidas de **licitação**.

Visando facilitar a visualização do conteúdo do *caput* do art. 37 da Constituição, tomando por base as observações até o momento estudadas, apresentamos o seguinte esquema com relação ao destinatário desses princípios:

Ainda em relação a este tema, importante destacar que a Administração Pública, nas quatro esferas de governo, é composta por uma estrutura direta e outra indireta

2 ■ Princípios Constitucionais da Administração Pública

composta por figuras que só podem atuar para a preservação do interesse público, razão pela qual sobre elas incidem os mesmos princípios.

De forma a promover melhor visualização, vejamos o quadro contendo estas figuras:

ADMINISTRAÇÃO DIRETA	ADMINISTRAÇÃO INDIRETA
Órgãos	Pessoas
Ministérios	Autarquias
Secretarias	Fundações
Subprefeituras	Empresas
Administrações Regionais	Sociedades

O esquema apresentado permite visualizar que a **Administração Pública**, nas quatro esferas de governo, é composta por uma **estrutura direta** (onde se encontram **órgãos**) e uma **estrutura indireta** (onde se encontram as **pessoas** jurídicas ali relacionadas).

Dessa maneira, todas essas figuras, por integrarem a estrutura da **Administração**, surgem como **destinatárias** dos **princípios** que comandam essa atividade, uma vez que só podem editar atos para a preservação do **interesse público**.

Nesse sentido, sem a pretensão de esgotar o tema neste capítulo inicial, entendemos oportunas algumas considerações, ainda que breves, acerca dessas figuras integrantes da **estrutura** da **Administração**.

Assim é que se apresentam os **órgãos** como unidades de competência **desprovidas de personalidade jurídica** e, como consequência, ao menos em regra, desprovidas de **capacidade processual**.

Dessa forma, não apresentam eles competência nem para a propositura de ações judiciais, nem para figurar no polo passivo.

Como consequência lógica, não responderão pelos **danos** que causarem a **terceiros**, mas sim a esfera de governo em que se encontram.

A título de exemplo, os danos causados por um Ministério serão suportados em juízo pela União; os ocasionados por Secretarias de Estado, pelo Estado ou Município em que se encontrem. Os resultantes de Subprefeituras ou Administrações Regionais, pelos Municípios.

É o que se chama de **teoria do órgão**, que atribui a **responsabilidade** pelos atos praticados por servidores e órgãos à esfera de **governo** em que se encontram.

Por fim, a título de exceção, importante observar a existência de órgãos que, embora desprovidos de personalidade jurídica, apresentam capacidade processual, em razão de seu posicionamento no ordenamento jurídico, vale dizer, dos interesses que representam.

Nessa situação se encontram, a título de exemplo, o Ministério Público; a Defensoria Pública; as Procuradorias, que, pela importância a eles atribuída pelo nosso ordenamento jurídico, justificam, para melhor visualização, o seguinte quadro:

	NATUREZA	PERSONALIDADE JURÍDICA	CAPACIDADE PROCESSUAL	LOCALIZAÇÃO
MINISTÉRIO PÚBLICO	Órgão	Não tem	Tem	Administração direta
DEFENSORIA PÚBLICA	Órgão	Não tem	Tem	Administração direta
PROCURADORIAS	Órgão	Não tem	Tem	Administração direta

De outra parte, na **estrutura indireta** da Administração se apresentam **pessoas jurídicas**, que são unidades de competência dotadas de **personalidade jurídica** e, como consequência, de **capacidade processual**.

Se, por um lado, a exemplo dos órgãos, também apresentam campo de competência previamente definido em lei, por outro, **respondem** pelas **obrigações** que contraírem, bem como pelos danos que causarem.

Assim, a vítima de danos causados por autarquias, fundações, empresas públicas ou sociedades de economia mista deverá acioná-las em juízo e não a esfera de governo em que se encontrem.

De resto, é o que se observa ao longo do art. 37, § 6.º, da CF, em sua parte inicial, em que prevê que a vítima de danos praticados por agentes públicos, ingressará em juízo em face da **pessoa jurídica** de direito público ou de direito privado prestadora de serviços públicos.

Nesse sentido, para facilitar a compreensão do posicionamento dessas pessoas na estrutura indireta da Administração, oportuna a elaboração do quadro a seguir:

	NATUREZA	PERSONALIDADE JURÍDICA	CAPACIDADE PROCESSUAL	LOCALIZAÇÃO
AUTARQUIAS	Pessoa jurídica	Tem	Tem	Administração indireta
FUNDAÇÕES	Pessoa jurídica	Tem	Tem	Administração indireta
EMPRESAS	Pessoa jurídica	Tem	Tem	Administração indireta
SOCIEDADES	Pessoa jurídica	Tem	Tem	Administração indireta

Cumpre agora, traçadas as premissas gerais sobre esse tema, passar em revista o conteúdo desses princípios, iniciando pelo da legalidade, em vista da importância de que se reveste.

2.2. ESPÉCIES

Inicialmente, é importante reiterar que os **princípios** que comandam a atividade administrativa encontram-se divididos em dois grandes blocos: os **explícitos** ou **expressos**, que se encontram positivados na Constituição Federal, e os **implícitos**, que não encontram previsão expressa na Lei Maior, embora também permeiem toda a atividade administrativa.

2.2.1. Princípios expressos

2.2.1.1. *Princípio da legalidade*

A primeira observação a ser feita diz respeito à importância desse princípio para um **Estado Democrático de Direito** como o nosso.

2 ■ Princípios Constitucionais da Administração Pública

Destarte, traduz ele uma das mais expressivas conquistas da humanidade, ou seja, permitir que as divergências, os conflitos, as tensões se resolvam não pelo **primado** da força, mas pelo império da **lei**.

Nesse contexto é que se justifica sua presença na Constituição de todos os países, não sendo outra a realidade prevista em todos os Textos Constitucionais brasileiros.

Assim é que algumas **referências** importantes ao princípio da legalidade podem ser vislumbradas em nossa **Carta Maior** e serão reproduzidas, a título de exemplificação, para que se possa ter uma ideia da dimensão a ele conferida.

De início, como base para o Estado Democrático de Direito, está sua inclusão no título relativo aos direitos fundamentais, mais precisamente no art. 5.º, II, que traz a fórmula por demais conhecida, mas que se pede vênia para reproduzir em razão de sua pertinência:

Art. 5.º (...)

II — ninguém será obrigado a fazer ou deixar de fazer alguma coisa senão em virtude de lei.

Trata-se, como se observa, de uma regra vital, porque está a revelar que a imposição de **comportamentos unilaterais** pelo Poder Público só será possível se tiver **respaldo em lei**, impedindo, dessa forma, a legitimação de atitudes arbitrárias.

Em outras palavras, essa regra consubstancia, simultaneamente, uma salvaguarda para o direito dos administrados e uma **limitação**, uma fronteira para a atuação do **Poder Público**.

Com efeito, se é verdade que, por força dos interesses que representa, pode a Administração impor unilateralmente comportamentos, não é menos verdade que essa imposição só será possível se tiver **respaldo em lei**.

Em outro dizer, conclui-se, com meridiana clareza, que não existe **interesse público** que se legitime sem que apresente **apoio em lei**.

Pode-se também afirmar que a **atividade administrativa** está totalmente **subordinada à lei**, situação essa traduzida com maestria pelas lições do eminente jurista Seabra Fagundes[1] quando explicitou: "Administrar é aplicar a lei de ofício".

Essas conclusões podem ser encontradas sob outra roupagem, em outros dispositivos constitucionais, como é o caso do art. 5.º, XXXIX, que explicita o princípio da estrita legalidade penal nos seguintes termos:

Art. 5.º (...)

XXXIX — não há crime sem lei anterior que o defina, nem pena sem prévia cominação legal.

Trata-se, uma vez mais, de um **limite** para a **atuação** do **Estado**, na medida em que só poderá ele tipificar situações como caracterizadoras de crime se for por meio de lei, o mesmo se verificando para as hipóteses em que pretender instituir sanções ou penalidades.

---

[1] *Controle dos atos administrativos pelo Poder Judiciário*. 5. ed. Rio de Janeiro: Forense, 1979, p. 45.

Não é diversa, outrossim, a situação que se verifica no campo tributário.

Art. 150. Sem prejuízo de outras garantias asseguradas ao contribuinte, é vedado à União, aos Estados, ao Distrito Federal e aos Municípios:
I — exigir ou aumentar tributo sem lei que o estabeleça.

Verifica-se, como regra geral, que a diretriz aqui apontada pela Constituição impede, para a **segurança do contribuinte**, que possa o Poder Público **criar ou majorar tributos** a não ser por meio de **lei**.

Não é outra a razão pela qual as regras inseridas nos diversos incisos desse artigo recebem o nome de **limitações constitucionais ao poder de tributar**.

Dessa forma, ainda que exceções possam ser encontradas na própria Constituição quanto à possibilidade de criação ou majoração de tributos por meio de medidas provisórias, essa situação não pode servir de fundamento para afastar a regra geral acima mencionada, mesmo porque essa espécie normativa só pode ser utilizada na hipótese de relevância e urgência.

Por derradeiro, o mesmo cenário se apresenta, quanto a necessidade de lei para fixar exigências a serem preenchidas por aqueles que pretenderem titularizar cargos na esfera administrativa, a teor do disposto nos **arts. 5.º, XIII, 37, I e II, da CF**. Confira-se:

Art. 5.º (...)
XIII — é livre o exercício de qualquer trabalho, ofício ou profissão, atendidas as qualificações profissionais **que a lei estabelecer**;

Art. 37. (...)
I — os cargos, empregos e funções públicas são acessíveis aos brasileiros que preencham os requisitos estabelecidos em lei, assim como aos estrangeiros, **na forma da lei**;
II — a investidura em cargo ou emprego público depende de aprovação prévia em concurso público de provas ou de provas e títulos, de acordo com a natureza e a complexidade do cargo ou emprego, **na forma prevista em lei**, ressalvadas as nomeações para cargo em comissão declarado em lei de livre nomeação e exoneração;

Para melhor visualização destas referências constitucionais, acerca do princípio da legalidade, vejamos o quadro:

ALGUMAS REFERÊNCIAS CONSTITUCIONAIS	
LEGALIDADE	Art. 5.º, II; art. 5.º, XXXIX; art. 150, I; art. 5.º, XIII; art. 37, I e II

Estabelecida a importância do princípio, cumpre observar, também, que, embora todos — Administração Pública e particulares — devam obediência à lei, esse **princípio** se apresenta com **perfil diferenciado** para ambos, por força dos **interesses representados**.

Assim, enquanto aos **particulares** é conferida a possibilidade de fazer, na defesa de seus interesses e do seu patrimônio, **tudo aquilo que a lei não proíbe**, a **Administração**, na defesa dos interesses da coletividade, só poderá fazer **aquilo que a lei expressamente autoriza**.

2 ▣ Princípios Constitucionais da Administração Pública

Por essa razão é que se diz que no campo do direito privado a atividade desenvolvida pelos particulares deve pautar-se por uma **relação de não contradição** com a lei, enquanto para o Poder Público trata-se de uma **relação de subordinação** para com ela.

Dessa forma, para melhor visualização das diferenças existentes entre os agentes públicos e os particulares relacionadas a esse princípio, confira-se o quadro:

	PERFIL	EDIÇÃO DE ATOS
ADMINISTRAÇÃO	Relação de subordinação para com a lei	Depende de lei anterior
PARTICULARES	Não contradição para com a lei	Não depende de lei anterior

Outrossim, pode-se dizer que na expressão "lei" podem ser inseridas outras espécies normativas que, embora com ela não se confundam, também podem inovar originariamente o ordenamento jurídico porque derivadas diretamente da Constituição.

Nessa situação encontramos as **medidas provisórias**, os **decretos legislativos**, as **resoluções, decretos autônomos**, desde que, por óbvio, editados com o preenchimento dos requisitos constitucionais exigidos.

Da mesma forma, oportuno salientar a obrigatoriedade de atendimento dos **atos infralegais**, desde que editados em cumprimento da diretriz constitucional estabelecida no art. 84, IV, vale dizer, para oferecer **fiel execução** a ela.

Em outras palavras, a **imposição** de comportamentos de modo **unilateral** por meio desses atos só será possível se se mantiverem eles dentro dos **limites** previamente estabelecidos pela **lei** à qual pretendem oferecer fiel execução.

A título de encerramento, oportuno ressaltar que, em termos de hierarquia, os **atos administrativos** encontram-se em **patamar inferior ao da lei**, razão pela qual, além de dependerem de sua existência para serem editados, não poderão **inovar** em relação a ela, estabelecendo direitos e obrigações.

Portanto, teremos uma **ilegalidade**, quer quando o ato administrativo for editado **sem a existência de lei** anterior, quer quando **inovar** em relação a ela.

Para melhor visualização, cite-se a impossibilidade de um edital de concurso estabelecer, para os candidatos, exigências que não tenham previsão anterior na lei que disciplina a carreira.

Não se trata de uma conclusão gratuita: resulta da expressa disposição contida na Constituição Federal, em seu art. 37, II, em especial quando deixa consignado que a investidura em cargos e empregos públicos depende de aprovação prévia em **concurso público** de provas ou de provas e títulos, de acordo com a natureza e a complexidade do cargo, **na forma prevista em lei**.

Assim, a exigência de submissão de candidatos a **teste psicotécnico** será legítima tão somente se existir previsão nesse sentido na **lei** disciplinadora da carreira, não sendo por outra razão que nossa Suprema Corte editou a Súmula Vinculante 44:

SÚMULA VINCULANTE 44: Só por lei se pode sujeitar a exame psicotécnico a habilitação de candidato a cargo público.

16   Direito Administrativo Esquematizado   *Celso Spitzcovsky*

Sobre o tema, oportuno também destacar **decisão proferida pelo STF**, quando do julgamento em **05.02.2020**, do **RE n. 560.900**, em que resultou a seguinte **tese de repercussão geral**: "sem previsão constitucionalmente adequada e **instituída por lei**, não é legítima cláusula de edital de concurso público que restrinja a participação de candidato pelo simples fato de responder a inquérito ou a ação penal".

Nesse sentido, registre-se ainda ter a Constituição atribuído enorme importância a essa situação ao deixá-la consignada no **art. 5.º, XIII**, onde se lê que é livre o exercício de qualquer trabalho, ofício ou profissão, atendidas as **qualificações profissionais** estabelecidas em **lei**.

Dentro desse contexto, assume enorme importância a questão relacionada à exigência estabelecida em diversos editais de concurso relacionada à necessidade de comprovação por parte do candidato de **três anos de atividade jurídica**.

Com efeito, por força das observações até então relacionadas ao princípio da legalidade, a referida previsão editalícia exige, para que se legitime, **anterior previsão na lei** que disciplina a carreira em que os cargos estão sendo oferecidos. Em outras palavras, tendo em vista que o **edital** de um concurso apresenta **natureza jurídica de ato administrativo**, ao ser publicado, não pode ele **inovar** no ordenamento jurídico, dependendo de anterior previsão estabelecida em **lei**. Nesse sentido, oportuno observar que a esse respeito a Constituição Federal, em seu art. 93, I, com a redação determinada pela **Emenda Constitucional n. 45/2004**, estendeu a obrigatoriedade do cumprimento dessa exigência apenas para o ingresso na **Magistratura**, mesma situação que se apresenta para o ingresso na carreira do **Ministério Público** a teor do disposto no art. 129, § 3.º.

Assim sendo, em vista do conteúdo do princípio da legalidade, conclui-se que, exceção feita a essas duas carreiras, que têm previsão expressa na Constituição, a exigência de comprovação de **tempo de atividade jurídica** para as demais depende de **expressa previsão em lei**, não sendo suficiente a simples previsão no edital.

A propósito do tema, o **STF**, quando do julgamento, em **agosto de 2020**, da **ADIn 4.219**, decidiu que **cursos de pós-graduação valem como tempo de atividade jurídica** para concursos públicos. Não acolheu a ação proposta pelo Conselho Federal da OAB que contestou o art. 3.º da Resolução n. 11/2006 do CNJ e o parágrafo único do art. 1.º da Resolução n. 29/2008 do CNMP.

Por fim, importante salientar que exatamente por força desse princípio é que se verificam as diferenças entre os **bacharéis em direito** e os demais em relação ao efetivo exercício das profissões, uma vez que, enquanto os primeiros terão de ser aprovados no Exame da OAB, por força de expressa previsão contida no **Estatuto da entidade**, os demais estão liberados do cumprimento dessa exigência.

Aliás, a esse respeito, importante registrar que diversos questionamentos acerca da constitucionalidade da exigência de aprovação no Exame da OAB já foram deduzidos junto ao **STF**, resultando na conclusão pela sua legitimidade.

Em outras palavras, a exigência de aprovação prévia em **exame da Ordem dos Advogados do Brasil** para que bacharéis em direito possam exercer a advocacia foi considerada constitucional pelo Plenário do **Supremo Tribunal Federal**. Por unanimidade, os Ministros, em **25.05.2012**, negaram provimento ao **Recurso Extraordinário n. 603.583** que questionava a obrigatoriedade do Exame. Como o recurso teve

repercussão geral reconhecida, a decisão nesse processo será aplicada a todos os demais que tenham pedido idêntico.

A votação acompanhou o entendimento do relator, Ministro Marco Aurélio, no sentido de que a prova, prevista na Lei n. 8.906/94 (Estatuto da Advocacia), não viola qualquer dispositivo constitucional. Concluíram desta forma os demais Ministros presentes à sessão: Luiz Fux, Dias Toffoli, Cármen Lúcia Antunes Rocha, Ricardo Lewandowski, Ayres Britto, Gilmar Mendes, Celso de Mello e Cezar Peluso.

Nesse sentido, oportuna a reprodução de precedente do **STF** quando do julgamento, em **26.04.2021**, da **ADPF 588/PB**, relacionado ao **bloqueio judicial de verbas públicas e empresa prestadora de serviço público essencial prestado em regime não concorrencial**.

Do referido precedente resultou a seguinte **tese**:

> "Os recursos públicos vinculados ao orçamento de estatais prestadoras de serviço público essencial, em regime não concorrencial e sem intuito lucrativo primário não podem ser bloqueados ou sequestrados por decisão judicial para pagamento de verbas trabalhistas, *em virtude do disposto no art. 100 da CF/1988, e dos princípios da legalidade orçamentária (art. 167, VI, da CF)*, da separação dos poderes (arts. 2.º, 60, § 4.º, III, da CF) e da eficiência da administração pública (art. 37, *caput*, da CF)".

De outra parte, em respeito ao princípio da legalidade, concluiu o **STF**, quando do julgamento, **em 14.08.2023**, da **ADI 6.180/SE**, pela inconstitucionalidade da transformação, mediante decreto, de funções de confiança em cargos em comissão. Confira-se:

> "É inconstitucional — por ultrapassar a prerrogativa pautada na mera reorganização administrativa (CF/1988, art. 84, VI, 'a' e 'b') e ofender o princípio da reserva legal (CF/1988, art. 48, X, c/c o art. 61, § 1.º, II, 'a') — norma estadual que autoriza a transformação, mediante decreto ou outro ato normativo infralegal, de funções de confiança em cargos em comissão ou vice-versa".

2.2.1.2. Princípio da impessoalidade

Seguindo pela ordem apresentada no **art. 37**, chega-se agora ao princípio da impessoalidade, que pode ser traduzido pela obrigação atribuída ao Poder Público de manter uma **posição neutra** em relação aos administrados, só produzindo **discriminações** que se justifiquem em vista do **interesse público**.

Em razão desse princípio, não fica a Administração proibida de estabelecer **discriminações**, mas tão somente aquelas que se revelarem **gratuitas**.

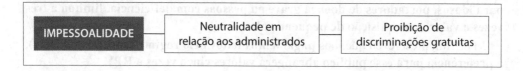

Assim, para a viabilização de contratações, o Texto Constitucional exige, como regra, a abertura de concurso público em que devem incidir regras idênticas sobre todos os eventuais interessados, resultando na possibilidade de contratação somente daqueles que tenham obtido os melhores resultados.

Nesse sentido, qualquer atitude tomada pelo administrador, durante o desenvolvimento do **concurso**, que vise ao **favorecimento ou desfavorecimento gratuito** de pessoas determinadas deve ser imediatamente fulminada por agressão ao princípio ora comentado.

Da mesma forma, exige-se, como regra geral, para a viabilização de **contratação de serviços**, a abertura de certame **licitatório** visando à escolha da **proposta mais vantajosa para o interesse público**, respeitados os termos previstos no edital.

Está a Administração Pública, portanto, proibida de contratar com outra proposta que não aquela que tenha se revelado a melhor nos termos prefixados no edital de convocação, sendo, inclusive, obrigada a desclassificar aquela que se tenha revelado inexequível.

De igual sorte, quanto à **liquidação dos seus débitos**, tem a Administração o dever de assumir uma atitude impessoal, respeitando a **ordem cronológica** de apresentação dos **precatórios** na forma prevista no **art. 100 da CF, diretriz que se estende para os de natureza alimentar, consoante a Súmula 655 do STF**.

> **SÚMULA 655 DO STF:** A exceção prevista no art. 100, *caput*, da Constituição, em favor dos créditos de natureza alimentícia, não dispensa a expedição de precatório, limitando-se a isentá-los da observância da ordem cronológica dos precatórios decorrentes de condenações de outra natureza.

De resto, em relação a este item, importante anotar as alterações promovidas pela **Emenda Constitucional n. 99, de 14 de dezembro de 2017**, que modificou os arts. 101, 102, 103 e 105 das Disposições Constitucionais Transitórias, instituindo novo regime especial de pagamento de precatórios.

Com essas alterações, fica estendido de 2020 para 2024 o limite para o pagamento dos precatórios.

Outrossim, determinou essa Emenda Constitucional que o Distrito Federal, Estados e Municípios estabeleçam **plano de pagamento a ser anualmente apresentado ao Tribunal de Justiça local**, órgão onde deverá ser depositado, mensalmente, em conta especial, um doze avos do valor calculado percentualmente sobre suas receitas correntes líquidas, apuradas no segundo mês anterior ao pagamento.

De outra parte, esses **precatórios** passarão a ser **atualizados pelo IPCA-E, seguindo decisão do STF**.

Em relação à preferência de pagamento para aqueles de **natureza alimentícia, para idosos, portadores de doença grave ou pessoas com deficiência, limitou a três vezes o valor da requisição de pequeno valor**.

Por fim, prescreveu que, nos **pagamentos feitos pelo regime especial (até 2024), a preferência para esse público abrangerá valores cinco vezes a RPV**.

Se o precatório tiver valor maior, poderá ser fracionado para que a pessoa receba esse montante. O restante seguirá a ordem cronológica de apresentação, prestigiando o princípio da impessoalidade.

2 ◼ Princípios Constitucionais da Administração Pública   **19**

Como se viu, a atitude **impessoal** que deve nortear toda a atividade administrativa está diretamente relacionada com os **interesses** a serem atendidos, vale dizer, os da **coletividade**, razão pela qual possível a relação deste princípio com os da *finalidade* e da *isonomia*.

De outra parte, esse princípio também nos leva à conclusão de que todos os atos praticados pelos agentes públicos assumem caráter de **impessoalidade**, **impedindo** que eles possam buscar **finalidades particulares**.

Nesse sentido é que se apresenta a **"teoria do órgão"**, que, como já visto, atribui a **responsabilidade pelos danos** causados a terceiros em vista de atos administrativos não ao agente que o praticou, mas à **pessoa jurídica** por ele representada.

Por derradeiro, cumpre registrar a aplicabilidade do princípio da impessoalidade em vista da redação prevista no art. 37, § 1.º, da CF:

> **Art. 37. (...)**
> § 1.º A publicidade dos atos, programas, obras, serviços e campanhas dos órgãos públicos deverá ter caráter educativo, informativo ou de orientação social, dela não podendo constar nomes, símbolos ou imagens que caracterizem promoção pessoal de autoridades ou servidores públicos.

A leitura desse dispositivo constitucional bem está a demonstrar o perfil a ser empregado pelo administrador quando da veiculação de **publicidade** acerca de atos, obras e **programas de governo**.

Com efeito, só poderá emprestar a essa publicidade institucional o **caráter informativo**, educativo ou de orientação social, sendo terminantemente proibido qualquer tipo de **promoção pessoal** por meio de nomes, imagens ou símbolos, matéria enfrentada por nossos tribunais.

Da mesma forma, concretiza-se, esse princípio, em razão da previsão estabelecida no art. 37, § 6.º, da CF, que prevê a propositura de ação de indenização, em face da pessoa jurídica e não do agente público responsável.

Para melhor visualização das hipóteses de incidência desse princípio, confira-se o quadro:

CONTRATAÇÃO DE PESSOAS	Concurso	Art. 37, II, da CF
CONTRATAÇÃO DE SERVIÇOS	Licitação	Art. 37, XXI, da CF
PAGAMENTO DE CREDORES	Ordem cronológica de precatórios	Art. 100 da CF
PROPAGANDA DE GOVERNO	Proibição para nomes, imagens e símbolos	Art. 37, § 1.º, da CF
RESPONSABILIDADE DO ESTADO	Imputa responsabilidade para atos dos agentes à pessoa jurídica	Art. 37, § 6.º, da CF

A propósito, confira-se a decisão exarada pelo **Tribunal Regional Eleitoral do Piauí**, quando do julgamento, em **18.11.2021, do RE n. 060014960**, em que se discute a configuração ou não de abuso de poder político por força da **publicação de vídeo em rede social de prefeito candidato à reeleição, gravado dentro de escola municipal, com a participação de servidores. Confira-se:**

"ELEIÇÕES 2020. RECURSO ELEITORAL. CANDIDATO. **PREFEITO. REELEI-ÇÃO. AÇÃO DE INVESTIGAÇÃO JUDICIAL ELEITORAL.** ABUSO DE PODER POLÍTICO. NÃO CARACTERIZADO. PROPAGANDA ELEITORAL ANTECIPADA. PRÁTICA DE CONDUTA VEDADA. ART. 73, VI, B, DA LEI N. 9.504/97. **USO DE PROMOÇÃO PESSOAL. PUBLICIDADE INSTITUCIONAL ANTES DE TRÊS MESES DO PLEITO. PUBLICAÇÃO NA PÁGINA PESSOAL DO CANDIDATO NO FACEBOOK. LOGOMARCA DE CAMPANHA. CONFIGURADA PROPA-GANDA INSTITUCIONAL. RECURSO CONHECIDO E PARCIALMENTE PRO-VIDO.** (...) 3 **Contudo, a publicidade objurgada (vídeo) configura publicidade institu-cional, na medida em que: o vídeo em questão foi gravado dentro de uma escola municipal; com a participação direta de servidores públicos municipais, dentre eles a Secretária Municipal de Educação, Professoras e demais servidores; e o conteúdo do vídeo aborda tema estritamente institucional: o ensino remoto nas escolas muni-cipais durante a pandemia de COVID-19**. 4 — Não descaracteriza a publicidade insti-tucional a ausência do dispêndio de recursos financeiros [públicos] e nem o fato de ter sido veiculada em perfil pessoal do gestor em rede social como o Facebook. Precedentes do c. TSE. Caráter eleitoreiro evidenciado da propaganda. 5 — Conduta vedada caracte-rizada, sem, no entanto, afetar o equilíbrio do pleito. 6 — Recurso conhecido e parcial-mente provido apenas para reconhecer a prática de conduta vedada com a aplicação da sanção em seu patamar mínimo" (**TRE-PI, RE 060014960 Simplício Mendes — PI, Rel. Thiago Mendes de Almeida Férrer, j. 18.11.2021, *DJe* 01.12.2021**).

Caminhando no mesmo sentido, a decisão proferida pelo **STJ**, quando do julga-mento, **em 16.11.2021**, do AREsp n. 1.777.909/MS. Confira-se:

"ADMINISTRATIVO. IMPROBIDADE. PROPAGANDA INSTITUCIONAL ATRELA-DA À IMAGEM DO ADMINISTRADOR. VEDAÇÃO CONSTITUCIONAL À AUTO-PROMOÇÃO. ATO ÍMPROBO CARACTERIZADO. 1. Na origem, cuida-se de Ação por Improbidade na qual se alegou que o réu, quando era Prefeito de Campo Grande/MS e candidato à reeleição, teria se utilizado do sítio eletrônico da prefeitura para promoção pessoal. (...) 6. Aliás, na sentença, considerada correta pelo Tribunal de origem, chegou-se a dizer: 'Estas condutas ocorreram, como já foi dito, porque o requerido, enquanto Prefei-to e candidato à reeleição, permitiu que fossem publicadas algumas notícias de obras que aconteciam na sua gestão, no sítio da prefeitura, com menção ao seu nome'. E conclui o Juízo de primeiro grau que tais publicações 'servem de veículo legítimo de comunicação da Administração Pública com a população. O erro do requerido foi permitir que ocor-ressem durante um período de campanha eleitoral, de modo que a disputa poderia ser desequilibrada' (fls. 500-501, e-STJ). 7. Ao contrário do que decidiram as instâncias ordinárias, 'Não constitui erro escusável ou irregularidade tolerável olvidar princípio constitucional da magnitude da impessoalidade e a vedação contida no art. 37, § 1.º, da Constituição da República' (Recurso Especial 765.212/AC, Relator Min. Herman Benja-min, Segunda Turma, *DJe* 23.06.2010). 8. No mesmo sentido: 'Segundo o arcabouço fáti-co delineado no acórdão, restou claramente demonstrado o dolo, no mínimo genérico, na irregular veiculação de propaganda institucional em que atreladas as realizações do Mu-nicípio ao seu então alcaide e ora recorrente. Tal conduta, atentatória aos princípios da impessoalidade, da moralidade e da legalidade, nos termos da jurisprudência desta Corte, é suficiente para configurar o ato de improbidade capitulado no art. 11 da Lei n. 8.429/1992' (REsp 1.114.254/MG, Rel. Ministro Sérgio Kukina, Primeira Turma, *DJe* 05.05.2014). E

2 ◼ Princípios Constitucionais da Administração Pública

ainda: AgRg no AREsp. 725.526/SE, Rel. Ministro Humberto Martins, Segunda Turma, *DJe* 23.09.2015. 9. Agravo conhecido, para dar provimento ao Recurso Especial, com determinação de baixa à origem, a fim de fixar das penalidades."

Nesse sentido ainda, oportuna a reprodução de **precedente** do **STF**, quando do julgamento em **17.05.2021**, da **ADI 6.522/DF** em que o **Tribunal, por unanimidade, julgou procedente o pedido formulado na ação direta para: a) declarar a inconstitucionalidade do § 5.º do art. 22 da Lei Orgânica do Distrito Federal; e b) interpretar conforme à Constituição da República o § 6.º do art. 22 da Lei Orgânica do Distrito Federal para que a divulgação de iniciativa de ato, programa, obra ou serviço público de que seja ele autor se realize com a finalidade exclusiva de informar ou educar e apenas pelos canais do próprio mandatário ou partido político, não se admitindo a sua confusão com a publicidade do órgão público ou entidade, nos termos do voto da Relatora**.

A propósito ainda desse tema, vale destacar a **decisão proferida em agosto de 2020**, pelo **TJSP**, na **Apelação Cível n. 1012844-73.2018.8.26.0053**, que **condenou o então Prefeito João Dória por improbidade administrativa**, em razão de **promoção pessoal** ao utilizar o *slogan* **"Acelera São Paulo" atrelado ao símbolo ">>"**, os quais se teriam tornado intimamente vinculados a sua imagem. Expressão e símbolo que permaneceram em uso após sua posse no cargo de **prefeito de São Paulo**, de maneira a associar a sua imagem a programas de governo, contrariando o **art. 37, § 1.º, da CF** e, pois, o **princípio da impessoalidade**.

Em **08.03.2024**, o Colegiado retomou o enfrentamento desse tema, alterando a decisão anterior, eis que baseada na configuração de dolo genérico, em razão de as mudanças promovidas na LIA admitirem, segundo entendimento do STF, tão somente o dolo específico.

"RECURSO DE APELAÇÃO EM AÇÃO DE IMPROBIDADE ADMINISTRATIVA. READEQUAÇÃO DE JULGADO. ADMINISTRATIVO. ELEMENTO SUBJETIVO DO AGENTE. Recurso Especial devolvendo os autos à Turma Julgadora para eventual adequação ou manutenção da decisão. Alteração na Lei n. 8.492/92 pela Lei n. 14.320/21 que determina que somente os atos dolosos são passíveis de punição por improbidade administrativa. V. Acórdão que analisou o contexto fático e condenou o corréu por dolo genérico. V. Acórdão que deve ser modificado em razão do entendimento firmado pelo E. STF no julgamento do ARE n. 843.989 — Tema 1199, em sede de repercussão geral. Readequação para determinar a improcedência da ação. V. Acórdão modificado".

Não por outra razão preocupou-se a **Lei n. 9.504/97** (Lei das Eleições) em reservar um capítulo específico denominado **"Das condutas vedadas aos agentes públicos"**, voltado a assegurar **igualdade** de **oportunidades entre os candidatos** a mandatos eletivos, durante a **campanha eleitoral**.

Nesse sentido, o legislador proíbe a realização de **propagandas de governo** que impliquem uma exposição maior do **candidato à reeleição** em relação aos candidatos de oposição, exceção feita àquelas situações que se apresentarem necessárias para a preservação do interesse público.

Dessa forma, não se revela inconstitucional a **propaganda** realizada para orientar a população em relação a uma campanha de vacinação para **combater** determinada **epidemia**.

A mesma situação já não se apresenta para aquela propaganda voltada a incrementar a imagem do candidato à reeleição junto ao eleitorado. É o que se verifica na previsão estabelecida no art. 73 do referido diploma legal.

Essa preocupação do legislador encontra justificativa na previsão estabelecida no **art. 14, § 5.º, da CF**, que permite às autoridades ali relacionadas, vale dizer, **prefeitos, governadores, Presidente da República**, e àqueles que os tenham substituído ou sucedido no curso do mandato, concorrer a uma eleição sem a necessidade de renúncia ao mandato que titularizam.

Destarte, a possibilidade de essas autoridades se manterem à frente do mandato, portanto, comandando toda a **máquina administrativa** levaria, de forma inquestionável, a uma **desequiparação** em relação aos **candidatos de oposição**, justificando a reserva pela Lei n. 9.504/97 de um capítulo voltado a proibições a esses agentes durante o período de **campanha eleitoral**.

A propósito, em seu art. 11, § 7.º, o referido diploma legal assinala que a configuração das condutas ali relacionadas caracterizam improbidade administrativa, por desrespeito ao art. 11, I, da Lei de Regência. Confira-se:

> **Art. 11.** (...)
> § 7.º As condutas enumeradas no *caput* caracterizam, ainda, atos de improbidade administrativa, a que se refere o art. 11, inciso I, da Lei n. 8.429, de 2 de junho de 1992, e sujeitam-se às disposições daquele diploma legal, em especial às cominações do art. 12, inciso III.

Nesse sentido, oportuno registrar que, nada obstante a revogação do referido dispositivo, em 2021, pelas alterações promovidas na LIA, a perspectiva de improbidade permanece, em razão da inclusão, no mesmo artigo, do inciso XII. Confira-se:

> **Art. 11.** (...)
> XII — praticar, no âmbito da administração pública e com recursos do erário, ato de publicidade que contrarie o disposto no § 1.º do art. 37 da Constituição Federal, de forma a promover inequívoco enaltecimento do agente público e personalização de atos, de programas, de obras, de serviços ou de campanhas dos órgãos públicos. (Incluído pela Lei n. 14.230, de 2021)

Trata-se de conclusão extraída com lastro em precedente do **STJ**, quando do julgamento, **em 27.02.2024**, do **AREsp 1.206.630/SP**. Confira-se:

> "Não obstante a abolição da hipótese de responsabilização por violação genérica aos princípios administrativos, anteriormente prevista no *caput* do artigo 11 da Lei n. 8.249/1992, a novel previsão, entre os seus incisos, da conduta considerada no acórdão como violadora dos princípios da moralidade e da impessoalidade evidencia verdadeira continuidade típico-normativa".

Oportuno registrar ter sido essa matéria também contemplada pela **Lei n. 9.784/99**, que regula os **processos administrativos** na área federal, em especial em seu **art. 2.º, parágrafo único, III**:

Art. 2.º (...)

Parágrafo único. Nos processos administrativos serão observados, entre outros, os critérios de: (...)

III — objetividade no atendimento do interesse público, **vedada a promoção pessoal de agentes ou autoridades**.

Por fim, **excepcionando este princípio**, se apresenta a **Súmula 615 do STJ**, editada em maio de 2018. Confira-se:

> **SÚMULA 615 DO STJ:** Não pode ocorrer ou permanecer a inscrição do município em cadastros restritivos fundada em irregularidades na gestão anterior quando, na gestão sucessora, são tomadas as providências cabíveis à reparação dos danos eventualmente cometidos.

Com efeito, a leitura da **súmula** reproduzida bem **demonstra** a **consolidação** ao **nível** do **STJ** da **tese de liberação da inscrição de Municípios em cadastros de inadimplência** quando a **administração**, que sucedeu ex-gestor faltoso, **promove** a adoção de todas as **medidas** tendentes ao **ressarcimento** ao **erário** dos **prejuízos causados**.

Em outro dizer, **pressupõe o cumprimento de requisito objetivo** para a suspensão de eventuais restrições ao município, vale dizer, a **imposição de medidas de cunho preparatório** em **âmbito administrativo** e **judicial** em face dos gestores e/ou empresas responsáveis pela má administração de recursos públicos.

Em síntese, **libera** a **inadimplência** do **Município** administrado por prefeito, que sucedeu ao administrador faltoso, **quando tomadas todas as providências para os ressarcimentos** dos cofres públicos.

Assim sendo, **a tese** cristalizada na referida súmula **afasta** a **regra geral**, segundo a qual o **ente federado**, não importa o gestor, **deve responder pela inadimplência** e ser mantido no cadastro de devedores até que a obrigação seja devidamente cumprida, de forma a não prejudicar o interesse público.

Desta forma, **impede** que **sanções atinjam pessoas** que **não tenham participado do ato**; não tenham dele se beneficiado; e não tinham como evitá-lo.

Dentro desse contexto, **cumpre salientar não se tratar de exoneração do município da obrigação de ressarcimento, mas de suspensão de sua inscrição no cadastro de devedores** a fim de que possa continuar percebendo transferências voluntárias da União, consoante as diretrizes estabelecidas no art. 159 da CF.

Nesse quadro, é que a **tese adotada** pela referida **súmula excepciona o princípio da impessoalidade**, uma vez que faz incidir os ônus de obrigações não cumpridas, não sobre os Municípios, mas sobre os maus gestores.

2.2.1.3. *Princípio da moralidade*

Trata-se de princípio que aparece, de forma expressa, pela primeira vez entre aqueles positivados no art. 37 da Constituição Federal. Indica a necessidade do **administrador** público de praticar um **governo honesto** de forma a preservar os **interesses** da **coletividade**. Nesse particular, importante anotar, desde logo, que o **perfil** desse princípio em relação à Administração Pública apresenta-se totalmente **diferenciado** em relação à moralidade que atinge os **particulares**.

Nesse sentido, para melhor visualização, cumpre anotar que, enquanto a **Administração** está obrigada a abrir **concurso**, ao menos em regra, para o preenchimento de cargos e empregos públicos, o **particular** tem **liberdade para contratar** quem achar por bem, no momento que julgar adequado e sob as condições que entender serem as melhores.

Nesse sentido, oportuna a reprodução de **precedente** do STF, quando do julgamento, em **26.03.2021, da ADI 6.543/DF** em que a Corte decidiu que **a previsão de nomeação *pro tempore*, pelo Ministro da Educação, de dirigentes de instituições de ensino federais viola os princípios da isonomia, da impessoalidade, da proporcionalidade, da autonomia e da gestão democrática do ensino público.**

No referido julgado, **destaque para o seguinte trecho**:

"A nomeação desses dirigentes é atribuição do Ministro da Educação. Porém, essa competência é vinculada, sendo exercida a partir de indicação pela comunidade escolar, com base em processo eleitoral do qual participam os corpos docente e discente e os servidores, em atenção aos princípios do pluralismo, da gestão democrática do ensino e da autonomia das entidades autárquicas (CF, art. 206, III, V e VI)."

2.2.1.3.1. *Controle dos atos imorais*

Pela primeira vez inserida entre os princípios expressos na Constituição Federal, a **moralidade**, segundo tendência consagrada pela nossa jurisprudência, integra o conceito de **legalidade** no direito administrativo. É **gênero** que apresenta como **espécie** o conceito de **"improbidade"**.

Essa ideia inicial assume relevo, uma vez que a partir dela se pode concluir, de maneira inequívoca, pela possibilidade de se estabelecer um **controle de moralidade** dos atos administrativos pelo **Poder Judiciário**.

Aliás, essa ideia resulta nítida em vista da redação oferecida pelo art. 5.º, LXXIII, do Texto Constitucional, que, ao disciplinar a ação popular, estabeleceu:

Art. 5.º (...)

LXXIII — qualquer cidadão é parte legítima para propor ação popular que vise a anular ato lesivo ao patrimônio público ou de entidade de que o Estado participe, **à moralidade administrativa**, ao meio ambiente e ao patrimônio histórico e cultural, ficando o autor, salvo comprovada má-fé, isento de custas judiciais e ônus de sucumbência.

Ora, é bem de ver, pela redação desse comando constitucional, que a possibilidade de anulação de ato lesivo à moralidade administrativa representa diretriz adotada pela Carta Maior no sentido de ratificar a tese segundo a qual a **imoralidade** surge como **forma de ilegalidade**.

Neste momento, importante deixar claro que o princípio ora comentado se refere à **moralidade administrativa**, aquela intimamente **ligada** à preservação do **interesse público**, o que traz como reflexo imediato, encontrarem-se as situações de imoralidade intimamente **ligadas** à figura do **desvio de finalidade**.

2 ■ Princípios Constitucionais da Administração Pública

Essa observação assume importância, uma vez que deixa claro não ter sido a preocupação da Constituição a disciplina da moralidade desenvolvida pelos particulares, tendo em vista atuarem eles em nome próprio, representando seus interesses, seu patrimônio.

Assim, com base nessa distinção, mais tranquila a visualização de situações que, por envolverem a participação da Administração, apresentam soluções totalmente diferentes daquelas que incidem com a participação de particulares.

A título de exemplificação, tem-se que a contratação de pessoal para integrar quadro de empresa particular não se reveste de maiores formalidades, podendo recair sobre qualquer pessoa, incluindo aquelas que apresentem laços de parentesco com o empregador.

Outrossim, poderá o empregador pagar, a título de remuneração, qualquer quantia, tendo em vista a inexistência de teto máximo previsto em lei ou convenção.

Essas contratações, independentemente da forma como se verifiquem, não configuram nenhuma sorte de imoralidade que possa ser levada à apreciação do Judiciário.

Por óbvio, a mesma conclusão não se impõe quando se transporta essa questão para o âmbito da **Administração Pública**, tendo em vista o **objetivo único** a ser por ela perseguido, vale dizer, os **interesses da coletividade**.

Com efeito, ao menos como regra geral, as **contratações** levadas a efeito pela **Administração** devem ser precedidas da abertura de **concurso** público, de forma a evitar a titularização de cargos e empregos públicos por aqueles que não apresentem a menor condição para tanto.

Em outras palavras, tem o administrador a obrigação de selecionar os **candidatos** mais **eficientes**, configurando imoralidade administrativa as contratações que não atendam a essa diretriz constitucional.

Nesse sentido, importante destacar que a regra geral permanece, mesmo para aquelas situações envolvendo a nomeação para **cargos de provimento em comissão**. Com efeito, embora sejam de nomeação livre, a teor do disposto no **art. 37, II**, parte final, da Constituição Federal, isso não significa a possibilidade de nomeação para esses cargos de quaisquer pessoas, outra não sendo a conclusão adotada pela nossa **Suprema Corte** por meio da **Súmula Vinculante 13**, editada em 2008:

> **SÚMULA VINCULANTE 13:** A nomeação de cônjuge, companheiro ou parente em linha reta, colateral ou por afinidade, até o terceiro grau, inclusive, da autoridade nomeante ou de servidor da mesma pessoa jurídica investido em cargo de direção, chefia ou assessoramento, para o exercício de cargo em comissão ou de confiança ou, ainda, de função gratificada na administração pública direta e indireta em qualquer dos poderes da União, dos Estados, do Distrito Federal e dos Municípios, compreendido o ajuste mediante designações recíprocas, viola a Constituição Federal.

De resto, a tendência consolidou-se, ainda mais, em razão das mudanças promovidas em outubro de 2021, na LIA, com destaque para a inclusão entre as hipóteses de improbidade, que implicam em agressão a princípios da administração, a previsão do art. 11, inciso XI. Confira-se:

Art. 11. Constitui ato de improbidade administrativa que atenta contra os princípios da administração pública a ação ou omissão dolosa que viole os deveres de honestidade, de imparcialidade e de legalidade, caracterizada por uma das seguintes condutas: (Redação dada pela Lei n. 14.230, de 2021) (...)

XI — nomear cônjuge, companheiro ou parente em linha reta, colateral ou por afinidade, até o terceiro grau, inclusive, da autoridade nomeante ou de servidor da mesma pessoa jurídica investido em cargo de direção, chefia ou assessoramento, para o exercício de cargo em comissão ou de confiança ou, ainda, de função gratificada na administração pública direta e indireta em qualquer dos Poderes da União, dos Estados, do Distrito Federal e dos Municípios, compreendido o ajuste mediante designações recíprocas; (Incluído pela Lei n. 14.230, de 2021)

Dentro desse contexto, **merece destaque decisão** exarada pela então **Presidente da Suprema Corte**, Ministra Cármen Lúcia, **em janeiro de 2018**, quando do julgamento da Rcl. n. 29.508, **suspendendo** a **posse** de **deputada federal** para **Ministra do Trabalho** por força da **condenação a ela imposta**, **pela justiça do trabalho**, por não assinar a carteira nem pagar Direitos Trabalhistas ao motorista que trabalhava cerca de 15 horas por dia, para ela e sua família.

Em que pese a polêmica instaurada naquele momento, quanto à **competência do Judiciário para adentrar ao mérito da referida nomeação**, o fato é que **desde a primeira instância até a Suprema Corte**, ingressou-se no **mérito da questão** por tratar-se de **agressão** ao princípio constitucional da **moralidade administrativa**.

No mesmo sentido, a **decisão proferida pelo STF**, com relatoria do Ministro **Alexandre de Moraes**, em **29 de abril de 2020**, apreciando o **Mandado de Segurança n. 37.097**.

Na referida decisão, o **ministro suspendeu a nomeação de Alexandre Ramagem para a chefia da Polícia Federal**, por entender configurado **desvio de finalidade** do ato presidencial, em **desrespeito aos princípios constitucionais da impessoalidade, da moralidade e do interesse público**.

Entendeu o ministro, também, que a escolha e a nomeação do diretor da PF pelo presidente, mesmo tendo caráter discricionário quanto ao mérito, estão vinculadas ao império constitucional e legal.

Segundo o ministro,

"Logicamente, **não cabe ao Poder Judiciário moldar subjetivamente a Administração Pública**, porém a constitucionalização das normas básicas do Direito Administrativo **permite ao Judiciário impedir que o Executivo molde a Administração Pública em discordância a seus princípios e preceitos constitucionais básicos**, pois a finalidade da revisão judicial é impedir atos incompatíveis com a ordem constitucional, inclusive no tocante às nomeações para cargos públicos, que devem observância não somente ao **princípio da legalidade**, mas também aos princípios da **impessoalidade**, da **moralidade** e do **interesse público**".

O ministro vislumbrou perigo na demora para tomar a decisão, considerando a possibilidade de danos irreparáveis, já que a posse do novo diretor-geral estava agendada.

2 ◼ Princípios Constitucionais da Administração Pública

"Em tese, apresenta-se **viável a ocorrência de desvio de finalidade do ato presidencial de nomeação do Diretor da Polícia Federal, em inobservância aos princípios constitucionais da impessoalidade, da moralidade e do interesse público**", afirmou.

Sobre o mesmo tema, destaque-se a decisão proferida pela **Suprema Corte**, em **junho de 2022**, por ocasião do julgamento da **Reclamação n. 45.709/SP**, em que se concluiu que a **nomeação de cônjuge de prefeito** para o cargo de **secretário municipal**, por se tratar de cargo público de natureza política, por si só, **não caracteriza ato de improbidade administrativa**. No mesmo julgado, **afastou-se** a aplicação do enunciado da **Súmula Vinculante 13**, para **cargos públicos de natureza política**, **ressalvados** os casos de inequívoca falta de razoabilidade por **manifesta ausência de qualificação técnica ou de idoneidade moral**.

De outra parte, cumpre observar ser considerada a **improbidade** administrativa uma **imoralidade qualificada**, tendo em vista tratar-se, aqui, da prática de atos de **desonestidade** que pressupõem seu conhecimento por aquele que os pratica.

Em outras palavras, apresentando-se a expressão "improbidade" como sinônimo de **desonestidade**, inadmissível sua configuração sem a comprovação da **intenção do agente** na prática do ato.

Dentro desse contexto, transportando essas observações para a área jurídica, tem-se que a **caracterização** do ato de improbidade administrativa exige a **configuração de dolo, específico ou genérico, conforme entendimento consolidado no nível do STJ.**

Insistindo, a **improbidade** administrativa se apresenta como uma **espécie qualificada de imoralidade**, uma vez que se encontra associada à comprovação do dolo, que surge, então, como seu elemento comum.

De resto, outra não foi a orientação estabelecida pela Lei n. 13.655/2018 (LINDB), em seu art. 28, ao admitir a responsabilização de agentes públicos somente por dolo ou erro grosseiro. Confira-se:

Art. 28. O agente público responderá pessoalmente por suas decisões ou opiniões técnicas em caso de dolo ou erro grosseiro.

A mesma conclusão resulta das **alterações promovidas**, em outubro de 2021, pela **Lei n. 14.230**, com destaque para a eliminação da modalidade culposa, **ratificada** pelo **STF** em agosto de 2022, resultando na **Tese de Repercussão Geral 1.199**.

Diante desse cenário, resulta cristalina a conclusão segundo a qual é **impossível a responsabilização** pela prática de atos dessa natureza com lastro, tão somente, no conceito de **nexo causal**, base para o conceito de **responsabilidade objetiva**.

Em outras palavras, a exigência do **dolo** aponta, portanto, para a **responsabilidade subjetiva**, para a incidência de **sanções** sobre aqueles condenados pela prática de atos de **improbidade administrativa**.

Sendo assim, o **administrador inábil** ou aquele que revela extrema incompetência no trato da coisa pública, sem a configuração de **dolo**, poderá, no máximo, ser condenado por um ato imoral, o que faz enorme diferença, na medida em que, como se verá em seguida, os atos de improbidade, em razão de seu aspecto peculiar, comportam **sanções específicas**.

Por fim, cumpre esclarecer que a questão da improbidade administrativa, por implicar a necessidade de um aprofundamento maior, será detalhada em capítulo à parte, deixando desde logo claro encontrar-se ela intimamente ligada ao princípio ora em análise, vale dizer, da moralidade administrativa.

2.2.1.4. Princípio da publicidade

O princípio da **publicidade** se traduz no dever conferido à Administração de manter **plena transparência** de todos os seus **comportamentos**, incluindo-se aqui, como regra geral, a obrigação de oferecer, desde que solicitadas, todas as **informações** que estejam armazenadas em seus **bancos de dados**.

Essa obrigação decorre, registre-se uma vez mais, da natureza dos interesses que representa quando atua, consolidada também pelo conceito de **"República"** (*res publica*, coisa pública), cuja previsão consta do art. 1.º da CF.

Destarte, sobressai mais uma vez a ideia segundo a qual, nessa forma de governo, o administrador só poderá atuar com vistas a privilegiar o **interesse** daqueles a quem representa, ou seja, a **coletividade**.

Nesse sentido, nada mais lógico do que conferir ao **administrador** a **obrigação** de oferecer à coletividade todas as **informações** de que necessite acerca dos **atos de governo**, até mesmo como pré-requisito para que possa impor e cobrar comportamentos.

Em outras palavras, se a ninguém é lícito alegar desconhecimento da lei, os comportamentos com base nela só poderão ser cobrados a partir do instante em que se der conhecimento de sua existência, podendo o mesmo raciocínio ser aplicado aos atos administrativos, uma vez que só podem ser editados em cumprimento da lei.

Cristalina, nesse sentido, a conclusão segundo a qual **o administrador não pode armazenar informações para fins pessoais** mas, tão somente, para preservação do interesse público.

De resto, outra não foi a orientação do **STF**, por meio do órgão pleno, quando do julgamento, em **14 de agosto de 2023**, do **ADPF 872**, com relatoria da **Min. Cármen Lúcia**, concluindo pela anulação de ofício da Polícia Federal, de 2021, que estabeleceu que todos os processos do Sistema Eletrônico de Informações do órgão fossem cadastrados com nível de acesso restrito ou sigiloso, impedindo o acesso público.

Segundo a relatora, conforme a jurisprudência consolidada do STF, o princípio que deve prevalecer no Estado republicano é o da **publicidade** e do acesso aos documentos públicos de todos os poderes. O segredo é uma exceção legítima apenas em casos específicos, quando for imprescindível para a segurança dos cidadãos, da sociedade e do Estado e para resguardar a intimidade, a vida privada, a honra e a imagem das pessoas.

Nesse particular, ainda, oportuna a referência a decisão proferida pelo **STF**, em **16.05.2022**, quando da apreciação da **ADPF 722**, em que **proibiu a elaboração de dossiês sobre antifascistas pelo Ministério da Justiça e Segurança Pública**. Prevaleceu o entendimento da relatora, **Ministra Cármen Lúcia**, de que a **coleta de informações para mapear as posições políticas de determinado grupo**, ou identificar **opositores ao governo**, configura **desvio de finalidade** das atividades de inteligência. Confira-se a ementa:

"ARGUIÇÃO DE DESCUMPRIMENTO DE PRECEITO FUNDAMENTAL. ATIVI-DADE DE INTELIGÊNCIA DO MINISTÉRIO DA JUSTIÇA E SEGURANÇA PÚBLI-CA. **PRODUÇÃO E DISSEMINAÇÃO DE DOSSIÊ COM INFORMAÇÕES DE SERVIDORES FEDERAIS E ESTADUAIS INTEGRANTES DE MOVIMENTO ANTIFASCISMO** E DE PROFESSORES UNIVERSITÁRIOS. **DESVIO DE FINALI-DADE. LIBERDADES DE EXPRESSÃO, PRIVACIDADE, REUNIÃO E ASSO-CIAÇÃO.** ARGUIÇÃO DE DESCUMPRIMENTO FUNDAMENTAL JULGADA PROCEDENTE."

Outrossim, destaque também para a decisão proferida pelo **STF em 13.03.2021** quando do julgamento da **ADPF 692/DF** em que a Corte concluiu que a interrupção abrupta da coleta e **divulgação de importantes dados epidemiológicos**, imprescindíveis para a análise da série histórica de evolução da pandemia **(Covid-19)**, caracteriza ofensa a preceitos fundamentais da Constituição Federal (CF), nomeadamente o acesso à informação, **os princípios da Publicidade e da Transparência da Administração Pública e o Direito à Saúde.**

Sem embargo, a regra geral até aqui apresentada quanto à **publicidade** dos atos administrativos apresenta **exceções** dentro da própria Constituição Federal, admitindo--se situações ou **informações** que devam permanecer em **sigilo**.

Assim é que o **art. 37, § 3.º, II**, com a redação dada pela EC n. 19/98, depois de afirmar a possibilidade de acesso dos usuários aos registros administrativos sobre atos de governo, prescreveu algumas restrições nos seguintes termos:

Art. 37. (...)
§ 3.º A lei disciplinará as formas de participação do usuário na administração pública direta e indireta, regulando especialmente: (...)
II — o acesso dos usuários a registros administrativos e a informações sobre atos de governo, **observado o disposto no art. 5.º, X e XXXIII.**

Portanto, ao decidir pelo oferecimento ou não de informações, deverá o **Poder Público respeitar**, inicialmente, o disposto no art. 5.º, X, da CF, que assegura o direito à **intimidade das pessoas**, e também a prescrição do inciso XXXIII do mesmo art. 5.º.

Este último preceptivo constitucional, não obstante assegurar a todos o direito à obtenção de informações de interesse particular ou da coletividade armazenadas em bancos de dados da Administração, acaba por permitir a negativa no oferecimento delas quando comprovadamente colocarem em **risco a segurança da sociedade** ou do **Estado**, tudo na forma prevista em lei.

Nesse particular, destaca-se a **decisão** proferida pelo **STF**, em **22.05.2020**, com relatoria do Ministro **Celso de Mello**, autorizando a **divulgação do vídeo da reunião ministerial** do dia **22.04.2020**.

Na decisão, o então decano da Corte, hoje já aposentado, determina o **levantamento da nota de sigilo** de decisão anterior "**liberando integralmente**, em consequência, tanto o **conteúdo do vídeo da reunião ministerial** de 22.04.2020, no Palácio do Planalto, quanto o teor da degravação referente a mencionado encontro de Ministros de Estado e de outras autoridades".

Outrossim, decidiu pela **manutenção do sigilo** apenas de partes em que há referência a determinados **Estados estrangeiros**.

Oportuno registrar que, com base nessa decisão, posteriormente, em **30.06.2023**, o TSE, quando do julgamento da Ação de Investigação Judicial Eleitoral (**AIJE**) n. **0600814-85.2022.6.00.0000**, declarou a inelegibilidade, por 8 anos, do ex-presidente Jair Bolsonaro.

Sobre esse tema, vale destacar ainda **precedente** do STJ, quando do julgamento, em **06.10.2020**, do **REsp 1.852.629/SP**, em que **a Corte decidiu, com base na Lei n. 12.527/2011, pela possibilidade de acesso, pela imprensa, a informações relacionadas a ocorrências policiais em vista do seu caráter público. Confira-se:**

"**Lei de acesso à informação. Dados sobre óbitos relacionados a ocorrências policiais. Caráter público incontroverso. Imprensa. Direito de acesso às informações. Vedação judicial de uso da informação em reportagem noticiosa. Descabimento. Censura prévia. Impossibilidade.**"

De resto, a importância do tema resultou na promulgação da **EC n. 115**, em **10.02.2022**, que privilegiou o sigilo de dados, acrescentando ao **art. 5.º** o **inciso LXXIX**, nos seguintes termos:

Art. 5.º (...)
LXXIX — é assegurado, nos termos da lei, o direito à proteção dos dados pessoais, inclusive nos meios digitais.

Outrossim, atribuiu à União a competência para dispor e legislar sobre a matéria, nos seguintes termos:

Art. 21. Compete à União: (...)
XXVI — organizar e fiscalizar a proteção e o tratamento de dados pessoais, nos termos da lei.

Art. 22. Compete privativamente à União legislar sobre: (...)
XXX — proteção e tratamento de dados pessoais.

Vale ainda a citação de decisão proferida pelo STF, em **27.05.2022**, quando do julgamento da **ADI 4709/DF**, autorizando a requisição, sem previa autorização judicial, de dados bancários e fiscais imprescindíveis. Confira-se:

"É constitucional a requisição, sem prévia autorização judicial, de dados bancários e fiscais considerados imprescindíveis pelo Corregedor Nacional de Justiça para apurar infração de sujeito determinado, desde que em processo regularmente instaurado mediante decisão fundamentada e baseada em indícios concretos da prática do ato."

De outra parte, destaque para decisões judiciais que em respeito ao princípio da publicidade reconhecem a nulidade de exclusão de candidato de concurso por não ter sido notificado pessoalmente.

Nesse sentido, a decisão do TJPI quando do julgamento, em 25.03.2022, da APC 08010335320188180076:

2 ◾ Princípios Constitucionais da Administração Pública

> "(...) CONVOCAÇÃO DE CANDIDATO APROVADO EM CONCURSO PÚBLICO — PUBLICAÇÃO NA IMPRENSA OFICIAL — **AUSÊNCIA DE NOTIFICAÇÃO** PESSOAL — VIOLAÇÃO À PREVISÃO EDITALÍCIA — LONGO LAPSO TEMPORAL ENTRE A HOMOLOGAÇÃO DO RESULTADO FINAL DO CONCURSO E A NOMEAÇÃO — PRINCÍPIO DA RAZOABILIDADE E DA PUBLICIDADE — VIOLAÇÃO. 1. Havendo previsão expressa no edital do certame de intimação pessoal do candidato acerca de sua nomeação, a Administração Pública tem o dever de cumprir a regra editalicia, sob pena de nulidade do ato de convocação que ocorre somente por meio de diário oficial. 2. Conforme entendimento consolidado do STJ, caracteriza violação ao princípio da razoabilidade a convocação de candidato aprovado em concurso público apenas mediante publicação do chamamento em diário oficial, quando passado considerável lapso temporal entre a homologação final do certame e a publicação da nomeação. 3. Remessa necessária não provido, por unanimidade".

No mesmo sentido, oportuna reprodução de **precedente** da **4.ª Turma Recursal dos Juizados Especiais do Paraná**, quando do julgamento, em **08.01.2021**, do **processo n. 0011658-75.2019.8.16.0182**, em que decidiu que a **Candidata que não foi notificada pessoalmente seguirá em concurso, uma vez que entre a homologação do resultado e a convocação decorreu o prazo de 1 ano e 7 meses. Confira-se:**

> "(...) CONCURSO PÚBLICO PARA O CARGO DE PROMOTOR DE SAÚDE PROFISSIONAL — PSP. DESCLASSIFICAÇÃO DA CANDIDATA EM RAZÃO DO NÃO COMPARECIMENTO NA ETAPA DE AVALIAÇÃO MÉDICA. AUTORA APROVADA EM QUINTO LUGAR. APROVAÇÃO FORA DO NÚMERO DE VAGAS. CONVOCAÇÃO PARA AVALIAÇÃO MÉDICA APÓS APROXIMADAMENTE UM ANO E SETE MESES DA HOMOLOGAÇÃO DO RESULTADO FINAL. **INSUFICIÊNCIA DO CHAMAMENTO REALIZADO ATRAVÉS DO DIÁRIO OFICIAL E SÍTIO ELETRÔNICO. NECESSIDADE DE INTIMAÇÃO PESSOAL. OFENSA AO PRINCÍPIO DA RAZOABILIDADE E PUBLICIDADE. ILEGALIDADE VERIFICADA.** SENTENÇA REFORMADA."

No curso da decisão destaque para o seguinte trecho:

> "(...) Dentro desse contexto, é natural que o candidato deixe de acompanhar corriqueiramente as demais etapas através do sítio eletrônico e/ou diário oficial, não sendo razoável exigir o contrário, sobretudo após transcorrido mais de ano, como no presente caso. (...)".

Destaque ainda para precedente do **STJ**, quando do julgamento, em **03.12.2019**, do **AgInt no PUIL n. 1.224/AP**, em que a Corte manteve a decisão do TJAP por compreender que viola o Princípio da Publicidade a convocação por meio de edital em Diário Oficial ou Internet, quando passado considerável lapso temporal entre a homologação do certame e a publicação de nomeação. Confira-se:

> "(...) CONCURSO PÚBLICO. CONVOCAÇÃO DO CANDIDATO PARA NOVA ETAPA DO CERTAME, POR MEIO DE PUBLICAÇÃO EM DIÁRIO OFICIAL DO ESTADO, CONFORME PREVISÃO EDITALÍCIA. LONGO LAPSO TEMPORAL ENTRE AS FASES DO CERTAME. NECESSIDADE DE NOTIFICAÇÃO PESSOAL. PRINCÍPIOS DA PUBLICIDADE E DA RAZOABILIDADE. PRECEDENTES DO STJ".

32 Direito Administrativo Esquematizado   *Celso Spitzcovsky*

Em matéria ambiental, a obrigatoriedade de publicidade, descartada qualquer discricionariedade Administrativa, foi assinalada pelo **STJ**, quando do julgamento, em **11.05.2022**, do **REsp 1.857.098/MS**. Confira-se:

"Direito de acesso à informação ambiental. Princípios da máxima divulgação e favor informare. Arts. 2.º da Lei n. 10.650/2003, 8.º da Lei n. 12.527/2011 (LAI) e 9.º da Lei n. 6.938/1981 (Política Nacional do Meio Ambiente — PNMA). Princípio 10 da Declaração do Rio, Acordo de Escazú e Convenção de Aarhus. Convergência normativa. Transparência ambiental ativa, passiva e reativa. **Dever estatal de informar e produzir informação ambiental. Presunção relativa em favor da publicidade. Discricionariedade administrativa. Inexistência.** Necessidade de motivação adequada da opacidade. **Controle judicial do ato administrativo. Cabimento.** Área de proteção ambiental (APA). Plano de manejo. Produção e publicação periódica de relatórios de execução. Portal de internet. Averbação no registro de imóveis rurais. Previsão legal. Tema IAC 13/STJ".

2.2.1.4.1. A Lei n. 12.527/2011

A título de **regulamentação** do art. 5.º, XXXIII, da CF, foi editada a **Lei n. 12.527/2011** (Lei de Acesso a Informações Públicas), em que se destaca, inicialmente, a previsão estabelecida no **art. 10**, *caput*, que aponta para a possibilidade de qualquer interessado solicitar essas informações:

Art. 10. Qualquer interessado poderá apresentar pedido de acesso a informações aos órgãos e entidades referidos no art. 1.º desta Lei, por qualquer meio legítimo, devendo o pedido conter a identificação do requerente e a especificação da informação requerida.

Outrossim, em seu art. 11, *caput* e § 1.º, a lei estabelece a obrigação da Administração de prestar de imediato as informações solicitadas, a menos que dificuldades se apresentem, quando, então, abre-se um **prazo de 20 dias**, prorrogáveis por outros 10. Confira-se:

Art. 11. O órgão ou entidade pública deverá autorizar ou conceder o acesso imediato à informação disponível.

§ 1.º Não sendo possível conceder o acesso imediato, na forma disposta no *caput*, o órgão ou entidade que receber o pedido deverá, em prazo não superior a 20 (vinte) dias.

Nesse particular, sobreleva notar que a **negativa** injustificada no **oferecimento** dessas **informações** não rende ensejo, como se poderia entender de maneira equivocada, à propositura de *habeas data*, por não se tratar de dados de caráter personalíssimo.

Destarte, uma leitura atenta da redação contida no art. 5.º, XXXIII, bem está a demonstrar que as informações ali veiculadas apresentam natureza diversa, uma vez que de interesse particular ou da coletividade.

Assim, a título de exemplo, cite-se o interesse de alguém que pretende adquirir um imóvel em obter do Poder Público informações sobre planos de desapropriação para determinada área.

De igual sorte, pode-se mencionar a circunstância na qual o indivíduo solicita ao Poder Público informações acerca do paradeiro de algum conhecido seu que foi encaminhado a uma delegacia ou que, devendo estar em uma penitenciária, dela foi transferido, sem qualquer comunicação, para lugar incerto ou não sabido.

O que vai determinar, portanto, o instrumento a ser utilizado para as hipóteses em que o Poder Público, de maneira imotivada, se recusa a fornecer informações solicitadas é a natureza delas.

Com efeito, tratando-se de **informações personalíssimas**, a negativa administrativa abre oportunidade à propositura de *habeas data* nos termos do art. 5.º, LXXII, da CF.

Se as informações forem, no entanto, tão somente de **interesse particular ou coletivo**, solicitadas com base no inciso XXXIII, sua negativa abre ensejo à propositura de **mandado de segurança**, em caráter residual.

Essa conclusão, aliás, não é gratuita, mas decorrente de expressa previsão constitucional contida no art. 5.º, LXIX, cuja redação, não obstante ser por demais conhecida, será a seguir reproduzida, destacando-se os aspectos que assumem relevo em vista da discussão ora desenvolvida:

Art. 5.º (...)

LXIX — conceder-se-á mandado de segurança para proteger direito líquido e certo, **não amparado por** *habeas corpus* **ou** *habeas data* (...).

O dispositivo transcrito permite a conclusão inequívoca, segundo a qual, em que pese ser o objeto do mandado de segurança a proteção de **direito líquido e certo**, encontra ele **restrições**.

Com efeito, não será qualquer direito líquido e certo a ser amparado por essa garantia constitucional, mas apenas e tão somente em **caráter residual**, aquele que não for resguardado pelo *habeas corpus* ou também pelo *habeas data*.

Nesse sentido decidiu o TJDF, em 10.06.2021:

"APELAÇÃO CÍVEL. *HABEAS DATA*. PRELIMINAR DE OFÍCIO. INADEQUAÇÃO DA VIA ELEITA. PRETENSÃO. INFORMAÇÕES RELATIVAS À PESSOA DO IMPETRANTE. CARÁTER PERSONALÍSSIMO, INTRÍNSECO. NÃO CONFIGURAÇÃO. OBTENÇÃO DE INFORMAÇÕES DE INTERESSE PARTICULAR. ART. 5, XXXIII, CF. VIA INADEQUADA. INDEFERIMENTO DA INICIAL" (APL 07075193320218070016 DF 0707519-33.2021.8.07.0016).

Cabe ainda a referência à exceção contida no **inciso LX do art. 5.º**, de modo a permitir a **restrição da publicidade** de atos processuais em nome da **defesa da intimidade** ou do interesse social, conforme orientação também consolidada ao nível do **STF**, em **13.05.2022**, quando do julgamento da **ADPF 722/DF**. Confira-se:

"Os órgãos do Sistema Brasileiro de Inteligência, conquanto necessários para a segurança pública, segurança nacional e garantia de cumprimento eficiente dos deveres do Estado, devem operar com estrita vinculação ao interesse público, observância aos valores democráticos e respeito aos direitos e garantias fundamentais".

Sobreleva notar que a negativa do agente público em dar publicidade aos atos oficiais caracteriza ato de improbidade administrativa por força da previsão contida no

34 Direito Administrativo Esquematizado   *Celso Spitzcovsky*

art. 11, IV, da Lei n. 8.429/92, que dispõe sobre as sanções a serem aplicadas aos agentes públicos em casos de enriquecimento ilícito, como se vê:

> **Art. 11.** Constitui ato de improbidade administrativa que atenta contra os princípios da administração pública a ação ou omissão dolosa que viole os deveres de honestidade, de imparcialidade e de legalidade, caracterizada por uma das seguintes condutas: (...)
>
> IV — negar publicidade aos atos oficiais, exceto em razão de sua imprescindibilidade para a segurança da sociedade e do Estado ou de outras hipóteses instituídas em lei.

De outro giro, importante anotar a possibilidade de acesso a essas informações, mesmo sem a concordância do titular, se necessário para a preservação de direitos fundamentais. Confira-se:

> **Art. 21.** Não poderá ser negado acesso à informação necessária à tutela judicial ou administrativa de direitos fundamentais.
>
> Parágrafo único. As informações ou documentos que versem sobre condutas que impliquem violação dos direitos humanos praticada por agentes públicos ou a mando de autoridades públicas não poderão ser objeto de restrição de acesso.

De forma a regulamentar o art. 5.º, XXXIII, da CF, a **Lei n. 12.527/2011** estabeleceu em seu **art. 23** as hipóteses de sigilo relacionadas à segurança do Estado e da sociedade. Confira-se:

> **Art. 23.** São consideradas imprescindíveis à segurança da sociedade ou do Estado e, portanto, passíveis de classificação as informações cuja divulgação ou acesso irrestrito possam:
>
> I — pôr em risco a defesa e a soberania nacionais ou a integridade do território nacional;
>
> II — prejudicar ou pôr em risco a condução de negociações ou as relações internacionais do País, ou as que tenham sido fornecidas em caráter sigiloso por outros Estados e organismos internacionais;
>
> III — pôr em risco a vida, a segurança ou a saúde da população;
>
> IV — oferecer elevado risco à estabilidade financeira, econômica ou monetária do País;
>
> V — prejudicar ou causar risco a planos ou operações estratégicos das Forças Armadas;
>
> VI — prejudicar ou causar risco a projetos de pesquisa e desenvolvimento científico ou tecnológico, assim como a sistemas, bens, instalações ou áreas de interesse estratégico nacional;
>
> VII — pôr em risco a segurança de instituições ou de altas autoridades nacionais ou estrangeiras e seus familiares; ou
>
> VIII — comprometer atividades de inteligência, bem como de investigação ou fiscalização em andamento, relacionadas com a prevenção ou repressão de infrações.

Outrossim dividiu, em três grupos distintos, em seu art. 24, as **informações**, que devem permanecer em **sigilo**, da seguinte forma: **ultrassecreta** (com prazo de sigilo de vinte e cinco anos), **secreta** (com prazo de sigilo de quinze anos) e **reservada** (com prazo de sigilo de cinco anos).

A propósito da importância do tema, oportuna a reprodução do referido dispositivo:

Art. 24. A informação em poder dos órgãos e entidades públicas, observado o seu teor e em razão de sua imprescindibilidade à segurança da sociedade ou do Estado, poderá ser classificada como ultrassecreta, secreta ou reservada.

§ 1.º Os prazos máximos de restrição de acesso à informação, conforme a classificação prevista no *caput,* vigoram a partir da data de sua produção e são os seguintes:

I — ultrassecreta: 25 (vinte e cinco) anos;

II — secreta: 15 (quinze) anos; e

III — reservada: 5 (cinco) anos.

§ 2.º As informações que puderem colocar em risco a segurança do Presidente e Vice--Presidente da República e respectivos cônjuges e filhos(as) serão classificadas como reservadas e ficarão sob sigilo até o término do mandato em exercício ou do último mandato, em caso de reeleição.

§ 3.º Alternativamente aos prazos previstos no § 1.º, poderá ser estabelecida como termo final de restrição de acesso a ocorrência de determinado evento, desde que este ocorra antes do transcurso do prazo máximo de classificação.

§ 4.º Transcorrido o prazo de classificação ou consumado o evento que defina o seu termo final, a informação tornar-se-á, automaticamente, de acesso público.

§ 5.º Para a classificação da informação em determinado grau de sigilo, deverá ser observado o interesse público da informação e utilizado o critério menos restritivo possível, considerados:

I — a gravidade do risco ou dano à segurança da sociedade e do Estado; e

II — o prazo máximo de restrição de acesso ou o evento que defina seu termo final.

Percebe-se da leitura do dispositivo reproduzido que, embora louvável a preocupação do legislador em classificar as chamadas **informações sigilosas**, trata-se de um **critério** extremamente **subjetivo**, uma vez que não se cuidou de explicitar quais os casos envolvidos por cada uma dessas categorias, o que acaba por abrir perigosa válvula de escape a permitir a prática de atos de **arbitrariedade** por parte do administrador de plantão.

A propósito, confira-se a seguinte ementa da **Suprema Corte** quando da análise da existência de sigilo em relação aos contratos celebrados pelo BNDES no **Mandado de Segurança n. 33.340/DF**, com relatoria do **Ministro Luiz Fux, julgado em 2015**:

"Direito administrativo. Controle legislativo financeiro. Controle externo. Requisição pelo Tribunal de Contas da União de informações alusivas a operações financeiras realizadas pelas impetrantes. Recusa injustificada. Dados não acobertados pelo sigilo bancário e empresarial. (...) 3. O sigilo de informações necessárias para a preservação da intimidade é relativizado quando se está diante do interesse da sociedade de se conhecer o destino dos recursos públicos. 4. Operações financeiras que envolvam recursos públicos não estão abrangidas pelo sigilo bancário a que alude a Lei Complementar n. 105/2001, visto que as operações dessa espécie estão submetidas aos princípios da administração pública insculpidos no art. 37 da Constituição Federal. Em tais situações, é prerrogativa constitucional do Tribunal [TCU] o acesso a informações relacionadas a operações financiadas com recursos públicos. 5. O segredo como 'alma do negócio' consubstancia a máxima cotidiana inaplicável em casos análogos ao *sub judice*, tanto mais que, quem contrata com o poder público não pode ter segredos, especialmente se a revelação for necessária para o controle da legitimidade do emprego dos recursos públicos. É que a contratação pública não pode ser feita em esconderijos envernizados por um arcabouço jurídico capaz de impedir o controle social quanto ao emprego das verbas públicas. (...) 9. A preservação, *in casu*, do sigilo das operações realizadas pelo BNDES e BNDESPAR com terceiros não, apenas, impediria a atuação constitucionalmente prevista para o TCU, como, também, representaria uma acanhada, insuficiente, e, por isso mesmo, desproporcional limitação ao direito fundamental de preservação da intimidade. (...) 18. Denegação da segurança por ausência de direito material de recusa da remessa dos documentos".

Como arremate dessa questão, o legislador, em seu art. 27, tratou de relacionar quais as **autoridades** dentro da Administração **competentes** para relacionar uma **informação** como **ultrassecreta, secreta** e **reservada**.

Outrossim, como não poderia deixar de ser, fixou também em seu art. 28 a necessidade de a classificação da informação em qualquer grau de **sigilo** vir acompanhada das **razões e fundamentos** que deram origem a ela por se tratar de ato administrativo.

Diante desse cenário, como já dissemos, abre-se a perspectiva da prática de **atos arbitrários** de forma a preservar não os **interesses da sociedade ou do Estado**, mas os do administrador de plantão.

Assim é que os atos praticados pela **junta militar** relacionados ao **período de ditadura** vivenciado pelo País entre as décadas de 1960 e 1980 se encontram em larga escala protegidos por esse **sigilo**, sob a argumentação de não comprometimento da **estabilidade das relações institucionais**.

Dentro desse contexto, importante destacar que o **descumprimento** por parte do administrador dessa **regra geral de publicidade**, em relação a todas as informações constantes em bancos de dados da Administração Pública, seria inócuo se não houvesse qualquer sorte de previsão quanto à incidência de **responsabilidade** em relação aos **agentes**.

Nesse sentido, de forma a regulamentar a previsão estabelecida no art. 5.º, XXXIII, da CF, a matéria foi regulamentada pelo art. 32 da **Lei n. 12.527/2011 (Lei de Acesso à Informação)**, que cuidou de relacionar as condutas ilícitas ensejadoras de responsabilidade.

Art. 32. Constituem condutas ilícitas que ensejam responsabilidade do agente público ou militar:

I — recusar-se a fornecer informação requerida nos termos desta Lei, retardar deliberadamente o seu fornecimento ou fornecê-la intencionalmente de forma incorreta, incompleta ou imprecisa;

II — utilizar indevidamente, bem como subtrair, destruir, inutilizar, desfigurar, alterar ou ocultar, total ou parcialmente, informação que se encontre sob sua guarda ou a que tenha acesso ou conhecimento em razão do exercício das atribuições de cargo, emprego ou função pública;

III — agir com dolo ou má-fé na análise das solicitações de acesso à informação;

IV — divulgar ou permitir a divulgação ou acessar ou permitir acesso indevido à informação sigilosa ou informação pessoal;

V — impor sigilo à informação para obter proveito pessoal ou de terceiro, ou para fins de ocultação de ato ilegal cometido por si ou por outrem;

VI — ocultar da revisão de autoridade superior competente informação sigilosa para beneficiar a si ou a outrem, ou em prejuízo de terceiros; e

VII — destruir ou subtrair, por qualquer meio, documentos concernentes a possíveis violações de direitos humanos por parte de agentes do Estado.

No referido dispositivo, importante destacar também a previsão estabelecida no § 2.º, que abre a perspectiva de o **agente público responder** também por atos de **improbidade administrativa**, o que bem demonstra a gravidade atribuída pelo descumprimento das diretrizes estabelecidas nesse diploma legal.

Sobre esse tema, importante ainda relembrar que a diretriz constitucional estabelecida no art. 5.º, XXXIII, bem demonstra que a **regra geral** quanto à transparência dessas informações comporta **flexibilização** sempre que necessário para a **preservação da segurança da sociedade e do Estado**.

Nesse sentido, não teria lógica atribuir ao agente público a necessidade de oferecimento de informações acerca da segurança das fronteiras do País.

De igual sorte, não teria cabimento o repasse para terceiros sobre o sistema de segurança da Amazônia, ou mesmo das usinas nucleares.

Por fim, cumpre destacar a previsão estabelecida no art. 38 desse diploma legal determinando a aplicação, no que couber, das regras estabelecidas na Lei n. 9.507/97, disciplinadora do *habeas data*.

Importante comentar ainda que essa legislação, a teor do disposto em seu art. 47, foi regulamentada pelo **Decreto n. 7.724/2012**.

De se destacar, também, que o **não oferecimento de informações** solicitadas por meio de atos, contratos de governo, no prazo fixado em lei, gera como consequência a possibilidade de caracterização de **crime de responsabilidade**, a teor do disposto no Decreto-lei n. 201/67, em particular em seu art. 1.º, XV:

Art. 1.º São crimes de responsabilidade dos Prefeitos Municipais, sujeitos ao julgamento do Poder Judiciário, independentemente do pronunciamento da Câmara dos Vereadores: (...)

XV — deixar de fornecer certidões de atos ou contratos municipais, dentro do prazo estabelecido em lei.

Oportuno registrar também ter sido essa matéria contemplada pela Lei n. 9.784/99, que disciplina os processos administrativos na área federal, em especial no art. 2.º, parágrafo único, V:

Art. 2.º (...)

Parágrafo único. Nos processos administrativos serão observados, entre outros, os critérios de: (...)

V — divulgação oficial dos atos administrativos, ressalvadas às hipóteses de sigilo previstas na Constituição.

No que se refere à **transparência das informações**, aspecto que se encontra na base deste princípio, importante destacar a decisão proferida pelo **STF**, através do **órgão pleno**, em **março de 2017**, que julgou procedente **reclamação** ajuizada contra o

Superior Tribunal Militar, para que os impetrantes tivessem acesso a registros documentais de **sessões** ocorridas na **década de 1970**.

No referido julgado, oportuna a reprodução do seguinte trecho do **voto da relatora, Ministra Cármen Lúcia**:

> "O direito à informação, a busca pelo conhecimento da verdade sobre sua história, sobre os fatos ocorridos em período avassalador do sentimento nacional e do espírito democrático que exsurgia, assim como sobre suas razões, integra o patrimônio jurídico de todo e qualquer cidadão e constitui dever do Estado assegurar os meios para o seu exercício" (*Informativo* n. 857, de **março de 2017**).

De outra parte, e somente a título de recordação, pois já visto por ocasião da análise do princípio da impessoalidade, de se lembrar da regra estabelecida no art. 37, § 1.º, da Constituição, que estabelece a necessidade do administrador de fazer publicidade dos atos, programas, obras, serviços e campanhas dos órgãos públicos, para fins educativos, informativos ou de orientação social.

Por fim, cabe reafirmar que a **negativa** indevida do **oferecimento** dessas **informações** gera a possibilidade de propositura de medida judicial variável conforme a natureza da informação solicitada. Assim, se de **caráter personalizado**, a recusa comporta a propositura de *habeas data* a teor do disposto no **art. 5.º, LXXII, da CF**, e, se for de **outra natureza**, vale dizer, de interesse particular, coletivo ou geral, comporta a propositura de **mandado de segurança**, conforme a previsão estabelecida no **art. 5.º, LXIX, da CF**. Confira-se o seguinte quadro:

	MEDIDA JUDICIAL	REFERÊNCIA CONSTITUCIONAL
INFORMAÇÕES PERSONALIZADAS	*Habeas data*	Art. 5.º, LXXII, da CF
OUTRAS INFORMAÇÕES	Mandado de segurança	Art. 5.º, LXIX, da CF

Nesse sentido, para que se possa apurar a legalidade ou não do sigilo imposto a informação solicitada, de capital importância a apresentação das razões, por parte da Administração, que levaram a essa situação, outra não sendo a orientação do **STF, em 14.08.2023**, quando do julgamento da **ADPF 872/DF**. Confira-se:

> "É nulo — por violar o princípio da publicidade, bem como por restringir o direito à informação — ato público que estabelece, genericamente e sem fundamentação válida e específica, que todos os processos do Sistema Eletrônico de Informações da Polícia Federal (SEI-PF) sejam cadastrados com nível de acesso restrito".

Tese fixada: "O ato de qualquer dos poderes públicos restritivo de publicidade deve ser motivado objetiva, específica e formalmente, sendo nulos os atos públicos que imponham, genericamente e sem fundamentação válida e específica, impeditivo do direito fundamental à informação."

Ainda com o objetivo de oferecer melhor visualização acerca dos principais pontos abordados no nível da Lei n. 12.527/2011, confira-se o seguinte quadro:

OBJETO	Garantir acesso a informações	Art. 1.º
DESTINATÁRIOS	Administração direta, Administração indireta Tribunais de Contas, Judiciário, Ministério Público e Terceiro Setor, no que couber	Arts. 1.º e 2.º
LEGITIMIDADE PARA PEDIR INFORMAÇÕES	Qualquer interessado	Art. 10
PRAZO PARA O OFERECIMENTO DE INFORMAÇÕES	De imediato, prorrogável por 20 dias	Art. 11
NEGATIVA DE INFORMAÇÕES	Necessidade de fundamentação, sob pena de responsabilidade	Art. 7.º, § 4.º
EXTRAVIO DE INFORMAÇÕES	Abertura de sindicância	Art. 7.º, § 5.º
RECURSO	Prazo de 10 dias	Art. 15
RESPONSABILIDADE PELO NÃO OFERECIMENTO	Penas de advertência até demissão	Arts. 32 e 33
INFORMAÇÕES SIGILOSAS	Hipóteses	Arts. 23, 24 e 31

Dentro desse contexto, importante registrar ainda a **publicação, em abril de 2018**, da **Lei n. 13.644**, que alterou a Lei n. 4.717/62, para dispor sobre o **horário de retransmissão obrigatória** do **programa oficial dos Poderes da República** pelas emissoras de radiodifusão sonora.

Trata-se de alteração nos horários do programa "**A Voz do Brasil**", que poderá agora ser **veiculado pelas emissoras de radiodifusão entre as 19 e 22 horas**, o que, sem dúvida, traz maior flexibilidade, atendendo, de forma mitigada, antiga reivindicação do setor que pleiteava a eliminação da obrigatoriedade de retransmissão.

2.2.1.4.2. A Lei n. 13.709/2018

Ainda sobre o princípio da publicidade, cumpre agora estabelecer comentários acerca da **Lei n. 13.709/2018, que trata da proteção de dados pessoais**, editada no mês de agosto daquele ano.

Em relação a esse diploma legal, destacaremos, de início, **itens de ordem geral**, para depois focarmos aqueles relacionados à Administração Pública.

De início, oportuno registrar que essa Lei tem por **objeto** estabelecer normas gerais de interesse nacional de observância obrigatória pelas quatro esferas de governo, disciplinando a forma como os dados pessoais devem ser armazenados, com o claro objetivo de estabelecer proteção especial aos direitos fundamentais de liberdade e privacidade, tendo como **destinatários** pessoas jurídicas tanto de direito público como de direito privado, conforme se verifica do disposto em seu **art. 1.º**. Confira-se:

Art. 1.º Esta Lei dispõe sobre o tratamento de dados pessoais, inclusive nos meios digitais, por pessoa natural ou por pessoa jurídica de direito público ou privado, com o objetivo de proteger os direitos fundamentais de liberdade e de privacidade e o livre desenvolvimento da personalidade da pessoa natural.

Parágrafo único. As normas gerais contidas nesta Lei são de interesse nacional e devem ser observadas pela União, Estados, Distrito Federal e Municípios.

Trata-se de **tema** de **extrema importância** em um **mundo globalizado**, em que a busca por informações relacionadas aos consumidores é uma constante, de forma a alimentar a **economia digital**.

Nesse sentido, era **necessária a imposição de limites** para a utilização desses dados, de forma a **coibir práticas abusivas**, a prejuízo dos consumidores. Em outras palavras, impunha-se a necessidade de **estabelecimento de um controle** do **uso** desses **dados pessoais**, promovendo um empoderamento dos titulares dessas informações.

Assim, a aprovação dessa lei veio em um momento importante, tendo em vista a impressionante **multiplicação de novas tecnologias, envolvendo constante coleta de dados pessoais** do usuário, sem a menor preocupação com o uso destes, bem como com a preservação do direito constitucional à intimidade, reforçado com a promulgação da EC n. 115/22, que incluiu a proteção de dados pessoais como direito fundamental.

Trata-se de **matéria** que se encontra na ordem do dia, eis que **gera desdobramentos** para **inúmeras situações** que ocorrem, de forma reiterada, no cotidiano de todos nós. Assim se verifica com o acesso ao **Facebook**, o **Instagram** ou qualquer outra **rede social**, em que a empresa passa a coletar dados pessoais relacionados com aquele usuário.

Neste banco de dados, há informações sobre seu nome, e-mail, cidade, profissão, círculo de amizades e, principalmente, seus gostos e interesses, o mesmo se verificando em relação ao **Google**, **WhatsApp**, **Uber**, **Waze** etc.

Tais **dados** são muito **valiosos** economicamente porque **definem tendências** de consumo, bem como tendências políticas, religiosas, comportamentais, **direcionando estratégias de mercado**.

Portanto, a edição dessa lei apenas reflete a **mesma preocupação** dos **demais países** com a utilização indevida de dados de natureza pessoal, conclusão que não se revela gratuita tendo em vista a entrada em vigor, em 25.05.2018, do "***Regulamento Geral de Proteção de Dados***", conhecido como GPDR, legislação editada pela **União Europeia**, que estabelece regras sobre sua utilização pelas empresas e os órgãos públicos.

Feitas essas observações de ordem geral, cumpre agora destacar a **amplitude** desta lei, o que se observa por meio da previsão estabelecida em seu **art. 3.º**, *caput*. Confira-se:

> Art. 3.º Esta Lei **aplica-se a qualquer operação de tratamento** realizada por pessoa natural ou por **pessoa jurídica de direito público ou privado**, independentemente do meio, do país de sua sede ou do país onde estejam localizados os dados, desde que:

Por sua vez, cuidou também o legislador de fixar os **limites**, vale dizer, as situações que a lei não alcança, o que se verifica em seu **art. 4.º**, com destaque especial para a previsão estabelecida no inciso III, eis que voltada para a Administração. Confira-se:

> Art. 4.º Esta Lei não se aplica ao tratamento de dados pessoais:
> I — realizado por pessoa natural para fins exclusivamente particulares e não econômicos;
> II — realizado para fins exclusivamente:
> a) jornalístico e artísticos; ou
> b) acadêmicos, aplicando-se a esta hipótese os arts. 7.º e 11 desta Lei;
> III — realizado para fins exclusivos de:

a) segurança pública;

b) defesa nacional;

c) segurança do Estado; ou

d) atividades de investigação e repressão de infrações penais; ou

IV — provenientes de fora do território nacional e que não sejam objeto de comunicação, uso compartilhado de dados com agentes de tratamento brasileiros ou objeto de transferência internacional de dados com outro país que não o de proveniência, desde que o país de proveniência proporcione grau de proteção de dados pessoais adequado ao previsto nesta Lei.

Dentro desse contexto, importante destacar algumas das **definições** positivadas ao longo do **art. 5.º**, eis que básicas para o entendimento das diretrizes estabelecidas sobre esse tema. Confira-se:

Art. 5.º Para os fins desta Lei, considera-se:

I — **dado pessoal:** informação relacionada a pessoa natural identificada ou identificável;

II — **dado pessoal sensível:** dado pessoal sobre origem racial ou étnica, convicção religiosa, opinião política, filiação a sindicato ou a organização de caráter religioso, filosófico ou político, dado referente à saúde ou à vida sexual, dado genético ou biométrico, quando vinculado a uma pessoa natural;

III — **dado anonimizado:** dado relativo a titular que não possa ser identificado, considerando a utilização de meios técnicos razoáveis e disponíveis na ocasião de seu tratamento;

V — **titular:** pessoa natural a quem se referem os dados pessoais que são objeto de tratamento;

VI — **controlador:** pessoa natural ou jurídica, de direito público ou privado, a quem competem as decisões referentes ao tratamento de dados pessoais;

VII — **operador:** pessoa natural ou jurídica, de direito público ou privado, que realiza o tratamento de dados pessoais em nome do controlador;

(...)

X — **tratamento:** toda operação realizada com dados pessoais, como as que se referem a coleta, produção, recepção, classificação, utilização, acesso, reprodução, transmissão, distribuição, processamento, arquivamento, armazenamento, eliminação, avaliação ou controle da informação, modificação, comunicação, transferência, difusão ou extração;

(...)

XVI — **uso compartilhado de dados:** comunicação, difusão, transferência internacional, interconexão de dados pessoais ou tratamento compartilhado de bancos de dados pessoais por órgãos e entidades públicos no cumprimento de suas competências legais, ou entre esses e entes privados, reciprocamente, com autorização específica, para uma ou mais modalidades de tratamento permitidas por esses entes públicos, ou entre entes privados;

(...)

XIX — **autoridade nacional:** órgão da administração pública indireta responsável por zelar, implementar e fiscalizar o cumprimento desta Lei.

Outro tema a merecer comentário refere-se à **necessidade** de **obtenção de consentimento por parte do titular destes dados** para que possam ser eles utilizados, de forma legítima, consoante se verifica do disposto no **art. 7.º**, onde destacamos os seguintes itens. Confira-se:

Art. 7.º O tratamento de **dados pessoais** somente poderá ser realizado nas seguintes hipóteses:

I — mediante o fornecimento de consentimento pelo titular;

II — para o cumprimento de obrigação legal ou regulatória pelo controlador;

III — pela administração pública, para o tratamento e uso compartilhado de dados necessários à execução de políticas públicas previstas em leis e regulamentos ou respaldadas em contratos, convênios ou instrumentos congêneres, observadas as disposições do Capítulo IV desta Lei;

VI — para o exercício regular de direitos em processo judicial, administrativo ou arbitral, esse último nos termos da Lei n. 9.307, de 23 de setembro de 1996 (Lei de Arbitragem);

VII — para a proteção da vida ou da incolumidade física do titular ou de terceiro.

O dispositivo reproduzido revela a existência de uma regra geral para o tratamento de dados pessoais, exigindo o consentimento do titular, sob pena de ilegalidade.

Sem embargo, apresenta exceções a essa regra geral, de forma a autorizar o acesso e o uso desses dados, sem o consentimento do titular, com destaque para o exercício regular de direitos em processo judicial, administrativo ou arbitral (inciso VI).

De resto, é o mesmo cenário que se apresenta em relação ao acesso e uso de dados sensíveis, a teor do disposto no art. 11, que no inciso I exige a concordância do titular ou responsável legal. Confira-se:

Art. 11. O tratamento de **dados pessoais sensíveis** somente poderá ocorrer nas seguintes hipóteses:

I — quando o titular ou seu responsável legal consentir, de forma específica e destacada, para finalidades específicas;

Nada obstante, o próprio legislador afasta a regra geral relacionando, ao longo do inciso II, uma série de hipóteses de acesso e uso de dados sensíveis, sem o consentimento do titular, com destaque para o exercício regular de direitos, em processo judicial, administrativo e arbitral. Confira-se:

II — sem fornecimento de consentimento do titular, nas hipóteses em que for indispensável para:

(...)

d) exercício regular de direitos, inclusive em contrato e em processo judicial, administrativo e arbitral, este último nos termos da Lei n. 9.307, de 23 de setembro de 1996 (Lei de Arbitragem);

Nesse sentido, para a preservação do interesse público, autorizou o **STF**, em **11.09.2024**, o acesso a informações cadastrais pela Polícia e pelo MP, sem autorização judicial, resultando na seguinte tese:

2 ▪ Princípios Constitucionais da Administração Pública

> "É constitucional norma que permite o acesso por autoridades policiais e pelo MP a dados cadastrais de pessoas investigadas independentemente de autorização judicial, excluído do âmbito de incidência da norma a possibilidade de requisição de qualquer outro dado cadastral além daqueles referentes à qualificação pessoal, filiação e endereço".

Importante ainda destacar, decisão proferida pelo **STJ**, em **07.03.2023**, quando do julgamento do **AREsp n. 2.310.619/SP**, em que concluiu que o dano moral por vazamento de dados, em regra, não pode ser presumido, estabelecendo importante distinção para dados pessoais e dados pessoais sensíveis. Confira-se:

> "O vazamento de dados pessoais, a despeito de se tratar de falha indesejável no tratamento de dados de pessoa natural por pessoa jurídica, não tem o condão, por si só, de gerar dano moral indenizável. Ou seja, o dano moral não é presumido, sendo necessário que o titular dos dados comprove eventual dano decorrente da exposição dessas informações.
>
> Diferente seria se, de fato, estivéssemos diante de vazamento de dados sensíveis, que dizem respeito à intimidade da pessoa natural."

Trabalhadas as informações de ordem geral estabelecidas na lei ora em comentário, **passamos** agora a **destacar os itens nela previstos direcionados ao Poder Público, que aparecem nos arts. 23 a 32**.

De início, a lei reitera a necessidade do tratamento de dados pessoais preservar finalidade pública. Confira-se:

> **Art. 23.** O tratamento de dados pessoais pelas pessoas jurídicas de direito público referidas no parágrafo único do art. 1.º da Lei n. 12.527, de 18 de novembro de 2011 (Lei de Acesso à Informação), deverá ser realizado para o atendimento de sua finalidade pública, na persecução do interesse público, com o objetivo de executar as competências legais ou cumprir as atribuições legais do serviço público, desde que:
>
> I — sejam informadas as hipóteses em que, no exercício de suas competências, realizam o tratamento de dados pessoais, fornecendo informações claras e atualizadas sobre a previsão legal, a finalidade, os procedimentos e as práticas utilizadas para a execução dessas atividades, em veículos de fácil acesso, preferencialmente em seus sítios eletrônicos.

A leitura do dispositivo revela que o **único objetivo que justifica a acumulação pelo Poder Público, em seus bancos de dados, destas informações** de natureza pessoal, é o atendimento ao **interesse público**, sob pena de configuração de desvio de finalidade.

Acerca do tema, concluiu o **STF**, quando do julgamento, em **15.09.2022**, da **ADI 6649/DF** e **ADPF 695/DF**. Confira-se:

> "É legítimo, desde que observados alguns parâmetros, o compartilhamento de dados pessoais entre órgãos e entidades da Administração Pública federal, sem qualquer prejuízo da irrestrita observância dos princípios gerais e mecanismos de proteção elencados na Lei Geral de Proteção de Dados Pessoais (Lei n. 13.709/2018) e dos direitos constitucionais à privacidade e proteção de dados."

De resto, essa **tendência** vem **ratificada** em razão das previsões estabelecidas no art. 25. Confira-se:

Art. 25. Os dados deverão ser mantidos em formato interoperável e estruturado para o uso compartilhado, com vistas à execução de políticas públicas, à prestação de serviços públicos, à descentralização da atividade pública e à disseminação e ao acesso das informações pelo público em geral.

Em vista do mesmo objetivo, prevê o legislador a possibilidade de uso compartilhado de dados pessoais, pelo Poder Público, inclusive com a iniciativa privada, nas hipóteses que relaciona, com destaque para situações que envolvam prevenção de fraudes e irregularidades.

Art. 26. O uso compartilhado de dados pessoais pelo Poder Público deve atender a finalidades específicas de execução de políticas públicas e atribuição legal pelos órgãos e pelas entidades públicas, respeitados os princípios de proteção de dados pessoais elencados no art. 6.º desta Lei.

§ 1.º É vedado ao Poder Público transferir a **entidades privadas** dados pessoais constantes de bases de dados a que tenha acesso, exceto:

(...)

V — na hipótese de a transferência dos dados objetivar exclusivamente a **prevenção de fraudes e irregularidades**, ou proteger e resguardar a segurança e a integridade do titular dos dados, desde que vedado o tratamento para outras finalidades.

Nesse sentido, oportuna a referência para excerto do **STF**, quando do julgamento conjunto, **em 16.09.2022**, da **ADI 6649** e da **ADPF 695**, em que a Corte decidiu que **órgãos e entidades da administração pública federal podem compartilhar dados pessoais entre si**, com a observância de alguns critérios.

O **voto condutor** do julgamento foi o do relator, ministro **Gilmar Mendes**, no sentido da **possibilidade de compartilhamento, desde que observados alguns parâmetros**. Segundo ele, a permissão de acesso a dados pressupõe **propósitos legítimos, específicos e explícitos** para seu tratamento e deve ser **limitada a informações indispensáveis ao atendimento do interesse público**.

Também deve cumprir integralmente os requisitos, as garantias e os procedimentos estabelecidos na Lei Geral de Proteção de Dados (LGPD — Lei n. 13.709/2018) compatíveis com o setor público.

O Tribunal decidiu, ainda, que o compartilhamento de informações pessoais em atividades de inteligência deve observar legislação específica e parâmetros fixados no julgamento da ADI 6529 — que limitou o compartilhamento de dados do Sisbin — e atender ao interesse público, entre outros.

De resto, cumpre consignar que o compartilhamento desses dados, quando se apresentar a administração como detentora exclusiva, revela-se mais do que uma possibilidade, uma obrigação, para combate a fraudes, perspectiva já assinalada desde 2009, pela Lei 12.016 (Lei do Mandado de Segurança), em seu art. 6.º, § 1.º. Confira-se:

2 ■ Princípios Constitucionais da Administração Pública

Art. 6.º (...)

§ 1.º No caso em que o documento necessário à prova do alegado se ache em repartição ou estabelecimento público ou em poder de autoridade que se recuse a fornecê-lo por certidão ou de terceiro, **o juiz ordenará**, preliminarmente, por ofício, a exibição desse documento em original ou em cópia autêntica e **marcará, para o cumprimento da ordem, o prazo de 10 (dez) dias**. O escrivão extrairá cópias do documento para juntá--las à segunda via da petição.

De outra parte, em relação aos **serviços notariais** e de registro, a matéria encontra--se disciplinada nos §§ **4.º e 5.º**. Confira-se:

Art. 23. (...)

§ 4.º Os serviços notariais e de registro exercidos em caráter privado, por delegação do Poder Público, terão o mesmo tratamento dispensado às pessoas jurídicas referidas no *caput* deste artigo, nos termos desta Lei.

§ 5.º Os órgãos notariais e de registro devem fornecer acesso aos dados por meio eletrônico para a administração pública, tendo em vista as finalidades de que trata o *caput* deste artigo.

Em relação às **empresas públicas e sociedades de economia mista** que **atuem em regime de competição** com a iniciativa privada, a disciplina encontra-se no **art. 24**. Confira-se:

Art. 24. As empresas públicas e as sociedades de economia mista que atuam em regime de concorrência, sujeitas ao disposto no art. 173 da Constituição Federal, terão o mesmo tratamento dispensado às pessoas jurídicas de direito privado particulares, nos termos desta Lei.

Parágrafo único. As empresas públicas e as sociedades de economia mista, quando estiverem operacionalizando políticas públicas e no âmbito da execução delas, terão o mesmo tratamento dispensado aos órgãos e às entidades do Poder Público, nos termos deste Capítulo.

De outra parte, importante referência fez o legislador às **competências atribuídas à Autoridade Nacional de Proteção de Dados** em relação às solicitações a serem encaminhadas ao poder público, conforme se verifica do disposto nos **arts. 29 e 30, alterados pela Lei n. 13.853/2019**. Confira-se:

Art. 29. A autoridade nacional poderá solicitar, a qualquer momento, aos órgãos e às entidades do poder público a realização de operações de tratamento de dados pessoais, informações específicas sobre o âmbito e a natureza dos dados e outros detalhes do tratamento realizado e poderá emitir parecer técnico complementar para garantir o cumprimento desta Lei.

Art. 30. A autoridade nacional poderá estabelecer normas complementares para as atividades de comunicação e de uso compartilhado de dados pessoais.

Infelizmente, em relação à **Autoridade Nacional de Proteção de Dados (ANPD)**, a Presidência da República protelou a sua criação, bem como a do Conselho Nacional de

Proteção de Dados Pessoais e da Privacidade, ao **vetar** o disposto nos **arts. 55 a 57**, por entender necessária a propositura de um projeto de lei.

A questão foi retomada pela Lei n. 13.853/2019, e posteriormente pela **Medida Provisória n. 1.124 de 13 de junho de 2022**, transformada em Lei em 25 de outubro de 2022, alterando os arts. 55-A e 58-A da Lei n. 13.709/2018. Confira-se:

> **Art. 55-A.** Fica criada a Autoridade Nacional de Proteção de Dados — ANPD, autarquia de natureza especial, dotada de autonomia técnica e decisória, com patrimônio próprio e com sede e foro no Distrito Federal. (...)
>
> **Art. 58-A.** O Conselho Nacional de Proteção de Dados Pessoais e da Privacidade será composto de 23 (vinte e três) representantes, titulares e suplentes, dos seguintes órgãos: (...)

De outra parte, não faria sentido estabelecer limites para o uso e tratamento desses dados, sem a **imposição** de **responsabilização pelo uso incorreto**, matéria disciplinada no **art. 42**. Confira-se:

> **Art. 42.** O controlador ou o operador que, em razão do exercício de atividade de tratamento de dados pessoais, causar a outrem dano patrimonial, moral, individual ou coletivo, em violação à legislação de proteção de dados pessoais, é obrigado a repará-lo.

A propósito do tema, cumpre registrar a aplicação pela **ANPD**, em 06.07.2023, da **primeira sanção por descumprimento à LGPD, à microempresa Telekall Infoservice**:

1. Advertência, sem imposição de medidas corretivas, considerando que a empresa não indicou o encarregado pelo tratamento de dados pessoais como determina o **art. 41 da LGPD**;
2. Multa simples no valor de R$ 7.200,00 por infração ao **art. 7.º da Lei**; e
3. Multa simples no valor de R$ 7.200,00 por infração ao **art. 5.º do Regulamento de Fiscalização**.

Chama atenção, ainda, o fato de uma das multas ter sido aplicada em decorrência da não cooperação da própria empresa punida com o processo fiscalizatório conduzido pela Autoridade.

A sanção aplicada revela-se compatível com os critérios estabelecidos na LGPD, a teor do disposto no art. 52, § 1.º, entre os quais destacam-se, a gravidade e a natureza das infrações e dos direitos pessoais afetados, a condição econômica do infrator, a cooperação do infrator, a reincidência e a adoção de política de boas práticas e governança.

Importante ainda destacar a possibilidade de **transferência internacional destes dados**, desde que, em uma das hipóteses relacionadas ao longo do **art. 33**, das quais destacam-se:

> **Art. 33.** A transferência internacional de dados pessoais somente é permitida nos seguintes casos:
>
> I — para países ou organismos internacionais que proporcionem grau de proteção de dados pessoais adequado ao previsto nesta Lei;

II — quando o controlador oferecer e comprovar garantias de cumprimento dos princípios, dos direitos do titular e do regime de proteção de dados previstos nesta Lei, na forma de:

III — quando a transferência for necessária para a cooperação jurídica internacional entre órgãos públicos de inteligência, de investigação e de persecução, de acordo com os instrumentos de direito internacional;

IV — quando a transferência for necessária para a proteção da vida ou da incolumidade física do titular ou de terceiro;

V — quando a autoridade nacional autorizar a transferência;

Oportuno ainda destacar a possibilidade de se requerer a ANPD avaliação do nível de proteção dos dados, nos termos do parágrafo único. Confira-se:

Parágrafo único. Para os fins do inciso I deste artigo, as pessoas jurídicas de direito público referidas no parágrafo único do art. 1.º da Lei n. 12.527, de 18 de novembro de 2011 (Lei de Acesso à Informação), no âmbito de suas competências legais, e responsáveis, no âmbito de suas atividades, poderão requerer à autoridade nacional a avaliação do nível de proteção a dados pessoais conferido por país ou organismo internacional.

Em relação à responsabilidade civil nos casos em que órgãos ou agentes públicos utilizarem dados de forma contrária aos parâmetros legais e constitucionais, o Estado poderá acionar servidores e agentes políticos responsáveis por atos ilícitos, visando ao ressarcimento de eventuais danos.

A transgressão intencional (dolosa) do dever de publicidade fora das hipóteses constitucionais de sigilo resultará na responsabilização do agente estatal por ato de improbidade administrativa, com possibilidade de aplicação de sanções disciplinares previstas nos estatutos dos servidores públicos federais, municipais e estaduais.

LEI N. 13.709/2018	
Objeto e destinatários	Art. 1.º
Amplitude	Art. 3.º
Limites	Art. 4.º
Definições	Art. 5.º
Consentimento	Arts. 7.º e 11
Regras para a Administração	Arts. 23 a 32
Serviços notariais e de registro	Art. 23, §§ 4.º e 5.º
Empresas públicas e sociedade de economia mista	Art. 24
Autoridade Nacional de Proteção de Dados (ANPD)	Arts. 29 e 30
Responsabilidade	Art. 42
Transferência internacional de dados	Art. 33

2.2.1.5. Princípio da eficiência

Introduzido de maneira expressa, em nossa Constituição, pela EC n. 19/98, esse princípio impõe ao Poder Público a busca pelo **aperfeiçoamento** na prestação dos seus **serviços**, bem como das **obras** que executa, como forma de chegar à preservação dos interesses que representa.

Pode-se sentir sua presença em diversos dispositivos do Texto Constitucional, que surgem como um desdobramento natural na busca pela otimização das atividades administrativas.

Nesse contexto, pode-se mencionar o aumento do prazo de duração do **estágio probatório** para os servidores públicos de dois para três anos, conforme a previsão estabelecida no art. 41, *caput*, da CF:

> **Art. 41.** São estáveis após três anos de efetivo exercício os servidores nomeados para cargo de provimento efetivo em virtude de concurso público.

Segue-se a redação prevista no § 4.º do mesmo dispositivo constitucional, que exige, como condição para a aquisição da **estabilidade do servidor**, seja ele aprovado em avaliação de desempenho:

> § 4.º Como condição para a aquisição da estabilidade, obrigatória a avaliação especial de desempenho por comissão instituída para essa finalidade.

No mesmo diapasão está a possibilidade de demissão de servidores públicos, inclusive os estáveis, desde que comprovada a insuficiência de desempenho nos termos prescritos no art. 41, § 1.º, III:

> **Art. 41.** (...)
> § 1.º O servidor público estável só perderá o cargo: (...)
> III — mediante procedimento de avaliação periódica de desempenho, na forma de lei complementar, assegurada ampla defesa.

Oportuna, também, a lembrança quanto à necessidade de **limitação de gastos** com a folha de pessoal ativo e inativo, nos termos estabelecidos pela **LC n. 101/2000** (Lei de Responsabilidade Fiscal), regulamentadora do art. 169, *caput,* da CF:

> **Art. 169.** A despesa com pessoal ativo e inativo da União, dos Estados, do Distrito Federal e dos Municípios não poderá exceder os limites estabelecidos em lei complementar.

Pode-se, de igual sorte, mencionar a prescrição no art. 37, § 8.º, do chamado **"contrato de gestão"** a ser firmado entre órgãos e entidades da Administração direta e indireta, com o intuito de oferecer a estes últimos mais autonomia gerencial, orçamentária e financeira em troca da fixação de metas de desempenho:

> **Art. 37.** (...)
> § 8.º A autonomia gerencial, orçamentária e financeira dos órgãos e entidades da administração direta e indireta poderá ser ampliada mediante contrato, a ser firmado entre seus administradores e o poder público, que tenha por objeto a fixação de metas de desempenho para o órgão ou entidade, cabendo à lei dispor sobre:
> I — o prazo de duração do contrato;
> II — os controles e critérios de avaliação de desempenho, direitos, obrigações e responsabilidade dos dirigentes;
> III — a remuneração do pessoal.

2 ▪ Princípios Constitucionais da Administração Pública   **49**

Ainda como desdobramento do princípio da eficiência, anote-se a obrigação atribuída à União, aos Estados e ao Distrito Federal de manutenção de **escolas de governo** visando à formação e ao aperfeiçoamento de seus servidores, constituindo a participação nesses cursos requisito para promoção na carreira (art. 39, § 2.º):

Art. 39. (...)

§ 2.º A União, os Estados e o Distrito Federal manterão escolas de governo para a formação e o aperfeiçoamento dos servidores públicos, constituindo-se a participação nos cursos um dos requisitos para a promoção na carreira, facultada, para isso, a celebração de convênios ou contratos entre os entes federados.

Aliás, conveniente mencionar, igualmente, que o Texto Constitucional se preocupou também em prescrever a diretriz a ser dada às **verbas** resultantes de **economia com despesas** que não ficam ao livre critério do administrador, como se vê da redação do art. 39, § 7.º:

Art. 39. (...)

§ 7.º Lei da União, dos Estados, do Distrito Federal e dos Municípios disciplinará a aplicação de recursos orçamentários provenientes da economia com despesas correntes em cada órgão, autarquia e fundação, para aplicação no desenvolvimento de programas de qualidade e produtividade, treinamento e desenvolvimento, modernização, reaparelhamento e racionalização do serviço público, inclusive sob a forma de adicional ou prêmio de produtividade.

Dentro desse contexto, diante das inúmeras possibilidades de aplicação desse princípio, oportuna a elaboração de quadro descrevendo outras hipóteses de cabimento.

OBRAS	Execução eficiente, sob pena de responsabilidade
SERVIÇOS	Execução eficiente, sob pena de responsabilidade
CONCURSO	Obrigação de escolha dos candidatos mais eficientes
POSSE	Somente para aqueles aprovados em concurso que preencham as exigências dos arts. 13 e 14 da Lei n. 8.112/90
ESTÁGIO	Aprovação somente para os que preencham as exigências do art. 20 da Lei n. 8.112/90
ESTABILIDADE	Aquisição somente para os que preencham as exigências do art. 41, *caput* e § 4.º, da CF
PROCESSOS	Prazo limitado para conclusão (art. 5.º, LXXVIII, da CF e art. 97-A da Lei n. 9.504/97)

Como ideia final, anote-se a impossibilidade de atingir conclusão segundo a qual a Administração Pública apenas passou a ter a obrigação de ser eficiente a partir da previsão desse princípio de maneira expressa no Texto Constitucional, por intermédio da EC n. 19/98.

Destarte, bem antes desse período existiam previsões em diversos diplomas legais, podendo-se destacar aquelas contidas na Lei n. 8.078/90 **(Código de Defesa do Consumidor)**, art. 22, e na Lei n. 8.987/95 (que regulamenta as **concessões e permissões** de serviços públicos), que, em seu art. 6.º, inclui entre as características do serviço público adequado, a eficiência.

Também com o objetivo de concretizar esse princípio, importante destacar ter a Constituição estabelecido em seu art. 37, XI, um **teto de remuneração** para todos aqueles que se encontram dentro da Administração Pública, titularizando cargos, empregos, funções e mandatos.

Por outro lado, se apresenta como reflexo desse princípio a previsão estabelecida no art. 173, § 1.º, da Constituição Federal, quando estabelece a necessidade de edição do **Estatuto Jurídico da Empresa Pública, da Sociedade de Economia Mista** que explore **atividade econômica**, com destaque para a previsão estabelecida no inciso V, acerca da titularização dos mandatos, da avaliação de desempenho e a responsabilidade de seus administradores.

Nesse sentido, foi editada a **Lei n. 13.303/2016**, o **Estatuto Jurídico das Estatais**, com destaque para seu **art. 17**, que de forma a privilegiar a moralidade e a eficiência das indicações, deu ênfase a critérios como conduta ilibada, notório conhecimento, experiência profissional.

Outrossim, importante destacar que, **em 16 de março de 2023**, quando da análise da medida cautelar, requerida na **ADI 7.331/DF**, em decisão monocrática, o então **Ministro Ricardo Lewandowski** suspendeu os efeitos do art. 17, § 2.º, I e II, do referido diploma legal.

Em 09.05.2024, o Tribunal, por maioria, julgou improcedente o pedido formulado na ação direta, declarando a constitucionalidade dos incisos I e II do § 2.º do art. 17 da Lei n. 13.303/2016. Por unanimidade, o Tribunal manteve as nomeações ocorridas durante a vigência da liminar deferida pelo relator em 16.03.2023 ou anteriormente a essa decisão. Foi fixada a seguinte tese de julgamento:

"1. São constitucionais as normas dos incisos I e II do § 2.º do art. 17 da Lei n. 13.303/2016, que impõem vedações à indicação de membros para o Conselho de Administração e para a diretoria de empresas estatais (CF, art. 173, § 1.º)".

Oportuno ainda registrar a edição, em outubro de 2018, da Lei Federal n. 13.726, que racionaliza atos e procedimentos administrativos nas quatro esferas de governo, mediante a supressão ou simplificação de formalidades ou exigências desnecessárias. Na referida Lei, destaque para a previsão estabelecida em seu art. 3.º, que dispensa a exigência de reconhecimento de firma, bem como a necessidade de autenticação de cópia de documento, vedando-se também a exigência de prova relativa a fato que já houver sido comprovado pela apresentação de outro documento válido.

Ainda em relação ao **princípio da eficiência**, oportuno destacar a **alteração promovida pela EC n. 109/2021**, acrescentando o **§ 16 ao art. 37 da CF** que obriga a Administração a realizar **avaliação periódica de políticas públicas**. Confira-se:

Art. 37. (...)

§ 16. Os órgãos e entidades da administração pública, individual ou conjuntamente, devem realizar avaliação das políticas públicas, inclusive com divulgação do objeto a ser avaliado e dos resultados alcançados, na forma da lei. (NR)

2 ◼ Princípios Constitucionais da Administração Pública　　　　**51**

2.2.2. Princípios implícitos da Administração Pública

Como visto no início deste capítulo, a redação do *caput* do art. 37 da CF não esgota a matéria relativa ao tema ora em discussão, representando, ao contrário, uma **relação mínima** de regras que devem ser **observadas** pelo **administrador** quando em atuação.

Em outras palavras, existem **outros princípios** que, nada obstante não estejam expressamente previstos, também **norteiam** toda a **atividade administrativa**, os chamados **princípios implícitos**, cujos mais importantes serão relacionados em seguida.

2.2.2.1. Princípio da supremacia do interesse público sobre o particular

Este princípio é responsável pela possibilidade de o **Poder Público**, em nome dos interesses que representa, **impor aos administrados**, de maneira **unilateral**, o cumprimento de determinados **comportamentos**, ainda que **nenhuma irregularidade** tenham praticado.

Dessa forma, estará o **administrador** autorizado a **desconsiderar** a existência de **direitos**, ainda que expressamente previstos na Constituição Federal, se conseguir demonstrar sua utilidade para a **preservação do interesse público**, desde que nos **limites da lei** e assegurada sua indenização.

Surge como exemplo do que se está a dizer a hipótese de **intervenção na propriedade**, ainda que esta esteja prevista como um **direito fundamental** e mesmo que tenha o proprietário conferido ao seu patrimônio uma **função social**.

Embora **não positivado** expressamente no nível da **Constituição Federal**, encontra-se relacionado no **art. 2.º da Lei n. 9.784/99**, que regula processos administrativos no âmbito da Administração Pública federal.

Nesse sentido, oportuna a reprodução de **precedente** do **STF**, quando do julgamento em **08.04.2021** da **ADPF 811/SP**, que resultou na seguinte **tese: É compatível com a Constituição Federal a imposição de restrições à realização de cultos, missas e demais atividades religiosas presenciais de caráter coletivo como medida de contenção do avanço da pandemia da Covid-19**.

Na referida decisão, **destaque** para o trecho em que o **STF** destaca não ser a **liberdade de culto um direito absoluto** eis que **passível de restrição**, se necessária para a preservação do **interesse público. Confira-se:** (...) "A liberdade de realização de cultos coletivos, no entanto, não é absoluta. A Constituição Federal (CF), ao estabelecer inequívoca reserva de lei ao exercício dos cultos religiosos, permite a restrição ao direito à liberdade religiosa em sua 'dimensão externa', que compreende a liberdade de crença, a liberdade de aderir a alguma religião e a liberdade de exercício do culto respectivo. A lei deve proteger os templos e não deve interferir nas liturgias, a não ser que assim o imponha algum valor constitucional concorrente de maior peso."

2.2.2.2. Princípio da motivação

Outro princípio a ser mencionado é o da **motivação**, que se traduz na **obrigação** atribuída ao Poder Público de apresentar as **razões** que justificaram a necessidade da edição do ato, surgindo inclusive como **requisito de validade** dos atos administrativos.

Por **motivação** deve-se entender não só a referência ao **dispositivo legal** embasador do ato editado pela Administração, mas também a necessidade de se relacionarem os **elementos que concretamente** contribuíram para formar a **convicção** do administrador.

Outrossim, a **necessidade de motivação** abrange todos os atos administrativos, até mesmo como **forma de controle de legalidade**.

Sobre esse tema, sobreleva notar que outra não é a orientação pacificada pelos nossos tribunais. Nesse sentido:

"(...) SERVIDORA PÚBLICA. DELEGADA DE POLÍCIA CIVIL. REMOÇÃO. ATO MOTIVADO. DILAÇÃO PROBATÓRIA. IMPOSSIBILIDADE. 1. Narra a insurgente que estava lotada na Delegacia de Polícia do Idoso DHPP/GCOE/DIRESP, localizada em Recife/PE, nos termos da Portaria n. 3.955, de 10.10.2019, e que foi removida para exercer a chefia da 14.ª Delegacia de Atendimento à Mulher, na cidade do Cabo de Santo Agostinho/PE, por meio da Portaria n. 3.295, de 29.06.2015, que, no seu entender, se constituiu ato sem motivação, diante da ausência de justificativa para a remoção. 2. A remoção de ofício é ato discricionário da administração pública, a qual atribui nova lotação ao servidor, considerando-se as necessidades do serviço, de modo a propiciar a eficiente prestação da atividade, respaldando-se o interesse público. No entanto, apesar da discricionariedade do ato, é possível o controle da legalidade por parte do Judiciário, especialmente quando demonstrado o desvio de finalidade, bem como a inexistência da motivação do ato que ensejou a prática" (STJ, AgInt no RMS: 57306/PE 2018/0092393-4, Rel. Min. Og Fernandes, j. 14.02.2022, Segunda Turma, *DJe* 23.02.2022).

"(...) POLICIAL MILITAR — REMOÇÃO EX OFFICIO — ATO DISCRICIONÁRIO — AUSÊNCIA DE FUNDAMENTAÇÃO/MOTIVAÇÃO — LEI ESTADUAL N. 555/2014 — PREVISÃO EXPRESSA (...). A remoção *ex officio* de policial militar, sem qualquer motivação/fundamentação, caracteriza ato ilegal e abusivo da Administração Pública. Nos termos da jurisprudência pacificada, o ato administrativo de remoção desprovido de qualquer fundamentação/motivação configura violação a direito líquido e certo" (TJ-MT 10007599520228110000/MT, rel. Marcio Vidal, j. 02.06.2022, Turma de Câmaras Cíveis Reunidas de Direito Público e Coletivo, Data de Publicação: 23.06.2022).

Como se vê, portanto, a **motivação** para os atos administrativos assume **aspecto fundamental** como forma de **controle da legalidade** pelo Poder **Judiciário**, aspecto básico para o Estado Democrático de Direito e para o princípio republicano.

Destarte, por meio dela, confere-se ao **administrado** o direito ao **devido processo legal** na medida em que se torna impossível a sua viabilização sem que se possam **conhecer** as **razões** que levaram o administrador a lhe impor, em nome do interesse público, comportamentos unilaterais.

Assim, não se pode admitir, sem que isso implique agressão a esse direito ao devido processo legal, a **negativa** de direito de **acesso a procedimentos administrativos** a defensores das partes envolvidas sob a alegação de necessidade de manutenção de sigilo, principalmente para a defesa de direitos e combate a fraudes, nos termos dos arts. 7.º, VI, e 11, II, "d", da LGPD.

Dentro desse contexto é que se justifica a edição, em fevereiro de 2009, pelo STF, da **Súmula Vinculante 14**:

2 ◼ Princípios Constitucionais da Administração Pública 53

> **SÚMULA VINCULANTE 14:** É direito do defensor, no interesse do representado, ter acesso amplo aos elementos de prova que, já documentados em procedimento investigatório realizado por órgão com competência de polícia judiciária, digam respeito ao exercício do direito de defesa.

De outro giro, importante destacar a decisão proferida pelo **STJ**, em **17.08.2022**, quando do julgamento do **REsp 1.999.967/AP**, concluindo pela configuração de **negativa de prestação jurisdicional**, quando da publicação de **acórdão lastreado** apenas em **princípios jurídicos e conceitos jurídicos indeterminados**. Confira-se:

> "Incorre em negativa de prestação jurisdicional o tribunal que prolata acórdão que, para resolver a controvérsia, apoia-se em princípios jurídicos sem proceder à necessária densificação, bem como emprega conceitos jurídicos indeterminados sem explicar o motivo concreto de sua incidência no caso".

2.2.2.2.1. Da impossibilidade de demissão de cargos e empregos públicos sem justa causa

Nesse sentido, ainda, oportuno registrar **decisão** proferida pelo **STF** relatada pelo Ministro Ricardo Lewandowski, veiculada em *Notícias do STF* no dia **09.02.2009**, **cassando** acórdão do **Tribunal Superior do Trabalho** que entendeu válida a **dispensa imotivada de servidor** público de autarquia estadual, ainda em estágio probatório, sob o argumento de que não se encontrava no gozo de estabilidade.

Segundo o eminente Relator, a decisão guerreada estaria em **confronto com a jurisprudência da Suprema Corte**, apontando, em especial, o precedente do **RE 223.904**, no qual se concluiu que "é necessário o devido processo administrativo em que se garanta o contraditório e a ampla defesa, para a demissão de servidores públicos, mesmo que não estáveis".

Por fim, acrescentou que o entendimento adotado pelo **TST** afronta também o conteúdo da **Súmula 21** daquela Corte.

Cumpre salientar que a questão relacionada à demissão motivada de servidores públicos, ainda que ocupantes de **empregos públicos**, em **empresas públicas** prestadoras de **serviços públicos** e dependentes de verbas orçamentárias, já foi reconhecida, pela nossa **Corte Suprema**, como questão de repercussão geral no **RE 589.998-PI**, relatado pelo Ministro Ricardo Lewandowski. A título de registro, trata-se de recurso extraordinário interposto pela **Empresa Brasileira de Correios e Telégrafos** contra decisão do **TST** segundo a qual a demissão de funcionário dessa estatal exige **motivação**.

O Ministro relator, acompanhado pelo Ministro Eros Grau, no julgamento do recurso extraordinário, justificou seu voto no fato de que a ECT, embora seja uma empresa de direito privado, presta serviço público, tem exclusividade dos serviços postais, excetuados encomendas e impressos, e, sobretudo, goza de imunidade tributária e se beneficia da impenhorabilidade de seus bens, além de poder pagar suas dívidas trabalhistas por precatório e de gozar de algumas prerrogativas processuais, afastando-se a incidência do art. 173 da Constituição.

A questão envolvendo a **EBCT** foi retomada pelo **STF**, em **abril de 2013**, quando foi ratificada a postura em relação à natureza jurídica da EBCT, no **RE 601.392-PR**, Rel. orig. Min. Joaquim Barbosa, red. p/ o acórdão Min. Gilmar Mendes.

Nesse julgado, a Suprema Corte concluiu que os serviços prestados pela EBCT estão abrangidos pela imunidade recíproca, na forma do art. 150, VI, *a*, e §§ 2.º e 3.º, da Constituição, por se tratar da execução de serviços em caráter de monopólio.

No mesmo julgado, restou consignado que, mesmo quando a **EBCT** exercesse a atividade fora do regime de **privilégio**, sujeitar-se-ia às condições decorrentes desse *status*, não extensíveis à iniciativa privada, a exemplo da exigência de **prévia licitação** e da realização de **concurso público**.

Por óbvio, com base nos mesmos fundamentos, incide sobre ela a **proibição de demitir sem justa causa**, precedida de processo administrativo, em que se assegure o **contraditório e ampla defesa**.

A correção dessa decisão justifica-se por força dos princípios da **impessoalidade** e **isonomia**, que permeiam a atividade da Administração, evitando-se demissões por motivos políticos ou pessoais de forma **arbitrária**.

Em outras palavras, com essa orientação se evita que a **Administração** receba um **cheque** em **branco** para buscar tão somente interesses pessoais do administrador de plantão, e não os da coletividade.

Nesse sentido, oportuno destacar a importante decisão proferida pelo **STF**, em **outubro de 2018**, reajustando decisão proferida no **RE n. 589.998/PI**, o que resultou na seguinte **tese de Repercussão Geral: "a empresa brasileira de correios e telégrafos (ECT) tem o dever jurídico de motivar, em ato formal, a demissão de seus empregados"**.

Outrossim, importante anotar a existência de precedente no **MS 21.485-DF**, em que o então **Min. Néri da Silveira** proferiu o seguinte **voto: "A dispensa do servidor público regido pela CLT não se pode dar da mesma forma que a dispensa do empregado privado. É que todos os atos da Administração Pública terão de ser sempre motivados; não podem ser sem causa"**.

Acertada a decisão proferida, uma vez que não se pode descurar para o fato de que, preservando sempre o **interesse público**, não poderia o administrador lançar mão do **poder potestativo** atribuído ao **empregador particular**, que atua em nome próprio, para **demitir** seus **empregados** sem motivação.

Nesse sentido, ainda, a decisão proferida pelo **STF**, em **28.02.2024**, quando do julgamento do **RE 688.267** AgR-terceiro/CE, em que a Corte analisou a constitucionalidade da dispensa imotivada de empregado de empresa pública e de sociedade de economia mista admitido por concurso público, resultando na seguinte tese:

"As empresas públicas e as sociedades de economia mista, sejam elas prestadoras de serviço público ou exploradoras de atividade econômica, ainda que em regime concorrencial, têm o dever jurídico de motivar, em ato formal, a demissão de seus empregados concursados, não se exigindo processo administrativo. Tal motivação deve consistir em fundamento razoável, não se exigindo, porém, que se enquadre nas hipóteses de justa causa da legislação trabalhista".

2 ◼ Princípios Constitucionais da Administração Pública

Como arremate deste item, importante registrar que no nível do **TST** já foram proferidas **diversas decisões** concluindo pela **impossibilidade** de a Administração levar a efeito **demissões sem justa causa** em relação aos titulares de **empregos públicos**, lotados em empresas públicas e sociedades de economia mista, exploradoras de atividade econômica, em que pese encontrarem-se em regime de competição com a iniciativa privada.

Em outras palavras, segundo entendimento de diversas turmas do TST, a necessidade de essas estatais submeterem-se ao mesmo regime jurídico das empresas privadas, em especial quanto aos direitos e obrigações trabalhistas, a teor do disposto no art. 173, § 1.º, II, da CF, não afasta a necessidade de motivação dessas decisões de forma a evitar a prática de atos de arbitrariedade por parte da Administração Pública.

Nesse sentido, confira-se a seguinte ementa:

"Nesse contexto, resta superado o entendimento da Orientação Jurisprudencial n. 247 da SDI-1, que dispunha que a despedida de empregados de empresas públicas e sociedades de economia mista independe de motivação para sua validade, conforme se constata dos seguintes precedentes da Corte:

Agravo de instrumento em recurso de revista do reclamante. Nulidade do acórdão do TRT por negativa de prestação jurisdicional. Dano moral.

Nega-se provimento ao agravo de instrumento por meio do qual a parte não consegue desconstituir os fundamentos da decisão agravada.

II — Recurso de revista do reclamado. Ente da Administração indireta. Empregado público regido pela CLT. Dispensa imotivada. Orientação Jurisprudencial n. 247 da SBDI-1 do TST. Entendimento superado. Decisão do STF proferida no RE 589.998/PI. REPERCUSSÃO GERAL. 1. O STF proferiu decisão no RE 589.998/PI, com efeito vinculante, reconhecendo a repercussão geral e consagrando a tese jurídica de exigência de motivação da dispensa de empregados de empresas públicas e sociedades de economia mista que prestam serviços públicos, a fim de assegurar ao ato da dispensa a observância dos mesmos princípios regentes da admissão por concurso público. 2. O entendimento da Corte Suprema decorre da necessidade de que os princípios constitucionais da impessoalidade, isonomia e legalidade, que regem a admissão por concurso público, sejam observados e respeitados por ocasião da dispensa, protegendo o empregado de um possível não cumprimento desses postulados. 3. A partir da decisão do STF, tornou-se superada a jurisprudência do TST, consubstanciada na Orientação Jurisprudencial n. 247, I, da SBDI-1, passando a ser imperioso que o ato de dispensa do empregado de empresa pública ou de sociedade de economia mista seja motivado, para que não ocorram despedidas ilegais ou abusivas. 4. Recurso de revista de que não se conhece. HONORÁRIOS ADVOCATÍCIOS. AUSÊNCIA DE ASSISTÊNCIA SINDICAL.

SÚMULA N. 219 DO TST. 1. O TRT, ao deferir os honorários advocatícios, sem que o reclamante estivesse assistido pelo sindicato de sua categoria profissional, contrariou a Súmula n. 219, I, do TST. 2. Recurso de revista a que se dá provimento" (**ARR 1276-77.2012.5.04.0012, rel. Min. Kátia Magalhães Arruda, j. 24.02.2016, 6.ª T.,** *DEJT*, **26.02.2016**).

No mesmo sentido caminham inúmeros outros precedentes de diversas turmas do TST[2].

Pode-se dizer, também, que a necessidade de **motivação** acaba encontrando lastro no **princípio republicano**, uma vez que não se pode conceber qualquer atuação do administrador sem que preste conta dos atos que edita a seus representados por meio da explicitação dos motivos que o justificaram.

De se mencionar, ainda, que a **Constituição Federal**, preocupada com esse tema, estipulou no **art. 93, IX e X**, a necessidade de o Poder **Judiciário fundamentar** todas as suas **decisões**, como se vê:

Art. 93. (...)

IX — todos os julgamentos dos órgãos do Poder Judiciário serão públicos, e fundamentadas todas as decisões, sob pena de nulidade, podendo a lei limitar a presença, em determinados atos, às próprias partes e a seus advogados, ou somente a estes (...);

X — as decisões administrativas dos tribunais serão motivadas (...) sendo as disciplinares tomadas pelo voto da maioria absoluta de seus membros.

Assim, se até mesmo para o exercício de funções atípicas pelo Judiciário a Constituição Federal exige a **fundamentação**, a mesma conclusão se aplica, com maior razão, para a **Administração Pública** quando no exercício da sua **função típica** ou principal.

A título de conclusão, temos para nós que a motivação surge como obrigação atribuída ao Poder Público, quando no exercício de suas atividades, por força dos interesses que representa.

Essa conclusão, repetimos uma vez mais, se aplica em relação a todos os atos administrativos, mas principalmente em relação aos **atos discricionários**, por conferirem a possibilidade de o administrador estabelecer um juízo de valores, o que não se apresenta nos **vinculados**, demandando também a competente justificativa em razão da opção feita.

De resto, quer nos parecer que a discussão relativa à necessidade ou não de **motivação** de todos os atos administrativos, não fossem suficientes todos os aportes doutrinários e jurisprudenciais citados, acaba perdendo fôlego também em vista da edição da **Lei n. 9.784/99**, regulamentadora dos procedimentos administrativos no âmbito federal, em especial por força dos artigos a seguir reproduzidos:

Art. 2.º A Administração Pública obedecerá, dentre outros, aos princípios da legalidade, finalidade, *motivação*, razoabilidade, proporcionalidade, moralidade, ampla defesa, contraditório, segurança jurídica, interesse público e eficiência.

Parágrafo único. Nos processos administrativos serão observados, entre outros, os critérios de: (...)

VII — indicação dos pressupostos de fato e de direito que determinarem a decisão.

---

2   Processo: RR 48300-12.1999.5.15.0090, rel. Min. Aloysio Corrêa da Veiga, 6.ª T., *DEJT,* 20.03.2015; Processo: AIRR 10260-71.2014.5.03.0153, rel. Min. Alberto Luiz Bresciani de Fontan Pereira, 3.ª T., *DEJT,* 04.09.2015; Processo: AIRR 441-12.2010.5.15.0026, rel. Des. convocado José Ribamar Oliveira Lima Júnior, 4.ª T., *DEJT,* 11.09.2015; Processo: RR 84700-37.2010.5.17.0008, rel. Min. Emmanoel Pereira, 5.ª T., *DEJT,* 28.08.2015; Processo: RR 139100-53.2009.5.04.0022, rel. Min. Douglas Alencar Rodrigues, 7.ª T., *DEJT,* 11.09.2015.

Art. 50. Os atos administrativos deverão ser motivados, com indicação dos fatos e dos fundamentos jurídicos, quando: (...).

§ 1.º A **motivação deve ser explícita, clara e congruente**, podendo consistir em declaração de concordância com fundamentos de anteriores pareceres, informações, decisões ou propostas, que, neste caso, serão parte integrante do ato.

Ainda sobre esse tema, vale destacar que a **necessidade de motivação para a dispensa de servidor público não mais se apresenta se verificada após processo de privatização**, segundo conclusão atingida pela **Sexta Turma do Tribunal Superior do Trabalho**, por **unanimidade**.

Assim, quando do julgamento, **em 27.04.2022**, do **RR n. 11624-29.2014.5.01.0058, considerou válido o ato de dispensa, sem justa causa**, de um securitário contratado por meio de concurso público pelo IRB — Brasil Resseguros. **A seleção ocorreu antes da privatização dessa empresa estatal, e a dispensa se deu após**. Pela decisão, o empregado público pode ser dispensado sem a necessidade de motivação depois do processo de privatização da empresa em que atuava.

O relator do processo, ministro Augusto César, enfatizou que a privatização da empresa estatal autoriza a dispensa sem justa causa do empregado, sem a necessidade de motivação do ato de rompimento do seu contrato de trabalho.

Nesse cenário, algumas obrigações trabalhistas a que as empresas estatais estavam submetidas devido à sua condição de ente público antes do processo de privatização (seja em função de lei, da Constituição Federal ou de decreto) **não se perpetuam após a sucessão**.

De outra parte, oportuno registrar a decisão proferida pelo **STF**, quando do julgamento, **em 19.06.2023**, da **ADC 39/DF**, em que a Corte concluiu, por maioria, pela constitucionalidade do Decreto Presidencial que suspendeu a adesão do Brasil à Convenção 158 da OIT, que veda, em seu art. 4.º, a dispensa de empregado sem justa causa.

A referência para esse precedente justifica-se em razão de sua aplicabilidade **apenas** para os **empregados da iniciativa privada**, não se estendendo, pelas razões já apresentadas, para o setor público.

2.2.2.2.2. *Da teoria dos motivos determinantes*

Ainda sobre esse tema, oportuno estabelecer algumas considerações acerca da **"teoria dos motivos determinantes"**, segundo a qual, a partir do instante em que o ato administrativo foi editado, devidamente acompanhado dos **motivos que deram origem**, fica o **administrador vinculado a eles** durante sua execução, não podendo deles se afastar, como regra geral, sob pena de **comprometimento** de sua **validade**.

Em outras palavras, a **correspondência** desses **motivos** com a **realidade** dos fatos assume extrema importância, na medida em que, se inexistentes ou falsos, acabam por comprometer a validade do ato.

De resto, essa teoria tem sido aplicada, de forma reiterada pelo **STF**, com destaque para precedente, julgado **em 19.05.2019**, do **ARE 884.289**, de relatoria do **Ministro Gilmar Mendes** no qual se afirmou que:

"(...) **a jurisprudência do Supremo Tribunal Federal também é pacífica acerca da aplicabilidade da teoria dos motivos determinantes**, porquanto é viável, em controle de legalidade realizado pelo Poder Judiciário, a declaração de nulidade do ato administrativo, caso verificada falsidade ou inexistência de motivo".

Nesse contexto, oportuno registrar também a **contribuição** oferecida por **outros diplomas legais** acerca desse tema.

Assim, a **Lei n. 8.112/90**, que dispõe sobre o regime jurídico dos servidores públicos civis da União, das autarquias e das fundações públicas federais, também contribui para fortalecer a necessidade de motivação dos atos administrativos, ao estabelecer em seu art. 128 os itens que deverão ser considerados pelo administrador quando da aplicação de penalidades:

Art. 128. Na aplicação das penalidades serão consideradas a natureza e a gravidade da infração cometida, os danos que dela provierem para o serviço público, as circunstâncias agravantes ou atenuantes e os antecedentes funcionais.

No mesmo dispositivo, o legislador houve por bem estabelecer quais **itens** integram o **conceito de motivação**, deixando claro que, além da referência ao **dispositivo legal** embasador do ato, deve também relacionar os **fatos** que contribuíram para sua **aplicação** ao **caso concreto**:

Art. 128. (...)
Parágrafo único. O ato de imposição da penalidade mencionará sempre o fundamento legal e a causa da sanção disciplinar.

A mesma diretriz foi adotada pela Lei n. 14.133/2021 (Lei de licitações e contratos) que, além de relacionar a motivação como um dos princípios norteadores (art. 5.º), assinalou:

Art. 18. A fase preparatória do processo licitatório é caracterizada pelo planejamento e deve compatibilizar-se com o plano de contratações anual de que trata o inciso VII do *caput* do art. 12 desta Lei, sempre que elaborado, e com as leis orçamentárias, bem como abordar todas as considerações técnicas, mercadológicas e de gestão que podem interferir na contratação, compreendidos: (...)
IX — a motivação circunstanciada das condições do edital, tais como justificativa de exigências de qualificação técnica, mediante indicação das parcelas de maior relevância técnica ou valor significativo do objeto, e de qualificação econômico-financeira, justificativa dos critérios de pontuação e julgamento das propostas técnicas, nas licitações com julgamento por melhor técnica ou técnica e preço, e justificativa das regras pertinentes à participação de empresas em consórcio; (...)
XI — a motivação sobre o momento da divulgação do orçamento da licitação, observado o art. 24 desta Lei.

Art. 147. Constatada irregularidade no procedimento licitatório ou na execução contratual, caso não seja possível o saneamento, a decisão sobre a suspensão da execução ou sobre a declaração de nulidade do contrato somente será adotada na hipótese em que se revelar medida de interesse público, com avaliação, entre outros, dos seguintes aspectos:

2 ■ Princípios Constitucionais da Administração Pública   59

De resto, a mesma orientação aparece ao nível da Lei federal n. 13.303/2016 (lei de responsabilidade das estatais), ao nível do seu art. 8.º, § 1.º. Confira-se:

> **Art. 8.º** As empresas públicas e as sociedades de economia mista deverão observar, no mínimo, os seguintes requisitos de transparência:
>
> § 1.º O interesse público da empresa pública e da sociedade de economia mista, respeitadas as razões que **motivaram** a autorização legislativa, manifesta-se por meio do alinhamento entre seus objetivos e aqueles de políticas públicas, na forma explicitada na carta anual a que se refere o inciso I do *caput*.

De outra parte, importante verificar também a contribuição oferecida pela nossa jurisprudência, consoante se verifica da **Súmula 684 do STF**:

> **SÚMULA 684 DO STF:** É inconstitucional o **veto não motivado** à participação de candidato a concurso público.

Como arremate deste item, pode-se extrair a conclusão segundo a qual a necessidade de **motivação** atinge **todos os atos** administrativos, independentemente de sua natureza, viabilizando, outrossim, **o controle de legalidade** que o **Judiciário** faz em relação a eles.

Em outras palavras, surgindo a necessidade de **motivação** como forma de viabilizar o controle a ser efetivado pelo **Judiciário**, incide ela em relação tanto a atos **vinculados** quanto **discricionários**.

Nesse sentido, cumpre fazer referência a uma situação normalmente invocada como excepcionadora dessa regra geral, vale dizer, aquela relacionada ao provimento de **cargos em comissão**, uma vez que de **livre nomeação**, a teor do disposto na parte final do **art. 37, II, da CF**.

Sem embargo de opiniões em sentido contrário, temos para nós que a **livre nomeação** apontada pelo dispositivo constitucional para cargos dessa natureza **não torna desnecessária** a sua **motivação**, pois a escolha não poderá afrontar os princípios que presidem toda a atividade administrativa.

Em abono a essa linha de argumentação, oportuna a referência ao julgamento realizado pela nossa **Suprema Corte**, em **20 de agosto de 2008**, da **Adecon 12**, em que se reconheceu a constitucionalidade da **Resolução n. 7/2005 do Conselho Nacional de Justiça** contra o nepotismo em cargos dessa natureza. Em comentários a respeito da decisão, segue trecho de notícia veiculada pelo próprio STF:

> "No dia **20 de agosto de 2008**, uma decisão histórica do Supremo Tribunal Federal (STF) determinou uma mudança drástica no sistema de contratação para o serviço público nacional. Ao julgar procedente, por unanimidade, a Ação Declaratória de Constitucionalidade (ADC) 12, o Plenário da Suprema Corte pôs fim à prática do nepotismo no Poder Judiciário do país, decisão aplaudida por toda a sociedade brasileira. O efeito da determinação também alcançou os poderes Legislativo e Executivo, com a edição, no dia seguinte, da Súmula Vinculante n. 13.
>
> A ADC 12 pediu o reconhecimento da legitimidade da Resolução n. 7/2005 do Conselho Nacional de Justiça (CNJ), que impede o emprego, nos tribunais, de cônjuges, compa-

nheiros e parentes de magistrados, se estes não forem aprovados em concurso público. Isso significa que a proibição também é extensiva aos pais, avós, filhos, tios, irmãos, sobrinhos, sogros, e cunhados para cargos de livre nomeação e exoneração, além de restringir a contratação cruzada, isto é, quando um servidor contrata parentes de outro"[3].

Outrossim, de forma a ratificar esse entendimento, oportuna a referência para o conteúdo da **Súmula Vinculante 13 do STF**, editada logo em seguida, que, em síntese, proíbe a nomeação sem concurso para esses cargos, de parentes até 3.º grau do administrador, em uma clara tentativa de combater a questão relacionada ao nepotismo:

> **SÚMULA VINCULANTE 13:** A nomeação de cônjuge, companheiro ou parente em linha reta, colateral ou por afinidade, até o terceiro grau, inclusive, da autoridade nomeante ou de servidor da mesma pessoa jurídica investido em cargo de direção, chefia ou assessoramento, para o exercício de cargo em comissão ou de confiança ou, ainda, de função gratificada na administração pública direta e indireta em qualquer dos Poderes da União, dos Estados, do Distrito Federal e dos Municípios, compreendido o ajuste mediante designações recíprocas, viola a Constituição Federal.

De resto, a mesma diretriz já se encontrava na **Constituição Federal**, a teor do disposto no **art. 37, V**, em relação aos cargos em comissão e funções de confiança que impliquem **atribuições de chefia, direção e assessoramento**, que deverão ser preenchidos preferencialmente por servidores de carreira:

Art. 37. (...)

V — as funções de confiança, exercidas exclusivamente por servidores ocupantes de cargo efetivo, e os cargos em comissão, a serem preenchidos por servidores de carreira nos casos, condições e percentuais mínimos previstos em lei, destinam-se apenas às atribuições de direção, chefia e assessoramento.

Reforçando esse entendimento, cumpre registrar a previsão incluída na LIA, em outubro de 2021, em seu art. 11, XI, que torna hipótese de improbidade essas nomeações.

Por derradeiro, oportuno fazer referência à questão relacionada aos **atos administrativos aliundes**, que se apresentam como aqueles que **não possuem motivação própria**, adotando a de outro ato a que fazem referência expressa.

Dentro desse contexto, se o ato utilizado como **paradigma** for **anulado** ou **revogado**, sendo ele discricionário, **repercute** ele sobre o **ato aliunde**, que deverá ser declarado nulo.

De outra parte, em se tratando de ato paradigma vinculado, será considerado tão somente anulável, uma vez que os motivos ali utilizados encontram-se previstos em lei.

---

[3] *ADC 12: decisão histórica do Supremo põe fim ao nepotismo no Judiciário*. Disponível em: <http://www.stf.jus.br/portal/cms/verNoticiaDetalhe.asp?idConteudo=115820>. Acesso em: 17 fev. 2017.

2 ◼ Princípios Constitucionais da Administração Pública

2.2.2.3. Princípio da autotutela

O **princípio da autotutela** pode ser traduzido pela obrigação conferida à Administração Pública de controlar os atos que edita, de modo a **retirar do ordenamento** jurídico aqueles que se revelarem **ilegítimos** ou **inoportunos**.

Em outras palavras, tem ela o dever de **eliminar os atos nulos** e a prerrogativa de **revogar** aqueles que, não obstante guardarem a condição de legitimidade, não mais se justificarem por **inconvenientes e inoportunos**.

Esse princípio encontra seu perfil claramente delineado nas **Súmulas 346 e 473 do STF:**

> **SÚMULA 346 DO STF:** A Administração Pública pode declarar a nulidade dos seus próprios atos.

> **SÚMULA 473 DO STF:** A Administração pode anular seus próprios atos, quando eivados de vícios que os tornem ilegais, porque deles não se originam direitos; ou revogá-los, por motivo de conveniência ou oportunidade, respeitados os direitos adquiridos, e ressalvada, em todos os casos, a apreciação judicial.

A impropriedade no verbete das súmulas reproduzidas, relacionada não à obrigatoriedade, mas à faculdade de se promover anulação, foi corretamente corrigida ao nível da **Lei Federal n. 9.784/99**, em seu art. 53. Confira-se:

> **Art. 53**. A Administração deve anular seus próprios atos, quando eivados de vício de legalidade, e pode revogá-los por motivo de conveniência ou oportunidade, respeitados os direitos adquiridos.

Com base nesse princípio, decidiu o **STJ**, em 10.08.2022, quando do julgamento do **MS 20.187/DF**, enfrentando a questão de anistia política. Confira-se:

> "Anistia política. Exercício de autotutela da Administração Pública. Repercussão Geral. Tema STF/839."
>
> "No exercício de seu poder de autotutela, poderá a Administração Pública rever os atos de concessão de anistia a cabos da Aeronáutica relativos à Portaria n. 1.104/1964, quando se comprovar a ausência de ato com motivação exclusivamente política, assegurando-se ao anistiado, em procedimento administrativo, o devido processo legal e a não devolução das verbas já recebidas."

2.2.2.4. Princípio da isonomia

O primeiro ponto a ser observado com relação a esse princípio, por óbvio, diz respeito ao seu conteúdo, de compreensão aparentemente tranquila, mas que na prática tem revelado problemas dos mais diversos.

Destarte, a primeira noção que se tentou implementar foi a da **igualdade substancial**, segundo a qual todos os homens seriam iguais quanto ao gozo e fruição de direitos e também à sujeição a deveres, noção essa que logo se inviabilizou pelas inúmeras diferenças existentes entre os indivíduos.

Em um segundo momento, evoluiu-se para o conceito de **igualdade formal**, e foi elaborado o seguinte postulado, que surge hoje em todas as Constituições modernas, inclusive na brasileira, com pequenas variações, é certo: "todos são **iguais perante a lei, sem distinção** de qualquer natureza (...)".

Inspirada nesse postulado, a doutrina não titubeou em afirmar que a isonomia poderia ser assim representada: tratar igualmente os **iguais** e desigualmente os **desiguais**, na **medida** de suas **desigualdades**.

Sem embargo, o problema permaneceu e consistiu em saber quem eram os iguais e quem eram os desiguais para os quais a lei admitia o tratamento isonômico, uma vez que um **mesmo grupo** de pessoas poderia, por **inúmeros critérios**, ser assemelhado ou diferenciado.

Atento a esse problema, **Celso Antônio Bandeira de Mello** criou um critério para detectar lesões ao princípio da isonomia, levando em consideração dois fatores distintos: o **elemento de discriminação** utilizado para o caso concreto e a **finalidade**, o objetivo da **norma**.

Quando houver uma **adequação**, uma compatibilidade **entre os dois**, não estaremos diante de uma agressão ao princípio da **igualdade**. São suas estas palavras:

> "(...) então, no que atina ao ponto central da matéria abordada, procede afirmar: é agredida a igualdade quando o fator diferencial adotado para qualificar os atingidos pela regra não guarda relação de pertinência lógica com a inclusão ou exclusão no benefício deferido ou com a inserção ou arredamento do gravame imposto"[4].

Dessa forma, fica claro que a aplicação desse princípio destina-se a **impossibilitar discriminações de caráter gratuito**, é dizer, por razões que nenhuma ligação apresentem com a finalidade pública.

Nesse sentido, a conclusão atingida pelo **STF**, quando do julgamento, em 07.10.2022, em que assinalou a inconstitucionalidade de lei municipal que concede pensão especial mensal e vitalícia a viúvas de ex-prefeitos. Confira-se:

> "A concessão do referido benefício pelo mero exercício de cargo eletivo implica quebra do tratamento igual que deve ser conferido para pessoas em idênticas condições jurídico-funcionais. Assim, assegurar a percepção de verba mensal a viúvas de ex-prefeitos configura condição privilegiada e injustificada em relação aos demais beneficiários do Regime Geral de Previdência Social (CF/1988, art. 40, § 13, com a redação dada pela EC 103/2019), que atenderam aos requisitos constitucionais e legais para a concessão de seus benefícios."

Oportuno consignar que essa tendência jurisprudencial acerca do princípio em referência acabou resultando na edição pela **Corte Suprema da Súmula 683**:

---

[4]   MELLO, Celso Antônio Bandeira de. *Conteúdo jurídico do princípio da igualdade*. 3. ed. São Paulo: Revista dos Tribunais, 1993, p. 49.

2 ■ Princípios Constitucionais da Administração Pública

SÚMULA 683 DO STF: O limite de idade para a inscrição em concurso público só se legitima em face do art. 7.º, XXX, da Constituição, quando possa ser justificado pela natureza das atribuições do cargo a ser preenchido.

Ainda sobre esse tema, foi o mesmo entendimento adotado pelo **STF** quando do julgamento, **em 15.12.2020**, da **ADI 5.329/DF**. Confira-se:

"DIREITO CONSTITUCIONAL. REGIME JURÍDICO DA MAGISTRATURA. LEI DE ORGANIZAÇÃO JUDICIÁRIA DO DISTRITO FEDERAL E DOS TERRITÓRIOS. **INCONSTITUCIONALIDADES FORMAL E MATERIAL NA PREVISÃO DE REQUISITOS DE FAIXA ETÁRIA PARA O INGRESSO NA CARREIRA** (ART. 52, V, DA LEI 11.697/2008). RESERVA DE LEI COMPLEMENTAR (CF, ART. 93, I). DESPROPORCIONALIDADE E **QUEBRA DA ISONOMIA**.
(...)
4. A Constituição Federal não exige idade mínima para o ingresso na magistratura, mas sim a exigência de 'três anos de atividade jurídica' ao bacharel em direito (CF, art. 93, I).
5. **O limite de 50 anos de idade para ingresso em cargo de magistrado não guarda correlação com a natureza do cargo e destoa do critério a que a Constituição adotou** para a composição dos Tribunais Superiores, Tribunais Regionais Federais e Tribunais Regionais do Trabalho".

No referido precedente, vale destacar os seguintes trechos extraídos do voto proferido pelo Ministro Alexandre de Moraes. Confira-se:

"O estabelecimento de um limite máximo de idade para investidura em cargo cujas atribuições são de natureza preponderantemente intelectual, da mesma maneira, contraria o entendimento da CORTE pelo qual restrições desse tipo somente se justificam em vista de necessidade relacionada às atribuições do cargo, como ocorre em carreiras militares ou policiais. (...)
Pelas características próprias da atividade jurisdicional, em que a experiência profissional e o conhecimento jurídico acumulado qualificam o exercício da função, é de se considerar o atingimento da idade de 50 anos, por si só, não desabona o candidato ao ingresso na magistratura. Ao contrário, tudo indica que o mesmo estará no gozo de sua plena capacidade produtiva."

Por derradeiro, o mesmo entendimento foi adotado pela **Suprema Corte**, quando do julgamento, **em 25.10.2021**, da **ADI 6798/MG**, concluindo pela **inconstitucionalidade de norma que estabelece idade mínima** como requisito para **ingresso na magistratura**. Confira-se:

"AÇÃO DIRETA DE INCONSTITUCIONALIDADE. INC. II DO ART. 165 DA LEI COMPLEMENTAR N. 59/2001 DE MINAS GERAIS. LIMITE ETÁRIO MÍNIMO PARA INGRESSO NA MAGISTRATURA ESTADUAL. INOVAÇÃO DOS CRITÉRIOS ESTABELECIDOS NA LEI ORGÂNICA DA MAGISTRATURA NACIONAL — LOMAN. CONTRARIEDADE AO ART. 93 DA CONSTITUIÇÃO DA REPÚBLICA. PRECEDENTES. AÇÃO DIRETA JULGADA PROCEDENTE PARA DECLARAR A INCONSTITUCIONALIDADE DO INC. II DO ART. 165 DA LEI COMPLEMENTAR MINEIRA N. 59/2001."

De outra parte, percebe-se também que a imposição desse limite tendo em vista o tempo para a aposentadoria é linha de argumentação que não encontrou acolhida naquele órgão.

Destaque ainda para **precedente** do STF, quando do julgamento, em **12.04.2021**, da **ADI 5258/AM**, onde **a Corte concluiu que a imposição legal de manutenção de exemplares de Bíblias em escolas e bibliotecas públicas estaduais configura contrariedade à laicidade estatal e à liberdade religiosa consagradas pela Constituição da República de 1988**.

Na referida decisão, destacou que ao determinar que escolas e bibliotecas públicas mantenham exemplares da Bíblia em seus acervos, a **norma estadual impugnada estimula e promove certos tipos de crenças e dogmas religiosos em detrimento de outros**. Dessa forma, **ofende os princípios** da laicidade estatal, da liberdade religiosa e da **isonomia entre os cidadãos**.

Ainda em respeito a laicidade, importante registrar a promulgação da **EC n. 116**, em **17.02.2022**, que **ampliou a imunidade de impostos dos templos de qualquer culto**, para alcançar situações em que figurem como locatários de imóveis, nos seguintes termos:

Art. 156. (...)

§ 1.º-A. O imposto previsto no inciso I do *caput* deste artigo não incide sobre templos de qualquer culto, ainda que as entidades abrangidas pela imunidade de que trata a alínea *b* do inciso VI do *caput* do art. 150 desta Constituição sejam apenas locatárias do bem imóvel.

Confira-se ainda **precedente do STF**, quando do julgamento, em **01.03.2021**, das **ADIs 5538 e 5948** e da **ADC 38**, em que o **plenário invalidou a proibição de porte de armas para guardas municipais de cidades com menos de 50 mil habitantes**.

Por maioria, os ministros invalidaram **dispositivos do Estatuto do Desarmamento que proíbem o porte de arma para integrantes das guardas municipais de municípios com menos de 50 mil habitantes e permitem o porte nos municípios que têm entre 50 mil e 500 mil habitantes apenas quando em serviço**.

O ministro **Alexandre de Moraes** compreendeu que os **dispositivos questionados** estabelecem distinção de tratamento que **não se mostram razoáveis, "desrespeitando os princípios da igualdade e da eficiência"**.

Por derradeiro, vale o destaque para a edição, em **03.07.2023**, da **Lei Federal n. 14.611**, que dispõe sobre a igualdade salarial e de critérios remuneratórios entre mulheres e homens, para a realização de trabalho de igual valor ou no exercício da mesma função alterando, ainda, o art. 461 da CLT. Confira-se:

Art. 461. Sendo idêntica a função, a todo trabalho de igual valor, prestado ao mesmo empregador, no mesmo estabelecimento empresarial, corresponderá igual salário, sem distinção de sexo, etnia, nacionalidade ou idade.

§ 1.º Trabalho de igual valor, para os fins deste Capítulo, será o que for feito com igual produtividade e com a mesma perfeição técnica, entre pessoas cuja diferença de tempo de serviço para o mesmo empregador não seja superior a quatro anos e a diferença de tempo na função não seja superior a dois anos.

§ 2.º Os dispositivos deste artigo não prevalecerão quando o empregador tiver pessoal organizado em quadro de carreira ou adotar, por meio de norma interna da empresa ou de negociação coletiva, plano de cargos e salários, dispensada qualquer forma de homologação ou registro em órgão público.

§ 3.º No caso do § 2.º deste artigo, as promoções poderão ser feitas por merecimento e por antiguidade, ou por apenas um destes critérios, dentro de cada categoria profissional.

§ 4.º O trabalhador readaptado em nova função, por motivo de deficiência física ou mental atestada pelo órgão competente da Previdência Social, não servirá de paradigma para fins de equiparação salarial.

§ 5.º A equiparação salarial só será possível entre empregados contemporâneos no cargo ou na função, ficando vedada a indicação de paradigmas remotos, ainda que o paradigma contemporâneo tenha obtido a vantagem em ação judicial própria.

§ 6.º Na hipótese de discriminação por motivo de sexo, raça, etnia, origem ou idade, o pagamento das diferenças salariais devidas ao empregado discriminado não afasta seu direito de ação de indenização por danos morais, consideradas as especificidades do caso concreto.

§ 7.º Sem prejuízo do disposto no § 6.º, no caso de infração ao previsto neste artigo, a multa de que trata o art. 510 desta Consolidação corresponderá a 10 (dez) vezes o valor do novo salário devido pelo empregador ao empregado discriminado, elevada ao dobro, no caso de reincidência, sem prejuízo das demais cominações legais.

Outra vertente importante do princípio ora em análise revela-se na impossibilidade de a Comissão de Concurso estabelecer distinções entre candidatos, de forma gratuita, ao arrepio do art. 19, III, da CF, conclusão adotada pelo STF, que decidiu **em 19.10.2023**, quando do julgamento do **RE 614.873/AM**. Confira-se:

"É inconstitucional — por violar a garantia de tratamento igualitário a todos os cidadãos brasileiros, que veda a criação de distinções ou preferências entre si (CF/1988, art. 19, III) — lei estadual que assegura, de forma infundada e/ou desproporcional, percentual das vagas oferecidas para a universidade pública local a candidatos que cursaram integralmente o ensino médio em instituições públicas ou privadas da mesma unidade federativa.

Nesse contexto, em que pese a nobre possibilidade de se corrigirem distorções socioeconômicas, como ocorre com a implementação da política de reserva de vagas (cotas) para alunos egressos de escolas localizadas no próprio estado, não pode o ente federativo criar discriminações regionais infundadas e desproporcionais com a finalidade de favorecer apenas os residentes em determinada região".

No mesmo sentido, decidiu o **STF**, **em 11.12.2023**, quando do julgamento da **ADI 7.458/PB**, pela inconstitucionalidade de vantagem atribuída a servidor local de benefício não estendido ao demais. Confira-se:

"É inconstitucional — por configurar tratamento diferenciado desproporcional, sem amparo em justificativa razoável — lei estadual que concede, em favor de candidatos naturais residentes em seu âmbito territorial, bônus de 10% na nota obtida nos concursos públicos da área de segurança pública".

Ainda sobre esse tema, concluiu o **STF**, quando do julgamento, **em 09.02.2024**, da **ADI 7.492/AM**, pela inconstitucionalidade de lei estadual que reserva vagas para candidatas do sexo feminino para ingresso na carreira da Polícia Militar, impedindo-as, no entanto, de concorrer à totalidade de vagas disponíveis (lista geral), em desrespeito a diversos princípios constitucionais, com destaque para o da isonomia. Confira-se:

> "**A reserva de vagas para candidatas do sexo feminino para ingresso na carreira da Polícia Militar, disposta em norma estadual, não pode ser compreendida como autorização legal que as impeça de concorrer à totalidade das vagas disponíveis em concursos públicos, isto é, com restrição e limitação a determinado percentual fixado nos editais**".

2.2.2.5. *Princípio da razoabilidade*

a) **Perfil constitucional**

Outro princípio de extrema importância para o desenvolvimento das atividades administrativas, em que pese não estar expressamente previsto na Constituição Federal, é o da razoabilidade.

Por esse princípio é **lícito ao Judiciário** reapreciar os **atos** praticados pela **Administração Pública** para verificar a existência de uma **relação de pertinência**, de proporcionalidade, com o **interesse público**, que surge como objetivo único a ser por ela perseguido.

Em outras palavras, as **atitudes** tomadas pelo **Poder Público** devem guardar **proporcionalidade** com os objetivos específicos a serem alcançados, sob pena de caracterização de **desvio de finalidade**.

Claro está que existe uma íntima **relação** entre o princípio sob comento **e outros** que, de igual forma, norteiam a atividade administrativa.

Assim é que não se pode dissociá-lo do princípio da **isonomia**, na medida em que discriminações que não se revelam razoáveis, mas sim gratuitas, acabam por provocar agressão também a esse princípio.

Revela-se, outrossim, próximo também do princípio da **motivação**, pois é pela fundamentação apresentada pelo administrador que se poderá apreciar a razoabilidade da medida por ele tomada.

Por esse princípio, portanto, não está o **administrador livre** para estabelecer as **exigências** que achar por bem em relação aos particulares, mas tão somente aquelas que se revelarem **necessárias** para o atingimento das **finalidades públicas** específicas.

Nesse contexto, também se pode estabelecer uma íntima relação entre o princípio ora comentado e o da **impessoalidade**, na medida em que, como visto, impede possa o administrador levar a efeito discriminações gratuitas.

Diante desse cenário, oportuna a referência, uma vez mais, à decisão proferida pelo **STF, em 01.03.2021**, quando do **julgamento conjunto ADC 38/DF, ADI 5538/DF e ADI 5948/DF**, ao concluir pela *ausência de razoabilidade nos critérios das restrições ao porte de arma de fogo por guardas municipais*.

2 ◼ Princípios Constitucionais da Administração Pública

No referido julgado, o **STF firmou entendimento** segundo o qual **é inconstitucional** a restrição do porte de arma de fogo aos integrantes de guardas municipais das capitais dos estados e dos municípios com mais de 500.000 (quinhentos mil) habitantes e de guardas municipais dos municípios com mais de 50.000 (cinquenta mil) e menos de 500.000 (quinhentos mil) habitantes, quando em serviço.

Ao longo desta decisão, a Suprema Corte teceu importantes considerações acerca do Princípio da Razoabilidade, reiterando sua íntima ligação com o Princípio da Isonomia. Confira-se:

"(...) Patente, pois, o desrespeito ao postulado básico da igualdade, que exige que situações iguais sejam tratadas igualmente, e que eventuais fatores de diferenciação guardem observância ao princípio da razoabilidade, que pode ser definido como aquele que exige proporcionalidade, justiça e adequação entre os meios utilizados pelo Poder Público, no exercício de suas atividades, levando-se em conta critérios racionais e coerentes.

A opção do Poder Público será sempre ilegítima, desde que sem racionalidade, mesmo que não transgrida explicitamente norma concreta e expressa, porque a razoabilidade engloba a prudência, a proporção, a indiscriminação, a proteção, a proporcionalidade, a causalidade, em suma, a não arbitrariedade.

A **razoabilidade** deve ser utilizada **como parâmetro para se evitarem**, como ocorreu na presente hipótese, os **tratamentos excessivos, inadequados**, buscando-se sempre, no caso concreto, o tratamento necessariamente exigível (...)".

Ainda sobre esse item, oportuno registrar a tese fixada pelo **STF**, em **13.05.2022**, quando do julgado das **ADIs 5.818/CE** e **3.918/SE**, considerando inconstitucional o oferecimento de **gratuidade a servidores para inscrição em concurso**. Confira-se:

"É inconstitucional lei estadual que isenta servidores públicos da taxa de inscrição em concursos públicos promovidos pela Administração Pública local, privilegiando, **sem justificativa razoável para tanto**, um grupo mais favorecido social e economicamente".

Outra vertente desse princípio tem lugar quanto à fixação do prazo-limite para a execução de obras públicas, revelando-se oportuna a reprodução de precedente do **STF**, quando do julgamento, **em 14.06.2024**, da **ADI 3.497/DF** pela constitucionalidade do prazo de 25 anos para as obras públicas de "portos secos". Confira-se:

"É constitucional — por ser razoável e proporcional — o prazo de 25 anos, prorrogável por até 10 anos, para a outorga a particulares de concessão ou de permissão dos serviços e das obras públicas de 'portos secos'. Todavia, esses períodos devem ser compreendidos como prazos máximos (ou prazos-limites), na medida em que é vedado ao legislador fixar uma duração contratual aplicável, de forma invariável e inflexível, a toda e qualquer concessão ou permissão.

O lapso temporal do contrato deve possibilitar o equilíbrio entre os gastos e as receitas obtidas pela empresa prestadora de serviço público. Na espécie, o vulto dos investimentos a serem realizados e das outras condicionantes contratuais de caráter econômico-financeiro demandam prazo mais dilatado para sua amortização. Ademais, os referidos prazos não destoam dos assinalados para a outorga de outros serviços públicos".

b) Perfil legal

De outra parte, cumpre registrar que, nada obstante não ter ele sido relacionado entre os princípios expressos no art. 37 da CF, tem previsão, a título de exemplo, no art. 2.º, parágrafo único, da **Lei n. 9.784/99** (Processos Administrativos Federais):

Art. 2.º A Administração Pública obedecerá, dentre outros, aos princípios da legalidade, finalidade, motivação, **razoabilidade**, proporcionalidade, moralidade, ampla defesa, contraditório, segurança jurídica, interesse público e eficiência.

Parágrafo único. Nos processos administrativos serão observados, entre outros, os critérios de: (...)

VI — adequação entre meios e fins, vedada a imposição de obrigações, restrições e sanções em medida superior àquelas estritamente necessárias ao atendimento do interesse público.

De toda sorte, o princípio em referência tem assumido larga importância em um campo específico, posto ter lastreado inúmeras decisões judiciais que abordam aspectos relacionados às exigências formuladas pelo Poder Público nos editais de concurso.

Isso se deve à previsão inserida no **art. 37, II, da CF**, que, depois de ter preconizado a necessidade de aprovação prévia em **concurso público** para o ingresso em carreiras públicas, estabeleceu, em relação às **provas** e aos **títulos**, o dever de estarem de **acordo com a natureza e a complexidade do cargo** ou emprego colocados em disputa.

A redação do dispositivo constitucional não poderia ter sido mais clara ao estipular que a fixação das provas e dos títulos em concurso público não fica ao livre critério do administrador.

Essas **provas e títulos**, ao revés, só terão legitimidade se estiverem **compatibilizados** com as **necessidades** exigidas pelo **cargo** ou emprego.

A previsão desse princípio está também implícita na regra estabelecida pelo § 3.º **do art. 39 da CF**, que, depois de estender aos servidores públicos uma série de benefícios previstos para os trabalhadores urbanos e rurais, na forma dos diversos incisos do **art. 7.º da CF**, atribuiu ao legislador a possibilidade de estabelecer requisitos diferenciados de admissão.

Sem embargo, só poderá fazê-lo quando a **natureza do cargo** assim o **exigir**, em clara referência ao princípio em comentário.

Se, como visto, somente o legislador pode estipular requisitos para o ingresso em carreiras públicas, não sendo o edital instrumento legítimo para tanto, esse mister deverá ser permeado pelo princípio da razoabilidade, sob pena de inconstitucionalidade.

Nesse sentido, vale ainda registrar a previsão constitucional estampada no art. 5.º, LXXVIII, da CF, de prazo razoável para a duração de processos administrativos ou judiciais, como direito fundamental.

Oportuno registrar ainda precedente do STJ estipulando a existência de prazo razoável para duração de inquérito policial, lastreado no princípio da razoabilidade:

"AGRAVO REGIMENTAL EM *HABEAS CORPUS*. TORTURA. TRANCAMENTO DO INQUÉRITO POLICIAL. EXCESSO DE PRAZO. INJUSTIFICADA DELONGA AINDA QUE SE APURE CONEXO CRIME DE ESTUPRO. INEXISTÊNCIA DE

2 ▣ Princípios Constitucionais da Administração Pública

COMPLEXIDADE DO FEITO, DE INÚMERAS TESTEMUNHAS OU VÍTIMAS. IN-VESTIGAÇÃO QUE PERDURA POR MAIS DE 14 ANOS, SEM APRESENTAÇÃO DE DENÚNCIA. **PRINCÍPIO DA RAZOABILIDADE**. ILEGALIDADE CONFIGURA-DA. 1. Embora o prazo de 30 (trinta) dias para o término do inquérito com indiciado solto (art. 10 — CPP) seja impróprio, sem consequências processuais (imediatas) se inobservado, isso não equivale a que a investigação se prolongue por tempo indeterminado, por anos a fio, mesmo porque, de toda forma, consta da folha corrida do investigado, produzindo consequências morais negativas. A duração da investigação, sem deixar de estar atenta ao interesse público, deve pautar-se pelo princípio da razoabilidade. 2. Inquérito policial que se iniciou no dia 30.06.2008 para a apuração de suposta prática do crime de tortura contra crianças e adolescentes ocorrida em instituição filantrópica destinada ao cuidado de menores carentes, mas que, no decorrer das investigações, acabou por se evidenciar a possível prática também de crimes de estupro, sendo certo que a paciente, ora agravada, é investigada em relação ao primeiro crime. 3. Não se trata de um número acentuado de investigados, estando a recorrida e outras duas pessoas no inquérito que investigava o crime de tortura, bem como dois outros indiciados no segundo inquérito, que apurava o estupro. Ambos os procedimentos foram apensados pela conexão probatória, totalizando 6 volumes de documentos. 4. Há uma medida para tudo! Mesmo considerada a dita 'nobreza' dos crimes, não é razoável que uma investigação criminal sem complexidade perdure, em uma inércia qualificada, por anos a fio, sem nenhum resultado que permite uma avaliação final do Ministério Público. Diversamente do que afirma o recorrente, não se trata de trancamento prematuro da investigação. 5. **O inquérito foi instaurado em 30.06.2008, ou seja, há mais a de 14 anos, o que não se justifica**, ainda que a paciente se encontre solta, pois o Ministério Público Estadual ainda não encontrou subsídios probatórios aptos à apresentação da denúncia, ou ainda elementos concretos que permitam o indiciamento da agravante, restando configurado o constrangimento ilegal por excesso de prazo, ensejando, por consequência, o trancamento do inquérito policial n. 0007876-65.2008.16.0014. 6. Agravo regimental improvido" (STJ, AgRg no HC 690299/PR 2021/0278144-4, j. 09.08.2022, Sexta Turma, *DJe* 15.08.2022).

Pode-se concluir, portanto, que as **atitudes** tomadas pelo administrador público em geral, e em particular aquelas desenvolvidas pela **comissão de concursos**, deverão pautar-se pela **compatibilidade** com os **fins** a serem alcançados. Nesse sentido, precedentes do TJDF:

"DIREITO ADMINISTRATIVO. MANDADO DE SEGURANÇA. CONCURSO PÚBLICO. CORPO DE BOMBEIROS MILITAR. CURSO DE FORMAÇÃO DE PRAÇAS. EXAME MÉDICO. ATRASO. CULPA DE TERCEIRO. PRINCÍPIO DA RAZOABILIDADE. I — **Fere o princípio da razoabilidade o ato administrativo que exclui a candidata das próximas etapas do concurso público se o atraso na entrega de apenas um dos exames médicos decorre de culpa de terceiro, máxime considerando a aprovação da candidata nas demais fases e o resultado satisfatório do exame.** II — A anulação do ato que eliminou a impetrante na fase de inspeção de saúde não lhe assegura direito à nomeação e posse, o qual decorre exclusivamente do êxito a ser alcançado nas demais fases do concurso. III — Deu-se provimento ao recurso" (TJ-DF, 07023606520188070000/DF, 0702360-65.2018.8.07.0000, Rel. José Divino, j. 13.02.2019, 6.ª Turma Cível, *DJe* 27.02.2019).

70 Direito Administrativo Esquematizado   *Celso Spitzcovsky*

Vale o destaque, ainda, para importante decisão proferida pela **Presidência do STJ**, em **5 de junho de 2022**, quando do julgamento da **SLS n. 3123/BA**, autorizando a **suspensão de** *show* **musical**, pela **falta de razoabilidade** do **valor pago pelo município, em vista dos seus compromissos junto à população**. Confira-se:

"O Ministério Público do Estado da Bahia pontua que ajuizou a Ação Civil Pública n. 8000490-47.2022.8.05.0276 contra o Município de Teolândia, destacando que a demanda visa 'impedir a realização das comemorações da XVI Festa da Banana, notadamente, diante da desproporcionalidade entre os custos dos festejos com a situação econômica e financeira do referido Município' (...).

Argumenta que há comprometimento de função típica de Estado, do devido exercício das funções da administração pelas autoridades constituídas, em razão da lesão à economia pública (...) quanto à desproporcionalidade do valor do evento com os recursos gastos em outras áreas relevantes do município, em especial relativas à saúde.

Não há, de fato, proporcionalidade entre a condição financeira do município, suas prioridades em termos de serviços públicos e o gasto despendido com o evento, ainda que se considere muito relevante a realização de eventos culturais pelo País."

2.2.2.6. Da razoabilidade e da proibição de tatuagem e altura em concurso público

Em relação a esse princípio, questão polêmica vinha se desenvolvendo em nossos tribunais relacionada à legitimidade de **cláusula editalícia** que impedia a **inscrição** de candidatos **portadores de tatuagem**, vedação que se apresentava em especial para carreiras militares, servindo como exemplo a previsão estabelecida no art. 3.º da **Lei Complementar do Estado de São Paulo n. 1.291, de julho de 2016**:

Art. 3.º O candidato ao ingresso não poderá apresentar tatuagem que, nos termos do detalhamento constante nas normas do Comando da Polícia Militar:

I — divulgue símbolo ou inscrição ofendendo valores e deveres éticos inerentes aos integrantes da Polícia Militar;

II — faça alusão a:

a) ideologia terrorista ou extremista contrária às instituições democráticas ou que pregue a violência ou a criminalidade;

b) discriminação ou preconceito de raça, credo, sexo ou origem;

c) ideia ou ato libidinoso;

d) ideia ou ato ofensivo aos direitos humanos;

III — seja visível na hipótese do uso de uniforme que comporte camisa de manga curta e bermuda, correspondente ao uniforme operacional de verão.

Percebe-se que as possibilidades relacionadas no referido dispositivo apresentam um **caráter de subjetividade** enorme, algumas até sem razão aparente como a última, uma vez que, ainda que visível a tatuagem mesmo com o fardamento, sua proibição só se justificaria, à luz da **razoabilidade**, se revelasse **natureza ofensiva**.

2 ◼ Princípios Constitucionais da Administração Pública   71

Essa discussão perdeu fôlego a partir do instante em que nossa **Suprema Corte** enfrentou o tema, em **17 de agosto** de **2016**, entendendo **inconstitucional** a referida **exigência, exceção** feita àquelas situações em que a **tatuagem** se revelasse **ofensiva**.

Assim é que, por maioria, o Plenário do **Supremo Tribunal Federal** julgou inconstitucional a proibição de tatuagens a candidatos a cargo público estabelecida em leis e editais de concurso público. Foi dado provimento ao **Recurso Extraordinário (RE) n. 898.450**, com repercussão geral reconhecida, em que um candidato a soldado da **Polícia Militar de São Paulo** foi eliminado por ter tatuagem na perna. "Editais de concurso público não podem estabelecer restrição a pessoas com tatuagem, salvo situações excepcionais, em razão de conteúdo que viole valores constitucionais", foi a tese de repercussão geral fixada. Confira-se a ementa:

> "Repercussão Geral no Recurso Extraordinário. Administrativo. Concurso público. Edital. Requisitos. Impedimento do provimento de cargo, emprego ou função pública decorrente da existência de tatuagem no corpo do candidato. Aferição da constitucionalidade da exigência estatal de que a tatuagem esteja dentro de determinados parâmetros. Arts. 5.º, I e 37, I e II da CRFB/88. Repercussão Geral reconhecida".

O relator do RE, Ministro Luiz Fux, observou que a criação de barreiras arbitrárias para impedir o acesso de candidatos a cargos públicos fere os **princípios constitucionais da isonomia e da razoabilidade**. Em seu entendimento, qualquer obstáculo a acesso a cargo público deve estar relacionado unicamente ao exercício das funções, por exemplo, idade ou altura que impossibilitem o exercício de funções específicas. Salientou que a **jurisprudência do STF** prevê que o **limite de idade** previsto em lei é **constitucional**, desde que justificável em relação à **natureza das atribuições do cargo** a ser exercido.

O Ministro destacou que a tatuagem, por si só, não pode ser confundida como uma transgressão ou conduta atentatória aos bons costumes. Segundo ele, a tatuagem passou a representar uma autêntica forma de liberdade de manifestação do indivíduo, pela qual não pode ser punido, sob pena de flagrante violação dos princípios constitucionais. Para o **Ministro Fux**, o respeito à **democracia** não se dá apenas na realização de eleições livres, mas também quando se permite aos **cidadãos se manifestarem da forma que quiserem, desde que isso não represente ofensa direta a grupos ou princípios e valores éticos**.

Em seu entendimento, o desejo de se expressar por meio de pigmentação definitiva não pode ser obstáculo a que um cidadão exerça cargo público. "Um **policial** não se torna melhor ou pior em suas funções apenas por ter **tatuagem**", afirmou.

O relator destacou que o **Estado** não pode querer representar o papel de **adversário da liberdade de expressão**, impedindo que candidatos em concurso ostentem **tatuagens** ou marcas corporais que demonstrem simpatia por ideais que não sejam ofensivos aos preceitos e valores protegidos pela Constituição Federal. "A máxima de que cada um é feliz à sua maneira deve ser preservada pelo Estado", ressaltou o Ministro.

Em seu voto, o Ministro Fux assinalou que **tatuagens** que prejudiquem a disciplina e a **boa ordem**, sejam **extremistas, racistas, preconceituosas** ou que atentem contra a instituição, devem ser **coibidas**. Observou, por exemplo, que um policial não pode ostentar sinais corporais que signifiquem apologia ao crime ou exaltem organizações criminosas. Entretanto, não pode ter seu ingresso na corporação impedido apenas porque optou por manifestar-se por meio de pigmentação definitiva no corpo.

O relator explicou que as Forças Armadas vedam o ingresso de pessoas com **tatuagens** que transmitam mensagens relacionadas à violação da lei e da ordem, tais como as que discriminem grupos por sua **cor, origem, credo, sexo** ou que incitem o **consumo de drogas** ou a prática de **crimes**, por entender que são incompatíveis com a função militar.

Assim, considera-se **inconstitucional todo ato que não possuir um mínimo de compatibilidade com a finalidade pública**, único objetivo a ser perseguido pelo administrador.

Diante desse cenário, é importante deixar claro que a questão da razoabilidade do ato administrativo integra, sim, o conceito de legalidade, tendo em vista, em especial, a previsão estabelecida na Lei n. 9.784/99, em seu art. 2.º, parágrafo único, VI.

Esse aspecto revela-se de extrema importância, uma vez que autoriza a conclusão segundo a qual a edição de **atos desarrazoados** acaba por transformá-los em **atos ilegais**, passíveis, pois, de apreciação pelo Poder Judiciário, sem que isso implique invasão do mérito, o que lhe é vedado, em respeito ao princípio da separação entre os Poderes.

Essa questão tem ganhado importância, não sendo outra a razão pela qual vem sendo sistematicamente objeto de **apreciação** pelos nossos **tribunais**, destacando-se precedente do **STF**, quando do julgamento, em **06.10.2011**, do **RE 632.853/CE** com **Repercussão Geral** reconhecida, em que o **Ministro Luiz Fux** deixou claro o desafio do Poder Judiciário de encontrar um equilíbrio entre o controle da Administração Pública e o Princípio da Separação de Poderes:

"(...) De qualquer modo, se a ideia de Estado de Direito caminha em direção à supremacia da lei como baliza para a atuação administrativa, parece claro que as garantias do acesso à justiça e da tutela jurisdicional efetiva representam componentes imprescindíveis à concretização de tal princípio constitucional. (...) Daí que as noções de submissão da autoridade à lei e de controle jurisdicional dos atos de poder me parecem faces simétricas do fenômeno Estado de Direito. (...) O postulado da Separação dos Poderes surge aí como instrumento de racionalização e moderação no exercício do poder, essencial para a própria existência da liberdade individual, como historicamente registrado por Montesquieu na clássica obra 'Do Espírito das Leis'. (...) **O desafio que se coloca para a Corte é, portanto, o de encontrar o ponto ótimo de equilíbrio entre sua prerrogativa de controle dos atos estatais, em especial da Administração Pública, e o princípio da Separação dos Poderes**".

De outra parte, oportuna a reprodução de decisão proferida pelo **STF**, em **24.04.2023**, quando do julgamento da **ADI 3.236/DF**:

"É inconstitucional — por violar os princípios da proporcionalidade, da igualdade e da razoabilidade — lei distrital que obriga as distribuidoras de combustíveis a instalar, às suas expensas, lacres eletrônicos nos tanques de armazenamento dos postos revendedores que exibem a sua marca, e dispensa dessa exigência os postos de 'bandeira branca' (não vinculados e sem compromisso firmado com determinada distribuidora)."

Também por força da falta de razoabilidade, e por agressão ao princípio da legalidade, de exigência contida exclusivamente em edital, relacionada a altura mínima, decidiu o **TRF-1, em 09.08.2024**, quando do julgamento da **Apelação 0019322-24.2013.4.01.3900**, pela reintegração de candidata indevidamente afastada de concurso público. Confira-se:

"I — Cinge-se a discussão acerca da possibilidade de se eliminar a autora do Concurso de Admissão ao Curso de Formação para Ingresso no Corpo Auxiliar de Praças da Marinha (CP-CAP) em 2012, em razão de possuir estatura inferior à mínima exigida (1,54m) no Edital, de 10 de agosto de 2012, ao apresentar a altura é de 1,52 m em primeira aferição e de 1,53 m em segunda aferição em âmbito recursal.

II — Conforme já decidiu o STJ, a previsão genérica de cumprimento de requisitos antropométricos definidos em Instrução do Comando da Aeronáutica do inciso XV do art. 20 da Lei n. 12.464/2009 não se traduz em imposição expressa e específica pertinente à altura mínima, de modo, à inexistência de lei em sentido formal, a imposição realizada apenas em edital e instruções do comando da aeronáutica não permite a desclassificação da autora. Precedente: STJ, AgInt no REsp n. 1.742.492/PB, relator Ministro Benedito Gonçalves, Primeira Turma, julgado em 30.05.2022, *DJe* de 02.06.2022 e AgInt no REsp n. 1.934.069/RJ, relator Ministro Herman Benjamin, Segunda Turma, julgado em 23.08.2021, *DJe* de 31.08.2021. Tal interpretação é igualmente aplicável ao caso dos autos no qual que, à inexistência de lei que preveja tais limitações e em flagrante violação à razoabilidade, promove a exclusão de candidata em certame em razão de diferença de um centímetro para alcance da estatura mínima prevista em edital.

III — Não se revela, portanto, razoável a limitação imposta à candidata cuja especialidade se relaciona com o exercício de atividades de cunho eminentemente administrativo ou técnico científicas".

2.2.2.7. *Princípio da segurança jurídica*

Trata-se de uma das mais importantes diretrizes inerentes a qualquer Estado Democrático de Direito, pois confere **estabilidade às r elações jurídicas**, de forma a promover uma estreita confiança entre a Administração Pública e seus administrados.

Não por outra razão, nossa melhor doutrina tem estabelecido uma íntima ligação desse princípio com o da boa-fé, que deve presidir tais relações.

Assim é que a presença desse princípio em um **Estado Democrático de Direito** impede a utilização de **interpretações retroativas** para atingir **situações já consolidadas**, não sendo outra a orientação estabelecida pela Constituição no **art. 5.º, XXXVI**, protegendo o direito adquirido, o ato jurídico perfeito e a coisa julgada.

Assim, impossível a Administração simplesmente promover **alterações** sobre o entendimento acerca de determinada matéria, sem qualquer publicidade, promovendo, **retroativamente**, um **agravamento** da situação do administrado.

Outrossim, cumpre observar que a importância atribuída a esse princípio fez com que se concluísse pela sua **prevalência**, até mesmo diante de **atos supostamente ilegais** que se tenham **consolidado** ao longo do **tempo**.

Em outras palavras, a instabilidade das relações jurídicas teria um efeito mais nefasto que a manutenção do ato ilegal, que se consolidou.

Dentro desse contexto, a necessidade de aplicação desse princípio, inclusive, fazendo-o prevalecer sobre supostos atos ilegais, resulta das inevitáveis e necessárias, até, diga-se de passagem, **mudanças de orientação** promovidas pela **Administração** na busca pelo **interesse público**.

Sem embargo, essas alterações, como visto, não podem atingir **situações já consolidadas** no passado, sob pena de gerar **instabilidade**.

Cumpre ainda salientar que a aplicação desse princípio revela-se ampla, incidindo não só nas situações descritas no art. 5.º, XXXVI, da CF, mas também sobre outros temas como a possibilidade de a Administração rever seus próprios atos **(Súmula 473 do STF)**, bem como em matéria de **prescrição administrativa**, que será melhor analisada no capítulo referente aos servidores públicos.

Nesse sentido, em **abril de 2020**, o **STF**, por ocasião do julgamento do **RE 654.833**, concluiu:

"RECURSO EXTRAORDINÁRIO. REPERCUSSÃO GERAL. TEMA 999. CONSTITUCIONAL. DANO AMBIENTAL. REPARAÇÃO. IMPRESCRITIBILIDADE. 1. Debate-se nestes autos se deve prevalecer o princípio da segurança jurídica, que beneficia o autor do dano ambiental diante da inércia do Poder Público; ou se devem prevalecer os princípios constitucionais de proteção, preservação e reparação do meio ambiente, que beneficiam toda a coletividade. 2. Em nosso ordenamento jurídico, a regra é a prescrição da pretensão reparatória. A imprescritibilidade, por sua vez, é exceção. Depende, portanto, de fatores externos, que o ordenamento jurídico reputa inderrogáveis pelo tempo. 3. Embora a Constituição e as leis ordinárias não disponham acerca do prazo prescricional para a reparação de danos civis ambientais, sendo regra a estipulação de prazo para pretensão ressarcitória, a tutela constitucional a determinados valores impõe o reconhecimento de pretensões imprescritíveis. 4. O meio ambiente deve ser considerado patrimônio comum de toda humanidade, para a garantia de sua integral proteção, especialmente em relação às gerações futuras. Todas as condutas do Poder Público estatal devem ser direcionadas no sentido de integral proteção legislativa interna e de adesão aos pactos e tratados internacionais protetivos desse direito humano fundamental de 3.ª geração, para evitar prejuízo da coletividade em face de uma afetação de certo bem (recurso natural) a uma finalidade individual. 5. A reparação do dano ao meio ambiente é direito fundamental indisponível, sendo imperativo o reconhecimento da imprescritibilidade no que toca à recomposição dos danos ambientais. 6. Extinção do processo, com julgamento de mérito, em relação ao Espólio de Orleir Messias Cameli e a Marmud Cameli Ltda., com base no art. 487, III, *b* do Código de Processo Civil de 2015, ficando prejudicado o Recurso Extraordinário".

Desse julgado resultou a seguinte **tese de repercussão geral**:

"Afirmação de tese segundo a qual é imprescritível a pretensão de reparação civil de dano ambiental".

Ainda em **abril de 2020**, o **STF**, por ocasião do julgamento do **RE 636.886**, decidiu:

2 ▪ Princípios Constitucionais da Administração Pública   75

"O Tribunal, por unanimidade, apreciando o tema 899 da repercussão geral, negou provimento ao recurso extraordinário, mantendo-se a extinção do processo pelo reconhecimento da prescrição, nos termos do voto do Relator. Foi fixada a seguinte tese: 'É prescritível a pretensão de ressarcimento ao erário fundada em decisão de Tribunal de Contas'".

De outra parte, oportuno destacar que a orientação acerca desse princípio, adotada pela nossa doutrina, encontra também lastro na jurisprudência do **Supremo Tribunal Federal**, quando do julgamento, em 08.10.2020, do MS n. 35.594. Confira-se o seguinte trecho:

"Na realidade, os postulados da segurança jurídica, da boa-fé objetiva e da proteção da confiança, enquanto expressões do Estado Democrático de Direito, mostram-se impregnados de elevado conteúdo ético, social e jurídico, projetando-se sobre as relações jurídicas, mesmo as de direito público (RTJ 191/922, Red. p/ o acórdão Min. GILMAR MENDES), em ordem a viabilizar a incidência desses mesmos princípios sobre comportamentos de qualquer dos Poderes ou órgãos do Estado, para que se preservem, desse modo, situações administrativas já consolidadas no passado, ainda mais quando fundadas em lei."

O excerto colacionado demonstra a preocupação de nossa Suprema Corte em relação a esse princípio, para assegurar a **estabilidade das relações jurídicas**, alicerce de qualquer **Estado Democrático de Direito**.

Outrossim, a mesma diretriz encontra-se na redação do **art. 2.º, parágrafo único, XIII, da Lei n. 9.784/99**, que regula o processo administrativo no âmbito da Administração Pública federal:

Art. 2.º A Administração Pública obedecerá, dentre outros, aos princípios da legalidade, finalidade, motivação, razoabilidade, proporcionalidade, moralidade, ampla defesa, contraditório, **segurança jurídica**, interesse público e eficiência.
Parágrafo único. Nos processos administrativos serão observados, entre outros, os critérios de: (...)
XIII — interpretação da norma administrativa da forma que melhor garanta o atendimento do fim público a que se dirige, **vedada aplicação retroativa de nova interpretação**.

Ainda como reflexo desse princípio, pode-se mencionar a figura do **"agente de fato"**, aquele que está investido irregularmente no cargo. Isto porque, sendo sua atuação revestida de **aparente legalidade**, os atos consideram-se válidos, para preservar a **segurança jurídica** e os interesses dos **terceiros de boa-fé**.

Outro ponto a ser destacado em relação a esse princípio refere-se à necessidade de **modulação dos efeitos de uma decisão** que implique **mudança de orientação** sobre **determinado tema**, de forma a preservar situações já consolidadas até então.

Nesse sentido, surge como exemplo a mudança de orientação promovida pelo **Supremo Tribunal Federal**, em **2013**, acerca da possibilidade até então franqueada ao candidato participante de concurso público de pleitear mudança da data para a realização de avaliação física, o que até então era autorizado e passou a ser proibido.

Essa mudança de orientação teve lugar quando do julgamento do **Recurso Extraordinário n. 630.733/DF**, com **Repercussão Geral** reconhecida em **20.11.2013**, onde se concluiu pela **constitucionalidade** de cláusula editalícia que veda a remarcação de teste de aptidão física em concurso público, em razão de problema temporário de saúde.

Referida decisão, por representar um verdadeiro divisor de águas em matéria de concurso público, merece análise mais detida pela repercussão que gerou em vista do **princípio da segurança das relações jurídicas** ora em análise.

Assim, uma passada de olhos pelos votos proferidos pelos integrantes da **Suprema Corte**, no referido recurso extraordinário, revela extrema preocupação quanto aos efeitos resultantes dessa **mudança de orientação**.

No centro dessa preocupação encontram-se os desdobramentos que iriam incidir sobre situações que já se encontravam em curso, em respeito ao princípio constitucional da **segurança das relações jurídicas**.

Em outras palavras, houve intensa preocupação com a **modulação dos efeitos** dessa decisão, de forma a evitar o cometimento de injustiças em relação àqueles, de **boa-fé**, que já tinham se beneficiado da orientação até então pacificada no nível daquela Suprema Corte.

Insistindo, os Ministros da Suprema Corte, em que pese a votação pela mudança de orientação, assinalaram que a **modificação da jurisprudência** não pode vir acompanhada do efeito *ex tunc*, comportando **modulação**.

Ao assim decidir, a Suprema Corte concluiu que a modulação dos efeitos da decisão ali tomada não se deu em homenagem a **teoria do fato consumado**, mas diante da necessidade de garantir a **segurança** das relações jurídicas realizadas sob a égide da **orientação anterior**.

Não se trata de conclusão gratuita, uma vez que observável por meio da reprodução de alguns trechos do referido acórdão.

Assim é que, de início, o **Ministro Gilmar Mendes**, relator, assinalou que a jurisprudência anterior da Corte autorizava a remarcação de teste de aptidão física, por força de fatos imprevisíveis que atingissem a saúde do candidato:

> "(...) Esta corte tem precedentes no sentido de que a remarcação do teste de aptidão física para data diversa daquela prevista no edital do certame, em virtude da ocorrência de caso fortuito que comprometa a saúde do candidato, devidamente comprovado por atestado médico, não afronta o princípio da Isonomia" (fls. 02).

A preocupação central que norteou a **mudança** de orientação da Suprema Corte resulta da necessidade de **preservação** do **interesse público**, não privilegiando interesses de um candidato em detrimento de todos os demais e, como corolário, do próprio certame.

Sem embargo, conscientes de que a **alteração** que estava sendo promovida traria **repercussão** significativa para as situações já em curso, os Ministros alertaram para a necessidade de **modulação dos efeitos da decisão**.

Assim, oportuna a reprodução de outro trecho do voto proferido pelo Ministro Relator, em que justifica a necessidade de modulação em homenagem ao princípio da segurança das relações jurídicas:

2 ■ Princípios Constitucionais da Administração Pública 77

"SEGURANÇA JURÍDICA. No caso concreto, no entanto, o recorrido realizou a prova de aptidão física de segunda chamada em razão de liminar concedida pelo poder judiciário em 2002, confirmada pela sentença (fl. 215-218) e pelo Acórdão do Tribunal Regional Federal da 1.ª Região (fl. 289-297), tendo sido empossado há quase dez anos.

Em casos como este, em que se altera jurisprudência longamente adotada, parece sensato considerar seriamente a necessidade de se modularem os efeitos da decisão, com base em razões de segurança jurídica. Essa tem sido a praxe neste Supremo Tribunal Federal, quando há modificação sensível de jurisprudência" (fls. 07-08).

A leitura do trecho reproduzido torna visível a preocupação do Ministro com a modulação dos efeitos da decisão, em vista do princípio da segurança das relações jurídicas, demonstrando ser essa a praxe daquela Corte em momentos de sensível modificação de jurisprudência.

Nesse sentido, o eminente Relator reiterou a necessidade de observar essa modulação:

"O caso é de substancial mudança de jurisprudência, decorrente de nova interpretação do texto constitucional, o que impõe ao Tribunal, tendo em vista razões de segurança jurídica, a tarefa de proceder à ponderação das consequências e o devido ajuste do resultado, adotando a técnica de decisão que possa melhor traduzir a mutação constitucional operada" (fl. 09).

Essa preocupação apresenta-se, novamente, no voto proferido pelo Relator, mais adiante no seguinte trecho:

"Nesses casos, fica evidente que o Tribunal não poderá fingir que sempre pensara dessa forma. Daí a necessidade de, em tais casos, fazer-se o ajuste do resultado, adotando-se técnica de decisão que, tanto quanto possível, traduza a mudança de valoração" (fl. 12).

Dentro desse contexto, oportuna a reprodução do seguinte trecho:

"Todas essas considerações estão a evidenciar que as mudanças radicais na interpretação da Constituição devem ser acompanhadas da devida e cuidadosa reflexão sobre suas consequências, tendo em vista o postulado da segurança jurídica como subprincípio do Estado de Direito" (fl. 12).

Como consequência lógica da linha de argumentação adotada, o eminente Ministro concluiu seu voto reconhecendo, com **repercussão geral**, a **inexistência de direito dos candidatos** à prova de **segunda chamada** nos testes de **aptidão física**.

De outra parte, assinalou a necessidade de assegurar a validade das provas de segunda chamada realizadas até a data de conclusão daquele julgamento, em nome da segurança jurídica (fls. 20).

Por sua vez, o **Ministro Teori Zavascki**, no trecho final de seu voto, reiterou a necessidade de **modulação** dos efeitos da decisão:

"Essas razões levariam ao provimento do recurso. Todavia, acompanho o relator quando sustenta que, no caso, mostra-se adequada a manutenção da sentença proferida na origem. Esclareço, contudo, que essa conclusão se dá não com base na aplicação da tese do 'fato consumado', nem com fundamento na longa vigência da liminar, fundamentos esses que não têm assento constitucional. O que justifica a manutenção do julgado é, única e exclusivamente, a alteração da jurisprudência do STF, cuja orientação anterior conferia ao administrado uma justificada confiança em sua manutenção no cargo de Agente da Polícia Federal" (fl. 45).

Não divergindo da orientação do relator, a eminente **Ministra Rosa Weber** assim se manifestou:

"Sr. presidente, peço vênia aos respeitáveis entendimentos contrários para também acompanhar o eminente Relator, especificamente quanto ao recurso extraordinário, negando-lhe provimento. Mas também o faço forte no princípio da Segurança Jurídica, porque não reconheço ao recorrido direito líquido e certo a, contra a previsão editalícia, ver assegurada a possibilidade de um segundo teste ou de designação de nova data para teste" (fl. 47).

Já o **Ministro Luiz Fux**, em seu voto, destacou:

"Então, efetivamente sob esse ângulo, a parte não revela direito líquido e certo, mas aqui nós temos duas questões relativas à segurança jurídica: Em primeiro lugar, o fato já destacado pelo eminente Relator de que o candidato não fez outras provas, ele fez as mesmas provas noutra data. Ele obteve a liminar e passou em todos os testes. Está há dez anos no exercício da atividade" (fl. 50).

Nesse sentido ainda, oportuna a referência a **precedente** do STF, quando do julgamento em **22.06.2021, do HC 180421 AgR/SP**, que se **decidiu que a alteração promovida pela Lei n. 13.964/2019**, que introduziu o § 5.º ao art. 171 do Código Penal (CP) (1), ao condicionar o exercício da pretensão punitiva do Estado à representação da pessoa ofendida, **deve ser aplicada de forma retroativa a abranger tanto as ações penais não iniciadas quanto as ações penais em curso até o trânsito em julgado**.

Ainda que a **Lei n. 13.964/2019** não tenha introduzido, no CP, dispositivo semelhante ao contido no art. 91 da Lei n. 9.099/1995, **a jurisprudência do STF é firme no sentido de que, em razão do princípio constitucional da lei penal mais favorável, a modificação da natureza da ação penal de pública para pública condicionada à representação, por obstar a própria aplicação da sanção penal, deve retroagir e ter aplicação mesmo em ações penais já iniciadas**.

Mesmo que o legislador ordinário tenha silenciado sobre o tema, **o art. 5.º, XL, da Constituição Federal (CF), é norma constitucional de eficácia plena e aplicação imediata**. É dizer, não se pode condicionar a aplicação do referido dispositivo constitucional à regulação legislativa.

2.2.2.7.1. A Lei n. 13.655/2018 (LINDB)

Referida legislação traz **disposições sobre segurança jurídica e eficiência** na criação e na aplicação do Direito Público.

Foi editada, diante da **necessidade de se combater as limitações ao sistema de controle dos atos administrativos**, que até então se limitava a apontar nulidades, sem a preocupação com as consequências da anulação ou revogação.

Assim sendo, com o passar do tempo, houve a percepção de que o **controle não pode se limitar** à **aplicação automática de sanções negativas**, devendo buscar soluções mais eficientes.

Em síntese, em vez de multiplicar os problemas, por meio de instrumentos legais, **imprescindível a busca por soluções mais eficientes**, ampliando o controle sobre os atos administrativos.

Diante desse cenário, para melhor visualização das importantes inovações trazidas pela referida legislação, visualize-se o quadro:

OBJETO	Altera a LINDB, incluindo disposições sobre segurança jurídica e eficiência na criação e na aplicação do Direito Público.
JUSTIFICATIVA	Necessidade de ampliação do controle sobre atos e decisões nas esferas administrativa, controladora e judicial.
DESTAQUES	**Art. 20:** necessidade de levar em consideração a adequação da medida e as consequências práticas da decisão. **Art. 21:** decisão deverá indicar de modo expresso suas consequências jurídicas e administrativas, não impondo ônus anormais ou excessivos. **Art. 22:** consideração das circunstâncias práticas que condicionaram a ação do agente. **Art. 23:** decisão que estabelece interpretação nova deve prever regime de transição. **Art. 24:** a revisão, quanto à validade do ato, não poderá ter caráter retroativo, atingindo situações já consolidadas. **Art. 26:** realização de consulta pública para eliminar irregularidades e incertezas jurídicas, viabilizando celebração de compromisso com os interessados. **Art. 27:** possibilidade de imposição de compensação por benefícios indevidos ou prejuízos anormais. **Art. 28:** estabelece responsabilidade do agente em casos de dolo ou erro grosseiro. **Art. 29:** possibilidade de a edição de atos ser precedida de consulta pública. **Art. 30:** previsão de instrumentos com caráter vinculante, dentro do próprio órgão, para preservar a segurança jurídica.

2.3. A TEORIA DO FATO CONSUMADO E O PRINCÍPIO DA CONFIANÇA LEGÍTIMA

Intimamente relacionada a esse princípio da segurança das relações jurídicas encontra-se a **teoria do fato consumado**, que objetiva manter situações que não tenham a **proteção da legalidade**, mas que **beneficiam terceiros** sob o argumento da demora do Estado em solucionar uma lide, ou mesmo por força da **morosidade** de se tomar uma **decisão administrativa**.

Na seara da Administração Pública, visa manter os efeitos de decisões administrativas inválidas, nas quais o **particular** age de **boa-fé** e tem uma expectativa positiva em relação ao fato.

Caso a Administração demore na solução da questão e deixe a situação se perpetuar no tempo, pode ela mesma aplicar a teoria para confirmar a situação em favor do particular, argumentando com a **boa-fé do administrado** e a **segurança jurídica** necessária.

O **art. 55 da Lei n. 9.784/99** prevê, administrativamente, a convalidação de atos administrativos defeituosos, desde que inexista lesão a terceiros, ao interesse público, haja boa-fé, legalidade aparente e não configure nulidade absoluta. Visa consolidar situações fáticas, para a permanência da confiança no Estado, na chamada segurança jurídica.

Conclui-se, pois, que a aplicação dessa teoria exige o cumprimento de alguns requisitos, vale dizer, a **boa-fé** do beneficiário, o **grande lapso temporal**, a **certeza** do **direito**, a **legalidade** pelo menos aparente e o não prejuízo a terceiros ou ao interesse público.

Dentro deste contexto, sobreleva notar que a **boa-fé** representa o **desconhecimento** sobre a ilegalidade do ato e a **certeza** do direito. O indivíduo tem a certeza de possuir o **direito**, pois desconhece totalmente a ilegalidade.

O reconhecimento de situações consolidadas ocorre devido ao valor social que adquirem os atos inválidos com o decurso do tempo, em detrimento da contrariedade à lei.

Observa-se que a **teoria do fato consumado** foi criada para beneficiar o **particular de boa-fé** que foi agraciado, ou atendido, pela prática de **ato** administrativo eivado de **vício insanável**.

Assim, as situações jurídicas consolidadas pelo decurso do tempo, amparadas por decisão judicial ou administrativa, não devem ser desconstituídas, em razão do princípio da segurança jurídica e da estabilidade das relações sociais, conforme entendimento do STJ, quando do julgamento, em 24.03.2022, do AgInt no REsp 1.932.751/RS. Confira-se:

"ADMINISTRATIVO E PROCESSUAL CIVIL. AGRAVO INTERNO NO RECURSO ESPECIAL. REALIZAÇÃO DE EXAME PARA POSSIBILITAR A COLAÇÃO DE GRAU E EXPEDIÇÃO DO DIPLOMA. ENADE. DECISÃO PRECÁRIA. **SITUAÇÃO FÁTICA CONSOLIDADA NO TEMPO. TEORIA DO FATO CONSUMADO**. 1. Nos termos da jurisprudência firmada no âmbito desta Corte de Justiça, 'Em casos excepcionais, em que a restauração da estrita legalidade ocasionaria mais danos sociais que a manutenção da situação consolidada pelo decurso do tempo por intermédio do mandado de segurança concedido (*in casu*, a conclusão do curso e obtenção do diploma), **a jurisprudência do Superior Tribunal de Justiça tem se firmado no sentido de admitir a aplicação da teoria do fato consumado**' (AgInt no REsp 1.338.886/SC, Rel. Ministro Gurgel de Faria, Primeira Turma, julgado em 06.03.2018, *DJe* 19.04.2018). 2. **Os autos registram que o decurso do tempo consolidou a situação fática** da parte agravada, que, por meio da concessão de liminar na primeira instância, teve garantida a expedição da certidão de conclusão de curso superior, **o que enseja a consolidação da situação de fato, de modo que a reversão desse quadro implicaria danos desnecessários ao estudante**. 3. Agravo interno não provido".

Dessa forma, de acordo com essa posição, se uma **decisão judicial** ou **administrativa** autorizou determinada situação jurídica e, após muitos anos, constatou-se que tal **solução não era acertada**, ainda assim não deve ser **desconstituída** para que não haja **insegurança jurídica**.

Em outras palavras, a utilização da **teoria do fato consumado** demanda uma **ponderação** entre a **situação fática** consolidada e os **princípios jurídicos** em questão, para que a parte beneficiada com o provimento judicial ou administrativo não seja prejudicada pela posterior desconstituição da decisão que lhe conferiu o direito pleiteado inicialmente.

Por óbvio, a aplicação da **teoria do fato consumado** também tem lugar para aquelas situações em que a consolidação de uma situação ao longo do tempo, como já se disse, resultou não de decisão judicial, mas de **decisão administrativa**, outra não sendo

2 ▪ Princípios Constitucionais da Administração Pública 81

a postura já adotada pelo **STJ**, quando do julgamento, em 02.12.2011, do RMS n. 34.189/ GO, consoante se verifica do trecho a seguir colacionado:

> "(...) a teoria aplica-se apenas em situações excepcionalíssimas, **nas quais a inércia da administração ou a morosidade do Judiciário deram ensejo a que situações precárias se consolidassem pelo decurso do tempo**".

De outra parte, intimamente ligado a essa teoria do **fato consumado**, bem como aos princípios da **boa-fé** e da **segurança** das relações jurídicas, surge o princípio da **proteção da confiança legítima**, que ganhou destaque inicialmente na Alemanha, por volta da década de 1950.

Segundo esse princípio, os **comportamentos** adotados pelo **Estado**, em virtude da **presunção de legitimidade** dos seus atos, geram no **particular** a **confiança** de que são eles legais.

Logo, o administrado não pode ser prejudicado caso esse ato seja desfeito (revogado ou anulado) já que, de **boa-fé**, acreditou (confiou) que eram **legítimos**.

A importância da referência a esse princípio está em que o STF tem oferecido a ele aplicabilidade para aquelas situações em que, por ato de iniciativa da própria Administração, decorrente de **equivocada interpretação** da lei ou dos fatos, o **particular** ou **servidor** recebem alguma **condição jurídica melhor**.

Nesses casos, tem a Suprema Corte concluído pela incidência do referido princípio, uma vez que tinha o beneficiado a confiança de que o ato era legítimo.

Assim, mesmo que fique, posteriormente, constatada a **ilegitimidade do ato**, não pode o servidor **beneficiado** ser penalizado, considerando que atuou de **boa-fé**.

Sobre esse tormentoso tema debruçou-se o plenário do **STF**, em agosto de **2014**, quando do julgamento do **RE 608.482, Rel. Min. Teori Zavascki**, do qual se pede vênia para destacar o seguinte trecho:

> "(...) quando, por ato de iniciativa da própria Administração, decorrente de equivocada interpretação da lei ou dos fatos, o servidor se vê alçado a determinada condição jurídica ou vê incorporado a seu patrimônio pessoal determinada vantagem, fazendo com que essas peculiares circunstâncias provoquem em seu íntimo uma natural e justificável convicção de que se trata de um *status* ou de uma vantagem legítima"; por essa razão, a verificação *a posteriori* da ilegitimidade do *status* ou da vantagem "caracteriza, certamente, comprometimento da boa-fé ou da confiança legítima do administrado", provocado por ato da Administração, **"o que pode autorizar, ainda que em nome do fato consumado, a manutenção do *status quo* ou a dispensa da restituição de valores"**.

A leitura do trecho colacionado autoriza a conclusão segundo a qual, no entendimento adotado pela Suprema Corte, possível a **manutenção de atos** decorrentes de **equivocada interpretação de lei** ou de fatos pela Administração, em respeito aos princípios da **boa-fé** objetiva ou da **confiança legítima do administrado**, autorizando a aplicação da teoria do **fato consumado**.

Atingindo a mesma conclusão, em que pese ter adotado linha de argumentação diferenciada, encontramos o voto proferido pelo **Ministro Luís Barroso**, que inclusive, para efeito de repercussão geral, relacionou três requisitos que, se preenchidos, legitimariam a preservação de situações já consolidadas ao longo do tempo:

"(...) a) o **'tempo decorrido entre as decisões judiciais contraditórias'**, se maior ou menor do que um determinado lapso temporal — considerando razoável, para tanto, o prazo de 5 anos, por analogia ao estabelecido pela Lei 9.784/1999 para anulação dos seus atos pela própria Administração;
b) o 'grau de estabilidade da decisão judicial' — sendo mais frágil a situação de quem obteve acesso ao cargo público por força de provimento judicial liminar, um pouco mais consistente quando por sentença de primeiro grau e mais forte para situações consolidadas por força de acórdão de Tribunal de segundo grau; e,
c) o órgão do qual provém a decisão — salientando que, 'quanto mais elevado o grau do órgão, maior a expectativa de direito a ser protegida'".

Observado como a questão relacionada à aplicação da teoria do **fato consumado**, em vista dos princípios constitucionais da **segurança das relações jurídicas**, da **boa-fé objetiva** e da **confiança legítima**, tem se apresentado no nível da Suprema Corte, oportuna agora a reprodução de algumas ementas. Confira-se:

"RECURSO EXTRAORDINÁRIO. ADMINISTRATIVO. **CONCURSO PÚBLICO. POSSE E EXERCÍCIO DE CARGO PÚBLICO. OBSERVÂNCIA DO PRINCÍPIO DA SEGURANÇA JURÍDICA E DA PROTEÇÃO DA CONFIANÇA LEGÍTIMA. PRECEDENTES**. LIMITES DA COISA JULGADA: INEXISTÊNCIA DE REPERCUSSÃO GERAL — TEMA 660. ALEGADA OFENSA AO PRINCÍPIO DA LEGALIDADE: SÚMULA N. 636 DO SUPREMO TRIBUNAL FEDERAL. RECURSO EXTRAORDINÁRIO AO QUAL SE NEGA PROVIMENTO" (STF — RE: 1346983/SP 2203677-93.2018.8.26.0000, rel. Cármen Lúcia, j. 03.11.2021, Data de Publicação: 09.11.2021).

"AGRAVO REGIMENTAL EM RECURSO EXTRAORDINÁRIO. DIREITO ADMINISTRATIVO. **CONCURSO PÚBLICO. CARGO DE DEFENSORA PÚBLICA DO ESTADO DO CEARÁ. EXERCÍCIO FUNCIONAL HÁ MAIS DE 10 (DEZ) ANOS**. JUÍZO DE RETRATAÇÃO NA ORIGEM. LIMINAR CONFIRMADA EM SENTENÇA E PELO TRIBUNAL DE ORIGEM COM TRÂNSITO EM JULGADO. AUSÊNCIA DE PRECARIEDADE DA DECISÃO QUE CONFERIU O DIREITO À NOMEAÇÃO E POSSE DA RECORRIDA. **INAPLICABILIDADE DO TEMA 476 DA REPERCUSSÃO GERAL. CARÁTER EXCEPCIONAL DA MEDIDA**. REEXAME DE FATOS E PROVAS. DEFICIÊNCIA NA FUNDAMENTAÇÃO DO RECURSO DE AGRAVO. AUSÊNCIA DE IMPUGNAÇÃO DE TODOS OS FUNDAMENTOS DA DECISÃO AGRAVADA. ARTS. 1.021, § 1.º, CPC, E 317, § 1.º, do RISTF" (RE 1.279.425-AgR-segundo, Rel. Min. Edson Fachin, Segunda Turma, *DJe* 18.10.2021).

Importante também destacar a **decisão** proferida pelo **STF** em **5 de março de 2020**, quando do julgamento do **RE 636.553/RS**, em que, em atenção aos princípios da **segurança jurídica e da confiança legítima**, decidiu que os **Tribunais de Contas estão sujeitos ao prazo de 5 anos para o julgamento da legalidade do ato de concessão inicial de aposentadoria, reforma ou pensão**, a contar da chegada do processo à respectiva corte de contas.

Se o administrado tem prazo de 5 anos para buscar direito contra a fazenda pública, deve-se considerar que o poder público, no exercício do controle externo, tenha o mesmo prazo para rever eventual ato administrativo favorável ao administrado para a estabilização das relações jurídicas.

Ainda sobre esse princípio, consolidando orientação jurisprudencial, o **STJ** editou em **maio de 2018 a Súmula 613**, asseverando que a **teoria do fato consumado não tem aplicabilidade no Direito Ambiental**. Confira-se:

> **SÚMULA 613 DO STJ:** Não se admite a aplicação da teoria do fato consumado em tema de direito ambiental.

De se destacar ainda, **em homenagem a esse princípio**, a **vedação** estabelecida pelos **nossos tribunais** de **utilização** desta teoria do **fato consumado** para **consolidar** os efeitos de **posse precária** em **cargo público,** autorizada por decisão liminar, conforme decisão do **STF**, quando do julgamento, em 07.08.2014, do RE 608.482/RN.

Sem embargo, **em se verificando um período de tempo considerável desde a concessão da liminar, o próprio STF reconheceu possível a invocação da teoria do fato consumado**, conforme **decisão** proferida em **14 de agosto de 2018**, no **RE 740029**, em que se afirmou que especificidades — **em especial o decurso de mais de 21 anos no cargo** e a concessão de aposentadoria voluntária pela Administração Pública —, justificam a incidência em razão do elevado grau de estabilidade da situação jurídica, o princípio da proteção da confiança legítima.

A Turma entendeu que a segurança jurídica, em sua perspectiva subjetiva, protege a confiança legítima e preserva fatos pretéritos de eventuais modificações na interpretação jurídica, bem como resguarda efeitos jurídicos de atos considerados inválidos por qualquer razão.

No mesmo sentido, decidiu o **STJ**, em **09.05.2019**, quando do julgamento do **REsp 1.782.808/SP**. Confira-se:

"ADMINISTRATIVO. CONCURSO PÚBLICO. AGENTE DE POLÍCIA FEDE-RAL. REPROVAÇÃO NO TESTE DE SALTO EM DISTÂNCIA. CONTINUIDADE NO CERTAME. LIMINAR CONCEDIDA E, POSTERIORMENTE, SUBSTITUÍ-DA POR PROVIMENTO DEFINITIVO. APROVAÇÃO NAS OUTRAS ETAPAS E NOMEAÇÃO. EFETIVO EXERCÍCIO DO CARGO POR TREZE ANOS. SITUA-ÇÃO CONSOLIDADA PELO DECURSO DO TEMPO.

1. Com efeito, **o Supremo Tribunal Federal, em regime de repercussão geral, firmou o entendimento** de que 'Não é compatível com o regime constitucional de acesso aos cargos públicos a manutenção no cargo, sob fundamento de fato consumado, de candidato não aprovado que nele tomou posse em decorrência de execução provisória de medida liminar ou outro provimento judicial de natureza precária, supervenientemente revogado ou modificado' (**RE 608482, Rel. Min. Teori Zavascki, Tribunal Pleno, j. 07.08.2014, DJe 29.10.2014**).

2. **Contudo, o caso versado nos presentes autos não se amolda à tese firmada no RE 608.482/RN,** que cuidou de tema referente à inaplicabilidade da teoria do fato consumado na hipótese de candidato que toma posse em cargo público por meio de medida liminar

84 Direito Administrativo Esquematizado   *Celso Spitzcovsky*

que vem a ser posteriormente revogada, ou seja, em **cenário visivelmente distinto daquele discutido no presente Recurso Especial**.

3. A situação do autor, **inicialmente precária em decorrência de ter obtido liminar** para
prosseguir no processo seletivo, **após a aprovação nas outras etapas do concurso público e nomeação em 17.02.2006, ganhou solidez** após tantos anos no exercício do cargo
público de Agente da Polícia Federal com o respaldo do Poder Judiciário, **ocupando desde
então uma vaga do cargo efetivo, irreversível a situação fática do objeto da ação**.

4. Assim, **nos casos excepcionais, em que a restauração da estrita legalidade ocasionaria mais danos sociais que a manutenção da situação consolidada pelo decurso do
tempo**, como ocorre na hipótese dos autos, **a jurisprudência do STJ é firme no sentido
de admitir a aplicação da teoria do fato consumado**.

5. Recurso Especial não provido"

(STJ, REsp 1782808/SP 2018/0314725-4, Rel. Min. Herman Benjamin, j. 09.05.2019, Segunda Turma, *DJe* 22.05.2019).

A visitação de alguns dos princípios implícitos que norteiam toda a atividade
administrativa demanda, para melhor visualização, a elaboração do seguinte quadro
comparativo:

MODALIDADE	LOCALIZAÇÃO
SUPREMACIA DO INTERESSE PÚBLICO	Lei n. 9.784/99, art. 2.º
MOTIVAÇÃO	Lei n. 9.784/99, arts. 2.º e 50
AUTOTUTELA	Lei n. 9.784/99, art. 53, e Súmulas 346 e 473 do STF
RAZOABILIDADE	Lei n. 9.784/99, art. 2.º, *caput* e parágrafo único, VI
SEGURANÇA DAS RELAÇÕES JURÍDICAS	Lei n. 9.784/99, arts. 2.º, *caput* e parágrafo único, XIII, e 54, e o art. 5.º, XXXVI, da CF e Lei n. 13.655/2018, arts. 20 a 28.

De se observar, ainda, que a lista desses princípios é bastante extensa, incluindo-se
o da *finalidade*, o da *indisponibilidade do interesse público*, o da *proporcionalidade*,
todos eles surgindo como um desdobramento natural dos interesses representados pela
Administração quando atua, vale dizer, os da coletividade.

2.4. PRECEDENTE DO STF PERMITINDO A RETROATIVIDADE DA LEI

Em julgamento marcado por intensa controvérsia, o **Supremo Tribunal Federal**,
em **4 de outubro de 2017**, decidiu, quando da análise do **RE 929670**, por **maioria dos
votos** (6 a 5), que é **válida** a **aplicação** do **prazo** de oito anos de **inelegibilidade** àqueles
que foram condenados pela Justiça Eleitoral, por abuso do poder econômico ou político,
anteriormente à edição da **Lei Complementar n. 135/2010** (Lei da Ficha Limpa).

A controvérsia jurídica contida no recurso consistiu em saber se há ou não **ofensa**
às **garantias constitucionais** da **coisa julgada** e da **irretroatividade** da lei mais grave (art. 5.º, XXXVI, da CF) nas hipóteses de aumento do prazo de três para oito anos
da inelegibilidade prevista no art. 22, inciso XIV, da Lei Complementar n. 64/90, em
razão da condenação por abuso do poder político ou poder econômico por força do
trânsito em julgado.

2 ■ Princípios Constitucionais da Administração Pública 85

Importante destacar o **voto contrário** do **Ministro Celso de Mello**, que asseverou que a eficácia retroativa das leis é sempre excepcional, portanto, supõe a existência de texto expresso e autorizativo de lei, jamais se presume, bem como não deve e nem pode gerar, em hipótese alguma, lesão ao ato jurídico perfeito, ao direito adquirido e à coisa julgada.

O Ministro entendeu que, no caso, **houve ofensa** ao **inciso XXXVI** do **art. 5.º** da Constituição Federal, "que assegura a incolumidade, a intangibilidade, a integridade do ato jurídico perfeito e que obsta, por isso mesmo, qualquer conduta estatal — que provenha do Legislativo, Judiciário ou Executivo — que provoque, mediante restrição normativa superveniente, a desconstrução ou a modificação de situações jurídicas definitivamente consolidadas".

Portanto, trata-se de importante julgado que pode esvaziar, perigosamente, o conteúdo do princípio da segurança jurídica.

Por fim, oportuno reiterar que a questão ganhou fôlego, **em outubro de 2021**, após aprovação pelo Congresso Nacional e sanção sem vetos pelo Presidente da República de **alterações importantes na Lei n. 8.429/92**, destacando-se a **extensão de retroatividade da lei, ao nível administrativo, para situações pretéritas**, de forma a beneficiar o réu, de acordo com a previsão estabelecida no art. 1.º, do § 4.º. Confira-se:

Art. 1.º (...)
§ 4.º Aplicam-se ao sistema da improbidade disciplinado nesta Lei os princípios constitucionais do direito administrativo sancionador.

Essa questão, em que pese a previsão legal, foi objeto de intensos debates, ao nível doutrinário e jurisprudencial, culminando com a decisão proferida pelo STF, em agosto de 2022, quando do julgamento do ARE 843.989/PR, tema que será abordado, com maior profundidade, no capítulo 3.

2.5. QUADRO SINÓTICO

PRINCÍPIOS CONSTITUCIONAIS DA ADMINISTRAÇÃO PÚBLICA	
NOÇÕES GERAIS	Surgem como parâmetros para a interpretação do conteúdo das demais regras jurídicas, apontando as diretrizes que devem ser seguidas pelos aplicadores da lei.
LOCALIZAÇÃO	CF, art. 37, *caput*
NATUREZA	Meramente exemplificativa, comportando, pois, ampliação
DESTINATÁRIOS	Administração direta e indireta das quatro esferas de governo
LEGALIDADE	**Para o setor privado:** particulares podem fazer o que a lei não proíbe. **Para o setor público:** a Administração só faz o que a lei expressamente determina.
IMPESSOALIDADE	Obrigação atribuída ao Poder Público de manter uma posição neutra em relação aos administrados, proibindo-se discriminações gratuitas e autorizando-se somente as que se justifiquem em vista do interesse público a ser preservado.
PUBLICIDADE	Dever conferido à Administração de manter plena transparência de todos os seus comportamentos, incluindo-se aqui, como regra geral, a obrigação de oferecer, desde que solicitadas, todas as informações que estejam armazenadas em seus bancos de dados. **Exceções:** informações que devam permanecer sob sigilo. Exemplo: CF, art. 5.º, XXXIII.

MORALIDADE	Configura hipótese de ilegalidade qualificada. **Hipóteses:** a) enriquecimento ilícito (art. 9.º da Lei n. 8.429/92); b) danos ao erário (art. 10 da Lei n. 8.429/92); c) agressão a princípios constitucionais (art. 11 da Lei n. 8.429/92). **Ações judiciais:** 1. Ação civil pública: 　▪ *Legitimidade ativa*: Ministério Público (CF, art. 129, III) e demais pessoas jurídicas (CF, art. 129, § 1.º, c/c o art. 5.º da Lei n. 7.347/85); 　▪ *Legitimidade passiva*: agentes públicos (art. 2.º da Lei n. 8.429/92) e particulares que contribuíram para o ato (art. 3.º da Lei n. 8.429/92). 2. Ação popular: 　▪ *Legitimidade ativa*: cidadão (CF, art. 5.º, LXXIII); 　▪ *Legitimidade passiva*: pessoa física que praticou o ato; pessoa jurídica representada; terceiros que se beneficiaram (art. 6.º da Lei n. 4.717/65). **Sanções:** CF, art. 37, § 4.º, c/c os arts. 11 e 12 da Lei n. 8.429/92.
EFICIÊNCIA	Impõe ao Poder Público a busca pelo aperfeiçoamento na prestação dos seus serviços, de forma a preservar os interesses da coletividade. **Exemplos:** ▪ contratação por concurso (CF, art. 37, II); ▪ abertura de licitação (CF, art. 37, XXI); ▪ aquisição de estabilidade (CF, art. 41, § 4.º); ▪ limitação de gastos com folha de pessoal (CF, art. 169).
OUTROS	▪ motivação; ▪ autotutela; ▪ isonomia; ▪ razoabilidade; ▪ indisponibilidade do interesse público; ▪ supremacia do interesse público sobre o interesse particular.

2.6. SÚMULAS SOBRE PRINCÍPIOS CONSTITUCIONAIS DA ADMINISTRAÇÃO PÚBLICA

2.6.1. Súmulas do STF

▪ **Súmula 473**: A administração pode anular seus próprios atos, quando eivados de vícios que os tornam ilegais, porque deles não se originam direitos; ou revogá-los, por motivo de conveniência ou oportunidade, respeitados os direitos adquiridos, e ressalvada, em todos os casos, a apreciação judicial.

▪ **Súmula 654**: A garantia da irretroatividade da lei, prevista no art 5.º, XXXVI, da Constituição da República, não é invocável pela entidade estatal que a tenha editado.

▪ **Súmula 655**: A exceção prevista no art. 100, *caput*, da Constituição, em favor dos créditos de natureza alimentícia, não dispensa a expedição de precatório, limitando-se a isentá-los da observância da ordem cronológica dos precatórios decorrentes de condenações de outra natureza.

▪ **Súmula 683**: O limite de idade para a inscrição em concurso público só se legitima em face do art. 7.º, XXX, da Constituição, quando possa ser justificado pela natureza das atribuições do cargo a ser preenchido.

▪ **Súmula 684**: É inconstitucional o veto não motivado à participação de candidato a concurso público.

2.6.2. Súmulas vinculantes

■ **Súmula vinculante 1**: Ofende a garantia constitucional do ato jurídico perfeito a decisão que, sem ponderar as circunstâncias do caso concreto, desconsidera a validez e a eficácia de acordo constante de termo de adesão instituído pela Lei Complementar n. 110/2001.

■ **Súmula vinculante 3**: Nos processos perante o Tribunal de Contas da União asseguram-se o contraditório e a ampla defesa quando da decisão puder resultar anulação ou revogação de ato administrativo que beneficie o interessado, excetuada a apreciação da legalidade do ato de concessão inicial de aposentadoria, reforma e pensão.

■ **Súmula vinculante 13**: A nomeação de cônjuge, companheiro ou parente em linha reta, colateral ou por afinidade, até o terceiro grau, inclusive, da autoridade nomeante ou de servidor da mesma pessoa jurídica investido em cargo de direção, chefia ou assessoramento, para o exercício de cargo em comissão ou de confiança ou, ainda, de função gratificada na administração pública direta e indireta em qualquer dos Poderes da União, dos Estados, do Distrito Federal e dos Municípios, compreendido o ajuste mediante designações recíprocas, viola a Constituição Federal.

■ **Súmula vinculante 14**: É direito do defensor, no interesse do representado, ter acesso amplo aos elementos de prova que, já documentados em procedimento investigatório realizado por órgão com competência de polícia judiciária, digam respeito ao exercício do direito de defesa.

■ **Súmula vinculante 18**: A dissolução da sociedade ou do vínculo conjugal, no curso do mandato, não afasta a inelegibilidade prevista no § 7.º do art. 14 da Constituição Federal.

■ **Súmula vinculante 21**: É inconstitucional a exigência de depósito ou arrolamento prévios de dinheiro ou bens para admissibilidade de recurso administrativo.

■ **Súmula vinculante 44**: Só por lei se pode sujeitar a exame psicotécnico a habilitação de candidato a cargo público.

2.6.3. Súmulas do STJ

■ **Súmula 373**: É ilegítima a exigência de depósito prévio para admissibilidade de recurso administrativo.

■ **Súmula 613**: Não se admite a aplicação da teoria do fato consumado em tema de direito ambiental.

■ **Súmula 615**: Não pode ocorrer ou permanecer a inscrição do município em cadastros restritivos fundada em irregularidades na gestão anterior quando, na gestão sucessora, são tomadas as providências cabíveis à reparação dos danos eventualmente cometidos.

2.7. QUESTÕES

QUESTÕES DE CONCURSOS
> http://uqr.to/1xgx9

3

DA IMPROBIDADE ADMINISTRATIVA

3.1. NOÇÕES GERAIS E DEFINIÇÃO

A questão relacionada à **improbidade administrativa** tem ganhado enorme **repercussão** por força das reiteradas notícias veiculadas nos **meios de comunicação** acerca da prática de atos dessa natureza.

Outrossim, pelas mesmas razões, importante ressaltar que essa questão tem sido enfrentada de forma abundante pelos nossos **tribunais** nas áreas **cível**, **penal** e **eleitoral**.

A matéria, que continua disciplinada pela Lei n. 8.429/92, experimentou importantes alterações, de acordo com a redação oferecida **pela Lei n. 14.230/2021**, que serão abordadas ao longo deste capítulo.

Como visto anteriormente, quando dos comentários ao princípio da moralidade administrativa (capítulo 2 desta obra), o termo **improbidade administrativa** indica **desonestidade administrativa**, razão pela qual se apresenta como uma **imoralidade qualificada**, uma vez que caracterizada pela presença do **dolo**, que surge dessa maneira como **elemento comum** a todas as **hipóteses** de improbidade previstas em lei.

Dentro deste contexto, no entendimento já consolidado no nível do **STJ**, é inadmissível a responsabilidade objetiva na aplicação da Lei n. 8.429/92, em razão da exigência de configuração de dolo para todas as hipóteses relacionadas ao longo dos arts. 9.º, 10 e 11, de acordo com as alterações promovidas pela Lei n. 14.230/2021.

Nesse particular, para efeito de melhor visualização, confira-se o seguinte **precedente do STJ**, quando do julgamento, em 18.05.2015, do AgRg no REsp 968.447/PR:

> "Processual civil e administrativo. Agravo regimental no recurso especial. Imputação da prática de ato de improbidade administrativa por descumprimento de decisão judicial. Alegação de ausência de intimação para cumprimento. Prova diabólica: exigência de fato negativo, por ilógico que pareça. Cerceamento de defesa. Requisito da má-fé. Acórdão em confronto com a jurisprudência do STJ por entender indispensável a demonstração do dolo. Violação ao art. 11, da Lei 8.429/92 reconhecida. (...)".

A título de noções gerais, importante abordar, inicialmente, a questão do seu objeto disciplinada no art. 1.º da seguinte forma:

> **Art. 1.º** O sistema de responsabilização por atos de improbidade administrativa tutelará a probidade na organização do Estado e no exercício de suas funções, como forma de assegurar a integridade do patrimônio público e social, nos termos desta Lei.

Ainda, sobre este item, o legislador houve por bem positivar as hipóteses de extensão deste objeto de acordo com previsões estabelecidas nos §§ 5.º, 6.º e 7.º. Confira-se:

§ 5.º Os atos de improbidade violam a probidade na organização do Estado e no exercício de suas funções e a integridade do patrimônio público e social dos Poderes Executivo, Legislativo e Judiciário, bem como da administração direta e indireta, no âmbito da União, dos Estados, dos Municípios e do Distrito Federal.

§ 6.º Estão sujeitos às sanções desta Lei os atos de improbidade praticados contra o patrimônio de entidade privada que receba subvenção, benefício ou incentivo, fiscal ou creditício, de entes públicos ou governamentais, previstos no § 5.º deste artigo.

§ 7.º Independentemente de integrar a administração indireta, estão sujeitos às sanções desta Lei os atos de improbidade praticados contra o patrimônio de entidade privada para cuja criação ou custeio o erário haja concorrido ou concorra no seu patrimônio ou receita atual, limitado o ressarcimento de prejuízos, nesse caso, à repercussão do ilícito sobre a contribuição dos cofres públicos.

Por outro lado, importante destacar que as alterações promovidas pela Lei n. 14.230/2021 entraram em vigor, de imediato, de acordo com a previsão estabelecida em seu art. 24. Confira-se:

Art. 24. Esta lei entra em vigor na data de sua publicação.

Encerrando os comentários acerca das noções gerais, oportuno abordar a questão da aplicabilidade destas alterações aos processos em andamento. Em outras palavras, a questão da retroatividade destas mudanças.

Dentro deste contexto, como as alterações, em larga escala, acabam por beneficiar o réu, inequívoca a possibilidade de retroatividade, em razão do disposto no art. 5.º, XL da Constituição Federal. Confira-se:

Art. 5.º (...)
XL — a lei penal não retroagirá, salvo para beneficiar o réu;

Nesse sentido, oportuno registrar que a amplitude do dispositivo constitucional não se restringe ao campo penal, estendendo-se, também, para as esferas administrativa e civil, por tratar-se de direito fundamental.

Esta linha de raciocínio foi abraçada pela Lei n. 14.230/2021, que estabeleceu a aplicabilidade ao sistema de improbidade dos princípios do direito administrativo sancionador, a teor do disposto em seu art. 1.º, § 4.º. Confira-se:

Art. 1.º (...)
§ 4.º Aplicam-se ao sistema da improbidade disciplinado nesta Lei os princípios constitucionais do direito administrativo sancionador.

Em que pese a clareza do dispositivo reproduzido, a **questão da retroatividade das alterações promovidas para os processos em curso foi questionada no STF**, que sobre ela se manifestou, quando do julgamento, em **18.08.2022**, do **ARE 843.989**, resultando na seguinte **Tese de Repercussão Geral**:

3 ◼ Da Improbidade Administrativa

"1) É necessária a comprovação de responsabilidade subjetiva para a tipificação dos atos de improbidade administrativa, exigindo-se — nos artigos 9.º, 10 e 11 da LIA — a presença do elemento subjetivo — DOLO; 2) A norma benéfica da Lei 14.230/2021 — revogação da modalidade culposa do ato de improbidade administrativa —, é IRRETROATIVA, em virtude do artigo 5.º, inciso XXXVI, da Constituição Federal, não tendo incidência em relação à eficácia da coisa julgada; nem tampouco durante o processo de execução das penas e seus incidentes; 3) A nova Lei 14.230/2021 aplica-se aos atos de improbidade administrativa culposos praticados na vigência do texto anterior da lei, porém sem condenação transitada em julgado, em virtude da revogação expressa do texto anterior; devendo o juízo competente analisar eventual dolo por parte do agente; 4) O novo regime prescricional previsto na Lei 14.230/2021 é IRRETROATIVO, aplicando-se os novos marcos temporais a partir da publicação da lei".

No mesmo sentido, orientação oferecida pelo **STJ**, em **13.03.2023**, quando do julgamento do **AgInt no REsp 2.024.133/ES**, assim sintetizada:

"O art. 5.º, XL, da Constituição da República prevê a possibilidade de retroatividade da lei penal, sendo cabível extrair-se do dispositivo constitucional princípio implícito do Direito Sancionatório, segundo o qual a lei mais benéfica retroage no caso de sanções menos graves, como a administrativa."

Em **23.05.2023**, o **STJ**, quando do julgamento do **AREsp 1.877.917/RS**, concluiu pela necessidade de uma interpretação restritiva às hipóteses de aplicação retroativa da Lei 14.230/21, nos seguintes termos:

"Em atenção ao Tema 1199/STF, deve-se conferir interpretação restritiva às hipóteses de aplicação retroativa da Lei n. 14.230/2021, adstringindo-se aos atos ímprobos culposos não transitados em julgado."

Abordados os itens de ordem geral serão em sequência analisados aqueles relacionados às **hipóteses** configuradoras de improbidade; as **ações** previstas em nosso ordenamento jurídico para o combate de atos dessa natureza e ainda as questões relacionadas as **sanções** a serem aplicadas por aqueles que experimentarem condenação, os acordos de não persecução civil, e, por fim, os prazos de **prescrição**.

Para melhor visualização dos comentários desenvolvidos sobre este item, segue o seguinte quadro:

OBJETO	Tutelar a probidade na organização do Estado e no exercício de suas funções, para assegurar a integridade do patrimônio público e social. (art. 1.º)
VIGÊNCIA	Na data de sua publicação. (art. 24)
RETROATIVIDADE	É possível, desde que para privilegiar o réu. (art. 5.º, XL da CF c/c art. 1.º, § 4.º da Lei n. 14.230/21), nos termos da orientação consolidada no STF, em 18.08.2022, no ARE 843.989

3.2. HIPÓTESES PREVISTAS NA LEI N. 8.429/92: NOÇÕES GERAIS

Nesse particular, sobreleva notar que as **hipóteses** tipificadoras de improbidade administrativa foram disciplinadas pela **Lei n. 8.429/92**, que, inclusive, separou-as em

três modalidades, em regra de **caráter exemplificativo**, por força das alterações introduzidas pela Lei n. 14.230/2021, que estabeleceu um elenco exaustivo, tão somente para o art. 11, com a inclusão no *caput* da expressão "caracterizada por uma das seguintes condutas".

Diante desse cenário, oportuno registrar a **hipótese de improbidade em matéria eleitoral**, a teor do disposto no **art. 14, § 9.º, da CF**, que abre a possibilidade de criação de outras **hipóteses de inelegibilidade pelo legislador infraconstitucional**, desde que respeitados os requisitos ali estabelecidos, vale dizer, que venham por meio de lei complementar e recaiam em uma das hipóteses ali relacionadas: para a **preservação da probidade administrativa**; da **moralidade administrativa** para o exercício do **mandato**, tendo em vista a **vida pregressa do candidato** e para assegurar a normalidade e a legitimidade das eleições contra abusos de poder econômico e político.

Dentro desse contexto, a matéria encontra-se disciplinada no nível da **Lei Complementar n. 64/90** (Lei das Ilegibilidades), com a redação que lhe foi oferecida pela **Lei Complementar n. 135/2010**, conhecida por **Lei da Ficha Limpa**.

No nível da **referida legislação**, destaca-se a previsão estabelecida no **art. 1.º, I, *l*,** que torna **inelegíveis para qualquer cargo** os que forem **condenados** à suspensão dos direitos políticos, em decisão transitada em julgado ou proferida por **órgão judicial colegiado**, por **ato doloso de improbidade** administrativa que importe lesão ao patrimônio público e enriquecimento ilícito.

Percebe-se, pois, da leitura do dispositivo reproduzido que a prática de atos de **improbidade** administrativa, na **modalidade dolosa, única agora prevista**, pode **resultar** em situação de **inelegibilidade** para a titularização de qualquer cargo público, desde que a decisão tenha sido proferida por **órgão colegiado**, mesmo que **sem** a configuração do **trânsito em julgado**.

Outrossim, cumpre destacar que entre as mudanças promovidas pela **Lei n. 14.230/2021**, encontra-se a revogação do art. 11, I, da LIA, que previa a configuração de improbidade por agressão genérica a princípios da administração. Confira-se:

Art. 11. (...):
I — praticar ato visando fim proibido em lei ou regulamento ou diverso daquele previsto, na regra de competência;

De outro giro, importante assinalar que, para todas as hipóteses de improbidade, as mudanças promovidas na lei de regência preveem apenas a modalidade dolosa, revelando-se oportuna a redação do art. 1.º, §§ 1.º, 2.º e 3.º. Confira-se:

Art. 1.º (...)
§ 1.º Consideram-se atos de improbidade administrativa as condutas dolosas tipificadas nos arts. 9.º, 10 e 11 desta Lei, ressalvados tipos previstos em leis especiais.
§ 2.º Considera-se dolo a vontade livre e consciente de alcançar o resultado ilícito tipificado nos arts. 9.º, 10 e 11 desta Lei, não bastando a voluntariedade do agente.
§ 3.º O mero exercício da função ou desempenho de competências públicas, sem comprovação de ato doloso com fim ilícito, afasta a responsabilidade por ato de improbidade administrativa.

3 ■ Da Improbidade Administrativa

Dentro deste contexto, oportuna também a reprodução do art. 17-C, VII, § 1.º. Confira-se:

Art. 17-C. (...)

VII — (...)

§ 1.º A ilegalidade sem a presença de dolo que a qualifique não configura ato de improbidade.

Por fim, cumpre agora esclarecer ter o legislador utilizado como **critério** para agrupar as **hipóteses** positivadas na lei o da **gravidade** do **ato** praticado.

Por força desse critério, foram elas divididas em atos de improbidade administrativa que importam em **enriquecimento ilícito (art. 9.º)**, causam **prejuízo ao erário (art. 10) e, finalmente, atentam contra os princípios da Administração Pública (art. 11)**.

3.2.1. Extensão das hipóteses de improbidade: por atos, omissões, por danos materiais e danos morais

As hipóteses de improbidade administrativa, no que se refere a sua **extensão**, podem incidir quer quando o administrador faz o que não deveria **(atos)**, quer para aquelas situações em que ele deixa de fazer o que deveria **(omissões)**, respondendo o responsável quer por **danos materiais**, quer por **danos morais**, nesta última hipótese, em razão das variantes que apresenta, merecedora de alguns comentários específicos.

A importância deste item resulta de imprecisão estabelecida pelo legislador, em especial no art. 10, ao descrever os atos de improbidade causadores de danos ao erário sem discriminar se a prescrição se restringe tão somente aos danos materiais ou se poderia ser estendida também para os danos morais.

Nesse particular, o **STJ** pacificou o **entendimento** segundo o qual **não há vedação legal** ao entendimento de que cabem **danos morais** em **ações** que discutam **improbidade** administrativa, seja pela frustração trazida pelo ato ímprobo na comunidade, seja pelo desprestígio efetivo causado a entidade pública que dificulte a ação estatal.

Foi o entendimento adotado, quando do julgamento, **em 13.12.2021**, do **REsp n. 1.940.837/RJ**. Confira-se:

"ADMINISTRATIVO E PROCESSUAL CIVIL. IMPROBIDADE. CONTRATAÇÃO DE SEGUROS PELA INFRAERO. SUPOSTO FAVORECIMENTO DE CORRETO-RAS. **INDÍCIOS DE IMPROBIDADE RECONHECIDOS PELAS INSTÂNCIAS ORDINÁRIAS**. APLICAÇÃO DO PRINCÍPIO DO *IN DUBIO PRO SOCIETATE*. **RE-CONHECIMENTO DE DANO MORAL COLETIVO EM AÇÃO POR IMPROBI-DADE. POSSIBILIDADE**. HISTÓRICO DA DEMANDA. (...) 13. Por fim, a tese de que o eventual reconhecimento de dano moral coletivo viola o art. 12 da Lei 8.429 /1992 contraria a jurisprudência do STJ. Nesse sentido: **a jurisprudência desta Corte Superior tem se consolidado** acerca da **possibilidade** de se buscar em ação civil pública por ato de **improbidade administrativa** a **indenização por danos morais** na defesa de interesse difuso ou coletivo. Precedentes: AgInt no AREsp 1.129.965/RJ, Rel. Min. Francisco Falcão, Segunda Turma, *DJe* 18.06.2018; REsp 1.666.454/RJ, Rel. Min. Herman Benjamin, Segunda Turma, *DJe* 30.06.2017; AgRg no REsp 1.003.126/PB, Rel. Min.

Benedito Gonçalves, Primeira Turma, *DJe* 10.05.2011; REsp 1.681.245/PR, Rel. Min. Herman Benjamin, Segunda Turma, *DJe* 12.09.2017 (EDv nos EAREsp 478.386/DF, Rel. Min. Francisco Falcão, Primeira Seção, *DJe* 24.02.2021). 14. Recurso Especial parcialmente conhecido e, nessa extensão, não provido" (STJ, REsp 1940837/RJ 2020/0212636-2, Rel. Min. Herman Benjamin, j. 24.08.2021, Segunda Turma, *DJe* 13.12.2021).

a) Dos atos de improbidade que importam em enriquecimento ilícito

O primeiro grupo de atos de improbidade, considerado pelo legislador como de maior gravidade, encontra-se disciplinado no art. 9.º, *caput*:

> **Art. 9.º** Constitui ato de improbidade administrativa importando em enriquecimento ilícito auferir, mediante a prática de ato **doloso**, qualquer tipo de vantagem patrimonial indevida em razão do exercício de cargo, de mandato, de função, de emprego ou de atividade nas entidades referidas no art. 1.º desta Lei, e notadamente:

A leitura do dispositivo legal reproduzido deixa clara a lista de requisitos a serem preenchidos para a configuração de um ato de improbidade dessa gravidade.

Assim é que, em primeiro lugar, deve restar **configurado** um **enriquecimento** que seja **ilícito**, apresentando-se dessa maneira a necessidade de caracterização de **dolo**.

Em outras palavras, o simples enriquecimento não se revela suficiente para a configuração do ato de improbidade aqui descrito, uma vez que poderá ter se verificado de forma legítima.

Não por outra razão, o legislador exige que esse **enriquecimento**, **além de ilícito**, resulte da **titularização** de um **cargo, mandato, função, emprego** ou atividade nas entidades integrantes da estrutura da **Administração Pública**.

Como consequência, se o enriquecimento não decorreu do seu exercício, e em respeito aos limites estabelecidos pelo ordenamento jurídico, não se configura o ato de improbidade.

Assim, por exemplo, se o agente público experimentou um enriquecimento resultante de recebimento de herança, ou de uma doação, legítimos, nenhuma razão para a sua condenação por atos dessa natureza.

De resto, exatamente para facilitar a **fiscalização** dessa **variação patrimonial** do agente público foi que o legislador prescreveu, no **art. 13** da legislação de regência, a necessidade de apresentação de **declaração de imposto de renda** por ocasião da **posse**, que deverá ser **renovada**, periodicamente, até o momento de sua **saída dos quadros** da Administração, sob pena de **demissão**:

> **Art. 13.** A posse e o exercício de agente público ficam condicionados à apresentação de declaração de imposto de renda e proventos de qualquer natureza, que tenha sido apresentada à Secretaria Especial da Receita Federal do Brasil, a fim de ser arquivada no serviço de pessoal competente.
>
> § 1.º (Revogado).
>
> § 2.º A declaração de bens a que se refere o *caput* deste artigo será atualizada anualmente e na data em que o agente público deixar o exercício do mandato, do cargo, do emprego ou da função.

3 ◼ Da Improbidade Administrativa   95

§ 3.º Será apenado com a pena de demissão, sem prejuízo de outras sanções cabíveis, o agente público que se recusar a prestar a declaração dos bens a que se refere o *caput* deste artigo dentro do prazo determinado ou que prestar declaração falsa.

§ 4.º (Revogado).

Do dispositivo reproduzido, percebem-se também, algumas mudanças ao nível dos seus parágrafos, alguns revogados e outros com importantes novidades, como o § 3.º, que estabelece a pena de demissão, não mais a bem do interesse público.

De outra parte, ainda em razão da prescrição contida no *caput* do art. 9.º, necessária a configuração de **vantagem patrimonial indevida**, para que o ato de improbidade ali enunciado se materialize.

Nesse particular, importante destacar a regra existente no **art. 21, I**, dessa mesma legislação, que exige para aplicação das sanções previstas nessa lei a efetiva ocorrência de dano em se tratando de ressarcimento. Confira-se:

Art. 21. A aplicação das sanções previstas nesta lei independe:
I — da efetiva ocorrência de dano ao patrimônio público, **salvo quanto à pena de ressarcimento** e às condutas previstas no art. 10 desta Lei;

Por fim, importante observar, ainda por força da redação do *caput* do art. 9.º, que as inúmeras **hipóteses** de improbidade ali descritas revelam um **elenco** meramente **exemplificativo**, tendo em vista a expressão "notadamente" utilizada pelo legislador.

Entre as **hipóteses** ali **relacionadas**, pode-se mencionar, a título de exemplificação, a utilização, em obra ou serviço particular, de qualquer bem móvel de propriedade da Administração (art. 9.º, IV); aceitar emprego, comissão ou exercer atividade de consultoria ou assessoramento para pessoa física ou jurídica que tenha interesse suscetível de ser atingido ou amparado por ação ou omissão decorrente das atribuições do agente público, durante a atividade (art. 9.º, VIII); perceber vantagem econômica para intermediar a liberação ou aplicação de verba pública de qualquer natureza (art. 9.º, IX);

Como mencionado, essa relação de situações descrita pelo legislador representa meros exemplos, não excluindo, assim, a possibilidade de caracterização de atos de improbidade em outras circunstâncias, desde que configurado o dolo.

b) Dos atos de improbidade que importam em danos ao erário

Seguindo pelo mesmo critério, apresentam-se, agora, os atos de improbidade que causam **danos ao erário**, considerados pelo legislador como de **gravidade intermediária**. Encontram-se eles relacionados no **art. 10**, *caput*, da referida legislação:

Art. 10. Constitui ato de improbidade administrativa que causa lesão ao erário qualquer **ação ou omissão dolosa**, que enseje, efetiva e comprovadamente, perda patrimonial, desvio, apropriação, malbaratamento ou dilapidação dos bens ou haveres das entidades referidas no art. 1.º desta Lei, e notadamente: (...).

O dispositivo reproduzido demonstra, de forma inequívoca, os **requisitos necessários** para a **configuração** de ato de improbidade dessa natureza, a começar pela necessidade de caracterização de **lesão ao erário**.

Portanto, sem a configuração dessa lesão não se pode cogitar de responsabilização por atos dessa natureza, resulte ela de ato ou omissão.

Em outras palavras, a **lesão ao erário** poderá se caracterizar tanto como resultado de um **ato** praticado pelo administrador como por uma **omissão**, quando deixa de fazer o que deveria, resultando em prejuízo para os cofres públicos.

Outrossim, oportuno destacar, em razão das alterações promovidas pela Lei n. 14.230/2021, que essa **lesão deve ser efetiva** e restar amplamente comprovada, conforme diretriz também estabelecida no art. 10, § 1.º. Confira-se:

Art. 10. (...)
§ 1.º Nos casos em que a inobservância de formalidades legais ou regulamentares **não implicar perda patrimonial efetiva**, não ocorrerá imposição de ressarcimento, vedado o enriquecimento sem causa das entidades referidas no art. 1.º desta Lei.

Com base nas alterações promovidas, o **STJ, em 27.08.2024**, quando do julgamento do **REsp 1.929.685/TO**, alterou a jurisprudência até então consolidada, para concluir pela necessidade de comprovação de efetivo prejuízo ao erário, para a configuração de improbidade administrativa, com aplicação retroativa para os processos ainda em curso, nos termos da argumentação ali deduzida. Confira-se:

"ADMINISTRATIVO. ATO ÍMPROBO. DANO PRESUMIDO. ALTERAÇÃO LEGAL EXPRESSA. NECESSIDADE DE EFETIVO PREJUÍZO. MANUTENÇÃO DA JURISPRUDÊNCIA DO STJ. IMPOSSIBILIDADE.

1. Em sessão realizada em 22.02.2024, a Primeira Seção, por unanimidade, cancelou o Tema 1.096 do STJ, o qual fora outrora afetado para definir a questão jurídica referente a 'definir se a conduta de frustrar a licitude de processo licitatório ou dispensá-lo indevidamente configura ato de improbidade que causa dano presumido ao erário (*in re ipsa*)'.

2. Após o referido cancelamento, ressurgiu a necessidade desta Primeira Turma enfrentar a seguinte controvérsia jurídica: com a expressa necessidade (tratada nas alterações trazidas pela Lei n. 14.320/2021) de o prejuízo ser efetivo (não mais admitindo o presumido), como ficam os casos anteriores (à alteração legal), ainda em trâmite, em que a discussão é sobre a possibilidade de condenação por ato ímprobo em decorrência da presunção de dano?

3. Os processos ainda em curso e que apresentem a supracitada controvérsia devem ser solucionados com a posição externada na nova lei, que reclama dano efetivo, pois sem este (o dano efetivo), não há como reconhecer o ato ímprobo.

4. Não se desconhece os limites impostos pelo STF, ao julgar o Tema 1199, a respeito das modificações benéficas trazidas pela Lei n. 14.320/2021 às ações de improbidade ajuizadas anteriormente, isto é, sabe-se que a orientação do Supremo é de que a extensão daquele tema se reservaria às hipóteses relacionadas à razão determinante do precedente, o qual não abrangeu a discussão ora em exame.

5. *In casu*, não se trata exatamente da discussão sobre a aplicação retroativa de alteração normativa benéfica, já que, anteriormente, não havia norma expressa prevendo a possibilidade do dano presumido, sendo este (o dano presumido) admitido após construção pretoriana, a partir da jurisprudência que se consolidara no STJ até então e que vinha sendo prolongadamente aplicada.

6. Esse entendimento (repita-se, fruto de construção jurisprudencial, e não decorrente de texto legal) não pode continuar balizando as decisões do STJ se o próprio legislador

deixou expresso não ser cabível a condenação por ato ímprobo mediante a presunção da ocorrência de um dano, pois cabe ao Judiciário prestar a devida deferência à opção que seguramente foi a escolhida pelo legislador ordinário para dirimir essa questão.

7. Recurso especial desprovido. Embargos de declaração prejudicados".

No mesmo sentido, decidiu o **STJ, em 17.09.2024**, quando do julgamento do **AREsp 1.417.207/MG**, exigindo a configuração de dano concreto. Confira-se:

"(...) V — A dispensa indevida de licitação que acarreta pagamento ao agente ímprobo e a ausência de prestação de serviço gera dano concreto e, por conseguinte, enseja a responsabilização do agente nos termos do art. 11, V, da Lei n. 8.666/1993. A revaloração dos danos gerados ao erário encontra óbice da Súmula 7/STJ".

Nesse contexto, importante destacar uma vez mais que a configuração de atos de improbidade administrativa depende da caracterização de **dolo, sendo oportuno destacar que, na orientação consolidada ao nível do STJ será ele específico**.

Importante ainda comentar que a mera perda patrimonial sem a comprovação de dolo não configura improbidade, de acordo com a previsão estabelecida no § 2.º deste artigo. Confira-se:

Art. 10. (...)

§ 2.º A mera perda patrimonial decorrente da atividade econômica não acarretará improbidade administrativa, salvo se comprovado ato doloso praticado com essa finalidade.

Merecem destaque, dentre as hipóteses alinhadas no art. 10, permitir ou facilitar a alienação, permuta ou locação de bens, por preço inferior ao de mercado (inciso IV); ou ainda permitir ou facilitar a aquisição, permuta ou locação de bens e serviços por preço superior ao de mercado (inciso V), hipótese conhecida como superfaturamento; a viabilização de operações financeiras de forma ilegal (inciso VI); a frustração da licitude de um processo licitatório ou de processo seletivo para celebração de parcerias com entidades sem fins lucrativos, ou dispensá-los indevidamente, acarretando perda patrimonial efetiva (inciso VIII — com redação dada pela Lei n. 14.230/2021).

Acerca desta última hipótese, oportuna a reprodução de **precedente** do STJ, quando do julgamento, **em 24.11.2020**, do **AgInt no AREsp 1.535.308/MG**, abordando a contratação de advogado, por inexigibilidade de licitação. Confira-se:

"DIREITO SANCIONADOR. AGRAVO INTERNO NO AGRAVO EM RECURSO ESPECIAL. **ACP POR IMPROBIDADE ADMINISTRATIVA. CONTRATAÇÃO DOS SERVIÇOS ADVOCATÍCIO E CONTÁBIL PELO ENTÃO PREFEITO DO MUNICÍPIO DE CAPARAÓ/MG.** PRETENSÃO JULGADA IMPROCEDENTE PELA CORTE DAS ALTEROSAS. PRETENSÃO DO ACUSADOR DE REFORMA DA SOLUÇÃO UNIPESSOAL DESTA CORTE SUPERIOR, A QUAL CONFIRMOU O ARESTO QUE ABSOLVEU OS DEMANDADOS ÀS SANÇÕES DA LEI 8.429/1992. **O TRIBUNAL DE ORIGEM**, COM ESTEIO NO QUADRO EMPÍRICO REPRESADO NO CADERNO PROCESSUAL, **ATESTOU A NOTÓRIA ESPECIALIZAÇÃO DOS PROFISSIONAIS E A SINGULARIDADE DOS SERVIÇOS ADVOCATÍCIO E CONTÁBIL**, MOTIVO PELO QUAL A CONTRATAÇÃO SE ENCARTA EM **INEXIGIBILIDADE DE PROCESSO LICITATÓRIO. CONDUTA ÍMPROBA INEXISTENTE.** AGRAVO INTERNO DO ÓRGÃO ACUSADOR DESPROVIDO".

Nesse particular, importante registrar a revogação do art. 10-A e sua inclusão no inciso XXII. Confira-se:

Art. 10. (...)
XXII — conceder, aplicar ou manter benefício financeiro ou tributário contrário ao que dispõem o *caput* e o § 1.º do art. 8.º-A da Lei Complementar n. 116, de 31 de julho de 2003.

Percebe-se que o deslocamento da matéria, retirou a hipótese de improbidade resultante de omissão além de gerar reflexos no art. 12 em vista da revogação do inciso IV.

De outra parte, conforme já noticiado, resulta cristalina a ideia segundo a qual necessária a configuração de **dano efetivo ao erário** para que o ato de improbidade se materialize, consoante a previsão estabelecida no **art. 21, I**, com as alterações promovidas pela Lei n. 14.230/2021. Confira-se uma vez mais:

Art. 21. (...)
I — da efetiva ocorrência de dano ao patrimônio público, salvo quanto à pena de ressarcimento e às condutas previstas no art. 10 desta Lei;

Nesse sentido já caminhava a jurisprudência de nossos tribunais, em especial do STJ conforme se verifica do **precedente** de relatoria da **Ministra Denise Arruda**, no julgamento do **REsp 805.080**:

"(...) Assim, o ato de improbidade previsto no art. 10 da Lei 8.429/92 **exige** para a sua **configuração, necessariamente**, o **efetivo prejuízo ao erário**, sob pena da não tipificação do ato impugnado. Existe, portanto, uma exceção à hipótese prevista no inciso I do art. 21, o qual somente deve ser aplicado nos casos de improbidade administrativa descritos nos arts. 9.º e 11, da Lei 8.429/92. (...)" (STJ, REsp 805080 SP 2005/0172357-7, Rel. Min. Denise Arruda, j. 23.06.2009, Primeira Turma, *DJe* 06.08.2009).

Nesse sentido ainda, importante consignar que essa conclusão é a única que se sustenta em homenagem ao princípio da razoabilidade, outra não sendo a opinião adotada pelo eminente **Ministro Castro Meira** quando do julgamento dos **Embargos de Divergência em REsp n. 917.437**:

"(...) 2. Isto porque à luz dos princípios da razoabilidade e da proporcionalidade, impõe-se a mitigação do preceito que preconiza a prescindibilidade da ocorrência do **dano efetivo ao erário** para se infligir a sanção de ressarcimento: 'a hipótese prevista no inciso I do artigo 21, que dispensa a ocorrência de dano para aplicação das sanções da lei, merece meditação mais cautelosa. (...)'" (STJ, EREsp 917437 MG 2008/0236837-6, Rel. Min. Castro Meira, j. 13.10.2010, Primeira Seção, *DJe* 22.10.2010).

Da mesma forma, as conclusões atingidas pelo **Ministro Luiz Fux** quando do julgamento de recurso especial, em 23.02.2011. Confira-se:

"Processual civil. Administrativo. Ação civil pública. Improbidade administrativa. Apropriação indevida de diárias. Art. 10, *caput*, da Lei 8.429/92. **Ausência de dano ao erário. Má-fé. Elemento subjetivo. Essencial à caracterização do ato de improbidade.** Sanções. Dosimetria. Cumulatividade. Princípios da proporcionalidade e da razoabilidade (art. 12, parágrafo único da Lei 8.429/92). Violação ao art. 535. Inocorrência. (...) 4. O

3 ▪ Da Improbidade Administrativa

elemento subjetivo é essencial à caracterização da improbidade administrativa, sendo certo, ainda, que a tipificação da lesão ao patrimônio público (art. 10, *caput,* da Lei 8.429/92) exige a prova de sua ocorrência, mercê da impossibilidade de condenação ao ressarcimento ao erário de dano hipotético ou presumido. Precedentes do STJ: REsp 805.080/SP, Primeira Turma, *DJe* 06.08.2009; REsp 939142/RJ, Primeira Turma, *DJe* 10.04.2008; REsp 678.115/RS, Primeira Turma, *DJ* 29.11.2007; REsp 285.305/DF, Primeira Turma; *DJ* 13.12.2007; e REsp 714.935/PR, Segunda Turma, *DJ* Documento: 1033046 — Inteiro Teor do Acórdão — *Site* certificado — *DJe* 23.02.2011" (REsp 980.706-RS (2007/0210742-0), Rel. Min. Luiz Fux).

c) **Dos atos de improbidade que atentam contra os princípios da Administração Pública**

No art. 11 encontram-se relacionados os atos de **improbidade de menor gravidade**, vale dizer, aqueles que implicam **agressão aos princípios da Administração**:

Art. 11. Constitui ato de improbidade administrativa que atenta contra os princípios da administração pública a **ação ou omissão dolosa** que viole os deveres de honestidade, de imparcialidade e de legalidade, **caracterizada por uma das seguintes condutas**: (...)

A leitura do dispositivo reproduzido demonstra que se admite aqui tão somente a modalidade dolosa para a configuração do ato de improbidade administrativa, conforme o entendimento já pacificado no nível do STJ, segundo o qual os atos relacionados nesse dispositivo necessitam apenas da configuração de **dolo genérico**, não sendo necessária a comprovação de dolo específico:

"1. A orientação jurisprudencial sedimentada no Superior Tribunal de Justiça estabelece que a configuração do ato de improbidade por ofensa a princípio da administração depende da demonstração do chamado **dolo genérico**" (STJ, REsp 1.573.026/SE 2015/0310993-3, Rel. Min. Og Fernandes, j. 08.06.2021, Segunda Turma, *DJe* 17.12.2021).

"ADMINISTRATIVO E PROCESSUAL CIVIL. AGRAVO INTERNO EM AGRAVO EM RECURSO ESPECIAL. AÇÃO CIVIL PÚBLICA POR IMPROBIDADE ADMINISTRATIVA. LOCAÇÃO DE IMÓVEL. LICITAÇÃO. IRREGULARIDADES. **ART. 11, DA LEI 8.429/92. DOLO GENÉRICO**. ART. 1.022 DO CPC/15. OMISSÃO RECONHECIDA. RETORNO DOS AUTOS AO TRIBUNAL DE ORIGEM. AGRAVO INTERNO NÃO PROVIDO. (...) 4. Contra esse entendimento, **o STJ tem decidido que a configuração de conduta descrita no art. 11 não depende de dolo específico** e tampouco de prova de prejuízo ao erário ou enriquecimento ilícito do agente (AgInt nos EDcl no AREsp 1.589.195/SP, Rel. Min. Benedito Gonçalves, Primeira Turma, *DJe* 10.06.2021). (...)" (STJ, AgInt no AREsp 1.696.574/GO 2020/0099916-6, Rel. Min. Herman Benjamin, j. 09.11.2021, Segunda Turma, *DJe* 10.12.2021).

De outra parte, oportuno comentar importante alteração incluída pela Lei n. 14.230/2021 que tornou exaustivo o elenco de hipóteses previsto neste dispositivo, retirando a expressão "notadamente" para acrescentar "caracterizada por uma das seguintes condutas".

Quanto às hipóteses configuradoras de improbidade, vale destacar a revogação do inciso I, objeto de inúmeras críticas, por força da subjetividade que a envolvia. Confira-se:

I — praticar ato visando fim proibido em lei ou regulamento ou diverso daquele previsto, na regra de competência;

A referência a essa mudança justifica-se na medida em que retirou os efeitos da previsão estabelecida na **Lei n. 9.504/97**, que disciplina as eleições, com destaque para o seu **art. 73** que relaciona inúmeras **condutas vedadas aos agentes públicos** com o objetivo de assegurar igualdade de oportunidades entre os candidatos durante a campanha eleitoral, surgindo como exemplo a cessão de bens públicos, serviços públicos ou servidores para beneficiar determinada candidatura.

O **descumprimento** dessa exigência também configurava **ato de improbidade** administrativa, por desrespeito às regras previstas no **art. 11, I, da Lei n. 8.429/92**, conforme previsão do **art. 73, § 7.º**:

Art. 73. (...)
§ 7.º As condutas enumeradas no *caput* caracterizam, ainda, atos de improbidade administrativa, a que se refere o art. 11, inciso I, da Lei n. 8.429, de 2 de junho de 1992, e sujeitam-se às disposições daquele diploma legal, em especial às cominações do art. 12, inciso III.

Percebe-se, pois, o prejuízo a estes dispositivos eleitorais reproduzidos em razão das alterações promovidas pela Lei n. 14.230/2021.

Também foram objeto de revogação, os incisos II, IX e X.

Diante desse cenário, merecem destaque, por força das alterações redacionais introduzidas, as hipóteses previstas nos incisos III, IV, V, VI, XI E XII, a seguir reproduzidos:

Art. 11. (...)
III — revelar fato ou circunstância de que tem ciência em razão das atribuições e que deva permanecer em segredo, propiciando beneficiamento por informação privilegiada ou colocando em risco a segurança da sociedade e do Estado;
IV — negar publicidade aos atos oficiais, exceto em razão de sua imprescindibilidade para a segurança da sociedade e do Estado ou de outras hipóteses instituídas em lei;
V — frustrar, em ofensa à imparcialidade, o caráter concorrencial de concurso público, de chamamento ou de procedimento licitatório, com vistas à obtenção de benefício próprio, direto ou indireto, ou de terceiros;
VI — deixar de prestar contas quando esteja obrigado a fazê-lo, desde que disponha das condições para isso, com vistas a ocultar irregularidades; (...)
XI — nomear cônjuge, companheiro ou parente em linha reta, colateral ou por afinidade, até o terceiro grau, inclusive, da autoridade nomeante ou de servidor da mesma pessoa jurídica investido em cargo de direção, chefia ou assessoramento, para o exercício de cargo em comissão ou de confiança ou, ainda, de função gratificada na administração pública direta e indireta em qualquer dos Poderes da União, dos Estados, do Distrito Federal e dos Municípios, compreendido o ajuste mediante designações recíprocas;

3 ■ Da Improbidade Administrativa

XII — praticar, no âmbito da administração pública e com recursos do erário, ato de publicidade que contrarie o disposto no § 1.º do art. 37 da Constituição Federal, de forma a promover inequívoco enaltecimento do agente público e personalização de atos, de programas, de obras, de serviços ou de campanhas dos órgãos públicos.

Entre as hipóteses reproduzidas, vale comentar inicialmente, quanto ao **inciso IV**, a possibilidade, a título de exceção, de manutenção de sigilo se imprescindível para segurança da sociedade e do Estado, bem como para as hipóteses previstas na Lei n. 12.527/2011, que disciplina o acesso a informações, com destaque para seu art. 23.

Por sua vez, a redação do **inciso V** foi ampliada para incluir também o chamamento ou qualquer outro procedimento licitatório, com vistas à obtenção de benefício próprio, direto ou indireto, ou de terceiro.

Quanto ao **inciso VI**, acresceu-se a necessidade de comprovação de que o agente público dispunha de condições para a prestação de contas e não o fez para ocultar irregularidades.

Em relação **inciso XI**, incluído, torna ato de improbidade a nomeação para cargo em comissão ou de confiança ou função gratificada de parentes, ratificando a Súmula Vinculante 13 no combate à prática de nepotismo.

Quanto à previsão estabelecida no **inciso XII**, torna ato de improbidade o ato de publicidade que enaltece o agente público, bem como suas realizações, ao arrepio do art. 37, § 1.º, da Constituição Federal.

Por derradeiro, oportuna a reprodução dos cinco parágrafos acrescidos ao art. 11 que reiteram a necessidade de comprovação de dolo, bem como de lesividade relevante independente de danos ao erário e de enriquecimento ilícito.

Outrossim, pela não configuração de improbidade, em razão da mera nomeação ou indicação política para mandatos eletivos. Confira-se:

Art. 11. (...)

§ 1.º Nos termos da Convenção das Nações Unidas contra a Corrupção, promulgada pelo Decreto n. 5.687, de 31 de janeiro de 2006, somente haverá improbidade administrativa, na aplicação deste artigo, quando for comprovado na conduta funcional do agente público o fim de obter proveito ou benefício indevido para si ou para outra pessoa ou entidade.

§ 2.º Aplica-se o disposto no § 1.º deste artigo a quaisquer atos de improbidade administrativa tipificados nesta Lei e em leis especiais e a quaisquer outros tipos especiais de improbidade administrativa instituídos por lei.

§ 3.º O enquadramento de conduta funcional na categoria de que trata este artigo pressupõe a demonstração objetiva da prática de ilegalidade no exercício da função pública, com a indicação das normas constitucionais, legais ou infralegais violadas.

§ 4.º Os atos de improbidade de que trata este artigo exigem lesividade relevante ao bem jurídico tutelado para serem passíveis de sancionamento e independem do reconhecimento da produção de danos ao erário e de enriquecimento ilícito dos agentes públicos.

§ 5.º Não se configurará improbidade a mera nomeação ou indicação política por parte dos detentores de mandatos eletivos, sendo necessária a aferição de dolo com finalidade ilícita por parte do agente.

Enfrentada a questão relacionada às hipóteses de improbidade descritas na Lei n. 8.429/92, oportuna a elaboração de quadro comparativo:

ART. 9.º	Enriquecimento ilícito	Só a modalidade dolosa (dolo específico, segundo o STJ), sem a necessidade de comprovação de dano efetivo (art. 21, I) e elenco exemplificativo (art. 9.º "notadamente")
ART. 10	Danos ao erário	Só a modalidade dolosa (dolo específico, segundo o STJ) com a necessidade de comprovação de dano efetivo (art. 21, I) e elenco exemplificativo (art. 10.º "notadamente")
ART. 11	Agressão a princípios da Administração	Só a modalidade dolosa (dolo genérico, segundo o STJ) sem a necessidade de comprovação de dano efetivo (art. 21, I) embora exija-se lesividade relevante (art. 11, § 4.º) e elenco exaustivo (art. 11 "caracterizada por uma das seguintes hipóteses")

d) Das hipóteses não configuradoras de improbidade administrativa

Inova, o legislador, ao positivar no corpo da legislação de regência, hipóteses não configuradoras de improbidade administrativa, merecendo destaque inicial a previsão estabelecida no art. 1.º, § 8.º, que afasta para os casos em que a conduta questionada se basear em entendimento controvertido nos Tribunais. Confira-se:

Art. 1.º (...)

§ 8.º Não configura improbidade a ação ou omissão decorrente de divergência interpretativa da lei, baseada em jurisprudência, ainda que não pacificada, mesmo que não venha a ser posteriormente prevalecente nas decisões dos órgãos de controle ou dos tribunais do Poder Judiciário.

Sem embargo, o referido dispositivo encontra-se com a sua eficácia suspensa, desde 27.12.2022, por meio de decisão monocrática proferida pelo Min. Alexandre de Moraes, concedendo medida cautelar, na ADI 7236/DF.

O ministro entendeu que, embora a intenção tenha sido proteger a boa-fé do gestor público, o critério é excessivamente amplo e gera insegurança jurídica.

O ministro assinala que há muitos juízes e tribunais competentes para julgar os casos de improbidade administrativa, além de vários tipos de procedimentos. Assim, haverá diversas sentenças que não servem para definir o entendimento do Poder Judiciário como um todo.

Cumpre registrar que a referida decisão ainda não foi apreciada pelo Plenário, até o fechamento desta edição.

De outra parte, não considerou o legislador como hipótese de improbidade, a mera perda patrimonial decorrente de atividade econômica, salvo se comprovado o dolo, a teor do disposto no art. 10, § 2.º. Confira-se:

Art. 10. (...)

§ 2.º A mera perda patrimonial decorrente da atividade econômica não acarretará improbidade administrativa, salvo se comprovado ato doloso praticado com essa finalidade.

3 ▪ Da Improbidade Administrativa

O mesmo cenário envolve a mera nomeação ou indicação política, por parte dos detentores de mandatos eletivos, principalmente se o indicado apresentar currículo profissional suficiente para justificar a indicação, salvo se configurado o dolo, conforme o disposto no art. 11, § 5.º. Confira-se:

> **Art. 11. (...)**
> § 5.º Não se configurará improbidade a mera nomeação ou indicação política por parte dos detentores de mandatos eletivos, sendo necessária a aferição de dolo com finalidade ilícita por parte do agente.

Por derradeiro, não configura improbidade administrativa o enriquecimento ilícito, perda patrimonial, desvio, apropriação, malbaratamento ou dilapidação de recursos públicos dos partidos políticos, ou de suas fundações, que serão disciplinados pela Lei n. 9.096/95 (Lei Orgânica dos Partidos Políticos), nos termos do art. 23-C da LIA. Confira-se:

> **Art. 23-C.** Atos que ensejem enriquecimento ilícito, perda patrimonial, desvio, apropriação, malbaratamento ou dilapidação de recursos públicos dos partidos políticos, ou de suas fundações, serão responsabilizados nos termos da Lei n. 9.096, de 19 de setembro de 1995.

Sem embargo, o referido dispositivo encontra-se com a sua eficácia suspensa, desde 27.12.2022, por meio de decisão monocrática proferida pelo Min. Alexandre de Moraes, concedendo medida cautelar, na ADI 7236/DF.

Segundo o relator, o tratamento diferenciado dado a esses casos desrespeita o princípio constitucional da isonomia.

Cumpre registrar que a referida decisão ainda não foi apreciada pelo Plenário, até o fechamento desta edição.

3.3. DA AÇÃO VOLTADA A COMBATER ATOS DE IMPROBIDADE ADMINISTRATIVA

A questão relacionada à ação legitimada para combater, em âmbito judicial, atos de improbidade administrativa, experimentou profundas modificações, em vista do cenário anterior a aprovação da Lei n. 14.230/2021.

Com efeito, apresentavam-se duas possibilidades: a propositura de uma ação popular ou de uma ação civil pública, cada uma com características próprias, em especial, quanto ao seu objeto e a sua legitimidade.

Destarte, as mudanças implementadas apontam agora para a possibilidade de uma única ação para combater atos dessa natureza, vale dizer a ação de improbidade administrativa, nos termos do art. 17-D. Confira-se:

> **Art. 17-D**. A ação por improbidade administrativa é repressiva, de caráter sancionatório, destinada à aplicação de sanções de caráter pessoal previstas nesta Lei, e não constitui ação civil, vedado seu ajuizamento para o controle de legalidade de políticas públicas e para a proteção do patrimônio público e social, do meio ambiente e de outros interesses difusos, coletivos e individuais homogêneos.

A leitura do dispositivo introduzido autoriza importantes conclusões, a começar pela exclusividade de utilização dessa medida "destinada à aplicação de sanções de caráter pessoal previstas nesta Lei".

Outrossim, no mesmo dispositivo emerge cristalina conclusão segundo a qual a referida ação não constitui ação civil. Confira-se:

"não constitui ação civil".

Dentro deste contexto, de forma a ratificar a diferença quanto ao objeto em relação à ação civil pública, a parte final do dispositivo destaca:

"vedado seu ajuizamento para o controle de legalidade de políticas públicas e para a proteção do patrimônio público e social, do meio ambiente e de outros interesses difusos, coletivos e individuais homogêneos."

De resto, a mesma conclusão resulta da previsão estabelecida ao longo do parágrafo único, que revela que o controle de legalidade de políticas públicas e demais itens ali relacionados não será feito através de ação de improbidade administrativa, mas de ação civil pública, nos termos da Lei n. 7.347/85. Confira-se:

Parágrafo único. **Ressalvado o disposto nesta Lei**, o controle de legalidade de políticas públicas e a responsabilidade de agentes públicos, inclusive políticos, entes públicos e governamentais, por danos ao meio ambiente, ao consumidor, a bens e direitos de valor artístico, estético, histórico, turístico e paisagístico, a qualquer outro interesse difuso ou coletivo, à ordem econômica, à ordem urbanística, à honra e à dignidade de grupos raciais, étnicos ou religiosos e ao patrimônio público e social submetem-se aos termos da Lei n. 7.347, de 24 de julho de 1985.

De se destacar ainda, a diretriz estabelecida no art. 17, § 16, segundo a qual no curso da ação de improbidade administrativa, o magistrado poderá, atendidas as exigências ali relacionadas, convertê-la em ação civil pública, regulada pela Lei n. 7.347/85, bem demonstrando tratar-se de ações distintas, com objetos distintos. Confira-se:

Art. 17. (...)
§ 16. A qualquer momento, se o magistrado identificar a existência de ilegalidades ou de irregularidades administrativas a serem sanadas sem que estejam presentes todos os requisitos para a imposição das sanções aos agentes incluídos no polo passivo da demanda, **poderá, em decisão motivada, converter a ação de improbidade administrativa em ação civil pública, regulada pela Lei n. 7.347, de 24 de julho de 1985**.

Portanto, a título de encerramento desse item, vale reiterar ser a ação de improbidade administrativa a única legitimada a combater atos de improbidade administrativa, a partir das mudanças promovidas na LIA, em outubro de 2021.

Nesse quadro, a relevância da ação popular e da ação civil pública permanece, em matéria de controle dos atos administrativos, restringindo-se, agora, ao combate de atos de imoralidade administrativa, matéria desenvolvida, com maior riqueza de detalhes, ao longo do capítulo 19.

3 ◘ Da Improbidade Administrativa

3.3.1. Da legitimidade ativa

Diante desse cenário resultou, inicialmente, a legitimidade exclusiva atribuída ao Ministério Público para a propositura desta ação, nos termos apresentados no art. 17, *caput*. Confira-se:

> **Art. 17.** A ação para a aplicação das sanções de que trata esta Lei será proposta pelo Ministério Público e seguirá o procedimento comum previsto na Lei n. 13.105, de 16 de março de 2015 (Código de Processo Civil), salvo o disposto nesta Lei.

Sem embargo, importante registrar que esse dispositivo foi objeto de questionamento ao nível do **STF**, que decidiu pela sua **inconstitucionalidade**, quando do julgamento em **31.08.2022**, das **ADIs n. 7042 e 7043**, nos seguintes termos:

> "O Tribunal, por maioria, julgou parcialmente procedentes os pedidos formulados na ação direta para: (a) **declarar a inconstitucionalidade parcial**, sem redução de texto, do *caput* e dos §§ 6.º-A e 10-C do art. 17, assim como do *caput* e dos §§ 5.º e 7.º do art. 17-B, da Lei 8.429/1992, na redação dada pela Lei 14.230/2021, **de modo a restabelecer a existência de legitimidade ativa concorrente e disjuntiva entre o Ministério Público e as pessoas jurídicas interessadas** para a propositura da ação por ato de improbidade administrativa e para a celebração de acordos de não persecução civil; (...) Tudo nos termos do voto ora reajustado do Relator, vencidos, parcialmente, os Ministros Nunes Marques, Dias Toffoli e Gilmar Mendes, nos termos de seus votos. Presidência do Ministro Luiz Fux. Plenário, 31.08.2022."

3.3.2. Da legitimidade passiva

De outra parte, cumpre estabelecer que a **Lei n. 8.429/92** consigna, em seus **arts. 2.º e 3.º**, quem serão aqueles que poderão ser **responsabilizados pela prática de atos de improbidade** administrativa: o agente público e o particular que tenha contribuído para sua consumação ou dele tenha se beneficiado:

> **Art. 2.º** Para os efeitos desta Lei, consideram-se agente público o agente político, o servidor público e todo aquele que exerce, ainda que transitoriamente ou sem remuneração, por eleição, nomeação, designação, contratação ou qualquer outra forma de investidura ou vínculo, mandato, cargo, emprego ou função nas entidades referidas no art. 1.º desta Lei.
>
> **Art. 3.º** As disposições desta Lei são aplicáveis, no que couber, àquele que, mesmo não sendo agente público, induza ou concorra dolosamente para a prática do ato de improbidade.

Da leitura dos dispositivos legais reproduzidos, em especial o **art. 2.º**, emerge, de imediato, constatação de enorme importância relacionada à utilização da expressão **"agentes públicos"**.

Nesse sentido, a utilização da expressão **"agentes públicos"** não ocorreu de maneira aleatória, mas, ao contrário, propositalmente, visto que **abrange todas as pessoas** que se encontram **dentro** da estrutura da **Administração Pública**, pouco importando a natureza desse vínculo.

Destarte, uma passada de olhos pelos dispositivos colacionados revela que o uso dessa **expressão** acaba por **envolver** aqueles que titularizam **cargos, empregos, funções** na **Administração direta e indireta**, assumindo um papel secundário se, com ou sem remuneração; de forma permanente ou temporária se, por eleição, nomeação ou contratação.

De resto, ao assim proceder, o legislador apenas seguiu a **mesma diretriz** já estabelecida pela **CF** ao disciplinar a questão relacionada à responsabilidade do Estado, a teor do disposto no **art. 37, § 6.º**. Confira-se:

Art. 37. (...)
§ 6.º As pessoas jurídicas de direito público e as de direito privado prestadoras de serviços públicos responderão pelos danos que *seus agentes*, nessa qualidade, causarem a terceiros, assegurado o direito de regresso contra o responsável nos casos de dolo ou culpa.

Dentro desse contexto, cumpre observar que tal opção resulta da **amplitude** desse **conceito**, uma vez que abarca os chamados **agentes políticos**, os **servidores** públicos, expressão que acaba por englobar os **funcionários** públicos, os **empregados** públicos e os **contratados** em **caráter temporário**, bem como os **particulares** em **colaboração** com o **Estado**.

Nesse sentido, para melhor visualização da amplitude dessa expressão, sugerimos o seguinte esquema:

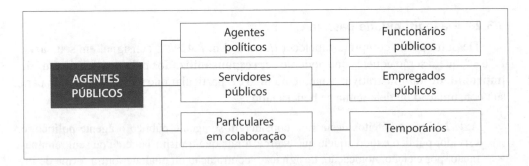

3.3.2.1. A questão relacionada aos agentes políticos

Destacada a **amplitude** do conceito de **agentes públicos** utilizado pelo legislador, passaremos agora a estabelecer alguns comentários em especial sobre os **agentes políticos**, em razão da **polêmica** instalada no âmbito do **STF** e do **STJ** quanto à possibilidade de serem eles alcançados pela Lei n. 8.429/92.

De início, importante destacar que por **agentes políticos** se deve entender aqueles que não mantêm com o Estado um **vínculo** de natureza **profissional**, uma vez que não titularizam nem cargos, nem empregos, mas temporariamente **mandatos eletivos ou não**. Surgem como exemplos dessa categoria o Presidente da República, Ministros de Estado, Secretários, Governadores, Prefeitos, bem como os Parlamentares nas quatro esferas de Governo.

3 ◼ Da Improbidade Administrativa 107

Nesse particular, importante observar que, nada obstante a previsão estabelecida no **art. 2.º da Lei n. 8.429/92**, incluindo os **agentes políticos** entre aqueles que podem **responder** por atos de **improbidade**, a questão, como já dito, não se encontra pacificada.

Nesse sentido, importante observar que pela prática de atos dessa natureza, o Presidente da República responde por **crime** de **responsabilidade**, a teor do disposto no **art. 85, V, da CF**, cuja redação a seguir se reproduz:

> **Art. 85.** São crimes de responsabilidade os atos do Presidente da República que atentem contra a Constituição Federal e, especialmente, contra: (...)
> V — a probidade na administração.

Nesse particular, oportuno registrar que essa matéria encontra-se regulamentada pela **Lei n. 1.079/50**, recepcionada por todas as Constituições supervenientes, **afastando-se**, assim, para a espécie, a incidência da **Lei n. 8.429/92**.

Nesse sentido, oportuna a referência a **voto lapidar** proferido pelo **Ministro Celso de Mello**, no **RE 803.297/RS**, publicado no *Informativo* n. 853, **de fevereiro de 2017**, em que faz um apanhado dessas oscilações em torno do tema **agentes políticos** para concluir submeterem-se eles ao regime estabelecido pela Lei n. 8.429/92, como resultado do ideal republicano:

> "Improbidade administrativa. Agente político. Comportamento alegadamente ocorrido no exercício de mandato de governador de estado. Possibilidade de sujeição a duplo regime jurídico: (1) responsabilização política, mediante *impeachment* (Lei n. 1.079/50), desde que ainda titular de referido mandato eletivo e (2) responsabilização civil por improbidade administrativa (Lei n. 8.429/92). Extinção subsequente do mandato de Governador de Estado. Exclusão do regime fundado na Lei n. 1.079/50 (art. 76, parágrafo único). Pleito recursal que objetiva extinguir processo civil de improbidade administrativa, em razão de, à época dos fatos, a recorrente (Yeda Crusius) ostentar a qualidade de Chefe do Poder Executivo local. Aplicabilidade, contudo, a ex-Governador de Estado, do regime jurídico fundado na Lei n. 8.429/92. Doutrina. Precedentes. **Regime de plena responsabilidade dos agentes estatais, inclusive dos agentes políticos, como expressão necessária do primado da ideia republicana. O respeito à moralidade administrativa como pressuposto legitimador dos atos governamentais. Pretensão que, se acolhida, transgrediria o dogma republicano da responsabilização dos agentes públicos.** Parecer da Procuradoria-Geral da República pelo improvimento do recurso extraordinário deduzido por Yeda Rorato Crusius. Decisão que nega provimento a esse apelo extremo, prejudicado o Recurso Extraordinário interposto pelo Ministério Público Federal".

Em seu voto condutor, nada obstante a abordagem feita pelo Ministro relacionada a diversos itens do tema improbidade administrativa, importante destacar aquele em que conclui pela submissão dos agentes políticos tanto ao regime estabelecido pela Lei n. 8.429/92 quanto àquele estipulado pela Lei n. 1.079/50:

> "Cumpre ter presente, por necessário, que o Supremo Tribunal Federal, em julgamento plenário ocorrido após o exame da Rcl 2.138/DF (que a ora recorrente Yeda Rorato Crusius invocou como fundamento de sua pretensão jurídica), ao defrontar-se, uma vez

mais, com idêntica controvérsia, placitou, em unânime votação, o entendimento de que agentes políticos estão sujeitos a uma 'dupla normatividade em matéria de improbidade, com objetivos distintos', tanto aquela fundada na Lei n. 8.429/92, quanto aquela decorrente da Lei n. 1.079/50".

Em vista da relevância da questão, oportuno destacar o seguinte trecho em que o Ministro bem diferencia a situação do presidente da República dos demais Agentes Políticos. Confira-se:

"O que se conclui, em suma, é que, excetuada a hipótese de atos de improbidade praticados pelo Presidente da República (sujeitos, por força da própria Constituição, a regime especial), não há norma constitucional alguma que imunize os agentes políticos, sujeitos a crime de responsabilidade, de qualquer das sanções por ato de improbidade previstas no art. 37, § 4.º. Seria igualmente incompatível com a Constituição eventual preceito normativo infraconstitucional que impusesse imunidade dessa natureza."

Nesse sentido, assim posicionou-se o **STJ**, em **13.06.2023**, quando do julgamento do **AREsp 2.031.414/MG**:

"Os agentes políticos municipais se submetem aos ditames da Lei de Improbidade Administrativa, sem prejuízo da responsabilização política e criminal estabelecida no DL n. 201/1967."

3.3.2.2. A questão relacionada aos particulares

De outra parte, **em relação àqueles que devem integrar o** polo passivo, **importante anotar ser** inviável **a propositura de** ação **civil de improbidade administrativa** exclusivamente **contra o** particular, sem **a presença de** agente público, **por tratar-se de desonestidade administrativa,** tese consolidada no STJ quando do julgamento, pela Segunda Turma, em 2015, do AgRg no AREsp 574.500/PA.

Em outras palavras, resulta inequívoca a conclusão segundo a qual o **particular sozinho não** pode ser **responsabilizado,** ao passo que em relação ao agente público essa possibilidade se apresenta.

Nesse sentido, se o caso concreto envolve a participação conjunta de agentes públicos e particulares, é possível, como desdobramento lógico, a aplicação a estes das sanções de suspensão de direitos políticos e de contratar com o Poder Público, consoante entendimento adotado pelo **STJ**, quando do julgamento, **em 03.09.2024**, do **REsp 1.735.603/AL**. Confira-se:

"É possível a aplicação das sanções de 'suspensão dos direitos políticos' ou 'proibição de contratar com o Poder Público ou receber benefícios ou incentivos fiscais ou creditícios' aos particulares que tenham praticado o ato ímprobo em conjunto com o agente público".

Ainda em relação a este item oportuna reprodução de **precedente do STJ**, quando do julgamento, **em 19.10.2021**, do **AREsp 1.402.806/TO**, em que se discutiu a possibilidade de responsabilização do particular, se houve a devida pretensão de responsabilizar os agentes públicos em outra demanda conexa. Confira-se:

3 ■ Da Improbidade Administrativa

"Ação de improbidade administrativa. **Responsabilização de particular que figura isoladamente no polo passivo da demanda. Jurisprudência pacífica do STJ pela impossibilidade.** Agente público acionado pelos mesmos fatos em demanda conexa. Distinção detectada. Viabilidade.

'É viável o prosseguimento de ação de improbidade administrativa exclusivamente contra particular quando há pretensão de responsabilizar agentes públicos pelos mesmos fatos em outra demanda conexa'.

Primeiramente, destaque-se que não se está a discutir a já conhecida e reverenciada compreensão desta Corte Superior de que é inviável o manejo da ação civil de improbidade exclusivamente contra o particular, sem a concomitante presença de agente público no polo passivo da demanda.

No caso, houve o ajuizamento de duas ações de improbidade, uma pelo Ministério Público Federal, outra pelo DNIT. Os agentes públicos envolvidos na idêntica trama factual narrada nas duas demandas foram excluídos da ação ajuizada pelo *Parquet*, que é a ora analisada, restando nesta apenas o particular acionado".

Oportuno ainda destacar, a **possibilidade de condenação apenas de particulares quando, no curso da ação, a responsabilidade dos agentes públicos, incialmente incluídos, foi descartada**, conclusão atingida pela **5.ª Turma do Tribunal Regional Federal da 1.ª Região**, com lastro em precedentes do STJ.

No caso concreto, o Ministério Público Federal ajuizou a ação contra servidores públicos e empresários, em razão de irregularidades na execução de contrato para a prestação de serviços de transporte e distribuição de livros escolares. No entanto, no decorrer do processo, **ficou comprovado que os servidores públicos não estavam envolvidos no esquema e foram inocentados por ausência de provas**.

O relator destacou que, **de acordo com o STJ**, é possível, nesses casos, a condenação somente do particular. "**A propositura da ação originária se deu em desfavor de agentes públicos e particulares, o que, conforme o entendimento do STJ, possibilita a condenação apenas dos segundos, considerando que na instrução processual, a responsabilidade dos agentes públicos foi afastada por ausência de provas**".

Importante observar, ainda, a ampliação desse elenco, consoante as diretrizes estabelecidas ao longo dos §§ 1.º e 2.º do art. 3.º. Confira-se:

> **Art. 3.º** As disposições desta Lei são aplicáveis, no que couber, àquele que, mesmo não sendo agente público, induza ou concorra dolosamente para a prática do ato de improbidade.
>
> § 1.º Os sócios, os cotistas, os diretores e os colaboradores de pessoa jurídica de direito privado não respondem pelo ato de improbidade que venha a ser imputado à pessoa jurídica, salvo se, comprovadamente, houver participação e benefícios diretos, caso em que responderão nos limites da sua participação.
>
> § 2.º As sanções desta Lei não se aplicarão à pessoa jurídica, caso o ato de improbidade administrativa seja também sancionado como ato lesivo à administração pública de que trata a Lei n. 12.846, de 1.º de agosto de 2013.

Outrossim, a possibilidade de responsabilização, se o réu for pessoa física, estende-se ao herdeiro ou sucessor e, se pessoa jurídica, em face de alteração contratual, transformação, incorporação, fusão ou cisão societária, na forma do art. 8.º. Confira-se:

> **Art. 8.º** O sucessor ou o herdeiro daquele que causar dano ao erário ou que se enriquecer ilicitamente estão sujeitos apenas à obrigação de repará-lo até o limite do valor da herança ou do patrimônio transferido.
>
> **Art. 8.º-A.** A responsabilidade sucessória de que trata o art. 8.º desta Lei aplica-se também na hipótese de alteração contratual, de transformação, de incorporação, de fusão ou de cisão societária.
>
> Parágrafo único. Nas hipóteses de fusão e de incorporação, a responsabilidade da sucessora será restrita à obrigação de reparação integral do dano causado, até o limite do patrimônio transferido, não lhe sendo aplicáveis as demais sanções previstas nesta Lei decorrentes de atos e de fatos ocorridos antes da data da fusão ou da incorporação, exceto no caso de simulação ou de evidente intuito de fraude, devidamente comprovados.

Assim, por força destas mudanças, apresentam-se hoje três tipos de ações, cada qual com características próprias.

A ação de improbidade administrativa, voltada a combater atos desta natureza, previstos ao longo da Lei n. 8.429/92.

De outra parte, a ação popular e a ação civil pública, apresentando características próprias, consoante se verifica nos itens seguintes.

3.3.3. Parâmetro para a aplicação de sanções: qual o cargo a ser considerado?

Por fim, destaque-se que, nas **ações de improbidade administrativa, deve-se levar em consideração**, para a aplicação de sanções, o **cargo que serviu de instrumento para a prática da conduta ilícita** e não aquele ocupado pelo agente no momento do trânsito em julgado da sentença condenatória, conclusão que se sustenta, agora, em razão da previsão estabelecida no art. 12, § 1.º. Confira-se uma vez mais:

> **Art. 12.** (...)
>
> § 1.º A sanção de perda da função pública, nas hipóteses dos incisos I e II do *caput* deste artigo, atinge apenas o vínculo de mesma qualidade e natureza que o agente público ou político detinha com o poder público na época do cometimento da infração, podendo o magistrado, na hipótese do inciso I do *caput* deste artigo, e em caráter excepcional, estendê-la aos demais vínculos, consideradas as circunstâncias do caso e a gravidade da infração.

Percebe-se, pois, que a inovação legislativa apenas reforça conclusão já consolidada ao nível do **STJ**, quando do julgamento do **REsp 1766149, em fevereiro de 2019**, do qual se destaca o seguinte trecho:

> "(...)
>
> 6. A teor do entendimento majoritário da Primeira Turma do STJ, a sanção da perda do cargo público, prevista entre aquelas do art. 12 da Lei n. 8.429/1992, não está relacionada ao cargo ocupado pelo agente ímprobo ao tempo do trânsito em julgado da sentença

3 ◘ Da Improbidade Administrativa

condenatória, mas sim àquele (cargo) que serviu de instrumento para a prática da conduta ilícita".

Sem embargo, a **previsão legal encontra-se suspensa** por decisão monocrática proferida pelo Min. Alexandre de Moraes, **em 27.12.2022**, quando do julgamento de medida cautelar na **ADI 7.236/DF**, não analisada pelo Pleno até o fechamento desta edição.

3.3.4. Foro competente

Em relação a este tópico importante destacar a orientação consolidada ao nível do **Supremo Tribunal Federal**, quando do julgamento, em **maio de 2018**, do **Agravo Regimental na Petição n. 3.240/DF**, no qual se discutiu a **competência para processar e julgar** ação civil de **improbidade administrativa** supostamente **praticada** por **autoridade** detentora de **foro por prerrogativa de função.**

Decidiu-se que a justiça de 1.º grau e não o STF tem competência para processar e julgar ação de improbidade contra agente político.

Outrossim, que o foro por prerrogativa de função não é extensível às ações de improbidade, que tem natureza civil. Confira-se o seguinte trecho:

"(...)
2. O foro especial por prerrogativa de função previsto na Constituição Federal em relação às infrações penais comuns não é extensível às ações de improbidade administrativa, de natureza civil. Em primeiro lugar, o foro privilegiado é destinado a abarcar apenas as infrações penais. A suposta gravidade das sanções previstas no art. 37, § 4.º, da Constituição, não reveste a ação de improbidade administrativa de natureza penal. Em segundo lugar, o foro privilegiado submete-se a regime de direito estrito, já que representa exceção aos princípios estruturantes da igualdade e da república. Não comporta, portanto, ampliação a hipóteses não expressamente previstas no texto constitucional. E isso especialmente porque, na hipótese, não há lacuna constitucional, mas legítima opção do poder constituinte originário em não instituir foro privilegiado para o processo e julgamento de agentes políticos pela prática de atos de improbidade na esfera civil. Por fim, a fixação de competência para julgar a ação de improbidade no 1o grau de jurisdição, além de constituir fórmula mais republicana, é atenta às capacidades institucionais dos diferentes graus de jurisdição para a realização da instrução processual, de modo a promover maior eficiência no combate à corrupção e na proteção à moralidade administrativa."

Merece destaque, ainda, a decisão proferida pelo **STF em 29.03.2021,** quando do julgamento da **ADI 6.514/CE,** reiterando a **inconstitucionalidade da ampliação, por lei estadual, das autoridades protegidas pelo** *foro por prerrogativa de função.*

No mesmo sentido, a decisão proferida pelo **STF em 20.03.2021,** quando do julgamento da **ADI 5.591/SP,** em que concluiu que a autonomia dos estados para dispor sobre **autoridades submetidas a foro privilegiado não é ilimitada**, não pode ficar ao arbítrio político do constituinte estadual e **deve seguir, por simetria, o modelo federal.**

Outrossim que **extrapola a autonomia** do estado previsão, em constituição estadual, que confira **foro privilegiado a Delegado Geral da Polícia Civil.**

Por derradeiro, importante anotar a previsão estabelecida no **art. 17, § 4.º-A**, da LIA, prevê como **foro** competente o do local onde ocorreu o dano ou da pessoa jurídica prejudicada. Confira-se:

Art. 17. (...)

§ 4.º-A. A ação a que se refere o *caput* deste artigo deverá ser proposta perante o foro do local onde ocorrer o dano ou da pessoa jurídica prejudicada.

Oportuna ainda a reprodução de decisão proferida pelo **STJ**, em **09.02.2022**, quando do julgamento do **Conflito Negativo de Competência 174.764/MA**, em que privilegiou a competência da Justiça Estadual, em vista da ausência de ente federal em qualquer dos polos da ação. Confira-se:

"Nas ações de improbidade administrativa, a competência da Justiça Federal é definida em razão da presença das pessoas jurídicas de direito público previstas no art. 109, I, da Constituição Federal na relação processual, e não em razão da natureza da verba federal sujeita à fiscalização da Tribunal de Contas da União."

Para melhor visualização dos comentários desenvolvidos sobre este item, segue o seguinte quadro:

FORO COMPETENTE	
PREVISÃO LEGAL	A ação deverá ser proposta perante o foro do local onde ocorrer o dano ou da pessoa jurídica prejudicada (Art. 17, § 4.º-A)
ORIENTAÇÃO DO STF	A justiça de 1.º grau e não o STF tem competência para processar e julgar ação de improbidade contra agente político. (Agravo Regimental na Petição n. 3.240/DF)

3.4. DAS SANÇÕES

Como **ilegalidade qualificada** que representa, a prática de **atos** ímprobos acarreta a seu responsável a aplicação de **sanções específicas** sistematizadas no **art. 37, § 4.º, da Constituição,** conforme previsão estabelecida na Ementa da Lei n. 8.429/92, alterada pela Lei n. 14.230/2021. Confira-se:

Dispõe sobre as sanções aplicáveis em virtude da prática de atos de improbidade administrativa, de que trata o § 4.º do art. 37 da Constituição Federal; e dá outras providências.

Nesse sentido, oportuna a reprodução do art. 37, § 4.º, da CF:

Art. 37. (...)

§ 4.º Os atos de improbidade administrativa importarão a suspensão dos direitos políticos, a perda da função pública, a indisponibilidade dos bens e o ressarcimento ao erário, na forma e gradação previstas em lei, sem prejuízo da ação penal cabível.

Essas **sanções** de natureza civil e administrativa dependem, **em regra**, para sua incidência, do **trânsito em julgado da sentença**, consoante se vê da reprodução do **art. 20 da Lei n. 8.429/92**:

3 ■ Da Improbidade Administrativa   113

Art. 20. A perda da função pública e a suspensão dos direitos políticos só se efetivam com o trânsito em julgado da sentença condenatória.

No mesmo dispositivo, anota o legislador a possibilidade de **afastamento sumário** do **agente público** do **cargo** que titulariza, quando a medida se apresentar **necessária** para não comprometer a **instrução processual**. Confira-se:

Art. 20. (...)

§ 1.º A autoridade judicial competente poderá determinar o afastamento do agente público do exercício do cargo, do emprego ou da função, sem prejuízo da remuneração, quando a medida for necessária à instrução processual ou para evitar a iminente prática de novos ilícitos.

§ 2.º O afastamento previsto no § 1.º deste artigo será de até 90 (noventa) dias, prorrogáveis uma única vez por igual prazo, mediante decisão motivada.

3.4.1. Indisponibilidade de bens

Dentro desse contexto, de se registrar a **possibilidade** de decretar a **indisponibilidade de bens sem** a configuração do **trânsito em julgado**, para garantir a integral recomposição do erário ou do acréscimo patrimonial resultante de enriquecimento ilícito, de acordo com a previsão estabelecida no art. 16. Confira-se:

Art. 16. Na ação por improbidade administrativa poderá ser formulado, em caráter antecedente ou incidente, pedido de indisponibilidade de bens dos réus, a fim de garantir a integral recomposição do erário ou do acréscimo patrimonial resultante de enriquecimento ilícito.

No dispositivo reproduzido vale destacar a possibilidade desse pedido ser apresentado, em caráter antecedente ou incidente.

Outrossim, que este pedido poderá ser formulado independente de representação ao MP, conforme previsão do § 1.º. Confira-se:

§ 1.º-A. O pedido de indisponibilidade de bens a que se refere o *caput* deste artigo poderá ser formulado independentemente da representação de que trata o art. 7.º desta Lei.

Poderá, também, incluir contas bancárias e aplicações financeiras mantidas no exterior. Confira-se:

§ 2.º Quando for o caso, o pedido de indisponibilidade de bens a que se refere o *caput* deste artigo incluirá a investigação, o exame e o bloqueio de bens, contas bancárias e aplicações financeiras mantidas pelo indiciado no exterior, nos termos da lei e dos tratados internacionais.

De outra parte, para o atendimento ao pedido necessária demonstração de perigo de dano irreparável ou de risco ao resultado útil do processo, bem como da probabilidade de configuração dos atos apontados pelo autor. Confira-se:

§ 3.º O pedido de indisponibilidade de bens a que se refere o *caput* deste artigo apenas será deferido mediante a demonstração no caso concreto de perigo de dano irreparável ou de risco ao resultado útil do processo, desde que o juiz se convença da probabilidade da ocorrência dos atos descritos na petição inicial com fundamento nos respectivos elementos de instrução, após a oitiva do réu em 5 (cinco) dias.

Importante também destacar a possibilidade de atendimento a este pedido mesmo sem a oitiva prévia do réu. Confira-se:

§ 4.º A indisponibilidade de bens poderá ser decretada sem a oitiva prévia do réu, sempre que o contraditório prévio puder comprovadamente frustrar a efetividade da medida ou houver outras circunstâncias que recomendem a proteção liminar, não podendo a urgência ser presumida.

De outra parte, oportuno destacar que a indisponibilidade jamais poderá superar o montante indicado pelo autor, mesmo com pluralidade de réus. Confira-se:

§ 5.º Se houver mais de um réu na ação, a somatória dos valores declarados indisponíveis não poderá superar o montante indicado na petição inicial como dano ao erário ou como enriquecimento ilícito.

Importante também observar a possibilidade de substituição de bens pelos itens relacionados ao longo do § 6.º. Confira-se:

§ 6.º O valor da indisponibilidade considerará a estimativa de dano indicada na petição inicial, permitida a sua substituição por caução idônea, por fiança bancária ou por seguro-garantia judicial, a requerimento do réu, bem como a sua readequação durante a instrução do processo.

Importante novidade, ao nível legal, resultou da previsão estabelecida no § 7.º em que se observa necessidade de demonstração da efetiva ocorrência de atos ilícitos e, em se tratando de pessoa jurídica, a promoção de incidente de desconsideração da personalidade jurídica. Confira-se:

§ 7.º A indisponibilidade de bens de terceiro dependerá da demonstração da sua efetiva concorrência para os atos ilícitos apurados ou, quando se tratar de pessoa jurídica, da instauração de incidente de desconsideração da personalidade jurídica, a ser processado na forma da lei processual.

De outro giro, destaca-se a possibilidade, no que for cabível de adoção do regime de tutela provisória de urgência. Confira-se:

§ 8.º Aplica-se à indisponibilidade de bens regida por esta Lei, no que for cabível, o regime da tutela provisória de urgência da Lei n. 13.105, de 16 de março de 2015 (Código de Processo Civil).

Dentro deste contexto, em respeito ao princípio do duplo grau de jurisdição e para a preservação da ampla defesa, positiva o legislador a possibilidade de utilização do agravo de instrumento. Confira-se:

3 ■ Da Improbidade Administrativa

§ 9.º Da decisão que deferir ou indeferir a medida relativa à indisponibilidade de bens caberá agravo de instrumento, nos termos da Lei n. 13.105, de 16 de março de 2015 (Código de Processo Civil).

De se observar a correta insistência do legislador quanto à incidência da indisponibilidade, tão somente, para assegurar o integral ressarcimento do dano ao erário. Confira-se:

§ 10. A indisponibilidade recairá sobre bens que assegurem exclusivamente o integral ressarcimento do dano ao erário, sem incidir sobre os valores a serem eventualmente aplicados a título de multa civil ou sobre acréscimo patrimonial decorrente de atividade lícita.

Em boa hora, o legislador positivou a ordem dos bens indisponíveis, permitindo a incidência sobre contas bancárias apenas em último caso, de forma a garantir a subsistência do réu, se pessoa física, ou a manutenção da atividade, se pessoa jurídica, considerando-se o largo período de duração destes processos. Confira-se:

§ 11. A ordem de indisponibilidade de bens deverá priorizar veículos de via terrestre, bens imóveis, bens móveis em geral, semoventes, navios e aeronaves, ações e quotas de sociedades simples e empresárias, pedras e metais preciosos e, apenas na inexistência desses, o bloqueio de contas bancárias, de forma a garantir a subsistência do acusado e a manutenção da atividade empresária ao longo do processo.

Dentro deste contexto, seguindo a orientação inaugurada pela Lei n. 13.655/2018 (LINDB), em seus arts. 20 e 21, ampliando o controle dos atos administrativos, o legislador preocupou-se também com os efeitos práticos da decisão, nos seguintes termos:

§ 12. O juiz, ao apreciar o pedido de indisponibilidade de bens do réu a que se refere o *caput* deste artigo, observará os efeitos práticos da decisão, vedada a adoção de medida capaz de acarretar prejuízo à prestação de serviços públicos.

De resto, com o mesmo objetivo, vedou a indisponibilidade sobre ativos depositados em caderneta de poupança ou outras aplicações em conta corrente. Confira-se:

§ 13. É vedada a decretação de indisponibilidade da quantia de até 40 (quarenta) salários mínimos depositados em caderneta de poupança, em outras aplicações financeiras ou em conta-corrente.

Acerca desse **controvertido tema**, importante também destacar a **impossibilidade** desta **constrição incidir sobre bens impenhoráveis** na forma prevista no **art. 833 do CPC**, com especial destaque para a previsão estabelecida em seu inciso IV. Confira-se:

Art. 833. São impenhoráveis:

(...)

IV — os vencimentos, os subsídios, os soldos, os salários, as remunerações, os proventos de aposentadoria, as pensões, os pecúlios e os montepios, bem como as quantias recebidas por liberalidade de terceiro e destinadas ao sustento do devedor e de sua família, os ganhos de trabalhador autônomo e os honorários de profissional liberal, ressalvado o § 2.º;

Sem embargo, oportuno registrar que a impenhorabilidade se apresenta apenas como regra geral, comportando exceções, desde que preservada a dignidade do devedor e de sua família, observadas as peculiaridades de cada caso concreto, em respeito aos princípios da proporcionalidade e razoabilidade. Confira-se:

"AGRAVO INTERNO NO AGRAVO INTERNO NO AGRAVO EM RECURSO ESPE-CIAL — AUTOS DE AGRAVO DE INSTRUMENTO NA ORIGEM — DECISÃO MO-NOCRÁTICA QUE NEGOU PROVIMENTO AO RECLAMO. INSURGÊNCIA RE-CURSAL DA PARTE AGRAVANTE. 1. A jurisprudência do STJ caminha no sentido de que é possível, em situações excepcionais, a mitigação da impenhorabilidade dos salários para a satisfação de crédito não alimentar, desde que observada a Teoria do Mínimo Exis-tencial, sem prejuízo direto à subsistência do devedor ou de sua família, devendo o Magis-trado levar em consideração as peculiaridades do caso e se pautar nos princípios da pro-porcionalidade e razoabilidade. (AgInt no AREsp 1.537.427/MS, Rel. Ministro Raul Araújo, Quarta Turma, julgado em 11.02.2020, *DJe* 03.03.2020.) 2. Agravo interno des-provido" (STJ, AgInt no AgInt no AREsp 2196887 MS 2022/0263876-9, Rel. Marco Buz-zi, j. 17.04.2023, Quarta Turma, *DJe* 20.04.2023).

Dentro desse contexto, importante destacar discussão relacionada a extensão da impenhorabilidade para **situações envolvendo pessoas jurídicas**, tendo em vista que a penhora de bens poderia inviabilizar **compromissos** relacionados ao **pagamento** de **folha salarial**, atingindo, de forma indireta, empregados e familiares.

Nesse sentido, a orientação do **Tribunal de Justiça do Rio de Janeiro**:

"Agravo de Instrumento. Decisão nos autos de Ação Civil Pública. Improbidade Adminis-trativa. Indisponibilidade de bens. Desbloqueio parcial. Necessidade de garantir o exercí-cio da atividade empresarial. Impenhorabilidade. Observância do disposto no art. 833, IV, do CPC. Precedentes do E. Superior Tribunal de Justiça. (...)

Contudo, a indisponibilidade também não pode ser feita de forma genérica, universal, abrangendo todos os ativos da parte, sem proporcionalidade com a previsão de dano. Ora, não é razoável, em princípio, que a indisponibilidade alcance a conta bancária da parte, impedindo o acesso aos ativos financeiros necessários à sua sobrevivência e de sua famí-lia ou até mesmo ao exercício da atividade empresarial. (...)

Logo, a decretação de indisponibilidade de contas-correntes, de forma genérica, constitui sério gravame, porquanto seria necessária a autorização judicial para simples atos cotidia-nos como o pagamento de contas e aplicação de eventuais sobras financeiras de salário. (...)

Quanto ao 2.º agravante, SYNERGYE, em análise de cognição sumária, exsurge a evi-dência de que todos os bens e recursos financeiros encontram-se bloqueados, o que pode colocar em risco o exercício da própria atividade empresarial e ocasionar uma consequen-te falência da sociedade. Ademais, as contas indicadas, ao que parece, referem-se a capital de giro para operacionalização de suas atividades empresariais. (...)"

(TJRJ, 3.ª Câm. Cível, AI n. 0006595-20.2017.8.19.0000, Rel. Des. Renata Machado Cotta, j. 12.06.2017).

3 ■ Da Improbidade Administrativa

Oportuno ainda o registro para a orientação consolidada ao nível do STJ, afastando a impenhorabilidade para pessoas jurídicas. Confira-se:

"PROCESSUAL CIVIL. TRIBUTÁRIO. EXECUÇÃO FISCAL. BLOQUEIO DE VALORES DEPOSITADOS EM CONTA BANCÁRIA. QUANTIA DEPOSITADA INFERIOR A QUARENTA SALÁRIOS MÍNIMOS. PENHORABILIDADE. INAPLICABILIDADE ÀS PESSOAS JURÍDICAS. AGRAVO INTERNO PROVIDO.

(...) II — A jurisprudência do Superior Tribunal de Justiça tem firmado orientação no sentido de que 'a impenhorabilidade da quantia de 40 salários mínimos, via de regra, é restrita a pessoas físicas, não se destinando à proteção de pessoas jurídicas com finalidade empresarial' (AgInt no REsp n. 1.934.597/RS, Rel. Min. Benedito Gonçalves, Primeira Turma, j. 20.09.2021, *DJe* de 22.09.2021). No mesmo sentido: AgInt no REsp n. 1.914.793/RS, Rel. Min. Herman Benjamin, Segunda Turma, j. 14.06.2021, *DJe* 1.º.07.2021; AgInt no REsp n. 1.878.944/RS, Rel. Min. Herman Benjamin, Segunda Turma, j. 24.02.2021, *DJe* 1.º.03.2021.

III — Feita a distinção de que os valores são de titularidade de pessoa jurídica executada, não se deve reconhecer, no caso, a impenhorabilidade com fundamento no art. 833, X, do CPC.

(...)

V — Agravo interno provido para dar parcial provimento ao recurso especial e determinar que seja reconhecida a possibilidade de penhora da quantia depositada em caderneta de poupança ou conta de titularidade da pessoa jurídica devedora, não sendo resguardado o limite de 40 (quarenta) salários-mínimos"

(STJ, AgInt no REsp 2007863 SP 2022/0176754-8, j. 07.03.2023, T2 — Segunda Turma, *DJe* 10.03.2023).

Por derradeiro, cumpre destacar a impossibilidade de que esse pedido recaia sobre **bens de família**, ao menos como regra geral, considerando-se a exceção prevista no § 14.º. Confira-se:

§ 14. É vedada a decretação de indisponibilidade do bem de família do réu, salvo se comprovado que o imóvel seja fruto de vantagem patrimonial indevida, conforme descrito no art. 9.º desta Lei.

Dessa forma, analisados os principais itens relacionados à indisponibilidade de bens, oportuna a elaboração do seguinte quadro comparativo:

OBJETIVO	Garantir a integral recomposição do erário ou do acréscimo patrimonial resultante de enriquecimento ilícito. (art. 16, *caput*)
MOMENTO	Em caráter antecedente ou incidente (art. 16, *caput*)
REQUISITOS	Demonstração no caso concreto de perigo de dano irreparável ou de risco ao resultado útil do processo (art. 16, § 3.º)
EXTENSÃO	Recairá sobre bens que assegurem exclusivamente o integral ressarcimento do dano ao erário, sem incidir sobre os valores a serem eventualmente aplicados a título de multa civil ou sobre acréscimo patrimonial decorrente de atividade lícita (art. 16, § 10)

BENS NO EXTERIOR	Incluirá a investigação, o exame e o bloqueio de bens, contas bancárias e aplicações financeiras mantidas pelo indiciado no exterior (art. 16, § 2.º)
LIMITE DE VALOR	Não poderá superar o montante indicado na petição inicial como dano ao erário ou como enriquecimento ilícito (art. 16, § 5.º)
SUBSTITUIÇÃO	Permitida por caução idônea, por fiança bancária ou por seguro-garantia judicial (art. 16, § 6.º)
BENS DE TERCEIROS	Dependerá da demonstração da sua efetiva concorrência para os atos ilícitos apurados ou, quando se tratar de pessoa jurídica, da instauração de incidente de desconsideração da personalidade jurídica (art. 16, § 7.º)
REGIME DE TUTELA PROVISÓRIA DE URGÊNCIA	Aplicável no que for cabível (art. 16, § 8.º)
RECURSO CABÍVEL	Agravo de Instrumento (art. 16, § 9.º)
ORDEM DOS BENS	Deverá priorizar veículos de via terrestre, bens imóveis, bens móveis em geral, semoventes, navios e aeronaves, ações e quotas de sociedades simples e empresárias, pedras e metais preciosos e, apenas na inexistência desses, o bloqueio de contas bancárias, de forma a garantir a subsistência do acusado e a manutenção da atividade empresária ao longo do processo (art. 16, § 11)
APLICAÇÕES FINANCEIRAS	É vedada para a quantia de até 40 (quarenta) salários mínimos depositados em caderneta de poupança, em outras aplicações financeiras ou em conta-corrente (art. 16, § 13)
BENS DE FAMÍLIA	É vedada, salvo se comprovado que o imóvel seja fruto de vantagem patrimonial indevida, conforme descrito no art. 9.º (art. 16, § 14)

3.4.2. Suspensão de direitos políticos

Quanto à pena de suspensão de direitos políticos prevista no nível do art. 37, § 4.º, da CF, em que pese não ter se estabelecido nenhuma restrição quanto a sua aplicabilidade, a jurisprudência do STJ tem afastado sua incidência para situações de improbidade administrativa sem qualquer ligação com a questão político-partidária. Confira-se:

"PROCESSUAL CIVIL. ADMINISTRATIVO. IMPROBIDADE ADMINISTRATIVA. AGRAVO INTERNO NO RECURSO ESPECIAL. REVISÃO DE PENALIDADES. SUSPENSÃO DOS DIREITOS POLÍTICOS. GRAVIDADE DOS FATOS. POSSIBILIDADE DE DECOTAMENTO. PROPORCIONALIDADE ENTRE O ATO PRATICADO E AS SANÇÕES IMPOSTAS. DESNECESSIDADE DE REVOLVIMENTO DE MATÉRIA FÁTICO-PROBATÓRIA. 1. É possível a revisão das penalidades aplicadas em ações de improbidade administrativa em hipóteses excepcionais, nas quais, da leitura do acórdão recorrido, exsurgir a desproporcionalidade entre o ato praticado e as sanções aplicadas. 2. 'A jurisprudência desta Corte tem mitigado a imposição da sanção de direitos políticos nas condenações por ato de improbidade, por ser a mais drástica das penalidades estabelecidas no art. 12 da Lei n. 8.429/92, devendo ser considerada a gravidade do caso, e não a das funções do acusado' (REsp 1228749/PR, Rel. Ministro Og Fernandes, 2.ª Turma, *DJe* 29.04.2014). 3. Caso concreto em que as conclusões firmadas na decisão agravada acerca da desproporcionalidade da pena de suspensão dos direitos políticos prescindiram do revolvimento de matéria fática, porquanto amparadas no próprio arcabouço fático-probatório contido no acórdão recorrido, segundo o qual a conduta considerada ímproba se circunscreve ao fato de que o agravado realizou despesas irregulares e deixou de prestar contas do 'Programa de Assistência Social', instituído pela Lei Municipal n. 961/2003, ao Conselho Municipal de Assistência Social, não guardando tal conduta relação com qualquer espécie de

3 ◼ Da Improbidade Administrativa

atividade político-partidária. 4. Agravo interno não provido" (AgInt no Recurso Especial n. 1569419-MG (2014/0116241-7), rel. Min. Sérgio Kukina).

"ADMINISTRATIVO. IMPROBIDADE ADMINISTRATIVA. AGRAVO INTERNO NO AGRAVO INTERNO NO AGRAVO EM RECURSO ESPECIAL. REVISÃO DE PENALIDADES. SUSPENSÃO DOS DIREITOS POLÍTICOS. GRAVIDADE DOS FATOS. POSSIBILIDADE DE DECOTAMENTO. PROPORCIONALIDADE ENTRE O ATO PRATICADO E AS SANÇÕES IMPOSTAS. 1. É possível a revisão das penalidades aplicadas em ações de improbidade administrativa em hipóteses excepcionais, nas quais, da leitura do acórdão recorrido, exsurgir a desproporcionalidade entre o ato praticado e as sanções aplicadas. 2. As sanções resultantes da condenação pela prática de ato de improbidade administrativa devem observar os princípios da proporcionalidade e da razoabilidade, motivo pelo qual a aplicação cumulativa das penalidades legais deve ser considerada facultativa, observando-se a medida da culpabilidade, a gravidade do ato, a extensão do dano causado e a reprimenda do ato ímprobo. 3. 'A jurisprudência desta Corte tem mitigado a imposição da sanção de direitos políticos nas condenações por ato de improbidade, por ser a mais drástica das penalidades estabelecidas no art. 12 da Lei n. 8.429/92, devendo ser considerada a gravidade do caso, e não a das funções do acusado' (REsp 1228749/PR, Rel. Ministro Og Fernandes, 2.ª Turma, *DJe* 29.04.2014). 4. No caso concreto, a aplicação da pena de suspensão dos direitos políticos não atenderia aos vetores da proporcionalidade e da razoabilidade, especialmente quando considerada a circunstância de que o ato ímprobo nem sequer guarda relação com qualquer espécie de atividade político-partidária, motivo pelo qual se fez de rigor o decotamento das sanções aplicadas pela Corte local. 5. Agravo interno não provido" (AgInt no AgInt no Agravo em Recurso Especial n. 685.930-RJ (2015/0063993-0), rel. Min. Sérgio Kukina).

Por derradeiro, cumpre destacar que a referida sanção não terá lugar para as hipóteses de improbidade relacionadas ao longo do art. 11, por força da previsão estabelecida no art. 12, III, com alterações promovidas pela Lei n. 14.230/2021. Confira-se:

> **Art. 12.** (...)
> III — na hipótese do art. 11 desta Lei, pagamento de multa civil de até 24 (vinte e quatro) vezes o valor da remuneração percebida pelo agente e proibição de contratar com o poder público ou de receber benefícios ou incentivos fiscais ou creditícios, direta ou indiretamente, ainda que por intermédio de pessoa jurídica da qual seja sócio majoritário, pelo prazo não superior a 4 (quatro) anos;

A leitura do dispositivo reproduzido, bem demonstra que, para as hipóteses de improbidade que atingem princípios da administração, as penas de perda da função e de suspensão de direitos políticos foram suprimidas.

Por derradeiro, cumpre destacar a previsão estabelecida no art. 12, § 10, que estabelece que na contagem do prazo de suspensão dos direitos políticos, o intervalo entre a decisão colegiada e o trânsito em julgado da sentença condenatória deve ser computado retroativamente. Confira-se:

> **Art. 12.** (...)
> § 10. Para efeitos de contagem do prazo da sanção de suspensão dos direitos políticos, computar-se-á retroativamente o intervalo de tempo entre a decisão colegiada e o trânsito em julgado da sentença condenatória.

Sem embargo, o **referido dispositivo encontra-se com a sua eficácia suspensa, desde 27.12.22**, através de decisão monocrática proferida pelo Min. Alexandre de Moraes, concedendo medida cautelar, na **ADI 7236/DF**.

Para o ministro, os efeitos dessa alteração podem afetar a inelegibilidade prevista na Lei de Inelegibilidade (Lei Complementar n. 64/90).

Ele observou que a suspensão dos direitos políticos por improbidade administrativa (art. 37, § 4.º, da Constituição) não se confunde com a inelegibilidade da Lei de Inelegibilidade (art. 1.º, I, *l*, da LC n. 64/90). Apesar de complementares, são previsões diversas, com diferentes fundamentos e consequências, que, inclusive, admitem a cumulação.

Cumpre registrar que a referida decisão ainda não foi apreciada pelo Plenário, até o fechamento desta edição.

Quanto aos demais itens, serão retomados quando dos comentários acerca da graduação e intensidade das sanções.

3.5. ACORDO DE NÃO PERSECUÇÃO CIVIL

A questão relacionada a possibilidade de celebração de acordo de não persecução civil, sofreu radical alteração por força das alterações promovidas pela Lei n. 14.230/2021, reforçando tendência inaugurada pela Lei n. 13.964/2019 (Pacote anticrime).

Em primeiro lugar, cumpre registrar que o diploma legal agora autoriza sua celebração, a depender das características de cada caso concreto, bem como do cumprimento dos requisitos exigidos e dos resultados apresentados, conforme o disposto no art. 17-B, *caput*, I e II, e seu § 1.º. Confira-se:

> **Art. 17-B**. O Ministério Público poderá, conforme as circunstâncias do caso concreto, celebrar acordo de não persecução civil, desde que dele advenham, ao menos, os seguintes resultados:
>
> I — o integral ressarcimento do dano;
>
> II — a reversão à pessoa jurídica lesada da vantagem indevida obtida, ainda que oriunda de agentes privados.
>
> § 1.º A celebração do acordo a que se refere o *caput* deste artigo dependerá, cumulativamente:
>
> I — da oitiva do ente federativo lesado, em momento anterior ou posterior à propositura da ação;
>
> II — de aprovação, no prazo de até 60 (sessenta) dias, pelo órgão do Ministério Público competente para apreciar as promoções de arquivamento de inquéritos civis, se anterior ao ajuizamento da ação;
>
> III — de homologação judicial, independentemente de o acordo ocorrer antes ou depois do ajuizamento da ação de improbidade administrativa.

Importante registrar que a legitimidade exclusiva atribuída ao MP foi afastada, pelo **STF**, quando do julgamento, em **31.08.2022**, das **ADIs 7042 e 7043**. Confira-se:

> "(...) 7. AÇÃO JULGADA PARCIALMENTE PROCEDENTE PARA (A) DECLARAR A INCONSTITUCIONALIDADE PARCIAL, COM INTERPRETAÇÃO CONFORME SEM REDUÇÃO DE TEXTO, DO *CAPUT* E DOS §§ 6.º-A E 10-C DO ART. 17, ASSIM

COMO DO *CAPUT* E DOS §§ 5.º E 7.º DO ART. 17-B, DA LEI 8.429/1992, NA REDAÇÃO DADA PELA LEI 14.230/2021, DE MODO A RESTABELECER A EXISTÊNCIA DE LEGITIMIDADE ATIVA CONCORRENTE E DISJUNTIVA ENTRE O MINISTÉRIO PÚBLICO E AS PESSOAS JURÍDICAS INTERESSADAS PARA A PROPOSITURA DA AÇÃO POR ATO DE IMPROBIDADE ADMINISTRATIVA E PARA A CELEBRAÇÃO DE ACORDOS DE NÃO PERSECUÇÃO CIVIL; (...)".

A propósito, oportuna a reprodução de decisão proferida pelo **STF**, em **30.06.2023**, quando do julgamento do **ARE 1.175.650/PR** que, em apertada síntese, concluiu:

"É constitucional o uso do instituto da colaboração premiada em ação civil pública por ato de improbidade administrativa ajuizada pelo Ministério Público se a pessoa jurídica interessada participar como interveniente e se forem observadas as diretrizes ora fixadas pelo Supremo Tribunal Federal, cuja finalidade é favorecer a efetiva tutela do patrimônio público, da legalidade e da moralidade administrativas, e evitar a impunidade de maneira eficiente, com a priorização do combate à corrupção".

Outrossim, estabelece o legislador a necessidade de consideração para celebração do acordo dos itens ali estabelecidos. Confira-se:

§ 2.º Em qualquer caso, a celebração do acordo a que se refere o *caput* deste artigo **considerará** a **personalidade** do agente, a **natureza**, as **circunstâncias**, a **gravidade** e a **repercussão social do ato de improbidade**, bem como as vantagens, para o interesse público, da rápida solução do caso.

Por sua vez, no § 3.º, houve por bem o legislador condicionar a apuração do valor do dano a ser ressarcido a oitiva do Tribunal de Contas. Confira-se:

§ 3.º Para fins de apuração do valor do dano a ser ressarcido, deverá ser realizada a oitiva do Tribunal de Contas competente, que se manifestará, com indicação dos parâmetros utilizados, no prazo de 90 (noventa) dias.

Sem embargo, o referido **dispositivo encontra-se com a sua eficácia suspensa, desde 27.12.2022**, através de **decisão monocrática** proferida pelo Min. Alexandre de Moraes, concedendo medida cautelar, na **ADI 7236/DF**.

Para o relator, entre outros pontos, a medida condiciona o exercício da atividade-fim do Ministério Público à atuação da Corte de Contas, em possível interferência na autonomia funcional do MP.

Cumpre registrar que a referida decisão ainda não foi apreciada pelo Plenário, até o fechamento desta edição.

De outra parte, importante registrar a possibilidade da celebração deste acordo **antes ou depois do ajuizamento da ação** de improbidade, nos termos do § 4.º. Confira-se:

§ 4.º O acordo a que se refere o *caput* deste artigo poderá ser celebrado no curso da investigação de apuração do ilícito, no curso da ação de improbidade ou no momento da execução da sentença condenatória.

Nesse particular, confira-se a decisão proferida pelo **STJ**, em **09.03.2022**, quando do julgamento do **EAREsp 102.585/RS**, que autorizou a celebração de acordo de não persecução civil em fase recursal. Confira-se:

> "É possível a homologação judicial de acordo de não persecução cível no âmbito da ação de improbidade administrativa em fase recursal."

De outro giro, alinhado com a tendência de preservação de integridade, o legislador abriu a possibilidade de contemplação no acordo, de mecanismos e procedimentos que privilegiem *compliance*, observados os termos estabelecidos pelo § 6.º. Confira-se:

> § 6.º O acordo a que se refere o *caput* deste artigo poderá contemplar a adoção de mecanismos e procedimentos internos de integridade, de auditoria e de incentivo à denúncia de irregularidades e a aplicação efetiva de códigos de ética e de conduta no âmbito da pessoa jurídica, se for o caso, bem como de outras medidas em favor do interesse público e de boas práticas administrativas.

Por derradeiro, cumpre anotar que o descumprimento dos termos do acordo celebrado impede a celebração de outro, pelo prazo de 5 anos, nos termos do § 7.º. Confira-se:

> § 7.º Em caso de descumprimento do acordo a que se refere o *caput* deste artigo, o investigado ou o demandado ficará impedido de celebrar novo acordo pelo prazo de 5 (cinco) anos, contado do conhecimento pelo Ministério Público do efetivo descumprimento.

De resto, oportuno relembrar que as mudanças noticiadas ratificaram a diretriz estabelecida desde a edição da Lei n. 13.964/2019 a "Lei Anticrime" que legitimou a possibilidade de celebração de acordos em matéria de improbidade administrativa, alterando o art. 17, § 1.º que passou a ter a seguinte redação:

> **Art. 17**. (...)
> § 1.º As ações de que trata este artigo admitem a celebração de acordo de não persecução cível, nos termos desta Lei.

Dentro deste contexto, a título de encerramento deste item, importante relembrar que o acordo de não persecução civil tem por finalidade afastar a propositura de uma ação de improbidade administrativa, mediante a aceitação de algumas condições e aplicação de sanções aos agentes responsáveis, como forma de tornar mais célebre e efetiva a reparação do dano eventual causado ao erário.

Em outras palavras, busca trazer mais efetividade e celeridade na punição em razão da prática de ato de improbidade administrativa, modificação que se coaduna com o moderno direito administrativo que cada vez mais abre espaço para a utilização dos meios de solução alternativa de conflitos, mesmo entendimento adotado pelo Código de Processo Civil de 2015.

Para melhor visualização dos itens desenvolvidos sobre este tema, confira-se o seguinte quadro:

ACORDO DE NÃO PERSECUÇÃO CIVIL	
CELEBRAÇÃO	Possibilidade (art. 17-B)
LEGITIMIDADE	Concorrente, nos termos da decisão proferida pelo STF, em 31.08.2022, quando do julgamento das ADIs 7042 e 7043
MOMENTO	No curso da investigação de apuração do ilícito, no curso da ação de improbidade ou no momento da execução da sentença condenatória (art. 17, § 4.º)
REQUISITOS	I — da oitiva do ente federativo lesado; II — de aprovação, no prazo de até 60 (sessenta) dias, pelo órgão do Ministério Público competente para apreciar as promoções de arquivamento de inquéritos civis, se anterior ao ajuizamento da ação; III — de homologação judicial (art. 17, § 1.º)
RESULTADOS MÍNIMOS	I — o integral ressarcimento do dano; e II — a reversão à pessoa jurídica lesada da vantagem indevida obtida, ainda que oriunda de agentes privados (art. 17, I e II)
DESCUMPRIMENTO DO ACORDO	Impedimento de celebrar novo acordo pelo prazo de 5 (cinco) anos, contado do conhecimento pelo Ministério Público do efetivo descumprimento (art. 17, § 7.º)

3.6. GRADUAÇÃO DA INTENSIDADE DAS SANÇÕES

Sobre este tema, importante enfatizar que o **art. 37, § 4.º, da CF** estabeleceu, em sua parte final, que as **penalidades** incidentes sobre o agente público flagrado na prática de atos de improbidade administrativa seriam **graduadas** pelo **legislador infraconstitucional**, o que efetivamente se verificou.

Destarte, a matéria está regulada pelo **art. 12 da Lei n. 8.429/92**, que **utilizou** como **critério** para a **graduação** dessas **sanções** a **gravidade** do **ato** praticado. No mesmo dispositivo, ficou consignado que essas **sanções** poderiam ser aplicadas de forma **isolada** ou **cumulativa e independente** de outras **sanções penais, civis e administrativas. Confira-se:**

Art. 12. Independentemente do ressarcimento integral do dano patrimonial, se efetivo, e das sanções penais comuns e de responsabilidade, civis e administrativas previstas na legislação específica, está o responsável pelo ato de improbidade sujeito às seguintes cominações, que podem ser aplicadas isolada ou cumulativamente, de acordo com a gravidade do fato:

I — na hipótese do art. 9.º desta Lei, perda dos bens ou valores acrescidos ilicitamente ao patrimônio, perda da função pública, suspensão dos direitos políticos até 14 (catorze) anos, pagamento de multa civil equivalente ao valor do acréscimo patrimonial e proibição de contratar com o poder público ou de receber benefícios ou incentivos fiscais ou creditícios, direta ou indiretamente, ainda que por intermédio de pessoa jurídica da qual seja sócio majoritário, pelo prazo não superior a 14 (catorze) anos;

II — na hipótese do art. 10 desta Lei, perda dos bens ou valores acrescidos ilicitamente ao patrimônio, se concorrer esta circunstância, perda da função pública, suspensão dos direitos políticos até 12 (doze) anos, pagamento de multa civil equivalente ao valor do dano e proibição de contratar com o poder público ou de receber benefícios ou incentivos fiscais ou creditícios, direta ou indiretamente, ainda que por intermédio de pessoa jurídica da qual seja sócio majoritário, pelo prazo não superior a 12 (doze) anos;

III — na hipótese do art. 11 desta Lei, pagamento de multa civil de até 24 (vinte e quatro) vezes o valor da remuneração percebida pelo agente e proibição de contratar com o poder público ou de receber benefícios ou incentivos fiscais ou creditícios, direta ou indiretamente, ainda que por intermédio de pessoa jurídica da qual seja sócio majoritário, pelo prazo não superior a 4 (quatro) anos;

IV — (revogado).

A leitura do dispositivo reproduzido demonstra as profundas alterações estabelecidas pela Lei n. 14.230/2021, a começar pela redução na quantidade de incisos, de 4 para 3, em decorrência do deslocamento da hipótese de improbidade relacionada a concessão, aplicação ou manutenção de benefício financeiro ou tributário contrário ao que dispõem o *caput* e o § 1.º do art. 8.º-A da Lei Complementar n. 116, de 31 de julho de 2003, do art. 10-A, para o inciso XXII.

Essa mudança culminou com a revogação do inciso IV, do art. 12, através das mudanças promovidas pela Lei n. 14.230/2021.

Em relação à **pena de perda da função**, passou a incidir apenas sobre as hipóteses de **enriquecimento ilícito** e **danos ao erário**.

Outrossim, oportuno registrar, que a aplicação desta pena, nos termos do art. 12, § 1.º atinge apenas, em regra, o vínculo que o agente público detinha na época do cometimento da infração, previsão que, inquestionavelmente, implicaria em importantes consequências.

Com efeito, para uma melhor visualização, se o agente público à época do cometimento do ilícito titularizava cargo de deputado estadual e por ocasião da condenação, o de deputado federal, não perderia este último mandato.

Essa situação, por importar em benefício ao réu, autorizaria a retroatividade para os processos em curso, com lastro no art. 5.º, XL, da CF, bem como no art. 1.º, § 4.º da Lei n. 8.429/92, introduzido pela Lei n. 14.230/2021.

Por fim, importante anotar a autorização conferida pelo legislador ao magistrado, em caráter excepcional, e apenas para a hipótese de enriquecimento ilícito, de estender a pena aos demais vínculos, consideradas as circunstâncias do caso e a gravidade da infração.

Por outro lado, importante considerar que a imposição, pelo magistrado, da pena de perda da função pública não autoriza a demissão do servidor, eis que a referida decisão é de competência da autoridade administrativa, orientação consolidada ao nível do STJ pela Súmula 651, de outubro de 2021. Confira-se:

SÚMULA 651 DO STJ: Compete à autoridade administrativa aplicar a servidor público a pena de demissão em razão da prática de improbidade administrativa, independentemente de prévia condenação, por autoridade judicial, à perda da função pública.

Sem embargo, o **referido dispositivo** encontra-se com a sua **eficácia suspensa**, desde 27.12.2022, através de decisão monocrática proferida pelo Min. Alexandre de Moraes, quando da apreciação de **medida cautelar na ADI 7236/DF**.

3 ■ Da Improbidade Administrativa

No entendimento do relator, a defesa da probidade administrativa impõe a perda da função pública independentemente do cargo ocupado no momento da condenação.

Além disso, considerou que a medida pode eximir determinados agentes da sanção por meio da troca de função ou no caso de demora no julgamento da causa.

Cumpre destacar, ainda, que a referida decisão não foi ainda objeto de apreciação pelo Plenário, até o fechamento desta edição.

Em relação à pena de **suspensão de direitos políticos**, o mesmo cenário se apresenta, destacando-se ainda o **aumento do período** até então limitado a 10 anos, para até 14 anos a depender da gravidade do ato.

Em relação à **pena de multa**, oportuno destacar, por primeiro, que continua não se apresentando como substitutiva de ressarcimento de danos, mas como um *plus* em relação a esta obrigação.

Outrossim, quanto ao valor, experimentou sensível decréscimo em relação aos patamares estabelecidos antes das alterações promovidas.

Importante destacar, ainda, a possibilidade de ser aumentada até o dobro, em virtude da situação econômica do réu, nos termos do art. 12, § 2.º.

Por derradeiro, em relação à proibição de contratação com o Poder Público ou à percepção de benefícios ou incentivos fiscais ou creditícios, as alterações promovidas elevaram estes prazos para até 14 anos, abrindo um espaço, até então inexistente, para um juízo de valores, de conveniência e oportunidade por parte do magistrado.

Nesse sentido, para melhor visualização da sistemática adotada pelo legislador, confira-se o seguinte quadro:

	PERDA DA FUNÇÃO	SUSPENSÃO DE DIREITOS POLÍTICOS	MULTA	PROIBIÇÃO DE CONTRATAÇÃO
ART. 9.º	Sim e Perda dos bens ou valores acrescidos ilicitamente ao patrimônio	Até 14 anos	Equivalente ao valor do acréscimo patrimonial.	Não superior a 14 anos.
ART. 10	Sim e Perda dos bens ou valores acrescidos ilicitamente ao patrimônio	Até 12 anos	Equivalente ao valor do dano.	Não superior a 12 anos.
ART. 11	Não existe previsão.	Não existe previsão	Até 24 vezes o valor da remuneração do agente.	Não superior a 4 anos.

3.7. ITENS A SEREM CONSIDERADOS PARA A APLICAÇÃO DE SANÇÕES

No mesmo **art. 12**, em seus parágrafos, o legislador estabeleceu regras de extrema importância dirigidas à magistratura, com os seguintes destaques:

Art. 12. (...)

§ 3.º Na responsabilização da pessoa jurídica, deverão ser considerados os efeitos econômicos e sociais das sanções, de modo a viabilizar a manutenção de suas atividades.

§ 4.º Em caráter excepcional e por motivos relevantes devidamente justificados, a sanção de proibição de contratação com o poder público pode extrapolar o ente público lesado pelo ato de improbidade, observados os impactos econômicos e sociais das sanções, de forma a preservar a função social da pessoa jurídica, conforme disposto no § 3.º deste artigo.

§ 5.º No caso de atos de menor ofensa aos bens jurídicos tutelados por esta Lei, a sanção limitar-se-á à aplicação de multa, sem prejuízo do ressarcimento do dano e da perda dos valores obtidos, quando for o caso, nos termos do *caput* deste artigo.

§ 6.º Se ocorrer lesão ao patrimônio público, a reparação do dano a que se refere esta Lei deverá deduzir o ressarcimento ocorrido nas instâncias criminal, civil e administrativa que tiver por objeto os mesmos fatos.

§ 7.º As sanções aplicadas a pessoas jurídicas com base nesta Lei e na Lei n. 12.846, de 1.º de agosto de 2013, deverão observar o princípio constitucional do *non bis in idem*.

§ 10. Para efeitos de contagem do prazo da sanção de suspensão dos direitos políticos, computar-se-á retroativamente o intervalo de tempo entre a decisão colegiada e o trânsito em julgado da sentença condenatória.

A desconsideração de apenas um desses itens, por ocasião da sentença, implicará desrespeito ao disposto em lei federal, abrindo oportunidade de propositura de **recurso especial**, na forma do **art. 105 da CF**.

Nesse contexto, claro está que o cumprimento dessa regra legal só será possível a partir do momento em que a ação proposta **descrever**, de maneira **individualizada**, a **conduta** de cada um dos responsabilizados, atendendo à diretriz estipulada no **art. 5.º, XLVI, da CF**, que preconiza a **individualização da pena** como direito fundamental.

Portanto, desconsiderar um desses itens estabelecidos pelo legislador implica, também, o descumprimento de importante preceito constitucional, abrindo agora a possibilidade de propositura de **recurso extraordinário**, com lastro no **art. 102, III, da Constituição**.

Nesse particular, a dificuldade a enfrentar para que essa questão possa ser analisada tanto pela **Suprema Corte** quanto pelo **Superior Tribunal de Justiça** apresenta-se quanto à necessidade de **reapreciação de fatos** relacionados à **dosimetria** da sanção, esbarrando no conteúdo das **Súmulas 279/STF** e **7/STJ**. Confira-se:

SÚMULA 279 DO STF: Para simples reexame de prova não cabe recurso extraordinário.

SÚMULA 7 DO STJ: A pretensão de simples reexame de prova não enseja recurso especial.

Nesse particular ainda, cumpre observar que, segundo o entendimento adotado pelo **STF**, quando do julgamento, **em 20.06.2022**, do **HC n. 212.946/PR**, o **óbice** representado pela **súmula** reproduzida **não se apresenta** para aquelas situações em que se verifique da leitura do acórdão a **desproporcionalidade** entre os **atos** praticados **e** as **sanções** impostas. Confira-se a propósito o seguinte precedente:

"(...) 2. A dosimetria da pena é questão relativa ao mérito da ação penal, estando necessariamente vinculada ao conjunto fático-probatório, não sendo possível às instâncias extraordinárias a análise de dados fáticos da causa para redimensionar a pena finalmente aplicada. **Assim, a discussão a respeito da dosimetria da pena cinge-se ao controle da legalidade dos critérios utilizados, restringindo-se, portanto, ao exame da 'motivação [formalmente idônea] de mérito e à congruência lógico-jurídica entre os motivos declarados e a conclusão'** (HC 69.419, Rel. Min. Sepúlveda Pertence). 3. Hipótese em que

3 ▣ Da Improbidade Administrativa

as peças que instruem este processo não evidenciam situação de teratologia, ilegalidade flagrante ou abuso de poder que autorize o acolhimento da pretensão defensiva. 4. Agravo regimental a que se nega provimento" (STF, HC 212946/PR 0115814-05.2022.1.00.0000, rel. Roberto Barroso, j. 30.05.2022, Primeira Turma, *DJe* 20.06.2022).

Nesse sentido, para melhor visualização da sistemática adotada pelo legislador, confira-se o seguinte quadro:

ITENS A SEREM CONSIDERADOS PARA A APLICAÇÃO DE SANÇÕES	
PERDA DA FUNÇÃO PÚBLICA (REGRA GERAL)	Nas hipóteses dos incisos I e II do *caput* deste artigo, atinge apenas o vínculo de mesma qualidade e natureza que o agente público ou político detinha com o poder público na época do cometimento da infração (art. 12, § 1.º)
PERDA DA FUNÇÃO PÚBLICA (EXCEÇÃO)	Possível a extensão, na hipótese do inciso I do art. 12, para os demais vínculos, consideradas as circunstâncias do caso e a gravidade da infração (art.12, § 1.º)
MULTA	Pode ser aumentada até o dobro, se o juiz considerar que, em virtude da situação econômica do réu, o valor calculado na forma dos incisos I, II e III do *caput* deste artigo é ineficaz para reprovação e prevenção do ato de improbidade (art. 12, § 2.º)
PESSOA JURÍDICA	Deverão ser considerados os efeitos econômicos e sociais das sanções, de modo a viabilizar a manutenção de suas atividades (art. 12, § 3.º)
PROIBIÇÃO DE CONTRATAÇÃO COM O PODER PÚBLICO	Em caráter excepcional e por motivos relevantes devidamente justificados, poderá extrapolar o ente público lesado pelo ato de improbidade, observados os impactos econômicos e sociais das sanções, de forma a preservar a função social da pessoa jurídica (art. 12, § 4.º)
ATOS DE MENOR OFENSA AOS BENS JURÍDICOS	A sanção limitar-se-á à aplicação de multa, sem prejuízo do ressarcimento do dano e da perda dos valores obtidos, quando for o caso, nos termos do *caput* deste artigo (art. 12, § 5.º)
APLICAÇÃO	Após o trânsito em julgado da sentença condenatória (art. 12, § 9.º)

3.8. REQUISITOS DESNECESSÁRIOS PARA A APLICAÇÃO DAS SANÇÕES

Ainda em relação às **sanções** resultantes da prática de improbidade administrativa, importante anotar a previsão estabelecida no **art. 21 da Lei n. 8.429/92**, segundo o qual:

Art. 21. A aplicação das sanções previstas nesta lei independe:

I — da efetiva ocorrência de dano ao patrimônio público, salvo quanto à pena de ressarcimento e às condutas previstas no art. 10 desta Lei;

II — da aprovação ou rejeição das contas pelo órgão de controle interno ou pelo Tribunal ou Conselho de Contas.

Da leitura do dispositivo reproduzido, algumas conclusões importantes encontram-se autorizadas. Assim é que, em primeiro lugar, tem-se que, em razão da previsão estabelecida no **inciso I**, a configuração dos atos de improbidade administrativa relacionados nos **arts. 9.º** e **11 independe da efetiva ocorrência de dano ao erário**.

Dentro desse contexto, a **necessidade de caracterização de dano efetivo** ao patrimônio público **incide**, tão **somente**, em relação à **pena** de **ressarcimento e às condutas previstas no art. 10**.

De outra parte, autoriza-se também a conclusão segundo a qual a **aplicação, pelo Judiciário, das sanções** previstas nesta lei **independe da aprovação ou rejeição** do ato pelo **Tribunal de Contas**, previsão que se justifica pela posição ocupada por esse órgão dentro do nosso ordenamento jurídico.

Com efeito, apresenta-se a ele como **órgão auxiliar** do Poder Legislativo no controle externo da legalidade dos atos da Administração, conforme previsão estabelecida no **art. 70 da Constituição Federal**.

Dentro desse contexto, emerge a conclusão segundo a qual os **pareceres e decisões** exarados por esses tribunais **não são dotados** da característica de **coisa julgada**, uma vez que inerente tão somente a decisões judiciais.

Dessa forma, conclui-se que os **atos** praticados por esses **tribunais** poderão ser objeto de **reapreciação**, quer pelo **Legislativo**, a teor do disposto no **art. 31, § 2.º, da CF**, quer pelo **Judiciário**, na hipótese de se revestirem de **ilegalidade**.

Assim, não sendo essas decisões dotadas de coisa julgada, aqui se encontra a razão pela qual a **aprovação** ou **rejeição** dos atos administrativos por esses **tribunais não impede** a aplicação das **sanções** previstas na **Lei n. 8.429/92**.

Sem embargo, deve o magistrado considerar os atos praticados pelos órgãos de controle interno e externo, bem como as provas perante eles produzidas, nos termos dos §§ 1.º e 2.º, incluídos pela Lei n. 14.230/2021. Confira-se:

Art. 21. (...)
§ 1.º Os atos do órgão de controle interno ou externo serão considerados pelo juiz quando tiverem servido de fundamento para a conduta do agente público.
§ 2.º As provas produzidas perante os órgãos de controle e as correspondentes decisões deverão ser consideradas na formação da convicção do juiz, sem prejuízo da análise acerca do dolo na conduta do agente.

Ainda em relação a esse item, oportuna a reprodução de precedente do **STF**, acerca da prescrição das decisões proferidas pelo TCU, **em 28.03.2023**, quando do julgamento do **MS 36.990 AgR/DF**. Confira-se:

"Com exceção do ressarcimento de valores pleiteados pela via judicial decorrentes da ilegalidade de despesa ou da irregularidade de contas, as sanções administrativas aplicadas pelo Tribunal de Contas da União (TCU) são prescritíveis, aplicando-se os prazos da Lei 9.873/1999."

Nesse sentido, para melhor visualização da sistemática adotada pelo legislador, confira-se o seguinte quadro:

LOCALIZAÇÃO	Art. 21 da Lei n. 8.429/92, a aplicação das sanções previstas nesta lei independe:
CONDIÇÕES	◼ Da efetiva ocorrência de dano ao patrimônio público, salvo quanto à pena de ressarcimento e às condutas previstas no art. 10; ◼ Da aprovação ou rejeição das contas pelo órgão de controle interno ou pelo Tribunal ou Conselho de Contas.

3 ■ Da Improbidade Administrativa

3.9. TRANSFERÊNCIA DE SANÇÕES PARA HERDEIROS OU SUCESSORES

Por derradeiro, importante consignar a **possibilidade** aberta pelo legislador de **transferência das sanções** resultantes da prática de atos de **improbidade** para os **herdeiros** daqueles que foram condenados, dentro, por óbvio, dos limites da herança recebida, matéria disciplinada no **art. 8.º da Lei n. 8.429/92:**

> **Art. 8.º** O sucessor ou o herdeiro daquele que causar dano ao erário ou que se enriquecer ilicitamente estão sujeitos apenas à obrigação de repará-lo até o limite do valor da herança ou do patrimônio transferido.

A leitura do dispositivo reproduzido, demonstra a inclusão do herdeiro, que ao lado do sucessor terá a obrigação, tão somente, de promover a reparação do dano até o limite da herança ou do patrimônio transferido. De resto, esta possibilidade resulta da previsão estabelecida no art. 5.º, XLV da CF.

> **Art. 5.º** (...)
> XLV — nenhuma pena passará da pessoa do condenado, podendo a obrigação de reparar o dano e a decretação do perdimento de bens ser, nos termos da lei, estendidas aos sucessores e contra eles executadas, até o limite do valor do patrimônio transferido;

De outra parte, em relação a responsabilidade sucessória para a pessoa jurídica, sua extensão encontra-se discriminada no art. 8-A, bem como em seu parágrafo único. Confira-se:

> **Art. 8.º-A.** A responsabilidade sucessória de que trata o art. 8.º desta Lei aplica-se também na hipótese de alteração contratual, de transformação, de incorporação, de fusão ou de cisão societária.
> Parágrafo único. Nas hipóteses de fusão e de incorporação, a responsabilidade da sucessora será restrita à obrigação de reparação integral do dano causado, até o limite do patrimônio transferido, não lhe sendo aplicáveis as demais sanções previstas nesta Lei decorrentes de atos e de fatos ocorridos antes da data da fusão ou da incorporação, exceto no caso de simulação ou de evidente intuito de fraude, devidamente comprovados.

Para melhor visualização dos comentários realizados, confira o seguinte quadro:

POSSIBILIDADE	Sim, com base art. 8.º da Lei n. 8.429/92. Em que pese a regra geral de individualização da pena, art. 5.º, XLVI, da CF
LIMITE	O valor da herança ou do patrimônio transferido (art. 8.º, *caput*)
EXTENSÃO PARA PESSOA JURÍDICA	Pode ser aumentada até o dobro, se o juiz considerar que, em virtude da situação econômica do réu, o valor calculado na forma dos incisos I, II e III do *caput* deste artigo é ineficaz para reprovação e prevenção do ato de improbidade (art. 12, § 2.º)
FUSÃO E INCORPORAÇÃO	A responsabilidade da sucessora será restrita à obrigação de reparação integral do dano causado, até o limite do patrimônio transferido, exceto no caso de simulação ou de evidente intuito de fraude, devidamente comprovados (art. 8.º, parágrafo único)

3.10. DA SENTENÇA

A abertura de um capítulo específico relacionado a sentença a ser proferida, em sede de ação de improbidade administrativa, resulta da importância atribuída ao tema pela Lei n. 14.230/2021, ao longo do art. 17-C. Confira-se:

> **Art. 17-C.** A sentença proferida nos processos a que se refere esta Lei deverá, **além de observar o disposto no art. 489 da Lei n. 13.105, de 16 de março de 2015** (Código de Processo Civil): (...).

Dentro deste contexto, cumpre destacar os itens que deverão ser observados pelo magistrado, em razão do disposto no art. 489 do CPC. Confira-se:

> **Art. 489.** São elementos essenciais da sentença:
>
> I — o relatório, que conterá os nomes das partes, a identificação do caso, com a suma do pedido e da contestação, e o registro das principais ocorrências havidas no andamento do processo;
>
> II — os fundamentos, em que o juiz analisará as questões de fato e de direito;
>
> III — o dispositivo, em que o juiz resolverá as questões principais que as partes lhe submeterem.
>
> § 1.º Não se considera fundamentada qualquer decisão judicial, seja ela interlocutória, sentença ou acórdão, que:
>
> I — se limitar à indicação, à reprodução ou à paráfrase de ato normativo, sem explicar sua relação com a causa ou a questão decidida;
>
> II — empregar conceitos jurídicos indeterminados, sem explicar o motivo concreto de sua incidência no caso;
>
> III — invocar motivos que se prestariam a justificar qualquer outra decisão;
>
> IV — não enfrentar todos os argumentos deduzidos no processo capazes de, em tese, infirmar a conclusão adotada pelo julgador;
>
> V — se limitar a invocar precedente ou enunciado de súmula, sem identificar seus fundamentos determinantes nem demonstrar que o caso sob julgamento se ajusta àqueles fundamentos;
>
> VI —deixar de seguir enunciado de súmula, jurisprudência ou precedente invocado pela parte, sem demonstrar a existência de distinção no caso em julgamento ou a superação do entendimento.
>
> § 2.º No caso de colisão entre normas, o juiz deve justificar o objeto e os critérios gerais da ponderação efetuada, enunciando as razões que autorizam a interferência na norma afastada e as premissas fáticas que fundamentam a conclusão.
>
> § 3.º A decisão judicial deve ser interpretada a partir da conjugação de todos os seus elementos e em conformidade com o princípio da boa-fé.

De outra parte, também de observância obrigatória os itens indicados nos incisos do art. 17-C. Confira-se:

> I — indicar de modo preciso os fundamentos que demonstram os elementos a que se referem os arts. 9.º, 10 e 11 desta Lei, que não podem ser presumidos;
>
> II — considerar as consequências práticas da decisão, sempre que decidir com base em valores jurídicos abstratos;

III — considerar os obstáculos e as dificuldades reais do gestor e as exigências das políticas públicas a seu cargo, sem prejuízo dos direitos dos administrados e das circunstâncias práticas que houverem imposto, limitado ou condicionado a ação do agente;

IV — considerar, para a aplicação das sanções, de forma isolada ou cumulativa:

a) os princípios da proporcionalidade e da razoabilidade;

b) a natureza, a gravidade e o impacto da infração cometida;

c) a extensão do dano causado;

d) o proveito patrimonial obtido pelo agente;

e) as circunstâncias agravantes ou atenuantes;

f) a atuação do agente em minorar os prejuízos e as consequências advindas de sua conduta omissiva ou comissiva;

g) os antecedentes do agente;

V — considerar na aplicação das sanções a dosimetria das sanções relativas ao mesmo fato já aplicadas ao agente;

VI — considerar, na fixação das penas relativamente ao terceiro, quando for o caso, a sua atuação específica, não admitida a sua responsabilização por ações ou omissões para as quais não tiver concorrido ou das quais não tiver obtido vantagens patrimoniais indevidas;

VII — indicar, na apuração da ofensa a princípios, critérios objetivos que justifiquem a imposição da sanção.

De outra parte, digna de registro a correta insistência do legislador na exigência de configuração de **dolo**, de forma a separar os atos ilegais dos ímprobos, nos termos do art. 17-C, § 1.º. Confira-se:

1.º A ilegalidade sem a presença de dolo que a qualifique não configura ato de improbidade.

Outra importante novidade, incluída em boa hora pelo legislador, refere-se à **impossibilidade de solidariedade na aplicação de penas**, na hipótese de litisconsórcio passivo, uma vez que a responsabilidade de cada corréu deverá ser imposta no limite de sua participação e dos benefícios experimentados, como corolário da previsão constitucional de individualização da pena (art. 5.º, XLVI). Confira-se:

§ 2.º Na hipótese de litisconsórcio passivo, a condenação ocorrerá no limite da participação e dos benefícios diretos, vedada qualquer solidariedade.

Por fim, oportuno anotar que, em razão das alterações promovidas, não se cogita de remessa necessária em relação às sentenças proferidas. Confira-se:

§ 3.º Não haverá remessa necessária nas sentenças de que trata esta Lei.

Nesse sentido, para melhor visualização da sistemática adotada pelo legislador, confira-se o seguinte quadro:

DA SENTENÇA: ITENS OBRIGATÓRIOS (ART. 17-C)
Indicação, de modo preciso, dos fundamentos que demonstram os elementos configuradores de improbidade, que não podem ser presumidos
Consideração das consequências práticas da decisão
Consideração dos obstáculos e as dificuldades reais do gestor e as exigências das políticas públicas a seu cargo, sem prejuízo dos direitos dos administrados e das circunstâncias práticas que houverem imposto, limitado ou condicionado a ação do agente
Os princípios da proporcionalidade e da razoabilidade
A natureza, a gravidade e o impacto da infração cometida
A extensão do dano causado
O proveito patrimonial obtido pelo agente
As circunstâncias agravantes ou atenuantes
A atuação do agente em minorar os prejuízos e as consequências advindas de sua conduta omissiva ou comissiva
Os antecedentes do agente
A dosimetria das sanções relativas ao mesmo fato já aplicadas ao agente
Em relação a terceiros, não admitirá a sua responsabilidade por ações ou omissões para as quais não tiver concorrido ou das quais não tiver obtido vantagens patrimoniais indevidas
Indicação, na apuração da ofensa a princípios, critérios objetivos que justifiquem a imposição da sanção
Na hipótese de litisconsórcio passivo, a condenação ocorrerá no limite da participação e dos benefícios diretos, vedada qualquer solidariedade

3.11. DAS DISPOSIÇÕES PENAIS

Em razão das alterações promovidas pela Lei n. 14.230/2021, destacou-se capítulo específico para tratar das disposições penais, merecendo destaque a configuração de crime resultante de representação proposta quando se sabe da inocência dos representados. Confira-se:

Art. 19. Constitui crime a representação por ato de improbidade contra agente público ou terceiro beneficiário, quando o autor da denúncia o sabe inocente.

Pena: detenção de seis a dez meses e multa.

Parágrafo único. Além da sanção penal, o denunciante está sujeito a indenizar o denunciado pelos danos materiais, morais ou à imagem que houver provocado.

De outra parte, seguindo tendencia já adotada na Lei n. 8.112/90, em especial no seu art. 126-A, o legislador flexibilizou a independência das instâncias penal e civil na hipótese de absolvição, com análise de mérito, por negativa do fato ou de autoria. Confira-se:

Art. 21. (...)

§ 3.º As sentenças civis e penais produzirão efeitos em relação à ação de improbidade quando concluírem pela inexistência da conduta ou pela negativa da autoria.

Outrossim, as mudanças promovidas passam a impedir o trâmite da ação de improbidade administrativa, em razão de absolvição criminal confirmada por decisão colegiada. Confira-se:

3 ◼ Da Improbidade Administrativa

§ 4.º A absolvição criminal em ação que discuta os mesmos fatos, confirmada por decisão colegiada, impede o trâmite da ação da qual trata esta Lei, havendo comunicação com todos os fundamentos de absolvição previstos no art. 386 do Decreto-Lei n. 3.689, de 3 de outubro de 1941 (Código de Processo Penal).

O referido dispositivo encontra-se com a sua eficácia suspensa, desde 27.12.2022, através de decisão monocrática proferida pelo Min. Alexandre de Moraes, concedendo cautela na ADI 7243/DF.

Para o ministro, a independência de instâncias exige tratamentos sancionatórios diferenciados entre os ilícitos em geral (civis, penais e político-administrativos) e os atos de improbidade administrativa.

A referida decisão ainda não foi apreciada pelo Pleno até o fechamento desta edição.

Por derradeiro, oportuno destacar a possibilidade de compensação de sanções aplicadas entre outras esferas e aquelas aplicadas nos termos desta lei. Confira-se:

§ 5.º Sanções eventualmente aplicadas em outras esferas deverão ser compensadas com as sanções aplicadas nos termos desta Lei.

Nesse sentido, para melhor visualização da sistemática adotada pelo legislador, confira-se o seguinte quadro, onde se destacam os seguintes itens:

DAS DISPOSIÇÕES PENAIS	
INDEPENDENCIA DE INSTÂNCIAS: EXCEÇÃO	As sentenças civis e penais produzirão efeitos em relação à ação de improbidade quando concluírem pela inexistência da conduta ou pela negativa da autoria (art. 21, § 3.º)
ABSOLVIÇÃO CRIMINAL	A absolvição criminal em ação que discuta os mesmos fatos, confirmada por decisão colegiada, impede o trâmite da ação da qual trata esta Lei, havendo comunicação com todos os fundamentos de absolvição previstos no art. 386 do Código de Processo Penal (art. 21, § 4.º) — Dispositivo com eficácia suspensa, desde 27.12.2022, sem apreciação pelo Pleno, até o fechamento dessa edição
COMPENSAÇÃO DE SANÇÕES	Sanções eventualmente aplicadas em outras esferas deverão ser compensadas com as sanções aplicadas nos termos da lei (art. 21, § 5.º)

3.12. PRESCRIÇÃO

Outro ponto importante a ser considerado é aquele relacionado ao **prazo de prescrição** para a **propositura de ações** visando o combate de atos de improbidade administrativa, matéria disciplinada inicialmente no **art. 37, § 5.º, da CF**. Confira-se:

Art. 37. (...)
§ 5.º A lei estabelecerá os prazos de prescrição para ilícitos praticados por qualquer agente, servidor ou não, que causem prejuízos ao erário, **ressalvadas as respectivas ações de ressarcimento**.

A leitura do dispositivo reproduzido permite entrever a fixação de **prazo de prescrição** para ilícitos praticados por agentes públicos, que causem **prejuízos ao erário**, transferindo para o legislador a tarefa de regulamentação da matéria.

Outrossim, estabeleceu a **imprescritibilidade** apenas em relação a pedidos de ressarcimento, sendo oportuna a reprodução de **precedente do STJ** quando do julgamento, em **22.09.2021**, do **REsp 1.899.455-AC**. Confira-se:

> Improbidade administrativa. Sanções do art. 12 da Lei n. 8.429/1992. Prescrição. Pedido de ressarcimento dos danos causados ao erário. Prosseguimento da ação civil pública. Possibilidade. Tema 1089.
>
> "Na ação civil pública por ato de improbidade administrativa é possível o prosseguimento da demanda para pleitear o ressarcimento do dano ao erário, ainda que sejam declaradas prescritas as demais sanções previstas no art. 12 da Lei n. 8.429/1992."

A **questão da imprescritibilidade foi objeto de apreciação**, em **agosto de 2018**, **pelo Supremo Tribunal Federal**, quando da análise, pelo plenário, do **mérito do RE 852.475**, que concluiu pela sua configuração quanto às ações de ressarcimento fundadas pela prática de ato doloso, tipificado em Lei.

No referido precedente, foi fixada, para fins de repercussão geral, a seguinte tese: **"São imprescritíveis as ações de ressarcimento ao erário fundadas na prática de ato doloso tipificado na Lei de Improbidade Administrativa"**.

Em relação à regra geral, a Constituição transferiu para o legislador infraconstitucional, portanto, a tarefa de estabelecer os **prazos de prescrição** para a propositura de ações voltadas a levar a efeito as sanções previstas na **Lei n. 8.429/92**, matéria disciplinada no **art. 23**, a seguir reproduzido:

> **Art. 23.** A ação para a aplicação das sanções previstas nesta Lei prescreve em 8 (oito) anos, contados a partir da ocorrência do fato ou, no caso de infrações permanentes, do dia em que cessou a permanência.
>
> I — (revogado);
>
> II — (revogado);
>
> III — (revogado).

Percebe-se, do dispositivo reproduzido, que o prazo de prescrição passou para 8 anos, alterando-se, ainda, o seu **termo inicial, vale dizer,** a **data em que a irregularidade** ocorreu, ou, no caso de infrações permanentes, do dia em que cessou a permanência.

De outra parte, relacionou o legislador, de forma inovadora, as hipóteses que promovem a **suspensão** desses **prazos**, vale dizer, a **instauração de inquérito civil ou processo administrativo**, nos termos dos §§ 1.º a 3.º, a seguir reproduzidos:

> § 1.º A instauração de inquérito civil ou de processo administrativo para apuração dos ilícitos referidos nesta Lei suspende o curso do prazo prescricional por, no máximo, 180 (cento e oitenta) dias corridos, recomeçando a correr após a sua conclusão ou, caso não concluído o processo, esgotado o prazo de suspensão.
>
> § 2.º O inquérito civil para apuração do ato de improbidade será concluído no prazo de 365 (trezentos e sessenta e cinco) dias corridos, prorrogável uma única vez por igual período, mediante ato fundamentado submetido à revisão da instância competente do órgão ministerial, conforme dispuser a respectiva lei orgânica.

3 ■ Da Improbidade Administrativa

§ 3.º Encerrado o prazo previsto no § 2.º deste artigo, a ação deverá ser proposta no prazo de 30 (trinta) dias, se não for caso de arquivamento do inquérito civil.

Por outro lado, também de forma inovadora, não se furtou o legislador a positivar as hipóteses de interrupção do prazo de prescrição nos termos do § 4.º. Confira-se:

§ 4.º O prazo da prescrição referido no *caput* deste artigo interrompe-se:
I — pelo ajuizamento da ação de improbidade administrativa;
II — pela publicação da sentença condenatória;
III — pela publicação de decisão ou acórdão de Tribunal de Justiça ou Tribunal Regional Federal que confirma sentença condenatória ou que reforma sentença de improcedência;
IV — pela publicação de decisão ou acórdão do Superior Tribunal de Justiça que confirma acórdão condenatório ou que reforma acórdão de improcedência;
V — pela publicação de decisão ou acórdão do Supremo Tribunal Federal que confirma acórdão condenatório ou que reforma acórdão de improcedência.

Dentro desse contexto, em vista da importância do tema, houve por bem o legislador positivar a extensão dos efeitos da suspensão, bem como da interrupção da prescrição, nos termos dos §§ 6.º e 7.º. Confira-se:

§ 6.º A suspensão e a interrupção da prescrição produzem efeitos relativamente a todos os que concorreram para a prática do ato de improbidade.
§ 7.º Nos atos de improbidade conexos que sejam objeto do mesmo processo, a suspensão e a interrupção relativas a qualquer deles estendem-se aos demais.

Por derradeiro, cumpre destacar a positivação, de forma inovadora, do instituto da prescrição intercorrente que começa a fluir do dia da interrupção pela metade do prazo previsto no *caput*, vale dizer, 4 anos, nos termos previstos no § 5.º. Confira-se:

§ 5.º Interrompida a prescrição, o prazo recomeça a correr do dia da interrupção, pela metade do prazo previsto no *caput* deste artigo.

Oportuno observar ainda, que o seu reconhecimento será feito pelo juiz ou tribunal, de ofício ou a requerimento da parte interessada, ouvido o Ministério Público, consoante o disposto no § 8.º. Confira-se:

§ 8.º O juiz ou o tribunal, depois de ouvido o Ministério Público, deverá, de ofício ou a requerimento da parte interessada, reconhecer a prescrição intercorrente da pretensão sancionadora e decretá-la de imediato, caso, entre os marcos interruptivos referidos no § 4.º, transcorra o prazo previsto no § 5.º deste artigo.

Dentro deste contexto, mesmo com as alterações promovidas pela Lei n. 14.230/2021, algumas situações relacionadas ao tema da prescrição permaneceram excluídas, prevalecendo a orientação consolidada pelos nossos Tribunais, em especial, pelo Superior Tribunal de Justiça

Desta forma, a **primeira questão** que se apresenta refere-se ao termo inicial do **prazo de prescrição** em relação aos **particulares**, que, segundo a orientação pacificada no nível do STJ, é **o mesmo** daquele **imposto aos agentes públicos**, na medida em que só praticam atos de improbidade administrativa se tiverem concorrido, induzido ou deles se beneficiado, a teor do disposto no art. 2.º da Lei n. 8.429/92.

Assim, se dependem da participação de algum agente público para a prática de atos dessa natureza, os prazos prescricionais em relação a eles devem fluir da mesma forma.

A propósito deste item, oportuna a reprodução da **Súmula 634 do STJ, editada em junho de 2019**:

> **SÚMULA 634 DO STJ:** Ao particular aplica-se o mesmo regime prescricional previsto na Lei de Improbidade Administrativa para o agente público.

A edição dessa súmula consolida o entendimento já assentado no nível daquela Corte, diante da inexistência de qualquer previsão na Lei Federal n. 8.429/92, em especial nesse art. 23.

Nesse sentido, a orientação quanto à **aplicação ao particular do mesmo regime prescricional previsto para o agente público** revela-se certeira, tendo em vista a impossibilidade de responsabilização exclusiva daquele sem que se tenha verificado a participação de um integrante da Administração, exceção feita, a situação em que o agente já esteja sendo responsabilizado em outra ação, conforme entendimento adotado pelo STJ, tema já desenvolvido quando da apreciação do item 3.3.2.2. (legitimidade passiva).

Com efeito, a lei de regência disciplina **regras sobre improbidade administrativa**, vale dizer, desonestidade administrativa, **demandando, para sua caracterização, a presença de um agente público**.

Ora, é bem de ver que não faria o menor sentido o oferecimento pelo legislador de tratamento diferenciado, quanto ao regime prescricional, entre o agente público e o particular que contribuiu para que o ato ocorresse ou dele se beneficiou.

Nesse particular, ainda, importante anotar que, **no entendimento da mesma Corte, o particular sozinho não pode ser responsabilizado pela prática de atos dessa natureza**. Exige-se a presença de um agente público, uma vez que se cuida de sanções pela prática de atos de desonestidade administrativa.

De outra parte, em relação aos titulares de mandatos eletivos, o prazo de prescrição de oito anos, em vista da possibilidade de uma reeleição prevista no art. 14, § 5.º da CF, começa a fluir do término do último mandato, orientação consolidada pelo STJ. Confira-se:

> "3. Conforme **entendimento do STJ**, no caso de **agentes políticos** reeleitos, o **termo inicial do prazo prescricional** nas **ações de improbidade administrativa** deve ser contado a partir do **término do último mandato**" (STJ, AgInt no REsp 1.771.716/RN 2018/0257058-7, rel. Min. Gurgel de Faria, j. 27.09.2021, Primeira Turma, *DJe* 07.10.2021).

Portanto, se um parlamentar estiver envolvido na prática de um ato de improbidade administrativa enquanto estiver à frente do mandato, o prazo de prescrição em relação a ele não começará a fluir, mesma conclusão que se apresenta em relação aos particulares envolvidos.

3 ■ Da Improbidade Administrativa

Oportuno registrar ainda **orientação consolidada em fevereiro de 2018, no REsp 1.230.552, pela 2.ª Turma do STJ, por unanimidade**, segundo a qual em **ação de improbidade com mais de um réu**, a **prescrição** deve ser **contada individualmente**, tendo em vista circunstâncias como a natureza subjetiva das sanções.

Concluiu o Colegiado que o prazo de **prescrição individual tem relação** com elementos como o texto expresso do então **art. 23, I, da LIA**, a natureza subjetiva da pretensão sancionatória **e da própria caracterização do ato de improbidade**.

O instituto da prescrição **tem caráter personalíssimo** e, por isso, não faria sentido a "socialização" na contagem do prazo prescricional, situação inalterada pela Lei n. 14.230/2021.

Outro item relacionado à **prescrição** a merecer destaque refere-se à decisão tomada pela 1.ª Seção do **STJ**, em **junho de 2018**, quando do julgamento do **EREsp 1.656.383**, em que negou provimento a embargos de divergência opostos contra decisão da 2.ª Turma e decidiu que o **prazo prescricional da ação de improbidade**, quando o fato traduzir crime, deve ser pautado pela **regra do CP**, mesmo que a ação penal ainda não tenha sido ajuizada.

Em outras palavras, o **ajuizamento** da **ação de improbidade administrativa não está** legalmente **condicionado** a **apresentação de demanda penal**.

De acordo com o precedente citado, **não é possível** desta forma constituir uma teoria processual da improbidade administrativa ou **interpretar** dispositivos processuais da **Lei n. 8.429/82 de maneira a atrelá-las a institutos processuais penais**, pois existe rigorosa independência das esferas no ponto. Ainda nesse sentido, o colegiado entendeu que o lapso prescricional não pode variar ao talante da existência ou não de ação penal, **justamente pelo fato de a prescrição estar relacionada ao vetor da segurança jurídica**.

Por fim, oportuno registrar em relação ao tema da **prescrição**, a **impossibilidade de retroatividade** para alcançar **processos ainda em curso**, independente do trânsito em julgado, nos termos da decisão proferida pelo **STF**, em **18.08.2022**, quando do julgamento do **ARE 843.989**, com destaque para o item 4. Confira-se:

"(...) 4) O novo regime prescricional previsto na Lei 14.230/2021 é IRRETROATIVO, aplicando-se os novos marcos temporais a partir da publicação da lei."

Nesse sentido, para melhor visualização dos itens desenvolvidos, confira-se o seguinte quadro:

PRAZO	8 anos (art. 23)
NATUREZA	Personalíssima, devendo, pois, ser contada individualmente
INÍCIO	A partir da ocorrência do fato ou, no caso de infrações permanentes, do dia em que cessou a permanência (art. 23)
SUSPENSÃO	A instauração de inquérito civil ou de processo administrativo para apuração dos ilícitos referidos nesta Lei suspende o curso do prazo prescricional por, no máximo, 180 (cento e oitenta) dias corridos, recomeçando a correr após a sua conclusão ou, caso não concluído o processo, esgotado o prazo de suspensão (art. 23, § 1.º)

INQUÉRITO CIVIL	Será concluído no prazo de 365 (trezentos e sessenta e cinco) dias corridos, prorrogável uma única vez por igual período, mediante ato fundamentado submetido à revisão da instância competente do órgão ministerial, conforme dispuser a respectiva lei orgânica (art. 23, § 2.º)
PROPOSITURA DA AÇÃO	No prazo de 30 (trinta) dias, após o encerramento do inquérito civil, se não for caso de arquivamento (art. 23, § 3.º)
INTERRUPÇÃO	Nas hipóteses previstas no art. 23, § 4.º
PRESCRIÇÃO INTERCORRENTE	Interrompida a prescrição, o prazo recomeça a correr do dia da interrupção, pela metade do prazo previsto no *caput* do art. 23, ou seja, 4 anos (art. 23, § 5.º)
EXCEÇÃO	Imprescritibilidade (ressarcimento de danos, na modalidade dolosa): art. 37, § 5.º, da CF
PARTICULARES	O prazo é o mesmo apresentado para os agentes públicos, conforme a Súmula 634 do STJ
AGENTES POLÍTICOS	O prazo flui a partir do final do último mandato, conforme orientação consolidada ao nível do STJ
RETROATIVIDADE DA LEI N. 14.230/2021	"O novo regime prescricional previsto na Lei n. 14.230/2021 é IRRETROATIVO, aplicando-se os novos marcos temporais a partir da publicação da lei" (STF, ARE 843.989)

3.13. A LEI N. 12.846/2013 (LEI ANTICORRUPÇÃO)

Em boa hora foi editada, em agosto de 2013, a **Lei n. 12.846**, conhecida como **Lei Anticorrupção**, criando **novos mecanismos de responsabilização de pessoas jurídicas** nas esferas civil e administrativa.

3.13.1. Importância

A edição do referido diploma legal revelou-se de extrema importância, uma vez que, **até então**, por força de disposições contidas na Lei n. 8.429/92, cogitava-se, tão **somente**, da possibilidade de **responsabilização** ou dos **agentes públicos** (art. 2.º) **ou** de **particulares** que tivessem contribuído para que o ato ocorresse ou dele tenham se beneficiado (art. 3.º).

Sem embargo, como se verá com maior riqueza de detalhes na sequência, a aplicação dessa lei não se revelou isenta de dificuldades, tendo em vista que muitas das situações ali descritas já se encontravam previstas em outros diplomas legais.

Nesse sentido, ainda que o legislador tenha asseverado, no art. 30, que a aplicação das sanções previstas nesta lei não prejudica o disposto tanto na Lei n. 8.429/92 quanto na Lei n. 8.666/93, inclusive no tocante ao RDC (Regime Diferenciado de Contratações Públicas — Lei n. 12.462/2011), e mais recentemente a Lei n. 14.133/2021, a **possibilidade de superposição desses diplomas legais** poderá se apresentar.

Outrossim, contribui para a mesma conclusão a disposição contida no **art. 29**, segundo a qual **as regras dessa lei não excluem as competências do CADE** para processar e julgar fatos que constituam infração à ordem econômica.

3.13.2. Origem

A edição da referida lei resultou da necessidade de cumprimento, pelo País, de compromissos de combate à corrupção assumidos perante órgãos internacionais.

3 ◼ Da Improbidade Administrativa

3.13.3. Objeto

Como já dito, a lei dispõe sobre a responsabilização objetiva, administrativa e civil das pessoas jurídicas por atos de corrupção praticados contra a Administração Pública, nacional ou estrangeira.

3.13.4. Extensão

A **responsabilização** atinge **qualquer** modalidade de **pessoa jurídica**, incluindo as **sociedades estrangeiras** e mesmo que o ato tenha sido praticado no exterior, consoante o disposto no art. 1.º, parágrafo único, e no **art. 28** da referida legislação. Confira-se:

> **Art. 1.º** (...)
> Parágrafo único. Aplica-se o disposto nesta Lei às sociedades empresárias e às sociedades simples, personificadas ou não, independentemente da forma de organização ou modelo societário adotado, bem como a quaisquer fundações, associações de entidades ou pessoas, ou sociedades estrangeiras, que tenham sede, filial ou representação no território brasileiro, constituídas de fato ou de direito, ainda que temporariamente. (...)
> Art. 28. Esta Lei aplica-se aos atos lesivos praticados por pessoa jurídica brasileira contra a administração pública estrangeira, ainda que cometidos no exterior.

3.13.5. Perfil da responsabilidade

Acompanhando a diretriz estabelecida pela Constituição Federal, a teor do disposto no art. 37, § 6.º, atribuiu-se à **pessoa jurídica** a **responsabilidade objetiva**, vale dizer, baseada no conceito de nexo de causalidade, conforme a disposição estabelecida em seu **art. 2.º**:

> **Art. 2.º** As pessoas jurídicas serão responsabilizadas objetivamente, nos âmbitos administrativo e civil, pelos atos lesivos previstos nesta Lei praticados em seu interesse ou benefício, exclusivo ou não.

A leitura do dispositivo reproduzido permite entrever, ainda, que essa responsabilidade objetiva terá lugar no âmbito administrativo e civil, **não excluindo a responsabilidade individual** dos seus **dirigentes** ou administradores, que será **subjetiva**, conforme se verifica da redação do seu **art. 3.º**. Confira-se:

> **Art. 3.º** A responsabilização da pessoa jurídica não exclui a responsabilidade individual de seus dirigentes ou administradores ou de qualquer pessoa natural, autora, coautora ou partícipe do ato ilícito.
> § 1.º A pessoa jurídica será responsabilizada independentemente da responsabilização individual das pessoas naturais referidas no *caput*.
> § 2.º Os dirigentes ou administradores somente serão responsabilizados por atos ilícitos na medida da sua **culpabilidade**.

Ainda sobre esse tema, importante destacar outro item de extrema importância, que aponta para a **subsistência da responsabilidade da pessoa jurídica**, mesmo diante de **alterações contratuais** ou de incorporação ou fusão, impedindo que através desses artifícios pudesse ser esvaziada.

No mesmo sentido, sobreleva notar a possibilidade franqueada pelo legislador de **desconsideração da personalidade jurídica**, para facilitar o combate a abusos de direito ou tentativas de provocar confusão patrimonial, tudo nos termos previstos pelo **art. 14** da referida legislação:

> **Art. 14.** A personalidade jurídica **poderá ser desconsiderada** sempre que utilizada com abuso do direito para facilitar, encobrir ou dissimular a prática dos atos ilícitos previstos nesta Lei ou para provocar confusão patrimonial, sendo estendidos todos os efeitos das sanções aplicadas à pessoa jurídica aos seus administradores e sócios com poderes de administração, observados o contraditório e a ampla defesa.

De outra parte, de forma a impedir também a responsabilização desarrazoada, asseverou o legislador que os **sucessores** ficarão restritos à **obrigação** do pagamento de **multa e reparação integral do dano**, até o limite do patrimônio transferido, nos termos do art. 4.º, § 1.º.

Com o mesmo objetivo, vale dizer, evitar responsabilização desarrazoada de sócio minoritário, assim decidiu o **TRT-2**, em **30.09.2022**, quando do julgamento do **Agravo de Petição n. 1000101-08.2019.5.02.0023**, aproveitando-se para o tema corrupção. Confira-se:

> "**DESCONSIDERAÇÃO DA PERSONALIDADE JURÍDICA. SÓCIO MINORITÁRIO. AUSÊNCIA DE PODER DE GESTÃO**. 1) A prova documental demonstra de forma suficiente as alegações formuladas no sentido de que o (...) apenas foi incluído no quadro social para viabilizar a continuidade da sociedade, em face do requisito de pluralidade (alteração contratual ocorrida antes da entrada em vigor da Lei n. 13.874/2019 que instituiu a sociedade limitada unipessoal). 2) Observa-se, ainda, que o referido sócio não administrava a sociedade, função que foi atribuída de forma exclusiva ao sócio (...). 3) Vale dizer, a toda a evidência que o sócio (...) não possuía poder de gestão na sociedade, detendo parcela mínima das cotas sociais, de forma que sua responsabilização pela integralidade do débito trabalhista nestes autos não se mostra condizente com os princípios de razoabilidade e proporcionalidade. Agravo de petição parcialmente provido".

Nesse aspecto ainda, oportuna a reprodução da redação estabelecida no art. 4.º:

> **Art. 4.º** Subsiste a responsabilidade da pessoa jurídica na hipótese de alteração contratual, transformação, incorporação, fusão ou cisão societária.
>
> § 1.º Nas hipóteses de fusão e incorporação, a responsabilidade da sucessora será restrita à obrigação de pagamento de multa e reparação integral do dano causado, até o limite do patrimônio transferido, não lhe sendo aplicáveis as demais sanções previstas nesta Lei decorrentes de atos e fatos ocorridos antes da data da fusão ou incorporação, exceto no caso de simulação ou evidente intuito de fraude, devidamente comprovados.
>
> § 2.º As sociedades controladoras, controladas, coligadas ou, no âmbito do respectivo contrato, as consorciadas serão solidariamente responsáveis pela prática dos atos previstos nesta Lei, restringindo-se tal responsabilidade à obrigação de pagamento de multa e reparação integral do dano causado.

3 ◼ Da Improbidade Administrativa 141

3.13.6. Hipóteses configuradoras de responsabilização

Nesse particular, o legislador relacionou **hipóteses** geradoras de **responsabilização da pessoa jurídica por atos lesivos** à Administração Pública nacional ou estrangeira que atentem contra o patrimônio público nacional ou estrangeiro; contra os princípios da Administração Pública ou contra os compromissos internacionais assumidos pelo País, a teor do disposto no seu **art. 5.º**:

> **Art. 5.º** Constituem atos lesivos à administração pública, nacional ou estrangeira, para os fins desta Lei, todos aqueles praticados pelas pessoas jurídicas mencionadas no parágrafo único do art. 1.º, que atentem contra o patrimônio público nacional ou estrangeiro, contra princípios da administração pública ou contra os compromissos internacionais assumidos pelo Brasil, assim definidos:
>
> I — prometer, oferecer ou dar, direta ou indiretamente, vantagem indevida a agente público, ou a terceira pessoa a ele relacionada;
>
> II — comprovadamente, financiar, custear, patrocinar ou de qualquer modo subvencionar a prática dos atos ilícitos previstos nesta Lei;
>
> III — comprovadamente, utilizar-se de interposta pessoa física ou jurídica para ocultar ou dissimular seus reais interesses ou a identidade dos beneficiários dos atos praticados;
>
> IV — no tocante a licitações e contratos:
>
> *a)* frustrar ou fraudar, mediante ajuste, combinação ou qualquer outro expediente, o caráter competitivo de procedimento licitatório público;
>
> *b)* impedir, perturbar ou fraudar a realização de qualquer ato de procedimento licitatório público;
>
> *c)* afastar ou procurar afastar licitante, por meio de fraude ou oferecimento de vantagem de qualquer tipo;
>
> *d)* fraudar licitação pública ou contrato dela decorrente;
>
> *e)* criar, de modo fraudulento ou irregular, pessoa jurídica para participar de licitação pública ou celebrar contrato administrativo;
>
> *f)* obter vantagem ou benefício indevido, de modo fraudulento, de modificações ou prorrogações de contratos celebrados com a administração pública, sem autorização em lei, no ato convocatório da licitação pública ou nos respectivos instrumentos contratuais; ou
>
> *g)* manipular ou fraudar o equilíbrio econômico-financeiro dos contratos celebrados com a administração pública;
>
> V — dificultar atividade de investigação ou fiscalização de órgãos, entidades ou agentes públicos, ou intervir em sua atuação, inclusive no âmbito das agências reguladoras e dos órgãos de fiscalização do sistema financeiro nacional.

Portanto, a leitura do *caput* do dispositivo mencionado permite concluir que as hipóteses ali relacionadas, em seus diversos incisos e parágrafos, deverão todas elas ser interpretadas à luz das diretrizes nele estabelecidas.

Diante desse cenário, descrito pelo legislador, importante que se estabeleçam as noções de **Administração Pública estrangeira**, bem como de **agente público estrangeiro**, tendo em vista a possibilidade, inclusive, de responsabilização deste último.

142   Direito Administrativo Esquematizado   *Celso Spitzcovsky*

Nesse sentido, oportuna a reprodução das definições contidas nos §§ 1.º, 2.º e 3.º do art. 5.º dessa lei:

Art. 5.º (...)

§ 1.º **Considera-se administração pública estrangeira** os órgãos e entidades estatais ou representações diplomáticas de país estrangeiro, de qualquer nível ou esfera de governo, bem como as pessoas jurídicas controladas, direta ou indiretamente, pelo poder público de país estrangeiro.

§ 2.º Para os efeitos desta Lei, **equiparam-se à administração pública estrangeira** as organizações públicas internacionais.

§ 3.º **Considera-se agente público estrangeiro**, para os fins desta Lei, quem, ainda que transitoriamente ou sem remuneração, exerça cargo, emprego ou função pública em órgãos, entidades estatais ou em representações diplomáticas de país estrangeiro, assim como em pessoas jurídicas controladas, direta ou indiretamente, pelo poder público de país estrangeiro ou em organizações públicas internacionais.

Além disso, uma passagem de olhos pelas inúmeras hipóteses relacionadas no **art. 5.º** bem demonstra a repetição de situações já caracterizadas tanto na **Lei n. 8.429/92** (com as alterações promovidas pela Lei n. 14.230/2021) quanto na **Lei n. 8.666/93**, bem como, na Lei n. 14.133/2021, o que sem dúvida trará problemas no que se refere à configuração da responsabilidade, como também para a aplicação de sanções.

Com efeito, **inúmeras situações idênticas** comportarão encaminhamento diferente se praticadas por pessoas físicas (responsabilidade subjetiva) ou por pessoas jurídicas (responsabilidade objetiva).

Nesse sentido, confira-se o disposto nos arts. 155, XII, e 159, da Lei n. 14.133/2021:

Art. 155. O licitante ou o contratado será responsabilizado administrativamente pelas seguintes infrações: (...)

XII — praticar ato lesivo previsto no art. 5.º da Lei n. 12.846, de 1.º de agosto de 2013.

Art. 159. Os atos previstos como infrações administrativas nesta Lei ou em outras leis de licitações e contratos da Administração Pública que também sejam tipificados como atos lesivos na Lei n. 12.846, de 1.º de agosto de 2013, serão apurados e julgados conjuntamente, nos mesmos autos, observado o rito procedimental e a autoridade competente definidos na referida Lei.

3.13.7. Das sanções

Tendo em vista que a referida legislação **estendeu** a **responsabilidade** da **pessoa jurídica** para os **campos administrativo** e **civil**, essa diretriz reflete no perfil das sanções a serem aplicadas.

a) Da responsabilidade administrativa

Por primeiro, cumpre consignar que a responsabilização da pessoa jurídica, na esfera administrativa, pressupõe a abertura de processo administrativo, assegurados o contraditório e a ampla defesa, a teor do disposto no art. 5.º, LV, da CF.

3 ◧ Da Improbidade Administrativa

Inicialmente o legislador disciplina a questão da responsabilidade administrativa em seu **art. 6.º**, em que se encontra relacionada a **multa**, bem como a **publicação extraordinária** da decisão **condenatória**, que poderá incidir de forma **isolada ou cumulativa**, de acordo com as características apresentadas em cada caso concreto.

Outrossim, oportuno destacar que a aplicação dessas sanções **não exclui a obrigação de reparação integral do dano causado**.

Diante desse cenário, em relação à **multa**, de forma a facilitar a recuperação dos danos causados, foi ela estipulada **entre 0,1% e 20%** do faturamento bruto do último exercício anterior ao da instauração do processo administrativo, quando, por óbvio, for possível a sua estimação.

Com efeito, existem situações em que a aplicação desse critério será impossível, hipótese em que, de acordo com a previsão estabelecida no **art. 6.º, § 4.º**, a **multa** poderá ser arbitrada **entre 6 mil e 60 milhões de reais**.

De toda sorte, a leitura do dispositivo referenciado autoriza a conclusão segundo a qual são mecanismos mais eficazes de recuperação do patrimônio público, representando, pois, um avanço em relação ao tema.

Outrossim, importante observar que, na hipótese de os **prejuízos** apurados se revelarem **superiores** aos valores apontados pela lei, **prevalecerá o que for maior**, conclusão que se extrai do art. 6.º, I.

De outra parte, em relação à **publicação extraordinária de decisão condenatória**, o legislador não se limitou a prescrevê-la, pura e simplesmente, uma vez que estipulou, no **art. 6.º, § 5.º**, os seus **contornos e limites**.

Assim é que asseverou a necessidade de **publicação** da decisão condenatória nos **meios de comunicação de grande circulação** ou por meio de afixação em edital, tudo às expensas da pessoa jurídica responsabilizada. Confira-se:

> **Art. 6.º** (...)
>
> § 5.º A publicação extraordinária da decisão condenatória ocorrerá na forma de extrato de sentença, a expensas da pessoa jurídica, em meios de comunicação de grande circulação na área da prática da infração e de atuação da pessoa jurídica ou, na sua falta, em publicação de circulação nacional, bem como por meio de afixação de edital, pelo prazo mínimo de 30 (trinta) dias, no próprio estabelecimento ou no local de exercício da atividade, de modo visível ao público, e no sítio eletrônico na rede mundial de computadores.

Outrossim, com o objetivo de concretizar essa diretriz, criou o legislador, no **art. 22**, o **CNEP** (Cadastro Nacional de Empresas Punidas), que deverá manter atualizados os dados relativos às empresas responsabilizadas e às sanções impostas.

De resto, também com o intuito de fortalecer essa diretriz de transparência, o legislador, no **art. 23**, criou o **CEIS** (Cadastro Nacional de Empresas Inidôneas e Suspensas), que também deverá manter dados atualizados.

De resto, em respeito aos princípios da publicidade e da transparência, a mesma orientação foi adotada pela Lei n. 14.133/2021, ao longo do art. 161. Confira-se:

> **Art. 161.** Os órgãos e entidades dos Poderes Executivo, Legislativo e Judiciário de todos os entes federativos deverão, no prazo máximo 15 (quinze) dias úteis, contado da

144 Direito Administrativo Esquematizado   *Celso Spitzcovsky*

data de aplicação da sanção, informar e manter atualizados os dados relativos às sanções por eles aplicadas, para fins de publicidade no Cadastro Nacional de Empresas Inidôneas e Suspensas (Ceis) e no Cadastro Nacional de Empresas Punidas (Cnep), instituídos no âmbito do Poder Executivo federal.

Ainda sobre esse tema, importante registrar o **veto** estabelecido pela **Presidência da República** à redação prevista no **art. 6.º, § 6.º**, que estabelecia que o valor da multa não poderia exceder o valor total do bem ou serviço contratado.

A aposição desse **veto** revelou-se **positiva**, uma vez que poderia tornar a punição imposta à pessoa jurídica **insuficiente** em face do **prejuízo** por ela ocasionado.

Por derradeiro, ainda sobre esse tema, importante destacar que, em respeito ao princípio constitucional da **razoabilidade**, positivado no **art. 2.º, parágrafo único, VI, da Lei n. 9.784/99** (processo administrativo na área federal), o legislador houve por bem estabelecer a necessidade de observação, pelo administrador, quando da aplicação de qualquer sanção, de **atenuantes** e **agravantes** características do caso concreto, consoante o disposto no **art. 7.º**. Confira-se:

Art. 7.º Serão levados em consideração na aplicação das sanções:
I — a gravidade da infração;
II — a vantagem auferida ou pretendida pelo infrator;
III — a consumação ou não da infração;
IV — o grau de lesão ou perigo de lesão;
V — o efeito negativo produzido pela infração;
VI — a situação econômica do infrator;
VII — a cooperação da pessoa jurídica para a apuração das infrações;
VIII — a existência de mecanismos e procedimentos internos de integridade, auditoria e incentivo à denúncia de irregularidades e a aplicação efetiva de códigos de ética e de conduta no âmbito da pessoa jurídica;
IX — o valor dos contratos mantidos pela pessoa jurídica com o órgão ou entidade pública lesados; e
X — (Vetado)
Parágrafo único. Os parâmetros de avaliação de mecanismos e procedimentos previstos no inciso VIII do *caput* serão estabelecidos em regulamento do Poder Executivo federal.

Outrossim, sobreleva notar que a aplicação de qualquer das **sanções** aqui previstas foi entregue à autoridade máxima de cada órgão ou entidade dos Poderes Executivo, Legislativo e Judiciário.

Referidas autoridades poderão agir de ofício ou por provocação, sendo **vedada a delegação de competências**, tudo na forma disposta no **art. 8.º** dessa lei, seguindo as diretrizes já estabelecidas pela Lei n. 9.784/99.

No que se refere à **apuração da responsabilidade por ilícitos praticados contra a Administração Pública estrangeira**, a **competência** foi atribuída à **Controladoria--Geral da União**, na forma prevista em seu **art. 9.º**.

3 ◼ Da Improbidade Administrativa 145

a.1) Do acordo de leniência

Ainda dentro do tema relacionado à responsabilidade administrativa, seguindo tendência já verificada em outros diplomas legais, o legislador houve por bem abrir a **possibilidade de celebração, pela autoridade máxima de cada órgão ou entidade** pública e na hipótese de atos lesivos à Administração estrangeira pela CGU, de **acordo de leniência** com a pessoa jurídica responsável.

Importante registrar que o **primeiro acordo** de **leniência** que teve a **participação** de **todos os órgãos** de **controle anticorrupção** do país — o MPF, o Ministério da Transparência, a Controladoria Geral da União — foi celebrado em abril de 2018.

Nesse sentido, importante deixar registrado que o legislador estabeleceu **limites** para que esse acordo se configure, uma vez que na direta dependência do **cumprimento das exigências** estipuladas no **art. 16**, em especial nos incisos I, II e § 1.º, incisos I, II e III:

> **Art. 16.** A autoridade máxima de cada órgão ou entidade pública poderá celebrar acordo de leniência com as pessoas jurídicas responsáveis pela prática dos atos previstos nesta Lei que colaborem efetivamente com as investigações e o processo administrativo, sendo que dessa colaboração resulte:
>
> I — a identificação dos demais envolvidos na infração, quando couber; e
>
> II — a obtenção célere de informações e documentos que comprovem o ilícito sob apuração.
>
> § 1.º O acordo de que trata o *caput* somente poderá ser celebrado se preenchidos, cumulativamente, os seguintes requisitos:
>
> I — a pessoa jurídica seja a primeira a se manifestar sobre seu interesse em cooperar para a apuração do ato ilícito;
>
> II — a pessoa jurídica cesse completamente seu envolvimento na infração investigada a partir da data de propositura do acordo;
>
> III — a pessoa jurídica admita sua participação no ilícito e coopere plena e permanentemente com as investigações e o processo administrativo, comparecendo, sob suas expensas, sempre que solicitada, a todos os atos processuais, até seu encerramento.

De outra parte, cumpre registrar que, celebrado o **acordo**, trará ele como **consequência imediata** a isenção da pessoa jurídica responsabilizada quanto à pena de publicação extraordinária da decisão condenatória; o afastamento da proibição de recebimento de incentivos, subsídios, subvenções e doações, de acordo com a previsão estabelecida no **art. 19, IV**, além de autorizar a redução em dois terços do valor da multa aplicada.

Outrossim, importante deixar consignado que a celebração desse **acordo não exime a pessoa jurídica da reparação integral do dano causado**, a teor do disposto no **art. 16, § 3.º**.

Quanto à **extensão** desse **acordo** de leniência, seguindo a diretriz estabelecida no art. 1.º, parágrafo único, o legislador, no art. 16, § 5.º, asseverou que os efeitos alcançam **todas as pessoas jurídicas que integram o mesmo grupo econômico**.

Na mesma toada, importante consignar que a celebração desse **acordo interrompe o prazo prescricional** dos ilícitos (art. 16, § 9.º).

146 Direito Administrativo Esquematizado *Celso Spitzcovsky*

Importante ainda salientar que o **descumprimento** desse **acordo** traz como **consequência** a impossibilidade de a pessoa jurídica **celebrar contrato** com a Administração pelo **prazo de 3 anos** (art. 16, § 8.º).

Por fim, na forma prevista pelo art. 17, a administração pública poderá também celebrar acordo de leniência com a pessoa jurídica responsável pela prática de ilícitos previstos na Lei n. 8.666, de 21 de junho de 1993, com vistas à isenção ou atenuação das sanções administrativas estabelecidas em seus arts. 86 a 88.

De resto, oportuno registrar que a celebração de acordo de leniência, nos termos previstos por essa lei, suspende a prescrição para a aplicação de sanções, nos termos do art. 158, § 4.º, II, da Lei n. 14.133/2021. Confira-se:

> **Art. 158.** (...)
>
> § 4.º A prescrição ocorrerá em 5 (cinco) anos, contados da ciência da infração pela Administração, e será: (...)
>
> II — suspensa pela celebração de acordo de leniência previsto na Lei n. 12.846, de 1.º de agosto de 2013;

b) Da responsabilidade judicial

A questão relacionada à **responsabilização da pessoa jurídica** pela prática de atos lesivos à Administração Pública assume importância ainda maior, em vista da possibilidade franqueada pelo legislador de sua configuração também no **nível judicial**, em especial por força das sanções relacionadas no **art. 19**, que poderão ser aplicadas de forma isolada ou cumulativa, pressupondo a existência de sentença judicial com trânsito em julgado:

> **Art. 19.** Em razão da prática de atos previstos no art. 5.º desta Lei, a União, os Estados, o Distrito Federal e os Municípios, por meio das respectivas Advocacias Públicas ou órgãos de representação judicial, ou equivalentes, e o Ministério Público, poderão ajuizar ação com vistas à aplicação das seguintes sanções às pessoas jurídicas infratoras:
>
> I — perdimento dos bens, direitos ou valores que representem vantagem ou proveito direta ou indiretamente obtidos da infração, ressalvado o direito do lesado ou de terceiro de boa-fé;
>
> II — suspensão ou interdição parcial de suas atividades;
>
> III — dissolução compulsória da pessoa jurídica;
>
> IV — proibição de receber incentivos, subsídios, subvenções, doações ou empréstimos de órgãos ou entidades públicas e de instituições financeiras públicas ou controladas pelo poder público, pelo prazo mínimo de 1 (um) e máximo de 5 (cinco) anos.
>
> § 1.º A dissolução compulsória da pessoa jurídica será determinada quando comprovado:
>
> I — ter sido a personalidade jurídica utilizada de forma habitual para facilitar ou promover a prática de atos ilícitos; ou
>
> II — ter sido constituída para ocultar ou dissimular interesses ilícitos ou a identidade dos beneficiários dos atos praticados (...).

Dentro desse contexto, importante anotar que as referidas **ações** seguirão o **rito** previsto na **Lei n. 7.347/85** (Lei da Ação Civil Pública, **art. 21**), incluindo-se a possibilidade de decretação de indisponibilidade de bens, quando necessária para garantir uma futura

3 ■ Da Improbidade Administrativa

execução, hipótese, aliás, que encontra sua origem no art. 37, § 4.°, da Constituição e no art. 16 da Lei n. 8.429/92, com redação oferecida pela Lei n. 14.230/2021.

3.13.8. Prescrição

De acordo com a previsão estabelecida no **art. 25** dessa lei, as infrações nele descritas **prescrevem em 5 anos**, contados da **ciência da infração**, ou, no caso de infração permanente ou continuada, do dia em que tiver cessado.

3.13.9. Da possibilidade de responsabilização da Administração por omissão

Por fim, oportuno registrar a possibilidade de responsabilização da autoridade competente, nas esferas penal, civil e administrativa, por omissão, se não adotadas, após o conhecimento das infrações previstas nessa lei, as providências para apuração dos fatos, a teor do disposto no art. 27.

3.13.10. Do Decreto n. 11.129/2022

Nesse particular, oportuno assinalar que a Lei n. 12.846/2013, foi regulamentada pelo Decreto n. 11.129, de 11 de julho de 2022, em relação ao qual destacamos os seguintes itens:

■ são passíveis de responsabilização as pessoas jurídicas que tenham sede, filial ou representação no território brasileiro, constituídas de fato ou de direito (art. 1.°);

■ a apuração da responsabilidade administrativa de pessoa jurídica, decorrente do exercício do poder sancionador da administração pública, será efetuada por meio de PAR — Processo Administrativo de Responsabilização ou de acordo de leniência (art. 2.°);

■ como será conduzido o procedimento de investigação preliminar (art. 3.°);

■ a exigência da caracterização de autoria e materialidade para início do processo administrativo de responsabilização (art. 3, § 1.°);

■ o detalhamento do rito do processo administrativo de responsabilização (arts. 4.° a 18);

■ o aprimoramento dos critérios de fixação de multa (arts. 20 a 27);

■ a melhor definição de vantagem auferida (art. 26); e

■ as regras sobre suspensão do prazo prescricional (art. 39, § 3.°).

Para melhor visualização dos itens desenvolvidos, confira-se o seguinte quadro:

OBJETO	Responsabilização das pessoas jurídicas
EXTENSÃO	Qualquer modalidade de pessoa jurídica (art. 1.°, parágrafo único)
RESPONSABILIDADE	Art. 2.°, pessoa jurídica: objetiva Art. 3.°, dirigentes: subjetiva
HIPÓTESES	Atos lesivos à Administração nacional ou estrangeira, aos princípios e aos compromissos internacionais assumidos pelo País (art. 5.°)
SANÇÕES	■ Administrativas (art. 6.°) ■ Judiciais (art. 19)

148 Direito Administrativo Esquematizado   Celso Spitzcovsky

ACORDO DE LENIÊNCIA	Art. 16
PRESCRIÇÃO	5 anos (art. 25)
POSSIBILIDADE DE RESPON-SABILIZAÇÃO DA ADMINIS-TRAÇÃO POR OMISSÃO	Art. 27

3.14. QUADRO SINÓTICO

DA IMPROBIDADE ADMINISTRATIVA	
DEFINIÇÃO	Desonestidade administrativa
ELEMENTO COMUM	Dolo
LEGISLAÇÃO	Lei n. 8.429/92, atualizada pela Lei n. 14.230/2021
HIPÓTESES	Enriquecimento ilícito (exige dolo e específico segundo o STJ); danos ao erário (exige dolo e específico, segundo o STJ); agressão a princípios da Administração (só admite a modalidade dolosa/dolo genérico)
AÇÃO	De improbidade administrativa, nos termos dos arts. 17-D e 17, § 6.° (sujeito ativo: MP e as pessoas jurídicas interessadas, nos termos da decisão do STF nas ADIs 7042 e 7043), (sujeito passivo: agentes públicos — art. 2.° — e particulares que contribuíram para o ato ou dele se beneficiaram — art. 3.°) ◼ Popular (sujeito ativo: qualquer cidadão — art. 5.°, LXXIII, da CF), (sujeito passivo: pessoa física + terceiros que se beneficiaram — art. 6.° da Lei n. 4.717/65) ◼ Civil pública (sujeito ativo: MP — art. 129, III, da CF + outras pessoas — art. 5.° da Lei n. 7.347/85 + art. 17 da Lei n. 8.429/92), (sujeito passivo: agentes públicos — art. 2.° da Lei n. 8.429/92 + particulares que colaboraram para o ato ou dele se beneficiaram — art. 3.° da Lei n. 8.429/92)
SANÇÕES	Civis, administrativas, penais (art. 37, § 4.°, da CF + art. 12 da Lei n. 8.429/92)
PRESCRIÇÃO	8 anos, contados do momento em que a irregularidade foi praticada (art. 23 da Lei n. 8.429/92) Exceção: imprescritibilidade para pedido de ressarcimento (art. 37, § 5.°, da CF) Irretroatividade dos novos prazos, nos termos da decisão proferida pelo STF, quando do julgamento do ARE 843.989
LEI N. 12.846/2013 (ANTICORRUPÇÃO)	◼ Importância: permite a responsabilização da pessoa jurídica por atos de corrupção de forma objetiva (art. 2.°) e de seus dirigentes de forma subjetiva (art. 3.°) ◼ Hipóteses (art. 5.°) ◼ Sanções administrativas (art. 6.°) e judiciais (art. 19) ◼ Acordo de leniência (art. 16) ◼ Prescrição (art. 25) ◼ Possibilidade de responsabilização da Administração, por omissão (art. 27)

3.15. SÚMULAS SOBRE IMPROBIDADE E IMORALIDADE ADMINISTRATIVA

3.15.1. Súmula do STF

◼ **Súmula 365:** Pessoa jurídica não tem legitimidade para propor ação popular.

3.15.2. Súmula vinculante

◼ **Súmula vinculante 13:** A nomeação de cônjuge, companheiro ou parente em linha reta, colateral ou por afinidade, até o terceiro grau, inclusive, da autoridade nomeante ou de servidor da mesma pessoa jurídica investido em cargo de direção, chefia ou assessoramento, para o exercício de cargo em comissão ou de confiança ou, ainda, de função gratificada na administração pública direta e indireta em qualquer dos poderes da União, dos Estados, do Distrito Federal e dos Municípios, compreendido o ajuste mediante designações recíprocas, viola a Constituição Federal.

3.15.3. Súmulas do STJ

■ **Súmula 329:** O Ministério Público tem legitimidade para propor ação civil pública em defesa do patrimônio público.

■ **Súmula 601:** O Ministério Público tem legitimidade ativa para atuar na defesa dos direitos difusos, coletivos e individuais homogêneos dos consumidores, ainda que decorrentes da prestação de serviços públicos.

■ **Súmula 634:** Ao particular aplica-se o mesmo regime prescricional previsto na Lei de Improbidade Administrativa para o agente público.

■ **Súmula 651:** Compete à autoridade administrativa aplicar a servidor público a pena de demissão em razão da prática de improbidade administrativa, independentemente de prévia condenação, por autoridade judicial, à perda da função pública.

3.16. QUESTÕES

4

PODERES DA ADMINISTRAÇÃO

4.1. NOÇÕES GERAIS

Antes de adentrarmos a análise de cada um dos poderes conferidos à Administração Pública, não será demasiado lembrar que eles surgem como consequência dos interesses representados pela Administração quando atua.

Dessa afirmação resulta que **surgem** como **instrumentos** conferidos pelo ordenamento jurídico para que por meio deles possa o Poder Público atingir a única finalidade que lhe é permitida, vale dizer, a **preservação dos interesses da coletividade**.

Assim, pode-se enxergar esses **poderes**, na verdade, como **deveres**, **obrigações** que a **Administração** tem de cumprir para viabilizar os objetivos que deve perseguir.

Nesse particular, oportuno observar que para a preservação dessa finalidade única, poderá o administrador, de forma unilateral, atingir direitos de terceiros, que nenhuma irregularidade tenham praticado, em respeito ao princípio da supremacia do interesse público sobre o do particular.

Cumpre observar que, por força da possibilidade de o Poder Público lançar mão desses poderes, de maneira unilateral, adentrando a esfera jurídica de terceiros, atribui-se a eles o rótulo de *poder extroverso*, aspecto captado nas preciosas lições de **Celso Antônio Bandeira de Mello**[1]:

> "Permite ao Poder Público editar provimentos que vão além da esfera jurídica do sujeito emitente, ou seja, que interferem na esfera jurídica de outras pessoas, constituindo-as unilateralmente em obrigações".

Pode-se, dessa forma, facilmente concluir pela **impossibilidade de o administrador renunciar** ao uso desses poderes e pela possibilidade de ser **responsabilizado pela sua utilização incorreta**.

Outrossim, sobreleva notar que a utilização desses instrumentos deve **respeitar** a **forma federativa** de Estado adotada em nosso país, o que cria a necessidade de respeito aos **limites de competência territorial** estabelecidos pela Constituição Federal.

Dessa maneira, não poderá a União lançar mão desses poderes invadindo o campo de atuação reservado aos Estados, nem estes em relação aos Municípios ou ao Distrito Federal, porque, como se sabe, a **característica fundamental dessa forma de Estado**

---

[1] *Curso de direito administrativo*. 34. ed. São Paulo: Malheiros, 2014, p. 427.

é a inexistência de hierarquia entre as pessoas que a compõem e a existência, apenas, de **diferentes campos de atuação** entre elas.

Como conclusão, tem-se que, quando no exercício desses poderes, encontra o administrador cristalinos **limites** delineados pelo nosso ordenamento jurídico, que **não podem ser ultrapassados** mesmo diante dos interesses representados.

Se ultrapassada essa barreira, estaremos diante de figuras por demais conhecidas, como o **abuso de poder**, nas quais o administrador, embora competente para a prática do ato, ultrapassa os limites das suas atribuições **ou se desvia das finalidades** que deve perseguir.

Note-se, ainda, que o **abuso de poder** poderá ser verificado em termos de **extensão**, tanto em relação a **atos** quanto em relação a **omissões** praticadas pelo administrador.

Em se configurando essas situações, ficam elas sujeitas ao **controle** por parte tanto da própria **Administração** Pública quanto do Poder **Judiciário**, uma vez que são caracterizadoras de ilegalidade.

Dentro desse contexto, para uma melhor visualização dos itens abordados, oportuna a elaboração do seguinte quadro:

PODERES DA ADMINISTRAÇÃO: NOÇÕES GERAIS	
NATUREZA	Instrumental
OBJETIVO	Preservação dos interesses da coletividade
RENÚNCIA	Não se admite
LIMITES	Os resultantes de lei e os territoriais, consequência da forma de Estado federativo
CONTROLE	De legalidade, pelo Judiciário (art. 5.º, XXXV, da CF) e pelo Legislativo (art. 49, V, da CF)
FORMA DE UTILIZAÇÃO	Unilateral podendo adentrar a esfera jurídica de terceiros, mesmo que não tenham cometido ilegalidade (poder extroverso) desde que para preservar os interesses da coletividade

4.1.1. Abuso de poder — Lei n. 13.869/2019

Nesse particular, importante registrar a edição, em **setembro de 2019**, da **Lei n. 13.869**, que em seu **art. 1.º define os crimes de abuso de autoridade**, cometidos por agente público, servidor ou não, que no exercício de suas funções ou a pretexto de exercê-las, extrapole o poder que lhe tenha sido atribuído.

O § 1.º do art. 1.º **estabelece** que essas **condutas constituem crime de abuso de autoridade** quando praticadas pelo **agente** com a **finalidade específica de prejudicar** outrem ou beneficiar a si mesmo ou a terceiro, ou ainda, por mero capricho ou satisfação pessoal.

Outrossim, em seu § 2.º, assevera que a divergência na interpretação de lei ou na avaliação de fatos e provas **não configura abuso de autoridade**.

Em seu **art. 2.º**, define como **sujeito ativo do crime** de abuso de autoridade qualquer agente público, servidor ou não, da administração direta, indireta ou fundacional de qualquer dos Poderes da União, dos Estados, do Distrito Federal, dos Municípios e de Território.

4 ◼ Poderes da Administração

No **parágrafo único**, ratificando previsão já contida na Lei n. 8.429/92, que disciplina a improbidade administrativa em seu art. 2.º, **considerou como agente público** todo aquele que exerce, ainda que transitoriamente ou sem remuneração, por eleição, nomeação, designação, contratação ou qualquer outra forma de investidura ou vínculo, mandato, cargo, emprego ou função em órgão ou entidade abrangidos pelo *caput* desse artigo.

Em seu **art. 4.º**, disciplina os **efeitos da condenação**, da seguinte forma:

> **Art. 4.º** (...)
> I — tornar certa a obrigação de indenizar o dano causado pelo crime, devendo o juiz, a requerimento do ofendido, fixar na sentença o valor mínimo para reparação dos danos causados pela infração, considerando os prejuízos por ele sofridos;
> II — a inabilitação para o exercício de cargo, mandato ou função pública, pelo período de 1 (um) a 5 (cinco) anos;
> III — a perda do cargo, do mandato ou da função pública.

Por sua vez, em seu **parágrafo único**, estabelece que os **efeitos** previstos nos incisos II e III são **condicionados** à ocorrência de reincidência em crime de abuso de autoridade e não são automáticos, devendo ser declarados motivadamente na sentença.

Em seu **art. 5.º**, disciplina a questão das **penas restritivas** de direitos substitutivas das privativas de liberdade, que poderão ser **aplicadas autônoma** ou **cumulativamente**, estabelecendo as seguintes modalidades:

> **Art. 5.º** (...)
> I — prestação de serviços à comunidade ou a entidades públicas;
> II — suspensão do exercício do cargo, da função ou do mandato, pelo prazo de 1 (um) a 6 (seis) meses, com a perda dos vencimentos e das vantagens;
> III — (VETADO).

Em seu **art. 6.º**, consignou que as **penas** previstas nessa lei serão aplicadas **independentemente das sanções de natureza civil ou administrativa** cabíveis.

Em seu **art. 7.º**, traz importante regra segundo a qual as **responsabilidades civil** e **administrativa** são independentes da **criminal**, não se podendo mais questionar sobre a existência ou a autoria do fato quando essas questões tenham sido decididas no juízo criminal.

Por sua vez, em seu **art. 8.º**, estabelece que faz **coisa julgada** no âmbito cível, assim como no administrativo-disciplinar, a sentença penal que reconhecer ter sido o ato praticado em estado de necessidade, em legítima defesa, em estrito cumprimento de dever legal ou no exercício regular de direito.

De outra parte, em relação aos crimes e penalidades, em razão da prática de atos dessa natureza, estabelece, a partir do seu **art. 9.º**, **inúmeras hipóteses**, das quais destacamos as seguintes:

◼ Decretar a condução coercitiva de testemunha ou investigado manifestamente descabida ou sem prévia intimação de comparecimento a juízo (**art. 10**).

◼ Deixar injustificadamente de comunicar prisão em flagrante à autoridade judiciária no prazo legal (**art. 12**).

154 Direito Administrativo Esquematizado   *Celso Spitzcovsky*

- Manter presos de ambos os sexos na mesma cela ou espaço de confinamento (**art. 21**).

- Invadir ou adentrar, clandestina ou astuciosamente, ou à revelia da vontade do ocupante, imóvel alheio ou suas dependências, ou nele permanecer nas mesmas condições, sem determinação judicial ou fora das condições estabelecidas em lei (**art. 22**).

- Constranger, sob violência ou grave ameaça, funcionário ou empregado de instituição hospitalar pública ou privada a admitir para tratamento pessoa cujo óbito já tenha ocorrido, com o fim de alterar local ou momento de crime, prejudicando sua apuração (**art. 24**).

- Divulgar gravação ou trecho de gravação sem relação com a prova que se pretenda produzir, expondo a intimidade ou a vida privada ou ferindo a honra ou a imagem do investigado ou acusado (**art. 28**).

Em seu **art. 39**, estipula a **aplicabilidade**, no que couber, das disposições do Decreto-lei n. 3.689/41 (**Código de Processo Penal**) e da **Lei n. 9.099/95**.

Outrossim, determina, por força da previsão estabelecida em seu **art. 44**, a **revogação da Lei n. 4.898/65**, e o **§ 2.º do art. 150 e o art. 350** do Decreto-lei n. 2.848/40 (**Código Penal**).

Para melhor visualização dos itens abordados, oportuna a elaboração do seguinte quadro:

DEFINIÇÃO DE CRIMES	Art. 1.º
DESTINATÁRIOS	Art. 1.º, § 1.º
HIPÓTESES DE EXCLUSÃO	Art. 1.º, § 1.º
SUJEITO ATIVO	Art. 2.º
EFEITOS DA CONDENAÇÃO	Art. 4.º
PENAS RESTRITIVAS	Art. 5.º
INDEPENDÊNCIA DAS ESFERAS CIVIL, PENAL E ADMINISTRATIVA	Arts. 6.º, 7.º e 8.º
CRIMES E PENALIDADES	Art. 9.º e s.
APLICAÇÃO SUBSIDIÁRIA DO CPP E DA LEI N. 9.099/95	Art. 39
REVOGAÇÃO DA LEI N. 4.898/65 E ARTS. 150, § 2.º, E 350 DO CP	Art. 44

Estabelecidas as considerações gerais, passaremos a enfrentar, agora, cada uma das espécies de poder, não sem antes relembrar que todos os poderes devem ser exercidos nos limites estipulados pela lei.

4.2. ESPÉCIES

4.2.1. Poder vinculado

É aquele em que o administrador fica **inteiramente preso** ao **enunciado** da **lei**, que, de resto, estabelece o único comportamento a ser adotado em situações concretas, não deixando **nenhuma margem de liberdade** para uma **apreciação subjetiva**. O aspecto característico desse poder, portanto, é a **inexistência** de qualquer **traço de**

4 ■ Poderes da Administração

liberdade para o **administrador**, restando a ele tão somente subsumir a previsão teórica e abstrata da lei para a situação concreta a ele apresentada.

A título de exemplo, menciona-se a situação envolvendo servidor público que ingressa com pedido de aposentadoria em razão de atingir o limite máximo de idade permitido pela Constituição Federal para a permanência no serviço público, ou seja, 75 anos, de acordo com a previsão estabelecida pela Emenda Constitucional n. 88, de maio de 2015. Para esse caso, revela-se nítida a **ausência de possibilidade** para que o administrador possa estabelecer um **juízo de conveniência e oportunidade** para efeito do atendimento ou não do pedido formulado.

Destarte, se o único requisito exigido pela lei — atingir o limite de idade de 75 anos — estiver comprovado, não terá ele alternativa que não atender ao pedido formulado.

De outra parte, se o requisito não estiver suficientemente demonstrado, da mesma sorte, não terá o administrador opção a não ser rejeitá-lo, mais uma vez, sem **nenhum espaço** para o estabelecimento de um **juízo de valores**.

Da mesma forma, deverá o administrador proceder diante de um pedido de licença formulado por servidor público, em vista de sua convocação para o serviço militar, uma vez que não poderá recusá-lo por se tratar de atividade obrigatória, na forma prevista pelo art. 143 da Constituição e ainda pelo art. 85 da Lei n. 8.112/90.

Por fim, apresenta-se, também, como exemplo de ato vinculado, a aplicação da pena de demissão, desde que configurada uma das hipóteses relacionadas ao longo do art. 132, da Lei n. 8.112/90, consoante entendimento consolidado ao nível do STJ, através da súmula 650. Confira-se:

> **SÚMULA 650 DO STJ:** A autoridade administrativa não dispõe de discricionariedade para aplicar ao servidor pena diversa de demissão quando caraterizadas as hipóteses previstas no art. 132 da Lei n. 8.112/1990.

CARACTERÍSTICA	O administrador fica totalmente preso ao enunciado da lei
JUÍZO DE VALORES PELO ADMINISTRADOR	Impossibilidade
CONTROLE	De legalidade pelo Judiciário

4.2.2. Poder discricionário

Por opção didática, procuraremos aqui uma definição de poder discricionário, partindo daquela estabelecida no tópico anterior para o poder vinculado, alterando o que for necessário.

Pode-se defini-lo como aquele em que o **administrador** também fica **preso ao enunciado da lei**, que, no entanto, não estabelece um **único comportamento** a ser adotado por ele em **situações concretas**.

Da definição acima, dois aspectos são merecedores de registro. Em primeiro lugar, o poder discricionário também só poderá ser **exercido nos estritos limites previstos em lei**, a exemplo do que foi visto para o poder vinculado.

156 Direito Administrativo Esquematizado   *Celso Spitzcovsky*

Em segundo lugar, e é daí que resulta a diferença básica entre os dois, **abre-se espaço** para que o **administrador**, lançando mão de um **juízo de conveniência e oportunidade**, não se limite a um único comportamento possível.

Em outras palavras, pode-se afirmar que **discricionariedade** significa **liberdade** para o administrador atuar, **nos limites da lei**, de acordo com um juízo de valores a ser estabelecido em razão das nuanças balizadoras de cada situação concreta.

Assim é que a concessão de porte de armas surge como situação configuradora dessa discricionariedade, uma vez que, para tanto, deverá levar o administrador em consideração os elementos que tenham justificado o pedido dessa natureza, como os antecedentes do requerente, o motivo que ensejou o pedido e os reflexos para o interesse público, nos termos da lei.

Da mesma forma, poder-se-ia mencionar, a título elucidativo, pedido para a colocação de mesas e cadeiras em calçada defronte a bares e restaurantes, visto que tem o administrador aqui a possibilidade de atendimento ou não de pedido dessa natureza.

Para tanto, deverá estabelecer **juízo de valor** que leve em consideração, entre outros aspectos, a partir de que horário isso ocorrerá, qual a quantidade de mesas e cadeiras, até que horário lá permanecerão, se prejudicarão ou não o fluxo de pedestres na calçada etc.

Note-se, ainda, em razão de todo o exposto, a **impossibilidade de se confundir discricionariedade com arbitrariedade**, uma vez que, enquanto aquela representa liberdade para agir dentro dos limites da lei, esta se consubstancia na atuação fora, além dos limites previstos em lei.

Enquanto o ato **discricionário** não pode ter seu **mérito** reapreciado pelo Poder **Judiciário**, porque **válido**, o mesmo não se verifica com o ato **arbitrário**, por representar situação de manifesta **ilegalidade**.

Assim, temos para nós que, conforme explicitado no tópico anterior, também no ato **discricionário** deverá o **administrador esclarecer os motivos** que o levaram a tomar determinada decisão entre várias que se apresentavam para a situação concreta.

Em outras palavras, quer-nos parecer que a **motivação dos atos discricionários** assume **importância** ainda maior que nos atos vinculados para efeito de **controle de sua legalidade** pelo Poder **Judiciário**, conforme procuramos demonstrar quando da abordagem do princípio da motivação.

De resto, essa orientação já se encontra consolidada em nossa Suprema Corte, bem antes da promulgação da Constituição em vigor, consoante se verifica, apenas para registro, do RE 17.126/MG, *DJ* 12.04.1952, assim ementado:

> "Cabe ao Poder Judiciário apreciar a realidade e a legitimidade dos motivos em que se inspira o ato discricionário da Administração. O exercício do poder de polícia está sujeito à censura judiciária".

CARACTERÍSTICA	O administrador não fica totalmente preso ao enunciado da lei
JUÍZO DE VALORES PELO ADMINISTRADOR	Possibilidade, dentro dos limites da lei
CONTROLE	De legalidade pelo Judiciário

4 ◼ Poderes da Administração

4.2.3. Poder hierárquico

Em termos técnicos, costuma-se definir o poder hierárquico como aquele conferido ao administrador para **distribuir e escalonar as funções dos órgãos** públicos e ordenar e rever a atuação dos **agentes**, estabelecendo entre eles uma **relação de subordinação**.

Pode-se dizer, de outra forma, que o poder hierárquico representa aquele conferido ao administrador para **organizar** toda a **estrutura** da Administração Pública e **fiscalizar a atuação** daqueles que ali estejam.

A importância desse princípio se revela tanto para aqueles lotados na Administração quanto para aqueles fora de sua estrutura.

Na primeira hipótese, destarte, permite o **esclarecimento** quanto à **forma de ingresso**, quanto aos **critérios para ascensão na carreira**, quanto ao **cumprimento de ordens** estabelecidas por **superiores** hierárquicos.

Nesse contexto, o princípio ora em análise está intimamente relacionado com as questões envolvendo a **delegação e a avocação de competências**, pois só poderão se realizar dentro dos limites previamente estipulados pela lei.

Nesse particular, importante estabelecer os limites fixados para a delegação e avocação de competências pela **Lei n. 9.784/99**, em especial nos seus **arts. 11, 13 e 15:**

> **Art. 11.** A competência é irrenunciável e se exerce pelos órgãos administrativos a que foi atribuída como própria, salvo os casos de delegação e avocação legalmente admitidos. (...)

> **Art. 13.** Não podem ser objeto de delegação:
> I — a edição de atos de caráter normativo;
> II — a decisão de recursos administrativos;
> III — as matérias de competência exclusiva do órgão ou autoridade. (...)

> **Art. 15.** Será permitida, em caráter excepcional e por motivos relevantes devidamente justificados, a avocação temporária de competência atribuída a órgão hierarquicamente inferior.

Dessa forma, o exercício do **poder hierárquico** implica a **fixação de campos de competência** dos órgãos (integrantes da estrutura direta da Administração), das pessoas jurídicas (integrantes da estrutura indireta), bem como na organização dos servidores em carreiras.

Em síntese, a questão relacionada ao **poder hierárquico** revela sua **importância**, na medida em que atos editados pela Administração por **pessoa** que não tinha **legitimidade** para tanto apresentam-se como sinônimo de **atos inválidos** e, portanto, passíveis de **apreciação pelo Judiciário**.

Em outras palavras, dentro da **Administração** Pública, em vista dos interesses por ela representados, **não é competente quem quer, mas** tão **somente** aquele expressamente **autorizado por lei**.

Por derradeiro, cumpre consignar que a **competência** para atuar configura um dos **requisitos de validade**, de qualquer ato administrativo, podendo conduzir, em caso de **desrespeito**, a sua **invalidação**.

158 Direito Administrativo Esquematizado · Celso Spitzcovsky

Para a segunda hipótese, a importância desse princípio se revela, em especial, para aqueles que, embora não integrantes da Administração, litigam contra ela.

A título de exemplo, o conhecimento da forma pela qual se **estrutura** a **Administração** assume **contornos importantes** em relação à **propositura de ações judiciais contra o Poder Público**, em especial quando se trata de mandado de segurança.

Com efeito, é sabido que o **mandado de segurança** pode ser impetrado, em vista do perfil a ele conferido pelo art. 5.º, LXIX, da CF, contra **atos de autoridade** que representem agressão a direito líquido e certo.

Nesse particular, cumpre relembrar que o conceito de autoridade não abrange todos os agentes públicos, mas tão somente aqueles **investidos de poder de decisão**; vale dizer, aqueles que tenham competência para desfazer o ato que está sendo questionado, não sendo outra a diretriz estabelecida no **art. 1.º, § 2.º, III, da Lei n. 9.784/99**. Confira-se:

Art. 1.º Esta Lei estabelece normas básicas sobre o processo administrativo no âmbito da Administração Federal direta e indireta, visando, em especial, à proteção dos direitos dos administrados e ao melhor cumprimento dos fins da Administração. (...)

§ 2.º Para os fins desta Lei, consideram-se: (...)

III — **autoridade** — o servidor ou agente público dotado de poder de decisão.

Outrossim, importante registrar que a mesma orientação, a título de regulamentação do **art. 5.º, LXIX**, da Constituição, foi oferecida pelo art. 1.º, § 1.º, e pelo **art. 6.º, § 3.º, da Lei n. 12.016/2009**, disciplinadora do mandado de segurança:

Art. 1.º (...)

§ 1.º Equiparam-se às autoridades, para os efeitos desta Lei, os representantes ou órgãos de partidos políticos e os administradores de entidades autárquicas, bem como os dirigentes de pessoas jurídicas ou as pessoas naturais no exercício de atribuições do poder público, somente no que disser respeito a essas atribuições.

Art. 6.º (...)

§ 3.º **Considera-se autoridade coatora** aquela que tenha praticado o ato impugnado ou da qual emane a ordem para a sua prática.

Essa observação vem a propósito da constatação de uma enorme quantidade de ações que não tiveram seu mérito sequer apreciado em razão da **composição irregular do polo passivo**, vale dizer, terem sido ajuizadas não contra a **autoridade**, mas contra aqueles que tão somente **cumpriram ordens** e que, portanto, não podem desfazer o ato lesivo a direito líquido e certo.

A importância do **poder hierárquico**, sob essa ótica, cristaliza-se em função da possibilidade de **responsabilização dos agentes** envolvidos em **práticas irregulares** e da detecção de prática de atos nulos por agentes que não tinham competência para tanto.

Em síntese, poder-se-ia dizer que, sob essa perspectiva, o poder ora em análise se apresenta para os particulares como um reflexo da prerrogativa de auto-organização conferida ao Estado.

4 ▪ Poderes da Administração 159

OBJETO	Fixa campos de competência para todos os que se encontram dentro da estrutura da Administração
EXTENSÃO	Intimamente ligado aos institutos da "avocação" e "delegação" de competências (Lei n. 9.784/99, arts. 13 e 15)
IMPORTÂNCIA	Ato praticado por quem não tinha competência é inválido

4.2.4. Poder disciplinar

Pode-se definir esse poder como aquele conferido ao administrador para a **aplicação de sanções**, penalidades aos seus **servidores**, diante da prática de **infrações de caráter funcional**.

Outrossim, importante destacar que essas **sanções** são apenas aquelas de **natureza administrativa**, relacionadas ao longo do art. 127, da Lei n. 8.112/90, surgindo como exemplos a advertência; a suspensão; a demissão; **não se apresentando a possibilidade** de incidência de **sanções** de natureza **cível** e **penal**.

Esse aspecto revela-se importante, tendo em vista a possibilidade de **tríplice responsabilização** do **agente** em razão da **prática** de um **mesmo ilícito**.

Assim é que, se configurado desvio de verbas públicas, o agente público poderá ser simultaneamente responsabilizado no campo administrativo (pena de demissão), no cível (devolução das verbas irregularmente desviadas) e no campo penal, por ter praticado crime contra a Administração.

Assim, com fundamento no **poder disciplinar**, a Administração **só** tem legitimidade para aplicação de **sanções de natureza administrativa**, sem prejuízo das outras anteriormente relacionadas.

Outro aspecto importante diz respeito à **natureza das infrações** passíveis de **penalização**, vale dizer, somente aquelas de **caráter funcional**, ou seja, aquelas que tenham **ligação com as atividades desenvolvidas pelo agente**.

Assim, em caráter de **exclusão** estão aquelas que, em que pese sua **irregularidade**, não revelam nenhum ponto de contato com os misteres desenvolvidos pelo agente público.

Para elucidar a questão, menciona-se a situação do agente público que trabalha diariamente, das 8 às 18 horas, e se embriaga no período restante, vale dizer, das 18 às 8 horas.

Se a conduta por ele assumida no período noturno em nada interferir nos seus afazeres diários, por se tratar de um "alcoólatra", nenhuma penalidade poderá ser a ele imposta.

Outrossim, se o agente público mata seu cônjuge, por óbvio, nenhuma sanção de natureza administrativa poderá ser imposta a ele como advertência ou suspensão em razão de o crime configurar uma irregularidade não ligada ao cargo, em que pese a possibilidade, posteriormente, de aplicação de sanção administrativa, por conta de conduta praticada em detrimento da dignidade da função pública.

De outra parte, as **sanções** de natureza **administrativa** poderão **incidir** diante da prática de irregularidades **ligadas ao cargo**, como a retirada de documentos de repartição pública, sem autorização; a falta ou o atraso injustificado do servidor.

De esclarecer-se, também, que, não obstante estarem disciplinadas em lei as penalidades que poderão ser impostas pelo administrador, o exercício do **poder disciplinar** assume **caráter discricionário** em razão da possibilidade a ele conferida de estabelecer um **juízo de valores**, levando em consideração os itens exigidos pelo legislador.

Assim, por exemplo, pode-se mencionar, em vista de seu caráter elucidativo, a redação **do art. 128 da Lei n. 8.112/90** (o Estatuto dos Servidores Públicos Federais), que a seguir se reproduz:

Art. 128. Na aplicação das penalidades serão consideradas a natureza e a gravidade da infração cometida, os danos que dela provierem para o serviço público, as circunstâncias agravantes ou atenuantes e os antecedentes funcionais.

Como se observa, o próprio dispositivo legal transcrito abre a possibilidade para que o administrador, diante de situações concretas, possa lançar mão de um **juízo de valores** que leve em consideração, no mínimo, os elementos ali relacionados.

Trata-se, sem dúvida, de regra que permite melhor **acompanhamento** por parte dos particulares das **atitudes** tomadas pela **Administração**, porque possibilita aferir a **razoabilidade**, a proporcionalidade da **decisão tomada** em vista dos itens ali mencionados.

Convém recordar, no entanto, uma vez mais, a necessidade de se fazer acompanhar a **decisão** tomada, seja qual for, das **razões**, dos **motivos** que a nortearam.

Com efeito, essa conclusão decorre não só dos argumentos que foram utilizados em comentários ao princípio da motivação, mas também de expressa disposição legal nesse sentido, contida no art. 128, parágrafo único, do mesmo diploma legal, como se vê:

Art. 128. (...)
Parágrafo único. O ato de imposição da penalidade mencionará sempre o fundamento legal e a causa da sanção disciplinar.

Importante consignar que a **motivação** se revela **imprescindível**, quer para aquelas situações em que a **penalidade** seja efetivamente **aplicada**, quer para aquelas em que o administrador opte pela sua não aplicação.

Destarte, convém relembrar que a **ausência de motivação** naquelas circunstâncias em que a penalidade não for aplicada, quando, em tese, deveria sê-lo, pode resultar na caracterização de crime de condescendência, a teor do disposto no **art. 320 do CP**, assim redigido:

Art. 320. Deixar o funcionário, por indulgência, de responsabilizar subordinado que cometeu infração no exercício do cargo ou, quando lhe falte competência, não levar o fato ao conhecimento da autoridade competente (...).

Percebe-se, portanto, que nesse particular a **motivação**, embora imprescindível, assume uma vertente diferenciada, voltada à **proteção** não do servidor que deixou de sofrer a penalidade, mas do **agente** que deixou de aplicá-la de modo a evitar o **enquadramento no tipo penal**.

4 ▪ Poderes da Administração

Nesse particular ainda, importante anotar que a necessidade de **motivação** se apresenta de capital **importância** para que se possa **avaliar** em que medida a **decisão** proferida revela-se **compatível** com o princípio da **razoabilidade**, circunstância que se encontra positivada no art. 2.º, parágrafo único, VI, da Lei federal n. 9.784/99, que regula os processos administrativos no âmbito da Administração Pública federal. Confira-se:

> **Art. 2.º (...)**
>
> Parágrafo único. Nos processos administrativos serão observados, entre outros, os critérios de: (...)
>
> VI — adequação entre meios e fins, vedada a imposição de obrigações, restrições e sanções em medida superior àquelas estritamente necessárias ao atendimento do interesse público.

Por outro lado, a aplicação de sanções e penalidades encontra **limite** no princípio do **devido processo legal**, uma vez que, como dito em nossa Carta Maior, no **inciso LIV do art. 5.º**, ninguém será privado de sua liberdade ou de seus bens sem que se leve em consideração essa diretriz.

Acresça-se que esse princípio, que envolve o **contraditório** e a **ampla defesa**, aplica-se aos **litigantes** em **processo judicial**, **administrativo** e aos **acusados** em geral, com os meios e recursos a ele inerentes, na forma do inciso LV do mesmo artigo.

Ora, é bem de ver que não se pode cogitar de ampla defesa e, como consequência, de devido processo legal sem que o ato praticado pelo agente público venha acompanhado das razões que deram origem a ele.

De se destacar, também, que a **aplicação** dessas **penalidades** com a concessão do contraditório e da ampla defesa deve ser **antecedida**, conforme o grau da irregularidade praticada, da abertura de **sindicância** (se a infração cometida comportar a pena de suspensão por até 30 dias) ou de **processo administrativo disciplinar**, que não apresenta nenhum tipo de limitação para sua utilização, consoante se verifica das regras estabelecidas na **Lei n. 8.112/90** (Estatuto dos Servidores Públicos da União), respectivamente nos seus **arts. 146 e 148**. Por derradeiro, não se pode, por razões óbvias, admitir a possibilidade de aplicação de penalidades pelo **critério da "verdade sabida"**, pois implicaria afronta aos princípios do contraditório e da ampla defesa.

Essa conclusão não surge de maneira gratuita, mas por implicar a **possibilidade** de **aplicação** de **penalidades** em vista do **conhecimento pessoal**, pela **autoridade** competente, da infração cometida, podendo atuar de forma unilateral.

De resto, o mesmo raciocínio deve prevalecer em relação a outro meio sumário de aplicação de penalidades conhecido por **"termo de declaração"**, consistente na **aplicação de sanção** em vista de comprovação da infração por força de **confissão**.

De outra parte, importante deixar consignado que a **observância desses requisitos** para a penalização de um agente público tem lugar mesmo na hipótese de **flagrante**.

Destarte, em que pese a **impossibilidade** de o **agente** negar tanto a **configuração do ilícito** quanto sua **autoria**, continua ele tendo direito à **ampla defesa** dentro de um processo administrativo ou de uma sindicância, pois terá o direito de **explicar a razão** que o levou a **praticar** o referido **ilícito**.

162 Direito Administrativo Esquematizado   *Celso Spitzcovsky*

De resto, essa possibilidade, normalmente utilizada pelo agente, tem por **objetivo** a **diminuição** de sua **intensidade** e não a eliminação de uma possível **sanção**, tendo em vista os itens estabelecidos no art. 128 da Lei n. 8.112/90, bem como no art. 22, § 2.º, da Lei n. 13.655/2018:

Art. 128 da Lei n. 8.112/90 — Na aplicação das penalidades serão consideradas a natureza e a gravidade da infração cometida, os danos que dela provierem para o serviço público, as circunstâncias agravantes ou atenuantes e os antecedentes funcionais. Parágrafo único. O ato de imposição da penalidade mencionará sempre o fundamento legal e a causa da sanção disciplinar.

Art. 22 da Lei n. 13.655/2018 — (...)
§ 2.º Na aplicação de sanções, serão consideradas a natureza e a gravidade da infração cometida, os danos que dela provierem para a administração pública, as circunstâncias agravantes ou atenuantes e os antecedentes do agente.

A leitura dos dispositivos reproduzidos permite concluir que, quando da decisão em processo administrativo disciplinar, tem o administrador a obrigação de levar em consideração os itens ali estabelecidos, sob pena de ilegalidade.

Assim, a título de exemplo, o agente público flagrado desviando verbas públicas terá o mesmo direito à ampla defesa, mesmo que não possa negar o desvio nem a autoria dele.

Com efeito, poderá apresentar para a Comissão processante, como justificativa, o fato de um integrante de sua família ter sido sequestrado; que um resgate de valor elevado foi exigido e que, pressionado pela situação, acabou desviando a verba.

Com essa linha de argumentação, pode não conseguir evitar a aplicação de uma sanção, como já se disse, mas alcançar uma **diminuição de sua intensidade**, tendo em vista as **atenuantes** do caso hipotético descrito.

De outra parte, também importante deixar consignado que, durante a tramitação do processo administrativo disciplinar, a **falta de defesa técnica** produzida por **advogado** não implica sua anulação, conclusão que resulta da **Súmula Vinculante 5 do STF**:

SÚMULA VINCULANTE 5: A falta de defesa técnica por advogado no processo administrativo disciplinar não ofende a Constituição.

Dentro desse contexto, importante registrar que o **conteúdo** dessa **Súmula** não teve por **objetivo** retirar a importância do advogado em processos dessa natureza, mas sim **coibir tentativas** do agente processado de **anular o procedimento**, por força de falta de defesa técnica, que lhe foi oferecida e, por ele negada, por ato de liberalidade.

Em outras palavras, a **incidência da Súmula** só se verifica para aquelas **hipóteses** em que foi dada oportunidade ao **agente** para apresentar defesa técnica e ele, por simples **liberalidade**, abriu mão dela, exatamente para, na hipótese de confirmação da condenação, ter a possibilidade de pedir a **anulação** do processo perante o **Judiciário**.

Por óbvio que o **conteúdo** da referida **súmula não se aplica** para aquelas situações em que sequer foi oferecido ao agente processado o direito à defesa técnica por advogado, por afronta à Constituição, a teor do disposto **no art. 5.º, LV**.

4 ■ Poderes da Administração

Nesse particular, importante anotar que a referida súmula foi objeto de pedido de cancelamento formulado pela OAB, sob a alegação de que seu conteúdo implicaria não só um desprestígio para a classe dos advogados, mas também uma agressão ao princípio da ampla defesa.

Diante desse pedido, o **STF**, por seu **plenário**, em **novembro de 2016**, por maioria de votos, rejeitou o pedido com base no voto proferido pelo Ministro Ricardo Lewandowski, do qual se destaca o seguinte trecho:

"O mero descontentamento ou divergência quanto ao conteúdo do verbete vinculante não propicia a reabertura das discussões sobre tema já debatido à exaustão por esta Suprema Corte. Ademais, na linha do que foi observado pelo Presidente da Comissão de Jurisprudência do STF e também pelo Procurador Geral da República, ressalto que, para admitir-se a revisão ou o cancelamento de súmula vinculante, é necessário que seja evidenciada a superação da jurisprudência da suprema corte no trato da matéria, que haja alteração legislativa quanto ao tema ou, ainda, modificação substantiva de contexto político, econômico ou social".

Assim sendo, prevalece o entendimento acerca da **única situação de cabimento** da referida **súmula**, de forma a não implicar esvaziamento da regra prevista não só no art. 5.º, LV, da Constituição, mas também no art. 133, que estabelece ser o advogado imprescindível para o atingimento da justiça.

Por fim, também não implica o esvaziamento da regra estabelecida no **art. 156 da Lei n. 8.112/90**, que assegura ao servidor o direito de acompanhar o processo pessoalmente ou por intermédio de procurador.

Cumpre destacar ainda que a **responsabilidade** administrativa do servidor só será **afastada**, nos termos do **art. 126** da **Lei n. 8.112/90**, no caso de **absolvição criminal** que **negue a existência do fato ou sua autoria**. Confira-se:

Art. 126. A responsabilidade administrativa do servidor será afastada no caso de absolvição criminal que negue a existência do fato ou sua autoria.

Dentro desse contexto, intuitiva a conclusão segundo a qual a **absolvição criminal** por **falta de provas** não produz os mesmos efeitos, vale dizer, **não vincula a Administração Pública**.

Para melhor visualização dos itens desenvolvidos, confira-se o seguinte quadro:

OBJETO	Aplicação de sanções de natureza administrativa
DESTINATÁRIOS	Servidores públicos
SANÇÕES	Advertência, suspensão, demissão, cassação de aposentadoria, destituição de cargos em comissão (art. 127 da Lei n. 8.112/90)
FATO GERADOR	Infrações de caráter funcional
CARACTERÍSTICA	Discricionariedade, levando em consideração os itens relacionados no art. 128 da Lei n. 8.112/90
REQUISITO	Respeito ao devido processo legal (art. 5.º, LIV e LV, da CF)
INSTRUMENTOS	Sindicância ou processo disciplinar, dependendo da gravidade do ato
RESPONSABILIDADE	Afastada na hipótese de absolvição penal que negue a existência do fato ou da autoria (art. 126 da Lei n. 8.112/90)

164 Direito Administrativo Esquematizado   *Celso Spitzcovsky*

4.2.5. Poder normativo ou regulamentar

Poder normativo ou regulamentar pode ser definido pela faculdade atribuída ao administrador para a **expedição de decretos e regulamentos**.

No nível mundial, são conhecidas **duas modalidades de decretos e regulamentos**, a saber: os decretos e regulamentos **autônomos** e os decretos ou regulamentos de **execução**. Os primeiros recebem esse nome uma vez que sua edição **independe** da **existência de lei anterior** disciplinando a matéria, o que faz com que ocupem eles no ordenamento jurídico o mesmo posicionamento atribuído às leis em geral, vale dizer, encontram-se eles localizados diretamente abaixo da Constituição.

Sendo assim, a exemplo do que se verifica nas leis em geral, se **extrapolarem** eles os **limites** estabelecidos na Constituição, serão considerados **inconstitucionais**, submetendo-se, pois, a um controle de constitucionalidade.

De outra parte, os chamados **decretos** ou regulamentos de **execução** são aqueles que **dependem** da existência de uma **lei anterior** para serem editados, ocupando, portanto, em termos de hierarquia, um posicionamento inferior ao das leis em geral. São, pois, atos infralegais, razão pela qual pressupõem a existência de uma lei anterior para serem editados.

Dessa forma, conclui-se que, em razão desse posicionamento, **não podem inovar** no ordenamento jurídico, **mas**, tão somente, oferecer à lei **fiel execução**, vale dizer, o melhor detalhamento.

Assim sendo, se **extrapolarem os limites** que lhes são atribuídos, serão considerados **ilegais**, submetendo-se a um controle de legalidade.

Apresentadas as duas modalidades conhecidas no nível mundial, cumpre agora verificar qual ou quais delas se apresentam em nosso ordenamento jurídico, o que se fará a seguir.

4.2.6. Situação existente no Brasil

a) Decretos ou regulamentos de execução

Tem previsão em nossa **Constituição**, no **art. 84**, como se observa:

Art. 84. Compete privativamente ao Presidente da República: (...).

Da leitura do dispositivo reproduzido conclui-se que as **competências** ali relacionadas só poderão ser exercidas pelo **chefe do Poder Executivo**, sob pena de, em assim não se verificando, invalidação do ato.

Dentro desse cenário, importante destacar agora a previsão estabelecida no inciso IV, com destaque especial para sua parte final:

Art. 84. (...)
IV — sancionar, promulgar e fazer publicar as leis, **bem como expedir decretos e regulamentos para a sua fiel execução**.

A diretriz constitucional apresentada acaba por delinear o exato **papel atribuído aos decretos e regulamentos** expedidos pelo Poder Executivo, vale dizer: *oferecer fiel execução à lei*.

4 ◼ Poderes da Administração

Resta clara, portanto, a **impossibilidade** de utilização dessas espécies normativas, em um primeiro momento para **inovar a ordem jurídica**. Com efeito, sua edição só se justifica em vista do perfil a ela emprestado pelo dispositivo constitucional para oferecer fiel execução a uma lei existente.

Em outras palavras, se determinada matéria ainda não tiver sido objeto de regulamentação, por via de lei, não se justificará a edição de decretos e regulamentos, pois não terão a que oferecer fiel execução.

Aliás, a própria **Constituição Federal** se incumbiu de prever a **sanção** a ser aplicada naquelas situações em que a edição de um decreto ou regulamento **extrapole os limites** por ela estabelecidos.

É o que se vê da competência atribuída ao Congresso Nacional na forma do **art. 49, V**, para, em caráter de exclusividade, sustar os atos normativos que exorbitem o poder regulamentar. Confira-se:

Art. 49. É da Competência exclusiva do Congresso Nacional: (...)

V — sustar os atos normativos do Poder Executivo que exorbitem do poder regulamentar ou dos limites de delegação legislativa.

Em razão dos aportes até este passo trazidos, **a edição de um decreto ou regulamento não pode contrariar, restringir ou ampliar** o conteúdo de **leis** existentes, mas tão somente melhor explicitá-los.

Tudo o que se disse até aqui retrata o que, na classificação doutrinária, recebe o nome de decretos ou regulamentos de execução, sendo os únicos, aliás, admitidos em nosso ordenamento jurídico **como regra geral**.

Nesse particular, vale apontar decisão proferida pelo **STF**, em **10.03.2023**, quando do julgamento da **ADC 85 MC-Ref/DF**, acerca da legalidade do Decreto n. 11.366/2023, regulamentador do Estatuto do Desarmamento. Confira-se:

"Em análise superficial da questão sob exame, vê-se que o Presidente da República, ao editar o referido decreto, agiu com base na competência prevista no art. 84, *caput*, IV, da CF/1988, sem tê-la exorbitado (1), sendo que as matérias nele tratadas se inserem na esfera de regulamentação da Lei 10.826/2003 (Estatuto do Desarmamento). Outros temas abordados pelo decreto, ainda que não haja previsão expressa no texto da mencionada lei no sentido de que devam constar em seu regulamento, configuram normas de procedimento que se incluem no poder regulamentar privativo do Presidente da República."

Sobre o mesmo tema, vale conferir a decisão tomada pelo **STF**, em **30.06.2023**, quando o julgamento da **ADI 6.119/DF**, acerca de decreto presidencial editado com base no art. 84, IV, da CF, inovou na ordem jurídica, em relação à Lei n. 10.826/2003:

"É inconstitucional — por exorbitar os limites outorgados ao Presidente da República (CF/1988, art. 84, IV) e vulnerar políticas públicas de proteção a direitos fundamentais — norma de decreto presidencial, editado com base no poder regulamentar, que inova na ordem jurídica e fragiliza o programa normativo estabelecido pela Lei 10.826/2003 (Estatuto do Desarmamento).

(...)

A aquisição de armas de fogo deve se pautar pelo caráter excepcional, razão pela qual se exige a demonstração concreta da efetiva necessidade, por motivos tanto profissionais quanto pessoais."

b) Decretos e regulamentos autônomos

Em que pese a divergência instalada ao nível doutrinário, quanto a existência desses decretos ou regulamentos autônomos, aqueles que não dependem da existência de lei anterior para que possam ser editados, encontram eles, em nosso entendimento, respaldo ao nível constitucional, no art. 84, VI, incluído pela EC 32/2001, a seguir reproduzido:

Art. 84. Compete privativamente ao Presidente da República: (...)

VI — dispor, mediante decreto, sobre:

a) organização e funcionamento da administração federal, quando não implicar aumento de despesa nem criação ou extinção de órgãos públicos;

b) extinção de funções ou cargos públicos, quando vagos.

Com efeito, por meio dessas alterações ampliou-se a possibilidade de o Presidente da República, por decretos, atuar em relação a certas matérias, o que antes não era possível por essa espécie normativa.

Diante desse cenário, importante observar, também, que o decreto previsto no **inciso VI do art. 84** da Constituição não poderia ser o mesmo daquele previsto no **inciso IV** do mesmo dispositivo, até por força de questões relacionadas à cronologia.

Com efeito, se o decreto de execução encontrava-se já consignado no **inciso IV** do **art. 84**, desde a promulgação da Constituição, em **1988** (sendo desnecessário recuar ainda mais no tempo), não teria sentido que **treze anos depois**, em **2001**, por meio de emenda constitucional, fosse introduzida a regra estabelecida no **inciso VI** do mesmo dispositivo, se o decreto ali previsto tivesse o mesmo perfil daquele já existente.

A propósito, confira-se decisão proferida pelo **STF**, em **17.04.2023**, quando do julgamento da **ADI 6.186/DF**:

"É inconstitucional — por manifesta violação ao art. 84, VI, 'b', da Constituição Federal — a extinção de cargos e funções que estejam ocupados na data da edição do decreto do presidente da República."

De resto, essa orientação, que talvez não seja a mais simpática, mas que, sem dúvida, é aquela que resulta das previsões estabelecidas pela Constituição, encontra-se fortalecida pela própria **diferenciação** estabelecida no mesmo dispositivo constitucional, em seu **parágrafo único**:

Art. 84. (...)

Parágrafo único. O Presidente da República poderá delegar as atribuições mencionadas nos incisos VI, XII e XXV, primeira parte, aos Ministros de Estado, ao Procurador-Geral da República ou ao Advogado-Geral da União, que observarão os limites traçados nas respectivas delegações.

4 ◼ Poderes da Administração

Destarte, verifica-se da leitura do dispositivo reproduzido que a Constituição emprestou ao **decreto** relacionado no **inciso VI** um **perfil diferenciado**, atribuindo a ele a **possibilidade** de sua **delegação**, o que não se verifica em relação àquele previsto no **inciso IV**.

Nossa **jurisprudência** ratifica a existência desses decretos e regulamentos, através de diversos precedentes, que estabelecem um controle de constitucionalidade em relação a eles, com destaque para excertos do **STF**, o primeiro, quando do julgamento, em **21.09.2022**, da **ADI 6.119/DF**, em que a Corte julgou procedente o pedido, nos seguintes termos:

"A flexibilização, via decreto presidencial, dos critérios e requisitos para a aquisição de armas de fogo prejudica a fiscalização do Poder Público, além de violar a competência legislativa em sentido estrito para a normatização das hipóteses legais quanto à sua efetiva necessidade. (...)".

No mesmo sentido, concluiu o **STF**, pela possibilidade do controle de constitucionalidade de atos revestidos de indiscutível conteúdo normativo e autônomo:

"AGRAVO REGIMENTAL EM AÇÃO DIRETA DE INCONSTITUCIONALIDADE. DECRETO 10.854/2021. PROGRAMA DE ALIMENTAÇÃO DO TRABALHADOR. INTERPRETAÇÃO DE LEGISLAÇÃO INFRACONSTITUCIONAL. AUSÊNCIA DE OFENSA DIRETA À CONSTITUIÇÃO. DESCABIMENTO DE CONTROLE EM SEDE DE JURISDIÇÃO CONCENTRADA. AGRAVO REGIMENTAL NÃO PROVIDO. 1. O objeto das ações concentradas na jurisdição constitucional brasileira, além das espécies normativas primárias previstas no art. 59 da Constituição Federal, **engloba a possibilidade de controle de todos os atos revestidos de indiscutível conteúdo normativo e autônomo**. (...)" (STF, ADI 7.133/DF, Tribunal Pleno, rel. Alexandre de Moraes, j. 29.08.2022, *DJe*-174, Divulg. 31.08.2022, Public. 01.09.2022).

A mesma orientação foi adotada pelo **STJ**, reconhecendo a existência de decretos autônomos. Confira-se:

"PROCESSUAL CIVIL. ADMINISTRATIVO. AGRAVO INTERNO NO AGRAVO EM RECURSO ESPECIAL. MEDIDA *ANTIDUMPING*. ALHO CHINÊS. NULIDADE POR OMISSÃO. AMPLIAÇÃO DE ESCOPO. NÃO OCORRÊNCIA. RESOLUÇÃO CAMEX DE CARÁTER INTERPRETATIVO. RECURSO ESPECIAL. CABIMENTO. DECRETO AUTÔNOMO. AUSÊNCIA. NATUREZA REGULAMENTADORA DA NORMA. (...) 2. Descabe o manejo de recurso especial fundado na violação de ato normativo secundário, com o qual não se confunde o decreto autônomo. 3. No caso do Decreto n. 8.058/2013, sua natureza é dúplice: na parte que trata da organização administrativa do órgão executivo, realmente é autônomo; quando versa sobre as regras *antidumping*, o faz submetido aos atos primários a que se reporta, quais sejam, o tratado do GATT sobre a matéria (Decreto Legislativo n. 30/1994 e Decreto n. 1.355/1994) e a Lei n. 9.019/1995" (STJ, AgInt no AREsp 1661024/ES 2020/0026540-9, rel. Min. Og Fernandes, j. 15.02.2022, Segunda Turma, *DJe* 23.02.2022).

Para melhor visualização dos itens desenvolvidos, confira-se o seguinte organograma:

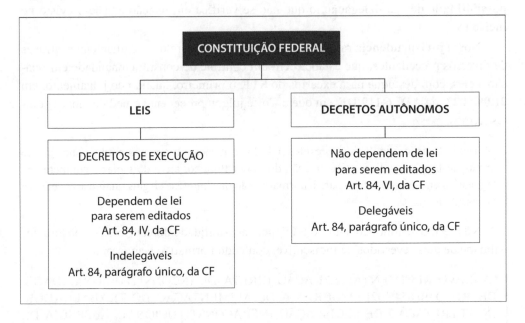

4.2.6.1. Poder de polícia

Poder de polícia é definido como aquele de que dispõe a **Administração** para **condicionar, restringir, limitar** e **frenar** atividades e **direitos** de **particulares** para a preservação dos **interesses** da **coletividade**.

Sem dúvida, a definição oferecida faz com que o exercício desse poder encontre **fundamento** na **supremacia do interesse público sobre o particular**, que norteia todas as atividades administrativas, sendo permeado pelo cumprimento dos princípios constitucionais, com destaque para o da razoabilidade, conforme precedente do **STF, em 26.06.2024**, quando do julgamento do **RE 635.659/SP** (Tema 506 RG), que concluiu não configurar infração penal a prática das condutas de adquirir, guardar, ter em depósito, transportar ou trazer consigo — para consumo pessoal — a substância *cannabis sativa* (maconha). Confira-se:

> "Não configura infração penal a prática das condutas de adquirir, guardar, ter em depósito, transportar ou trazer consigo — para consumo pessoal — a substância *cannabis sativa* (maconha).
>
> A criminalização das aludidas condutas, relacionadas ao porte de maconha para o uso próprio (Lei n. 11.343/2006, art. 28), afronta o postulado da proporcionalidade, pois (i) versa sobre lesividade que se restringe à esfera pessoal dos usuários; e (ii) produz crescente estigmatização, ofuscando os principais objetivos do Sistema Nacional de Políticas de Drogas, quais sejam, a política de redução de danos e a prevenção do uso abusivo de drogas. Nesse contexto, o foco da política de drogas deve ser o campo da saúde pública, até porque considerar essas condutas infração penal resulta em clara incongruência no sistema."

4 ◾ Poderes da Administração 169

Sem embargo, além dessa definição doutrinária, existe ainda uma definição oferecida pelo próprio legislador, como se verifica da redação contida no **art. 78 do CTN**:

Art. 78. Considera-se poder de polícia a atividade da administração pública que, limitando ou disciplinando direito, interesse ou liberdade, regula a prática de ato ou abstenção de fato, em razão de interesse público concernente à segurança, à higiene, à ordem, aos costumes, à disciplina da produção e do mercado, ao exercício de atividades econômicas dependentes de concessão ou autorização do Poder Público, à tranquilidade pública ou ao respeito à propriedade e aos direitos individuais ou coletivos.

Também dessa definição legal se pode concluir, pela imensa gama de situações em que o exercício desse poder pode se manifestar, que em todas elas se torna **necessária a caracterização** da preservação do **interesse público**.

De se registrar, ainda, que essa **restrição a direitos individuais** e coletivos poderá ter lugar quer quanto a **atos praticados**, quer em relação a **abstenções**, sempre respeitando os limites da lei.

De outra forma, não se pode cogitar da existência de interesse público sem lei que o respalde, não sendo outra a orientação oferecida pelo próprio legislador, a teor do disposto no **parágrafo único do art. 78 do CTN**:

Art. 78. (...)

Parágrafo único. **Considera-se regular o exercício do poder de polícia** quando desempenhado pelo órgão competente nos limites da lei aplicável, com observância do processo legal e, tratando-se de atividade que a lei tenha como discricionária, sem abuso ou desvio de poder.

Outrossim, sobreleva notar que o **exercício** desse poder pode dar-se por meio da **edição de atos** normativos de **alcance geral** ou mesmo por meio de atos de **efeitos concretos**.

Nesse contexto, surge como exemplo da primeira possibilidade a edição de regulamentos e portarias que disciplinem o uso e a venda de fogos de artifício, a soltura de balões, a venda de bebidas alcoólicas.

Quanto à segunda possibilidade, representada pela edição de atos concretos, os exemplos se multiplicam, podendo-se verificar a **extensão desse poder na fiscalização** sobre o comércio de medicamentos, o controle sobre as publicações, na aplicação de sanções a estabelecimentos comerciais por falta de segurança ou higiene, no embargo a obras irregulares ou no simples guinchamento de um veículo parado em lugar proibido.

Dentro desse contexto, importante salientar que a questão relacionada ao poder de polícia foi, inicialmente, objeto da **Súmula 645 do Supremo Tribunal Federal**. Confira-se:

SÚMULA 645 DO STF: É competente o Município para fixar o horário de funcionamento de estabelecimento comercial.

O verbete reproduzido autoriza a conclusão segundo a qual, no exercício do poder de polícia, têm os Municípios a possibilidade de estabelecer restrições para o funcionamento do comércio tendo em vista situações de ordem local.

Nesse sentido, possível que o Município autorize a ampliação do horário do comércio para fazer frente a uma maior demanda presente em épocas como Natal e Ano-Novo, assim como também possível essa extensão em razão da inauguração de uma estação do metrô, ou ainda em épocas de alta temporada para aqueles que têm vocação turística, surgindo como exemplos os Municípios de Campos do Jordão, em São Paulo, Gramado, no Rio Grande do Sul, São Joaquim, em Santa Catarina, que recebem um fluxo maior de turistas em épocas de inverno por conta dos atrativos que apresentam.

Nesse sentido, oportuno registrar que, nada obstante a clareza envolvendo o verbete dessa súmula, viu-se a Suprema Corte diante da necessidade de reproduzir seu conteúdo agora por meio da **Súmula Vinculante 38**:

SÚMULA VINCULANTE 38: É competente o Município para fixar o horário de funcionamento de estabelecimento comercial.

Outrossim, em relação ao poder de polícia, cabe destacar a edição, inicialmente, da **Súmula 646 do STF**, cuja redação a seguir se reproduz:

SÚMULA 646 DO STF: Ofende o princípio da livre concorrência lei municipal que impede a instalação de estabelecimentos comerciais do mesmo ramo em determinada área.

O conteúdo dessa súmula revela-se importante, uma vez que demonstra, de forma cristalina, que o exercício desse poder não se revela ilimitado por disposições estabelecidas em lei e em especial na Constituição Federal.

Assim é que, se por um lado tem o poder público a discricionariedade de restringir a instalação de estabelecimentos comerciais em determinadas áreas, por exemplo, em razão do zoneamento estabelecido pelo plano diretor, por outro essa restrição não pode se revelar contrária a diretrizes constitucionais, em especial aquelas relacionadas aos princípios que regulam a ordem econômica listados no art. 170.

Da mesma forma, em que pese a clareza do verbete, viu-se a Suprema Corte diante da necessidade de edição de outra **Súmula Vinculante**, a de número **49**, mantendo-se a mesma redação. Confira-se:

SÚMULA VINCULANTE 49: Ofende o princípio da livre concorrência lei municipal que impede a instalação de estabelecimentos comerciais do mesmo ramo em determinada área.

Ainda no nível do **STF**, importante destacar o verbete da **Súmula 323**:

SÚMULA 323 DO STF: É inadmissível a apreensão de mercadorias como meio coercitivo para pagamento de tributos.

4 ◼ Poderes da Administração   171

Trata-se de importante orientação estabelecida pelo STF, uma vez **que impede o Poder Público de coagir o devedor ao pagamento de tributos** mediante apreensão de patrimônio seu.

Nesse sentido, oportuna a reprodução de **precedente** do **STF**, quando do julgamento em **17.08.2021**, do **RE 738.481/SE** em que o **Tribunal**, por unanimidade, apreciando o Tema 849 da **Repercussão Geral, deu provimento ao recurso extraordinário**, nos termos do voto do Relator. **Foi fixada a seguinte tese: "Compete aos municípios legislar sobre a obrigatoriedade de instalação de hidrômetros individuais nos edifícios e condomínios, em razão do preponderante interesse local envolvido".**

A questão relacionada ao exercício desse poder também foi objeto de preocupação do Superior Tribunal de Justiça, consoante se verifica da **Súmula 19**:

SÚMULA 19 DO STJ: A fixação do horário bancário, para atendimento ao público, é da competência da União.

Percebe-se aqui, novamente, a possibilidade de o poder público estabelecer limitações quanto ao horário de funcionamento de atividades bancárias, atribuindo-se essa competência, em caráter exclusivo, para a União.

Não poderia ser outra a diretriz estabelecida, sob pena de inviabilização da atividade bancária no território nacional, com especial destaque para a compensação de cheques, que restaria inviabilizada caso a competência fosse atribuída para Estados e, em especial, para cada um dos mais de 5.500 Municípios existentes em nosso país.

De outra parte, merece destaque também o reconhecimento por parte do **Supremo Tribunal Federal**, em **agosto de 2015**, quando do julgamento do **Recurso Extraordinário n. 658.570**, da competência das **guardas municipais para fiscalizar o trânsito**, lavrar autos de infração e aplicar multas. Por seis votos a cinco, o Plenário da Suprema Corte, seguindo divergência aberta pelo Ministro Luís Roberto Barroso, entendeu que o poder de polícia de trânsito pode ser exercido pelo Município, por delegação, uma vez que o Código de Trânsito Brasileiro estabeleceu que essa competência é comum aos órgãos federados.

Inquestionavelmente, o problema que se apresenta quando do exercício desse poder reflete-se na existência de tênue fronteira com o instituto da **censura**, no que se refere ao campo das **telecomunicações**, da **radiodifusão**.

Como discernir aquelas situações em que direitos individuais e coletivos são sacrificados, dentro dos limites da lei, pelo legítimo exercício do **poder de polícia** daquelas em que tal atuação, extrapolando esses limites, representa a volta da **censura**?

Essa discussão, que aliás está longe de ser pacificada, vem ganhando relevo e alcance principalmente em relação aos **meios de comunicação de massa**, em particular com relação à **programação** por eles veiculada, em vista do enorme poder de influência que exercem sobre a população.

Como se sabe, a Constituição Federal assegura, entre os direitos e as garantias fundamentais, a **livre manifestação do pensamento**, em seu **art. 5.º, IV**, ao mesmo tempo que proíbe a **censura** no **inciso IX** do mesmo dispositivo.

172 Direito Administrativo Esquematizado   *Celso Spitzcovsky*

Estabelece, outrossim, a possibilidade de restrição, por parte do Poder Público, à programação dos meios de comunicação, desde que nos termos por ela mesma estipulados, a teor do **art. 220,** *caput*:

Art. 220. A manifestação do pensamento, a criação, a expressão e a informação, sob qualquer forma, processo ou veículo não sofrerão qualquer restrição, observado o disposto nesta Constituição.

Nesse sentido, é importante destacar a impossibilidade de incidência de censura de qualquer natureza, nos meios de comunicação social, conforme a diretriz estabelecida no **§ 2.º do art. 220:**

Art. 220. (...)
§ 2.º É vedada toda e qualquer censura de natureza política, ideológica e artística.

Registre-se que as **restrições** previstas pela Constituição Federal a serem utilizadas pelo Poder Público a essa programação só podem ser **veiculadas por lei federal**, conforme o **§ 3.º** do mesmo art. 220:

Art. 220. (...)
§ 3.º Compete à lei federal:
I — regular as diversões e espetáculos públicos, cabendo ao Poder Público informar sobre a natureza deles, as faixas etárias a que não se recomendem, locais e horários em que sua apresentação se mostre inadequada;
II — estabelecer os meios legais que garantam à pessoa e à família a possibilidade de se defenderem de programas ou programações de rádio e televisão que contrariem o disposto no art. 221, bem como da propaganda de produtos, práticas e serviços que possam ser nocivos à saúde e ao meio ambiente.

Entre elas, como visto, destaca-se a **obrigação de informar sobre a natureza desses programas**, as **faixas etárias** às quais não se recomendem e **locais** e **horários** em que sua apresentação se mostre inadequada; também o de estabelecer os **meios legais que garantam à pessoa e à família** a possibilidade de defesa em relação à programação que não observe os valores éticos e sociais da pessoa e da família.

A possibilidade, contudo, conferida à Administração, a título de exercício do **poder de polícia**, de propor uma **classificação indicativa da programação** das emissoras de rádio e televisão não poderá extrapolar os **limites** estabelecidos pela **Constituição**, pois passaria a exercer atividades próprias de um censor.

A propósito, importante anotar a previsão estabelecida no **art. 21, XVI, da CF**, que atribui à União a competência para exercer a classificação, **para efeito indicativo**, de diversões públicas e de programas de rádio e televisão.

Dessa forma, em vista do **caráter** meramente **indicativo** dessa **classificação, impossível** a aplicação de qualquer **sanção** às emissoras de rádio e TV que exibirem programas em horário diverso daquele autorizado pelo Poder Público.

Nesse sentido, importante destacar a decisão proferida em **agosto de 2016** pelo **Supremo Tribunal Federal**, declarando a **inconstitucionalidade** de dispositivo do **Estatuto da Criança e do Adolescente** que estabelecia multa e suspensão da programação

4 ▪ Poderes da Administração 173

das emissoras de rádio e TV que exibissem programas em horário diverso do autorizado pela classificação indicativa quando do julgamento da ação direta de inconstitucionalidade **(ADI 2.404)** proposta pelo Partido Trabalhista Brasileiro.

No referido julgamento, concluiu a **Suprema Corte** que **a Constituição Federal estabelece** um modelo de **classificação indicativa** que busca colaborar com as famílias, informando os pais ou responsáveis na tutela do conteúdo acessível aos menores de idade. O texto constitucional formatou um modelo em que a competência da União para classificar tem efeito indicativo, cabendo ao Poder Público, por **lei federal**, apenas **informar** sobre a **natureza** de diversões e **espetáculos públicos**.

De se destacar ainda, que, no voto proferido pelo **Ministro Teori Zavascki**, esse paradigma constitucional de atuação do Poder Público não se compraz com medidas de conteúdo sancionatório, sob pena de transformar a indicação em obrigação para as emissoras de rádio e difusão.

A **exceção** se apresenta, por óbvio, em relação àquela programação que fizer **apologia de valores proibidos pela Constituição**, como é o caso daquelas que levem a discriminações raciais, ideológicas, religiosas, ou que conduzam à prática de crimes, como é o caso do tráfico de entorpecentes.

Vale ainda destacar **precedente** do STF, em **16.08.2021**, quando do julgamento da **ADI 5.112/BA, combatendo diploma legal que atribuiu aos Municípios competência para legislar e fiscalizar a** *Venda e consumo de bebidas alcoólicas em eventos esportivos*.

Nesta decisão, concluiu a Corte que ante a ausência de nitidez do art. 13-A, II, da Lei n. 10.671/2003 **(Estatuto do Torcedor), há espaço de conformação normativa aos demais entes da Federação** para, em nome da **garantia da integridade física**, regulamentar da maneira mais eficiente possível as **medidas para evitar atos de violência**. Essa interpretação decorre da teleologia da norma, que objetiva a redução da violência nas arenas esportivas.

Por tudo quanto se disse até aqui, importante salientar que o exercício desse **poder de polícia, por representar atividade típica do Estado**, revela-se indelegável, impossibilitando a transferência de sua execução para particulares, conclusão respaldada pelo entendimento já **pacificado** pela **Suprema Corte**, **em 2003**, quando do julgamento da **ADI 1.717/DF**, relatada pelo então **Ministro Sidnei Sanches**.

Dentro desse contexto, para melhor visualização da questão, perfeitamente possível a contratação de particulares mediante procedimento licitatório para o fornecimento de equipamentos para viabilizar a lavratura de autos de infração, bem como aplicação de multas, mas impossível que essa contratação abarque a possibilidade de o particular aplicá-las, ou decidir recursos interpostos por aqueles que se sentirem prejudicados.

Ainda sobre esse tema, oportuno destacar decisão proferida pelo **STF**, em **10.03.2023**, quando do julgamento da **ADI 5.076/RO**, em que **declarou inconstitucionalidade** de **lei estadual** em matéria de **porte de arma**. Confira-se:

> "É inconstitucional — por violar a competência privativa da União para legislar sobre direito penal e material bélico (CF/1988, art. 22, I e XXI) — norma estadual que concede, de forma incondicionada, o porte de arma de fogo a agentes penitenciários."

Da mesma forma, vale conferir decisão proferida pelo **STF**, em **23.06.2023**, quando do julgamento da **ADI 5.354/SC**, atribuindo a bombeiros militares voluntários, competência para realizar vistorias e fiscalizações, ao arrepio de lei federal. Confira-se:

"É inconstitucional — por invadir a competência privativa da União para dispor sobre normas gerais de organização dos corpos de bombeiros militares e defesa civil (CF/1988, art. 22, XXI e XXVIII c/c o art. 144, V e § 5.º) — norma estadual que dispõe de forma contrária à legislação federal vigente sobre esses assuntos e viabiliza a delegação de atividades tipicamente estatais a organizações voluntárias de natureza privada, para realizar vistorias e fiscalizações quanto ao cumprimento de normas de segurança nos municípios."

Oportuna, também, a reprodução de decisão proferida pelo **STJ**, em **23.03.2023**, quando do julgamento do **AREsp 584.752/RS**, legitimando o indeferimento de pedido de CNH, em razão de cometimento de infração grave:

"É lícito ao órgão de trânsito indeferir o pedido de Carteira Nacional de Habilitação — CNH ao condutor que, portador da Permissão para Dirigir, cometeu infração grave, independentemente dessa infração ser qualificada como de natureza administrativa ou na condução do veículo."

Ainda sobre esse tema, oportuno registrar a posição adotada pelo **STF**, quando do julgamento, **em 04.06.2024**, da **ADI 7.571/ES**, pela inconstitucionalidade de norma estadual que concede o direito ao porte de arma de fogo a membros da Defensoria Pública local. Confira-se:

"É inconstitucional — por violar as competências da União material exclusiva para autorizar e fiscalizar a produção e o comércio de material bélico (CF/1988, art. 21, VI), bem como privativa para legislar sobre o assunto (CF/1988, art. 22, XXI) — norma estadual que concede o direito ao porte de arma de fogo a membros da Defensoria Pública local.

O porte de arma de fogo constitui assunto relacionado à segurança nacional e, pelo princípio da predominância do interesse, insere-se na competência da União, tendo em vista o objetivo de se instituir uma política criminal de âmbito nacional".

4.2.6.1.1. *Atributos do poder de polícia*

De outra parte, cumpre observar que o exercício desse **poder de polícia**, como de resto se verifica em relação aos atos administrativos em geral, é dotado de **atributos** que não surgem de forma gratuita, uma vez que voltados à **preservação dos interesses da coletividade**. Assim é que os atos relacionados ao exercício de poder de polícia são dotados, em regra, de **discricionariedade**, em que o administrador pode exercer um juízo de valores, de conveniência e oportunidade.

Excepcionalmente, esses atos revelam-se **vinculados**, surgindo como exemplos a edição de um alvará para a execução de determinada obra, ou ainda uma licença para o exercício de determinada atividade, uma vez que, preenchidos os requisitos legais, não poderá a administração se recusar a concedê-los.

4 ◼ Poderes da Administração

Dentro desse contexto, **destaca-se** o atributo da **autoexecutoriedade**, que permite à Administração executar seus próprios atos, tomar suas decisões, sem a necessidade de autorização do Poder Judiciário.

Esse atributo pode ser dividido em **exigibilidade**, que permite a utilização de meios indiretos de coação, e **executoriedade**, que permite a utilização de meios diretos de coação sempre para a preservação dos interesses da coletividade.

Também esse atributo não representa regra absoluta, comportando **exceções**. Surge como exemplo clássico a aplicação de multas que só se concretizam depois de esgotadas as possibilidades de ampla defesa conferidas àquele que se sentir prejudicado.

Por fim, a **coercibilidade**, que autoriza a imposição coercitiva das manifestações do poder de polícia com o **emprego de força pública**, mas sempre de forma **dosada**, em respeito ao princípio da razoabilidade, já comentado em capítulo anterior.

Nesse sentido, merece destaque a **Súmula 323 do STF**, segundo a qual é inadmissível a apreensão de mercadorias como meio coercitivo para o pagamento de tributos.

No mesmo sentido, a decisão proferida pelo **TJMS**, através da sua 2.ª Câmara Cível, quando do julgamento, em **14 de janeiro de 2022**, da **Apelação/Reexame Necessário n. 0842222-73.2019.8.12.0001**, consoante se verifica da ementa a seguir reproduzida:

> "REMESSA NECESSÁRIA — MANDADO DE SEGURANÇA — ATO DE APREENSÃO DE MERCADORIAS COMO MEIO COERCITIVO DE PAGAMENTO DE TRIBUTO — APLICABILIDADE DA SÚMULA 323 DO STF — SENTENÇA CONFIRMADA. É inadmissível a apreensão de mercadorias como meio coercitivo para pagamento de tributos, sendo tolerável sua retenção somente pelo tempo suficiente para que o Fisco Estadual lavre o termo de verificação, pois a demonstração de eventuais irregularidades, bem como a imposição de penalidades devem ser apuradas mediante processo administrativo fiscal prevendo a oportunidade da ampla defesa e do contraditório. Sentença confirmada".

Dentro desse contexto, apresenta-se, também, a possibilidade de exercício do **poder de polícia** em relação à **propaganda** de determinados **produtos**, em especial aqueles relacionados pela Constituição, no **art. 220, § 4.º**:

> Art. 220. (...)
> § 4.º A propaganda comercial de tabaco, bebidas alcoólicas, agrotóxicos, medicamentos e terapias estará sujeita a restrições legais, nos termos do inciso II do parágrafo anterior, e conterá, sempre que necessário, advertência sobre os malefícios decorrentes de seu uso.

A leitura do dispositivo reproduzido permite concluir que, embora não tenha considerado os produtos ali como ilícitos, a Constituição autorizou a incidência de **restrições** quando de sua **propaganda**, por força de tê-los considerado lesivos à saúde.

Não por outra razão, verifica-se a presença de **avisos** quanto aos **malefícios** causados pelo consumo de **cigarro**, **bebida** alcoólica, **medicamentos**, matéria disciplinada pela **Lei n. 9.294/96**, regulamentadora da matéria.

4.2.6.1.2. Remuneração

De outra parte, importante anotar que o exercício do poder de polícia se apresenta como fato gerador da cobrança de taxas, a teor do disposto no **art. 145, II, da Constituição Federal**:

> **Art. 145.** A União, os Estados, o Distrito Federal e os Municípios poderão instituir os seguintes tributos: (...)
>
> II — taxas, em razão do exercício do poder de polícia ou pela utilização, efetiva ou potencial, de serviços públicos específicos e divisíveis, prestados ao contribuinte ou postos a sua disposição.

Portanto, em razão da disposição constitucional, pressupõe-se que o pagamento de **taxas** pelo exercício do **poder de polícia** implica efetiva **contraprestação**, feita pelo Poder Público, uma vez que surge ela como pressuposto para a cobrança desse tributo.

4.2.6.1.3. Polícia administrativa X polícia judicial

Por derradeiro, importante registrar a **diferença** estabelecida no nível doutrinário entre **polícia administrativa** e **polícia judicial**.

Com efeito, a **primeira** é regida por **regras** de **direito administrativo**, atuando em **caráter preventivo e repressivo**, enquanto a **segunda**, por **regras processuais penais**, atuando em **caráter preventivo e repressivo**, diferença essa apontada por nossa doutrina, consoante se verifica do excerto a seguir reproduzido:

> "Costuma-se, mesmo, afirmar que se distingue a polícia administrativa da polícia judiciária, com base no caráter preventivo da primeira e repressivo da segunda. (...)
>
> Seu traço característico seria o cunho repressivo, em oposição ao preventivo, tipificador da polícia administrativa. (...)
>
> O que efetivamente aparta polícia administrativa de polícia judiciária é que a primeira se predispõe unicamente a impedir ou paralisar atividades antissociais, enquanto a segunda se preordena à responsabilização dos violadores da ordem jurídica. (...)
>
> A importância da distinção entre polícia administrativa e polícia judiciária está em que a segunda rege-se na conformidade da legislação processual penal e a primeira pelas normas administrativas"[2].

Para melhor visualização dos itens desenvolvidos, confira-se o seguinte quadro:

DEFINIÇÃO	Limita, restringe, disciplina direitos e atividades dos particulares (art. 78 do CTN)
FUNDAMENTO	Supremacia do interesse público (art. 78 do CTN)
CARACTERÍSTICA	Indelegabilidade — atividade típica do Estado (STF, ADI 1.717/DF)

---

[2] MELLO, Celso Antônio Bandeira de. *Curso de direito administrativo.* 18. ed. São Paulo: Malheiros, 2005, p. 762-764.

4 ◼ Poderes da Administração 177

ATRIBUTOS	◼ Discricionariedade — exceção: licença para dirigir ◼ Autoexecutoriedade — exceção: aplicação de multas; coercitividade
ESPÉCIES	Exterioriza-se por meio de atos gerais e individuais
REMUNERAÇÃO	Por meio de taxas (art. 145, II, da CF)
SÚMULAS	Súmula 19 do STJ, Súmulas Vinculantes 38 e 49 e Súmula 323 do STF
POLÍCIA ADMINISTRATIVA X POLÍCIA JUDICIAL	◼ Limita direitos no campo do direito administrativo ◼ Limita direitos no campo do direito penal

4.2.7. Poder de império ou extroverso

Por fim, a título de encerramento deste capítulo, em vista de reiterados questionamentos realizados por bancas examinadoras de concurso, cumpre esclarecer, uma vez mais, que a Administração, por força dos interesses que representa, é dotada de um **poder de império**, também chamado de **poder extroverso**, que a autoriza a **agir unilateralmente sem depender da concordância** ou participação dos **particulares**, que, como se vê, em certa medida, aproxima-se do atributo conferido aos atos administrativos em geral, vale dizer, da **imperatividade**.

4.3. QUADRO SINÓTICO

PODERES DA ADMINISTRAÇÃO	
NOÇÃO BÁSICA	Surgem como instrumentos conferidos pelo ordenamento jurídico para que por meio deles possa o Poder Público atingir a única finalidade que lhe é permitida, vale dizer, a preservação dos interesses da coletividade.
REFLEXO	Impossibilidade de o administrador renunciar ao uso desses poderes e possibilidade de ser responsabilizado por sua utilização incorreta.
Espécies	
VINCULADO	O administrador fica inteiramente preso ao enunciado da lei, que estabelece o único comportamento a ser adotado em situações concretas, não deixando nenhuma margem de liberdade para uma apreciação subjetiva. Exemplo: aposentadoria compulsória do servidor (CF, art. 40, § 1.º, II).
DISCRICIONÁRIO	O agente também fica preso ao enunciado da lei, que, no entanto, não estabelece um único comportamento a ser adotado por ele em situações concretas, permitindo a realização de um juízo de valores, de conveniência e de oportunidade. Exemplo: termo de permissão de uso para a colocação de mesas e cadeiras em frente a bares e restaurantes.
HIERÁRQUICO	É aquele conferido ao administrador para distribuir e escalonar as funções dos órgãos públicos e ordenar e rever a atuação dos agentes, estabelecendo entre eles uma relação de subordinação. Exemplos: ◼ atribuição para emitir ordens a um subordinado; ◼ fiscalização dos atos e comportamentos dos subalternos.

DISCIPLINAR	É aquele conferido ao administrador para a aplicação de sanções aos seus servidores, em decorrência da prática de infrações de caráter funcional. Exemplos de penalidades: ■ demissão; ■ suspensão; ■ advertência. Itens a serem observados: ■ natureza da infração; ■ gravidade dela; ■ prejuízos que causou; ■ atenuantes e agravantes; ■ antecedentes do servidor (Lei n. 8.112/90, art. 128). Requisito para aplicação: abertura de processo administrativo ou sindicância, atribuindo-se contraditório e ampla defesa (CF, art. 5.º, LV).
NORMATIVO OU REGULAMENTAR	Poder atribuído ao administrador para a expedição de decretos e regulamentos. Espécies: 1. De execução: editados para oferecer fiel execução à lei. 2. Autônomos: editados independentemente da existência de lei anterior.
NORMATIVO OU REGULAMENTAR	No Brasil: 1. De execução: CF, art. 84, IV. 2. Autônomos: negados por parte da doutrina, mas amparados pelo art. 84, VI, da CF, e reconhecidos pela jurisprudência do STF.
PODER DE POLÍCIA	Poder atribuído ao administrador para condicionar, restringir, limitar e frenar atividades e direitos de particulares para a preservação dos interesses da coletividade. Exemplos: ■ embargo de uma obra; ■ apreensão de produtos deteriorados; ■ fechamento de estabelecimento por falta de higiene; ■ fechamento de um teatro por falta de segurança; ■ fechamento de um bar por falta de licença.

4.4. SÚMULAS SOBRE PODERES DA ADMINISTRAÇÃO

4.4.1. Súmulas do STF

■ **Súmula 323:** É inadmissível a apreensão de mercadorias como meio coercitivo para pagamento de tributos.

■ **Súmula 397:** O poder de polícia da Câmara dos Deputados e do Senado Federal, em caso de crime cometido nas suas dependências, compreende, consoante o regimento, a prisão em flagrante do acusado e a realização do inquérito.

■ **Súmula 419:** Os Municípios têm competência para regular o horário do comércio local, desde que não infrinjam leis estaduais ou federais válidas.

■ **Súmula 645:** É competente o Município para fixar o horário de funcionamento de estabelecimento comercial.

■ **Súmula 646:** Ofende o princípio da livre concorrência lei municipal que impede a instalação de estabelecimentos comerciais do mesmo ramo em determinada área.

4.4.2. Súmulas vinculantes

■ **Súmula vinculante 5:** A falta de defesa técnica por advogado no processo administrativo disciplinar não ofende a Constituição.

■ **Súmula vinculante 38:** É competente o Município para fixar o horário de funcionamento de estabelecimento comercial.

■ **Súmula vinculante 49:** Ofende o princípio da livre concorrência lei municipal que impede a instalação de estabelecimentos comerciais do mesmo ramo em determinada área.

4.4.3. Súmula do STJ

■ **Súmula 19:** A fixação do horário bancário, para atendimento ao público, é da competência da União.

■ **Súmula 650:** A autoridade administrativa não dispõe de discricionariedade para aplicar ao servidor pena diversa de demissão quando caraterizadas as hipóteses previstas no artigo 132 da Lei n. 8.112/1990.

4.5. QUESTÕES

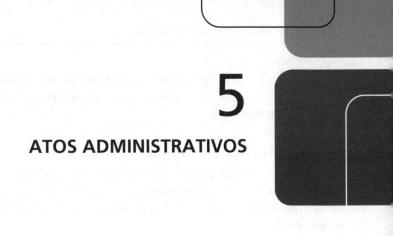

5
ATOS ADMINISTRATIVOS

5.1. DEFINIÇÃO

Antes de iniciarmos propriamente o estudo acerca dos atos administrativos, cumpre um **esclarecimento preliminar**, para justificar a opção didática pela qual iremos enveredar.

Quando da análise de todos os itens, procuraremos estabelecer um **traço comparativo entre** os **atos administrativos** e aqueles regidos pelo direito privado, **editados por particulares**.

Isso se deve ao fato de os atos administrativos surgirem como modalidade de atos jurídicos, com a diferença significativa de serem editados pela Administração Pública no exercício de uma função administrativa, representando, pois, interesses de terceiros.

Dessa forma, pode-se **defini-los** como toda manifestação unilateral de vontade da Administração, ou de quem lhe faça as vezes, que, agindo nessa qualidade, tenha por fim imediato adquirir, resguardar, transferir, modificar, extinguir e declarar direitos ou impor obrigações aos administrados, passível de reapreciação pelo Poder Judiciário.

Trata-se aqui de **manifestação unilateral** de vontade da **Administração**, o que se deve aos **interesses** por ela **representados**, que lhe permitem impor o cumprimento de **obrigações**, ainda que nenhuma ilegalidade tenha o administrado praticado.

Outrossim, observa-se que essa manifestação **unilateral** de vontade pode ser **proveniente também de terceiros**, que, embora não se confundindo com a Administração, agem nessa qualidade, fazendo-lhe as vezes, vale dizer, **executando serviços públicos**.

É a situação envolvendo **particulares** que temporariamente, como executores de **serviços públicos**, podem impor de modo unilateral comportamentos, desde que **nos limites da lei**. São os **concessionários** e os **permissionários**, que serão mais bem analisados em capítulo próprio.

Dessa forma, pode-se concluir que nem todo ato administrativo provém da Administração Pública, da mesma maneira que nem todo ato da Administração pode ser considerado administrativo, pois, como se verá mais adiante, os chamados **atos de gestão** são editados pelo Poder Público, mas debaixo de **regime** jurídico de **direito privado**.

Oportuno observar, ainda pela definição oferecida, que todos os **atos administrativos** podem ser objeto de **reapreciação** pelo **Poder Judiciário**, que, no entanto, deverá restringi-la ao aspecto de sua **legalidade**, de modo a **não interferir** no princípio da **separação** entre os **Poderes**, e desde que, por óbvio, tenha sido provocado por terceiros.

182 Direito Administrativo Esquematizado   *Celso Spitzcovsky*

De outra parte, cumpre analisar os **requisitos de validade** do ato administrativo, para o que lançaremos mão, uma vez mais, da **comparação** com os atos jurídicos regulados pelo **Código Civil**.

5.2. REQUISITOS DE VALIDADE

De início, cumpre deixar registrado que esses **requisitos de validade** do ato administrativo, assim como seus **atributos**, que serão analisados em sequência, não se apresentam de forma gratuita, pois necessários para a **preservação dos interesses da coletividade**.

Outrossim, o **descumprimento** de qualquer um desses **requisitos** de validade leva, inexoravelmente, à possibilidade de sua **invalidação pelo Judiciário**, por tratar-se de controle de legalidade.

De outra parte, frise-se, uma vez mais, que a **comparação** com os **requisitos** de validade previstos no **Código Civil**, para os **atos jurídicos em geral**, tem por objetivo propiciar uma visão ampla sobre o tema, em especial com destaque para as **diferenças** entre os atos disciplinados por esse diploma legal e os administrativos.

O **Código Civil**, como se sabe, relaciona como requisitos de validade do ato jurídico, em seu **art. 104**, *agente capaz, objeto lícito, possível, determinado ou determinável* e *forma prescrita ou não defesa em lei*.

O ato administrativo, como modalidade de ato jurídico, também não dispensa esses três requisitos de validade, vale dizer, agente, objeto e forma, guardada a necessidade de algumas adaptações, por força dos diferentes interesses a serem defendidos.

Sem embargo, conforme se procurará demonstrar, em vista dos interesses representados pelo Poder Público, os atos administrativos necessitam de outros requisitos que não aparecem naqueles editados por particulares, submetidos que estão a outro regime jurídico, destacando-se a **finalidade** e o **motivo**.

Nesse contexto, nossa **doutrina** e nossa **jurisprudência** alinham, com algumas variantes, os seguintes **requisitos de validade** para os atos administrativos, que serão analisados de maneira isolada, consoante suas características e desdobramentos:

a) competência;
b) forma;
c) objeto;
d) finalidade;
e) motivo.

5.2.1. Competência

Por esse requisito, torna-se claro que o **agente capaz** (a que faz alusão o Código Civil) encontra seu correspondente na *competência*, de sorte que o ato administrativo, para ser considerado válido, deve ser editado por quem detenha **legitimidade** para tanto.

Não será demasiado lembrar que a questão relativa a esse requisito de **competência** deve ser analisada considerando a **forma de Estado federativa** adotada em nosso país, que atribui às pessoas que a integram campos diferentes de atuação.

5 ■ Atos Administrativos

De observar-se, também, que a questão da **competência** passa pelo poder de **auto-organização** conferido ao Poder Público **(poder hierárquico)**, que estabelece em sua própria estrutura áreas diversas de atuação.

Em relação a esse item, oportuno relembrar a questão relacionada ao **agente de fato**, que, nada obstante investido de forma irregular no cargo, não compromete a validade de seus atos, em vista do princípio da **segurança jurídica** e dos **interesses dos terceiros de boa-fé**, principalmente se as medidas por ele tomadas guardarem a aparência de legalidade. Confira-se, nesse sentido, a seguinte decisão do TJPR:

"Agravo de instrumento. Tutela antecipada não concedida. Insurgências em relação às supostas ilegalidades nos autos de infração. Agente cedido pela URBS. Irregularidade na investidura no cargo que não contamina os atos praticados pelo agente. **Aplicação da teoria do 'funcionário de fato'? Presunção de veracidade dos atos administrativos.** Decisão mantida neste momento processual. Agravo de instrumento desprovido. Precedente: apelação cível. Ação cautelar. Trânsito. Irregularidade na investidura no cargo que não contamina os atos praticados pelo agente. Segundo a **teoria do 'funcionário de fato'** o vício atinente à investidura no cargo não gera nulidade dos atos praticados pelo agente, quando a situação é de aparente legalidade. Incidência dos princípios da segurança jurídica e da boa-fé dos administrados. **Precedente do STF** e desta Corte. Adequado indeferimento da petição inicial. APELAÇÃO DESPROVIDA (Apelação Cível n. 70054987276, Segunda Câmara Cível, Tribunal de Justiça do RS, Relator: Almir Porto da Rocha Filho, Julgado em 10.07.2013) (TJ-RS, Relator: Almir Porto da Rocha Filho, Data de Julgamento: 10.07.2013, Segunda Câmara Cível). Diante do exposto, esta Turma Recursal resolve, por unanimidade, conhecer do presente recurso de agravo de instrumento e, no mérito, NEGAR-LHE PROVIMENTO" (TJPR, 3.ª T. Recursal em Regime de Exceção, 0001237-92.2015.8.16.9000/0, Curitiba, rel. Des. Daniel Tempski Ferreira da Costa, j. 15.10.2015).

5.2.2. Forma

O requisito **forma**, que aparece relacionado no Código Civil, também adquire sua importância no campo do **direito administrativo**, apresentando, entretanto, um **aspecto peculiar**.

Com efeito, enquanto os **particulares** podem fazer a edição de seus atos com maior grau de liberdade, vale dizer, desde que a **lei não o proíba**, a **Administração** Pública só pode **exteriorizá-los** de acordo com a **forma** previamente **estabelecida** por **lei**, que, em geral, é a escrita.

Sem embargo, pode-se cogitar da existência de **atos** administrativos que não sigam essa forma escrita, mas que acabem sendo exteriorizados por intermédio de **gestos**, ou mesmo de **maneira verbal**, surgindo como exemplos os gestos e apitos emitidos por um guarda de trânsito.

No mesmo sentido aparece a possibilidade, prevista em lei, de a Administração celebrar **contratos verbais**, a teor do disposto no parágrafo único do **art. 60 da Lei n. 8.666/93:**

184 Direito Administrativo Esquematizado   *Celso Spitzcovsky*

Art. 60. (...)

Parágrafo único. É nulo e de nenhum efeito o contrato verbal com a Administração, salvo o de pequenas compras de pronto pagamento, assim entendidas aquelas de valor não superior a 5% (cinco por cento) do limite estabelecido no **art. 23, inciso II, alínea *a***, desta Lei, feitas em regime de adiantamento.

Essa diferença quanto ao requisito forma deve-se, uma vez mais, aos interesses representados pelos particulares e pela Administração Pública, que, como se viu inúmeras vezes, tem sua atividade subordinada à lei, só podendo fazer aquilo que ela expressamente autoriza.

5.2.3. Objeto

Com relação ao **objeto**, nenhuma diferença de fôlego se verifica, uma vez que, se o **Código Civil** exige **objeto lícito** como requisito de validade dos atos emitidos pelos particulares, com muito maior razão essa conclusão atinge os atos administrativos.

Sobreleva notar que, enquanto a licitude dos **atos** praticados pelos **particulares** é verificada pela sua **não contrariedade** à lei, a dos **atos administrativos** é aferida por sua **compatibilidade em relação a ela**.

Inquestionavelmente, essa constatação representa uma diferença significativa, pois, como visto, estabelece uma **relação de subordinação do administrador** perante a **lei**, o que acaba por limitar suas atitudes.

Para encerramento deste tópico, cumpre ainda tecer algumas considerações em relação a **outros** dois **requisitos** de validade apontados para os atos administrativos e que **não** se fazem **presentes** no **Código Civil**: *finalidade* e *motivo*.

5.2.4. Finalidade

A **finalidade** aparece como requisito de validade somente para os atos administrativos, pois representa a essência das atividades desenvolvidas pelo Poder Público, todas elas no exercício de uma função, como visto no capítulo inicial desta obra.

Dessa forma, se o **único objetivo** a ser **perseguido** pelo **administrador** é o da **preservação** do **interesse público**, resta clara a conclusão segundo a qual, toda vez que ele dessa finalidade se **afastar**, o ato não poderá ser considerado válido, caracterizando **desvio de finalidade** que se apresenta como variante do **abuso de poder**, que, por seu turno, surge como forma de **ilegalidade**.

Quanto aos atos regidos pelo **direito privado**, a **finalidade não surge** como **requisito de validade**, uma vez que, na defesa de seu patrimônio e de seus interesses, poderão os particulares fazer tudo aquilo que a lei não proíbe.

Assim, se agirem de modo a dilapidar seu patrimônio, desde que o façam dentro dos limites da lei, o ato não poderá ser questionado quanto ao aspecto de sua validade.

5.2.5. Motivo e a teoria dos motivos determinantes

Por fim, a mesma conclusão se impõe com relação ao **motivo**, que se traduz pela obrigação que tem a Administração Pública de oferecer àqueles a quem representa

5 ◼ Atos Administrativos

explicações quanto aos **atos** que edita, requisito não verificado relativamente aos particulares, por representarem seus próprios interesses.

Diga-se de passagem, aliás, é exatamente por meio da **explicitação** desses **motivos** que o Poder **Judiciário** terá condições, desde que provocado para tanto, de estabelecer o **controle da legalidade** em relação aos atos administrativos, o único que lhe é permitido.

Também da necessidade de motivação desses atos é que surge a chamada **"teoria dos motivos determinantes"**, segundo a qual a existência de fato dos motivos mencionados pelo administrador, que justificaram a edição do ato, condiciona sua validade, ficando ele, de resto, inteiramente **preso** aos **motivos** durante sua execução.

Se deles se **afastar** durante a execução, caracterizada estará a figura do **desvio de finalidade**, modalidade de ilegalidade e, portanto, passível de **reapreciação** pelo Poder **Judiciário**, como observado quando da análise do princípio da motivação.

De outra parte, oportuno mencionar que o afastamento desses motivos só **não implicará** caracterização de **ilegalidade** naquelas hipóteses em que o **interesse público** continuar **caracterizado**.

É o que se verifica, por exemplo, nos procedimentos expropriatórios, em que determinado imóvel é desapropriado para a construção de uma escola e posteriormente o Poder Público resolve, por necessidade superveniente, construir naquele local uma delegacia de polícia.

De considerar-se, em razão de todo o exposto, que essa **necessidade de motivação** dos atos administrativos, como requisito de validade, **estende-se a todos eles**, em nosso entendimento, incluindo os atos **discricionários** e os **vinculados**.

Com efeito, entendendo-se por motivação não só a referência ao dispositivo legal aplicável, mas, também, o relacionamento dos fatos que concretamente justificaram sua utilização, conclui-se, com clareza, que o administrador, ainda mais quando da possibilidade de exercer um **juízo de valores**, tenha de **justificar a razão da opção** realizada. Nesse sentido, **STJ**, 2.ª Turma, **RMS 55.732/PE**, rel. **Min. Assusete Magalhães**, julgado em **23.05.2019**.

Na referida decisão, pedimos vênia para destacar o seguinte trecho:

> "O motivo do ato administrativo diz respeito à causa imediata que autoriza a sua prática, ou seja, o pressuposto fático e normativo que enseja a sua prática. Quando se trata de um ato discricionário, a lei autoriza a prática do ato, à vista de determinado fato. **A decisão da Administração é tomada segundo os critérios de oportunidade e conveniência, dentro dos limites da lei. A motivação é a declaração escrita dos motivos que ensejaram a prática do ato e integra a forma do ato administrativo, acarretando a sua ausência a nulidade do ato, por vício de forma (...)".**

O trecho colacionado revela-se oportuno na medida em que acaba por sintetizar as **controvérsias** existentes em nosso ordenamento jurídico em relação a esse tema.

Destarte, não obstante reconhecer ter o administrador a faculdade de escolher nos atos discricionários entre as diversas opções aquela que lhe pareça a mais condizente com o interesse público, destaca-se a **necessidade de motivação** de todos os atos administrativos, inclusive esses que, como se viu, não estão absolutamente imunes ao

controle jurisdicional, em que se poderá apreciar se os limites impostos pela lei foram ou não respeitados.

Em outras palavras, como se observou, por meio da **motivação** é que o **Judiciário** poderá **aferir** se na hipótese concreta a **opção** tomada pelo **administrador** revelou-se razoável, proporcional aos fatos, e se por intermédio dela se conseguiu atingir o interesse público, única finalidade possível de ser por ele atingida.

De resto, somente dessa maneira o Judiciário terá condições de apurar a existência ou não de ilegalidade, como abuso de poder e desvio de finalidade.

Cumpre ainda salientar que a **necessidade** de **motivação** de todos os atos administrativos, **incluindo-se** os **discricionários**, acabou por se consolidar.

Vale destaque ainda para **precedente** do **TJCE em 14.01.2020** quando do julgamento da **Remessa necessária — Mandado de segurança RN 0000024-69.2017.8.06.0202.** Confira-se:

"REMESSA NECESSÁRIA — MANDADO DE SEGURANÇA — REMOÇÃO DE SERVIDORA MUNICIPAL — **INEXISTÊNCIA DE MOTIVAÇÃO DO ATO ADMINISTRATIVO — DIREITO LÍQUIDO E CERTO CONFIGURADO** — SEGURANÇA CONCEDIDA — SENTENÇA CONFIRMADA — 1— A administração pública, no exercício do poder discricionário, pode, diante da aferição de critérios de oportunidade e conveniência, remover o servidor detentor de cargo público, **desde que atenda às exigências da motivação concreta e da adequação à finalidade do ato, sob pena de nulidade**. 2— Demonstrado que o **ato da autoridade coatora, comprovadamente sem motivação**, determinando o exercício das atividades da impetrante em outro local de trabalho, encontra-se eivado de **nulidade**, impondo-se a concessão da segurança. 3— Remessa necessária conhecida e desprovida. Sentença mantida" (TJCE, RN 0000024-69.2017.8.06.0202, rel. Francisco Gladyson Pontes, *DJe* 14.01.2020, p. 32).

Por fim, sobreleva notar que a **soma** dos requisitos de validade, **motivo** e **objeto** representa o que se convencionou denominar *mérito do ato administrativo*, cuja exata compreensão assume relevo para delinear os limites, as **fronteiras de controle** pelo Poder **Judiciário**.

Destarte, tem-se revelado pacífica a posição segundo a qual o Poder **Judiciário** está **proibido** de **reapreciar o mérito** do ato administrativo, desde que, por óbvio, seja ele legal, para não tornar letra morta o princípio da separação entre os Poderes.

A propósito, em razão da síntese que se faz sobre o tema, oportuna a transcrição das lições da eminente administrativista **Maria Sylvia Zanella Di Pietro**[1], que reproduzimos a seguir:

"A **distinção** entre atos **discricionários** e atos **vinculados** tem importância fundamental no que diz respeito ao **controle** que o Poder **Judiciário** sobre eles exerce.

Com relação aos **atos vinculados**, não existe restrição, pois, sendo todos os elementos definidos em lei, caberá ao Judiciário examinar, em todos os seus aspectos, a conformidade do ato com a lei, para decretar a sua nulidade, se reconhecer que essa conformidade inexistiu.

---

[1] DI PIETRO, Maria Sylvia Zanella. *Direito administrativo*. 15. ed. São Paulo: Atlas, 2003, p. 210.

5 ◨ Atos Administrativos

Com relação aos **atos discricionários**, o **controle judicial** é **possível**, mas terá que respeitar a discricionariedade administrativa nos **limites** em que ela é assegurada à Administração Pública pela **lei**.

Isto ocorre precisamente pelo fato de ser a **discricionariedade** um poder delimitado previamente pelo legislador; este, ao definir determinado ato, intencionalmente deixa um **espaço** para livre **decisão** da **Administração** Pública, legitimando previamente a sua opção; qualquer delas será legal. Daí por que **não pode** o Poder **Judiciário** invadir esse **espaço reservado**, pela **lei**, ao administrador, pois, caso contrário, estaria substituindo por seus próprios critérios de escolha a opção legítima feita pela autoridade competente com base em **razões** de **oportunidade** e **conveniência** que ela, melhor do que ninguém, pode decidir diante de cada caso concreto.

A rigor, pode-se dizer, com relação ao ato **discricionário**, que o **Judiciário** pode apreciar os **aspectos** da **legalidade** e verificar se a Administração não ultrapassou os limites da discricionariedade; neste caso, pode o Judiciário invalidar o ato, porque a autoridade ultrapassou o espaço livre deixado pela lei e invadiu o campo da legalidade."

A transcrição, embora longa, revela-se oportuna, pois reflete com precisão a tendência de nossos Tribunais sobre os limites de controle dos atos administrativos.

Por derradeiro, importante observar que os prazos **prescricionais** para a defesa de direitos só podem ter seu **início** a partir de expressa **manifestação do Poder Público**, acompanhada das razões que lhe deram origem, não se prestando para essa finalidade o silêncio da Administração.

Para melhor visualização dos itens desenvolvidos, confira-se o seguinte quadro:

COMPETÊNCIA	◨ Não se presume. ◨ Resulta de expressa previsão legal.
FORMA	Somente aquela expressamente prevista em lei.
OBJETO	Lícito, ou seja, o que preserva o interesse público e tem sustentação em lei.
FINALIDADE	Somente aquela que preserva o interesse público.
MOTIVAÇÃO	◨ Indispensável para a viabilização do controle de legalidade. Surge como reflexo a teoria dos motivos determinantes, que, como o nome indica, determinam a finalidade a ser seguida pelo administrador, sob pena de desvio de finalidade. ◨ Exceção para aquelas situações que preservem o interesse público.

5.3. ATRIBUTOS DO ATO ADMINISTRATIVO

A primeira observação a ser feita diz respeito ao fato de que os atributos que os atos administrativos recebem não surgem de maneira gratuita, mas, ao revés, em decorrência dos interesses que a Administração representa quando atua, vale dizer, os da coletividade.

5.3.1. Presunção de legitimidade

Nesse contexto, o primeiro atributo é denominado *presunção de legitimidade*, segundo o qual os atos administrativos se pressupõem legítimos até prova em contrário.

188 Direito Administrativo Esquematizado   *Celso Spitzcovsky*

Em outras palavras, a presunção de legitimidade **autoriza a imediata execução** do ato, que, mesmo dotado de qualquer sorte de ilegalidade, permanece em vigor até prova em contrário.

5.3.2. Autoexecutoriedade

O segundo atributo é a chamada *autoexecutoriedade* e representa a possibilidade de a **Administração executar sozinha seus próprios atos** sem buscar a concordância prévia do Poder Judiciário.

Em outras palavras, enquanto os particulares, para a defesa de seus direitos, necessitam bater às portas do Poder Judiciário a fim de evitar a caracterização do crime de exercício arbitrário das próprias razões, a Administração Pública pode executar sozinha seus próprios atos, sem passar pelo crivo prévio do Judiciário.

Isso não quer dizer, em absoluto, que os **particulares** que porventura tenham sido lesados por atos praticados pela Administração Pública não possam pleitear a **devida reparação** perante o Poder **Judiciário**, visto que, por força da **diretriz constitucional** adotada, nenhuma lesão ou ameaça a direito será subtraída a sua apreciação.

Assim, por exemplo, se uma danceteria toca músicas em volume acima do limite máximo permitido pela legislação municipal, seus vizinhos incomodados com a irregularidade não poderão aplicar-lhe qualquer sorte de sanção, devendo, ao contrário, promover a competente ação judicial.

Isso se deve ao fato de os **particulares** estarem agindo em defesa de seus **próprios interesses**, o que os **impede** de tomar **medidas unilaterais** que excluam o Poder Judiciário.

Por outro lado, o mesmo raciocínio não prevalece se a **irregularidade** for **constatada** por um **agente público**, agindo no limite de suas atribuições, no exercício do poder de polícia, porque poderá **lavrar auto de infração sem a autorização prévia** do Judiciário.

Essa possibilidade franqueada ao Poder Público, é bom que se diga, em nada enfraquece o princípio da separação dos Poderes, desde que o interesse público esteja resguardado.

5.3.2.1. Cláusulas de reserva judicial

De outra parte, sobreleva notar que esse atributo da **autoexecutoriedade** dos atos administrativos não se aplica em todas as situações, encontrando **exceções** na própria Constituição Federal.

São as denominadas **"cláusulas de reserva judicial"**, nas quais o direito só admite flexibilização por meio de **decisão judicial**, surgindo como **exemplos** a inviolabilidade do lar (art. 5.º, XI); a inviolabilidade do sigilo de dados e das comunicações (art. 5.º, XII); a suspensão das atividades ou a dissolução compulsória de associações (art. 5.º, XIX); a proteção dos dados pessoais, inclusive nos meios digitais (art. 5.º, LXXIX) e o cancelamento de permissões e concessões antes de vencido o prazo (art. 223, § 4.º).

5 ▦ Atos Administrativos 189

5.3.3. Imperatividade

Por esse atributo, ao editar os seus atos, a **Administração** poderá **impor de modo unilateral** seu cumprimento aos particulares em vista dos interesses que representa.

Nossa doutrina ainda estabelece algumas variantes decorrentes desse atributo, vale dizer, a exigibilidade e a executoriedade, consoante se verifica do excerto extraído da obra de **Celso Antônio Bandeira de Mello**[2], que a seguir se reproduz:

"Exigibilidade — é a qualidade em virtude da qual o Estado, no exercício da função administrativa, pode exigir de terceiros o cumprimento, a observância das obrigações que impôs. Não se confunde com a simples imperatividade, pois, através dela, apenas se constitui uma dada situação, se impõe uma obrigação. A exigibilidade é o atributo do ato pelo qual se impele à obediência, ao atendimento da obrigação já imposta, sem necessidade de recorrer ao Poder Judiciário para induzir o administrado a observá-la.

Executoriedade — é a qualidade pela qual o Poder Público pode compelir materialmente o administrado, sem precisão de buscar previamente as vias judiciais, ao cumprimento da obrigação que impôs e exigiu".

De resto, a possibilidade de impor comportamentos de modo unilateral resultou na atribuição ao Poder Público, do chamado **poder extroverso**.

5.3.4. Tipicidade

É atributo que exige, **para cada situação concreta**, a utilização do **ato** administrativo que lhe seja **correspondente**, **típico**, o que, por óbvio, limita a atuação do administrador quanto à escolha daquele a ser utilizado.

De resto, outra não é a conclusão atingida por **Maria Sylvia Zanella Di Pietro**[3]:

"Tipicidade é o atributo pelo qual o ato administrativo deve corresponder a figuras definidas previamente pela lei como aptas a produzir determinados resultados. Para cada finalidade que a Administração pretende alcançar, existe um ato definido em lei. Trata-se de decorrência do princípio da legalidade, que afasta a possibilidade de a Administração praticar atos inominados; estes são possíveis para os particulares, como decorrência do princípio da autonomia da vontade.

Este atributo representa uma garantia para o administrado, pois impede que a Administração pratique atos dotados de imperatividade e executoriedade, vinculando unilateralmente o particular, sem que haja previsão legal; também fica afastada a possibilidade de ser praticado ato totalmente discricionário, pois a lei, ao prescrever o ato, já define os limites em que a discricionariedade poderá ser exercida".

Dentro desse contexto, **para melhor visualização desse atributo**, quando concordar com uma construção em determinado imóvel, a Administração deverá expedir uma licença para construir. Quando concordar com a ocupação de um imóvel já construído,

---

[2] *Curso de direito administrativo*. 11. ed. São Paulo: Malheiros, 1999, p. 298.
[3] *Direito administrativo*. 15. ed. São Paulo: Atlas, 2003, p. 195.

deverá expedir "habite-se". Quando concordar com a entrada em funcionamento de um bar ou restaurante, deverá emitir um alvará de funcionamento. Quando concordar com a instalação de um restaurante, de uma joalheria, uma livraria dentro de um aeroporto, deverá celebrar uma concessão de uso.

Nesse sentido, apresentam-se ainda como **exemplos** a emissão de licença para viabilizar uma determinada construção; a emissão de "habite-se" para que o imóvel já construído possa ser ocupado, e a permissão de uso expedida para efeito de regularização da situação de ambulantes.

5.3.5. Coercibilidade

Este atributo confere à Administração a possibilidade de **imposição de sanções** aos administrados pelo descumprimento dos **atos por ela emitidos, assegurados o contraditório e a ampla defesa**, ainda que não tenham cometido nenhuma regularidade, por força do princípio da supremacia do interesse público sobre o do particular.

Para melhor visualização dos itens desenvolvidos, confira-se o seguinte quadro:

PRESUNÇÃO DE LEGITIMIDADE	Desde a sua edição, admitindo-se prova em sentido contrário
IMPERATIVIDADE	São de cumprimento obrigatório, ainda que o particular não tenha cometido nenhuma irregularidade
COERCIBILIDADE	Autoriza a aplicação de sanções, de forma unilateral, por seu descumprimento
AUTOEXECUTORIEDADE	Autoriza a Administração a executar sozinha seus atos, sem a concordância de ninguém, em especial, do Judiciário
TIPICIDADE	Exige, para cada situação concreta, a edição de ato típico, conforme previsão legal

5.4. CLASSIFICAÇÃO DOS ATOS ADMINISTRATIVOS

A **classificação** dos atos administrativos é extremamente **extensa, variando** de acordo com o **enfoque adotado**. Assim, um mesmo ato poderá ser enquadrado em todas elas, como se procurará demonstrar ao final.

Procuraremos selecionar as consideradas de maior relevo na forma a seguir discriminada.

5.4.1. Quanto aos destinatários

Por esse critério, os atos administrativos podem ser classificados em **gerais** e **individuais**, sendo os primeiros editados sem um destinatário específico, surgindo como exemplo o edital de um concurso público, uma portaria proibindo a venda de bebidas alcoólicas para menores etc.

Por sua vez, os atos individuais são aqueles editados com destinatário certo, surgindo como exemplo a permissão de uso de um bem público, a nomeação de um funcionário, sua exoneração, a autorização para porte de arma etc.

5 ■ Atos Administrativos

5.4.2. Quanto ao alcance

Por esse critério, os atos administrativos podem ser classificados em **internos** e **externos**. Os primeiros geram efeitos dentro da Administração Pública, enquanto os últimos produzem efeitos fora do Poder Público.

A edição de pareceres surge como exemplo de atos internos, enquanto a permissão de uso, a concessão de porte de arma, de atos externos.

5.4.3. Quanto ao objeto

Por esse critério, os atos administrativos podem ser classificados em atos de **império** e de **gestão**. Segundo nossa doutrina, os primeiros são aqueles que a Administração pratica de modo unilateral, lançando mão de sua supremacia sobre os interesses dos particulares. Surgem como exemplos a interdição de um estabelecimento comercial em vista de irregularidades encontradas, o embargo de uma obra pelos mesmos motivos, a aplicação de sanções administrativas aos agentes públicos pela prática de irregularidades.

De outra parte, os atos de gestão são definidos como aqueles que a Administração pratica afastando-se das prerrogativas que normalmente utiliza para se equiparar aos particulares com quem se relaciona.

É o que ocorre naquelas situações em que o Poder Público celebra contratos de locação com particulares na qualidade de locatário, pois esse tipo de ajuste não caracteriza contrato administrativo.

Com efeito, a Administração não se vale das chamadas "cláusulas exorbitantes", despindo-se, pois, das prerrogativas que normalmente possui, como a confecção unilateral das cláusulas, rescisão unilateral dos contratos, aplicação unilateral de penalidades etc.

Sob esse aspecto surgem ainda os chamados *atos de expediente*, vale dizer, aqueles destinados a dar andamento aos processos e papéis que tramitam no interior das repartições.

5.4.4. Quanto ao grau de liberdade conferido ao administrador

Por esse critério, os atos administrativos podem ser classificados em **vinculados** e **discricionários**.

Como se disse anteriormente, tanto os atos vinculados quanto os discricionários são exercidos debaixo da lei, ficando a principal diferença existente entre eles para o grau de liberdade conferido ao administrador.

Assim é que os **atos vinculados** são aqueles em que o administrador fica inteiramente preso ao enunciado da lei, que estabelece, previamente, um único comportamento possível de ser adotado em situações concretas, não existindo, pois, nenhum espaço para a realização de um juízo de conveniência e oportunidade.

Esse fato ocorre naquela situação em que o administrador se vê diante de pedido de aposentadoria por idade em que o agente demonstra, de maneira inequívoca, ter atingido o limite exigido pela Constituição.

Nessa situação, não tem o administrador possibilidade de rejeitar o pedido, por exemplo, sob a alegação de que a vida pregressa do requerente aponta para a existência de diversas irregularidades.

Diverso será o encaminhamento em relação aos **atos discricionários**, visto que, embora também esteja o administrador submetido ao império da lei, aqui ela não prevê um único comportamento possível de ser adotado em situações concretas, abrindo, por consequência, espaço para que o administrador estabeleça um juízo de conveniência e oportunidade.

De modo a exemplificar o que se diz, pode-se mencionar a situação envolvendo pedidos de permissão de uso de bens públicos, aos quais o administrador poderá ou não atender, dependendo das características que envolvem cada caso concreto.

Assim, poderá atender a pedido formulado por associação de moradores visando ao fechamento de uma rua, por um final de semana, para a realização de festas juninas, por não vislumbrar nenhum prejuízo para o interesse público.

Sem embargo, poderá rejeitar o mesmo pedido se, por hipótese, fossem os festejos se estender por todo o mês, demandando o fechamento de importante via de circulação na cidade, em cristalino prejuízo para a coletividade.

Frise-se, portanto, que a **marca registrada dos chamados atos discricionários** é o espaço reservado ao administrador para um juízo de conveniência e oportunidade, o que não se verifica em relação aos atos vinculados.

5.4.5. Quanto à formação do ato

Em relação a esse critério, os atos administrativos são classificados em **simples**, **complexos** e **compostos**.

Atos **simples** são aqueles que resultam da manifestação de vontade de um único órgão, pouco importando a natureza, se unipessoal ou colegiada.

Atos **compostos** resultam, de igual sorte, da vontade única de um órgão, ficando, entretanto, na dependência de confirmação por outro superior para se tornarem exequíveis.

Por seu turno, os **atos complexos** são aqueles que se formam pela conjugação de vontades de mais de um órgão, surgindo como exemplo o ato de investidura na Administração.

Com efeito, demanda o ato de investidura o cumprimento de diversas etapas, não necessariamente levadas a efeito pela mesma autoridade, não sendo outras as lições extraídas da obra do eminente administrativista **Hely Lopes Meirelles**[4], como se observa:

> "A investidura de um funcionário é um ato complexo consubstanciado na nomeação feita pelo chefe do Executivo e complementado pela posse e exercício dados pelo chefe da repartição em que vai servir o nomeado".

Diante desse cenário, surge ainda como exemplo de ato complexo a celebração de tratados internacionais, tendo em vista se realizar pelo Poder Executivo, dependendo, no entanto, de confirmação pelo Congresso Nacional, na forma prevista pelos arts. 84, VIII, e 49, I, da Constituição Federal.

---

[4]   *Direito administrativo brasileiro*. 24. ed. São Paulo: Malheiros, 1999, p. 154.

5 ▣ Atos Administrativos

No mesmo sentido, a titularização de cargo de Ministro do STF, uma vez que dependente de indicação pelo Presidente da República e confirmação pelo Senado Federal, a teor do disposto nos arts. 101, parágrafo único, e 52, III, *a*, da Constituição Federal.

A propósito, confira-se decisão proferida pelo **STJ**, em **12.03.2023**, quando do julgamento do **AREsp 2.304.110/SC**:

> "O preenchimento de lugar destinado ao quinto constitucional, nos Tribunais brasileiros, é um ato complexo no qual participam a OAB, o Tribunal de origem e o chefe do Poder Executivo e, para sua revogação, depende da vontade de todos os participantes originários. Situação jurídica já consolidada."

Como arremate, consoante procuramos demonstrar no início deste tópico, **um mesmo ato pode ser classificado por diversos critérios simultaneamente**.

Assim, uma permissão de uso pode ser classificada entre os critérios que foram relacionados: ato individual, externo, de império, discricionário e simples.

Do mesmo modo, o ato de investidura de um servidor pode ser classificado, em vista desses mesmos critérios, da seguinte forma: individual, externo, de império e complexo.

5.4.6. Quanto à perfeição, validade e eficácia

Por esse critério, considera-se o ato administrativo **perfeito** quando esgotadas todas as etapas imprescindíveis para a sua produção. Assim, o ato será imperfeito quando não providenciada sua publicação ou mesmo sua homologação, quando exigida por lei.

Ato válido é aquele expedido de acordo com as exigências estabelecidas pelo ordenamento jurídico, já vistas no início deste capítulo, vale dizer, competência; forma; finalidade; motivo e objeto.

Por derradeiro, ato administrativo **eficaz** é aquele que se encontra apto para a produção de todos os efeitos para os quais foi editado, não dependendo de qualquer condição ulterior.

Percebe-se, pois, que, em razão da adoção desse critério, algumas variações importantes podem ocorrer em relação aos conceitos de perfeição, validade e eficácia, que foram assim sintetizadas pelo Professor **Celso Antônio Bandeira de Mello**[5]:

> "23. Note-se, por conseguinte, que um ato pode ser:
>
> a) Perfeito, válido e eficaz — Quando, concluído seu ciclo de formação, encontra-se plenamente ajustado às exigências legais e está disponível para deflagração dos efeitos que lhe são típicos;
>
> b) Perfeito, inválido e eficaz — Quando, concluído seu ciclo de formação, e apesar de não se achar conformado às exigências normativas, encontra-se produzindo os efeitos que lhe seriam inerentes;
>
> c) Perfeito, válido e ineficaz — Quando, concluído seu ciclo de formação e estando adequado aos requisitos de legitimidade, ainda não se encontra disponível para a eclo-

---

[5] *Curso de direito administrativo.* 11. ed. São Paulo: Malheiros, 1999.

são de seus efeitos típicos, por depender de um termo inicial ou de uma condição suspensiva, ou autorização, aprovação ou homologação, a serem manifestados por uma autoridade controladora;

d) Perfeito, inválido e ineficaz — Quando, esgotado seu ciclo de formação, sobre encontrar-se em desconformidade com a ordem jurídica, seus efeitos ainda não podem fluir, por se encontrarem na dependência de algum acontecimento previsto como necessário para a produção dos efeitos (condição suspensiva ou termo inicial, ou aprovação ou homologação dependentes de outro órgão)".

Para melhor visualização dos itens desenvolvidos, confira-se o seguinte quadro:

PRINCIPAIS CRITÉRIOS DE CLASSIFICAÇÃO	
DESTINATÁRIOS	◻ **Gerais:** não apresentam destinatário certo ◻ **Individuais:** apresentam destinatário certo
OBJETO	◻ **De império:** editados debaixo de regras de direito público ◻ **De gestão:** editados debaixo de regras de direito privado
ALCANCE	◻ **Internos:** geram efeitos dentro da Administração ◻ **Externos:** geram efeitos fora da Administração
GRAU DE LIBERDADE	◻ **Vinculados:** apresentam solução única prevista em lei ◻ **Discricionários:** não apresentam solução única prevista em lei
FORMAÇÃO	◻ **Simples:** dependem de uma única manifestação de vontade para se aperfeiçoarem ◻ **Compostos:** dependem de mais de uma manifestação de vontade para se aperfeiçoarem, produzidas no mesmo órgão ◻ **Complexos:** dependem de mais de uma manifestação de vontade para se aperfeiçoarem, produzidas em órgãos distintos
PERFEIÇÃO, VALIDADE E EFICÁCIA	◻ **Perfeitos:** aqueles que concluíram todas as etapas para sua produção ◻ **Válidos:** aqueles que preencheram todos os requisitos de validade ◻ **Eficazes:** aqueles que se encontram aptos a produzir seus efeitos

5.5. ESPÉCIES DE ATOS ADMINISTRATIVOS

Quanto às espécies, os atos administrativos podem ser classificados de diversas maneiras, das quais procuraremos destacar somente as principais.

5.5.1. Atos normativos

São aqueles que contêm um **comando geral do Executivo visando à correta aplicação da lei**, encontrando seu fundamento de validade no art. 84, IV, da CF e, por via de consequência, no poder normativo, analisado no capítulo anterior.

Exemplos dessa modalidade de atos: decretos, regulamentos, resoluções, portarias, que apresentam de comum entre si o fato de surgirem como atos infralegais.

A importância deles pode revelar-se, entre outros pontos, na questão relativa ao controle da constitucionalidade das leis, em especial quando se trata da arguição por descumprimento de preceito fundamental.

Com efeito, o art. 1.º da Lei n. 9.882/99, disciplinadora da matéria, estabelece o cabimento da ação para evitar lesão ao preceito fundamental resultante de ato do Poder Público, sem discriminar de qual natureza.

5 ◼ Atos Administrativos

5.5.2. Atos ordinatórios

São os que **visam disciplinar o funcionamento da Administração e a conduta funcional de seus agentes no desempenho de suas atribuições**, tendo, assim, respaldo no denominado poder hierárquico.

Esses atos se materializam por intermédio da emissão de ordens, por instruções, circulares, avisos, portarias, ordens de serviço e ofícios.

5.5.3. Atos negociais

São aqueles que **contêm uma declaração de vontade da Administração visando concretizar negócios jurídicos**, conferindo certa faculdade ao particular nas condições impostas ou consentidas por ela.

Em outras palavras, envolvem uma declaração de vontade do poder público coincidente com a pretensão do particular que venha também a preservar os interesses da coletividade.

Em relação a esses atos, cumpre salientar não representarem a prática de negócios jurídicos como se de particulares estivéssemos tratando, porque, como visto na definição proposta, os ajustes são fixados de acordo com condições estabelecidas unilateralmente pela própria Administração.

Em outras palavras, embora estejamos diante de um interesse recíproco das partes envolvidas, o **negócio** apresenta **características peculiares**, porque, repita-se, é **elaborado de modo unilateral** pela Administração.

Como exemplo: a permissão para o uso de um bem público em troca da possibilidade de exploração de publicidade pelo particular responsável pela conservação da área.

5.5.4. Atos enunciativos

São todos aqueles em que a Administração **se limita a certificar ou atestar um fato ou emitir opinião** sobre determinado assunto sem se vincular ao seu enunciado.

Nesse contexto, são exemplos característicos da modalidade: a expedição de certidões, atestados, a elaboração de pareceres e o apostilamento de direitos, vale dizer, atos declaratórios de uma situação anterior criada por lei.

5.5.5. Atos punitivos

São os que contêm uma **sanção imposta pela Administração àqueles que infringem disposições legais**, encontrando fundamento no poder disciplinar, conforme analisado.

Surgem como exemplos dessa modalidade: a interdição de estabelecimentos comerciais em vista de irregularidades encontradas, a inutilização de substâncias tóxicas, a aplicação de multas etc.

Para melhor visualização dos itens desenvolvidos, confira-se o seguinte quadro:

NORMATIVOS	Contêm um comando geral do Executivo para a correta aplicação da lei
ORDINATÓRIOS	Configuram um comando visando disciplinar o funcionamento da Administração e a conduta de seus servidores
NEGOCIAIS	Concretizam negócios jurídicos com particulares em condições unilaterais impostas pela Administração
ENUNCIATIVOS	Contêm uma declaração de vontade da Administração certificando ou atestando certo fato
PUNITIVOS	Contêm uma sanção imposta pela Administração pela prática de irregularidades, tanto por servidores quanto por particulares

5.6. FORMAS DE EXTINÇÃO

De início, cumpre registrar que o controle dos atos administrativos pode ser realizado pela própria Administração, quando então se poderá falar em **controle interno** ou **autotutela**, podendo verificar-se **externamente** por meio do Poder **Legislativo** ou do Poder **Judiciário**, **limitando-se** a abordagem acerca da sua **legalidade**, sempre em respeito ao princípio da separação entre os Poderes.

5.6.1. Anulação

A anulação tem como fundamento a **ilegalidade do ato**, podendo ser promovida, como visto, pela própria Administração ou pelo Poder Judiciário, sendo esse, aliás, o único tipo de controle que se pode realizar sobre os atos administrativos.

Os **efeitos** da anulação são, em regra, *ex tunc*, ou seja, retroagem até a origem do ato, tendo em vista que o vício de ilegalidade apresentado se verifica desde o momento em que foi editado, surgindo, como desdobramento lógico, a necessidade de eliminação de todos os efeitos até então gerados por ele.

Excepcionalmente, autoriza-se atribuição de efeitos *ex nunc*, quando necessária para fins de preservação do interesse público, hipótese positivada ao longo do art. 148, § 2.º, da Lei n. 14.133/2021 (Nova Lei de Licitações e Contratos Públicos). Confira-se:

> **Art. 148.** (...)
> § 2.º Ao declarar a nulidade do contrato, a autoridade, com vistas à continuidade da atividade administrativa, **poderá decidir que ela só tenha eficácia em momento futuro**, suficiente para efetuar nova contratação, por prazo de até 6 (seis) meses, prorrogável uma única vez.

De resto, o referido diploma legal inspirou-se em diretriz estabelecida na Lei n. 13.655/2018 (LINDB), em seu art. 21, *caput* e parágrafo único. Confira-se:

> **Art. 21.** A decisão que, nas esferas administrativa, controladora ou judicial, **decretar a invalidação de ato, contrato, ajuste, processo ou norma administrativa** deverá indicar de modo expresso suas consequências jurídicas e administrativas.
> Parágrafo único. A decisão a que se refere o *caput* deste artigo **deverá**, quando for o caso, **indicar as condições para que a regularização ocorra de modo proporcional e equânime e sem prejuízo aos interesses gerais**, não se podendo impor aos sujeitos atingidos ônus ou perdas que, em função das peculiaridades do caso, sejam anormais ou excessivos.

5 ▪ Atos Administrativos

Dessa forma, **veda-se**, ao menos como regra geral, a possibilidade de **invocação** de **direitos adquiridos** em relação ao período em que o ato esteve em vigor, uma vez que não se pode cogitar da retirada de benefícios de atos ilegais.

Excepcionalmente, abre-se a possibilidade de se pleitear direitos adquiridos sobre esse período, por parte daqueles atingidos pelo ato e que estivessem de **boa-fé**.

Por fim, cumpre registrar que, em homenagem ao princípio da segurança das relações jurídicas, o Poder Público tem **prazo** para promover a **anulação** de seus atos, por razões de legalidade, fixado, como regra geral, em **5 anos** pelo **art. 54**, *caput*, **da Lei federal n. 9.784/99**, que disciplina os processos administrativos na área federal:

> **Art. 54.** O direito da Administração de anular os atos administrativos de que decorram efeitos favoráveis para os destinatários decai em cinco anos, contados da data em que foram praticados, salvo comprovada má-fé.

Assim, a não incidência desse prazo de prescrição de cinco anos deverá ser apurada caso a caso, conforme as características apresentadas.

Com efeito, a leitura do dispositivo reproduzido permite concluir que o prazo de 5 anos ali fixado surge apenas como regra geral, uma vez que possível sua **ampliação para terceiros** que estejam de **má-fé**, sem que o legislador tenha, no entanto, fixado que prazo seria esse.

Nesse sentido, oportuna a reprodução de **precedente** do STF, quando do julgamento, em **12.04.2021, da ADI 6.019/SP**, em que a corte decidiu pela **inconstitucionalidade de lei estadual que estabeleça prazo decadencial de 10 (dez) anos para anulação de atos administrativos reputados inválidos pela Administração Pública estadual.**

Na decisão proferida, **observou a Corte que:**

> "(...) O prazo quinquenal consolidou-se como marco temporal geral nas relações entre o Poder Público e particulares e esta Corte somente admite exceções ao princípio da isonomia quando houver fundamento razoável baseado na necessidade de remediar um desequilíbrio específico entre as partes.
>
> Se os demais estados da Federação aplicam, indistintamente, o prazo quinquenal para anulação de atos administrativos de que decorram efeitos favoráveis aos administrados, seja por previsão em lei própria ou por aplicação analógica do art. 54 da Lei 9.784/1999, não há fundamento constitucional que justifique a situação excepcional de um determinado estado-membro. Logo, impõe-se o tratamento igualitário nas relações Estado-cidadão. (...)".

Destaque ainda para decisão proferida pelo **TRF1**, quando do julgamento, **em 30.06.2022**, do **Conflito de Competência n. 101052587.2022.4.01.0000**, excluindo da competência do juizado especial federal o julgamento de causas que questionem atos administrativos, visando sua anulação ou cancelamento, nos termos do art. 3.º, § 1.º, III, da Lei n. 10.259/2001.

Quanto ao marco inicial desse prazo, em regra, do ato administrativo praticado, exceção feita ao controle de legalidade pelo Tribunal de Contas, conforme orientação do **STJ**, quando do julgamento, em **20.06.2022**, do **AgInt no AREsp 1.761.417/RS**. Confira-se:

198 Direito Administrativo Esquematizado   *Celso Spitzcovsky*

"Nas hipóteses em que não haja exercício do controle de legalidade por Tribunal de Contas, o prazo decadencial quinquenal previsto no art. 54 da Lei n. 9.784/1999 transcorre a partir da edição do ato pela Administração."

5.6.2. Revogação

A revogação, embora também se apresente como meio de extinção de atos administrativos, tem como **fundamento razões de conveniência e oportunidade**, incidindo, portanto, sobre atos até então considerados legais.

Dessa forma, a **revogação**, por envolver um **juízo de valores**, só poderá ser realizada pela própria Administração, **não se abrindo essa perspectiva para o Judiciário**.

Quanto aos **efeitos da decisão**, são considerados *ex nunc*, ou seja, a partir de então, porque, como visto, até o momento em que a revogação foi operada, o ato era válido, devendo-se, pois, manter todos os efeitos gerados por ele até aquele momento.

Com relação ao **prazo** para a **revogação** de atos administrativos, em regra, não existe, uma vez que sua retirada do ordenamento jurídico se deve a razões de conveniência e oportunidade, podendo, pois, ocorrer **a qualquer momento**, desde que o **interesse público** assim o exija.

De outra parte, não se pode deixar de fazer referência ao fato de que, em relação a alguns atos, **excepcionalmente**, a possibilidade de **revogação não se apresenta**. Assim, quando estes já tiverem se consumado, surgindo como exemplo a impossibilidade de revogação de uma licitação quando já celebrado o contrato com o vencedor. Esse panorama da **extinção** dos atos administrativos, envolvendo essas duas figuras analisadas, está sintetizado nas **Súmulas 346** e **473** do **STF**, cujo conteúdo, embora verificado por ocasião das considerações acerca do princípio da autotutela no Capítulo 2, em razão de sua oportunidade, uma vez mais se reproduz:

SÚMULA 346 DO STF: A Administração Pública pode declarar a nulidade dos seus próprios atos.

SÚMULA 473 DO STF: A Administração pode anular seus próprios atos, quando eivados de vícios que os tornem ilegais, porque deles não se originam direitos; ou revogá-los, por motivo de conveniência ou oportunidade, respeitados os direitos adquiridos, e ressalvada, em todos os casos, a apreciação judicial.

De se destacar, ainda, que a mesma orientação foi estabelecida no art. 53 da Lei federal n. 9.784/99, que disciplina os processos administrativos no âmbito da União. Confira-se:

Art. 53. A Administração deve anular seus próprios atos, quando eivados de vício de legalidade, e pode revogá-los por motivo de conveniência ou oportunidade, respeitados os direitos adquiridos.

Percebe-se que a redação reproduzida aperfeiçoou, sob certo aspecto, a Súmula 473 ao estabelecer não a possibilidade, mas o dever da Administração de anular seus

5 ▪ Atos Administrativos

próprios atos e não a obrigação, mas a faculdade de revogá-los por motivos de conveniência ou oportunidade.

Por fim, oportuno estabelecer algumas considerações em relação aos denominados **atos administrativos irrevogáveis**, como já visto, dos quais surgem como **exemplos:** os vinculados, aqueles que a própria lei assim tenha declarado; os complexos (de inviável revogação por apenas um dos órgãos que integraram a elaboração do ato); os que geraram direitos adquiridos (em atenção ao princípio da segurança das relações jurídicas); os que integrem um procedimento e para os quais já se tenha operado a preclusão pela prática de um ato posterior; os que já tenham exaurido seus efeitos, e, por derradeiro, os enunciativos ou declaratórios.

Dentro desse contexto, para permitir uma melhor visualização do tema, confira-se o seguinte esquema comparativo:

	ANULAÇÃO	REVOGAÇÃO
FUNDAMENTO	Ilegalidade	Conveniência e oportunidade
TITULAR	Administração e Judiciário	Administração
EFEITOS DA DECISÃO	Em regra: *Ex tunc* (art. 148, § 2.º, da Lei n. 14.133/2021 e art. 21, *caput* e parágrafo único da Lei n. 13.655/2018 (LINDB))	*Ex nunc*
PRAZO	5 anos (Lei n. 9.784/99, art. 54), salvo comprovada má-fé	Não há

5.6.3. Outras modalidades de extinção

Além das duas formas de extinção, mencionadas no tópico anterior, oportuno registrar a existência de outras apontadas pela doutrina. Assim é que, nesse contexto, seguindo as lições de Celso Antônio Bandeira de Mello, citado por **Maria Sylvia Zanella Di Pietro**[6], podem ser elencadas as seguintes modalidades:

"*Cassação*, em que a retirada se dá 'porque o destinatário **descumpriu condições** que deveriam permanecer atendidas a fim de poder continuar desfrutando da situação jurídica'; o autor cita o exemplo de cassação de licença para funcionamento de hotel por haver se convertido em casa de tolerância;

Caducidade, em que a retirada se deu 'por que **sobreveio norma jurídica** que tornou inadmissível a situação antes permitida pelo direito e outorgada pelo ato precedente'; o exemplo dado é a caducidade de permissão para explorar parque de diversões em local que, em face da nova lei de zoneamento, tornou-se incompatível com aquele tipo de uso;

Contraposição, em que a retirada se dá porque foi **emitido ato** com fundamento em competência diversa que gerou o ato anterior, mas cujos **efeitos** são **contrapostos** aos daqueles; é o caso da exoneração de funcionário, que tem efeitos contrapostos ao da nomeação.

Finalmente, pela *renúncia*, extinguem-se os efeitos do ato por que o próprio **beneficiário abriu mão** de uma vantagem de que desfrutava".

---

[6] *Direito administrativo*. 15. ed. São Paulo: Atlas, 2003, p. 226.

Para melhor visualização dos itens desenvolvidos, confira-se o seguinte quadro:

ANULAÇÃO	Extingue o ato por razões de ilegalidade
REVOGAÇÃO	Extingue o ato por razões de conveniência e oportunidade
CASSAÇÃO	Extingue o ato por descumprimento de obrigações pelo destinatário
CADUCIDADE	Extingue o ato pela edição de lei posterior em sentido oposto
CONTRAPOSIÇÃO	Extingue o ato pela edição de outro posterior em sentido oposto
RENÚNCIA	Extingue o ato pela renúncia do destinatário

5.7. CONVALIDAÇÃO DOS ATOS ADMINISTRATIVOS

Ainda em relação a esse tema, cumpre indagar acerca da possibilidade ou não, em nosso ordenamento jurídico, de se cogitar da **convalidação** dos atos administrativos.

De início, sobreleva notar que o verbo *convalidar* **significa tornar válido** o ato, que até então não era com efeito retroativo, o que pressupõe a possibilidade da presença no direito público dos chamados atos anuláveis, como se verifica no direito privado.

Sobre esse tema, ainda, importante destacar o **reconhecimento** pelo **legislador**, ao menos o federal, da possibilidade de convalidação dos atos administrativos consoante regra estabelecida pela **Lei n. 9.784/99**, em especial em seu art. 50, VIII, cuja redação a seguir se reproduz:

Art. 50. Os atos administrativos deverão ser motivados, com indicação dos fatos e dos fundamentos jurídicos quando: (...)

VIII — importem anulação, revogação, suspensão ou **convalidação** de ato administrativo.

Nesse contexto, oportuno também consignar que a mesma legislação, no art. 55, estabelece os **requisitos necessários** para que se possa cogitar de **convalidação** dos atos administrativos. Confira-se:

Art. 55. Em decisão na qual se evidencie não acarretarem lesão ao interesse público nem prejuízo a terceiros, os atos que apresentarem defeitos sanáveis poderão ser convalidados pela própria Administração.

Dessa forma, pode-se concluir que a tendência, na prática, é pelo acolhimento da tese que torna **possível** a **convalidação** dos atos administrativos, desde que **preenchidos os requisitos** mencionados, vale dizer, que não tenha o ato acarretado lesão ao interesse público, nem prejuízo a terceiros, e que o defeito inicialmente apresentado seja passível de correção.

Percebe-se, portanto, que, pela redação oferecida pelo dispositivo em análise, em algumas hipóteses, o defeito inicialmente apresentado pelo ato pode ser objeto de correção e, como corolário, de convalidação, ao passo que, em outras hipóteses, essa possibilidade não se apresenta.

5 ■ Atos Administrativos

Assim, tem-se que, se o **defeito** inicialmente apresentado pelo ato estiver **radicado** no seu **objeto**, por ser ilícito, ou mesmo em sua finalidade, por não preservar o interesse público, ou na **falta de motivação**, o ato **não será passível de convalidação**.

Com efeito, alterado o objeto ou mesmo sua finalidade, o ato já não será mais o mesmo, da mesma forma **sem a motivação, impossível a fiscalização do ato** quanto à preservação ou não do **interesse público**.

Cenário diferente se apresenta quando o **vício** inicialmente **apresentado** pelo ato estiver **radicado** na forma incorreta utilizada para sua exteriorização, bem como na competência do agente que o editou, uma vez que são **defeitos passíveis** de correção e, pois, de **convalidação**.

Por derradeiro, oportuna reprodução de **precedente do STJ**, quando do julgamento, **em 08.05.2015**, do **AgRg no AREsp n. 403.231/ES**, onde **a Corte reiterou a conclusão** pela **impossibilidade de convalidação dos atos administrativos que foram impugnados administrativa ou judicialmente**. Confira-se:

"PROCESSUAL CIVIL E ADMINISTRATIVO. AGRAVO REGIMENTAL NO AGRAVO EM RECURSO ESPECIAL. PROCON MUNICIPAL. MULTA ADMINISTRATIVA APLICADA POR AGENTE INCOMPETENTE. ATO IMPUGNADO JUDICIALMENTE. POSTERIOR CONVALIDAÇÃO. IMPOSSIBILIDADE. PRECEDENTES DO STJ.
1. **Somente são passíveis de convalidação os atos da Administração que não foram impugnados administrativa ou judicialmente** (REsp 719.548/PR, Rel. Min. ELIANA CALMON, Segunda Turma, *DJe* 21.11.08). Precedentes do STJ. 2. Agravo regimental não provido".

Para melhor visualização dos itens desenvolvidos, confira-se o seguinte quadro:

DEFINIÇÃO	Tornar válido o ato que nasceu viciado
POSSIBILIDADE	Sim
FUNDAMENTO	Lei federal n. 9.784/99, art. 55
REQUISITOS	■ Inexistência de lesão ao interesse público ■ Inexistência de prejuízos a terceiros ■ Ser o vício sanável

5.8. FORMAS DE CONTROLE

Resta ainda a questão relacionada às formas de controle dos atos administrativos, que se apresentam sob duas modalidades distintas: o **controle interno**, vale dizer, aquele feito pela **própria Administração**, que poderá atuar de **ofício** ou por **provocação** de terceiros e que se estende tanto pelo campo do **mérito** quanto pelo da **legalidade**. De outra parte, o **controle externo**, realizado pelo Poder **Legislativo**, com auxílio do **Tribunal de Contas**, e pelo Poder **Judiciário**, limitando-se ao campo da legalidade em respeito ao princípio constitucional da separação entre os Poderes.

Trata-se, pois, de tema que demanda maior aprofundamento, em razão das inúmeras informações que o envolvem, razão pela qual optamos pela abertura de um capítulo específico, denominado "Formas de controle sobre a Administração", conforme se verá mais adiante, no capítulo 19.

5.9. QUADRO SINÓTICO

ATOS ADMINISTRATIVOS	
ATRIBUTOS	▪ presunção de legitimidade ▪ autoexecutoriedade ▪ imperatividade ▪ tipicidade
REQUISITOS DE VALIDADE	▪ competência ▪ forma ▪ finalidade ▪ motivo ▪ objeto
CLASSIFICAÇÃO	▪ quanto aos destinatários (gerais ou individuais) ▪ quanto ao alcance (internos ou externos) ▪ quanto ao objeto (de império ou de gestão) ▪ quanto ao grau de liberdade (vinculado ou discricionário) ▪ quanto à formação do ato (simples, composto ou complexo) ▪ quanto à perfeição, validade e eficácia
ESPÉCIES	▪ normativos ▪ ordinatórios ▪ negociais ▪ enunciativos ▪ punitivos
FORMAS DE EXTINÇÃO	▪ anulação (por razões de ilegalidade) ▪ revogação (por razões de conveniência e oportunidade) ▪ cassação (por descumprimento de condições pelo destinatário) ▪ caducidade (pela edição de norma posterior incompatível com a situação anterior) ▪ contraposição (pela edição de ato com efeitos opostos ao anterior) ▪ renúncia (por ter o beneficiário aberto mão da vantagem de que desfrutava)
CONVALIDAÇÃO	Tornar válido o ato que até então não era em razão da presença de vício que o maculava Requisitos (Lei n. 9.784/99, art. 55): 1. inexistência de lesão ao interesse público 2. inexistência de prejuízos a terceiros 3. vício sanável
FORMAS DE CONTROLE	▪ Interno, levado a efeito pela própria Administração (autotutela), sobre o mérito e a legalidade dos atos ▪ Externo, levado a efeito pelo Judiciário e pelo Legislativo, limitando-se à legalidade desses atos

5.10. SÚMULAS SOBRE ATOS ADMINISTRATIVOS

5.10.1. Súmulas do STF

▪ **Súmula 346:** A administração pública pode declarar a nulidade dos seus próprios atos.

▪ **Súmula 473:** A administração pode anular seus próprios atos, quando eivados de vícios que os tornam ilegais, porque deles não se originam direitos; ou revogá-los, por motivo de conveniência ou oportunidade, respeitados os direitos adquiridos, e ressalvada, em todos os casos, a apreciação judicial.

5.10.2. Súmula vinculante

■ **Súmula vinculante 3:** Nos processos perante o Tribunal de Contas da União asseguram-se o contraditório e a ampla defesa quando da decisão puder resultar anulação ou revogação de ato administrativo que beneficie o interessado, excetuada a apreciação da legalidade do ato de concessão inicial de aposentadoria, reforma e pensão.

5.11. QUESTÕES

QUESTÕES DE CONCURSOS
> http://uqr.to/1xgxc

6

ESTRUTURA DA ADMINISTRAÇÃO PÚBLICA

6.1. ESTRUTURA DA ADMINISTRAÇÃO

6.1.1. Noção geral

A **Administração** Pública, nas quatro esferas de governo, vale dizer, federal, estadual, municipal e distrital, é composta de uma estrutura **direta** e **indireta**, sobre as quais incidem não só os **princípios** relacionados no *caput* do **art. 37** da Constituição, como também as demais regras relacionadas nos parágrafos e incisos desse dispositivo, como se verifica da redação a seguir reproduzida:

> **Art. 37.** A administração pública direta e indireta de qualquer dos Poderes da União, dos Estados, do Distrito Federal e dos Municípios obedecerá aos princípios de legalidade, impessoalidade, moralidade, publicidade e eficiência e, também, ao seguinte (...).

Tendo em vista a redação reproduzida, resta claro que as quatro esferas de governo devem se curvar às **diretrizes** ali estabelecidas, para a preservação dos **interesses da coletividade**.

Sem embargo, cumpre registrar a existência de **diferenças** estruturais entre as figuras **integrantes** da **estrutura direta** e **indireta** da Administração Pública, o que demanda a abertura de itens específicos para trabalhar com cada uma delas, o que se fará a seguir.

6.2. ESTRUTURA DIRETA DA ADMINISTRAÇÃO

A **estrutura** da Administração **direta** é composta fundamentalmente por **órgãos** que são instrumentos da vontade estatal **desprovidos**, em regra, de **personalidade jurídica**, sendo esse o aspecto que os diferencia das pessoas que integram a Administração indireta, conforme se verifica da definição oferecida pelo art. 4.º, I, do **Decreto-lei n. 200/67**. Confira-se:

> **Art. 4.º** A administração Federal compreende:
> I — a administração direta, que se constitui dos serviços integrados na estrutura administrativa da Presidência da República e dos ministérios.

Essa questão foi também disciplinada pela **Lei n. 9.784/99**, que regula o processo administrativo no âmbito da Administração Pública federal, em particular em seu **art. 1.º, § 2.º, I**, cuja redação a seguir se reproduz:

Art. 1.º Esta Lei estabelece normas básicas sobre o processo administrativo no âmbito da Administração Federal direta e indireta, visando, em especial, à proteção dos direitos dos administrados e ao melhor cumprimento dos fins da Administração. (...)

§ 2.º Para os fins desta Lei, consideram-se:

I — órgão — a unidade de atuação integrante da estrutura da Administração direta e da estrutura da Administração indireta.

A leitura do dispositivo legal colacionado permite concluir, inicialmente, que, apresentando-se como unidades de atuação, esses **órgãos** possuem um **campo próprio de atuação**, previamente estabelecido por **lei**, não podendo ser ultrapassado, sob pena de ilegalidade do ato.

A propósito, importante deixar consignado que são eles **criados** por **lei** de iniciativa do **Presidente da República**, na esfera federal, conclusão que se atinge pela leitura do **art. 61, § 1.º, II, e, da CF:**

Art. 61. A iniciativa das leis complementares e ordinárias cabe a qualquer membro ou Comissão da Câmara dos Deputados, do Senado Federal ou do Congresso Nacional, ao Presidente da República, ao Supremo Tribunal Federal, aos Tribunais Superiores, ao Procurador-Geral da República e aos cidadãos, na forma e nos casos previstos nesta Constituição.

§ 1.º São de iniciativa privativa do Presidente da República as leis que:

II — disponham sobre:

e) criação e extinção de Ministérios e órgãos da administração pública, observado o disposto no art. 84, VI.

A leitura do dispositivo constitucional reproduzido permite entrever que a **criação** e a **extinção** de órgãos dependem de **lei** de iniciativa do **Presidente da República**, situação que não se apresenta alterada pela redação prevista no **art. 84, VI, a**, da Constituição:

Art. 84. Compete privativamente ao Presidente da República: (...)

VI — dispor, mediante decreto, sobre:

a) organização e funcionamento da administração federal, quando não implicar aumento de despesa nem **criação ou extinção de órgãos públicos;**

b) extinção de funções ou cargos públicos, quando vagos.

Com efeito, percebe-se, pois, que, se a Constituição atribuiu ao Presidente da República a possibilidade de alterar, mediante decreto, a organização e o funcionamento da Administração Federal, manteve, no entanto, a previsão única de **criação** e **extinção** de **órgãos** por meio de **lei**.

Dentro desse contexto, cumpre registrar que a possibilidade de **delegação** dessas **competências**, prevista no **art. 84, parágrafo único**, por certo não incide sobre a criação e extinção de órgãos, uma vez que não se pode atribuir essa prerrogativa para um Ministro de Estado.

6 ■ Estrutura da Administração Pública

Confira-se, a propósito, a redação do art. 84, parágrafo único, da Constituição:

Art. 84. (...)

Parágrafo único. O Presidente da República poderá delegar as atribuições mencionadas nos incisos VI, XII e XXV, primeira parte, aos Ministros de Estado, ao Procurador-Geral da República ou ao Advogado-Geral da União, que observarão os limites traçados nas respectivas delegações.

Em síntese, a leitura conjunta do art. 84, VI e parágrafo único, permite concluir que em relação à **criação** e **extinção** de **órgãos** permanece a **diretriz** estabelecida no **art. 61**, que exige a aprovação de **lei** de iniciativa do Poder Executivo.

Sem embargo, em relação às demais alterações sobre organização e funcionamento da Administração Pública, abre-se a possibilidade de sua veiculação por meio de decretos, bem como sua delegação para Ministros de Estado.

De outra parte, importante considerar que, embora tecnicamente o legislador tenha considerado possível a existência de órgãos na estrutura indireta da Administração, essa hipótese apresenta-se remota, tendo em vista as características das figuras que a integram, como se verá no item seguinte.

Seguindo pela descrição feita pelo legislador, percebe-se que esses **órgãos** que integram a **estrutura direta** da Administração Pública não são dotados de **personalidade jurídica**.

Nesse sentido, sendo **desprovido de personalidade jurídica**, o **órgão** — como visto —, não se confunde com a **pessoa jurídica**, surgindo apenas como parte integrante dela, tampouco como agente público que vai desempenhar suas funções.

A propósito do tema, oportuna a transcrição dos ensinamentos de Maria Sylvia Zanella Di Pietro[1]:

"Na realidade, o órgão não se confunde com a pessoa jurídica, embora seja uma de suas partes integrantes; a pessoa jurídica é o todo enquanto os órgãos são parcelas integrantes do todo. O órgão também não se confunde com a pessoa física, o agente público, porque congrega funções que este vai exercer. (...)

Isto equivale a dizer que o órgão não tem personalidade jurídica própria, já que integra a estrutura da Administração Pública Direta, ao contrário da entidade que constitui 'unidade de atuação dotada de personalidade jurídica' (art. 1.º, § 2.º, II, da Lei 9.784/1999); é o caso das entidades da Administração Indireta (autarquias, fundações, empresas públicas e sociedades de economia mista)".

Tem-se que a Administração **direta** é, portanto, composta basicamente por **órgãos desprovidos**, pois, de **personalidade jurídica**, como Ministérios, Secretarias, Superintendências, ao contrário da Administração indireta, composta por pessoas jurídicas, entes personalizados.

---

[1] *Direito administrativo.* 15. ed. São Paulo: Atlas, 2003, p. 426.

6.2.1. Teoria do órgão

Partindo-se do pressuposto de que o Estado não tem vontade própria, chega-se à conclusão de que ela acaba por se manifestar por meio da atuação de seus agentes, o que levou à formulação da chamada **teoria do órgão**.

Preconiza essa teoria que a pessoa jurídica manifesta sua vontade por meio de órgãos cujas atribuições são desempenhadas pelos seus agentes, fazendo surgir a ideia de imputação, uma vez que os **atos** realizados pelos **agentes** devem ser **imputados à própria Administração**.

A esse respeito, confiram-se os ensinamentos de Maria Sylvia Zanella Di Pietro[2]:

"Pela teoria do órgão, a pessoa jurídica manifesta sua vontade por meio dos órgãos, de tal modo que quando os agentes que os compõem manifestam a sua vontade, é como se o próprio Estado o fizesse; substituísse a ideia de representação pela de imputação".

Percebe-se, na citação reproduzida, que **excepcionalmente** o ordenamento jurídico consagra a **possibilidade de atribuição de capacidade processual** a alguns **órgãos**, em que pese não serem eles dotados de personalidade jurídica.

Essas **exceções** não se apresentam de forma gratuita, mas resultam da importância atribuída a eles em nosso ordenamento jurídico, a exemplo do que se verifica em relação ao **Ministério Público**, por tratar-se de órgão que representa os interesses da coletividade, a teor do disposto do art. 129 da Constituição.

De resto, essa afirmação encontra respaldo também nos arts. 176 e 177 do CPC, cuja redação a seguir se reproduz:

Art. 176. O Ministério Público atuará na defesa da ordem jurídica, do regime democrático e dos interesses e direitos sociais e individuais indisponíveis.

Art. 177. O Ministério Público exercerá o direito de ação em conformidade com suas atribuições constitucionais.

De resto, por força do posicionamento constitucional e legal atribuído a esse órgão é que o CPC, a teor do disposto em seu art. 180, conferiu a ele a mesma prerrogativa processual atribuída às esferas de Governo, autarquias e fundações (art. 180), vale dizer, prazo em dobro para todas as manifestações. Confira-se:

Art. 180. O Ministério Público gozará de prazo em dobro para manifestar-se nos autos, que terá início a partir de sua intimação pessoal, nos termos do art. 183 § 1.º.

Mesma conclusão se impõe em relação à **Defensoria Pública**, por tratar-se de órgão essencial à função jurisdicional do Estado, incumbindo-lhe a orientação jurídica e a defesa em todos os graus dos necessitados, a teor do disposto no art. 134 da CF.

Dessa forma, justifica-se também a atribuição a esse órgão de prazo em dobro em todas as suas manifestações processuais, conforme se vê na previsão estabelecida no art. 186 do CPC, a seguir reproduzida:

---

[2] *Direito administrativo*. 15. ed. São Paulo: Atlas, 2003, p. 425.

6 ■ Estrutura da Administração Pública

Art. 186. A defensoria pública gozará de prazo em dobro para todas as suas manifestações processuais.

Da mesma forma, impõe-se a conclusão em relação aos **Tribunais de Contas**, por se apresentarem como órgãos de capital importância para viabilizar o controle externo dos atos administrativos em auxílio ao Congresso Nacional, por força da previsão estabelecida no art. 71 da Constituição.

Art. 71. O controle externo, a cargo do Congresso Nacional, será exercido com o auxílio do Tribunal de Contas da União, ao qual compete:

Por derradeiro, também se impõe essa conclusão em relação a todas as **Casas Legislativas** quando atingirem interesses de terceiros por meio da expedição de atos ilegais, bem como quando atingidas por **decisões** que possam **comprometer** sua **autonomia**, implicando o esvaziamento do princípio constitucional da separação entre os Poderes.

Assim é que se revela possível a propositura de uma ação judicial por uma dessas **Casas Legislativas** quando atingidas por **decisões** que possam **comprometer** sua **estrutura** ou **funcionamento**, mesmo raciocínio envolvendo a possibilidade de figurarem no polo passivo.

Dessa forma, conclui-se pela **impossibilidade** de esses **órgãos responderem** pelas **obrigações** que contraírem junto a **terceiros**, bem como pelos danos a eles causados, exigindo da vítima ou do prejudicado a propositura de medida judicial em face da esfera de governo em que se encontram.

Assim, a título de exemplo, a vítima de um dano causado por um Ministério deverá propor a ação judicial pleiteando indenização, em face da União, da mesma forma que deverá propor a ação em face de Estados e Municípios, quando o dano experimentado for resultante da atuação de uma Secretaria de Estado ou de uma Subprefeitura.

Aliás, outra não é a conclusão que se extrai da leitura do **art. 37, § 6.º**, da **Constituição**, que abre a possibilidade de a vítima **ingressar** em **juízo** pleiteando **indenização**, em face tão somente de **pessoas jurídicas**, de direito público ou de direito privado, prestadoras de serviços públicos, mas, de toda sorte, somente pessoas jurídicas.

6.2.2. Classificação dos órgãos

Diversos são os critérios que permitem a elaboração de uma **classificação dos órgãos** que integram a estrutura direta da Administração Pública.

Assim sendo, possível também a inclusão, de um mesmo órgão, entre os diversos critérios de classificação, apresentando-se como principal, o que leva em consideração a posição hierárquica que ocupa.

Assim, os órgãos podem ser divididos em dois grandes grupos:

■ **aqueles que têm base diretamente na Constituição;**
■ **aqueles previstos no nível infraconstitucional.**

Quanto aos primeiros, surgem como **exemplos** as casas legislativas (Congresso Nacional, Assembleias Legislativas, Câmara de Vereadores, Câmara Distrital); os tribunais integrantes da estrutura do Judiciário; os Tribunais de Contas (órgãos auxiliares do Legislativo); o Ministério Público e a Defensoria Pública.

Quanto aos **Tribunais de Contas, oportuno registrar a diferença estabelecida pelo STF** quando da apreciação, em **agosto de 2017, das ADIs 346/SP e 4.776/SP**, ambas relatadas pelo Ministro Gilmar Mendes, entre os Tribunais de Contas dos Municípios (art. 31, § 1.º) e os Tribunais de Contas do Município, apenas existentes nos Municípios de São Paulo e Rio de Janeiro.

No entendimento da Suprema Corte, os **primeiros são órgãos estaduais**, criados por deliberação autônoma dos respectivos Estados-Membros com a finalidade de auxiliar as Câmaras Municipais na atribuição de exercer o controle externo.

Já o Tribunal de Contas dos Municípios (São Paulo e Rio de Janeiro) **é órgão independente e autônomo, pertencente à estrutura da esfera municipal**, com a **função de auxiliar a Câmara Municipal** no controle externo da fiscalização financeira e orçamentária do respectivo Município (*Informativo* n. 871, de agosto de 2017).

No nível constitucional, **importante destacar ainda** as regiões metropolitanas, as aglomerações urbanas e as microrregiões, conforme a previsão estabelecida no art. 25, § 3.º.

De outra parte, em relação àqueles que têm previsão no **nível infraconstitucional** surgem como **exemplos** os Ministérios e Secretarias de Estado, as Procuradorias e Tribunais Administrativos.

Por derradeiro, importante observar que esses órgãos **podem ser compostos por uma só pessoa**, a exemplo da Presidência da República, **como também por um colegiado**, a exemplo dos Tribunais.

Para melhor visualização dos itens desenvolvidos, confira-se o seguinte quadro:

INTEGRANTES	Órgãos
DEFINIÇÃO	Centros de competência previamente definidos por lei
PERSONALIDADE JURÍDICA	Não tem. Assim, não se apresentam como sujeito de direitos e obrigações
CAPACIDADE PROCESSUAL	Em regra, não possuem. As exceções que se apresentam devem-se ao posicionamento jurídico do órgão e aos interesses que representa
TEORIA DO ÓRGÃO	Imputa a responsabilidade pelos atos praticados aos agentes, não a eles, não aos órgãos em que se encontram lotados, mas à esfera de governo em que se encontram
CRIAÇÃO	Por lei, de iniciativa do Chefe do Executivo (art. 61, § 1.º, II, *e*, da Constituição Federal)
EXTINÇÃO	Por lei, de iniciativa do Chefe do Executivo (art. 61, § 1.º, II, *e*, da Constituição Federal)
ORGANIZAÇÃO E FUNCIONAMENTO	Por lei, se implicar aumento de despesa. Por simples decreto, se não implicar (art. 84, VI, *a*, da Constituição Federal)
CLASSIFICAÇÃO	Principal critério — quanto a posição ocupada, dividindo-se em: a) no nível constitucional b) no nível infraconstitucional

6.3. ESTRUTURA INDIRETA DA ADMINISTRAÇÃO

6.3.1. Noções gerais

A **estrutura indireta** da Administração Pública, nas quatro esferas de governo, é composta não de órgãos, mas de **pessoas jurídicas**, outra não sendo a orientação estabelecida pelo Decreto-lei n. 200/67, em seu art. 4.º, II:

> **Art. 4.º** A Administração Federal compreende: (...)
>
> II — a Administração Indireta, que compreende as seguintes categorias de entidades, dotadas de personalidade jurídica própria:
>
> Parágrafo único. As entidades compreendidas na Administração Indireta vinculam-se ao Ministério em cuja área de competência estiver enquadrada sua principal atividade.

A leitura do dispositivo autoriza inicialmente a conclusão segundo a qual **todas as figuras** ali descritas são **dotadas de personalidade jurídica** própria, ao contrário dos órgãos integrantes da Administração direta.

Outrossim, em razão dessa natureza jurídica, em especial da autonomia a elas atribuída para a tomada de decisões, **não se encontram elas subordinadas, mas vinculadas aos Ministérios** integrantes da Administração direta afetos a sua área de atuação.

Outrossim, a matéria encontra-se também prevista na **Lei n. 9.784/99**, disciplinadora dos processos administrativos na área federal, em especial em seu **art. 1.º, § 2.º, II:**

> **Art. 1.º** (...)
>
> § 2.º Para os fins desta Lei, consideram-se:
>
> I — órgão — a unidade de atuação integrante da estrutura da Administração direta e da estrutura da Administração indireta;
>
> II — entidade — a unidade de atuação dotada de personalidade jurídica.

A leitura do dispositivo reproduzido permite concluir que, a exemplo dos órgãos que integram a estrutura direta da Administração, também **essas pessoas se apresentam como unidades de atuação**, o que equivale a dizer, são elas **dotadas de um campo específico de competência**, previamente estabelecido em lei.

Outrossim, da mesma forma como se viu para os órgãos integrantes da estrutura direta, essas pessoas também são **criadas, autorizadas** e **extintas** por **lei** de iniciativa do Poder Executivo, a teor do disposto no **art. 37, XIX**, da Constituição:

> **Art. 37.** (...)
>
> XIX — somente por lei específica poderá ser criada autarquia e autorizada a instituição de empresa pública, de sociedade de economia mista e de fundação, cabendo à lei complementar, neste último caso, definir as áreas de sua atuação.

O dispositivo reproduzido permite entrever que, embora os integrantes da estrutura indireta da Administração demandem a **aprovação de lei** para serem **criados**, verifica-se diferença significativa em relação ao **papel atribuído a ela**, na medida em que, com relação às **autarquias** e **fundações públicas** com **personalidade jurídica de direito público**, a **simples aprovação** da lei revela-se **suficiente** para concretizar sua **criação**.

Já com relação a **fundações com personalidade jurídica de direito privado**, **empresas públicas e sociedades de economia mista**, a **aprovação** da **lei** representa apenas a **primeira etapa** de sua **criação**, pois necessária, ainda, a **aprovação** de seus **estatutos sociais**, e seu competente registro.

De outra parte, por meio da definição oferecida pelo art. 2.º da Lei n. 9.784/99, percebe-se a presença de outra diferença entre essas **pessoas** integrantes da estrutura indireta da Administração e os **órgãos** integrantes de sua estrutura direta.

Com efeito, corretamente o legislador apontou serem **elas** dotadas de **personalidade jurídica**, o que traz como consequência terem **capacidade processual**, vale dizer, para estar em juízo, promovendo ou sofrendo ações.

Dessa forma, cristalina a conclusão segundo a qual são **elas a responder pelas obrigações** contraídas junto a **terceiros**, bem como pelos danos causados, e não a esfera de governo em que se encontram.

Assim sendo, a vítima de **danos causados** por uma autarquia, fundação, empresa pública ou sociedade de economia mista deverá **acioná-las em juízo**, em busca de **indenização, e não**, como já se disse em relação aos órgãos, cuja responsabilidade recai sobre a **esfera de governo** que integram.

De outra parte, estabelecidas as noções preliminares e antes de passarmos em revista as características apresentadas pelos integrantes da Administração indireta, sobreleva notar que dois são os **objetivos que norteiam a criação dessas figuras:** a prestação de **serviços públicos** e a **exploração de atividades econômicas**.

A criação das pessoas para a prestação de **serviços públicos** tem por objetivo oferecer concretude ao princípio da **eficiência**, visto que se parte do pressuposto de que a criação de uma pessoa para desenvolver somente um tipo de atividade faz com que, ao longo do tempo se transforme em uma especialista, melhorando, assim, a qualidade do serviço.

Nesse contexto, cumpre observar que a situação descrita impede os administradores das entidades de afastá-las dos objetivos definidos na lei, para os quais, aliás, foram criadas, recebendo o nome de **princípio da especialização**.

Confira-se a respeito o trecho extraído das lições de Maria Sylvia Zanella Di Pietro[3]:

"Dos princípios da legalidade e da indisponibilidade do interesse público, decorre, dentre outros, o da especialidade, concernente à ideia de descentralização administrativa.

Quando o Estado cria pessoas jurídicas públicas administrativas — as autarquias — como forma de descentralizar a prestação de serviços públicos, com vistas à especialização de função, a lei que cria a entidade estabelece com precisão as finalidades que lhe incumbe atender, de tal modo que não cabe aos seus administradores afastar-se dos objetivos definidos na lei; isto precisamente pelo fato de não terem a livre disponibilidade dos interesses públicos.

Embora esse princípio seja normalmente referido às autarquias, não há razão para negar a sua aplicação quanto às demais pessoas jurídicas, instituídas por lei, para integrarem a Administração Pública indireta".

---

[3] *Direito administrativo.* 15. ed. São Paulo: Atlas, 2003, p. 72.

6 ▪ Estrutura da Administração Pública   213

Pode-se dizer, portanto, que a prestação de **serviços públicos** configura **atividade típica** do Estado, **não se configurando** nenhuma espécie de **competição** com a **iniciativa privada**, uma vez que terá ela acesso, no máximo, à execução dessas atividades, jamais podendo assumir sua titularidade, conclusão que se justifica, uma vez que diversos são os objetivos perseguidos pela Administração e pelos particulares.

Dessa forma, admitir a possibilidade de a iniciativa privada assumir a titularidade de um serviço público implicaria a perspectiva de submeter seus usuários a medidas tomadas única e exclusivamente com o objetivo de obtenção de lucro, o que não se pode cogitar.

Por outro lado, a criação dessas pessoas para a **exploração de atividades econômicas**, entrando em um campo até então exercido com exclusividade pela iniciativa privada, ocorre em **caráter excepcional** e somente nas **hipóteses** expressamente **autorizadas pela Constituição**.

Assim, encontram-se as hipóteses no art. 173, cuja redação a seguir se reproduz:

Art. 173. Ressalvados os casos previstos nesta Constituição, a exploração direta de atividade econômica pelo Estado só será permitida quando necessária **aos imperativos da segurança nacional ou a relevante interesse coletivo**, conforme definidos em lei.

Como se verifica da leitura desse dispositivo constitucional, a criação dessas pessoas para a **exploração de atividades econômicas** não se revela livre, uma vez que só é permitida em situação de **segurança nacional ou interesse coletivo relevante**.

Ainda que explorando atividade econômica, a atuação do Poder Público não pode, em absoluto, ser confundida com a que desenvolve um particular, visto que, nesse caso, totalmente voltada à obtenção de lucro.

Com efeito, ainda que **explorando atividade econômica**, **não pode a Administração balizar** suas **atitudes** para a obtenção de **lucro**, mas sim para a **preservação do interesse público** que representa.

Nesse contexto, perfeitamente **admissível** é que, ao término de um exercício, o **resultado** da gestão das empresas estatais se apresente deficitário, desde que os números decorram não de uma má administração, mas da própria **natureza da atividade** desenvolvida — por si mesma **deficitária**, razão essa, aliás, para que ninguém na iniciativa privada tenha demonstrado interesse para sua assunção.

Em outras palavras, nada impede que a **Administração assuma a execução de atividades** que se saibam **deficitárias** de antemão, desde que o faça visando à **preservação do interesse público**.

Outro aspecto importante a ser abordado, antes de adentrarmos propriamente a análise das pessoas componentes da Administração indireta, refere-se ao **regime jurídico** a ser conferido a elas quando da exploração de **atividades econômicas**.

Assim, ao explorar atividades econômicas, essas pessoas deverão **submeter-se** aos **princípios** constitucionais que direcionam esse tema, que estão no **art. 170**, no qual se destaca o da livre concorrência:

Art. 170. A ordem econômica, fundada na valorização do trabalho humano e na livre iniciativa, tem por fim assegurar a todos existência digna, conforme os ditames da justiça social, observados os seguintes princípios: (...)

IV — livre concorrência.

Em vista desse princípio constitucional, portanto, tem-se que toda atividade desenvolvida pelo Poder Público no setor será marcada pela **absoluta ausência de prerrogativas** em relação à iniciativa privada.

Essa conclusão está arrimada também no conteúdo do inciso II do § 1.º do art. 173 da CF, a saber:

> **Art. 173.** (...)
>
> § 1.º A lei estabelecerá o estatuto jurídico da empresa pública, da sociedade de economia mista e de suas subsidiárias que explorem atividade econômica de produção ou comercialização de bens ou de prestação de serviços, dispondo sobre: (...)
>
> II — a sujeição ao regime jurídico próprio das empresas privadas, inclusive quanto aos direitos e obrigações civis, comerciais, trabalhistas e tributários.

Nota-se, por oportuno, que a **igualdade de regimes** quanto aos **direitos** e **obrigações** não se restringe à relação desse dispositivo constitucional, conclusão que se atinge por força do advérbio "inclusive".

Com efeito, tivesse o constituinte a intenção de limitar a igualdade de **regimes jurídicos** somente aos direitos e obrigações ali mencionados, teria ele eliminado o advérbio.

Como não o fez, entende-se que a mensagem deve ser assim traduzida: o regime jurídico das **estatais**, quando exploradoras de **atividades econômicas**, deve ser **basicamente o mesmo da iniciativa privada** em relação a todos os direitos e obrigações, e não só, mas principalmente, em relação às de caráter civil, comercial, trabalhista e tributário.

Nesse sentido, elimina-se alguma dúvida que ainda pudesse persistir em relação a essa conclusão pela diretriz estabelecida no **art. 173**, agora em seu **§ 2.º**, como se verifica:

> **Art. 173.** (...)
>
> § 2.º As empresas públicas e as sociedades de economia mista não poderão gozar de privilégios fiscais não extensivos às do setor privado.

Inquestionavelmente, no princípio da livre concorrência está a justificativa para essas previsões constitucionais, que, como visto, baliza a interpretação de todos os demais artigos integrantes desse título da Constituição Federal.

Oportuno ainda consignar que as **exploradoras de atividade econômica** não deixam de **integrar** a **estrutura** da **Administração** Pública.

Essa constatação assume relevo, porque torna **cogente** para elas o **cumprimento** das regras estabelecidas pelo **art. 37 da CF**, ao menos em relação aos **princípios** que norteiam toda a atividade administrativa, em especial quanto à contratação de pessoas e aquisição de bens e serviços que deverão seguir, como regra geral, os princípios licitatórios.

De resto, outra não foi a orientação oferecida pela nossa **Suprema Corte**, consoante se verifica do excerto a seguir colacionado:

> "AGRAVO REGIMENTAL EM RECURSO EXTRAORDINÁRIO. AÇÃO POPULAR TERCEIRIZAÇÃO DE PRESTAÇÃO DE SERVIÇOS ADVOCATÍCIOS PELA CAIXA ECONÔMICA FEDERAL. ATIVIDADE-FIM. DECRETO 2.271/97. LEIS 4.717/65 E 8.666/93. IMPEDIMENTO. ALEGADA NECESSIDADE DE PRÉVIA DOTAÇÃO

6 ■ Estrutura da Administração Pública

ORÇAMENTÁRIA E INEXIGIBILIDADE DE LICITAÇÃO. REEXAME DE FATOS E PROVAS E DE LEGISLAÇÃO INFRACONSTITUCIONAL. OFENSA REFLEXA. **CONCURSO PÚBLICO. NECESSIDADE. ARTS. 37, II, E 173, § 1.º, II, DA CF. PRECEDENTES**. AUSÊNCIA DE CONVOCAÇÃO DE CONCURSADOS. PRETERIÇÃO. PRINCÍPIO DA LEGALIDADE. SÚMULA 636 DO STF. ART. 93, IX, DA CF. TEMA 339 DA RG. (...) 3. A jurisprudência desta Corte é pacífica no sentido de que, **para a investidura em cargo ou emprego público, as empresas públicas e as sociedades de economia mista se submetem à regra constitucional do concurso público**, nos termos do art. 37, II, da Constituição Federal" (STF, **RE 1310318 SE** 0002127-62.2008.4.05.8500, Rel. Edson Fachin, **j. 11.11.2021**, Segunda Turma, Data de Publicação: 26.11.2021).

A necessidade de submissão, outrossim, das empresas públicas e sociedades de economia mista exploradoras de atividade econômica aos princípios da Administração Pública está prevista no art. 173, § 1.º, III, da CF, como se vê:

> **Art. 173.** (...)
>
> § 1.º A lei estabelecerá o estatuto jurídico da empresa pública, da sociedade de economia mista e de suas subsidiárias que explorem atividade econômica de produção ou comercialização de bens ou de prestação de serviços, dispondo sobre: (...)
>
> III — licitação e contratação de obras, serviços, compras e alienações, observados os princípios da administração pública.

Nesse particular, importante registrar, ainda que apenas de passagem, uma vez que o tema será abordado com o grau de profundidade que exige ao término deste capítulo e no capítulo 18, que, a título de **regulamentação** do **art. 173, § 1.º**, foi editada, em 30 de junho de 2016, a **Lei n. 13.303**, que dispõe sobre o Estatuto Jurídico da Empresa Pública, da Sociedade de Economia Mista e de suas subsidiárias, no âmbito da União, dos Estados, do Distrito Federal e dos Municípios.

Compreendidas as noções iniciais acerca do tema, passaremos agora a cuidar de cada uma das pessoas componentes da Administração indireta do Estado, procurando abordar os mesmos itens para todas, de modo a facilitar o estudo comparativo.

Para melhor visualização dos itens desenvolvidos, confira-se o seguinte quadro:

INTEGRANTES	Pessoas jurídicas
PERSONALIDADE JURÍDICA	Tem. Assim se apresentam como sujeitos de direitos e obrigações
CAPACIDADE PROCESSUAL	Tem, podendo, pois, propor ou sofrer ações judiciais
CRIAÇÃO (ART. 37, XIX, DA CF)	Por lei, específica, ordinária, de iniciativa do Chefe do Executivo
EXTINÇÃO (ART. 37, XIX, DA CF)	Por lei específica, ordinária, de iniciativa do Chefe do Executivo, variando o seu papel de acordo com a personalidade jurídica da pessoa ▣ Se de direito público, a lei cria ▣ Se de direito privado, apenas autoriza a sua criação
OBJETIVOS	São criadas ou para a prestação de serviços públicos (atividade típica do Estado) ou para a exploração de atividades econômicas (atividade atípica do Estado).

6.4. INTEGRANTES

Como visto, os **integrantes da estrutura indireta** da Administração apresentam de comum, entre si, o fato de se apresentarem como **pessoas jurídicas**, dotadas de **personalidade jurídica**, e criadas ou para a prestação de **serviços públicos** ou para a exploração de **atividades econômicas**.

Sem embargo, **apresentam** essas figuras **diferenças importantes**, que serão melhor analisadas a partir deste momento, com a especificação de cada uma delas.

6.4.1. Autarquias

As **autarquias** são **pessoas jurídicas de direito público** criadas para a prestação de **serviços públicos**, contando com um capital exclusivamente público, consoante se verifica da definição estabelecida pelo **Decreto-lei n. 200/67**, em seu **art. 5.º**, que a seguir se reproduz:

> **Art. 5.º** Para os fins dessa lei, considera-se:
>
> I — autarquia — o serviço autônomo, criado por lei, com personalidade jurídica, patrimônio e receita próprios, para executar atividades típicas da administração pública que requeiram, para seu melhor funcionamento, gestão administrativa e financeira descentralizada.

O Código Civil também tratou de incluí-las entre as pessoas jurídicas de Direito Público, ao longo do art. 41, em seu inciso IV.

Como se percebe da definição oferecida, das duas finalidades para as quais se prevê a criação de pessoas dentro da Administração indireta do Estado, as **autarquias** só podem ser idealizadas para a **prestação de serviços públicos**, não podendo atuar, portanto, na exploração de atividades econômicas.

Surgem como exemplos de autarquias, guardando-se as características até aqui apresentadas, em particular quanto ao grau de especialização na prestação de serviços públicos, os seguintes entes:

■ Incra (Instituto Nacional de Colonização e Reforma Agrária);

■ INPI (Instituto Nacional da Propriedade Industrial);

■ Ibama (Instituto Brasileiro do Meio Ambiente e dos Recursos Naturais Renováveis);

■ INSS (Instituto Nacional do Seguro Social);

■ Cade (Conselho Administrativo de Defesa Econômica);

■ Banco Central do Brasil.

Apresentam como **características importantes**: **autonomia administrativa**, autonomia **financeira** e **patrimônio próprio**, de modo a demonstrar que, uma vez criadas, apresentam independência em relação à Administração direta, não sendo outro o significado da expressão **"autarquia"** (*autos* + *arquia* = governo próprio).

Nesse sentido, oportuna a reprodução de **precedente** do **STF**, quando do julgamento, em 26.08.2021, da **ADI 6.696/DF**, em que a corte apreciou a constitucionalidade da Lei Complementar n. 179/2021, que define os objetivos do Banco Central do Brasil,

6 ■ Estrutura da Administração Pública 217

dispõe sobre sua autonomia e trata da nomeação e da exoneração de seu presidente e seus diretores.

O Tribunal, por maioria, julgou improcedente o pedido formulado.

De se destacar também que, embora **não se possa cogitar** a **existência** de um **vínculo de hierarquia** ou subordinação entre a Administração direta e as autarquias, é perfeitamente **possível vislumbrar** aqui a **existência** de um **controle** daquela para com estas, que se restringirá ao campo da **legalidade** ou finalidade, podendo, ainda, receber o nome de tutela.

Quanto à **criação**, por se tratar de pessoas jurídicas de direito público, serão elas efetivadas por intermédio de **lei específica**, na forma do disposto no **art. 37, XIX, da CF:**

> **Art. 37.** (...)
> XIX — somente por lei específica poderá ser criada a autarquia e autorizada a instituição de empresa pública, de sociedade de economia mista e de fundação, cabendo à lei complementar, neste último caso, definir as áreas de sua atuação.

Da leitura desse dispositivo, pode-se concluir que o **único instrumento** viável para a **criação** de **autarquias** é a **lei**, não se prestando para essa finalidade os decretos, as medidas provisórias, sendo, outrossim, necessária lei específica quando da criação de cada autarquia.

Em outras palavras, toda vez que o Poder Executivo pretender criar uma nova autarquia — tendo em vista que a competência sobre essa matéria é sua, em caráter privativo (art. 61, § 1.º, II, *e*, da CF) —, deverá providenciar lei própria, **não sendo possível**, portanto, imaginar a **criação**, por intermédio de **uma só lei**, de **diversas autarquias**.

Por outro lado, se a criação dessas entidades só pode verificar-se por meio de lei específica, por óbvio que sua **extinção** adota o mesmo padrão.

De outra parte, cumpre observar a **possibilidade de atribuir** a essas entidades os mesmos **privilégios** de que é dotada a **Administração direta**, uma vez que são prestadoras de serviços públicos, única atividade que lhes é possível, e também em vista de sua personalidade de direito público.

Em outras palavras, resta claro que as prerrogativas conferidas a essas pessoas devem-se às atividades por elas desenvolvidas, vale dizer, a prestação de serviços públicos aliada à sua personalidade jurídica.

Assim, **usufruem** elas da **imunidade tributária** em relação aos impostos, fixada no **art. 150, VI, *a*, da CF**, a teor do disposto no § 2.º do mesmo dispositivo. Confira-se:

> **Art. 150.** Sem prejuízo de outras garantias asseguradas ao contribuinte, é vedado a união, aos estados, ao Distrito Federal e aos municípios: (...)
> VI — instituir impostos sobre:
> *a)* patrimônio, renda ou serviços, uns dos outros; (...)
> § 2.º A vedação do inciso VI, *a*, é extensiva às **autarquias** e as fundações instituídas e mantidas pelo Poder Público, no que se refere o patrimônio, a renda e aos serviços, vinculados a suas finalidades essenciais, ou às delas recorrentes.

De igual sorte, estendem-se a elas os **privilégios processuais** fixados pelo CPC, em seu art. 183, cuja redação a seguir se reproduz:

Art. 183. A União, os Estados, o Distrito Federal, os municípios e suas respectivas autarquias e fundações de Direito Público gozarão de prazo em dobro para todas as suas manifestações processuais cuja contagem terá início a partir da intimação pessoal.

As autarquias estão incluídas na expressão "Fazenda Pública", sendo essa, aliás, matéria pacificada em nossos Tribunais, como se observa da ementa a seguir, que não restou alterada por ocasião da entrada em vigor do CPC de 2015, exceção feita, por óbvio, ao número do artigo:

"4. A **expressão Fazenda Pública** abrange os entes federativos e suas respectivas **autarquias** e fundações de direito público (REsp 1.330.190/SP, Rel. Ministro Herman Benjamin, Segunda Turma, julgado em 11.12.2012, *DJe* 19.12.2012), de modo que se aplicam as disposições do art. 85, § 3.º, do CPC/2015 ao Procon, ante a sua personalidade de direito público" (STJ, AgInt no AREsp: 1876468 SP 2021/0111688-1, Rel. Ministro Gurgel de Faria, j. 04.04.2022, Primeira Turma, *DJe* 12.04.2022).

Da mesma forma, **por estarem incluídas no conceito de Fazenda Pública**, terão **suas dívidas executadas pelo regime de precatórios**, conforme previsão estabelecida no **art. 100 da CF**.

De observar-se, também, que a **responsabilidade** pelas **obrigações contraídas** por essas pessoas **a elas pertence**, podendo-se admitir, no máximo, seja o **Estado** chamado apenas em **caráter subsidiário**, vale dizer, apenas depois de esgotadas suas forças.

Não se cogita aqui a **possibilidade de o Estado responder em caráter solidário**, ou seja, conjuntamente com as autarquias.

Vale notar que essas pessoas, em razão das atividades que desenvolvem (serviços públicos), **não se submetem ao regime falimentar**.

Oportuno também dizer que as **demandas** envolvendo **autarquias federais** apresentam-se de **competência da Justiça Federal**, a teor do disposto no **art. 109, I, da Constituição Federal**:

Art. 109. Aos juízes federais compete processar e julgar:

I — as causas em que a União, entidade autárquica ou empresa pública federal forem interessadas na condição de autoras, rés, assistentes ou oponentes, exceto as de falência, as de acidentes de trabalho e as sujeitas à Justiça Eleitoral e à Justiça do Trabalho.

Ainda quanto ao tema relacionado às autarquias, importante estabelecer algumas considerações em relação a uma modalidade especial, as denominadas "agências reguladoras", o que se fará a seguir.

Para melhor visualização dos itens desenvolvidos, confira-se o seguinte quadro:

DEFINIÇÃO	Pessoas jurídicas de direito público de base associativa
PERSONALIDADE JURÍDICA	Tem. De direito público
CAPACIDADE PROCESSUAL	Tem. Assim, podem propor ou sofrer medidas judiciais

6 ▪ Estrutura da Administração Pública   219

CRIAÇÃO E EXTINÇÃO	Por lei específica, ordinária, de iniciativa do Chefe do Executivo (art. 37, XIX, da Constituição Federal)
CONTROLE	Sofrem controle de legalidade, de finalidade de quem as criou, não existindo relação de hierarquia, de subordinação
PRIVILÉGIOS	Os mesmos atribuídos à Administração direta (art. 150, VI, *a*, da CF e art. 183 do CPC)
OBJETIVO	Criadas apenas para a prestação de serviços públicos
RESPONSABILIDADE	É delas, pelas obrigações que contraírem, pelos danos que causarem, respondendo a Administração, no máximo, em caráter subsidiário
FALÊNCIA	Não se submetem
DEMANDAS JUDICIAIS	Para autarquias federais, a competência foi atribuída para a Justiça Federal de primeira instância, a teor do disposto no art. 109, I, da CF
EXECUÇÃO DE DÍVIDAS	Segue o regime de precatórios previsto no art. 100 da CF

6.4.2. Agências reguladoras

6.4.2.1. *Natureza e regime jurídico*

Surgem como **espécies de autarquias** que apresentam por **objetivo** a **regulamentação**, o **controle** e a **fiscalização** da execução dos **serviços** públicos, em especial quando **transferidos ao setor privado**.

Trata-se, portanto, de **autarquias de regime especial**, às quais se aplicam todas as características até então verificadas para as demais.

Esse regime especial se traduz por um conjunto de privilégios específicos, outorgados pela Lei n. 13.848/2019, para a consecução de seus fins, em que se destacam os seguintes:

a) Estabilidade de seus dirigentes: essa característica encontra justificativa na necessidade de conferir a seus dirigentes maior autonomia em relação à Administração direta responsável por sua indicação (art. 3.º).

Cumpre ainda consignar que a indicação desses dirigentes é levada a efeito na forma prevista no **art. 52, III, *f*, da CF**, vale dizer, por meio de voto secreto dos integrantes do Senado Federal após arguição pública, sendo que a escolha independente de aprovação em concurso público, razão pela qual ficou conhecida por estabilidade atípica.

Não se pode, entretanto, confundir essa estabilidade com aquela conferida para os servidores em geral, preenchidos os requisitos estabelecidos pelo art. 41 da CF, vale dizer, nomeação em caráter efetivo; estágio probatório de três anos e aprovação em avaliação especial de desempenho.

É que essa **estabilidade** apenas **impede a demissão dos dirigentes** dessas agências reguladoras enquanto **durarem** seus **mandatos**, sendo, portanto, conferida por **prazo determinado**, a não ser em vista da **caracterização de falta grave** durante esse período, consoante previsão estabelecida no art. 3.º da Lei n. 13.848/2019, que dispõe sobre a gestão de recursos humanos das agências reguladoras e dá outras providências.

Nesse sentido, oportuna a reprodução de **precedente do STF**, quando do julgamento, **em 20.09.2021**, da **ADIn 6.276**, em que a **Corte decidiu**, de forma a privilegiar a autonomia das agências reguladoras, **pela validação da disposição da Lei n. 9.986/2000**, então disciplinadora da matéria, com destaque para o seu art. 8.º-A, que excluía dirigentes sindicais da direção de agências reguladoras.

Em plenário virtual, os ministros acompanharam o entendimento de Edson Fachin (relator), para quem a diretoria deve ser isenta de influências políticas, sociais e econômicas externas à própria finalidade dessas autarquias.

Dentro desse contexto, em que pese a revogação da referida legislação em 25 de junho de 2019 pela Lei n. 13.948, a orientação do STF permanece intacta, o que se comprova através do julgamento realizado em momento posterior, vale dizer, 20.09.2021.

b) Ampliação da autonomia financeira: essa característica de seu regime especial acaba por conferir a elas a possibilidade de auferirem rendas por intermédio de outras fontes de arrecadação, nos termos previstos em sua legislação criadora.

Assim é que têm elas a possibilidade de **cobrança de taxas de fiscalização** pelos serviços que prestam, cobrança de multas e também dos convênios que celebram. E, ainda, proveniente da transferência de verbas de fundos de desenvolvimento.

c) Poder normativo: essa característica de seu regime especial transfere às agências a **competência para a regulamentação de matérias a elas destinadas**, sem, no entanto, invadir aquelas de reserva de lei.

Em outras palavras, mediante esse poder normativo, têm essas agências competência para estabelecer **regras para a execução dos serviços públicos** transferidos a terceiros que estejam sob sua fiscalização, sem, contudo, frise-se uma vez mais, invadir matéria de reserva de lei.

Nesse sentido, oportuna a reprodução de decisão proferida pelo **STF em 05.03.2021**, quando do julgamento da **ADI 1.668/DF**, em que ratificou o **poder regulamentar atribuído as Agências Reguladoras**, do qual destaca se o seguinte trecho:

"(...) AÇÃO DIRETA DE INCONSTITUCIONALIDADE. LEI GERAL DE TELECOMUNICAÇÕES. LEI 9.472/1997. CRIAÇÃO DE ÓRGÃO REGULADOR. INDEPENDÊNCIA ADMINISTRATIVA. SUPERVISÃO MINISTERIAL. NÃO CONHECIMENTO. COMPETÊNCIAS ANATEL. DELEGAÇÃO LEGISLATIVA AO PODER EXECUTIVO NÃO VERIFICADA. PODER NORMATIVO DAS AGÊNCIAS REGULATÓRIAS. SUBMISSÃO AO PRINCÍPIO DA LEGALIDADE. (...)".

Ainda sobre esse item, vale destacar decisão proferida pelo **STF**, em **03.03.2023**, quando do julgamento da **ADI 5.906/DF**. Confira-se:

"O exercício da atividade regulatória da Agência Nacional de Transporte Terrestre (ANTT) — especialmente as disposições normativas que lhe conferem **competência para definir infrações e impor sanções** e medidas administrativas aplicáveis aos serviços de transportes — **deve respeitar os limites para a sua atuação definidos no ato legislativo delegatório emanado pelo Congresso Nacional.**"

Outro item importante, para efeito de preservação da **autonomia** dessas **agências reguladoras**, é aquele que prevê a **não coincidência dos mandatos de seus dirigentes** em relação aos dos responsáveis pelas suas nomeações (5 anos, agora de forma uniforme para todas as agências), vedada a recondução, **evitando**, dessa forma, uma **quebra de**

6 ▣ Estrutura da Administração Pública

continuidade nas atividades por elas desenvolvidas **quando** da **mudança** no **comando** da **Administração** Pública por meio de eleições (art. 36).

Por derradeiro, oportuno observar que, de forma a impedir que seus **dirigentes** possam **experimentar** qualquer **benefício**, por força dos **cargos** que titularizam, em especial depois de sua saída, fixou-se um **período, denominado quarentena**, em que não poderão exercer atividades ou prestar serviços nesse setor por um período de seis meses (art. 42).

Diante desse cenário, de forma a **compensar o ex-dirigente** em razão das limitações de ordem temporal apresentadas, terá ele o direito a uma **remuneração compensatória** (art. 42).

Dessa forma, intuitiva a conclusão segundo a qual o desrespeito a essa diretriz legal implicará **responsabilização do ex-dirigente nas esferas civil, administrativa e penal**.

Nesse particular, para melhor visualização deste item, oportuna a reprodução do art. 321 do Código Penal:

> **Art. 321.** Patrocinar, direta ou indiretamente, interesse privado perante a administração pública, valendo-se da qualidade de funcionário:
>
> Pena — detenção, de um a três meses, ou multa.
>
> Parágrafo único. Se o interesse é ilegítimo:
>
> Pena — detenção, de três meses a um ano, além da multa.

a) Legislação em vigor

Em **25 de junho de 2019**, como já noticiado, foi editada a **Lei n. 13.848**, que dispõe sobre a **gestão, a organização, o processo decisório e o controle social das Agências reguladoras**, valendo reiterar alguns de seus itens, e agregar outros, em razão da importância de que se revestem.

Em seu **art. 3.º** positiva o **regime especial dessas Agências**, apontando para a ausência de tutela ou subordinação hierárquica em relação a quem as criou, bem como pela **autonomia funcional, decisória, administrativa e financeira**.

Outrossim, no mesmo dispositivo reafirma a **estabilidade atípica de seus dirigentes**, eis que **atribuída a quem não foi aprovado em concurso** e também a **prazo determinado**, vale dizer, durante a vigência dos seus mandatos, estabelecida em sua lei criadora.

Em relação ao seu **processo decisório**, sem prejuízo do atendimento aos princípios que comandam a atividade administrativa, a lei, em seu **art. 4.º**, submete estas atividades ao **Princípio da Razoabilidade**, enquanto, em seu **art. 5.º**, ao da **Motivação**.

Por sua vez, o **art. 6.º**, inspirado na Lei n. 13.655/2018 (LINDB), em especial no seu art. 20, prescreve importante medida no sentido de que essas **decisões sejam precedidas da realização de Análise de Impacto Regulatório** (AIR), que conterá informações e dados sobre os possíveis efeitos.

Ainda sobre esse item, destaque para o **art. 7.º**, em que se estabelece que essas **decisões** serão tomadas sempre **por intermédio de um colegiado**, por um quórum de maioria absoluta de seus membros, sendo **precedidas de consultas públicas (art. 9.º)**. As sessões serão públicas e **gravadas** em **meio eletrônico (art. 8.º)**, **exceção** feita às que envolvam **documentos sigilosos** e matéria de natureza administrativa (**art. 8.º, § 6.º**).

222 Direito Administrativo Esquematizado   *Celso Spitzcovsky*

De outra parte, importante destacar que o **controle externo dessas Agências** será exercido pelo Congresso Nacional, com auxílio do TCU (**art. 14**), devendo para tanto elaborar **relatório anual** circunstanciado de suas atividades (**art. 15**).

Outra importante novidade encontra-se no **art. 16**, em que se estabelece a obrigação dessas Agências de implementar, em cada exercício, um **plano de divulgação de suas atividades** esclarecendo ainda os **direitos dos usuários**.

No mesmo sentido, a obrigação atribuída de **instalação de uma ouvidoria** na forma estabelecida pelo **art. 22**, escolhida pelo Presidente da República após prévia aprovação do Senado Federal, na forma do **art. 23**, para **mandato de três anos**. O escolhido não poderá se enquadrar nas hipóteses de inelegibilidade previstas na **Lei Complementar n. 64/90**.

Importante também destacar a obrigatoriedade estabelecida no **art. 25** para que atuem em estreita cooperação, privilegiando a **troca de experiências**, podendo ainda editar, na forma do **art. 29, atos conjuntos sobre matéria de competência comum**.

Por derradeiro, deverão atuar zelando pelo cumprimento da legislação de **defesa do consumidor** (**art. 31**) e **preservando a defesa do meio ambiente** (**art. 33**).

6.4.2.2. Espécies

São inúmeras as espécies de agências reguladoras, na esfera federal, criadas a partir da segunda metade da década de 90, atuando em setores importantes.

Para uma melhor visualização das principais modalidades, confira-se o seguinte quadro:

AGÊNCIA REGULADORA	CRIAÇÃO	VINCULAÇÃO	FUNDAMENTO
ANEEL	Lei n. 9.427/96	Ministério de Minas e Energia	CF, art. 21, XII, *b*
ANATEL	Lei n. 9.472/97	Ministério das Comunicações	CF, art. 21, XI
ANP	Lei n. 9.478/97	Ministério de Minas e Energia	CF, art. 177, § 2.º, III
ANS	Lei n. 9.961/2000	Ministério da Saúde	CF, art. 197
ANTT	Lei n. 10.233/2001	Ministério dos Transportes	CF, art. 178
ANTAQ	Lei n. 10.233/2001	Ministério dos Transportes	CF, art. 178
ANVISA	Lei n. 9.782/99	Ministério da Saúde	CF, art. 200
ANA	Lei n. 9.984/2000	Ministério do Meio Ambiente	CF, art. 225

Estabelecidos os necessários comentários acerca das diversas modalidades de agências reguladoras, cumpre agora, de forma a promover o encerramento deste tema, relacionar as principais características dessas autarquias de regime especial, por meio do seguinte quadro:

DEFINIÇÃO	Autarquias de regime especial
PERSONALIDADE JURÍDICA	Tem. Assim se apresentam como sujeitos de direitos e obrigações
CAPACIDADE PROCESSUAL	Tem, podendo, pois, propor ou sofrer ações judiciais
CRIAÇÃO E EXTINÇÃO	Por lei específica, ordinária, de iniciativa do Chefe do Executivo

6 ◼ Estrutura da Administração Pública

CONTROLE	Sofrem controle de legalidade, de finalidade de quem as criou, não existindo relação de hierarquia, de subordinação
PRIVILÉGIOS	Os mesmos atribuídos à Administração indireta
OBJETIVO	Regular a prestação de serviços públicos
RESPONSABILIDADE	É delas, pelas obrigações que contraírem, respondendo a Administração em caráter subsidiário
FALÊNCIA	Não se submetem
REGIME ESPECIAL	◼ dotadas de poder normativo ◼ estabilidade para seus dirigentes durante a vigência do mandato, na forma prevista na Lei n. 13.848/2019
QUARENTENA	A lei prevê um período de 6 meses em que o ex-dirigente fica impedido de prestar serviços neste setor (Lei n. 13.848/19)
SANÇÕES	O descumprimento dessa orientação abre a possibilidade de responsabilização nas esferas administrativa, civil e penal, na forma do art. 8.º, § 4.º, da Lei n. 9.986/2000

6.4.2.3. Associações públicas

A inclusão da questão relacionada às **associações públicas** neste capítulo justifica-se em razão de sua natureza, espécies de autarquias, conclusão que não se revela gratuita, eis que positivada ao longo do art. 41, IV, do CC. Confira-se:

> **Art. 41.** São pessoas jurídicas de direito público interno: (...)
>
> **IV** — as autarquias, **inclusive as associações públicas**; (Redação dada pela Lei n. 11.107, de 2005)

A inclusão dessa figura em nosso ordenamento jurídico revela-se recente, uma vez que intimamente **ligada à celebração de consórcios públicos**, matéria disciplinada na Constituição Federal em seu **art. 241**, com a redação oferecida pela Emenda Constitucional n. 19/98.

Confira-se:

> **Art. 241.** A União, os Estados, o Distrito Federal e os Municípios disciplinarão por meio de lei os consórcios públicos e os convênios de cooperação entre os entes federados, autorizando a gestão associada de serviços públicos, bem como a transferência total ou parcial de encargos, serviços, pessoal e bens essenciais à continuidade dos serviços transferidos.

Trata-se, portanto, de **importante inovação** em matéria de **execução de serviços públicos**, uma vez que permite uma **gestão associada** entre as diversas esferas de governo para o atingimento de **interesses comuns**.

Dessa forma, referido dispositivo constitucional viabiliza a **execução compartilhada** de **serviços públicos** que, de forma isolada, seriam **inviáveis para uma esfera de governo apenas**, em especial para Municípios, tendo em vista os valores elevados envolvidos e ainda as possibilidades financeiras dessas Unidades Federativas em razão das inúmeras e significativas diferenças existentes entre os mais de cinco mil e quinhentos que se apresentam hoje no Brasil.

Portanto, a inovação constitucional acaba por **viabilizar a execução de serviços**, em especial para **Municípios de pequeno porte**, que, em razão de sua dimensão, apresentam também orçamentos reduzidos que impedem a realização desses objetivos.

A referida matéria foi objeto de **regulamentação** através da edição da **Lei n. 11.107/2005**, que dispõe sobre normas gerais de contratação de consórcios públicos.

Referida legislação exigiu, uma vez constituídos esses consórcios, a **criação** de **pessoa jurídica, independente dos entes consorciados**, encarregada de acompanhar a execução de seu objeto, podendo **atribuir-lhe a personalidade jurídica de direito público**, quando então assumiria a forma de **associação pública**, conforme a previsão estabelecida nos arts. 1.º, § 1.º, e 6.º, I. Confira-se:

Art. 1.º (...)
§ 1.º O consórcio público constituirá associação pública ou pessoa jurídica de direito privado.

Art. 6.º O consórcio público adquirirá personalidade jurídica:
I — de direito público, no caso de constituir associação pública, mediante a vigência das leis de ratificação do protocolo de intenções.

Dessa forma, passam a **integrar a estrutura indireta da Administração dos entes consorciados**, conforme o disposto no **art. 6.º, § 1.º, da Lei n. 11.107/2005**:

Art. 6.º (...)
§ 1.º O consórcio público com personalidade jurídica de direito público integra a administração indireta de todos os entes da Federação consorciados.

Nesse particular, importante destacar que essa condição revela-se precária, eis que perdurará até o término da execução do consórcio público, quando então a entidade associativa será extinta.

Diante desse cenário, importante ainda destacar serem dotadas dos mesmos **privilégios direcionados para as autarquias em geral**, de natureza **processual e fiscal**, acrescentando-se a possibilidade de sua **contratação por dispensa de licitação** e com valores diferenciados, por força da redação estabelecida no **art. 24**, I e II, da **Lei n. 8.666/93**:

Art. 24. É dispensável a licitação:
I — para obras e serviços de engenharia de valor até 10% (dez por cento) do limite previsto na alínea *a* do inciso I do artigo anterior, desde que não se refiram a parcelas de uma mesma obra ou serviço ou ainda para obras e serviços da mesma natureza e no mesmo local que possam ser realizadas conjunta e concomitantemente;
II — para outros serviços e compras de valor até 10% (dez por cento) do limite previsto na alínea *a* do inciso II do artigo anterior e para alienações, nos casos previstos nesta Lei, desde que não se refiram a parcelas de um mesmo serviço, compra ou alienação de maior vulto que possa ser realizada de uma só vez.

De resto, o mesmo cenário se apresenta ao nível da **Lei n. 14.133/2021**, em seu art. 75, já com os valores atualizados pelo **Decreto n. 11.317/2022**:

I — para contratação que envolva valores inferiores a R$ 114.416,65 (cento e quatorze mil quatrocentos e dezesseis reais e sessenta e cinco centavos), no caso de obras e serviços de engenharia ou de serviços de manutenção de veículos automotores;

II — para contratação que envolva valores inferiores a R$ 57.208,33 (cinquenta e sete mil duzentos e oito reais e trinta e três centavos), no caso de outros serviços e compras;

Para melhor visualização dos itens desenvolvidos, confira-se o seguinte quadro:

DEFINIÇÃO	Pessoas jurídicas de direito público, integrantes da Administração indireta dos entes consorciados.
NATUREZA	Em que pese a existência de divergências, pode-se afirmar tenham elas natureza autárquica, em razão do art. 41, IV, do CC.
ORIGEM	Nomenclatura atribuída, pelo art. 6.º da Lei n. 11.107/2005, à sociedade de propósito específico, com personalidade jurídica de direito público, encarregada de gerenciar a execução do consórcio público.
PRIVILÉGIOS	Possibilidade de serem contratadas por dispensa de licitação e pelo dobro do limite em razão do valor (art. 24, I e II, da Lei n. 8.666/93 e art. 75, I e II, da Lei n. 14.133/2021).

6.4.2.4. Conselhos profissionais

A título de encerramento deste tema, oportuno registrar o **posicionamento do STF, em relação aos conselhos profissionais**, tais como o CRM e o CREA, em nosso ordenamento jurídico.

Em **04.09.2020**, quando do julgamento conjunto **da Ação Declaratória de Constitucionalidade (ADC) n. 36, da Ação Direta de Inconstitucionalidade (ADI) n. 5.367 e da Arguição de Descumprimento de Preceito Fundamental (ADPF) n. 367**, o Plenário do **STF**, por maioria, **julgou constitucional** a **contratação de pessoal sob o regime da Consolidação das Leis do Trabalho** (CLT) por conselhos profissionais, que têm ampla autonomia e independência e não fazem parte da estrutura orgânica do Estado.

No mesmo **precedente** declarou-se a **constitucionalidade do art. 58, § 3.º, da Lei n. 9.649/98**, que prevê que os empregados dos conselhos de fiscalização de profissões regulamentadas são regidos pela legislação trabalhista e veda qualquer forma de transposição, transferência ou deslocamento para o quadro da Administração Pública direta ou indireta.

Seguiu-se a **divergência** aberta pelo **Ministro Alexandre de Moraes**, para quem os **conselhos profissionais são uma espécie** *sui generis* **de pessoa jurídica de Direito Público não estatal**, pois gozam de ampla autonomia e independência e não estão submetidos ao controle institucional, político ou administrativo de um ministério ou da Presidência da República, ou seja, não estão na estrutura orgânica do Estado.

Afirmou ainda que os recursos dessas entidades provêm de contribuições parafiscais pagas pela respectiva categoria.

Nesse sentido, oportuna a reprodução de outro **precedente do STF**, quando do julgamento, **em 21.09.2021**, do **RE 1.128.254**, em que **a Corte entendeu que os conselhos de fiscalização profissional exercem atividade tipicamente pública e, dessa forma, necessitam de concurso para a contratação de pessoal.**

6.4.2.5. Da peculiar situação da OAB

Em relação à situação da OAB em nosso ordenamento jurídico, o **STF**, quando do julgamento da **ADIn 3.026,** relatada pelo **Ministro Eros Grau**, em 8 de **junho** de **2006**, consolidou tese no sentido de tratar-se de uma pessoa singular, que não encontra termo de comparação, em nosso ordenamento jurídico. Confira-se:

> "AÇÃO DIRETA DE INCONSTITUCIONALIDADE. § 1.º DO ARTIGO 79 DA LEI N. 8.906, 2.ª PARTE. 'SERVIDORES' DA ORDEM DOS ADVOGADOS DO BRASIL. PRECEITO QUE POSSIBILITA A OPÇÃO PELO REGIME CELESTISTA. COMPENSAÇÃO PELA ESCOLHA DO REGIME JURÍDICO NO MOMENTO DA APOSENTADORIA. INDENIZAÇÃO. IMPOSIÇÃO DOS DITAMES INERENTES À ADMINISTRAÇÃO PÚBLICA DIRETA E INDIRETA. CONCURSO PÚBLICO (ART. 37, II DA CONSTITUIÇÃO DO BRASIL). INEXIGÊNCIA DE CONCURSO PÚBLICO PARA A ADMISSÃO DOS CONTRATADOS PELA OAB. AUTARQUIAS ESPECIAIS E AGÊNCIAS. CARÁTER JURÍDICO DA OAB. ENTIDADE PRESTADORA DE SERVIÇO PÚBLICO INDEPENDENTE. CATEGORIA ÍMPAR NO ELENCO DAS PERSONALIDADES JURÍDICAS EXISTENTES NO DIREITO BRASILEIRO. AUTONOMIA E INDEPENDÊNCIA DA ENTIDADE. PRINCÍPIO DA MORALIDADE. VIOLAÇÃO DO ARTIGO 37, *CAPUT*, DA CONSTITUIÇÃO DO BRASIL. NÃO OCORRÊNCIA".

Nesse sentido, vale destacar outro **precedente** do **STF em 10.08.2021**, quando do julgamento da **Rcl 43.479/RJ**, reafirmando a condição única ocupada pela OAB em nosso ordenamento jurídico, decidindo que **os conselhos seccionais da Ordem dos Advogados do Brasil (OAB) possuem legitimidade para ingressar com reclamação perante o Supremo Tribunal Federal (STF) em defesa dos interesses concretos e das prerrogativas de seus associados, nos termos da expressa previsão legal**.

Na referida decisão, **concluiu a Corte que a Lei n. 8.906/1994** (Estatuto da Advocacia) confere **ampla legitimidade à OAB para atuar em defesa da ordem jurídica, do Estado Democrático de Direito e de todos os advogados integrantes dos seus quadros**, conforme se observa do art. 44, I e II, do art. 49, parágrafo único, e do art. 54, II e III, c/c o art. 57. Essas normas estão em consonância com a qualificação de **função essencial à justiça atribuída à advocacia pelo art. 133 da Constituição Federal (CF)**, bem assim com o papel da **OAB**, com **ampla capacidade postulatória, conforme reconhecido pela jurisprudência do STF**.

Ainda sobre esse tema, oportuna a referência para a decisão proferida pelo **STF**, em **24.04.2023**, quando do julgamento do **RE 1.182.189/BA**, em que sinalizou pela desnecessidade de prestação de contas ao TCU pela OAB, resultando na seguinte tese:

> "O Conselho Federal e os Conselhos Seccionais da Ordem dos Advogados do Brasil não estão obrigados a prestar contas ao Tribunal de Contas da União nem a qualquer outra entidade externa."

6.4.3. Fundações

São **definidas** como pessoas jurídicas dotadas de patrimônio personalizado, destacado pelo seu instituidor para atingir uma finalidade específica.

6 ■ Estrutura da Administração Pública

Essa definição vale para as fundações particulares inteiramente reguladas pelo Código Civil e para aquelas que integram a Administração indireta do Estado.

Em relação a estas últimas, encontram elas definição no **art. 5.º, IV, do Decreto-lei n. 200/67**, com a redação que lhe foi oferecida pela Lei n. 7.596/87:

Art. 5.º Para os fins dessa lei considera-se: (...)

IV — fundação pública — a entidade dotada de personalidade jurídica de direito privado, sem fins lucrativos, criada em virtude de autorização legislativa, para o desenvolvimento de atividades que não exijam execução por órgãos ou entidades de direito público, com autonomia administrativa, patrimônio próprio gerido pelos respectivos órgãos de direção, e funcionamento custeado por recursos da União e de outras fontes.

As semelhanças se encerram, entretanto, com a presença do patrimônio personalizado, na medida em que estão sob regimes jurídicos diferenciados.

A propósito, acerca desse **patrimônio personalizado** que surge como **traço marcante** de qualquer modalidade de fundação, oportuna a transcrição dos ensinamentos do jurista Sérgio de Andrea Ferreira[4]:

"Na fundação, o patrimônio dotado se personifica e se destaca, definitivamente, do patrimônio do instituidor. A fundação não tem, portanto, capital, pois que nada nela pertence a outrem, ainda que ao instituidor. Ela só tem patrimônio, ou, mais exatamente, ela é um patrimônio".

Dessa forma, as **fundações particulares** são inteiramente **disciplinadas pelo Código Civil**, como foi dito, comandadas, pois, por regras próprias, que não se confundem com aquelas que comandam a atividade administrativa em vista dos interesses defendidos por cada um.

Essa conclusão não se revela gratuita, pois arrimada na disposição estabelecida no **art. 5.º, IV, § 3.º, do Decreto-lei n. 200/67**:

Art. 5.º (...)

§ 3.º As entidades de que trata o inciso IV desse artigo adquirem personalidade jurídica com a inscrição da escritura pública de sua constituição no registro civil de pessoas jurídicas, **não se lhes aplicando as demais disposições do Código Civil, concernentes às fundações.**

Correta a orientação estabelecida por esse diploma legal, na medida em que as **fundações particulares** são constituídas de parcelas do **patrimônio de um particular** com a finalidade de atingir **objetivos pessoais**, desde que não vedados pelo direito.

Adquirem personalidade jurídica a partir do **registro** de seus **estatutos sociais** no órgão competente. Adquirida a personalidade jurídica, seu instituidor se afasta, dando lugar ao Ministério Público, que ficará responsável pela fiscalização de todos os seus atos.

---

4   O direito administrativo das empresas governamentais brasileiras. *RDA*, Rio de Janeiro, v. 136.

228 Direito Administrativo Esquematizado *Celso Spitzcovsky*

Outrossim, por não integrarem a estrutura da Administração indireta, **não se submetem** à análise, **ao controle pelo Tribunal de Contas**, na medida em que não trabalham com verbas públicas.

Seus **dirigentes não se submetem**, em vista dos atos que praticam, ao **mandado de segurança** nem à **ação popular**, na medida em que não surgem como autoridades nem lesam patrimônio público.

De outra parte, surgem as **fundações**, integrantes da estrutura da **Administração indireta** do Estado, **sujeitas**, pois, a todos os **princípios** que comandam a atividade administrativa relacionados no *caput* do **art. 37 da CF**.

Nesse contexto, em que pese a definição legal oferecida pelo **Decreto-lei n. 200/67**, importante anotar que, **na prática**, se tem verificado a **presença de fundações** dotadas de personalidade jurídica não só de **direito privado, mas também de direito público**.

Oportuna, nesse particular, a referência a decisão proferida pelo **STJ**, em **março de 2020**, quando do julgamento do **REsp 140.919/SC**, em que concluiu que as fundações públicas de direito privado, ainda que integrantes da Administração indireta, não fazem jus à isenção de custas processuais.

Do referido **precedente**, reproduz-se o trecho em que a Corte sistematiza os tipos de fundação existentes em nosso ordenamento jurídico: "no ordenamento jurídico brasileiro, existem 3 tipos de fundação, quais sejam: fundação de direito privado, instituída por particulares; fundações públicas de direito privado, instituídas pelo Poder Público; e fundações públicas de direito público, que possuem natureza jurídica de autarquia".

Assim, pois, sobreleva notar que, independentemente da personalidade jurídica que assumirem, aquelas que vierem a integrar a administração indireta, só poderão ser **criadas** pelo Poder Público para a prestação de **serviços públicos**, não podendo, dessa forma, explorar atividades econômicas.

Surgem como exemplos dessas fundações, guardando todas as características até aqui anunciadas, em particular a prestação de serviços públicos, as seguintes entidades:

- Biblioteca Nacional;
- IBGE (Instituto Brasileiro de Geografia e Estatística);
- Funai (Fundação Nacional do Índio);
- Hospital das Clínicas;
- Fundação Padre Anchieta (Rádio e Televisão Cultura);
- Fapesp (Fundação de Amparo à Pesquisa do Estado de São Paulo);
- Fundação Butantã;
- Fundação Memorial da América Latina;
- Fundação Casa (ex-Febem — Fundação Estadual do Bem-Estar do Menor);
- Cepam (Centro de Estudos e Pesquisas da Administração Municipal).

Ao assumirem **personalidade** de **direito público**, as fundações em tudo se assemelham ao regime jurídico das **autarquias**, surgindo, aliás, como espécies desse gênero, sendo rotuladas como **autarquias fundacionais**.

6 ◘ Estrutura da Administração Pública

A propósito, oportuna a transcrição das lições de Hely Lopes Meirelles[5] a respeito do tema, em que se verifica a aceitação por parte do eminente administrativista da presença dessas figuras, em vista da tendência pacificada no **STF:**

> "Com esse tratamento, a Carta da República transformou essas fundações em entidades de direito público, integrantes da administração indireta, ao lado das autarquias e empresas governamentais. Nesse sentido, já decidiu o STF, embora na vigência da Constituição anterior, que '**tais fundações são espécies do gênero autarquia**'. Não entendemos como uma entidade (fundação) possa ser espécie de outra (autarquia) sem se confundirem nos seus conceitos. Todavia, a prevalecer essa orientação jurisprudencial, aplicam-se às fundações públicas todas as normas, direitos e restrições pertinentes às autarquias".

A respeito do tema, encontramos ainda as lições de **Maria Sylvia Zanella Di Pietro**[6], a seguir reproduzidas:

> "A autarquia fundacional corresponde à figura da fundação de direito público, cuja existência alguns doutrinadores negam, por entenderem que todas as fundações são de direito privado e se regem pelo Código Civil.
> A fundação pública é colocada, para aqueles que aceitam (entre os quais nos colocamos), como modalidade de autarquia, porque seu regime jurídico é o das pessoas jurídicas públicas administrativas; quer nas relações perante a Administração Pública, quer nas relações com terceiros, elas se regem pelo direito público".

Assim, apresentam como **características** serem dotadas de **patrimônio próprio, personalizado**, autonomia financeira, **administrativa e dirigentes próprios**.

Da mesma forma, assim como visto para as autarquias, **não se pode cogitar** a existência de **hierarquia** em relação à **Administração direta**, responsável pela sua criação, uma vez que a elas não estão subordinadas, mas tão somente vinculadas.

Sem embargo, cogita-se a **existência** de um **controle** de **legalidade, finalístico** ou de tutela para que se possa acompanhar a legalidade, a compatibilidade, dos atos praticados por seus dirigentes, com os limites da lei que autorizou a sua criação.

Quanto a sua **criação**, a matéria vem, de igual sorte, disciplinada pelo **art. 37, XIX, da CF**, com a redação dada pela EC n. 19/98.

Assim, se dotadas de **personalidade jurídica de direito público, são criadas por lei específica**, não se podendo cogitar sua criação por meio de medidas provisórias, decretos ou qualquer outro ato normativo nem da criação de diversas por meio de uma só lei. De outra parte, se dotadas de **personalidade** jurídica de **direito privado**, a aprovação da **lei** apenas **autoriza** sua criação, pois dependente ainda de **aprovação** e registro de **estatutos sociais**.

A propósito, confira-se a decisão exarada pelo **STF**, em **28.02.2023**, quando do julgamento da **ADI 4.197/SE**. Confira-se:

---

[5] *Direito administrativo brasileiro*. 24. ed. São Paulo: Malheiros, 1999, p. 320.
[6] *Direito administrativo*, 15. ed., p. 371.

"É constitucional a constituição de fundação pública de direito privado para a prestação de serviço público de saúde."

Sobreleva notar, também, que a lei referenciada é **lei ordinária**, de iniciativa do **Presidente** da **República**, em razão do disposto no **art. 61, § 1.º, e, da CF**.

Em relação aos **privilégios** que a Administração direta possui, todos são **estendidos a elas**, surgindo como exemplos: as **prerrogativas tributárias**, em especial a imunidade recíproca em relação aos impostos prevista no **art. 150, VI, a, e no art. 150, § 2.º, todos da CF**.

O mesmo raciocínio aplica-se às **prerrogativas processuais**, a teor do disposto no **art. 183 do CPC**, que, ao trabalhar com prazos especiais para recorrer e também para contestar, estende-os, tão somente, para as pessoas jurídicas de direito público.

Quanto à **responsabilidade** pelas obrigações contraídas com terceiros, as fundações **respondem** por elas de maneira **objetiva**, a teor do disposto no **art. 37, § 6.º, da CF**, e o **Estado** responde tão somente em caráter **subsidiário**, vale dizer, depois de esgotadas todas as forças da fundação, não se cogitando de responsabilidade solidária.

Por fim, oportuno registrar que as fundações públicas, a exemplo do que se viu em relação às autarquias, **não se submetem ao regime falimentar** por serem unicamente prestadoras de serviços públicos.

Como visto no início do tópico, é perfeitamente **possível** cogitar a **existência**, dentro da **Administração indireta**, de **fundações com personalidade** jurídica de **direito privado**, não se podendo confundi-las, no entanto, com as chamadas fundações particulares, porque são inteiramente disciplinadas pelo direito privado, como se viu.

Com efeito, essas fundações são criadas e mantidas pelo Poder Público, só podendo perseguir finalidades públicas, uma vez que **só** podem ser **criadas** para a prestação de **serviços públicos**.

Suas **características** são as **mesmas** mencionadas para as **fundações públicas**, vale dizer, patrimônio próprio, autonomia financeira, autonomia administrativa e dirigentes próprios.

Por sua vez, **não se cogita**, também, da existência de **hierarquia** em relação à **Administração direta**, mas tão somente da existência de um vínculo, de modo a permitir que incida sobre elas um **controle de legalidade, de finalidade**, também denominado tutela.

Quanto a sua **criação**, diferentemente do que foi visto para as fundações públicas, também **dependem** elas de **lei**, que, sem embargo, apresenta um papel diferente, visto que apenas **autoriza** sua **criação**, conforme se verifica da leitura do **art. 37, XIX, da CF**, cuja redação, pela oportunidade, mais uma vez se reproduz:

Art. 37. (...)

XIX — somente por lei específica poderá ser criada autarquia e autorizada a instituição de empresa pública, de sociedade de economia mista e de fundação, cabendo à lei complementar, neste último caso, definir as áreas de sua atuação.

Assim, sua **personalidade** jurídica só será **adquirida** com o **registro dos estatutos sociais** em cartório, como se verifica com qualquer outra pessoa jurídica de direito privado.

6 ▪ Estrutura da Administração Pública   **231**

Quanto a serem elas dotadas ou não de **privilégios**, a questão não se revela pacífica, ao menos em sua totalidade, por força da redação estabelecida pelo **art. 150, § 2.º, da CF:**

> **Art. 150. (...)**
>
> § 2.º A vedação do inciso VI, *a*, é extensiva às autarquias e às fundações instituídas e mantidas pelo Poder Público, no que se refere ao patrimônio, à renda e aos serviços, vinculados a suas finalidades essenciais ou às delas decorrentes.

Destarte, na área tributária, o mesmo raciocínio aplicado para as fundações públicas poderia ser aplicado aqui, a teor do disposto no comando constitucional reproduzido.

Com efeito, referido **dispositivo** acaba por **estender** a **imunidade** recíproca aos impostos, às autarquias e às **fundações** instituídas e mantidas pelo Poder Público, o que acaba por incluir, também, as fundações de direito privado.

De resto, outra não é a conclusão atingida por **Maria Sylvia Zanella Di Pietro**[7], consoante excerto a seguir:

> "A imunidade tributária relativa a impostos sobre o patrimônio, renda ou serviços, referida no art. 150, VI, *a*, da Constituição, estende-se expressamente às autarquias e fundações instituídas e mantidas pelo Poder Público, conforme § 2.º do mesmo dispositivo. Note-se que, pela forma como se referiu às fundações, foram alcançadas as de direito público e as de direito privado".

A redação desse dispositivo serve de lastro para aqueles que não concebem que possa essa prerrogativa ser estendida para as fundações incluídas na estrutura da Administração indireta, mas dotadas de personalidade de direito privado. É que, quanto aos **privilégios na área processual**, o mesmo raciocínio não pode ser utilizado, em vista da redação apresentada pelo legislador, consoante se verifica da redação do **art. 183 do CPC:**

> **Art. 183.** A União, os Estados, o Distrito Federal, os municípios e suas respectivas autarquias e **fundações** de **Direito Público** gozarão de **prazo em dobro** para todas as suas manifestações processuais cuja contagem terá início a partir da intimação pessoal.

Em relação a sua **responsabilidade**, em vista das obrigações contraídas perante terceiros, da mesma forma surge ela como sendo **objetiva**, a teor do disposto no **art. 37, § 6.º, da CF**, por se tratar de pessoas jurídicas de direito privado prestadoras de serviços públicos.

Por seu turno, a **responsabilidade da Administração direta** será tão somente **subsidiária**, ou seja, só poderá ser acionada depois de esgotadas as forças da fundação.

Por derradeiro, oportuno reiterar, também **não ficam submetidas a regime falimentar**, visto que, não obstante sua personalidade jurídica, executam serviços públicos.

---

[7] *Direito administrativo*. 31. ed. São Paulo: Atlas, 2018, p. 534.

Estabelecidas as considerações que julgamos oportunas em relação às fundações, encerraremos este tópico trazendo à colação as lições de **Maria Sylvia Zanella Di Pietro**, nas quais a eminente administrativista estabelece as diversas posições existentes sobre esse tormentoso tema, com destaque para as previsões do **Código Civil, art. 44, I, II e III**:

"Com a denominação de fundações públicas, a Lei 7.596, de 10.04.1987, alterando a redação do art. 4.º do Dec.-lei 200, de 25.02.1967, incluiu entre os órgãos da Administração Indireta as fundações públicas, definindo-as como pessoas jurídicas de direito privado.

Nem por isso se põe fim à discussão que se trava no direito brasileiro a respeito de sua natureza jurídica, pública ou privada. De todas as entidades da Administração Indireta, a fundação é, sem dúvida alguma, a que tem provocado maiores divergências doutrinárias no que diz respeito à sua natureza jurídica e às consequências que daí decorrem.

Formaram-se, basicamente, duas correntes: de um lado, a que defende a natureza privatística de todas as fundações instituídas pelo Poder Público, e, de outro, a que entende possível a existência de fundações com personalidade pública ou privada, a primeira das quais como modalidade de autarquia. Após a Constituição de 1988, há quem entenda que todas as fundações governamentais são pessoas jurídicas de direito público.

Colocamo-nos entre os que defendem a possibilidade de o Poder Público, ao instituir fundação, atribuir-lhe personalidade de direito público ou de direito privado. Isto porque nos parece incontestável a viabilidade de aplicar-se, no direito público, a distinção que o Código Civil contém entre as duas modalidades de pessoas jurídicas privadas, associação e sociedade de um lado, e fundação de outro; a distinção se mantém no novo Código Civil"[8].

Mais adiante, a publicista estipula, de maneira sintética e objetiva, a diferença essencial existente entre as associações e as fundações, conforme transcrito:

"Sinteticamente, pode-se dizer que, na pessoa jurídica de forma associativa, o elemento essencial é a existência de determinados membros que se associam para atingir a determinados fins que a eles mesmos beneficiam; na fundação, o elemento essencial é o patrimônio destinado à realização de certos fins que ultrapassam o âmbito da própria entidade, indo beneficiar terceiros estranhos a ela"[9].

Fixados os contornos gerais acerca das duas espécies de fundações, a renomada jurista atinge conclusão que pedimos vênia para encampar, nos seguintes termos:

"Quando o Estado institui pessoa jurídica sob a forma de fundação, ele pode atribuir a ela regime jurídico administrativo, com todas as prerrogativas e sujeições que lhe são próprias, ou subordiná-la ao Código Civil, neste último caso, com derrogações por normas de direito público. Em um e outro caso se enquadram na noção categorial do instituto da fundação, como patrimônio personalizado para a consecução de fins que ultrapassam o âmbito da própria entidade"[10].

---

[8] *Direito administrativo*. 31. ed. São Paulo: Atlas, 2018, p. 535.
[9] *Direito administrativo*. 31. ed. São Paulo: Atlas, 2018, p. 535.
[10] *Direito administrativo*. 31. ed. São Paulo: Atlas, 2018, p. 535.

6 ■ Estrutura da Administração Pública

233

Assim, abraçando novamente a conclusão atingida pela e. administrativista "a conclusão sobre a natureza jurídica da fundação fica na direta dependência da análise de sua lei instituidora e dos respectivos estatutos".

Por fim, cumpre enfrentar a questão relacionada à **competência** para a apreciação de **demandas judiciais** envolvendo as fundações, que deve ser atribuída à **Justiça Comum**, sendo que na esfera **Federal** a previsão encontra-se estabelecida no **art. 109, I, da CF**.

De outra parte, registre-se a orientação estabelecida pelo STF, quando do julgamento da **ADI 3.395/DF**.

Outrossim, oportuno anotar a existência de **precedente** no nível do **STJ** por meio da **Súmula 324**, cuja redação a seguir se reproduz:

> **SÚMULA 324 DO STJ:** Compete à Justiça Federal processar e julgar ações de que participa a Fundação Habitacional do Exército, equiparada a entidade autárquica federal, supervisionada pelo Ministério do Exército.

Para melhor visualização dos itens desenvolvidos, confira-se o seguinte quadro:

DEFINIÇÃO	Pessoas jurídicas de direito público (fundações públicas) ou de direito privado (fundações governamentais integrantes da Administração indireta)
PERSONALIDADE JURÍDICA	Podem assumir ou personalidade de direito público (fundações públicas) ou de direito privado (fundações governamentais)
CAPACIDADE PROCESSUAL	Têm, podendo, pois, propor ou sofrer ações judiciais
CRIAÇÃO E EXTINÇÃO	Por lei específica, ordinária, de iniciativa do Chefe do Executivo (art. 37, XIX, da CF). Se for atribuída personalidade de direito privado, a lei apenas autoriza sua criação. Se atribuída a personalidade de direito público, a aprovação da lei resulta na sua criação
CONTROLE	Sofrem controle de legalidade, de finalidade do Executivo, inexistindo relação de hierarquia, de subordinação
PRIVILÉGIOS	Sim, tanto de natureza fiscal (art. 150, VI, *a* e § 2.º, da CF) quanto de natureza processual (art. 183 do CPC)
OBJETIVO	Criadas apenas para a prestação de serviços públicos
RESPONSABILIDADE	Respondem pelas obrigações que contraírem e pelos danos que causarem, e a Administração que as criou, em caráter subsidiário
FALÊNCIA	Não se submetem a regime falimentar
DEMANDAS JUDICIAIS	Justiça Federal, art. 109, I, da CF; Súmula 324 do STJ

6.4.4. Agências executivas

Ainda sobre o tema relativo às autarquias e fundações, oportuno fazer referência à existência das chamadas **agências executivas**, que podem ser definidas da seguinte forma: **qualificativo atribuído** às **autarquias** e **fundações** da Administração Federal, por iniciativa do Ministério supervisor, que tiverem com ele celebrado **contrato de gestão** e possuam **plano estratégico** de reestruturação e desenvolvimento institucional voltado para a **melhoria da qualidade de gestão** e para a **redução de custos**.

Da definição oferecida, pode-se verificar, com clareza, que essas **agências executivas**, ao contrário do que foi visto até agora em relação às autarquias e fundações, **não configuram pessoa jurídica**, mas, apenas, a **atribuição a elas de um qualificativo** em caráter temporário.

Esse **qualificativo temporário**, por sua vez, é atribuído por **iniciativa do Ministério** ao qual as autarquias ou fundações estão vinculadas, com o **objetivo de melhorar a eficiência** dessas entidades com o estabelecimento de **metas predeterminadas** que deverão ser alcançadas por elas.

Criadas pela **Lei n. 9.649/98**, as agências executivas recebem esse qualificativo da Administração indireta por intermédio de um **contrato de gestão**, que tem por objetivo **fixar metas** de **desempenho** em troca da ampliação da sua autonomia gerencial, orçamentária e financeira, nos termos previstos pelo **art. 37, § 8.º, da CF**:

> **Art. 37. (...)**
>
> § 8.º A autonomia gerencial, orçamentária e financeira dos órgãos e entidades da administração direta e indireta poderá ser ampliada mediante contrato, a ser firmado entre seus administradores e o poder público, que tenha por objeto a fixação de metas de desempenho para o órgão ou entidade, cabendo à lei dispor sobre:
>
> I — o prazo de duração do contrato;
>
> II — os controles e critérios de avaliação de desempenho, direitos, obrigações e responsabilidades dos dirigentes;
>
> III — a remuneração do pessoal.

Como se percebe, a instituição do rótulo agências executivas não pode ser confundida com a criação de uma nova pessoa jurídica, como nos casos das autarquias e fundações.

Destarte, trata-se apenas de um **qualificativo a elas atribuído por iniciativa da Administração** direta e em caráter **temporário**, com o objetivo de estabelecer metas a serem cumpridas em nome do princípio da eficiência.

É importante, aliás, observar que, ao **término do prazo** para a duração desse contrato, essas **autarquias** ou **fundações continuarão existindo**, mas não mais com o rótulo de agências executivas, razão pela qual se torna difícil a colocação de alguns exemplos, porquanto perderiam eles facilmente a sua validade com o passar do tempo.

Não se pode deixar de mencionar a **existência** de algumas **impropriedades** cometidas pela própria **Constituição Federal**, a começar pela **impossibilidade de ampliar a autonomia** gerencial, orçamentária e financeira de órgãos da Administração Pública por meio de um **simples contrato**.

Com efeito, não se pode esquecer que a **autonomia** dessas pessoas foi **estabelecida por lei** específica no momento de sua criação, demandando, pois, a mesma espécie normativa para sua ampliação, e não por intermédio de um simples contrato, como pretendeu a Constituição.

De qualquer forma, a regra estabelecida pelo § 8.º do art. 37 da CF está em pleno vigor, devendo ser observada quando da atribuição desse qualificativo para as autarquias e fundações.

6 ▪ Estrutura da Administração Pública

De se registrar, ainda, que a possibilidade atribuída à Administração direta de **escolha aleatória** das **autarquias** ou **fundações** que receberão esse qualificativo abre inúmeras **possibilidades** para o cometimento de **abusos**.

Isso porque a exigência, como requisito para o recebimento do atributo, da existência de um plano estratégico de reestruturação e desenvolvimento institucional revela-se extremamente subjetiva, abrindo oportunidade para que desvios sejam praticados.

Por derradeiro, não se pode deixar de mencionar a **possibilidade** prevista na **Lei n. 8.666/93**, a Lei de Licitações e Contratos Administrativos, para que possam **contratar**, **por dispensa de licitação** (art. 24, parágrafo único), com percentuais superiores aos usualmente utilizados, mesma diretriz adotada pela Lei n. 14.133/2021, em seu art. 75, § 2.º. Confira-se:

Art. 24. (...)

Parágrafo único. Os percentuais referidos nos incisos I e II deste artigo serão 20% (vinte por cento) para compras, obras e serviços contratados por (...) sociedade de economia mista, empresa pública e por autarquia ou fundação qualificadas, na forma da lei, como Agências Executivas.

Art. 75. (...)

§ 2.º Os valores referidos nos incisos I e II do *caput* deste artigo serão duplicados para compras, obras e serviços contratados por consórcio público ou por autarquia ou fundação qualificadas como agências executivas na forma da lei.

A leitura dos dispositivos reproduzidos revela-se importante, uma vez que acabam por confirmar, em sua parte final, a natureza jurídica dessas agências, apresentando-se como um qualificativo atribuído na forma da lei a autarquias e fundações, tão somente.

Para melhor visualização dos itens desenvolvidos, confira-se o seguinte quadro:

DEFINIÇÃO	Qualificativo atribuído a certas pessoas integrantes da Administração indireta, por prazo determinado
DESTINATÁRIOS	Autarquias e fundações de esfera federal
NATUREZA	Não se trata da criação de uma nova pessoa jurídica, mas apenas de um qualificativo atribuído temporariamente
LEGITIMIDADE	A legitimidade para a atribuição deste qualificativo pertence ao Ministério a que se encontram vinculadas
LEGISLAÇÃO	Criadas pela Lei n. 9.649/98, em especial no art. 51
QUALIFICAÇÃO	a) celebração de contrato de gestão com Ministério supervisor (art. 37, § 8.º, da CF) b) possuir plano estratégico de reestruturação e de desenvolvimento institucional em andamento
INSTRUMENTO	Decreto
OBJETIVOS	Ampliação da autonomia gerencial, orçamentária e financeira para o cumprimento de metas de desempenho
FUNDAMENTO	Princípio da eficiência, nos termos do art. 37, § 8.º, da CF

6.4.5. Empresas públicas

As **empresas públicas** são definidas como **pessoas jurídicas de direito privado**, criadas para a prestação de **serviços públicos** ou para a **exploração de atividades econômicas**, constituídas por um **capital** exclusivamente **público** e sob **qualquer modalidade empresarial**.

Da definição, observa-se que, ao contrário do que se verificou em relação às autarquias e algumas fundações, as empresas públicas só podem assumir uma personalidade jurídica, vale dizer, de direito privado.

Outrossim, é importante observar que, ao contrário das autarquias e fundações, que só podem ser criadas para a prestação de serviços públicos, o mesmo aqui não se verifica.

É que, como visto, podem ser **criadas** não só para a prestação de **serviços públicos**, mas também para a exploração de **atividades econômicas**, o que era vedado às autarquias e fundações.

Assim, cumpre resgatar as ideias inicialmente fixadas no início deste capítulo, segundo as quais, quando o Estado explorar **atividades econômicas**, deverá submeter-se, basicamente, ao **mesmo regime jurídico** aplicado às **empresas privadas**, inclusive quanto às obrigações civis, comerciais, trabalhistas e tributárias, na forma do **art. 173, § 1.º, II, da CF**, com a redação oferecida pela EC n. 19/98.

Ressalta-se, também, que o seu **capital** é **inteiramente público**, não se cogitando, pois, a presença de capital privado, o que não se verifica com as sociedades de economia mista, como se verá a seguir.

Por outro lado, quanto à sua **constituição empresarial**, ocorre livremente, por força da previsão contida no **art. 5.º, II, do Decreto-lei n. 200/67**, cuja redação segue:

> **Art. 5.º** (...)
>
> II — (...) a entidade dotada de personalidade jurídica de direito privado, com patrimônio próprio e capital exclusivo da União, criada por lei para a exploração de atividade econômica, que o governo seja levado a exercer por força de contingência ou de conveniência administrativa, **podendo revestir-se de qualquer das formas admitidas em direito**.

A leitura do dispositivo legal acima revela a possibilidade de essas entidades assumirem o perfil de sociedades civis ou comerciais disciplinadas ou não pela legislação comercial.

Nesse sentido, tem-se verificado a presença de **empresas públicas** sob a **forma** de **sociedade civil** ou **comercial unipessoal** (constituídas por um único sócio), **sociedade civil** ou **comercial pluripessoal** (com capital pertencente a diversos sócios, no caso, das diversas esferas do governo).

Surgem como exemplos de empresas públicas, guardando-se as características até então relacionadas, as seguintes instituições:

- BNDES (Banco Nacional de Desenvolvimento Econômico e Social);
- Emurb (Empresa Municipal de Urbanização);
- Caixa Econômica Federal;

6 ▪ Estrutura da Administração Pública

▪ Infraero;

▪ Empresa Brasileira de Correios e Telégrafos (EBCT).

Em relação à definição oferecida pelo Decreto-lei n. 200/67, importante deixar consignado que, ainda que o referido dispositivo legal aponte apenas para a possibilidade de **criação** dessas **empresas** somente para a exploração de **atividades econômicas**, inquestionável a possibilidade também de sua constituição para a prestação de **serviços públicos**, consoante se verifica em relação a alguns dos exemplos acima mencionados.

Nesse particular, importante destacar, uma vez mais, que, em relação às **empresas públicas** exploradoras de **atividade econômica**, o **regime jurídico** ao qual se submetem será **equiparado** ao da **iniciativa privada**, com quem atuarão em regime de competição, a teor do disposto no **art. 173, § 1.º**, da Constituição Federal, com a regulamentação oferecida pela **Lei n. 13.303/2016**, que será objeto de análise mais apurada ao término deste capítulo. Sem embargo, importante anotar, desde já, que referida legislação cuidou também de promover uma definição de empresa pública, o que se verifica através da leitura do seu **art. 3.º**, a seguir reproduzido:

> **Art. 3.º** Empresa Pública é entidade dotada de personalidade jurídica de direito privado, com criação autorizada por lei e com patrimônio próprio, cujo capital social é integralmente detido pela União, pelos Estados, pelo DF ou pelos Municípios.
>
> Parágrafo único. Desde que a maioria do capital votante permaneça em propriedade da União, do Estado, do Distrito Federal ou do Município, **será admitida, no capital da empresa pública a participação de outras pessoas jurídicas de Direito Público interno, bem como de entidades da administração indireta** da União, dos Estados, do DF e dos Municípios.

Percebe-se da definição oferecida que **semelhanças** e **diferenças** emergem em vista da redação anteriormente oferecida pelo **Decreto-lei n. 200/67**.

Destarte, ambos os diplomas legais estabelecem, e nem poderia ser diferente, tratar-se de pessoa jurídica com personalidade de direito privado, dotada de autonomia com capital social integralmente público.

De outra parte, quer-nos parecer que, quanto a sua **criação**, a **redação** apresentada pela **Lei n. 13.303/2016** encontra-se **melhor arquitetada**, uma vez que estabelece criação autorizada por lei enquanto o **Decreto-lei n. 200/67** estabelece a criação por lei.

De se observar ainda a possibilidade expressa pela **Lei n. 13.303/2016** de **participação de outras pessoas jurídicas** de direito público interno, bem como entidades da Administração indireta no **capital da empresa pública**, fato esse que não implicaria descaracterização de seu capital eminentemente público, aspecto que não aparecia no **Decreto-lei n. 200/67**, que apontava para um capital exclusivo da União.

Em termos de **características**, são elas dotadas de **autonomia administrativa**, **autonomia financeira** e **patrimônio próprio** da mesma forma como visto para as autarquias e fundações.

Em relação à Administração direta, responsável pela sua criação, cumpre mais uma vez observar que **não existe um vínculo de hierarquia ou subordinação** entre elas, o que não impede a existência de um **controle** sobre suas **atividades**.

Assim, cogita-se a existência de um controle de legalidade, de finalidade ou tutela em relação às atividades por elas desenvolvidas, da mesma forma como visto para as demais pessoas até aqui analisadas.

Sua **criação**, por integrarem a Administração Pública, também depende de **lei específica**, na forma do disposto no **art. 37, XIX, da CF**, respeitadas algumas diferenças importantes.

Com efeito, por se tratar, como visto, de pessoas jurídicas de direito privado, o **papel atribuído à lei** nesses casos revela-se completamente **diferente**, uma vez que ela não cria, mas **apenas autoriza** a **sua criação**, que se concretizará mediante **registro dos estatutos sociais** no órgão competente, outra não sendo a orientação oferecida pelo **art. 45 do Código Civil**. Confira-se:

> **Art. 45.** Começa a existência legal das pessoas jurídicas de direito privado com a inscrição do ato constitutivo no respectivo registro, precedida, quando necessário, de autorização ou aprovação do Poder Executivo, averbando-se no registro todas as alterações por que passar o ato constitutivo.

Quanto à possibilidade de atribuição a essas pessoas dos **privilégios** recebidos pela Administração direta, a questão, por força de expressa referência no **art. 150, § 2.º, da CF**, ficaria na estreita **dependência** da **atividade** por elas **desenvolvida**.

Se criadas para a **prestação de serviços públicos**, por não estarem concorrendo com a iniciativa privada, não se veria impedimento para a **concessão dos privilégios**. Se **criadas** para a exploração de **atividades econômicas**, a **concessão** desses privilégios é **proibida**, por força de expressa disposição constitucional que determina seja o regime jurídico adotado por elas o mesmo da iniciativa privada, inclusive quanto às obrigações civis, comerciais, trabalhistas e tributárias **(art. 173, § 1.º, II, da CF)**, tudo com o objetivo de assegurar o princípio da **livre concorrência**, que informa toda a atividade econômica, a teor do disposto no **art. 170 da Constituição Federal**.

Sem embargo, em vista da redação oferecida pelo § 3.º do mesmo dispositivo constitucional **(art. 150)**, também para as prestadoras de **serviços públicos** a **vedação se impõe**, pois, via de regra, esses serviços são executados por meio de **contraprestação ou pagamento de preços ou tarifas** pelo usuário.

Sem embargo, uma **leitura** mais atenta dos **comandos constitucionais** pertinentes levará a **conclusão diversa**, **impedindo** possam elas, **independentemente** da **atividade** que desenvolvam, **receber** esses **privilégios**.

É o que se conclui da leitura do § 3.º do mesmo **art. 150**, cuja redação a seguir se reproduz:

> **Art. 150. (...)**
>
> § 3.º As vedações do inciso VI, *a*, e do parágrafo anterior não se aplicam ao patrimônio, à renda e aos serviços, relacionados com exploração de atividades econômicas regidas pelas normas aplicáveis a empreendimentos privados, ou em que haja contraprestação ou pagamento de preços ou tarifas pelo usuário, nem exonera o promitente comprador da obrigação de pagar imposto relativamente ao bem imóvel.

6 ▪ Estrutura da Administração Pública

Destarte, o dispositivo constitucional citado bem está a demonstrar a impossibilidade de se conferir **prerrogativas** para as pessoas que, não obstante integrarem a estrutura da Administração Pública, explorem **atividades econômicas**, o que de resto se extraía do conteúdo do **art. 173, § 2.º**.

Também **impede** sejam esses privilégios conferidos para aquelas que, apesar de surgirem como **prestadoras de serviços públicos**, executem a atividade mediante **contraprestação** ou **pagamento** de **preços** e **tarifas**.

Em relação a este item, em razão da **inexistência de orientação jurisprudencial única** e tendo em vista a existência de **divergências doutrinárias**, importante anotar a existência de alguns **precedentes** no nível de nossa **Suprema Corte**, consoante se verifica das ementas a seguir reproduzidas:

"Direito administrativo e tributário. Ação cível originária. Sociedade de economia mista integrante da Administração indireta de Estado-membro. Imunidade recíproca. (...) 3. A imunidade tributária prevista na alínea a do art. 150, I, da Constituição Federal, alcança empresas públicas e sociedades de economia mista prestadoras de serviços públicos essenciais e exclusivos, desde que não tenham intuito lucrativo, enquanto mantidos os requisitos. 4. Pedido procedente" (STF, ACO: 3410/SE 0097520-70.2020.1.00.0000, rel. Roberto Barroso, j. 22.04.2022, Tribunal Pleno, Data de Publicação: 03.05.2022).

"DIREITO TRIBUTÁRIO. TERCEIRO AGRAVO INTERNO EM RECURSO EXTRAORDINÁRIO COM AGRAVO. ISS. IMUNIDADE. CONSÓRCIO PÚBLICO. SERVIÇO DE SANEAMENTO. ATIVIDADE ESSENCIAL. 1. A jurisprudência do Supremo Tribunal Federal se consolidou no sentido de que a imunidade tributária recíproca pode ser estendida à pessoa jurídica de direito privado prestadora de serviço público de cunho essencial e exclusivo do Estado, como o é o serviço de saneamento (ACO 2.730-AgR, Rel. Min. Edson Fachin, Tribunal Pleno). (...)" (STF, ARE 1354360/SP, 1.ª Turma, rel. Roberto Barroso, j. 16.08.2022, *DJe*-182, Divulg. 12.09.2022, Public. 13.09.2022).

Os **privilégios processuais** são terminantemente vedados, por não estarem as empresas abrangidas pela expressão "Fazenda Pública", conclusão essa que se atinge em vista das seguintes ementas do **STJ**:

"(...) As normas que criam privilégios ou prerrogativas especiais devem ser interpretadas restritivamente, não se encontrando as empresas públicas, em regra, inseridas no conceito de Fazenda Pública. Precedentes do STJ: AgInt no AREsp. 1.179.770/SP, Rel. Min. MAURO CAMPBELL MARQUES, *DJe* 14.05.2018, dentre outros" (STJ, AgInt no AREsp 1.502.923/SP, Rel. Min. Napoleão Nunes Maia Filho, Primeira Turma, j. 08.06.2020, *DJe* 17.06.2020).

"(...) É entendimento consolidado nesta Corte Superior que empresa pública não se enquadra no conceito de Fazenda Pública, com o intuito de obter prerrogativa voltada a concessão de prazo em dobro, razão pela qual, também por esse fundamento, permanece incólume o entendimento pela intempestividade do agravo em recurso especial" (STJ, AgInt no AREsp 1.179.770/SP 2017/0251364-8, rel. Min. Mauro Campbell Marques, j. 08.05.2018, Segunda Turma, *DJe* 14.05.2018).

Quanto à questão relativa à **responsabilidade pelas obrigações** que contraíram perante terceiros, sem dúvida nenhuma **serão elas chamadas, respondendo o Estado** apenas em **caráter subsidiário**, se forem **prestadoras de serviços públicos**.

Se tiverem sido **criadas para a exploração de atividade econômica**, contudo, o **Estado** responsável pela sua criação **não poderá responder** nem mesmo em caráter subsidiário, por força do mesmo dispositivo constitucional mencionado, que proíbe a concessão a essas empresas de qualquer vantagem não extensiva à iniciativa privada.

Por fim, quanto à possibilidade de se submeterem ao **regime falimentar**, a questão fica em **direta dependência das atividades desenvolvidas**, porquanto, se prestadoras de **serviços públicos**, não se vislumbra essa possibilidade.

Se exploradoras de **atividade econômica**, a possibilidade se torna **possível**, principalmente a partir da edição da EC n. 19/98, que, alterando a redação do **art. 173, § 1.º, II**, ali acrescentou as obrigações comerciais.

De outra forma, se quando exploradoras de **atividades econômicas**, devem submeter-se à redação do art. 173 da CF — que, por sua vez, só poderá ser interpretado à luz do princípio da livre concorrência, estabelecido no art. 170, IV —, **não se poderia a elas conferir a possibilidade** de não se submeterem à **falência**.

Se aberta essa possibilidade, tornaria letra morta o princípio anteriormente mencionado, o que não se pode admitir por se tratar de norma fundamental reguladora da ordem econômica e financeira dentro da Constituição.

Por derradeiro, cumpre registrar que essa matéria foi também **disciplinada pela Lei n. 11.101/2005**, que regula a **recuperação judicial**, a **extrajudicial** e a falência do empresário e da sociedade empresária, que, no entanto, não trouxe grandes esclarecimentos em relação às empresas públicas.

Destarte, em seu **art. 2.º**, consignou que seu conteúdo não se aplica a elas nem às sociedades de economia mista, consoante se verifica de sua redação, a seguir reproduzida:

Art. 2.º Esta Lei não se aplica a:
I — empresa pública e sociedade de economia mista.

Oportuna, nesse particular, a referência a decisão do **STF** em **setembro de 2020**, quando do julgamento do **RE 1249945**, em que se discutiu se o regime de repercussão judicial de empresas privadas se aplica às empresas públicas.

Nesse precedente, a **Suprema Corte** reconheceu a repercussão geral do tema, entendendo que a matéria envolve entidades que prestam serviços públicos e atividades econômicas.

Segundo o relator do processo, **Min. Luís Roberto Barroso**, se por um lado a Constituição dispõe que as empresas públicas e sociedades de economia mista devem se sujeitar ao regime jurídico próprio das empresas privadas, por outro, o art. 2.º, II, da Lei n. 1.105/2005 exclui expressamente as empresas estatais do regime de recuperação judicial e falências, daí a necessidade de discussão acerca da constitucionalidade do dispositivo.

Até o fechamento desta edição, apenas a Repercussão Geral foi reconhecida, não sendo apreciado o mérito.

6 ■ Estrutura da Administração Pública   241

Importante também destacar que as **demandas judiciais** envolvendo as **empresas públicas** federais são de **competência da Justiça Federal**, nos termos do **art. 109, I, da Constituição Federal**:

Art. 109. Aos juízes federais compete processar e julgar:

I — as causas em que a União, entidade autárquica ou empresa pública federal forem interessadas na condição de autoras, rés, assistentes ou oponentes, exceto as de falência, as de acidentes de trabalho e as sujeitas à Justiça Eleitoral e à Justiça do Trabalho.

Sobreleva anotar ainda que as **empresas públicas**, exploradoras de **atividade econômica**, em **regime de concorrência**, em razão de **decisão** proferida pela **1.ª Turma do STF**, quando do julgamento, em **agosto de 2018**, do RE 892.727, **não se submetem a regime de precatório**.

De resto, a mesma orientação foi adotada pelo **STF**, quando do julgamento, em 16.08.2022, do **AgRg na Rcl 53.709/MS** e da **ADPF 844/PB**, cujas ementas encontram-se reproduzidas no capítulo 16, item 16.3.2.

Quanto a sua **extinção**, em regra exige a edição de **lei ordinária específica**, a teor do disposto no **art. 37, XIX, da CF**, destacando-se decisão do **STF em 06.02.2021** quando do julgamento da **ADI 6.241/DF**, com relatoria da Min. Cármen Lúcia, em que decidiu que é **desnecessária, em regra, lei específica para inclusão de sociedade de economia mista ou de empresa pública em programa de desestatização**, destacando-se o seguinte trecho:

"(...) **Para a desestatização é suficiente a autorização genérica prevista em lei que veicule programa de desestatização**. A autorização legislativa genérica não corresponde a delegação discricionária e arbitrária ao Chefe do Poder Executivo. Essa autorização é pautada em objetivos e princípios que devem ser observados nas diversas fases deliberativas do processo de desestatização. A atuação do chefe do Poder Executivo vincula-se aos limites e condicionantes legais previstos.

A retirada do Poder Público do controle acionário de uma empresa estatal, ou a extinção dessa empresa pelo fim da sua personalidade jurídica, é consequência de política pública autorizada pelo Congresso Nacional, em previsão legal pela qual se cria o Programa de Desestatização, objetivando a redução da presença do Estado na economia e fixando-se, objetivamente, os parâmetros a serem seguidos para a efetivação de eventual desestatização pelo Poder Executivo.

No entanto, com relação às empresas estatais cuja lei instituidora tenha previsto, expressamente, a necessidade de lei específica para sua extinção ou privatização, é necessário que o administrador público observe a norma legal (...)".

Nesse sentido, ainda, oportuna a reprodução de **precedente** do STF, quando do julgamento, **em 21.05.2021, da ADI 6.696/DF**, em que a **Corte concluiu ser dispensável a autorização legislativa para a alienação de controle acionário de empresas subsidiárias**.

No referido julgamento, destaque para a referência a precedente relacionado à ADI 5.624 MC-Ref/DF, em que prevaleceu o entendimento de que a lei que autoriza a criação da empresa estatal matriz é suficiente para viabilizar a criação de empresas controladas e subsidiárias, não havendo se falar em necessidade de autorização legal específica para essa finalidade.

Assim, se é compatível com a CF a possibilidade de criação de subsidiárias quando houver previsão na lei que cria a respectiva empresa estatal, por paralelismo, não há como obstar, por suposta falta de autorização legislativa, a alienação de ações da empresa subsidiária, ainda que tal medida envolva a perda do controle acionário do Estado.

Quanto aos seus **advogados**, importante registrar a aplicabilidade das **regras relacionadas à relação de emprego** previstas nos arts. 18 a 21 do **Estatuto da OAB**, sobre salário, jornada de trabalho e honorários de sucumbência, **desde que criadas para a exploração de atividade econômica**, conforme decisão proferida pelo **STF**, em **23.06.2022**, da **ADI 3.396/DF**. Confira-se:

> "As regras previstas nos arts. 18 a 21 do Estatuto da Advocacia (Lei 8.906/1994) — que tratam da relação de emprego, salário, jornada de trabalho e honorários de sucumbência — são aplicáveis aos advogados empregados de empresas públicas e de sociedade de economia mista que atuam no mercado em regime concorrencial (sem monopólio)."

Quanto à demissão de seus servidores, é de rigor a necessidade de motivação por meio de ato formal, com efeitos *ex nunc*. Essa conclusão foi atingida pelo **STF**, quando do julgamento, **em 28.02.2024**, do **RE 688.267/CE (Tema 1.022 RG)**, resultando, ao final, na seguinte tese de repercussão geral:

> **"As empresas públicas e as sociedades de economia mista, sejam elas prestadoras de serviço público ou exploradoras de atividade econômica, ainda que em regime concorrencial, têm o dever jurídico de motivar, em ato formal, a demissão de seus empregados concursados, não se exigindo processo administrativo. Tal motivação deve consistir em fundamento razoável, não se exigindo, porém, que se enquadre nas hipóteses de justa causa da legislação trabalhista".**

Para melhor visualização dos itens desenvolvidos, confira-se o seguinte quadro:

DEFINIÇÃO	Pessoas jurídicas integrantes da Administração indireta
PERSONALIDADE JURÍDICA	Sim. De direito privado
CAPACIDADE PROCESSUAL	Sim
CRIAÇÃO E EXTINÇÃO	Por lei, ordinária, específica, de iniciativa do Chefe do Executivo que apenas autoriza sua criação dependendo de aprovação e registro
CONTROLE	Sim, de legalidade e finalidade, inexistindo relação de hierarquia, de subordinação
PRIVILÉGIOS	Processuais, não têm, por força do disposto no art. 183 do CPC. Tributários, também não, por força do disposto nos arts. 150, § 3.º, e 173, § 2.º, da CF, em que pese a existência de precedentes em sentido contrário no nível do STF
OBJETIVOS	Podem ser criadas para a prestação de serviços públicos ou para a exploração de atividades econômicas
RESPONSABILIDADE	É da própria empresa, cogitando-se, no máximo, de responsabilidade subsidiária da Administração se prestadoras de serviços públicos, não se apresentando essa possibilidade se exploradoras de atividades econômicas, por força da previsão estabelecida no art. 173, § 1.º, II, da CF

6 ◼ Estrutura da Administração Pública

FALÊNCIA	◼ Se criadas para a prestação de serviços públicos, não se cogita da possibilidade de falência ◼ Se criadas para exploração de atividades econômicas, ainda que inexistentes exemplos concretos, a possibilidade se apresentaria por força do art. 173, § 1.º, II, da CF
CAPITAL	Inteiramente público de uma das diversas esferas de governo
FORMA EMPRESARIAL	Qualquer modalidade empresarial
DEMANDAS JUDICIAIS	Para empresas públicas federais, a competência foi atribuída para a Justiça Federal de primeira instância, a teor do disposto no art. 109, I, da CF
ADVOGADOS	Aplicabilidade das regras relacionadas à relação de emprego previstas nos arts. 18 a 21 do Estatuto da OAB, em estatais que explorem atividade econômica
DEMISSÃO	Por meio de motivação e ato formal, não se exigindo processo administrativo.

6.4.6. Sociedades de economia mista

São definidas como **pessoas jurídicas de direito privado**, criadas para a prestação de **serviços públicos** ou para a **exploração** de **atividades econômicas**, contando com um capital misto e constituídas **somente** sob a **modalidade empresarial** de **sociedade anônima**.

Pela definição, em razão dos traços de **semelhança** e **diferenças**, revela-se inevitável uma comparação entre as **sociedades de economia mista** e as **empresas públicas**, vistas no tópico anterior.

Nesse sentido, a exemplo daquelas, as **sociedades de economia mista** assumem **personalidade jurídica de direito privado**, podendo ser criadas tanto para a prestação de **serviços públicos** quanto para a exploração de **atividades econômicas**.

Em outras palavras, da mesma forma como verificado em relação às empresas públicas, as sociedades de economia mista surgem como instrumentos aptos a propiciar a atuação do Estado na atividade econômica, situação que não se cogita em relação às autarquias e fundações.

Seguindo ainda pela definição oferecida, surgem agora as **diferenças** entre as **empresas públicas** e as **sociedades de economia mista**, a começar pelo **capital**, porque inteiramente público para aquelas e misto para estas.

Essa questão, é bom frisar, não se resume tão somente ao aspecto do capital, porquanto o que efetivamente caracteriza esse tipo de entidade é a participação do Estado, interferindo ativamente em seus atos, em suas decisões, outras não sendo as lições de **Hely Lopes Meirelles**[11], consoante se verifica abaixo:

"Não se infira, porém, que toda participação estatal converte o empreendimento particular em sociedade de economia mista. Absolutamente, não. Pode o Estado subscrever parte do capital de uma sociedade sem lhe atribuir o caráter de empresa governamental. O que define a sociedade de economia mista é a participação ativa do Poder Público na vida e realização da empresa. Não importa seja o Estado sócio majoritário ou minoritário; o que importa é que lhe reserve, por lei ou convenção, o poder de atuar nos negócios sociais".

---

[11] *Direito administrativo brasileiro.* 24. ed. São Paulo: Malheiros, 1999, p. 334-335.

Em relação à **modalidade empresarial** que podem assumir, outrossim, as **diferenças** mais uma vez aparecem.

Enquanto as empresas públicas podem assumir qualquer modalidade empresarial, podendo surgir na forma de sociedades civis ou comerciais por força do **art. 5.º do Decreto-lei n. 200/67**, as sociedades de economia mista, em vista do mesmo comando legal, só poderão assumir a modalidade de sociedades anônimas e, portanto, só o formato de sociedade comercial, ficando assim sujeitas à Lei n. 10.303/2001, disciplinadora da matéria. Confira-se:

> **Art. 5.º do Decreto-lei n. 200/67** — Para os fins dessa lei considera-se: (...)
>
> III — sociedade de economia mista — entidade dotada de personalidade jurídica de Direito privado, criado por lei para exploração de atividade econômica, sob a forma de sociedade anônima, cujas ações com direito a voto, pertençam, em sua maioria, a união ou a entidade da administração indireta.

Da definição legal oferecida conclui-se, uma vez mais, que a **personalidade jurídica** atribuída à **sociedade de economia mista** só pode ser de direito privado, mesma conclusão que se apresenta em relação à **forma empresarial única** que podem assumir, vale dizer, a de **sociedade anônima**.

Sem embargo, oportuno comentar a imprecisão da redação do dispositivo legal quanto a sua **forma de criação**, uma vez que, aprovada a necessária lei, depende ainda de aprovação e registro de seus estatutos sociais.

Em outras palavras, ao contrário do que poderia dar a entender a redação legal em relação a essas sociedades, a **lei**, uma vez aprovada, não cria, mas **apenas autoriza** sua **criação**, conclusão que se extrai da redação estabelecida no **art. 37, XIX, da Constituição Federal**.

De resto, a exemplo do que se fez em relação às empresas públicas, oportuna a reprodução da definição oferecida pela **Lei n. 13.303/2016**, em seu **art. 4.º**:

> **Art. 4.º** Sociedade de economia mista é entidade dotada de personalidade jurídica de direito privado, com **criação autorizada por lei**, sob a forma de sociedade anônima, cujas ações com direito a voto pertençam em sua maioria à União, Estados, Distrito Federal, aos municípios ou a entidade da Administração Indireta.

Percebe-se da redação reproduzida maior precisão em relação à definição dessas entidades, em especial quanto à **forma de criação**, pois ali não se verifica "criada por lei", mas **"autorizada por lei"**, **mantendo-se as demais características** relacionadas à personalidade jurídica; à forma única de sociedade anônima e ainda com a maioria das ações pertencendo às esferas de governo ou a entidades da Administração indireta.

Nesse particular, importante registrar que o **diploma legal** aprovado em **2016** acresce, em seu **art. 4.º, § 1.º**, que os **deveres e responsabilidades do acionista controlador** são aqueles disciplinados pela Lei n. 6.404/76. Confira-se:

> **Art. 4.º** (...)
>
> § 1.º A pessoa jurídica que controla a sociedade de economia mista tem os deveres e as responsabilidades do acionista controlador estabelecidos na Lei n. 6.404, de 15 de dezembro de 1976.

6 ■ Estrutura da Administração Pública

245

Nesse contexto, podem ser relacionadas, a título de exemplo, as seguintes sociedades de economia mista, todas elas guardando as características até aqui apresentadas:

- Banco do Brasil;
- Petrobras (Petróleo Brasileiro S.A.);
- Sabesp (Companhia de Saneamento Básico do Estado de São Paulo);
- Cohab (Companhia de Habitação Popular);
- Dersa (Desenvolvimento Rodoviário S.A.);
- Cetesb (Companhia Ambiental do Estado de São Paulo);
- CET (Companhia de Engenharia de Tráfego).

As sociedades de economia mista apresentam como **características básicas** serem dotadas, a exemplo das demais pessoas integrantes da Administração indireta, de **autonomia administrativa** e **financeira** e de **patrimônio próprio**.

Embora, de igual sorte, **não** estejam **subordinadas** à **Administração direta**, responsável pela sua criação, a exemplo das demais pessoas integrantes da Administração indireta, também elas **se submetem** a um **controle de legalidade** ou de finalidade denominado tutela.

Para sua **criação**, repete-se o raciocínio aplicado às empresas públicas, com base no disposto no **art. 37, XIX, da CF**, acrescidos os comentários deduzidos em relação ao **art. 5.º do Decreto-lei n. 200/67**.

Assim, por integrarem a Administração indireta do Estado, necessitam de lei específica para autorizar sua criação.

Sem embargo, por assumirem personalidade jurídica de direito privado, a **lei específica**, a que faz alusão o Texto Constitucional, assume aqui um papel diferente, pois não cria, **apenas autoriza sua criação**, que vai se consumar por meio do **registro dos estatutos sociais** no órgão competente, da mesma forma como se verifica em relação a qualquer outra pessoa jurídica de direito privado.

Sobre os **privilégios** que lhes podem ser atribuídos, a **questão**, se observada sob o ângulo constitucional, revela-se **tormentosa** em um primeiro momento, em vista da ausência de qualquer referência a esse respeito no **art. 150, § 2.º, do Texto Constitucional**, como visto por ocasião da análise das empresas públicas.

Essa constatação, repete-se uma vez mais, poderia levar à conclusão de que a questão ficaria diretamente atrelada à atividade por elas desenvolvida.

Destarte, se prestadoras de serviços públicos, nada impediria pudessem elas receber alguns dos privilégios atribuídos à Administração direta do Estado, visto que não estariam aqui concorrendo com a iniciativa privada. (STF, ACO: 3410 SE, j. 22.04.2022)

Diversa seria a conclusão, entretanto, se fossem exploradoras de atividade econômica, porque, como visto, nessa qualidade não poderiam, por expressa disposição constitucional, receber qualquer privilégio que não fosse estendido para os particulares, em nome do princípio da livre concorrência previsto no art. 170, IV, da CF.

Sem embargo, uma **leitura** mais atenta dos **comandos constitucionais** pertinentes levará a **conclusão diversa**, **impedindo** possam elas, **independentemente** da **atividade** que desenvolvam, **receber** esses **privilégios**.

É o que se conclui da leitura do § 3.º do mesmo **art. 150**, cuja redação a seguir se reproduz:

> **Art. 150.** (...)
> § 3.º As vedações do inciso VI, *a*, e do parágrafo anterior não se aplicam ao patrimônio, à renda e aos serviços, relacionados com exploração de atividades econômicas regidas pelas normas aplicáveis a empreendimentos privados, ou em que haja contraprestação ou pagamento de preços ou tarifas pelo usuário, nem exonera o promitente comprador da obrigação de pagar imposto relativamente ao bem imóvel.

Destarte, o dispositivo constitucional citado bem está a demonstrar a impossibilidade de se conferir **prerrogativas** para as pessoas que, não obstante integrarem a estrutura da Administração Pública, explorem **atividades econômicas**, o que de resto se extraía do conteúdo do **art. 173, § 2.º**.

Também **impede** sejam esses privilégios conferidos para aquelas que, apesar de surgirem como **prestadoras de serviços públicos**, executem a atividade mediante **contraprestação** ou **pagamento** de **preços** e **tarifas**.

Aliás, outro não é o entendimento adotado por **Celso Antônio Bandeira de Mello**[12]:

> "As empresas estatais, conquanto prestadoras de serviços públicos, quando haja contraprestação ou pagamento de preços ou tarifas pelo usuário do serviço, não se beneficiam da imunidade prevista no art. 150, VI, *a*, da Constituição Federal — onde se proíbe que União, Estados, Distrito Federal e Municípios instituam impostos sobre o patrimônio, rendas ou serviços uns dos outros. É que o § 3.º do mesmo artigo é explícito em excluir, em tais casos, a incidência da referida imunidade. Ora, como ditas empresas operam mediante as referidas contraprestações, salvo em hipóteses incomuns nas quais inexistam, ficarão ao largo do aludido dispositivo protetor".

Convém mencionar, oportunamente, a forte tendência jurisprudencial admitindo a possibilidade de atribuição de privilégios administrativos, tributários e processuais, desde que por força de disposição expressa de lei.

É o que se observa da transcrição dos ensinamentos de **Hely Lopes Meirelles**[13], que conclui pela impossibilidade de receberem essas entidades quaisquer privilégios, a não ser que venham previstos na legislação criadora. São suas estas lições:

> "Ao concluir, permitimo-nos relembrar que as sociedades de economia mista, como as empresas públicas, não têm, por natureza, qualquer privilégio estatal, só auferindo as prerrogativas administrativas, tributárias e processuais que lhe forem concedidas especificamente na lei criadora ou em dispositivos especiais pertinentes, conforme a doutrina exposta precedentemente e a firme orientação da jurisprudência".

Sobre esse tema, oportuna a referência a **decisão** proferida pelo **STF**, em **agosto de 2020**, quando do julgamento do **RE 600.867**, em que se firmou **tese de repercussão**

---

[12] *Curso de direito administrativo.* 11. ed. São Paulo: Malheiros, 1999, p. 139.

[13] *Direito administrativo brasileiro.* 24. ed. São Paulo: Malheiros, 1999.

geral, por ocasião do julgamento do mérito, segundo a qual as sociedades de economia mista de capital aberto não têm direito a imunidade tributária recíproca, nos seguintes termos: **"Sociedade de economia mista, cuja participação acionária é negociada em bolsa de valores**, e que, inequivocamente, está voltada à remuneração do capital de seus controladores ou acionistas, **não está abrangida** pela regra de **imunidade tributária prevista no art. 150, VI, alínea *a*, da CF**, unicamente em razão das atividades desenhadas".

Sobre o mesmo tema, confira-se decisão do **STF**, de **20.04.2022**, quando do julgamento da **ACO 3410/SE**:

> "Sociedade de economia mista estadual prestadora exclusiva do serviço público de abastecimento de água potável e coleta e tratamento de esgotos sanitários faz jus à imunidade tributária recíproca sobre impostos federais incidentes sobre patrimônio, renda e serviços."

Quanto à **responsabilidade** pelas **dívidas**, pelas **obrigações** contraídas perante terceiros, uma vez mais a **resposta** ficará na **dependência** das **atividades** por elas **desenvolvidas**.

Quando **prestadoras de serviços públicos**, nada impede que a **Administração direta** possa ser **acionada**, desde que somente em **caráter subsidiário**, vale dizer, depois de esgotadas as forças dessas sociedades, sendo o prazo de prescrição quinquenal, conforme entendimento do **STJ**, quando do julgamento, em **04.10.2022**, do **REsp 1.635.716/DF**. Confira-se:

> "Aplica-se a prescrição quinquenal do Decreto n. 20.910/1932 às empresas estatais prestadoras de serviços públicos essenciais, não dedicadas à exploração de atividade econômica com finalidade lucrativa e natureza concorrencial."

Por outro lado, se forem **exploradoras de atividades econômicas**, a **mesma conclusão não pode ser atingida**, tendo em vista as diretrizes constitucionais mencionadas anteriormente.

Com efeito, o **art. 173, § 1.º, II**, como visto no início deste capítulo, estabelece a **igualdade de regimes jurídicos** com a **iniciativa privada**, inclusive quanto às obrigações comerciais, de acordo com a redação oferecida pela EC n. 19/98.

Ora, é bem de ver que, se o regime deve ser o mesmo da iniciativa privada, inclusive quanto às obrigações comerciais, e se é certo que os particulares ficam submetidos ao regime de falência, o mesmo deve ocorrer em relação a essa modalidade de sociedade de economia mista, sob pena de afrontar a regra constitucional mencionada.

É preciso resgatar, entretanto, a ideia segundo a qual as **sociedades de economia mista** somente poderão ser **criadas** sob a **modalidade** empresarial de **sociedade anônima**.

Em razão dessa imposição, ficam elas submetidas às regras contidas na **Lei n. 6.404/76**, disciplinadora da matéria.

Nesse particular, cumpre observar que o **art. 242 da Lei n. 6.404/76**, que tanta controvérsia gerou ao nível doutrinário e jurisprudencial, por não discriminar, entre os seus destinatários, aqueles criados para a prestação de serviços públicos ou exploração de atividades econômicas, foi expressamente **revogado** pelo **art. 10 da Lei n. 10.303/2001**, como se vê:

> **Art. 10.** São revogados o art. 242, da Lei n. 6.404, de 15 de dezembro de 1976, e os arts. 29 e 30, da Lei n. 6.385, de 7 de dezembro de 1976.

> **Art. 242.** As companhias de economia mista não estão sujeitas a falência mas os seus bens são penhoráveis e executáveis, e a pessoa jurídica que a controla responde, subsidiariamente, pelas suas obrigações. (Revogado pela Lei n. 10.303, de 2001)

Por sua vez, cumpre registrar, como observado no tópico anterior, que essa matéria foi disciplinada pela **Lei n. 11.101/2005**, que regula a recuperação judicial, a extrajudicial e a falência do empresário e da sociedade empresária.

Sem embargo, sobreleva notar não ter a referida legislação contribuído para a resolução das dúvidas que pairam sobre o tema, na medida em que, em seu **art. 2.º**, consignou que seu conteúdo não se aplica às empresas públicas nem às sociedades de economia mista, consoante se verifica de sua redação a seguir reproduzida:

> **Art. 2.º** Esta Lei não se aplica a:
> I — empresa pública e sociedade de economia mista.

Sobre esse tema, oportuna a referência, uma vez mais, a decisão proferida pelo **STF**, em **4 de setembro de 2020**, quando do julgamento do **RE 1.249.945**, que teve **repercussão geral reconhecida**.

No referido julgado, o **STF vai decidir se as empresas estatais podem se submeter ao regime da Lei de Falências**, que regulamenta a recuperação judicial e extrajudicial, bem como a falência. Até o fechamento desta edição, o mérito do recurso não foi apreciado.

Em relação aos bens integrantes de seu patrimônio, o eminente administrativista **Celso Antônio Bandeira de Mello** faz importantes ressalvas em vista do interesse a ser resguardado, consoante se verifica:

> "(...) entretanto, como os bens que estejam afetados à prestação do serviço são bens públicos e, ademais, necessários à continuidade das prestações devidas ao corpo social, não podem ser extraídos de tal finalidade. Com efeito, não faria sentido que interesses creditícios de terceiros preferissem aos interesses de toda a coletividade no regular procedimento de um serviço público. Assim, jamais caberia a venda destes bens em hasta pública, que seria o consectário natural da penhora e execução judicial, previstas no citado artigo. Donde o efeito das medidas referidas seria tão somente o de caracterizar juridicamente a irrupção da responsabilidade subsidiária do Estado. Já com relação aos bens não afetados ao serviço, nenhum problema haveria em que os credores neles se saciassem normalmente"[14].

---

[14] MELLO, Celso Antônio Bandeira de. *Curso de direito administrativo*. 11. ed. São Paulo: Malheiros, 1999, p. 128-129.

6 ■ Estrutura da Administração Pública

O **excerto doutrinário** acima permite a **conclusão** de que, na maioria das vezes, as questões envolvendo **empresas públicas** e **sociedades** de **economia mista demandam** uma **análise** por intermédio de sua **legislação criadora** acerca da **atividade para a qual foram criadas**.

Se criadas para a prestação de **serviços públicos**, submetem-se ao regime jurídico específico, considerando-se os interesses que estão sendo representados e a ausência de competição em relação à iniciativa privada.

Dentro desse contexto, oportuna a reprodução de precedente do **STF** quando do julgamento, em **26.11.2021**, da **ADPF 890/DF**, que concluiu pela **inconstitucionalidade** de **bloqueios** e outros **atos de constrição sobre bens e valores** de **sociedade de economia mista, prestadora de serviço público essencial**, em **regime não concorrencial** e **sem intuito primário de lucro**. Confira-se:

> "2. A CAESB é uma sociedade de economia mista cujo objetivo primordial é a prestação do serviço público essencial de saneamento básico no âmbito do Distrito Federal, onde atua com caráter de exclusividade. 3. A lógica aplicada aos precatórios visa proteger a organização financeira dos órgãos da Administração Pública, de forma a garantir a fiel execução do orçamento e, consequentemente, a efetiva implementação das políticas públicas ali previstas, bem como estabelecer isonomia entre os credores do Estado, promovendo a racionalização do pagamento das condenações judiciais da Fazenda Pública. 4. O reconhecimento da incidência do regime de precatórios à CAESB, além de privilegiar os postulados da legalidade orçamentária (art. 167, inciso III, CF/88) e da continuidade dos serviços públicos, também prestigia a proteção à saúde coletiva e o acesso ao mínimo existencial, visto que a empresa presta serviço público de esgotamento sanitário e de fornecimento de água no Distrito Federal, os quais compõem o núcleo essencial do direito a uma existência digna".

Se criadas para a exploração de **atividades econômicas**, submetem-se às mesmas regras que basicamente norteiam as atividades desenvolvidas pelos particulares em respeito ao princípio constitucional da livre concorrência e às alterações a esse respeito promovidas pela EC n. 19/98.

A mesma orientação foi adotada pelo **STF** quando do julgamento, **em 16.08.2022**, do **AgRg na Rcl 53.709/MS** e da **ADPF 844/PB**, cujas ementas encontram-se reproduzidas no capítulo 16, item 16.3.2.

Quanto à **competência** para a apreciação de **demandas judiciais**, foi ela atribuída para a **justiça comum estadual**, matéria objeto das **Súmulas 556 do STF e 42 do STJ**. Confira-se:

> **SÚMULA 556 DO STF:** É competente a Justiça comum para julgar as causas em que é parte sociedade de economia mista.

> **SÚMULA 42 DO STJ:** Compete à Justiça Comum Estadual processar e julgar as causas cíveis em que é parte sociedade de economia mista e os crimes praticados em seu detrimento.

250 Direito Administrativo Esquematizado   *Celso Spitzcovsky*

Essa **regra geral** será **afastada** para aquelas situações em que a **União intervenha como assistente ou opoente**, quando então a competência será deslocada para a **Justiça Federal**, nos termos da **Súmula 517 do STF**:

SÚMULA 517 DO STF: As sociedades de economia mista só têm foro na Justiça Federal, quando a União intervém como assistente ou opoente.

Quanto à demissão de seus servidores, é de rigor a necessidade de motivação por meio de ato formal, com efeitos *ex nunc*. Essa conclusão foi atingida pelo **STF**, quando do julgamento, **em 28.02.2024**, do **RE 688.267/CE (Tema 1.022 RG)**, resultando, ao final, na seguinte tese de repercussão geral:

"As empresas públicas e as sociedades de economia mista, sejam elas prestadoras de serviço público ou exploradoras de atividade econômica, ainda que em regime concorrencial, têm o dever jurídico de motivar, em ato formal, a demissão de seus empregados concursados, não se exigindo processo administrativo. Tal motivação deve consistir em fundamento razoável, não se exigindo, porém, que se enquadre nas hipóteses de justa causa da legislação trabalhista".

6.4.7. As empresas públicas e sociedades de economia mista na Lei n. 13.303/2016

Como visto no curso deste capítulo, o Estado, em caráter excepcional, pode explorar atividades econômicas, desde que respeitados os limites impostos pelo **art. 173** da Constituição, a começar pelas únicas **hipóteses autorizadoras**, vale dizer, a preservação da segurança nacional e o interesse coletivo relevante.

Outrossim, restou consignado, no mesmo dispositivo constitucional, que a **exploração** de **atividades econômicas** pelo Estado só poderá ser realizada por intermédio de **empresas públicas** e sociedades de economia mista, submetidas a um **estatuto jurídico específico**, que só foi editado em **2016**, com a publicação da **Lei n. 13.303**, que ficou conhecida como **Lei de Responsabilidade das Estatais**.

Portanto, em uma apreciação inicial da referida legislação, pode-se dizer ter sido ela editada para regulamentar o art. 173, § 1.º, do texto constitucional.

6.4.7.1. Definições

Por primeiro, cumpre destacar que a referida legislação trouxe importantes inovações em relação ao Decreto-lei n. 200/67, redefinindo os conceitos de empresa pública e sociedade de economia mista. Confira-se:

Art. 3.º Empresa pública é a entidade dotada de personalidade jurídica de direito privado, **com criação autorizada por lei** e com patrimônio próprio, cujo capital social é integralmente detido pela União, pelos Estados, pelo Distrito Federal ou pelos Municípios.

Parágrafo único. Desde que a maioria do capital votante permaneça em propriedade da União, do Estado, do Distrito Federal ou do Município, será admitida, no capital da empresa pública, a participação de outras pessoas jurídicas de direito público interno,

6 ▪ Estrutura da Administração Pública

bem como de entidades da administração indireta da União, dos Estados, do Distrito Federal e dos Municípios.

Art. 4.º Sociedade de economia mista é a entidade dotada de personalidade jurídica de direito privado, **com criação autorizada por lei**, sob a forma de sociedade anônima, cujas ações com direito a voto pertençam em sua maioria à União, aos Estados, ao Distrito Federal, aos Municípios ou a entidade da administração indireta.

A leitura das definições bem revela importante alteração relacionada a forma de criação, atribuindo à lei não o papel de criação, mas de sua autorização, que só se concretizará com o registro dos estatutos sociais.

Outra alteração digna de registro, essa válida tão somente para empresas públicas, diz respeito a maioria do capital votante, eis que estendida essa possibilidade para as quatro esferas de governo, incluindo-se as pessoas jurídicas da Administração Indireta.

6.4.7.2. Destinatários

Sem embargo, quanto à **abrangência** da referida **legislação**, percebe-se acabar ela por incidir sobre **todas as empresas públicas** e **sociedades de economia mista**, nas quatro esferas de governo, **independentemente da atividade** para a qual **tenham sido criadas**, vale dizer, para a exploração de atividades econômicas, ou para a prestação de serviços públicos, a teor do disposto em seu art. 1.º:

> **Art. 1.º** Esta Lei dispõe sobre o estatuto jurídico da empresa pública, da sociedade de economia mista e de suas subsidiárias, abrangendo toda e qualquer empresa pública e sociedade de economia mista da União, dos Estados, do Distrito Federal e dos Municípios que explore atividade econômica de produção ou comercialização de bens ou de prestação de serviços, ainda que a atividade econômica esteja sujeita ao regime de monopólio da União ou seja de prestação de serviços públicos.

A leitura do dispositivo legal reproduzido ratifica a conclusão anteriormente atingida quanto aos **destinatários** da referida **legislação**, envolvendo as estatais exploradoras de **atividade econômica** e também as prestadoras de **serviços públicos** nas quatro esferas de governo.

Da mesma forma, apresenta **restrições** quanto à **aplicabilidade** dessa lei para estatais que não apresentem no exercício social anterior **receita** operacional **bruta inferior** ao patamar ali estabelecido, condição que se verifica da previsão do seu **art. 1.º, § 1.º**:

> **Art. 1.º** (...)
> § 1.º O Título I desta Lei, exceto o disposto nos arts. 2.º, 3.º, 4.º, 5.º, 6.º, 7.º, 8.º, 11, 12 e 27, não se aplica à empresa pública e à sociedade de economia mista que tiver, em conjunto com suas respectivas subsidiárias, no exercício social anterior, receita operacional bruta inferior a R$ 90.000.000,00 (noventa milhões de reais).

Ainda em relação aos seus destinatários, a referida legislação estabelece a possibilidade de sua aplicação parcial a **empresas** públicas **chamadas de "dependentes"**, nos termos da **Lei Complementar n. 101/2000 (Lei de Responsabilidade Fiscal)**, que explorem atividade econômica ou serviços públicos nos termos fixados pela Lei de Responsabilidade Fiscal. Confira-se:

Art. 1.º (...)

§ 2.º O disposto nos Capítulos I e II do Título II desta Lei aplica-se inclusive à empresa pública dependente, definida nos termos do inciso III do art. 2.º da Lei Complementar n. 101, de 4 de maio de 2000, que explore atividade econômica, ainda que a atividade econômica esteja sujeita ao regime de monopólio da União ou seja de prestação de serviços públicos.

A propósito do tema, importante trazer à colação a **definição legal** de **empresa** pública **dependente**, nos termos da Lei de Responsabilidade Fiscal:

Art. 2.º Para os efeitos desta Lei Complementar, entende-se como: (...)

III — empresa estatal dependente: empresa controlada que receba do ente controlador recursos financeiros para pagamento de despesas com pessoal ou de custeio em geral ou de capital, excluídos, no último caso, aqueles provenientes de aumento de participação acionária.

Debruçando-se ainda sobre a questão relacionada aos **destinatários** atingidos por esse diploma legal, surgem agora as **empresas** públicas **de sociedade** de economia mista, participantes de **consórcio** a teor do disposto no art. 1.º, § 5.º:

Art. 1.º (...)

§ 5.º Submetem-se ao regime previsto nesta Lei a empresa pública e a sociedade de economia mista que participem de consórcio, conforme disposto no art. 279 da Lei n. 6.404, de 15 de dezembro de 1976, na condição de operadora.

A propósito dessa previsão, importante a reprodução dos **arts. 278 e 279 da Lei n. 6.404/76**, para que se possa ter uma melhor visualização dessas estatais submetidas ao regime de consórcio:

Art. 278. As companhias e quaisquer outras sociedades, sob o mesmo controle ou não, podem constituir consórcio para executar determinado empreendimento, observado o disposto neste Capítulo.

§ 1.º O consórcio não tem personalidade jurídica e as consorciadas somente se obrigam nas condições previstas no respectivo contrato, respondendo cada uma por suas obrigações, sem presunção de solidariedade.

§ 2.º A falência de uma consorciada não se estende às demais, subsistindo o consórcio com as outras contratantes; os créditos que porventura tiver a falida serão apurados e pagos na forma prevista no contrato de consórcio.

Art. 279. O consórcio será constituído mediante contrato aprovado pelo órgão da sociedade competente para autorizar a alienação de bens do ativo não circulante, do qual constarão:

I — a designação do consórcio se houver;

II — o empreendimento que constitua o objeto do consórcio;

III — a duração, endereço e foro;

6 ■ Estrutura da Administração Pública

IV — a definição das obrigações e responsabilidade de cada sociedade consorciada, e das prestações específicas;

V — normas sobre recebimento de receitas e partilha de resultados;

VI — normas sobre administração do consórcio, contabilização, representação das sociedades consorciadas e taxa de administração, se houver;

VII — forma de deliberação sobre assuntos de interesse comum, com o número de votos que cabe a cada consorciado;

VIII — contribuição de cada consorciado para as despesas comuns, se houver.

Parágrafo único. O contrato de consórcio e suas alterações serão arquivados no registro do comércio do lugar da sua sede, devendo a certidão do arquivamento ser publicada.

Por derradeiro, importante anotar que também sofrerão a incidência dessa lei as sociedades de propósito específico controladas por empresas públicas e sociedades de economia mista, a teor do disposto no art. 1.º, § 6.º. Confira-se:

Art. 1.º (...)

§ 6.º Submete-se ao regime previsto nesta Lei a sociedade, inclusive a de propósito específico, que seja controlada por empresa pública ou sociedade de economia mista abrangidas no *caput*.

A título de encerramento deste item, importante registrar que o campo de incidência dessa lei estabelecido no **art. 1.º** é de **constitucionalidade duvidosa**, para dizer o menos, uma vez que, como já noticiado, **atinge todas as empresas públicas e sociedades de economia mista**, **independentemente da finalidade** para a qual tenham sido **criadas**, vale dizer, para a prestação de serviços públicos ou para a exploração de atividades econômicas.

Trata-se de alteração significativa, uma vez que, até a edição da referida legislação, tinha-se por certo que, quando criadas para a prestação de **serviços públicos**, as estatais, por **não se encontrarem em regime de competição** com a iniciativa privada, seriam comandadas por um regime jurídico de direito público.

De outra parte, se criadas para a **exploração de atividades econômicas**, portanto em **regime de competição** com a iniciativa privada, estariam submetidas ao **mesmo regime** jurídico **das empresas privadas**, por força da redação apresentada pelo **art. 173, § 1.º, II, da Constituição Federal**.

Dentro desse contexto, com a redação oferecida pelo **art. 1.º**, as regras estabelecidas nessa legislação apanham, como já se disse, **todas as estatais**, submetendo-as a um **regime jurídico único**, independentemente de se encontrarem ou não em regime de competição com a iniciativa privada.

Nesse sentido, importante anotar que por essa razão, entre outras, é que a questão já foi levada à apreciação do **STF** em **janeiro** de **2017**, por meio da propositura da **ADI 5.624**, pela Federação Nacional das Associações do Pessoal da Caixa Econômica Federal (Fenae) e pela Confederação Nacional dos Trabalhadores do Ramo Financeiro (Contraf/CUT), sob a relatoria do Ministro Ricardo Lewandowski.

Na referida ação, os autores sustentam que a lei apresenta **abrangência excessiva**, pois alcança a **totalidade** das **empresas públicas e sociedades**, quando o **art. 173, § 1.º,**

da Constituição prevê o estabelecimento do estatuto jurídico das estatais que explorem atividade econômica de produção ou comercialização de bens ou prestação de serviços.

Foi feito o pedido de **medida cautelar** solicitando a **suspensão** da totalidade **da Lei n. 13.303/2016**, ou a **interpretação conforme à Constituição**, para que seu conteúdo seja direcionado exclusivamente para as empresas públicas e sociedades de economia mista exploradoras de atividade econômica, vale dizer, em regime de competição com o mercado.

O **pedido foi indeferido em 07.02.2017**, nos seguintes termos:

"Entendo, contudo, que não é hipótese dos autos. Isso porque, embora o tema demande solução urgente, a Lei 13.303/2016 foi promulgada em 30 de junho de 2016. Além disso, seu texto já produziu efeitos, conforme se observa do seu art. 97, *in verbis*:

'Art. 97. Esta Lei entra em vigor na data de sua publicação'.

Assim, penso que a situação descrita na inicial desta ação direta de inconstitucionalidade recomenda a adoção do rito previsto no art. 10 da Lei 9.868/1999.

Isso posto, solicitem-se informações ao Congresso Nacional, que deverá pronunciar-se no prazo de cinco dias.

Após, ouça-se o Advogado-Geral da União e o Procurador-Geral da República, no prazo de três dias".

Até o fechamento desta edição, o mérito da questão ainda não foi apreciado, sendo oportuno registrar a aposentadoria do Relator, Min. Ricardo Lewandowski, em abril de 2023.

Em **junho de 2019**, a **Suprema Corte** enfrentou a questão relacionada aos requisitos necessários para a **alienação de empresas públicas e sociedade de economia mista e de suas subsidiárias**, concluindo que para aquelas existe a **necessidade de autorização legislativa e de licitação**, enquanto para estas apenas o **respeito aos princípios** que comandam a atividade administrativa, **assegurando-se a competitividade**. Confira-se:

"No mérito, em razão de voto médio, o Tribunal referendou, em parte, a medida cautelar anteriormente parcialmente concedida pelo Ministro Ricardo Lewandowski (Relator), para conferir ao art. 29, *caput*, inc. XVIII, da Lei n. 13.303/2016 interpretação conforme à Constituição Federal, nos seguintes termos: i) a alienação do controle acionário de empresas públicas e sociedades de economia mista exige autorização legislativa e licitação; e ii) a exigência de autorização legislativa, todavia, não se aplica à alienação do controle de suas subsidiárias e controladas. Nesse caso, a operação pode ser realizada sem a necessidade de licitação, desde que siga procedimentos que observem os princípios da administração pública inscritos no art. 37 da Constituição, respeitada, sempre, a exigência de necessária competitividade. Redigirá o acórdão o Ministro-Relator. Plenário, 06.06.2019."

6.4.7.3. *Da função social da empresa pública e da sociedade de economia mista*

Estabelecidos comentários em relação ao campo de **abrangência** da **referida legislação**, importante salientar que houve uma **preocupação** quanto à necessidade de melhor **detalhar** as duas **hipóteses de cabimento da exploração de atividades**

6 ▪ Estrutura da Administração Pública

econômicas previstas no *caput* do art. 173 da Constituição, com a reserva de um artigo específico. É o que se vê da leitura do **art. 27**, que se preocupou com a melhor discriminação do conceito de função social da empresa pública e da sociedade de economia mista. Confira-se:

> **Art. 27.** A empresa pública e a sociedade de economia mista terão a função social de realização do interesse coletivo ou de atendimento a imperativo da segurança nacional expressa no instrumento de autorização legal para a sua criação.
>
> § 1.º A realização do interesse coletivo de que trata este artigo deverá ser orientada para o alcance do bem-estar econômico e para a alocação socialmente eficiente dos recursos geridos pela empresa pública e pela sociedade de economia mista, bem como para o seguinte:
>
> I — ampliação economicamente sustentada do acesso de consumidores aos produtos e serviços da empresa pública ou da sociedade de economia mista;
>
> II — desenvolvimento ou emprego de tecnologia brasileira para produção e oferta de produtos e serviços da empresa pública ou da sociedade de economia mista, sempre de maneira economicamente justificada.
>
> § 2.º A empresa pública e a sociedade de economia mista deverão, nos termos da lei, adotar práticas de sustentabilidade ambiental e de responsabilidade social corporativa compatíveis com o mercado em que atuam.
>
> § 3.º A empresa pública e a sociedade de economia mista poderão celebrar convênio ou contrato de patrocínio com pessoa física ou com pessoa jurídica para promoção de atividades culturais, sociais, esportivas, educacionais e de inovação tecnológica, desde que comprovadamente vinculadas ao fortalecimento de sua marca, observando-se, no que couber, as normas de licitação e contratos desta Lei.

6.4.7.4. *Da nomeação dos seus dirigentes*

De outra parte, **inovação** importante trazida por essa legislação refere-se à **forma de nomeação** de pessoas para a ocupação do **conselho de administração e da diretoria** dessas estatais, inovações que se justificam em homenagem aos princípios constitucionais da eficiência e da moralidade administrativa.

Com efeito, em uma **tentativa de evitar nomeações de caráter político** para essas estatais que tantos desvios promoveram, e levando em consideração que se encontram elas, em larga escala, em regime de competição com a iniciativa privada, o legislador estabeleceu a **necessidade de preenchimento** de inúmeros **requisitos**, de forma a se **comprovar** não só a **honestidade**, mas também a **competência** profissional daqueles que irão comandá-las, a teor do disposto em seu **art. 17**.

> **Art. 17.** Os membros do Conselho de Administração e os indicados para os cargos de diretor, inclusive presidente, diretor-geral e diretor-presidente, serão escolhidos entre cidadãos de reputação ilibada e de notório conhecimento, devendo ser atendidos, alternativamente, um dos requisitos das alíneas *a, b* e *c* do inciso I e, cumulativamente, os requisitos dos incisos II e III:
>
> I — ter experiência profissional de, no mínimo:

a) 10 (dez) anos, no setor público ou privado, na área de atuação da empresa pública ou da sociedade de economia mista ou em área conexa àquela para a qual forem indicados em função de direção superior; ou

b) 4 (quatro) anos ocupando pelo menos um dos seguintes cargos:

1. cargo de direção ou de chefia superior em empresa de porte ou objeto social semelhante ao da empresa pública ou da sociedade de economia mista, entendendo-se como cargo de chefia superior aquele situado nos 2 (dois) níveis hierárquicos não estatutários mais altos da empresa;

2. cargo em comissão ou função de confiança equivalente a DAS-4 ou superior, no setor público;

3. cargo de docente ou de pesquisador em áreas de atuação da empresa pública ou da sociedade de economia mista;

c) 4 (quatro) anos de experiência como profissional liberal em atividade direta ou indiretamente vinculada à área de atuação da empresa pública ou sociedade de economia mista;

II — ter formação acadêmica compatível com o cargo para o qual foi indicado; e

III — não se enquadrar nas hipóteses de inelegibilidade previstas nas alíneas do inciso I do *caput* do art. 1.º da Lei Complementar n. 64, de 18 de maio de 1990, com as alterações introduzidas pela Lei Complementar n. 135, de 4 de junho de 2010.

A leitura do dispositivo reproduzido permite constatar a **preocupação do legislador** de **mesclar requisitos** de **experiência profissional**, de forma a oferecer a essas estatais maiores condições de competitividade (consoante as previsões estabelecidas nos incisos I e II), com **requisitos de natureza moral** de forma a impedir sejam elas comandadas por pessoas que já tenham contra si condenação proferida por um órgão colegiado, ainda que sem o alcance do trânsito em julgado (inciso III), nos termos estabelecidos pela Lei Complementar n. 64/90, conhecida como Lei das Inelegibilidades.

Correta a **inovação legislativa**, uma vez que nenhum sentido faz proibir a candidatura para mandatos eletivos daqueles que já tenham uma condenação penal contra si, nos termos da Constituição Federal (art. 14, § 9.º) e da LC n. 64/90, e não **estender** essa **proibição para aqueles** que **comandarão os destinos das estatais**.

Dentro desse contexto, a **inovação** legislativa certamente **dificultará** a realização de **acordos** realizados **entre partidos** que se coligam para determinada campanha eleitoral, sob a promessa de que, em caso de vitória no pleito, estaria reservada durante os quatro anos de **mandato** a **presidência** de algumas **estatais**, em especial aquelas que se revelam extremamente lucrativas, a exemplo do Banco do Brasil, da Petrobras, da Caixa Econômica Federal, entre outras.

De resto, com a mesma preocupação, o legislador houve por bem estabelecer **limites** para **nomeações** tanto para o **conselho de administração** quanto para a diretoria dessas estatais, consoante se verifica da previsão estabelecida nos **§§ 2.º a 5.º** do **art. 17**. Confira-se:

Art. 17. (...)

§ 2.º É vedada a indicação, para o Conselho de Administração e para a diretoria:

I — de representante do órgão regulador ao qual a empresa pública ou a sociedade de economia mista está sujeita, de Ministro de Estado, de Secretário de Estado, de Secretário Municipal, de titular de cargo, sem vínculo permanente com o serviço público, de natureza especial ou de direção e assessoramento superior na administração pública, de dirigente estatutário de partido político e de titular de mandato no Poder Legislativo de qualquer ente da federação, ainda que licenciados do cargo;

II — de pessoa que atuou, nos últimos 36 (trinta e seis) meses, como participante de estrutura decisória de partido político ou em trabalho vinculado a organização, estruturação e realização de campanha eleitoral;

III — de pessoa que exerça cargo em organização sindical;

IV — de pessoa que tenha firmado contrato ou parceria, como fornecedor ou comprador, demandante ou ofertante, de bens ou serviços de qualquer natureza, com a pessoa político-administrativa controladora da empresa pública ou da sociedade de economia mista ou com a própria empresa ou sociedade em período inferior a 3 (três) anos antes da data de nomeação;

V — de pessoa que tenha ou possa ter qualquer forma de conflito de interesse com a pessoa político-administrativa controladora da empresa pública ou da sociedade de economia mista ou com a própria empresa ou sociedade.

§ 3.º A vedação prevista no inciso I do § 2.º estende-se também aos parentes consanguíneos ou afins até o terceiro grau das pessoas nele mencionadas.

§ 4.º Os administradores eleitos devem participar, na posse e anualmente, de treinamentos específicos sobre legislação societária e de mercado de capitais, divulgação de informações, controle interno, código de conduta, a Lei n. 12.846, de 1.º de agosto de 2013 (Lei Anticorrupção), e demais temas relacionados às atividades da empresa pública ou da sociedade de economia mista.

§ 5.º Os requisitos previstos no inciso I do *caput* poderão ser dispensados no caso de indicação de empregado da empresa pública ou da sociedade de economia mista para cargo de administrador ou como membro de comitê, desde que atendidos os seguintes quesitos mínimos:

I — o empregado tenha ingressado na empresa pública ou na sociedade de economia mista por meio de concurso público de provas ou de provas e títulos;

II — o empregado tenha mais de 10 (dez) anos de trabalho efetivo na empresa pública ou na sociedade de economia mista;

III — o empregado tenha ocupado cargo na gestão superior da empresa pública ou da sociedade de economia mista, comprovando sua capacidade para assumir as responsabilidades dos cargos de que trata o *caput*.

Sem embargo, cumpre registrar que as importantes inovações comentadas encontram-se com sua **eficácia suspensa, desde 16.03.2023**, através de decisão monocrática proferida pelo Min. Ricardo Lewandowski, quando do julgamento da **ADI 5.624**.

A cautelar afastou a vedação referente à indicação de ministros de Estado, secretários estaduais e municipais, titulares de cargo de natureza especial ou de direção e assessoramento superior na administração pública.

Em relação à quarentena para as pessoas que atuaram na estrutura decisória de partido ou em campanha eleitoral, o ministro fixou interpretação no sentido da necessidade apenas do afastamento das atividades diretivas.

Cumpre registrar que, até o fechamento desta edição, não houve ainda o julgamento do mérito pelo Colegiado, verificando-se a aposentadoria do Min. Relator, em abril de 2023.

6.4.7.5. Das limitações quanto a despesas com publicidade e patrocínio

Em relação a este item, certamente preocupado com os inúmeros desvios de verbas públicas apurados de forma reiterada nesse setor, o legislador, em homenagem aos princípios da eficiência e da moralidade, houve por bem, corretamente, estabelecer **limites** em cada exercício **para os gastos com publicidade e patrocínio** dessas estatais, consoante se verifica da previsão estabelecida em seu **art. 93,** *caput*:

> **Art. 93.** As despesas com publicidade e patrocínio da empresa pública e da sociedade de economia mista não ultrapassarão, em cada exercício, o limite de 0,5% (cinco décimos por cento) da receita operacional bruta do exercício anterior.

Com o mesmo propósito, franqueou a **possibilidade de ampliação desse limite** até 2%, desde que seja ela **acompanhada** dos **motivos** que deram origem a ela, sempre de acordo com **parâmetros de mercado**, condicionando ainda a **aprovação** pelo **conselho de administração**, até mesmo para apuração posterior de responsabilidades, se necessário for, consoante se verifica na previsão estabelecida no § 1.º.

> **Art. 93**. (...)
> § 1.º O limite disposto no *caput* poderá ser ampliado, até o limite de 2% (dois por cento) da receita bruta do exercício anterior, por proposta da diretoria da empresa pública ou da sociedade de economia mista justificada com base em parâmetros de mercado do setor específico de atuação da empresa ou da sociedade e aprovada pelo respectivo Conselho de Administração.

Por derradeiro, inspirado na previsão estabelecida no **art. 73, VII, da Lei n. 9.504/97**, com a redação oferecida pela **Lei n. 13.165/2015**, o **legislador**, corretamente, **estendeu** para as **estatais** a **limitação** ali estabelecida para despesas e **gastos com publicidade** que excedam a média dos últimos três anos, de forma a evitar a configuração de desigualdade de oportunidade entre os candidatos a pleitos eleitorais, consoante se verifica no **§ 2.º** desse **art. 93**. Confira-se:

> **Art. 93**. (...)
> § 2.º É vedado à empresa pública e à sociedade de economia mista realizar, em ano de eleição para cargos do ente federativo a que sejam vinculadas, despesas com publicidade e patrocínio que excedam a média dos gastos nos 3 (três) últimos anos que antecedem o pleito ou no último ano imediatamente anterior à eleição.

A **previsão legal**, como já dito, assume enorme **importância**, uma vez que frequente, em **ano de eleição**, o **aumento de despesas** com **publicidade e patrocínio**, de forma a alavancar candidaturas de prefeitos, governadores, e presidente da República à reeleição. O art. 14, § 5.º, da Constituição silencia quanto à necessidade de renúncia dessas autoridades ao mandato que titularizam, facilitando o uso da máquina administrativa que comandam a favor de suas campanhas.

6 ■ Estrutura da Administração Pública

Portanto, a **ampliação** dessa **limitação**, já prevista na Lei das Eleições para as estatais, vem em boa hora, de forma a **assegurar** a **normalidade** e a **legitimidade** das **eleições** contra abusos de poder econômico ou político.

6.4.7.6. Das regras de transição

Diante das importantes alterações promovidas pela **Lei n. 13.303/2016**, o bom senso indicava a necessidade do estabelecimento de **regras de transição** de forma a salvaguardar situações anteriores já consolidadas pelo tempo, em respeito ao **princípio da segurança das relações jurídicas**, estabelecendo-se, outrossim, **prazo** para que as estatais por ela abrangidas pudessem se **adaptar** aos **novos parâmetros**.

Dentro desse contexto, encontra-se a previsão do **art. 91**, estabelecendo um prazo de 24 meses para que as adaptações necessárias fossem promovidas:

> **Art. 91.** A empresa pública e a sociedade de economia mista constituídas anteriormente à vigência desta Lei deverão, no prazo de 24 (vinte e quatro) meses, promover as adaptações necessárias à adequação ao disposto nesta Lei.

De se destacar ainda que o mesmo **prazo** foi estabelecido para determinar quais os **procedimentos licitatórios** e **contratos** que permaneceriam regidos pelas diretrizes estabelecidas pela lei anterior, a Lei n. 8.666/93, a teor do disposto em seu § 3.º:

> **Art. 91. (...)**
> § 3.º Permanecem regidos pela legislação anterior procedimentos licitatórios e contratos iniciados ou celebrados até o final do prazo previsto no *caput*.

A referência a essas regras de transição, depois de tantos anos da edição do referido diploma legal, justifica-se em razão de muitas estatais não terem ainda promovido as referidas adaptações, resvalando em inequívoca ilegalidade, que se agrava em razão da proximidade do prazo limite de vigência da Lei n. 8.666/93, marcado para 30.12.2023.

6.4.7.7. Das sanções incidentes sobre as empresas públicas e sociedades de economia mista

Nesse particular, importante salientar que todas as inovações propostas por essa lei experimentariam um enorme esvaziamento se seu descumprimento não resultasse na **aplicação** de severas **sanções**, em particular se resultantes da configuração de **atos de improbidade administrativa**.

Nesse sentido, importante a previsão estabelecida no **art. 94**, estendendo para as empresas públicas e sociedades de economia mista praticamente as **mesmas sanções incidentes sobre as demais pessoas jurídicas** responsáveis pela prática de **atos de corrupção** estabelecidas na **Lei n. 12.846/2013**. Confira-se:

> **Art. 94.** Aplicam-se à empresa pública, à sociedade de economia mista e às suas subsidiárias as sanções previstas na Lei n. 12.846, de 1.º de agosto de 2013, salvo as previstas nos incisos II, III e IV do *caput* do art. 19 da referida Lei.

Nesse sentido, possível, em vista do dispositivo reproduzido, a incidência sobre as empresas estatais das sanções estabelecidas pelo art. 6.º da Lei n. 12.846/2013, de natureza econômica, consoante se verifica da sua redação a seguir reproduzida:

Art. 6.º Na esfera administrativa, serão aplicadas às pessoas jurídicas consideradas responsáveis pelos atos lesivos previstos nesta Lei as seguintes sanções:

I — multa, no valor de 0,1% (um décimo por cento) a 20% (vinte por cento) do faturamento bruto do último exercício anterior ao da instauração do processo administrativo, excluídos os tributos, a qual nunca será inferior à vantagem auferida, quando for possível sua estimação; e

II — publicação extraordinária da decisão condenatória.

§ 1.º As sanções serão aplicadas fundamentadamente, isolada ou cumulativamente, de acordo com as peculiaridades do caso concreto e com a gravidade e natureza das infrações.

§ 2.º A aplicação das sanções previstas neste artigo será precedida da manifestação jurídica elaborada pela Advocacia Pública ou pelo órgão de assistência jurídica, ou equivalente, do ente público.

§ 3.º A aplicação das sanções previstas neste artigo não exclui, em qualquer hipótese, a obrigação da reparação integral do dano causado.

§ 4.º Na hipótese do inciso I do *caput*, caso não seja possível utilizar o critério do valor do faturamento bruto da pessoa jurídica, a multa será de R$ 6.000,00 (seis mil reais) a R$ 60.000.000,00 (sessenta milhões de reais).

§ 5.º A publicação extraordinária da decisão condenatória ocorrerá na forma de extrato de sentença, a expensas da pessoa jurídica, em meios de comunicação de grande circulação na área da prática da infração e de atuação da pessoa jurídica ou, na sua falta, em publicação de circulação nacional, bem como por meio de afixação de edital, pelo prazo mínimo de 30 (trinta) dias, no próprio estabelecimento ou no local de exercício da atividade, de modo visível ao público, e no sítio eletrônico na rede mundial de computadores.

A título de arremate, só **não poderão incidir sobre as estatais**, conforme se viu da redação do art. 94, as **sanções** relacionadas no **art. 19 da Lei n. 12.846/2013:**

Art. 19. Em razão da prática de atos previstos no art. 5.º desta Lei, a União, os Estados, o Distrito Federal e os Municípios, por meio das respectivas Advocacias Públicas ou órgãos de representação judicial, ou equivalentes, e o Ministério Público, poderão ajuizar ação com vistas à aplicação das seguintes sanções às pessoas jurídicas infratoras:

I — perdimento dos bens, direitos ou valores que representem vantagem ou proveito direta ou indiretamente obtidos da infração, ressalvado o direito do lesado ou de terceiro de boa-fé;

II — suspensão ou interdição parcial de suas atividades;

III — dissolução compulsória da pessoa jurídica;

IV — proibição de receber incentivos, subsídios, subvenções, doações ou empréstimos de órgãos ou entidades públicas e de instituições financeiras públicas ou controladas pelo poder público, pelo prazo mínimo de 1 (um) e máximo de 5 (cinco) anos.

§ 1.º A dissolução compulsória da pessoa jurídica será determinada quando comprovado:

I — ter sido a personalidade jurídica utilizada de forma habitual para facilitar ou promover a prática de atos ilícitos; ou

II — ter sido constituída para ocultar ou dissimular interesses ilícitos ou a identidade dos beneficiários dos atos praticados.

§ 2.º (Vetado)

§ 3.º As sanções poderão ser aplicadas de forma isolada ou cumulativa.

§ 4.º O Ministério Público ou a Advocacia Pública ou órgão de representação judicial, ou equivalente, do ente público poderá requerer a indisponibilidade de bens, direitos ou valores necessários à garantia do pagamento da multa ou da reparação integral do dano causado, conforme previsto no art. 7.º, ressalvado o direito do terceiro de boa-fé.

Dessa forma, destacados os principais itens relacionados à Lei n. 13.303/2016, oportuno apenas anotar que, por razões de ordem didática, deixaremos os dispositivos relacionados a essa lei sobre o tema licitações e contratos para análise nos capítulos correspondentes.

Por fim, oportuno mencionar **duas decisões** proferidas pelo **STF**, ambas relacionadas à **Petrobras, que tem natureza de sociedade de economia mista**.

Na primeira, proferida quando do julgamento da **ADIn 5.942, publicada em 08.02.2021, o STF, por 6 votos a 4, decidiu manter o Decreto n. 9.355/2018, que afasta procedimento licitatório na cessão de direitos de exploração e produção de petróleo, gás natural e outros hidrocarbonetos pela Petrobras**.

A divergência vencedora foi liderada pelo Ministro **Alexandre de Moraes**, para quem o **decreto não criou exceção ao regime de licitações**, mas apenas promoveu a regulamentação técnica para melhorar o processo de cessão, que já era autorizado pela Lei do Petróleo.

Na segunda decisão, em **09.03.2021**, quando do julgamento do **RE 441.280/RS**, a Corte concluiu pela não sujeição da estatal às normas sobre licitação previstas na Lei n. 8.666/93, mesma orientação adotada, posteriormente, pela Lei n. 14.133/2021, editada em 1.º de abril, em seu art. 1.º, § 1.º, com exceção das regras de natureza penal, a teor do disposto no art. 178.

Para melhor visualização dos itens desenvolvidos, confira-se o seguinte quadro:

DEFINIÇÃO	Pessoas jurídicas integrantes da Administração indireta
PERSONALIDADE JURÍDICA	Sim. De direito privado
CAPACIDADE PROCESSUAL	Sim
CRIAÇÃO E EXTINÇÃO	Por lei, ordinária, específica, de iniciativa do Chefe do Executivo que apenas autoriza sua criação dependendo de aprovação e registro
CONTROLE	Sim, de legalidade e finalidade, inexistindo relação de hierarquia, de subordinação
PRIVILÉGIOS	Processuais, não têm, por força do disposto no art. 183 do CPC. Tributários, também não, por força do disposto nos arts. 150, § 3.º, e 173, § 2.º, da CF
OBJETIVOS	Podem ser criadas para a prestação de serviços públicos ou para a exploração de atividades econômicas

RESPONSABILIDADE	É da própria sociedade, cogitando-se, no máximo, de responsabilidade subsidiária da Administração se prestadoras de serviços públicos, não se apresentando essa possibilidade se exploradoras de atividades econômicas, por força da previsão estabelecida no art. 173, § 1.º, II, da CF
FALÊNCIA	▨ Se criadas para a prestação de serviços públicos, não se cogita da possibilidade de falência ▨ Se criadas para exploração de atividades econômicas, ainda que inexistentes exemplos concretos, a possibilidade se apresentaria por força do art. 173, § 1.º, II, da CF
CAPITAL	Misto, com prevalência do público
FORMA EMPRESARIAL	Somente a forma de sociedade anônima
DEMANDAS JUDICIAIS	Justiça Comum estadual, Súmulas 556 do STF, 42 do STJ e 517 do STF quando se desloca para a Justiça Federal em razão da presença da União
DEMISSÃO	Por meio de motivação e ato formal, não se exigindo processo administrativo.

6.5. QUADROS SINÓTICOS

ESTRUTURA DA ADMINISTRAÇÃO PÚBLICA	
NOÇÕES GERAIS	▨ É composta por uma estrutura direta e por outra indireta. ▨ As figuras que a integram submetem-se aos princípios da Administração Pública. ▨ São criadas ou para a prestação de serviços públicos ou para a exploração de atividades econômicas, quando entram em regime de competição com a iniciativa privada.
ESTRUTURA DA ADMINISTRAÇÃO DIRETA	É constituída basicamente por órgãos que, em regra, não são dotados de personalidade jurídica. Exemplos: ▨ Ministérios; ▨ Secretarias; ▨ Administrações regionais; ▨ Subprefeituras. Exceções: ▨ MP e Defensoria Pública, que mesmo sem personalidade jurídica, pelos interesses que representam, são dotados de capacidade processual.
TEORIA DO ÓRGÃO	Preconiza que a pessoa jurídica manifesta sua vontade por meio de órgãos cujas atribuições são desempenhadas pelos seus agentes, fazendo surgir a ideia de imputação, uma vez que os atos realizados pelos agentes devem ser imputados à própria Administração.

ADMINISTRAÇÃO INDIRETA			
Autarquias	**Fundações**	**Empresas públicas**	**Sociedades de economia mista**
Definição: Pessoa jurídica de direito público prestadora de serviço público	**Definição:** Pessoa jurídica de direito público ou privado prestadora de serviço público	**Definição:** Pessoa jurídica de direito privado prestadora de serviço público ou exploradora de atividade econômica	**Definição:** Pessoa jurídica de direito privado prestadora de serviço público ou exploradora de atividade econômica
Autonomia: Administrativa e financeira	**Autonomia:** Administrativa e financeira	**Autonomia:** Administrativa e financeira	**Autonomia:** Administrativa e financeira
Controle: Finalístico ou de legalidade pela Administração direta	**Controle:** Finalístico ou de legalidade pela Administração direta	**Controle:** Finalístico ou de legalidade pela Administração direta	**Controle:** Finalístico ou de legalidade pela Administração direta

6 ▣ Estrutura da Administração Pública   263

Criação/Extinção:	Criação/Extinção:	Criação/Extinção:	Criação/Extinção:
Lei específica (CF, art. 37, XIX)	Lei específica se com personalidade de direito público e específica autorizando se com personalidade jurídica de direito privado (CF, art. 37, XIX)	Lei específica **autoriza** (CF, art. 37, XIX)	Lei específica **autoriza** (CF, art. 37, XIX)
Privilégios:	**Privilégios:**	**Privilégios:**	**Privilégios:**
Fiscais, tributários e processuais	Fiscais, tributários e processuais	Fiscais, tributários e processuais se prestadoras de serviço público, em que pesem precedentes do STF em sentido oposto	Fiscais, tributários e processuais se prestadoras de serviço público
Responsabilidade:	**Responsabilidade:**	**Responsabilidade:**	**Responsabilidade:**
Objetiva e subsidiária da Administração direta	Objetiva e subsidiária da Administração direta	▣ Se prestadoras de serviços públicos: objetiva e subsidiária da Administração direta ▣ Se exploradoras de atividade econômica: CF, art. 173, § 1.º, II	▣ Se prestadoras de serviços públicos: objetiva e subsidiária da Administração direta ▣ Se exploradoras de atividade econômica: CF, art. 173, § 1.º, II
Falência:	**Falência:**	**Falência:**	**Falência:**

Não	Não	▣ Se prestadora de serviço público: não
		▣ Se exploradora de atividade econômica:
		  ▣ CF, art. 173, § 1.º, II
		  ▣ Lei n. 10.303/2001 (arts. 1.º e 10)
		  ▣ Lei n. 11.101/2005 (art. 2.º)
			▣ Se prestadora de serviço público: Não
			▣ Se exploradora de atividade econômica:
			  ▣ CF, art. 173, § 1.º, II
			  ▣ Lei n. 10.303/2001 (arts. 1.º e 10)
			  ▣ Lei n. 11.101/2005 (art. 2.º)

Demandas judiciais:	**Demandas judiciais:**	**Demandas judiciais:**	**Demandas judiciais:**
Justiça Federal, art. 109, I, da CF	Justiça Federal, art. 109, I, da CF; Súmula 324 do STJ	Justiça Federal, art. 109, I, da CF	Justiça comum estadual, Súmulas 556 do STF, 42 do STJ e 517 do STF, quando se desloca para a Justiça Federal em razão da presença da União

LEI N. 13.303/2016					
Destinatários	**Função social**	**Nomeações**	**Despesas com publicidade**	**Sanções**	**Regras de transição**
Todas as empresas públicas e sociedades de economia mista (art. 1.º)	Regras para o seu cumprimento (art. 27)	Limites para o conselho de administração e para a diretoria (art. 17) — previsão considerada constitucional quando do julgamento da ADI 7331, em 09.05.2024	Limites (art. 93)	Pela prática de atos de corrupção (art. 94)	Para adaptação aos termos estabelecidos pela lei (art. 91)

6.6. SÚMULAS SOBRE ESTRUTURA DA ADMINISTRAÇÃO PÚBLICA

6.6.1. Súmulas do STF

■ **Súmula 8:** Diretor de sociedade de economia mista pode ser destituído no curso do mandato.

■ **Súmula 25:** A nomeação a termo não impede a livre demissão, pelo Presidente da República, de ocupante de cargo dirigente de autarquia.

■ **Súmula 73:** A imunidade das autarquias, implicitamente contida no art. 31, V, *a*, da Constituição Federal, abrange tributos estaduais e municipais.

■ **Súmula 75:** Sendo vendedora uma autarquia, a sua imunidade fiscal não compreende o imposto de transmissão *inter vivos*, que é encargo do comprador.

■ **Súmula 336:** A imunidade da autarquia financiadora, quanto ao contrato de financiamento, não se estende à compra e venda entre particulares, embora constantes os dois atos de um só instrumento.

■ **Súmula 511:** Compete à Justiça Federal, em ambas as instâncias, processar e julgar as causas entre autarquias federais e entidades públicas locais, inclusive mandados de segurança, ressalvada a ação fiscal, nos termos da Constituição Federal de 1967, art. 119, § 3.º.

■ **Súmula 517:** As sociedades de economia mista só têm foro na Justiça Federal, quando a União intervém como assistente ou opoente.

■ **Súmula 556:** É competente a Justiça comum para julgar as causas em que é parte sociedade de economia mista.

■ **Súmula 620:** A sentença proferida contra autarquias não está sujeita a reexame necessário, salvo quando sucumbente em execução de dívida ativa.

■ **Súmula 644:** Ao titular do cargo de procurador de autarquia não se exige a apresentação de instrumento de mandato para representá-la em juízo.

■ **Súmula 654:** A garantia da irretroatividade da lei, prevista no art. 5.º, XXXVI, da Constituição da República, não é invocável pela entidade estatal que a tenha editado.

6.6.2. Súmula vinculante

■ **Súmula vinculante 27:** Compete à Justiça estadual julgar causas entre consumidor e concessionária de serviço público de telefonia, quando a ANATEL não seja litisconsorte passiva necessária, assistente, nem opoente.

6.6.3. Súmulas do STJ

■ **Súmula 38:** Compete à Justiça Estadual Comum, na vigência da Constituição de 1988, o processo por contravenção penal, ainda que praticada em detrimento de bens, serviços ou interesse da União ou de suas entidades.

■ **Súmula 42:** Compete à Justiça Comum Estadual processar e julgar as causas cíveis em que é parte sociedade de economia mista e os crimes praticados em seu detrimento.

■ **Súmula 107:** Compete à Justiça Comum Estadual processar e julgar crime de estelionato praticado mediante falsificação das guias de recolhimento das contribuições previdenciárias, quando não ocorrente lesão à autarquia federal.

■ **Súmula 150:** Compete à Justiça Federal decidir sobre a existência de interesse jurídico que justifique a presença, no processo, da União, suas Autarquias ou Empresas públicas.

■ **Súmula 249:** A Caixa Econômica Federal tem legitimidade passiva para integrar processo em que se discute correção monetária do FGTS.

■ **Súmula 333:** Cabe mandado de segurança contra ato praticado em licitação promovida por sociedade de economia mista ou empresa pública.

■ **Súmula 324:** Compete à Justiça Federal processar e julgar ações de que participa a Fundação Habitacional do Exército, equiparada à entidade autárquica federal, supervisionada pelo Ministério do Exército.

■ **Súmula 421:** Os honorários advocatícios não são devidos à Defensoria Pública quando ela atua contra a pessoa jurídica de direito público à qual pertença.

■ **Súmula 483:** O INSS não está obrigado a efetuar depósito prévio do preparo por gozar das prerrogativas e privilégios da Fazenda Pública.

■ **Súmula 505:** A competência para processar e julgar as demandas que têm por objeto obrigações decorrentes dos contratos de planos de previdência privada firmados com a Fundação Rede Ferroviária de Seguridade Social — REFER é da Justiça estadual.

■ **Súmula 506:** A Anatel não é parte legítima nas demandas entre a concessionária e o usuário de telefonia decorrentes de relação contratual.

■ **Súmula 514:** A CEF é responsável pelo fornecimento dos extratos das contas individualizadas vinculadas ao FGTS dos Trabalhadores participantes do Fundo de Garantia do Tempo de Serviço, inclusive para fins de exibição em juízo, independentemente do período em discussão.

■ **Súmula 525:** A Câmara de Vereadores não possui personalidade jurídica, apenas personalidade judiciária, somente podendo demandar em juízo para defender os seus direitos institucionais.

6.7. QUESTÕES

> QUESTÕES DE CONCURSOS
> http://uqr.to/1xgxd

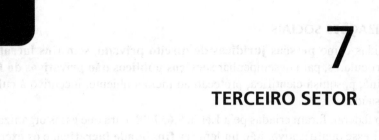

TERCEIRO SETOR

De início, cumpre registrar que a nomenclatura (terceiro setor) não aparece ao acaso, tendo em vista que o **primeiro setor** é composto pelas figuras que se encontram dentro da Administração, nas quatro esferas de governo.

Por sua vez, o **segundo setor** é composto por **particulares** que atuam com o objetivo de **lucro**, enquanto o **terceiro setor** é integrado por **particulares**, mas que atuam **sem essa finalidade**.

O denominado **terceiro setor** é **composto** por particulares, portanto **pessoas jurídicas** de **direito privado**, que **não integram** a estrutura da **Administração Pública**, mas que com ela mantêm, por razões diversas, relacionamentos com o intuito de preservar o interesse público.

Nesse sentido, decidiu o **STF**, em **12.12.2022**, quando do julgamento da **ADPF 1.012/PA**, pela **inconstitucionalidade de penhora ou bloqueio das receitas públicas a elas destinadas**. Confira-se:

> "São inconstitucionais — por violarem os princípios da separação de Poderes, da legalidade orçamentária, da eficiência administrativa e da continuidade dos serviços públicos — decisões judiciais que determinam a penhora ou o bloqueio de receitas públicas destinadas à execução de contratos de gestão para o pagamento de despesas estranhas aos seus objetos."

Em outras palavras, são **entidades** que **não apresentam finalidade lucrativa**, o que equivale a dizer que todas as verbas por elas recebidas devem ser aplicadas para a melhoria de sua própria estrutura.

Aqui serão analisadas figuras como as **organizações sociais** e as **organizações da sociedade civil de interesse público**, os **serviços sociais autônomos**, que, não obstante apresentem diferenças entre si, têm em comum o fato de surgirem como **entes particulares, sem finalidade lucrativa**, que, mediante procedimentos diversos, relacionam-se com o Poder Público.

Para melhor visualização dos itens desenvolvidos, confira-se o seguinte quadro:

	INTEGRANTES	FINALIDADE
PRIMEIRO SETOR	Figuras que se encontram dentro da Administração, nas quatro esferas de governo	Preservação do interesse público, sem finalidade lucrativa
SEGUNDO SETOR	Figuras integrantes da iniciativa privada	Com finalidade lucrativa
TERCEIRO SETOR	Organizações da sociedade civil, integrantes, pois, da iniciativa privada	Sem finalidade lucrativa

7.1. ORGANIZAÇÕES SOCIAIS

São definidas como **pessoas jurídicas de direito privado**, **sem fins lucrativos**, criadas por particulares, para desempenhar **serviços públicos não privativos do Estado**, como: ensino, pesquisa científica, proteção ao meio ambiente, incentivo à cultura, programas de saúde.

No âmbito federal, foram criadas pela **Lei n. 9.637/98**. Para que essas organizações possam receber esse qualificativo, **não podem ter finalidade lucrativa**, e os **excedentes financeiros** devem ser canalizados somente **para** o **fomento de suas atividades**.

Devem ter também finalidade social de interesse coletivo, e o **órgão diretivo** deve ter a **participação** de **representantes** do **Poder Público** e da **comunidade** dotados de notória capacidade e idoneidade moral.

Trata-se, portanto, de **instrumento de privatização** para diminuir as atividades desenvolvidas pelo Estado, repassando-as, em caráter temporário, para a iniciativa privada.

Essa parceria, segundo a Lei n. 9.637/98, será **concretizada** por meio de um "**contrato de gestão**", pelo qual serão definidos os incentivos que essas pessoas receberão do Estado para a execução das atividades.

Entre os incentivos previstos na lei encontramos:

■ destinação de recursos orçamentários;

■ destinação de bens (por meio de permissão de uso);

■ destinação de servidores;

■ possibilidade de serem elas contratadas por dispensa de licitação, conforme o disposto na Lei n. 8.666/93, art. 24, XXIV, e suas atualizações posteriores.

Nesse particular, oportuna a transcrição do referido dispositivo legal:

Art. 24. É dispensável a licitação: (...)

XXIV — para a celebração de contratos de prestação de serviços com as **organizações sociais**, qualificadas no âmbito das respectivas esferas de governo, para atividades contempladas no **contrato de gestão**.

De anotar-se na redação desse comando legal que a possibilidade de contratação dessas entidades, por **dispensa de licitação**, revela-se tão somente em relação às **atividades contempladas** no **contrato de gestão**, instrumento pelo qual, como se viu, a parceria é concretizada.

Nesse quadro, cumpre apontar que o referido dispositivo, assim como todo o diploma legal, tem prazo de validade até o dia 30.12.2023.

Outrossim, vale registrar que não encontra paralelo ao longo da Lei n. 14.133/2021, único diploma legal a reger a matéria, a partir dessa data.

Dentro desse contexto, surgem como exemplos dessas organizações sociais:

■ Associação de Comunicação Educativa Roquette Pinto;

■ Associação Brasileira de Tecnologia de Luz Sincroton;

■ Orquestra Sinfônica do Estado de São Paulo — OSESP;

■ Associação Amigos do Museu da Imagem e do Som.

Como se pode observar das considerações até aqui realizadas, muitas **críticas** podem ser efetuadas a essas **organizações sociais**.

Destarte, para que possam assumir a qualificação e ser contratadas pela Administração direta, **não necessitam comprovar habilitação técnica** e **financeira** para que possam receber todos os incentivos por parte do Estado, vale dizer, bens, recursos, servidores, na medida em que, como visto, poderão ser **contratadas por dispensa de licitação**.

Assim, acabam por ferir a diretriz fixada pelo **art. 175 da CF**, que **exige licitação** sempre que o Poder Público for **transferir** a execução de **serviços públicos** para **particulares**, como é o caso.

De outra parte, embora a Lei n. 9.637/98, em seu art. 5.º, estabeleça que essa parceria se concretiza por intermédio de um **contrato** de **gestão**, **não se pode confundir** essa figura com aquela prevista no **art. 37, § 8.º, da CF**.

Como visto, aquele contrato de gestão surge como instrumento para viabilizar ajustes entre a Administração direta e as pessoas integrantes da Administração indireta, vale dizer, **autarquias** e **fundações**, às quais se atribui o rótulo de **agências executivas**, tão somente para atingir metas previamente determinadas em troca de uma ampliação da sua autonomia gerencial, orçamentária e financeira, **realidade que não se confunde com as organizações sociais**.

Em outras palavras, embora a Lei n. 9.637/98 estabeleça como **conteúdo do contrato de gestão** o programa de trabalho a ser desenvolvido, as metas a serem atingidas, os prazos de execução e os critérios de avaliação de desempenho, estamos trabalhando com uma **realidade** completamente **diferente** daquela prevista no **art. 37, § 8.º, da CF**.

Por derradeiro, cumpre observar que, por ser a execução de **serviços públicos não privativos do Estado**, o aspecto que justifica o estabelecimento dessa **parceria** entre a Administração e a **iniciativa privada**, visando conferir-lhe mais **eficiência**, traz como corolário a necessidade desses **serviços** serem **prestados** sob a égide de **regras de direito público**.

Diante dos elementos expostos, torna-se evidente que a **titularidade** do serviço público **não está sendo repassada para essas organizações**, mas somente sua execução.

Como consequência, em caso de **descumprimento** das **metas** previstas no **contrato de gestão**, poderá o Poder Público, assegurada a **ampla defesa**, no bojo de **processo administrativo**, aplicar as **penalidades cabíveis**, inclusive desqualificando a entidade como organização social.

Por fim, cumpre anotar que o contexto no qual foram idealizadas as **organizações sociais** revela-se permeado de **inconstitucionalidades**, que foram cristalinamente demonstradas pela argúcia de **Celso Antônio Bandeira de Mello**[1], como se depreende dos trechos a seguir:

"Na lei disciplinadora das organizações sociais, chamam atenção alguns pontos nos quais se patenteiam inconstitucionalidades verdadeiramente aberrantes.

O primeiro deles é que, para alguém qualificar-se a receber bens públicos, móveis e imóveis, recursos orçamentários e até servidores públicos, a serem custeados pelo Es-

---

[1] *Curso de direito administrativo*. 11. ed. São Paulo: Malheiros, 2004, p. 223.

270 Direito Administrativo Esquematizado   *Celso Spitzcovsky*

tado, não necessita demonstrar habilitação técnica ou econômico-financeira de qualquer espécie. Basta a concordância do Ministro da área (ou mesmo do titular do órgão que a supervisione) e do Ministro da Administração.

Enquanto para travar com o Poder Público relações contratuais singelas (como um contrato de prestação de serviços e execução de obras) o pretendente é obrigado a minuciosas demonstrações de aptidão; inversamente, não se faz exigência de capital mínimo nem demonstração de qualquer suficiência técnica para que um interessado receba bens públicos, móveis ou imóveis, verbas públicas e servidores públicos custeados pelo Estado, considerando-se bastante para a realização de tal operação a simples aquiescência de dois Ministros de Estado ou, conforme o caso, de um Ministro e de um supervisor da área correspondente à atividade exercida pela pessoa postulante ao qualificativo de 'organização social'. Trata-se, pois, da outorga de uma discricionariedade literalmente inconcebível, até mesmo escandalosa, por sua desmedida amplitude, e que permitirá favorecimentos de toda espécie."

Mais adiante, o eminente jurista segue desenvolvendo suas críticas acerca da maneira pela qual esse novo ente foi idealizado, vislumbrando a caracterização de **novas inconstitucionalidades**, como se observa:

"Já no caso em que se pretenda promover a absorção de serviços públicos por Organizações Sociais, irrompe uma aberrante ofensa ao art. 175 da Constituição, segundo o qual 'Incumbe ao Poder Público, na forma da lei, diretamente ou sob o regime de concessão ou permissão, sempre através de licitação, a prestação de serviços públicos'. Demais disto, cumpre tomar tento para o fato de que no art. 196 a Constituição prescreve que a saúde é 'dever do Estado' e nos arts. 205, 206 e 208 configura a educação e o ensino como deveres do Estado, circunstâncias que o impedem de se despedir dos correspondentes encargos de prestação pelo processo de transpassá-los a organizações sociais"[2].

Por fim, importante mencionar que sua **utilização** tem se verificado, em **maior escala**, no **setor de saúde**, quando então o Estado repassa a essas entidades a administração de hospitais públicos localizados na periferia com todas as características analisadas, melhorando, em tese, a qualidade dos serviços prestados.

Sem embargo, não se nega a possibilidade de que esse relacionamento com a Administração resulte em desvio de verbas públicas, outra não sendo a razão pela qual estas entidades, ainda que integrantes da iniciativa privada, submetem-se a uma fiscalização por parte dos Tribunais de Contas, com lastro no disposto no art. 70, parágrafo único, da Constituição Federal. Confira-se:

Art. 70. (...)
Parágrafo único. Prestará contas qualquer pessoa física ou jurídica, pública ou privada, que utilize, arrecade, guarde, gerencie ou administre dinheiros, bens e valores públicos ou pelos quais a União responda, ou que, em nome desta, assuma obrigações de natureza pecuniária.

---

[2]   MELLO, Celso Antônio Bandeira de. *Curso de direito administrativo*. 11. ed. São Paulo: Malheiros, 2004, p. 225.

7 ■ Terceiro Setor

7.2. SERVIÇOS SOCIAIS AUTÔNOMOS

Podem ser **definidos** como todos aqueles **instituídos por lei** com **personalidade jurídica de direito privado** para ministrar assistência ou ensino a certas categorias sociais ou grupos profissionais, e que **não tenham finalidade lucrativa**.

Pela definição oferecida, torna-se claro que esses serviços sociais autônomos **não integram**, a exemplo das organizações sociais, **a estrutura da Administração Pública**.

Ao contrário, **atuam ao lado do Estado**, em caráter de cooperação, não prestando serviço público delegado, como ocorre com as organizações sociais, mas **atividades privadas que o Poder Público tem interesse em incentivar**.

Esses serviços sociais autônomos têm **autorização do Estado** para **arrecadar** e utilizar, em sua manutenção, **contribuições parafiscais**, que em um primeiro momento seriam canalizadas para a manutenção da Seguridade Social, conforme previsão estabelecida no **art. 240 da CF**:

> **Art. 240.** Ficam ressalvadas do disposto no art. 195 as atuais contribuições compulsórias dos empregadores sobre a folha de salários, destinadas às entidades privadas de serviço social e de formação profissional vinculadas ao sistema sindical.

Dentro desse contexto, para melhor visualização do significado do conteúdo do dispositivo reproduzido, importante destacar que a **Seguridade Social**, na forma do **art. 195 da CF**, é **mantida** não só por **recursos** provenientes do orçamento das quatro esferas de governo, mas também por recursos **resultantes** de **contribuições sociais** pagas pela **iniciativa privada**, das quais os serviços sociais autônomos estão isentos.

Confira-se, a propósito, a redação do art. 195 da CF:

> **Art. 195.** A seguridade social será financiada por toda a sociedade, de forma direta e indireta, nos termos da lei, mediante recursos provenientes dos orçamentos da União, dos Estados, do Distrito Federal e dos Municípios, e das seguintes **contribuições sociais:**
>
> I — **do empregador**, da empresa e da entidade a ela equiparada na forma da lei, incidentes sobre:
>
> *a)* a **folha de salários** e demais rendimentos do trabalho pagos ou creditados, a qualquer título, à pessoa física que lhe preste serviço, mesmo sem vínculo empregatício;
>
> *b)* a receita ou o faturamento;
>
> *c)* o lucro;
>
> II — do trabalhador e dos demais segurados da previdência social, não incidindo contribuição sobre aposentadoria e pensão concedidas pelo regime geral de previdência social de que trata o art. 201;
>
> III — sobre a receita de concursos de prognósticos;
>
> IV — do importador de bens ou serviços do exterior, ou de quem a lei a ele equiparar.

Percebe-se, pois, que essa **isenção** a eles atribuída pelo art. 240 representa um grande **incentivo oferecido pelo Poder Público** para o desenvolvimento dessas atividades de **fomento** a **categorias profissionais**, uma vez que produzem geração de empregos, atividade que a Administração deveria desenvolver, mas não consegue.

272 Direito Administrativo Esquematizado   *Celso Spitzcovsky*

Embora **não integrantes** da estrutura **da Administração Pública, sujeitam-se aos princípios da licitação**, à realização de processo seletivo e à prestação de contas, por estarem utilizando verbas públicas.

Assumem a forma de instituições particulares convencionais, como fundações, sociedades civis e associações, e não possuem privilégios fiscais, administrativos e processuais.

Surgem como **exemplos** desses serviços sociais autônomos, guardando, portanto, as características até aqui apresentadas, as seguintes entidades, que justificam seu reconhecimento também como **sistema "s"** por estarem vinculadas ao sistema sindical, nos termos do art. 240 da CF, e, também, por começarem todos com a letra "s":

- Senai (Serviço Nacional de Aprendizagem Industrial);
- Sesi (Serviço Social da Indústria);
- Sesc (Serviço Social do Comércio);
- Senac (Serviço Nacional de Aprendizagem Comercial);
- Sebrae (Serviço Brasileiro de Apoio às Micro e Pequenas Empresas).

A respeito desse tema, transcreveremos em seguida as lições de **Maria Sylvia Zanella Di Pietro**[3]:

"Essas entidades não prestam serviço público delegado pelo Estado, mas atividade de interesse público (serviços não exclusivos do Estado); exatamente por isso, são incentivadas pelo Poder Público. A atuação estatal, no caso, é de fomento e não de prestação de serviço público. Por outras palavras, a participação do Estado, no ato de criação, se deu para incentivar a iniciativa privada, mediante subvenção garantida por meio da instituição compulsória de contribuições parafiscais destinadas especificamente a esta finalidade. Não se trata de atividade que incumbisse ao Estado, como serviço público, e que ele transferisse a outra pessoa jurídica, por meio do instrumento da descentralização. Trata-se, isto sim, de atividade privada de interesse público que o Estado resolveu incentivar e subvencionar".

Dentro desse contexto, importante destacar **decisão** proferida, em **abril de 2018**, pelo **Ministro Gilmar Mendes**, em que anulou decisão do Tribunal de Contas da União, que determinava ao Serviço Nacional de Aprendizagem Comercial (Senac) a inclusão, em seus editais de licitação, de regras previstas na Lei n. 8.666/93, que trata de normas para licitações e contratos da Administração Pública. A **decisão foi tomada** no **Mandado de Segurança (MS) 33224**, impetrado pelo Senac. **Segundo o relator**, o STF firmou orientação no sentido de que as **entidades do sistema "s" têm natureza privada e não integram a Administração Pública direta ou indireta, não se submetendo à Lei n. 8.666/93**.

O Ministro **Gilmar Mendes** apontou ainda que, ao apreciar o **Recurso Extraordinário 789874, com repercussão geral**, o **Supremo** fixou o **entendimento** no sentido de que os **serviços sociais autônomos** possuem **natureza jurídica de direito privado e**

---

[3] *Direito administrativo.* 15. ed. São Paulo: Atlas, 2018, p. 628.

7 ■ Terceiro Setor

não estão sujeitos à regra do art. 37, inciso II, da Constituição Federal, que exige a realização de concurso público para contratação de pessoal. "Na oportunidade, ressaltou-se que as **entidades do sistema "s" desempenham atividades privadas de interesse coletivo**, em regime de colaboração com o poder público, e possuem patrimônio e receitas próprias".

A título de conclusão deste item, importante consignar que tanto as **organizações sociais** quanto os **serviços sociais autônomos surgem como entidades paraestatais**, porque não integram a estrutura da Administração Pública, mantendo, entretanto, parcerias por razões diferenciadas.

Dessa forma, enquanto para as **organizações sociais** o que justifica a parceria é a **transferência de serviços públicos**, para os chamados **serviços sociais autônomos** é o **fomento de atividades** que, embora não possam ser confundidas com serviços públicos, o **Estado** tem interesse em **incentivar** e desenvolver, por **promoverem** sobretudo **geração de empregos**.

Por fim, em vista de divergências verificadas principalmente em sede doutrinária, cumpre esclarecer que a palavra **"paraestatal"** se aplica àqueles **entes** que, embora **não integrem a estrutura da Administração**, estabelecem com ela **parcerias** a título de **colaboração**.

É termo, pois, que se **aplica** aos **entes privados**, não podendo ser utilizado, dessa forma, para designar entes integrantes da Administração, como consequência da própria etimologia da palavra.

Com efeito, o termo **"paraestatal"** significa *ao lado do Estado*, o que exclui a possibilidade de sua utilização para aqueles que integram sua estrutura, consoante se verifica do trecho a seguir, da obra de **Maria Sylvia Zanella Di Pietro**[4]: "À letra, paraestatal é algo que não se confunde com o Estado, porque caminha lado a lado, paralelamente ao Estado".

Sem embargo, a **imprecisão do termo** acaba gerando **divergências**, como se disse em nossa melhor doutrina, dentro da qual preferimos nos posicionar de acordo com a opinião adotada por **Celso Antônio Bandeira de Mello** e **Maria Sylvia Zanella Di Pietro**, que optaram por conferir a esse termo o seu sentido literal.

Procuram, dessa forma, **aplicá-lo** para as **pessoas privadas** que **colaboram com o Estado**, como é o caso dos serviços sociais autônomos e das organizações sociais, conforme as indicações oferecidas a esse respeito[5].

7.3. ORGANIZAÇÕES DA SOCIEDADE CIVIL DE INTERESSE PÚBLICO

Estas pessoas integrantes do terceiro setor estão disciplinadas pela **Lei n. 9.790/99**, que logo em seu **art. 1.º** tratou de **qualificá-las** da seguinte forma:

> **Art. 1.º** Podem qualificar-se como Organizações da Sociedade Civil de Interesse Público as pessoas jurídicas de direito privado, sem fins lucrativos, desde que os respectivos objetivos sociais e normas estatutárias atendam aos requisitos instituídos por esta Lei.

---

[4] *Direito administrativo*. 15. ed. São Paulo: Atlas, 2019, p. 617.

[5] DI PIETRO, Maria Sylvia Zanella. *Direito administrativo*. 15. ed. São Paulo: Atlas, 2019, p. 617.

§ 1.º Para os efeitos desta Lei, considera-se sem fins lucrativos a pessoa jurídica de direito privado que não distribui, entre os seus sócios ou associados, conselheiros, diretores, empregados ou doadores, eventuais excedentes operacionais, brutos ou líquidos, dividendos, bonificações, participações ou parcelas do seu patrimônio, auferidos mediante o exercício de suas atividades, e que os aplica integralmente na consecução do respectivo objeto social.

De outra parte, o legislador houve por bem esclarecer quais as **pessoas que não podem ser qualificadas** dessa forma. Confira-se:

Art. 2.º Não são passíveis de qualificação como Organizações da Sociedade Civil de Interesse Público, ainda que se dediquem de qualquer forma às atividades descritas no art. 3.º desta Lei:

I — as sociedades comerciais;

II — os sindicatos, as associações de classe ou de representação de categoria profissional;

III — as instituições religiosas ou voltadas para a disseminação de credos, cultos, práticas e visões devocionais e confessionais;

IV — as organizações partidárias e assemelhadas, inclusive suas fundações;

V — as entidades de benefício mútuo destinadas a proporcionar bens ou serviços a um círculo restrito de associados ou sócios;

VI — as entidades e empresas que comercializam planos de saúde e assemelhados;

VII — as instituições hospitalares privadas não gratuitas e suas mantenedoras;

VIII — as escolas privadas dedicadas ao ensino formal não gratuito e suas mantenedoras;

IX — as organizações sociais;

X — as cooperativas;

XI — as fundações públicas;

XII — as fundações, sociedades civis ou associações de direito privado criadas por órgão público ou por fundações públicas;

XIII — as organizações creditícias que tenham qualquer tipo de vinculação com o sistema financeiro nacional a que se refere o art. 192 da Constituição Federal.

Nesse quadro, vale a referência para o parágrafo único, incluído pela Lei n. 13.999/2020:

Parágrafo único. Não constituem impedimento à qualificação como Organização da Sociedade Civil de Interesse Público as operações destinadas a microcrédito realizadas com instituições financeiras na forma de recebimento de repasses, venda de operações realizadas ou atuação como mandatárias. (Incluído pela Lei n. 13.999, de 2020)

Outrossim, condicionou o legislador o recebimento dessa **qualificação** aos **objetivos sociais** desenvolvidos pela pessoa jurídica, **em regra de caráter assistencial**, a teor do disposto no **art. 3.º**:

Art. 3.º A qualificação instituída por esta Lei, observado em qualquer caso, o princípio da universalização dos serviços, no respectivo âmbito de atuação das Organizações, somente será conferida às pessoas jurídicas de direito privado, sem fins lucrativos, cujos objetivos sociais tenham pelo menos uma das seguintes finalidades:

7 ■ Terceiro Setor

I — promoção da assistência social;

II — promoção da cultura, defesa e conservação do patrimônio histórico e artístico;

III — promoção gratuita da educação, observando-se a forma complementar de participação das organizações de que trata esta Lei;

IV — promoção gratuita da saúde, observando-se a forma complementar de participação das organizações de que trata esta Lei;

V — promoção da segurança alimentar e nutricional;

VI — defesa, preservação e conservação do meio ambiente e promoção do desenvolvimento sustentável;

VII — promoção do voluntariado;

VIII — promoção do desenvolvimento econômico e social e combate à pobreza;

IX — experimentação, não lucrativa, de novos modelos socioprodutivos e de sistemas alternativos de produção, comércio, emprego e crédito;

X — promoção de direitos estabelecidos, construção de novos direitos e assessoria jurídica gratuita de interesse suplementar;

XI — promoção da ética, da paz, da cidadania, dos direitos humanos, da democracia e de outros valores universais;

XII — estudos e pesquisas, desenvolvimento de tecnologias alternativas, produção e divulgação de informações e conhecimentos técnicos e científicos que digam respeito às atividades mencionadas neste artigo;

XIII — estudos e pesquisas para o desenvolvimento, a disponibilização e a implementação de tecnologias voltadas à mobilidade de pessoas, por qualquer meio de transporte. (Incluído pela Lei n. 13.019, de 2014)

Parágrafo único. Para os fins deste artigo, a dedicação às atividades nele previstas configura-se mediante a execução direta de projetos, programas, planos de ações correlatas, por meio da doação de recursos físicos, humanos e financeiros, ou ainda pela prestação de serviços intermediários de apoio a outras organizações sem fins lucrativos e a órgãos do setor público que atuem em áreas afins.

Preocupado com esse tema, o legislador também estabeleceu **restrições** em **relação** aos **Estatutos Sociais** para o recebimento dessa qualificação:

Art. 4.º Atendido o disposto no art. 3.º, exige-se ainda, para qualificarem-se como Organizações da Sociedade Civil de Interesse Público, que as pessoas jurídicas interessadas sejam regidas por estatutos cujas normas expressamente disponham sobre:

I — a observância dos princípios da legalidade, impessoalidade, moralidade, publicidade, economicidade e da eficiência;

II — a adoção de práticas de gestão administrativa, necessárias e suficientes a coibir a obtenção, de forma individual ou coletiva, de benefícios ou vantagens pessoais, em decorrência da participação no respectivo processo decisório;

III — a constituição de conselho fiscal ou órgão equivalente, dotado de competência para opinar sobre os relatórios de desempenho financeiro e contábil, e sobre as operações patrimoniais realizadas, emitindo pareceres para os organismos superiores da entidade;

IV — a previsão de que, em caso de dissolução da entidade, o respectivo patrimônio líquido será transferido a outra pessoa jurídica qualificada nos termos desta Lei, preferencialmente que tenha o mesmo objeto social da extinta;

V — a previsão de que, na hipótese de a pessoa jurídica perder a qualificação instituída por esta Lei, o respectivo acervo patrimonial disponível, adquirido com recursos públicos durante o período em que perdurou aquela qualificação, será transferido a outra pessoa jurídica qualificada nos termos desta Lei, preferencialmente que tenha o mesmo objeto social;

VI — a possibilidade de se instituir remuneração para os dirigentes da entidade que atuem efetivamente na gestão executiva e para aqueles que a ela prestam serviços específicos, respeitados, em ambos os casos, os valores praticados pelo mercado, na região correspondente a sua área de atuação;

VII — as normas de prestação de contas a serem observadas pela entidade, que determinarão, no mínimo:

a) a observância dos princípios fundamentais de contabilidade e das Normas Brasileiras de Contabilidade;

b) que se dê publicidade por qualquer meio eficaz, no encerramento do exercício fiscal, ao relatório de atividades e das demonstrações financeiras da entidade, incluindo-se as certidões negativas de débitos junto ao INSS e ao FGTS, colocando-os à disposição para exame de qualquer cidadão;

c) a realização de auditoria, inclusive por auditores externos independentes se for o caso, da aplicação dos eventuais recursos objeto do termo de parceria conforme previsto em regulamento;

d) a prestação de contas de todos os recursos e bens de origem pública recebidos pelas Organizações da Sociedade Civil de Interesse Público será feita conforme determina o parágrafo único do art. 70 da Constituição Federal.

Estabelecidos os requisitos para que uma pessoa jurídica possa receber essa qualificação, o legislador fixou agora um **instrumento para sua celebração**, denominado **"termo de parceria"**. Confira-se:

Art. 9.º Fica instituído o Termo de Parceria, assim considerado o instrumento passível de ser firmado entre o Poder Público e as entidades qualificadas como Organizações da Sociedade Civil de Interesse Público destinado à formação de vínculo de cooperação entre as partes, para o fomento e a execução das atividades de interesse público previstas no art. 3.º desta Lei.

Art. 10. O Termo de Parceria firmado de comum acordo entre o Poder Público e as Organizações da Sociedade Civil de Interesse Público discriminará direitos, responsabilidades e obrigações das partes signatárias.

§ 1.º A celebração do Termo de Parceria será precedida de consulta aos Conselhos de Políticas Públicas das áreas correspondentes de atuação existentes, nos respectivos níveis de governo.

§ 2.º São cláusulas essenciais do Termo de Parceria:

I — a do objeto, que conterá a especificação do programa de trabalho proposto pela Organização da Sociedade Civil de Interesse Público;

II — a de estipulação das metas e dos resultados a serem atingidos e os respectivos prazos de execução ou cronograma;

III — a de previsão expressa dos critérios objetivos de avaliação de desempenho a serem utilizados, mediante indicadores de resultado;

7 ■ Terceiro Setor

IV — a de previsão de receitas e despesas a serem realizadas em seu cumprimento, estipulando item por item as categorias contábeis usadas pela organização e o detalhamento das remunerações e benefícios de pessoal a serem pagos, com recursos oriundos ou vinculados ao Termo de Parceria, a seus diretores, empregados e consultores;

V — a que estabelece as obrigações da Sociedade Civil de Interesse Público, entre as quais a de apresentar ao Poder Público, ao término de cada exercício, relatório sobre a execução do objeto do Termo de Parceria, contendo comparativo específico das metas propostas com os resultados alcançados, acompanhado de prestação de contas dos gastos e receitas efetivamente realizados, independente das previsões mencionadas no inciso IV;

VI — a de publicação, na imprensa oficial do Município, do Estado ou da União, conforme o alcance das atividades celebradas entre o órgão parceiro e a Organização da Sociedade Civil de Interesse Público, de extrato do Termo de Parceria e de demonstrativo da sua execução física e financeira, conforme modelo simplificado estabelecido no regulamento desta Lei, contendo os dados principais da documentação obrigatória do inciso V, sob pena de não liberação dos recursos previstos no Termo de Parceria.

Nesse contexto, conclui-se que as características dessas organizações se assemelham, em muito, àquelas relacionadas para as organizações sociais, com a diferença básica de que o Estado não transfere o serviço público para terceiros, estabelecendo, ao revés, um termo de parceria.

Nesse sentido, para melhor visualização das **diferenças** envolvendo as **organizações sociais** e as organizações da sociedade civil de interesse público **(OSCIP)**, confira-se o seguinte quadro:

	ORGANIZAÇÃO SOCIAL	OSCIP
LEGISLAÇÃO	Lei n. 9.637/98	Lei n. 9.790/99
INSTRUMENTO	Contrato de gestão	Termo de parceria
DIREÇÃO	Com participação da Administração	Sem participação da Administração
OBJETO	Transferência de serviços públicos Exemplo: ensino, saúde, cultura, meio ambiente, pesquisa científica	Fomento a atividades de interesse público Exemplo: assistência social, voluntariado, combate à pobreza, desenvolvimento sustentável
REPASSE DE SERVIDORES	Possibilidade	Impossibilidade
RESTRIÇÕES SOCIETÁRIAS	Impossibilidade	Possibilidade

7.4. DAS PARCERIAS VOLUNTÁRIAS: LEI N. 13.019/2014

7.4.1. Dos objetivos e dos destinatários

De forma a **aperfeiçoar** o **relacionamento** da Administração com o **setor privado** e em vista das constantes **denúncias** acerca do **desvio de verbas públicas** nesse setor, o Governo Federal editou a **Lei n. 13.019/2014**, com a redação alterada pela Lei n. 13.204/2015, denominada Lei das Parcerias Voluntárias.

Referida legislação, objeto de **regulamentação** pelo **Decreto n. 8.726/2016**, trouxe importantes **inovações** demonstrando que estas parcerias voluntárias vão contribuir largamente para a **qualificação de políticas públicas**, aproximando-as das pessoas e das realidades locais, em homenagem aos **princípios da eficiência e da moralidade** que permeiam a atividade administrativa.

Dentro desse contexto, apresentada a importância desse diploma legal, passaremos em seguida a analisar as **principais inovações** apresentadas por esse **marco regulatório das organizações da sociedade civil**.

De início, cumpre observar tratar-se aqui de **norma de âmbito nacional**, de incidência portanto sobre as quatro esferas de governo, em sua estrutura direta e indireta, consoante previsão estabelecida no art. 1.º.

7.4.2. Do objeto

Outro aspecto importante a ser destacado refere-se às definições estabelecidas no art. 2.º dessa lei, em que se destacam, inicialmente, aquelas que envolvem o **objeto desse relacionamento** entre o Estado e a iniciativa privada, vale dizer, a definição de parceria que se apresenta no inciso III, cuja redação a seguir se reproduz:

Art. 2.º (...)

III — **parceria**: conjunto de direitos, responsabilidades e obrigações decorrentes de relação jurídica estabelecida formalmente entre a administração pública e organizações da sociedade civil, em regime de mútua cooperação, para a consecução de finalidades de interesse público e recíproco, mediante a execução de atividade ou de projeto expressos em termos de colaboração, em termos de fomento ou em acordos de cooperação.

Nesse sentido, importante anotar que o próprio diploma legal, em seu **art. 3.º**, cuidou de relacionar as **hipóteses de não cabimento** dessas parcerias, consoante se verifica de sua redação a seguir reproduzida:

Art. 3.º Não se aplicam as exigências desta Lei:

I — às transferências de recursos homologadas pelo Congresso Nacional ou autorizadas pelo Senado Federal naquilo em que as disposições específicas dos tratados, acordos e convenções internacionais conflitarem com esta Lei;

II — (revogado)

III — aos contratos de gestão celebrados com organizações sociais, desde que cumpridos os requisitos previstos na Lei n. 9.637, de 15 de maio de 1998;

IV — aos convênios e contratos celebrados com entidades filantrópicas e sem fins lucrativos nos termos do § 1.º do art. 199 da Constituição Federal;

V — aos termos de compromisso cultural referidos no § 1.º do art. 9.º da Lei n. 13.018, de 22 de julho de 2014;

VI — aos termos de parceria celebrados com organizações da sociedade civil de interesse público, desde que cumpridos os requisitos previstos na Lei n. 9.790, de 23 de março de 1999;

VII — às transferências referidas no art. 2.º da Lei n. 10.845, de 5 de março de 2004, e nos arts. 5.º e 22 da Lei n. 11.947, de 16 de junho de 2009;

VIII — (Vetado);

IX — aos pagamentos realizados a título de anuidades, contribuições ou taxas associativas em favor de organismos internacionais ou entidades que sejam obrigatoriamente constituídas por:

a) membros de Poder ou do Ministério Público;

b) dirigentes de órgão ou de entidade da administração pública;

c) pessoas jurídicas de direito público interno;

d) pessoas jurídicas integrantes da administração pública;

X — às parcerias entre a administração pública e os serviços sociais autônomos.

7.4.3. Das organizações da sociedade civil

Por outro lado, importante agora anotar qual a definição oferecida pelo legislador acerca dos **destinatários** dessa legislação, vale dizer, as **organizações da sociedade civil**, que aparece no mesmo **art. 2.º**, agora em seu **inciso I**. Confira-se:

Art. 2.º (...)

I — **organização da sociedade civil:**

a) **entidade privada sem fins lucrativos** que não distribua entre os seus sócios ou associados, conselheiros, diretores, empregados, doadores ou terceiros eventuais resultados, sobras, excedentes operacionais, brutos ou líquidos, dividendos, isenções de qualquer natureza, participações ou parcelas do seu patrimônio, auferidos mediante o exercício de suas atividades, e que os aplique integralmente na consecução do respectivo objeto social, de forma imediata ou por meio da constituição de fundo patrimonial ou fundo de reserva;

b) as **sociedades cooperativas** previstas na Lei n. 9.867, de 10 de novembro de 1999; as integradas por pessoas em situação de risco ou vulnerabilidade pessoal ou social; as alcançadas por programas e ações de combate à pobreza e de geração de trabalho e renda; as voltadas para fomento, educação e capacitação de trabalhadores rurais ou capacitação de agentes de assistência técnica e extensão rural; e as capacitadas para execução de atividades ou de projetos de interesse público e de cunho social;

c) as **organizações religiosas** que se dediquem a atividades ou a projetos de interesse público e de cunho social distintas das destinadas a fins exclusivamente religiosos.

Nesse particular, importante anotar que o referido diploma legal **ampliou o conceito de organização da sociedade civil** para além daquelas pessoas jurídicas de direito privado, **incluindo** as chamadas **cooperativas sociais**, o que se revelou positivo, uma vez que permite que essas parcerias possam ser utilizadas em relação a um universo muito maior.

Nesse particular, oportuno registrar que o diploma legal ora analisado, em respeito principalmente aos princípios da eficiência e da moralidade, houve por bem **limitar** o **universo das organizações da sociedade civil** que podem celebrar essas parcerias com o Poder Público, matéria que se apresenta relacionada no **art. 39:**

Art. 39. Ficará impedida de celebrar qualquer modalidade de parceria prevista nesta Lei a organização da sociedade civil que:

I — não esteja regularmente constituída ou, se estrangeira, não esteja autorizada a funcionar no território nacional;

II — esteja omissa no dever de prestar contas de parceria anteriormente celebrada;

III — tenha como dirigente membro de Poder ou do Ministério Público, ou dirigente de órgão ou entidade da administração pública da mesma esfera governamental na qual será celebrado o termo de colaboração ou de fomento, estendendo-se a vedação aos respectivos cônjuges ou companheiros, bem como parentes em linha reta, colateral ou por afinidade, até o segundo grau;

IV — tenha tido as contas rejeitadas pela administração pública nos últimos cinco anos, exceto se:

a) for sanada a irregularidade que motivou a rejeição e quitados os débitos eventualmente imputados;

b) for reconsiderada ou revista a decisão pela rejeição;

c) a apreciação das contas estiver pendente de decisão sobre recurso com efeito suspensivo;

V — tenha sido punida com uma das seguintes sanções, pelo período que durar a penalidade:

a) suspensão de participação em licitação e impedimento de contratar com a administração;

b) declaração de inidoneidade para licitar ou contratar com a administração pública;

c) a prevista no inciso II do art. 73 desta Lei;

d) a prevista no inciso III do art. 73 desta Lei;

VI — tenha tido contas de parceria julgadas irregulares ou rejeitadas por Tribunal ou Conselho de Contas de qualquer esfera da Federação, em decisão irrecorrível, nos últimos 8 (oito) anos;

VII — tenha entre seus dirigentes pessoa:

a) cujas contas relativas a parcerias tenham sido julgadas irregulares ou rejeitadas por Tribunal ou Conselho de Contas de qualquer esfera da Federação, em decisão irrecorrível, nos últimos 8 (oito) anos;

b) julgada responsável por falta grave e inabilitada para o exercício de cargo em comissão ou função de confiança, enquanto durar a inabilitação;

c) considerada responsável por ato de improbidade, enquanto durarem os prazos estabelecidos nos incisos I, II e III do art. 12 da Lei n. 8.429, de 2 de junho de 1992.

7.4.4. Dos instrumentos viabilizadores das parcerias

Em sequência, importante agora o conhecimento dos **instrumentos** por meio dos quais essas parcerias fixadas entre o Poder Público e as organizações da sociedade civil se viabilizarão, surgindo **duas modalidades:** o **termo de colaboração** e o **termo de fomento**, definidos respectivamente nos incisos VII e VIII do art. 2.º:

Art. 2.º (...)

VII — **termo de colaboração**: instrumento por meio do qual são formalizadas as parcerias estabelecidas pela administração pública com organizações da sociedade civil para a consecução de finalidades de interesse público e recíproco propostas pela administração pública que envolvam a transferência de recursos financeiros;

VIII — **termo de fomento**: instrumento por meio do qual são formalizadas as parcerias estabelecidas pela administração pública com organizações da sociedade civil para a consecução de finalidades de interesse público e recíproco propostas pelas organizações da sociedade civil, que envolvam a transferência de recursos financeiros.

Das definições legais reproduzidas, percebe-se que as duas figuras acabam por viabilizar o atingimento de finalidades de interesse público com a só **diferença em relação ao autor das propostas**, uma vez que no **termo de colaboração** serão elas elaboradas pela Administração Pública, enquanto no **termo de fomento** serão deduzidas pelas organizações da sociedade civil.

Para que esses ajustes possam ser celebrados, alguns **requisitos** devem ser preenchidos, observadas as condições que se verificam no **art. 33**:

Art. 33. Para celebrar as parcerias previstas nesta Lei, as organizações da sociedade civil deverão ser regidas por normas de organização interna que prevejam, expressamente:

I — objetivos voltados à promoção de atividades e finalidades de relevância pública e social; (...)

III — que, em caso de dissolução da entidade, o respectivo patrimônio líquido seja transferido a outra pessoa jurídica de igual natureza que preencha os requisitos desta Lei e cujo objeto social seja, preferencialmente, o mesmo da entidade extinta;

IV — escrituração de acordo com os princípios fundamentais de contabilidade e com as Normas Brasileiras de Contabilidade;

V — possuir:

a) no mínimo, um, dois ou três anos de existência, com cadastro ativo, comprovados por meio de documentação emitida pela Secretaria da Receita Federal do Brasil, com base no Cadastro Nacional da Pessoa Jurídica — CNPJ, conforme, respectivamente, a parceria seja celebrada no âmbito dos Municípios, do Distrito Federal ou dos Estados e da União, admitida a redução desses prazos por ato específico de cada ente na hipótese de nenhuma organização atingi-los;

b) experiência prévia na realização, com efetividade, do objeto da parceria ou de natureza semelhante;

c) instalações, condições materiais e capacidade técnica e operacional para o desenvolvimento das atividades ou projetos previstos na parceria e o cumprimento das metas estabelecidas.

§ 1.º Na celebração de acordos de cooperação, somente será exigido o requisito previsto no inciso I.

§ 2.º Serão dispensadas do atendimento ao disposto nos incisos I e III as organizações religiosas.

§ 3.º As sociedades cooperativas deverão atender às exigências previstas na legislação específica e ao disposto no inciso IV, estando dispensadas do atendimento aos requisitos previstos nos incisos I e III. (...)

§ 5.º Para fins de atendimento do previsto na alínea *c* do inciso V, não será necessária a demonstração de capacidade instalada prévia.

7.4.5. Forma de escolha: chamamento público

Apresentados os instrumentos viabilizadores dessas parcerias, importante dizer que sua celebração deve ser precedida da realização de **chamamento público**, modalidade de licitação, consoante se verifica da previsão estabelecida em seu **art. 24:**

> **Art. 24.** Exceto nas hipóteses previstas nesta Lei, a celebração de termo de colaboração ou de fomento **será precedida de chamamento público** voltado a selecionar organizações da sociedade civil que tornem mais eficaz a execução do objeto.
>
> § 1.º O edital do chamamento público especificará, no mínimo:
>
> I — a programação orçamentária que autoriza e viabiliza a celebração da parceria;
>
> II — (revogado);
>
> III — o objeto da parceria;
>
> IV — as datas, os prazos, as condições, o local e a forma de apresentação das propostas;
>
> V — as datas e os critérios de seleção e julgamento das propostas, inclusive no que se refere à metodologia de pontuação e ao peso atribuído a cada um dos critérios estabelecidos, se for o caso;
>
> VI — o valor previsto para a realização do objeto;
>
> VII — (revogado);
>
> a) (revogada);
>
> b) (revogada);
>
> c) (revogada);
>
> VIII — as condições para interposição de recurso administrativo;
>
> IX — a minuta do instrumento por meio do qual será celebrada a parceria;
>
> X — de acordo com as características do objeto da parceria, medidas de acessibilidade para pessoas com deficiência ou mobilidade reduzida e idosos.
>
> § 2.º É vedado admitir, prever, incluir ou tolerar, nos atos de convocação, cláusulas ou condições que comprometam, restrinjam ou frustrem o seu caráter competitivo em decorrência de qualquer circunstância impertinente ou irrelevante para o específico objeto da parceria, admitidos:
>
> I — a seleção de propostas apresentadas exclusivamente por concorrentes sediados ou com representação atuante e reconhecida na unidade da Federação onde será executado o objeto da parceria;
>
> II — o estabelecimento de cláusula que delimite o território ou a abrangência da prestação de atividades ou da execução de projetos, conforme estabelecido nas políticas setoriais.

Dentro desse contexto, para melhor visualização, de forma a permitir o afastamento de eventuais dúvidas que possam surgir em relação a essa figura, criada pelo **Decreto n. 7.568/2011**, que privilegia a **transparência** e **isonomia** no **processo de seleção**, oportuna a reprodução de sua definição, estabelecida no **art. 2.º, XII**. Confira-se:

> **Art. 2.º** (...)
>
> XII — **chamamento público**: procedimento destinado a selecionar organização da sociedade civil para firmar parceria por meio de termo de colaboração ou de fomento, no qual se garanta a observância dos princípios da isonomia, da legalidade, da impes-

7 ■ Terceiro Setor

soalidade, da moralidade, da igualdade, da publicidade, da probidade administrativa, da vinculação ao instrumento convocatório, do julgamento objetivo e dos que lhes são correlatos.

7.4.6. Da publicidade

Neste particular, em atenção ao **princípio constitucional da publicidade**, o diploma legal ora analisado estabeleceu algumas medidas importantes, como a necessidade de a Administração manter a possibilidade de **acesso eletrônico** à **relação das parcerias** celebradas e os respectivos **planos de trabalho** após o seu encerramento (art. 10), bem como a possibilidade de **rastreamento do processo** e da **gestão de recursos**, uma vez que todas as etapas de sua execução, desde a seleção até a prestação de contas, deverão estar registradas em plataforma eletrônica:

> **Art. 10.** A administração pública deverá manter, em seu sítio oficial na internet, a relação das parcerias celebradas e dos respectivos planos de trabalho, até cento e oitenta dias após o respectivo encerramento.

7.4.7. Do controle de resultados e monitoramento

Em relação a este item, de forma a concretizar o **princípio da eficiência**, referido diploma legal priorizou o **controle de resultados** dessas parcerias de forma a verificar o **cumprimento correto de seu objeto**, bem como estabeleceu a obrigação de promover um monitoramento e avaliação nos termos estabelecidos no art. 58:

> **Art. 58.** A administração pública promoverá o monitoramento e a avaliação do cumprimento do objeto da parceria.
>
> § 1.º Para a implementação do disposto no *caput*, a administração pública poderá valer-se do apoio técnico de terceiros, delegar competência ou firmar parcerias com órgãos ou entidades que se situem próximos ao local de aplicação dos recursos.
>
> § 2.º Nas parcerias com vigência superior a 1 (um) ano, a administração pública realizará, sempre que possível, pesquisa de satisfação com os beneficiários do plano de trabalho e utilizará os resultados como subsídio na avaliação da parceria celebrada e do cumprimento dos objetivos pactuados, bem como na reorientação e no ajuste das metas e atividades definidas.
>
> § 3.º Para a implementação do disposto no § 2.º, a administração pública poderá valer-se do apoio técnico de terceiros, delegar competência ou firmar parcerias com órgãos ou entidades que se situem próximos ao local de aplicação dos recursos.

Importante também destacar que, além da Administração Pública, esse **monitoramento** poderá ser realizado **por outros órgãos**, conforme se verifica da redação estabelecida no art. 60:

> **Art. 60.** Sem prejuízo da fiscalização pela administração pública e pelos órgãos de controle, a execução da parceria será acompanhada e fiscalizada pelos conselhos de políticas públicas das áreas correspondentes de atuação existentes em cada esfera de governo.
>
> Parágrafo único. As parcerias de que trata esta Lei estarão também sujeitas aos mecanismos de controle social previstos na legislação.

7.4.8. Da vigência

Por derradeiro, cumpre anotar que, quando da publicação dessa lei, não entrou ela em **vigor** de imediato, em razão da previsão estabelecida em seu **art. 88**, *caput*, que inicialmente estabeleceu um **prazo de 360 dias**, posteriormente alterado pelas **Leis n. 13.102, de 26 de fevereiro de 2015, e 13.204, de 14 de dezembro de 2016, totalizando 540 dias**, resultando na redação que a seguir se reproduz:

Art. 88. Esta Lei entra em vigor após decorridos **quinhentos e quarenta dias** de sua publicação oficial, observado o disposto nos §§ 1.º e 2.º deste artigo.

§ 1.º Para os **Municípios**, esta Lei entra em vigor **a partir de 1.º de janeiro de 2017**.

§ 2.º Por ato administrativo local, o disposto nesta Lei poderá ser implantado nos Municípios a partir da data decorrente do disposto no *caput*.

Assim, conclui-se que, para as esferas federal, estadual e distrital, referida lei entrou em vigor em 23 de janeiro de 2016, enquanto para os Municípios a vigência se deu a partir de 1.º de janeiro de 2017.

7.4.9. Das contratações diretas

De outra parte, a exemplo do que se verifica na Lei n. 8.666/93, aqui também o legislador se preocupou em estabelecer **hipóteses de contratação direta**.

Dentro desse contexto, apresentam-se inicialmente as hipóteses de contratação direta, por dispensa de licitação, que apresentam de comum entre si a **viabilidade de competição** descritas no art. 30:

Art. 30. A administração pública poderá dispensar a realização do chamamento público:

I — no caso de urgência decorrente de paralisação ou iminência de paralisação de atividades de relevante interesse público, pelo prazo de até cento e oitenta dias;

II — nos casos de guerra, calamidade pública, grave perturbação da ordem pública ou ameaça à paz social;

III — quando se tratar da realização de programa de proteção a pessoas ameaçadas ou em situação que possa comprometer a sua segurança; (...)

VI — no caso de atividades voltadas ou vinculadas a serviços de educação, saúde e assistência social, desde que executadas por organizações da sociedade civil previamente credenciadas pelo órgão gestor da respectiva política.

De outra parte, as **hipóteses de inexigibilidade**, que pressupõem inviabilidade de competição, descritas no art. 31:

Art. 31. Será considerado inexigível o chamamento público na hipótese de inviabilidade de competição entre as organizações da sociedade civil, em razão da natureza singular do objeto da parceria ou se as metas somente puderem ser atingidas por uma entidade específica, especialmente quando:

I — o objeto da parceria constituir incumbência prevista em acordo, ato ou compromisso internacional, no qual sejam indicadas as instituições que utilizarão os recursos;

II — a parceria decorrer de transferência para organização da sociedade civil que esteja autorizada em lei na qual seja identificada expressamente a entidade beneficiária,

7 ▪ Terceiro Setor   285

inclusive quando se tratar da subvenção prevista no inciso I do § 3.º do art. 12 da Lei n. 4.320, de 17 de março de 1964, observado o disposto no art. 26 da Lei Complementar n. 101, de 4 de maio de 2000.

Por derradeiro, oportuno anotar que o descumprimento destas diretrizes pode configurar hipótese de improbidade administrativa, nos termos previstos pela Lei n. 14.230/21, com destaque para os arts. 10, VIII e 11, XVII, XIX e XX, que se apresentam, tão somente, na modalidade dolosa.

Apresentadas as informações essenciais introduzidas pela Lei n. 13.019/2014, podem ser elas sumariadas da seguinte forma:

LEGISLAÇÃO	Lei n. 13.019/2014
OBJETIVO	Desempenho de atividades de interesse recíproco — arts. 1.º e 2.º da Lei n. 13.019/2014
DESTINATÁRIOS	Organizações da sociedade civil — arts. 1.º e 2.º da Lei n. 13.019/2014
DEFINIÇÃO	Pessoa jurídica de direito privado sem fins lucrativos — art. 2.º, I, da Lei n. 13.019/2014
VEDAÇÕES	Hipóteses de proibição para a celebração dessas parcerias — art. 39 da Lei n. 13.019/2014
OBJETO	Fomento a atividades sociais — arts. 2.º, III, e 3.º da Lei n. 13.019/2014
FORMA DE ESCOLHA: CHAMAMENTO PÚBLICO	Art. 24 da Lei n. 13.019/2014 e art. 2.º, XII, do Decreto n. 7.568/2011
INSTRUMENTOS VIABILIZADORES DAS PARCERIAS	Termo de colaboração e termo de fomento — art. 2.º, VII e VIII, e art. 33 da Lei n. 13.019/2014
PUBLICIDADE	Obrigatoriedade do oferecimento de informações em sítio oficial na internet — art. 10 da Lei n. 13.019/2014
CONTROLE DE RESULTADOS E MONITORAMENTO	Dever da Administração e dos conselhos de políticas públicas de realizar a fiscalização das parcerias — arts. 58 e 60 da Lei n. 13.019/2014
VIGÊNCIA	Após 540 dias de sua publicação — art. 88 da Lei n. 13.019/2014
CONTRATAÇÕES DIRETAS	Permitidas, em caráter excepcional, de acordo com os arts. 30 (dispensa) e 31 (inexigibilidade) da Lei n. 13.019/2014

7.5. QUADRO SINÓTICO

TERCEIRO SETOR	
NOÇÃO BÁSICA	O denominado terceiro setor é composto por particulares (pessoas jurídicas de direito privado) que não integram a estrutura da Administração Pública, mas que com ela mantêm, por razões diversas e por meio de maneiras diferenciadas, parcerias com o intuito de preservar o interesse público.
ORGANIZAÇÕES SOCIAIS	Pessoas jurídicas de direito privado, sem fins lucrativos, criadas por particulares, para desempenhar serviços sociais não exclusivos do Estado, como: ensino, pesquisa científica, proteção ao meio ambiente, incentivo à cultura, programas de saúde. Lei n. 9.637/98. Exemplos: ▪ Associação de Comunicação Educativa Roquette Pinto; ▪ Associação Brasileira de Tecnologia de Luz Sincroton; ▪ Orquestra Sinfônica do Estado de São Paulo — OSESP; ▪ Associação Amigos do Museu da Imagem e do Som.

SERVIÇOS SOCIAIS AUTÔNOMOS	São todos aqueles instituídos por lei, com personalidade jurídica de direito privado, para ministrar assistência ou ensino a certas categorias sociais ou grupos profissionais, e que não tenham finalidade lucrativa. Exemplos: ▪ Senai; ▪ Sesi; ▪ Sesc; ▪ Senac.
ORGANIZAÇÕES DA SOCIEDADE CIVIL DE INTERESSE PÚBLICO	São pessoas jurídicas de direito privado, sem fins lucrativos, que atendam aos requisitos instituídos pela Lei n. 9.790/99.
LEGISLAÇÃO	Lei n. 13.019/2014.
OBJETIVO	Desempenho de atividades de interesse recíproco — arts. 1.º e 2.º da Lei n. 13.019/2014.
DESTINATÁRIOS	Organizações da sociedade civil — arts. 1.º e 2.º da Lei n. 13.019/2014.
DEFINIÇÃO	Pessoa jurídica de direito privado sem fins lucrativos — art. 2.º, I, da Lei n. 13.019/2014.
VEDAÇÕES	Hipóteses de proibição para a celebração dessas parcerias — art. 39 da Lei n. 13.019/2014.
OBJETO	Fomento a atividades sociais — art. 2.º, III, e art. 3.º da Lei n. 13.019/2014.
FORMA DE ESCOLHA: CHAMAMENTO PÚBLICO	Art. 24 da Lei n. 13.019/2014 e art. 2.º, XII, do Decreto n. 7.568/2011.
INSTRUMENTOS VIABILIZADORES DAS PARCERIAS	Termo de colaboração e termo de fomento — art. 2.º, VII e VIII, e art. 33 da Lei n. 13.019/2014.
PUBLICIDADE	Obrigatoriedade do oferecimento de informações em sítio oficial na internet — art. 10 da Lei n. 13.019/2014.
CONTROLE DE RESULTADOS E MONITORAMENTO	Dever da Administração e dos conselhos de políticas públicas de realizar a fiscalização das parcerias — arts. 58 e 60 da Lei n. 13.019/2014.
VIGÊNCIA	Após 540 dias da sua publicação — art. 88 da Lei n. 13.019/2014.
CONTRATAÇÕES DIRETAS	Permitidas, em caráter excepcional, de acordo com os arts. 30 (dispensa) e 31 (inexigibilidade) da Lei n. 13.019/2014.

7.6. SÚMULAS SOBRE TERCEIRO SETOR

7.6.1. Súmula do STJ

▪ **Súmula 499:** As empresas prestadoras de serviços estão sujeitas às contribuições ao Sesc e Senac, salvo se integradas noutro serviço social.

7.6.2. Súmula do STF

▪ **Súmula 516:** O Serviço Social da Indústria (Sesi) está sujeito à jurisdição da Justiça Estadual.

7.7. QUESTÕES

QUESTÕES DE CONCURSOS
> http://uqr.to/1xgxe

8

SERVIÇOS PÚBLICOS

8.1. SERVIÇOS PÚBLICOS

8.1.1. Definição

Inexistindo **definição legal** acerca do tema, vamos conceituá-lo como todo aquele prestado pela Administração ou por particulares, mediante **regras de direito público** previamente estabelecidas por ela, visando à **preservação do interesse público**.

Da definição oferecida, o primeiro ponto a ser destacado diz respeito à **titularidade** para a prestação de um serviço público, que nunca poderá sair, em vista dos interesses representados, das mãos da **Administração**.

Com efeito, não se pode descurar que a passagem da titularidade de um serviço público para as mãos da iniciativa privada significaria colocar os interesses da coletividade à mercê dos interesses de particulares, o que não se pode admitir.

O máximo que se cogita é a **transferência** da **execução** desse **serviço**, permanecendo a **titularidade** sempre nas mãos do **Poder Público**, devido às razões demonstradas.

Assim, mesmo diante de situações em que se verifica a **transferência da execução do serviço público** para **particulares**, mantém a **Administração** a condição de **fiscalização**, podendo inclusive, em caso de necessidade, aplicar as sanções que se mostrarem cabíveis.

Nesse sentido, oportuna a reprodução de decisão proferida pelo **STF, em 23.02.2021** quando do julgamento do **RE 661.702 ED-ED/DF** com relatoria do **Min. Marco Aurélio** atribuindo competência legislativa para dispor sobre o transporte irregular de passageiros e a aplicação da penalidade de apreensão de veículos, fixando a seguinte **tese de Repercussão Geral**:

> "Surge constitucional previsão normativa local voltada a coibir fraude considerado o serviço público de transporte coletivo e inconstitucional condicionar a liberação de veículo apreendido ao pagamento de multas, preços públicos e demais encargos decorrentes de infração".

Pelas mesmas razões, a **execução** desses **serviços** só pode se verificar mediante **regras** prévia e unilateralmente **impostas pela Administração**, sem qualquer tipo de interferência do particular. Aliás, isso ocorre em razão dos interesses que devem ser privilegiados quando da prestação de um serviço dessa natureza, vale dizer, os

interesses da coletividade, não sendo outra a razão pela qual a ele também se atribui o caráter de continuidade.

8.1.2. Princípios relacionados à prestação de serviços públicos

Em relação à **prestação de serviços públicos**, em que pese incidirem os princípios gerais que norteiam toda a atividade administrativa, relacionados no *caput* do art. 37 da CF, também se cogita a aplicação de alguns **princípios específicos**.

Nesse contexto, deve-se observar, uma vez mais, que a presença desses **princípios específicos** não se dá de maneira gratuita, mas, ao revés, para a **preservação dos interesses da coletividade**.

A lista desses princípios pode conter diversos itens, variando de acordo com o enfoque adotado pelo aplicador do direito, o que nos leva à necessidade de destacar aqueles que, a nosso juízo, surgem como os principais, como se verá a seguir.

8.1.2.1. *Princípio da continuidade do serviço público*

Por força desse princípio, a **execução** de serviços públicos **não pode ser interrompida**, ao menos como **regra geral**, de forma a não gerar prejuízos para os interesses da coletividade. Referido princípio, que não se encontra positivado de forma expressa no nível da Constituição Federal, tem sua **previsão** estabelecida no **art. 6.º, § 1.º, da Lei n. 8.987/95**, cuja redação a seguir se reproduz.

> **Art. 6.º** (...)
> § 1.º Serviço adequado é o que satisfaz as condições de regularidade, **continuidade**, eficiência, segurança, atualidade, generalidade, cortesia na sua prestação e modicidade das tarifas.

A redação reproduzida bem demonstra que a **paralisação** de serviços públicos **não amparada** por nenhuma **disposição legal** e nem acompanhada de **razões de interesse público** revela-se **ilegal**, abrindo a perspectiva de ajuizamento de ações pleiteando indenização por parte dos usuários prejudicados.

Nesse sentido, oportuna a reprodução da decisão proferida pelo **STJ, em 10.09.2024**, quando do julgamento do **REsp 1.812.140/RS**. Confira-se:

> "ADMINISTRATIVO. RECURSO ESPECIAL. INTERRUPÇÃO PROGRAMADA DO FORNECIMENTO DE ENERGIA ELÉTRICA. REMESSA DE AVISO PRÉVIO À UNIDADE CONSUMIDORA. OBSERVÂNCIA DA FORMA ESTEBELECIDA PELO ÓRGÃO REGULADOR. LEGÍTIMO EXERCÍCIO DO PODER NORMATIVO. (...)
>
> 1. A interrupção do fornecimento de energia, por razões de ordem técnica ou segurança, deve ser previamente avisada à unidade consumidora, nos termos do art. 6.º, § 3.º, I, da Lei 8.987/1995. O dispositivo deve ser interpretado no sentido de que a prévia notificação precisa observar a forma eventualmente estabelecida pelo órgão regulador.
>
> (...)
>
> 3. Sem adentrar a aplicação dada pelo Tribunal de origem aos dispositivos da Resolução 414/2010, conclui-se que não há nada na Lei 8.987/1995 que assegure ao fornecedor, tal como defende a parte recorrente, a liberdade de escolha da forma pela qual será

8 ■ Serviços Públicos

cumprido o dever de prévio aviso. Em vez disso, o preceito legal deve ser interpretado em consonância com os princípios da continuidade, da adequação, da eficiência e da segurança dos serviços, nos termos dos arts. 14 e 22 do Código de Defesa do Consumidor. Presume-se que esses princípios são alcançados quando observada a forma estabelecida pelo órgão regulador".

Outrossim, acaba por gerar inúmeros **reflexos**, a começar pela impossibilidade de deflagração de movimentos **grevistas** que impliquem a **paralisação integral da atividade**.

A **gravidade** desse desdobramento obviamente se revela, ainda **mais acentuada**, em relação aos **serviços públicos** considerados de **caráter essencial**, como o de saúde e o de transporte coletivo, o que abre ensejo à **responsabilização por abusos** cometidos.

Nesse sentido, importante consignar que, pela **primeira vez**, uma **Constituição assegura o direito de greve para o servidor público**, conforme a previsão estabelecida no **art. 37, VII**, consignando, entretanto, que deverá ser exercido nos termos e **limites** definidos em lei específica. Confira-se:

> **Art. 37.** (...)
> VII — o direito de greve será exercido nos termos e nos limites definidos em lei específica.

A leitura do dispositivo constitucional reproduzido permite concluir que esse **direito de greve** não terá o mesmo **perfil** daquele assegurado aos trabalhadores da iniciativa privada.

Com efeito, enquanto se cogita da possibilidade de **greve total na iniciativa privada**, pois em prejuízo apenas do empregador, que é um particular, **quanto ao serviço público** a **mesma conclusão não se sustenta**.

Isto porque implicaria a **paralisação total** da atividade, **prejudicando** não o empregador público, mas a **coletividade**.

Diante desse cenário, consolidaram o entendimento segundo o qual um **percentual dos serviços** tem de permanecer **à disposição da população**, implicando o descumprimento dessa diretriz configuração de inconstitucionalidade do movimento grevista e, como corolário, a responsabilização de seus organizadores, sendo possível, ainda, a incidência de **multa diária por seu descumprimento**.

Dentro desse contexto, observados os reflexos do direito de **greve** em relação ao princípio da **continuidade da prestação dos serviços públicos**, oportuno, agora, estabelecer comentários sobre **situações** em que se revela possível sua **paralisação** de forma **legítima**.

Estas hipóteses encontram-se relacionadas no **art. 6.º, § 3.º, da Lei n. 8.987/95**, que disciplina as concessões e permissões, podendo ser sumariadas da seguinte forma:

a) Hipótese de emergência ou urgência: nesta situação, o legislador permite a **paralisação** da execução dos **serviços** em razão de sua **imprevisibilidade**, **não se podendo** aqui **cogitar**, portanto, de qualquer sorte de **responsabilização da Administração** por danos resultantes da paralisação dos serviços.

Neste caso, diante das características apresentadas, os usuários de serviços públicos, prejudicados por essa paralisação, não poderiam cogitar de ingresso de ação de indenização perante o Judiciário, uma vez que o Poder Público poderia invocar, em sua defesa, **excludente de responsabilidade**.

Diante desse cenário, surge como **exemplo** a interrupção na prestação de serviços de energia elétrica, em razão de fortes chuvas. O usuário somente poderá ajuizar ação em se tratando de emergência que não seja imprevisível, vale dizer, aquela que foi fabricada pela Administração, por força de incúria da sua parte.

b) Hipótese de necessidade de realização de obras de manutenção: trata-se de **situação previsível**, não sendo outra razão pela qual a lei exige, para que a paralisação se legitime, o fornecimento de **aviso prévio aos usuários**, oferecido de forma geral, através de publicação em órgãos de imprensa de grande circulação e com **antecedência mínima**, de modo que possam estes tomar as providências que se fizerem necessárias.

c) Inadimplência do usuário: neste particular, a paralisação dos serviços, por se tratar também de **situação previsível**, deverá ser obrigatoriamente precedida de **aviso prévio**, sem o que será considerada ilegal.

Não se perca de vista que esse **aviso prévio** deverá ser providenciado de **forma personalizada**, sendo de bom tom que sua comprovação se dê mediante aviso de recebimento, providências de fundamental importância para que o usuário possa exercer seu **direito de ampla defesa**.

Em outras palavras, diante de notificação recebida, poderá ele alegar que a dívida não existe; que o valor cobrado não é o correto; ou, ainda, que não tem possibilidade econômica de saldar a dívida, em que pese sua correção, pleiteando um parcelamento.

Dentro desse contexto, a **jurisprudência do STJ**, diante das características apresentadas em cada caso concreto, tem se inclinado pela **impossibilidade** do **corte** do fornecimento de **energia elétrica** quando a **inadimplência recair** sobre instituições como **hospitais públicos, creches, prontos-socorros, escolas**, em razão de **prejuízos irreversíveis** que poderão ser gerados, uma vez que devem prevalecer os interesses de proteção à vida, à saúde e à educação[1].

Em outras palavras, consolidada no nível do **STJ** a **tese** segundo a qual é **legítimo o corte** no fornecimento de **serviços** públicos **essenciais** quando inadimplente pessoa jurídica de direito público, **desde que** precedido de **notificação, e a interrupção não atinja as unidades prestadoras de serviços indispensáveis à população**[2].

Da mesma forma, concluiu o **STJ** pela **ilegitimidade do corte** no fornecimento de **serviços** públicos essenciais quando o débito decorrer de **irregularidade** no **hidrômetro** ou no **medidor de energia elétrica, apurada unilateralmente** pela **concessionária**[3].

---

[1] STJ, AgRg no AREsp 570085 PE 2014/0214131-9, rel. Min. Napoleão Nunes Maia Filho, j. 28.03.2017, 1.ª T., *DJe* 06.04.2017; TJ-CE, AC: 00169067620178060115 CE 0016906-76.2017. 8.06.0115, rel. Maria de Fátima de Melo Loureiro, j. 15.12.2021, 2.ª Câmara Direito Privado, Data de Publicação: 15.12.2021.

[2] AgRg no AREsp 152.296/AP, rel. Min. Mauro Campbell, 2.ª T., *DJE,* 11.12.2013; AgRg no Ag 1270130/RJ, rel. Min. Benedito Gonçalves, 1.ª T., *DJE* 19.08.2011.

[3] AgRg no AREsp 346561/PE, Rel. Min. Sérgio Kukina, 1.ª T., *DJE,* 01.04.2014; AgRg no AREsp 412849/RJ, rel. Min. Humberto Martins, 2.ª T., *DJE* 10.12.2013.

Em relação a esse tema, ainda, oportuna a referência para a decisão proferida pelo **STF, em 18.10.2023**, quando do julgamento da **ADPF 1013/DF**, concluindo pela inconstitucionalidade da não oferta de transporte coletivo, em zona urbana, em dia de eleição, resultando a seguinte tese:

> "É inconstitucional a omissão do poder público em ofertar, nas zonas urbanas em dias de eleições, transporte público coletivo de forma gratuita e em frequência compatível com aquela praticada em dias úteis".

8.1.2.2. *Princípio da mutabilidade do regime jurídico*

Por força desse princípio, autoriza-se a realização de **mudanças** na forma de **execução** de um **serviço** público, muitas vezes de maneira **unilateral**, em vista da necessidade de preservação dos **interesses da coletividade**.

Em função desse aspecto, aliás, é que se justifica a presença das chamadas *cláusulas exorbitantes* nos **contratos** administrativos, mas sempre **preservando** o **equilíbrio** da **equação econômico-financeira**, tema este que será mais bem desenvolvido em capítulo específico.

Portanto, em vista desse princípio, conclui-se que nem os **concessionários** e **permissionários** que se encontram à frente da execução do serviço público, nem os **usuários** terão a possibilidade de invocar **direitos adquiridos** em relação às **mudanças** levadas a efeito pela Administração. Em outras palavras, **não existe direito adquirido** à **manutenção de regime jurídico** em se tratando da prestação de serviços públicos.

8.1.2.3. *Princípio da modicidade das tarifas*

Esse princípio, que surge como **corolário da eficiência**, estabelece a necessidade de o prestador do serviço mantê-lo **acessível ao usuário** em geral, posto ser em nome dele que toda a atividade administrativa deverá ser exercida.

Está implicitamente previsto na ideia de função administrativa desenvolvida no capítulo inicial desta obra e explicitamente disciplinado no **art. 6.º, § 1.º, da Lei n. 8.987/95** (Lei de Concessões e Permissões), integrando o conceito de **serviço adequado**, a título de regulamentação do **art. 175, parágrafo único, inc. IV, da CF**.

Dessa forma, pode-se concluir que a fixação do **valor** de **tarifas** públicas que **extrapole** o conceito de **modicidade**, vale dizer, o de acessibilidade do usuário ao serviço público, revela-se **inconstitucional** e **ilegal**.

Seguindo por essa linha de raciocínio, perfeitamente **possível** que o **Judiciário** aprecie a questão relacionada a **aumentos tarifários**, desde que o faça restrito ao aspecto de sua **constitucionalidade** e legalidade.

Portanto, o conceito de **modicidade das tarifas**, em que pese encontrar-se carregado de forte dose de subjetividade, apresenta uma **zona de certeza** passível de exploração por parte daqueles prejudicados por força de sua majoração.

292 Direito Administrativo Esquematizado | Celso Spitzcovsky

Com efeito, pode-se abstrair que **tarifa módica** é aquela que apresenta um **valor acessível ao usuário comum do serviço**. Dessa forma, se no plano teórico o administrador promove um aumento no valor da tarifa do transporte coletivo para o patamar de R$ 5,00, por óbvio essa situação torna o transporte coletivo inacessível para o trabalhador comum, que recebe salário mínimo.

Destarte, imaginando tenha ele a necessidade de tomar duas conduções para se deslocar de casa para o trabalho, e pressupondo que o mesmo trajeto seja feito na volta para o lar, arcará ele com uma despesa diária de R$ 20,00. Multiplicado esse valor pelos 5 dias da semana, implicará um gasto de R$ 100,00, que, multiplicado por quatro semanas, levará a uma despesa final de R$ 400,00 por mês. A situação descrita, por certo, como já se disse, torna para esse trabalhador inviável o **valor da tarifa**, pois implicaria comprometimento, nos valores atuais, de quase metade do valor do **salário mínimo** vigente, o que não se admite, levando em consideração a diretriz fixada no **art. 7.º, IV, da Constituição Federal**.

Referido dispositivo assinala que o valor do salário mínimo deve ser suficiente para que o trabalhador e sua família possam ver atendidas suas necessidades vitais básicas, em relação aos itens ali mencionados. Confira-se:

Art. 7.º (...)

IV — salário mínimo, fixado em lei, nacionalmente unificado, capaz de atender a suas necessidades vitais básicas e às de sua família com moradia, alimentação, educação, saúde, lazer, vestuário, higiene, transporte e previdência social, com reajustes periódicos que lhe preservem o poder aquisitivo, sendo vedada sua vinculação para qualquer fim.

Assim, diante do dispositivo constitucional reproduzido, pode-se afirmar que, sempre que o valor do **salário mínimo** não se afigurar suficiente para fazer frente aos itens ali relacionados, revela-se ele **inconstitucional**.

Por via de consequência, sempre que o **aumento** no valor de **tarifas públicas** tornar inviável o **acesso a bens**, **serviços** e **equipamentos públicos** por parte do **trabalhador comum**, que percebe **salário mínimo**, pode-se de igual sorte afirmar que esse **aumento será ilegal**, não se tratando de conclusão meramente acadêmica, uma vez que encontra respaldo na previsão estabelecida no **art. 6, § 1.º**, da Lei n. 8.987/95, autorizando, como já se disse, a propositura de ações no Judiciário por se tratar de **controle** não de mérito, mas de **legalidade**.

Situação distinta se apresenta quando as **majorações tarifárias** permaneçam dentro dos limites de **modicidade**, conforme exigido por lei, análise que deverá ser levada a efeito diante das **características de cada caso concreto**, uma vez que aqui teríamos tão somente um controle de mérito, o que não se admite possa o Judiciário realizar, sob pena de produzir inaceitável esvaziamento do princípio da separação entre os Poderes.

8.1.2.4. *Princípio da generalidade*

Esse princípio, de igual sorte previsto no **art. 6.º, § 1.º, da Lei n. 8.987/95**, uma vez que integrante do conceito de serviço público adequado, surge como **reflexo** natural do

princípio da impessoalidade, na medida em que estabelece o **acesso de todos os administrados** a prestação de serviços públicos.

Impede-se, da mesma maneira, o estabelecimento de **discriminações gratuitas** aos **usuários** por parte não só do titular, mas também de quem esteja à frente da sua execução, sob pena de agressão, ainda, ao **princípio da isonomia**.

A propósito, confira-se a decisão proferida pelo **STF, em 26.06.2024**, quando do julgamento da **ADI 5.668/DF**:

> "As escolas públicas e particulares têm a obrigação de coibir o bulimento e as discriminações por gênero, identidade de gênero e orientação sexual, bem como as de cunho machista (contra meninas cisgêneras e transgêneras) e homotransfóbicas (contra homossexuais, bissexuais, travestis e transexuais), em geral".

Nesse sentido, **nada impede** que a **Administração** Pública, para a preservação do interesse da coletividade, e respaldada em lei, promova **discriminações** entre os **usuários** de serviços públicos, oferecendo **vantagens apenas para alguns**. De resto, é exatamente o que se verifica com a concessão de benefícios a integrantes da terceira idade e, também, para estudantes em relação a ingressos em casas de espetáculo ou ainda em relação a alguns serviços públicos, dentre os quais se destaca o transporte coletivo, em que tem direito ou à isenção ou ao pagamento de valor diferenciado.

8.1.3. Formas de prestação de serviços públicos

Os **serviços públicos**, cuja titularidade nunca sai das mãos da Administração Pública, podem ser **prestados** de **duas formas diferentes**.

Sua execução poderá ocorrer de maneira **centralizada ou direta**, ou então poderá verificar-se de maneira **descentralizada ou indireta**, quando então será repassada para terceiros, cumpridos os requisitos exigidos pelo legislador, que serão analisados ainda no curso deste capítulo.

Nesse contexto, será considerada **direta** ou **centralizada** a prestação de serviços públicos quando **executada** pela **Administração** direta do Estado, e **indireta** ou **descentralizada** quando levada a efeito por pessoas jurídicas **integrantes** da sua **estrutura indireta** ou por **terceiros** que com ela não se confundem, vale dizer, integrantes da **iniciativa privada**.

Nesse particular, cumpre observar o fenômeno da **descentralização**, que tem lugar sempre que a execução de um serviço público for retirada das mãos da Administração direta, sendo **transferida** para **terceiros** que com ela não se confundem, localizados na iniciativa privada ou mesmo para pessoas jurídicas integrantes de sua estrutura indireta.

Dessa forma, **não** se pode **confundir** a figura da *descentralização* com a da *desconcentração*, que significa a **transferência de competências de um órgão para outro**, mas dentro da **Administração direta**, mediante diversos critérios, como o territorial, o geográfico, o hierárquico, por matéria, como se verifica, a título de exemplo, com a criação de administrações regionais ou subprefeituras (modelo antigo usado em São

Paulo até dezembro de 2016) ou prefeituras regionais, modelo atual adotado a partir de janeiro de 2017 ou, ainda, quando da transferência de um Ministério para outro ou de uma Secretaria de Estado para outra.

Com efeito, embora nas situações mencionadas haja uma **transferência** de **competências** para outros órgãos, situam-se estes **dentro** da estrutura da **Administração direta**, não se podendo, portanto, cogitar de descentralização, mas sim de desconcentração.

De mencionar-se que essa transferência de competências, característica da **desconcentração**, pode verificar-se também **dentro de um mesmo órgão**, desde que não extrapole os limites da Administração direta.

Por seu turno, a **transferência da execução de serviços** públicos pode ocorrer para **terceiros** que estejam **dentro** ou **fora** da estrutura da **Administração Pública**.

Nesse sentido, quando realizada para **terceiros** que estão **dentro** da estrutura da **Administração**, mas que não se confundem com a Administração direta, surgem as figuras das **autarquias**, **fundações**, **empresas públicas** e **sociedades de economia mista** e, mais recentemente, as **agências reguladoras**.

Oportuno registrar que essa descentralização na prestação de serviços públicos pode ser feita sob duas **modalidades:** por **outorga** ou por **delegação**.

Quando for feita por **outorga**, implicará **transferência da titularidade e** da **execução** dos serviços, o que só poderá ocorrer para pessoas integrantes da **Administração indireta** que tenham **personalidade de direito público**, a exemplo do que se verifica com as **autarquias** e **fundações públicas**, por meio de lei.

Por seu turno, quando for realizada **por delegação**, importará **transferência** tão somente da **execução** dos serviços para **pessoas jurídicas** de **direito privado** integrantes da **Administração indireta**, como empresas públicas, sociedade de economia mista e certas fundações, como visto no capítulo 6, e para particulares, sendo suficiente, neste último caso, um simples **contrato** para viabilizá-la.

De outra parte, quando a **transferência** ocorre para **terceiros** que estejam fora da estrutura da Administração, vale dizer, para **particulares**, surgem as figuras dos **permissionários**, **concessionários**, **autorizatários**, **parceiros privados** nos termos da Lei n. 11.079/2004, e **parceiros voluntários**, nos termos da Lei n. 13.019/2014.

Desta forma, quando transferida a **execução do serviço público para terceiros que se encontrem fora da estrutura da Administração** exige-se, por força de previsão constitucional, (art. 175, CF/88) a **abertura de licitação**, outra não sendo a orientação consolidada ao nível do **STF em 23.02.2021**, quando do julgamento do **RE 1.001.104/SP** com **relatoria do Min. Marco Aurélio**, firmando a seguinte **tese de Repercussão Geral**:

"Salvo em situações excepcionais devidamente comprovadas, serviço público de transporte coletivo pressupõe prévia licitação".

Nesse sentido, para melhor visualização da questão, segue quadro sinótico em que se encontram incluídas as três formas de execução de serviços públicos:

8 ▪ Serviços Públicos

ADMINISTRAÇÃO — FEDERAL, ESTADUAL, MUNICIPAL E DISTRITAL		
DIRETA	INDIRETA	PARTICULARES (apenas a execução — LICITAÇÃO)
Órgãos	Pessoas jurídicas — dentro da Administração	Pessoas — fora da Administração Pública
Ministérios	Autarquias	Concessão
Secretarias	Fundações	Permissão
Subprefeituras	Empresas públicas	Autorização
Administrações Regionais	Sociedades de economia mista	PPPs
Prefeituras Regionais	Agências reguladoras	Parcerias voluntárias

A visualização do quadro sinótico permite concluir, como já noticiado, que a **titularidade dos serviços** pertence à **Administração**, repartida entre as **quatro esferas de governo** (federal, estadual, municipal e distrital), conforme divisão feita pela própria Constituição.

Dessa forma, como já se disse inúmeras vezes, ao **Poder Público** pertence, respeitada a repartição de competências estabelecida pela Constituição, a **decisão** acerca da **forma de execução** desses serviços.

De resto, o conteúdo desse quadro sinótico se apresenta sintetizado na redação do **art. 175 da Constituição**, que a seguir se reproduz:

Art. 175. Incumbe ao Poder Público, na forma da lei, diretamente ou sob regime de concessão ou permissão, sempre através de licitação, a prestação de serviços públicos.

Assim, percebe-se, pela redação reproduzida, que a **titularidade** para a prestação de **serviços** públicos foi entregue ao **Poder Público**.

Outrossim, que a forma de **execução** desses serviços, **direta** ou por **concessão** ou **permissão**, será por ele decidida.

Por derradeiro, que, quando a opção for pela **transferência** da **execução** do **serviço** público para **particulares**, mediante concessão ou permissão, deverá sempre ser **precedida** de abertura de **licitação**.

A propósito, confira-se decisão exarada pelo **STF**, em **07.10.2024**, quando do julgamento do **RE 1.498.128/CE**, que resultou na seguinte tese:

"A execução do serviço público de loteria por agentes privados depende de delegação estatal precedida de licitação".

De outra parte, em decorrência do dispositivo constitucional reproduzido, cumpre agregar, uma vez mais, que a **titularidade** desses **serviços** foi **repartida** pela **Constituição** entre as **quatro esferas de governo** integrantes da Federação, vale dizer, federal, estadual, municipal e distrital.

Assim é que, para serviços públicos cuja competência foi reservada à **União**, será dela a decisão quanto à forma de execução dos serviços, o que se verifica, a título de exemplificação, com o serviço de telecomunicações, nos termos do **art. 21, XI, da CF**. Confira-se:

Art. 21. Compete à União: (...)

XI — explorar, diretamente ou mediante autorização, concessão ou permissão, os serviços de telecomunicações, nos termos da lei, que disporá sobre a organização dos serviços, a criação de um órgão regulador e outros aspectos institucionais.

Dessa forma, percebe-se que pertence à **União** a **decisão** quanto a ser ela mesma a **executar** o **serviço de telecomunicações** ou por intermédio de órgãos que integram sua estrutura direta; ou por intermédio de pessoas que integram sua estrutura indireta; ou, ainda, transferindo a execução dos serviços, via licitação, para particulares, mediante concessão, permissão ou autorização.

Da mesma forma, apresenta-se a questão relacionada à forma de execução do serviço público de **energia elétrica**, pois também de **competência da União**:

Art. 21. Compete à União: (...)

XII — explorar, diretamente ou mediante autorização, concessão ou permissão: (...)

b) os serviços e instalações de energia elétrica e o aproveitamento energético dos cursos de água, em articulação com os Estados onde se situam os potenciais hidroenergéticos.

Portanto, também nesse setor, a decisão quanto à forma de **execução** dos serviços foi atribuída pela Constituição para a **União**, sendo vedada a interferência das outras esferas de governo.

Nesse particular, decidiu o **STF**, em **28.02.2023**, quando do julgamento da **ADI 7.337/MC-Ref/MG**. Confira-se:

"Há plausibilidade jurídica na alegação de inconstitucionalidade, decorrente da incompatibilidade com o modelo de repartição de competências — violação à competência da União para legislar sobre energia elétrica (CF/1988, art. 22, IV), para explorar, diretamente ou por delegação, os serviços e instalações de energia elétrica (CF/1988, art. 21, XI, 'e'), e para dispor sobre política de concessão de serviços públicos (CF/1988, art. 175, parágrafo único, III) —, de lei estadual que confere ao governador poderes para conceder isenção de tarifa de energia elétrica aos consumidores residenciais, industriais e comerciais atingidos por enchentes no estado".

Sobre o mesmo tema, precedente do **STF**, quando do julgamento, em **28.02.2023**, da **ADI 7.203/RO**, declarando a **inconstitucionalidade de lei estadual**, por **invasão de competências**, sobre proteção ao **meio ambiente** e direito penal e processual penal. Confira-se:

"É inconstitucional — por violar a competência da União para legislar sobre normas gerais de proteção ao meio ambiente e sobre direito penal e processual penal (CF/1988, arts. 24, VI e VII; e 22, I) — lei estadual que proíbe os órgãos ambientais e a polícia militar de destruírem e inutilizarem bens particulares apreendidos em operações de fiscalização ambiental."

Confira-se, ainda, a seguinte decisão do **STF**, proferida em **02.05.2023**, quando do julgamento da **ADPF 209/SP**:

8 ▪ Serviços Públicos

"É incompatível com a Constituição Federal de 1988 — por violar a competência da União para definir os princípios básicos a serem seguidos na execução dos serviços notariais e de registro (CF/1988, art. 236) — norma estadual que objetiva regulamentar a forma de provimento de suas serventias extrajudiciais, fixando regras do concurso para ingresso e remoção nos respectivos cartórios".

Dentro desse contexto, de modo a deixar bem clara a questão relacionada à decisão quanto à forma de **execução** de **serviços públicos**, oportuna uma passada de olhos pela Constituição, em relação à competência por ela atribuída para a execução do serviço público de **gás canalizado**, a teor do disposto no **art. 25, § 2.º**:

Art. 25. Os Estados organizam-se e regem-se pelas Constituições e leis que adotarem, observados os princípios desta Constituição. (...)

§ 2.º Cabe aos Estados explorar diretamente, ou mediante concessão, os serviços locais de gás canalizado, na forma da lei, vedada a edição de medida provisória para a sua regulamentação.

Percebe-se, portanto, que nesse particular a **competência** para decidir sobre a forma de execução desses serviços foi atribuída a cada **Estado-Membro**, restando proibida qualquer interferência tanto da União quanto dos Municípios.

Por sua vez, a **titularidade** relacionada ao **serviço funerário** foi atribuída pela Constituição Federal para os **Municípios**, sendo deles, pois, a decisão quanto a forma de sua execução, a teor do disposto no **art. 30, I e V, da Constituição**:

Art. 30. Compete aos Municípios:

I — legislar sobre assuntos de interesse local; (...)

V — organizar e prestar, diretamente ou sob regime de concessão ou permissão, os serviços públicos de interesse local, incluído o de transporte coletivo, que tem caráter essencial.

Outrossim, importante destacar que essa **divisão** de **competências** elaborada pela **Constituição**, entre as diversas esferas de governo integrantes da Federação, **nem sempre** se apresenta de forma tão **simples** quanto os exemplos até aqui utilizados.

Com efeito, para alguns **serviços públicos**, a **competência se reparte** entre **mais de uma esfera de governo**, conforme se verifica, a título de exemplo, com a questão relacionada ao serviço público de **transporte coletivo**, prevista, inicialmente, no art. 30, V:

Art. 30. Compete aos Municípios: (...)

V — organizar e prestar, diretamente ou sob regime de concessão ou permissão, os serviços públicos de interesse local, incluído o de transporte coletivo, que tem caráter essencial.

Dentro desse contexto, percebe-se que a Constituição não só atribuiu ao transporte coletivo o perfil de serviço público de caráter essencial, mas, também, conferiu aos Municípios a competência para decidir sobre sua forma de execução.

Sem embargo, como já se disse, a questão não se apresenta de forma tão simplificada, como se poderia imaginar em um primeiro momento, uma vez que, se o **transpor-**

te coletivo ultrapassar as fronteiras do Município, sendo ele **intermunicipal**, a **competência** se **desloca** para os **Estados**, a teor do disposto no art. 25, § 1.º:

> **Art. 25. (...)**
> **§ 1.º São reservadas aos Estados** as competências que não lhes sejam vedadas por esta Constituição.

Outrossim, se a prestação do serviço público se revelar **interestadual**, a **competência** se **desloca** para a **esfera federal**, a quem compete estabelecer normas gerais sobre trânsito e transporte, conforme o disposto no art. 22, XI, da CF:

> **Art. 22. Compete privativamente à União** legislar sobre: (...)
> XI — trânsito e transporte.

Por derradeiro, importante estabelecer comentários acerca da questão relacionada à prestação do **serviço público de saúde**, cuja titularidade foi entregue ao **Estado**, expressão aqui utilizada em sentido amplo, a teor do disposto no **art. 196**:

> **Art. 196. A saúde é direito de todos e dever do Estado**, garantido mediante políticas sociais e econômicas que visem à redução do risco de doença e de outros agravos e ao acesso universal e igualitário às ações e serviços para sua promoção, proteção e recuperação.

Sem embargo, importante deixar anotado que a **titularidade** desse serviço foi **atribuída simultaneamente** às **quatro esferas de governo**, consoante se verifica da redação do **art. 23, II, da CF**, que incluiu a preservação da saúde entre as competências comuns:

> **Art. 23. É competência comum da União, dos Estados, do Distrito Federal e dos Municípios**: (...)
> II — cuidar da saúde e assistência pública, da proteção e garantia das pessoas portadoras de deficiência.

A propósito, sobre essa questão, assim decidiu o **STF**, em **26.04.2022**, quando do julgamento do **RE 1.286.407/PR**. Confira-se:

> "É obrigatória a inclusão da União no polo passivo de demanda na qual se pede o fornecimento gratuito de medicamento registrado na Agência de Vigilância Sanitária (Anvisa), mas não incorporado aos Protocolos Clínicos e Diretrizes Terapêuticas do Sistema Único de Saúde."

Acerca do pacto federativo estabelecido pela CF, oportuna referência a decisão proferida pelo **STF, em 23.09.2024, quando do julgamento do RE 1.366.243/SC**, em que os entes federativos acordaram sobre as diretrizes a serem observadas nas ações judiciais de fornecimento de medicamentos pelo Sistema Único de Saúde (SUS), em especial sobre a uniformização da nomenclatura dos medicamentos incorporados ou não incorporados na política pública do SUS, a competência jurisdicional, a responsabilidade pelo custeio dos medicamentos e a implementação de uma plataforma nacional com informações a respeito das demandas de medicamentos.

Percebe-se, pois, que em vista da consagração, em nosso país, da forma de Estado federativa, a competência para a decisão acerca da maneira de execução dos serviços públicos foi dividida pela Constituição Federal entre as quatro esferas de governo que a integram. Para melhor visualização dessa repartição de competências no nível constitucional, apresenta-se o seguinte quadro:

SERVIÇO	TITULARIDADE	FUNDAMENTO CONSTITUCIONAL
TELECOMUNICAÇÕES	União	Art. 21, XI, da CF
ENERGIA ELÉTRICA	União	Art. 21, XII, *b*, da CF
GÁS CANALIZADO	Estados	Art. 25, § 2.º, da CF
FUNERÁRIO	Municípios	Art. 30, I e V, da CF
TRANSPORTE COLETIVO	As quatro esferas de governo	Arts. 30, V, 25, § 1.º, e 22, XI, da CF
SAÚDE	As quatro esferas de governo	Art. 23, II, da CF

Por fim, oportuno registrar sobre esse tema a edição, em **outubro de 2018**, do **Decreto n. 9.507**, que dispõe sobre a **execução indireta, mediante contratação de serviços da administração pública federal direta e indireta**.

Trata-se de regulamentação do processo de terceirização destes serviços, onde se destaca a previsão do art. 3.º, em que se encontram relacionados os serviços que não serão objeto desta execução indireta, relacionando-se, a título de exemplo, os que envolvam a tomada de decisão ou posicionamento institucional nas áreas de planejamento, coordenação, supervisão e controle; os considerados estratégicos; os relacionados ao poder de polícia.

8.1.4. Formas de remuneração

As formas de **remuneração** de um **serviço público variam** conforme a **natureza** por ele apresentada, identificando-se **duas modalidades** distintas.

Assim é que, em se tratando da execução de **serviços** públicos considerados **divisíveis**, vale dizer, aqueles em que se consegue visualizar o quanto cada usuário deles se beneficia, a **remuneração** se dá pela cobrança de **taxas** ou **tarifas**, a teor do disposto no **art. 145, II, da Constituição**:

Art. 145. A União, os Estados, o Distrito Federal e os Municípios poderão instituir os seguintes tributos: (...)

II — **taxas**, em razão do exercício do poder de polícia **ou pela utilização, efetiva ou potencial, de serviços públicos específicos e divisíveis**, prestados ao contribuinte ou postos a sua disposição.

Surgem como **exemplos** os serviços de energia elétrica domiciliar, água, telefonia, e transporte coletivo.

Quando for essa a forma de remuneração, fala-se na execução de um serviço *uti singuli*, porque são **prestados de forma singular**, de maneira a permitir a visualização do quanto cada usuário se utiliza dele.

A **segunda possibilidade** que se apresenta é aquela que envolve a **execução de serviços** públicos considerados **indivisíveis**, vale dizer, aqueles em que não é possível identificar o quanto cada usuário se beneficia dele.

Tais serviços são **remunerados** por meio da **cobrança** de **impostos**, de maneira que o Poder Público canaliza o valor arrecadado para a execução de serviço público como achar mais conveniente, não se cogitando, portanto, de nenhuma contraprestação por parte do Estado.

Dentro desse contexto, surgem como **exemplos** os serviços de iluminação pública, segurança pública, saúde, educação, que são prestados de forma generalizada, sem que se possa apurar o quanto cada usuário deles se utiliza.

Nesse sentido, são chamados de **serviços prestados *uti universi***, uma vez que prestados de forma universal, atingindo os usuários de forma indistinta.

De resto, não por outros fundamentos é que o **Supremo Tribunal Federal** editou a **Súmula Vinculante 41**, proibindo a remuneração do serviço de iluminação pública por meio da cobrança de taxas:

SÚMULA VINCULANTE 41: O serviço de iluminação pública não pode ser remunerado mediante taxa.

Dentro desse contexto, oportuna também a referência à **Súmula Vinculante 19** da Suprema Corte, que legitima a cobrança de taxa em razão do serviço público de coleta, remoção e tratamento de lixo. Confira-se:

SÚMULA VINCULANTE 19: A taxa cobrada exclusivamente em razão dos serviços públicos de coleta, remoção e tratamento ou destinação de lixo ou resíduos provenientes de imóveis, não viola o art. 145, II, da Constituição Federal.

Vale destacar, ainda, a decisão proferida pelo **STF**, em **30.09.2022**, quando do julgamento da **ADI 2692/DF**, em que concluiu pela inconstitucionalidade da taxa de segurança para eventos. Confira-se:

"É inconstitucional a cobrança de taxa de segurança para eventos, visto que a segurança pública deve ser remunerada por meio de impostos, já que constitui serviço geral e indivisível, devido a todos os cidadãos, independentemente de contraprestação."

Sobre o mesmo tema, importante também reproduzir a **Súmula 407** do **Superior Tribunal de Justiça**:

SÚMULA 407 DO STJ: É legítima a cobrança da tarifa de água fixada de acordo com as categorias de usuários e as faixas de consumo.

8.1.5. Código de defesa dos usuários de serviços públicos

Em junho de 2017, com o objetivo de proteger os direitos dos usuários de serviços públicos, foi editada a Lei n. 13.460, cuja vigência não se deu de imediato, mas de forma escalonada, consoante se verifica da previsão estabelecida em seu art. 25. Confira-se:

Art. 25. Esta Lei entra em vigor, a contar da sua publicação, em:

I — **trezentos e sessenta dias** para a União, os Estados, o Distrito Federal e os Municípios com mais de quinhentos mil habitantes;

II — **quinhentos e quarenta dias** para os Municípios entre cem mil e quinhentos mil habitantes; e

III — **setecentos e vinte dias** para os Municípios com menos de cem mil habitantes.

Importante ressaltar os **itens que mais se destacam na referida lei**, a começar pelos seus **destinatários**, vale dizer, a Administração Pública direta e indireta, nas quatro esferas de governo (**art. 1.º, § 1.º**), bem como os particulares que estejam à frente da prestação de serviços públicos (**art. 1.º, § 3.º**).

Nesse particular, oportuno ainda destacar que as **regras aqui estabelecidas não afastam** a incidência daquelas previstas no **Código de Defesa do Consumidor** (Lei n. 8.078/90), consoante a previsão estabelecida no **art. 1.º, § 2.º, inciso II**.

Nem poderia ser diferente, uma vez que a **própria Constituição legitima a mesma conclusão** ao estabelecer, em seu **art. 175**, itens importantes relacionados à prestação de serviços públicos. Confira-se:

"Art. 175. Incumbe ao Poder Público, na forma da lei, diretamente ou sob regime de concessão ou permissão, sempre através de licitação, a prestação de serviços públicos."

Por sua vez, importante lembrar que o **dispositivo reproduzido encontra-se** no **título VII**, da Constituição Federal, denominado "**Da Ordem Econômica e Financeira**", o que traz como **consequência** a **obrigatoriedade**, quando da prestação de serviços públicos, **de respeito aos princípios norteadores da atividade econômica**, entre os quais se destaca a **defesa do consumidor**, a teor do disposto no **art. 170, V**.

De outra parte, em seu **art. 4.º**, a lei estabelece a necessidade de esses **serviços** serem **prestados de forma adequada**, de acordo com os princípios ali relacionados, sob pena de configuração de ilegalidade, basicamente os mesmos que aparecem no **art. 6.º da Lei n. 8.987/95**, que serão comentados no capítulo seguinte. Confira-se:

Art. 4.º Os serviços públicos e o atendimento do usuário serão realizados de forma adequada, observados os princípios da regularidade, continuidade, efetividade, segurança, atualidade, generalidade, transparência e cortesia.

Percebe-se que houve, em relação ao disposto no **art. 6.º, § 1.º, da Lei n. 8.987/95** (Lei de concessões e permissões), o **acréscimo do item "transparência"**, o que **autoriza a conclusão segundo a qual sempre que o serviço público prestado deixar de ser transparente, sua execução será considerada ilegal**, autorizando, por parte dos usuários que se sentirem prejudicados, a propositura de ações judiciais, para salvaguarda dos seus direitos e interesses.

Oportuno também destacar ter o legislador estabelecido em seu **art. 5.º diretrizes para a execução de serviços**, destacando-se as previsões estabelecidas no **inciso II**, que prescreve a **presunção de boa-fé do usuário**, o que inverte o ônus da prova para a administração.

Merece também destaque a previsão estabelecida no **inciso IX**, que prevê a possibilidade de **autenticação de documentos pelo próprio agente público**, à vista dos originais apresentados pelo usuário, vedando-se a exigência de reconhecimento de firma, salvo em caso de dúvida quanto a sua autenticidade.

Com efeito, a referida previsão legal contribui, de forma inequívoca, para a **diminuição da burocracia** até então existente no serviço público, concretizando, nesse particular, o princípio da eficiência, **tendência confirmada** pela previsão estabelecida, no **inciso XV, que veda a exigência de nova prova sobre fato já comprovado em documentação válida apresentada**.

De outra parte, em seu **art. 6.º**, o legislador estabelece **direitos básicos dos usuários**, entre os quais **destacamos** a previsão estabelecida no **inciso III**, de acesso e obtenção de **informações relativas à sua pessoa** constantes de registros ou bancos de dados, observado o disposto no **art. 5.º, X, da Constituição Federal**, e na **Lei n. 12.527/2011**, conhecida como Lei de Acesso a Informações Públicas.

Trata-se de **medida importante** que **concretiza**, em matéria de prestação de serviços públicos, o princípio constitucional da **publicidade**, com especial **proteção** a estas **informações** pessoais, consoante a previsão estabelecida no **inciso IV**.

Ainda em matéria de **obtenção de informações**, importante destacar aquelas relacionadas a **tramitação dos processos administrativos** em que o usuário figure como interessado, consoante a previsão estabelecida no **inciso VI, alínea d**.

Novidade digna de registro refere-se à previsão estabelecida no **art. 7.º**, que estabelece a **obrigatoriedade de divulgação de carta de serviços aos usuários** para informá--los sobre os serviços prestados, as formas de acesso, bem como os padrões de qualidade de atendimento ao público que deverão ser observados.

Outrossim, a **referida carta** deverá **detalhar** os **compromissos** e **padrões de qualidade** de atendimento relativos aos inúmeros aspectos descritos no § 3.º, dentre os quais se destacam as prioridades de atendimento (inciso I) e a previsão de tempo de espera (inciso II).

Dentro desse contexto, de forma a garantir a eficácia desses direitos, o legislador prescreveu no **art. 9.º** a **possibilidade de o usuário se manifestar junto ao poder público** acerca da prestação desses serviços, **tarefa atribuída** basicamente à **ouvidoria** do órgão ou entidade responsável pela sua prestação.

Essa previsão não representa novidade em nosso ordenamento jurídico, uma vez que consolida, em relação à prestação de serviços, o **direito de petição** aos órgãos públicos, previsto no **art. 5.º, XXXIV, "a", da CF**. A propósito, as atribuições conferidas a essas ouvidorias encontram-se disciplinadas, em caráter meramente exemplificativo, ao longo do art. 13.

Nesse particular, importante destacar a previsão estabelecida no **art. 16**, que estabeleceu **prazos para que seja proferida a decisão administrativa em resposta à manifestação protocolada pelo usuário**. Confira-se:

8 ■ Serviços Públicos

Art. 16. A ouvidoria encaminhará a decisão administrativa final ao usuário, observado o **prazo de trinta dias**, prorrogável de forma justificada uma única vez, por igual período. Parágrafo único. Observado o prazo previsto no *caput*, a ouvidoria poderá solicitar informações e esclarecimentos diretamente a agentes públicos do órgão ou entidade a que se vincula, e as **solicitações devem ser respondidas no prazo de vinte dias**, prorrogável de forma justificada uma única vez, por igual período.

Importante ainda destacar a previsão estabelecida no **art. 11**, que estabelece que **em nenhuma hipótese será recusado o recebimento de manifestações** formuladas nos termos dessa Lei, sob pena de responsabilidade do agente público.

Prescreveu em seu art. 18, como forma de fiscalização desse serviço pelos usuários, a criação de conselhos de caráter consultivo, cujas atribuições e composição encontram-se relacionadas ao longo dos arts. 19 a 22.

Em seu **art. 23**, em homenagem ao princípio da eficiência, prescreveu o legislador a **obrigatoriedade** para os órgãos e entidades públicas de promover a **avaliação dos serviços** prestados, com **periodicidade anual** e através de pesquisa de satisfação (§ 1.º).

Nesse sentido, oportuno registrar que a referida legislação foi regulamentada pelo Decreto n. 9.492, em setembro de 2018, que, entre outros itens, institui o sistema de ouvidoria do Poder Executivo federal, com a finalidade de coordenar as atividades desenvolvidas pelos órgãos e entidades da administração federal.

8.2. QUADRO SINÓTICO

SERVIÇOS PÚBLICOS	
DEFINIÇÃO	É todo aquele desenvolvido pela administração ou por quem lhe faça as vezes, mediante regras de direito público previamente estabelecidas por ela, visando à preservação dos interesses da coletividade.
REFLEXO	A titularidade de um serviço público pertence sempre à Administração, sendo intransferível. Cogita-se, tão somente, da transferência para particulares da sua execução.
PRINCÍPIOS RELACIONADOS À PRESTAÇÃO DE SERVIÇOS PÚBLICOS	■ continuidade de sua prestação (art. 6.º, § 1.º, da Lei n. 8.987/95); ■ mutabilidade de regime jurídico (art. 6.º, § 1.º, da Lei n. 8.987/95); ■ modicidade das tarifas (art. 6.º, § 1.º, da Lei n. 8.987/95); ■ generalidade da sua prestação (art. 6.º, § 1.º, da Lei n. 8.987/95).
FORMAS DE PRESTAÇÃO DO SERVIÇO	■ Execução direta ou centralizada: é realizada pela própria administração através de um dos órgãos integrantes de sua estrutura direta (Ministérios; Secretarias de Estado). Aqui se destaca a desconcentração, que prevê a mudança da execução do serviço de um órgão para outro sem sair da estrutura direta. ■ Execução indireta ou descentralizada: é realizada pela própria Administração por intermédio de uma das pessoas localizadas em sua estrutura indireta, por outorga (autarquias e fundações com personalidade de direito público) ou por delegação (fundações com personalidade de direito privado: empresas públicas, sociedades de economia mista), ou para particulares mediante concessão, permissão, autorização.
FORMAS DE REMUNERAÇÃO DO SERVIÇO	■ Para serviços indivisíveis: remuneração por meio da cobrança de impostos (art. 145, I, da CF), conhecida por *uti universi*. ■ Para serviços divisíveis: remuneração através da cobrança de taxas ou tarifas (art. 145, II, da CF), conhecida por *uti singuli*.

CÓDIGO DE DEFESA DOS USUÁRIOS DE SERVIÇOS PÚBLICOS	▪ objeto (art. 1.º); ▪ destinatários: administração e particulares (art. 1.º); ▪ características do serviço (art. 4.º); ▪ carta de serviços ao usuário (art. 7.º); ▪ direito de manifestação (art. 9.º); ▪ ouvidorias (arts. 13 a 17); ▪ prazo para proferir a decisão (art. 16); ▪ conselhos de usuários (arts. 18 a 22).

8.3. SÚMULAS SOBRE SERVIÇOS PÚBLICOS

8.3.1. Súmulas vinculantes

▪ **Súmula vinculante 12:** A cobrança de taxa de matrícula nas universidades públicas viola o disposto no art. 206, IV, da Constituição Federal.

▪ **Súmula vinculante 19:** A taxa cobrada exclusivamente em razão dos serviços públicos de coleta, remoção e tratamento ou destinação de lixo ou resíduos provenientes de imóveis, não viola o art. 145, II, da Constituição Federal.

▪ **Súmula vinculante 41:** O serviço de iluminação pública não pode ser remunerado mediante taxa.

▪ **Súmula vinculante 60:** O pedido e a análise administrativos de fármacos na rede pública de saúde, a judicialização do caso, bem ainda seus desdobramentos (administrativos e jurisdicionais), devem observar os termos dos 3 (três) acordos interfederativos (e seus fluxos) homologados pelo Supremo Tribunal Federal, em governança judicial colaborativa, no Tema 1.234 da sistemática da Repercussão Geral (RE 1.366.243).

▪ **Súmula vinculante 61:** A concessão judicial de medicamento registrado na ANVISA, mas não incorporado às listas de dispensação do Sistema Único de Saúde, deve observar as teses firmadas no julgamento do Tema 6 da Repercussão Geral (RE 566.471).

8.3.2. Súmula do STF

▪ **Súmula 545:** Preços de serviços públicos e taxas não se confundem, porque estas, diferentemente daqueles, são compulsórias e têm sua cobrança condicionada à prévia autorização orçamentária, em relação à lei que as instituiu.

8.3.3. Súmula do STJ

▪ **Súmula 407:** É legítima a cobrança da tarifa de água fixada de acordo com as categorias de usuários e as faixas de consumo.

8.4. QUESTÕES

9

CONCESSÕES E PERMISSÕES DE SERVIÇOS PÚBLICOS

9.1. PERFIL CONSTITUCIONAL

Como visto anteriormente, a **execução de serviços públicos** poderá ser realizada pela própria Administração direta do Estado, quando se fala em **execução direta** ou **centralizada**, ou poderá ser **descentralizada** para terceiros que estejam dentro ou fora da estrutura da Administração Pública.

Se a **descentralização** for feita para **terceiros** que estejam **dentro** da estrutura da **Administração** Pública, aparecem as figuras das **autarquias, fundações, empresas públicas** e **sociedades de economia mista**, já vistas em capítulo anterior.

De outra parte, se a transferência da **execução** dos **serviços** públicos for realizada para **terceiros** que estão **fora** da estrutura da **Administração** Pública, vale dizer, para **particulares**, aparecem então os institutos da **concessão**, da **permissão** e da **autorização**.

A matéria vem regulamentada pelo **art. 175 da CF**, cuja redação a seguir se reproduz:

Art. 175. Incumbe ao Poder Público, na forma da lei, diretamente ou sob regime de concessão ou permissão, sempre através de licitação, a prestação de serviços públicos.

A leitura desse dispositivo constitucional, como já visto, permite alcançar conclusões importantes, a começar por aquela segundo a qual a **titularidade** da prestação de **serviços** públicos nunca sai das mãos da **Administração**, por força dos interesses por ela representados quando atua.

De fato, a **transferência** da **titularidade** da prestação de serviço público para **particulares** fatalmente traria **problemas** gravíssimos, visto que, como se sabe, sua atuação é inteiramente direcionada para a obtenção de lucros, o que **não** se **compatibiliza** com a necessidade de preservação dos **interesses da coletividade**.

Em segundo lugar, o **dispositivo constitucional** ora em análise estabelece que a **prestação** de **serviços** públicos se dará **diretamente** ou sob regime de **concessão** ou **permissão**.

Em outras palavras, estabeleceu a Constituição que a **prestação de serviços** poderá ser feita **diretamente** pela **Administração** Pública ou de maneira **descentralizada** por intermédio dos instrumentos de **concessão** e **permissão**, quando então os **particulares** é que passarão a executá-los.

Por fim, pode-se extrair da leitura desse dispositivo constitucional uma terceira conclusão importante, segundo a qual a **transferência** da **execução** desses **serviços** para **particulares** deverá ser, sempre, **precedida** de **licitação** para que se possa apurar, em caráter de igualdade, a proposta mais vantajosa para o interesse público nos termos previstos no edital.

A propósito do tema, confira-se decisão proferida pelo **STF**, em **29.03.2023**, quando do julgamento das **ADIs 5.548/DF** e **6.270/DF**:

> "É constitucional dispositivo de lei federal que altera o regime de outorga da prestação regular de serviços de transporte terrestre coletivo de passageiros desvinculados da exploração de obras de infraestrutura, permitindo sua realização mediante mera autorização estatal, sem a necessidade de licitação prévia, desde que cumpridos requisitos específicos."

Sobre o mesmo tema, decidiu o **STF**, quando do julgamento, **em 23.02.2024**, da **ADI 7.241/PI**, pela inconstitucionalidade da prorrogação automática de contrato de permissão de transporte alternativo rodoviário intermunicipal de passageiros, sem abertura de licitação (art. 175, *caput*, da CF/1988). Confira-se:

> "É inconstitucional — por violar o art. 175, *caput*, da CF/1988 — lei estadual que, em caso de não realização de nova licitação, prorroga automaticamente contratos de permissão de transporte rodoviário alternativo intermunicipal de passageiros e restaura a vigência de permissões vencidas.
>
> Conforme jurisprudência desta Corte, é imprescindível a existência de prévia licitação para a concessão ou permissão da exploração de serviços de transporte coletivo de passageiros".

Para melhor visualização acerca das formas de execução desses serviços, veja-se o seguinte quadro:

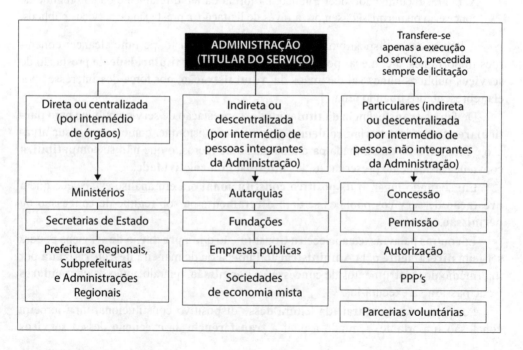

9 ■ Concessões e Permissões de Serviços Públicos

Passando em revista ainda a redação desse dispositivo, verifica-se que a Constituição abriu espaço para que a **matéria** fosse **regulamentada por** meio de **lei**, e, preocupada com o tema, tratou de estabelecer, desde logo, os **requisitos mínimos** que a legislação deveria conter, como se observa do parágrafo único a seguir reproduzido:

Art. 175. (...)

Parágrafo único. A lei disporá sobre:

I — o regime das empresas concessionárias e permissionárias de serviços públicos, o caráter especial de seu contrato e de sua prorrogação, bem como as condições de caducidade, fiscalização e rescisão da concessão ou permissão;

II — os direitos dos usuários;

III — política tarifária;

IV — a obrigação de manter serviço adequado.

A previsão contida nesse parágrafo único, em particular aquela localizada no **inciso I**, acabou por gerar controvérsia em nossa melhor doutrina no que se refere à **natureza jurídica** das **concessões** e, principalmente, das **permissões** de serviços públicos.

Destarte, sempre se definiu as **concessões** de serviços públicos como **modalidades** de **contratos administrativos**, aplicando-se a elas todas as características desses ajustes, em especial a de serem celebradas com **prazo certo** e **determinado**.

Por outro lado, em relação às **permissões** de serviços públicos, as **características** eram **diversas**, pois, consideradas modalidades de **atos** administrativos e não de contratos, entendia-se, de maneira pacífica, serem elas celebradas em **caráter precário**, vale dizer, **sem prazo certo** e **determinado**, podendo ser desfeitas a qualquer momento, sem pagamento de indenização.

Sem embargo, essas **diferenças** até então pacíficas **deixaram** de **existir** a partir da **previsão constitucional** ora analisada, pela qual caberá à lei estabelecer o regime das empresas **concessionárias** e **permissionárias** de serviços públicos, fixando o caráter especial *de seu **contrato** e de sua **prorrogação***.

Ao assim disciplinar o tema, a **Constituição** acabou por conferir às **permissões** de serviços públicos, salvo melhor juízo, o **caráter contratual** que antes era negado por nossa melhor doutrina.

Assumindo um **caráter contratual**, as **permissões** de serviços públicos passam, obrigatoriamente, a ser dotadas de **prazo certo** e **determinado**, como qualquer contrato administrativo, **desaparecendo**, por consequência, o caráter de **precariedade** que antes lhes era inerente.

Essa diretriz foi reafirmada pela própria **CF** em seu **art. 223**, que, ao tratar das concessões e permissões em relação aos meios de comunicação social em seu **§ 4.º**, estabeleceu:

Art. 223. (...)

§ 4.º O cancelamento da **concessão ou permissão, antes de vencido o prazo**, depende de decisão judicial.

É claro que, se a Constituição reafirmou, uma vez mais, que a permissão de **serviços** públicos, ao menos no setor de **radiodifusão**, tem **prazo certo** e **determinado**, não se pode mais conferir a ela o caráter de precariedade que possuía.

Confirmando, outrossim, o raciocínio até aqui desenvolvido, o Texto Constitucional, para não deixar margem a qualquer dúvida, prescreve no § 5.º do mesmo dispositivo qual o prazo aplicável para as concessões e permissões nesse setor, como se vê:

Art. 223. (...)

§ 5.º O prazo da concessão ou permissão será de dez anos para as **emissoras de rádio** e de **quinze para as de televisão**.

Essa ideia, aliás, embora não esteja pacificada em nossa mais abalizada doutrina, encontra adeptos do porte de **Lúcia Valle Figueiredo** e **Diogenes Gasparini**:

"(...) impende perquirir se, neste texto constitucional, distinguem-se as figuras da permissão e da concessão de serviço público.

Classicamente, sempre foram ambas diferenciadas, sobretudo no que concerne à ausência ou presença de prazo. Ainda, porque a permissão seria unilateral, enquanto a concessão, bilateral.

Entretanto, de há muito, mesmo antes da Constituição, não víamos diferenças essenciais, quanto ao regime jurídico, entre permissão e concessão de serviço público. Exatamente porque os serviços públicos normalmente dependem de grandes capitais para ser implementados, o que impossibilitaria a permissão, como classicamente concebida.

Deveras, se era verdade que a permissão, pela tradição da doutrina brasileira, entendia-se como ato unilateral, precário e sem termo determinado, pois a revogabilidade seria sua nota tipificadora, parece-nos não ser mais assim, em face de nosso texto constitucional (...)

Segue-se que a permissão de serviço público (não toda e qualquer permissão) foi colocada, neste texto constitucional, *pari passu* com a concessão de serviço público, inadequadamente, nos termos de toda a construção doutrinária até então feita. Mas, se assim está, obviamente devemos concluir por um regime jurídico assemelhado"[1].

"De há muito objetamos a precariedade como da essência da permissão. Com efeito, só tem sentido, lógico e jurídico, falar-se em precariedade ou não de um dado instituto, como é a permissão de serviço público, à vista de certo sistema legal, pois fora do direito positivo nem instituto jurídico se tem. Afirmar que a permissão de serviço público é precária porque essa qualidade é da índole do próprio ato não nos parece válido, sobretudo em nosso ordenamento jurídico. O ato, seja da espécie que for, tem sua configuração ou o regime legal que lhe é tracejado pelo Direito Positivo, independentemente de qualquer construção doutrinária ou orientação fundada em outros sistemas normativos ou, ainda, do nome que se lhe atribua. O nosso ordenamento jurídico sempre deu à permissão de serviço público outra dimensão, que não a indicada por esta doutrina.

---

[1] FIGUEIREDO, Lúcia Valle. *Curso de direito administrativo*. 4. ed. São Paulo: Malheiros, 2000, p. 99-100.

9 ■ Concessões e Permissões de Serviços Públicos   311

Essa realidade hoje se confirma, na medida em que a Constituição Federal, ao tratar da prestação dos serviços públicos, mediante concessão ou permissão, impõe à lei dispor sobre o caráter especial de seu contrato. Se a lei deverá dispor sobre o contrato pelo qual o concessionário e o permissionário vincular-se-ão ao Poder Público para a prestação dos serviços públicos que lhes foram trespassados, é certo afirmar que a permissão de serviço público não é mais precária que a concessão de serviço público, pois ambas são formalizadas por contrato, instrumento que dá estabilidade jurídica ao negócio contratado"[2].

Seguindo a diretriz estabelecida pela Constituição Federal, o **tema** relativo às **concessões** e **permissões** de serviços públicos foi regulamentado pela **Lei n. 8.987/95**, da qual procuraremos abordar os aspectos principais.

Para melhor visualização dos itens tratados, observe-se o seguinte quadro:

FUNDAMENTO	Art. 175 da CF		
TITULARIDADE	Poder Público, dividida entre as quatro esferas de governo, de acordo com regras constitucionais		
EXECUÇÃO	**Direta:** Quando realizada pela própria Administração por meio de um dos órgãos de sua estrutura direta	**Indireta:** Quando realizada pela própria Administração Pública por intermédio de uma das pessoas integrantes da sua estrutura indireta	**Indireta:** Quando realizada por particulares mediante concessão, permissão ou autorização, PPPs e Parcerias Voluntárias
DESCONCENTRAÇÃO	Transferência da execução do serviço de um órgão para outro dentro da própria Administração direta		
DESCENTRALIZAÇÃO	Transferência da execução do serviço para pessoas localizadas dentro ou fora da Administração	**Modalidades:** **Por outorga:** quando se transfere a titularidade e a execução para pessoa jurídica de direito público **Por delegação:** quando se transfere apenas a execução para pessoa jurídica de direito privado	

9.2. DISCIPLINA INFRACONSTITUCIONAL — LEI N. 8.987/95

9.2.1. Noções gerais

O referido diploma legal, logo em seu **art. 1.º**, estabelece qual a legislação aplicável em relação a esse tema, nos termos a seguir reproduzidos:

Art. 1.º As concessões de serviços públicos e de obras públicas e as permissões de serviços públicos reger-se-ão pelos termos do art. 175 da Constituição Federal, por esta Lei, pelas normas legais pertinentes e pelas cláusulas dos indispensáveis contratos.

Esse dispositivo legal demonstra o objetivo que norteou sua edição, vale dizer, a **regulamentação** do **tema** relativo às **concessões** e **permissões** conforme diretriz estabelecida pela Constituição Federal.

---

[2] GASPARINI, Diogenes. *Direito administrativo*. 8. ed. São Paulo: Saraiva, 2003, p. 341.

Em hipótese alguma, portanto, poderia esse diploma legal conter algum aspecto que extrapolasse os limites impostos pela Constituição Federal em relação ao tema ora em discussão.

Ainda nesse artigo, o legislador estabelece a possibilidade de **aplicação ao tema** relativo às concessões e permissões das **"normas legais pertinentes"**, surgindo como **exemplos** a **Lei de Licitações e Contratos Administrativos**, no que for possível, e o **Código de Defesa do Consumidor**, por se tratar de prestação de serviços.

O que chama mais a atenção em relação ao dispositivo ora comentado, sem dúvida nenhuma, é a sua parte final, em que se lê: *pelas cláusulas dos indispensáveis contratos.*

Diante disso, ao assim regulamentar o tema, o **legislador** acabou por **consolidar**, e não poderia ser diferente, a diretriz estabelecida pela Constituição Federal, segundo a qual tanto as **concessões** quanto as **permissões** de serviços públicos assumem a **natureza** de **contratos**.

Aliás, o que fez o legislador aqui foi ir além daquilo que a Constituição havia estabelecido, sem extrapolar os limites de sua competência, ao estabelecer que as **concessões** e **permissões** são regidas pelas **cláusulas** dos *indispensáveis contratos*, como visto.

De outra parte, importante observar que essa **legislação** assume **caráter nacional**, permitindo aos **Estados**, **Municípios**, **Distrito Federal** e, também, à **União** a possibilidade de **edição das suas próprias leis**, estabelecendo as adaptações que se fizerem necessárias nos termos do parágrafo único do art. 1.º:

> **Art. 1.º** (...)
> Parágrafo único. A União, os Estados, o Distrito Federal e os Municípios promoverão a revisão e as adaptações necessárias de sua legislação às prescrições desta Lei, buscando atender as peculiaridades das diversas modalidades dos seus serviços.

9.2.2. Definições

Outro aspecto importante a ser considerado diz respeito às diversas **definições** promovidas por esse diploma legal em seu **art. 2.º**, das quais se destacam as seguintes:

> **Art. 2.º** Para os fins do disposto nesta Lei, considera-se:
> I — **poder concedente:** a União, o Estado, o Distrito Federal ou o Município, em cuja competência se encontre o serviço público, precedido ou não da execução de obra pública, objeto de concessão ou permissão;
> II — **concessão de serviço público**: a delegação de sua prestação, feita pelo poder concedente, mediante licitação, **na modalidade concorrência ou diálogo competitivo**, a pessoa jurídica ou consórcio de empresas que demonstre capacidade para seu desempenho, por sua conta e risco e por prazo determinado;
> III — **concessão de serviço público precedida da execução de obra pública:** a construção, total ou parcial, conservação, reforma, ampliação ou melhoramento de quaisquer obras de interesse público, delegados pelo poder concedente, mediante licitação, **na modalidade concorrência ou diálogo competitivo**, a pessoa jurídica ou consórcio de empresas que demonstre capacidade para a sua realização, por sua conta e risco, de

9 ■ Concessões e Permissões de Serviços Públicos 313

forma que o investimento da concessionária seja remunerado e amortizado mediante a exploração do serviço ou da obra por prazo determinado;

IV — **permissão de serviço público:** a delegação, a título precário, mediante licitação, da prestação de serviços públicos, feita pelo poder concedente à pessoa física ou jurídica que demonstre capacidade para seu desempenho, por sua conta e risco.

A primeira das **definições** oferecidas, a de **Poder concedente**, revela, uma vez mais, que a titularidade para a prestação de serviços públicos jamais poderá sair das mãos da Administração em vista dos interesses por ela representados, ou seja, os da coletividade.

Traz também uma conclusão, segundo a qual, por estarmos em uma **forma** de **Estado federativa**, a **prestação de serviços públicos divide-se entre as quatro pessoas** que a integram, vale dizer, a União, os Estados, os Municípios e o Distrito Federal, nos termos fixados pela Constituição Federal.

Por sua vez, a **definição** de **concessão** de serviço público está a demonstrar que o que se **transfere** para terceiros é **apenas** a sua **execução**, o que se realiza por meio de delegação e sempre **precedida** de **licitação**, conforme previsão constitucional.

Sem embargo, o dispositivo ora comentado experimentou alteração redacional, em abril de 2021, estabelecendo que, em se tratando de concessões de serviços públicos, as únicas modalidades de licitação cabíveis são a concorrência pública e o diálogo competitivo, de acordo com as mudanças promovidas pela Lei n. 14.133/2021.

Ainda, percebe-se que o legislador estabeleceu que a **transferência** da **execução** de serviços públicos para **particulares só** poderá ocorrer à **pessoa jurídica ou** ao **consórcio de empresas** que demonstre capacidade para seu desempenho.

A **capacidade de desempenho** será determinada durante o transcorrer do procedimento licitatório, com a análise dos documentos de natureza jurídica, técnica, econômica e financeira na fase de habilitação e da proposta comercial apresentada na fase de classificação, temas esses que serão mais bem enfocados em capítulo próprio.

Importante destacar, também, ter dito o legislador que a **concessão** é dotada de **prazo determinado**, como, aliás, se verifica em qualquer tipo de contrato administrativo, sendo essa cláusula essencial, a teor do disposto no art. 55 da Lei n. 8.666/93, disciplinadora da matéria, mesma orientação adotada pela Lei n. 14.133/2021, em seu art. 92.

Assume importância básica a previsão do legislador segundo a qual a **responsabilidade** em razão de **problemas** ocorridos durante a **execução** de um contrato de **concessão** fica por conta e risco dos **concessionários**.

Essa diretriz, aliás, consolida-se pela previsão contida no **art. 25** do mesmo diploma legal, cuja redação a seguir se reproduz:

Art. 25. Incumbe à concessionária a execução do serviço concedido, cabendo-lhe responder por todos os prejuízos causados ao poder concedente, aos usuários ou a terceiros, sem que a fiscalização exercida pelo órgão competente exclua ou atenue essa responsabilidade.

Fica claro, pois, que a **responsabilidade** que se atribui aos **concessionários** durante a **execução** dos contratos de **concessão não** fica, em hipótese alguma, **afastada** por força de uma **fiscalização deficiente** do Poder Público.

Cumpre observar, também, que essa **responsabilidade** será **objetiva** na forma do **§ 6.º do art. 37 da CF**, visto que, nada obstante não integrarem os **concessionários** a estrutura da Administração Pública, surgem como **pessoas jurídicas de direito privado, prestadoras de serviços públicos**, o que os inclui na redação do citado dispositivo constitucional.

Em termos de **responsabilidade**, portanto, pode-se concluir que pertence ela aos concessionários em um primeiro momento, podendo, entretanto, ser o **Poder Público acionado**, mas tão somente em **caráter subsidiário**, vale dizer, somente depois de esgotadas as forças dos concessionários.

De outro giro, quanto à definição de **concessão de serviço público precedida de obra pública**, vale o destaque para a necessidade de o ajuste ser precedido de licitação, nas modalidades de concorrência pública ou diálogo competitivo, consoante alteração promovida pela Lei n. 14.133/2021.

Por fim, com relação à **definição de permissão de serviços públicos**, assinalou o legislador tratar-se de **delegação** a título **precário** da prestação de serviços públicos.

Assim, se quanto à definição de **concessão** o legislador acabou por seguir a diretriz estabelecida pela Constituição Federal, definindo-a como um **contrato**, a mesma clareza não se observa em relação ao conceito de permissão de serviços públicos.

É que não se pode perder de vista que, no art. 1.º, o legislador estabeleceu, seguindo a orientação constitucional, que tanto as concessões quanto as permissões de serviços públicos seriam regidas pelas cláusulas dos *indispensáveis contratos*.

Ora, é bem de ver, torna-se **incompreensível** possa vir ele agora e **definir** a **permissão** de serviços como **"delegação a título precário"**, uma vez que o que é precário não pode ser incluído entre os contratos que, entre outros aspectos, apresentam como característica fundamental a existência de prazo certo e determinado.

De outra forma, o que tem prazo certo e determinado não pode ser definido como ato precário, assim como o que é precário não pode ser caracterizado como contrato administrativo.

O **problema** em análise assume **proporções** ainda **maiores**, por força do disposto no **art. 40** do mesmo diploma legal, como se verifica da redação:

Art. 40. A permissão de serviço público será formalizada mediante contrato de adesão, que observará os termos desta lei, das demais normas pertinentes e do edital de licitação, inclusive quanto à precariedade e à revogabilidade unilateral do contrato pelo poder concedente.

Como se observa, uma vez mais, o legislador caracterizou a **permissão** de serviços como **contrato**, agora na **modalidade** de **adesão**, o que, convenhamos, não representa nenhuma novidade, visto que os contratos que os particulares celebram com a Administração Pública são todos dotados dessa característica.

9 ■ Concessões e Permissões de Serviços Públicos — 315

Em outras palavras, ao celebrarem seus ajustes com a Administração Pública, os **particulares aderem** às **cláusulas previamente estabelecidas** por ela em vista dos interesses que representa.

O que chama a atenção é ter o legislador estipulado surgir a **permissão** como **contrato de adesão**, mas de caráter **precário**, uma vez que, como visto, esse aspecto não se compatibiliza com a natureza dos contratos administrativos.

De qualquer forma, repita-se uma vez mais, por força da expressa disposição constitucional, as **permissões** passaram a ter o **mesmo regime jurídico** atribuído às **concessões** de serviços públicos, principalmente em relação a sua natureza contratual, em que pese não ser essa uma conclusão pacífica, tanto em nossa doutrina quanto na jurisprudência.

9.2.3. Serviço público adequado

Outro tema importante a ser observado em matéria de concessões e permissões diz respeito à necessidade de definir o que é um **serviço público adequado**, por força da diretriz constitucional estabelecida no **art. 175, parágrafo único, IV**.

Nesse sentido, a **Lei n. 8.987/95**, em seu **art. 6.º**, assim disciplina o tema:

Art. 6.º Toda concessão ou permissão pressupõe a prestação de serviço adequado ao pleno atendimento dos usuários, conforme estabelecido nesta lei, nas normas pertinentes e no respectivo contrato.

§ 1.º Serviço adequado é o que satisfaz as condições de regularidade, continuidade, eficiência, segurança, atualidade, generalidade, cortesia na sua prestação e modicidade das tarifas.

O dispositivo legal transcrito acaba por estabelecer quais as **características** inerentes à **prestação** de um **serviço público** de modo que possa ele satisfazer a exigência prevista na Constituição.

Em outras palavras, a prestação de **serviços** públicos **sem** uma das **características** previstas pelo legislador torna-se **ilegal**, abrindo a possibilidade de o **usuário**, consumidor, **ingressar** na **Justiça** em busca de seus direitos.

Nesse particular, aliás, surge uma vez mais a possibilidade de **aplicação**, em **caráter subsidiário**, das **regras** contidas no **Código de Defesa do Consumidor**, por força da previsão contida no art. 1.º dessa lei, e também de maneira expressa, em vista da previsão contida no **art. 7.º**, como se vê uma vez mais:

Art. 7.º Sem prejuízo do disposto na Lei n. 8.078, de 11 de setembro de 1990, são direitos e obrigações dos usuários:

Torna-se claro, portanto, que, por orientação do próprio legislador, a **possibilidade** de **utilização** das **regras** estabelecidas pelo **Código de Defesa do Consumidor** para as situações envolvendo **concessões** e **permissões** revela-se **plena**.

Nessa ordem, assume grande importância a questão relativa à possibilidade ou não do **corte** no **fornecimento** do **serviço** em razão da **ausência** de **pagamento** por parte dos usuários.

Essa hipótese está disciplinada no § 3.º do **art. 6.º**, cuja redação a seguir se reproduz:

Art. 6.º (...)
§ 3.º Não se caracteriza como descontinuidade do serviço a sua interrupção em situação de emergência ou após aviso prévio, quando:
I — motivada por razões de ordem técnica ou de segurança das instalações; e,
II — por inadimplemento do usuário, considerado o interesse da coletividade.

Esse dispositivo legal revela que, como **regra geral**, a **interrupção** do **serviço público** não pode ser levada a efeito, a não ser naquelas hipóteses relacionadas acima pelo próprio legislador.

Assim, a **regra geral** foi **flexibilizada**, conforme já visto no capítulo anterior, para as **situações** de **emergência ou** após **aviso prévio**, e desde que por **razões de ordem técnica** ou de segurança das instalações ou, ainda, por **inadimplemento do usuário** em vista dos interesses da coletividade.

Nessas hipóteses, pois, o **corte** do fornecimento **não representa descontinuidade** de sua **prestação** e, por via de consequência, **não sujeita o Poder Público** a nenhum tipo de **responsabilização**, ainda que tenham sido caracterizados prejuízos a seus usuários.

Sem dúvida alguma, das circunstâncias relacionadas pelo legislador, que flexibilizam a regra geral, aquela que chama mais a atenção é a que diz respeito à possibilidade de **interrupção** na prestação dos **serviços por inadimplemento do usuário**, desde que tenha sido ele previamente notificado.

Segundo se conclui dessa redação, abre-se ao Poder Público a **possibilidade** de **interrupção** do **serviço** nas hipóteses em que o usuário deixou de cumprir suas obrigações, ficando em segundo plano a questão de saber se tem ele natureza essencial ou não.

Essa situação ganha contornos de maior gravidade se analisadas as disposições pertinentes integrantes do **Código de Defesa do Consumidor**, que, como visto, devem ser utilizadas em **caráter subsidiário** em matéria de **concessões** e **permissões**.

Nesse contexto, cumpre trazer à colação a redação de alguns dos dispositivos, a começar pelo art. 6.º, que, relacionando os direitos do consumidor em seu **inciso X**, estabeleceu:

Art. 6.º São direitos básicos do consumidor: (...)
X — a adequada e eficaz prestação de serviços públicos em geral.

Ainda no **CDC**, encontramos em seu **art. 22** disposição pertinente à discussão ora realizada, como se verifica:

Art. 22. Os órgãos públicos, por si ou suas empresas, concessionárias, permissionárias ou sob qualquer outra forma de empreendimento, são obrigados a fornecer serviços adequados, eficientes, seguros e, quanto aos essenciais, contínuos.
Parágrafo único. Nos casos de descumprimento, total ou parcial, das obrigações referidas neste artigo, serão as pessoas jurídicas compelidas a cumpri-las e a reparar os danos causados, na forma prevista neste código.

Verifica-se, assim, a existência de **contradição** entre as **disposições** contidas na **Lei n. 8.987/95** e aquelas verificadas no **Código de Defesa do Consumidor**, gerando dúvidas quanto à solução correta a ser empregada para as hipóteses de inadimplemento do usuário em relação aos serviços públicos que lhe são prestados.

A **matéria longe está** de encontrar-se **pacificada**, tanto na nossa melhor doutrina quanto na jurisprudência dos nossos Tribunais. Nesse sentido, admitindo o corte do fornecimento em vista do inadimplemento do usuário, confira-se: **TRF-1**, REOMS: 00035654220084014101, Rel. Des. Fed. Carlos Augusto Pires Brandão, j. 09.06.2021, 5.ª T., *PJe* 09.06.2021.

Como dito anteriormente, a matéria ora em debate longe está de tornar-se pacífica em nossos Tribunais, razão pela qual encontramos também torrencial **jurisprudência** em sentido contrário, **não admitindo** o **corte** na **prestação** dos serviços mesmo diante de **inadimplemento dos usuários**. Nesse sentido: **TJ-SP**, AC: 10272344520218260602 SP 1027234-45.2021.8.26.0602, Rel. Maria Lúcia Pizzotti, j. 22.06.2022, 30.ª Câmara de Direito Privado, Data de Publicação: 22.06.2022; **TJ-DF** 07030523020198070000 DF 0703052-30.2019.8.07.0000, Rel. Sebastião Coelho, j. 14.08.2019, 5.ª T. Cív., *PJe* 28.08.2019; **TJ-CE**, AC: 00169067620178060115 CE 0016906-76.2017.8.06.0115, Rel. Maria de Fátima de Melo Loureiro, j. 15.12.2021, 2.ª Câmara Direito Privado, Data de Publicação: 15.12.2021.

Vale destacar **precedente** do STF, em **31.05.2021**, quando do julgamento da **ADI 6.588**, em que julgou constitucional lei do Estado do Amazonas que proíbe as concessionárias de serviços públicos de água e energia elétrica de efetuar o corte do fornecimento residencial de seus serviços por falta de pagamento durante a pandemia.

O relator, **ministro Marco Aurélio**, frisou em seu voto que o texto constitucional não impede a elaboração de legislação estadual ou distrital que, preservando o núcleo relativo às normas gerais editadas pelo Congresso, venha a complementá-las, e não as substituir.

Nesse contexto, em vista das diferentes posições assumidas pela nossa jurisprudência, talvez a **melhor solução** seja aquela em que o exame deva ser feito **caso a caso**.

Sem embargo, importante anotar que em algumas **situações a impossibilidade de se interromper** a prestação de **serviços** públicos, **mesmo** diante de **inadimplência** do usuário, revela-se cristalina, surgindo como exemplos a situação de inadimplência de **hospitais públicos; escolas públicas; creches públicas** etc.

Para melhor visualização acerca dos fundamentos de serviço público adequado, bem como dos direitos e deveres dos usuários, veja-se o quadro:

SERVIÇO PÚBLICO ADEQUADO (FUNDAMENTO CONSTITUCIONAL)	Art. 175, parágrafo único, IV, da CF
SERVIÇO PÚBLICO ADEQUADO (FUNDAMENTO LEGAL)	Art. 6.º, § 1.º, da Lei n. 8.987/95
CONTINUIDADE DO SERVIÇO (EXCEÇÕES)	Art. 6.º, § 3.º, da Lei n. 8.987/95
DIREITOS E DEVERES DOS USUÁRIOS (FUNDAMENTO CONSTITUCIONAL)	Art. 175, parágrafo único, II, da CF
DIREITOS E DEVERES DOS USUÁRIOS (FUNDAMENTO LEGAL)	Art. 7.º da Lei n. 8.987/95

318 Direito Administrativo Esquematizado · *Celso Spitzcovsky*

9.2.4. Política tarifária

Outro aspecto que merece destaque, passando em revista os dispositivos da Lei n. 8.987/95, é aquele relativo à **política tarifária**, item relacionado entre os incisos do parágrafo único do **art. 175 da CF**, lá incluído com o objetivo de estabelecer um balizamento mínimo para o valor da tarifa, uma vez que não poderia ser deixada sua fixação ao livre critério do particular que se encontra à frente da execução dos serviços.

Em primeiro lugar, é de mencionar-se que a **natureza jurídica das tarifas** a serem cobradas, em razão da prestação de serviços públicos, **não pode ser confundida com a tributária**, uma vez que elas surgem como **preços públicos**.

Essa primeira observação gera desdobramentos importantes na medida em que, não assumindo as **tarifas** públicas uma **natureza tributária**, também **não se submetem aos princípios constitucionais** pertinentes a esse tema, localizados nos diversos incisos do **art. 150 da CF**, dos quais se podem destacar **legalidade, anterioridade, isonomia**, entre outros. Nesse sentido, importante anotar que a matéria foi objeto da **Súmula 545** da Suprema Corte, cuja redação a seguir se reproduz:

> **SÚMULA 545 DO STF:** Preços de serviços públicos e taxas não se confundem, porque estas, diferentemente daqueles, são compulsórias e têm sua cobrança condicionada à prévia autorização orçamentária, em relação à lei que as instituiu.

Diante da **diretriz** estabelecida pela referida **súmula**, estabelecendo as **importantes consequências da diferenciação entre preços públicos e taxas**, oportuna a reprodução de trechos de dois **excertos** da própria **Suprema Corte**, relacionados ao tema, que bem demonstram os reflexos dessa distinção:

> "6. Segundo a jurisprudência firmada nessa Corte, o elemento nuclear para identificar e distinguir taxa e preço público é o da compulsoriedade, presente na primeira e ausente na segunda espécie, como faz certo, aliás, a Súmula 545: 'Preços de serviços públicos e taxas não se confundem, porque estas, diferentemente daqueles, são compulsórias e têm sua cobrança condicionada à prévia autorização orçamentária, em relação à lei que as instituiu'. Esse foi o critério para determinar, por exemplo, que o fornecimento de água é serviço remunerado por preço público (...). Em suma, no atual estágio normativo constitucional, o pedágio cobrado pela efetiva utilização de rodovias não tem natureza tributária, mas sim de preço público, não estando, consequentemente, sujeita ao princípio da legalidade estrita. 8. Ante o exposto, julgo improcedente o pedido formulado nesta ação direta de inconstitucionalidade" (**ADI 800, rel. Min. Teori Zavascki, TP, j. 11.06.2014, *DJe*, 01.07.2014**).

> "A Súmula 545 está atrelada às constituições precedentes que previam o princípio da anualidade, não repetido na Constituição de 1988. A facultatividade caracterizadora de tarifas ou de preços públicos é o regime jurídico à qual a exação está sujeita, isto é, se se trata de serviço público primário e de prestação obrigatória pelo Estado (ou exercício de poder de polícia, e.g., na forma de fiscalização), trata-se de tributo (cf., e.g., o AI 531.529 AgR, rel. min. Joaquim Barbosa, Segunda Turma, *DJe* de 07.10.2010 e o RE 181.475, rel. mim. Carlos Velloso, Segunda Turma, *DJ* de 25.06.1999). Os próprios precedentes citados na inicial, sobre o Adicional de Tarifa Portuária — ATP, confirmam essa assertiva (a ATP

9 ◼ Concessões e Permissões de Serviços Públicos

foi caracterizada invariavelmente como tributo, ora da espécie contribuição de domínio econômico, ora como taxa)" (**STA 710/MC, rel. Min. Presidente Joaquim Barbosa, Decisão Monocrática, j. 31.05.2013, *DJe*, 06.06.2013**).

Quanto ao **valor inicial** da **tarifa** a ser cobrada do usuário em razão da prestação de serviços públicos, não será ele fixado nem pelo Poder concedente nem pelo concessionário, **devendo**, ao revés, **corresponder ao valor da proposta** que se sagrou **vencedora** na **licitação** aberta anteriormente para essa finalidade, sob pena de burla ao procedimento.

De resto, outra não é a regra estipulada no **art. 9.º** da lei ora em análise, como se observa da redação a seguir reproduzida:

> **Art. 9.º** A tarifa do serviço público concedido será fixada pelo preço da proposta vencedora da licitação e preservada pelas regras de revisão previstas nesta lei, no edital e no contrato.

Quanto à **revisão do valor inicialmente previsto** durante a execução dos contratos, importante assinalar essa **possibilidade**, mas apenas **para** a **manutenção do equilíbrio econômico-financeiro** do ajuste, como se observa da leitura do **§ 2.º** do mesmo artigo:

> **Art. 9.º** (...)
> § 2.º Os contratos poderão prever mecanismos de revisão das tarifas, a fim de manter-se o equilíbrio econômico-financeiro.

Nesse particular, oportuno registrar decisão proferida pelo **STF**, em **18.02.2022**, quando do julgamento do **RE 1.059.819/PE**, do qual resultou a seguinte tese:

> **"Afronta o princípio da separação dos Poderes a anulação judicial de cláusula de contrato de concessão firmado por Agência Reguladora e prestadora de serviço de telefonia que, em observância aos marcos regulatórios estabelecidos pelo Legislador, autoriza a incidência de reajuste de alguns itens tarifários em percentual superior ao do índice inflacionário fixado, quando este não é superado pela média ponderada de todos os itens."**

Importante registrar, também — e não poderia ser diferente por configurar, como visto, a concessão modalidade de contrato administrativo —, a **possibilidade** de **alterações unilaterais nesses ajustes** diante do **surgimento** de **situações imprevisíveis e supervenientes** para restabelecer o equilíbrio econômico-financeiro inicial, conforme se verifica da redação do **§ 4.º**:

> **Art. 9.º** (...)
> § 4.º Em havendo alteração unilateral do contrato que afete o seu inicial equilíbrio econômico-financeiro, o poder concedente deverá restabelecê-lo, concomitantemente à alteração.

Verifica-se, portanto, que a **promoção** de **alterações posteriores** durante a **execução** do **contrato** é medida que se impõe para **recuperar** o **equilíbrio econômico-financeiro** inicialmente estabelecido.

Trata-se, pois, da **aplicação** às **concessões** da denominada **"teoria da imprevisão"**, utilizada, em larga escala, em todos os demais contratos administrativos diante de situações supervenientes e imprevisíveis que impeçam ou dificultem, de maneira cristalina, a execução do ajuste nas condições inicialmente estabelecidas.

Por derradeiro, importante mencionar, também, a diretriz estabelecida pelo legislador no sentido de permitir a criação de **fontes alternativas de arrecadação**, por parte dos concessionários, com o **objetivo** de **manter a modicidade das tarifas**, uma das características essenciais da prestação dos serviços públicos, como observado anteriormente por ocasião da análise do **art. 6.º, § 1.º,** dessa lei, bem como no capítulo anterior.

Em outras palavras, além da fonte principal de arrecadação na prestação de serviços públicos, vale dizer, a tarifa, os concessionários poderão lançar mão das **fontes alternativas, desde que,** importante ressaltar, tenha **previsão expressa** nesse sentido no **edital** de licitação, para impedir fraudes no procedimento.

De resto, outra não é a conclusão que se atinge por meio da leitura do **art. 11 da Lei n. 8.987/95:**

Art. 11. No atendimento às peculiaridades de cada serviço público, poderá o poder concedente prever, em favor da concessionária, no edital de licitação, a possibilidade de outras fontes provenientes de receitas alternativas, complementares, acessórias ou de projetos associados, com ou sem exclusividade, com vistas a favorecer a modicidade das tarifas, observado o disposto no art. 17 desta lei.

Sobreleva notar que essas **fontes alternativas** de arrecadação deverão ser, obrigatoriamente, levadas em consideração para a aferição do **equilíbrio econômico-financeiro** inicial do ajuste, não sendo outra a regra estabelecida no **parágrafo único** do mesmo **art. 11,** como se vê:

Art. 11. (...)
Parágrafo único. As fontes de receita previstas neste artigo serão obrigatoriamente consideradas para a aferição do inicial equilíbrio econômico-financeiro do contrato.

As regras relativas às **fontes alternativas** de arrecadação, como se pode verificar, têm o cristalino **objetivo de manter o valor da tarifa acessível** ao usuário comum do serviço público, preservando-se todas as características relacionadas no **art. 6.º** da lei ora analisada, vale dizer, regularidade, continuidade, eficiência, segurança, atualidade, cortesia e, **principalmente, modicidade das tarifas.**

Com efeito, a possibilidade de utilização dessas **fontes alternativas** traz como consequência a **possibilidade** de o concessionário **manter o serviço** que executa, **de modo satisfatório ao consumidor,** seu usuário, **sem a necessidade** de promover o **aumento do valor** inicial estipulado para **tarifas** no contrato.

Trata-se, pois, de importante inovação, surgindo, como **exemplos,** a possibilidade de exploração, pelos concessionários, de painéis publicitários ao longo das estradas ou no interior dos transportes coletivos, a construção de empreendimentos comerciais ao longo das estradas, a venda de guias da região nas cabines de pedágio etc.

O que **não se pode admitir,** por ser contrário à diretriz estipulada pelo legislador no art. 11, parágrafo único, é a possibilidade de **utilização** dessas **fontes alternativas**

9 ◼ Concessões e Permissões de Serviços Públicos

com acúmulo de **sucessivos aumentos** no **valor** inicial das **tarifas**, a fim de interferir no equilíbrio inicial estabelecido nos contratos em favor dos concessionários e em detrimento dos interesses dos usuários.

Portanto, percebe-se que a utilização dessas **fontes alternativas** representa inovação importante, uma vez que permite, de um lado, a **manutenção do valor da tarifa ou** ao menos a **majoração** de sua alíquota de **forma menos impactante** para os usuários do serviço, **e** de outro, **economia** para os **cofres públicos**, uma vez que evita a injeção de verbas públicas a título de subsídio.

Para melhor visualização acerca das informações fornecidas sobre política tarifária, confira-se o seguinte quadro:

NATUREZA JURÍDICA	Preço público (Súmula 545 do STF)
VALOR INICIAL	Deve corresponder ao valor da proposta vencedora da licitação (art. 9.º da Lei n. 8.987/95)
REVISÃO DO VALOR	Possível, desde que para manter o equilíbrio econômico-financeiro (art. 9.º, § 2.º, da Lei n. 8.987/95)
TITULARIDADE PARA ALTERAÇÃO DO VALOR	Poder Público, de acordo com regras constitucionais de competência
LIMITE	O valor da tarifa não pode deixar de ser módico, acessível ao usuário comum do serviço, sob pena de ilegalidade (art. 6.º, § 1.º, da Lei n. 8.987/95)
FONTES ALTERNATIVAS	Possibilidade de sua utilização para manter o valor da tarifa a preços módicos (art. 11 da Lei n. 8.987/95)

9.2.5. Responsabilidade dos concessionários e permissionários

Outro ponto específico a ser destacado diz respeito ao problema da **responsabilidade** pelos **prejuízos**, pelas obrigações contraídas **durante a execução das concessões e permissões**.

Essa matéria, embora analisada por ocasião das definições previstas no art. 2.º, no qual se observou que os riscos durante a execução dos ajustes ficam **por conta** dos **concessionários e permissionários**, merece ser retomada em razão das regras específicas previstas pelo legislador.

Dessa maneira, estabelece a referida lei que a **responsabilidade** pelos prejuízos causados durante a execução dos serviços é **inteiramente** do **concessionário**, do **permissionário**, ainda que resultante de fiscalização ineficaz por parte da Administração, como se vê da leitura do **art. 25**:

> **Art. 25.** Incumbe à concessionária a execução do serviço concedido, cabendo-lhe responder por todos os prejuízos causados ao poder concedente, aos usuários ou a terceiros, sem que a fiscalização exercida pelo órgão competente exclua ou atenue essa responsabilidade.

A leitura do dispositivo permite concluir também que essa **responsabilidade** se **estende** por **danos** causados aos **usuários** do serviço, aos **terceiros**, que embora não usuários, por ele tenham sido atingidos, bem como por danos causados ao **Poder Público**.

Por fim, acerca desse tema, importante reiterar que essa **responsabilidade** dos **concessionários**, dos **permissionários**, será **objetiva**, vale dizer, com base no conceito de **nexo de causalidade**, sendo desnecessária, pois, a comprovação de culpa ou dolo por parte da vítima por se tratar de danos resultantes da prestação de serviços públicos.

Nesse sentido, em que pese a ausência de qualquer referência a esse respeito no dispositivo reproduzido, a **conclusão** se **impõe** não só por conta da **diretriz** estabelecida no **art. 37, § 6.º, da CF**, como também em razão da aplicação, ainda que em caráter subsidiário, das regras estabelecidas no **Código de Defesa do Consumidor**, por força da previsão contida no **art. 7.º** desta **Lei n. 8.987/95**.

Outrossim, importante deixar consignado o entendimento já consolidado pelo **STF**, desde **26 de agosto de 2009**, quando do julgamento do **Recurso Extraordinário n. 591.874**, relatado pelo **Ministro Lewandowski**, em que prestigiou como critério para determinar o **perfil da responsabilidade** do Estado o da **natureza** da **atividade** causadora do dano à vítima. Confira-se:

> "Constitucional. Responsabilidade do Estado. Art. 37, § 6.º, da Constituição. Pessoas jurídicas de Direito privado prestadoras de Serviço Público. Concessionário ou permissionário do serviço de transporte coletivo. Responsabilidade objetiva em relação a terceiros não usuários do serviço. Recurso desprovido.
>
> I — A responsabilidade civil das pessoas jurídicas de direito privado prestadoras de serviço público é objetiva relativamente a terceiros usuários e não usuários do serviço, segundo decorre do **art. 37, § 6.º**, da **Constituição Federal**.
>
> II — A inequívoca presença do nexo de causalidade entre o ato administrativo e o dano causado ao terceiro não usuário do serviço público, é condição suficiente para estabelecer a responsabilidade objetiva da pessoa jurídica de direito privado.
>
> III — Recurso extraordinário desprovido".

A leitura do excerto reproduzido bem demonstra o entendimento da **Corte Suprema**, segundo a qual, se o **dano** experimentado pela **vítima** resultou da prestação de um **serviço público**, que a **responsabilidade** seria sempre **objetiva**, sendo secundário saber quem causou o dano, bem como quem o sofreu.

Essa orientação revela-se de extrema **importância**, uma vez que se sabe que a **execução** de um **serviço público** pode ser feita ou pela **Administração**, ou ser transferida para **particulares**.

Diante desse cenário, o **STF** concluiu que, em qualquer uma das duas possibilidades, a **responsabilidade** seria **objetiva**, o que justifica a identidade de perfil da responsabilidade do **Estado**, bem como do **concessionário**, do **permissionário**, **entendimento ratificado**, também pela decisão proferida pela Corte em **1.º de julho de 2014**, quando do julgamento do **ARE 793.046**.

Idêntica conclusão atingiu o **STJ**, por unanimidade, **em 21.08.2024**, quando do julgamento do **REsp 1.908.738/SP**, resultando na seguinte **tese**:

> "As concessionárias de rodovias respondem, independentemente da existência de culpa, pelos danos oriundos de acidentes causados pela presença de animais domésticos nas pistas de rolamento, aplicando-se as regras do Código de Defesa do Consumidor e da Lei das Concessões".

9 ■ Concessões e Permissões de Serviços Públicos

De outro giro, oportuno relembrar que a **prestação** de **serviços públicos** configura uma **relação de consumo**, o que autoriza a aplicação, pelo menos no que couber, dos dispositivos do CDC, destacando-se em especial as regras relacionadas à responsabilidade por danos causados por usuários consumidores.

Nesse sentido, percorrendo o **Código consumerista**, verifica-se a indicação da **responsabilidade objetiva** para o **prestador do serviço** por danos causados aos usuários:

> **Art. 14.** O fornecedor de serviços responde, **independentemente da existência de culpa**, pela reparação dos danos causados aos consumidores por defeitos relativos à prestação dos serviços, bem como por informações insuficientes ou inadequadas sobre sua fruição e riscos.

De outra parte, ao concluir pela **irrelevância da condição da vítima, se usuário ou não do serviço**, a Corte Suprema reafirmou a ideia segundo a qual se deve prestigiar a natureza da atividade.

Assim, a título de exemplo, se um ciclista é atropelado por um ônibus, a responsabilidade da empresa será objetiva, ainda que não seja ele usuário do serviço.

Da mesma forma, se um passageiro do ônibus, como consequência de uma freada brusca, é arremessado para a frente do coletivo e sofre danos, também poderá ele acionar a empresa em juízo, que responderá de forma objetiva.

Aliás, ao assim decidir, a **Corte Suprema** não só se manteve **alinhada** com as **diretrizes** estabelecidas na **Constituição**, em especial no **art. 37, § 6.º**, como também acabou prestigiando a parte mais fraca dessa relação jurídica, vale dizer, a vítima.

Importante frisar que a mesma conclusão se legitima quando a **responsabilidade do concessionário resulta de omissão em relação a serviços públicos**, orientação consolidada pela **primeira turma** do **Supremo Tribunal Federal**, em **maio de 2018**, quando do julgamento do **RE 598356/SP**, relatado pelo Ministro Marco Aurélio.

Assim é que deu **provimento** ao **recurso extraordinário** para **reconhecer a responsabilidade civil** de **pessoa jurídica** de direito privado prestadora de serviço público em razão de **dano decorrente** de **crime de furto** praticado em suas dependências, nos termos do **art. 37, § 6.º**, da Constituição Federal.

Reconheceu ainda o **nexo causal** entre a **conduta omissiva** da **empresa prestadora de serviços**, que deixou de agir com o cuidado necessário quanto à vigilância no posto de pesagem, por ocasião do estacionamento obrigatório do veículo para lavratura do auto de infração, **e o dano causado ao recorrente**. Desse modo, entendeu caracterizada a falha na prestação e organização do serviço.

Afirmou não haver espaço para afastar a responsabilidade, independentemente de culpa, ainda que sob a óptica da omissão, ante o princípio da legalidade, presente a teoria do risco administrativo[3]. A **responsabilidade objetiva** do Estado tem por fundamento a **proteção do cidadão**, que se encontra em posição de subordinação e está

---

[3] STF, AgR ARE: 951552 ES 0015222-38.2014.8.08.0545, Rel. Min. Dias Toffoli, j. 02.08.2016, 2.ª T.; STJ, AgRg no AREsp 838337 PR 2015/0319260-3, Rel. Min. Antonio Carlos Ferreira, j. 02.08.2016, 4.ª T., *DJe* 09.08.2016.

sujeito aos danos provenientes da ação ou omissão do Estado, o qual deve suportar o ônus de suas atividades.

Nesse sentido, a jurisprudência do TJ/DF responsabilizando, de forma objetiva, por omissão, concessionária de cemitério por danos causados. Confira-se:

"APELAÇÃO CÍVEL. PROCESSUAL CIVIL E CONSUMIDOR. CERCEAMENTO DE DEFESA E DEFICIÊNCIA DE FUNDAMENTAÇÃO. INOCORRÊNCIA. REALIZA-ÇÃO DE SEPULTAMENTO. AUSÊNCIA DE LOCALIZAÇÃO DO JAZIGO DA FAMÍ-LIA PELO CEMITÉRIO. FALHA NA PRESTAÇÃO DO SERVIÇO. DANO MORAL CONFIGURADO. MONTANTE CONDENATÓRIO RAZOÁVEL. OBRIGAÇÃO DE FAZER. EXISTÊNCIA. TRANSFERÊNCIA DOS RESTO MORTAIS PARA O SEPUL-CRO ADQUIRIDO.
(...) 3. Configura dano moral a ausência de localização (que só veio a ocorrer após a perícia judicial) do jazigo adquirido há anos pelo autor, enquanto ele os filhos velam a esposa e mãe, e se mostra necessário o sepultamento provisório do corpo do ente querido em túmu-lo distinto da campa familiar. No caso, a concessionária do serviço público que administra o cemitério falhou ao não adotar as medidas cabíveis à correta localização do sepulcro, incorrendo, portanto, em vício do serviço (CDC 20), ato ilícito indenizável (CC/2002 186 927)" (TJDF, AC 0732845-11.2019.8.07.0001, rel. Des. Sérgio Rocha, j. 16.08.2024).

"APELAÇÕES CÍVEIS. DIREITO ADMINISTRATIVO E DO CONSUMIDOR. AÇÃO INDENIZATÓRIA POR DANO MORAL. FALHA NA PRESTAÇÃO DE SERVIÇOS. RESPONSABILIDADE PELOS SERVIÇOS DE MANUTENÇÃO NO CEMITÉRIO CAMPO DA ESPERANÇA. RESPONSABILIDADE OBJETIVA DA ADMINISTRA-DORA DO CEMITÉRIO. DANO EXTRAPATRIMONIAL CONFIGURADO. MAJO-RAÇÃO DO VALOR DA INDENIZAÇÃO. CABIMENTO. FIXAÇÃO DO 'QUAN-TUM' SEGUNDO OS CRITÉRIOS DA RAZOABILIDADE E PROPORCIONALIDADE. RECURSOS CONHECIDOS. DESPROVIDO DA RÉ E PARCIALMENTE PROVIDO DA AUTORA.
1. A vítima de acidente ocorrido no cemitério, enquanto acompanhava o sepultamento de parente, enquadra-se no conceito de consumidor por equiparação (artigo 17, CDC), pois, apesar da falha não decorrer precisamente do serviço contratado, foi atingida pelos vícios estruturais na abertura de covas, sua estruturação física e na sinalização dos locais de passagens dos visitantes e pessoas que transitam pelo local" (TJDF, AC 0700972-33.2023.8.07.0007, rel. Des. Luís Gustavo B. de Oliveira, j. 05.06.2024).

Outrossim, importante anotar que essa **responsabilidade** se apresenta na **variante do risco administrativo**, permitindo assim aos concessionários e permissionários a utilização, em sua defesa, de **caso fortuito** (danos causados por terceiros), **força maior** (danos causados pela natureza) ou **culpa da vítima**, para **excluir ou atenuar** sua responsabilidade.

Nesse sentido, oportuna referência a orientação consolidada no **STJ**, quando do julgamento, em **04.10.2022**, do **REsp 1.872.260**, quanto a exclusão de responsabilidade, por força de caso fortuito, relacionado a roubo em posto de pedágio. Confira-se:

9 ▣ Concessões e Permissões de Serviços Públicos   325

> "Roubo com emprego de arma de fogo. Fila de pedágio. Responsabilidade civil da concessionária de rodovia. Inexistência. Excludente de ilicitude. Fortuito externo. Fato de terceiro. Rompimento do nexo de causalidade".

De se destacar também a possibilidade de **responsabilização do Poder Público**, mas tão somente **em caráter subsidiário**, vale dizer, depois de esgotadas as forças do concessionário, do permissionário.

Para melhor visualização das informações acerca desse item, observe-se o quadro:

LEGITIMIDADE	A responsabilidade é de quem executa o serviço, vale dizer, do concessionário, do permissionário (art. 25 da Lei n. 8.987/95)
PODER PÚBLICO	Cogita-se no máximo de responsabilidade subsidiária, vale dizer, depois de esgotadas as forças do concessionário, do permissionário
EXTENSÃO	Respondem por danos causados aos usuários do serviço: a terceiros e ao poder concedente (art. 25 da Lei n. 8.987/95)
PERFIL	Em se tratando de danos resultantes da prestação de serviços públicos, a responsabilidade será objetiva (nexo causal) na variante do risco administrativo, mesmo raciocínio se aplicando nos casos de omissão
EXCLUSÃO	Não se exclui essa responsabilidade na hipótese de a fiscalização exercida pelo Poder Público ser deficiente (art. 25 da Lei n. 8.987/95)

9.2.6. Subconcessões e contratos com terceiros

Registre-se a possibilidade aberta pelo legislador de os **concessionários** e **permissionários celebrarem**, **com terceiros**, **contratos** para o desenvolvimento de atividades que não se confundem com o objeto da concessão, mas que são inerentes e acessórias ou complementares a ela.

Com efeito, esses contratos **não têm natureza administrativa**; ao contrário, são **regidos** pelo **direito privado**, não se vislumbrando nenhuma participação do Poder Público, o que leva, como consequência lógica, à impossibilidade de ser ele acionado diante de prejuízos ocasionados a terceiros, conforme regra prevista nos **§§ 1.º e 2.º do art. 25**:

> Art. 25. (...)
> § 1.º Sem prejuízo da responsabilidade a que se refere este artigo, a concessionária poderá contratar com terceiros o desenvolvimento de atividades inerentes, acessórias ou complementares ao serviço concedido, bem como a implementação de projetos associados.
> § 2.º Os contratos celebrados entre a concessionária e os terceiros a que se refere o parágrafo anterior reger-se-ão pelo direito privado, não se estabelecendo qualquer relação jurídica entre os terceiros e o poder concedente.

Assim, não se podem **confundir** os **contratos** celebrados **com terceiros**, cujo objeto não apresenta pontos de contato com o da concessão, **com as subconcessões**, porque, neste último caso, temos verdadeiros **contratos administrativos**, cuja concretização depende não só de expressa previsão anterior no edital de licitação e no contrato, mas também de expressa autorização do Poder concedente.

Nesse tipo de ajuste, o **subconcessionário**, ao contrário do que se verificou na contratação de terceiros, mantém-se **vinculado à Administração** Pública, **sub-rogando-se** em todos os **direitos** e **obrigações** do concessionário.

É o que estipula o **art. 26**, cuja redação a seguir se reproduz:

Art. 26. É admitida a subconcessão, nos termos previstos no contrato de concessão, desde que expressamente autorizada pelo poder concedente.

§ 1.º A outorga de subconcessão será sempre precedida de concorrência.

§ 2.º O subconcessionário se sub-rogará todos os direitos e obrigações da subconcedente dentro dos limites da subconcessão.

Sobre este tema, destaque para a previsão estabelecida no art. 27, segundo o qual:

Art. 27. A transferência de concessão ou do controle societário da concessionária sem prévia anuência do poder concedente implicará a caducidade da concessão.

Nesse sentido, oportuna a reprodução de **precedente** do **STF**, quando do julgamento, em **09.03.2022**, da **ADI 2.946/DF, ajuizada em face do art. 27 da Lei n. 8.987/95**, em que a Corte concluiu pela sua constitucionalidade, em face do art. 175, da Lei Maior, sendo suficiente a anuência do Poder Concedente, tornando desnecessária a abertura de licitação, por não se tratar de subconcessão. Confira-se os seguintes trechos:

"(...) 7. A norma impugnada é uma 'via de mão dupla', porque, 'por um lado, busca equacionar a rigidez do contrato com a dinâmica do mundo negocial (...); por outro, assegura à Administração Pública o controle da regularidade desse ato'. Trata-se de norma de duplo escopo, que institui a anuência da Administração Pública como relevante prerrogativa de verificação da regularidade da avença havida entre particulares, em prol do interesse público. (...)

10. O ato de transferência da concessão e do controle societário da concessionária, nos termos do art. 27 da Lei n. 8.987/95, não se assemelha, em essência, à subconcessão de serviço público prevista no art. 26 do mesmo diploma, justificando-se o tratamento legal diferenciado. Diversamente da transferência da concessão ou do controle acionário, que não dá início a uma relação jurídico-contratual nova e mantém intacta a base objetiva do contrato, a subconcessão instaura uma relação jurídico-contratual inteiramente nova e distinta da anterior entre o poder concedente e a subconcessionária. (...)".

Para melhor visualização acerca deste item, veja-se o quadro:

	CONTRATAÇÃO COM TERCEIROS	SUBCONCESSÕES
FUNDAMENTO	Art. 25, § 1.º, da Lei n. 8.987/95	Art. 26 da Lei n. 8.987/95
OBJETO	Desenvolvimento de atividades inerentes, acessórias ou complementares da concessão com terceiros	Transferência de parte do contrato de concessão para terceiros
NATUREZA	Contratos regidos pelo direito privado (Art. 25, § 2.º, da Lei n. 8.987/95)	Contratos administrativos
REGRAS	De direito privado (art. 25, § 2.º, da Lei n. 8.987/95)	De direito público

9 ■ Concessões e Permissões de Serviços Públicos

LICITAÇÃO	Desnecessidade	Necessidade só na modalidade de concorrência (art. 26, § 1.º, da Lei n. 8.987/95)
SUB-ROGAÇÃO	Não se configura entre o terceiro contratado e o Poder concedente	Configura-se entre o subconcessionário e o Poder concedente, nos limites da subconcessão (art. 26, § 2.º, da Lei n. 8.987/95)

9.2.7. Encargos do Poder concedente e do concessionário

Em relação a este item, o legislador houve por bem relacionar os encargos atribuídos ao Poder concedente, bem como aos concessionários, que resultam da posição por eles assumida durante a vigência desses ajustes, na condição de titular e executor do serviço respectivamente, conforme previsão estabelecida nos arts. 29 e 31 da Lei n. 8.987/95. Para melhor visualização, observemos alguns exemplos:

ENCARGOS DO PODER CONCEDENTE	FUNDAMENTO
Regulamentar o serviço concedido e fiscalizar sua prestação	Art. 29, I
Aplicação de penalidades	Art. 29, II
Homologar reajustes e proceder à revisão das tarifas	Art. 29, V
Cumprir e fazer cumprir as disposições regulamentares dos serviços e as cláusulas contratuais da concessão	Art. 29, VI
Promover desapropriações diretamente ou mediante outorga de poderes à concessionária	Art. 29, VIII

ENCARGOS DA CONCESSIONÁRIA	FUNDAMENTO
Prestar serviço adequado na forma da lei	Art. 31, I
Prestar contas da gestão do serviço	Art. 31, III
Cumprir as normas dos serviços e cláusulas contratuais	Art. 31, IV
Promover as desapropriações e constituir servidões autorizadas pelo Poder concedente	Art. 31, VI, ratificando previsão já existente no Decreto-lei n. 3.365/41, disciplinador do tema desapropriação

9.2.8. Intervenção

Em relação a este item, houve por bem o legislador franquear ao Poder Público a possibilidade de decretar intervenção durante a vigência do contrato de concessão, com o objetivo de verificar a adequação da execução dos serviços em vista dos termos assinalados no contrato.

Referida intervenção será promovida através da publicação de um decreto, tudo nos termos previstos no art. 32 dessa lei.

Nesse sentido, **não se exige contraditório prévio**, antes da **publicação do decreto**, conforme entendimento do **STJ**, em **22.02.2022**, quando do julgamento do **RMS 66.794/AM**. Confira-se:

> "Não se exige contraditório prévio à decretação de intervenção em contrato de concessão com concessionária de serviço público."

328 Direito Administrativo Esquematizado · Celso Spitzcovsky

A apuração de eventuais irregularidades demanda, por óbvio, a abertura de processo administrativo, assegurada a ampla defesa. Constatada qualquer sorte de irregularidade, poderá conduzir à devolução da execução dos serviços ao concessionário, ou à decretação da caducidade da concessão, nos termos previstos no art. 34, bem como a continuidade do serviço, se nenhuma irregularidade for encontrada.

Para melhor visualização deste item, observe-se o quadro:

OBJETO	Assegurar a adequação da prestação do serviço, bem como o cumprimento das normas contratuais	Art. 32 da Lei n. 8.987/95
LEGITIMIDADE	Poder concedente	Art. 32 da Lei n. 8.987/95
INSTRUMENTO	Decreto do Poder concedente	Art. 32, parágrafo único, da Lei n. 8.987/95
REQUISITO	Abertura de processo administrativo, assegurada a ampla defesa	Art. 33 da Lei n. 8.987/95
RESULTADOS POSSÍVEIS	Devolução dos serviços à concessionária ou extinção da concessão	Arts. 33 e 34 da Lei n. 8.987/95

9.2.9. Formas de extinção

Por derradeiro, cumpre estabelecer algumas considerações em relação às **formas de extinção** dos **contratos de concessão**, cuja previsão encontra-se a partir do **art. 35** dessa lei.

9.2.9.1. Termo

A primeira forma de extinção prevista na Lei n. 8.987/95 é o **termo contratual**, que se materializa por ocasião do **encerramento do prazo** estipulado para o contrato de concessão.

Com efeito, não se pode esquecer que, surgindo a concessão como modalidade de contrato administrativo, ela apresenta, como característica marcante, a existência de prazo certo e determinado.

Assim, surge como desdobramento natural o fato de que, com o advento do término do prazo previsto para a duração do contrato, considera-se ele encerrado, sendo essa a **única forma de extinção natural**, por assim dizer, desse tipo de ajuste.

9.2.9.2. Encampação

A segunda forma de extinção é a **encampação**, que pode ser definida como forma de **extinção** do **contrato** de concessão durante sua vigência, por **razões de interesse público**.

Resta claro que o **fundamento** para a extinção das concessões, por meio da encampação, é a **supremacia do interesse público sobre o do particular**, sendo levada a efeito, por razões óbvias, de modo unilateral pelo Poder Público.

Cumpre observar, sem embargo, que, não tendo o **concessionário** dado causa à extinção do contrato, fará ele jus a uma **indenização**, sendo necessária, também, a edição de uma **lei específica** autorizadora.

9 ■ Concessões e Permissões de Serviços Públicos 329

De resto, é a previsão estabelecida pelo **art. 37** da Lei n. 8.987/95, cuja redação a seguir se reproduz:

Art. 37. Considera-se encampação a retomada do serviço pelo poder concedente durante o prazo da concessão, **por motivo de interesse público, mediante lei autorizativa** e específica e **após prévio pagamento da indenização** na forma do artigo anterior.

9.2.9.3. *Caducidade*

A caducidade pode ser definida como forma de **extinção** do contrato de **concessão** durante sua vigência, por força da **inexecução do ajuste pelo concessionário**.

Claro está que essa forma de extinção, que também se verifica de modo **unilateral**, é promovida pelo Poder Público, que tem por **fundamento** o **descumprimento** de **obrigações** pelo **contratado**.

Nesse sentido, não faz o concessionário jus a **nenhum tipo de indenização**, e a caracterização do descumprimento de obrigações por ele deverá ser **precedida de processo administrativo**, em que lhe sejam assegurados o **contraditório** e **ampla defesa**.

Importante observar que a declaração de caducidade do ajuste acaba por **afastar** qualquer **responsabilidade do Poder Público** perante terceiros, por prejuízos até então causados pela concessionária, consoante regra estabelecida no **art. 38, § 6.º**, da Lei n. 8.987/95.

Por derradeiro, cumpre fazer registro acerca de hipótese prevista na Lei n. 8.987/95, configuradora da possibilidade de declaração da caducidade da concessão, a teor do disposto no **art. 27,** *caput,* desse diploma legal. Confira-se:

Art. 27. A transferência de concessão ou do controle societário da concessionária sem prévia anuência do poder concedente implicará a caducidade da concessão.

A leitura do dispositivo legal reproduzido bem demonstra a possibilidade de configuração da caducidade, em se verificando uma das duas hipóteses ali relacionadas, vale dizer, quando houver **transferência do objeto** da concessão **para terceiros, sem** prévia **anuência do Poder Público**, ou quando se verificar a **transferência do controle acionário**, uma vez que não se pode perder de vista ser a concessão celebrada em caráter personalizado.

A propósito, confira-se, uma vez mais, do trecho da decisão proferida pelo **STF**, em **09.03.2022**, quando do julgamento da **ADI 2946/DF**:

"É constitucional a transferência da concessão e do controle societário das concessionárias de serviços públicos, mediante anuência do poder concedente (Lei 8.987/1995, art. 27).
Nessas hipóteses, a base objetiva do contrato continua intacta. Permanecem o mesmo objeto contratual, as mesmas obrigações contratuais e a mesma equação econômico-financeira. O que ocorre é apenas a sua modificação subjetiva, seja pela substituição do contratado, seja em razão da sua reorganização empresarial."

9.2.9.4. Rescisão

A quarta forma de extinção dos contratos de concessão é a **rescisão**, que tem lugar durante a vigência do contrato, por **descumprimento de cláusulas pelo Poder concedente**.

Por força desse aspecto, claro está que essa forma de extinção é levada a efeito por iniciativa do concessionário, sendo, entretanto, **necessária a propositura de ação judicial**, como se observa da redação prevista no **art. 39**:

> **Art. 39.** O contrato de concessão poderá ser rescindido por iniciativa da concessionária, no caso de descumprimento das normas contratuais pelo poder concedente, **mediante ação judicial especialmente intentada para esse fim**.

Essa **diferença de tratamento** oferecida pelo legislador, dando oportunidade para que o Poder Público possa, unilateralmente, **extinguir** os **contratos** de concessão e oferecendo tratamento diverso ao concessionário, exigindo a propositura de ação judicial, **deve-se** aos **interesses representados pelas partes**.

Na hipótese de rescisão, enquanto não sobrevier o **trânsito em julgado** da decisão judicial, o **serviço** deverá **continuar** sendo **prestado** pela **concessionária**, na forma prevista no parágrafo único do mesmo **art. 39**, como se verifica:

> **Art. 39.** (...)
> Parágrafo único. Na hipótese prevista no *caput* deste artigo, os serviços prestados pela concessionária não poderão ser interrompidos ou paralisados, até a decisão judicial transitada em julgado.

Sem dúvida, essa **previsão legal** representa um grande **incentivo** para que os **contratos** continuem sendo **executados**, uma vez que, para a **concessionária**, não se vislumbra **nenhuma vantagem** na propositura de **ação judicial**, uma vez que, como visto, o serviço não poderá ser paralisado ou interrompido.

Assim, se por hipótese, a razão para a rescisão do contrato estiver relacionada ao descumprimento de obrigações pela Administração Pública, inviabilizando a continuação do ajuste pelo concessionário, de **pouca valia** será a **propositura de medida judicial**, porque o **serviço não poderá** perder **solução de continuidade**.

9.2.9.5. Anulação

A quinta e penúltima forma de extinção dos contratos de concessão é a **anulação**, por meio da qual o ajuste é encerrado durante sua vigência por **razões de ilegalidade**, porque, como visto inúmeras vezes, a Administração Pública não pode conviver com vícios dessa natureza.

Nesse sentido, importante consignar que pela primeira vez permite o legislador que a **extinção** do contrato de concessão ocorra por **iniciativa** ou do **Poder Público**, que poderá fazê-lo de ofício ou por provocação, **ou** pelo **concessionário**, este último somente por intermédio do Poder **Judiciário**.

9 ■ Concessões e Permissões de Serviços Públicos 331

9.2.9.6. Falência

Aqui o legislador relaciona a **falência** ou a **extinção** da **empresa concessionária** ou o **falecimento** ou a incapacidade do **titular**, no caso de **empresa individual**, como formas extintivas do contrato de concessão, por se tratar de ajuste celebrado em caráter personalíssimo.

Esta última hipótese não demanda maiores comentários, visto que sua **extinção** se impõe em face da **falta de condições financeiras ou jurídicas** para que o concessionário continue a executar o contrato de concessão, de acordo com as cláusulas inicialmente estabelecidas.

Nesse particular, sobreleva notar que a simples falta de **condições financeiras** não se revela suficiente para levar à **extinção** do **ajuste**, uma vez que perfeitamente possível imaginar a possibilidade de o concessionário se encontrar em precárias condições financeiras, porém com a possibilidade ainda de continuar arcando com as obrigações resultantes do contrato.

Outrossim, perfeitamente possível cogitar da configuração de **situação financeira precária**, mas já encaminhada com o acolhimento do pedido de **recuperação judicial**.

9.2.9.7. Extinção e falecimento

Finalizando, tendo em vista ser o contrato de concessão celebrado de forma personalizada, também se apresentam como causas de extinção a extinção da pessoa jurídica ou o falecimento do concessionário, se pessoa física.

Para melhor visualização das causas da extinção das concessões, confira-se o seguinte quadro:

TERMO	Término do prazo inicialmente previsto	Art. 35 da Lei n. 8.987/95
ENCAMPAÇÃO	Razões de interesse público	Art. 37 da Lei n. 8.987/95
CADUCIDADE	Inexecução total ou parcial do contrato pelo concessionário	Arts. 38 e 27 da Lei n. 8.987/95
RESCISÃO	Descumprimento de obrigações pelo Poder concedente	Art. 39 da Lei n. 8.987/95
ANULAÇÃO	Razões de ilegalidade	Art. 35, V, da Lei n. 8.987/95
FALÊNCIA	Por falta de condições financeiras do concessionário	Art. 35, VI, da Lei n. 8.987/95
EXTINÇÃO DA CONCESSIONÁRIA	Por se tratar de contrato personalizado	Art. 35, VI, da Lei n. 8.987/95
FALECIMENTO OU INCAPACIDADE DO TITULAR, NO CASO DE EMPRESA INDIVIDUAL	Por se tratar de contrato personalizado	Art. 35, VI, da Lei n. 8.987/95

9.2.10. Consequências da extinção das concessões: a reversão de bens e a reassunção de serviço

Verificadas as hipóteses de extinção dos contratos de concessão, cumpre registrar, ainda, a título de encerramento desse tema, as **consequências** resultantes da **extinção** desses ajustes, previstas nos parágrafos do **art. 35** da Lei de Regência.

Dentro desse contexto, destaque, em primeiro lugar, para o instituto da **reversão**, através do qual, ao término da concessão, promove-se uma **transferência de bens** considerados **essenciais** para o **patrimônio público**, de forma a viabilizar a continuidade da prestação dos serviços.

Diante desse cenário, em respeito ao princípio da **segurança das relações jurídicas**, não se poderia deixar ao livre critério das partes envolvidas, a competência para relacionar quais os **bens** que seriam objeto dessa **transferência**.

Não por outra razão, no § 1.º do art. 35, o legislador deixa claro que a lista dos chamados **bens reversíveis**, vale dizer, aqueles que, ao término da concessão, serão transferidos para o patrimônio público, deverá encontrar-se em **dois momentos anteriores**.

No momento em que o **edital** de **licitação**, que antecede a formalização dos contratos, é tornado público **(art. 18, X)**, o mesmo se verificando no momento da **celebração do contrato (art. 23, X)**, como se vê:

Art. 18. O edital de licitação será elaborado pelo poder concedente, observados, no que couber, os critérios e as normas gerais da legislação própria sobre licitações e contratos e conterá, especialmente: (...)

X — a indicação dos bens reversíveis.

Art. 23. São cláusulas essenciais do contrato de concessão as relativas: (...)

X — aos bens reversíveis.

Dessa forma, a **extinção** do contrato de **concessão**, seja por qual razão for, **enseja a reversão** dos **bens** previamente relacionados no edital e no contrato para o Poder Público, surgindo, repita-se uma vez mais, como **consequência da extinção da concessão** e não como causa.

O mesmo raciocínio se aplica para a **reassunção** do serviço pelo Poder, no final do contrato, uma vez que surge ela, da mesma forma, como **consequência e não** como **causa** dos ajustes, consoante o disposto no **§ 2.º do art. 35**:

Art. 35. (...)
§ 2.º Extinta a concessão, haverá a imediata assunção do serviço pelo poder concedente, procedendo-se aos levantamentos, avaliações e liquidações necessários.

A leitura do dispositivo reproduzido torna lógica a opção feita pelo legislador, uma vez que, **encerrada a concessão**, seja por que razão for, o serviço público, que até então vinha sendo prestado pelo concessionário, **não pode ter sua execução interrompida**.

Dessa forma, não sendo mais o concessionário a executá-lo, a atribuição é transferida para o Poder Público, na qualidade de titular do serviço, para a preservação dos interesses da coletividade.

Para melhor visualização das consequências da extinção das concessões, confira-se o quadro:

REASSUNÇÃO DOS SERVIÇOS	Retomada da execução dos serviços pelo Poder Público, uma vez extinta a concessão	Art. 35, § 2.º, da Lei n. 8.987/95
REVERSÃO DE BENS	Transferência para o patrimônio público de bens considerados essenciais para a continuidade do serviço, uma vez extinta a concessão	Arts. 35, § 1.º, 18, X, e 23, X, da Lei n. 8.987/95

9.3. DIFERENÇAS ENTRE CONCESSÕES E PERMISSÕES

Os **dois institutos**, disciplinados pela Lei n. 8.987/95, têm em **comum** o fato de se apresentarem como instrumentos através dos quais o Poder Público (titular) **transfere**, via **licitação**, a **execução** de serviços e obras públicas para **particulares** que objetivam **lucro**.

Sem embargo, apresentam **diferenças significativas**, que resultam das definições estabelecidas ao nível desse diploma legal em seu **art. 2.º**, que, em razão da oportunidade, uma vez mais se reproduz:

Art. 2.º (...)

II — concessão de serviço público: a delegação de sua prestação, feita pelo poder concedente, **mediante licitação, na modalidade concorrência ou diálogo competitivo**, a pessoa jurídica ou consórcio de empresas que demonstre capacidade para seu desempenho, por sua conta e risco e por prazo determinado;

IV — **permissão de serviço público:** a delegação, a título precário, mediante licitação, da prestação de serviços públicos, feita pelo poder concedente à pessoa física ou jurídica que demonstre capacidade para seu desempenho, por sua conta e risco.

Dentro desse contexto, para melhor visualização das diferenças apontadas pelo legislador, oportuna a elaboração do seguinte quadro:

	CONCESSÃO	PERMISSÃO
NATUREZA	Contrato	Ato administrativo
PRAZO	Sim	Não, por ser precária
LICITAÇÃO	Sim, mas só nas modalidades de concorrência e diálogo competitivo	Sim, e em qualquer modalidade
DESTINATÁRIOS	Pessoas jurídicas de forma isolada ou mediante consórcio	Pessoas físicas ou jurídicas, mas só de forma isolada
RESPONSABILIDADE	É do concessionário, sendo objetiva na variante do risco administrativo	É do permissionário, sendo objetiva na variante do risco administrativo

9.4. QUADRO SINÓTICO

CONCESSÕES E PERMISSÕES DE SERVIÇOS PÚBLICOS	
DEFINIÇÃO E PERFIL CONSTITUCIONAL	Instrumentos através dos quais o Poder Público transfere tão somente a **execução** de serviços públicos para particulares. **Fundamento:** CF, art. 175.
DISCIPLINA INFRACONSTITUCIONAL	Lei n. 8.987/95.

SERVIÇO PÚBLICO ADEQUADO — CONCEITO	Art. 6.°, § 1.°: Serviço adequado é o que satisfaz as condições de regularidade, continuidade, eficiência, segurança, atualidade, generalidade, cortesia na sua prestação e modicidade das tarifas.
REFLEXOS	1. Se alguma dessas características não se configurar, a execução do serviço se torna ilegal. 2. Esta lei permite a interrupção da execução do serviço na hipótese de inadimplência do usuário (art. 6.°, § 3.°, II) em contraposição ao CDC, que veda essa possibilidade (art. 22).
POLÍTICA TARIFÁRIA	Sendo a tarifa a principal fonte de remuneração dos concessionários, necessária a estipulação de limites para que o valor a ser cobrado não fique ao livre critério do concessionário (arts. 9.°, 10 e 11).
RESPONSABILIDADE DOS CONCESSIONÁRIOS E PERMISSIONÁRIOS	▫ é objetiva; ▫ prevista no art. 25 desta lei.
CONTRATAÇÃO DE TERCEIROS	▫ fundamento art. 25, § 1.°, desta lei; ▫ natureza: contrato de direito privado; ▫ licitação: desnecessidade; ▫ sub-rogação perante a Administração: inexistente.
SUBCONCESSÕES	▫ fundamento art. 26 desta lei; ▫ natureza: contrato administrativo; ▫ licitação: necessária na modalidade única de concorrência; ▫ sub-rogação perante a administração: existente nos limites da subconcessão.
ENCARGOS DO PODER CONCEDENTE	Resultam da sua condição de titular (art. 29 desta lei).
ENCARGOS DA CONCESSIONÁRIA	Resultam da sua condição de simples executora do serviço (art. 31 desta lei).
INTERVENÇÃO	▫ legitimidade: Poder concedente (art. 32); ▫ objeto: assegurar adequação do serviço (art. 32); ▫ instrumento: decreto (art. 32, parágrafo único); ▫ requisito: abertura de processo administrativo, assegurada ampla defesa (art. 33, §§ 1.° e 2.°); ▫ resultados: devolução do serviço à concessionária ou conforme a gravidade da irregularidade, a decretação de sua caducidade (art. 34).
FORMAS DE EXTINÇÃO (CAUSAS)	**Termo:** por força do término do prazo inicial. **Encampação:** por razões de interesse público. **Caducidade:** por descumprimento de obrigações pelo concessionário. **Rescisão:** por descumprimento de obrigações pelo Poder concedente. **Anulação:** por razões de ilegalidade. **Falência:** por falta de condições financeiras do concessionário.
CONSEQUÊNCIAS DA EXTINÇÃO	**Reversão de bens:** passagem de bens para o patrimônio público ao término da concessão (art. 35, § 1.°; art. 18, X; e art. 23, X). **Reassunção de serviço:** retomada da execução pelo Poder Público ao término da concessão (art. 35, § 2.°).
DIFERENÇAS ENTRE CONCESSÃO E PERMISSÃO	Resultam das definições oferecidas no art. 2.°, II e IV, desta lei.

9.5. SÚMULAS SOBRE CONCESSÕES E PERMISSÕES DE SERVIÇOS PÚBLICOS

9.5.1. Súmulas vinculantes

▪ **Súmula vinculante 19:** A taxa cobrada exclusivamente em razão dos serviços públicos de coleta, remoção e tratamento ou destinação de lixo ou resíduos provenientes de imóveis, não viola o art. 145, II, da Constituição Federal.

■ **Súmula vinculante 41:** O serviço de iluminação pública não pode ser remunerado mediante taxa.

9.5.2. Súmula do STF

■ **Súmula 545:** Preços de serviços públicos e taxas não se confundem, porque estas, diferentemente daqueles, são compulsórias e têm sua cobrança condicionada à prévia autorização orçamentária, em relação à lei que as instituiu.

9.5.3. Súmula do STJ

■ **Súmula 407:** É legítima a cobrança da tarifa de água fixada de acordo com as categorias de usuários e as faixas de consumo.

9.6. QUESTÕES

10

PARCERIAS PÚBLICO-PRIVADAS

10.1. PARCERIAS PÚBLICO-PRIVADAS

A questão relacionada às **parcerias público-privadas** tem assumido **importância** cada vez maior diante da **realidade institucional** vivenciada pelo nosso país, na qual o Poder Público tem uma **quantidade crescente de demandas represadas** nos mais diversos setores, por força de **orçamentos** cada vez mais **apertados**.

Em outras palavras, cada vez menos a **Administração** apresenta **condições** de **atender sozinha** às **demandas** que se multiplicam nos mais diversos setores, exigindo **fortes investimentos** para a realização de **projetos de enorme envergadura**, como a construção de hidroelétricas, a melhoria da malha rodoviária, a construção de novas penitenciárias, estações de metrô, hospitais e escolas.

De outra parte, importante consignar que o **limite da capacidade** de **contribuição** do **setor privado** para com o Poder Público atingiu um **patamar insuportável**, na medida em que a **carga tributária** se eleva a **padrões nunca antes vistos** em nosso País.

Nesse contexto, a **solução encontrada** foi procurar **atrair recursos privados** em condições mais favoráveis para fazer frente a esses projetos, garantindo, também, a credibilidade necessária para os compromissos contraídos pela Administração Pública com terceiros.

10.1.1. Definição e modalidades

De início, cumpre enfrentar a questão relacionada à **definição** e às **modalidades** de parcerias público-privadas, matéria disciplinada no **art. 2.º da Lei n. 11.079/2004**, cuja redação a seguir se reproduz:

Art. 2.º Parceria público-privada é o contrato administrativo de concessão, na modalidade patrocinada ou administrativa.

§ 1.º Concessão patrocinada é a concessão de serviços públicos ou de obras públicas de que trata a Lei n. 8.987, de 13 de fevereiro de 1995, quando envolver, adicionalmente à tarifa cobrada dos usuários contraprestação pecuniária do parceiro público ao parceiro privado.

§ 2.º Concessão administrativa é o contrato de prestação de serviços de que a Administração Pública seja a usuária direta ou indireta, ainda que envolva execução de obra ou fornecimento e instalação de bens.

A leitura do **art. 2.º** autoriza a conclusão segundo a qual o **traço característico** da parceria público-privada, na **modalidade patrocinada**, é a necessidade de uma contraprestação pecuniária do parceiro público ao privado.

Nesse particular, mais adiante, o legislador, nos **arts. 6.º e 7.º**, oferece um **detalhamento maior** do tema, estabelecendo o procedimento e os requisitos para a efetivação dessa contraprestação, nos seguintes termos:

Art. 6.º A contraprestação da Administração Pública nos contratos de parceria público-privada poderá ser feita por:

I — ordem bancária;

II — cessão de créditos não tributários;

III — outorga de direitos em face da Administração Pública;

IV — outorga de direitos sobre bens públicos dominicais;

V — outros meios admitidos em lei.

§ 1.º O contrato poderá prever o pagamento ao parceiro privado de remuneração variável vinculada ao seu desempenho, conforme metas e padrões de qualidade e disponibilidade definidos no contrato.

§ 2.º O contrato poderá prever o aporte de recursos em favor do parceiro privado para a realização de obras e aquisição de bens reversíveis, nos termos dos incisos X e XI do *caput* do art. 18 da Lei n. 8.987, de 13 de fevereiro de 1995, desde que autorizado no edital de licitação, se contratos novos, ou em lei específica, se contratos celebrados até 8 de agosto de 2012.

§ 3.º O valor do aporte de recursos realizado nos termos do § 2.º poderá ser excluído da determinação:

I — do lucro líquido para fins de apuração do lucro real e da base de cálculo da Contribuição Social sobre o Lucro Líquido — CSLL;

II — da base de cálculo da Contribuição para o PIS/Pasep e da Contribuição para o Financiamento da Seguridade Social — Cofins;

III — da base de cálculo da Contribuição Previdenciária sobre a Receita Bruta — CPRB devida pelas empresas referidas nos arts. 7.º e 8.º da Lei n. 12.546, de 14 de dezembro de 2011, a partir de 1.º de janeiro de 2015.

§ 4.º Até 31 de dezembro de 2013, para os optantes conforme o art. 75 da Lei n. 12.973, de 13 de maio de 2014, e até 31 de dezembro de 2014, para os não optantes, a parcela excluída nos termos do § 3.º deverá ser computada na determinação do lucro líquido para fins de apuração do lucro real, da base de cálculo da CSLL e da base de cálculo da Contribuição para o PIS/Pasep e da Cofins, na proporção em que o custo para a realização de obras e aquisição de bens a que se refere o § 2.º deste artigo for realizado, inclusive mediante depreciação ou extinção da concessão, nos termos do art. 35 da Lei n. 8.987, de 13 de fevereiro de 1995.

§ 5.º Por ocasião da extinção do contrato, o parceiro privado não receberá indenização pelas parcelas de investimentos vinculados a bens reversíveis ainda não amortizadas ou depreciadas, quando tais investimentos houverem sido realizados com valores provenientes do aporte de recursos de que trata o § 2.º.

§ 6.º A partir de 1.º de janeiro de 2014, para os optantes conforme o art. 75 da Lei n. 12.973, de 13 de maio de 2014, e de 1.º de janeiro de 2015, para os não optantes, a parcela excluída nos termos do § 3.º deverá ser computada na determinação do lucro líquido para

10 ◾ Parcerias Público-Privadas

fins de apuração do lucro real, da base de cálculo da CSLL e da base de cálculo da Contribuição para o PIS/Pasep e da Cofins em cada período de apuração durante o prazo restante do contrato, considerado a partir do início da prestação dos serviços públicos.

§ 7.º No caso do § 6.º, o valor a ser adicionado em cada período de apuração deve ser o valor da parcela excluída dividida pela quantidade de períodos de apuração contidos no prazo restante do contrato.

§ 8.º Para os contratos de concessão em que a concessionária já tenha iniciado a prestação dos serviços públicos nas datas referidas no § 6.º, as adições subsequentes serão realizadas em cada período de apuração durante o prazo restante do contrato, considerando o saldo remanescente ainda não adicionado.

§ 9.º A parcela excluída nos termos do inciso III do § 3.º deverá ser computada na determinação da base de cálculo da contribuição previdenciária de que trata o inciso III do § 3.º em cada período de apuração durante o prazo restante previsto no contrato para construção, recuperação, reforma, ampliação ou melhoramento da infraestrutura que será utilizada na prestação de serviços públicos.

§ 10. No caso do § 9.º, o valor a ser adicionado em cada período de apuração deve ser o valor da parcela excluída dividida pela quantidade de períodos de apuração contidos no prazo restante previsto no contrato para construção, recuperação, reforma, ampliação ou melhoramento da infraestrutura que será utilizada na prestação de serviços públicos.

§ 11. Ocorrendo a extinção da concessão antes do advento do termo contratual, o saldo da parcela excluída nos termos do § 3.º, ainda não adicionado, deverá ser computado na determinação do lucro líquido para fins de apuração do lucro real, da base de cálculo da CSLL e da base de cálculo da Contribuição para o PIS/Pasep, da Cofins e da contribuição previdenciária de que trata o inciso III do § 3.º no período de apuração da extinção.

§ 12. Aplicam-se às receitas auferidas pelo parceiro privado nos termos do § 6.º o regime de apuração e as alíquotas da Contribuição para o PIS/Pasep e da Cofins aplicáveis às suas receitas decorrentes da prestação dos serviços públicos.

Art. 7.º A contraprestação da Administração Pública será obrigatoriamente precedida da disponibilização do serviço objeto do contrato de parceria público-privada.

§ 1.º É facultado à administração pública, nos termos do contrato, efetuar o pagamento da contraprestação relativa a parcela fruível do serviço objeto do contrato de parceria público-privada.

§ 2.º O aporte de recursos de que trata o § 2.º do art. 6.º, quando realizado durante a fase dos investimentos a cargo do parceiro privado, deverá guardar proporcionalidade com as etapas efetivamente executadas.

A leitura dos dispositivos legais colacionados revela que a parceria público-privada, na **modalidade patrocinada**, pressupõe o pagamento de uma **contraprestação pecuniária** que até o momento da edição da Lei n. 11.079/2004 não existia. Esse valor mínimo, inicialmente fixado em 20 milhões de reais, foi reduzido para 10 milhões, em razão da larga aceitação dessa modalidade de contratação.

Destarte, até o surgimento desse diploma legal, a **principal fonte de arrecadação dos concessionários** era a **cobrança de tarifa dos usuários**, cujos limites estão delineados no Capítulo IV, denominado **"Política Tarifária"**, da **Lei n. 8.987/95**, regulamentadora do art. 175 da CF.

Dessa forma, para **atrair investimentos privados**, o legislador houve por bem aqui **acrescer** a possibilidade de **remuneração do parceiro privado pelo parceiro público**, diferencial que não se verifica para a modalidade administrativa.

Com efeito, partindo-se da letra do dispositivo legal, tem-se que essa **parceria público-privada**, na **modalidade administrativa**, ou **concessão administrativa** surge, tão somente, como **contrato** simples **de prestação de serviços** regulado pela Lei n. 8.666/93 (até 30.12.2023) e pela Lei n. 14.133/2021, com a agravante de estar agora incluído em regras especiais que permitem sua prestação sob outros parâmetros, em especial o **prazo** de **até 35 anos** e o **valor mínimo** de **R$ 10.000.000,00 (arts. 2.º, § 4.º, I, e 5.º, I, da Lei n. 11.079/2004)**.

Assim, um simples contrato de prestação de serviço de coleta de lixo tem agora a possibilidade de ser enquadrado como parceria público-privada.

Em síntese, portanto, pelas **definições oferecidas pelo legislador**, a **concessão patrocinada**, como dito, tem como **traço característico** a **remuneração** do concessionário **por tarifas** e ainda por meio de uma **contraprestação pecuniária** pelo Poder Público.

De outra parte, na **concessão administrativa** temos um simples contrato de prestação de serviços, **não se cogitando**, pois, da **cobrança de tarifa dos usuários**, mas **tão somente** uma **contraprestação pecuniária** por ter ele a Administração como usuária direta ou indireta.

Nesse contexto, pode-se dizer que as obras e serviços públicos utilizáveis preponderantemente pelo setor privado, como rodovias, estações do metrô, como visto, enquadram-se na modalidade patrocinada, enquanto os serviços e obras que têm a Administração como usuária final, envolvendo a construção de hospitais ou presídios, sem cobrança de qualquer tarifa, amoldam-se ao perfil da concessão administrativa.

Assim, a título de encerramento deste tópico, tem-se que, com a edição da **Lei n. 11.079/2004**, surgem em nosso ordenamento jurídico **duas outras modalidades** diferentes **de concessão** juntando-se à concessão comum, única variante até então existente, regulada pela Lei n. 8.987/95.

Dentro desse contexto, para melhor visualização do cenário que se apresentou em matéria de concessões, a partir da edição da Lei n. 11.079/2004, apresentam-se as seguintes **modalidades:**

a) Patrocinada: incidente sobre a execução de obras e serviços públicos, remunerada por meio de tarifa e contraprestação pecuniária do Poder Público, regida pela Lei n. 11.079/2004.

b) Administrativa: incidente somente sobre a execução de serviços públicos, remunerada exclusivamente por contraprestação pecuniária do Poder Público, que surge como usuário final, regida pela Lei n. 11.079/2004.

c) Comum: incidente sobre obras e serviços públicos, remunerada tão somente por tarifa cobrada do usuário e regida pela Lei n. 8.987/95, conclusão que se atinge em razão da previsão estabelecida nos arts. 2.º, § 3.º, e 3.º, § 2.º, ambos da Lei n. 11.079/2004.

10 ▪ Parcerias Público-Privadas   341

Ainda em relação a este item, observe-se o seguinte quadro:

NATUREZA	Espécies de concessão
OBJETIVO	Atrair a iniciativa privada para a execução de obras e serviços de grande porte
MODALIDADES	**Patrocinada**, com previsão de dupla fonte de arrecadação pelo parceiro privado: cobrança de tarifa + recebimento de contraprestação pecuniária (art. 2.º, § 1.º) **Administrativa**, com previsão de única fonte de arrecadação do parceiro privado: recebimento de contraprestação pecuniária (art. 2.º, § 2.º)

10.1.2. Competência para legislar e abrangência

A questão relativa à **competência para legislar** sobre **parcerias público-privadas** guarda íntima relação com as definições oferecidas a esse instituto, vistas no tópico anterior, uma vez que foi considerada pelo legislador uma modalidade de concessão.

Nesse contexto, surgindo as concessões como **espécies de contratos administrativos**, emerge cristalina a conclusão segundo a qual a **competência** para estabelecer normas sobre o tema foi entregue pela CF à **União**, a teor do disposto no **art. 22, XXVII:**

> **Art. 22.** Compete privativamente à União legislar sobre: (...)
>
> XXVII — normas gerais de licitação e contratação, em todas as modalidades, para as administrações públicas diretas, autárquicas e fundacionais da União, Estados, Distrito Federal e Municípios, obedecido o disposto no art. 37, XXI, e para as empresas públicas e sociedades de economia mista, nos termos do art. 173, § 1.º, III.

A leitura do dispositivo reproduzido permite concluir que a **competência privativa da União** ali prevista é tão somente para a **edição de normas gerais**, o que acaba por permitir aos **Estados**, **Municípios** e ao **Distrito Federal** a possibilidade de legislar sobre o tema, editando **normas específicas** de acordo com as peculiaridades de seus territórios.

De resto, é o mesmo cenário que se verifica no **artigo inaugural** da **Lei n. 11.079/2004**, disciplinadora da matéria, o qual estabelece normas gerais aplicáveis para as quatro pessoas integrantes da Federação em sua estrutura direta e indireta. Confira-se:

> **Art. 1.º** Esta Lei institui normas gerais para licitação e contratação de parceria público-privada no âmbito dos Poderes da União, dos Estados, do Distrito Federal e dos Municípios.
>
> Parágrafo único. Esta Lei aplica-se aos órgãos da administração pública direta dos Poderes Executivo e Legislativo, aos fundos especiais, às autarquias, às fundações públicas, às empresas públicas, às sociedades de economia mista e às demais entidades controladas direta ou indiretamente pela União, Estados, Distrito Federal e Municípios.

Nesse contexto, a questão relacionada à contratação de **parcerias público-privadas** também pode ser objeto de **legislação estadual**, **municipal** e **distrital**, desde que para o enfrentamento de **questões específicas** tão somente.

De se registrar, ainda, que a legislação ora em análise consagra **normas gerais** apenas em seus **cinco capítulos iniciais**, uma vez que o **Capítulo VI** reserva regras de **aplicabilidade tão somente para a União**, não sendo, pois, de cumprimento obrigatório para os demais entes federativos.

342 Direito Administrativo Esquematizado   *Celso Spitzcovsky*

De se considerar também que, em se tratando de modalidades de concessões, o legislador corretamente estabeleceu a possibilidade de **aplicação subsidiária** das principais normas disciplinadoras do tema nos termos apresentados no **art. 3.º**, a seguir reproduzido:

Art. 3.º As concessões administrativas regem-se por esta Lei, aplicando-se-lhes adicionalmente o disposto nos arts. 21, 23, 25 e 27 a 39 da Lei n. 8.987, de 13 de fevereiro de 1995, e no art. 31 da Lei n. 9.074, de 7 de julho de 1995.

§ 1.º As concessões patrocinadas regem-se por esta Lei, aplicando-se-lhes subsidiariamente o disposto na Lei n. 8.987, de 13 de fevereiro de 1995, e nas leis que lhe são correlatas.

§ 2.º As concessões comuns continuam regidas pela Lei n. 8.987, de 13 de fevereiro de 1995, e pelas leis que lhe são correlatas, não se lhes aplicando o disposto nesta Lei.

§ 3.º Continuam regidos exclusivamente pela Lei n. 8.666, de 21 de junho de 1993, e pelas leis que lhe são correlatas os contratos administrativos que não caracterizem concessão comum, patrocinada ou administrativa.

Para melhor visualização deste item, confira-se o quadro:

COMPETÊNCIA PARA LEGISLAR	União, de acordo com o art. 22, XXVII, da CF
LEGISLAÇÃO	Lei n. 11.079/2004
ABRANGÊNCIA	Normas gerais sobre PPPs, art. 1.º
EXCLUSÃO	Concessões comuns que continuam regidas pela Lei n. 8.987/95 (art. 2.º, § 3.º, da Lei n. 11.079/2004)
OUTRAS NORMAS	Aplicação subsidiária das Leis n. 8.987/95 e 8.666/93 (art. 3.º, § 1.º, da Lei n. 11.079/2004)

10.1.3. Limites

Caracterizada a parceria público-privada como modalidade de concessão, o legislador houve por bem não deixar ao livre critério dos parceiros a celebração desses contratos, estabelecendo, ao revés, claros **limites** consignados no **§ 4.º do art. 2.º**:

Art. 2.º (...)

§ 4.º É vedada a celebração de contrato de parceria público-privada:

I — cujo valor do contrato seja inferior a R$ 10.000.000,00 (dez milhões de reais);

II — cujo período de prestação do serviço seja inferior a 5 (cinco) anos; ou

III — que tenha como objeto único o fornecimento de mão de obra, o fornecimento e instalação de equipamentos ou a execução de obra pública.

A reprodução do dispositivo permite concluir, inicialmente, que, para **transferência** da **execução** de serviços e obras públicas com **valor inferior a R$ 10.000.000,00**, apresenta-se como **único instrumento** a **concessão comum**, prevista na **Lei n. 8.987/95**, que, como visto, admite apenas a cobrança de tarifa dos usuários como única fonte de arrecadação do concessionário.

10 ◼ Parcerias Público-Privadas

Por outro lado, se o **valor** se apresentar **igual ou superior** a **R$ 10.000.000,00**, abre-se a **possibilidade** de **utilização** da **concessão comum ou** das **parcerias público-**-privadas, escolha que via de regra recai sobre a última opção, em especial sobre a **modalidade patrocinada** em razão da **dupla fonte** de **arrecadação** prevista pelo legislador, vale dizer, a percepção de uma remuneração paga pelo Poder Público acrescida da possibilidade da cobrança de tarifa dos usuários **(art. 2.º, § 1.º, da Lei n. 11.079/2004)**.

Por outro lado, de se destacar os **prazos** de **vigência** dessas PPPs **(mínimo de 5 anos e máximo de 35 anos)**, muito **superior** ao **prazo-limite** de vigência dos **contratos administrativos em geral** (60 meses para serviços de natureza contínua), de acordo com a previsão estabelecida no **art. 57 da Lei n. 8.666/93 e art. 106, da Lei n. 14.133/2021**.

Em outras palavras, enquanto os cinco anos apresentam-se como prazo-limite para os contratos em geral, representam apenas o prazo mínimo para a celebração de PPPs, o que obviamente acabou por atrair a iniciativa privada para esses investimentos.

Por fim, o **limite** apresentado em relação ao **objeto** das **PPPs**, que **não pode** se **reduzir** a **apenas um dos três itens ali relacionados**, vale dizer, o fornecimento de mão de obra, o fornecimento e instalação de equipamentos ou a execução de obra pública, o que acaba por **facilitar**, sobremaneira, a **justificativa** para um **volume financeiro maior**, atraindo novamente a iniciativa privada.

Para melhor visualização deste item, observe-se o quadro:

LOCALIZAÇÃO	Art. 2.º, § 4.º, da Lei n. 11.079/2004
LIMITES	**Financeiro:** mínimo de R$ 10.000.000,00 **Prazo:** mínimo de 5 anos e máximo de 35 anos **Objeto:** proíbe-se a celebração de PPPs que tenham por objeto único: ◼ execução de obra pública ◼ fornecimento de mão de obra ◼ fornecimento e instalação de equipamentos

10.1.4. Diretrizes

Por seu turno, o **art. 4.º** alinha as **diretrizes** que deverão ser obrigatoriamente respeitadas quando da celebração desses ajustes:

Art. 4.º Na contratação de parceria público-privada serão observadas as seguintes diretrizes:

I — eficiência no cumprimento das missões de Estado e no emprego dos recursos da sociedade;

II — respeito aos interesses e direitos dos destinatários dos serviços e dos entes privados incumbidos da sua execução;

III — indelegabilidade das funções de regulação, jurisdicional, do exercício do poder de polícia e de outras atividades exclusivas do Estado;

IV — responsabilidade fiscal na celebração e execução das parcerias;

V — transparência dos procedimentos e das decisões;

VI — repartição objetiva de riscos entre as partes;

VII — sustentabilidade financeira e vantagens socioeconômicas dos projetos de parceria.

A leitura do dispositivo reproduzido revela a **preocupação do legislador** com a questão relacionada à **transparência** que deve envolver a celebração desses ajustes, medida louvável tendo em vista o grande porte das obras e serviços envolvidos, como **desdobramento do princípio da publicidade**.

De outra parte, importante destacar a questão da **responsabilidade** em razão desses ajustes, o que se **conclui** em razão da **necessidade de comprovação da sustentabilidade financeira**, o que assume enorme importância em vista dos prazos extensos de sua duração.

Por fim, a novidade consistente ao momento de execução desses ajustes tendo em vista a possibilidade aberta pelo legislador de **repartição objetiva de riscos entre as partes (art. 5.º)**, vale dizer, parceiro público e privado, o que acabou por contribuir, uma vez mais, para **atrair** a **iniciativa privada**, em vista dos **prazos alongados de vigência** desses ajustes.

10.1.5. Garantias oferecidas ao parceiro privado

Ainda sobre esse tema, a fim de estabelecer uma **segurança** maior para o **parceiro privado** que o encoraje a ingressar nesses empreendimentos, o legislador cuidou de relacionar de que forma as **obrigações pecuniárias do Poder Público** poderão ser garantidas.

Nesse particular, oportuna a reprodução do conteúdo do **art. 8.º**, que acaba por relacionar, em caráter meramente exemplificativo, as seguintes possibilidades:

Art. 8.º As obrigações pecuniárias contraídas pela Administração Pública em contrato de parceria público-privada poderão ser garantidas mediante:

I — vinculação de receitas, observado o disposto no inciso IV do art. 167 da Constituição Federal;

II — instituição ou utilização de fundos especiais previstos em lei;

III — contratação de seguro-garantia com as companhias seguradoras que não sejam controladas pelo Poder Público;

IV — garantia prestada por organismos internacionais ou instituições financeiras;

V — garantias prestadas por fundo garantidor ou empresa estatal criada para essa finalidade;

VI — outros mecanismos admitidos em lei.

Das **garantias** relacionadas pelo **legislador**, chama a atenção, em razão de sua **constitucionalidade discutível**, aquela relacionada no inciso I, por **comprometer receitas públicas** para a **remuneração** de um **particular**.

Outrossim, ainda que se pudesse cogitar de sua constitucionalidade, a **aplicação** desse **dispositivo** legal revela-se **problemática** por força da necessidade de **atendimento** ao disposto no **art. 167, IV, da CF:**

Art. 167. São vedados: (...)

IV — a vinculação de receita de impostos a órgão, fundo ou despesa, ressalvadas a repartição do produto da arrecadação dos impostos a que se referem os arts. 158 e 159, a destinação de recursos para as ações e serviços públicos de saúde, para manutenção e desenvolvimento do ensino e para realização de atividades da administração tributária, como determinado, respectivamente, pelos arts. 198, § 2.º, 212 e 37, XXII, e a prestação de garantias às operações de crédito por antecipação de receita, previstas no art. 165, § 8.º, bem como o disposto no § 4.º deste artigo.

Destarte, observa-se da redação reproduzida que a **Constituição proíbe**, ao menos como regra geral, a **vinculação da receita de impostos a órgão, fundo ou despesa**, não se vislumbrando nas exceções ali previstas nenhuma referência à remuneração de parceiros privados.

Esse aspecto assume relevo na medida em que autoriza a conclusão segundo a qual a **remuneração dos parceiros privados** só poderá ocorrer por meio de **receitas resultantes** da cobrança **de outras modalidades tributárias**, como as taxas e contribuições de melhoria.

Essa questão pode levar a um **comprometimento** dessas **parcerias**, pois os valores aqui envolvidos revelam-se extremamente elevados (mínimo de R$ 10.000.000,00 e máximo inexistente) e há a **possibilidade** de a **arrecadação** de receitas, por meio de **taxas e contribuições**, ser **incompatível com esses valores**, ainda mais se considerando que, em larga escala, o STF reconheceu a inconstitucionalidade de diversas taxas.

Essa **possibilidade** também se revela **temerária**, tendo em vista ter estipulado a Lei n. 11.079/2004 um **prazo máximo de 35 anos** para a duração dessas parcerias público-privadas, o que, como consequência, levaria a um **comprometimento** de **receitas públicas** por esse longo período.

De outra parte, ainda em relação a essas garantias, importante destacar aquelas previstas no **art. 8.º**, em seus **incisos III e IV**, uma vez que, com o objetivo claro de atrair a iniciativa privada, permite o oferecimento de **seguro-garantia** com **seguradoras controladas ou não pelo Poder Público**, o mesmo se verificando com as garantias prestadas por instituições internacionais ou financeiras.

Sem dúvida, essa **possibilidade** aberta pelo legislador tem o condão de **atrair** a **iniciativa privada** para esses investimentos de alto valor, pois, na hipótese de não cumprimento de obrigações pelo Poder Público, terá a **possibilidade de acionar as instituições garantidoras**.

Por fim, cumpre destacar que a previsão de oferecimento de **garantia** pelo **Poder Público** representa novidade importante, uma vez que, até então, **não se vislumbra essa possibilidade na Lei n. 8.666/93**, mesmo cenário que se apresenta na **Lei n. 14.133/2021**.

Com efeito, as **referidas legislações** só preveem, quando necessário, a **possibilidade** de o Poder Público exigir o **oferecimento** de **garantias** por parte do **contratado**, não se vendo na obrigação de apresentar garantias, o que deixava o particular em situação muito pouco confortável em relação a esses ajustes.

Destarte, como se verá com mais riqueza de detalhes em capítulo posterior, a **situação de desconforto** mencionada assume **contornos** muito **mais amplos** para o **contratado**, na medida em que os **diplomas legais** citados têm **aplicabilidade subsidiária** para as PPPs, permite ao **Poder Público atrasar** seus **pagamentos** em até 90 dias, desde que apresentada a justificativa condizente, a teor do disposto no **art. 78, XV**, da

Lei n. 8.666/93, e 2 meses, de acordo com a previsão estabelecida no **art. 137, § 2.º, IV, da Lei n. 14.133/2021**.

Para melhor visualização deste item, veja-se o quadro:

LOCALIZAÇÃO	Art. 8.º da Lei n. 11.079/2004
OBJETIVO	Assegurar o cumprimento de obrigações pelo Poder Público
NATUREZA	Elenco exemplificativo
RESTRIÇÃO	Comprometimento de verbas públicas: art. 167, IV, da CF

10.1.6. Licitação

10.1.6.1. Regras gerais

Caracterizadas como espécies de contratos administrativos, essas **parcerias**, para serem **celebradas**, demandam **abertura** anterior de **procedimento licitatório**, que, nesse particular, comporta tão **somente as modalidades de concorrência e diálogo competitivo**, a teor do disposto no **art. 10**, com a **redação alterada pela Lei n. 14.133/2021**.

Por sua vez, a **abertura** desse **procedimento**, em vista do grande porte das obras e serviços a serem executados, **depende** do preenchimento dos **requisitos** relacionados no **art. 10 da Lei n. 11.079/2004**, cuja leitura denota a preocupação do legislador com a compatibilidade dessas parcerias com as **diretrizes** estabelecidas na **Lei de Responsabilidade Fiscal**, diretrizes orçamentárias (**art. 10, III**) e o **plano plurianual (art. 10, V)**.

Nesse sentido, preocupado com as consequências que uma licitação desse porte poderia impactar no cumprimento das diretrizes assinaladas, e em consonância com a previsão estabelecida no art. 20 da Lei n. 13.655/2018, de aplicabilidade para todas as licitações (art. 5.º da Lei n. 14.133/2021), decidiu o **STF, em 10.09.2024**, quando do julgamento conjunto dos **AREs 1.489.537, 1.485.315 e 1.485.316**, ratificar a **cautelar** concedida e, como corolário, a suspensão de certame para a modernização da iluminação pública da cidade de São Paulo, em razão dos potenciais prejuízos bilionários ao município.

De outra parte, para garantir a legitimidade dessas parcerias, exigiu o legislador a **submissão** da minuta do **edital** e do **contrato** que o integra à **consulta pública (art. 10, VI)**, e a **autorização legislativa** específica para a modalidade patrocinada em que **mais de 70% da remuneração** do parceiro privado for **paga pela Administração (art. 10, § 3.º)**.

De se registrar também a preocupação do legislador com a possibilidade de **interferência** dessas **parcerias** com a **questão ambiental**, traduzida pela **exigência de licença ambiental** prévia, a teor do **disposto** no **art. 10, VII**, seguindo diretriz constitucional, positivada no art. 225, § 1.º, IV.

10.1.6.2. Regras específicas sobre licitações nas PPPs

Descritas como contratos administrativos, nada mais lógico do que aplicar a essas parcerias o mesmo procedimento previsto nas Leis n. 8.666/93 (em vigor até 30.12.2023) e 14.133/2021, sem, no entanto, descartar alguns itens específicos desse tipo de ajuste.

10 ▪ Parcerias Público-Privadas

Nesse quadro, importante anotar que por força das diretrizes estabelecidas na Lei n. 14.133/2021 (art. 191), aberta uma licitação para celebração de PPP até 30.12.2023, com previsão no edital de aplicação subsidiária das regras da Lei n. 8.666/93, o mesmo cenário prevalecerá quando da celebração do contrato com o vencedor, cenário que poderá perdurar por até 35 anos.

Em outras palavras, a aplicação subsidiária das regras da Lei n. 8.666/93, em que pese o final do seu prazo de vigência marcado para 30.12.2023, poderá perdurar ao longo de todo esse período.

Assim é que, em seu **art. 12**, a lei em comentário estabelece a possibilidade de o **julgamento** ser **precedido** de uma **etapa eliminatória de classificação** de propostas técnicas, nos termos do inciso I, a seguir reproduzido:

Art. 12. O certame para a contratação de parcerias público-privadas obedecerá ao procedimento previsto na legislação vigente sobre licitações e contratos administrativos e também ao seguinte:

I — o julgamento poderá ser precedido de etapa de qualificação de propostas técnicas, desclassificando-se os licitantes que não alcançarem a pontuação mínima, os quais não participarão das etapas seguintes.

No inciso seguinte o legislador estabeleceu a possibilidade de o administrador adotar **critérios específicos de julgamento** além daqueles previstos na Lei n. 8.987/95. Confira-se:

Art. 12. (...)

II — o julgamento poderá adotar como critérios, além dos previstos nos incisos I e V do art. 15 da Lei n. 8.987, de 13 de fevereiro de 1995, os seguintes:

a) menor valor da contraprestação a ser paga pela Administração Pública;

b) melhor proposta em razão da combinação do critério da alínea *a* com o de melhor técnica, de acordo com os pesos estabelecidos no edital.

De se registrar ainda a possibilidade de **variação na forma de apresentação das propostas**, desde que nos limites estabelecidos no **inciso III**:

Art. 12. (...)

III — o edital definirá a forma de apresentação das propostas econômicas, admitindo-se:

a) propostas escritas em envelopes lacrados; ou

b) propostas escritas, seguidas de lances em viva voz.

Nesse contexto, se o **edital prescrever** a **forma escrita seguida de lances em viva voz**, então se aplicará a prescrição estabelecida no **§ 1.º**:

Art. 12. (...)

§ 1.º Na hipótese da alínea *b* do inciso III do *caput* deste artigo:

I — os lances em viva voz serão sempre oferecidos na ordem inversa da classificação das propostas escritas, sendo vedado ao edital limitar a quantidade de lances;

II — o edital poderá restringir a apresentação de lances em viva voz aos licitantes cuja proposta escrita for no máximo 20% (vinte por cento) maior que o valor da melhor proposta.

De se ressaltar ainda a **possibilidade** conferida ao administrador de estabelecer a **inversão da ordem das fases de habilitação e julgamento**, a teor do disposto no **art. 13**, se essa medida se revelar necessária para atender ao interesse público:

Art. 13. O edital poderá prever a inversão da ordem das fases de habilitação e julgamento, hipótese em que:

I — encerrada a fase de classificação das propostas ou o oferecimento de lances, será aberto o invólucro com os documentos de habilitação do licitante mais bem classificado, para verificação do atendimento das condições fixadas no edital;

II — verificado o atendimento das exigências do edital, o licitante será declarado vencedor;

III — inabilitado o licitante melhor classificado, serão analisados os documentos habilitatórios do licitante com a proposta classificada em 2.º (segundo) lugar, e assim, sucessivamente, até que um licitante classificado atenda às condições fixadas no edital;

IV — proclamado o resultado final do certame, o objeto será adjudicado ao vencedor nas condições técnicas e econômicas por ele ofertadas.

Por derradeiro, para atender ao interesse público, permitiu o legislador **(art. 12, IV)** a possibilidade do **saneamento** de **falhas** ou de **correções** de **caráter formal** para não excluir desnecessariamente nenhuma proposta, ampliando a competitividade:

Art. 12. (...)

IV — o edital poderá prever a possibilidade de saneamento de falhas, de complementação de insuficiências ou ainda de correções de caráter formal no curso do procedimento, desde que o licitante possa satisfazer as exigências dentro do prazo fixado no instrumento convocatório.

Por outro lado, cumpre ainda observar que o legislador estabelece que, **proclamado** o **resultado final**, o objeto será **adjudicado** ao **vencedor**, a teor do disposto no **art. 13, IV**.

Portanto, em que pese a possibilidade conferida ao administrador, até 30.12.2023, de optar pela abertura de licitação e celebração de contrato de PPP, com base na Lei n. 8.666/93 ou na Lei n. 14.133/2021, percebe-se, através dos dispositivos reproduzidos, uma maior compatibilidade com as diretrizes estabelecidas no último diploma legal citado.

Para melhor visualização deste item, confira-se o quadro:

MODALIDADE	Admite apenas a concorrência pública: art. 10 da Lei n. 11.079/2004
REQUISITOS PARA A ABERTURA	Art. 10 da Lei n. 11.079/2004
PROCEDIMENTO	▣ inversão das fases de julgamento e habilitação: art. 12, I, e art. 13 da Lei n. 11.079/2004 ▣ critérios de julgamento: art. 12, II ▣ formas de apresentação das propostas: art. 12, § 1.º ▣ saneamento de falhas: é permitido, art. 12, IV ▣ arbitragem: possível a utilização, art. 11, III

10 ■ Parcerias Público-Privadas

10.1.7. Sociedade de propósito específico

Encerrada a licitação e apurada a proposta vencedora, com o intuito de oferecer credibilidade a essas **parcerias**, o legislador houve por bem **condicionar** sua **celebração** à **constituição** de uma **sociedade** de **propósito específico**, com a **finalidade única** de implantar e gerir o objeto do ajuste, a teor do disposto no **art. 9.º**. Confira-se:

> **Art. 9.º** Antes da celebração do contrato, deverá ser constituída sociedade de propósito específico, incumbida de implantar e gerir o objeto da parceria.
>
> § 1.º A transferência do controle da sociedade de propósito específico estará condicionada à autorização expressa da Administração Pública, nos termos do edital e do contrato, observado o disposto no parágrafo único do art. 27 da Lei n. 8.987, de 13 de fevereiro de 1995.
>
> § 2.º A sociedade de propósito específico poderá assumir a forma de companhia aberta, com valores mobiliários admitidos a negociação no mercado.
>
> § 3.º A sociedade de propósito específico deverá obedecer a padrões de governança corporativa e adotar contabilidade e demonstrações financeiras padronizadas, conforme regulamento.
>
> § 4.º Fica vedado à Administração Pública ser titular da maioria do capital votante das sociedades de que trata este Capítulo.
>
> § 5.º A vedação prevista no § 4.º deste artigo não se aplica à eventual aquisição da maioria do capital votante da sociedade de propósito específico por instituição financeira controlada pelo Poder Público em caso de inadimplemento de contratos de financiamento.

Essa **sociedade**, por indicação do legislador, poderá **assumir a forma de companhia aberta (art. 9.º, § 2.º)**, ficando, por expressa determinação legal, o **parceiro público impedido** de ter a **titularidade da maioria do capital votante**, de acordo com a redação estabelecida no § 4.º, aspecto que, sem dúvida, também contribuirá para atrair o investidor privado.

Por fim, de forma a detalhar o perfil dessa sociedade de propósito específico, em especial acerca de seu controle, bem como de sua administração, oportuna a reprodução do disposto no art. 5.º-A, acrescentado pela Lei n. 13.097/2015:

> **Art. 5.º-A.** Para fins do inciso I do § 2.º do art. 5.º, considera-se:
>
> I — o controle da sociedade de propósito específico a propriedade resolúvel de ações ou quotas por seus financiadores e garantidores que atendam os requisitos do art. 116 da Lei n. 6.404, de 15 de dezembro de 1976;
>
> II — a administração temporária da sociedade de propósito específico, pelos financiadores e garantidores quando, sem a transferência da propriedade de ações ou quotas, forem outorgados os seguintes poderes:
>
> a) indicar os membros do Conselho de Administração, a serem eleitos em Assembleia Geral pelos acionistas, nas sociedades regidas pela Lei n. 6.404, de 15 de dezembro de 1976; ou administradores, a serem eleitos pelos quotistas, nas demais sociedades
>
> b) indicar os membros do Conselho Fiscal, a serem eleitos pelos acionistas ou quotistas controladores em Assembleia Geral;

c) exercer poder de veto sobre qualquer proposta submetida à votação dos acionistas ou quotistas da concessionária, que representem, ou possam representar, prejuízos aos fins previstos no *caput* deste artigo;

d) outros poderes necessários ao alcance dos fins previstos no *caput* deste artigo;

§ 1.º A administração temporária autorizada pelo poder concedente não acarretará responsabilidade aos financiadores e garantidores em relação à tributação, encargos, ônus, sanções, obrigações ou compromissos com terceiros, inclusive com o poder concedente ou empregados.

§ 2.º O Poder Concedente disciplinará sobre o prazo da administração temporária.

Para melhor visualização deste item, verifique-se o seguinte quadro:

NATUREZA	Pessoa jurídica
OBJETIVO	Implantação e gerenciamento do objeto da parceria: art. 9.º
CONSTITUIÇÃO	Depois de encerrada a licitação e antes da celebração do contrato: art. 9.º, *caput*
FORMA	Pode assumir a forma de companhia aberta: art. 9.º, § 2.º
RESTRIÇÃO	Não pode a Administração titularizar a maioria do capital votante: art. 9.º, § 4.º

10.1.8. Cláusulas essenciais dos contratos de PPPs

Caracterizadas essas **parcerias** como **modalidades de concessão** e determinando-se a **aplicação subsidiária** da **Lei n. 8.987/95**, no que couber, o legislador cuidou de relacionar algumas **cláusulas específicas** para esse tipo de ajuste, consideradas por ele como essenciais.

A matéria está disciplinada no **art. 5.º:**

Art. 5.º As cláusulas dos contratos de parceria público-privada atenderão ao disposto no art. 23 da Lei n. 8.987, de 13 de fevereiro de 1995, **no que couber**, devendo também prever:

I — o prazo de vigência do contrato, compatível com a amortização dos investimentos realizados, não inferior a 5 (cinco), nem superior a 35 (trinta e cinco) anos, incluindo eventual prorrogação;

II — as penalidades aplicáveis à Administração Pública e ao parceiro privado em caso de inadimplemento contratual, fixadas sempre de forma proporcional à gravidade da falta cometida, e às obrigações assumidas;

III — a repartição de riscos entre as partes, inclusive os referentes a caso fortuito, força maior, fato do príncipe e álea econômica extraordinária;

IV — as formas de remuneração e de atualização dos valores contratuais;

V — os mecanismos para a preservação da atualidade da prestação dos serviços;

VI — os fatos que caracterizem a inadimplência pecuniária do parceiro público, os modos e o prazo de regularização e, quando houver, a forma de acionamento da garantia;

VII — os critérios objetivos de avaliação do desempenho do parceiro privado;

VIII — a prestação, pelo parceiro privado, de garantias de execução suficientes e compatíveis com os ônus e riscos envolvidos, observados os limites dos §§ 3.º e 5.º do art.

56 da Lei n. 8.666, de 21 de junho de 1993, e, no que se refere às concessões patrocinadas, o disposto no inciso XV do art. 18 da Lei n. 8.987, de 13 de fevereiro de 1995;

IX — o compartilhamento com a Administração Pública de ganhos econômicos efetivos do parceiro privado decorrentes da redução do risco de crédito dos financiamentos utilizados pelo parceiro privado;

X — a realização de vistoria dos bens reversíveis, podendo o parceiro público reter os pagamentos ao parceiro privado, no valor necessário para reparar as irregularidades eventualmente detectadas;

XI — o cronograma e os marcos para o repasse ao parceiro privado das parcelas do aporte de recursos, na fase de investimentos do projeto e/ou após a disponibilização dos serviços, sempre que verificada a hipótese do § 2.º do art. 6.º desta Lei.

Da leitura do dispositivo reproduzido, destaca-se a **inclusão** de diversas **matérias que não aparecem nos contratos administrativos** regidos pela Lei n. 8.666/93 e na Lei n. 14.133/2021, em relação a essa última com impacto menor, com o claro **objetivo** de **atrair** a **iniciativa privada** para empreendimentos de grande porte.

Assim, a título de exemplo, destaca-se, inicialmente, a previsão contida no **inciso I**, relacionada aos **prazos de vigência**, muito **mais extensos** do que aqueles previstos para os contratos administrativos em geral.

Com efeito, enquanto, em regra, como já visto, os **contratos em geral** apresentam um **prazo máximo de vigência de 60 meses**, a teor do disposto no **art. 57 da Lei n. 8.666/93** e **art. 106 da Lei n. 14.133/2021**, os contratos de parceria **público-privada** apresentam **prazo mínimo** de **5 anos**, **podendo chegar** a **35 anos**.

De outra parte, no **inciso II**, apresenta-se novidade de enorme importância, consistente na possibilidade de **aplicação** de **penalidades** à **Administração Pública**, em caso de inadimplemento contratual, situação que não aparece nos diplomas legais em matéria de licitações e contratos, que só preveem a incidência de sanções sobre o contratado.

Sem embargo, cumpre observar que, em razão da **aplicação subsidiária** da **Lei n. 8.666/93**, a atribuição dessas **sanções** ao **parceiro público** nos parece continuar na **dependência** da propositura de **medida judicial**, a teor do disposto no **art. 58, IV**, do referido diploma legal e **art. 104, IV, da Lei n. 14.133/2021**.

Com efeito, se por força dos dispositivos legais citados tem a administração a prerrogativa de impor sanções ao contratado, de forma unilateral, por força dos interesses que representa (cláusula exorbitante), o mesmo cenário não se repete em relação ao particular, que atua em nome próprio, representando seus próprios interesses.

Por outro lado, sobreleva notar que a **aplicação** dessas **penalidades** deverá ser norteada pelo **princípio da proporcionalidade**, em vista da infração cometida privilegiando, ainda que em caráter subsidiário, a título de dosimetria da pena, as atenuantes e agravantes previstas no art. 22, § 2.º, da Lei n. 13.655/2018 (LINDB) e no art. 156, § 1.º, da Lei n. 14.133/2021.

Por fim, destaca-se também a previsão estabelecida no **inciso III**, que apresenta a possibilidade de **repartição de riscos entre as partes**, por força da aparição durante a **execução** do **contrato** de **fatos imprevisíveis** que representem álea econômica extraordinária.

352 Direito Administrativo Esquematizado   *Celso Spitzcovsky*

Assim é que, por força dessa previsão legal, o **surgimento durante** a **execução** do ajuste de **caso fortuito**, **força maior**, **fato do príncipe**, que até então eram suportados exclusivamente pelo contratado, agora admitem essa repartição de riscos, novamente com o objetivo de atrair a iniciativa privada.

Para melhor visualização deste item, confira-se o quadro:

CONTEÚDO	Cláusulas essenciais relacionadas no art. 5.º
ESPÉCIES — DESTAQUES	▣ prazo: mínimo de 5 anos, máximo de 35 anos ▣ penalidades: aplicáveis às partes por inadimplemento de obrigações, art. 5.º, II ▣ repartição de riscos: entre as partes, inclusive em razão de fatos imprevisíveis, art. 5.º, III
FORMAS DE REMUNERAÇÃO	Modalidades previstas no art. 5.º, IV

10.1.9. Da Lei n. 13.448, de 5 de junho de 2017

Referida lei tem por **objeto** o estabelecimento de **diretrizes gerais** para a **prorrogação** e a **relicitação** de **contratos** definidos no **programa de parcerias** por meio da Lei n. 13.334/2016 para os setores rodoviário, ferroviário e aeroportuário na Administração Federal, a teor do disposto em seu **art. 1.º**.

Em seu **art. 2.º** criou, de forma a concretizar seus objetivos, dois importantes **mecanismos de renegociação** das condições existentes nos atuais contratos de concessão: a **prorrogação antecipada dos ajustes e a possibilidade de se promover uma relicitação**, tudo com a intenção de buscar alternativas para trazer novos investimentos.

Nesse sentido, de forma a explicitar esses **mecanismos**, o legislador os **definiu** em seu **art. 4.º**. Confira-se:

Art. 4.º Para os fins desta Lei, considera-se:

I — **prorrogação contratual:** alteração do prazo de vigência do contrato de parceria, expressamente admitida no respectivo edital ou no instrumento contratual original, realizada a critério do órgão ou da entidade competente e de comum acordo com o contratado, em razão do término da vigência do ajuste;

II — **prorrogação antecipada:** alteração do prazo de vigência do contrato de parceria, quando expressamente admitida a prorrogação contratual no respectivo edital ou no instrumento contratual original, realizada a critério do órgão ou da entidade competente e de comum acordo com o contratado, produzindo efeitos antes do término da vigência do ajuste;

III — **relicitação:** procedimento que compreende a extinção amigável do contrato de parceria e a celebração de novo ajuste negocial para o empreendimento, em novas condições contratuais e com novos contratados, mediante licitação promovida para esse fim.

Diante desse cenário, em relação à **prorrogação** desses **contratos**, poderá ela ocorrer por **iniciativa** de **qualquer** uma **das partes** contratantes, com **antecedência mínima de 24 meses** do término do contrato, abrindo-se a perspectiva, por parte do Poder Público, de utilização de um juízo de conveniência e oportunidade, nos termos do **art. 5.º, §§ 1.º e 2.º**.

Outrossim, em relação a essa **prorrogação**, importante destacar que ela ocorrerá **uma única vez, por igual período** ou inferior ao prazo inicialmente fixado no contrato (art. 5.°, § 3.°), demandando **a inclusão de investimentos** não previstos inicialmente **(art. 6.°)**, ficando **condicionada** aos **contratos de parceria cuja vigência** encontrar-se entre **cinquenta** e **noventa por cento do prazo original (art. 6.°, § 1.°)**.

Ainda sobre esse tema, importante anotar que a **prorrogação**, de forma a **assegurar eficiência** e **segurança**, fica **condicionada ao cumprimento das exigências** previstas no **art. 6.°, § 2.°**. Confira-se:

> **Art. 6.° (...)**
>
> § 2.° A prorrogação antecipada estará, ainda, condicionada ao atendimento das seguintes exigências por parte do contratado:
>
> I — quanto à concessão rodoviária, a execução de, no mínimo, 80% (oitenta por cento) das obras obrigatórias exigíveis entre o início da concessão e o encaminhamento da proposta de prorrogação antecipada, desconsideradas as hipóteses de inadimplemento contratual para as quais o contratado não tenha dado causa, conforme relatório elaborado pelo órgão ou pela entidade competente;
>
> II — quanto à concessão ferroviária, a prestação de serviço adequado, entendendo-se como tal o cumprimento, no período antecedente de 5 (cinco) anos, contado da data da proposta de antecipação da prorrogação, das metas de produção e de segurança definidas no contrato, por 3 (três) anos, ou das metas de segurança definidas no contrato, por 4 (quatro) anos.

Importante ainda anotar que, quando da celebração dessas **prorrogações antecipadas**, o **termo aditivo deverá contemplar**, obrigatoriamente, o **cronograma de investimentos** a serem realizados, bem como deverá prever **mecanismos** de forma a **inibir inexecuções futuras**, a teor do disposto no **art. 7.°**.

Sobreleva notar, ainda, a necessidade de **apresentação de estudo técnico** que demonstre a **vantagem** dessa **prorrogação antecipada em relação a uma relicitação**, de acordo com a previsão estabelecida no **art. 8.°**, permitindo assim o **controle da legitimidade** desses atos para a preservação do interesse público.

Outrossim, para assegurar a **transparência e a legitimidade** dessas **prorrogações antecipadas**, estabelece o legislador a necessidade de sua submissão, em caráter prévio, a uma **consulta pública**, conforme previsão estabelecida em seu **art. 11**, bem como a necessidade de **encaminhamento** do termo aditivo ao **TCU**.

De outra parte, em relação ao outro instrumento de renegociação, a **relicitação** do objeto do contrato acaba por **incidir** naquelas situações em que as **disposições do ajuste não estejam sendo cumpridas ou** quando os contratados demonstrem **incapacidade de cumprimento de suas obrigações**, conforme o disposto no **art. 13**.

Essa **relicitação** poderá se verificar de **forma consensual**, mas em condições definidas pelo Poder Público, conforme o disposto no **art. 14**.

Dentro desse contexto, de forma a permitir um **controle** mais **efetivo** desse mecanismo de renegociação, estabeleceu o legislador os **requisitos** que deverão estar obrigatoriamente preenchidos para sua **celebração**, a teor do disposto no **art. 14, § 2.°**:

Art. 14. A relicitação de que trata o art. 13 ocorrerá por meio de acordo entre as partes, nos termos e prazos definidos em ato do Poder Executivo. (...)

§ 2.º Sem prejuízo de outros requisitos definidos em ato do Poder Executivo, a instauração do processo de relicitação é condicionada à apresentação, pelo contratado:

I — das justificativas e dos elementos técnicos que demonstrem a necessidade e a conveniência da adoção do processo de relicitação, com as eventuais propostas de solução para as questões enfrentadas;

II — da renúncia ao prazo para corrigir eventuais falhas e transgressões e para o enquadramento previsto no § 3.º do art. 38 da Lei n. 8.987, de 13 de fevereiro de 1995, caso seja posteriormente instaurado ou retomado o processo de caducidade;

III — de declaração formal quanto à intenção de aderir, de maneira irrevogável e irretratável, ao processo de relicitação do contrato de parceria, nos termos desta Lei;

IV — da renúncia expressa quanto à participação no novo certame ou no futuro contrato de parceria relicitado, nos termos do art. 16 desta Lei;

V — das informações necessárias à realização do processo de relicitação, em especial as demonstrações relacionadas aos investimentos em bens reversíveis vinculados ao empreendimento e aos eventuais instrumentos de financiamento utilizados no contrato, bem como de todos os contratos em vigor de cessão de uso de áreas para fins comerciais e de prestação de serviços, nos espaços sob a titularidade do atual contratado.

Importante destacar também a previsão contida no **art. 16**, restritiva quanto à **participação** nesse **processo** de **relicitação**. Confira-se:

Art. 16. São impedidos de participar do certame licitatório da relicitação de que trata esta Lei:

I — o contratado ou a Sociedade de Propósito Específico (SPE) responsável pela execução do contrato de parceria;

II — os acionistas da SPE responsável pela execução do contrato de parceria titulares de, no mínimo, 20% (vinte por cento) do capital votante em qualquer momento anterior à instauração do processo de relicitação.

Parágrafo único. As vedações de que trata este artigo também alcançam a participação das entidades mencionadas:

I — em consórcios constituídos para participar da relicitação;

II — no capital social de empresa participante da relicitação;

III — na nova SPE constituída para executar o empreendimento relicitado.

Revela-se também oportuna a referência à necessidade de esse **termo de renegociação** vir **instruído** de **estudos** de forma a legitimar sua celebração de acordo com a previsão estabelecida em seu **art. 17:**

Art. 17. O órgão ou a entidade competente promoverá o estudo técnico necessário de forma precisa, clara e suficiente para subsidiar a relicitação dos contratos de parceria, visando a assegurar sua viabilidade econômico-financeira e operacional.

§ 1.º Sem prejuízo de outros elementos fixados na regulamentação do órgão ou da entidade competente, deverão constar do estudo técnico de que trata o *caput* deste artigo:

I — o cronograma de investimentos previstos;

10 ■ Parcerias Público-Privadas

II — as estimativas dos custos e das despesas operacionais;

III — as estimativas de demanda;

IV — a modelagem econômico-financeira;

V — as diretrizes ambientais, quando exigíveis, observado o cronograma de investimentos;

VI — as considerações sobre as principais questões jurídicas e regulatórias existentes;

VII — o levantamento de indenizações eventualmente devidas ao contratado pelos investimentos em bens reversíveis vinculados ao contrato de parceria realizados e não amortizados ou depreciados.

Por fim, de forma a emprestar **maior legitimidade** a essa **relicitação**, fixou o legislador a necessidade de ser ela submetida a uma **consulta pública (art. 18)**, bem como seu posterior **encaminhamento ao TCU (art. 19)**.

10.1.10. Da Lei n. 13.529, de 4 de dezembro de 2017

A referida legislação dispõe sobre a participação da União em fundo de apoio à estruturação e ao desenvolvimento de projetos de concessões e parcerias público-privadas.

Em seu art. 1.º, autoriza a União a participar de fundo que tenha por finalidade exclusiva financiar serviços técnicos profissionais especializados para apoiar a estruturação e o desenvolvimento de projetos de concessão e parcerias público-privadas da União, dos Estados, do Distrito Federal e dos Municípios, em regime isolado ou consorciado, sem qualquer limite financeiro, de acordo com alteração promovida pela Lei n. 14.026/2020.

Essa participação, de acordo com o **art. 3.º**, ocorrerá por meio da integralização de cotas, em moeda corrente, observada a disponibilidade orçamentária e financeira.

Por fim, cabe destacar que o seu **art. 6.º reduziu o limite para a celebração de parcerias público-privadas de R$ 20.000.000,00 para R$ 10.000.000,00, alterando o art. 2.º, § 4.º, I, da Lei n. 11.079/2004.**

10.2. QUADRO SINÓTICO

PARCERIAS PÚBLICO-PRIVADAS	
DEFINIÇÃO	É contrato administrativo de concessão.
COMPETÊNCIA PARA LEGISLAR	A competência foi entregue pela CF à União, a teor do disposto no art. 22, XXVII, mas, tão somente, para a edição de normas gerais, o que acaba por permitir aos Estados, Municípios e ao Distrito Federal a possibilidade de legislar sobre o tema, editando normas específicas de acordo com as peculiaridades de seus territórios (art. 1.º da Lei n. 11.079/2004).
MODALIDADES	**Patrocinada:** é a concessão de serviços públicos ou de obras públicas de que trata a Lei n. 8.987, de 13 de fevereiro de 1995, quando envolver, adicionalmente à tarifa cobrada dos usuários, contraprestação pecuniária do parceiro público ao parceiro privado (art. 2.º, § 1.º, da Lei n. 11.079/2004). **Administrativa:** é o contrato de prestação de serviços de que a Administração Pública seja a usuária direta ou indireta, ainda que envolva execução de obra ou fornecimento e instalação de bens (art. 2.º, § 2.º, da Lei n. 11.079/2004).

LIMITES	Art. 2.º, § 4.º, da Lei n. 11.079/2004. **1. Valor:** nunca inferior a R$ 10.000.000,00 (vinte milhões de reais). **2. Prazo:** nunca inferior a 5 (cinco) anos ou superior a 35 (trinta e cinco). **3. Objeto:** proibição quanto ao fornecimento de mão de obra, ao fornecimento e instalação de equipamentos ou à execução de obra pública.
LICITAÇÃO	**Modalidades:** somente concorrência pública e diálogo competitivo (art. 10, com a redação alterada pela Lei n. 14.133/2021.) **Requisitos:** ▫ compatibilidade com a Lei de Responsabilidade Fiscal (art. 10, II); ▫ diretrizes orçamentárias (art. 10, III); ▫ plano plurianual (art. 10, V); ▫ consulta pública (art. 10, VI); ▫ licença ambiental (art. 10, VII); ▫ autorização legislativa (art. 10, § 3.º).
SOCIEDADE DE PROPÓSITO ESPECÍFICO	**Previsão:** art. 9.º. **Objeto:** implantar e gerir o objeto do ajuste. **Forma:** companhia aberta. **Restrição:** titularidade pelo parceiro público da maioria do capital votante.
CLÁUSULAS ESSENCIAIS DOS CONTRATOS (ART. 5.º)	Prazo: mínimo de 5 e máximo de 35 anos (art. 5.º, I). Incidência de penalidades para ambas as partes (art. 5.º, II). Repartição de riscos resultantes de fatos imprevisíveis (art. 5.º, III).
LEI N. 13.448/2017	Estabelece diretrizes gerais para a prorrogação e a relicitação de contratos definidos no programa de parcerias.
LEI N. 13.529/2017	Dispõe sobre a participação da União em fundo de apoio aos projetos de concessões e parcerias público-privadas.

10.3. QUESTÕES

QUESTÕES DE CONCURSOS
> http://uqr.to/1xgxh

11

LICITAÇÕES — LEI N. 14.133/2021

11.1. NOÇÕES GERAIS

Depois de anos de discussão, sobreveio o novo marco legal de licitações, a Lei n. 14.133/2021, norma geral, editada com base no art. 22, XXVII, da CF, de aplicabilidade para as quatro esferas de governo, que entrou em vigor na data de sua publicação, em 1.º de abril de 2021, sem período de vacância, gerando grande insegurança para sua aplicação em vista das inúmeras novidades que trouxe.

Essas instabilidades assumiram maior gravidade em razão da previsão de um **período de convivência de dois anos com os Diplomas Legais existentes**, vale dizer, **Lei n. 8.666/93, Lei n. 12.462/2011 (RDC) e Lei n. 10.520/2002 (Pregão)**, de acordo com a previsão estabelecida no art. 193, II, exceção feita às regras relacionadas a crimes e penas, eis que revogadas, de imediato, na forma do art. 193, I.

O novo marco legal se tornaria, **encerrado o período de dois anos de convivência com o regime anterior, o único Diploma Legal sobre a matéria para a Administração Direta, Autárquica e Fundacional nas quatro esferas de governo** (art. 1.º), revogando os demais existentes, excluindo empresas públicas e sociedades de economia mista, com exceção das regras penais (art. 185).

Ocorre que, confirmando as incertezas e inseguranças mencionadas, na véspera do término desse período de 2 anos, a Presidência da República, atendendo a pedido dos Municípios, editou, em 31.03.2023, a Medida Provisória n. 1.167/2023, prorrogando o prazo inicial de convivência compartilhada do novo Diploma Legal, com as leis anteriores disciplinadoras da matéria, até 30 de dezembro de 2023.

Em 28.06.2023, a medida provisória foi convertida na **Lei Complementar n. 198/2023**, que, ao longo do seu art. 3.º, ratificou a alteração da redação do art. 193, II, postergando a vigência das leis anteriores para 30.12.2023.

Dessa forma, até essa data, pôde a Administração optar por licitar e contratar por esta lei ou pelas leis já existentes, respeitados os limites estabelecidos no **art. 191**. Confira-se:

> **Art. 191.** Até o decurso do prazo de que trata o inciso II do *caput* do art. 193, a Administração **poderá optar por licitar ou contratar diretamente de acordo com esta Lei ou de acordo com as leis citadas no referido inciso**, e a opção escolhida deverá ser indicada expressamente no edital ou no aviso ou instrumento de contratação direta, vedada a aplicação combinada desta Lei com as citadas no referido inciso.

> Parágrafo único. Na hipótese do *caput* deste artigo, se a Administração optar por licitar de acordo com as leis citadas no inciso II do *caput* do art. 193 desta Lei, **o contrato respectivo será regido pelas regras nelas previstas durante toda a sua vigência**.

Por essa razão, em vista dos efeitos que ainda podem ser produzidos por licitações abertas durante esse período, justifica-se a disponibilização de todos os comentários acerca dessa matéria, que até então encontravam-se na edição impressa, por meio do *QR Code*, no final do capítulo, ao qual o leitor tem amplo acesso, permitindo uma melhor visão do conjunto da matéria.

De toda sorte, a edição desse novo marco legal, por se tratar de normas gerais, não impede a edição de normas em âmbito estadual, municipal e distrital, desde que específicas, em vista da realidade local.

Em outras palavras, não veda que as demais esferas de governo editem suas próprias leis, desde que não afrontem as normas gerais, o que implicaria inconstitucionalidade por invasão de competências.

A propósito do tema, confira-se o seguinte precedente do TJMT e TJSP:

"APELAÇÃO CÍVEL. LICITAÇÕES E CONTRATOS. ACESSO A INFORMAÇÕES DO PROCESSO LICITATÓRIO. ARTIGO 5.º, INCISO XXXIII, DA CF, ARTIGOS 5.º E 7.º DA LEI 12.527/11, ARTIGO 13 DA LEI N. 14.133/21 E 63 DA LEI N. 8.666/93. GARANTIA QUE NÃO SE REVELA ILIMITADA, SENDO INAPLICÁVEL À FASE INTERNA E SIGILOSA DO CERTAME. ATENDIMENTO AOS PRINCÍPIOS DO PROCESSO LICITATÓRIO: IMPESSOALIDADE, ISONOMIA, TRANSPARÊNCIA, MORALIDADE E SELEÇÃO DA PROPOSTA MAIS VANTAJOSA À ADMINISTRAÇÃO. APELAÇÃO DESPROVIDA" (TJ-RS, AC: 50499430420218210001 Porto Alegre, Rel. Marcelo Bandeira Pereira, j. 09.12.2021, 21.ª Câmara Cível, Data de Publicação: 17.12.2021).

"AÇÃO DIRETA DE INCONSTITUCIONALIDADE — ART. 107 DA LEI ORGÂNICA DO MUNICÍPIO DE ARARAS E ART. 18 DA LEI MUNICIPAL N. 5.010, DE 13 DE JUNHO DE 2017 — ALIENAÇÃO DE BENS PÚBLICOS — LICITAÇÃO — DISPENSA — INOVAÇÃO ÀS NORMAS GERAIS DE LICITAÇÃO E CONTRATOS — NÃO OCORRÊNCIA — INCONSTITUCIONALIDADE — INEXISTÊNCIA. 1. Art. 107 da Lei Orgânica do Município de Araras, que dispensa a licitação em caso de doação de bem público. Hipótese de dispensa de certame em consonância com as normas gerais de licitação e contratos. Inexistência de inovação na lei local. Interpretação conforme do art. 17, I, *b*, da Lei n. 8.666/93 dada pelo STF no julgamento da ADI n. 927 MC. 2. Art. 18 da Lei Municipal n. 5.010, de 13 de junho de 2017, que cria o Programa de Fomento de Investimentos do Município de Araras (PROFIMA), que contempla a possibilidade de transferência da posse ou propriedade de terrenos públicos. Dispensa de licitação não configurada. Autonomia dos Estados, Municípios e Distrito Federal para administrar seus bens. Ação direta de inconstitucionalidade improcedente" (TJ-SP, ADI: 21254098320228260000 SP 2125409-83.2022.8.26.0000, Rel. Décio Notarangeli, j. 05.10.2022, Órgão Especial, Data de Publicação: 06.10.2022).

11 ▪ Licitações — Lei n. 14.133/2021

O novo marco legal **incorpora uma série de institutos já presentes em outros Diplomas Legais**, com larga aceitação, merecendo destaque, a título meramente **exemplificativo**, a **inversão de fases entre classificação e habilitação**, assegurando maior celeridade ao certame.

De se registrar a previsão para a **fase recursal única** entre as fases da licitação, contribuindo também para este objetivo.

Ainda para prestigiar o princípio da eficiência, destaca-se a **possibilidade** de entabular-se **negociação** com o **vencedor do certame**, objetivando melhores condições para o interesse público.

Por seu turno, merece destaque a **preocupação** com os **princípios da Segurança e Eficiência** retratada no art. 5.º através da **referência** aos **dispositivos** estabelecidos na **LINDB** (Lei n. 13.655/2018).

Outrossim, importante registrar a **preocupação** com o **nepotismo, vedando-se a participação**, em licitações, **de parentes do administrador**, em respeito aos princípios da **Moralidade** e da **Probidade Administrativa**.

De resto, foi a mesma diretriz apresentada quando da celebração dos contratos e no momento de sua **execução**, em especial para **subcontratações** e **terceirizações**.

Quanto aos **regimes de contratação**, destaque para as novidades relacionadas às modalidades **integrada** e **semi-integrada**, atribuindo-se a **iniciativa privada** a responsabilidade de elaboração dos **projetos básico** e executivo ou só executivo, **ampliando** o **caráter competitivo** do certame.

Outrossim, a **criação** do **regime** de **contratação** denominado *"Fornecimento e prestação de serviço associado"* em que o contratado, além de fornecer o objeto, responsabiliza-se por sua operação, manutenção ou ambas, por prazo determinado.

No que se refere às **modalidades de licitação**, vale destacar a **extinção** da **Tomada de Preços** e do **Convite**, e a **inclusão** do **Diálogo Competitivo** de forma a buscar, junto a iniciativa privada, melhores soluções para a preservação do interesse público, prática comum na comunidade europeia.

Outrossim, o **redirecionamento** da **Concorrência** agora voltada para a contratação de bens e serviços especiais e de obras e serviços comuns e especiais de engenharia, independente de valor **reservando** ao **Leilão**, com exclusividade, a **alienação de bens**.

Inovações importantes também se apresentam quanto aos **critérios de julgamento**, com destaque para o de "**maior desconto oferecido**", nos contratos de eficiência, proporcionando economia através de redução de despesas, mesmo cenário em relação ao critério de "**maior retorno econômico**".

Importante também destacar a **positivação** de **instrumentos auxiliares a licitação**, incorporando-se institutos já previstos na Lei n. 13.303/2016, entre os quais o **credenciamento**, o **registro de preços**, a **pré-qualificação** e o **registro cadastral**, oferecendo mais celeridade às licitações.

Quanto às **fases da licitação**, destaque para a **preocupação** do legislador com a **fase preparatória**, privilegiando-se a **padronização de compras, serviços e obras**, com a **implantação de modelos de minutas**, a **convocação de audiências** e **consultas públicas**, **pré-licitação** e a previsão de **orçamento sigiloso**, assegurando maior competitividade e eficiência, a obrigatoriedade de implementação de programa de integridade (*compliance*) para **obras e serviços de grande volume**, como condição de participação das licitações e celebração de contratos.

Outrossim a inclusão, na **fase preparatória**, ao lado dos Projetos Básico (art. 6.°, inciso XXV) e Executivo (art. 6.°, inciso XXVI), de instrumentos importantes como o **estudo técnico preliminar** (art. 6.°, inciso XX); o **anteprojeto**, peça técnica que subsidia a elaboração do projeto básico (art. 6.°, inciso XXIV), a **matriz de riscos** definidora da responsabilidade das partes por fatos previsíveis; bem como o **termo de referência** de elaboração obrigatória para a contratação de bens e serviços (art. 6.°, inciso XXIII).

Em outras palavras, o **estudo técnico preliminar** se apresenta como **primeira etapa do planejamento de uma contratação**, demonstrando o interesse público envolvido e sua melhor solução, dando base ao anteprojeto (imprescindível para o projeto básico) (XXIV) e ao termo de referência (documento necessário para a contratação de bens e serviços — XXIII) e ao projeto executivo.

Ainda a **criação** da figura do **agente de contratação** (art. 7.°), responsável pela condução da licitação respondendo por seus atos, salvo se induzido a erro pela atuação da equipe (art. 8.°, § 1.°).

Em relação aos **contratos**, destaque inicial para a inclusão entre as **garantias** que poderão ser exigidas dos licitantes para o seguro-garantia que tem por objetivo assegurar o fiel cumprimento das obrigações assumidas pelo contratado perante a Administração.

Destaque ainda para a inclusão da **matriz de riscos** já prevista no Regime Diferenciado de Contratação (RDC Lei n. 12.462/2011), como cláusula essencial, definidora da riscos e responsabilidades das partes, intimamente ligada ao equilíbrio econômico-financeiro e, portanto, com íntima ligação com a teoria da imprevisão.

Frisa-se, também, a **previsão obrigatória no edital** para a **reserva de cargos para pessoas com deficiência, reabilitados da previdência e aprendizes**, como condição de participação em licitações e para a celebração de contratos.

Oportuno também registrar a necessidade de **divulgação** no **Portal Nacional de Contratações Públicas** dos contratos e aditamentos como condição indispensável para sua eficácia.

No que se refere a **execução dos contratos**, destaque para a previsão de **responsabilidade solidaria das partes** quanto a **encargos previdenciários**, e a novidade relacionada a **responsabilidade subsidiaria da Administração**, quanto aos **encargos trabalhistas**, comprovada a falha de fiscalização nos ajustes envolvendo serviços de natureza contínua, com regime de dedicação exclusiva de mão de obra.

Quanto às **alterações contratuais**, destaque para a possibilidade de **celebração de aditivos** relacionados a prazos, quando a execução sofrer atraso em razão de conclusão de desapropriação, desocupação, servidão ou licenciamento ambiental, por circunstâncias alheias ao contratado.

Quanto à execução desses contratos, importante anotar a **impossibilidade**, em regra, de **alteração de valores** nas contratações **integrada** e **semi-integrada**, uma vez que a responsabilidade para a elaboração dos projetos básico e executivo é atribuída a iniciativa privada.

11 ■ Licitações — Lei n. 14.133/2021

No que se refere às hipóteses de **extinção dos contratos**, destaque para a **rescisão por decisão arbitral**, que não se apresentava no regime anterior.

Quanto ao **recebimento dos contratos**, destaque para a positivação da regra que **não exclui a responsabilidade do contratado**, pela solidez e segurança da obra nem sua responsabilidade ética profissional.

Em relação ao **controle dos contratos**, em especial, quanto a sua **nulidade**, importante destacar a positivação dos requisitos para a sua configuração como: caracterização de **vício insanável**; do **interesse público** e de aspectos como: impacto econômico-financeiro, riscos sociais e ambientais, despesas com desmobilização e retorno (art. 147), tudo em consonância com as diretrizes estabelecidas na Lei n. 13.655/2018 (LINDB).

Destaque ainda para a possibilidade de se conferir, quando da **anulação**, efeitos "*ex nunc*" privilegiando a **continuidade da atividade administrativa** para efetuar nova contratação (art. 148).

De outra parte, a previsão de meios alternativos de resolução de controvérsias, com destaque para a utilização de arbitragem (arts. 151 a 154).

Quanto às **sanções administrativas**, destaque para a possibilidade de **isenção** por celebração de **acordo de leniência**; de **desconsideração da personalidade jurídica** para apuração dos responsáveis e, ainda, a possibilidade de **apuração conjunta de irregularidades** também tipificadas na Lei n. 12.846/2013 (Anticorrupção) (arts. 155 a 163).

No que se refere às hipóteses de **contratação direta**, importante destacar, inicialmente, que constatada a irregularidade **respondem, solidariamente, o agente público e o contratado** (arts. 72 e 73).

Quanto às hipóteses de **inexigibilidade** foram **ampliadas**, mantendo-se a **natureza exemplificativa** do elenco (art. 74).

Assim é que, **desaparecem** os **serviços de natureza singular**, surgindo em seu lugar os **serviços técnicos especializados de natureza predominante intelectual** com vedação para a contratação, por esta via, de serviços de publicidade e divulgação.

Entre as hipóteses previstas, **destaque para a novidade** relacionada a controles de qualidade e tecnológico, análises, testes, e ensaios de campo e laboratoriais.

De outra parte, foram **acrescidas duas novas hipóteses:**

■ objetos que possam ser contratados por credenciamento; e

■ aquisição ou locação de imóvel cujas características justifiquem a escolha, que sob o regime anterior figurava como hipótese de dispensa de licitação.

Por outro lado, as hipóteses de **dispensa** apresentam-se em número de 16, sendo que apenas o **inciso IV, do art. 75**, relaciona 13 variações.

Entre elas destaque para o inciso III, que disciplina, de forma conjunta, a dispensa para as situações envolvendo a **manutenção** de todas as **condições definidas em edital** de licitação **realizada há menos de 1 ano,** para **licitações desertas ou fracassadas**.

Por seu turno o inciso IV, "m" inova permitindo a **dispensa para a aquisição de medicamentos destinados**, exclusivamente, ao **tratamento de doenças raras** definidas pelo Ministério da Saúde.

Por fim, o inciso VIII, que autoriza a **dispensa para situações de emergência ou calamidade pública**, com destaque para o **aumento do prazo** de 180 dias para 1 ano e a **inclusão da vedação** para a recontratação de empresa já contratada, bem como a **definição de emergência** ligada a necessidade de manutenção do serviço, de acordo com a previsão estabelecida no § 6.º do mesmo dispositivo.

De outra parte, em respeito ao **Princípio da Publicidade**, a nova lei cria o **Portal Nacional de Contratações** para a centralização de informações, estabelecendo sua inclusão, como condição de eficácia dos contratos (arts. 174 a 176).

No que se refere às **alterações legislativas**, a nova lei **muda a redação do art. 1.048 do CPC** para incluir, no trâmite prioritário, as ações em que se discuta a aplicação deste Diploma Legal (art. 177).

Em relação aos crimes e penas, **acresce novo capítulo ao Código Penal**; (Dos crimes em licitações e contratos, criando uma nova hipótese, vale dizer, omissão grave de dados ou informação por projetista, terminando por revogar os arts. 89 a 108 da Lei n. 8.666/93) (art. 178).

Outrossim, traz importante alteração, tornando **mais rigorosas as sanções a serem aplicadas** (art. 178).

Altera, também, as **definições de concessão e concessão precedida de obras públicas**, previstas no art. 2.º da Lei n. 8.987/95, **incluindo o Diálogo Competitivo como modalidade de licitação** a ser utilizada, além da Concorrência, mesma alteração introduzida no art. 10 da Lei n. 11.079/2004 — (PPPs) — (arts. 179 e 180).

Em apertada síntese o projeto, em que pese as inúmeras e importantes medidas introduzidas, como normas gerais de cumprimento obrigatório pelas outras esferas de governo, peca por manter a idêntica tendência burocrática e formalista do Diploma anterior, revelando-se, muito distante da realidade, dos mais de 5.500 Municípios do país, que terão muitas dificuldades no cumprimento das diretrizes estabelecidas.

De resto, como já noticiado, essas inúmeras dificuldades enfrentadas principalmente por Municípios de pequeno porte, contribuíram, de forma decisiva, para a prorrogação do prazo de validade dos diplomas anteriores a entrada em vigor da Lei n. 14.133/2021, até dezembro de 2023.

Para melhor visualização dos itens desenvolvidos, confira-se o seguinte quadro:

DEFINIÇÃO	Procedimento administrativo aplicável para a contratação de compras, alienações e serviços
OBJETIVO	Seleção da proposta mais vantajosa para o interesse público
LIMITES	Aqueles estabelecidos no edital, vinculantes para a Administração e para os licitantes
FUNDAMENTO	Art. 37, XXI, da CF

11.2. COMPETÊNCIA

É importante observar a **competência** para **legislar** em matéria de **licitações**, questão essa disciplinada no **art. 22, XXVII, da CF**, nos termos seguintes:

Art. 22. Compete privativamente à União legislar sobre: (...)

XXVII — normas gerais de licitação e contratação, em todas as modalidades, para as administrações públicas diretas, autárquicas e fundacionais da União, Estados, Distrito Federal e Municípios, obedecido o disposto no art. 37, XXI, e para as empresas públicas e sociedades de economia mista, nos termos do art. 173, § 1.º, III.

A leitura do dispositivo constitucional deixa clara, portanto, a possibilidade de as quatro pessoas integrantes da nossa Federação, vale dizer, **União, Estados, Municípios e Distrito Federal, editarem normas** sobre esse tema, cada qual no seu campo específico de atuação.

Assim, enquanto a **União** tem competência para a edição de **normas gerais**, fica para os **Estados, Municípios** e **Distrito Federal** a competência para edição de **normas específicas** dentro de seu território.

A propósito, confira-se precedente do **STF**, em **12.05.2023**, quando do julgamento da **ADPF 282/RO**:

> "É inconstitucional — por invadir a competência privativa da União para legislar sobre normas gerais de licitação e contrato (CF/1988, art. 22, XXVII) — norma municipal que autoriza a celebração de contrato de parcerias público-privadas (PPP) para a execução de obra pública desvinculada de qualquer serviço público ou social."

Diga-se, também, que, além da competência para legislar, as **quatro pessoas mencionadas** apresentam **competência** para a **abertura** de **procedimentos licitatórios**, cada qual em seu campo de atuação.

Nesse sentido, em substituição à **Lei n. 8.666/93**, bem como os demais diplomas legais, até então vigentes, vale dizer, Lei n. 10.520/2002 (Pregão), Lei n. 12.462/2011 (RDC), foi **editada a Lei n. 14.133/2021**, estabelecendo **normas gerais** sobre licitações aplicáveis inicialmente a todos os órgãos e pessoas localizados na estrutura da Administração direta e indireta respectivamente, nas quatro esferas de governo.

Sem embargo, cumpre registrar que a **incidência** dessa **legislação** sobre **empresas públicas** e **sociedades de economia mista** deixou de existir a partir da edição da **Lei federal n. 13.303/2016**, conhecida por Lei de **Responsabilidade** das **Estatais**, que estabeleceu, entre outros pontos, regras gerais em matéria de licitações **aplicáveis** para as **empresas públicas** e **sociedades de economia mista**, diretriz ratificada pela Lei n. 14.133/2021, exceção feita às regras de natureza penal.

Dentro desse contexto, como já noticiado, o **artigo inaugural** da **Lei n. 13.303/2016** estipulou a **incidência** de suas **regras para todas** as **empresas** públicas e **sociedades** de economia mista, independentemente, pois, de terem sido criadas para a **prestação de serviços públicos** ou a **exploração** de **atividades econômicas**. Confira-se:

Art. 1.º Esta Lei dispõe sobre o estatuto jurídico da empresa pública, da sociedade de economia mista e de suas subsidiárias, **abrangendo toda e qualquer empresa pública e sociedade de economia mista** da União, dos Estados, do Distrito Federal e dos Municípios **que explore atividade econômica** de produção ou comercialização de bens **ou de prestação de serviços**, ainda que a atividade econômica esteja sujeita ao regime de monopólio da União ou seja de prestação de serviços públicos.

Percebe-se, pois, da leitura do dispositivo reproduzido, ter o **legislador incluído** em uma **mesma norma estatais** que anteriormente se submetiam a **regimes jurídicos diversos** na dependência da atividade para a qual tenham sido criadas, vale dizer, prestação de **serviços públicos** ou **exploração** de **atividades econômicas**.

Dessa forma, quanto a seus **destinatários**, terá a nova legislação aplicabilidade, tão somente, para os órgãos da **Administração direta**, bem como para **autarquias** e **fundações**, exceção feita, repita-se uma vez mais, às regras sobre direito penal, eis que aplicáveis também para empresas públicas e sociedade de economia mista, independentemente da finalidade para a qual tenham sido criadas.

Para melhor visualização dos itens desenvolvidos, confira-se o seguinte quadro:

COMPETÊNCIA PARA LEGISLAR	Dividida entre as quatro esferas de governo
FUNDAMENTO	Art. 22, XXVII, da CF
REFLEXO	União: edita normas gerais Estados, Municípios, Distrito Federal: normas específicas
LEGISLAÇÃO	Lei n. 14.133/2021: estabelecendo normas gerais sobre a matéria e, até abril de 2023, permanecem em vigor as leis Lei n. 8.666/93: estabelecendo normas gerais; Lei n. 10.520/02 (Pregão), Lei n. 12.462/11 (RDC) e, em caráter permanente, a Lei 13.303/16
DESTINATÁRIOS	Todos que se encontrem dentro da Administração, exceção às empresas públicas e sociedades de economia mista, que permaneceram regidas pela Lei n. 13.303/2016 (art. 1.º)

11.3. VIGÊNCIA E REGIME DE TRÂNSIÇÃO

Estabelecidas as **noções gerais** acerca das importantes **novidades trazidas pela Lei n. 14.133/2021, cumpre agora detalhá-las**, iniciando pela questão relacionada a sua vigência e o regime de transição.

Assim, por força da previsão estabelecida no art. 194, esta lei **entra em vigor de imediato**, na data da sua publicação, sem *vacatio legis* afastando-se da regra geral prevista no art. 1.º da LINDB que prevê prazo de 45 dias.

De outra parte, importante anotar que **o novo Diploma ainda convive com o regime anterior**, tendo em vista a noticiada **prorrogação** deste prazo, **para 30.12.2023**, alterando a redação estabelecida no art. 191.

Assim, possível ainda a Administração aplicar para suas licitações e contratos qualquer dos dois regimes, o antigo e o novo, conforme sua preferência **vedando-se, tão somente, a aplicação combinada**.

Portanto, ainda viável que a **Administração durante esse período opte por uma das seguintes opções**:

a) aplicar o regime novo;

b) aplicar o regime antigo e;

c) alternar os regimes, ora aplicando o antigo, ora o novo, proibida a mescla dos dois.

Cuida-se de solução próxima da prevista no art. 91 da Lei n. 13.303/2016, que disciplina a responsabilidade das estatais, oferecendo o mesmo prazo de 2 anos, mas sem a possibilidade de adoção dos dois regimes.

Em outras palavras, permite-se, nesta nova lei, a **adoção gradual do novo regime tornando**, sob esse aspecto, mais fácil a transição, principalmente para os mais de 5.568 Municípios existentes no país.

Assim, possível ao administrador lançar licitações pela Lei n. 8.666/93, bem como pelo regime novo, alternando os regimes desde que o edital preveja expressamente aquele a ser adotado.

De outra parte, em relação ao regime de **transição dos contratos**, aqueles celebrados **antes da entrada em vigor da lei continuarão regidos pelo regime anterior**, na forma do art. 191, parágrafo único, e art. 6.º da LINDB. Confira-se:

> **Art. 191.** Até o decurso do prazo de que trata o inciso II do *caput* do art. 193, a Administração poderá optar por licitar ou contratar diretamente de acordo com esta Lei ou de acordo com as leis citadas no referido inciso, e a opção escolhida deverá ser indicada expressamente no edital ou no aviso ou instrumento de contratação direta, vedada a aplicação combinada desta Lei com as citadas no referido inciso.
>
> Parágrafo único. Na hipótese do *caput* deste artigo, se a Administração optar por licitar de acordo com as leis citadas no inciso II do *caput* do art. 193 desta Lei, o contrato respectivo será regido pelas regras nelas previstas durante toda a sua vigência.
>
> **Art. 6.º** A Lei em vigor terá efeito imediato e geral, respeitados o ato jurídico perfeito, o direito adquirido e a coisa julgada.

De resto, mesma situação se apresenta **se a Administração optar**, **pelo regime anterior**, mesmo depois da entrada em vigor da lei nova, por força da previsão estabelecida no art. 191, **cenário** que **perdurará durante a vigência do ajuste, incluindo-se os aditivos mesmo que o encerramento se verifique após este período**.

O dispositivo reproduzido segue a **regra geral**, segundo a qual o **regime do contrato deve obrigatoriamente seguir o da licitação que o precedeu**, não existindo impedimento para que seja permeado pelo regime antigo, mesmo após esse período.

Esta circunstância, sem dúvida nenhuma criará situações peculiares levando a uma **transição longa**.

Para uma melhor visualização, imagine-se que depois da entrada em vigor da nova lei, o administrador opte por abrir uma licitação pelo regime antigo, e que esta só seja ultimada por decisão judicial em 2024.

Neste caso, **o contrato celebrado com o vencedor**, também pelo regime antigo **poderá, se de natureza contínua**, **viger por até 60 meses**, vale dizer, até 2029.

A situação torna-se ainda mais peculiar para a abertura de licitações e celebração de contrato de PPPs, em que se tem utilizado, ainda que em caráter subsidiário, as regras da Lei n. 8.666/93.

Com efeito, essas diretrizes prevalecerão até o término da vigência do ajuste, vale dizer, até 35 anos.

De outra parte, para as licitações já em curso, quando da entrada em vigor desta lei, serão concluídas e os contratos celebrados pelo regime antigo.

Nesse sentido, importante reiterar que as licitações iniciadas serão concluídas pelo regime antigo, mesma realidade envolvendo os contratos celebrados, ainda que vencido o período de vigência da Lei n. 8.666/93, tudo com base no art. 191.

Com efeito, a autorização para licitar pelo regime antigo, durante nesse período, traz implícita a autorização para a conclusão da licitação e da celebração do ajuste, em respeito ao **Princípio da Segurança das Relações Jurídicas**, prestigiado pela LINDB, um dos princípios também relacionados ao longo do art. 5.º desta Lei.

Dentro desse contexto, importante consignar que **a licitação tem seu início** não com a publicação do edital, que inaugura a fase externa, mas **com a etapa preparatória**, consoante o disposto no **art. 17, I**, da nova lei.

Desta forma, licitações iniciadas no biênio, sob o regime antigo, mesmo sem a publicação do edital podem prosseguir, mesmo com o encerramento desse período, em que pese não ser esta a conclusão atingida pelo **TCU**, analisando situação sob a égide da Lei n. 13.303/2016, segundo a qual apenas as licitações com editais publicados podem prosseguir ao término destes 2 anos. (**Acordão n. 2279/2019 Rel. Ministro Augusto Nardes, j. 05.09.2019**).

Diante desse cenário, oportuno observar que, em relação às contratações diretas celebradas antes da nova lei, seguem de acordo com o regime firmado, também de acordo com a previsão estabelecida no art. 191.

Para aquelas celebradas após a entrada em vigor da nova lei, serão regidas por ela, de acordo com a previsão estabelecida no *caput* do art. 191.

Sem embargo, oportuno registrar que neste período de transição o legislador, na redação original, não abriu a possibilidade de contratações diretas pelo regime antigo, conclusão que não se revela gratuita uma vez que na forma do dispositivo citado verifica-se, tão somente, autorização para o administrador optar por licitar. Confira-se, a redação original aprovada pelo Congresso Nacional em dezembro de 2020:

> **Art. 191.** (...)
> § 2.º Até o decurso do prazo de que trata o inciso II do *caput* do art. 190, a Administração **poderá optar por licitar** de acordo com esta Lei ou de acordo com as leis citadas no referido inciso, (...).

Portanto, por esta redação original, para as contratações diretas aplicam-se, de imediato, as regras previstas na nova legislação revogando-se aquelas estabelecidas pela Lei n. 8.666/93.

Neste particular, diga-se de passagem, que esta orientação poderia até favorecer o administrador, uma vez que os valores para a dispensa de licitação foram fixados por esta nova lei (art. 74, I e II[1]), em patamar superior.

Sem embargo, cumpre registrar que esta realidade foi alterada, ao nosso ver de forma indevida pela Comissão de redação do Senado, ao acrescer a redação do art. 191, a expressão "contratar". Confira-se:

---

[1] Na redação final da lei, o artigo sobre dispensa de licitação está previsto no art. 75.

11 ■ Licitações — Lei n. 14.133/2021

Art. 191. Até o decurso do prazo de que trata o inciso II, do *caput* do art. 193, a Administração poderá optar por **licitar ou contratar** diretamente de acordo com esta Lei ou de acordo com as leis citadas no referido inciso, e a opção escolhida deverá ser indicada expressamente no edital ou no aviso ou instrumento de contratação direta, vedada a aplicação combinada desta lei com as citadas no referido inciso.

Por outro lado, importante destacar que **a nova lei**, na forma prevista pelo art. 178, **revogou, de imediato, os artigos** do regime anterior, **relacionados aos crimes e penas em matéria de licitações e contratos**, incluindo capítulo específico ao Título XI, da Parte Especial do Código Penal, tornando mais rigorosas as sanções.

Por derradeiro, cumpre registrar a **concessão de regras especiais** para **Municípios com até 20.000 habitantes** que terão, na forma do art. 176, **prazo adicional de 6 anos** para que **cumpram os requisitos** estabelecidos pelos **arts. 7.º e 8.º**, relacionados aos agentes de contratação, responsáveis pela condução das licitações, bem como em relação a obrigatoriedade de adotar-se a forma eletrônica para estes certames e sua divulgação em sítio eletrônico.

Cumpre destacar ainda a previsão estabelecida no art. 7.º, § 1.º, que veda a designação do mesmo agente para atuação simultânea em funções mais suscetíveis a riscos, em respeito ao **Princípio da Segregação das Funções** (art. 5.º), o que demandará a ampliação dos seus quadros, exigindo tempo.

Para melhor visualização dos itens desenvolvidos, confira-se o seguinte quadro:

VIGÊNCIA	Art. 194 c/c 6.ºda Lei n. 13.655/2018 (LINDB)
REGIME DE TRANSIÇÃO	Art. 191
REVOGAÇÃO DE NORMAS PENAIS	Art. 193, I
REGRAS ESPECIAIS PARA ADAPTAÇÃO DE MUNICÍPIOS	Art. 176

11.4. APLICABILIDADE DA NOVA LEI

Por força da previsão estabelecida em seu art. 1.º **a nova lei**, por estabelecer normas gerais em matéria de licitações e contratos, **tem aplicabilidade para as quatro esferas de governo**, envolvendo os **órgãos da administração direta, suas autarquias e fundações**, estas últimas, independentemente da personalidade jurídica que assumirem. Confira-se:

Art. 1.º Esta Lei estabelece normas gerais de licitação e contratação para as administrações públicas diretas, autárquicas e fundacionais da União, dos Estados, do Distrito Federal e dos Municípios, e abrange:

Dentro desse contexto, **as empresas públicas, sociedades de economia mista e suas subsidiarias foram em regra excluídas** por força do disposto no art. 1.º, § 1.º, permanecendo regidas pela **Lei n. 13.303/2016**, independentemente da finalidade para a qual foram criadas, vale dizer, para a prestação de serviços públicos ou exploração de atividades econômicas. Confira-se:

368 Direito Administrativo Esquematizado   *Celso Spitzcovsky*

Art. 1.º (...)

§ 1.º Não são abrangidas por esta Lei as empresas públicas, as sociedades de economia mista e as suas subsidiárias, regidas pela Lei n. 13.303, de 30 de junho de 2016, ressalvado o disposto no art. 178 desta Lei.

Apresenta-se exceção no que se refere às regras relacionadas aos crimes em matéria de licitações e contratos em decorrência da previsão estabelecida no art. 185 que determinou ainda a inclusão, no Título XI, da Parte Especial do Código Penal de capítulo denominado dos crimes em licitações e contratos. Confira-se:

Art. 185. Aplicam-se às licitações e aos contratos regidos pela Lei n. 13.303, de 30 de junho de 2016, as disposições do Capítulo II-B do Título XI da Parte Especial do Decreto-Lei n. 2.848, de 7 de dezembro de 1940 (Código Penal).

De outra parte, oportuno destacar sua **aplicação subsidiaria** às Leis n. 8.987/95 (Concessões e Permissões); n. 11.079/2004 (PPPs) e n. 12.232/2010 que disciplina a questão da publicidade, de acordo com o disposto no art. 186. Confira-se:

Art. 186. Aplicam-se as disposições desta Lei subsidiariamente à Lei n. 8.987, de 13 de fevereiro de 1995, à Lei n. 11.079, de 30 de dezembro de 2004, e à Lei n. 12.232, de 29 de abril de 2010.

Por outro lado, de acordo com a previsão estabelecida no art. 192, os **contratos relativos a imóveis integrantes do patrimônio da União** ou **de suas autarquias e fundações** continuarão **regidos pela legislação pertinente**, aplicando-se a nova lei apenas em caráter subsidiário. Confira-se:

Art. 192. O contrato relativo a imóvel do patrimônio da União ou de suas autarquias e fundações continuará regido pela legislação pertinente, aplicada esta Lei subsidiariamente.

Quanto às representações **diplomáticas no exterior**, serão regidas por **regulamento específico** editado pelo Ministério das Relações Exteriores (art. 1.º, § 2.º) respeitando-se os princípios relacionados ao longo do art. 5.º. Confira-se:

Art. 1.º (...)

§ 2.º As contratações realizadas no âmbito das repartições públicas sediadas no exterior obedecerão às peculiaridades locais e aos princípios básicos estabelecidos nesta Lei, na forma de regulamentação específica a ser editada por Ministro de Estado.

De outro giro, de acordo com a previsão estabelecida no art. 1.º, § 3.º, às **contratações** que envolvam **recursos de doação estrangeira** ou **empréstimo por organismo internacional podem sofrer adequações** desde que não conflitem com os princípios relacionados ao longo do art. 5.º. Confira-se:

Art. 1.º (...)

§ 3.º Nas licitações e contratações que envolvam recursos provenientes de empréstimo ou doação oriundos de agência oficial de cooperação estrangeira ou de organismo financeiro de que o Brasil seja parte, podem ser admitidas:

11 ■ Licitações — Lei n. 14.133/2021   369

Por fim, cumpre registrar a aplicação do disposto nesta lei às regras constantes da **LC n. 123/2006** que institui o Estatuto Nacional da Microempresa e da Empresa de Pequeno Porte, em especial nos arts. 42 a 49 que trabalham com regras de acesso ao mercado. Confira-se:

Art. 4.º Aplicam-se às licitações e contratos disciplinados por esta Lei as disposições constantes dos arts. 42 a 49 da Lei Complementar n. 123, de 14 de dezembro de 2006.

Para melhor visualização dos itens desenvolvidos, confira-se o seguinte quadro:

REGRA GERAL	Art. 1.º
EXCEÇÕES	Art. 1.º, § 1.º c/c art. 185
APLICAÇÃO SUBSIDIÁRIA PARA CONCESSÕES E PERMISSÕES	Art. 186
IMÓVEIS INTEGRANTES DO PATRIMÔNIO DA UNIÃO	Art. 192
REPRESENTAÇÕES DIPLOMÁTICAS NO EXTERIOR	Art. 1.º, § 2.º
RECURSOS DE DOAÇÃO ESTRANGEIRA OU EMPRÉSTIMO POR ORGANISMO INTERNACIONAL	Art. 1.º, § 3.º
MICROEMPRESA E DA EMPRESA DE PEQUENO PORTE	Art. 4.º

11.5. ALTERAÇÕES LEGISLATIVAS

11.5.1. No Código de Processo Civil

No que se refere às alterações legislativas, **a nova lei**, inicialmente, **muda a redação do art. 1.048 do CPC,** para incluir nos temas ali relacionados que comportam tramite prioritário, as ações em que se discuta a aplicação desta lei, nos termos previstos no art. 177. Confira-se:

Art. 177. O *caput* do art. 1.048 da Lei n. 13.105, de 16 de março de 2015 (Código de Processo Civil), passa a vigorar acrescido do seguinte inciso IV:

"**Art. 1.048.** (...)

Terão prioridade de tramitação, em qualquer juízo ou tribunal, os procedimentos judiciais:

I — em que figure como parte ou interessado pessoa com idade igual ou superior a 60 (sessenta) anos ou portadora de doença grave, assim compreendida qualquer das enumeradas no art. 6.º, inciso XIV, da Lei n. 7.713, de 22 de dezembro de 1988;

II — regulados pela Lei n. 8.069, de 13 de julho de 1990 (Estatuto da Criança e do Adolescente).

III — em que figure como parte a vítima de violência doméstica e familiar, nos termos da Lei n. 11.340, de 7 de agosto de 2006 (Lei Maria da Penha).

IV — em que se discuta a aplicação do disposto nas normas gerais de licitação e contratação a que se refere o inciso XXVII do *caput* do art. 22 da Constituição Federal".

11.5.2. Revogação da legislação em vigor

A lei prevê em seu art. 193, II, a revogação, transcorrido o prazo de transição de toda a legislação em vigor sobre a matéria, vale dizer, a Lei n. 8.666/93; a Lei n. 10.250/2002 e os arts. 1.º a 47-A da Lei n. 12.462/2011.

11.5.3. No Código Penal

Quanto aos crimes e penas em matéria de licitações, a nova lei **revoga, de imediato, os arts. 89 a 108 da Lei n. 8.666/93**, consoante previsão estabelecida no art. 193, I.

Outrossim, **acresce novo capítulo ao Código Penal**; (Dos crimes em licitações e contratos, mantendo as 11 hipóteses existentes na Lei n. 8.666/93, e criando uma nova denominada "omissão grave de dados ou informação por projetista").

Traz, ainda, importante alteração, **tornando mais rigorosas as sanções a serem aplicadas**.

Quanto às hipóteses configuradoras de crimes, para uma melhor visualização, apresentam-se elas da seguinte forma:

Art. 337-E. Admitir, possibilitar ou dar causa à contratação direta fora das hipóteses previstas em lei:
Pena — reclusão, de 4 (quatro) a 8 (oito) anos, e multa.

Art. 337-F. Frustrar ou fraudar, com o intuito de obter para si ou para outrem vantagem decorrente da adjudicação do objeto da licitação, o caráter competitivo do processo licitatório:
Pena — reclusão, de 4 (quatro) anos a 8 (oito) anos, e multa.

Art. 337-G. Patrocinar, direta ou indiretamente, interesse privado perante a Administração Pública, dando causa à instauração de licitação ou à celebração de contrato cuja invalidação vier a ser decretada pelo Poder Judiciário:
Pena — reclusão, de 6 (seis) meses a 3 (três) anos, e multa.

Art. 337-H. Admitir, possibilitar ou dar causa a qualquer modificação ou vantagem, inclusive prorrogação contratual, em favor do contratado, durante a execução dos contratos celebrados com a Administração Pública, sem autorização em lei, no edital da licitação ou nos respectivos instrumentos contratuais, ou, ainda, pagar fatura com preterição da ordem cronológica de sua exigibilidade:
Pena — reclusão, de 4 (quatro) anos a 8 (oito) anos, e multa.

Art. 337-I. Impedir, perturbar ou fraudar a realização de qualquer ato de processo licitatório:
Pena — detenção, de 6 (seis) meses a 3 (três) anos, e multa.

Art. 337-J. Devassar o sigilo de proposta apresentada em processo licitatório ou proporcionar a terceiro o ensejo de devassá-lo:
Pena — detenção, de 2 (dois) anos a 3 (três) anos, e multa.

Art. 337-K. Afastar ou tentar afastar licitante por meio de violência, grave ameaça, fraude ou oferecimento de vantagem de qualquer tipo:
Pena — reclusão, de 3 (três) anos a 5 (cinco) anos, e multa, além da pena correspondente à violência.
Parágrafo único. Incorre na mesma pena quem se abstém ou desiste de licitar em razão de vantagem oferecida.

Art. 337-L. Fraudar, em prejuízo da Administração Pública, licitação ou contrato dela decorrente, mediante:

I — entrega de mercadoria ou prestação de serviços com qualidade ou em quantidade diversas das previstas no edital ou nos instrumentos contratuais;

II — fornecimento, como verdadeira ou perfeita, de mercadoria falsificada, deteriorada, inservível para consumo ou com prazo de validade vencido;

III — entrega de uma mercadoria por outra;

IV — alteração da substância, qualidade ou quantidade da mercadoria ou do serviço fornecido;

V — qualquer meio fraudulento que torne injustamente mais onerosa para a Administração Pública a proposta ou a execução do contrato.

Pena — reclusão, de 4 (quatro) anos a 8 (oito) anos, e multa.

Art. 337-M. Admitir à licitação empresa ou profissional declarado inidôneo:

Pena — reclusão, de 1 (um) ano a 3 (três) anos, e multa.

§ 1.º Celebrar contrato com empresa ou profissional declarado inidôneo:

Pena — reclusão, de 3 (três) anos a 6 (seis) anos, e multa.

§ 2.º Incide na mesma pena do *caput* deste artigo aquele que, declarado inidôneo, venha a participar de licitação e, na mesma pena do § 1.º deste artigo, aquele que, declarado inidôneo, venha a contratar com a Administração Pública.

Art. 337-N. Obstar, impedir ou dificultar injustamente a inscrição de qualquer interessado nos registros cadastrais ou promover indevidamente a alteração, a suspensão ou o cancelamento de registro do inscrito:

Pena — reclusão, de 6 (seis) meses a 2 (dois) anos, e multa.

Art. 337-O. Omitir, modificar ou entregar à Administração Pública levantamento cadastral ou condição de contorno em relevante dissonância com a realidade, em frustração ao caráter competitivo da licitação ou em detrimento da seleção da proposta mais vantajosa para a Administração Pública, em contratação para a elaboração de projeto básico, projeto executivo ou anteprojeto, em diálogo competitivo ou em procedimento de manifestação de interesse.

Pena — reclusão, de 6 (seis) meses a 3 (três) anos, e multa.

§ 1.º Consideram-se condição de contorno as informações e os levantamentos suficientes e necessários para a definição da solução de projeto e dos respectivos preços pelo licitante, incluídos sondagens, topografia, estudos de demanda, condições ambientais e demais elementos ambientais impactantes, considerados requisitos mínimos ou obrigatórios em normas técnicas que orientam a elaboração de projetos.

§ 2.º Se o crime é praticado com o fim de obter benefício, direto ou indireto, próprio ou de outrem, aplica-se em dobro a pena prevista no *caput* deste artigo.

Art. 337-P. A pena de multa cominada aos crimes previstos neste Capítulo seguirá a metodologia de cálculo prevista neste Código e não poderá ser inferior a 2% (dois por cento) do valor do contrato licitado ou celebrado com contratação direta.

372 Direito Administrativo Esquematizado — *Celso Spitzcovsky*

Em relação a hipótese descrita no art. 337-E, oportuna a reprodução de decisão proferida pelo **STJ**, em **13.12.2021**, quando do julgamento do **AgRg no HC 669.347/SP**, exigindo a comprovação de **dolo específico** e o **efetivo prejuízo aos cofres públicos**. Confira-se:

"Administração Pública. Contratação direta de serviços de advocacia. Art. 89 da Lei n. 8.666/1993 c/c art. 337-E do CP (Alterado pela Lei n. 14.133/2021). Ausência de dolo específico e de efetivo prejuízo aos cofres públicos. Atipicidade da conduta."

11.5.3.1. *Em razão do valor*

Sem prejuízo da reprodução dos dispositivos e, ainda, com a finalidade de facilitar a visualização, quanto ao maior rigor atribuído as penas previstas em relação à Lei n. 8.666/93, segue o seguinte quadro comparativo:

CRIME	PENA ANTERIOR	PENA ATUAL
ART. 337-E	Pena — detenção, de 3 (três) a 5 (cinco) anos, e multa.	Pena — reclusão, de 4 (quatro) a 8 (oito) anos, e multa.
ART. 337-F	Pena — detenção, de 2 (dois) a 4 (quatro) anos, e multa.	Pena — reclusão, de 4 (quatro) anos a 8 (oito) anos, e multa.
ART. 337-G	Pena — detenção, de 6 (seis) meses a 2 (dois) anos, e multa.	Pena — reclusão, de 6 (seis) meses a 3 (três) anos, e multa.
ART. 337-H	Pena — detenção, de dois a quatro anos, e multa.	Pena — reclusão, de 4 (quatro) anos a 8 (oito) anos, e multa.
ART. 337-I	Pena — detenção, de 6 (seis) meses a 2 (dois) anos, e multa.	Pena — detenção, de 6 (seis) meses a 3 (três) anos, e multa.
ART. 337-J	Pena — detenção, de 2 (dois) a 3 (três) anos, e multa.	Pena — detenção, de 2 (dois) anos a 3 (três) anos, e multa.
ART. 337-K	Pena — detenção, de 2 (dois) a 4 (quatro) anos, e multa, além da pena correspondente à violência.	Pena — reclusão, de 3 (três) anos a 5 (cinco) anos, e multa, além da pena correspondente à violência.
ART. 337-L	Pena — detenção, de 3 (três) a 6 (seis) anos, e multa.	Pena — reclusão, de 4 (quatro) anos a 8 (oito) anos, e multa.
ART. 337-M	Pena — detenção, de 6 (seis) meses a 2 (dois) anos, e multa.	Pena — reclusão, de 1 (um) ano a 3 (três) anos, e multa.
ART. 337-N	Pena — detenção, de 6 (seis) meses a 2 (dois) anos, e multa.	Pena — reclusão, de 6 (seis) meses a 2 (dois) anos, e multa.
ART. 337-O	Sem referência	Pena — reclusão, de 6 (seis) meses a 3 (três) anos, e multa.

Por fim, importante lembrar ser este o único capítulo, dentro desta nova lei, de cumprimento obrigatório por empresas públicas e sociedades de economia mista, por força da previsão estabelecida no art. 185. Confira-se:

Art. 185. Aplicam-se às licitações e aos contratos regidos pela Lei n. 13.303, de 30 de junho de 2016, as disposições do Capítulo II-B do Título XI da Parte Especial do Decreto-Lei n. 2.848, de 7 de dezembro de 1940 (Código Penal).

11 ◾ Licitações — Lei n. 14.133/2021

11.5.4. Das concessões, permissões e PPPs

Outro item importante a ser considerado, é aquele que **altera as definições de concessão e concessão precedida de obras públicas** previstas no art. 2.º da Lei n. 8.987/95, **exigindo abertura de licitação, agora** nas modalidades de **Concorrência Pública** e **Diálogo Competitivo**, mesma alteração introduzida no art. 10 da Lei 11.079/2004. (PPPs)**,** tudo de acordo com a redação estabelecida nos arts. 179 e 180.

Art. 179. Os incisos II e III do *caput* do art. 2.º da Lei n. 8.987, de 13 de fevereiro de 1995, passam a vigorar com as seguintes redações:

"Art. 2.º (...)

II — concessão de serviço público: a delegação de sua prestação, feita pelo poder concedente, mediante licitação, na modalidade concorrência ou diálogo competitivo, a pessoa jurídica ou consórcio de empresas que demonstre capacidade para seu desempenho, por sua conta e risco e por prazo determinado;

III — concessão de serviço público precedida da execução de obra pública: a construção, total ou parcial, conservação, reforma, ampliação ou melhoramento de quaisquer obras de interesse público, delegados pelo poder concedente, mediante licitação, na modalidade concorrência ou diálogo competitivo, a pessoa jurídica ou consórcio de empresas que demonstre capacidade para a sua realização, por sua conta e risco, de forma que o investimento da concessionária seja remunerado e amortizado mediante a exploração do serviço ou da obra por prazo determinado;"

Art. 180. O *caput* do art. 10 da Lei n. 11.079, de 30 de dezembro de 2004, passa a vigorar com a seguinte redação:

"Art. 10. A contratação de parceria público-privada será precedida de licitação na modalidade concorrência ou diálogo competitivo, estando a abertura do processo licitatório condicionada a: (...)"

Para melhor visualização dos itens desenvolvidos, confira-se o seguinte quadro:

NO CÓDIGO DE PROCESSO CIVIL	Art. 177
REVOGAÇÃO DA LEGISLAÇÃO EM VIGOR A PARTIR DE ABRIL DE 2023	Art. 193, II
NO CÓDIGO PENAL	Art. 193, I
NAS CONCESSÕES E PERMISSÕES	Art. 179
NAS PPPS	Art. 180

11.6. PRINCÍPIOS DAS LICITAÇÕES

O elenco encontra-se previsto ao longo do art. 5.º, com destaque inicial para os cinco primeiros, chamados de **explícitos**, relacionados, também no *caput* do art. 37 da CF.

Princípio da Legalidade: experimentou reforço com a inclusão de vedações a participação nos certames de parentes do administrador, mesma regra aplicável quando da celebração de contratações e subcontratações, o que não se verificava no regime da Lei n. 8.666/93, em especial em seu art. 9.º.

374 Direito Administrativo Esquematizado · Celso Spitzcovsky

Princípio da Impessoalidade: quanto a este princípio, importante destacar a vedação de discriminações gratuitas que se afastem do interesse público, comprometendo o caráter competitivo dos certames.

Princípio da Moralidade: valem aqui os mesmos comentários estabelecidos quanto ao princípio da legalidade, agregando-se a positivação dos conceitos de sobrepreço e superfaturamento (art. 6.º, incisos LVI e LVII).

Princípio da Publicidade: quanto a esse princípio, vale recordar a previsão estabelecida na Lei n. 12.527/2011 (**Lei de acesso a informações públicas**) que assegura o direito a todos de acesso a informações pertinentes às licitações, item positivado em seu art. 8.º, inciso IV.

Outrossim, cumpre agregar ter adotado **a nova Lei o uso**, em regra, da **modalidade eletrônica para as licitações**, assumindo importância a obrigação estabelecida no art. 174, de inclusão de informações no **PNCP** (Portal Nacional de Contratações Públicas) promovendo a centralização e a divulgação eletrônica de todos os atos relacionados a licitações e contratos em âmbito nacional prestigiando a transparência.

Por sua vez, o PNCP, inspirado nas diretrizes estabelecidas na Lei Federal n. 12.846/2013 (lei anticorrupção), deverá oferecer acesso ao cadastro nacional de empresas inidôneas e suspensas (CEIS) e ao cadastro nacional de empresas punidas (CENEP), a teor do disposto no art. 174, § 3.º, V.

Importante destacar, também, a necessidade de divulgação de todas as contratações e aditamentos celebrados no Portal Nacional de Contratações Públicas como condição indispensável para a sua eficácia, a teor do disposto no art. 94.

Princípio da Eficiência: na busca por preço, qualidade e celeridade, destaque na nova lei para a previsão do contrato de eficiência (art. 6.º, LIII); dos critérios de julgamento do maior desconto (art. 33, II, c/c art. 34, § 2.º) e do melhor retorno econômico (art. 33, VI, c/c art. 39).

Vale também o registro para a inclusão, entre as modalidades de licitação, do diálogo competitivo (art. 6.º, XLII, art. 28, V, e art. 32) objetivando a busca de melhores soluções para a preservação do interesse público.

Oportuno mencionar, a incorporação de regra prevista na Lei n. 10.520/2002, em seu art. 4.º, XII, acerca da inversão das fases de julgamento e habilitação (art. 17, IV e V), oferecendo mais rapidez ao certame; a implantação de fase recursal única (art. 17, VI), assim como a incorporação da possibilidade de negociação com o licitante vencedor (art. 61, §§ 1.º e 2.º) já prevista no art. 4.º, XVII, da Lei n. 10.520/2002 e, ainda, a previsão de instrumentos auxiliares como o credenciamento; a pré-qualificação; os registros cadastrais bem como o registro de preços (arts. 78 a 88).

De outra parte, em relação aos princípios implícitos, seguindo a ordem apresentada pelo art. 5.º desta nova Lei, merecem os seguintes comentários:

Interesse público: em relação a esse princípio, destaque para a vedação de paralisação de obras e serviços em momentos de troca de governo, prática tão comum que representa desafio enorme para sua implementação (art. 115, § 1.º).

A mesma situação aplica-se em relação à **proibição de compra de artigos de luxo, positivada no art. 20, matéria regulamentada pelo Decreto n. 10.818, de 27 de**

setembro de 2021, com **aplicabilidade para as quatro esferas de Governo**, envolvidas em operações com verbas federais. Confira-se:

Art. 1.º (...)

Parágrafo único. Este Decreto aplica-se às contratações realizadas por outros entes federativos com a utilização de recursos da União oriundos de transferências voluntárias.

Destaque ainda, para a previsão estabelecida ao longo do **art. 2.º**, que define os **conceitos de bem de luxo e de qualidade comum**. Confira-se:

Art. 2.º Para fins do disposto neste Decreto, considera-se:

I — bem de luxo — bem de consumo com alta elasticidade-renda da demanda, identificável por meio de características tais como:

a) ostentação;

b) opulência;

c) forte apelo estético; ou

d) requinte;

II — bem de qualidade comum — bem de consumo com baixa ou moderada elasticidade-renda da demanda;

Este princípio incide também em relação ao **controle dos contratos**, em especial, **quanto a sua nulidade**, destacando-se a positivação dos **requisitos para a configuração de anulação** como: Caracterização de vício insanável; do interesse público e de aspectos como: Impacto econômico-financeiro, riscos sociais e ambientais, despesas com desmobilização e retorno (**art. 147**), tudo em consonância com as diretrizes estabelecidas na Lei n. 13.655/2018 (LINDB).

Destaque ainda, para a **possibilidade de se conferir, quando da anulação, efeitos** *ex nunc* privilegiando a continuidade da atividade administrativa para efetuar nova contratação (**art. 148, § 2.º**).

Probidade Administrativa: em relação a esse princípio, intimamente relacionado ao da **Moralidade** destaca-se, como forma de **combate ao nepotismo**, a proibição de participação de parentes do administrador nos certames (art. 14, IV), bem como em contratações e subcontratações (art. 122, § 3.º), matéria agora positivada, também, na Lei n. 8.429/92, em seu art. 11, XI, através das mudanças promovidas em outubro de 2021, pela Lei n. 14.230.

A propósito, confira-se decisão do **STF**, proferida em **30.06.2023**, quando do julgamento do **RE 910.552/MG**:

"É constitucional o ato normativo municipal, editado no exercício de competência legislativa suplementar, que proíba a participação em licitação ou a contratação: (a) de agentes eletivos; (b) de ocupantes de cargo em comissão ou função de confiança; (c) de cônjuge, companheiro ou parente em linha reta, colateral ou por afinidade, até o terceiro grau, inclusive, de qualquer destes; e (d) dos demais servidores públicos municipais."

Incluem-se ainda, a **positivação dos conceitos de superfaturamento e sobrepreço** (art. 6.º, LVI e LVII); o maior rigor nas sanções resultantes da prática de crimes, com a inclusão de capítulo específico no Título XI, da Parte Especial, do Código Penal. (arts. 178 e seguintes).

Da mesma forma, a possibilidade de **apuração conjunta de irregularidades** também previstas na Lei n. 12.846/2013 (Lei Anticorrupção) bem como na aplicação de sanções administrativas (art. 159).

Princípio da Segurança: destaque aqui para as **novidades** incorporadas a nova Lei, **relacionadas a anulação de licitações** tornando obrigatória a observância dos requisitos relacionados no art. 148 em consonância com as diretrizes fixadas na LINDB (Lei de Introdução às Normas do Direito Brasileiro), com destaque para a preocupação com as consequências de decisões tomadas nas esferas administrativa, controladora e judicial, com base em valores abstratos, a teor do disposto nos arts. 20 e 21.

Vale ainda o registro, com relação às diversas **inovações estabelecidas na fase preparatória** dos certames em que o legislador, privilegiando o planejamento introduziu, ao lado dos projetos básico e executivo, a **necessidade de elaboração de importantes instrumentos** como o estudo técnico preliminar (art. 6.º, XX); o anteprojeto (art. 6.º, XIV); o termo de referência (art. 6.º, XIII); e a matriz de riscos (art. 6.º, XVII) para a manutenção do equilíbrio financeiro dos contratos.

Por fim, para a **positivação de regras sobre os reajustes** (art. 6.º, LVIII), bem como para a **repactuação dos contratos** (art. 6.º, LIX).

Princípio da Razoabilidade: destaque para as **exigências relacionadas à fase de habilitação** (art. 62 e seguintes), bem como em relação a **aplicação de sanções**, com a positivação de observância obrigatória, em cada caso, das atenuantes e agravantes (art. 156, § 1.º) seguindo tendência apresentada pela **LINDB**, em seu **art. 22, § 2.º**.

Princípio da Igualdade: em relação a esse princípio que proíbe, em regra, discriminações gratuitas entre os licitantes, **destaque para a possibilidade de preferência por determinados participantes** quanto a critérios de desempate (art. 60, § 1.º).

Princípio da Competitividade: destaque aqui para **situações que aumentam a competitividade entre os participantes** destacando-se os regimes de contratação integrada (art. 6.º, XXXII) e semi-integrada (art. 6.º, XXXIII) que delega para a iniciativa privada a elaboração dos projetos básico e executivo ou só o executivo, até então de competência exclusiva da Administração, implicam em aumento de competitividade.

Da mesma forma, a **possibilidade de adoção de orçamento sigiloso** (art. 24) que abre a perspectiva de apresentação de preços diferenciados pelos licitantes uma vez que não terão mais a referência do limite máximo aceito pela Administração, aumentando novamente a competitividade.

Destaque ainda para a **introdução dos critérios de julgamento de maior desconto e maior retorno econômico** (arts. 33 e 34).

Por fim, a **incorporação da fase de lances** (art. 17, III) até então adotada pela Lei n. 10.520/2002 (pregão), bem como a **possibilidade de participação nos certames de pessoas jurídicas em consórcio** (art. 15) e de **profissionais organizados em cooperativa** (art. 16).

Princípio da Celeridade: neste particular, **destaque para a inversão de fases de julgamento e classificação** (art. 17); de **fase recursal única** (art. 17) a previsão de **prazos para a resposta**, pela Administração, de **pedidos de reajuste e repactuação** (art. 92, § 6.º); para **resposta a recursos administrativos** (art. 165, I); para o **cumprimento de decisões proferidas pelos Tribunais de Contas** (art. 171, § 2.º), bem como a possibilidade de **adoção do critério de arbitragem** para a solução de conflitos (art. 151) e como modalidade de extinção dos contratos (art. 138).

Princípio da Economicidade: destaque para a **possibilidade**, sempre que possível, de **parcelamento das compras em busca do melhor preço** (art. 40, inciso I); a previsão para a celebração de contrato de eficiência (art. 6.º, inciso LIII); dos critérios de julgamento de maior desconto e maior retorno econômico (arts. 33 e 34).

Princípio da Transparência: destaque aqui para os mesmos itens apontados quanto ao Princípio da Publicidade com o qual mantem íntima relação, em que pese algumas diferenças apontadas pela doutrina para situações envolvendo a **coibição de arranjos secretos fora dos autos**, objetivando vantagens.

Princípio da Eficácia: privilegia os certames que atingiram o objetivo final pretendido, vale dizer, a contratação pública, preservando o interesse público primário.

Outrossim, destaque para a **necessidade de divulgação no Portal Nacional de Contratações Públicas dos contratos e aditamentos celebrados**, como condição indispensável para a sua eficácia. (art. 94, *caput*), estendendo-se a exigência para as licitações (art. 94, I) e para as contratações diretas (art. 92, II).

Princípio do Planejamento: incide em especial sobre a fase interna das licitações, conhecida por fase preparatória que inicia os certames, conforme previsão estabelecida no art. 17, I.

Nesse sentido, como já noticiado, a nova Lei incluiu, em respeito ao planejamento, a obrigação de elaboração dos projetos básico e executivo (art. 6.º, incisos XXV e XXVI); o estudo preliminar técnico (art. 6.º, inciso XX); o anteprojeto (art. 6.º, inciso XXIV) e o termo de referência (art. 6.º, inciso XXIII), bem como em relação às compras, **com destaque para a possibilidade de parcelamento, desde que tecnicamente viável e economicamente vantajoso** (art. 40, V, *b*).

Princípio da Segregação de Funções: indica que as licitações não podem, diante de sua complexidade, ser conduzidas por apenas um agente público.

Ao revés, devem ser conduzidas por diversos agentes, espalhados por diversas repartições.

Desta forma, garante que o mesmo agente não será responsável pela fiscalização de atos por ele mesmo produzidos.

Nesse sentido, caminha a previsão estabelecida no **art. 7.º, § 1.º, que veda a designação do mesmo agente para atuação simultânea em funções mais suscetíveis a riscos**, reduzindo a possibilidade de erros e fraudes, seguindo tendência da Lei n. 13.655/2018 (LINDB) que autoriza a responsabilização do agente público somente nas hipóteses de erro grosseiro e dolo (art. 28).

Princípio da Vinculação ao Edital: garante segurança aos licitantes bem como tratamento isonômico e competitividade, evitando surpresas durante os certames, impedindo exigências formuladas pela Administração, sem previsão no instrumento convocatório.

Da mesma forma, a previsão de **desclassificação de propostas em desacordo com o edital** (art. 59, II) e para a inclusão dessa diretriz entre as **cláusulas essenciais dos contratos** (art. 92) que não poderão se afastar da minuta, documento integrante do edital (art. 18, VI).

Princípio do Julgamento Objetivo das Propostas: possui íntima ligação com os princípios da isonomia e da impessoalidade, impedindo que a Administração se afaste de critérios uniformes de julgamento, em que pese a manutenção de subjetividade em alguns casos como dos critérios de melhor técnica e conteúdo artístico (arts. 33 e 34)

Princípio da Motivação: base para o controle de legalidade dos atos da Administração, encontra reflexos nesta Lei na obrigatoriedade de **apresentação de justificativas para as contratações diretas** (art. 72) bem como na **elaboração dos pareceres jurídicos** (art. 53).

Princípio do Desenvolvimento Nacional Sustentável: a manutenção desse princípio, já previsto no art. 3.º da Lei n. 8.666/93, **condiciona a atuação do administrador a observância de critérios sociais, ambientais e econômicos**, quando da celebração de contratações.

Esta matéria encontra-se disciplinada, ao nível federal, pelos **Decretos n. 7.746/2012 e 9.178/2017**, que exigem o cumprimento dos seguintes critérios:

a) Baixo impacto sobre recursos naturais.

b) Eficiência na utilização de recursos naturais como água e energia.

c) Geração de empregos.

d) Uso de inovações que reduzam a pressão sobre recursos naturais.

Nesta nova Lei concretiza-se este princípio entre outros pontos, **pela reserva de vagas** nos quadros do contratado **para egressos do sistema prisional**; para os **reabilitados da previdência social e aprendizes** (arts. 63, IV, e 92, XVII).

Disposições Constantes da LINDB: a referida legislação (Lei n. 13.655/2018), através de seus arts. 20 a 30, privilegia os princípios da **Segurança das Relações Jurídicas** e da **Eficiência**, merecendo destaque a previsão do art. 22 que obriga o administrador a considerar os obstáculos e dificuldades do gestor, para efeito de responsabilização.

Por sua vez, o art. 28 que autoriza a **responsabilização do agente**, tão somente, por **erro grosseiro** ou **dolo**.

Na nova Lei, concretiza-se o respeito a estas diretrizes através da previsão estabelecida nos **arts. 147 (Nulidade dos contratos); 155 (Infrações e sanções administrativas); 161, parágrafo único (Infrações e sanções administrativas) e 169 (Controle das contratações)**.

De resto, a influência das diretrizes da Lei n. 13.655/2018 (LINDB), em matéria de licitações e contratos tem sido observada por nossos tribunais. Confira-se:

11 ■ Licitações — Lei n. 14.133/2021

"MANDADO DE SEGURANÇA. ADMINISTRATIVO E CONSTITUCIONAL. PREGÃO ELETRÔNICO. DECISÃO DO EGRÉGIO TRIBUNAL DE CONTAS DO ESTADO DO AMAZONAS QUE CONCEDEU LIMINAR PARA DESFAZER INABILITAÇÃO DE LICITANTE. ALEGADA NÃO APRESENTAÇÃO DE DOCUMENTOS EXIGIDOS PELO EDITAL. EXCESSO DE FORMALISMO. PRINCÍPIOS DA SUPREMACIA DO INTERESSE PÚBLICO, PROPORCIONALIDADE E RAZOABILIDADE. NECESSIDADE DE SE OBSERVAR AS CONSEQUÊNCIAS PRÁTICAS DA DECISÃO. AUSÊNCIA DE ILEGALIDADE NO *DECISUM* E, POR CONSEGUINTE, NÃO OCORRÊNCIA DE VIOLAÇÃO A DIREITO LÍQUIDO E CERTO DA IMPETRANTE. SEGURANÇA CONHECIDA E DENEGADA. (...) 2. (...) ainda que se entenda que a fase de habilitação foi iniciada em 21 de maio de 2021, ou seja, data em que o Balanço Patrimonial referente ao ano de 2020 já seria exigível, reputa-se prudente, a fim de evitar o excesso de formalismo e privilegiar a razoabilidade, que fosse oportunizada a complementação da documentação anteriormente apresentada, em consonância com o que dispõe o art. 64 da nova Lei de Licitações e Contratos Administrativos, isto é, a Lei n. 14.133/2021. (...) 4. Dessarte, é preciso sopesar os Princípios da Vinculação ao Edital e da Isonomia em relação ao Princípio da Supremacia do Interesse Público e, até, mesmo, da proporcionalidade e razoabilidade, uma vez que a finalidade do Pregão Eletrônico por menor preço é a busca pela proposta mais vantajosa para a Administração, com o fim de atender ao interesse da coletividade, de modo que não deve prevalecer o excesso de rigor, em detrimento do objetivo do certame. Precedentes. 5. No presente caso, a Litisconsorte apresentou a proposta mais vantajosa para a Administração Pública, em todos os lotes, não havendo dúvidas acerca da sua capacidade financeira e técnica para a execução do objeto do certame, qual seja, o preparo, fornecimento e distribuição de refeições (café da manhã e almoço), para a comunidade universitária (servidores e alunos) da Universidade do Estado do Amazonas — UEA. 6. Ademais, a concessão da presente ordem e, por conseguinte, a inabilitação da empresa vencedora, implicaria suspensão de serviço essencial, isto é, o fornecimento de refeições para a comunidade acadêmica da Universidade do Estado do Amazonas — UEA, dentre os quais se destacam alunos e servidores de baixa renda que fazem uso do Restaurante Universitário para garantir parte essencial de sua alimentação diária, serviço que vem sendo regularmente prestado, desde o início do ano letivo, aproximando-se, inclusive, do fim do contrato de 12 (doze) meses. 7. Dessarte, uma vez que considerou, de forma fundamentada, as graves consequências práticas da mantença da inabilitação da Litisconsorte para a Administração Pública, e, principalmente, para os administrados, em consonância com o art. 20, parágrafo único, da Lei de Introdução às Normas de Direito Brasileiro, a decisão combatida não apresenta qualquer ilegalidade. (...)" (TJ-AM, MSCIV: 40007082820228040000 Manaus, Rel. José Hamilton Saraiva dos Santos, j. 28.02.2023, TP, Data de Publicação: 28.02.2023).

Para melhor visualização dos itens desenvolvidos, confira-se o seguinte quadro:

LOCALIZAÇÃO	Art. 5.º
APLICABILIDADE OBRIGATÓRIA PARA AS 4 ESFERAS DE GOVERNO	Art. 5.º
DESTINATÁRIOS: ADMINISTRAÇÃO DIRETA, AUTÁRQUICA E FUNDACIONAL	Art. 1.º

NATUREZA: CONSTITUCIONAL E LEGAL	Art. 37, *caput*, da CF e art. 5.º da Lei n. 14.133/2021
ELENCO: EXEMPLIFICATIVO	Art. 5.º
ESPÉCIES	Art. 5.º

11.7. DOS AGENTES PÚBLICOS

11.7.1. Das definições

Em relação a esse tema, a preocupação do legislador revela-se, de início, com a inclusão no **art. 6.º, V**, da seguinte definição:

Art. 6.º (...)

V — agente público: indivíduo que, em virtude de eleição, nomeação, designação, contratação ou qualquer outra forma de investidura ou vínculo, exerce mandato, cargo, emprego ou função em pessoa jurídica integrante da Administração Pública;

Nesta definição, reafirma-se a ideia segundo a qual **o conceito de agente público revela-se o mais abrangente de todos**, uma vez que inclui **todos aqueles que integram a estrutura da Administração Pública direta e indireta**.

Em outras palavras, inclui agentes políticos; servidores públicos que se subdividem em: Funcionários Públicos; Empregados Públicos; Temporários; e os particulares em colaboração com o Estado.

Nesse particular, importante lembrar que a utilização do mesmo conceito de agentes públicos por esta nova lei, equipara, agora, também em matéria de licitações e contratos, **a questão da responsabilidade pela prática de atos ilícitos, de danos causados a terceiros**, como já se verificava, de maneira inequívoca, por expressa previsão legal, em relação aos temas improbidade administrativa (Lei n. 8.429/92, art. 2.º), Responsabilidade do Estado (art. 37, § 6.º, da CF) e, ainda, dependendo de configuração de dolo ou erro grosseiro (Lei n. 13.655/2018, art. 28)

De outra parte, também para efeito de se estabelecer a **competência para a edição de atos administrativos**, bem como para fins de **responsabilização em decorrência de irregularidades praticadas**, esta nova lei reitera no art. **6.º, VI**, o **conceito de autoridade**. Confira-se:

Art. 6.º (...)

VI — autoridade: agente público dotado de poder de decisão;

A definição adotada reafirma a ideia segundo a qual toda autoridade é agente público, não sendo a recíproca verdadeira, mesma diretriz adotada, pela **Constituição Federal** em seu **art. 5.º, LXIX**, e, respectivamente, na **Lei n. 12.016/2009** (Mandado de Segurança) em seu **art. 1.º, *caput*, e § 1.º**, bem como na **Lei Federal n. 9.784/99** (Processos administrativos na área federal) em seu **art. 1.º, § 2.º**. Confira-se:

Constituição Federal:
Art. 5.º (...)
LXIX — conceder-se-á mandado de segurança para proteger direito líquido e certo, não amparado por habeas corpus ou habeas data, quando o responsável pela ilegalidade

ou abuso de poder for **autoridade pública** ou agente de pessoa jurídica no exercício de atribuições do Poder Público;

Lei n. 12.016/2009

Art. 1.º Conceder-se-á mandado de segurança para proteger direito líquido e certo, não amparado por *habeas corpus* ou *habeas data*, sempre que, ilegalmente ou com abuso de poder, qualquer pessoa física ou jurídica sofrer violação ou houver justo receio de sofrê-la por **parte de autoridade, seja de que categoria for e sejam quais forem as funções que exerça.**

§ 1.º **Equiparam-se às autoridades**, para os efeitos desta Lei, os representantes ou órgãos de partidos políticos e os administradores de entidades autárquicas, bem como os dirigentes de pessoas jurídicas ou as pessoas naturais no exercício de atribuições do poder público, somente no que disser respeito a essas atribuições.

Lei n. 9.784/99

Art. 1.º (...)

§ 2.º Para os fins desta Lei, consideram-se:

III — autoridade — o servidor ou agente público dotado de poder de decisão.

Sem embargo, das definições oferecidas, o legislador houve por bem reservar um capítulo específico para o desenvolvimento desse tema, disciplinado nos arts. 7.º a 10.

Dentro desse contexto, estabelece, de início, a obrigatoriedade da autoridade máxima do órgão ou entidade de promover gestão por competências e **designar agentes públicos** para o desempenho das funções essenciais à execução desta Lei (art. 7.º).

Outrossim, cumpre registrar que a referida **escolha não poderá recair sobre qualquer agente público**, mas, tão somente, sobre aqueles que preencham os seguintes **requisitos**:

I — sejam, preferencialmente, servidor efetivo ou empregado público dos quadros permanentes da Administração Pública;

II — tenham atribuições relacionadas a licitações e contratos ou possuam formação compatível ou qualificação atestada por certificação profissional emitida por escola de governo criada e mantida pelo poder público; e

III — não sejam cônjuge ou companheiro de licitantes ou contratados habituais da Administração nem tenham com eles vínculo de parentesco, colateral ou por afinidade, até o terceiro grau, ou de natureza técnica, comercial, econômica, financeira, trabalhista e civil.

Os requisitos listados pelo legislador, demonstram, que a **escolha recairá, preferencialmente, sobre servidor efetivo ou empregado público** dos quadros permanentes, excluindo-se a possibilidade de nomeação daqueles que titularizam cargos em caráter precário, vale dizer, cargos em comissão.

De outra parte, agrega-se a necessidade de **comprovação de qualificação técnica** para o exercício das atribuições, em respeito ao princípio da eficiência.

Por fim, grande inovação positivada em respeito aos princípios da Legalidade; da Moralidade; e da Improbidade **vedando-se que a indicação recaia sobre cônjuge ou companheiro de licitantes ou contratados habituais** da Administração **nem tenham** com eles vínculo de parentesco, colateral ou por afinidade, até o terceiro grau, ou de natureza técnica, comercial, econômica, financeira, trabalhista e civil, evitando--se a prática de nepotismo. (art. 7.º, inciso III).

11.7.2. Agente e comissão de contratação

Nesse particular, importante destacar **a criação da figura do agente de contratação** positivada, por duas vezes, no **art. 6.º, LX**, e no **art. 8.º**, responsável pela tomada de decisões; pelo acompanhamento do trâmite da licitação bem como por impulsionar o procedimento licitatório e executar quaisquer outras atividades necessárias ao bom andamento da licitação.

A **escolha** do referido agente de contratação terá lugar **para procedimentos que envolvam** bens e serviços comuns, definidos no **art. 6.º, XIII**. Confira-se:

> **Art. 6.º** (...)
>
> XIII — bens e serviços comuns: aqueles cujos padrões de desempenho e qualidade podem ser objetivamente definidos pelo edital, por meio de especificações usuais de mercado;

Em se tratando de licitação na **modalidade pregão**, o **agente responsável** pela condução do certame **será designado pregoeiro**, sendo dele a responsabilidade pelos atos praticados, uma vez que se cuida aqui de aquisição de bens e serviços comuns (**art. 8.º, § 5.º**).

De outra parte, para procedimentos que envolvam **bens ou serviços especiais**, o **agente de contratação poderá ser substituído** por comissão de contratação (**art. 8.º, § 2.º**) definida no art. 6.º, **L** ou a Administração poderá contratar serviço de empresa ou de profissional especializado para assessorá-lo (**art. 8.º, § 4.º**).

A propósito, oportuno esclarecer, para uma melhor compreensão das hipóteses registradas no parágrafo anterior, que o **conceito de bens e serviços especiais** foi positivado no **art. 6.º, XIV**, de forma residual em relação aos serviços comuns.

Em outras palavras, considerou o legislador como especiais, os bens e serviços que não possam ser enquadrados entre os comuns. Confira-se:

> **Art. 6.º** (...)
>
> XIV — bens e serviços especiais: aqueles que, por sua alta heterogeneidade ou complexidade, não podem ser descritos na forma do inciso XIII do *caput* deste artigo, exigida justificativa prévia do contratante;

Diante desse cenário, oportuno observar que a escolha pelo administrador, de uma das opções que lhe foram facultadas pelo legislador, traz consequências importantes em matéria de responsabilização pelos atos praticados.

11.7.2.1. *Responsabilidade pelos atos praticados*

Se as irregularidades resultarem de atos do **agente de contratação**, será ele o **responsável, individualmente**, salvo se induzido a erro pela atuação da equipe que o auxilia, nos termos do **art. 8.º, § 1.º**, c/c **art. 28** da **Lei n. 13.655/2018**.

De outro giro, se substituído por uma **comissão de contratação**, que será obrigatoriamente **formada por no mínimo 3 (três) membros, responderão eles, solidariamente, por todos os atos praticados, ressalvado** o membro que **expressar posição individual divergente fundamentada e registrada** em ata lavrada na reunião em que houver sido tomada a decisão (**art. 8.º, § 2.º**).

Em matéria de responsabilidade, vale destacar ainda, que a **defesa das autoridades e agentes de contratação nas esferas administrativa, controladora ou judicial**, poderá ser feita pela **advocacia pública**, se o ato foi praticado com estrita observância de orientação constante em parecer jurídico (**art. 10**).

Essa diretriz, de representação de agentes públicos pela advocacia geral da união, encontra-se prevista na Lei Federal n. 13.327/2016 que estabelece a defesa de agentes públicos, por integrantes da Advocacia Pública, em nível federal, nos termos do art. 37, XVII, bem como no art. 22 da Lei Federal 9.028/95, que autoriza a atuação judicial da AGU em favor de agentes públicos.

Importante ainda destacar que os diplomas legais citados, incluindo-se o art. 10 da Lei de Licitações, tiveram sua constitucionalidade questionada, através da **ADI 2.888/ DF**, com relatoria da **Min. Rosa Weber**, resultando no seu não conhecimento pela Corte, em **15.02.2022**. Confira-se a ementa:

"AÇÃO DIRETA DE INCONSTITUCIONALIDADE. ART. 22 DA LEI FEDERAL N. 9.028/1995. REPRESENTAÇÃO DE AGENTES PÚBLICOS PELA ADVOCACIA-GERAL DA UNIÃO. AUSÊNCIA DE IMPUGNAÇÃO DE TODO O COMPLEXO NORMATIVO. FALTA DE INTERESSE DE AGIR. AÇÃO NÃO CONHECIDA. 1. Com a edição da Lei Federal n. 13.327/2016, que prevê a defesa de agentes públicos por integrantes da Advocacia Pública em nível federal (art. 37, XVII), além do art. 10 da Lei n. 14.133/2021, mostra-se inócua a pretensão de inconstitucionalidade deduzida apenas em face do art. 22 da Lei Federal n. 9.028/1995, que autoriza a atuação judicial da Advocacia--Geral da União em favor de agentes públicos. 2. A ausência de impugnação da integralidade do complexo normativo torna o provimento judicial pretendido ineficaz e, por isso mesmo, destituído de utilidade, de modo a afastar a caracterização do interesse de agir do autor. Precedentes. 3. Ação direta de inconstitucionalidade não conhecida" (STF, ADI 2888 DF 0001734-92.2003.1.00.0000, Rel. Rosa Weber, j. 08.02.2022, TP, Data de Publicação: 15.02.2022).

Portanto, o não conhecimento da ação proposta poderia conduzir a conclusão pela legitimidade da previsão estabelecida no art. 10, autorizando a defesa judicial do agente público, pela assessoria jurídica responsável pela emissão do parecer por ele adotado.

Sem embargo, não foi a conclusão atingida pela Suprema Corte, em 31.08.2022, quando do julgamento, das ADIs 7.042 e 7.043/DF, questionadoras da constitucionalidade do art. 17, § 20, da Lei n. 8.429/92, após as alterações promovidas pela Lei n. 14.230, em outubro de 2021.

O referido dispositivo apresenta a seguinte redação:

Art. 17. (...)

§ 20. A assessoria jurídica que emitiu o parecer atestando a legalidade prévia dos atos administrativos praticados pelo administrador público ficará obrigada a defendê-lo judicialmente, caso este venha a responder ação por improbidade administrativa, até que a decisão transite em julgado. (Incluído pela Lei n. 14.230, de 2021)

No referido precedente, o STF concluiu pela declaração de inconstitucionalidade parcial, com interpretação conforme, sem redução de texto.

Em outras palavras, que inexiste obrigatoriedade de defesa judicial do agente público havendo, porém, apenas a possibilidade dos Órgãos da Advocacia Pública autorizarem a realização dessa representação judicial, por parte da assessoria jurídica que emitiu o parecer, atestando a legalidade prévia dos atos praticados pelo administrador, desde que existente previsão legal nesse sentido.

No curso do voto proferido, o e. Relator Alexandre de Moraes concluiu que a obrigatoriedade de defesa do agente, pela advocacia pública, implicaria em inarredável ofensa a sua autonomia. Confira-se:

> "(...) 6. A previsão de obrigatoriedade de atuação da assessoria jurídica na defesa judicial do administrador público afronta a autonomia dos Estados-Membros e **desvirtua a conformação constitucional da Advocacia Pública** delineada pelo art. 131 e 132 da Constituição Federal, ressalvada a possibilidade de os órgãos da Advocacia Pública autorizarem a realização dessa representação judicial, nos termos de legislação específica. (...)".

Portanto, a mesma conclusão atingida em relação ao dispositivo da LIA, em razão de sua identidade, de rigor sua extensão para o dispositivo ora em análise.

O mesmo raciocínio, não será aplicado se houver provas da prática de **atos ilícitos dolosos** (art. 10, § 1.º).

Por derradeiro, oportuno salientar que as **diretrizes** até aqui estabelecidas **prevalecem** em termos de **responsabilização**, ainda que o **agente público não seja mais titular do cargo, emprego ou função** (art. 10, § 2.º).

Nesse particular, oportuno anotar que dispositivo idêntico incluído na LIA (art. 12, § 1.º), teve sua constitucionalidade questionada, através da **ADI 7236**, encontrando-se com a sua eficácia suspensa, **desde 27.12.2022**, através de cautelar parcialmente deferida pelo Min. Alexandre de Moraes, *ad referendum* do plenário, o que até o presente momento não se verificou.

Para melhor visualização dos itens desenvolvidos, confira-se o seguinte quadro:

DEFINIÇÃO	Art. 6.º, V
CONCEITO DE AUTORIDADE	Art. 6.º, VI
AGENTES DE CONTRATAÇÃO	Arts. 7.º a 10
COMISSÃO DE CONTRATAÇÃO	Art. 6.º, LX c/c 8.º
COMPETÊNCIAS: PROCEDIMENTO DE BENS E SERVIÇOS COMUNS	Art. 6.º, XIII
SUBSTITUIÇÃO DO AGENTE DE CONTRATAÇÃO PELA COMISSÃO DE CONTRATAÇÃO	Art. 8.º, § 2.º c/c art. 6.º, L, e art. 8.º, § 4.º
RESPONSABILIDADE PELOS ATOS PRATICADOS PELOS AGENTES DE CONTRATAÇÃO	Art. 8, § 1.º c/c art. 28 da Lei n. 13.655/2018
RESPONSABILIDADE PELOS ATOS PRATICADOS PELA COMISSÃO DE CONTRATAÇÃO	Art. 8.º, § 2.º
DEFESA NAS ESFERAS ADMINISTRATIVA, CONTROLADORIA OU JUDICIAL	Art. 10
SUBSISTÊNCIA DA RESPONSABILIDADE	Art. 10, § 2.º

11.8. DOS OBJETIVOS DA LICITAÇÃO

Em relação a este tema, inovou o legislador reservando espaço no **Título II**, nos **arts. 11 a 17**.

11.8.1. Elenco

Inicialmente, no **art. 11** relacionou os seguintes **objetivos**:

- Garantir a observância do princípio constitucional da isonomia;
- Seleção da proposta mais vantajosa para a administração;
- Promoção do desenvolvimento nacional sustentável;
- Assegurar a seleção da proposta apta a gerar o resultado de contratação mais vantajoso;
- Assegurar tratamento isonômico;
- Incentivar a inovação e o desenvolvimento nacional sustentável;
- Justa competição;
- Evitar contratações com sobrepreço, com preços manifestamente inexequíveis e superfaturamento.

A leitura desses objetivos revela a **presença de inovações** em relação àqueles previstos na Lei das Licitações (Lei n. 8.666/93), com **destaque especial para as seguintes novidades**: o incentivo ao desenvolvimento nacional sustentável, a preservação da justa competição e a proibição de configuração de sobrepreço, de superfaturamento e preços manifestamente inexequíveis.

Em relação ao **desenvolvimento nacional sustentável**, a novidade privilegia o princípio integrante do art. 5.º e, como corolário, a preservação ambiental.

Quanto à **justa competição**, reitera-se a necessidade de tratamento isonômico dos licitantes, só promovendo discriminações que se justifiquem para a preservação do Interesse Público e desde que previstas no edital.

Em relação ao **sobrepreço e ao superfaturamento**, em consonância com os princípios da Moralidade e da Probidade Administrativa, estes conceitos foram positivados ao longo do **art. 6.º, LVI e LVII**, respectivamente. Confira-se:

LVI — **sobrepreço**: preço orçado para licitação ou contratado em valor expressivamente superior aos preços referenciais de mercado, seja de apenas 1 (um) item, se a licitação ou a contratação for por preços unitários de serviço, seja do valor global do objeto, se a licitação ou a contratação for por tarefa, empreitada por preço global ou empreitada integral, semi-integrada ou integrada;

LVII — **superfaturamento**: dano provocado ao patrimônio da Administração, caracterizado, entre outras situações, por:

a) medição de quantidades superiores às efetivamente executadas ou fornecidas;

b) deficiência na execução de obras e de serviços de engenharia que resulte em diminuição da sua qualidade, vida útil ou segurança;

c) alterações no orçamento de obras e de serviços de engenharia que causem desequilíbrio econômico-financeiro do contrato em favor do contratado;

d) outras alterações de cláusulas financeiras que gerem recebimentos contratuais antecipados, distorção do cronograma físico-financeiro, prorrogação injustificada do prazo contratual com custos adicionais para a Administração ou reajuste irregular de preços;

Por fim, quanto aos **preços manifestamente inexequíveis**, em que pese a alta dose de **subjetividade da expressão**, importante a referência para as diretrizes estabelecidas no **art. 59**, segundo as quais **estas propostas**, vale dizer, aquelas que não apresentam condições para serem executadas, **serão desclassificadas (art. 59, III e IV)** facultada à Administração, a realização de diligências para esta apuração (**art. 59, § 2.º**).

Outrossim, para **obras e serviços de engenharia**, definidos ao longo do **artigo 6.º, XXI**, o legislador procurou diminuir esta subjetividade estabelecendo parâmetros para a sua configuração (**art. 59, § 3.º e § 4.º**).

De outra parte, para assegurar o cumprimento dos objetivos fixados, preconiza o legislador o alinhamento das contratações com o planejamento estratégico e as leis orçamentárias (**art. 11**).

11.8.2. Publicidade e transparência das licitações

Em atenção aos princípios da Publicidade e Transparência (**art. 5.º**) o legislador estipulou, como **regra geral** a natureza pública dos atos praticados no processo licitatório, **exceção** feita às informações cujo sigilo seja imprescindível para a segurança da sociedade e do Estado (**art. 13, I e II**).

Ao assim proceder, seguiu a diretriz fixada no **art. 5.º, XXXIII, da CF** e na **Lei n. 12.527/2011** (Lei de Acesso a Informações Públicas) com destaque para os **arts. 8.º, IV; 23 e 24**, aplicáveis em matéria de licitações e contratos.

A propósito do tema, oportuna a reprodução de precedente do TJRS:

"APELAÇÃO CÍVEL. LICITAÇÕES E CONTRATOS. ACESSO A INFORMAÇÕES DO PROCESSO LICITATÓRIO. ARTIGO 5.º, INCISO XXXIII, DA CF, ARTIGOS 5.º E 7.º DA LEI 12.527/11, ARTIGO 13 DA LEI N. 14.133/21 E 63 DA LEI N. 8.666/93. GARANTIA QUE NÃO SE REVELA ILIMITADA, SENDO INAPLICÁVEL À FASE INTERNA E SIGILOSA DO CERTAME. ATENDIMENTO AOS PRINCÍPIOS DO PROCESSO LICITATÓRIO: IMPESSOALIDADE, ISONOMIA, TRANSPARÊNCIA, MORALIDADE E SELEÇÃO DA PROPOSTA MAIS VANTAJOSA À ADMINISTRAÇÃO. APELAÇÃO DESPROVIDA" (TJ-RS, AC: 50499430420218210001 Porto Alegre, Rel. Marcelo Bandeira Pereira, j. 09.12.2021, 21.ª Câm. Cív., Data de Publicação: 17.12.2021).

11.8.3. Participação nas licitações: possibilidades e proibições

De outro giro, vale destaque para aqueles que estão **proibidos de participar das licitações e da execução do contrato**, incluindo-se as **terceirizações**, listados ao longo do **art. 14**.

Assim, por razões obvias, foram incluídos **aqueles que elaboraram os projetos básico e executivo**, com **exceção** para aquelas situações envolvendo regimes de **execução integrada e semi-integrada,** em que sua elaboração é atribuída aos licitantes (**art. 14, § 4.º**).

11 ◼ Licitações — Lei n. 14.133/2021

Restou também proibida a participação daqueles que **mantenham vínculo** de natureza **técnica, comercial, econômica, trabalhista** ou **civil com dirigente do órgão** ou **entidade contratante** ou de **agente público** que desempenhe **função na licitação** ou atue na **fiscalização** ou na **gestão do contrato**, ou que deles seja **cônjuge, companheiro** ou **parente em linha reta, colateral** ou por **afinidade**, até o **terceiro grau,** devendo essa **proibição constar expressamente do edital de licitação (art. 14, IV)**.

Destaque, ainda, para a **proibição de participação de pessoas física ou jurídica** que se encontrem, ao tempo da licitação, impossibilitadas de participar do certame **em decorrência de sanção que lhe foi imposta (art. 14, III)**.

Nesse particular, oportuna a referência a decisão proferida pelo **STF**, em **09.02.2023**, quando do julgamento da **ADI 5941/DF**, legitimando artigos do CPC, autorizadores da imposição de medidas coercitivas sobre o devedor, incluindo-se a proibição de participação em licitações. Confira-se a ementa:

> "AÇÃO DIRETA DE INCONSTITUCIONALIDADE. OS ARTIGOS 139, IV; 380, PARÁGRAFO ÚNICO; 400, PARÁGRAFO ÚNICO; 403, PARÁGRAFO ÚNICO; 536, *CAPUT* E § 1.º E 773, TODOS DO CÓDIGO DE PROCESSO CIVIL. MEDIDAS COERCITIVAS, INDUTIVAS OU SUB-ROGATÓRIAS. ATIPICIDADE DOS MEIOS EXECUTIVOS. (...) POSSIBILIDADE DE IMPOSIÇÃO JUDICIAL DE MEDIDAS COERCITIVAS, INDUTIVAS OU SUB-ROGATÓRIAS CONSISTENTES EM SUSPENSÃO DO DIREITO DE DIRIGIR, APREENSÃO DE PASSAPORTE E PROIBIÇÃO DE PARTICIPAÇÃO EM CONCURSOS PÚBLICOS OU EM LICITAÇÕES".

Outrossim, para aquelas que nos 5 (cinco) anos anteriores à divulgação do edital, tenham sido **condenadas judicialmente, com trânsito em julgado, por exploração de trabalho infantil, por submissão de trabalhadores a condições análogas às de escravo** ou **por contratação de adolescentes** nos casos vedados pela legislação trabalhista (**art. 14, VI**).

Oportuno registrar, que essas **vedações se estendem para a participação de substitutos destas pessoas**, com o intuito de burlar a diretriz legal (**art. 14, § 1.º**).

Por fim, a **possibilidade de participação** nestes certames, de **pessoa jurídica em consórcio (art. 15)** quando a **responsabilidade** por irregularidades praticadas pelos seus integrantes será **solidária (art. 15.º, V)**.

Da mesma forma, **autoriza-se** a participação de **profissionais organizados sob a forma de cooperativa**, de acordo com a previsão estabelecida no **art. 16**.

Para melhor visualização dos itens desenvolvidos, confira-se o seguinte quadro:

LOCALIZAÇÃO	Arts. 11 a 17
ELENCO	Art. 11
PUBLICIDADE E TRANSPARÊNCIA	Art. 5.º c/c art. 13, I e II
PARTICIPAÇÃO NAS LICITAÇÕES: POSSIBILIDADES E PROIBIÇÕES	Art. 14

388 Direito Administrativo Esquematizado | *Celso Spitzcovsky*

11.9. FASES DA LICITAÇÃO

11.9.1. Noções gerais

Este tema, **disciplinado** no **Título II, arts. 17 a 27 e 52 a 71 experimentou** importantes **alterações** em relação ao regime anterior, ainda em vigor até 30.12.2023.

Nesse sentido, o **art. 17** aponta as **fases de licitação** na ordem em que se apresentam, configurando o chamado **procedimento comum**. Confira-se:

> **Art. 17**. O processo de licitação observará as seguintes fases, em sequência:
> I — **preparatória**;
> II — de divulgação do edital de licitação;
> III — de apresentação de propostas e lances, quando for o caso;
> IV — de julgamento;
> V — de habilitação;
> VI — recursal;
> VII — de homologação.

A leitura do dispositivo reproduzido, bem demonstra a **positivação da fase preparatória**, o que não se verificava no regime anterior, mesma situação envolvendo a apresentação de propostas e lances.

Assim, o marco inicial das licitações passa a ser o início da fase preparatória, e não mais com a publicação do edital, o que se revela importante, até o término do prazo de vigência dos diplomas anteriores, prorrogado até 30.12.2023, para determinar sob qual diploma legal o certame, bem como os contratos celebrados vão se desenvolver, em vista do disposto no art. 193, II.

A importância oferecida a essa etapa inaugural, acaba por concretizar o princípio do planejamento, incluído ao longo do art. 5.º, oferecendo, ainda, maior segurança para a abertura externa da licitação, esta sim, iniciada após a publicação do edital.

De outra parte, **incorporou** o legislador **diretriz** já apresentada nas Leis n. 12.462/2011 (RDC) e 10.520/2002 (Pregão) **invertendo** a **ordem das fases de julgamento e habilitação**.

Nesse sentido vale observar a **possibilidade** de a fase de **habilitação ser realizada antes da apresentação de propostas e lances e do julgamento**, como ocorria no regime anterior, desde que mediante ato motivado com explicitação dos benefícios decorrentes, e se expressamente previsto no edital de licitação (**art. 17, § 1.º**).

Digna de registro, também, a previsão de fase **recursal única**, contribuindo para uma **maior celeridade** do procedimento licitatório.

Por fim, sobreleva notar também a **inversão** promovida nas **fases de adjudicação e homologação**, oferecendo **maior coerência** ao certame licitatório.

De se destacar ainda que as licitações, independentemente da modalidade adotada, **serão realizadas preferencialmente sob a forma eletrônica, admitida a utilização da forma presencial**, desde que motivada, devendo a sessão pública ser registrada em ata e gravada mediante utilização de recursos tecnológicos de áudio e vídeo consoante previsão estabelecida no **art. 17, § 2.º**.

Dentro desse contexto, vale registrar, por analogia, a possibilidade das outras esferas de governo adotarem procedimento licitatório cuja ordem das fases é diversa, conclusão atingida pelo STF, quando do julgamento, em **24.05.2024**, do **RE 1.188.352/DF (Tema 1.036 RG)**, pela constitucionalidade de lei distrital que adota procedimento licitatório cuja ordem das fases é diversa da prevista na Lei n. 8.666/93, resultando na seguinte tese de repercussão geral:

> "São constitucionais as leis dos Estados, Distrito Federal e Municípios que, no procedimento licitatório, antecipam a fase da apresentação das propostas à da habilitação dos licitantes, em razão da competência dos demais entes federativos de legislar sobre procedimento administrativo".

11.9.2. Fase preparatória

A fase preparatória, aquela que **inaugura a licitação**, é caracterizada pelo planejamento **compatível** com o **plano de contratações anual (art. 12, VII)** e com as **leis orçamentárias (art. 18)**.

Deve ser precedida da elaboração de documentos já previstos pelo regime anterior como projetos básico e executivo, bem como de instrumentos novos apresentados no **art. 6.º**, como estudo preliminar técnico; anteprojeto e termo de referência que irão embasá-los, podendo a **Administração exigir sua certificação por organização independente acreditada pelo Inmetro (art. 17, § 6.º)**.

Destaque ainda para a exigência de **padronização de compras, serviços** e **obras (art. 19, II)**; da adoção de **modelos de minutas padronizados (arts. 19, IV, e 25, § 1.º)**; a **vedação de aquisição de itens de luxo (art. 20)**.

Outrossim, a **possibilidade de convocação de audiências públicas e consultas públicas (art. 21)** e a utilização de **matriz de risco, obrigatória** em **contratos de grande vulto** e quando da adoção de regimes de **contratação integrada e semi-integrada (art. 22, § 3.º)**.

Vale também comentário sobre a possibilidade de utilização de **orçamento sigiloso (art. 24)** estimulando a competitividade entre os licitantes e a **adoção de programa de integridade** (*compliance*), obrigatório para obras e serviços de grande vulto **(art. 25, § 4.º)**.

De se destacar também a possibilidade, no curso do processo de licitação, de margem de **preferência para certos bens e serviços, sem que implique em desrespeito aos princípios** da isonomia, da moralidade, da probidade e competitividade, **desde que em umas das hipóteses do art. 26**. Confira-se:

> **Art. 26.** No processo de licitação, poderá ser estabelecida margem de preferência para:
> I — bens manufaturados e serviços nacionais que atendam a normas técnicas brasileiras;
> II — bens reciclados, recicláveis ou biodegradáveis, conforme regulamento.

Destaque ainda para a possibilidade estabelecida no art. 26, § 4.º, para que Municípios, com até 50.000 habitantes, possam estabelecer margem de preferência de até 10% para empresas nele sediadas, atendendo a interesse local.

11.9.3. Edital

Ao **término da fase preparatória**, o processo licitatório seguira para **o órgão de assessoramento jurídico**, que realizará **controle prévio de legalidade (art. 53)**.

Destaque ainda para a **obrigatoriedade de divulgação do edital no Portal Nacional de Contratações Públicas**, em respeito aos princípios da Publicidade e da Transparência (**art. 54, § 1.º**).

Encerrada a instrução do processo sob os aspectos técnico e jurídico, o edital de licitação será divulgado em sítio eletrônico (**art. 53 § 3.º**).

Por sua vez, na etapa de divulgação do edital, terá ele de relacionar todos os itens descritos ao longo do **art. 18, § 1.º**, com destaque para a previsão estabelecida nos **incisos II, VI e XII**. Confira-se:

II — demonstração da previsão da contratação no plano de contratações anual, sempre que elaborado, de modo a indicar o seu alinhamento com o planejamento da Administração;

VI — estimativa do valor da contratação, acompanhada dos preços unitários referenciais, das memórias de cálculo e dos documentos que lhe dão suporte, que poderão constar de anexo classificado, se a Administração optar por preservar o seu sigilo até a conclusão da licitação;

XII — possíveis impactos ambientais e respectivas medidas mitigadoras, incluídos requisitos de baixo consumo de energia e de outros recursos, bem como logística reversa para desfazimento e reciclagem de bens e refugos, quando aplicável;

Deverá, também, constar do edital, cláusula que exija dos licitantes, sob pena de desclassificação, **declaração** de que suas propostas econômicas compreendem a **integralidade dos custos para atendimento dos direitos trabalhistas** assegurados na Constituição Federal, nas leis trabalhistas, nas normas infralegais, nas convenções coletivas de trabalho e nos termos de ajustamento de conduta vigentes na data de entrega das propostas (**art. 63, § 1.º**).

Por óbvio, o edital deve incluir, de forma a permitir aos licitantes elementos suficientes para elaboração de suas propostas, os documentos produzidos na fase preparatória, que justificaram a abertura do certame, além da minuta de contrato, oferecendo esse último aos licitantes, a certeza quanto aos termos do ajuste a ser celebrado entre a administração e o vencedor.

Vale também destacar a possibilidade de impugnação do edital franqueada para qualquer pessoa, de acordo com a previsão estabelecida no art. 164, ampliando esse controle em relação a redação original que previa a possibilidade para qualquer cidadão, a exemplo do que se verificava no art. 41, da Lei n. 8.666/93.

Por derradeiro, vale relembrar que, publicado o edital, todas as suas cláusulas acabam por vincular tanto a administração pública, quanto os licitantes, que delas não poderão se afastar, sob pena de ilegalidade, por implicarem em agressão ao princípio da vinculação ao edital, incluído ao longo do art. 5.º.

Assim, ficam proibidas exigências estabelecidas, pela administração, além desses limites, bem como a apresentação de propostas, por melhor que sejam, em descompasso

11 ■ Licitações — Lei n. 14.133/2021   391

com o instrumento convocatório, em homenagem a outro princípio norteador das licitações: o da segurança das relações jurídicas.

11.9.4. Fase de propostas e lances

De outra parte, em boa hora, o legislador **acrescentou a fase de apresentação de propostas e lances**, já prevista na Lei n. 10.520/2002 (pregão), sempre que possível como forma de incrementar a competitividade entre os licitantes.

Os **prazos mínimos para a apresentação de propostas e lances**, contados a partir da data de divulgação do edital, encontram-se **relacionados ao longo do art. 55, incisos I a IV, comportando redução** pela **metade** nas **licitações realizadas pelo Ministério da Saúde (art. 55, § 2.º)**.

Estas **propostas e lances poderão ser realizados** através dos modos de **disputa aberto** — em que os lances são públicos — **ou fechado** — em que as propostas permanecerão em sigilo até a data designada para a sua divulgação (**art. 56, incisos I e II**).

Oportuno ainda destacar, a **vedação** para a utilização do **modo de disputa fechado, quando adotados os critérios de julgamento de menor preço** ou **de maior desconto (art. 56, § 1.º)**.

A mesma situação apresenta-se, quanto à utilização do modo de disputa aberto quando adotado o critério de julgamento de técnica e preço (**art. 56, § 2.º**).

11.9.5. Fase de julgamento

Quanto a fase de julgamento, **serão desclassificadas as propostas relacionadas ao longo do art. 59, com destaque** para aquelas que contiverem **vícios insanáveis**, por representar novidade em relação ao regime anterior.

Ainda sobre este tópico, importante observar que a **verificação de conformidade das propostas** poderá ser feita exclusivamente em relação à mais bem classificada (**art. 59, § 1.º**).

Quanto aos critérios de julgamento, terá o administrador a obrigação de lançar mão de um daqueles relacionados ao longo do art. 33, com destaque para as novidades introduzidas, relacionadas ao maior desconto, conteúdo artístico e maior retorno econômico.

Em caso de empate, serão utilizados os critérios previstos no **art. 60** na ordem ali estipulada, vale dizer:

I — disputa final, hipótese em que os licitantes empatados poderão apresentar nova proposta em ato contínuo à classificação;

II — avaliação do desempenho contratual prévio dos licitantes, para a qual deverão preferencialmente ser utilizados registros cadastrais para efeito de atesto de cumprimento de obrigações previstos nesta Lei;

III — desenvolvimento pelo licitante de ações de equidade entre homens e mulheres no ambiente de trabalho, conforme regulamento;

IV — desenvolvimento pelo licitante de programa de integridade, conforme orientações dos órgãos de controle.

Outrossim, **mantendo-se o empate**, assegura-se preferência, a bens e serviços, observada a ordem prevista no § 1.º:

§ 1.º Em igualdade de condições, se não houver desempate, será assegurada preferência, sucessivamente, aos bens e serviços produzidos ou prestados por:

I — empresas estabelecidas no território do órgão ou entidade da Administração Pública estadual licitante ou no Estado em que se localiza o órgão ou entidade da Administração Pública municipal licitante;

II — empresas brasileiras;

III — empresas que invistam em pesquisa e no desenvolvimento de tecnologia no País;

IV — empresas que comprovem a prática de mitigação, nos termos da Lei n. 12.187, de 29 de dezembro de 2009.

Por fim, vale observar que, **definido o resultado do julgamento**, o legislador incorporou ao texto importante regra já prevista nas Leis n. 10.520/2002 (Pregão); 12.462/2011 (RDC); e 13.303/2016 (Estatais), admitindo a **possibilidade de negociação com o vencedor para a obtenção de condições mais vantajosas (art. 61)** em respeito aos **princípios da Eficiência e da Economicidade**.

11.9.6. Fase de habilitação

Quanto à fase de habilitação, em que a Administração apura o conjunto de informações e documentos necessários e suficientes para demonstrar a capacidade econômica do licitante de realizar o objeto da licitação, o comentário inicial reserva-se para as **modalidades previstas no art. 62**, com destaque para a novidade relacionada a **habilitação social**. Confira-se:

Art. 62. A habilitação é a fase da licitação em que se verifica o conjunto de informações e documentos necessários e suficientes para demonstrar a capacidade do licitante de realizar o objeto da licitação, dividindo-se em:

I — jurídica;

II — técnica;

III — fiscal, social e trabalhista;

IV — econômico-financeira.

A **habilitação jurídica** encontra-se disciplinada no **art. 66**, e tem por objetivo demonstrar a capacidade de o licitante exercer direitos e assumir obrigações.

Nesse sentido, a documentação a ser apresentada limita-se à comprovação de existência jurídica da pessoa e, quando cabível, de autorização para o exercício da atividade a ser contratada.

A **qualificação técnico profissional** encontra-se disciplinada no **art. 67**, em que o legislador traz uma série de observações quanto a forma de comprovação.

No que se refere aos serviços de natureza contínua, destaque para a possibilidade de o edital exigir certidão ou atestado que demonstre que o licitante tenha executado serviços similares ao objeto da licitação, em períodos sucessivos ou não, por um prazo mínimo, que não poderá ser superior a 3 anos (art. 67, § 5.º)

A propósito, confira-se o seguinte precedente do TJRS:

"ADMINISTRATIVO. LICITAÇÃO. PERÍODO DE PRESTAÇÃO DE SERVIÇOS. TRÊS ANOS. CONCOMITÂNCIA. ARTIGO 67, § 5.º, LEI N. 14.133/21. POSSIBILIDADE. A atual lei de licitações, Lei n. 14.133/21, admite, em seu artigo 67, § 5.º, a concomitância dos períodos de tempo de serviços equivalentes aos licitados, objeto de demonstração no certame, configurando, a partir da sua vigência, ilegalidade de cláusula editalícia em sentido diverso. Agravo de instrumento desprovido" (TJ-RS, AI 51280533520228217000 Porto Alegre, Rel. Armínio José Abreu Lima da Rosa, j. 15.09.2022, 21.ª Câm. Cív., Data de Publicação: 15.09.2022).

Ainda sobre a questão da habilitação técnica, oportuna a reprodução de precedente do **STF**, quando do julgamento, **em 06.09.2024**, da **ADI 3.963/DF**, legitimando a exigência de licença para funcionamento, em licitação que tinha por objeto a prestação de serviços relacionados à saúde pública. Confira-se:

"É constitucional — especialmente porque em harmonia com o sistema de repartição de competências — norma distrital que exige licença para funcionamento, expedida pelo órgão local de vigilância sanitária, como documento necessário à habilitação em licitação cujo objeto seja a execução de atividades dedicadas ao combate a insetos e roedores, à limpeza e higienização de reservatórios de água e à manipulação de produtos químicos para limpeza e conservação".

A **habilitação econômico-financeira** encontra-se disciplinada no **art. 69**, com destaque para a vedação de a exigência de valores mínimos de faturamento anterior e de índices de rentabilidade ou lucratividade (**art. 69, § 2.º**), afastando a possibilidade de restrição indevida da competitividade do certame, agora também princípio específico em matéria de licitações, a teor do disposto no art. 5.º.

De outra parte, sobreleva notar a possibilidade de exigência da relação dos compromissos assumidos pelo licitante que importem em diminuição de sua capacidade econômico-financeira, excluídas parcelas já executadas de contratos firmados (**art. 69, § 3.º**).

Oportuno registrar que será exigida a apresentação dos documentos de habilitação apenas pelo licitante vencedor, exceto quando a fase de habilitação anteceder a de julgamento (**art. 63, II**), medida inovadora que assegura maior celeridade e eficiência aos certames.

Em relação a **habilitação fiscal, social e trabalhista** encontram-se disciplinadas no **art. 68**, com destaque para os **incisos V**, regularidade perante a Justiça do Trabalho, e **VI** cumprimento do disposto no inciso XXXIII do art. 7.º da CF (proibição de trabalho noturno, perigoso ou insalubre a menores de 18 anos e de qualquer trabalho a menores de 16 anos salvo na condição de aprendiz, a partir de 14 anos).

Outrossim, digna de registro a medida de inclusão segundo a qual será exigida do licitante declaração de que cumpre as exigências de reserva de cargos para pessoa com deficiência e para reabilitado da Previdência Social, previstas em lei e em outras normas específicas (**art. 63, inciso IV**), concretizando a diretriz constitucional, art. 37, VIII, da CF, em matéria de licitações e contratos.

394 Direito Administrativo Esquematizado · Celso Spitzcovsky

Ainda em matéria de habilitação social, oportuna a reprodução de precedente do **STF**, quando do julgamento, **em 30.08.2024**, da **ADI 4.082/DF**, em que concluiu pela constitucionalidade de lei distrital que estabelece a obrigatoriedade de se assegurar o mínimo de 10% das vagas a pessoas com mais de 40 anos, nos quadros do licitante. Confira-se:

> "É constitucional — na medida em que configura discrímen razoável — lei distrital que estabelece a obrigatoriedade de: (...) (ii) ser firmada cláusula, nas licitações para contratação de serviços com fornecimento de mão de obra, que assegure o mínimo de 10% (dez por cento) das vagas a pessoas com mais de quarenta anos".

Ainda sobre esse tema, oportuna a referência a decisão exarada pelo **STF**, em **07.10.2024**, quando do julgamento das **ADIs 4.716/DF e 4.742/DF**, que resultou na seguinte tese:

> "1. É constitucional a recusa de emissão de Certidão Negativa de Débitos Trabalhistas (CNDT) nas hipóteses determinadas no art. 642-A, § 1.º, da Consolidação das Leis do Trabalho (CLT), com a redação conferida pela Lei n. 12.440/2011; e
>
> 2. **É constitucional a exigência de apresentação de CNDT nos processos licitatórios como requisito de comprovação de regularidade trabalhista**".

11.9.7. Fase recursal única

Outra **novidade importante** é aquela que prevê no **inciso VI do art. 17**, fase recursal única, igual previsão estabelecida no **art. 165, § 1.º, II, representando maior celeridade nas licitações, em respeito ao princípio da Eficiência**.

A intenção de recorrer deverá ser manifestada imediatamente, sob pena de preclusão, e o prazo para apresentação das razões recursais será iniciado na data de intimação ou de lavratura da ata de habilitação ou inabilitação ou, na hipótese de adoção da inversão de fases prevista no § 1.º do art. 17 desta Lei, da ata de julgamento (art. 165, § 1.º, I).

O recurso será dirigido à autoridade que tiver editado o ato ou proferido a decisão recorrida, que, se não reconsiderar no prazo de 3 (três) dias úteis, o encaminhará com a sua motivação à autoridade superior, a qual deverá proferir sua decisão no prazo máximo de 10 (dez) dias úteis, contado do recebimento dos autos (art. 165, § 2.º).

Estes **recursos que terão efeito suspensivo (art. 168)** deverão ser **apresentados em 3 dias**, mesmo prazo para a resposta (**art. 165, I**).

Por derradeiro, demonstrando preocupação com os efeitos da decisão, a exemplo do que se verificou com a Lei n. 13.655/2018 (LINDB), em seus arts. 20 e 21 e, em relação a anulação dos contratos administrativos (art. 147, *caput*), o acolhimento do recurso implicará invalidação apenas do ato insuscetível de aproveitamento (art. 165, § 3.º).

11.9.8. Do encerramento da licitação

Encerradas as fases anteriores, o procedimento licitatório será encaminhado a autoridade superior, que poderá tomar uma das quatro medidas previstas no **art. 71**. Confira-se:

I — determinar o retorno dos autos para saneamento de irregularidades;

II — revogar a licitação por motivo de conveniência e oportunidade;

11 ■ Licitações — Lei n. 14.133/2021

III — proceder à anulação da licitação, de ofício ou mediante provocação de terceiros, sempre que presente ilegalidade insanável;

IV — adjudicar o objeto e homologar a licitação.

Percebe-se a presença de **importantes novidades** relacionadas à **anulação da licitação**, tendo em vista a necessidade de **comprovação de ilegalidade insanável**, o que não se verificava no regime anterior.

Sobre este item, destaque ainda para as **hipóteses de anulação e revogação** em que, de forma inovadora, **deverá ser assegurada a prévia manifestação dos interessados (art. 71, § 3.º)**, que terão prazo de 3 (três) dias úteis para recurso (art. 165, I, *d*), concretizando o princípio constitucional do devido processo legal.

De outra parte, observa-se a **inversão das fases de adjudicação e homologação (art. 17)**.

Para melhor visualização dos itens desenvolvidos, confira-se o seguinte quadro:

FASES	OBJETO	FUNDAMENTO NA LEI N. 14.133/2021
FASES	Demonstram a sequência a ser seguida pelo Administrador	Art. 17
PREPARATÓRIA	Fase interna de planejamento da licitação	■ Planejamento: art. 12, VII c/c art. 18; ■ Documentos necessários: art. 6.º c/c 17, § 6.º; ■ Exigências: art. 19, II e IV; arts. 20 e 25, § 1.º; ■ Convocação de audiências e consultas públicas: art. 21; ■ Orçamento sigiloso: art. 24; ■ *Compliance*: art. 25, § 4.º; ■ Preferência bens e serviços: art. 26.
EDITAL	Delimita a atuação dos licitantes, bem como da Administração	■ Controle prévio de legalidade: art. 53; ■ Divulgação obrigatória: art. 54, § 1.º c/c art. 53, § 3.º; ■ Conteúdo: art. 18, § 1.º; ■ Impugnação: art. 164.
PROPOSTAS E LANCES	Modos de disputa	■ Prazo de apresentação: art. 55; ■ Modalidades: Disputa aberta ou fechada, art. 56, I e II; ■ Proibições: art. 56, §§ 1.º e 2.º.
JULGAMENTO	Análise das propostas comerciais	■ Desclassificação: art. 59; ■ Empate: art. 60; ■ Possibilidade de negociação: art. 61.
HABILITAÇÃO	Averiguação das condições pessoais de cada licitante para o cumprimento das obrigações contratuais futuras	■ Social: art. 62; ■ Jurídica: art. 66; ■ Técnico-profissional: art. 67; ■ Econômico-financeiro: art. 69; ■ Fiscal, Social e Trabalhista: art. 68.
RECURSAL ÚNICA	Regras para a contestação de decisões da Comissão de Licitações	Art. 17, VI c/c 165
ENCERRAMENTO DA LICITAÇÃO	Exame da legalidade das fases anteriores e entrega do objeto da licitação à proposta vencedora	Art. 71

11.10. MODALIDADES DE LICITAÇÃO

11.10.1. Noções gerais

Em relação a este tema, a nova lei traz importantes inovações, ao longo do Título II, conforme se verifica, inicialmente, do elenco de modalidades relacionado no **art. 28**. Confira-se:

> **Art. 28.** São modalidades de licitação:
> I — pregão;
> II — concorrência;
> III — concurso;
> IV — leilão;
> V — **diálogo competitivo**.

Nesse sentido, para uma melhor visualização, oportuna a elaboração do seguinte **quadro comparativo em relação às modalidades** previstas no regime anterior:

LEI DE LICITAÇÕES, PREGÃO E RDC	NOVA LEI DE LICITAÇÃO
Concorrência	Concorrência
Pregão (Lei n. 10.520/2002)	Pregão
Concurso	Concurso
Leilão	Leilão
Convite	Diálogo competitivo
Tomada de preços	
RDC	

Percebe-se que houve a **supressão de duas modalidades de licitação**, vale dizer, a **tomada de preços e o convite**, e a **criação de nova** modalidade, denominada **diálogo competitivo**, aspectos que revelam importância por força da proibição de criação de outras modalidades a não ser através de lei, conforme previsão estabelecida no § 2.º. Confira-se:

> **Art. 28.** (...)
> § 2.º É vedada a criação de outras modalidades de licitação ou, ainda, a combinação daquelas referidas no *caput* deste artigo.

Destaque ainda para a possibilidade de a Administração servir-se dos chamados **procedimentos auxiliares**, incorporando situações já previstas no regime anterior, das Leis n. 12462/2011 e 13.303/2016, conforme previsão do § 1.º. Confira-se:

> **Art. 28.** (...)
> § 1.º Além das modalidades referidas no *caput* deste artigo, a Administração pode servir-se dos procedimentos auxiliares previstos no art. 78 desta Lei.

Nesse sentido, passando em revista o **art. 78**, apresentam-se os seguintes **procedimentos auxiliares** que serão comentados mais adiante em capítulo específico. Condira-se:

11 ▪ Licitações — Lei n. 14.133/2021

Art. 78. São procedimentos auxiliares das licitações e das contratações regidas por esta Lei:

I — credenciamento;

II — pré-qualificação;

III — procedimento de manifestação de interesse;

IV — sistema de registro de preços;

V — registro cadastral.

De outra parte, oportuno registrar que das **modalidades mantidas** pelo legislador, vale dizer, concorrência; concurso; leilão e pregão, **algumas mudanças importantes foram introduzidas**, promovendo um redirecionamento que merecerá comentários logo a seguir.

Antes, porém, oportuno registrar que contrariamente ao disposto na Lei n. 8.666/93, que separava as modalidades de licitação pelo valor estimado ou pela natureza do objeto, **a nova lei restringe essa distinção unicamente quanto à natureza do objeto**.

11.10.2. Modalidades

Feitas as observações de caráter preliminar, passamos agora a comentar as modalidades, partindo das definições estabelecidas no **art. 6.º, XXXVIII a XLII**.

11.10.2.1. Concorrência

Esta modalidade encontra-se definida no **art. 6.º, XXXVIII**, da seguinte forma:

Art. 6.º (...)

XXXVIII — concorrência: modalidade de licitação para contratação de bens e serviços especiais e de obras e serviços comuns e especiais de engenharia, cujo critério de julgamento poderá ser:

a) menor preço;

b) melhor técnica ou conteúdo artístico;

c) técnica e preço;

d) maior retorno econômico;

e) maior desconto;

Da definição oferecida percebe-se, claramente, um **redirecionamento desta modalidade** que agora só poderá ser utilizada para a **contratação de bens e serviços especiais e de obras e serviços comuns e especiais de engenharia, independentemente do valor**.

De outra parte, quanto aos **critérios de julgamento**, poderão ser utilizados **todos os cinco** previstos.

Importante também salientar que esta modalidade **segue o rito procedimental comum**, previsto no **art. 17**.

11.10.2.2. Concurso

Esta modalidade encontra-se definida no **art. 6.º, XXXIX**, da seguinte forma:

Art. 6.º (...)

XXXIX — concurso: modalidade de licitação para escolha de trabalho técnico, científico ou artístico, cujo critério de julgamento será o de melhor técnica ou conteúdo artístico, e para concessão de prêmio ou remuneração ao vencedor;

Quanto ao seu objeto, não experimentou alterações, permanecendo a sua utilização para escolha de trabalho técnico, científico ou artístico, independentemente do valor, mediante remuneração, atribuindo ao vencedor prêmio ou remuneração.

Nesse sentido, **a lei inova ao estabelecer** no **art. 30, três exigências** que devem estar previstas no edital. Confira-se:

Art. 30. O concurso observará as regras e condições previstas em edital, que indicará:
I — a qualificação exigida dos participantes;
II — as diretrizes e formas de apresentação do trabalho;
III — as condições de realização e o prêmio ou remuneração a ser concedida ao vencedor.

Portanto, verifica-se que a participação nesta modalidade se limita àqueles que cumprirem as condições de qualificação previstas no edital, mesmo cenário se apresentando em relação à forma de apresentação do trabalho e ao prêmio ou remuneração, atribuídas ao vencedor.

11.10.2.3. *Leilão*

Esta modalidade encontra-se definida no **art. 6.º, XL**, da seguinte forma:

Art. 6.º (...)
XL — leilão: modalidade de licitação para alienação de bens imóveis ou de bens móveis inservíveis ou legalmente apreendidos a quem oferecer o maior lance;

Percebe-se pela definição oferecida, em combinação com a de concorrência que, agora, **o leilão se apresenta como modalidade única voltada a alienação de bens**.

Por outro lado, o legislador estabeleceu **critério de julgamento único** das propostas, vale dizer, **o maior lance**.

Outrossim, **sua execução**, na forma prevista pelo **art. 31**, poderá ser cometida a **leiloeiro oficial** ou a **servidor designado** pela autoridade competente.

Recaindo a opção sobre **leiloeiro oficial**, será ele selecionado por **credenciamento ou pregão**, admitindo-se o critério de julgamento de maior desconto para as comissões a serem cobradas, na forma do **art. 31, § 1.º**.

Esta modalidade **não exigirá registro cadastral prévio** e **não seguirá o procedimento comum**, previsto no **art. 37**, eis que **não terá a fase de habilitação** e **será homologada concluída a fase de lances** e superada a fase recursal (**art. 31, § 4.º**).

Por derradeiro, em respeito aos **princípios da Publicidade, Transparência e Competitividade**, além da **divulgação no sítio eletrônico oficial**, o edital será **afixado em local de ampla circulação** na sede da Administração (**art. 31, § 3.º**).

11.10.2.4. Pregão

Esta modalidade encontra-se definida no **art. 6.º, XLI**, da seguinte forma:

Art. 6.º (...)

XLI — pregão: modalidade de licitação obrigatória para aquisição de bens e serviços comuns, cujo critério de julgamento poderá ser o de menor preço ou o de maior desconto;

A definição oferecida pelo legislador revela-se idêntica àquela prevista no **art. 1.º da Lei n. 10.520/2002**, que continua em vigor no mínimo pelo período de 2 anos, conforme previsão estabelecida no **art. 193, II**, em vista da mudança redacional promovida pela MP n. 1.167/2023, posteriormente transformada na LC n. 198/2023.

Por seu turno, a **definição de bens e serviços comuns**, encontra-se no **art. 6.º, XIII**, reafirmando a diretriz fixada no **art. 1.º da Lei n. 10.520/2002**. Confira-se:

Art. 6.º (...)

XIII — bens e serviços comuns: aqueles cujos padrões de desempenho e qualidade podem ser objetivamente definidos pelo edital, por meio de especificações usuais de mercado;

Destaca-se a impossibilidade de utilização desta modalidade para a alienação de bens e serviços.

Quanto aos **critérios de julgamento**, poderão ser utilizados apenas o de **menor preço** ou de **maior desconto**, este último inexistente ao nível da Lei n. 10.520/2002, prestigiando-se os princípios da **Eficiência**; da **Economicidade** e da **Competitividade**.

No que se refere ao **procedimento**, segue essa modalidade o **rito comum**, conforme previsão estabelecida no **art. 17,** e de acordo com o estipulado no **art. 29**.

Por derradeiro, vale o comentário quanto à **vedação** de sua **utilização para** contratações de serviços técnicos especializados de natureza predominantemente intelectual e de obras e serviços de engenharia, exceto os serviços de engenharia de que trata a alínea *a* do **inciso XXI** do *caput* do **art. 6.º desta Lei**, de acordo com o **art. 29, parágrafo único**.

11.10.2.5. Diálogo competitivo

Esta modalidade encontra-se definida no **art. 6.º, XLII**, da seguinte forma:

Art. 6.º (...)

XLII — diálogo competitivo: modalidade de licitação para contratação de obras, serviços e compras em que a Administração Pública realiza diálogos com licitantes previamente selecionados mediante critérios objetivos, com o intuito de desenvolver uma ou mais alternativas capazes de atender às suas necessidades, devendo os licitantes apresentar proposta final após o encerramento dos diálogos;

Trata-se de importante novidade trazida pela nova legislação, com o **intuito de desenvolver alternativas capazes de atender às necessidades da Administração**, no que se refere a contratação de obras e serviços, bem como na realização de compras.

As hipóteses para a sua utilização, encontram-se relacionadas no **art. 32, I**. Confira-se:

Art. 32. A modalidade diálogo competitivo é restrita a contratações em que a Administração:

I — vise a contratar objeto que envolva as seguintes condições:

a) inovação tecnológica ou técnica;

b) impossibilidade de o órgão ou entidade ter sua necessidade satisfeita sem a adaptação de soluções disponíveis no mercado; e

c) impossibilidade de as especificações técnicas serem definidas com precisão suficiente pela Administração;

Quanto às **fases**, encontram-se elas relacionadas ao longo do **art. 32, § 1.º, iniciando-se pela divulgação do edital**, que apresentará as necessidades da Administração, abrindo um diálogo com a iniciativa privada.

Em seguida temos as seguintes fases:

■ **pré-seleção** dos interessados;

■ **diálogo entre os pré-selecionados** até que se identifique a melhor solução;

■ **fase competitiva**, com a especificação da solução escolhida e os critérios objetivos para a seleção da proposta mais vantajosa.

Quanto ao momento de **pré-seleção** dos interessados, vale o destaque para a previsão estabelecida no art. 32, § 1.º, II, segundo o qual os critérios empregados para pré-seleção dos licitantes deverão ser previstos em edital, e serão admitidos todos os interessados **que preencherem os requisitos objetivos estabelecidos**.

A referida previsão legal causa perplexidade quanto a sua viabilidade, uma vez que, se a administração lança mão dessa modalidade, para buscar na iniciativa privada soluções não apresentadas no mercado, para suas demandas, como imaginar possa estabelecer requisitos objetivos para a pré-seleção dos interessados?

De toda sorte, em que pese a dificuldade apresentada, cumpre registrar que não houve qualquer limitação quanto ao número de pré-selecionados, uma vez que assinalou o legislador que serão admitidos "todos" os interessados que preencherem os requisitos estabelecidos.

A **fase** denominada de **diálogo**, que terá a participação apenas dos interessados pré-selecionados, tem por objetivo único encontrar a melhor solução para a demanda apresentada pela administração, em vista do interesse público.

Nessa etapa, a negociação ocorre com cada um dos pré-qualificados individualmente, não com eles coletivamente, e nem destes entre si.

O diálogo não será operacionalizado pelos agentes públicos normalmente designados para atuar na área de licitações e contratos, mas por comissão de contratação especificamente constituída para esse fim.

Dentro desse contexto, por representar novidade e, como corolário, das dificuldades que poderão ser encontradas, admite-se a contratação, por notória especialização, de terceiros para o assessoramento da comissão

A **fase competitiva**, tem o seu início com a conclusão do diálogo realizado na fase anterior e a consequente divulgação de edital contendo a especificação da solução que atenda às suas necessidades e os critérios objetivos a serem utilizados para seleção da proposta mais vantajosa.

Ato contínuo, abrirá prazo, não inferior a 60 (sessenta) dias úteis, para todos os licitantes pré-selecionados na forma do inciso II deste parágrafo apresentarem suas propostas, que deverão conter os elementos necessários para a realização do projeto, a teor o disposto no art. 32, § 1.º, VIII.

Esta **modalidade não poderá ser conduzida por um agente de contratação (art. 7.º)**, **mas por comissão** de contratação composta por **pelo menos três servidores efetivos** ou **empregados** pertencentes aos **quadros permanentes da Administração (art. 32, § 1.º, XI)**.

Por derradeiro, a Administração definirá a proposta vencedora de acordo com critérios divulgados no início da fase competitiva, assegurada a contratação mais vantajosa como resultado.

Desde a edição da nova Lei de Licitações, essa modalidade não tem sido utilizada.

O primeiro caso resultou do **Diálogo Competitivo n. 01/2021**, do Ministério da Economia, com objetivo de contratação de solução para o desenvolvimento de medidas sustentáveis à eficiência energética dos prédios situados na Esplanada dos Ministérios.

Sem embargo, as contratações com objetos ligados a "inovação" têm sido resolvidas com as consultas e as audiências públicas.

Para melhor visualização dos itens desenvolvidos, confira-se o seguinte quadro:

MODALIDADES — DESCRIÇÃO	Art. 28
CONCORRÊNCIA	Art. 6.º, XXXVIII
CONCURSO	Art. 6.º, XXXIX
LEILÃO	Art. 6.º, XL
PREGÃO	Art. 6.º, XLI
DIÁLOGO COMPETITIVO	Art. 6.º, XLII

11.11. CRITÉRIOS DE JULGAMENTO

11.11.1. Critérios

A matéria encontra-se disciplinada na nova legislação, no **Título II, Seção III**, aparecendo em capítulo específico, nos **arts. 33 a 39,** valendo destacar, de início, **os critérios relacionados pelo legislador, ao longo do art. 33**:

Art. 33. O julgamento das propostas será realizado de acordo com os seguintes critérios:

I — menor preço;

II — maior desconto;

III — melhor técnica ou conteúdo artístico;

IV — técnica e preço;

V — maior lance, no caso de leilão;

VI — maior retorno econômico.

O dispositivo reproduzido bem demonstra a ampliação destes critérios em relação ao disposto na Lei n. 8.666/93, com importantes novidades em relação ao conteúdo artístico; o maior desconto e o maior retorno econômico, os dois últimos como desdobramento dos **Princípios da Eficiência e da Economicidade**, relacionados ao longo do **art. 5.º**.

11.11.2. Particularidades de cada critério

No julgamento por **melhor técnica** ou **conteúdo artístico**, adotados prioritariamente para a **modalidade concurso**, serão consideradas, **exclusivamente**, as **propostas apresentadas pelos licitantes (art. 35)**

No julgamento pelo critério de **técnica** e **preço**, deverão ser **avaliadas e ponderadas** as propostas de **preço na proporção máxima de 70%** de valoração **para a proposta técnica (art. 36, § 2.º)** considerando-se o desempenho pretérito do licitante na execução de contratos (**art. 36, § 3.º**).

Outrossim, deverão ser observados os itens relacionados ao longo do **art. 37**, destacando-se, entre eles, a **capacitação e experiência do licitante**.

Por fim, registre-se que este critério será adotado, em regra, para **contratações de serviços de natureza intelectual**, com valor superior a **R$ 300.000**, com exceção aos casos de inexigibilidade (**art. 74**), de acordo com a previsão estabelecida no **art. 37, § 2.º**.

Em relação ao **critério de maior lance**, oportuno registrar que sua utilização passa a ser **exclusiva para a modalidade leilão**, não sendo mais admitida para a concorrência pública. (art. 33, V)

De outra parte em relação aos critérios novos, oportuno destacar o de maior desconto, cuja utilização será possível apenas para as modalidades de concorrência pública (art. 6.º, XXXVIII) e pregão (art. 6.º, XLI).

Quando da utilização desse critério poderão ser considerados os **custos indiretos** como despesas de manutenção, utilização, reposição, depreciação e impacto ambiental (**art. 34, § 1.º**).

No **critério de julgamento por maior desconto** terá como **referência** o **preço global** fixado no edital de licitação, **estendido** aos **termos aditivos (art. 34, § 2.º)**.

No **critério de julgamento, por maior retorno econômico** oportuno registrar sua **utilização exclusiva para a celebração de contratos de eficiência (art. 6.º, LIII)** proporcionando economia ao contratante com a redução das despesas correntes com remuneração baseada no percentual da economia gerada, de acordo com o **art. 39**.

Assim é que os licitantes apresentarão a proposta de trabalho; a economia que se pretende gerar, bem como a proposta de preço, que corresponderá a percentual sobre a economia gerada (**art. 39, § 1.º**).

Desta forma, o **retorno econômico será calculado** retirando se da proposta de preço, a economia que se estima gerar (**art. 39, § 3.º**).

Por fim, importante observar que na hipótese de **não configuração da economia apresentada**, fica autorizado o **desconto na remuneração** do contratado (**art. 39, § 4.º**).

11 ◼ Licitações — Lei n. 14.133/2021

Para melhor visualização dos itens desenvolvidos, confira-se o seguinte quadro:

LOCALIZAÇÃO	
LOCALIZAÇÃO	Arts. 33 a 39
MELHOR TÉCNICA OU CONTEÚDO ARTÍSTICO	Art. 35
TÉCNICA E PREÇO	Art. 36
MAIOR LANCE	Art. 33, V
MENOR PREÇO OU MAIOR DESCONTO	Art. 34
MAIOR RETORNO ECONÔMICO	Art. 6.º, LIII c/c art. 39

11.12. INSTRUMENTOS AUXILIARES ÀS LICITAÇÕES

11.12.1. Noções gerais

Em relação a esse tema, disciplinado no **Título II, Capítulo X, arts. 78 a 88, inova o legislador** em relação ao disposto no regime anterior **na Lei n. 8.666/93**, onde **eles inexistiam**, incorporando ao texto regras já existentes na Lei do RDC, na Lei de Licitações das Empresas Estatais (Lei n. 13.303/2016) e em outros Diplomas Legais.

11.12.2. Modalidades

Incialmente, importante a reprodução das modalidades previstas no **art. 78**. Confira-se:

> **Art. 78**. São procedimentos auxiliares das licitações e das contratações regidas por esta Lei:
>
> I — credenciamento;
>
> II — pré-qualificação;
>
> III — procedimento de manifestação de interesse;
>
> IV — sistema de registro de preços;
>
> V — registro cadastral.

11.12.2.1. Credenciamento

A definição encontra-se no **art. 6.º, XLIII**. Confira-se:

> XLIII — credenciamento: processo administrativo de chamamento público em que a Administração Pública convoca interessados em prestar serviços ou fornecer bens para que, preenchidos os requisitos necessários, credenciem-se no órgão ou na entidade para executar o objeto quando convocados;

Não por outra razão, quando configurada a inviabilidade de competição, o credenciamento foi relacionado como hipótese legitimadora de contratações por inexigibilidade de licitação, a teor do disposto no art. 74, IV. Confira-se:

> **Art. 74**. É inexigível a licitação quando inviável a competição, em especial nos casos de:
> (...)
> IV — objetos que devam ou possam ser contratados por meio de credenciamento;

Partindo-se da definição oferecida, o legislador estabelece, no **art. 79**, as **hipóteses** que justificam a utilização deste procedimento. Confira-se:

Art. 79. O credenciamento poderá ser usado nas seguintes hipóteses de contratação:

I — paralela e não excludente: caso em que é viável e vantajosa para a Administração a realização de contratações simultâneas em condições padronizadas;

II — com seleção a critério de terceiros: caso em que a seleção do contratado está a cargo do beneficiário direto da prestação;

III — em mercados fluidos: caso em que a flutuação constante do valor da prestação e das condições de contratação inviabiliza a seleção de agente por meio de processo de licitação.

A propósito do tema, oportuna a reprodução do seguinte precedente do TJMS:

"MANDADO DE SEGURANÇA — ALEGAÇÃO DE NULIDADE DE EDITAL DE LICITAÇÃO — CREDENCIAMENTO — DESRESPEITO ÀS REGRAS DA LEI 14.133/21 — ESTABELECIMENTO DE ESPÉCIE DE COMPETIÇÃO — IMPOSSIBILIDADE — NULIDADE DO EDITAL E DOS ATOS SUBSEQUENTES — REPUBLICAÇÃO — SEGURANÇA CONCEDIDA. 01. O credenciamento é processo administrativo de chamamento público em que a Administração Pública convoca interessados em prestar serviços ou fornecer bens para que, preenchidos os requisitos necessários, se credenciem no órgão ou na entidade para executar o objeto quando convocados, com previsão específica na nova Lei de Licitações (14.133/21). 02. Uma das característica de tal processo é que todos aqueles que preencham os requisitos do edital devem ser contratados, não havendo falar em competição. 03. Se estipulada uma competição por via transversa, admitindo-se ao fim apenas 01 (um) contratado diante da limitação de habitantes, deve ser declarado nulo o edital e demais atos subsequentes, devendo ser republicado o edital observando-se estritamente a Lei n. 14.133/21. 04. Segurança concedida" (**TJ-MS, MSCIV: 14117287720228120000, Rel. Des. Vladimir Abreu da Silva, j. 13.12.2022, 4.ª Seção Cível, Data de Publicação: 15.12.2022**).

Por derradeiro, importante destacar a **possibilidade de utilização desse instrumento para a contratação de leiloeiro oficial**, conforme previsão estabelecida no **art. 31, § 1.º**.

11.12.2.2. *Pré-qualificação*

A definição encontra-se prevista no **art. 6.º, XLIV**. Confira-se:

Art. 6.º (...)

XLIV — pré-qualificação: procedimento seletivo prévio à licitação, convocado por meio de edital, destinado à análise das condições de habilitação, total ou parcial, dos interessados ou do objeto;

Em acréscimo à definição oferecida, o legislador estabelece no **art. 80**, quais os **itens que poderão ser selecionados** através deste procedimento. Confira-se:

Art. 80. A pré-qualificação é o procedimento técnico-administrativo para selecionar previamente:

11 ■ Licitações — Lei n. 14.133/2021

I — licitantes que reúnam condições de habilitação para participar de futura licitação ou de licitação vinculada a programas de obras ou de serviços objetivamente definidos;

II — bens que atendam às exigências técnicas ou de qualidade estabelecidas pela Administração.

Quanto ao **prazo de validade** deste procedimento, a matéria encontra-se prevista no **art. 80, § 8.º**. Confira-se:

Art. 80. (...)

§ 8.º Quanto ao prazo, a pré-qualificação terá validade:

I — de 1 (um) ano, no máximo, e poderá ser atualizada a qualquer tempo;

II — não superior ao prazo de validade dos documentos apresentados pelos interessados.

11.12.2.3. Procedimento de manifestação de interesse

Trata-se de instrumento auxiliar às licitações utilizado para as hipóteses em que **a Administração solicita à iniciativa privada, a propositura e a realização de estudos, investigações, levantamentos e projetos de soluções inovadoras que contribuam com questões de relevância pública**, através de edital de chamamento público (**art. 81**).

Esse procedimento, **não atribuirá ao realizador direito de preferência** no processo licitatório, bem como **não obrigará o poder público a realizar a licitação**.

De outro giro, **não implicará, por si só, direito a ressarcimento** de valores envolvidos em sua elaboração; vedada, em qualquer hipótese, a cobrança de valores do poder público (**art. 81, I, II, III e IV**).

Por derradeiro, cumpre consignar que esse procedimento poderá ser restrito a startups, assim considerados os microempreendedores individuais, as microempresas e as empresas de pequeno porte, de natureza emergente e com grande potencial, que se dediquem à pesquisa, ao desenvolvimento e à implementação de novos produtos ou serviços baseados em soluções tecnológicas inovadoras que possam causar alto impacto, de modo a demonstrar o atendimento das necessidades da Administração. (art. 81, § 4.º)

Trata-se, pois, de importante instrumento de fomento a participação da iniciativa privada, para situações em que a administração busca solução para a demanda apresentada, a exemplo do que se verifica, também com a introdução da modalidade de licitação diálogo competitivo.

11.12.2.4. Sistema de registro de preços

Esse procedimento encontra-se definido no **art. 6.º, XLV**. Confira-se:

Art. 6.º (...)

XLV — sistema de registro de preços: conjunto de procedimentos para realização, mediante contratação direta ou licitação nas modalidades pregão ou concorrência, de registro formal de preços relativos a prestação de serviços, a obras e a aquisição e locação de bens para contratações futuras;

406　Direito Administrativo Esquematizado　　　　　　　　　　　*Celso Spitzcovsky*

Em relação a este item, oportuno observar a possibilidade de utilização desse instrumento auxiliar, tanto para contratação através de licitação, nas modalidades pregão ou concorrência, quanto para situações de contratação direta.

Importante destacar a **obrigatoriedade** de adoção apenas dos **critérios** de julgamento de **menor preço** ou de **maior desconto**, sobre a tabela de preços praticada no mercado (**art. 82, V**).

De outra parte, em relação a ata de registro de preços, o conceito foi positivado no **art. 6.º, XLVI**. Confira-se:

Art. 6.º (...)

XLVI — ata de registro de preços: documento vinculativo e obrigacional, com característica de compromisso para futura contratação, no qual são registrados o objeto, os preços, os fornecedores, os órgãos participantes e as condições a serem praticadas, conforme as disposições contidas no edital da licitação e nas propostas apresentadas;

O **prazo de vigência** desta ata de registro de preços será de 1(um) ano admitindo prorrogação, por igual período, desde que comprovado o preço vantajoso (**art. 84**).

Outrossim, este procedimento será utilizado, tão somente nas **hipóteses e condições** estabelecidas no **art. 82, § 5.º**, bem como nas **hipóteses de inexigibilidade e dispensa de licitação** para a aquisição de bens ou para a contratação de serviços por mais de um órgão ou entidade (**art. 82, § 6.º**).

11.12.2.5. *Do registro cadastral*

Trata-se de procedimento disciplinado nos **arts. 87 e 88**, com o **objetivo** de obtenção de um cadastro unificado de licitantes, destacando-se a obrigatoriedade de utilização de um **sistema unificado**, disponível no **Portal Nacional de Contratações Públicas** (**art. 87**).

Para este procedimento, será **obrigatória a realização de chamamento público pela internet**, no mínimo anualmente, para atualização dos registros existentes e para ingresso de novos interessados (**art. 87, § 1.º**).

Outrossim, a Administração **poderá realizar licitação restrita a fornecedores cadastrados**, atendidos os critérios, as condições e os limites estabelecidos em regulamento, bem como a ampla publicidade dos procedimentos para o cadastramento (**art. 87, § 3.º**).

O **inscrito será classificado por categorias**, considerada sua área de atuação, subdivididas em grupos, segundo a qualificação técnica e econômico-financeira avaliada, de acordo com regras objetivas divulgadas em sítio eletrônico oficial (**art. 88, § 1.º**).

Por fim, cumpre observar que ao inscrito será fornecido **certificado, renovável** sempre que atualizar o registro (**art. 88, § 2.º**).

Para melhor visualização dos itens desenvolvidos, confira-se o seguinte quadro:

LOCALIZAÇÃO	Arts. 78 a 88
MODALIDADES	Art. 78

CREDENCIAMENTO	Art. 6.º, XLIII c/c art. 79
PRÉ-QUALIFICAÇÃO	Art. 6.º, XLIII c/c art. 80
PROCEDIMENTO DE MANIFESTAÇÃO DE INTERESSE	Art. 81
SISTEMA DE REGISTRO DE PREÇOS	Arts. 6.º, XLV, 46 e 82
REGISTRO CADASTRAL	Arts. 87 e 88

11.13. DAS COMPRAS, DAS OBRAS E SERVIÇOS DE ENGENHARIA E DOS SERVIÇOS EM GERAL

11.13.1. Localização

O **tema** encontra-se **disciplinado** no Título II, ao longo dos **arts. 40 a 50**, sendo ainda necessária, em caráter preliminar uma inserção por algumas das **definições** estabelecidas no **art. 6.º**, em relação a cada um dos itens envolvidos

11.13.2. Das compras

A **definição** de compras encontra-se positivada no **art. 6.º, inciso X**. Confira-se:

Art. 6.º (...)

X — compra: aquisição remunerada de bens para fornecimento de uma só vez ou parceladamente, considerada imediata aquela com prazo de entrega de até 30 (trinta) dias da data prevista para apresentação da proposta;

Em respeito aos princípios da Eficiência, da Economicidade e da Razoabilidade, as **compras deverão ser planejadas**, levando-se em consideração a expectativa de consumo anual **de forma a evitar desperdícios (art. 40)**.

Na mesma linha inova o legislador ao determinar, quando da sua realização, que sejam observadas as **condições de aquisição e pagamento** semelhantes as do setor privado sendo processadas, preferencialmente pelo sistema de registro de preços (**art. 40, incisos I e II**).

De outra parte merece registro, em razão do grande desperdício verificado de forma recorrente, a preocupação do legislador ao exigir que a guarda e o armazenamento deve manter um padrão mínimo, de forma a evitar a **deterioração do material adquirido (art. 40, inciso IV)**.

Quanto aos **princípios a serem observados**, registre-se a correta insistência com a **padronização das compras**, bem como com o seu **parcelamento, sempre que possível**, prestigiando uma vez mais as diretrizes anteriormente mencionadas, o que só não ocorrerá diante de uma das três **hipóteses previstas no art. 40, § 3.º**, com destaque para a situação envolvendo fornecedor exclusivo.

Neste particular, vale o destaque para a possibilidade de **incidência de responsabilidade fiscal sobre o administrador**, sempre que constatada diferença entre a despesa estimada com aquela prevista no orçamento (**art. 40, inciso V, alínea c**).

Desta forma, para a **apuração de eventuais irregularidades** neste setor, assume capital importância o denominado "**termo de referência**", documento imprescindível para estas contratações, de acordo com a definição oferecida no **art. 6.º, inciso XXIII**.

408 Direito Administrativo Esquematizado · *Celso Spitzcovsky*

O referido termo deve conter, entre outros parâmetros e elementos descritivos:

■ Definição do objeto, incluídos sua natureza, os quantitativos, o prazo do contrato e, se for o caso, a possibilidade de sua prorrogação;

■ Fundamentação da contratação, que consiste na referência aos estudos técnicos preliminares correspondentes ou, quando não for possível divulgar esses estudos, no extrato das partes que não contiverem informações sigilosas;

■ Descrição da solução como um todo, considerado todo o ciclo de vida do objeto;

■ Modelo de execução do objeto, que consiste na definição de como o contrato deverá produzir os resultados pretendidos desde o seu início até o seu encerramento;

■ Estimativas do valor da contratação;

■ Adequação orçamentária.

A preocupação do legislador no que se refere às compras, pode ser visualizada com os **acréscimos** aos itens relacionados ao "**termo de referência**" previstos no **art. 40, § 1.º**, com destaque para a observância de requisitos de qualidade, rendimento, compatibilidade, durabilidade e segurança sob pena de responsabilidade.

De outro giro, vale comentar a **possibilidade de indicação de marcas ou modelos**, desde que acompanhadas das necessárias justificativas, quando a licitação tiver por objeto o fornecimento de bens de acordo com a previsão estabelecida no **art. 41, inciso I**, quando necessária sua padronização ou quando forem os únicos capazes de atender as necessidades da Administração.

11.13.3. Das obras e serviços de engenharia

Os comentários sobre este item apontam, inicialmente, para algumas definições positivadas ao longo do **art. 6.º**, com destaque inicial para aquela prevista no **inciso XII**. Confira-se:

Art. 6.º (...)

XII — obra: toda atividade estabelecida, por força de lei, como privativa das profissões de arquiteto e engenheiro que implica intervenção no meio ambiente por meio de um conjunto harmônico de ações que, agregadas, formam um todo que inova o espaço físico da natureza ou acarreta alteração substancial das características originais de bem imóvel;

Percebe-se na definição reproduzida, o entendimento do legislador quanto ao **caráter privativo para a execução de obras**, eis que atribuído a arquitetos e engenheiros.

Outrossim, a preocupação para que as ações promovidas quando da execução das obras leve em consideração a **necessidade de preservação ambiental**, em respeito ao princípio do Desenvolvimento Nacional Sustentável, previsto no **art. 5.º**.

Mais adiante, partindo da definição oferecida o legislador em caráter residual positiva, no **art. 6.º, inciso XXI**, o **conceito de serviço de engenharia**. Confira-se:

Art. 6.º (...)

XXI — serviço de engenharia: toda atividade ou conjunto de atividades destinadas a obter determinada utilidade, intelectual ou material, de interesse para a Administração e que, **não enquadradas no conceito de obra a que se refere o inciso XII do** *caput* **deste artigo**, são estabelecidas, por força de lei, como privativas das profissões de arquiteto e engenheiro ou de técnicos especializados, que compreendem:

Em seguida, apresentam-se **duas modalidades de serviço de engenharia**.

O **comum**, passível de padronização e, em caráter residual, uma vez mais, o **especial**, vale dizer, aquele que não se enquadra, em razão de suas características, na definição anterior. Confira-se:

Art. 6.º (...)

XXI — (...)

a) serviço comum de engenharia: todo serviço de engenharia que tem por objeto ações, objetivamente padronizáveis em termos de desempenho e qualidade, de manutenção, de adequação e de adaptação de bens móveis e imóveis, com preservação das características originais dos bens;

b) serviço especial de engenharia: aquele que, por sua alta heterogeneidade ou complexidade, não pode se enquadrar na definição constante da alínea *a* deste inciso;

De outra parte, a preocupação com a **questão ambiental** encontra-se renovada ao longo do **art. 45**, agregando-se a utilização de produtos que favoreçam a **redução do consumo de energia e de recursos naturais** (art. 45, inciso III).

Destaca-se também, no mesmo dispositivo, a **preocupação com o impacto que a obra trará para a vizinhança**, reforçando diretriz já estabelecida no **Estatuto da Cidade, Lei n. 10.257/2001**; com a proteção do patrimônio histórico, cultural, arqueológico e, por fim, com a questão da inclusão social, garantindo-se a acessibilidade para pessoas portadoras de deficiência ou com mobilidade reduzida, reforçando a diretriz constitucional de inclusão social desses segmentos.

De outra parte, quanto aos **regimes de execução destas obras**, se apresentam, como já visto, em número de sete, ao longo do **art. 46** com destaque para as **novidades** relacionadas — **contratação integrada** (art. 6.º, inciso XXXII); contratação **semi-integrada** (art. 6.º, inciso XXXIII) e fornecimento e prestação de **serviço associado** (**art. 6.º, inciso XXXIV**).

Por obvio, revela-se impossível a contratação de obras de engenharia, sem a elaboração dos projetos básico e executivo pela Administração uma vez que, sem esses documentos, impossível a apresentação e o detalhamento de propostas pela iniciativa privada.

A exceção se apresenta em relação às contratações resultantes da utilização dos **regimes de contratação integrada e semi-integrada**, em que a **responsabilidade** de elaboração dos dois documentos ou apenas do projeto executivo é transferida para os licitantes, com a exigência de elaboração de anteprojeto (**art. 6.º, inciso XXIV**), tudo de acordo com a redação oferecida no **art. 46, § 2.º**, promovendo uma maior competitividade, a partir do desengessamento da iniciativa privada, que não mais ficará a mercê dos projetos elaborados pela administração.

De resto, importante observar que nestes regimes de execução, a **responsabilidade para a efetivação das desapropriações** ficará a cargo do contratado, de acordo com a previsão estabelecida no **art. 46, § 4.º**.

410 Direito Administrativo Esquematizado   Celso Spitzcovsky

Também aqui assume enorme relevo a obrigatoriedade de previsão de uma distribuição objetiva de riscos, entre as partes, através da matriz de responsabilidade, incluindo-se a variação do custo da desapropriação (**art. 46, § 4.º, inciso IV**).

11.13.4. Dos serviços em geral

Encerrando este item, os comentários dirigem-se agora para a contratação de serviços em geral, partindo-se da definição oferecida no **art. 6.º, inciso XI**. Confira-se:

Art. 6.º (...)

XI — serviço: atividade ou conjunto de atividades destinadas a obter determinada utilidade, intelectual ou material, de interesse da Administração;

Estes serviços apresentam **inúmeras variações**, relacionadas entre as definições integrantes do **art. 6.º**. Confira-se:

Art. 6.º (...)

XIII — **bens e serviços comuns**: aqueles cujos padrões de desempenho e qualidade podem ser objetivamente definidos pelo edital, por meio de especificações usuais de mercado;

XIV — **bens e serviços especiais**: aqueles que, por sua alta heterogeneidade ou complexidade, não podem ser descritos na forma do inciso XIII do *caput* deste artigo, exigida justificativa prévia do contratante;

XV — **serviços e fornecimentos contínuos**: serviços contratados e compras realizadas pela Administração Pública para a manutenção da atividade administrativa, decorrentes de necessidades permanentes ou prolongadas;

XVI — **serviços contínuos com regime de dedicação exclusiva de mão de obra**: aqueles cujo modelo de execução contratual exige, entre outros requisitos, que:

a) os empregados do contratado fiquem à disposição nas dependências do contratante para a prestação dos serviços;

b) o contratado não compartilhe os recursos humanos e materiais disponíveis de uma contratação para execução simultânea de outros contratos;

c) o contratado possibilite a fiscalização pelo contratante quanto à distribuição, controle e supervisão dos recursos humanos alocados aos seus contratos;

XVII — **serviços não contínuos ou contratados por escopo**: impõem ao contratado o dever de realizar a prestação de um serviço específico em período predeterminado, podendo ser prorrogado, desde que justificadamente, pelo prazo necessário à conclusão do objeto;

XVIII — serviços técnicos especializados de natureza predominantemente intelectual: aqueles realizados em trabalhos relativos a:

a) estudos técnicos, planejamentos, projetos básicos e projetos executivos;

b) pareceres, perícias e avaliações em geral;

c) assessorias e consultorias técnicas e auditorias financeiras e tributárias;

d) fiscalização, supervisão e gerenciamento de obras e serviços;

e) patrocínio ou defesa de causas judiciais e administrativas;

f) treinamento e aperfeiçoamento de pessoal;

11 ■ Licitações — Lei n. 14.133/2021

g) restauração de obras de arte e de bens de valor histórico;

h) controles de qualidade e tecnológico, análises, testes e ensaios de campo e laboratoriais, instrumentação e monitoramento de parâmetros específicos de obras e do meio ambiente e demais serviços de engenharia que se enquadrem na definição deste inciso;

XXXIV — **fornecimento e prestação de serviço associado**: regime de contratação em que, além do fornecimento do objeto, o contratado responsabiliza-se por sua operação, manutenção ou ambas, por tempo determinado;

A **contratação desses serviços** segue as diretrizes estabelecidas para as compras, com a obrigatoriedade de respeito aos princípios da Padronização e do Parcelamento, quando viáveis (**art. 47**).

Outrossim, destaque para a **possibilidade de sua terceirização**, respeitadas as vedações estabelecidas ao longo do **art. 48**, com destaque para aquela estipulada no **inciso III** que proíbe o estabelecimento de vínculo, de subordinação entre a Administração e o funcionário de empresa prestadora de serviço terceirizado.

De outro giro, também aqui o legislador reitera, em respeito aos princípios da Moralidade e da Probidade Administrativa, com o objetivo de combater a prática de nepotismo, a **proibição de contratação de cônjuge, companheiro ou parente em linha reta, colateral ou por afinidade, até o terceiro grau, de dirigente do órgão ou entidade contratante ou de agente público que desempenhe função na licitação ou atue na fiscalização ou na gestão do contrato**, devendo essa proibição constar expressamente do edital de licitação (**art. 48, parágrafo único**).

Para melhor visualização dos itens desenvolvidos, confira-se o seguinte quadro:

LOCALIZAÇÃO	Arts. 40 a 50
COMPRAS	Art. 6.º, X c/c art. 40
OBRAS E SERVIÇOS DE ENGENHARIA	Art. 6.º, XII e XXI; arts. 45 e 46
SERVIÇOS EM GERAL	Art. 6.º, XIII a XVII e XXIV; arts. 47 e 48

11.14. DAS CONTRATAÇÕES DIRETAS

11.14.1. Noções gerais

A Lei, de maneira significativa, inova em relação a este tema, **localizado no Título II, Capítulo VIII**, ao longo dos **arts. 72 a 75** apresentando as mesmas possibilidades vale dizer, as **hipóteses de inexigibilidade (art. 74)** e **dispensa de licitação (art. 75)**.

De início, antes de adentrarmos pelas duas modalidades, importante o registro de alguns **itens introdutórios**, a começar pela preocupação do legislador com os **documentos que devem obrigatoriamente instruir estas contratações**, por se tratar de exceção à regra geral prevista no **art. 37, inciso XXI, da CF** e em respeito aos princípios elencados no **art. 5.º**, em especial os da **Moralidade e Probidade Administrativa**.

Assim, ao longo do **art. 72** diversas **exigências** são formuladas **para a celebração desses ajustes**, com destaque para a necessidade de planejamento, através da apresentação de documentos na fase preparatória tais como: o estudo técnico preliminar; análise de riscos; termo de referência; projeto básico ou executivo.

Outrossim, a necessidade de demonstração da compatibilidade da previsão de recursos orçamentários com o compromisso a ser assumido (art. 72, IV); da razão da escolha do contratado (art. 72, VI), bem como da justificativa de preço (art. 72, VII).

Dentro desse contexto, desrespeitadas essas exigências, plenamente possível que a questão seja levada a apreciação do Judiciário, por tratar-se não de análise do mérito da contratação, mas de legalidade, intimamente ligada ao princípio da razoabilidade, também presente ao longo do art. 5.º.

A propósito, confira-se os seguintes precedentes envolvendo o cancelamento de *shows*, em razão da incompatibilidade do valor dos cachês artísticos com os recursos orçamentários municipais:

"(...) incompatibilidade da realização de evento festivo de grande magnitude, *show* do **artista renomado** *Wesley Safadão*, com **custo superior a R$ 500.000,00 (quinhentos mil reais)** no **Município pobre de Vitória do Mearim**, pertencente a um dos Estados da Federação com a menor renda per capta, **cujo IDH é baixíssimo** (...)" (**STJ, SLS n. 3.099/ MA. Min. Humberto Martins,** *DJe* **23.04.2022**).

"(...) **Município de Cachoeira Alta (GO) — 1.º Juninão do Trabalhador e Festa do Peão** — Pagamento à banda **'Barões da Pisadinha',** no valor de **R$ 400.000,00** e ao **Cantor Leonardo**, no valor de **R$ 310.000,00**. Falta de Razoabilidade — Ausência de rede coletora de esgoto e de estação de tratamento e de obras de infraestrutura essenciais de urbanismo em loteamento no Município.

A probabilidade do direito encontra amparo no fato de que se trata de vultuoso montante destinado a eventos festivos em um município pequeno, com cerca de **12.843 habitantes**, representando **2,2% do orçamento público em 2022**. (...)" (**STJ, SLS 3.131/GO, Min. Humberto Martins,** *DJe* **18.06.2022**).

"**Município de Teolândia (BA)** comemorações da **XVI festa da banana** — desproporcionalidade entre os custos dos festejos com a situação econômica e financeira do Município — **O valor total do dispêndio: R$1.350.000,00**, com contratação de artistas — absurdamente incompatível com a realidade orçamentária e financeira.

(...) O custo do evento, na forma como sonhado pela prefeita do Município, **representa verdadeiro pesadelo para a população**, equiparando-se o **'investimento' nesse único evento, ao equivalente a 0,6 (seis) meses e meio de investimento em saúde no ano de 2021**, somados os meses de janeiro, fevereiro, abril, maio, junho e outubro. (...)" (**STJ, SLS 3123/BA, Min. Humberto Martins,** *DJe* **05.06.2022**).

De outra parte, importante destacar que na hipótese de **contratação irregular responderão, solidariamente, o contratado e o agente público**, sem prejuízo de outras sanções cabíveis, com destaque para a configuração, em caráter prévio, de **sobrepreço (art. 6.º, inciso LVI)** bem como de **superfaturamento (art. 6.º, inciso LVII)** durante a execução do contrato, de acordo com o **art. 73**.

Ao assim dispor, reitera o legislador, a diretriz já estabelecida desde 2018, na Lei Federal n. 13.655 (LINDB), que em seu art. 28 fixa a responsabilidade do agente público, por suas decisões e opiniões técnicas, nas hipóteses de dolo e erro grosseiro. Confira-se:

Art. 28. O agente público responderá pessoalmente por suas decisões ou opiniões técnicas em caso de dolo ou erro grosseiro.

11 ■ Licitações — Lei n. 14.133/2021

Portanto, também aqui, encontra-se eliminada a possibilidade de responsabilização do agente público e do contratado, na modalidade culposa.

11.14.2. Modalidades

11.14.2.1. Inexigibilidade de licitação

Nesse particular, a título comparativo, oportuno anotar que a **Lei n. 8.666/93** (que permanece em vigor até 30.12.2023) prevê, em **caráter exemplificativo**, em seu **art. 25**, **três hipóteses de inexigibilidade** de licitação, aplicáveis nas situações em que configurada a inviabilidade de competição. Confira-se:

■ Contratação de fornecedor; empresa ou representante comercial exclusivos.

■ Contratação de profissional do setor artístico, consagrado pela crítica especializada ou pela opinião pública, diretamente ou por meio de empresário exclusivo.

■ Contratação de serviço singular com profissional de notória especialização.

Essas três hipóteses continuam existindo, com algumas especificidades na Nova Lei.

Assim é que **para a primeira hipótese**, o § 1.º do **art. 74**, estipula a necessidade de comprovação da inviabilidade de competição, através dos instrumentos ali previstos vedada a preferência de marca, com exceção daquelas situações justificadas para a preservação do interesse público.

Para a **segunda hipótese, o § 2.º** inova definindo a expressão "empresário exclusivo", afastando a possibilidade de contratação direta por meio de empresário com representação restrita a evento ou local específico.

Outrossim, a nova legislação estabelece a necessidade de especificação dos valores a serem pagos pelo cachê artístico, bem como o custo resultante do transporte da banda entre outros (art. 92, § 2.º).

Para a **terceira hipótese**, verifica-se uma alteração importante tendo em vista a **substituição do conceito de serviço singular** previsto no art. 13 da Lei n. 8.666/93 **pelo de serviços técnicos especializados de natureza predominantemente intelectual,** definição que aparece no **art. 6.º, inciso XVIII**.

Importante destacar ainda que a contratação direta somente se justifica, se estes serviços forem **executados por profissionais ou empresas de notória especialização**, conforme definição apresentada, por duas vezes, nos **arts. 6.º, inciso XIX, e 74, § 3.º.**

Dentro desse contexto, entre os **serviços especializados, de natureza predominantemente intelectual,** relacionados ao longo do **art. 74, inciso III**, muitos repetem as hipóteses previstas no art. 13 da Lei n. 8.666/93, apresentando-se **algumas novidades**.

Nesse sentido, importante relembrar a possibilidade de **contratação, por inexigibilidade, de advogados** para o patrocínio de defesas ou causas judiciais e administrativas, consoante orientação consolidada, pelo **STF**, quando do julgamento **ADC 45 em outubro de 2020**, ratificando diretriz estabelecida pela **Lei n. 14.039/2020**, que declarou que os serviços profissionais de advogados são, por sua natureza, técnicos e singulares, quando comprovada sua notória especialização. Esta hipótese permanece ao nível da nova lei.

De resto, outro não foi o entendimento consolidado ao nível do **STJ**, quando do julgamento, em **13.12.2021**, do **AgRg no HC 669.347/SP**, revelando-se oportuna sua reprodução integral, em vista dos argumentos ali adotados. Confira-se:

"AGRAVO REGIMENTAL EM *HABEAS CORPUS*. PENAL. ART. 89 DA LEI N. 8.666/1993. AÇÃO PENAL. PREFEITO MUNICIPAL. CONTRATAÇÃO DIRETA DE ESCRITÓRIO DE ADVOCACIA. REQUISITO DE SINGULARIDADE DO SERVIÇO SUPRIMIDO PELA LEI N. 14.133/2021. CARÁTER INTELECTUAL DO TRABALHO ADVOCATÍCIO. PARECER JURÍDICO FAVORÁVEL. AUSÊNCIA DE DOLO ESPE-CÍFICO E DE EFETIVO PREJUÍZO. ATIPICIDADE DA CONDUTA. AGRAVO REGI-MENTAL PROVIDO. 1. A consumação do crime descrito no art. 89 da Lei n. 8.666/1993, agora disposto no art. 337-E do CP (Lei n. 14.133/2021), exige a demonstração do dolo específico de causar dano ao erário, bem como efetivo prejuízo aos cofres públicos. 2. O crime previsto no art. 89 da Lei n. 8.666/1993 é norma penal em branco, cujo preceito primário depende da complementação e integração das normas que dispõem sobre hipó-teses de dispensa e inexigibilidade de licitações, agora previstas na nova Lei de Licitações (Lei n. 14.133/2021). 3. Dado o princípio da tipicidade estrita, se o objeto a ser contratado estiver entre as hipóteses de dispensa ou de inexigibilidade de licitação, não há falar em crime, por atipicidade da conduta. 4. Conforme disposto no art. 74, III, da Lei n. 14.133/2021 e no art. 3.º-A do Estatuto da Advocacia, o requisito da singularidade do serviço advoca-tício foi suprimido pelo legislador, devendo ser demonstrada a notória especialização do agente contratado e a natureza intelectual do trabalho a ser prestado. 5. A mera existência de corpo jurídico próprio, por si só, não inviabiliza a contratação de advogado externo para a prestação de serviço específico para o ente público. 6. Ausentes o dolo específico e o efetivo prejuízo aos cofres públicos, impõe-se a absolvição do paciente da prática pre-vista no art. 89 da Lei n. 8.666/1993. 7. Agravo regimental desprovido" (STJ, AgRg no HC 669347 SP 2021/0160441-3, Rel. Min. Jesuíno Rissato (Desembargador Convocado do TJDFT), j. 13.12.2021, 5.ª T., *DJe* 14.02.2022).

Ainda sobre esse tema, o **STF**, **em 28.10.2024**, quando do julgamento do **RE 656.558/SP** (Tema 309), envolvendo a antiga Lei de Licitações e Contratos, **com plena adaptação para a Lei n. 14.133/2021 (art. 74, III c/c § 3.º)**, entendeu que ela poderá ocorrer quando os serviços não puderem ser adequadamente executados por servidores públicos e desde que o valor se mantenha compatível com o preço de mercado, resultan-do na seguinte tese de repercussão geral:

"a) O dolo é necessário para a configuração de qualquer ato de improbidade administrati-va (art. 37, § 4.º, da Constituição Federal), de modo que é inconstitucional a modalidade culposa de ato de improbidade administrativa prevista nos arts. 5.º e 10 da Lei n. 8.429/92, em sua redação originária.

b) São constitucionais os arts. 13, V, e 25, II, da Lei n. 8.666/1993, desde que interpretados no sentido de que a contratação direta de serviços advocatícios pela Administração Públi-ca, por inexigibilidade de licitação, além dos critérios já previstos expressamente (neces-sidade de procedimento administrativo formal; notória especialização profissional; natu-reza singular do serviço), deve observar: (i) inadequação da prestação do serviço pelos integrantes do Poder Público; e (ii) cobrança de preço compatível com a responsabilidade profissional exigida pelo caso, observado, também, o valor médio cobrado pelo escritório de advocacia contratado em situações similares anteriores".

11 ■ Licitações — Lei n. 14.133/2021

Dentro desse contexto, a **novidade** fica por conta da possibilidade de **contratação de controles de qualidade e tecnológico, análises, testes e ensaios de campo e laboratoriais, instrumentação e monitoramento de parâmetros específicos de obras e do meio ambiente e demais serviços de engenharia,** conforme previsão estabelecida no **art. 74, inciso III, alínea** *h.*

Portanto, a contratação direta por inexigibilidade, para serviços técnicos exige agora o **cumprimento de dois requisitos:**

■ Natureza predominantemente intelectual; e
■ Prestação por um profissional de notória especialização.

Por fim, para estas hipóteses de inexigibilidade, por razões lógicas, é **vedada a subcontratação** de empresas ou a atuação de profissionais distintos daqueles que tenham justificado a contratação, na forma do **art. 74, § 4.º.**

A Nova Lei prevê ainda **duas novas hipóteses** para a contratação direta por inexigibilidade:

Credenciamento: esta possibilidade prevista no **art. 74, inciso IV,** encontra-se definida no **art. 6.º, inciso XLIII.** Trata-se de instrumento auxiliar utilizado quando a Administração quer dispor do máximo possível de profissionais credenciados, deixando a cargo do usuário do serviço a escolha.

A administração aqui lança um edital com os requisitos a serem cumpridos e as informações a respeito do credenciamento. Quem se interessar é contratado diretamente, já que não existe competição.

Aquisição ou locação de imóveis cujas características de instalações e de localização tornem necessária sua escolha:

Essa hipótese, prevista no **art. 74, inciso V**, é classificada, no regime da Lei n. 8.666/93, como de licitação dispensável, configurando impropriedade cometida pelo legislador, tendo em vista a impossibilidade de competição, como consequência das características específicas e da localização do imóvel que condicionam a escolha, de apresentação obrigatória pela administração.

De se destacar, ainda, que para a contratação direta, necessário o **atendimento das três exigências formuladas ao longo do art. 74, § 5.º.** Confira-se:

> Art. 74. (...)
> § 5.º Nas contratações com fundamento no inciso V do *caput* deste artigo, devem ser observados os seguintes requisitos:
> I — avaliação prévia do bem, do seu estado de conservação e dos custos de adaptações, quando imprescindíveis às necessidades de utilização, e prazo de amortização dos investimentos;
> II — certificação da inexistência de imóveis públicos vagos e disponíveis que atendam ao objeto;
> III — justificativas que demonstrem a singularidade do imóvel a ser comprado ou locado pela Administração e que evidenciem vantagem para ela.

Nesse sentido, para uma melhor visualização das mudanças apresentadas, em relação ao regime anterior, segue o seguinte quadro comparativo:

LEI N. 8.666/93	LEI N. 14.133/2021
Fornecedor ou representante comercial exclusivo	Produtor, empresa ou representante comercial exclusivo
Contratação de serviços técnicos, de natureza singular, com profissionais ou empresas de notória especialização	Profissional notoriamente especializado para execução de serviços técnicos especializados de natureza predominantemente intelectual
Profissional de qualquer setor artístico, diretamente ou através de empresário exclusivo, desde que consagrado pela crítica especializada ou pela opinião pública	Profissional do setor artístico diretamente ou por meio de empresário exclusivo, consagrado pela crítica especializada ou pela opinião pública
X	Credenciamento
X	Aquisição ou locação de imóvel cujas características de instalações de localização tornem necessária sua escolha

Por derradeiro, importante assinalar que essas 5 hipóteses de contratação direta configuram elenco meramente exemplificativo, passível de ampliação, sempre que se apresentarem situações de inviabilidade de competição.

11.14.2.2. *Licitação dispensável*

As hipóteses de licitação dispensável, vale dizer, aquelas em que, nada obstante possível a contratação por intermédio de licitação, o administrador opta pela contratação direta, encontram-se relacionadas ao longo do **art. 75 dessa lei**, configurando elenco exaustivo, só comportando ampliação através de outra lei.

No referido dispositivo encontram-se relacionadas **16 hipóteses**, sendo que alguns incisos trazem inúmeros desdobramentos, **com algumas mudanças importantes**. As **principais são as seguintes:**

11.14.2.2.1. *Baixo valor*

Nesse particular, o valor máximo para a dispensa de licitação por baixo valor, que antes era de R$ 33.000,00 para obras e serviços de engenharia e R$ 17.000,00 para compras e outros serviços, passa a ser R$ 114.416,95 para obras e serviços de engenharia e para **serviços de manutenção de veículos automotores** (nova hipótese) e R$ 57.208,33 para compras e outros serviços, conforme previsão estabelecida no Decreto n. 11.317/2022.

Em relação a essas contratações, oportuna a reprodução do disposto nos §§ 1.º e 7.º. Confira-se:

§ 1.º Para fins de aferição dos valores que atendam aos limites referidos nos incisos I e II do *caput* deste artigo, deverão ser observados:

I — o somatório do que for despendido no exercício financeiro pela respectiva unidade gestora;

II — o somatório da despesa realizada com objetos de mesma natureza, entendidos como tais aqueles relativos a contratações no mesmo ramo de atividade.

11 ■ Licitações — Lei n. 14.133/2021

§ 7.º Não se aplica o disposto no § 1.º deste artigo às contratações de até R$ 8.000,00 (oito mil reais) de serviços de manutenção de veículos automotores de propriedade do órgão ou entidade contratante, incluído o fornecimento de peças.

Considerada a atualização de valores promovida pelo Decreto n. 11.317/2022, oportuna a reprodução de decisão proferida pelo TCE de Minas Gerais, em resposta a consulta formulada acerca da Lei n. 14.133/2021, em especial a exceção prevista no § 7.º. Confira-se:

"CONSULTA. LEI N. 14.133/21. NOVA LEI DE LICITAÇÕES. DISPENSA DE LICITAÇÃO EM RAZÃO DO VALOR. SERVIÇOS DE MANUTENÇÃO DE VEÍCULOS AUTOMOTORES. PROPRIEDADE DO ÓRGÃO OU ENTIDADE CONTRATANTE. SOMATÓRIO. CÔMPUTO. 1. Nas contratações realizadas sob a égide da Lei n. 14.133/21, é possível a contratação direta, em razão do valor, dos serviços de manutenção de veículos automotores de propriedade do órgão ou entidade contratante, **incluído o fornecimento de peças, cujo valor individual não exceda a R$ 8.643,27** (oito mil seiscentos e quarenta e três reais e vinte e sete centavos), mesmo que o somatório dos valores das contratações realizadas no exercício ultrapasse o montante previsto no inciso I do art. 75, por força do disposto no § 7.º. 2. Como decorrência da previsão do § 7.º do art. 75 da Lei n. 14.133/21, são computadas no somatório para aferição do enquadramento na dispensa de licitação em razão do valor (art. 75, I) **somente as contratações de serviços de manutenção de veículos automotores que excedam a R$ 8.643,27** (oito mil seiscentos e quarenta e três reais e vinte e sete centavos).

(...) 2 — Havendo contratações que individualmente ultrapassem R$ 8.643,27, para verificação dos limites dos incisos I e II, do art. 75, devem ser desconsideradas aquelas individualmente sejam inferiores a este valor? Sim. As contratações de serviços de manutenção de veículos automotores de propriedade do órgão ou entidade contratante, realizadas por meio de dispensa de licitação, cujo valor não ultrapasse a quantia R$ 8.643,27 (valor de referência para o ano de 2022) devem ser desconsideradas no somatório previsto no § 1.º do artigo 75 da Lei 14.133/2021, por força do que determina o § 7.º do artigo 75 da Lei 14.133/2021. Por outro lado, as contratações com mesmo objeto que eventualmente ultrapassem a quantia de R$ 8.643,27 (valor de referência para o ano de 2022) deverão ser incluídas no cômputo a que se refere o § 1.º do artigo 75 da Lei 14.133/2021. (...)" (TCE-MG, Consulta: 1119728, Rel. Cons. Cláudio Terrão, j. 21.09.2022, Data de Publicação: 05.10.2022).

Ainda, em relação a esse dispositivo, oportuna a reprodução de precedente do TCE de Minas Gerais, para fins de esclarecimento acerca do conceito de "contratações no mesmo ramo de atividade". Confira-se:

"CONSULTA. DISPENSA DE LICITAÇÃO EM FUNÇÃO DO VALOR. ART. 24, I, DA LEI N. 8.666/1993. SIGNIFICADO DA EXPRESSÃO 'MESMA NATUREZA'. ART. 75, § 1.º, II, DA LEI N. 14.133/2021. EXPRESSÃO 'MESMO RAMO DE ATIVIDADE'. CONCEITOS INDETERMINADOS. ASSOCIAÇÃO ÀS NOÇÕES DE IDENTIDADE, SEMELHANÇA, AFINIDADE E FINALIDADE. NORMATIZAÇÃO NO ÂMBITO DA UNIÃO. UTILIZAÇÃO DO NÍVEL DE SUBCLASSE DO CNAE. POSSIBILIDADE DE REGULAMENTAÇÃO E DEFINIÇÃO DE CRITÉRIOS OBJETIVOS POR PARTE

DE CADA ENTE DA FEDERAÇÃO. INTELECÇÃO DA EXPRESSÃO 'MESMO LO-CAL'. ESPAÇO TERRITORIAL. SENTIDO GEOECONÔMICO. DESCENTRALIZA-ÇÃO ADMINISTRATIVA. UNIDADE GESTORA. PRÍNCIPIO DO PLANEJAMEN-TO DAS CONTRATAÇÕES PÚBLICAS. (...) 2. Na Lei n. 14.133/2021 considera-se que objetos da mesma natureza são os que pertencem ao 'mesmo ramo de atividade'. Inexiste definição, todavia, acerca do alcance de tal locução, de modo que os entes federados, no exercício de sua autonomia administrativa, materializado no princípio federativo, de guarida constitucional, podem estabelecer parâmetro próprio para definição objetiva de 'ramo de atividade' para os fins do disposto no art. 75 do mencionado diploma legal, observados os demais princípios aplicáveis e os respectivos limites do poder regulamentar. 3. Na ausência de regulamentação do conceito de 'mesmo ramo de atividade', para os fins preceituados no art. 75 da Lei n. 14.133/2021, os entes poderão reproduzir a normatização federal, que estabelece o nível de subclasse da Classificação Nacional de Atividades Econômicas — CNAE como parâmetro, nos termos da Instrução Normativa SEGES/ME n. 67/2021. (...)" (TCE-MG, Consulta: 1104833, Rel. Cons. Subst. Hamilton Coelho, j. 19.10.2022, Data de Publicação: 07.11.2022).

11.14.2.2.2. *Emergência*

Na Lei n. 8.666/93, nos casos de emergência e calamidade pública, poderá ser celebrada uma contratação direta, com prazo máximo de 180 dias.

Na nova legislação, por força da previsão estabelecida no **art. 75**, inciso VIII, esse **prazo máximo passa a ser de um ano**, o que certamente, diante dos precedentes já observados, cairá no gosto do administrador.

Ainda sobre esta hipótese, importante também registrar que o legislador inovou positivando o **conceito de emergência**, ao longo do **§ 6.º, do art. 75**.

Assim é que considerou emergencial a contratação por dispensa com o objetivo de manter a continuidade do serviço público com a obrigatoriedade, neste período de **1 ano**, de adoção de todas as providências necessárias para a conclusão do processo licitatório.

Outrossim, no mesmo § 6.º, encontra-se positivada a necessidade de **apuração de responsabilidade dos agentes públicos que deram causa a situação emergencial**.

Esses só responderão, de forma solidária com o contratado, pelo dano causado ao erário, se configurado dolo, erro grosseiro ou fraude, sem prejuízo de outras sanções legais cabíveis, a teor do disposto no art. 73, mesma diretriz adotada pela Lei n. 13.655/2018 (LINDB), em seu art. 28, eliminando-se a modalidade culposa.

Sobre o tema, importante a reprodução de precedente do **STF, em 06.09.2024**, quando do julgamento da **ADI 6.890/DF**, em que proibiu a recontratação de empresa quando fundada na mesma situação emergencial, extrapolando o prazo máximo de um ano, resultando na seguinte tese:

"1. É constitucional a vedação à recontratação de empresa contratada diretamente por dispensa de licitação nos casos de emergência ou calamidade pública, prevista no inciso VIII do art. 75 da Lei n. 14.133/2021. 2. A vedação incide na recontratação fundada na mesma situação emergencial ou calamitosa que extrapole o prazo máximo legal de 1 (um) ano, e não impede que a empresa participe de eventual licitação substitutiva à dispensa de licitação e seja contratada diretamente por outro fundamento previsto em lei, incluindo uma nova emergência ou calamidade pública, sem prejuízo do controle de abusos ou ilegalidades na aplicação da norma".

11.14.2.2.3. Licitação deserta e fracassada

Neste particular, importante destacar as alterações estabelecidas para estas hipóteses, **agora reunidas no art. 75, inciso III**, justificando a contratação direta quando mantidas todas as condições definidas em edital de licitação realizada há menos de 1 ano.

Assim, a diretriz se apresenta, tanto para situações de não comparecimento (deserta), quanto para aquelas em que as propostas apresentadas revelam-se inexequíveis ou em descompasso com o edital (fracassada).

11.14.2.2.4. Aquisição de medicamentos

Outro destaque refere-se a possibilidade de contratação direta para aquisição de medicamentos destinados, exclusivamente, ao tratamento de doenças raras, definidas pelo Ministério da Saúde, prevista no **art. 75, inciso IV, alínea *m*.**

11.14.2.2.5. Equipamentos destinados ao rastreamento e à obtenção de provas

Por fim, destaque para a possibilidade de contratação direta de serviços especializados ou aquisição ou locação de equipamentos destinados ao rastreamento e à obtenção de provas, quando houver necessidade justificada de manutenção de sigilo sobre a investigação, prevista no **art. 75, inciso IV, alínea *l*.**

Sobre esse item, oportuno conferir decisão proferida pelo **STF**, em **24.04.2023**, quando do julgamento da **ADI 7.004/AL**:

> **"É inconstitucional, por violação à competência legislativa privativa da União, a lei estadual que autoriza a seus órgãos de segurança pública a alienação de armas de fogo a seus integrantes, por meio de venda direta.**
>
> (...)
>
> Ademais, a norma estadual impugnada instituiu hipótese de dispensa de licitação não prevista na legislação federal que trata especificamente da matéria (Leis 8.666/1993 e 14.133/2021), ultrapassando indevidamente os limites nela previstos."

11.14.2.3. Licitação dispensada

Nesse particular, para fins comparativos, importante relembrar que de acordo com a **Lei n. 8.666/93**, diferente das hipóteses em que é dispensável, **a licitação é dispensada não como uma faculdade, mas uma obrigação** atribuída ao legislador para a contratação direta, **nas hipóteses previstas no art. 17**.

É a mesma orientação que se verifica na **Lei n. 14.133/2021**, consoante o disposto no **art. 76, inciso I**. Confira-se:

> **Art. 76**. A alienação de bens da Administração Pública, subordinada à existência de interesse público devidamente justificado, será precedida de avaliação e obedecerá às seguintes normas:

I — tratando-se de bens imóveis, inclusive os pertencentes às autarquias e às fundações, exigirá autorização legislativa e dependerá de licitação na modalidade leilão, **dispensada** a realização de licitação nos casos de:

Entre as inúmeras **hipóteses** ali previstas, destaca-se a licitação dispensada para:

a) dação em pagamento;

b) doação, permitida exclusivamente para outro órgão ou entidade da Administração Pública, de qualquer esfera de governo, ressalvado o disposto nas alíneas *f, g* e *h* deste inciso;

c) permuta por outros imóveis que atenda aos requisitos relacionados às finalidades precípuas da Administração, desde que a diferença apurada não ultrapasse a metade do valor do imóvel que será ofertado pela União, segundo avaliação prévia, e ocorra a torna de valores, sempre que for o caso;

d) investidura;

e) venda a outro órgão ou entidade da Administração Pública de qualquer esfera de governo.

Para fins de esclarecimento a nova legislação, a exemplo da Lei n. 8.666/93, **definiu investidura no § 5.º**, da seguinte forma:

§ 5.º Entende-se por investidura, para os fins desta Lei, a:

I — alienação, ao proprietário de imóvel lindeiro, de área remanescente ou resultante de obra pública que se tornar inaproveitável isoladamente, por preço que não seja inferior ao da avaliação nem superior a 50% (cinquenta por cento) do valor máximo permitido para dispensa de licitação de bens e serviços previsto nesta Lei;

II — alienação, ao legítimo possuidor direto ou, na falta dele, ao poder público, de imóvel para fins residenciais construído em núcleo urbano anexo a usina hidrelétrica, desde que considerado dispensável na fase de operação da usina e que não integre a categoria de bens reversíveis ao final da concessão.

Por sua vez, para a alienação de bens móveis segue-se a mesma diretriz do regime anterior, em razão da utilização do termo "dispensada" a realização de licitação, nos casos previstos no inciso II do art. 76. Confira-se:

II — quando móveis, dependerá de licitação na modalidade leilão, **dispensada a realização de licitação** nos casos de:

Portanto, ao nível da nova lei desaparece a principal diferença existente no regime anterior entre as hipóteses de licitação dispensável e dispensada eis que, respeitadas as hipóteses ali positivadas, poderá o administrador optar pela abertura do certame ou pela contratação direta.

Para melhor visualização dos itens desenvolvidos, confira-se o seguinte quadro:

	DISPENSA
LOCALIZAÇÃO	Arts. 72 a 75
RESPONSABILIDADE	Art. 6.º, LVI e LVII; art. 73

INEXIGIBILIDADE	Art. 74 Hipóteses: Fornecedor Exclusivo (art. 74, § 1.º); Profissionais do setor artístico (art. 74, § 2.º); Serviços técnicos especializados de natureza predominantemente intelectual (art. 74, § 3.º); Credenciamento: art. 6.º, XLIII c/c art. 74, IV; Aquisição ou Locação de imóveis: art. 74, V.
LICITAÇÃO DISPENSÁVEL	Art. 75
LICITAÇÃO DISPENSADA	Art. 76, I e II

11.15. DAS LICITAÇÕES NA LEI N. 13.303/2016 (RESPONSABILIDADE DAS ESTATAIS)

Esta talvez tenha sido a maior preocupação do **estatuto jurídico** da **empresa pública** e da **sociedade de economia mista**, haja vista que a lei **dispensou 56** dos seus **97 artigos a tratar desse assunto**.

Assim, ao mesmo tempo que **afastou** as **normas gerais** de licitações e contratos administrativos — notadamente da **Lei n. 14.133/2021** —, o regime de licitações e contratações das estatais identifica-se e **consolida diversas normas** já conhecidas da legislação administrativa, tornando o **procedimento** bem **mais objetivo** em relação àqueles que já são conhecidos.

Dentro desse contexto, **conclui-se**, em razão da disposição estabelecida em seu **artigo inaugural**, que as **normas gerais** de licitações e contratos administrativos editadas anteriormente serão agora **aplicáveis** quase **exclusivamente** para os **órgãos** da **Administração direta** e **entidades** da **Administração indireta** com **personalidade** jurídica de **direito público**.

Nesse sentido, decidiu o **STF em 06.03.2021** quando do julgamento do **RE 441.280/RS** que o **regime de licitação e contratação previsto na Lei n. 8.666/93 é inaplicável às sociedades de economia mista que explorem atividade econômica própria das empresas privadas**, concorrendo, portanto, no mercado.

Com efeito, não é possível conciliar o regime previsto na Lei n. 14.133/2021 com a agilidade própria desse tipo de mercado, que é movido por intensa concorrência entre as empresas que nele atuam.

No precedente mencionado, a **Petróleo Brasileiro S.A. (Petrobras)** disputa espaço livremente no mercado em que atua, aí incluída a luta entre concorrentes, em condições parelhas com as empresas privadas.

Por isso, não se há de exigir que fique subordinada aos rígidos limites da licitação da lei especial destinada aos serviços públicos, em sentido ampliado, sob pena de criar-se um grave obstáculo ao normal desempenho de suas atividades comerciais

Exceção foi feita no estatuto jurídico da empresa pública, da sociedade de economia mista e suas subsidiárias quanto às **normas penais** da Lei Geral de Licitações e Contratos Administrativos, por força do que determina o **art. 41 da Lei n. 13.303/2016**, a saber:

> **Art. 41.** Aplicam-se às licitações e contratos regidos por esta Lei as normas de direito penal contidas nos arts. 89 a 99 da Lei n. 8.666, de 21 de junho de 1993.

De resto, referida orientação foi confirmada pela Lei n. 14.133/2021, sendo oportuno relembrar a revogação imediata dos arts. 89 a 108 da Lei n. 8.666/93 (art. 193, I) e a criação de um novo capítulo no Código Penal sobre crimes em matéria de licitações e contratos (art. 185).

As **disposições** referentes às **licitações** e aos contratos foram previstas nos **arts. 28 a 84** da lei, contando com a seguinte estrutura e principais previsões:

11.15.1. Da exigência de licitação e dos casos de dispensa e de inexigibilidade (arts. 28 a 30)

Em relação a este tema, salta aos olhos, desde logo, a **redução** do **número** de **hipóteses** de **dispensa** de licitação de modo a excluir aquelas inaplicáveis às **estatais**.

Quanto às **hipóteses** de **inexigibilidade**, destaca-se a **supressão** da **singularidade** para contratação do profissional notório, diferenciando-se das diretrizes estabelecidas na Lei n. 8.666/93, em especial na previsão do seu art. 13.

Importante destacar ainda a **atualização** de **valores** para as **contratações diretas** por dispensa de licitação, o que não ocorria desde 1998.

Outro detalhe importante refere-se à **revogação** do **procedimento simplificado** de **licitação** até então atribuído à **Petrobras**, por força do disposto no **art. 96, II**, como consequência dos diversos desmandos verificados naquela estatal.

Dentro desse contexto, importante anotar a inovação, ao menos ao nível legislativo, quanto à **desnecessidade** de as **estatais promoverem licitação** quanto a suas **atividades-fim**, consoante se verifica da previsão estabelecida no **art. 28, § 3.º**. Confira-se:

> **Art. 28.** Os contratos com terceiros destinados à prestação de serviços às empresas públicas e às sociedades de economia mista, inclusive de engenharia e de publicidade, à aquisição e à locação de bens, à alienação de bens e ativos integrantes do respectivo patrimônio ou à execução de obras a serem integradas a esse patrimônio, bem como à implementação de ônus real sobre tais bens, serão precedidos de licitação nos termos desta Lei, ressalvadas as hipóteses previstas nos arts. 29 e 30. (...)
>
> § 3.º São as empresas públicas e as sociedades de economia mista dispensadas da observância dos dispositivos deste Capítulo nas seguintes situações:
>
> I — comercialização, prestação ou execução, de forma direta, pelas empresas mencionadas no *caput*, de produtos, serviços ou obras especificamente relacionados com seus respectivos objetos sociais;
>
> II — nos casos em que a escolha do parceiro esteja associada a suas características particulares, vinculada a oportunidades de negócio definidas e específicas, justificada a inviabilidade de procedimento competitivo.

11.15.2. Disposições de caráter geral sobre licitações e contratos (arts. 31 a 41)

Em relação a este item, **importante destacar** a previsão estabelecida no **art. 31** dessa lei quanto ao **objetivo** que justifica a abertura de **licitação**, vale dizer, assegurar a seleção da **proposta mais vantajosa**, o que já existia no nível da Lei n. 8.666/93, **acrescida** agora do detalhe referente à **necessidade** de **evitar** operações em que se caracterize

11 ▣ Licitações — Lei n. 14.133/2021

sobrepreço ou **superfaturamento**, cujas definições que aparecem no § 1.º foram incorporadas pela Lei n. 14.133/2021:

> **Art. 31. (...)**
> § 1.º Para os fins do disposto no *caput*, considera-se que há:
> I — **sobrepreço** quando os preços orçados para a licitação ou os preços contratados são expressivamente superiores aos preços referenciais de mercado, podendo referir-se ao valor unitário de um item, se a licitação ou a contratação for por preços unitários de serviço, ou ao valor global do objeto, se a licitação ou a contratação for por preço global ou por empreitada;
> II — **superfaturamento** quando houver dano ao patrimônio da empresa pública ou da sociedade de economia mista caracterizado, por exemplo:
> *a)* pela medição de quantidades superiores às efetivamente executadas ou fornecidas;
> *b)* pela deficiência na execução de obras e serviços de engenharia que resulte em diminuição da qualidade, da vida útil ou da segurança;
> *c)* por alterações no orçamento de obras e de serviços de engenharia que causem o desequilíbrio econômico-financeiro do contrato em favor do contratado;
> *d)* por outras alterações de cláusulas financeiras que gerem recebimentos contratuais antecipados, distorção do cronograma físico-financeiro, prorrogação injustificada do prazo contratual com custos adicionais para a empresa pública ou a sociedade de economia mista ou reajuste irregular de preços.

Outrossim, importante destacar a previsão acerca de **orçamento sigiloso (art. 34)**, **matéria** já **encontrada** na lei do **regime diferenciado de contratação**, e incorporada pela Lei n. 14.133/2021:

> **Art. 34.** O valor estimado do contrato a ser celebrado pela empresa pública ou pela sociedade de economia mista será sigiloso, facultando-se à contratante, mediante justificação na fase de preparação prevista no inciso I do art. 51 desta Lei, conferir publicidade ao valor estimado do objeto da licitação, sem prejuízo da divulgação do detalhamento dos quantitativos e das demais informações necessárias para a elaboração das propostas.
> § 1.º Na hipótese em que for adotado o critério de julgamento por maior desconto, a informação de que trata o *caput* deste artigo constará do instrumento convocatório.
> § 2.º No caso de julgamento por melhor técnica, o valor do prêmio ou da remuneração será incluído no instrumento convocatório.
> § 3.º A informação relativa ao valor estimado do objeto da licitação, ainda que tenha caráter sigiloso, será disponibilizada a órgãos de controle externo e interno, devendo a empresa pública ou a sociedade de economia mista registrar em documento formal sua disponibilização aos órgãos de controle, sempre que solicitado.

De outra parte, destaque para a previsão estabelecida no **art. 38** acerca dos **impedimentos para** a **participação** em **licitações** e contratações pelas estatais:

> **Art. 38.** Estará impedida de participar de licitações e de ser contratada pela empresa pública ou sociedade de economia mista a empresa:
> I — cujo administrador ou sócio detentor de mais de 5% (cinco por cento) do capital social seja diretor ou empregado da empresa pública ou sociedade de economia mista contratante;

II — suspensa pela empresa pública ou sociedade de economia mista;

III — declarada inidônea pela União, por Estado, pelo Distrito Federal ou pela unidade federativa a que está vinculada a empresa pública ou sociedade de economia mista, enquanto perdurarem os efeitos da sanção;

IV — constituída por sócio de empresa que estiver suspensa, impedida ou declarada inidônea;

V — cujo administrador seja sócio de empresa suspensa, impedida ou declarada inidônea;

VI — constituída por sócio que tenha sido sócio ou administrador de empresa suspensa, impedida ou declarada inidônea, no período dos fatos que deram ensejo à sanção;

VII — cujo administrador tenha sido sócio ou administrador de empresa suspensa, impedida ou declarada inidônea, no período dos fatos que deram ensejo à sanção;

VIII — que tiver, nos seus quadros de diretoria, pessoa que participou, em razão de vínculo de mesma natureza, de empresa declarada inidônea.

Parágrafo único. Aplica-se a vedação prevista no *caput*:

I — à contratação do próprio empregado ou dirigente, como pessoa física, bem como à participação dele em procedimentos licitatórios, na condição de licitante;

II — a quem tenha relação de parentesco, até o terceiro grau civil, com:

a) dirigente de empresa pública ou sociedade de economia mista;

b) empregado de empresa pública ou sociedade de economia mista cujas atribuições envolvam a atuação na área responsável pela licitação ou contratação;

c) autoridade do ente público a que a empresa pública ou sociedade de economia mista esteja vinculada.

III — cujo proprietário, mesmo na condição de sócio, tenha terminado seu prazo de gestão ou rompido seu vínculo com a respectiva empresa pública ou sociedade de economia mista promotora da licitação ou contratante há menos de 6 (seis) meses.

11.15.3. Das normas específicas para obras e serviços (arts. 42 a 46)

Em relação a este item, o destaque inicial direciona-se para as **definições** estabelecidas no **art. 42**, em especial para os regimes de **contratação semi-integrada** e **integrada** previstos nos **incisos V** e **VI**, incorporadas pela Lei n. 14.133/2021:

Art. 42. Na licitação e na contratação de obras e serviços por empresas públicas e sociedades de economia mista, serão observadas as seguintes definições: (...)

V — contratação semi-integrada: contratação que envolve a elaboração e o desenvolvimento do projeto executivo, a execução de obras e serviços de engenharia, a montagem, a realização de testes, a pré-operação e as demais operações necessárias e suficientes para a entrega final do objeto, de acordo com o estabelecido nos §§ 1.º e 3.º deste artigo;

VI — contratação integrada: contratação que envolve a elaboração e o desenvolvimento dos projetos básico e executivo, a execução de obras e serviços de engenharia, a montagem, a realização de testes, a pré-operação e as demais operações necessárias e suficientes para a entrega final do objeto, de acordo com o estabelecido nos §§ 1.º, 2.º e 3.º deste artigo.

Com relação à contratação **semi-integrada**, trata-se de **novidade** que não aparecia no regime do RDC que **permite** a **alteração** do **projeto básico**, desde que **demonstrada** a **vantagem** para o **interesse público** para efeito de redução de preços, de prazo ou aumento de qualidade.

Em relação a essa modalidade de contratação, importante reproduzir o § 1.º do **art. 42**, que estabelece os requisitos a serem cumpridos:

Art. 42. (...)

§ 1.º As contratações semi-integradas e integradas referidas, respectivamente, nos incisos V e VI do *caput* deste artigo restringir-se-ão a obras e serviços de engenharia e observarão os seguintes requisitos:

I — o instrumento convocatório deverá conter:

a) anteprojeto de engenharia, no caso de contratação integrada, com elementos técnicos que permitam a caracterização da obra ou do serviço e a elaboração e comparação, de forma isonômica, das propostas a serem ofertadas pelos particulares;

b) projeto básico, nos casos de empreitada por preço unitário, de empreitada por preço global, de empreitada integral e de contratação semi-integrada, nos termos definidos neste artigo;

c) documento técnico, com definição precisa das frações do empreendimento em que haverá liberdade de as contratadas inovarem em soluções metodológicas ou tecnológicas, seja em termos de modificação das soluções previamente delineadas no anteprojeto ou no projeto básico da licitação, seja em termos de detalhamento dos sistemas e procedimentos construtivos previstos nessas peças técnicas;

d) matriz de riscos;

II — o valor estimado do objeto a ser licitado será calculado com base em valores de mercado, em valores pagos pela administração pública em serviços e obras similares ou em avaliação do custo global da obra, aferido mediante orçamento sintético ou metodologia expedita ou paramétrica;

III — o critério de julgamento a ser adotado será o de menor preço ou de melhor combinação de técnica e preço, pontuando-se na avaliação técnica as vantagens e os benefícios que eventualmente forem oferecidos para cada produto ou solução;

IV — na contratação semi-integrada, o projeto básico poderá ser alterado, desde que demonstrada a superioridade das inovações em termos de redução de custos, de aumento da qualidade, de redução do prazo de execução e de facilidade de manutenção ou operação.

Já com relação à **contratação integrada**, oportuna a reprodução do § 2.º:

Art. 42. (...)

§ 2.º No caso dos orçamentos das contratações integradas:

I — sempre que o anteprojeto da licitação, por seus elementos mínimos, assim o permitir, as estimativas de preço devem se basear em orçamento tão detalhado quanto possível, devendo a utilização de estimativas paramétricas e a avaliação aproximada baseada em outras obras similares ser realizadas somente nas frações do empreendimento não suficientemente detalhadas no anteprojeto da licitação, exigindo-se das contratadas, no mínimo, o mesmo nível de detalhamento em seus demonstrativos de formação de preços;

426 Direito Administrativo Esquematizado Celso Spitzcovsky

II — quando utilizada metodologia expedita ou paramétrica para abalizar o valor do empreendimento ou de fração dele, consideradas as disposições do inciso I, entre 2 (duas) ou mais técnicas estimativas possíveis, deve ser utilizada nas estimativas de preço-base a que viabilize a maior precisão orçamentária, exigindo-se das licitantes, no mínimo, o mesmo nível de detalhamento na motivação dos respectivos preços ofertados.

Por fim, cumpre registrar que **em ambas as modalidades** de contratação os **riscos** decorrentes de fatos supervenientes associados à escolha da solução de projeto básico pela contratante **serão de responsabilidade do contratado**.

11.15.4. Das normas específicas para aquisição de bens (arts. 47 e 48)

Em relação a este item, o **legislador**, de forma a **evitar** o **direcionamento** da **licitação**, houve por bem determinar a **apresentação** de **justificativa** para a **escolha de marcas** de forma a não prejudicar o interesse público, conforme se verifica da previsão estabelecida no **art. 47**. Confira-se:

Art. 47. A empresa pública e a sociedade de economia mista, na licitação para aquisição de bens, poderão:

I — indicar marca ou modelo, nas seguintes hipóteses:

a) em decorrência da necessidade de padronização do objeto;

b) quando determinada marca ou modelo comercializado por mais de um fornecedor constituir o único capaz de atender o objeto do contrato;

c) quando for necessária, para compreensão do objeto, a identificação de determinada marca ou modelo apto a servir como referência, situação em que será obrigatório o acréscimo da expressão "ou similar ou de melhor qualidade";

II — exigir amostra do bem no procedimento de pré-qualificação e na fase de julgamento das propostas ou de lances, desde que justificada a necessidade de sua apresentação;

III — solicitar a certificação da qualidade do produto ou do processo de fabricação, inclusive sob o aspecto ambiental, por instituição previamente credenciada.

Parágrafo único. O edital poderá exigir, como condição de aceitabilidade da proposta, a adequação às normas da Associação Brasileira de Normas Técnicas (ABNT) ou a certificação da qualidade do produto por instituição credenciada pelo Sistema Nacional de Metrologia, Normalização e Qualidade Industrial (Sinmetro).

11.15.5. Das normas específicas para alienação de bens (arts. 49 e 50)

Em relação a este item, estabeleceu o legislador a necessidade de **realização** de **pesquisa prévia** de **preços, bem como** da **abertura de licitação**, de forma a evitar a alienação de bens abaixo dos valores de mercado, consoante se verifica do **art. 49**:

Art. 49. A alienação de bens por empresas públicas e por sociedades de economia mista será precedida de:

I — avaliação formal do bem contemplado, ressalvadas as hipóteses previstas nos incisos XVI a XVIII do art. 29;

II — licitação, ressalvado o previsto no § 3.º do art. 28;

11.15.6. Do procedimento de licitação (arts. 51 a 62)

Em relação a este item, o **legislador repetiu** basicamente as **fases** estabelecidas no RDC, incorporadas pela Lei n. 14.133/2021, consoante se verifica da previsão do **art. 51**, vale dizer: **preparação; divulgação; apresentação de lances ou propostas conforme o modo de disputa adotado; julgamento; verificação de efetividade dos lances ou propostas; negociação; habilitação; interposição de recursos; adjudicação do objeto; homologação do resultado** ou **revogação do procedimento**.

Percebe-se mais uma vez a **inversão das fases** de **julgamento** e **habilitação**, de forma a proporcionar **ganho** de **tempo** importante para a Administração, bem como a previsão de uma etapa de **negociação com** o **vencedor**, de forma a **privilegiar** o **interesse público**.

Outrossim, a previsão de **fase única recursal**, na hipótese de configuração da **inversão** de **fases** noticiada no item anterior, consoante se verifica no **art. 59**, *caput*.

Sem embargo, se a **ordem das fases** apontar para **inicialmente** a **habilitação** e **posteriormente** o **julgamento**, apresenta-se a **possibilidade dupla de recurso**, a teor do disposto no **art. 59, § 1.º**.

Quanto aos **modos** de **disputa** entre os licitantes, o legislador **repetiu** aqueles previstos na lei do **RDC**, incorporados pela Lei n. 14.133/2021, vale dizer, disputa **aberta** ou **fechada**, nos termos dos **arts. 52 e 53**:

Art. 52. Poderão ser adotados os modos de disputa aberto ou fechado, ou, quando o objeto da licitação puder ser parcelado, a combinação de ambos, observado o disposto no inciso III do art. 32 desta Lei.

§ 1.º No modo de disputa aberto, os licitantes apresentarão lances públicos e sucessivos, crescentes ou decrescentes, conforme o critério de julgamento adotado.

§ 2.º No modo de disputa fechado, as propostas apresentadas pelos licitantes serão sigilosas até a data e a hora designadas para que sejam divulgadas.

Art. 53. Quando for adotado o modo de disputa aberto, poderão ser admitidos:

I — a apresentação de lances intermediários;

II — o reinício da disputa aberta, após a definição do melhor lance, para definição das demais colocações, quando existir diferença de pelo menos 10% (dez por cento) entre o melhor lance e o subsequente.

Parágrafo único. Consideram-se intermediários os lances:

I — iguais ou inferiores ao maior já ofertado, quando adotado o julgamento pelo critério da maior oferta;

II — iguais ou superiores ao menor já ofertado, quando adotados os demais critérios de julgamento.

Quanto aos **critérios** de **julgamento** das propostas, encontram-se eles relacionados no **art. 54**, onde mais uma vez se observa a adoção, em larga escala, dos **mesmos** já apresentados pelo **Regime Diferenciado de Contratações**, incorporados pela Lei n. 14.133/2021, exceção feita a previsão estabelecida no inciso VIII, a saber:

Art. 54. Poderão ser utilizados os seguintes critérios de julgamento:

I — menor preço;

II — maior desconto;

III — melhor combinação de técnica e preço;

IV — melhor técnica;

V — melhor conteúdo artístico;

VI — maior oferta de preço;

VII — maior retorno econômico;

VIII — melhor destinação de bens alienados.

De outra parte, o **art. 58** estabelece **exigências** a serem comprovadas na **fase de habilitação:**

Art. 58. A habilitação será apreciada exclusivamente a partir dos seguintes parâmetros:

I — exigência da apresentação de documentos aptos a comprovar a possibilidade da aquisição de direitos e da contração de obrigações por parte do licitante;

II — qualificação técnica, restrita a parcelas do objeto técnica ou economicamente relevantes, de acordo com parâmetros estabelecidos de forma expressa no instrumento convocatório;

III — capacidade econômica e financeira;

IV — recolhimento de quantia a título de adiantamento, tratando-se de licitações em que se utilize como critério de julgamento a maior oferta de preço.

Por sua vez, o legislador, nos **arts. 63 a 67**, relacionou **os mesmos procedimentos auxiliares** já mencionados na lei do **Regime Diferenciado de Contratações**, vale dizer, **pré-qualificação permanente; cadastramento; sistema de registro de preços e catálogo eletrônico de padronização**, incorporados pela Lei n. 14.133/2021.

Quanto à possibilidade de **revogação** e **anulação** da licitação, estabelece o legislador a **competência** para aquele que tem **autoridade** para **homologar** o **resultado** do certame, a teor do disposto no **art. 62**.

Ainda sobre este item, importante anotar a previsão do § 3.º, que estabelece um **limite** para a **anulação** ou **revogação**, segundo a qual, **depois** de **iniciada** a **fase** de **apresentação** de **lances ou propostas**, a revogação ou a anulação **somente serão efetivadas** depois de se **conceder** aos **licitantes** interessados em contestá-las o direito ao **contraditório** e **ampla defesa**, mesma orientação estabelecida pela Lei n. 14.133/2021.

Para melhor visualização das principais novidades, veja-se o seguinte quadro:

CARACTERÍSTICAS	FUNDAMENTO NA LEI N. 13.303/2016
ABRANGÊNCIA DA LEI	Art. 1.º ■ empresas públicas e sociedades de economia mista, tanto as prestadoras de serviços públicos quanto as que exploram atividades econômicas
EXIGÊNCIA DE LICITAÇÃO E DOS CASOS DE DISPENSA E DE INEXIGIBILIDADE	Arts. 28 a 30 ■ redução do número de hipóteses de dispensa ■ supressão da singularidade da atividade para a contratação de profissionais notórios ■ desnecessidade de licitação para atividades-fim

11 ◼ Licitações — Lei n. 14.133/2021

DISPOSIÇÕES DE CARÁTER GERAL SOBRE LICITAÇÕES E CONTRATOS	Arts. 31 a 41: objetivo ◼ evitar operações em que se caracterize sobrepreço ou superfaturamento ◼ manutenção de orçamento sigiloso ◼ impedimentos para participar da licitação
NORMAS ESPECÍFICAS PARA OBRAS E SERVIÇOS	Arts. 42 a 46 ◼ contratações semi-integradas (art. 42, V) ◼ contratações integradas (art. 42, VI)
NORMAS ESPECÍFICAS PARA AQUISIÇÃO DE BENS	Arts. 47 e 48 ◼ necessidade de justificativa de marca (art. 47)
NORMAS ESPECÍFICAS PARA ALIENAÇÃO DE BENS	Arts. 49 e 50 ◼ necessidade de pesquisa prévia de preços e abertura de licitação
PROCEDIMENTO DE LICITAÇÃO	Arts. 51 a 62 ◼ preparação ◼ divulgação ◼ apresentação de lances ou propostas conforme o modo de disputa adotado ◼ julgamento ◼ verificação de efetividade dos lances ou propostas ◼ negociação ◼ habilitação ◼ interposição de recursos ◼ adjudicação do objeto ◼ homologação do resultado ou revogação do procedimento

11.16. QUADRO SINÓTICO

LICITAÇÕES	
DEFINIÇÃO	Procedimento administrativo por meio do qual o Poder Público procura selecionar a proposta mais vantajosa para os interesses da coletividade nos termos expressamente previstos no edital
FUNDAMENTO	CF, art. 37, XXI
COMPETÊNCIA PARA LEGISLAR	Privativa da União para a edição de normas gerais (CF, art. 22, XXVII)
PRINCÍPIOS ESPECÍFICOS	◼ art. 5.º da Lei n. 14.133/2021
Fases	
PREPARATÓRIA	Fase interna de planejamento da licitação
EDITAL	Lei interna das licitações onde são fixadas as regras de cumprimento obrigatório para a Administração e os licitantes
PROPOSTAS E LANCES	Modos de disputa
JULGAMENTO	Análise das propostas comerciais
HABILITAÇÃO	Fase em que o Poder Público verifica as condições pessoais de cada licitante (técnicas, jurídicas, fiscais, sociais e financeiras)
FASE RECURSAL ÚNICA	Regras de contestação das decisões proferidas pela Comissão de Licitações
ENCERRAMENTO	Exame da legalidade das fases anteriores e entrega do objeto da licitação à proposta vencedora
Modalidades	
CONCORRÊNCIA	Modalidade de licitação para contratação de bens e serviços especiais e de obras e serviços comuns e especiais de engenharia (art. 6.º, XXXVIII)
CONCURSO	Modalidade de licitação para escolha de trabalho técnico, científico ou artístico, cujo critério de julgamento será o de melhor técnica ou conteúdo artístico, e para concessão de prêmio ou remuneração ao vencedor (art. 6.º, XXXIX)

LEILÃO	Modalidade de licitação para alienação de bens imóveis ou de bens móveis inservíveis ou legalmente apreendidos a quem oferecer o maior lance (art. 6.º, XL)
PREGÃO	Modalidade de licitação obrigatória para aquisição de bens e serviços comuns, cujo critério de julgamento poderá ser o de menor preço ou o de maior desconto (art. 6.º, XLI)
DIÁLOGO COMPETITIVO	Modalidade de licitação para contratação de obras, serviços e compras em que a Administração Pública realiza diálogos com licitantes previamente selecionados mediante critérios objetivos, com o intuito de desenvolver uma ou mais alternativas capazes de atender às suas necessidades, devendo os licitantes apresentar proposta final após o encerramento dos diálogos (art. 6.º, XLII)
CONTROLE DAS LICITAÇÕES	1. **Interno:** anulação ou revogação (Lei n. 14.133/2021, art. 71, II e III). 2. **Externo:** ▪ Poder Judiciário (CF, art. 5.º, XXXV) ▪ Ministério Público (Lei n. 14.133/2021, art. 169, § 3.º, II) ▪ Tribunal de Contas (Lei n. 14.133/2021, art. 170, § 3.º)
CRIMES PRATICADOS NAS LICITAÇÕES	**Hipóteses:** Lei n. 14.133/2021, art. 178
DISPENSA DE LICITAÇÃO	**Fundamento:** CF, art. 37, XXI e arts. 72 a 75 **Responsabilidade:** art. 6.º, LVI e LVII; art. 73 **Licitação Dispensável:** art. 75; **Licitação Dispensada:** art. 76, I e II
INEXIGIBILIDADE DE LICITAÇÃO	**Fundamento:** CF, arts. 37, XXI, e 74 **Pressuposto:** inviabilidade de competição **Hipóteses:** Lei n. 14.133/21, art. 74 1. Fornecedor Exclusivo (art. 74, § 1.º); 2. Profissionais do setor artístico (art. 74, § 2.º); 3. Serviços técnicos especializados de natureza predominantemente intelectual (art. 74, § 3.º). **Credenciamento:** art. 6.º, XLIII c/c art. 74, IV; **Aquisição ou locação de imóveis:** art. 74, V.

11.17. QUESTÕES

QUESTÕES DE CONCURSOS
> http://uqr.to/1xgxj

11.18. CAPÍTULO EXTRA — LICITAÇÕES — LEI N. 8.666/93

Em matéria de licitações, cumpre registrar que a edição da **Lei n. 14.133/2021** não revogou, de imediato, a legislação até então existente, uma vez que a Administração pôde optar por licitar por esta lei ou pelas leis já existentes, respeitados os limites estabelecidos.

Nesse sentido, a disponibilização de todos os comentários acerca dessa matéria estão disponíveis para o leitor, **por meio do acesso ao** *QR Code*, permitindo uma melhor visão do conjunto da matéria.

12
CONTRATOS ADMINISTRATIVOS — LEI N. 14.133/2021

Em primeiro lugar, cumpre registrar que a edição da **Lei n. 14.133/2021** não revogou, de imediato, a legislação até então existente, uma vez que a Administração pôde optar por licitar e contratar por esta lei ou pelas leis já existentes, respeitados os limites estabelecidos no **art. 191**. Confira-se:

> **Art. 191.** Até o decurso do prazo de que trata o inciso II do *caput* do art. 193, a Administração **poderá optar por licitar ou contratar diretamente de acordo com esta Lei ou de acordo com as leis citadas no referido inciso**, e a opção escolhida deverá ser indicada expressamente no edital ou no aviso ou instrumento de contratação direta, vedada a aplicação combinada desta Lei com as citadas no referido inciso.
> Parágrafo único. Na hipótese do *caput* deste artigo, se a Administração optar por licitar de acordo com as leis citadas no inciso II do *caput* do art. 193 desta Lei, **o contrato respectivo será regido pelas regras nelas previstas durante toda a sua vigência**.

Nesse sentido, em que pese a possibilidade de celebração desses ajustes pelas leis anteriores, novamente prorrogada **até 30.12.2023**, o seu conteúdo perdurará durante todo o seu prazo de vigência, que, nos termos do art. 57 da Lei n. 8.666/93, poderá se estender por até 120 meses, caso haja interesse da administração, justificando a disponibilização de todos os comentários, **em matéria de licitações e contratos**, que até então encontravam-se na edição impressa, por meio do *QR Code*, no final do capítulo, ao qual o leitor tem amplo acesso, permitindo uma melhor visão do conjunto da matéria.

De outra parte, o **presente tema** vem **disciplinado** no Título III, nos **arts. 89 a 154 da Lei n. 14.133/2021 apresentando**, também, **novidades importantes** em relação ao regime anterior.

12.1. DEFINIÇÃO E REGIME JURÍDICO

12.1.1. Cláusulas exorbitantes

Podem ser assim **definidos** todos aqueles **ajustes celebrados** pela **Administração Pública** por meio de regras previamente estipuladas por ela, sob um **regime** de **direito público**, visando à preservação dos **interesses** da **coletividade**.

Na definição proposta, resta claro que a marca **característica** dos **contratos celebrados** pela **Administração Pública** está no **regime jurídico** sob o qual os ajustes são fixados.

Em vista dos interesses a serem preservados, ou seja, os da coletividade, as **regras** são **impostas** de **modo unilateral** pelo **Poder Público**, sem que os particulares que com ele contratem possam estabelecer qualquer tipo de interferência.

Aos **olhos** dos **particulares**, os **contratos** administrativos **surgem** como **ajustes** de **adesão**, visto que não podem eles interferir de maneira alguma quando de sua elaboração.

Não se pode, aliás, esquecer que, como regra geral, os **contratos** administrativos são **precedidos** de **licitação**, cuja **face externa** é **inaugurada** pela publicação do **edital**, que traz, como visto, as regras que deverão ser seguidas durante todo o procedimento.

Dentro desse contexto, importante assinalar que entre os vários documentos que instruem o **edital**, destaque para a **minuta** do **futuro contrato**, de sorte que o particular saberá desde logo que, se porventura sagrar-se **vencedor** da **licitação**, o **ajuste** a ser assinado **deverá refleti-la** integralmente, sob pena de **burla** do **procedimento licitatório**, representando afronta ao princípio da vinculação ao instrumento convocatório.

De outro giro, o estabelecimento das **regras** que vão nortear todo o contrato durante sua execução, **impostas unilateralmente** pela **Administração** Pública, encontra plena **justificativa** nos **objetivos** por ela **perseguidos**.

A situação até aqui exposta, sem dúvida nenhuma, acaba por gerar inúmeros desdobramentos, na medida em que a **celebração** de um **contrato** sob **regras** de **direito público** atribuirá à **Administração prerrogativas** que não serão estendidas aos particulares, criando um **cenário** completamente **diferente** daquele verificado nos **ajustes** regidos pelo **direito privado**, que disciplinam relações entre particulares.

Nesse contexto, partiremos para uma **análise comparativa** entre os dois tipos de ajuste, de modo a facilitar a compreensão das regras específicas que norteiam os contratos administrativos.

De início, cumpre destacar que os **contratos** celebrados entre **particulares** refletem **ajustes bilaterais** e só se aperfeiçoam quando as partes envolvidas estiverem totalmente de acordo em relação às cláusulas relacionadas.

Em outros termos, a elaboração dos **contratos** celebrados entre **particulares** é **realizada em conjunto** pelas **partes envolvidas**, cada qual procurando defender seus interesses.

Durante a **execução desses contratos**, se uma das partes **descumprir** suas **obrigações**, dará oportunidade para que a outra possa promover a **denunciação** do **ajuste** com base na cláusula da **"exceção de contrato não cumprido"**.

Da mesma forma, se uma das partes **descumpre** suas **obrigações**, abrirá oportunidade para que a outra possa **aplicar sanções**, **penalidades**, desde que previstas no instrumento assinado.

Essas situações são **características** dos **contratos** regidos pelo **direito privado**, na medida em que as **partes** envolvidas estejam em **situação** de **igualdade jurídica**, cada qual representando seus próprios interesses.

Assim, **nesses ajustes não se pode admitir** a concessão de qualquer **prerrogativa para** uma das **partes contratantes** que não seja estendida para a outra, a menos que tenha sido dado expresso consentimento nesse sentido.

Não é, sem dúvida, a **mesma situação** que encontraremos em relação aos **contratos administrativos**, em razão da presença do Poder Público, fato esse que trará inúmeros desdobramentos.

Com efeito, a participação da **Administração** nesses ajustes, efetivamente, faz com que a ela **sejam atribuídas prerrogativas**, **vantagens** que **não se estendem aos particulares**, que a colocam em **posição** de **superioridade** em relação a eles. Essa posição de superioridade, frise-se, não surge de maneira gratuita, mas **decorre** dos **interesses representados** por ela, os da coletividade.

Enquanto a **Administração** participa **representando** os **interesses** de **terceiros**, os **particulares** participam representando **seus próprios interesses**.

Insistindo, tem-se que as **cláusulas desses contratos**, como visto, são **elaboradas unilateralmente** pelo **Poder Público**, não interferindo o particular contratado de maneira alguma.

Este regime de direito público, continua atribuindo prerrogativas para a Administração, permitindo a ela a tomada de decisões unilaterais, as denominadas cláusulas exorbitantes, relacionadas ao longo do art. 104. Confira-se:

> **Art. 104**. O regime jurídico dos contratos instituído por esta Lei confere à Administração, em relação a eles, as prerrogativas de:
>
> I — modificá-los, unilateralmente, para melhor adequação às finalidades de interesse público, respeitados os direitos do contratado;
>
> II — extingui-los, unilateralmente, nos casos especificados nesta Lei;
>
> III — fiscalizar sua execução;
>
> IV — aplicar sanções motivadas pela inexecução total ou parcial do ajuste;
>
> V — ocupar provisoriamente bens móveis e imóveis e utilizar pessoal e serviços vinculados ao objeto do contrato, nas hipóteses de:
>
> *a*) risco à prestação de serviços essenciais;
>
> *b*) necessidade de acautelar apuração administrativa de faltas contratuais pelo contratado, inclusive após extinção do contrato.
>
> § 1.º As cláusulas econômico-financeiras e monetárias dos contratos não poderão ser alteradas sem prévia concordância do contratado.
>
> § 2.º Na hipótese prevista no inciso I do *caput* deste artigo, as cláusulas econômico-financeiras do contrato deverão ser revistas para que se mantenha o equilíbrio contratual.

A leitura do dispositivo reproduzido bem demonstra que em relação a **estas prerrogativas**, o **legislador** basicamente **repetiu as regras previstas no regime anterior**, no art. 58 da Lei n. 8.666/93, **exceção** feita à **previsão** estabelecida no **inciso V**.

Outrossim, destaque para a **manutenção** das **limitações** de aplicação destas prerrogativas quanto as **cláusulas econômico-financeiras e monetárias, sem a prévia concordância** do contratado.

Importante registrar, também, que se aplicam, supletivamente, aos ajustes celebrados pela Administração, a "**teoria geral dos contratos**", bem como as regras de direito privado, a teor do disposto no **art. 89** da Lei n. 14.133/2021:

> **Art. 89.** Os contratos de que trata esta Lei regular-se-ão pelas suas cláusulas e pelos preceitos de direito público, e a eles serão aplicados, supletivamente, os princípios da teoria geral dos contratos e as disposições de direito privado.

De outra parte, quanto à **formalização** dos **contratos** administrativos, cumpre ressaltar que o **instrumento de contrato** é **obrigatório**, conforme regra geral estabelecida pelo **art. 95** do mesmo diploma legal, vislumbrando-se a possibilidade de sua substituição por **outros instrumentos**, como: **carta-contrato, nota de empenho de despesa, autorização de compra ou ordem de execução de serviços**.

Cabe observar, ainda, que a possibilidade de **substituição** do **termo contratual só** ocorrerá nas **hipóteses** de **compra** com entrega imediata e integral dos bens adquiridos, dos quais não resultem obrigações futuras.

A **publicação resumida** dos **contratos**, por seu turno, revela-se também **imprescindível**, surgindo como condição indispensável para sua eficácia, conforme a regra estipulada pelo **art. 94, I** e **II**.

Essa diretriz estabelecida pelo legislador acaba concretizando o princípio da publicidade, estabelecido em nossa CF no *caput* do art. 37, e no art. 5.º da Lei n. 14.133/2021.

Importante anotar que o **uso** dessas **cláusulas exorbitantes** pela Administração encontra **limite** nas **cláusulas econômico-financeiras**, que não poderão ser alteradas sem prévia concordância do contratado **(art. 104, § 1.º)**.

Assim, **quando** a **modificação** do ajuste **atingi-las, deverão ser imediatamente revistas** para que se mantenha o **equilíbrio contratual (art. 104, § 2.º)**.

Para melhor visualização das informações contidas neste item, veja-se o seguinte quadro:

REGIME JURÍDICO	Regras de direito público e, em caráter subsidiário, a teoria geral dos contratos (art. 89)
CARACTERÍSTICA COMUM	Cláusulas exorbitantes que conferem prerrogativas permitindo que a Administração atue de forma unilateral: ◘ elaboração unilateral dos contratos ◘ alteração unilateral dos contratos (art. 104) ◘ aplicação de sanções de forma unilateral (art. 104, IV) ◘ extinção unilateral dos contratos (art. 138, I)
LIMITE	Cláusulas financeiras que deverão ser revistas para que se mantenha o equilíbrio contratual (art. 104, § 2.º)

12.1.2. Cláusulas essenciais

A exemplo da previsão estabelecida no art. 55 da Lei n. 8.666/93, **a nova lei também estabelece as cláusulas essenciais** a todo e qualquer contrato administrativo ao longo do seu **art. 92**.

Entre os **dezenove incisos ali relacionados, destaque para** aqueles que representam **novidade** em relação ao regime anterior embora, em larga escala, já estivessem positivados ao longo da Lei n. 13.303/2016, a exemplo do que se verifica com a matriz de risco. Confira-se:

Art. 92. São necessárias em todo contrato cláusulas que estabeleçam:

(...)

II — a vinculação ao edital de licitação e à proposta do licitante vencedor ou ao ato que tiver autorizado a contratação direta e à respectiva proposta;

12 ◼ Contratos Administrativos — Lei n. 14.133/2021

(...)

VI — os critérios e a periodicidade da medição, quando for o caso, e o prazo para liquidação e para pagamento;

(...)

IX — a matriz de risco, quando for o caso;

X — o prazo para resposta ao pedido de repactuação de preços, quando for o caso;

XI — o prazo para resposta ao pedido de restabelecimento do equilíbrio econômico-financeiro, quando for o caso;

(...)

XIII — o prazo de garantia mínima do objeto, observados os prazos mínimos estabelecidos nesta Lei e nas normas técnicas aplicáveis, e as condições de manutenção e assistência técnica, quando for o caso;

(...)

XVI — a obrigação do contratado de manter, durante toda a execução do contrato, em compatibilidade com as obrigações por ele assumidas, todas as condições exigidas para a habilitação na licitação, ou para a qualificação, na contratação direta;

XVII — a obrigação de o contratado cumprir as exigências de reserva de cargos prevista em lei, bem como em outras normas específicas, para pessoa com deficiência, para reabilitado da Previdência Social e para aprendiz;

Para melhor visualização das informações apresentadas neste item, observe-se o quadro:

LOCALIZAÇÃO	Art. 92 da Lei n. 14.133/2021

12.1.3. Da eficácia

Outro aspecto importante é aquele que **condiciona a eficácia do contrato** e de **seus aditivos**, em homenagem ao princípio da publicidade e transparência (art. 5.º), a **divulgação** de sua **celebração** no **Portal Nacional de Contratações Públicas**, nos prazos assinalados ao longo do **art. 94**. Confira-se:

Art. 94. A divulgação no Portal Nacional de Contratações Públicas (PNCP) é condição indispensável para a eficácia do contrato e de seus aditamentos e deverá ocorrer nos seguintes prazos, contados da data de sua assinatura:

I — **20 (vinte) dias úteis, no caso de licitação**;

II — **10 (dez) dias úteis, no caso de contratação direta**.

Portanto, em que pese a obrigatoriedade de divulgação do ajuste, como condição de eficácia, inova em relação a legislação anterior, que previa a publicação tão somente no diário oficial (art. 61, parágrafo único), objetivando a padronização das informações.

Para melhor visualização das informações apresentadas neste item, observe-se o quadro:

CONDIÇÃO DE EFICÁCIA	Art. 94 da Lei n. 14.133/2021

12.1.4. Das garantias

Outra **inovação importante** trazida pela nova lei, refere-se às **modalidades de garantias** que **poderão ser exigidas** dos licitantes desde que com **expressa previsão no edital**, com especial **destaque** para o **seguro-garantia**, previsto no **art. 96, II**.

A referida garantia tem por **objetivo assegurar** o fiel **cumprimento** das **obrigações** assumidas pelo contratado **perante** a **Administração, inclusive** as **multas**, os **prejuízos** e as **indenizações** decorrentes de inadimplemento (**art. 97**).

Louvável a iniciativa do legislador uma vez que, ao menos no plano teórico, **implicará na diminuição** significativa **de obras paralisadas** durante o prazo de sua execução.

Por derradeiro, importante destacar a possibilidade do edital exigir, na contratação de obras e serviços de engenharia, a prestação do seguro-garantia e prever **a obrigação de asseguradora, em caso de inadimplemento pelo contratado, assumir a execução e concluir o objeto do contrato, o que se convencionou denominar "cláusula *step-in*" que, com certeza, promoverá** encarecimento (art. 102).

Para melhor visualização das informações apresentadas neste item, observe-se o quadro:

MODALIDADES	Art. 96 da Lei n. 14.133/2021
REQUISITO: EXPRESSA PREVISÃO NO EDITAL	Art. 96, II, da Lei n. 14.133/2021

12.2. DA ALOCAÇÃO DE RISCOS

Trata-se de **importante novidade, disciplinada** pela nova lei no **art. 103** que configura **cláusula contratual definidora de riscos e de responsabilidades entre as partes** e **caracterizadora do equilíbrio econômico-financeiro inicial do contrato**, em termos de ônus financeiro decorrente de eventos supervenientes à contratação, definida, no **art. 6.º, XXVII**. Confira-se:

Art. 6.º (...)

XXVII — matriz de riscos: cláusula contratual definidora de riscos e de responsabilidades entre as partes e caracterizadora do equilíbrio econômico-financeiro inicial do contrato, em termos de ônus financeiro decorrente de eventos supervenientes à contratação, contendo, no mínimo, as seguintes informações:

a) listagem de possíveis eventos supervenientes à assinatura do contrato que possam causar impacto em seu equilíbrio econômico-financeiro e previsão de eventual necessidade de prolação de termo aditivo por ocasião de sua ocorrência;

b) no caso de obrigações de resultado, estabelecimento das frações do objeto com relação às quais haverá liberdade para os contratados inovarem em soluções metodológicas ou tecnológicas, em termos de modificação das soluções previamente delineadas no anteprojeto ou no projeto básico;

c) no caso de obrigações de meio, estabelecimento preciso das frações do objeto com relação às quais não haverá liberdade para os contratados inovarem em soluções metodológicas ou tecnológicas, devendo haver obrigação de aderência entre a execução e a solução predefinida no anteprojeto ou no projeto básico, consideradas as características do regime de execução no caso de obras e serviços de engenharia;

12 ▣ Contratos Administrativos — Lei n. 14.133/2021

Desta forma, de acordo com o **art. 103**, o contrato identificará os **riscos a serem assumidos** exclusivamente pelo contratante ou pelo contratado **ou daqueles a serem compartilhados**.

Assim sendo, **a matriz de alocação de riscos** definirá o **equilíbrio econômico-financeiro inicial** do contrato em relação a **eventos supervenientes** e deverá ser observada na solução de eventuais **pleitos** das partes (**art. 103, § 4.º**).

Outrossim, importante destacar que, sempre que **atendidas as condições do contrato e da matriz de alocação de riscos, considera-se mantido o equilíbrio econômico-financeiro, renunciando** as partes **aos pedidos de restabelecimento do equilíbrio** relacionados aos riscos assumidos (**art. 103, § 5.º**).

Por fim, a **regra geral comporta exceções**, na forma dos dois incisos do **§ 5.º**. Confira-se:

I — às alterações unilaterais determinadas pela Administração, nas hipóteses do inciso I do *caput* do art. 123 desta Lei;

II — ao aumento ou à redução, por legislação superveniente, dos tributos diretamente pagos pelo contratado em decorrência do contrato.

DEFINIÇÃO	Art. 6.º, XXVII, da Lei n. 14.133/2021
OBJETIVO: define riscos e responsabilidades de cada parte contratante	Art. 103, II, da Lei n. 14.133/2021
IMPORTÂNCIA: pedidos de restabelecimento do equilíbrio relacionados aos riscos assumidos	Art. 103, § 5.º, da Lei n. 14.133/2021
REFLEXO: renúncia das partes, ao longo do contrato, em relação aos riscos assumidos, para fins de restabelecimento do equilíbrio econômico-financeiro	Art. 103, § 5.º, da Lei n. 14.133/2021
EXCEÇÕES	Art. 103, § 5.º, I e II, da Lei n. 14.133/2021

12.3. DA DURAÇÃO DOS CONTRATOS

O tema **encontra-se disciplinado** no Título III, Capítulo V, **arts. 105 a 114**.

Inicialmente, cumpre registrar que **a duração dos contratos será aquela prevista no edital**, observada a cada exercício financeiro, a **disponibilidade de créditos orçamentários, bem como** a **previsão no plano plurianual**, quando sua **execução ultrapassar 1 (um) exercício financeiro** (art. 105).

Para as hipóteses de **serviços e fornecimentos contínuos**, o **prazo** será de até **5 anos**, o que já se encontrava no regime anterior, agora **também aplicável para o aluguel e utilização de programas de informática** (**art. 106, § 2.º**) com a **obrigatoriedade** atribuída a **autoridade competente** de **atestar** a **maior vantagem econômica** vislumbrada, em razão da contratação plurianual (**art. 105, I**), em respeito aos princípios da eficiência e economicidade (art. 5.º).

De outra parte, **representam novidade** também as **diretrizes estabelecidas nos incisos II e III do art. 106**, a seguir reproduzidos:

Art. 106. (...)

II — a Administração deverá atestar, no início da contratação e de cada exercício, a existência de créditos orçamentários vinculados à contratação e a vantagem em sua manutenção;

III — a Administração terá a opção de extinguir o contrato, sem ônus, quando não dispuser de créditos orçamentários para sua continuidade ou quando entender que o contrato não mais lhe oferece vantagem.

Portanto, no **exercício de cláusula exorbitante** (art. 104, II), **sem a existência de créditos orçamentários está o administrador proibido de celebrar e executar contratos, bem como estará autorizado a extingui-los, sem qualquer ônus**, mesmo cenário que se apresenta quando entender ela que o **ajuste não representa mais vantagem para o interesse público, decisões** que deverão vir, obrigatoriamente **acompanhadas das razões** que lhe deram origem (art. 137, V e VIII; art. 138, I e § 1.º), de forma a impedir que o contratado fique totalmente desguarnecido.

De outra parte, importante novidade em relação a estes contratos que agora **comportam prorrogação, respeitada a vigência máxima decenal (art. 108)**.

De se destacar, ainda, a possibilidade de **contratações diretas com prazo de até 10 anos para as hipóteses de dispensa**, nos casos apontados pelo **art. 108**.

Por outro lado, para os contratos **envolvendo operação continuada de sistemas estruturantes de tecnologia da informação**, sua **vigência máxima** alcançará **15 anos (art. 114)**.

Por fim, vale comentário acerca da **possibilidade de celebração de contrato por prazo indeterminado**, o que **não se verificava no regime anterior**, nos ajustes em que seja a **Administração usuária do serviço público oferecido em regime de monopólio**, desde que **comprovada**, a **cada exercício financeiro**, a **existência de créditos** orçamentários **vinculados à contratação (art. 109)**.

LOCALIZAÇÃO	Arts. 105 a 109
REGRA GERAL	Art. 105
SERVIÇOS DE NATUREZA CONTÍNUA: até 5 anos	Art. 106
ALUGUEL E UTILIZAÇÃO DE PROGRAMAS DE INFORMÁTICA: até 5 anos	Art. 106, § 2.º
PRORROGAÇÃO: limite vigência máxima decenal	Art. 108
OPERAÇÕES CONTINUADAS DE SISTEMAS DE TECNOLOGIA E INFORMAÇÃO: 15 anos	Art. 114
PRAZO INDETERMINADO: possibilidade	Art. 109

12.4. EXECUÇÃO DOS CONTRATOS

Este item encontra-se disciplinado no Título III, Capítulo VI, nos **arts. 115 a 123**.

Destaque inicial para a **manutenção da regra geral** prevista no regime anterior (**art. 66, da Lei n. 8.666/93**) para a **execução fiel dos contratos**, *pacta sunt servanda*, respondendo cada parte pelas consequências de sua inexecução total ou parcial (art. 115).

A propósito do tema, confira-se precedente do TJPE:

"RECURSO DE APELAÇÃO. CONTRATO ADMINISTRATIVO. EXECUÇÃO DE SERVIÇOS. ÔNUS DA PROVA. FATOS CONSTITUTIVOS DO AUTOR DEVIDAMENTE COMPROVADOS. NOTAS DE EMPENHO. TÍTULO EXECUTIVO EXTRAJUDICIAL. NOTAS FISCAIS. VALOR PORBATÓRIO RELATIVO. ÔNUS DE PROVA DO MUNICÍPIO. FATOS EXTINTIVO, MODIFICATIVO OU IMPEDITIVO DO DIREITO DO AUTOR. NÃO COMPROVAÇÃO. APELO DESPROVIDO. DECISÃO UNÂNIME. 1. Os contratos tipicamente administrativos, a despeito de marcados pela hegemonia do Poder Público sobre o particular, conforme cláusulas exorbitantes neles insertas por efeito das disposições da Lei 14.133/21, está sujeito à aplicação supletiva dos princípios da teoria geral dos contratos e das disposições de direito privado, dentre eles o velho e conhecido princípio *pacta sund servanda*. 2. Obrigado validamente o Poder Público por meio de típico contrato administrativo, após regular procedimento licitatório, não há como subtrair-se à obrigação de pagamento pelos serviços auferidos do contratado, desde que, por óbvio, estes se encontrem devidamente comprovado nos autos. 3. Outro dispositivo legal que reforça essa obrigação do Município repousa no art. 115, Lei 14.133/21, pelo qual 'O contrato deverá ser executado fielmente pelas partes, de acordo com as cláusulas avençadas e as normas desta Lei, e cada parte responderá pelas consequênciasdesuainexecuçãototalouparcial.'.(...)"(TJ-PE,AC00032616620178172640, Rel. Democrito Ramos Reinaldo Filho, j. 10.02.2022, Gabinete do Des. Demócrito Ramos Reinaldo Filho).

Outrossim, **destaque para** importante **novidade**, relacionada a **proibição atribuída à Administração de retardar, imotivadamente, a execução de obra ou serviço, ou de suas parcelas**, inclusive na hipótese de posse do respectivo chefe do Poder Executivo ou de novo titular no órgão ou entidade contratante (**art. 115, § 1.º**).

Portanto, **veda-se prática** recorrente quando da mudança de governo, **de paralização ou retardo na execução de contratos sem a configuração de interesse público**, gerando imperdoável desperdício de verbas públicas.

Digna de registo, também, a diretriz segundo a qual nas **contratações de obras**, a **expedição da ordem de serviço para execução de cada etapa**, será obrigatoriamente **precedida** de **depósito** em **conta vinculada dos recursos financeiros** necessários para custear as despesas correspondentes à etapa a ser executada (art. 114, § 2.º), em respeito aos princípios da segurança jurídica, planejamento e interesse público (art. 5.º), eis que reduzindo a possibilidade de obras inacabadas, por má administração.

Trata-se de mais uma novidade trazida pelo legislador seguindo diretriz constitucional que veda a realização de despesa sem a existência de fonte de custeio (art. 167, I, da CF e 92, VIII, desta lei).

Importante anotar ainda, a preocupação do legislador, nesta etapa, com **a inclusão social,** eis que ao longo de toda a execução do contrato, o contratado deverá **cumprir a reserva de cargos prevista em lei para pessoas com deficiência**, para **reabilitados da Previdência Social** ou para **aprendizes**, bem como as reservas de cargos previstas em outras normas específicas (**art. 116**), apresentando-se como cláusula essencial (art. 92, XVII).

Também digna de registro, a previsão que **não exclui a responsabilidade do contratado**, em razão de **deficiências por parte do poder público na fiscalização ou**

acompanhamento da execução do ajuste, pelos **danos causados a ela** ou a **terceiros** (**art. 120**).

Confira-se, a propósito, precedente do TST, baseado em orientação consolidada ao nível do STF, em vista de regramento previsto na Lei n. 8.666/93, que aqui se repete:

"(...) II) RECURSO DE REVISTA DA ELETRONORTE — RESPONSABILIDADE SUBSIDIÁRIA DA ADMINISTRAÇÃO PÚBLICA NA TERCEIRIZAÇÃO DE SER-VIÇOS — ÔNUS DA PROVA — REJEIÇÃO DA TESE DO ÔNUS DO ENTE PÚBLI-CO NO PRECEDENTE VINCULANTE DO STF EMANADO DO RE 760.931 (TEMA 246 DE REPERCUSSÃO GERAL) — ACOLHIMENTO DE RECLAMAÇÕES PELO STF POR DESCUMPRIMENTO DESSE ENTENDIMENTO — TRANSCENDÊNCIA POLÍTICA — VIOLAÇÃO DOS ARTS. 71, § 1.º, DA LEI 8.666/93, 818 DA CLT E 373, I, DO CPC — PROVIMENTO. (...) Tanto a 1.ª quanto a 2.ª Turmas do STF têm reitera-damente cassado decisões do TST que reconhecem a responsabilidade subsidiária da administração pública por inversão do ônus da prova em favor do empregado quanto à fiscalização do cumprimento das obrigações trabalhistas pela empresa terceirizada. 2. Em que pesem tais decisões, que deixam claro o teor dos precedentes do STF sobre a matéria, emanados da ADC 16 e do RE 760.931, a SDI-1, em sua composição completa, reafirmou sua posição no sentido do ônus da prova da administração pública, alegando silêncio sobre o ônus da prova nos precedentes do STF (E- RR-925-07.2016.5.05.0281, Rel. Min. Cláudio Mascarenhas Brandão, de 12.12.2019; E-ED-RR-62-40.2017.5.20.0009, Rel. Min. Márcio Eurico Vitral Amaro, de 10.09.2020), em claro confronto com o deci-dido pelo Supremo Tribunal Federal. 3. A Suprema Corte, diante de tal posicionamento do TST, a par de erigir novo tema de repercussão geral (no 1.118), mas sem determinar o sobrestamento dos feitos, continua a cassar, e de forma ainda mais incisiva, decisões do TST que atribuam ao tomador dos serviços o ônus da prova da culpa in vigilando, *verbis*: 'Não se pode admitir a transferência para a Administração Pública, por presunção de culpa, da responsabilidade pelo pagamento dos encargos trabalhistas, fiscais e previden-ciários devidos ao empregado da empresa terceirizada, sequer sendo de se lhe atribuir a prova de que não falhou em seus deveres legais, do que decorreria alguma responsabili-zação. (...)' (Rcl 51.899-RS, Rel. Min. Cármen Lúcia, julgada em 17.03.2022). 4. Tendo em vista o caráter vinculante das decisões do STF em temas de repercussão geral, o que não se dá com decisões da SDI-1 do TST, é de se sobrepor aquelas a estas. (...) 7. Assim, merece provimento o recurso de revista da ELETRONORTE, na medida em que não cabe o reconhecimento da responsabilidade subsidiária de ente público com lastro ape-nas na inadimplência de prestador de serviços ou na culpa presumida, com atribuição do *onus probandi* da fiscalização (ou da não culpa) à Administração Pública. Recurso de revista provido" (TST, RR: 00008985620215080122, Rel. Ives Gandra da Silva Martins Filho, j. 20.06.2023, 4.ª T., Data de Publicação: 23.06.2023).

Quanto aos **encargos**, **repete-se a regra geral** prevista no regime anterior, segun-do a qual somente o contratado será responsável pelos encargos trabalhistas, previden-ciários, fiscais e comerciais resultantes da execução do contrato (**art. 121**).

O **mesmo cenário se repete na hipótese de inadimplência do contratado em relação aos encargos trabalhistas, fiscais e comerciais**, uma vez que não transferirá à Administração a responsabilidade pelo seu pagamento e não poderá onerar o objeto do

12 ■ Contratos Administrativos — Lei n. 14.133/2021

contrato, nem restringir a regularização e o uso das obras e das edificações, inclusive perante o registro de imóveis (**art. 121, § 1.º**).

Sem embargo, **importante novidade** se apresenta quanto as **contratações de serviços contínuos com regime de dedicação exclusiva de mão de obra**, em que a **Administração responderá, solidariamente, pelos encargos previdenciários e subsidiariamente pelos encargos trabalhistas**, se **comprovada falha na fiscalização** do cumprimento das **obrigações do contratado** (**art. 121, § 2.º**).

A propósito desse tormentoso tema, confira-se os seguintes precedentes:

"APELAÇÃO CÍVEL — AÇÃO DE COBRANÇA C/C DANOS MORAIS — CONTRATO FIRMADO COM EMPRESA VENCEDORA DE PROCESSO LICITATÓRIO — INADIMPLÊNCIA — ILEGITIMIDADE PASSIVA DA ADMINISTRAÇÃO PÚBLICA — DESPROVIMENTO DO APELO. Consoante prevê o art. 121, da Lei 14.133/21, somente o contratado será responsável pelos encargos trabalhistas, previdenciários, fiscais e comerciais resultantes da execução do contrato. Nessa perspectiva, o ente público é parte ilegítima para figurar no polo passivo de ação de cobrança fundada no inadimplemento de verbas decorrentes de contrato firmado com empresa vencedora em processo de licitação promovido pela Administração Pública" (TJ-MG, AC 10024142353556001 Belo Horizonte, Rel. Wilson Benevides, j. 03.05.2022, 7.ª Câm. Cív., Data de Publicação: 10.05.2022).

"RESPONSABILIDADE SUBSIDIÁRIA. ENTE PÚBLICO. De acordo com a decisão do STF na ADC 16, o simples inadimplemento da prestadora de serviços não enseja, por si só, a condenação subsidiária do ente público. Contudo, isso não exclui a responsabilidade subsidiária da administração pública quando ocorrer culpa 'in vigilando' do ente público no que concerne à fiscalização do contrato. Com efeito, a Lei n. 8.666/93, em seus artigos 58, III; 67, *caput* e seu § 1.º; 54, § 1.º; 55, XIII; 58, III; 66; 77 e 78 impõe à contratante a obrigação de fiscalização e responsabilidade sobre a execução do contrato. Caminhou na mesma trilha a nova Lei de licitações (Lei 14.133/2021), conforme se depreende dos artigos 89, *caput* e § 2.º; 92, *caput* e XVI; 104, III; 115; 117, *caput* e § 1.º; 155 e 137. Portanto, a Administração deve acompanhar e fiscalizar, por meio de um representante especialmente designado para esse fim, a execução do contrato. Nessa senda, a responsabilidade subsidiária decorre da 'culpa in vigilando' (artigos 186, 187 e 927 do Código Civil) do ente público, já que é inerente aos contratos administrativos o dever de fiscalizar a execução do ajuste, conforme demonstrado. À luz de tais poderes-deveres legais, incumbe ao ente público o ônus de comprovar a efetiva fiscalização, dada a aptidão para a prova, sob pena de atribuição de responsabilidade subsidiária por todas as verbas deferidas" (TRT-9, ROT: 00003065320225090088, Rel. Sergio Murilo Rodrigues Lemos, j. 01.01.2023, 6.ª T., Data de Publicação: 14.02.2023).

"ADMINISTRATIVO. LICITAÇÃO. PEDIDO INDENIZATÓRIO FUNDAMENTADO NA NECESSIDADE DE REEQUILÍBRIO ECONÔMICO-FINANCEIRO DE CONTRATO ADMINISTRATIVO. AUSÊNCIA DAS HIPÓTESES PREVISTAS NO ART. 65, II, *D*, DA LEI 8.666/93. RESPONSABILIDADE DA CONTRATADA PELOS ENCARGOS TRABALHISTAS. 1. Ação proposta em face da União a fim de que a requerida seja condenada ao pagamento de indenização fundada no desequilíbrio econômico-financeiro de contrato administrativo já findo. 2. O Edital da licitação previa expressamente a execução de serviços de limpeza de banheiros e de recolhimento de lixo. Portanto, a contratada possuía todas as informações para o pagamento do adicional de insalubridade, inexistindo fato imprevisível que justifique a aplicação do art. 65, II, *d*, da Lei n. 8.666/93, e que ampare a pretensão indenizatória. 3. O pagamento, pela Administração, dos encargos trabalhistas relativos ao contrato, em razão da responsabilidade subsidiária estabelecida na Súmula n. 331/TST — também descrita no art. 121, § 2.º, da Lei n. 14.133/21 — ocorre somente nos casos em que a devedora principal, no caso, a contratante, não possa suportá-los, cabendo o exame de eventual falha na fiscalização. 4. A obrigação é da apelante, tendo em vista que o art. 71 da Lei n. 8.666/93 (art. 121, *caput*, da Lei n. 14.133/21) é expresso no sentido de que o contratado é responsável pelos encargos trabalhistas, previdenciários, fiscais e comerciais resultantes da execução do contrato. Portanto, a credora em eventual ação de regresso seria a Administração Pública e não a contratada. 5. Desprovimento da apelação" (TRF-4, AC 50112679620194047200 SC, Relator: Luís Alberto D'Azevedo Aurvalle, j. 26.04.2023, 4.ª T.).

De outro giro, em respeito aos **princípios da Moralidade e Probidade Administrativas**, o legislador **veda a subcontratação de pessoa física ou jurídica**, se aquela ou os dirigentes desta mantiverem **vínculo de natureza técnica, comercial, econômica, financeira, trabalhista ou civil com dirigente do órgão ou entidade contratante ou com agente público que desempenhe função na licitação ou atue na fiscalização ou na gestão do contrato**, ou se deles forem **cônjuge, companheiro ou parente em linha reta, colateral, ou por afinidade, até o terceiro grau**, devendo essa **proibição** constar, **expressamente**, do **edital** de licitação (**art. 122, § 3.º**).

Por fim, oportuno registrar a questão relacionada aos **regimes de execução**, matéria disciplinada ao longo do **art. 6.º**, experimentado **importantes novidades** com a **ampliação para sete**, alguns já previstos na Lei do RDC e na Lei do Pregão. São eles:

■ Empreitada por preço unitário (art. 6.º, XXVIII);

■ Empreitada por preço global (art. 6.º, XXIX);

■ Empreitada integral (art. 6.º, XXX);

■ Contratação por tarefa (art. 6.º, XXXI);

■ Contratação integrada (art. 6.º, XXXII);

■ Contratação semi-integrada (art. 6.º, XXXIII);

■ Fornecimento e prestação de serviço associado (art. 6.º, XXXIV) (novidade).

Os **destaques** vão para as **três novidades** previstas nas três últimas hipóteses, assim definidas pelo legislador:

Art. 6.º (...)

XXXII — contratação integrada: regime de contratação de obras e serviços de engenharia em que o contratado é responsável por elaborar e desenvolver os projetos básico e executivo, executar obras e serviços de engenharia, fornecer bens ou prestar serviços especiais e realizar montagem, teste, pré-operação e as demais operações necessárias e suficientes para a entrega final do objeto;

XXXIII — contratação semi-integrada: regime de contratação de obras e serviços de engenharia em que o contratado é responsável por elaborar e desenvolver o projeto executivo, executar obras e serviços de engenharia, fornecer bens ou prestar serviços especiais e realizar montagem, teste, pré-operação e as demais operações necessárias e suficientes para a entrega final do objeto;

XXXIV — fornecimento e prestação de serviço associado: regime de contratação em que, além do fornecimento do objeto, o contratado responsabiliza-se por sua operação, manutenção ou ambas, por tempo determinado;

A leitura das **definições** de **contratação integrada e semi-integrada**, bem demonstra que **implicam em aumento de competitividade** dos certames, uma vez que **estimulam a criatividade da iniciativa privada**, que não mais ficará presa aos limites estabelecidos no projeto básico, até então elaborado exclusivamente pela Administração, nem quanto a forma de detalhamento fixada no projeto executivo.

Desta forma, **cada licitante poderá apresentar os seus projetos**, com **características distintas**, aproveitando-se aquele que melhor atenda ao interesse público.

O mesmo se verifica em relação ao regime de fornecimento e prestação de serviço associado, que **atribui ao contratado,** além do fornecimento do objeto, a **responsabilidade por sua operação**, **manutenção** ou **ambas**, por **tempo determinado**, retirando esse ônus da Administração, em respeito aos princípios da eficiência, economicidade e interesse público (art. 5.º), esse último relacionado a continuidade da sua prestação, com destaque para aqueles de natureza essencial.

Para melhor visualização das informações apresentadas neste item, tem-se o seguinte quadro:

LOCALIZAÇÃO	Arts. 115 a 123
EXECUÇÃO	Regra geral (art. 115): *pacta sunt servanda* Exceções: alterações possíveis quando do surgimento de fatos imprevisíveis que impeçam a execução do ajuste (teoria da imprevisão; cláusula *rebus sic stantibus*) (art. 124, II, *d*) Fatos geradores: ◨ caso fortuito (danos causados por terceiros) ◨ força maior (danos causados pela natureza) ◨ fato do príncipe (danos causados pelo Poder Público atingindo todos os seus contratos) ◨ fato da Administração (danos causados pelo Poder Público atingindo um ou apenas alguns de seus contratos) Proibição: é vedado a Administração retardar, imotivadamente, a execução de obra e serviços (art. 115, § 1.º) Obrigatoriedade: reserva de cargos prevista em lei para pessoa com deficiência, para reabilitado da Previdência Social ou para aprendiz (art. 116) Responsabilidade por danos à Administração ou terceiros: do contratado (art. 120)
REGIME DE EXECUÇÃO	◨ Empreitada por preço unitário (art. 6.º, XXVIII); ◨ Empreitada por preço global (art. 6.º, XXIX); ◨ Empreitada integral (art. 6.º, XXX); ◨ Contratação por tarefa (art. 6.º, XXXI); ◨ Contratação integrada (art. 6.º, XXXII); ◨ Contratação semi-integrada (art. 6.º, XXXIII); ◨ Fornecimento e prestação de serviço associado (art. 6.º, XXXIV) (novidade).

MANUTENÇÃO DE PREPOSTO	Art. 118
RESPONSABILIDADE POR ENCARGOS TRABALHISTAS, PREVIDENCIÁRIOS, FISCAIS E COMERCIAIS	Somente o contratado será responsável pelos encargos trabalhistas, previdenciários, fiscais e comerciais, resultantes da execução do contrato. (art. 121) Exceção: nas contratações de serviços contínuos com regime de dedicação exclusiva de mão de obra, a Administração responderá solidariamente pelos encargos previdenciários e subsidiariamente pelos encargos trabalhistas se comprovada falha na fiscalização do cumprimento das obrigações do contratado. (art. 121, § 2.º)

12.5. ALTERAÇÕES NOS CONTRATOS

Este item encontra-se disciplinado no **Título III**, **Capítulo VIII**, ao longo dos **arts. 124 a 136**.

De início, importante anotar a **manutenção das formas de alteração**, que poderão resultar de manifestação unilateral da Administração (cláusula exorbitante — art. 104) ou de acordo entre as partes (art. 124).

Com relação à **primeira modalidade**, importante registrar que, para a **supressão de obras, bens ou serviços**, se o **contratado já houver adquirido os materiais e os colocado no local dos trabalhos, estes deverão ser pagos pela Administração**, pelos custos de aquisição regularmente comprovados e monetariamente reajustados, podendo caber indenização por outros danos eventualmente decorrentes da supressão, desde que regularmente comprovados (**art. 129**).

De outra parte, se a **alteração unilateral** do contrato **implicar em aumento** ou **diminuição dos encargos do contratado**, a **Administração deverá restabelecer**, no mesmo termo aditivo, **o equilíbrio econômico-financeiro** inicial (**arts. 130 e 104, § 2.º**).

Importante anotar ainda que, em relação a essas alterações a nova legislação, em seu art. 125, reiterou a **obrigatoriedade do contratado de aceitar**, nas **mesmas condições contratuais, acréscimos ou supressões de até 25%** (vinte e cinco por cento) **do valor inicial** atualizado do contrato.

Para **reforma de edifícios ou equipamentos**, o **limite** dessa **obrigatoriedade** eleva-se para **50%** (cinquenta por cento), somente para acréscimos, a exemplo do que já se verificava ao longo da Lei n. 8.666/93.

Por derradeiro, oportuno observar que a nova lei, corretamente, assinalou que essas **alterações unilaterais**, mesmo aquelas necessárias para a preservação do interesse público, **não poderão transfigurar o objeto da contratação** (art. 126).

Trata-se de previsão de extrema importância, de forma a coibir a possibilidade de fraudes à licitação anterior.

Com relação à **segunda modalidade**, destaque para a previsão estabelecida no **art. 124, II, d**, que retrata a aplicação da "Teoria da Imprevisão" em razão da obrigatoriedade de respeito a **repartição objetiva de riscos** estabelecida no contrato, definida no art. 6.º, XXVII, e configurando, em regra, cláusula essencial (art. 92, IX).

Ainda em relação a este tema, oportuna a referência quanto a **aplicação** do referido disposto, quando a **execução for obstada** pelo **atraso na conclusão** de **procedimentos de desapropriação, desocupação, servidão administrativa** ou **licenciamento ambiental**, por **circunstâncias alheias** ao contratado (**art. 124, § 2.º**).

12 ◾ Contratos Administrativos — Lei n. 14.133/2021

A mesma orientação se apresenta se houver, após a data da apresentação da proposta, **criação, alteração ou extinção de quaisquer tributos ou encargos legais** ou a **superveniência de disposições legais**, com comprovada **repercussão sobre os preços** contratados **(art. 134)**.

Nesse quadro, importante destacar a questão relacionada a **alteração de valores contratuais**, nos contratos de **execução integrada ou semi-integrada** (art. 6.º, XXXII e XXXIII), em razão das peculiaridades que os envolvem, a teor do disposto no art. 133. Confira-se:

> **Art. 133.** Nas hipóteses em que for adotada a contratação integrada ou semi-integrada, é **vedada a alteração dos valores contratuais**, **exceto** nos seguintes casos:
>
> I — para **restabelecimento do equilíbrio econômico-financeiro** decorrente de **caso fortuito** ou **força maior**;
>
> II — por necessidade de **alteração do projeto ou das especificações para melhor adequação técnica aos objetivos da contratação**, a pedido da **Administração**, desde que **não decorrente de erros ou omissões por parte do contratado**, observados os **limites** estabelecidos no art. 125 desta Lei;
>
> III — por **necessidade de alteração do projeto nas contratações semi-integradas**, nos termos do § 5.º do art. 46 desta Lei;
>
> IV — por **ocorrência de evento superveniente alocado na matriz de riscos** como de responsabilidade da Administração.

De outra parte, oportuno anotar a orientação oferecida pelo legislador, quanto a **repactuação de preços nos contratos** que tenham por objeto a **execução de serviços contínuos**, com **predominância de mão de obra** (art. 6.º, XVI), que só poderá ocorrer para a **manutenção do equilíbrio econômico-financeiro**. Confira-se:

> **Art. 135.** Os preços dos contratos para serviços contínuos com regime de dedicação exclusiva de mão de obra ou com predominância de mão de obra serão repactuados para manutenção do equilíbrio econômico-financeiro, mediante demonstração analítica da variação dos custos contratuais, com data vinculada:
>
> I — à da apresentação da proposta, para custos decorrentes do mercado;
>
> II — ao acordo, à convenção coletiva ou ao dissídio coletivo ao qual a proposta esteja vinculada, para os custos de mão de obra.

Importante também registrar que a **extinção do contrato não configurará óbice** para o **reconhecimento do desequilíbrio econômico-financeiro**, hipótese em que será concedida **indenização** por meio de **termo (art. 131)**.

Por fim, para melhor visualização dos temas analisados neste item, confira-se o quadro:

LOCALIZAÇÃO	Arts. 124 a 136
FORMA	Sempre por escrito, acompanhada das razões que lhe deram origem
INSTRUMENTO	Termo de aditamento

448 Direito Administrativo Esquematizado   *Celso Spitzcovsky*

ESPÉCIES	▣ unilaterais: promovidas pela Administração no exercício de cláusula exorbitante (art. 124, I) ▣ bilaterais: resultantes de acordo entre as partes (art. 124, II)
LIMITES	▣ as alterações não poderão transfigurar o objeto da contratação (art. 126) ▣ as quantidades poderão ser alteradas por meio de acréscimos ou supressões em até 25% do valor inicial (art. 125) ▣ nas hipóteses de reforma de edifício ou de equipamentos, o limite será de 50% para os seus acréscimos (art. 125)
REVISÃO	Possível em razão da criação, alteração ou extinção de tributos ou encargos legais (art. 134)
REFLEXO	Necessidade de restabelecimento do equilíbrio econômico-financeiro inicial (art. 130)

12.6. HIPÓTESES DE EXTINÇÃO DOS CONTRATOS

Este tema encontra-se disciplinado no **Título III, Capítulo VIII,** ao longo dos **arts. 137 a 139**.

As **hipóteses de extinção**, relacionadas ao longo do **art. 137**, deverão estar **acompanhadas das razões** que deram origem a elas, **assegurados** o **contraditório e a ampla defesa**.

Entre as **hipóteses ali previstas**, **destaque** para as **relacionadas** nos **incisos VI, VII e IX**, em razão da **novidade** que representam. Confira-se:

Art. 137. (...)

VI — atraso na obtenção da licença ambiental, ou impossibilidade de obtê-la, ou alteração substancial do anteprojeto que dela resultar, ainda que obtida no prazo previsto;

VII — atraso na liberação das áreas sujeitas a desapropriação, a desocupação ou a servidão administrativa, ou impossibilidade de liberação dessas áreas;

(...)

IX — não cumprimento das obrigações relativas à reserva de cargos prevista em lei, bem como em outras normas específicas, para pessoa com deficiência, para reabilitado da Previdência Social ou para aprendiz.

Acerca do **mesmo item**, **destaque** para as **hipóteses** em que o **contratado** terá **direito** a **extinção do contrato**, previstas no **art. 137, § 2.º**, em razão da novidade que apresentam. Confira-se:

Art. 137. (...)

§ 2.º O contratado terá direito à extinção do contrato nas seguintes hipóteses:

I — supressão, por parte da Administração, de obras, serviços ou compras que acarrete modificação do valor inicial do contrato além do limite permitido no art. 124 desta Lei;

II — suspensão de execução do contrato, por ordem escrita da Administração, por prazo superior a 3 (três) meses;

III — repetidas suspensões que totalizem 90 (noventa) dias úteis, independentemente do pagamento obrigatório de indenização pelas sucessivas e contratualmente imprevistas desmobilizações e mobilizações e outras previstas;

IV — atraso superior a 2 (dois) meses, contado da emissão da nota fiscal, dos pagamentos ou de parcelas de pagamentos devidos pela Administração por despesas de obras, serviços ou fornecimentos;

V — não liberação pela Administração, nos prazos contratuais, de área, local ou objeto, para execução de obra, serviço ou fornecimento, e de fontes de materiais naturais especificadas no projeto, inclusive devido a atraso ou descumprimento das obrigações atribuídas pelo contrato à Administração relacionadas a desapropriação, a desocupação de áreas públicas ou a licenciamento ambiental.

Por fim, quanto as **modalidades de extinção** previstas no **art. 138**, além daquelas já existentes na Lei n. 8.666/93 (art. 79), vale dizer, administrativa, consensual e judicial, **destaque** em relação à **possibilidade** prevista no **inciso III, por decisão arbitral**.

Por fim, para melhor visualização deste item, confira-se o quadro:

LOCALIZAÇÃO	Arts. 137 a 139 da Lei n. 14.133/2021.
MODALIDADES	**Administrativa:** é a rescisão unilateral promovida pela Administração por razões de interesse público, escrita e fundamentada pela autoridade competente ou por descumprimento de obrigações pelo contratado (pressuposto: abertura de processo administrativo, assegurada ampla defesa) (arts. 137; 138, I, §§ 1.º e 2.º). **Consensual:** promovida por acordo entre as partes desde que haja interesse da Administração (art. 138, III). **Arbitral:** em decorrência de cláusula compromissória ou compromisso arbitral (art. 138, III). **Judicial:** promovida pelo contratado, junto ao Judiciário, por descumprimento de obrigações pela Administração, com ressarcimento pelos prejuízos regularmente comprovados (art. 138, III e § 2.º).

12.7. DO RECEBIMENTO DOS CONTRATOS

O tema encontra-se disciplinado no **Título III, Capítulo IX**, ao longo do **art. 140 mantendo-se,** inicialmente, as **duas modalidades: provisório** e **definitivo, ambas** acompanhadas da respectiva **motivação.**

Outrossim, **mantida também** a regra segundo a qual o **objeto do contrato poderá ser rejeitado**, no todo ou em parte, quando **estiver em desacordo** com o **contrato (art. 140, § 1.º).**

Sobreleva notar ainda, que **o recebimento provisório ou definitivo não excluirá a responsabilidade civil**, pela solidez e segurança da obra ou serviço, nem a responsabilidade ético-profissional pela perfeita execução do contrato, nos **limites estabelecidos pela lei ou pelo contrato (art. 140, § 2.º).**

Em se tratando de **projeto de obra**, o **recebimento definitivo** pela **Administração não eximirá** o **projetista ou o consultor** da **responsabilidade objetiva** por todos os **danos causados** por **falha de projeto (art. 140, § 5.º),** hipótese também **configuradora de crime (art. 178)** incluído no Código Penal **(art. 337-O).**

Em se tratando de **obras**, o **recebimento definitivo pela Administração não eximirá a responsabilidade do contratado,** pelo **prazo mínimo de 5 (cinco) anos,** (art. **140, § 6.º).**

450 Direito Administrativo Esquematizado   *Celso Spitzcovsky*

Por fim, para melhor visualização deste item, confira-se o quadro:

	RECEBIMENTO PROVISÓRIO	RECEBIMENTO DEFINITIVO
OBRAS E SERVIÇOS: Modalidades	Será recebido pelo responsável por seu acompanhamento e fiscalização, mediante termo detalhado, quando verificado o cumprimento das exigências de caráter técnico (art. 140, I, *a*)	Será recebido por servidor ou comissão designada pela autoridade competente, mediante termo detalhado que comprove o atendimento das exigências contratuais **(art. 140, I, *b*)**
COMPRAS	Será recebido de forma sumária, pelo responsável por seu acompanhamento e fiscalização, com verificação posterior da conformidade do material com as exigências contratuais **(art. 140, II, *a*)**	Será recebido por servidor ou comissão designada pela autoridade competente, mediante termo detalhado que comprove o atendimento das exigências contratuais **(art. 140, II, *b*)**
RESPONSABILIDADE	O recebimento provisório ou definitivo não excluirá a responsabilidade civil pela solidez e segurança da obra ou serviço nem a responsabilidade ético-profissional pela perfeita execução do contrato (art. 140, § 2.º)	
PERFIL	Objetiva (art. 140, § 5.º), também configuradora de crime	
PRAZO MÍNIMO	5 anos, para obras (art. 140, § 6.º)	

12.8. DOS PAGAMENTOS

O tema encontra-se **disciplinado** no **Título III, Capítulo X**, ao longo dos **arts. 141 a 146**.

Incialmente, destaca-se a **obrigatoriedade de os pagamentos feitos pela Administração seguirem a ordem cronológica** para cada fonte diferenciada de recurso subdividida pelas categorias previstas no art. 141.

Art. 141. (...)
I — fornecimento de bens;
II — locações;
III — prestação de serviços;
IV — realização de obras.

Excepcionalmente, está **ordem poderá ser alterada**, mediante **prévia justificativa** da autoridade competente e posterior **comunicação ao órgão de controle interno da Administração** e ao **tribunal de contas competente**, nas **hipóteses** previstas no § 1.º, **sob pena de responsabilidade** do agente **(art. 141, § 2.º)**.

No caso de **controvérsia sobre a execução do objeto**, quanto a dimensão, qualidade e quantidade, a parcela incontroversa deverá ser liberada no prazo previsto para pagamento **(art. 143)**.

Importante também destacar que **não será permitido pagamento antecipado**, parcial ou total, relativo a parcelas contratuais vinculadas ao **fornecimento de bens, à execução de obras ou à prestação de serviços (art. 145)**.

Por fim, em **caráter excepcional**, somente **será permitida a antecipação de pagamento** se propiciar sensível economia de recursos ou se representar condição indispensável para a obtenção do bem ou para a prestação do serviço, hipótese que deverá ser previamente justificada no processo licitatório e expressamente prevista no edital de licitação ou instrumento formal de contratação direta **(art. 145, § 1.º)**.

12 ■ Contratos Administrativos — Lei n. 14.133/2021

Por fim, para melhor visualização deste item, confira-se o quadro:

LOCALIZAÇÃO	Arts. 141 a 146
RESPEITO A ORDEM CRONOLÓGICA	Art. 141
CATEGORIAS CONTRATUAIS	■ fornecimento de bens; (art. 141, I) ■ locações; (art. 141, II) ■ prestação de serviços; (art. 141, III) ■ realização de obras. (art. 141, IV)
POSSIBILIDADE DE ALTERAÇÃO DA ORDEM CRONOLÓGICA	Art. 141, § 1.º
RESPONSABILIDADE DO AGENTE	Art. 141, § 2.º
PAGAMENTO ANTECIPADO	Regra geral: art. 145 Exceções: art. 145, § 1.º

12.9. DA NULIDADE DOS CONTRATOS

O tema encontra-se disciplinado no **Título III, Capítulo XI**, ao longo dos **arts. 147 a 150**.

Importantes alterações foram introduzidas **em relação ao regime anterior**, seguindo as diretrizes estabelecidas na Lei n. 13.655/2018 (LINDB), preocupando-se não só com as causas mas, principalmente, com as consequências da anulação, em respeito aos princípios da Segurança das Relações Jurídicas bem como da Eficiência conforme previsão estabelecida no **art. 5.º**, com especial destaque para as consequências da anulação dos atos administrativos.

Assim, inicialmente, **a anulação terá lugar**, tão somente, **quando não seja possível o saneamento da irregularidade**, e quando se revelar **medida de interesse público (art. 147)**, diretriz reiterada quando da apresentação das linhas de defesa interna e externa (art. 169, § 3.º, I).

Não se configurando esse requisito, deverá o administrador optar pela continuidade do contrato e pela solução da irregularidade, por meio de indenização por perdas e danos, sem prejuízo da apuração de responsabilidade e da aplicação de penalidades cabíveis (**art. 147, parágrafo único**).

A propósito do tema, confira-se a ementa e trechos de precedente do TJSP:

"Agravo de Instrumento. Ação Popular. Pretensão à suspensão dos Decretos Estaduais n. 65.574/2021 e n. 65.575/2021 e da prorrogação antecipada do Contrato de Concessão EMTU/SP n. 020/1997, por mais 25 anos, com ampliação do objeto contratado. Bem caracterizada probabilidade do direito. Todavia, risco de dano irreversível suplantado pela existência de dano concreto e imediato decorrente da suspensão, em prejuízo ao interesse público imediato. Observância aos ditames legais constantes do artigo 147 da nova Lei de Licitações, Lei Federal n. 14.133/2021, e dos artigos 20 e 21 da LINDB. Consequências práticas da suspensão que afetam parcela substancial do serviço de transporte intermunicipal de passageiros. Dano in concreto à Fazenda e aos usuários do serviço Agravo não provido."

"(...) De outro lado, o dano reverso demonstrado pela Administração é de monta relevante e possui concretude imediata, pois haverá impacto no serviço público iniciado pela concessionária, notadamente o comprometimento do transporte de usuários cujas linhas foram substituídas pela nova prestadora de serviços. (...) Assim, sopesando tais elementos, embora este Relator permaneça convicto em relação aos argumentos principais já tecidos na reconsideração a fls. 151/161, resta agora convencido acerca da necessidade de não se obstar o seguimento do contrato, ainda que sob a suspeita de irregularidades formais, pois de outra maneira seria causado dano irreversível à população paulista que se utiliza dos serviços passíveis de descontinuidade (linhas intermunicipais já assumidas pela concessionária). Tal entendimento, aliás, vai ao encontro da mens legis inscrita no artigo 147 da nova Lei de Licitações e Contratos Administrativos, Lei Federal n. 14.133/2021. (...) Esse posicionamento também privilegia o texto dos artigos 20 e 21 da LINDB, os quais devem orientar a ação do Poder Judiciário (...)" (TJ-SP, AI: 20733011420218260000 SP 2073301-14.2021.8.26.0000, Rel. Marrey Uint, j. 27.07.2021, 3.ª Câmara de Direito Público, Data de Publicação: 29.07.2021).

De outra parte, seguindo as diretrizes da LINDB, de forma inovadora, a **anulação** deverá ser **precedida da análise dos seguintes aspectos** relacionados no **art. 147, I a XI**. Confira-se:

I — impactos econômicos e financeiros decorrentes do atraso na fruição dos benefícios do objeto do contrato;

II — riscos sociais, ambientais e à segurança da população local decorrentes do atraso na fruição dos benefícios do objeto do contrato;

III — motivação social e ambiental do contrato;

IV — custo da deterioração ou da perda das parcelas executadas;

V — despesa necessária à preservação das instalações e dos serviços já executados;

VI — despesa inerente à desmobilização e ao posterior retorno às atividades;

VII — medidas efetivamente adotadas pelo titular do órgão ou entidade para o saneamento dos indícios de irregularidades apontados;

VIII — custo total e estágio de execução física e financeira dos contratos, dos convênios, das obras ou das parcelas envolvidas;

IX — fechamento de postos de trabalho diretos e indiretos em razão da paralisação;

X — custo para realização de nova licitação ou celebração de novo contrato;

XI — custo de oportunidade do capital durante o período de paralisação.

Quanto aos **efeitos produzidos com a anulação**, restou mantida a **regra** geral que atribui efeitos *ex tunc* (**art. 148**), com importante novidade relacionada a indenização por **perdas e danos**, quando **impossível** o **retorno** à situação fática anterior (**art. 148, § 1.º**).

Outrossim, destaque para a **hipótese excepcionadora**, que atribui efeito *ex nunc*, com vistas à **continuidade da atividade administrativa, se benéfica ao interesse público**, quando então o administrador poderá decidir que ela só tenha **eficácia em momento futuro**, suficiente **para efetuar nova contratação**, por **prazo de até 6 (seis) meses, prorrogável uma única vez** (**art. 148, § 2.º**).

12 ◾ Contratos Administrativos — Lei n. 14.133/2021

De outro giro, importante registrar que, configurada a nulidade, ela não exonerará a administração do dever de indenizar o contratado, pelo que houver executado, bem como por outro prejuízos regularmente comprovados (**art. 149**).

A propósito do tema, confira-se precedente do TJSP:

"Apelação. Contrato administrativo. Prefeitura Municipal de Sorocaba. Concessão para exploração de terminal rodoviário — Terminal Rodoviário Intermunicipal — RODO-CENTER. Continuidade da exploração após o período de prorrogação. Alegação de grave lesão à Municipalidade autora. Pretensão de recebimento dos valores percebidos pela ré após o término do contrato de concessão, relativos a receitas operacionais — taxa de embarque pelo usuário do terminal rodoviário, durante os meses de janeiro de 2014 a dezembro de 2018. Inobservância do formalismo da lei, quanto à continuidade da contratação com o Poder Público, que não o exonera de arcar com o valor do serviço prestado. Vedação ao enriquecimento sem causa. Inteligência do § ún., do art. 59, da Lei n. 8666/93, atual art. 149 da Lei n. 14.133/21. Adequação dos honorários sucumbenciais fixados por equidade. Precedentes do STJ. Sentença mantida. Recurso não provido" (TJ-SP, AC: 10170093420198260602 SP 1017009-34.2019.8.26.0602, Rel. Paola Lorena, j. 21.03.2022, 3.ª Câmara de Direito Público, Data de Publicação: 21.03.2022).

Por fim, importante comentar a hipótese de **nulidade resultante** de **contratação sem** a **caracterização adequada de seu objeto** e **sem** a **indicação dos créditos orçamentários**, para pagamento das parcelas contratuais vincendas no exercício em que realizada a contratação, e de responsabilização de quem lhe tiver dado causa (**art. 150**).

Por fim, para melhor visualização deste item, confira-se o quadro:

LOCALIZAÇÃO	Arts. 147 a 150
HIPÓTESES	Impossibilidade de saneamento ou Medida de interesse público (**art. 147**)
EFEITOS DA DECISÃO	Regra Geral: *ex tunc* (**art. 148**) Exceção: *ex nunc*, se benéfica a continuidade da atividade administrativa (**art. 148, § 2.º**)
INDENIZAÇÃO	Devida, se o contratado não tiver dado causa a nulidade (art. 149)

12.10. DOS MEIOS ALTERNATIVOS DE RESOLUÇÃO DE CONTROVÉRSIAS

O tema encontra-se disciplinado no **Título III, Capítulo XII**, ao longo dos **arts. 151 a 154**.

Representa **importante inovação em relação ao regime anterior**, destacando-se, de início, as **modalidades apresentadas em caráter exemplificativo,** ao longo do **art. 151**. Confira-se:

Art. 151. Nas contratações regidas por esta Lei, poderão ser utilizados meios alternativos de prevenção e resolução de controvérsias, notadamente a conciliação, a mediação, o comitê de resolução de disputas e a arbitragem.

Ao assim disciplinar, seguiu o legislador tendencia inaugurada com o CPC/2015, através do seu art. 3.º. Confira-se:

454 Direito Administrativo Esquematizado   *Celso Spitzcovsky*

Art. 3.º Não se excluirá da apreciação jurisdicional ameaça ou lesão a direito.

§ 1.º **É permitida a arbitragem**, na forma da lei.

§ 2.º **O Estado promoverá, sempre que possível, a solução consensual dos conflitos**.

§ 3.º **A conciliação, a mediação e outros métodos de solução consensual de conflitos deverão ser estimulados** por juízes, advogados, defensores públicos e membros do Ministério Público, inclusive no curso do processo judicial.

Outrossim, a **possibilidade de aditamento dos contratos** que, inicialmente, **não tragam esta previsão (art. 153)**.

Por fim, para melhor visualização deste item, confira-se o quadro:

LOCALIZAÇÃO	Arts. 151 a 154
MODALIDADES	Art. 151
ELENCO: EXEMPLIFICATIVO (notadamente)	Art. 151
POSSIBILIDADE DE ADITAMENTO	Art. 153

12.11. DAS INFRAÇÕES E SANÇÕES ADMINISTRATIVAS

12.11.1. Noções gerais

A matéria encontra-se disciplinada no **Título V**, denominado "**das irregularidades**", no **capítulo I,** ao longo dos arts. **155 a 163**.

Apresenta **importantes novidades em relação ao regime anterior**, com destaque inicial para as **hipóteses configuradoras**, ao nível administrativo, da **responsabilidade do licitante** ou **do contratado,** relacionadas ao longo do a**rt. 155**.

Entre elas, **vale o destaque** para aquelas relacionadas nos **incisos I, II e III,** resultantes da **inexecução total o parcial do contrato**; a **pratica de atos fraudulentos na licitação** e na **execução do contrato (inciso IX)**, bem como a **pratica de ato lesivo**, previsto no **art. 5.º da Lei n. 12.846/2013 (Lei Anticorrupção),** vale dizer, os que atentem contra o patrimônio público nacional ou estrangeiro, contra princípios da Administração Pública ou contra os compromissos internacionais assumidos pelo Brasil **(inciso XII)**.

12.11.2. Das sanções

De outra parte, **em relação às sanções**, basicamente **foram repetidas** as previstas no **regime anterior**. Confira-se:

Art. 156. Serão aplicadas ao responsável pelas infrações administrativas previstas nesta Lei as seguintes sanções:

I — advertência;

II — multa;

III — impedimento de licitar e contratar;

IV — declaração de inidoneidade para licitar ou contratar.

As **novidades surgem quanto a forma de aplicação, a começar** pela **pena de advertência** que incidirá, **exclusivamente**, pela infração administrativa prevista no

12 ■ Contratos Administrativos — Lei n. 14.133/2021

inciso I do *caput* do **art. 155, (inexecução parcial do contrato)** quando não se justificar a imposição de penalidade considerada mais grave (**art. 156, § 2.º**).

Por sua vez, **a multa será** calculada na forma do edital ou do contrato, e **não poderá ser inferior a 0,5%** (cinco décimos por cento) **nem superior a 30%** (trinta por cento) **do valor do contrato** licitado ou celebrado com contratação direta, e **será aplicada ao responsável** por qualquer das **infrações administrativas** previstas no **art. 155** da Lei n. 14.133/2021 (**art. 156, § 3.º**).

Em relação ao **impedimento de licitar e contratar com a Administração**, a pena **será aplicada** ao **responsável pelas infrações administrativas** previstas nos **incisos II, III, IV, V, VI e VII do** *caput* **do art. 155, quando não se justificar** a imposição de **penalidade mais grave**, impedido o responsável de licitar ou contratar no âmbito da Administração Pública direta e indireta do ente federativo que tiver aplicado a sanção, pelo **prazo máximo de 3 (três) anos (art. 156, § 4.º)**.

A propósito do tema, oportuna a reprodução de precedente do TJSC, concluindo pela extensão dos efeitos da sanção imposta para todos os entes federativos e não só para a esfera de governo prejudicada, consoante previsão anterior na Lei n. 8.666/93. Confira-se:

"MANDADO DE SEGURANÇA. SECRETARIA DE ESTADO DA SAÚDE. LICITAÇÃO. MODALIDADE PREGÃO ELETRÔNICO N. 665/2022. PROPOSTA DA EMPRESA IMPETRANTE DESCLASSIFICADA. SUSPENSÃO DO DIREITO DE LICITAR E CONTRATAR (ART. 87, INCISO III, DA LEI FEDERAL N. 8.666/1993) APLICADA POR ÓRGÃO PÚBLICO DO DISTRITO FEDERAL ANTERIORMENTE AO INÍCIO DA VIGÊNCIA DA LEI FEDERAL N. 14.133/21. PENALIDADE EM VIGOR QUE NÃO SE RESTRINGE AOS LIMITES DO ENTE PÚBLICO SANCIONADOR, MAS SE ESPRAIA POR TODA A ADMINISTRAÇÃO PÚBLICA. DIREITO LÍQUIDO E CERTO AUSENTE. ORDEM DENEGADA. Anteriormente ao início da vigência da Lei Federal n. 14.133/21, que alterou substancialmente a Lei de Licitações e Contratos Administrativos, 'a punição prevista no inciso III do artigo 87 da Lei n. 8.666/93 não produz efeitos somente em relação ao órgão ou ente federado que determinou a punição, mas a toda a Administração Pública, pois, caso contrário, permitir-se-ia que empresa suspensa contratasse novamente durante o período de suspensão, tirando desta a eficácia necessária' (STJ, REsp n. 174.274/SP, Rel. Min. Castro Meira)" (TJ-SC, MSCIV: 50419811220228240000, Rel. Jaime Ramos, j. 14.02.2023, 3.ª Câmara de Direito Público)."

Em sentido oposto, precedente do TJRS:

"APELAÇÃO CÍVEL. MANDADO DE SEGURANÇA. LICITAÇÃO E CONTRATO ADMINISTRATIVO. SANÇÃO DE SUSPENSÃO TEMPORÁRIA. ART. 87, INCISO III, DA LEI N. 8.666/93. APLICAÇÃO RESTRITA AO ÓRGÃO. INCIDÊNCIA DA LEI MAIS BENÉFICA. ART. 156 DA LEI N. 14.133/21. A sanção prevista no art. 87, inciso III, da Lei 8.666/1993 (suspensão temporária de participação em licitação e impedimento de contratar com a Administração) tem aplicação restrita ao órgão ou entidade que a cominou. Aplicação da Lei posterior mais benéfica (art. 156, § 4.º, da Lei n. 14.133/21). APELAÇÃO DESPROVIDA, POR MAIORIA" (TJ-RS, AC: 51545835820218210001 Porto Alegre, Rel. Marco Aurélio Heinz, j. 27.07.2022, 21.ª Câm. Cív., Data de Publicação: 01.09.2022).

Em relação à **declaração de inidoneidade para licitar ou contratar com a Administração, será aplicada** ao responsável pelas infrações administrativas **previstas nos incisos VIII, IX, X, XI e XII do** *caput* **do art. 155, bem como** pelas infrações administrativas previstas nos **incisos II, III, IV, V, VI e VII do** *caput* **do referido artigo**, que **justifiquem** a imposição de **penalidade mais grave**, impedido o responsável de licitar ou contratar no âmbito da Administração Pública direta e indireta de todos os entes federativos, pelo **prazo mínimo de 3 (três) anos e máximo de 6 (seis) anos (art. 156, § 5.°).**

Outrossim, **sua aplicação** será de **competência exclusiva de Ministro de Estado, Secretário Estadual ou Municipal** e, quando aplicada por **autarquia** ou **fundação**, será de **competência exclusiva** da **autoridade máxima** da entidade (**art. 156, § 6.°, I**).

Quando **aplicada por órgãos dos Poderes Legislativo e Judiciário**, pelo **Ministério Público** e pela **Defensoria Pública**, no desempenho da função administrativa, será de **competência exclusiva de autoridade** de **nível hierárquico** equivalente às autoridades referidas no **inciso I deste parágrafo**, na forma de regulamento (**art. 156, § 6.°, II**).

De outro giro, importante destacar que a **aplicação das sanções previstas no** *caput* deste artigo **não exclui**, em hipótese alguma, **a obrigação de reparação** integral do dano causado à Administração Pública (**art. 156, § 9.°**).

Oportuno também registrar que, seguindo a tendência apontada pela Lei n. 13.655/2018 (LINDB), também positivada na Lei n. 8.112/90, em seu art. 128 (Estatuto dos Servidores Públicos da União) e em respeito aos princípios da Razoabilidade e da Motivação, o legislador **tornou obrigatória ao administrador**, **quando da aplicação de sanções**, a **observância dos itens relacionados no art. 156, § 1.°**. Confira-se:

§ 1.° Na aplicação das sanções serão considerados:

I — a natureza e a gravidade da infração cometida;

II — as peculiaridades do caso concreto;

III — as circunstâncias agravantes ou atenuantes;

IV — os danos que dela provierem para a Administração Pública;

V — a implantação ou aperfeiçoamento de programa de integridade, conforme normas e orientações dos órgãos de controle.

Das **atenuantes e agravantes** relacionadas no dispositivo reproduzido, vale **destaque** para a previsão estabelecida no **inciso V,** em que **o legislador inova** em relação aos Diplomas Legais anteriores citados **incluindo**, em respeito aos Princípios da Moralidade e da Probidade Administrativa relacionados no art. 5.°, a implantação de programa de *compliance*.

Ao assim disciplinar, segue tendência adotada ao longo de todo o diploma legal, de privilegiar programa de integridade, que se apresenta como cláusula obrigatória em edital para contratações de obras, serviços e fornecimentos de grande vulto (art. 25, § 4.°); como critério de desempate (art. 60); como critério de reabilitação de sanções impostas (art. 163, parágrafo único).

12.11.3. Da prescrição

De outra parte, destaque para o tema relacionado à **prescrição para a aplicação dessas sanções**, bem como as **possibilidades de interrupção e suspensão** destes prazos previstas no **§ 4.° do art. 158**. Confira-se:

§ 4.º A prescrição ocorrerá em 5 (cinco) anos, contados da ciência da infração pela Administração, e será:

I — interrompida pela instauração do processo de responsabilização a que se refere o *caput* deste artigo;

II — suspensa pela celebração de acordo de leniência, nos termos da Lei n. 12.846, de 1.º de agosto de 2013;

III — suspensa por decisão judicial que inviabilize a conclusão da apuração administrativa.

Observa-se, ao longo do dispositivo reproduzido, a subjetividade como marca do início do prazo prescricional, tendo em vista o critério adotado, vale dizer, a ciência pela administração do ilícito praticado.

Outrossim, vale do destaque para as hipóteses de suspensão do prazo prescricional, em razão da novidade em matéria de licitações, pela celebração de acordo de leniência, ou por decisão judicial que inviabilize a conclusão da apuração administrativa.

12.11.4. Apreciação conjunta das infrações administrativas

Outro item a merecer destaque é aquele que autoriza a **apreciação conjunta das infrações administrativas** também **tipificadas como atos lesivos na Lei n. 12.846/2013 (Lei Anticorrupção)**, prescrevendo a isenção da pessoa jurídica das sanções previstas no art. 156, quando da celebração de acordo de leniência (**art. 159**).

12.11.5. Desconsideração da personalidade jurídica

Seguindo a diretriz estabelecida pelo Código Civil (art. 50); pela Lei n. 12.846/2013 (Lei Anticorrupção) e incorporada pelo CPC/2015 (art. 133), **esta lei autorizou a desconsideração da personalidade jurídica** sempre que utilizada com **abuso do direito para facilitar, encobrir ou dissimular** a prática dos **atos ilícitos** previstos nesta Lei **ou** para **provocar confusão patrimonial (art. 160)**.

Nesse caso, todos os **efeitos das sanções aplicadas à pessoa jurídica serão estendidos aos seus administradores** e **sócios** com poderes de administração, à **pessoa jurídica sucessora** ou à **empresa do mesmo ramo com relação de coligação** ou **controle**, de fato ou de direito, **com o sancionado**, **observados**, em todos os casos, o **contraditório**, a **ampla defesa** e a **obrigatoriedade de análise jurídica prévia (art. 160)**.

12.11.6. Publicidade das sanções

Outrossim, seguindo diretriz estipulada na Lei n. 12.846/2013 importante destacar a **obrigatoriedade de encaminhamento**, no prazo máximo de **15 (quinze) dias úteis**, contado da data de aplicação da sanção, **dos dados relativos às sanções aplicadas**, para fins de publicidade no **Cadastro Nacional de Empresas Inidôneas e Suspensas (CEIS)** e no **Cadastro Nacional de Empresas Punidas (CNEP)**, instituídos no âmbito do Poder Executivo federal (**art. 161**).

Trata-se de mais uma medida incorporada na nova lei com o **objetivo de privilegiar os princípios da Publicidade e da Transparência**, relacionados ao longo do **art. 5.º**.

458 Direito Administrativo Esquematizado   *Celso Spitzcovsky*

12.11.7. Reabilitação do licitante ou contratado

Por fim, inova o legislador admitindo a **reabilitação do licitante** ou **contratado**, perante a própria **autoridade que aplicou a penalidade** exigidos, cumulativamente, o **cumprimento dos itens previstos** no **art. 163**, com destaque para a implantação ou aperfeiçoamento de programa de integridade (parágrafo único). Confira-se:

> **Art. 163.** (...)
>
> I — reparação integral do dano causado à Administração Pública;
>
> II — pagamento da multa;
>
> III — transcurso do prazo mínimo de 1 (um) ano da aplicação da penalidade, no caso de impedimento de licitar e contratar, ou de 3 (três) anos da aplicação da penalidade, no caso de declaração de inidoneidade;
>
> IV — cumprimento das condições de reabilitação definidas no ato punitivo;
>
> V — análise jurídica prévia, com posicionamento conclusivo quanto ao cumprimento dos requisitos definidos neste artigo.
>
> Parágrafo único. A sanção pelas infrações previstas nos incisos VIII e XII do *caput* do art. 154 desta Lei exigirá, como condição de reabilitação do licitante ou contratado, a implantação ou aperfeiçoamento de programa de integridade pelo responsável.

Para melhor visualização desse item, confira-se o quadro:

LOCALIZAÇÃO	Arts. 155 a 163
REQUISITO PARA APLICAÇÃO DE SANÇÕES	Abertura de processo de administrativo de responsabilização, assegurada ampla defesa (art. 158 e art. 5.°, LV, da CF)
MODALIDADES	Art. 156 ▪ advertência ▪ multa ▪ impedimento de licitar e contratar ▪ declaração de inidoneidade para licitar ou contratar
COMPETÊNCIA	▪ Quando aplicada por Órgão do Poder Executivo: exclusiva de ministro de Estado, de secretário estadual ou de secretário municipal; ▪ Quando aplicada por autarquia ou fundação: exclusiva da autoridade máxima da entidade; ▪ Quando aplicada por órgãos dos Poderes Legislativo e Judiciário, MP, ou Defensoria Pública: exclusiva de autoridade máxima
PRESCRIÇÃO	▪ 5 anos, contados da ciência da infração pela Administração (art. 158, § 4.°); ▪ Interrupção: instauração do processo de responsabilização (art. 158, § 4.°, I); ▪ Suspensão: celebração do acordo de leniência (art. 158, § 4.°, II) ou por decisão judicial que inviabilize a conclusão da apuração administrativa (art. 158, § 4.°, III)
DESCONSIDERAÇÃO DA PERSONALIDADE JURÍDICA	Possibilidade: art. 160
REABILITAÇÃO DO LICITANTE OU DO CONTRATADO	Será admitida, perante a própria autoridade que aplicou a penalidade, sendo exigido, cumulativamente: ▪ reparação integral do dano (art. 163, I); ▪ pagamento da multa (art. 163, II); ▪ transcurso do prazo mínimo de 1 ano da aplicação da penalidade, no caso de impedimento de licitar e contratar OU de 3 anos da aplicação da penalidade no caso de declaração de inidoneidade (art. 163, III)

12.12. DAS IMPUGNAÇÕES, DOS PEDIDOS DE ESCLARECIMENTO E DOS RE-CURSOS

A matéria encontra-se disciplinada no **Título IV**, "**Das Irregularidades**", no **Capítulo II**, ao longo dos **arts. 164 a 168**.

12.12.1. Da legitimidade e dos prazos

Quanto a legitimidade para a impugnação de edital de licitação, o legislador abriu esta possibilidade para qualquer pessoa interessada.

Na **redação original**, aparecia a expressão "**cidadão**". Confira-se:

> **Art. 164. Qualquer cidadão** é parte legítima para impugnar edital de licitação por irregularidade na aplicação desta Lei ou para solicitar esclarecimento sobre os seus termos, devendo protocolar o pedido até 3 (três) dias úteis antes da data de abertura das propostas.

A leitura do **dispositivo** reproduzido **causava uma certa perplexidade** em relação a orientação adotada pelo legislador, **tendo em vista** que o acesso a informações relacionadas aos editais é facultado a qualquer pessoa, nos termos previstos pelo **art. 5.º, XXXIII, da CF**.

Outrossim, encontra-se compatibilizada com a **possibilidade aberta por esta lei de acesso, por qualquer interessado**, a todas as informações do banco de dados do Portal Nacional de Contratações Públicas, acerca dos editais de licitação e respectivos anexos (art. 174, § 2.º, III).

De outro giro, a perplexidade dessa redação original repousa na previsão estabelecida no art. 174, § 4.º, segundo a qual o PNCP adotará o formato de dados abertos, observadas as exigências previstas na Lei n. 12.527/2011 (Lei de acesso a informações públicas) que, em seu art. 10, faculta a quaisquer interessados.

Em tempo, importante anotar que **a redação desse dispositivo, foi alterada** pela Comissão de redação do Senado, ainda que não tivesse legitimidade para isso, **trocando a expressão "qualquer cidadão" por "qualquer pessoa"**. Confira-se:

> **Art. 164. Qualquer pessoa é parte legítima para impugnar edital de licitação** por irregularidade na aplicação desta Lei ou para solicitar esclarecimento sobre os seus termos, devendo protocolar o pedido até 3 (três) dias úteis antes da data de abertura do certame.

Com efeito, não faria nenhum sentido facultar o acesso a informações sobre editais de licitação, de uma forma ampla, a todos os interessados para, posteriormente, restringir a possibilidade de impugnação de irregularidades apenas para o cidadão, vale dizer, o nacional do Estado que se encontre no pleno exercício dos direitos políticos.

De outro giro, ainda **no dispositivo reproduzido, registra-se o prazo** de até **3 dias úteis**, antes da data da abertura das propostas, para a formulação do pedido e **3 dias úteis** para a divulgação da resposta em sítio eletrônico oficial.

12.12.2. Dos recursos

Em respeito ao princípio do **Devido Processo Legal**, que encontra no oferecimento de contraditório e ampla defesa suas vertentes principais, o legislador, ao longo do **art. 165**, estabelece a **possibilidade de oferecimento** de **recurso e pedido de reconsideração**, seguindo-se as diretrizes ali estabelecidas.

Com relação aos **recursos**, a matéria encontra-se disciplinada no **art. 165, I,** que estabelece um **prazo de 3 dias uteis**, diante das **seguintes hipóteses**:

Art. 165. (...)

I — (...)

a) ato que defira ou indefira pedido de pré-qualificação de interessado ou de inscrição em registro cadastral, sua alteração ou cancelamento;

b) julgamento das propostas;

c) ato de habilitação ou inabilitação de licitante;

d) anulação ou revogação da licitação;

e) extinção do contrato, quando determinada por ato unilateral e escrito da Administração;

Neste particular, oportuno registrar que **para todas as situações descritas, esses recursos terão efeito suspensivo (art. 168)** e não mais apenas para as hipóteses de habilitação e julgamento, como ocorre na Lei n. 8.666/93 (art. 109).

De resto, oportuno destacar que em relação a essas **duas hipóteses**, serão observadas as seguintes disposições:

Art. 165. (...)

§ 1.º Quanto ao recurso apresentado em virtude do disposto nas alíneas "b" e "c" do inciso I do *caput* deste artigo, serão observadas as seguintes disposições:

I — a intenção de recorrer deverá ser manifestada imediatamente, sob pena de preclusão, e o prazo para apresentação das razões recursais previsto no inciso I do *caput* deste artigo será iniciado na data de intimação ou de lavratura da ata de habilitação ou inabilitação ou, na hipótese de adoção de inversão de fases prevista no § 1.º do art. 17 desta Lei, da ata de julgamento;

II — a apreciação dar-se-á em fase única.

Outrossim, **será dirigido à autoridade** que tiver **editado o ato ou proferido a decisão recorrida** que, **se não reconsiderar o ato ou a decisão no prazo de 3 (três) dias úteis, encaminhará o recurso**, com a sua **motivação** à **autoridade superior**, a qual **deverá proferir** sua **decisão no prazo máximo de 10 (dez) dias úteis**, contado do recebimento dos autos (**art. 165, § 2.º**).

De outro giro, seguindo as diretrizes apresentadas pela Lei n. 13.655/2018 (LINDB), conforme a referência feita no art. 5.º dessa lei, com destaque para as **consequências do ato, o acolhimento de recurso implicará invalidação apenas de atos insuscetíveis de aproveitamento (art. 165, § 3.º).**

12 ■ Contratos Administrativos — Lei n. 14.133/2021   **461**

Por fim, quanto ao **prazo para a apresentação de contrarrazões**, será **o mesmo do recurso** e terá início na data de intimação pessoal ou de divulgação da interposição de recurso (**art. 165, § 4.º**).

12.12.3. Do pedido de reconsideração

Quanto ao **pedido de reconsideração**, deverá ser apresentado no **prazo de 3 (três) dias úteis**, contado da data de intimação, apenas e **tão somente em relação a ato do qual não caiba recurso hierárquico** (art. 165, II), sendo de igual sorte **dotado de efeito suspensivo** (art. 168).

12.12.4. Das sanções administrativas

O **recurso resultante da aplicação das penas** de **advertência; multa** e **impedimento de licitar e contratar com a Administração**, previstas nos incisos I, II e III do *caput* do art. 156, **excepcionam a regra geral quanto ao prazo,** que será de **15 (quinze) dias úteis**, contado da data de intimação (**art. 166**).

De outra parte, **em relação a sanção de declaração de inidoneidade para licitar ou contratar com a Administração**, prevista no inciso IV do art. 156, **caberá apenas pedido de reconsideração**, que deverá ser apresentado no **prazo de 15 (quinze) dias úteis**, contado da data de intimação, e **decidido no prazo máximo de 20 (vinte) dias úteis**, contado do seu recebimento (**art. 167**).

LOCALIZAÇÃO	Arts. 164 a 168
LEGITIMIDADE PARA IMPUGNAR EDITAL DE LICITAÇÃO	Qualquer pessoa (art. 164)
PRAZO	3 dias úteis (art. 164)
RECURSOS	3 dias úteis (art. 165, I) Todos com efeito suspensivo (art. 168)
COMPETÊNCIA PARA APRECIAR	Autoridade que tiver editado o ato ou proferido a decisão recorrida (art. 165, § 2.º)
ACOLHIMENTO	Invalidação apenas dos atos insuscetíveis de aproveitamento (art. 165, § 3.º)
CONTRARRAZÕES	3 dias úteis (art. 165, § 4.º)
RECONSIDERAÇÃO	Art. 165, II c/c art. 168
SANÇÕES ADMINISTRATIVAS: RECURSO	Art. 166
SANÇÃO DE DECLARAÇÃO DE INIDONEIDADE PARA LICITAR	Art. 167

12.13. CONTROLE DAS CONTRATAÇÕES

A matéria encontra-se disciplinada no **Título IV**, "**Das Irregularidades**", no **Capítulo III**, ao longo dos **arts. 169 a 173**.

462 Direito Administrativo Esquematizado   *Celso Spitzcovsky*

12.13.1. Das linhas de defesa

De início, destaque para a previsão estabelecida no **art. 169** que, para a **efetivação deste controle**, ao nível interno e externo, **relaciona três linhas de defesa**, nos **incisos I, II e III**. Confira-se:

> **Art. 169.** (...)
>
> I — primeira linha de defesa, integrada por servidores e empregados públicos, agentes de licitação e autoridades que atuam na estrutura de governança do órgão ou entidade;
>
> II — segunda linha de defesa, integrada pelas unidades de assessoramento jurídico e de controle interno do próprio órgão ou entidade;
>
> III — terceira linha de defesa, integrada pelo órgão central de controle interno da Administração e pelo tribunal de contas.

12.13.2. Do controle preventivo e repressivo

Ao efetivar esse controle, os **integrantes dessas linhas de defesa deverão observar** as diretrizes estabelecidas na Lei n. 13.655/2018 (LINDB), conforme previsão estabelecida no art. 5.º desta lei, **em especial** quanto as **consequências do ato irregular evitando**, no limite do possível, **sua anulação promovendo**, ao revés, o **seu saneamento** e **tomando medidas de caráter preventivo**, para evitar novas ocorrências (**art. 169, § 3.º, I**).

De outra parte, como não poderia deixar de ser, o legislador indica que este **controle será feito em caráter preventivo e repressivo**, com **destaque** especial **para o primeiro**, mais uma vez seguindo as orientações da Lei n. 13.655/2018 (LINDB).

Dentro desse contexto, **abre-se a possibilidade de formulação de consultas aos órgãos de controle interno ou externo**, com solicitação de posicionamento sobre a aplicação desta Lei em processo de licitação ou em contrato específico, que **deverá ser respondida em até 1 (um) mês, admitida a prorrogação** justificada **por igual período (art. 170)**.

12.13.3. Dos tribunais de contas

Em relação aos **Tribunais de Contas**, causou uma certa perplexidade sua **inclusão entre a terceira linha de defesa interna** ao longo do art. 169, III, eis que ao arrepio do seu posicionamento constitucional, como órgão auxiliar do Poder Legislativo, realizador de um controle externo dos atos da administração (art. 71, da CF).

Sem embargo, o **equívoco parece ter sido detectado e corrigido** ao prever, a **possibilidade do encaminhamento de denúncias sobre irregularidades a esses órgãos** (art. 170, § 4.º), o que **pressupõe encontrarem-se eles fora da estrutura da administração**. Confira-se:

> § 4.º Qualquer licitante, contratado ou pessoa física ou jurídica poderá representar aos órgãos de controle interno ou ao tribunal de contas competente contra irregularidades na aplicação desta Lei.

De outra parte, houve por bem o legislador fixar **prazo para suas manifestações** acerca das representações formuladas. Confira-se:

12 ■ Contratos Administrativos — Lei n. 14.133/2021   **463**

Art. 171. (...)

§ 1.º Ao suspender cautelarmente o processo licitatório, o tribunal de contas deverá pronunciar-se definitivamente sobre o mérito da irregularidade que tenha dado causa à suspensão no prazo de 25 (vinte e cinco) dias úteis, contado da data do recebimento das informações a que se refere o § 2.º deste artigo, prorrogável por igual período uma única vez, e definirá objetivamente:

I — as causas da ordem de suspensão;

II — o modo como será garantido o atendimento do interesse público obstado pela suspensão da licitação, no caso de objetos essenciais ou de contratação por emergência.

Por fim, de forma a também **preservar o Interesse Público**, e em respeito ao princípio da Eficiência, o legislador, **fixou prazo para o cumprimento das determinações estabelecidas pelos Tribunais de Contas**. Confira-se:

Art. 171. (...)

§ 2.º Ao ser intimado da ordem de suspensão do processo licitatório, o órgão ou entidade deverá, no prazo de 10 (dez) dias úteis, admitida a prorrogação:

I — informar as medidas adotadas para cumprimento da decisão;

II — prestar todas as informações cabíveis;

III — proceder à apuração de responsabilidade, se for o caso. § 3.º A decisão que examinar o mérito da medida cautelar a que se refere o § 1.º deste artigo deverá definir as medidas necessárias e adequadas, em face das alternativas possíveis, para o saneamento do processo licitatório, ou determinar a sua anulação.

Nesse particular, cumpre registrar o aparente descompasso desta lei com as diretrizes estabelecidas pela CF, uma vez que como órgãos auxiliares do legislativo, as decisões por eles proferidas não têm força de coisa julgada, comportando reforma ou pelo Legislativo (art. 31, da CF), ou pelo próprio Judiciário (art. 5.º, XXXV), em caso de ilegalidade.

LOCALIZAÇÃO	Arts. 169 a 173
LINHAS DE DEFESA	Art. 169
MODALIDADES: PREVENTIVA E REPRESSIVA	Art. 169, § 3.º, I
CONSULTAS	Art. 170
TRIBUNAIS DE CONTAS	Prazo para manifestação (art. 171, § 1.º) Prazo para cumprimento de decisões (art. 171, § 2.º)

12.13.4. Do portal nacional de contratações públicas

12.13.4.1. *Objetivos*

De forma a privilegiar os princípios da Publicidade e da Transparência e seguindo tendência já apresentada ao nível da Lei n. 12.846/2013 (Lei Anticorrupção) que centralizou, nos arts. 22 e 23 as informações sobre os condenados por atos dessa natureza em dois órgãos o CNEP e o **CEIS**, o legislador houve por bem criar o **Portal Nacional de Contratações Públicas** (**PNCP**).

A criação deste órgão **tem por objetivo centralizar todas as informações obrigatórias relacionadas às licitações e contratos administrativos**, bem como as de caráter facultativo levadas a efeito pelos órgãos e entidades dos Poderes Executivo, Legislativo e Judiciário, de todos os entes federativos (**art. 174, I e II**).

A propósito da obrigatoriedade de envio das informações para o PNCP, confira-se o seguinte precedente:

> "ACOMPANHAMENTO. IMPLEMENTAÇÃO DO PORTAL NACIONAL DE COMPRAS PÚBLICAS — PNCP, PREVISTO NA LEI 14.133/21 (NOVA LEI DE LICITAÇÕES E CONTRATOS). SUBSTITUIÇÃO DO ENTENDIMENTO, OUTRORA ADMITIDO EM CARÁTER TRANSITÓRIO E EXCEPCIONAL, DE APLICAÇÃO DO ART. 75 DA REFERIDA LEI POR ÓRGÃOS NÃO VINCULADOS AO SISTEMA DE SERVIÇOS GERAIS (SISG) ATÉ QUE FOSSEM CONCLUÍDAS AS MEDIDAS NECESSÁRIAS AO EFETIVO ACESSO ÀS FUNCIONALIDADES DO PNCP. CONSTATAÇÃO DE SUPERAÇÃO DA SITUAÇÃO FÁTICA LIMITADORA. OBRIGATORIEDADE DE OBSERVÂNCIA DO ART. 94 DA MESMA LEI, PARA DIVULGAÇÃO DOS CONTRATOS E SEUS ADITAMENTOS NO PNCP" (TCU, Acompanhamento (Acom): 17312022 044.559/2021-6, Rel. Jorge Oliveira, j. 27.07.2022).

O PNCP será gerido pelo **Comitê Gestor da Rede Nacional de Contratações Públicas, integrado** por **pessoas indicadas** pelas **quatro esferas de governo, sendo a presidência por representante indicado** pelo **Presidente da República (art. 174, § 1.º)**.

12.13.4.2. *Natureza das informações*

O referido **órgão centralizará**, como já dito, **informações** sobre as **licitações** e **contratos** por **todo o país**, com destaque especial para aquelas que compõem **elenco** meramente **exemplificativo,** relacionadas no **art. 174, § 2.º**.

Entre elas, **vale o registro** para os **editais de credenciamento** e de **pré-qualificação, avisos de contratação direta** e **editais de licitação** e **respectivos anexos, atas de registro de preços** e **contratos** e **termos aditivos**.

Neste particular, sobreleva notar que, se por um lado a possibilidade de acesso a esses documentos já se encontrava positivada ao nível da Lei n. 8.666/93, **a grande novidade refere-se à centralização dessas informações em um único órgão.**

12.13.4.3. *Acesso às informações*

O acesso a estas informações **será facultado a todos**, em decorrência do disposto no **art. 5.º, XXXIII, da CF**, seguindo as diretrizes estabelecidas na Lei n. 12.527/2011 (**Lei de Acesso a Informações Públicas**), conforme previsão estabelecida no **art. 174, § 4.º**.

Neste particular, **oportuno relembrar** que a Lei n. 12.527/2011, em seu **art. 8.º, IV**, já estabelecia a **obrigação do Poder Público** de promover a **divulgação de informações** relacionadas a **licitações e contratos**. Confira-se:

Art. 8.º É dever dos órgãos e entidades públicas promover, independentemente de requerimentos, a divulgação em local de fácil acesso, no âmbito de suas competências, de informações de interesse coletivo ou geral por eles produzidas ou custodiadas.

§ 1.º Na divulgação das informações a que se refere o *caput*, deverão constar, no mínimo:

(...)

IV — informações concernentes a procedimentos licitatórios, inclusive os respectivos editais e resultados, bem como a todos os contratos celebrados;

Portanto **cumpre destacar**, uma vez mais, que a grande novidade promovida por esta lei, em matéria de transparência de informações, consiste não na obrigatoriedade, mas na centralização delas em um único órgão de âmbito nacional.

Outrossim, não se pode deixar de registrar a **possibilidade facultada às outras esferas de governo** para a **instituição de sítio eletrônico oficial** para **divulgação complementar** e **realização das respectivas contratações**, desde que **mantida a integração com o PNCP (art. 175)**.

Por derradeiro, tendo em vista que o Brasil é um país de dimensões continentais, composto por mais de 5.000 Municípios, de diferentes portes e possibilidades, **estabeleceu o legislador um prazo de 6 anos contados da publicação desta lei, para o cumprimento das seguintes metas previstas no art. 176 para os que tiverem até 20.000 habitantes**. Confira-se:

Art. 176. Os Municípios com até 20.000 (vinte mil) habitantes terão o prazo de 6 (seis) anos, contado da data de publicação desta Lei, para cumprimento:

I — dos requisitos estabelecidos no art. 7.º e no *caput* do art. 8.º desta Lei;

II — da obrigatoriedade de realização da licitação sob a forma eletrônica a que se refere o § 2.º do art. 17 desta Lei;

III — das regras relativas à divulgação em sítio eletrônico oficial.

Parágrafo único. Enquanto não adotarem o PNCP, os Municípios a que se refere o *caput* deste artigo deverão.

I — publicar, em diário oficial, as informações que esta Lei exige que sejam divulgadas em sítio eletrônico oficial, admitida a publicação de extrato;

II — disponibilizar a versão física dos documentos em suas repartições, vedada a cobrança de qualquer valor, salvo o referente ao fornecimento de edital ou de cópia de documento, que não será superior ao custo de sua reprodução gráfica.

Confira-se o quadro seguinte:

PNCP: OBJETIVO	Centralizar informações obrigatórias sobre licitações e contratos (**art. 174, I e II**)
PNCP: GESTÃO	Comitê gestor de rede nacional de contratações públicas (**art. 174, § 1.º**)
ACESSO ÀS INFORMAÇÕES	Qualquer pessoa (**art. 174, § 4.º**)
CUMPRIMENTO DE METAS POR MUNICÍPIOS COM ATÉ 20.000 HABITANTES	Prazo: 6 anos (**art. 176**)

12.14. CONVÊNIOS E CONSÓRCIOS

Cabe alinhavar as **diferenças existentes entre** os **contratos** administrativos e os **convênios** e **consórcios**.

Nos contratos, os **interesses** das **partes** envolvidas são **divergentes**, uma vez que, como visto, enquanto o Poder Público procura o recebimento do objeto, na forma inicialmente convencionada, o particular contratado almeja o recebimento do pagamento ajustado.

Nos convênios e **consórcios**, algo diferente se verifica, na medida em que os **interesses das partes** envolvidas são **convergentes, comuns**.

Podem-se **definir** os **consórcios**, então, como **ajustes celebrados entre pessoas da mesma esfera de governo, visando atingir objetivos comuns**.

O **traço característico** dessa definição está no fato de que os **consórcios** só poderão ser **celebrados** por **pessoas integrantes** da **mesma esfera de governo**, vale dizer, entre Municípios ou entre Estados, surgindo como **exemplos** a realização de consórcios visando à despoluição de um rio que passe pelo território de ambos, à duplicação de uma estrada que liga dois Municípios ou que interesse a dois Estados limítrofes.

Por sua vez, os **convênios** também surgem como **ajustes celebrados** visando **atingir interesses comuns, mas** por **pessoas** de **diferentes esferas** de **governo, ou entre elas** e a **iniciativa privada**, o que não se verificava na hipótese anterior.

De se mencionar ainda que se **aplicam**, **no que couber**, aos convênios e consórcios as regras estabelecidas na Lei n. 14.133/2021, conforme o disposto em seu **art. 184**: Confira-se:

> **Art. 184.** Aplicam-se as disposições desta Lei, no que couber e **na ausência de norma específica**, aos convênios, acordos, ajustes e outros instrumentos congêneres celebrados por órgãos e entidades da Administração Pública, na forma estabelecida em regulamento do Poder Executivo federal.

12.15. CONSÓRCIOS PÚBLICOS

A **questão** relacionada aos **consórcios públicos** foi **introduzida** na **CF** pela **EC n. 19/98**, que atribuiu a seguinte redação ao **art. 241**:

> **Art. 241.** A União, os Estados, o Distrito Federal e os Municípios disciplinarão por meio de lei os consórcios públicos e os convênios de cooperação entre os entes federados, autorizando a gestão associada de serviços públicos, bem como a transferência total ou parcial de encargos, serviços, pessoal e bens essenciais à continuidade dos serviços transferidos.

A redação do dispositivo constitucional reproduzida revela que o **objetivo** maior da **celebração** desses **consórcios** é o de promover uma **gestão associada** de **serviços públicos** por meio de uma **conjugação** de **esforços** entre os diversos **entes federativos** para fazer frente às demandas crescentes que se apresentam para o Poder Público na preservação dos interesses da coletividade que, de maneira isolada, não teriam como viabilizar.

De outra parte, o mesmo comando constitucional deixa claro que essa **matéria dependeria** de **regulamentação** posterior, o que veio a ocorrer, tão somente, em **abril de 2005**, por meio da edição da **Lei n. 11.107, regulamentada** pelo **Decreto n. 6.017/2007**.

De início, cumpre observar que **referida legislação limita-se** a estabelecer **normas gerais** de aplicabilidade para os quatro entes federativos, consoante se verifica da redação estabelecida pelo seu **art. 1.º**:

> **Art. 1.º** Esta Lei dispõe sobre normas gerais para a União, os Estados, o Distrito Federal e os Municípios contratarem consórcios públicos para a realização de objetivos de interesse comum e dá outras providências.

A leitura do dispositivo reproduzido permite concluir pela possibilidade de **Estados, Municípios** e **Distrito Federal editarem leis específicas** em **relação** a **esse tema** para a realização de objetivos de interesse comum, que surge como a justificativa maior para a criação desses consórcios.

Nesse sentido, nada mais lógico do que concluir que esses **objetivos** de **interesse comum** só podem ser **aqueles acordados pelos consorciados** que, no entanto, não terão liberdade total quando de sua criação, consoante se verifica da redação do **art. 2.º**:

> **Art. 2.º** Os objetivos dos consórcios públicos serão determinados pelos entes da Federação que se consorciarem, observados os limites constitucionais.

Nesse contexto, para facilitar o **atingimento** desses **objetivos** de interesse comum acordados pelos entes consorciados, o legislador houve por bem **atribuir** uma série de **prerrogativas** a esses **consórcios**, conforme se verifica da redação estabelecida no **art. 2.º, § 1.º**:

> **Art. 2.º** (...)
> § 1.º Para o cumprimento de seus objetivos, o consórcio público poderá:
> I — firmar convênios, contratos, acordos de qualquer natureza, receber auxílios, contribuições e subvenções sociais ou econômicas de outras entidades e órgãos do governo;
> II — nos termos do contrato de consórcio de direito público, promover desapropriações e instituir servidões nos termos de declaração de utilidade ou necessidade pública, ou interesse social, realizada pelo Poder Público; e
> III — ser contratado pela administração direta ou indireta dos entes da Federação consorciados, dispensada a licitação.

Dentro desse contexto, cumpre assinalar que esses **consórcios poderão ser celebrados por diferentes esferas de governo ou não**. Assim, possível a celebração de consórcios entre Municípios; entre Estados; entre Municípios e Estados; entre Municípios e a União; entre Estados e a União.

Nesse sentido, **para que a União possa participar** de **consórcios** celebrados **entre Municípios, necessária a participação dos Estados** onde eles se encontram localizados.

A título de **exemplo**, para que a União possa participar de consórcio celebrado entre um Município integrante do Estado de São Paulo e outro integrante do Estado de Minas Gerais, necessária a participação dos dois Estados.

468 Direito Administrativo Esquematizado   *Celso Spitzcovsky*

É a conclusão que resulta da previsão estabelecida no **art. 1.º, § 2.º:**

Art. 1.º (...)
§ 2.º A União somente participará de consórcios públicos em que também façam parte todos os Estados em cujos territórios estejam situados os Municípios consorciados.

Quanto às **etapas** de **criação** desses **consórcios**, são elas:

■ subscrição de protocolo de intenções **(art. 3.º)**;
■ ratificação mediante lei **(art. 5.º)**;
■ celebração do contrato de consórcio público **(art. 5.º)**.

De outra parte, **criado o consórcio**, cumpre observar a **exigência legal** para a **criação** de uma **pessoa jurídica** com **personalidade independente** das **esferas de governo consorciadas**, com o **objetivo único** de **acompanhar** a **execução** das **obras** e **serviços** consorciados, de acordo com a previsão do **art. 1.º, § 1.º:**

Art. 1.º (...)
§ 1.º O consórcio público constituirá associação pública ou pessoa jurídica de direito privado.

A depender da **personalidade jurídica atribuída a essa pessoa** (personalidade jurídica **de direito público**, constituindo uma associação pública) **(art. 6.º, I)** ou de **direito privado** (mediante o atendimento dos requisitos da legislação civil) **(art. 6.º, II)**, a **personalidade** do **consórcio** também **se altera**.

Assim é que **poderão assumir** uma **personalidade** de **direito público**, quando constituirão uma **associação pública integrante** da **Administração indireta dos entes consorciados**, ou **privado**, quando deverão **atender** às **normas** de **direito público** e **também** aos **requisitos** da **legislação civil**:

Art. 6.º O consórcio público adquirirá personalidade jurídica:
I — de direito público, no caso de constituir associação pública, mediante a vigência das leis de ratificação do protocolo de intenções;
II — de **direito privado**, mediante o atendimento dos requisitos da legislação civil.
§ 1.º O consórcio público com personalidade jurídica de direito público integra a administração indireta de todos os entes da Federação consorciados.
§ 2.º O consórcio público, com personalidade jurídica de direito público ou privado, observará as normas de direito público no que concerne à realização de licitação, à celebração de contratos, à prestação de contas e à admissão de pessoal, que será regido pela Consolidação das Leis do Trabalho (CLT), aprovada pelo Decreto-Lei n. 5.452, de 1.º de maio de 1943.

Importante destacar que a **redação** desse dispositivo foi **alterada pela Lei n. 13.822/2019**, segundo a qual, no **consórcio público com personalidade jurídica de direito público, o pessoal também será regido pela CLT**.

De se consignar, também, que **essa prescrição trouxe** como **corolário** a necessidade de **modificação** do **art. 41 do CC**, que passou a ter a seguinte redação:

12 ▪ Contratos Administrativos — Lei n. 14.133/2021 469

Art. 41. São pessoas jurídicas de direito público interno:

I — a União;

II — os Estados, o Distrito Federal e os Territórios;

III — os Municípios;

IV — as autarquias, inclusive as associações públicas;

V — as demais entidades de caráter público criadas por lei.

Parágrafo único. Salvo disposição em contrário, as pessoas jurídicas de direito público, a que se tenha dado estrutura de direito privado, regem-se, no que couber, quanto ao seu funcionamento, pelas normas deste Código.

Esse **aspecto**, relacionado à **personalidade jurídica** dos **consórcios, deverá** estar **esclarecido** por ocasião da subscrição de um **protocolo** de **intenções** pelos entes consorciados **(art. 3.º)**, além de outros relacionados, cujas cláusulas obrigatórias estão fixadas no **art. 4.º, em especial no inciso IV:**

Art. 4.º São cláusulas necessárias do protocolo de intenções as que estabeleçam:

I — a denominação, a finalidade, o prazo de duração e a sede do consórcio;

II — a identificação dos entes da Federação consorciados;

III — a indicação da área de atuação do consórcio;

IV — a previsão de que o consórcio público é associação pública ou pessoa jurídica de direito privado sem fins econômicos;

V — os critérios para, em assuntos de interesse comum, autorizar o consórcio público a representar os entes da Federação consorciados perante outras esferas de governo;

VI — as normas de convocação e funcionamento da assembleia geral, inclusive para a elaboração, aprovação e modificação dos estatutos do consórcio público;

VII — a previsão de que a assembleia geral é a instância máxima do consórcio público e o número de votos para as suas deliberações;

VIII — a forma de eleição e a duração do mandato do representante legal do consórcio público que, obrigatoriamente, deverá ser Chefe do Poder Executivo de ente da Federação consorciado;

IX — o número, as formas de provimento e a remuneração dos empregados públicos, bem como os casos de contratação por tempo determinado para atender a necessidade temporária de excepcional interesse público;

X — as condições para que o consórcio público celebre contrato de gestão ou termo de parceria;

XI — a autorização para a gestão associada de serviços públicos, explicitando:

a) as competências cujo exercício se transferiu ao consórcio público;

b) os serviços públicos objeto da gestão associada e a área em que serão prestados;

c) a autorização para licitar ou outorgar concessão, permissão ou autorização da prestação dos serviços;

d) as condições a que deve obedecer o contrato de programa, no caso de a gestão associada envolver também a prestação de serviços por órgão ou entidade de um dos entes da Federação consorciados;

e) os critérios técnicos para cálculo do valor das tarifas e de outros preços públicos, bem como para seu reajuste ou revisão; e

XII — o direito de qualquer dos contratantes, quando adimplente com suas obrigações, de exigir o pleno cumprimento das cláusulas do contrato de consórcio público.

Subscrito esse **protocolo** de **intenções**, que deverá ser publicado na imprensa oficial, **abre-se**, como já visto, **ensejo** para a **celebração** do **contrato** de consórcio público que, no entanto, só passará a gerar efeitos após a **ratificação** daquele por meio de **lei (art. 5.º)**.

Outro aspecto importante a ser destacado refere-se à **transferência** de **recursos** financeiros aos **consórcios** públicos pelos seus integrantes, o que só poderá ocorrer mediante **contrato** de **rateio** formalizado a cada exercício financeiro **(art. 8.º)**. Confira-se:

Art. 8.º Os entes consorciados somente entregarão recursos ao consórcio público mediante contrato de rateio.

§ 1.º O contrato de rateio será formalizado em cada exercício financeiro e seu prazo de vigência não será superior ao das dotações que o suportam, com exceção dos contratos que tenham por objeto exclusivamente projetos consistentes em programas e ações contemplados em plano plurianual ou a gestão associada de serviços públicos custeados por tarifas ou outros preços públicos.

§ 2.º É vedada a aplicação dos recursos entregues por meio de contrato de rateio para o atendimento de despesas genéricas, inclusive transferências ou operações de crédito.

§ 3.º Os entes consorciados, isolados ou em conjunto, bem como o consórcio público, são partes legítimas para exigir o cumprimento das obrigações previstas no contrato de rateio.

§ 4.º Com o objetivo de permitir o atendimento dos dispositivos da Lei Complementar n. 101, de 4 de maio de 2000, o consórcio público deve fornecer as informações necessárias para que sejam consolidadas, nas contas dos entes consorciados, todas as despesas realizadas com os recursos entregues em virtude de contrato de rateio, de forma que possam ser contabilizadas nas contas de cada ente da Federação na conformidade dos elementos econômicos e das atividades ou projetos atendidos.

§ 5.º Poderá ser excluído do consórcio público, após prévia suspensão, o ente consorciado que não consignar, em sua lei orçamentária ou em créditos adicionais, as dotações suficientes para suportar as despesas assumidas por meio de contrato de rateio.

Nesse sentido, cumpre observar que o **legislador**, como se viu, houve por bem **condicionar** a **aplicação** desses **recursos** para **projetos** ou **programas específicos**, **proibindo** o atendimento de **despesas genéricas**, o que, sem dúvida nenhuma, oferecerá maior transparência às atividades consorciais.

Outrossim, essa previsão legal estabelecida no **art. 8.º, § 2.º**, também, por certo, **facilitará** o **cumprimento dessas obrigações** pelos próprios entes consorciados, **pelo próprio consórcio (art. 8.º, § 3.º)** e, também, pelos **Tribunais** de **Contas** competentes **(art. 9.º, parágrafo único)**.

Quanto às alterações e extinção do contrato de consórcio, importante registrar as **alterações promovidas no art. 12**, através da Lei n. 14.662 de 24.08.2023. Confira-se:

Art. 12. A extinção de contrato de consórcio público dependerá de instrumento aprovado pela assembleia geral, ratificado mediante lei por todos os entes consorciados. (Redação dada pela Lei n. 14.662, de 2023)

Art. 12-A. A **alteração de contrato** de consórcio público dependerá de instrumento aprovado pela assembleia geral, ratificado mediante lei pela maioria dos entes consorciados. (Incluído pela Lei n. 14.662, de 2023)

O mesmo diploma legal estabeleceu **mudanças** ao longo do art. 2.º, consignando que as novas regras para alteração do contrato de consórcio, se **aplicam àqueles já existentes na data de sua publicação**. Confira-se:

Art. 2.º As novas regras para alteração de contrato de consórcio público previstas no art. 1.º desta Lei também se aplicam aos consórcios já existentes na data de publicação desta Lei.

Por outro lado, cumpre fazer referência aos denominados **"contratos de programa"**, que serão **responsáveis** pela **instituição** das **obrigações** de um **ente federativo para com outro** ou para com o consórcio público, nos termos do **art. 13**.

Ainda em relação a este tema, vale observar que em **maio de 2019** foi editada a **Lei n. 13.821**, que acresceu o **parágrafo único** ao **art. 14 da Lei n. 11.107**, de 6 de abril de 2005, para **limitar as exigências legais de regularidade**, por ocasião da celebração de convênios com a União, ao próprio consórcio público envolvido, sem estendê-las aos entes federativos nele consorciados. Confira-se:

Art. 14. A União poderá celebrar convênios com os consórcios públicos, com o objetivo de viabilizar a descentralização e a prestação de políticas públicas em escalas adequadas.

Parágrafo único. Para a celebração dos convênios de que trata o caput deste artigo, as exigências legais de regularidade aplicar-se-ão ao próprio consórcio público envolvido, e não aos entes federativos nele consorciados.

Por derradeiro, cumpre observar que a celebração desse contrato de rateio, sem que exista suficiente e prévia dotação orçamentária ou com **inobservância** das **formalidades destacadas por essa lei, caracteriza** ato de **improbidade administrativa**, causador de danos ao erário, na forma prevista no **art. 18**:

Art. 18. O art. 10 da Lei n. 8.429, de 2 de junho de 1992, passa a vigorar acrescido dos seguintes incisos:

"Art. 10. (...)

XIV — celebrar contrato ou outro instrumento que tenha por objeto a prestação de serviços públicos por meio da gestão associada sem observar as formalidades previstas na lei;

XV — celebrar contrato de rateio de consórcio público sem suficiente e prévia dotação orçamentária, ou sem observar as formalidades previstas na lei" (NR).

Dentro desse contexto, para melhor visualização do tema, é oportuno citar o **exemplo** relacionado à criação da denominada **Autoridade Pública Olímpica** (APO) por meio da Lei n. 12.396, de 21 de março de 2011.

Referida legislação ratifica o **protocolo de intenções firmado entre** a União, o **Estado do Rio de Janeiro** e o **Município do Rio de Janeiro** com a finalidade de constituir **consórcio público**, para a execução das obras e serviços relacionados aos **jogos olímpicos** e **paralímpicos** em **2016**.

Nesse sentido, a **APO** apresentou a forma de **associação pública**, com **personalidade jurídica de direito público** e natureza autárquica, apresentando-se como a **instituição responsável** pela **aprovação** e **monitoramento** das **obras** e dos **serviços** que compõem a carteira de **projetos olímpicos** para o cumprimento das obrigações assumidas perante o Comitê Olímpico Internacional.

Assim sendo, a **criação** da **APO** teve por **objetivo** reunir esforços das esferas federal, estadual e municipal, com o intuito de **viabilizar** a execução das **obras** e **serviços** necessários para a realização dos **Jogos Olímpicos** e **Paralímpicos** em 2016.

Importante ainda consignar que esses **consórcios** estão **sujeitos** a **fiscalização** contábil, operacional e patrimonial dos **Tribunais de Contas**, conforme se verifica da previsão do **art. 9.º**.

Por seu turno, a **retirada** de **qualquer esfera** de **governo** no consórcio público **dependerá** de **aprovação** em **assembleia geral**, conforme previsão estabelecida no **art. 11**, uma vez que poderá implicar um esvaziamento, comprometendo sua própria existência.

Por derradeiro, a possibilidade de **exclusão** de **esfera de governo** do consórcio público por **descumprimento** de **obrigações contratuais**, desde que assegurada a **ampla defesa**, conforme a previsão do **art. 8.º, § 5.º**.

Para melhor visualização desse item, confira-se o quadro:

CONSÓRCIOS ADMINISTRATIVOS	Acordos celebrados entre pessoas da mesma esfera de governo para o atingimento de objetivos de interesse comum, não resultando a criação de uma pessoa jurídica independente
CONVÊNIOS ADMINISTRATIVOS	Acordos celebrados entre pessoas de diferentes esferas de governo ou entre elas e a iniciativa privada, não resultando a criação de uma pessoa jurídica independente
LEGISLAÇÃO	Art. 116 da Lei n. 8.666/93
CONSÓRCIOS PÚBLICOS	Acordos de vontade celebrados entre as diversas esferas de governo visando uma gestão associada de serviços públicos de interesse comum, resultando a criação de pessoa jurídica independente
FUNDAMENTO	Art. 241 da CF
LEGISLAÇÃO	Lei n. 11.107/2005
INTEGRANTES	As diversas esferas de governo, sendo que a participação da União em consórcios celebrados entre Municípios dependerá da participação dos Estados onde eles se encontrem (art. 1.º, § 2.º)
OBJETIVOS	Definidos pelas próprias esferas de governo (art. 2.º)
CRIAÇÃO (FASES)	■ aprovação de protocolo de intenções (art. 3.º) ■ ratificação do protocolo por lei de iniciativa dos entes consorciados (art. 5.º) ■ celebração do contrato de consórcio (art. 5.º)
CONTRATO DE PROGRAMA	Designa as obrigações de cada ente consorciado (art. 13)
CONTRATO-RATEIO	Determina os recursos a serem entregues por cada esfera de governo aos entes consorciados (art. 8.º)

CRIAÇÃO DE PESSOA JURÍDICA COM PERSONALIDADE DISTINTA DOS ENTES CONSORCIADOS	▣ **Objetivo:** acompanhar a execução das obras e serviços consorciados ▣ **Forma:** podem assumir a forma de associações públicas (integrando a Administração indireta dos entes consorciados) ou associação privada (art. 1.º, § 1.º, c/c o art. 6.º)
FISCALIZAÇÃO	Serão fiscalizados pelos Tribunais de Contas (art. 9.º, parágrafo único)
RETIRADA DA ESFERA DE GOVERNO	Possível, desde que aprovada em assembleia geral (art. 11)
EXCLUSÃO DA ESFERA DE GOVERNO	Possível, desde que assegurados o contraditório e ampla defesa (art. 8.º, § 5.º)
IMPROBIDADE	Resulta do descumprimento das regras previstas nessa lei, admitindo as modalidades dolosa ou culposa (art. 18)

12.16. CONTRATOS NA LEI N. 13.303/2016

Por primeiro, cumpre reiterar que, por força da previsão estabelecida no art. 1.º **da Lei n. 14.133/2021, tem ela aplicabilidade para as quatro esferas de governo**, envolvendo os **órgãos da administração direta, suas autarquias e fundações**, estas últimas, independentemente da personalidade jurídica que assumirem. Confira-se:

Art. 1.º Esta Lei estabelece normas gerais de licitação e contratação para as administrações públicas diretas, autárquicas e fundacionais da União, dos Estados, do Distrito Federal e dos Municípios, e abrange:

Dentro desse contexto, **as empresas públicas, sociedades de economia mista e suas subsidiarias foram em regra excluídas** por força do disposto no **art. 1.º, § 1.º**, permanecendo regidas pela **Lei n. 13.303/2016, independentemente da finalidade para a qual foram criadas**, vale dizer, para a prestação de serviços públicos ou exploração de atividades econômicas. Confira-se:

§ 1.º Não são abrangidas por esta Lei as empresas públicas, as sociedades de economia mista e as suas subsidiárias, regidas pela Lei n. 13.303, de 30 de junho de 2016, ressalvado o disposto no art. 178 desta Lei.

Apresenta-se exceção no que se refere às regras relacionadas aos **crimes em matéria de licitações e contratos** em decorrência da previsão estabelecida no **art. 185** que determinou ainda a inclusão, no **Título XI, da Parte Especial do Código Penal** de capítulo denominado dos crimes em licitações e contratos. Confira-se:

Art. 185. Aplicam-se às licitações e aos contratos regidos pela Lei n. 13.303, de 30 de junho de 2016, as disposições do Capítulo II-B do Título XI da Parte Especial do Decreto-Lei n. 2.848, de 7 de dezembro de 1940 (Código Penal).

Estabelecidas essas observações preliminares, cumpre agora registrar que a questão envolvendo os contratos administrativos encontra-se disciplinada nos **arts. 68 a 84 da Lei n. 13.303/2016**.

O primeiro ponto a ser destacado refere-se ao **regime jurídico**: na forma prevista pelo **art. 68**, esses ajustes são regulados pelas suas cláusulas, pelo disposto nessa lei e pelos **preceitos de direito privado**.

Quanto às **cláusulas indispensáveis** para a celebração desses ajustes, encontram-se elas listadas no **art. 69**, com **destaque** para a **matriz de riscos** prevista no **inciso X**.

Outrossim, a diretriz estabelecida no **§ 2.º**, resultante da adoção do **modo de disputa aberto**, demanda por parte do contratado a obrigação de reelaborar as planilhas com indicação dos quantitativos e dos custos unitários e ainda o detalhamento das bonificações e despesas indiretas e dos encargos sociais.

Por sua vez, quanto às **garantias** que poderão ser **exigidas pelas estatais**, em especial quanto às suas **modalidades** relacionadas no **art. 70**.

Quanto ao **prazo** de **duração** dos **contratos**, a lei estabelece como **regra geral** o limite de **cinco anos**, relacionando **duas exceções**, a teor do disposto em seu **art. 71**:

> **Art. 71.** A duração dos contratos regidos por esta Lei **não excederá a 5 (cinco) anos**, contados a partir de sua celebração, exceto:
>
> I — para projetos contemplados no plano de negócios e investimentos da empresa pública ou da sociedade de economia mista;
>
> II — nos casos em que a pactuação por prazo superior a 5 (cinco) anos seja prática rotineira de mercado e a imposição desse prazo inviabilize ou onere excessivamente a realização do negócio.
>
> Parágrafo único. É vedado o contrato por prazo indeterminado.

Em seu **art. 72** encontra-se previsão inovadora segundo a qual os contratos **somente poderão** ser **alterados** por **acordo entre as partes** e desde que não resulte em violação da obrigação de licitar.

De outra parte, de forma a concretizar o **princípio** constitucional da **publicidade** e seguindo tendência já deflagrada pela Lei n. 12.527/2011 (Lei de Acesso a Informações Públicas), o **art. 74** permite a **qualquer interessado** o **conhecimento** dos **termos** do **contrato**, bem como a obtenção de cópia autêntica do seu inteiro teor.

Outro aspecto importante a ser destacado refere-se à **responsabilidade atribuída ao contratado** de reparar os danos resultantes de sua execução causados diretamente a terceiros ou a contratante, de forma objetiva, a teor do disposto em seu **art. 76**.

Ainda sobre esse tema, importante destacar a **responsabilidade** do **contratado** pelos **encargos trabalhistas, fiscais** e **comerciais**, que **não se transfere à contratante**, nos termos do **art. 77**.

Outro ponto a destacar refere-se à **possibilidade** de o **contratante promover** um **desconto** na **remuneração** do **contratado quando, durante a execução do ajuste, não restar configurada a economia prevista** no lance ou proposta formulados durante a **licitação** que teve como **critério** de **julgamento** o **maior retorno econômico**, de acordo com a previsão estabelecida no **art. 79**.

Com relação às **alterações contratuais**, poderão elas se verificar, por **acordo entre as partes**, nas hipóteses relacionadas no **art. 81**. Confira-se:

> **Art. 81.** Os contratos celebrados nos regimes previstos nos incisos I a V do art. 43 contarão com cláusula que estabeleça a possibilidade de alteração, por acordo entre as partes, nos seguintes casos:

I — quando houver modificação do projeto ou das especificações, para melhor adequação técnica aos seus objetivos;

II — quando necessária a modificação do valor contratual em decorrência de acréscimo ou diminuição quantitativa de seu objeto, nos limites permitidos por esta Lei;

III — quando conveniente a substituição da garantia de execução;

IV — quando necessária a modificação do regime de execução da obra ou serviço, bem como do modo de fornecimento, em face de verificação técnica da inaplicabilidade dos termos contratuais originários;

V — quando necessária a modificação da forma de pagamento, por imposição de circunstâncias supervenientes, mantido o valor inicial atualizado, vedada a antecipação do pagamento, com relação ao cronograma financeiro fixado, sem a correspondente contraprestação de fornecimento de bens ou execução de obra ou serviço;

VI — para restabelecer a relação que as partes pactuaram inicialmente entre os encargos do contratado e a retribuição da administração para a justa remuneração da obra, serviço ou fornecimento, objetivando a manutenção do equilíbrio econômico-financeiro inicial do contrato, na hipótese de sobrevirem fatos imprevisíveis, ou previsíveis porém de consequências incalculáveis, retardadores ou impeditivos da execução do ajustado, ou, ainda, em caso de força maior, caso fortuito ou fato do príncipe, configurando álea econômica extraordinária e extracontratual.

Ainda em relação às **alterações**, importante anotar a possibilidade de sua **celebração** por meio do **registro por apostilamento**, dispensando-se o termo aditivo, a teor do disposto no § 7.º:

Art. 81. (...)
§ 7.º A variação do valor contratual para fazer face ao reajuste de preços previsto no próprio contrato e as atualizações, compensações ou penalizações financeiras decorrentes das condições de pagamento nele previstas, bem como o empenho de dotações orçamentárias suplementares até o limite do seu valor corrigido, não caracterizam alteração do contrato e podem ser registrados por simples apostila, dispensada a celebração de aditamento.

Merece também destaque a **limitação** dessas **alterações** que não poderão incidir sobre o **conteúdo da matriz de riscos**, de responsabilidade da contratada, de acordo com a previsão estabelecida em seu § 8.º:

Art. 81. (...)
§ 8.º É vedada a celebração de aditivos decorrentes de eventos supervenientes alocados, na matriz de riscos, como de responsabilidade da contratada.

Ainda nesse dispositivo, vale mencionar a previsão do § 1.º, segundo a qual nas mesmas condições contratuais o contratado **poderá** aceitar os **acréscimos** ou **supressões** que se fizerem nas obras, serviços ou compras **até 25%** do valor inicial atualizado do contrato e, na hipótese de **reforma de edifício** ou de **equipamento, até** o limite de **50%** para seus acréscimos.

Percebe-se que, **contrariamente** ao que se verifica na **Lei n. 8.666/93**, em especial no seu art. **65, § 1.º**, o **contratado não estará obrigado** a **aceitar** essas **alterações**, o que deixa de representar um dever para se transformar, tão somente, em uma faculdade, mesmo cenário que se apresenta ao longo do **art. 125, da Lei n. 14.133/2021**.

De resto, é a mesma tendência que se apresenta no **§ 2.º**, em que são permitidas, a exemplo do que se verifica na Lei n. 8.666/93, **supressões resultantes** de **acordo entre** os **contratantes**.

Importante ainda assinalar, em razão de sua importância, em que pese não representar nenhuma novidade em relação ao disposto no art. 58 da Lei n. 8.666/93, mesmo cenário que se apresenta em relação ao art. 104, da Lei n. 14.133/2021, as previsões dos **§§ 5.º e 6.º, do art. 81**, que apontam para a **obrigação** de **manter**, do começo até o final do ajuste, o **equilíbrio** da **equação econômico-financeira**:

> **Art. 81.** (...)
>
> § 5.º A criação, a alteração ou a extinção de quaisquer tributos ou encargos legais, bem como a superveniência de disposições legais, quando ocorridas após a data da apresentação da proposta, com comprovada repercussão nos preços contratados, **implicarão** a revisão destes para mais ou para menos, conforme o caso.
>
> § 6.º Em havendo alteração do contrato que aumente os encargos do contratado, a empresa pública ou a sociedade de economia mista **deverá** restabelecer, por aditamento, o equilíbrio econômico-financeiro inicial.

Por derradeiro, importante anotar a **vedação** para a celebração de **termos aditivos**, por força do **surgimento**, durante a execução do ajuste, de **fatos supervenientes alocados** na **matriz** de **riscos**, como de **responsabilidade** da **contratada**, a teor do disposto no **art. 81, § 8.º**.

Com relação a **sanções administrativas**, o **art. 83** dessa lei relaciona basicamente as mesmas modalidades previstas no art. 87 da Lei n. 8.666/93, que poderão ser **aplicadas** de **forma isolada** ou **conjunta**, desde que assegurados o **contraditório** e **ampla defesa**.

Finalizando, a previsão estabelecida no **art. 84** permite a aplicação da **pena** de **suspensão temporária** de **participação** em **licitação** e **impedimento** para **contratar** com **empresas** ou **sociedades** de **economia mista**, como consequência de irregularidades estranhas ao objeto do ajuste:

> **Art. 84.** As sanções previstas no inciso III do art. 83 poderão também ser aplicadas às empresas ou aos profissionais que, em razão dos contratos regidos por esta Lei:
>
> I — tenham sofrido condenação definitiva por praticarem, por meios dolosos, fraude fiscal no recolhimento de quaisquer tributos;
>
> II — tenham praticado atos ilícitos visando a frustrar os objetivos da licitação;
>
> III — demonstrem não possuir idoneidade para contratar com a empresa pública ou a sociedade de economia mista em virtude de atos ilícitos praticados.

12 ◘ Contratos Administrativos — Lei n. 14.133/2021

Observe-se o quadro:

REGIME JURÍDICO	Regras de direito privado (art. 68)
CLÁUSULAS INDISPENSÁVEIS	O elenco encontra-se localizado no art. 69
MODOS DE DISPUTA	Aberto (art. 69, § 2.º)
GARANTIAS	Relacionadas no art. 70
PRAZO	5 anos, como regra geral, contados a partir da sua celebração (art. 71)
ALTERAÇÕES	Somente por acordo entre as partes (arts. 72 e 81)
ACRÉSCIMOS E SUPRESSÕES	Mantidas as mesmas condições contratuais em até 25% como regra, ou 50% para reforma de edifício ou equipamento público
PUBLICIDADE	Permite o acesso a qualquer interessado às informações contidas no contrato (art. 74)
RESPONSABILIDADE	Objetiva, atribuída ao contratado em razão de vícios, defeitos ou incorreções resultantes da execução, bem como por danos causados a terceiros ou às estatais (art. 76)
RESPONSABILIDADE POR ENCARGOS TRABALHISTAS, FISCAIS E COMERCIAIS	Do contratado, na forma prevista pelo art. 77
SANÇÕES	Previstas nos arts. 83 e 84, tendo como pressuposto a abertura de processo administrativo, assegurada ampla defesa

12.17. QUADRO SINÓTICO

CONTRATOS ADMINISTRATIVOS	
DEFINIÇÃO E REGIME JURÍDICO	Ajustes celebrados pela Administração Pública por meio de regras previamente estipuladas por ela, sob um regime de direito público, visando à preservação dos interesses da coletividade.
CLÁUSULAS EXORBITANTES	Conjunto de prerrogativas conferidas à Administração Pública quando da celebração de contratos administrativos, por força dos interesses que representa (Lei n. 14.133/2021, art. 104).
CLÁUSULAS ESSENCIAIS DOS CONTRATOS	**Localização:** Lei n. 14.133/2021, art. 92.
EXECUÇÃO DOS CONTRATOS	**Regra geral:** preservação das cláusulas pactuadas (Lei n. 14.133/2021, art. 115). **Exceções:** quando do surgimento de situações posteriores à sua celebração marcadas pela imprevisibilidade e a necessidade de recomposição do equilíbrio inicial da equação econômico-financeira.
TEORIA DA IMPREVISÃO	**Definição:** tem aplicação quando, durante a vigência do contrato, surgirem fatos supervenientes, imprevisíveis ou previsíveis, mas de consequências incalculáveis que alterem o equilíbrio da equação econômico-financeira. **Objetivo:** recompor o equilíbrio da equação econômico-financeira. **Fatos geradores:** ◘ caso fortuito; ◘ força maior; ◘ fato do príncipe; ◘ fato da Administração; ◘ interferências imprevistas.
ALTERAÇÃO NOS CONTRATOS	**Localização:** Lei n. 14.133/2021, art. 124. **Requisito:** motivação. **Forma:** escrita. **Instrumento:** termo. **Espécies:** ◘ unilateral: art. 124, I; ◘ bilateral: art. 124, II.

Formas de extinção	
RESCISÃO ADMINISTRATIVA	Promovida unilateralmente pelo Poder Público, por razões de interesse público ou por descumprimento de obrigações pelo contratado (Lei n. 14.133/2021, art. 138, I).
RESCISÃO CONSENSUAL	Resultante de acordo entre as partes (Lei n. 14.133/2021, art. 138, II).
RESCISÃO ARBITRAL	Em decorrência de cláusula compromissória ou compromisso arbitral (Lei n. 14.133/2021, art. 138, II)
RESCISÃO JUDICIAL	Promovida pelo contratado perante o Poder Judiciário por descumprimento de obrigações pela Administração (Lei n. 14.133/2021, art. 138, III).
SANÇÕES ADMINISTRATIVAS	Art. 156 da Lei n. 14.133/2021: devendo ser precedidas da abertura de processo administrativo, com contraditório e ampla defesa.
CONTROLE DOS CONTRATOS	Interno: realizado pela Administração (art. 148 da Lei n. 14.133/2021). Externo: realizado pelo Judiciário (art. 5.º, XXXV, da CF), Ministério Público (art. 169, § 3.º, II, da Lei n. 14.133/2021) e Tribunal de Contas (art. 170, § 4.º, da Lei n. 14.133/2021).
CONVÊNIOS	Ajustes celebrados por pessoas de diferentes esferas de governo, ou entre elas e a iniciativa privada, visando atingir interesses comuns.
CONSÓRCIOS	Ajustes celebrados entre pessoas da mesma esfera de governo, visando atingir objetivos comuns.
CONSÓRCIOS PÚBLICOS	**Fundamento:** CF, art. 241. **Legislação:** Lei n. 11.107/2005. **Objetivo:** promover uma gestão associada de serviços públicos por meio da conjugação de esforços entre os diversos entes federativos. **Personalidade jurídica:** poderão adquirir personalidade jurídica de direito público (associações públicas — CC, art. 41) ou privado (Lei n. 11.107/2005, art. 6.º). **Cláusulas essenciais:** Lei n. 11.107/2005, art. 4.º.

12.18. QUESTÕES

12.19. CAPÍTULO EXTRA — CONTRATOS ADMINISTRATIVOS — LEI N. 8.666/93

Em matéria de contratos, cumpre registrar que a edição da **Lei n. 14.133/2021** não revogou, de imediato, a legislação até então existente, uma vez que a Administração pôde optar por contratar por esta lei ou pelas leis já existentes, respeitados os limites estabelecidos.

Nesse sentido, a disponibilização de todos os comentários acerca dessa matéria estão disponíveis para o leitor, **por meio do acesso ao** *QR Code*, permitindo uma melhor visão do conjunto da matéria.

13

RESPONSABILIDADE DO ESTADO

13.1. DEFINIÇÃO E DESDOBRAMENTOS

De início, cumpre estabelecer uma **definição** desse instituto, o que se faz nos termos seguintes: trata-se de uma **obrigação** atribuída ao **Poder Público** de **ressarcir** os **danos causados a terceiros**, pelos seus **agentes**, quando no **exercício de suas atribuições**.

Da definição oferecida, merecem destaque alguns pontos, a começar pela **obrigação** conferida ao **Poder Público** de **ressarcir danos** causados a terceiros.

Com efeito, oportuno destacar que o **dano indenizável** será somente aquele que apresentar as seguintes **características: certo, especial e anormal**.

13.1.1. Dano certo

É o dano real, **existente**, não podendo o Estado ser acionado em razão de danos virtuais, presumidos; aqueles que podem vir a acontecer ainda que sejam fortes os indícios nesse sentido.

Assim, se determinada pessoa vem experimentando prejuízos por diversos anos em seu imóvel por força de enchentes, sem que o Poder Público tenha esboçado, ao menos, qualquer providência, **não poderá ela ingressar** com **medida judicial**, em **caráter preventivo**, com base em suposições acerca do que poderá vir a acontecer no ano seguinte.

Estes **danos concretos** podem ser **materiais** ou **morais**, abrindo-se, inclusive, a possibilidade de cumulação dos dois em uma mesma ação, matéria esta objeto da **Súmula 37 do STJ**. Confira-se:

> **SÚMULA 37 DO STJ:** São cumuláveis as indenizações por dano material e dano moral oriundos do mesmo fato.

13.1.2. Dano especial

Dano especial é o que **se contrapõe** à noção de **dano geral**, vale dizer, aquele que atinge a coletividade como um todo, devendo, pois, ser **individualizado**.

482 Direito Administrativo Esquematizado   *Celso Spitzcovsky*

13.1.3. Dano anormal

É **aquele** que ultrapassa os problemas, as dificuldades da vida comum em sociedade, **causando** esses **prejuízos atípicos**.

13.1.4. Agentes públicos

Seguindo pela definição proposta, tem-se que o **dano** que apresentar essas características só será **indenizável** pelo Estado **quando provocado por agentes públicos**.

A utilização dessa expressão, vale dizer, **agentes públicos**, não ocorreu de maneira aleatória, mas, ao contrário, propositalmente, visto que **abrange todas** as **pessoas** que estão **dentro** da **estrutura** da **Administração** Pública.

Com efeito, essa expressão **abarca** os chamados **agentes políticos** (aqueles que formam a vontade superior do Estado, sem com ele manter uma relação profissional), os **servidores públicos**, expressão que acaba por englobar os **funcionários** públicos (os que titularizam cargos), os **empregados** públicos (os que titularizam empregos públicos) e os **contratados em caráter temporário** com base na previsão contida no **art. 37, IX, da CF**.

De igual sorte, acaba por **envolver também** os chamados **particulares** em **colaboração com o Estado**, que, embora não estejam dentro da sua estrutura, acabam integrando o conceito em razão da prestação temporária de serviços públicos, surgindo como **exemplos** a situação dos conscritos, vale dizer, os que prestam serviço militar obrigatório, bem como daqueles que recebem a convocação para o exercício da função de jurados.

A importância do conhecimento dessas expressões, "agente público", "servidor público", "funcionário público", resulta da abrangência de cada uma delas, não sendo outra razão pela qual a **Constituição Federal**, pela **primeira vez**, **lançou mão da expressão "agentes públicos"**, a teor do disposto no **art. 37, § 6.º**, que será mais bem analisado em seguida.

Nesse sentido, importante destacar, desde logo, que, ao utilizar essa expressão, a Constituição teve por **objetivo privilegiar** a **parte mais fraca dessa relação jurídica**, vale dizer, **a vítima**, passando a mensagem de que, se tiver ela sofrido um dano causado por qualquer pessoa que se encontre dentro da estrutura da Administração, poderá ingressar em juízo com ação de indenização em face do Estado.

13.1.5. Atuação na qualidade de agente público

Por derradeiro, importante observar que o **Estado** só poderá ser **acionado** para **ressarcimento** dos **danos** que apresentarem as características mencionadas, **desde que provocados** por **agentes públicos**, mas somente quando **no exercício de suas atribuições**.

Em outras palavras, **inviável** o pedido de **indenização** ante o Estado **se o agente** público causador do prejuízo a terceiros **estiver agindo** na **condição de** simples **particular**, fora, portanto, do exercício de suas atribuições.

Cita-se, a título de **exemplo**, a situação em que uma pessoa é atropelada por veículo dirigido por um agente público durante o fim de semana, sem que este estivesse no exercício de suas atribuições.

13 ▪ Responsabilidade do Estado

Nesse particular, oportuno registrar ser de **importância secundária encontrar-se** o **agente** público **de folga**, por ocasião do dano causado a terceiros, **desde que** o tenha causado **lançando mão das prerrogativas do** seu **cargo** ou, em outras palavras, agindo nessa qualidade, a teor do disposto no **art. 37, § 6.º, da CF**.

No mesmo sentido, se um policial convocado para fazer a segurança de um evento esportivo se envolve em briga com um torcedor, o Estado poderá ser acionado em juízo por ele.

Ao contrário, se foi assistir ao evento esportivo na qualidade de torcedor e se envolveu em briga com outro, neste caso o Estado não poderá ser acionado em juízo.

Dentro desse contexto, importante esclarecer quanto à possibilidade de a ação indenizatória ser proposta por pessoa jurídica, ainda que integrante da estrutura da Administração Pública.

Nesse sentido, oportuna reprodução de **precedente** do **STJ**, quando do julgamento, em **24.11.2020**, do **REsp 1.722.423/RJ**, em que a **Corte concluiu**:

> **"Pessoa Jurídica de Direito Público tem direito à indenização por danos morais relacionados à violação da honra ou da imagem, quando a credibilidade institucional for fortemente agredida e o dano reflexo sobre os demais jurisdicionados em geral for evidente."**

Desenvolvidos os itens necessários em vista da definição proposta, cabe agora buscar resposta para a pergunta mais importante a ser feita neste capítulo, vale dizer, **qual** o **modelo** de **responsabilidade do Estado consagrado em nosso ordenamento jurídico**?

Para tanto, partiremos de início para breves notícias envolvendo as **fases** de **evolução** desse instituto no **âmbito mundial**, para depois procurarmos verificar como ocorreu essa evolução aqui no Brasil e como ela está hoje em nossa Constituição.

Para melhor visualização desse item, veja-se o quadro:

DEFINIÇÃO	Obrigação atribuída ao Poder Público de indenizar danos causados a terceiros pelos seus agentes, agindo nessa qualidade
REQUISITOS	▪ configuração de dano certo, especial e anormal ▪ causado por um agente público ▪ agindo nessa qualidade

13.2. EVOLUÇÃO HISTÓRICA

13.2.1. Irresponsabilidade

A **primeira fase** de evolução do instituto foi denominada fase da **"irresponsabilidade do Estado"**, em que o Poder Público não respondia por qualquer tipo de prejuízo causado a terceiros.

Essa fase, que experimentou seu **auge** na época do **Absolutismo** no continente europeu, está bem representada pela seguinte frase, acolhida pela nossa melhor doutrina: **"The King can do no wrong" (O Rei não pode errar jamais)**.

484 Direito Administrativo Esquematizado   *Celso Spitzcovsky*

13.2.2. Responsabilidade subjetiva

A **segunda fase** de evolução dessa teoria é a chamada fase da **"responsabilidade subjetiva"**, em que o **Estado**, que até então não respondia em hipótese alguma pelos prejuízos causados a terceiros, **passa a responder com base no conceito de culpa**.

Essa **culpa**, por sua vez, poderia recair sobre um agente ou, então, caracterizar-se como **anônima** naquelas situações em que não se conseguisse vislumbrar alguém especificamente responsável pela lesão causada a terceiros.

Por seu turno, se **anônima** a **culpa**, poderia apresentar **três variantes**, na forma a seguir descrita:

- ▇ **o serviço não funcionou;**
- ▇ **o serviço funcionou tardiamente;**
- ▇ **o serviço funcionou de maneira defeituosa.**

Esta etapa de evolução também é caracterizada por uma frase retirada de decisões proferidas de forma reiterada pelo **Conselho** de **Estado** na **França**, vertida nos seguintes termos: **"faute du service"**, traduzida por **culpa do serviço**.

Em uma primeira aproximação, verifica-se que essa teoria, que leva em consideração os danos causados por um serviço, apresenta-se, como visto, quando ele foi prestado ou foi executado de forma defeituosa, causando danos.

Dentro desse contexto, pode-se ampliar essa situação, concluindo que a expressão se **aplica para** as **hipóteses resultantes** de **omissões praticadas pela Administração**, outra não sendo a razão pela qual parte da doutrina e jurisprudência entende que, nessa situação, a responsabilidade do Estado poderia ser subjetiva, como se verá melhor mais adiante.

13.2.3. Responsabilidade objetiva

A **terceira e última fase** de **evolução** desse instituto é denominada **"responsabilidade objetiva"**, em que o **Estado**, que anteriormente respondia com base no conceito de culpa, **continua** a **responder**, só que agora **com base** no **conceito** de **"nexo de causalidade"**.

O denominado **nexo causal** representa a **relação de causa e efeito existente entre o fato ocorrido e as consequências dele resultantes**.

Assim, sempre que se verificar uma **estreita relação entre** o **fato ocorrido** e as **consequências por ele provocadas**, torna-se possível o acionamento do Estado para a recomposição dos prejuízos, **sem a necessidade** de **comprovação** de **culpa ou dolo** para a caracterização de sua responsabilidade.

Surgem como **exemplos** a perda de um carro levado por uma forte inundação, a perda de uma casa em razão de enchentes, a perda de um parente em razão de uma transfusão de sangue mal realizada em um hospital público, a perda de um familiar durante uma rebelião ou mesmo como resultado de uma briga entre detentos.

De comum entre todas essas situações mencionadas está o fato de que elas apresentam uma íntima relação entre as circunstâncias descritas e os prejuízos delas resultantes, caracterizando-se o que se convencionou chamar de nexo causal.

13 ■ Responsabilidade do Estado 485

Aliás, outra coisa não **representa** o **nexo causal** senão a **inversão** do ônus da prova, que, como regra geral, cabe a quem alega, mas que no caso fica a cargo da própria Administração Pública.

Essa modalidade de responsabilidade **pode apresentar-se sob duas variantes**, vale dizer, a do **risco integral** e a do **risco administrativo**, ambas apresentando como pressuposto a caracterização do nexo de causalidade.

13.2.3.1. Risco integral

Entende-se por **risco integral** aquela situação em que o **Estado responde por qualquer prejuízo causado a terceiros**, ainda que não tenha sido o responsável por ele, o que faz com que, uma vez **acionado, não possa invocar** em sua defesa as chamadas "**excludentes**" ou "**atenuantes**" **de responsabilidade**. Isso porque responde por qualquer prejuízo causado a terceiros, pouco importando saber se foram eles originários de **eventos provocados pela natureza, pelo homem ou** mesmo se resultado de **culpa exclusiva de quem o experimentou**.

De outra forma, as excludentes ou atenuantes de responsabilidade são aquelas situações que, como o próprio nome diz, afastam por completo a responsabilidade do Estado, podendo também atenuá-la, conforme o caso.

Surgem como situações típicas caracterizadoras dessas **excludentes ou atenuantes**, como visto, aquelas decorrentes de eventos **provocados pela natureza** ou **pelo homem** ou **por culpa exclusiva da vítima**.

13.2.3.2. Risco administrativo

A modalidade de **risco administrativo** é aquela em que o **Estado só responde por prejuízos que tiver ocasionado a terceiros**, podendo ter sua **responsabilidade afastada** nas hipóteses em que o dano foi causado por **eventos** da **natureza**, pelo **homem** ou **por culpa exclusiva da vítima**.

Dizendo de maneira diferente, naqueles países que adotarem a responsabilidade objetiva na modalidade de risco administrativo, o **Estado**, uma vez **acionado, poderá invocar em sua defesa as chamadas excludentes ou atenuantes de responsabilidade**.

Compreender qual o perfil da responsabilidade presente em cada Estado assume enorme importância, na medida em que permite a compreensão acerca dos requisitos a serem preenchidos para que o Estado possa ser acionado.

A título de exemplo, naqueles países que adotam o risco administrativo, o **Estado** pode **afastar** por completo sua **responsabilidade** devido a **prejuízos causados por** um **furacão**, uma **tempestade** de enormes proporções, um ato de **vandalismo** ocasionado pelo homem, o que não se verifica naqueles Estados em que o risco é integral.

Dentro desse contexto, pode-se mencionar a hipótese envolvendo danos resultantes de **transfusão** de **sangue** que, conforme o caso, poderá ou não implicar excludente ou atenuante de responsabilidade. Nesse sentido: TJPR, 2.ª C.Cível, 0065295-72.2010.8.16.0014, Londrina, Rel.: Juiz de Direito Substituto em Segundo Grau Carlos Mauricio Ferreira, j. 07.12.2021; e TJ-GO 00623398320028090006, Relator: Desembargador Anderson Máximo de Holanda, 3.ª Câmara Cível, Data de Publicação: 18.04.2022.

Verificadas as principais fases de evolução do instituto da responsabilidade do Estado, cabe averiguar agora como se desenvolveu ele em nosso país e como se apresenta agora, regulamentado em nossa Constituição.

Para melhor visualização desse item, observe-se o quadro:

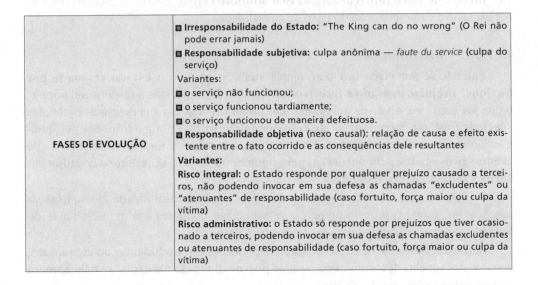

13.3. RESPONSABILIDADE DO ESTADO NO BRASIL

13.3.1. Evolução histórica

A importância desse item repousa na necessidade de compreensão da evolução desse instituto, ao nível de nossas constituições, de forma a melhor compreender a redação adotada pela Lei Maior em vigor.

A **Constituição Imperial de 1824**, no seu artigo 178, XXIX, assinalou: "os empregados públicos são estritamente responsáveis pelos abusos e omissões praticadas no exercício das suas funções, e por não fazerem efetivamente responsáveis os seus subalternos".

A leitura do dispositivo autoriza a conclusão pela adoção da teoria da **irresponsabilidade do Estado**, atribuindo esse ônus aos seus *empregados públicos*.

Igual cenário encontrava-se ao nível do art. 82 da **Constituição de 1891**, com destaque para troca da expressão **empregados públicos** para funcionários públicos: "Os funcionários públicos são estritamente responsáveis pelos abusos e omissões em que incorrerem no exercício de seus cargos, assim como pela indulgência ou negligência em não responsabilizarem efetivamente os seus subalternos".

A **Constituição de 1934**, em seu art. 171, trouxe uma importante **inovação** admitindo a **responsabilidade direta** e **solidária do Estado** com seus **funcionários**:

> Art. 171. Os funcionários públicos são responsáveis solidariamente com a Fazenda Nacional, Estadual ou Municipal por quaisquer prejuízos decorrentes de negligência, omissão ou abuso no exercício dos seus cargos.

13 ■ Responsabilidade do Estado

§ 1.º Na ação proposta contra a Fazenda Pública, e fundada em lesão praticada por funcionário, este será sempre citado como litisconsorte.

§ 2.º Executada a sentença contra a Fazenda, esta promoverá execução contra o funcionário culpado.

A **CF/37**, em seu **art. 158**, assim regulamentava o tema:

Art. 158. Os funcionários públicos são responsáveis solidariamente com a Fazenda nacional, estadual ou municipal por quaisquer prejuízos decorrentes de negligência, omissão ou abuso no exercício dos seus cargos.

Percebe-se da redação oferecida pela CF/37 que a intenção do constituinte foi a de manter uma **responsabilidade solidária entre os funcionários públicos e a Administração**, desde que o prejuízo tivesse sido ocasionado por estes quando no exercício de suas atribuições.

Cogitando-se de solidariedade, isso implicava a necessidade de a Fazenda Pública e o funcionário causador do prejuízo responderem com base no mesmo fundamento.

Nesse sentido, apontando a Constituição para prejuízos decorrentes de negligência, omissão ou abuso, **conclui-se** que, sob a égide da **Constituição de 1937**, a **responsabilidade** do **Estado e do funcionário** era **subjetiva**.

Outrossim, **não se visualiza**, na redação do dispositivo constitucional reproduzido, **nenhuma referência** à propositura de uma **ação regressiva** por parte da Fazenda Pública resultante de condenação imposta pelo Judiciário.

Essa ausência de referência se **apresenta lógica, tendo em vista** a previsão de **solidariedade**, o que torna **desnecessária** a propositura de **ação** de **regresso** contra o funcionário responsável.

Percebe-se, pois, que o perfil apresentado por essa Constituição se revela totalmente divorciado daquele apresentado pela Constituição de 1988, ora em vigor.

A **CF/46**, em seu **art. 194**, trazia a seguinte redação:

Art. 194. As pessoas jurídicas de direito público interno são civilmente responsáveis pelos danos que os seus funcionários, nessa qualidade, causem a terceiros.

Parágrafo único. **Caber-lhes-á ação regressiva** contra os funcionários causadores do dano, quando tiver havido culpa destes.

A redação do **Texto Constitucional** de **1946** aponta para uma **diretriz diferenciada** em relação à anterior analisada, porque **desaparece** o instituto da **solidariedade**, **surgindo** em seu lugar a **possibilidade** de o **Estado**, representado aqui pelas pessoas jurídicas de direito público interno, **ingressar** com **ação regressiva contra** os **funcionários causadores** do **dano**, desde que caracterizada sua culpa e, por óbvio, desde que tenham causado prejuízo no exercício de suas atribuições.

Trata-se, como se vê, de uma **alteração significativa**, na medida em que acaba por **impedir** o que antes se revelava possível, ou seja, a **propositura** de uma **ação** de responsabilidade **contra** o **Estado e o funcionário** responsável pelo dano em **caráter solidário**.

Portanto, com a promulgação da **Constituição** de **1946, desaparecendo** a **solidariedade** entre a Fazenda Pública e o funcionário, resulta nítida a conclusão segundo a qual o **fundamento** para a **responsabilização** de **um e de outro passa** a **não ser** mais o **mesmo**.

Sendo assim, a partir dessa Constituição, **inaugura-se, no Brasil**, **a etapa da responsabilidade objetiva do Estado e a da responsabilidade subjetiva do funcionário**, apurada em sede de ação regressiva.

Claro que, para que se cogite da **propositura** dessa **ação regressiva** pelas pessoas jurídicas de direito público interno, o **pressuposto** é que tenham sido elas **condenadas** na **ação** contra elas **proposta pela vítima**.

Essa **diretriz**, como se poderá observar, foi **mantida** pelas **Constituições posteriores**, a começar pela de **1967**, que tratou do tema em seu **art. 105:**

> **Art. 105. As pessoas jurídicas de direito público** respondem pelos danos que os seus funcionários, nessa qualidade, causem a terceiros.
>
> Parágrafo único. **Caberá ação regressiva** contra o funcionário responsável, nos casos de culpa ou dolo.

Como se observa, a **disciplina** estabelecida em relação a esse tema pela **CF/67** em praticamente **nada diverge** daquela inaugurada pela de **1946, exceção** feita à **inclusão**, entre os **requisitos** para a propositura de **ação regressiva** contra o funcionário, do **dolo**, visto que, **até então, somente** se verificava em casos de caracterização de **culpa**.

Por seu turno, a EC n. 1/69 disciplinou o tema em seu art. 107, da seguinte forma:

> **Art. 107.** As pessoas jurídicas de direito público responderão pelos danos que seus funcionários, nessa qualidade, causarem a terceiros.
>
> Parágrafo único. Caberá ação regressiva contra o funcionário responsável, nos casos de culpa ou dolo.

A redação oferecida por essa Constituição **em nada difere** daquela **verificada na CF/67, mantendo-se**, pois, a **diretriz** estabelecida pela **CF/46**, segundo a qual a **medida** judicial buscando a **reparação** de **danos** deveria ser **oferecida contra** as **pessoas jurídicas** de **direito público**, que, uma vez **condenadas**, poderiam ingressar com **ação** de **regresso** contra o **funcionário** responsável nas hipóteses de **culpa** ou **dolo**.

Passado em revista o processo de evolução histórica do instituto em nosso país, cumpre agora averiguar qual o **perfil** por ele **assumido** na **Constituição em vigor**, o que se fará a seguir.

O quadro a seguir explica este item:

CF/1824	Art. 178, XXIX: **os empregados públicos são estritamente responsáveis** pelos abusos e omissões praticadas no exercício das suas funções, e por não fazerem efetivamente responsáveis os seus subalternos
CF/34	Art. 171. **Os funcionários públicos são responsáveis solidariamente com a Fazenda Nacional, Estadual ou Municipal** por quaisquer prejuízos decorrentes de negligência, omissão ou abuso no exercício dos seus cargos

13 ■ Responsabilidade do Estado 489

CF/37	Art. 158: responsabilidade subjetiva e solidária entre o funcionário público e a Fazenda Pública. Nenhuma referência para ação regressiva
CF/46	Art. 194: responsabilidade objetiva das pessoas jurídicas de direito público interno e subjetiva para os funcionários em ação regressiva
CF/67	Art. 105: responsabilidade objetiva das pessoas jurídicas de direito público e subjetiva do funcionário em ação regressiva
EC N. 1/69	Art. 107: responsabilidade objetiva das pessoas jurídicas de direito público e subjetiva do funcionário em ação regressiva

13.3.2. Perfil atual

Atualmente, o perfil da responsabilidade do Estado não é único, variando de acordo com a atividade que ocasionou o dano, vale dizer, prestação de serviços públicos, envolvendo atos e omissões e exploração de atividades econômicas, matérias que serão vistas em sequência.

13.3.2.1. *Danos resultantes da prestação de serviços públicos*

Se o dano experimentado pela vítima resultar da prestação de serviços públicos, encontra-se regulamentado no **art. 37, § 6.º, da CF:**

Art. 37. (...)

§ 6.º As pessoas jurídicas de direito público e as de **direito privado prestadoras de serviços públicos** responderão pelos **danos** que seus **agentes, nessa qualidade,** causarem a terceiros, assegurado o **direito de regresso** contra o responsável nos casos de **dolo ou culpa.**

A redação oferecida pelo **Texto Constitucional** em **vigor,** não obstante manter a estrutura anteriormente estabelecida a partir da CF/46, acabou por trazer **importantes inovações.**

Assim, **em primeiro lugar,** começa por demonstrar quais as **pessoas que responderão** pelos danos ocasionados a terceiros, vale dizer, aquelas que poderão ser acionadas: as **pessoas jurídicas de direito público e as de direito privado prestadoras de serviços públicos.**

Observa-se, nesse particular, um **acréscimo** em relação às **Constituições anteriores,** que **só admitiam** essa **possibilidade** para as **pessoas jurídicas** de direito **público.**

Ao assim proceder, a atual **Constituição alargou** as **possibilidades** em relação àqueles que podem assumir a responsabilidade pelos prejuízos causados a terceiros, **contemplando, também,** as **pessoas jurídicas** de **direito privado,** desde que sejam elas **prestadoras de serviços públicos.**

Percebe-se, portanto, que o **critério adotado** pelo **Texto Constitucional** para estabelecer quais são as pessoas que poderão ser acionadas pelos prejuízos causados a terceiros, na forma do disposto no **§ 6.º do art. 37,** não foi, em absoluto, o da sua localização, pouco importando estarem elas dentro ou fora da estrutura da Administração Pública.

Ao contrário, o **critério prestigiado foi** o da **natureza da atividade por elas desenvolvida. Responderão** na forma desse dispositivo constitucional **somente aquelas que forem prestadoras** de **serviço público.**

Nunca será demasiado lembrar que as **pessoas jurídicas** de **direito público** somente poderão ser criadas para a execução de serviços públicos, **respondendo sempre** na **forma** do **dispositivo em análise** em razão dos prejuízos causados a terceiros.

Essa circunstância, entretanto, não se verifica com as **pessoas** jurídicas de **direito privado**, uma vez que, como também poderão ser criadas para a exploração de atividade econômica, só **responderão** pelos prejuízos causados a terceiros, na forma do **§ 6.º do art. 37, se forem prestadoras de serviços públicos**.

Confira-se, a propósito, decisão proferida pelo **STJ**, em **14.03.2023**, quando do julgamento do **REsp 1.569.427/SP**, envolvendo o Banco Central, espécie de autarquia:

> "O Banco Central do Brasil **responde objetivamente pelos danos** que os liquidantes, no exercício desse *munus* público, causem à massa falida, em decorrência da indevida utilização de valores pagos pelos consorciados para custear despesas concernentes ao procedimento liquidatório de empresa de consórcio."

Essa **conclusão** assume importância enorme, pois passa a permitir que os **particulares** que estejam **executando serviços públicos**, na qualidade de **concessionários**, **permissionários** ou **autorizatários, possam ser acionados** pelos prejuízos causados na **forma** do **dispositivo**.

Nesse particular, oportuno registrar decisão de extrema importância proferida pela nossa **Corte Suprema** no **Recurso Extraordinário n. 591.874**, mudando sua orientação anterior, para **reconhecer** a **responsabilidade objetiva** de **concessionária** de serviços **públicos** em relação aos **danos causados a não usuários**. Nessa decisão, o **STF** reconheceu também que, em nome do **princípio da isonomia** e em razão da redação dos **arts. 37, § 6.º**, da Constituição Federal e **25 da Lei n. 8.987/95, não se pode diferenciar o usuário do não usuário do serviço, para efeito de responsabilização do causador do dano**.

Em outras palavras, assume **caráter secundário** para efeito de configuração da responsabilidade objetiva **quem causou** o **dano** (se pessoa integrante ou não da Administração), **bem como quem sofreu** o **dano** (se usuário ou não do serviço).

Assume relevo, sim, **saber qual** a **atividade** desenvolvida quando da configuração do dano.

Com efeito, em se tratando de prestação de **serviços públicos**, a responsabilidade **será sempre objetiva**, quer estivesse à frente da execução a Administração Pública ou tenha ela sido transferida para particulares (concessionários, permissionários).

Referida decisão da Corte Suprema foi tomada quando da análise de recurso interposto por uma empresa de transporte coletivo, condenada em instâncias inferiores pelo atropelamento de um ciclista que veio a falecer e teve sua repercussão geral reconhecida por unanimidade.

Pela **importância** da **orientação** estabelecida em **agosto** de **2009**, oportuna a **transcrição da ementa** do referido **julgado**:

> "Constitucional. Responsabilidade do Estado. Art. 37, § 6.º, da Constituição. Pessoas jurídicas de direito privado prestadoras de serviço público. Concessionário ou permissionário do serviço de transporte coletivo. Responsabilidade objetiva em relação a terceiros não usuários do serviço. Recurso desprovido. I — **A responsabilidade civil das pessoas jurídicas de direito privado prestadoras de serviço público é objetiva relativamente a**

13 ◼ Responsabilidade do Estado   491

terceiros usuários e não usuários do serviço, segundo decorre do art. 37, § 6.º, da Constituição Federal. II — A inequívoca presença do nexo de causalidade entre o ato administrativo e o dano causado ao terceiro não usuário do serviço público é condição suficiente para estabelecer a responsabilidade objetiva da pessoa jurídica de direito privado. III — Recurso extraordinário desprovido" (RE 591.874, rel. Min. Ricardo Lewandowski, TP, j. 26.08.2009, Repercussão Geral, *DJ* 18.12.2009, Ementário v. 02387-10, p. 1820).

O referido **entendimento foi ratificado**, em **1.º de julho de 2014**, quando do julgamento do **ARE 793.046**.

Sobre o mesmo tema, oportuna a reprodução de precedente do **TJSP**, quando do julgamento, **em 12.09.2023**, da AC n. 1023881-14.2022.8.26.0100. Confira-se:

"AÇÃO DE INDENIZAÇÃO POR DANOS MORAIS. Transporte de pessoas sobre trilhos — Metrô — Alegada importunação e agressão em razão de sua opção sexual ocorrida dentro de vagão da concessionária de serviço público (...) — Concessionária de serviço público — Responsabilidade objetiva Falha na prestação do serviço. Inteligência e aplicação dos artigos 734 e735 do Código Civil. Súmula 187 do C. STF — Cláusula de incolumidade. Responsabilidade objetiva do transportador, que não é elidida por culpa de terceiro, cabendo eventual ação regressiva — Dano moral — Ocorrência. (...)".

13.3.2.1.1. *Da ação regressiva contra o agente causador do dano*

Essa questão, disciplinada na **parte final** da redação do **§ 6.º** do **art. 37**, não foi incluída até aqui para a determinação do perfil da responsabilidade do Estado, por **referir-se** a uma **relação jurídica** totalmente **diferente**, visto que **envolve** de um lado o **Estado e** de outro o **agente público**, responsável pelo dano causado a terceiros.

Por certo, o **pressuposto** para que o **Estado** possa **se voltar** contra o **agente** responsável pelo dano causado a terceiros é que tenha sido ele **condenado na primeira relação jurídica** em virtude da ação de indenização contra ele proposta.

Preenchido esse pressuposto, uma vez que não faria sentido o Estado voltar-se contra o agente se não houvesse sido condenado na primeira relação jurídica, **o agente será responsabilizado, desde que comprovada sua culpa ou dolo**.

Trata-se, pois, de uma **nova relação jurídica, que exige**, para eventual condenação, **requisitos** totalmente **diversos** daqueles previstos no momento de se tentar responsabilizar o Estado.

Efetivamente, enquanto a responsabilização deste depende da caracterização do nexo causal, a **condenação** do **agente depende**, como visto, da **caracterização** de **culpa** ou **dolo**.

Dentro desse contexto, com base nesse dispositivo constitucional, o **STF** reconheceu a existência de **Repercussão Geral** assinalando a **impossibilidade** de propositura de **ação indenizatória em face do Estado e do Agente Público, Tema 940**. Confira-se:

"A teor do disposto no art. 37, § 6.º, da Constituição Federal, **a ação por danos** causados por agente público **deve ser ajuizada contra o Estado ou a pessoa jurídica de direito privado prestadora de serviço público, sendo parte ilegítima para a ação o autor do ato**, assegurado o direito de regresso contra o responsável nos casos de dolo ou culpa".

492 Direito Administrativo Esquematizado   *Celso Spitzcovsky*

13.3.2.1.2. Da prescrição

A matéria, principalmente após o advento do **Código Civil de 2002**, está a merecer um cuidado todo especial em razão das disposições ali contidas que parecem, em um primeiro momento, negar validade aos diplomas legais até então disciplinadores do tema.

Destarte, o **Decreto n. 20.910/32** preconizou em seu **art. 1.º** o **prazo** de **cinco anos** para a prescrição das **dívidas passivas da União, dos Estados, dos Municípios e do Distrito Federal** e para qualquer direito ou ação contra a Fazenda, contados da data em que verificado o fato em que se fundarem:

> **Art. 1.º As dívidas passivas da União, dos Estados e dos Municípios,** bem assim todo e qualquer direito ou ação contra a Fazenda federal, estadual ou municipal, seja qual for a sua natureza, prescrevem em cinco anos contados da data do ato ou fato do qual se originarem.

Essa **diretriz** foi **reafirmada** pelo **Decreto-lei n. 4.597/42**, que a estendeu, em seu **art. 1.º**, para as autarquias e entidades e órgãos paraestatais criados por lei e mantidos mediante impostos, taxas ou quaisquer contribuições.

Por seu turno, a **Lei n. 9.494/97** ratificou em seu **art. 1.º-C** a **prescrição** em **cinco anos** para obter indenização dos danos causados por agentes de pessoas jurídicas de direito público e de pessoas jurídicas de direito privado prestadoras de serviços públicos. Confira-se:

> **Art. 1.º-C.** Prescreverá em cinco anos o direito de obter indenização dos danos causados por agentes de pessoas jurídicas de direito público e de pessoas jurídicas de direito privado prestadoras de serviços públicos.

De outra parte, de se registrar também a diretriz estabelecida pela **Súmula 39** do **STJ**:

> **SÚMULA 39 DO STJ:** Prescreve em vinte anos a ação para haver indenização, por responsabilidade civil, de sociedade de economia mista.

Cumpre observar, ainda, que o **Código Civil** em vigor trouxe algumas novidades em relação ao tema, consoante se verifica na redação do **art. 206, § 3.º, V**. Confira-se:

> **Art. 206.** Prescreve: (...)
> § 3.º Em três anos: (...)
> V — a pretensão de reparação civil.

A **leitura** do **dispositivo legal autoriza** uma **conclusão** inicial segundo a qual o **prazo prescricional** para as ações contra a Fazenda Pública seria único, de **três anos**.

Sem embargo, essa análise inicial não resiste a uma **interpretação sistemática** do diploma civil, a demonstrar que esses prazos podem experimentar variações, de acordo com as características peculiares de cada caso concreto, em razão da regra estabelecida no **art. 2.028**:

13 ◼ Responsabilidade do Estado

Art. 2.028. Serão os da lei anterior os prazos, quando reduzidos por este Código, e se, na data de sua entrada em vigor, já houver transcorrido mais da metade do tempo estabelecido na lei revogada.

Nesse contexto, em comentários ao referido dispositivo, posiciona-se o ilustre Procurador do Estado de São Paulo, aposentado, **Luiz Duarte de Oliveira**[1]:

"Pode-se concluir, portanto, que a prescrição liberatória das pretensões dirigidas em face das Fazendas Públicas será sempre a de menor prazo, não podendo ultrapassar, em qualquer hipótese, os cinco anos instituídos pelo Dec. 20.910/1932.

Nessa senda, não havendo óbice à aplicação dos prazos prescricionais inferiores a cinco anos, trazidos pelo atual Código Civil, em relação às Fazendas Públicas, há de se perquirir sobre a existência de algum conflito intertemporal de normas, a demandar o emprego do seu art. 2.028, *verbis*:

Sem conflito intertemporal a ser solucionado, as pretensões indenizatórias em face das Fazendas Públicas — apenas para aproveitar o exemplo — que tenham por objeto evento danoso ocorrido até a entrada em vigor do atual Código Civil (0:00 horas do dia 10.01.2003), prescreveram em cinco anos, na forma instituída pelo Dec. 20.910/1932. Já aquelas pretensões ressarcitórias, estribadas em dano ocorrido após a vigência da codificação, terão prazo prescricional trienal, como quer a nova lei civil".

Dentro desse contexto, percebe-se nitidamente a existência de **diversos posicionamentos** relacionados a este tema, em especial **a partir de 2002**, com a entrada em vigor do **Código Civil**.

De se registrar, ainda, que nossos Tribunais, em especial o **STJ**, mantêm entendimento no sentido da aplicação da **prescrição quinquenal** a todo e qualquer direito ou ação contra a Fazenda Federal, Estadual ou Municipal, seja qual for a sua natureza:

"(...) 2. **O atual e consolidado entendimento deste Tribunal Superior sobre o tema é no sentido da aplicação do prazo prescricional quinquenal** — previsto do Decreto 20.910/1932 — **nas ações indenizatórias ajuizadas contra a Fazenda Pública**, em detrimento do prazo trienal contido do Código Civil de 2002. 3. Agravo Interno do ente municipal desprovido" (STJ, AgInt no AREsp: 1847140/RJ 2021/0053769-4, rel. Min. Manoel Erhardt (Desembargador Convocado do TRF5), j. 14.02.2022, Primeira Turma, *DJe* 16.02.2022).

Em que pese o entendimento consolidado ao nível da Corte, importante anotar que, por força da previsão estabelecida ao nível do art. 1.º do Decreto n. 20.910/32, o prazo quinquenal, ali estabelecido, aplica-se, tão somente, para dívidas passivas da Administração, abrindo a perspectiva de aplicação de outros prazos menores.

A título de encerramento deste item, oportuno noticiar a consolidação no nível do **STJ** da tese quanto à **inexistência** de **prazo prescricional** para ações de ressarcimento por força de **danos** experimentados no **período** de **ditadura, consoantes se verifica da Súmula 647 editada em 10.03.2021:**

---

[1] *A prescrição no novo Código Civil* — uma análise interdisciplinar. 3. ed. São Paulo: Saraiva, 2011, p. 298-299.

494 Direito Administrativo Esquematizado   *Celso Spitzcovsky*

SÚMULA 647: São imprescritíveis as ações indenizatórias por danos morais e materiais decorrentes de atos de perseguição política com violação de direitos fundamentais ocorridos durante o regime militar.

Ainda sobre este item, vale destacar **precedente** do **STJ** quando do julgamento em **12.05.2021** do **MS 24.508/DF**, em que a **Primeira Seção, por unanimidade, concluiu**:

"**Anistiado político**. Concessão de **reparação mensal**, permanente e continuada, com fundamento na **Lei n. 10.559/2002**. **Fixação do** *quantum* **da indenização mediante arbitramento por 'pesquisa de mercado'.** Critério supletivo. Prestação mensal que deve ser equivalente à remuneração que o anistiado perceberia, caso não tivesse sofrido perseguição política. Arts. 6.º, 7.º e 8.º da Lei n. 10.559/2002.
No tocante ao valor da reparação mensal devida aos anistiados políticos, a fixação do *quantum* **indenizatório por pesquisa de mercado**, deve ser supletiva, utilizada apenas quando não há, por outros meios, como se estipular o valor da prestação mensal, permanente e continuada".

13.3.2.1.3. *Da prescrição para a propositura de ação regressiva*

Ainda sobre este tema, oportuno registrar que as discussões noticiadas no item anterior não se aplicam quando se tratar de **prescrição em favor da Fazenda**, que, condenada, insurge-se em sede de **ação regressiva** contra o agente público responsável pelo dano experimentado pela vítima, uma vez que, para recompor o seu patrimônio, dela não se cogita, a teor do disposto no **art. 37, § 5.º, da CF**:

Art. 37. (...)
§ 5.º A lei estabelecerá os prazos de prescrição para ilícitos praticados por qualquer agente, servidor ou não, que causem prejuízos ao erário, **ressalvadas as respectivas ações de ressarcimento**.

Em outras palavras, tem-se que a **ação** de **regresso** da Administração em face do servidor é **imprescritível**, conclusão que se atinge **em vista do interesse público** a ser preservado. Nesse sentido, oportuno registrar que a **Suprema Corte**, em **março de 2016**, através do seu **órgão pleno**, houve por bem **flexibilizar esse entendimento concluindo pela existência de prescrição** em **danos** à Fazenda Pública **decorrentes** de **ilícito civil** diante da necessidade de **garantir certeza** e **segurança** nas relações sociais, sobretudo no campo patrimonial.

Assim é que os Ministros firmaram, **em 02.03.2016**, tese de **repercussão geral** no sentido de que "**é prescritível a ação de reparação de danos à Fazenda Pública decorrente de ilícito civil**". Essa tese foi elaborada no julgamento do **RE 669.069**, em que se discutiu o prazo de prescrição das ações de ressarcimento por danos causados ao erário.

Sem embargo, no **mesmo julgamento**, **concluíram** os Ministros que essa **tese não alcança** prejuízos que decorram de **ato de improbidade** administrativa.

De acordo com o relator do processo, Ministro Teori Zavascki, a **ressalva** contida na **parte final** do § 5.º do **art. 37 da Constituição Federal**, que remete a lei à fixação de prazos de prescrição para ilícitos que causem prejuízos ao erário, mas excetua respectivas ações de ressarcimento, **deve ser entendida de forma estrita**. Segundo ele, uma **interpretação ampla** da ressalva final **conduziria** à **imprescritibilidade** de **toda e qualquer ação** de **ressarcimento** movida pelo erário, mesmo as fundadas em ilícitos civis que não decorram de culpa ou dolo, **gerando incerteza** e **insegurança** nas relações sociais.

Dentro desse contexto, para melhor visualização das diretrizes estabelecidas no art. 37, § 6.º, da Constituição, oportuna a elaboração do seguinte esquema:

Para melhor visualização do que foi falado nesse item, observe-se o quadro:

DANOS CAUSADOS PELO ESTADO RESULTANTES DA PRESTAÇÃO DE SERVIÇOS PÚBLICOS	
FUNDAMENTO	Art. 37, § 6.º, da CF
PERFIL	Responsabilidade objetiva (nexo causal) na variante do risco administrativo
AÇÃO REGRESSIVA	Possível em face do agente público
PRESCRIÇÃO — REGRA GERAL	5 anos de prescrição: Decreto n. 20.910/32, posição consolidada no nível do STJ
PRESCRIÇÃO — VARIAÇÕES	▪ Código Civil: 3 anos, art. 206, § 3.º, V ▪ Súmula 39 do STJ: 20 anos, por responsabilidade civil, de sociedade de economia mista
IMPRESCRITIBILIDADE (STJ)	▪ Danos resultantes de atos praticados na época da ditadura ▪ Danos ambientais
AÇÃO REGRESSIVA	▪ Imprescritibilidade (art. 37, § 5.º, da CF) Divergência: STF, fevereiro de 2016 — RE 669.069, repercussão geral: prescritível a ação de reparação de danos à Fazenda Pública decorrente de ilícito civil

13.3.2.2. *Responsabilidade do Estado resultante de omissão*

Analisado o perfil de **responsabilidade** do **Estado** quando o dano resulta da prestação de um serviço público, oportuno agora o enfrentamento da questão relacionada a danos **resultantes de omissão**, matéria marcada por **intensa divergência** quer no **campo doutrinário**, quer no **campo jurisprudencial**, resultante, em larga escala, da **inexistência** de **dispositivo constitucional** disciplinador **do tema, bem como de dispositivos legais e ainda de súmulas**.

a) Da posição do STF:

Acerca desse tema, o STF consolidou entendimento, embora longe de se cogitar quanto a existência de posição unânime, de incidência da responsabilidade objetiva para danos resultantes de atos comissivos e omissivos.

Em **fevereiro de 2017**, a **Suprema Corte**, quando do julgamento do **RE 580.252/ MS**, promovido pela Defensoria Pública do Mato Grosso do Sul, concluiu pela possibilidade de **responsabilização** do **Estado** por **danos materiais** e **morais** sofridos por **presidiários encarcerados em cadeias superlotadas** ou com **más condições de saúde e higiene**:

> "Considerando que é dever do Estado, imposto pelo sistema normativo, manter em seus presídios os padrões mínimos de humanidade previstos no ordenamento jurídico, é de sua responsabilidade, nos termos do **art. 37, § 6.º da Constituição**, a obrigação de ressarcir os danos, inclusive morais, comprovadamente causados aos detentos **em decorrência da falta ou insuficiência das condições legais de encarceramento**".

Portanto, concluiu a Suprema Corte tratar-se aqui de responsabilidade objetiva do Estado, agregando-se o argumento quanto à obrigatoriedade de ele zelar pela integridade física e moral dos presos, com base no art. 5.º, XLIX, da Constituição:

> Art. 5.º (...)
> XLIX — é assegurado aos presos o respeito à integridade física e moral.

No mesmo julgado, a Suprema Corte houve por bem rechaçar a "teoria da reserva do possível", em razão de déficit orçamentário, utilizada pela Administração como excludente de responsabilidade para justificar as calamitosas condições em que se encontram os presídios brasileiros.

Essa questão, foi novamente objeto de consideração por parte do **STF**, quando do julgamento, **em 02.10.2023**, da **ADI 5.170**, com dois votos já consignados a favor da reiteração da tese da responsabilidade objetiva, até o fechamento desta edição.

O voto da Ministra Rosa Weber (Relatora) resultou na seguinte proposta de tese:

> "(i) É inconstitucional a interpretação dos dispositivos do Código Civil que afaste a reparabilidade do dano moral individual sofrido por preso, em razão de condições subumanas, insalubres, degradantes ou de superlotação, sendo que a reparação deverá ser natural, por meio da abreviação da pena, e subsidiariamente em pecúnia, quando não implementada aquela pelo Juízo de execução penal, de ofício ou mediante provocação;"

No mesmo sentido, o voto do Min. Gilmar Mendes, quanto à incidência de responsabilidade objetiva do Estado:

> "(i) a responsabilidade civil objetiva do Estado pelos danos morais causados a presos comprovadamente submetidos a condições desumanas e degradantes, tendo em vista o disposto no art. 1.º, III; art. 5.º, III, XLVII, *b*, XLIX; e art. 37, § 6.º, da CF/88;"

Ainda sobre esse tema, o **STF**, por **unanimidade**, reconheceu, quando do julgamento, em **04.10.2023**, da **ADPF 347**, a violação massiva de direitos fundamentais no

13 ◼ Responsabilidade do Estado

sistema prisional brasileiro e determinou que o governo Federal elabore um plano de intervenção para resolver a situação.

Foi fixada a seguinte tese:

> "1. Há um estado de coisas inconstitucional no sistema carcerário brasileiro, responsável pela violação massiva de direitos fundamentais dos presos. Esse estado de coisas demanda a atuação cooperativa das diversas autoridades, instituições e comunidade para a construção de uma solução satisfatória.
> 2. Diante disso, União, estados e Distrito Federal, em conjunto com o Departamento de Monitoramento e Fiscalização do Conselho Nacional de Justiça (DMF/CNJ), deverão elaborar planos a serem submetidos à homologação do Supremo Tribunal Federal, no prazo de seis meses, especialmente voltados para o controle da superlotação carcerária, da má qualidade das vagas existentes e da entrada e saída dos presos.
> 3. O CNJ realizará estudo e regulará a criação de número de varas de execução penal proporcional ao número de varas criminais e ao quantitativo de presos."

No mesmo sentido, **decisão** proferida pelo **STF**, quando do julgamento, em **1.º.02.2019**, do **AgInt no RE**, reiterando a tese da responsabilidade objetiva para atos comissivos e omissivos, nos seguintes termos:

> "ILEGITIMIDADE PASSIVA DOS AGRAVADOS. INOVAÇÃO RECURSAL. ALEGAÇÃO DE SE TRATAR DE MATÉRIA DE ORDEM PÚBLICA. INADMISSIBILIDADE. **RESPONSABILIDADE OBJETIVA DO ESTADO**. REEXAME DE MATÉRIA FÁTICA. SÚMULA 279 DO STF. PRECEDENTES. (...) 2. **A responsabilidade objetiva se aplica às pessoas jurídicas de direito público pelos atos comissivos e omissivos, a teor do art. 37, § 6.º, do Texto Constitucional. Precedentes**. (...)" (ARE 1.137.891-AgR, 2.ª T., Rel. Min. Edson Fachin, *Dje* de 01.02.2019).

Em **11 de março de 2020**, quando do julgamento do **RE 13.6861/SP**, a Corte **decidiu que o Estado tem responsabilidade civil por danos decorrentes de omissão do dever de fiscalizar comércio de fogos de artifício, desde que tenha violado seu dever de agir na concessão da licença ou na fiscalização**.

O colegiado definiu a seguinte **tese de repercussão geral (Tema 366)**: "**Para que fique caracterizada a responsabilidade civil do Estado por danos decorrentes do comércio de fogos de artifício, é necessário que exista violação de um dever jurídico específico de agir, que ocorrerá quando for concedida a licença para funcionamento sem as cautelas legais, ou quando for de conhecimento do Poder Público eventuais irregularidades praticadas pelo particular**".

No **caso concreto**, familiares de vítimas de uma explosão em estabelecimento que comercializava indevidamente fogos de artifício em ambiente residencial recorriam de decisão do Tribunal de Justiça de São Paulo (TJ-SP) que, ao reformar sentença, negou o pedido de indenização por danos morais movido contra o município de São Paulo por **suposta omissão no seu dever de fiscalizar**.

b) Da posição do STJ:

De outro giro, revelando a divergência dos nossos Tribunais sobre o tema, o STJ consolidou entendimento pela incidência da **responsabilidade subjetiva** em se tratando de danos resultantes de omissões praticadas pelo Poder Público, em que pese não se tratar de tese unânime.

Assim, em **09.06.2020**, quando do julgamento do **REsp 1.869.046/SP**, a Corte decidiu

> "(...) 3. A regra geral do ordenamento brasileiro é de responsabilidade civil objetiva por ato comissivo do Estado e de responsabilidade subjetiva por comportamento omissivo. **Contudo, em situações excepcionais de risco anormal da atividade habitualmente desenvolvida, a responsabilização estatal na omissão também se faz independentemente de culpa. (...)**".

No mesmo sentido, a decisão, quando do julgamento, em **05.04.2022**, do **REsp n. 1.709.727/SE**, em que se conclui que a responsabilidade civil do Estado por **condutas omissivas** é **subjetiva**, devendo ser comprovados a negligência na atuação estatal, o dano e o nexo de causalidade. Confira-se trecho do precedente:

> "(...) Quanto ao mérito, a jurisprudência desta Corte é firme no sentido de que a responsabilidade civil do Estado por condutas omissivas é subjetiva, sendo necessário, dessa forma, a comprovação da conduta omissiva e culposa (negligência na atuação estatal — má prestação do serviço), o dano e o nexo causal entre ambos" (**STJ, REsp 1709727 SE 2016/0173813-0, rel. Min. Benedito Gonçalves, j. 05.04.2022, 1.ª T.,** *DJe* **11.04.2022**).

De forma a demonstrar a ausência de uniformidade de entendimento sobre a matéria, o mesmo **STJ**, concluiu, quando do julgamento, em **24.05.2022**, do **REsp 1.708.325/ RS**, pela configuração de **responsabilidade objetiva** por dano ocorrido no interior de hospital. Confira-se:

> "Responsabilidade civil do Estado por omissão. Morte em decorrência de disparo de arma de fogo no interior de hospital público. Ausência de vigilância. Falha específica no dever de agir. Excludente de ilicitude. Fato de terceiro. Não ocorrência."
>
> "O hospital que deixa de fornecer o mínimo serviço de segurança, contribuindo de forma determinante e específica para homicídio praticado em suas dependências, responde objetivamente pela conduta omissiva."

Para melhor visualização dos itens desenvolvidos, confira-se o seguinte quadro:

RESPONSABILIDADE POR OMISSÃO	Divergência, alguns entendendo ser subjetiva (*faute du service*), outros concluindo ser objetiva com base no art. 37, § 6.º, da CF
JURISPRUDÊNCIA	Divergência, inexistindo qualquer súmula em relação a este tema. O STF entende ser a responsabilidade objetiva, enquanto o STJ concluiu pela responsabilidade subjetiva

13.3.2.3. *Dos danos resultantes de exploração de atividades econômicas*

A terceira e última possibilidade que se apresenta a título de encerramento do perfil da responsabilidade do Estado, é aquela resultante de exploração de atividades econômicas, quando passa a atuar em regime de competição com a iniciativa privada,

13 ◼ Responsabilidade do Estado   499

afastando a incidência do art. 37, § 6.º, e atraindo as disposições estabelecidas ao nível do art. 173, da CF. Confira-se:

> **Art. 173.** Ressalvados os casos previstos nesta Constituição, a exploração direta de atividade econômica pelo Estado só será permitida quando necessária aos imperativos da segurança nacional ou a relevante interesse coletivo, conforme definidos em lei.

O dispositivo reproduzido, permite concluir que a exploração de atividade econômica pelo Estado só terá lugar em situações excepcionais, por imperativos de segurança nacional ou de relevante interesse coletivo.

De outro giro, nem todas as pessoas jurídicas que integram a administração pública, poderão ser criadas para exploração dessas atividades.

Destarte, essa possibilidade foi restrita para **empresas públicas** e **sociedades de economia mista** a teor do disposto no **art. 173, § 1.º, da CF**. Confira-se:

> **Art. 173. (...)**
> § 1.º A lei estabelecerá o estatuto jurídico da **empresa pública, da sociedade de economia mista** e de **suas subsidiárias que explorem atividade econômica** de produção ou comercialização de bens ou de prestação de serviços, dispondo sobre: (...)

Ao longo desse dispositivo, estabeleceu a CF a necessidade das estatais se submeterem ao mesmo regime jurídico das empresas privadas, em respeito ao princípio da livre concorrência. Confira-se:

> II — a sujeição ao regime jurídico próprio das empresas privadas, inclusive quanto aos direitos e obrigações civis, comerciais, trabalhistas e tributários.

Portanto, verifica-se que, quando da **exploração** de **atividades econômicas** através de empresas públicas e sociedades de economia mista, o Estado, por atuar em **regime** de **competição com a iniciativa privada**, não poderá experimentar privilégios que a elas não se estendam em relação aos itens ali colocados, de forma meramente exemplificativa, vale dizer, **direitos e obrigações civis, comerciais, trabalhistas e tributárias**.

Nesse sentido, oportuna a citação do disposto no **art. 173, § 2.º**, que **impede** a atribuição de **benefícios fiscais que não se estendam para a iniciativa privada**:

> **Art. 173. (...)**
> § 2.º As empresas públicas e as sociedades de economia mista não poderão gozar de privilégios fiscais não extensivos às do setor privado.

Dentro desse contexto, essas **empresas** e **sociedades de economia mista não poderão receber**, contrariamente ao que se vê para aquelas criadas para a prestação de serviços públicos, nem **imunidade nem isenção** de **impostos** que também não se estendam para a iniciativa privada, sob pena de configuração de um **esvaziamento** do princípio da **livre concorrência**, que não se pode admitir.

Nesse sentido, cumpre averiguar de que forma nosso ordenamento jurídico prevê a responsabilidade das empresas privadas, matéria que se encontra disciplinada no **Código Civil**, inicialmente em seu **art. 186:**

Art. 186. Aquele que, por ação ou omissão voluntária, negligência ou imprudência, violar direito e causar dano a outrem, ainda que exclusivamente moral, comete ato ilícito.

Percebe-se da redação reproduzida que o **Código Civil**, ao menos como **regra geral**, prescreve para as pessoas jurídicas que causem danos a terceiros a **responsabilidade subjetiva**, mesmo perfil que deverá ser adotado para a empresa pública e a sociedade de economia mista, criadas para a exploração de atividade econômica, por se encontrarem em regime de competição.

Cumpre observar, outrossim, que a forma de responsabilização de particulares prevista no **art. 927** do **Código Civil também** se apresenta como **subjetiva**, vale dizer, baseada nos conceitos de culpa e dolo:

Art. 927. Aquele que, por ato ilícito (arts. 186 e 187), causar dano a outrem, fica obrigado a repará-lo.

Nesse sentido ainda, oportuno consignar que no mesmo dispositivo, agora em seu **parágrafo único**, admite-se, também, a **responsabilidade objetiva** na forma ali estabelecida:

Art. 927. (...)
Parágrafo único. Haverá obrigação de reparar o dano, independentemente de culpa, nos casos especificados em lei, ou quando a atividade normalmente desenvolvida pelo autor do dano implicar, por sua natureza, risco para os direitos de outrem.

Dentro desse contexto, uma vez que o **Código Civil admite a responsabilidade sem culpa** nos **casos especificados** em **lei, oportuna** também a **referência ao Código de Defesa do Consumidor**, que estabelece a **responsabilidade objetiva do fornecedor de serviços**, consoante se verifica da redação de seu **art. 14**:

Art. 14. O fornecedor de serviços responde, **independentemente da existência de culpa**, pela reparação dos danos causados aos consumidores por defeitos relativos à prestação dos serviços, bem como por informações insuficientes ou inadequadas sobre sua fruição e riscos.

De toda sorte, nada obstante as oscilações do legislador, o certo é que a **empresa pública** e a **sociedade** de **economia mista** exploradoras de **atividade econômica** foram **excluídas** da regra do **art. 37, § 6.º, da CF** e **responderão** pelos danos causados a terceiros da **mesma forma** que a **iniciativa privada**, com as variantes verificadas.

A propósito, confira-se as Súmulas 297 e 479 do STJ:

SÚMULA 297: O Código de Defesa do Consumidor é aplicável às instituições financeiras.

SÚMULA 479: As instituições financeiras respondem objetivamente pelos danos gerados por fortuito interno relativo a fraudes e delitos praticados por terceiros no âmbito de operações bancárias.

Nesse sentido, oportuna a reprodução de **precedente** do **STJ**, em **09.06.2020**, quando do julgamento do **REsp 1.869.046/SP**, em que **decidiu**:

"(...) 4. **Aplica-se igualmente ao Estado a prescrição do art. 927, parágrafo único, do Código Civil, de responsabilidade civil objetiva por atividade naturalmente perigosa, irrelevante seja a conduta comissiva ou omissiva. (...)**

(...) **Entre as atividades de risco "por sua natureza" incluem-se** as desenvolvidas em edifícios públicos, estatais ou não (p. ex., **instituição prisional, manicômio, delegacia de polícia e fórum**), com circulação de pessoas notoriamente investigadas ou condenadas por crimes, e aquelas outras em que o risco anormal se evidencia por contar o local com vigilância especial ou, ainda, com sistema de controle de entrada e de detecção de metal por meio de revista eletrônica ou pessoal".

Vale destaque ainda para **precedente** do **TJ/GO**, em **02.09.2019**, quando do julgamento do **processo n. 0149116.33.2017.8.09.0172**, em que **decidiu que banco indenizará dono de imóvel vizinho destruído durante assalto em agência, levando-se em conta teoria da responsabilidade objetiva fundada no risco da atividade.**

O relator observou que o **art. 927 do Código Civil** dispõe, em seu **parágrafo único**, da **teoria da responsabilidade objetiva fundada no risco da atividade**. Considerou que a atividade bancária é de risco, "notadamente por ser alvo constante de ações criminosas empreendidas contra o patrimônio, muitas vezes de forma violenta, com severa exposição de pessoas não ligadas à atividade econômica, e seu patrimônio particular, a riscos diversos".

Seguindo a mesma tendência, surgem importantes **precedentes do TJSP**. Confira-se:

"Consumidor — banco — cliente vítima de golpe praticado por terceiros — responsabilidade objetiva da instituição bancária — ausência de causa excludente da responsabilidade — restituição dos valores descontados — negado provimento ao recurso" (TJ-SP, RI 10027673520218260106 Caieiras, Rel. Vanessa Velloso Silva Saad Picoli, j. 31.07.2023, 2.ª Turma Cível e Criminal, Data de Publicação: 31.07.2023).

"Direito do consumidor. Transação bancária realizada por terceiros por meio de aplicativo após roubo de telefone celular. Falha na segurança esperada pelo consumidor. Responsabilidade objetiva da instituição bancária. Precedentes. Sentença mantida" (TJ-SP, RI 10203475020228260007 São Paulo, Rel. Fabiana Tsuchiya, j. 06.06.2023, 3.ª Turma Recursal Cível e Criminal, Data de Publicação: 06.06.2023).

Portanto, a regra de ouro, aplicável quando o dano resulta de exploração de atividades econômicas, é que o Estado responda da mesma forma como responderia a iniciativa privada, de acordo com as variações previstas ao nível do Código Civil.

Para melhor visualização dos itens desenvolvidos, confira-se o seguinte quadro:

FUNDAMENTO	Art. 173, § 1.º, II, da CF
PERFIL	O Estado responde da mesma forma que a iniciativa privada por se encontrar em regime de competição (art. 173, § 1.º, II, da CF)
DESTINATÁRIOS	Apenas empresas públicas e sociedades de economia mista (art. 173, § 1.º, II, da CF)
HIPÓTESES	Segurança nacional e relevante interesse coletivo (art. 173, *caput,* da CF)
CÓDIGO CIVIL	Regra geral: art. 186 (responsabilidade subjetiva) Exceção: art. 927, parágrafo único (responsabilidade objetiva, por expressa disposição de lei ou quando a atividade, por sua natureza, implicar riscos para terceiros)

502 Direito Administrativo Esquematizado   *Celso Spitzcovsky*

13.3.2.4. *Da amplitude do tema ao nível da jurisprudência dos nossos tribunais*

A amplitude atingida por este tema fez com que as decisões proferidas pelos nossos Tribunais fossem as mais variadas. Dessa forma, pedimos vênia ao leitor para sistematizá-las conforme a matéria discutida.

a) Responsabilidade do Estado em relação aos detentos

Em relação a esse tema, o **STJ** já consolidou a tese segundo a qual o Estado possui **responsabilidade objetiva** nos casos de **morte** de custodiado em **unidade prisional**, conforme se verifica dos seguintes precedentes:

- AgInt no AREsp: 1888695/MG 2021/0131593-8, Data de Julgamento: 15.03.2022, T2, *DJe* 30.06.2022.
- AgInt no AREsp: 1767503/CE 2020/0253983-9, Data de Julgamento: 21.02.2022, T1, *DJe* 24.02.2022.
- AgInt no RE nos EDcl no AREsp: 1717869/MG 2020/0150928-5, Data de Julgamento: 07.12.2021, CE, *DJe* 16.12.2021.

Ainda sobre esse tema, vale conferir os precedentes ao nível do **STJ** segundo os quais o **Estado responde objetivamente** pelo **suicídio** de **preso** ocorrido no **interior** de **estabelecimento prisional**:

- REsp: 1956078/RJ 2021/0264907-6, Data de Publicação: *DJ* 01.06.2022.
- AREsp: 1944407/MG 2021/0230158-9, Data de Publicação: *DJ* 30.11.2021.
- AgInt no RE nos EDcl no AREsp: 1717869/MG 2020/0150928-5, Data de Julgamento: 07.12.2021.

Por fim, cabe destacar a orientação pacificada ao nível do **STJ** segundo a qual o **Estado não responde** civilmente **por atos ilícitos praticados** por **foragidos** do **sistema penitenciário, salvo** quando os **danos decorrem** direta ou imediatamente do ato de **fuga**.

Assim, em **setembro de 2020**, o plenário virtual do **STF** apreciou o **RE 608.880**, em que se discutia a **responsabilidade do Estado** — no caso, o de Mato Grosso — por **crime de latrocínio cometido por detento que cumpria pena em regime fechado e fugiu de presídio**. Desse julgado resultou a seguinte tese de **repercussão geral**:

> "(...) nos termos do artigo 37 § 6.º da Constituição Federal, não se caracteriza a responsabilidade civil objetiva do Estado por danos decorrentes de crime praticado por pessoa foragida do sistema prisional, quando não demonstrado o nexo causal direto entre o momento da fuga e a conduta praticada".

b) Responsabilidade do Estado em decorrência de atividade policial

Também por se caracterizar como situação comum que de forma reiterada chega aos nossos Tribunais, de rigor a referência a **precedentes** no nível do **STJ** que concluem ser **objetiva** a **responsabilidade** civil do Estado pelas lesões sofridas por **vítima baleada** em razão de **tiroteio**. Confira-se o seguinte precedente do **STF**, em **28.03.2023**, quando do julgamento do **ARE 1.382.159 AgR/RJ**:

13 ▪ Responsabilidade do Estado

"No caso de vítima atingida por projétil de arma de fogo durante uma operação policial, é dever do Estado, em decorrência de sua responsabilidade civil objetiva, provar a exclusão do nexo causal entre o ato e o dano, pois ele é presumido."

Essa decisão consolida a tendência à **responsabilidade objetiva** do **Estado**, na medida em que releva a um **plano secundário** a **origem dos disparos** por arma de fogo, considerando apenas a caracterização do nexo causal.

Ainda sobre esse tema, decidiu o **STF**, quando do julgamento, **em 11.04.2024**, do **ARE 1.385.315/RJ (Tema 1.237 RG)**, que a perícia inconclusiva sobre a origem de disparo fatal durante operações policiais e militares não é suficiente, por si só, para afastar a responsabilidade civil do Estado. Confira-se:

"(i) O Estado é responsável, na esfera cível, por morte ou ferimento decorrente de operações de segurança pública, nos termos da Teoria do Risco Administrativo; (ii) É ônus probatório do ente federativo demonstrar eventuais excludentes de responsabilidade civil; (iii) A perícia inconclusiva sobre a origem de disparo fatal durante operações policiais e militares não é suficiente, por si só, para afastar a responsabilidade civil do Estado, por constituir elemento indiciário".

c) Responsabilidade do Estado resultante de caso fortuito / força maior

Em relação a este tema, a **importância** resulta da possibilidade de **utilização**, por parte do réu, da denominada **variante** do **risco administrativo** em razão da configuração de caso fortuito, força maior ou culpa da vítima para **excluir** ou **atenuar** sua **responsabilidade**.

▪ TJMS, AC 0800711-45.2018.8.12.0029, rel. Des. Julizar Barbosa Trindade, j. 02.12.2021.

▪ TJMG, AC 5012327-19.2019.8.13.0702, rel. Des. Edilson Olímpio Fernandes, j. 19.07.2022.

Nesse sentido ainda, oportuna a reprodução de **precedente** do **STF**, quando do julgamento, **em 10.06.2021,** do **RE 1.209.429/SP**, em que **a Corte** se debruçou sobre a questão da **responsabilidade Civil do Estado em relação a profissional da imprensa ferido por agentes policiais durante cobertura jornalística, em manifestações em que haja tumulto ou conflitos entre policiais e manifestantes.**

Concluiu a Corte pela Responsabilidade do Estado, de forma objetiva, pelos danos causados, desde que o jornalista não haja descumprido ostensiva e clara advertência quanto ao acesso a áreas definidas como de grave risco à sua integridade física, caso em que poderá ser aplicada a excludente da responsabilidade por culpa exclusiva da vítima.

Asseverou ainda que o **art. 37, § 6.º, da Constituição Federal**, prevê a **responsabilidade civil objetiva do Estado** quando presentes e configurados a ocorrência do dano, **o nexo causal** entre o evento danoso e a ação ou omissão do agente público, a oficialidade da conduta lesiva e a inexistência de causa **excludente da responsabilidade civil (força maior, caso fortuito ou comprovada culpa exclusiva da vítima). Não é adequado, no entanto, atribuir a profissional da imprensa culpa exclusiva pelo** dano sofrido, por conduta de agente público, somente por permanecer realizando cobertura jornalística no local da manifestação popular no momento em que ocorre um tumulto, sob pena de ofensa ao livre exercício da liberdade de imprensa.

d) Erro médico

Essa **situação**, infelizmente, **multiplica-se** em nosso país por força das **péssimas condições** de **nossos hospitais**, bem como do sistema de saúde em geral, e, também, de muitos dos profissionais que atuam nessa área, por força da formação que receberam nos bancos universitários.

A **11.ª Câmara de Direito Público do TJ/SP, em 31.07.2024**, quando do julgamento da **AC 1025646-35.2020.8.26.0053**, decidiu manter condenação do estado de São Paulo ao pagamento de indenização por danos morais e de pensão mensal vitalícia a menor que sofreu graves sequelas neurológicas em razão de um erro médico durante o parto. A decisão reformou parcialmente a sentença de primeira instância, aumentando o valor da indenização para R$ 150 mil.

O Colegiado destacou a responsabilidade civil do Estado com base no art. 37, § 6.º, da Constituição Federal, que estabelece a responsabilidade objetiva da administração pública por danos causados por seus agentes.

Também manteve a pensão mensal vitalícia, equivalente a um salário mínimo, determinando que o valor seja corrigido anualmente pelo IPCA-E.

A **7.ª Turma Cível do TJ/DF, em 19.12.2023**, quando do julgamento da **Apelação 0702064-81.2021.8.07.0018**, concluiu:

> "APELAÇÕES. DIREITO CIVIL, CONSTITUCIONAL E ADMINISTRATIVO. AÇÃO INDENIZATÓRIA POR DANOS MORAIS. FALHA NO ATENDIMENTO MÉDICO. RESPONSABILIDADE CIVIL OBJETIVA DO DISTRITO FEDERAL. ART. 37, § 6.º, DA CF/88. DANO E NEXO DE CAUSALIDADE COMPROVADOS. DANO MATERIAL. FIXAÇÃO DE PENSÃO VITALÍCIA. IMPOSSIBILIDADE. CONSEQUÊNCIAS DE DOENÇAS PREEXISTENTES. DANO MORAL CONFIGURADO. LESÃO GRAVE. MAJORAÇÃO DO *QUANTUM* INDENIZATÓRIO. POSSIBILIDADE. RAZOABILIDADE E PROPORCIONALIDADE. RECURSOS CONHECIDOS. DESPROVIDO O RECURSO DO DISTRITO FEDERAL E PROVIDO PARCIALMENTE O DOS AUTORES.
>
> (...) 4. No caso, houve lesão grave a bem jurídico extrapatrimonial contido nos direitos de personalidade dos autores, dando ensejo à indenização por dano moral, uma vez que se rompeu a fronteira do tolerável para alcançar a dignidade dos ofendidos, conforme estabelece o art. 1.º da Constituição Federal".

O **TJ/AM, em 06.08.2024**, quando do julgamento da **Apelação 0626277-57.2016. 8.04.0001**, concluiu pela responsabilidade objetiva do Estado por procedimento equivocado em hospital público, ocasionando dano. Confira-se:

> "APELAÇÕES CÍVEIS. AÇÃO DE INDENIZAÇÃO POR DANOS MORAIS. PARTO EM HOSPITAL PÚBLICO. ERRO MÉDICO. RESPONSABILIDADE OBJETIVA DO ESTADO. DANO MORAL MAJORADO DE R$ 30.000,00 (TRINTA MIL REAIS) PARA R$ 100.000,00 (CEM MIL REAIS) À AUTORA-MÃE E R$ 200.000,00

13 ■ Responsabilidade do Estado

(DUZENTOS MIL REAIS) À MENOR. PENSÃO VITALÍCIA. MAJORAÇÃO PARA 03 (TRÊS) SALÁRIOS MÍNIMOS. APELAÇÃO DO ESTADO CONHECIDA E DES-PROVIDA. APELAÇÃO DA AUTORA CONHECIDA E PROVIDA.

1. Vislumbra-se a responsabilidade objetiva estatal, pois é patente que a conduta do Estado do Amazonas consistente na adoção do procedimento equivocado na hora de realizar o parto ocasionou o dano sofrido pela Autora e sua filha".

e) Fornecimento de medicamento

Nesse sentido ainda, oportuna a reprodução de **precedente** do **STF**, quando do julgamento, em **18.06.2021**, do **RE 1.165.959/SP**, em que **a Corte** se debruçou sobre a questão do **fornecimento de medicamento pelo Estado, mesmo com a ausência de registro sanitário, mas com a importação autorizada pela Anvisa, resultando a seguinte tese de Repercussão Geral:**

> **"Cabe ao Estado fornecer, em termos excepcionais, medicamento que, embora não possua registro na Anvisa, tem a sua importação autorizada pela agência de vigilância sanitária, desde que comprovada a incapacidade econômica do paciente, a imprescindibilidade clínica do tratamento, e a impossibilidade de substituição por outro similar constante das listas oficiais de dispensação de medicamentos e os protocolos de intervenção terapêutica do SUS."**

No caso concreto, a respeito da substância terapêutica pleiteada, além de não ser proibida a comercialização no País, a importação de produtos à base de canabidiol, para uso pessoal, tem autorização da Anvisa, se cumpridos critérios específicos.

f) Responsabilidade por invasão ilegal de domicílio

Nesse sentido, oportuna a reprodução de **precedente** do **STJ** quando do julgamento, em **06.10.2021**, do **HC 561.988**, em que a Corte concluiu pela **responsabilidade do Estado por danos decorrentes de invasão ilegal do lar, eis que sem autorização judicial.**

Assim, **a Corte anulou as provas obtidas** pela polícia após a invasão do domicílio de um **suspeito de tráfico de drogas**, consolidando o entendimento segundo o qual a **autorização do morador para ingresso em domicílio, quando não houver mandado judicial, deve ser registrada pelos policiais em áudio e vídeo**, para não haver dúvida acerca desse consentimento nem da legalidade da ação. Além disso, a entrada deve ter fortes razões que a justifiquem, não bastando a referência à desconfiança policial ou mera atitude suspeita.

No mesmo sentido, confira-se precedentes do TJSP e TJPR:

> "RESPONSABILIDADE CIVIL DO ESTADO — DANOS MORAIS — INVASÃO DE DOMICÍLIO SEM MANDADO — Autorização judicial de busca e apreensão versando sobre residência diversa dos autores — Constrangimento que se depreende do contexto em que a ação foi praticada (...)" (TJ-SP, AC 10043411020188260297 SP 1004341-10.2018.8.26.0297, Rel. Percival Nogueira, j. 11.03.2021, 8.ª Câmara de Direito Público, Data de Publicação: 10.03.2021).

> "APELAÇÃO CÍVEL. AÇÃO DE REPARAÇÃO POR DANOS MORAIS. RESPONSABILIDADE CIVIL DO ESTADO. INTELIGÊNCIA DO ARTIGO 37, § 6.º, DA

CONSTITUIÇÃO FEDERAL. MANDADO DE BUSCA E APREENSÃO POLICIAL EM ENDEREÇO EQUIVOCADO. ARROMBAMENTO. AUSÊNCIA DE CAUTELA. EXCESSOS COMPROVADOS. ATO ILÍCITO E NEXO CAUSAL CONFIGURADOS. (...)" (TJ-PR 00289552820118160004 Curitiba, Rel. Substituto Ricardo Augusto Reis de Macedo, j. 10.07.2023, 3.ª Câmara Cível, Data de Publicação: 12.07.2023).

g) Limites para o uso da variante do risco integral

Em relação a esse item, nossos tribunais têm demonstrado uma tendência restritiva para aplicação do risco integral, consoante se verifica dos excertos a seguir reproduzidos:

"Recurso inominado. Responsabilidade civil. Pretensão de indenização pelos danos materiais e morais sofridos pelo furto de veículo em parque municipal. Ausência de nexo causal entre os danos sofridos e ação ou omissão do Município. Não aplicação das hipóteses do artigo 37, § 6.º da CF/88. Poder Público não figura como segurador universal. Sentença mantida. Recurso desprovido" (**TJSP. Recurso Inominado n. 1003512-77.2021.8.26.0053, j. 06.07.2022**).

"Apelação. Ação indenizatória. Responsabilidade civil do Estado. Assalto a veículo em via pública. Autor atingido por projétil de arma de fogo. Disparo realizado por terceiro. Ausência de nexo causal entre a alegada omissão estatal e o resultado danoso. Conforme jurisprudência do STF, a responsabilidade civil estatal, segundo a previsão constitucional, sujeita-se à teoria do risco administrativo, tanto para as condutas estatais comissivas, quanto para as omissivas, porquanto rejeitada a teoria do risco integral. (...) **Ainda que a segurança pública seja dever estatal e direito fundamental dos cidadãos, previsto no artigo 144 da Constituição da República, rechaça-se ao Estado a condição de garantidor universal, pois não deve suportar o risco integral**. (...)" (**TJRJ. Apelação n. 0055545-26.2019.8.19.0021, j. 11.05.2022**).

13.4. PONTOS POLÊMICOS

Como visto, o tema ora em discussão, em razão de sua extensão, acaba por gerar entendimentos diversificados tanto em sede doutrinária quanto jurisprudencial, revelando-se oportuna a referência a mais alguns destes itens.

13.4.1. Denunciação da lide

Sobre o assunto, o primeiro ponto a ser abordado refere-se à **possibilidade ou não** de o **Estado**, uma vez acionado pelo particular lesado, **denunciar** à **lide** o **agente responsável** pelo dano.

A **Lei n. 8.112/90** (o Estatuto dos Servidores Públicos Federais), em seu **art. 122, § 2.º**, parece não admitir a possibilidade de denunciação da lide, como se verifica da redação a seguir:

Art. 122. (...)

§ 2.º Tratando-se de dano causado a terceiros, responderá o servidor perante a Fazenda Pública, em ação regressiva.

13 ■ Responsabilidade do Estado

Sobre o tema, oportuna a reprodução de precedente do STJ, sintetizando a posição da Corte pela impossibilidade de admissão de denunciação à lide. Confira-se:

> "AGRAVO INTERNO EM AGRAVO RECURSO ESPECIAL. DENUNCIAÇÃO DA LIDE. PRETENSÃO DE TRANSFERIR A OUTREM A RESPONSABILIDADE PELO EVENTO DANOSO. NÃO CABIMENTO DA DENUNCIAÇÃO. APLICAÇÃO DO ART. 125, I, DO NOVO CPC. AGRAVO INTERNO NÃO PROVIDO. 1. Nos termos da jurisprudência consolidada nesta Corte Superior, o Código de Processo Civil de 2015 não prevê a obrigatoriedade da denunciação da lide em nenhuma de suas hipóteses. Ao contrário, assegura o exercício do direito de regresso por ação autônoma quando indeferida, não promovida ou proibida (CPC/2015, art 125, *caput*, e § 1.º). 2. Consoante orientação do STJ, 'não se admite a denunciação da lide com fundamento no art. 125, II, do CPC se o denunciante objetiva eximir-se da responsabilidade pelo evento danoso, atribuindo-o com exclusividade a terceiro' (AgInt no AREsp 1.483.427/SP, Rel. Ministro Luis Felipe Salomão, Quarta Turma, julgado em 24//2019, *DJe* 30.09.2019). (...)" (STJ, AgInt no AREsp: 1850758 RJ 2021/0063671-9, Rel. Min. Luis Felipe Salomão, j. 30.08.2021, 4.ª T., Data de Publicação: *DJe* 09.09.2021).

13.4.2. Atos legislativos e judiciais

Existe a **possibilidade** de o **Estado responder** por **danos causados** a terceiros em razão de **atos legislativos e judiciais**, sem que se possa cogitar do enfraquecimento da separação entre os Poderes.

Não fosse suficiente a redação oferecida pelo **§ 6.º do art. 37**, em especial quanto à utilização da expressão "agentes públicos" — o que por si só estaria abrangendo tanto os Magistrados quanto os agentes políticos —, a própria CF reiterou essa diretriz ao estabelecer no **art. 5.º, LXXV**, a responsabilidade do Estado em relação ao condenado por erro judiciário:

> **Art. 5.º** (...)
>
> LXXV — o Estado indenizará o condenado por erro judiciário, assim como o que ficar preso além do tempo fixado na sentença.

Sobre o tema, oportuna a reprodução de precedente do TJMS:

> "APELAÇÃO CÍVEL. AÇÃO DE INDENIZAÇÃO POR PERDAS E DANOS. RESPONSABILIDADE SUBJETIVA DO ESTADO — ATO JUDICIAL — AFASTADA — AUSÊNCIA DE COMPROVAÇÃO DE DOLO OU CULPA. SENTENÇA MANTIDA. RECURSO DESPROVIDO. No Supremo Tribunal Federal, firmou-se o entendimento no sentido de que 'a teoria da responsabilidade objetiva do Estado não se aplica aos atos judiciais, salvo nos casos de erro judiciário e de prisão além do tempo fixado na sentença (inc. LXXV do art. 5.º da Constituição da República) e nas hipóteses expressamente previstas em lei' (AI 599501 AgR, Rel. Min. Cármen Lúcia, Segunda Turma, julgado em 19.11.2013). Na espécie, as deficiências identificadas nos processos judiciais indicados pelo requerente, não consistem em atos judiciais concretos causadores de dano, mas, sim, revelam demora na efetiva e eficaz prestação jurisdicional, de modo que está caracterizado um ato judicial (omissivo), mas não um erro judiciário, o que, à luz da já mencionada jurisprudência do STF (AI 599501) exige a comprovação de dolo ou culpa dos agentes

públicos. Por não ter sido demonstrado o dolo ou culpa dos servidores ou do julgador, na prática das omissões que culminaram nos prejuízos alegados pelo requerente/apelante, não há se falar em responsabilização civil do Estado por ato judicial" (TJ-MS, AC 08240643320208120001 MS 0824064-33.2020.8.12.0001, Rel. Des. Odemilson Roberto Castro Fassa, j. 17.12.2021, 3.ª Câmara Cível, Data de Publicação: 12.01.2022).

Os precedentes colacionados, embora recentes, citam importante precedente do **STF** sobre o tema, quando do julgamento, em **19.11.2013**, do **AI 599.501/PR**, justificando sua reprodução:

"AGRAVO REGIMENTAL NO AGRAVO DE INSTRUMENTO. PRISÃO ILEGAL. DEPOSITÁRIO INFIEL. MANDADO DE PRISÃO QUE RECAIU SOB PESSOA DIVERSA. ERRO DO PODER JUDICIÁRIO. RESPONSABILIDADE OBJETIVA DO ESTADO. 1. Indenização por danos morais. Necessidade de reexame de fatos e provas: Súmula n. 279 do Supremo Tribunal Federal. 2. Este Supremo Tribunal assentou que a teoria da responsabilidade objetiva do Estado não se aplica aos atos judiciais, salvo nos casos de erro judiciário e de prisão além do tempo fixado na sentença (inc. LXXV do art. 5.º da Constituição da República) e nas hipóteses expressamente previstas em lei. 3. Agravo regimental ao qual se nega provimento."

Em relação, outrossim, aos **atos legislativos**, temos para nós que a linha de **raciocínio não pode ser outra** no sentido de abrir-se a **possibilidade** de **responsabilização** do **Estado**, desde que, por óbvio, tenha ocorrido o **reconhecimento** da **inconstitucionalidade** da **lei pelo Poder Judiciário**, pela via de ação direta, por gerar **efeitos *erga omnes*** ou pela via de exceção ou defesa, desde que o Senado Federal, acionado pelo STF, imprima à decisão os mesmos efeitos, valendo-se da previsão estabelecida no art. 52, X, da Lei Maior.

Confira-se os seguintes precedentes do TRF-4 e do TJRJ:

"(...) 1. Normas de efeitos concretos podem sujeitar o Estado à responsabilização em caso de danos perpetrados por sujeição à norma que só é lei em sentido formal por ter transposto todo o processo legislativo. É o caso, p. ex., da lei (e, por analogia, do ato administrativo) que atinge pessoa (s) determinada(s), destoando da generalidade e abstração. Por outro lado, no tocante aos atos legislativos dotados de generalidade e abstração, em regra o Estado não deve ser responsabilizado, uma vez que o ato legislativo típico, que é a lei, segundo doutrina autorizada, dificilmente poderá causar prejuízo indenizável ao particular porque, como norma abstrata e geral, atua sobre toda a coletividade, em nome da soberania do Estado, que, internamente, se expressa no domínio eminente sobre todas as pessoas e bens existentes no território nacional. 2. A exceção fica por conta dos atos legislativos declarados inconstitucionais em sede de controle concentrado, com efeito *erga omnes*, hipótese em que há de ser demonstrado que o dano decorreu especificamente da norma viciada. Nesse caso, o Supremo Tribunal Federal, por razões de segurança jurídica, procura minorar esse efeito modulando temporalmente a lei declarada inconstitucional. (...)" (TRF-4. AC n. 5017110-27.2019.4.04.7205/SC. Rel.: Desembargadora Federal Vânia Hack de Almeida, j. 16.12.2020).

"(...) PARA QUE HAJA O RECONHECIMENTO DA RESPONSABILIDADE CIVIL DO ESTADO POR ATO LEGISLATIVO É IMPRESCINDÍVEL QUE A DECLARAÇÃO

DE INCONSTITUCIONALIDADE DA LEI QUE CAUSOU O DANO A SER RESSAR-CIDO, SEJA FEITA PELO SUPREMO TRIBUNAL FEDERAL EM SEDE DE CON-TROLE CONCENTRADO DE CONSTITUCIONALIDADE. (...)" (TJ-RJ, APL: 00011924120198190084, Rel. Des(a). Sandra Santarém Cardinali, j. 27.10.2021, 26.ª Câm. Cív., Data de Publicação: 28.10.2021).

13.4.3. Responsabilidade por dano nuclear e ambiental

Não fosse suficiente a redação do **§ 6.º do art. 37 da CF** para caracterizar a responsabilidade do Estado para os prejuízos resultantes de **atividades nucleares**, a confirmação surge por meio da redação oferecida pelo **art. 21, XXIII, *d***, como se vê:

> **Art. 21.** Compete à União: (...)
>
> XXIII — explorar os serviços e instalações nucleares de qualquer natureza e exercer monopólio estatal sobre a pesquisa, a lavra, o enriquecimento e reprocessamento, a industrialização e o comércio de minérios nucleares e seus derivados, atendidos os seguintes princípios e condições: (...)
>
> *d)* a responsabilidade civil por danos nucleares independe da existência de culpa.

A redação do dispositivo constitucional demonstra claramente que a **responsabilidade** do Estado por danos resultantes de **atividades nucleares** é **objetiva**, ou seja, tem por base a caracterização do nexo de causalidade, na variante do risco administrativo, conforme o disposto na **Lei n. 6.453/77**, que dispõe sobre a responsabilidade civil por danos nucleares, em especial em seus arts. **4.º e 8.º**, em que se admite excludente resultante de conflito armado, hostilidades, guerra civil ou excepcional fato da natureza. Confira-se:

> **Art. 4.º** Será exclusiva do operador da instalação nuclear, nos termos desta Lei, **independentemente da existência de culpa**, a responsabilidade civil pela reparação de dano nuclear causado por acidente nuclear: (...)
>
> **Art. 8.º** O operador não responde pela reparação do dano resultante de acidente nuclear causado diretamente por conflito armado, hostilidades, guerra civil, insurreição ou excepcional fato da natureza.

A leitura dos dispositivos reproduzidos deixa claro que a **responsabilidade** em relação a danos nucleares é **objetiva (art. 4.º)** na **variante** do **risco administrativo (art. 8.º)**.

O mesmo se verifica em relação à sua responsabilidade por **danos ambientais**, por força da redação oferecida pelo **art. 225 da CF**:

> **Art. 225.** Todos têm direito ao meio ambiente ecologicamente equilibrado, bem de uso comum do povo e essencial à sadia qualidade de vida, impondo-se ao Poder Público e à coletividade o dever de defendê-lo e preservá-lo para as presentes e futuras gerações.

Por não ser o dispositivo reproduzido especificado a forma de responsabilização do Estado por força de danos ambientais, a matéria foi enfrentada pelos nossos Tribunais, com destaque para a orientação adotada pelo **STJ**, apontando para a responsabilidade objetiva na variante do risco integral, quando do julgamento, **em 22.11.2017**, em sede de **Recurso Repetitivo do REsp n. 1.602.106/PR**. Confira-se:

> "3. Consoante a jurisprudência pacífica desta Corte, sedimentada inclusive no julgamento de recursos submetidos à sistemática dos processos representativos de controvérsia (arts. 543-C do CPC/1973 e 1.036 e 1.037 do CPC/2015), 'a responsabilidade por dano ambiental é objetiva, informada pela **teoria** do **risco integral**, sendo o nexo de causalidade o fator aglutinante que permite que o risco se integre na unidade do ato'" (REsp n. 1.374.284/MG).

Vale registrar a **ratificação da tese**, quando do julgamento, em **15.05.2022**, do **AgInt no AREsp 2.045.914/PR**, em que apontou ser a responsabilidade civil por danos ambientais, seja por lesão ao meio ambiente propriamente dito (dano ambiental público), seja por ofensa a direitos individuais (dano ambiental privado), objetiva, fundada na teoria do risco integral. Confira-se:

> "ADMINISTRATIVO E PROCESSUAL CIVIL. AGRAVO INTERNO NO AGRAVO EM RECURSO ESPECIAL. **RESPONSABILIDADE CIVIL AMBIENTAL**. FUNDAMENTAÇÃO DO JULGADO. RAZÕES RECURSAIS DISSOCIADAS. APLICAÇÃO DA SÚMULA 284/STF. **RESPONSABILIDADE OBJETIVA**. NEXO DE CAUSALIDADE. IMPRESCINDIBILIDADE. MODIFICAÇÃO DAS CONCLUSÕES DO JULGADO A QUO. REEXAME DE CONTEÚDO FÁTICO-PROBATÓRIO. ÓBICE DA SÚMULA 7/STJ. (...) 2. Segundo a jurisprudência desta Corte, 'Em que pese a **responsabilidade por dano ambiental** seja **objetiva** (e lastreada pela **teoria do risco integral**), faz-se imprescindível, para a configuração do dever de indenizar, a **demonstração da existência de nexo de causalidade** apto a vincular o **resultado lesivo efetivamente verificado ao comportamento (comissivo ou omissivo)** daquele a quem se repute a condição de agente causador'" (**REsp 1.596.081/PR, Rel. Ministro Ricardo Villas Bôas Cueva, Segunda Seção, j. 25.10.2017, *DJe* 22.11.2017**).

Dentro desse contexto, em que pese a tese da responsabilidade objetiva encontrar-se respaldada também em sede legal, **art. 14, § 1.º, da Lei n. 6.938/81**, não se encontra no dispositivo nenhuma referência acerca da variante do risco integral. Confira-se:

> **Art. 14.** Sem prejuízo das penalidades definidas pela legislação federal, estadual e municipal, o não cumprimento das medidas necessárias à preservação ou correção dos inconvenientes e danos causados pela degradação da qualidade ambiental sujeitará os transgressores: (...)
>
> § 1.º Sem obstar a aplicação das penalidades previstas neste artigo, é o poluidor obrigado, **independentemente da existência de culpa**, a indenizar ou reparar os danos causados ao meio ambiente e a terceiros, afetados por sua atividade. O Ministério Público da União e dos Estados terá legitimidade para propor ação de responsabilidade civil e criminal, por danos causados ao meio ambiente.

Assim, quer nos parecer que, ainda que a teoria do **risco integral** se apresente como uma modalidade extremada, que inibe a possibilidade de utilização das chamadas excludentes ou atenuantes de responsabilidade, ainda assim sua incidência **deve resultar** de **expressa disposição legal**, o que aqui não se verifica.

13 ■ Responsabilidade do Estado   511

Dessa forma, manter a conclusão pela incidência da variante do **risco integral** em relação aos **danos** ambientais pode levar ao **atingimento** de **conclusões indesejáveis** em vista das diretrizes já estabelecidas pelo nosso ordenamento jurídico.

Assim é que, a título de **exemplo**, se nas cercanias de um parque nacional colocam-se inúmeras placas avisando acerca da impossibilidade de realização de fogueiras; se quando da entrada no referido parque obriga os usuários a assinar um termo de responsabilidade, ratificando essa proibição, não poderá o Estado ser responsabilizado se posteriormente um dos usuários realizar uma fogueira provocando o incêndio com grandes proporções.

Por fim, importante anotar ter o **STF** reconhecido, em **junho de 2018**, com **repercussão geral** no **RE 654833**/C, a questão da **imprescritibilidade** de reparação civil por **danos ambientais**.

O recurso, interposto pelos madeireiros, questionou o acórdão do Superior Tribunal de Justiça que reconheceu a imprescritibilidade do dano ambiental, e alega ser inconstitucional a interpretação conferida por aquele tribunal ao art. 37, § 5.º, da CF, segundo o qual *"a lei deve prever prazos de prescrição para ilícitos que causem prejuízos ao erário, ressalvadas as ações de ressarcimento"*. E também ao art. 225, § 3.º, que trata do dano ambiental.

Nesse sentido, em **abril de 2020**, o **STF**, por ocasião do julgamento do **RE 654.833**, concluiu:

> "RECURSO EXTRAORDINÁRIO. REPERCUSSÃO GERAL. TEMA 999. CONSTITUCIONAL. DANO AMBIENTAL. REPARAÇÃO. IMPRESCRITIBILIDADE".

Desse julgado resultou a seguinte **tese de Repercussão Geral**: "Afirmação de tese segundo a qual é imprescritível a pretensão de reparação civil de dano ambiental".

A mesma Corte reiterou a tese em **1.º.09.2023**, quando do julgamento do **RE 1.427.694/SC**:

> "São imprescritíveis as ações de ressarcimento ao erário, decorrentes de lavra mineral efetuada em desacordo com a licença concedida, tendo em conta a degradação ambiental e a especial proteção constitucional atribuída ao meio ambiente e aos recursos minerais. (...)".

Do referido julgamento resultou a seguinte **tese de repercussão geral**:

Tese fixada: "É imprescritível a pretensão de ressarcimento ao erário decorrente da exploração irregular do patrimônio mineral da União, porquanto indissociável do dano ambiental causado".

Ainda sobre esse tema, oportuno reproduzir as Súmulas 618 e 652 do STJ:

SÚMULA 618 DO STJ: A inversão do ônus da prova aplica-se às ações de degradação ambiental.

SÚMULA 652 DO STJ: A responsabilidade civil da Administração Pública por danos ao meio ambiente, decorrente de sua omissão no dever de fiscalização, é de caráter solidário, mas de execução subsidiária.

512 Direito Administrativo Esquematizado   *Celso Spitzcovsky*

13.4.4. Responsabilidade por danos resultantes de atentados terroristas

A abertura de um tópico específico para cuidar dessa hipótese, como já noticiado justifica-se por tratar-se, talvez, da única a comportar, de modo inquestionável, a **modalidade** de **risco integral por força de expressa disposição legal**, em que pese a orientação consolidada ao nível do STJ, para danos **ambientais e nucleares**, explorada no item anterior.

A matéria está disciplinada na **Lei n. 10.744/2003**, que dispõe sobre a assunção, pela União, de **responsabilidades civis perante terceiros no caso de atentados terroristas, atos de guerra ou eventos correlatos, contra aeronaves de matrícula brasileira** operadas por empresas brasileiras de transporte aéreo público, excluídas as empresas de táxi aéreo.

A questão do risco integral é explicitada nos termos do art. 1.º:

> **Art. 1.º** Fica a União autorizada, na forma e critérios estabelecidos pelo Poder Executivo, a assumir despesas de responsabilidades civis perante terceiros na hipótese da ocorrência de danos a bens e pessoas, passageiros ou não, provocados por atentados terroristas, atos de guerra ou eventos correlatos, ocorridos no Brasil ou no exterior, contra aeronaves de matrícula brasileira operadas por empresas brasileiras de transporte aéreo público, excluídas as empresas de táxi aéreo.

Nesse contexto, para dissipar quaisquer dúvidas que possam impedir a assunção dessa responsabilidade pela União, o legislador houve por bem definir alguns **conceitos importantes**, consoante se verifica nos §§ 3.º, 4.º e 5.º do art. 1.º citado:

> **Art. 1.º** (...)
>
> § 3.º Entende-se por **atos de guerra** qualquer guerra, invasão, atos inimigos estrangeiros, hostilidades com ou sem guerra declarada, guerra civil, rebelião, revolução, insurreição, lei marcial, poder militar ou usurpado ou tentativas para usurpação do poder.
>
> § 4.º Entende-se por **ato terrorista** qualquer ato de uma ou mais pessoas, sendo ou não agentes de um poder soberano, com fins políticos ou terroristas, seja a perda ou dano dele resultante acidental ou intencional.
>
> § 5.º Os **eventos correlatos**, a que se refere o *caput* deste artigo, incluem greves, tumultos, comoções civis, distúrbios trabalhistas, ato malicioso, ato de sabotagem, confisco, nacionalização, apreensão, sujeição, detenção, apropriação, sequestro ou qualquer apreensão ilegal ou exercício indevido de controle da aeronave ou da tripulação em voo por parte de qualquer pessoa ou pessoas a bordo da aeronave sem consentimento do explorador.

Por fim, cumpre anotar que a **responsabilidade para atestar a legitimidade dessas despesas** foi entregue para o **Ministro** de Estado da **Defesa**, nos termos do **art. 3.º**:

> **Art. 3.º** Caberá ao Ministro de Estado da Defesa, ouvidos os órgãos competentes, atestar que a despesa a que se refere o art. 1.º desta Lei ocorreu em virtude de atentados terroristas, atos de guerra ou eventos correlatos.

13 ◘ Responsabilidade do Estado

13.4.5. Notários

A questão relativa à **responsabilidade do Estado** acerca dos **atos praticados pelos notários** demanda uma análise do perfil constitucional e legal atribuído a esse tema.

13.4.5.1. *Da natureza da atividade notarial*

Quanto a natureza da atividade notarial, a análise começa pela transcrição do **art. 236 da Lei Maior**:

> **Art. 236.** Os serviços notariais e de registro são exercidos em caráter privado, por delegação do Poder Público.
>
> § 1.º Lei regulará as atividades, disciplinará a responsabilidade civil e criminal dos notários, dos oficiais de registro e de seus prepostos, e definirá a fiscalização de seus atos pelo Poder Judiciário.
>
> § 2.º Lei federal estabelecerá normas gerais para fixação de emolumentos relativos aos atos praticados pelos serviços notariais e de registro.
>
> § 3.º O ingresso na atividade notarial e de registro depende de concurso público de provas e títulos, não se permitindo que qualquer serventia fique vaga, sem abertura de concurso de provimento ou de remoção, por mais de seis meses.

A leitura do dispositivo reproduzido deixa entrever que a **atividade notarial** retrata **modalidade** de **serviço público** cuja **titularidade**, portanto, fica reservada à **Administração** que, no entanto, **por delegação**, **transfere-a** para **particulares** que vão exercê-la em caráter privado.

De se registrar, ainda, que a **jurisprudência** do **STF** tem os **serviços notariais** e de registro como **espécie** de **serviço público**.

Nesse contexto, cumpre observar que, em **2005**, o **STF** mudou sua orientação a respeito desse tema por ocasião do julgamento da **ADI 2.602**, proposta pela **Anoreg**, a qual buscava o reconhecimento da inconstitucionalidade de norma editada pelo Poder Judiciário de Minas Gerais que determinava a aposentadoria compulsória de notários e registradores das serventias extrajudiciais.

Por maioria, os Ministros julgaram procedente a ADI, destacando-se, nesse particular, o voto proferido pelo **Ministro Carlos Britto**, por suas importantes considerações acerca da natureza dessa atividade:

> "I — serviços notariais e de registro são atividades próprias do Poder Público, pela clara razão de que, se não o fossem, nenhum sentido haveria para a remissão que a Lei Maior expressamente faz ao instituto da delegação a pessoas privadas. É dizer: atividades de senhorio público, por certo, porém obrigatoriamente exercidas em caráter privado (CF, art. 236, *caput*). Não facultativamente, como se dá, agora sim, com a prestação dos serviços públicos, desde que a opção pela via privada (que é uma via indireta) se dê por força de lei de cada pessoa federada que titularize tais serviços;
>
> II — cuida-se de atividades jurídicas do Estado, e não de atividades simplesmente materiais, cuja prestação é traspassada para os particulares mediante delegação (já foi assinalado). Não por conduto dos mecanismos da concessão ou da permissão, normados pelo *caput* do art. 175 da Constituição como instrumentos contratuais de privatização do exercício dessa atividade material (não propriamente jurídica) em que se constituem os serviços públicos".

Mais adiante, o eminente Ministro arremata sua linha de raciocínio acerca da natureza jurídica da atividade notarial nos seguintes termos:

"Numa frase, então, serviços notariais e de registro são típicas atividades estatais, mas não são serviços públicos, propriamente. Categorizam-se como atividade jurídica *stricto sensu*, assemelhadamente às atividades jurisdicionais. E como função pública *lato sensu*, a exemplo das funções de legislação, diplomacia, defesa nacional, segurança pública, trânsito, controle externo e tantos outros cometimentos que, nem por ser de exclusivo domínio estatal, passam a se confundir com serviço público. (...)

Enfim, as marcantes diferenciações pululam a partir do próprio texto da Magna Carta Federal, permitindo-nos a serena enunciação de que as atividades notariais e de registro nem se traduzem em serviços públicos nem tampouco em cargos públicos efetivos".

13.4.5.2. Da responsabilidade dos notários

Acerca desse tema, oportuna a reprodução de decisão proferida pelo **STF**, em **1.º.09.2023**, quando do julgamento da **ADC 14/DF**, em que declarou a inconstitucionalidade de norma que estabelece, para concurso de remoção, apenas a avaliação de títulos, por afronta aos arts. 236, § 3.º, e 37, *caput* e II, da CF. Confira-se:

"É inconstitucional — por violar regra expressa no art. 236, § 3.º, da CF/1988 — norma que estabelece a modalidade de concurso de remoção na titularidade dos serviços notariais e de registro apenas por avaliação de títulos.

Em homenagem aos princípios da igualdade, da impessoalidade, da moralidade e da eficiência (CF/1988, art. 37, *caput* e II) e, dado o caráter essencial e o nível de complexidade dos serviços, a Constituição expressamente consignou que o ingresso na atividade notarial e registral, por meio de provimento inicial ou remoção, exige a prévia habilitação em concurso de provas e títulos".

Nesse contexto, diante desse precioso aporte jurisprudencial, surge agora a questão da **responsabilidade pelos atos praticados no exercício dessa atividade**, delineada no **§ 1.º**, o qual, por seu turno, acabou por transferi-la para o legislador ordinário.

Nesse sentido, foi editada a **Lei n. 8.935/94**, que **regulamentou** o **art. 236 da CF**, **dispondo sobre serviços notariais e de registro**, da qual destacamos os dispositivos que fazem referência à questão da responsabilidade:

Art. 22. Os notários e oficiais de registro responderão pelos danos que eles e seus prepostos causem a terceiros, na prática de atos próprios da serventia, assegurado aos primeiros direito de regresso no caso de dolo ou culpa dos prepostos.

Art. 23. A responsabilidade civil independe da criminal.

Art. 24. A responsabilidade criminal será individualizada, aplicando-se, no que couber, a legislação relativa aos crimes contra a administração pública.

Parágrafo único. A individualização prevista no *caput* não exime os notários e os oficiais de registro de sua responsabilidade civil.

A leitura desses dispositivos legais permitia, até então, concluir que os **notários** e **oficiais** de **registro responderiam** por **atos praticados pelos seus prepostos** que

13 ■ Responsabilidade do Estado

causem danos a terceiros e por sua vez, em razão da natureza dessa atividade, **possível a responsabilização** do **Estado**, não sendo outra a posição adotada pela nossa **jurisprudência**.

Nesse sentido, cumpre registrar a pacificação do tema a partir da **edição** da **Lei federal n. 13.286**, em **10 de maio de 2016**, que, **dispondo** sobre a **responsabilidade civil de notários e registradores**, alterou a redação do art. 22 da Lei n. 8.935/94, nos seguintes termos:

> **Art. 22.** Os notários e oficiais de registro são civilmente responsáveis por todos os prejuízos que causarem a terceiros, por culpa ou dolo, pessoalmente, pelos substitutos que designarem ou escreventes que autorizarem, assegurado o direito de regresso.

Percebe-se do dispositivo legal reproduzido a **pacificação** do **entendimento**, pelo menos ao **nível legislativo**, quanto à possibilidade de **responsabilização** dos **notários** e **oficiais de registro**, de **forma subjetiva**, estendendo-se tanto para aquelas situações que o dano foi por eles causado quanto para aquelas em que o prejuízo resultou de atos de seus substitutos ou escreventes.

Sem embargo, sobreleva notar que a matéria foi enfrentada pelo **STF, em fevereiro de 2019**, quando do julgamento do mérito do **Recurso Extraordinário n. 842.846**, relator o Ministro Luiz Fux, cuja repercussão geral já tinha sido reconhecida em 17 de novembro de **2014**.

No referido julgamento o **Plenário do Supremo Tribunal Federal** reafirmou a **jurisprudência da Corte**, segundo a qual **o Estado tem responsabilidade civil objetiva para reparar danos causados a terceiros por tabeliães e oficiais de registro no exercício de suas funções cartoriais**. Por maioria de votos, o colegiado negou provimento ao recurso, com repercussão geral reconhecida, e assentou ainda que o Estado deve ajuizar ação de regresso contra o responsável pelo dano, nos casos de dolo ou culpa, sob pena de improbidade administrativa.

Assim, por maioria de votos, o Plenário aprovou a seguinte **tese para fins de repercussão geral**: "**O Estado responde objetivamente pelos atos dos tabeliães registradores oficiais que, no exercício de suas funções, causem danos a terceiros, assentado o dever de regresso contra o responsável, nos casos de dolo ou culpa, sob pena de improbidade administrativa**".

A propósito do tema, confira-se, também, precedente do **STJ**, em **19.12.2022**, quando do julgamento do **AgInt no AREsp n. 1.924.855/MG**

> "PROCESSUAL CIVIL E ADMINISTRATIVO. AGRAVO ITNERNO NO AGRAVO EM RECURSO ESPECIAL. RESPONSABILIDADE OBJETIVA DOS NOTÁRIOS, ANTES DA VIGÊNCIA DA LEI N. 13.286/2016. JULGADOS DO STJ. AGRAVO INTERNO NÃO PROVIDO. (...)
> 3. A teor da jurisprudência desta Corte Superior, antes da nova redação implementada pela Lei n. 13.286/2016, era objetiva a responsabilidade dos notários e oficiais de registro por danos causados a terceiros, conforme disposto na redação original do art. 22 da Lei 8.935/1994. No mesmo sentido: AgInt no REsp n. 1.590.117/SC, Rel. Min. Sérgio Kukina, Primeira Turma, *DJe* 09.10.2018; e AgInt no AREsp n. 2.023.744/SP, Rel. Min. Marco Aurélio Bellizze, Terceira Turma, *DJe* 08.06.2022. 4. Agravo interno não provido."

13.4.5.3. Da substituição do notário ou registrador por preposto

Por derradeiro, vale destacar a decisão proferida pelo **STF** em **21.06.2021**, quando do julgamento da **ADI 1.183/DF em que se discutiu a constitucionalidade dos arts. 20, 39, II, e 48 da Lei n. 8.935/94**. Confira-se a ementa:

> "AÇÃO DIRETA DE INCONSTITUCIONALIDADE. ARTS. 20; 39, II; 48 DA LEI 8.935/94. OFICIAIS REGISTRADORES E NOTÁRIOS. INDICAÇÃO DE SUBSTITUTOS. CONTINUIDADE DO SERVIÇO. CONCURSO PÚBLICO. COMPATIBILIZAÇÃO. APOSENTADORIA COMPULSÓRIA. CARTÓRIOS OFICIALIZADOS. REGIME JURÍDICO. AÇÃO CONHECIDA E JULGADA PARCIALMENTE PROCEDENTE."

Nesse julgado, destaque ainda para o seguinte trecho:

> "(...) **quando o art. 20 da Lei n. 8.935/94 admite a substituição do notário ou registrador por preposto indicado pelo titular, naturalmente o faz para ajustar as situações de fato que normalmente ocorrem, sem ofensa à exigência de concurso público para ingresso na carreira**. O Oficial do Registro ou Notário, como qualquer ser humano, pode precisar afastar-se do trabalho, por breves períodos, seja por motivo de saúde, ou para realizar uma diligência fora da sede do cartório, ou mesmo para resolver algum problema particular inadiável. **E o serviço registral ou notarial não pode ser descontinuado, daí a necessidade de que exista um agente que, atuando por conta e risco do titular e sob a orientação deste, possa assumir precariamente a função nessas contingências, até que este último retome a sua função. (...)**".

Da mesma forma, concluiu o **STF, em 06.09.2024**, quando do julgamento da **ADI 7.655/SP**, pela necessidade de aprovação em concurso público, em se tratando de "desacumulação", vale dizer, acumulação de especialidade em serventia preexistente nos casos de distribuição de nova função notarial ou de registro a um cartório já existente e cuja função era antes exercida por outra serventia. Confira-se:

> "É constitucional a acumulação de especialidade em serventia preexistente nos casos de distribuição de nova função notarial ou de registro a um cartório já existente e cuja função era antes exercida por outra serventia ('desacumulação'), desde que o delegatário tenha sido habilitado, em concurso público, para uma das atividades notariais ou de registro".

Para melhor visualização dos itens desenvolvidos, confira-se o seguinte quadro:

DENUNCIAÇÃO DA LIDE	Divergência doutrinária e jurisprudencial, alguns admitindo, outros não, e ainda a posição intermediária, a depender do fundamento utilizado na ação proposta: se com base em culpa ou dolo, SIM; se com base em nexo causal, NÃO.
ATOS LEGISLATIVOS E JUDICIAIS	Possível sem que implique afronta ao princípio da separação dos Poderes. Na hipótese de atos legislativos, desde que baseada no reconhecimento de sua inconstitucionalidade, por decisão judicial com trânsito em julgado e com efeito *erga omnes*. Na hipótese de atos judiciais, não só por força do enquadramento dos juízes na condição de agentes públicos (art. 37, § 6.º), mas também por erro judicial (art. 5.º, LXXV).

13 ◼ Responsabilidade do Estado

RESPONSABILIDADE POR DANO AMBIENTAL E NUCLEAR	Possível. Quanto ao dano nuclear na forma prevista pelo art. 21, XXIII, *d*: objetiva na variante do risco administrativo, em que pesem precedentes do STJ apontando para o risco integral com base na Lei n. 6.453/77. Quanto ao dano ambiental, o mesmo raciocínio se impõe, com precedente do STJ para a variante do risco integral com base na Lei n. 6.938/81, art. 14, § 1.º.
RESPONSABILIDADE POR DANOS RESULTANTES DE ATENTADOS TERRORISTAS	Possível, sendo objetiva na variante do risco integral por força do disposto na Lei n. 10.744/2003.
NOTÁRIOS	A responsabilidade é do Estado, sendo objetiva, nos termos definidos pelo STF quando do julgamento, em 27 de fevereiro de 2019, do mérito do RE 842846, de 2014, com repercussão geral reconhecida.

13.5. QUADRO SINÓTICO

RESPONSABILIDADE DO ESTADO	
DEFINIÇÃO	Obrigação atribuída ao Poder Público de ressarcir os danos causados a terceiros, pelos seus agentes, quando no exercício de suas atribuições.
Requisitos	
DANO CERTO	É o dano real, existente, não podendo o Estado ser acionado em razão de danos virtuais.
DANO ESPECIAL	É o que se contrapõe à noção de dano geral, vale dizer, aquele que atinge a coletividade como um todo, devendo, pois, ser individualizado.
DANO ANORMAL	É aquele que ultrapassa os problemas, as dificuldades da vida comum em sociedade, causando esses prejuízos atípicos.
AGENTES PÚBLICOS	Esta expressão abrange todas as pessoas que estão dentro da estrutura da Administração Pública. **Espécies:** **1. Agentes políticos:** aqueles que formam a vontade superior do Estado, sem com ele manter uma relação profissional. **2. Servidores públicos:** **a) Funcionários públicos:** os que titularizam cargos. **b) Empregados públicos:** os que titularizam empregos públicos. **c) Temporários:** contratados por prazo determinado com base na previsão contida no art. 37, IX, da CF. **3. Particulares em colaboração com o Estado:** aqueles que, embora não estejam dentro da estrutura administrativa, acabam integrando este conceito em razão da prestação temporária de serviços públicos.
NESTA QUALIDADE	O Estado só poderá ser acionado para ressarcimento dos danos provocados por agentes públicos, mas somente quando no exercício de suas atribuições, e não atuando como um simples particular.
Evolução histórica	
FASE DA IRRESPONSABILIDADE	O Poder Público não respondia por quaisquer tipos de prejuízos causados a terceiros. Esse período é caracterizado pela frase "The King can do no wrong" (O Rei não pode errar).

RESPONSABILIDADE SUBJETIVA	O Estado, que até então não respondia pelos prejuízos causados a terceiros, passa a responder com base no conceito de culpa. Uma culpa anônima, pois, recaindo não sobre um agente em especial, mas sobre o serviço que resultou no dano, porque: ◘ não funcionou; ◘ funcionou tardiamente; ◘ funcionou de maneira defeituosa. Este período é marcado por uma frase resultante de decisões proferidas pelo Conselho de Estado na França: *faute du service* (culpa do serviço). Geralmente utilizada quando o dano é resultante de omissões praticadas pelo Poder Público.
RESPONSABILIDADE OBJETIVA	O Estado, que anteriormente respondia com base no conceito de culpa, continua a responder, só que agora com base no conceito de "nexo de causalidade". O denominado nexo causal representa a relação de causa e efeito existente entre o fato ocorrido e as consequências dele resultantes. **Exemplos:** ◘ perda de um carro levado por uma forte inundação; ◘ perda de uma casa em razão de enchentes; ◘ perda de um parente em razão de uma transfusão de sangue mal realizada em hospital público; ◘ perda de um familiar durante uma rebelião ou mesmo como resultado de briga entre detentos.
VARIANTES	**1. Risco integral:** o Estado responde por qualquer prejuízo causado a terceiros, ainda que não tenha sido o responsável por ele. ◘ Impossibilidade de invocar em sua defesa as chamadas "excludentes" ou "atenuantes" de responsabilidade. **2. Risco administrativo:** o Estado só responde por prejuízos que tiver ocasionado a terceiros. ◘ Assim, uma vez acionado, poderá invocar em sua defesa as chamadas excludentes ou atenuantes de responsabilidade (caso fortuito, força maior e culpa da vítima).

Responsabilidade do Estado no Brasil	
PERFIL ATUAL	Responsabilidade objetiva na variante do risco administrativo (CF, art. 37, § 6.º).

Pontos polêmicos	
TIPO	Alguns admitem responsabilidade subjetiva quando o dano for resultante de omissões do Poder Público.
DENUNCIAÇÃO DA LIDE	Tem-se admitido quando os fundamentos para a responsabilização do Estado e do agente forem os mesmos.
VARIANTE	Alguns admitem a variante do risco integral nas hipóteses de: a) atentado terrorista (Lei n. 10.744/2003); b) dano nuclear; c) dano ambiental.
AMBIENTAL	Responsabilidade objetiva, na variante do risco integral no entendimento do STJ e imprescritível no entendimento do STF.
PRESCRIÇÃO	Divergência doutrinária e jurisprudencial: ◘ 3 anos. Fundamento: CC, art. 206, § 3.º, V. ◘ 5 anos. Fundamento: Decreto n. 20.910/32 e REsp 969.613.
NOTÁRIOS	Responsabilidade objetiva (CF, art. 236, c/c a Lei n. 8.935/94, art. 22; STF, ADIn 2.602/2005).

13.6. SÚMULAS SOBRE RESPONSABILIDADE DO ESTADO

13.6.1. Súmula vinculante

■ **Súmula vinculante 11:** Só é lícito o uso de algemas em casos de resistência e de fundado receio de fuga ou de perigo à integridade física própria ou alheia, por parte do preso ou de terceiros, justificada a excepcionalidade por escrito, sob pena de responsabilidade disciplinar, civil e penal do agente ou da autoridade e de nulidade da prisão ou do ato processual a que se refere, sem prejuízo da responsabilidade civil do Estado.

13.6.2. Súmulas do STJ

■ **Súmula 37:** São cumuláveis as indenizações por dano material e dano moral oriundos do mesmo fato.

■ **Súmula 39:** Prescreve em vinte anos a ação para haver indenização, por responsabilidade civil, de sociedade de economia mista.

■ **Súmula 297:** O Código de Defesa do Consumidor é aplicável às instituições financeiras.

■ **Súmula 479:** As instituições financeiras respondem objetivamente pelos danos gerados por fortuito interno relativo a fraudes e delitos praticados por terceiros no âmbito de operações bancárias.

■ **Súmula 618:** A inversão do ônus da prova aplica-se às ações de degradação ambiental.

■ **Súmula 647:** São imprescritíveis as ações indenizatórias por danos morais e materiais decorrentes de atos de perseguição política com violação de direitos fundamentais ocorridos durante o regime militar.

■ **Súmula 652:** A responsabilidade civil da Administração Pública por danos ao meio ambiente, decorrente de sua omissão no dever de fiscalização, é de caráter solidário, mas de execução subsidiária.

13.7. QUESTÕES

QUESTÕES DE CONCURSOS
> http://uqr.to/1xgxm

14

SERVIDORES PÚBLICOS

14.1. NOÇÕES GERAIS

Primeiramente, cumpre observar que a **expressão** *servidores públicos* **acaba restringindo**, por demais, o **universo** de **pessoas** localizadas **dentro** da **Administração Pública**, por excluir, como visto, diversas categorias da sua incidência.

Assim, acompanhando a classificação proposta por Celso Antônio Bandeira de Mello, a **expressão** mais **adequada** seria **"agentes públicos", que abrange: agentes políticos e servidores públicos, subdivididos em: funcionários públicos (os que titularizam cargos públicos), empregados públicos (os que titularizam empregos públicos) e os contratados em caráter temporário**, na forma do **art. 37, IX, da CF:**

> Art. 37. (...)
>
> IX — a lei estabelecerá os casos de contratação por tempo determinado para atender a necessidade temporária de excepcional interesse público.

A **expressão** *agentes públicos* também **inclui** os **particulares** em **colaboração com o Estado**, vale dizer, aqueles que, mesmo não ocupando cargos ou empregos na estrutura da Administração Pública, incluem-se na categoria de agentes, por estarem, ainda que em caráter transitório, exercendo serviços públicos.

A **competência para legislar** sobre essa matéria **pertence** às **quatro pessoas integrantes da nossa Federação**, cada qual, por óbvio, no campo de atuação que lhe foi reservado pela Constituição.

Nesse particular, oportuna a reprodução da **Súmula Vinculante 39**, que atribui competência legislativa para a União sobre a remuneração de policiais civis e militares e integrantes de corpo de bombeiros do Distrito Federal. Confira-se:

> **SÚMULA VINCULANTE 39:** Compete privativamente à União legislar sobre vencimentos dos membros das polícias civil e militar e do corpo de bombeiros militar do Distrito Federal.

Não se pode deixar de mencionar que essas **competências não são ilimitadas**, mas, ao contrário, **deverão obedecer** às **diretrizes impostas** pela **Constituição Federal**, em particular aos princípios relacionados no *caput* do art. 37.

Essas **limitações não impedem** o **legislador infraconstitucional** de **inovar em relação ao Texto Maior**, desde que não afronte as diretrizes ali afixadas.

Assim, na **legislação infraconstitucional** encontramos **situações não previstas na Constituição** Federal, **como as vantagens e os deveres atribuídos aos servidores públicos, sem que esse fato represente alguma sorte de inconstitucionalidade**.

Estabelecidos os contornos gerais que balizarão este capítulo, passaremos em revista os principais itens a ele relacionados na Constituição Federal, a começar pelo ingresso na estrutura de cargos e empregos na Administração Pública.

Para melhor visualização do que foi dito, veja-se o quadro a seguir:

AGENTES PÚBLICOS	Expressão que abrange: agentes políticos e servidores públicos, subdivididos estes em: funcionários públicos (os que titularizam cargos públicos), empregados públicos (os que titularizam empregos públicos), os contratados em caráter temporário, na forma do art. 37, IX, da CF, e os particulares em colaboração com o Estado
COMPETÊNCIA PARA LEGISLAR	Pertence às quatro pessoas integrantes da nossa Federação, cada qual, por óbvio, no campo de atuação que lhe foi reservado pela Constituição

14.2. LEGITIMIDADE PARA INGRESSO

Nesse contexto, o primeiro aspecto importante a ser considerado diz respeito àquelas **pessoas que podem ter acesso** à estrutura de **cargos** e **empregos** da Administração Pública.

A redação oferecida pela EC n. 19/98, no **art. 37, I, da CF**, ampliou essa possibilidade para os **brasileiros e estrangeiros:**

> **Art. 37.** (...)
> I — os cargos, empregos e funções públicas são acessíveis aos brasileiros que preencham os requisitos estabelecidos em lei, assim como aos estrangeiros, na forma da lei.

A leitura do dispositivo constitucional demonstra que a **possibilidade** de **acesso** a cargos e empregos públicos foi **ampliada** para os **estrangeiros**, o que anteriormente só se verificava quando da **contratação** de **professores** por universidades, a teor do disposto no **art. 207, § 1.º, da Constituição Federal:**

> **Art. 207.** As universidades gozam de autonomia didático-científica, administrativa e de gestão financeira e patrimonial, e obedecerão ao princípio de indissociabilidade entre ensino, pesquisa e extensão.
> § 1.º É facultado às universidades admitir professores, técnicos e cientistas estrangeiros, na forma da lei.

A propósito, confira-se decisão proferida pelo **STF**, em **24.03.2023**, quando do julgamento do **RE 1.177.699/SC**:

> "O candidato estrangeiro tem direito líquido e certo à nomeação em concurso público para provimento de cargos de professor, técnico e cientista em universidades e instituições de pesquisa científica e tecnológica federais, nos termos do art. 207, § 1.º, da Constituição Federal, salvo se a restrição da nacionalidade estiver expressa no edital do certame com o exclusivo objetivo de preservar o interesse público e desde que, sem prejuízo de controle judicial, devidamente justificada."

14 ■ Servidores Públicos

Cumpre esclarecer que **essa perspectiva não foi franqueada** a qualquer brasileiro ou estrangeiro, mas **apenas para aqueles que preencherem os requisitos estabelecidos em lei**.

É perfeitamente **possível** ao **legislador infraconstitucional**, portanto, o estabelecimento de **restrições** para o **acesso** de brasileiros e estrangeiros aos **cargos, empregos** e **funções** públicos, como: idade, grau de escolaridade, cada qual em sua esfera de atuação.

É exatamente o que se observa na redação oferecida pelo **art. 5.º da Lei n. 8.112/90** (Estatuto dos Servidores Públicos Federais), quando relaciona entre os requisitos básicos para a investidura em cargo público:

- a nacionalidade brasileira;
- o gozo dos direitos políticos;
- a quitação com as obrigações militares e eleitorais;
- o nível de escolaridade exigido para o exercício do cargo;
- a idade mínima de 18 anos;
- a aptidão física e mental.

Oportuno destacar, contudo, que o **legislador** ainda **abriu** a **possibilidade** para a realização de **novas exigências**, desde que relacionadas com as atribuições do cargo, a teor do disposto no **§ 1.º** do mesmo dispositivo:

> **Art. 5.º** (...)
>
> § 1.º As atribuições do cargo podem justificar a exigência de outros requisitos estabelecidos em lei.

É claro que essas outras exigências **só terão legitimidade se guardarem compatibilidade com a natureza e a complexidade dos cargos** e **empregos** a serem preenchidos, não ficando ao livre critério do administrador estabelecê-las.

A formulação das **exigências** deverá vir **acompanhada** das **razões** que as justificaram, para permitir um **controle** de **legalidade** pelo **Judiciário** quando acionado por aqueles que se sentirem lesados por elas.

Nesse contexto, oportuno destacar a **possibilidade** de o **Poder Público averiguar** a **vida pregressa** do **candidato** como condição para sua nomeação e posse, tese já consolidada ao nível do STJ. Confira-se:

"PROCESSUAL CIVIL E ADMINISTRATIVO. RECURSO EM MANDADO DE SEGURANÇA. CONCURSO PÚBLICO. DELEGADO DE POLÍCIA. INVESTIGAÇÃO SOCIAL. OMISSÃO ACERCA DE FATOS DESABONADORES DO CANDIDATO. DESCUMPRIMENTO DO EDITAL. NÃO RECOMENDAÇÃO PARA O CARGO. LEGALIDADE DE SUA EXCLUSÃO DO CERTAME. AUSÊNCIA DE DIREITO LÍQUIDO E CERTO. 1. A jurisprudência desta Corte é firme no sentido de que: i) a omissão em prestar informações, conforme demandado por edital, na fase de investigação social ou de sindicância da vida pregressa, enseja a eliminação de candidato do concurso público; e ii) a investigação social para admissão de candidato a cargos sensíveis, como o de delegado policial, não se restringe a aferição de existência ou não de condenações penais transitadas em julgado, abrangendo, também, a conduta moral e social do candidato, a fim de verificar a sua adequação ao cargo almejado, que requer retidão e probidade. (...)" (STJ, AgInt no RMS: 60984 RO 2019/0159256-2, Rel. Min. Benedito Gonçalves, j. 03.05.2021, 1.ª T., Data de Publicação: *DJe* 05.05.2021).

De registrar-se, também, a existência de **cargos** que **a Constituição restringiu** tão somente para os **brasileiros natos**, excluindo assim os brasileiros naturalizados e os estrangeiros, por razões óbvias.

É o que se verifica da leitura do **art. 12, § 3.º, da CF**, no qual estão relacionados, entre outros, os cargos que materializam a **linha sucessória** do **Presidente** da **República**, com o objetivo de preservar a soberania do País.

Por fim, importante registrar que **cargos**, **empregos** e **funções** representam um **conjunto de atribuições e responsabilidades conferidos ao servidor submetido, respectivamente, aos regimes profissionais estatutário, celetista, e a um regime híbrido**, no último caso lembrando-se que a ritualização de funções não está ligada a um cargo ou emprego público.

Para melhor visualização deste item, verifique-se o quadro:

OBJETO	Titularização de cargos, empregos e funções
DEFINIÇÕES	Conjunto de atribuições e responsabilidades conferidos ao servidor submetido, respectivamente, aos regimes profissionais estatutário, celetista, e a um regime híbrido, no último caso
LEGITIMIDADE	Brasileiros e estrangeiros que preencham os requisitos estabelecidos em lei
FUNDAMENTO	Art. 37, I, da CF e art. 5.º da Lei n. 8.112/90

14.3. FORMA DE INGRESSO

14.3.1. Da necessidade de aprovação em concurso público

Outro ponto importante a ser observado diz respeito à **forma** de **ingresso** na **estrutura** da **Administração Pública**, matéria essa disciplinada pelo **art. 37, II**:

> Art. 37. (...)
> II — a investidura em **cargo ou emprego público depende de aprovação prévia em concurso público de provas ou de provas e títulos**, de acordo com a natureza e a complexidade do cargo ou emprego, na forma prevista em lei, ressalvadas as nomeações para cargo em comissão declarado em lei de livre nomeação e exoneração.

A leitura do dispositivo constitucional gera, sem dúvida, desdobramentos, a começar pela **regra geral** ali apontada, segundo a qual a **investidura** em **cargo** ou **emprego** público depende de **concurso público**.

Nesse sentido, cumpre consignar, de início, que a expressão **"investidura"**, utilizada pela Constituição, apresenta-se como **sinônimo** de **titularização** ou de **provimento**.

Essa **diretriz constitucional** tem **aplicabilidade** tanto na hipótese de **investidura** em **cargo** quanto em **emprego** público, não se estabelecendo, pois, nenhuma diferenciação nesse particular entre os regimes estatutário e celetista.

14 ◾ Servidores Públicos   525

Considera-se que essa **regra geral** deve, de igual sorte, ser **aplicada** não somente **para** a **primeira investidura** em cargo ou emprego público, **mas também** para as **investiduras derivadas**, ou seja, aquelas em que o agente, titularizando cargo ou emprego, passa a titularizar outro, ainda que em outra carreira.

Em outros termos, o que se procura demonstrar é que a **exigência** de **concurso** público não se limita à primeira investidura, mas deverá sempre ser aplicada **quando houver** a **necessidade** de **preenchimento** de **cargos** ou **empregos** públicos, diretriz estabelecida pela **Súmula Vinculante 43 do STF**:

> **SÚMULA VINCULANTE 43:** É inconstitucional toda modalidade de provimento que propicie ao servidor investir-se, sem prévia aprovação em concurso público destinado ao seu provimento, em cargo que não integra a carreira na qual anteriormente investido.

Sobre esse tema, inúmeros são os precedentes da Suprema Corte julgando inconstitucionais leis estaduais e municipais que autorizam a titularização de cargos públicos sem concurso.

Nesse sentido, os ministros do **STF**, em **maio de 2020**, quando do julgamento da **ADI 3.782**, concluíram pela inconstitucionalidade da Lei n. 4.620/2005 do RJ, que admitia a organização de **cargos de distintas atribuições e exigências de qualificação** (técnico de atividade judiciária e analista judiciário) em **carreira única, sem concurso**.

Em **6 de agosto de 2020**, quando do julgamento da **ADIn 1.251**, julgaram inconstitucional dispositivo da Lei mineira n. 11.816/95, que permitiu o **aproveitamento de servidores** da extinta MinasCaixa no Tribunal de Contas de Minas Gerais **sem a realização de concurso público**.

Em **16 de junho de 2020**, quando do julgamento do **ARE 1250903**, a **Primeira Turma do STF**, por maioria, considerou **inadmissível** que o **servidor efetivo**, depois de aposentado regularmente, seja **reconduzido ao mesmo cargo sem a realização de concurso público**, com o intuito de cumular vencimentos e proventos de aposentadoria. Se o servidor é aposentado pelo RGPS, a **vacância do cargo** respectivo **não implica direito à reintegração** ao mesmo cargo **sem a realização de concurso**.

Em **12 de agosto de 2020**, o **Tribunal de Justiça do Rio de Janeiro**, por intermédio de seu órgão especial, concluiu pela inconstitucionalidade de lei municipal do município de Macaé que autorizou a transformação do cargo de assistente jurídico da administração direta e indireta em advogado municipal, com atribuições similares às dos procuradores municipais, sem concurso.

É bem verdade que, para a **investidura derivada**, vale dizer, quando o servidor já titulariza um cargo ou emprego e se transfere para outro, o **perfil** a ser conferido para o **concurso** público **será outro**, visto que **terá** ele um **caráter interno**, vale dizer, somente para aqueles que integram a Administração Pública e satisfizerem as exigências do cargo ou do emprego a serem preenchidos.

A **diretriz** não é gratuita, ao revés, **decorre** do *princípio da eficiência*, relacionado no *caput* do art. 37, e deve prevalecer para **evitar** que o **preenchimento** de **cargos** ou **empregos** para aqueles que estão dentro da estrutura da Administração seja realizado de **maneira aleatória**, por meio de critérios **subjetivos**, permitindo desigualdade de condições para os que manifestarem interesse.

A **exigência** pela realização do **concurso** público, também nessas situações, revela-se **necessária**, para **dificultar favoritismos** ou **perseguições** incompatíveis com o interesse público.

Oportuna ainda a referência a decisão proferida pelo **STJ, em 15.10.2024, quando do julgamento do AgInt no AREsp 1.094.184/SP**, concluindo pela impossibilidade de o Poder Judiciário analisar os critérios de escolha dos membros de banca examinadora de concurso público para o cargo de professor universitário. Confira-se a ementa:

> "PROCESSO CIVIL E ADMINISTRATIVO. AGRAVO INTERNO NO AGRAVO EM RECURSO ESPECIAL. DECLARAÇÃO DE NULIDADE PARCIAL DE CONCURSO PARA PROFESSOR TITULAR DE DIREITO DO COMÉRCIO INTERNACIONAL DA UNIVERSIDADE DE SÃO PAULO. INGRESSO DE TERCEIROS INTERESSADOS. NÃO APONTADA, DE MANEIRA FUNDAMENTADA, A PRESENÇA DE INTERESSE JURÍDICO. RECURSO DO PRIMEIRO COLOCADO NO CONCURSO. DECISÃO RECORRIDA. NULIDADE. ALEGAÇÃO GENÉRICA. SUPOSTA OFENSA AOS ARTS. 3.º, 267, INCISO VI, E 295, INCISO IV, DO CPC/1973 E 41, § 2.º, DA LEI N. 8.666/1993. RAZÕES DISSOCIADAS. FUNDAMENTO DA DECISÃO RECORRIDA. IMPUGNAÇÃO CONCRETA. AUSÊNCIA. APLICAÇÃO DA SÚMULA N. 182 DO STJ. AUTONOMIA UNIVERSITÁRIA. DISCRICIONARIEDADE DA ADMINISTRAÇÃO PÚBLICA. MATÉRIAS DEVIDAMENTE PREQUESTIONADAS. ESCOLHA DOS COMPONENTES DA BANCA EXAMINADORA EM CONSONÂNCIA COM A AUTONOMIA UNIVERSITÁRIA ASSEGURADA PELOS ARTS. 53 E 54 DA LEI N. 9.394/1998. INGERÊNCIA DO PODER JUDICIÁRIO. NÃO CABIMENTO. INVASÃO DO MÉRITO ADMINISTRATIVO. INDEFERIDO O PEDIDO DE INGRESSO DE TERCEIROS INTERESSADOS. AGRAVO INTERNO PARCIALMENTE CONHECIDO E, NESSA EXTENSÃO, PROVIDO. AGRAVO EM RECURSO ESPECIAL CONHECIDO PARA CONHECER EM PARTE DO APELO NOBRE E, NESSA EXTENSÃO, DAR-LHE PARCIAL PROVIMENTO, A FIM DE JULGAR IMPROCEDENTES OS PEDIDOS FORMULADOS NA PETIÇÃO INICIAL".

Nesse contexto, sobreleva notar que a **exigência** de **concurso** público também **se estende** para o **provimento** de **cargos** que **não integram** a **carreira** na qual o servidor estava anteriormente investido.

Em outras palavras, ainda que o servidor estivesse ocupando um **cargo público**, para **ocupar outro** em **carreira diversa** deverá se **submeter** a **novo concurso** público.

Nesse sentido ainda, oportuna a reprodução de **precedente do STF**, quando do julgamento, em **02.06.2023**, da **ADI 5.510/PR**, em que **a Corte** decidiu pela **inconstitucionalidade da interpretação de disposições legais que viabilizem a promoção a cargo de nível superior a servidores que ingressaram por concurso público para cargo de nível médio**, resultando na seguinte tese:

> "A equiparação de carreira de nível médio a outra de nível superior constitui forma de provimento derivado vedada pelo art. 37, II, da CF/88."

14 ◼ Servidores Públicos

De resto, foi o entendimento ratificado pelo **STF**, em **12.04.2023**, quando do julgamento do **RE 1.232.885/AP**, em que considerou inconstitucional a transposição ou aproveitamento de empregado público no quadro estatutário, sem aprovação em concurso, resultando na seguinte tese. Confira-se:

> "É inconstitucional dispositivo de Constituição estadual que permite transposição, absorção ou aproveitamento de empregado público no quadro estatutário da Administração Pública estadual sem prévia aprovação em concurso público, nos termos do art. 37, II, da Constituição Federal."

Ainda sobre esse tema, concluiu o **STF**, em **1.º.09.2023**, quando do julgamento da **ADI 6.780/RN**, que a migração entre quadros, mediante permuta, sem a aprovação em concurso público, revela-se inconstitucional. Confira-se:

> "A investidura no cargo de membro do Parquet exige prévia aprovação em certame de provas e títulos (CF/1988, art. 129, § 3.º). **Assim, a migração entre quadros, mediante permuta**, constitui forma de ingresso em cargo diverso daquele para o qual o servidor foi aprovado, em **inobservância ao princípio do concurso público (CF/1988, art. 37, II)**".

Vale também o registro para a **EC n. 130**, de **03.10.2023**, que **estendeu**, em respeito a unidade da magistratura, **a possibilidade de permuta entre juízes**, a exemplo do que já se verificava na área trabalhista, nos seguintes termos:

> "Art. 93, da CF — (...)
> VIII-B — a permuta de magistrados de comarca de igual entrância, quando for o caso, e dentro do mesmo segmento de justiça, inclusive entre os juízes de segundo grau, vinculados a diferentes tribunais, (...)"

14.3.2. Provas e títulos

Seguindo ainda a redação oferecida pelo dispositivo constitucional, tem-se que a **Constituição Federal proibiu** a realização de **concursos única** e **exclusivamente** com **base** em **títulos**, para evitar, uma vez mais, ações arbitrárias do administrador.

O mesmo dispositivo acabou por pacificar, com a redação oferecida, a questão relativa a ficar ou não ao livre critério do administrador o estabelecimento das provas e títulos a serem exigidos.

Estabeleceu a Constituição Federal que as **provas** e os **títulos só poderiam ser aqueles que se revelassem compatíveis com a natureza e a complexidade do cargo ou emprego colocados em disputa**.

Ao exigir, dessa forma, títulos e ao veicular provas, o **administrador terá de demonstrar** sua **correspondência**, sua **compatibilidade** com os **cargos** e **empregos** oferecidos.

A exigência de um título de doutor em Direito, por **exemplo**, como requisito para a participação em concursos para a Magistratura e Ministério Público não se justifica, na medida em que não revela nenhuma correspondência com a natureza dos cargos oferecidos.

Realmente, o bacharel em Direito que em momento algum de sua vida tenha demonstrado interesse pela obtenção daquele título universitário poderá perfeitamente reunir condições para o bom exercício das funções das quais estaria alijado se esse critério pudesse ser utilizado.

Nesse sentido, ainda, oportuna a reprodução de **precedente do STF**, quando do julgamento, em **25.06.2021**, da **ADI 4.590/MG**, em que **a Corte analisou a constitucionalidade da Emenda Constitucional n. 83/2010, do estado de Minas Gerais, que passou a exigir título de bacharel em Direito e aprovação em concurso público para o ingresso no quadro de oficiais da Polícia Militar de MG**.

O Tribunal, por unanimidade, conheceu da ação direta e, no mérito, julgou procedente o pedido para declarar a inconstitucionalidade da referida Emenda.

Oportuna, ainda, a reprodução de **precedente** do **STF**, quando do julgamento, em **07.06.2021**, da **ADI 1.183/DF**, em que **a Corte analisou a questão da substituição, aposentadoria e regime de contratações de funcionários no Serviço notarial e de registro**.

Na referida decisão concluiu ser incompatível com a Constituição Federal a interpretação de que **prepostos, indicados pelo titular de** cartório ou mesmo pelos tribunais de justiça, possam **exercer substituições ininterruptas por períodos superiores a seis meses**.

Nesse particular, tendo-se em vista que o § 3.º **do art. 236 da CF não permite que qualquer serventia fique vaga, sem abertura de concurso de provimento ou de remoção, por mais de seis meses, extrai-se da referida norma que a substituição precária de um notário ou registrador por agente** *ad hoc* **não pode superar esse período**.

Em razão da importância deste item, oportuna a reprodução de outro **precedente**, agora do STJ, quando do julgamento em 22.09.2021, do REsp 1.888.049/CE, em que o candidato possuía titulação superior a exigida no edital. Confira-se:

> "Concurso público. Exigência de título de Ensino Médio profissionalizante ou completo com curso técnico em área específica. Candidato portador de diploma de nível superior na mesma área profissional. Qualificação superior a exigida. Investidura no Cargo. Possibilidade. Tema 1094."

A propósito desse tema, muitas controvérsias têm sido geradas, podendo as principais ser enumeradas da seguinte maneira:

a) Pode o Judiciário apreciar o mérito das questões formuladas em concurso público?

b) Pode o Judiciário apreciar a validade da realização de exames orais?

c) A exigência de aprovação em exames psicotécnicos é legal?

d) A realização de exames médicos é legal?

Por ser cada vez maior a incidência de questões dessa natureza levadas à apreciação do Judiciário, oportuna a transcrição da **Súmula Vinculante 44**. Confira-se:

> **SÚMULA VINCULANTE 44:** Só por lei se pode sujeitar a exame psicotécnico a habilitação de candidato a cargo público.

14 ■ Servidores Públicos   529

Sobre a exigência de exame psicotécnico, importante anotar que além de previsão no edital e na Lei, necessária a utilização de critérios objetivos sob pena de nulidade, conforme decidiu o **STF, em setembro de 2018**, no **RE n. 1.133.146/DF**.

Sobre o mesmo tema, com base na **Súmula Vinculante 44**, decidiu o **TRF3** em **22.08.2024**, quando do julgamento da **Apelação Cível 0004104-55.2005.4.03.6106**, pela ilegalidade do teste psicotécnico aplicado em razão de sua subjetividade. Confira-se:

> "*In casu*, foi juntada cópia do exame psicológico (Id. 101950179 fls. 142/146), na qual não e possível aferir quais os critérios utilizados para verificação do preenchimento ou não dos requisitos exigidos, quais sejam: estabilidade emocional, conscienciosidade, dominação, altruísmo, introversão, relacionamento interpessoal, liderança criativa, independência, autenticidade, agressividade, inibição, raciocínio analítico dedutivo, abstrato, espacial e verbal, memória virtual e atenção difusa (...). Ante o exposto, voto para dar provimento a apelação para reformar a sentença e julgar procedente o pedido para decretar a nulidade da avaliação psicológica do autor e determinar a realização de novo teste, bem como condenar a União ao pagamento de honorários advocatícios, nos termos anteriormente explicitados (...)".

Neste particular, oportuno registrar que o **STF,** quando do julgamento da **ADI 6.754/TO, em 25.06.2021,** com lastro no disposto no **art. 22, XVI, da CF, concluiu** que, além da **necessidade de lei** para disciplinar o **exercício das profissões, deverá ser ela federal.**

Ademais, não existe lei complementar federal autorizando os estados-membros a legislarem sobre questões específicas relacionadas a essa matéria, conforme estabelece a repartição constitucional de competências, e, tampouco, norma primária estadual que disponha sobre interesse local na matéria.

No mesmo sentido, outro **precedente** do **STF**, quando do julgamento, em **02.06.2021,** da **ADI 6.749/DF,** em que **a Corte analisou a constitucionalidade de ato normativo local relacionado ao exercício de profissão.**

> **"Concluiu a Corte ser formalmente inconstitucional ato normativo local que, a pretexto de prescrever regras de caráter administrativo, regulamente o exercício da profissão de despachante junto a órgãos de trânsito".**

A **jurisprudência da Suprema Corte**, em sucessivos julgamentos, tem reconhecido configurada a **usurpação da competência legislativa privativa da União** em relação a leis estaduais e distritais que, sob o pretexto de estatuírem normas administrativas de interesse local, regulamentam o exercício de atividades profissionais. No caso específico da categoria dos **despachantes**, o **Supremo Tribunal Federal** aplicou esse entendimento na **ADI 4.387** e, em **27.05.2021**, o reafirmou na **ADI 5.412.**

14.3.3. Idade

De outro giro, cumpre observar que a utilização do **critério "idade"**, a nosso ver, só se revela **possível**, conforme visto em capítulo anterior, no momento da abordagem acerca do **princípio da isonomia**, **quando compatível** com a **natureza** e **complexidade** dos **cargos** ou empregos oferecidos, a teor do disposto no art. 37, II, da CF, o que nem sempre se verifica.

De resto, cumpre observar que a questão foi pacificada pelo **STF** por meio da edição da **Súmula 683**:

> **SÚMULA 683 DO STF:** O limite de idade para a inscrição em concurso público só se legitima em face do art. 7.º, XXX, da Constituição, quando possa ser justificado pela natureza das atribuições do cargo a ser preenchido.

Sem embargo, como as súmulas não têm efeito vinculante, oportuno conferir a esse respeito as seguintes **decisões** proferidas pelo **STF** e pelo **Tribunal de Justiça do Distrito Federal:**

Nesse sentido, o **STF** em **15.12.2020,** quando do julgamento da **ADI 5.329/DF, concluiu pela inconstitucionalidade de legislação distrital que estabeleceu limite de idade para o ingresso na Magistratura.** Confira-se:

> "(...) 2. O art. 52, V, da Lei 11.697/2008, ao estabelecer como requisito para ingresso na carreira da magistratura do Distrito Federal ou dos Territórios a idade mínima de 25 anos e máxima de 50, viola o disposto no art. 93, I, da Constituição Federal. (...)
> 5. O limite de 50 anos de idade para ingresso em cargo de magistrado não guarda correlação com a natureza do cargo e destoa do critério a que a Constituição adotou para a composição dos Tribunais Superiores, Tribunais Regionais Federais e Tribunais Regionais do Trabalho (...)."

Outrossim, **o plenário do STF**, em **25.06.2021,** quando o julgamento da **ADPF 305,** julgou parcialmente procedente o pedido formulado, para declarar não recepcionados pela Constituição Federal de 1988 os arts. 7.º, II, e 8.º, § 1.º, II, da Lei Complementar n. 539, de 26 de maio de 1988, do Estado de São Paulo que dispõe sobre **o provimento de serventias extrajudiciais.**

Segundo o **relator, Ministro Gilmar Mendes**, o inciso II do art. 7.º da lei paulista, **ao limitar o provimento de cargo inicial da carreira aos candidatos que tenham entre 21 e 40 anos de idade**, estabelece **condição restritiva não prevista na lei dos cartórios**. *"Não se percebe, na legislação federal, qualquer limitação etária para a realização de serviços notariais e de registro, como o fez a lei do Estado de São Paulo"*, constatou.

Além disso, lembrou que o STF tem entendimento no sentido da **impossibilidade de os Estados regularem ingresso e remoção nos serviços notariais e de registro** (art. 236 da Constituição).

Também para o relator, o art. 8.º, § 1.º, II, que permite que o **escrevente de serventia extrajudicial concorra ao provimento de cargo por concurso de remoção, não foi recepcionado pela Constituição da República**. Gilmar Mendes observou que o escrevente é um preposto que exerce cargo de confiança do notário ou do tabelião e não é, portanto, servidor público em sentido estrito.

Por não haver a necessidade de realização de concurso público para o preenchimento do cargo, também não haveria justificativa para o direito de concorrer ao

provimento por concurso de remoção. S. Exa. lembrou, ainda, que o dispositivo garante abrangência maior ao concurso de remoção previsto na lei Federal, que restringe essa modalidade de certame aos serventuários titulares.

Sobre esse tema, em que vale ainda a referência acerca da possibilidade de permanência em serventias extrajudiciais de prepostos indicados, em detrimento dos aprovados em concurso público, decidiu o **STF**, em 19.10.2023, quando do julgamento da **ADI 1183 ED/DF**:

> "É incompatível com a Constituição Federal de 1988 interpretação que extraia do art. 20 da Lei n. 8.935/1994 a possibilidade de que prepostos, indicados pelo titular de cartório ou mesmo pelos tribunais de justiça, possam exercer substituições ininterruptas por períodos superiores a seis meses, em caso de vacância da serventia. Nessa hipótese, o substituto não concursado se encontra na interinidade do cartório, de modo que age em nome próprio e por conta própria".

Nesse particular, oportuna referência a outro **precedente** do **STF**, quando do julgamento, **em 24.09.2021**, das **ADIns 6.794, 6.795, 6.796**, em que **a Corte considerou inconstitucionais leis estaduais que dispõem limites etários para ingresso na magistratura**. Seguindo voto do relator, Min. Gilmar Mendes, **a maioria do plenário fixou que não há na Constituição Federal nem na Loman previsão semelhante ao disposto na norma**.

Aliás, oportuno registrar que essa questão relacionada à idade também foi apreciada pelo **CNJ** quando da edição da **Resolução** n. **75**, em especial no **art. 13, § 5.º**, que dispõe:

> **Art. 13.** (...)
> § 5.º O edital do concurso não poderá estabelecer limite máximo de idade inferior a 65 (sessenta e cinco) anos.

Debruçando-se sobre o tema acerca da idade mínima exigível, o STF, em **12.08.2024**, quando do julgamento do **RE 1486.706**, em decisão unânime, manteve a posse de um candidato aprovado em concurso público da PM/CE, realizado há 24 anos, quando ele tinha 19 anos.

O edital do concurso previa idade mínima de 21 anos para participação.

Em seu voto, o Ministro André Mendonça, relator do caso, assinalou que, conforme jurisprudência consolidada do STF, a restrição de idade para participação em concursos públicos somente se justifica se estiver prevista em lei e se houver relação com as atribuições do cargo, não sendo suficiente a previsão em edital.

No caso em questão, o Ministro destacou que, inexistindo lei que estabeleça idade mínima para o ingresso na PM/CE, a restrição imposta pelo edital não encontra respaldo legal.

Ainda sobre esse tema, vale destacar a conclusão atingida pelo **STF, em 30.08.2024**, quando do julgamento da **ADI 4.082/DF**, pela constitucionalidade de lei distrital obrigando a administração a manter, no mínimo, 5% de pessoas com idade acima de 40 anos nos seus quadros. Confira-se:

"É constitucional — na medida em que configura discrímen razoável — lei distrital que estabelece a obrigatoriedade de: (i) serem mantidas, no mínimo, 5% (cinco por cento) de pessoas com idade acima de quarenta anos, obedecido o princípio do concurso público, nos quadros da Administração Pública direta e indireta (...)".

14.3.4. Da participação feminina

Trata-se de tema de extrema **importância**, em vista da crescente participação das mulheres em todos os setores da sociedade, não comportando mais discriminações recorrentes praticadas ao longo do tempo em relação a elas.

Nesse sentido, de rigor a aplicação da mesma orientação, em relação à sua participação em concursos públicos, através de uma reserva legal de vagas que, sem embargo, não pode impedi-las de concorrer às vagas previstas para concorrência geral, conforme decisão do **STF**, **em 10.05.2024**, quando do julgamento das **ADIs 7.480/SE**, **7.482/RR** e **7.491/CE**. Confira-se:

"A reserva legal de percentual de vagas a ser preenchido, exclusivamente, por mulheres, em concursos públicos da área de segurança pública estadual, não pode ser interpretada como autorização para impedir que elas possam concorrer à totalidade das vagas oferecidas (...) Assim o Plenário, em apreciação conjunta, por unanimidade, julgou procedente as ações para conferir interpretação conforme a Constituição (...), a fim de afastar qualquer intepretação que admita restrição à participação de candidatas do sexo feminino nos concursos públicos neles referidos".

14.3.5. Investigação social

Assim, exsurge claro que a utilização de **critérios aleatórios** para a escolha das provas e dos títulos a serem exigidos dos eventuais candidatos representa **agressão** aos **princípios** da **isonomia**, da **proporcionalidade** e da **razoabilidade**, os quais devem nortear toda a atividade administrativa.

De outra parte, a necessidade de as **exigências** contidas nos **editais** serem compreendidas à luz desses princípios aplica-se como regra geral, merecendo destaque em razão de algumas divergências que têm surgido à questão **relacionada** aos documentos exigidos na etapa denominada **"investigação social"**.

Com efeito, **legítima** a **investigação** levada a efeito pela comissão de concurso acerca da **vida pretérita** do **candidato** de forma a evitar a titularização de cargos públicos, por parte daqueles que já tenham sido atingidos por uma **condenação** em **caráter definitivo**, vale dizer, com força de trânsito em julgado, em respeito ao princípio constitucional da moralidade.

Diante desse cenário, o que **não se pode admitir** é a **exclusão** de **candidatos** nessa fase do concurso em razão da constatação de **precedentes negativos** no **nível administrativo ou** mesmo no nível **judicial sem** que o **trânsito em julgado** tenha sido alcançado.

Em outras palavras, de forma contrária ao que têm entendido alguns tribunais estaduais, revela-se **inconstitucional** a referida **exclusão** tão **somente** pela **constatação** da **abertura** de um **inquérito policial**, ou mesmo quando já tenha se verificado seu encerramento.

Destarte, admitir a referida possibilidade implicaria **agressão** inequívoca ao princípio da **presunção** de **inocência** concretizado no **art. 5.º, LVII, da Constituição**:

> **Art. 5.º** (...)
> LVII — ninguém será considerado culpado até o trânsito em julgado de sentença penal condenatória.

De resto, esta é a **orientação** que já se encontra **consolidada** no nível da nossa **Suprema Corte**, quando do julgamento, em **6 de fevereiro de 2020**, por maioria, o **STF** fixou a seguinte tese:

> "Sem previsão constitucionalmente adequada e instituída por lei, não é legitima cláusula de edital de concurso público que restrinja a participação de candidato pelo simples fato de responder a inquérito ou a ação penal".

Não fossem suficientes as decisões colacionadas, o que se admite apenas para argumentar, uma vez que demonstram, de forma inequívoca, a consolidação da **tese** no nível da **Suprema Corte**, a **mesma orientação** vem sendo adotada pelo **Superior Tribunal de Justiça**, consoante se verifica do seguinte excerto julgado em **2 de junho de 2015**, com relatoria do **Ministro Reynaldo Soares da Fonseca**:

> "(...) 1. Esta Corte e o Supremo Tribunal Federal consolidaram entendimento no sentido de que, em obediência à estrita ordem classificatória, não pode a administração deixar de nomear candidato que teve êxito em todas as fases do concurso público, por responder a **inquérito policial ou ação penal sem trânsito em julgado da sentença condenatória**. (...)" (AgRg no Recurso em Mandado de Segurança n. 25.257/PR 2007/0226633-2).

Assim sendo, diante das decisões colacionadas, revela-se **impossível** a **exclusão** de **candidatos** baseada, tão somente, em **procedimento administrativo** ainda **em curso**.

Nesse sentido, o **precedente** do **STJ**, quando do julgamento, em **01.06.2021**, do **AREsp 1.806.617/DF**, em que **a Corte concluiu**:

> "**Concurso Público. Polícia militar. Sindicância de vida pregressa. Controle judicial do ato administrativo. Possibilidade. Declaração realizada pelo próprio candidato. Uso de drogas na juventude. Fato ocorrido há vários anos. Posterior ingresso no serviço público. Cargo de professor. Razoabilidade e proporcionalidade do ato restritivo. Reexame. Cabimento.**"

No curso da decisão destacou-se que impedir que candidato em concurso público que já é integrante dos quadros da Administração, prossiga no certame público para ingresso nas fileiras da Política Militar na fase de sindicância de vida pregressa, fundada em relato do próprio candidato no formulário de ingresso na corporação de que foi usuário de drogas há sete anos, acaba por aplicar-lhe uma **sanção de caráter perpétuo**, dado o grande lastro temporal entre o fato tido como desabonador e o momento da investigação social.

Outrossim, que o Superior Tribunal de Justiça, já teve a oportunidade de consignar que a sindicância de vida pregressa dos candidatos a concursos públicos deve estar jungida pelos princípios da razoabilidade e proporcionalidade.

Ainda sobre esse tema, importante assinalar decisão proferida pela **1.ª turma do STF, em 28.06.2022**, quando do julgamento da **RCL 48.908** em que, por **unanimidade, concluiu pela legitimidade de cláusula do edital de concurso público para inspetor de polícia excluir candidatos que respondem inquéritos e ações penais sem o trânsito em julgado**.

Ao analisar o caso, a **ministra Cármen Lúcia**, relatora, aplicou jurisprudência do Supremo (tema 22) para negar pedido do candidato. **O entendimento da Corte** assenta que, **como regra geral**, a simples existência de inquéritos ou processos penais em curso não autoriza a eliminação de candidatos em concursos públicos, **todavia, a lei pode instituir requisitos mais rigorosos para determinados cargos**, em razão da relevância das atribuições envolvidas, como é o caso, por exemplo, das carreiras da magistratura, das funções essenciais à Justiça e da segurança pública.

Ainda sobre esse tema, o **STF, por maioria**, decidiu, quando do julgamento, **em 04.10.2023**, do **RE 1.282.553**, que pessoa com os **direitos políticos suspensos em razão de condenação criminal definitiva pode tomar posse em cargo público**. O Plenário também determinou que não pode haver incompatibilidade entre o cargo a ser exercido e o crime cometido, nem conflito de horários entre a jornada de trabalho e o regime de cumprimento da pena.

Os ministros fixaram a seguinte tese:

"A suspensão dos direitos políticos prevista no art. 15 inciso III da Constituição Federal — condenação criminal transitada em julgado enquanto durarem seus efeitos — não impede a nomeação e posse de candidato aprovado em concurso público, desde que não incompatível com a infração penal praticada, em respeito aos princípios da dignidade da pessoa humana e do valor social do trabalho (Constituição Federal, art. 1.º, incisos III e IV) e do dever do Estado em proporcionar as condições necessárias para harmônica integração social do condenado, objetivo principal da execução penal, nos termos do artigo 1.º da LEP (Lei n. 7.210/84). O início do efetivo exercício do cargo ficará condicionado ao regime da pena ou à decisão judicial do Juízo de Execuções, que analisará a compatibilidade de horários."

Dentro desse contexto, o que não se pode admitir, nessa etapa de investigação social, é a impossibilidade de candidatos titularizarem cargos públicos, em razão de sanção anterior de caráter perpétuo.

Nesse sentido, decidiu o **STF**, quando do julgamento, **em 14.06.2024**, da **ADI 2.893/PE**, pela inconstitucionalidade de sanções de caráter perpétuo impeditivas da prestação de concurso público. Confira-se:

"É inconstitucional — por criar sanção de caráter perpétuo — norma que, sem estipular prazo para o término da proibição, impede militares estaduais afastados pela prática de falta grave de prestarem concurso público para provimento de cargo, emprego ou função na Administração Pública direta ou indireta local.

14 ■ Servidores Públicos

A sanção de caráter perpétuo também é vedada na seara administrativa, pois, conforme jurisprudência desta Corte (1), princípios e garantias penais — como o previsto no art. 5.º, XLVII, 'b', da CF/1988 (2) — são transponíveis ao direito administrativo sancionador, com as necessárias adaptações.

Nesse contexto, com fins de impedir que policiais militares que praticaram faltas graves possam retornar ao serviço público rapidamente, reputa-se necessária a fixação provisória do prazo de 5 (cinco) anos até que outro, não menor do que esse, venha a ser definido por lei".

14.3.6. Nomeação e posse

O candidato aprovado em concurso público, para que possa se considerar **titular** de um **cargo, depende, ainda**, de **nomeação e posse**, que não são etapas automáticas.

Nesse particular, a decisão proferida pelo **STJ**, em **24.05.2022**, quando do julgamento do **RMS 62.093/TO**, autorizando a reclassificação, dentro das vagas oferecidas, de candidato eliminado. Confira-se:

"A reclassificação do candidato para dentro do número de vagas oferecidas no edital de abertura de concurso público, operada em razão de ato praticado pela Administração Pública, **confere-lhe o direito público subjetivo ao provimento no cargo público**, ainda que durante a vigência do ato não tenha sido providenciada a sua nomeação e que, em seguida, o ato de que derivada a reclassificação tenha sido posteriormente anulado".

Ainda em matéria de reclassificação de candidatos, se implicar exclusão de terceiros, é de rigor o chamamento destes para integrarem a lide, na hipótese de judicialização da questão, consoante entendimento adotado pelo **STJ**, **em 06.08.2024**, quando do julgamento do **REsp 1.831.507/AL**. Confira-se:

"Concurso Público. Anulação de questão de prova. Reclassificação de candidato. Exclusão de terceiro. Formação de litisconsórcio. Necessidade".

Diante desse cenário, apresentam-se alguns questionamentos, consistentes em saber se o candidato aprovado em concurso público tem direito subjetivo à nomeação e se aquele que foi nomeado tem direito subjetivo à posse.

Essas questões, que já se encontram pacificadas pela jurisprudência de nossos tribunais, em especial do STF e do STJ, serão apreciadas em seguida.

14.3.6.1. Prazo de validade do concurso e nomeação

Quanto ao **prazo** de **validade** do concurso público, questão disciplinada pelo inciso III do art. 37, da seguinte forma:

Art. 37. (...)

III — o prazo de validade do concurso público será de até dois anos, prorrogável uma vez, por igual período.

A redação desse dispositivo, de aparente clareza, tem, entretanto, gerado algumas dificuldades, por não se atentar a seus exatos termos.

536 Direito Administrativo Esquematizado   *Celso Spitzcovsky*

Com efeito, o **prazo** de **validade** de um concurso público, como de maneira equivocada se imagina em um primeiro momento, **não é de dois anos, mas** de **"até dois anos"**, o que se revela completamente diferente.

Tivesse a Constituição estabelecido prazo de dois anos, não restaria para o administrador nenhum espaço para o estabelecimento de prazo diferenciado, o que geraria consequência imediata em relação ao período de sua prorrogação. **Tivessem, destarte, todos os concursos públicos o prazo único de dois anos, sua renovação por mais um período levaria ao prazo único de quatro anos, o que não se compatibiliza com a regra constitucional**.

Deveras, ao estipular que o **prazo** será de **"até dois anos"**, a **Constituição abriu a possibilidade** para que o **administrador estabeleça**, de acordo com suas conveniências, **prazos inferiores**, que serviriam, pois, como um teto a ser atingido.

Nesse contexto, é perfeitamente possível que os concursos públicos apresentem prazos diferentes, como os de 12, 19, 23 meses, visto serem todos eles inferiores ao limite máximo estabelecido pela Constituição.

Sem dúvida nenhuma, sendo esse o entendimento correto, uma vez que derivado da redação constitucional, como **desdobramento lógico, os concursos poderão ser prorrogados por uma única vez e somente por igual período**.

Assim, previsto um prazo inicial de validade de um ano, o concurso poderá ser prorrogado por uma vez e por mais um ano, sendo importante anotar que **não se trata** aqui de uma obrigação conferida à Administração, **mas de uma simples faculdade, não se caracterizando, assim, nenhum direito subjetivo dos candidatos aprovados** que possa ser deduzido em juízo.

De toda sorte, promovida a prorrogação, os **candidatos aprovados** terão **direito subjetivo ao cumprimento integral desse prazo pela administração**, sob pena de descumprimento de diretriz constitucional.

Dessa forma, a título de exemplo, o anúncio pela administração, durante o prazo de validade do concurso, de que não nomeará mais ninguém abre a **perspectiva de nova prorrogação**, desde que **dentro do limite máximo de 4 anos** estabelecido pela Constituição, e desde que **não traga prejuízo para o interesse público**.

Neste particular, oportuna a reprodução de decisão exarada pela **presidência do TJ/SP**, em **agosto de 2019, autorizando nova prorrogação no prazo de validade de concurso** aberto para preenchimento de vagas para escrevente, por força de **situação excepcional** caracterizada comprometedora dos limites estabelecidos pela **Lei Complementar n. 101/2000**.

Assim é que o Tribunal de Justiça de São Paulo prorrogou por mais um ano o prazo de validade do concurso para o cargo de escrevente técnico judiciário na 1.ª e 4.ª Regiões Administrativas Judiciárias.

O concurso foi homologado em 11 de dezembro de 2017, com validade de um ano, e depois prorrogado por igual período, até 10 de dezembro de 2019. Com a decisão tomada em 15 de agosto, o prazo de validade seguiu até 10 de dezembro de 2020.

"Assim, diante da inviabilidade de provimento dos cargos vagos na pendência do impedimento ocasional acima relatado, de rigor a prorrogação do prazo de validade do concurso por mais um ano", escreveu em sua decisão o presidente do TJSP, desembargador Manoel de Queiroz Pereira Calças. "Trata-se de medida razoável e proporcional diante da excepcionalidade da circunstância determinante de sua adoção necessária considerando a morosidade da solução alternativa de abertura de novo concurso público, tudo a evidenciar a convergência com o interesse público."

Seguindo essa linha, diz a Constituição que, **durante** o **prazo** de **validade** do **concurso** público, o **candidato aprovado** goza de certas **prerrogativas**, como se vê da redação do **inciso IV**:

> **Art. 37.** (...)
> IV — durante o prazo improrrogável previsto no edital de convocação, aquele aprovado em concurso público de provas ou de provas e títulos será convocado com prioridade sobre novos concursados para assumir cargo ou emprego, na carreira.

Essa redação bem está a demonstrar que, durante o prazo de validade do concurso público, os **aprovados não terão direito adquirido à contratação**; nem a Administração Pública, por consequência, tem a obrigação de contratá-los.

Assim, se por um lado a Administração Pública não tem a obrigação de contratar durante o prazo de validade de um concurso, alegando, por exemplo, situações de interesse público, por outro lado, **se quiser fazê-lo, só** o poderá **em relação aos aprovados**.

Note-se que a **regra constitucional se aplica inclusive** para aquelas **situações** em que a **Administração** resolva **abrir, durante** o **prazo** de **validade** de um **concurso, outro para preenchimento das mesmas vagas**.

Nessas situações, **ainda que** os **novos concursados** possam ter **obtido notas superiores** aos aprovados no **concurso anterior, não poderão ser contratados** durante o prazo de validade do primeiro concurso sem que isso represente **agressão** ao **dispositivo constitucional**.

Nesse particular, aliás, cumpre mencionar que a **Lei n. 8.112/90** foi ainda mais rigorosa ao **proibir** a abertura de **novo concurso enquanto houver candidato aprovado em concurso anterior** com **prazo de validade não expirado**, como se infere da redação do seu **art. 12, § 2.º**:

> **Art. 12.** (...)
> § 2.º Não se abrirá novo concurso enquanto houver candidato aprovado em concurso anterior com prazo de validade não expirado.

De resto, acerca do tema, importante trazer à colação o conteúdo da **Súmula 15 do STF**, cuja redação foi vazada nos seguintes termos:

SÚMULA 15 DO STF: Dentro do prazo de validade do concurso, o candidato aprovado tem o direito à nomeação, quando o cargo for preenchido sem observância da classificação.

Em vista desse cenário, importante registrar que o **mesmo entendimento** também já foi adotado pelo **STF**, desde 23 de abril de 2009, quando reconheceu sua repercussão geral no **RE 598.099/MS**, nos seguintes termos:

"Direito Administrativo. Concurso Público. 2. Direito líquido e certo à nomeação do candidato aprovado entre as vagas previstas no edital de concurso público. 3. Oposição ao poder discricionário da Administração Pública. 4. Alegação de violação dos arts. 5.º, inciso LXIX, e 37, *caput* e inciso IV, da Constituição Federal. 5. Repercussão geral reconhecida".

Em **agosto de 2011**, a **Suprema Corte**, ao apreciar o mérito do referido recurso, em decisão que se revelou um verdadeiro **divisor** de **águas** sobre essa matéria, **confirmou a existência de direito subjetivo à nomeação para os candidatos aprovados dentro do número de vagas previsto no edital**.

Essa **decisão**, **baseada** em especial nos **princípios** da **boa-fé** e da **segurança das relações jurídicas**, em vista da **repercussão geral** anteriormente reconhecida, extrapola o interesse das partes envolvidas, atingindo todos os demais processos com o mesmo objeto. Em razão de sua importância, oportuna a reprodução do **verbete** ora comentado.

"Recurso extraordinário. Repercussão geral. Concurso público. Previsão de vagas em edital. Direito à nomeação dos candidatos aprovados. I. Direito à nomeação. Candidato aprovado dentro do número de vagas previstas no edital. Dentro do prazo de validade do concurso, a Administração poderá escolher o momento no qual se realizará a nomeação, mas não poderá dispor sobre a própria nomeação, a qual, de acordo com o edital, passa a constituir um direito do concursando aprovado e, dessa forma, um dever imposto ao poder público. Uma vez publicado o edital do concurso com número específico de vagas, o ato da Administração que declara os candidatos aprovados no certame cria um dever de nomeação para a própria Administração e, portanto, um direito à nomeação titularizado pelo candidato aprovado dentro desse número de vagas. (...)".

Em que pese a regra geral, estabelecida no trecho reproduzido, o Min. Relator assinalou para a possibilidade de sua flexibilização, em vista de situações excepcionais, acompanhadas da necessária motivação. Confira-se:

"III. SITUAÇÕES EXCEPCIONAIS. NECESSIDADE DE MOTIVAÇÃO. CONTROLE PELO PODER JUDICIÁRIO. Quando se afirma que a Administração Pública tem a obrigação de nomear os aprovados dentro do número de vagas previsto no edital, deve-se levar em consideração a possibilidade de situações excepcionalíssimas que justifiquem soluções diferenciadas, devidamente motivadas de acordo com o interesse público. Não se pode ignorar que determinadas situações excepcionais podem exigir a recusa da Administração Pública de nomear novos servidores. **Para justificar o excepcionalíssimo não cumprimento do dever de nomeação por parte da Administração Pública, é necessário que a situação justificadora seja dotada das seguintes características**: a) Superveniência: os eventuais fatos ensejadores de uma situação excepcional devem ser necessariamente posteriores à publicação do edital do certame público; b) Imprevisibilidade: a situação deve ser determinada por circunstâncias extraordinárias, imprevisíveis à época da publicação do edital; c) Gravidade: os acontecimentos extraordinários e imprevisíveis devem ser extremamente graves, implicando onerosidade excessiva, dificuldade ou mesmo impossibilidade de cumprimento efetivo das regras do edital; d) Necessidade: a solução drástica e excepcional de não cumprimento do dever de nomeação deve ser extremamente necessária, de forma que a Administração somente pode adotar tal medida quando absolutamente não existirem outros meios menos gravosos para lidar com a situação excepcional e imprevisível. De toda forma, a recusa de nomear candidato aprovado dentro do número de vagas deve ser devidamente motivada e, dessa forma, passível de controle pelo Poder Judiciário. (...)".

Nesse particular, oportuna reprodução de **precedente** do **STJ**, quando do julgamento, em **19.10.2021**, do **RMS 66.316/SP**, em que **a Corte concluiu**:

"Concurso público. Candidato aprovado dentro do número de vagas. Restrições financeiras impeditivas. Situações excepcionais. RE 598.099/MS. Inocorrência. Não nomeação dos aprovados. Ilegalidade.

Para a recusa à nomeação de aprovados dentro do número de vagas em concurso público devem ficar comprovadas as situações excepcionais elencadas pelo Supremo Tribunal Federal no RE 598.099/MS, não sendo suficiente a alegação de estado das coisas — pandemia, crise econômica, limite prudencial atingido para despesas com pessoal —, tampouco o alerta da Corte de Contas acerca do chamado limite prudencial."

Nesse quadro, por apego à lógica, a solução não se apresentará a mesma, para **candidatos aprovados além do número de vagas** previsto no edital, que não terão direito subjetivo a nomeação, mas, tão somente, uma **expectativa de direito**, retirando da Administração a obrigação de nomear.

Sem embargo, terão os candidatos nessa situação o direito subjetivo de não serem preteridos por outros com classificação inferior, e nem por terceiros que nem do certame participaram.

De outra parte, importante registrar a **polêmica** criada em torno da possibilidade atribuída ao Poder Público de **abertura de concursos** públicos tão somente para preenchimento de cadastro de reserva.

Com efeito, **para muitos** se trata de uma **tentativa** da Administração de **burlar a diretriz constitucional** que exige a abertura de concurso para preenchimento de cargos e empregos, tão somente.

Sobre o tema, em **29 de março de 2019**, o Governo Federal editou o **Decreto n. 9.739**, que estabelece **regras sobre concursos** públicos, estabelecendo **maior rigor para a abertura** desses certames na esfera federal, atingindo apenas a Administração direta, autárquica e fundacional.

No referido decreto, **exige-se para a publicação do edital** e a consequente abertura do concurso a **descrição das vagas existentes**, praticamente eliminando a possibilidade de abertura do certame apenas para preenchimento de **cadastro de reserva**, que só poderá ocorrer em caráter excepcional nos termos do **art. 29**. Confira-se:

Art. 29. Excepcionalmente, atendendo a pedido do órgão ou da entidade que demonstre a impossibilidade de se determinar, no prazo de validade do concurso público, o quantitativo de vagas necessário para pronto provimento, o Ministro de Estado da Economia poderá autorizar a realização de concurso público para formação de cadastro de reserva para provimento futuro.

§ 1.º A nomeação dos aprovados em cadastro de reserva é faculdade da administração pública federal e depende de autorização do Ministro de Estado da Economia.

§ 2.º O edital do concurso público de que trata o *caput* preverá a quantidade limite de aprovações e a colocação a partir da qual o candidato será considerado automaticamente reprovado.

Não fosse esse aspecto suficiente para o questionamento da legitimidade dessa iniciativa, cumpre ainda fazer referência à **polêmica relacionada** aos **direitos daqueles aprovados** para esse **cadastro** de **reserva**, na hipótese de **vagas inexistentes**.

Nesse particular, **desde que existente a demanda**, nossos Tribunais têm atribuído a essas pessoas **direito** à **nomeação**, sob pena de frustração ilegítima de suas expectativas.

Dentro desse contexto, importante consignar que o **direito à nomeação surge** a partir do instante em que se revelar cristalina a **existência** de **demanda**, sob pena de esvaziamento da diretriz estabelecida no art. 37, II e IV, da CF.

Nesse sentido, importante a referência à **decisão** proferida em **agosto de 2018**, pelo **STJ**, através de sua 1.ª seção, no **MS 22.813**, determinando a nomeação e posse de cinco candidatos que prestaram concurso para procurador do Banco Central em 2013.

De acordo com a decisão, a ausência de prova de restrição orçamentária e a demonstração inequívoca de interesse por parte da administração pública podem justificar a nomeação de candidatos classificados fora das vagas previstas no edital do concurso.

Por outro lado, digna de nota também a **possibilidade** de **nomeação imediata** dos **aprovados** em **concurso** a partir do momento em que as **atribuições** dos cargos colocados em disputa sejam **terceirizadas**.

Nesse sentido, importante esclarecer que a **conclusão** extraída **não inviabiliza terceirizações** realizadas pelo Poder Público, principalmente quando implicarem redução de despesa, bem como conferir maior eficiência para a execução de serviços públicos.

Ao revés, o que se entende **ilegal** é a **terceirização recaindo sobre atribuições de cargos colocados em disputa** dentro de um concurso que se encontre ainda **dentro do prazo de validade**, uma vez que implicaria agressão indireta às diretrizes estabelecidas pela Constituição, e como consequência, **frustração** da **expectativa** daqueles que, **aprovados** no **certame**, aguardam ansiosamente por uma nomeação.

Não se trata de conclusão gratuita, pois já atingida por diversos de nossos Tribunais, a começar pela orientação oferecida pelo **STF**, em **14 de fevereiro de 2012**, através de sua **1.ª Turma**, em **AgRg no RE com Agravo n. 660.141/AL**, relatado pela **Ministra Cármen Lúcia**:

> "Agravo Regimental no Recurso Extraordinário com Agravo. Constitucional. Concurso público. Existência de candidato aprovado. Impossibilidade de contratação precária no prazo de validade do concurso. Precedentes. Agravo Regimental ao qual se nega provimento".

Da mesma forma, ilícita a terceirização quando incidente sobre atribuições comuns ao cargo anteriormente colocado em disputa, sem nenhum grau de complexidade que pudesse justificá-la.

Por fim, a **ilicitude** também se apresenta quando a **terceirização** incide sobre atividades de **natureza contínua** e, o que é mais grave, **formalizada de maneira precária**.

Esse aspecto assume relevo, tendo em vista a **prática**, cada vez mais **corriqueira**, de **terceirização** dessas **atividades** pelo Poder Público, em especial aquelas de **natureza jurídica**, por meio do **credenciamento de escritórios de advocacia** para a execução de **tarefas comuns**, frustrando a expectativa dos candidatos aprovados em concurso.

A propósito, oportuna a referência para a decisão proferida **em julho de 2019**, pela **1.ª Câmara do TRT-15, de Campinas, condenando a Caixa Econômica Federal** ao pagamento de indenização de R$ 1 milhão por danos sociais e morais, revertida a uma entidade beneficente, em razão da **terceirização de serviços em detrimento da nomeação de candidatos aprovados** em concurso, acrescida de multa de R$ 5 mil por dia. Processo n. 0011475-11.2017.5.15.0067.

Importante também destacar a **proibição de transferência** das **atribuições de cargo** colocado em disputa em **concurso público para servidores comissionados**, em detrimento dos aprovados que aguardam nomeação, conforme entendimento adotado em **março de 2020 pelo STF**, quando do julgamento do **ARE 1.128.407**.

Nesse precedente, o Ministro Edson Fachin, do STF, determinou a nomeação e **posse de candidato** ao cargo de auditor municipal de controle interno. Fachin verificou que houve **preterição** do candidato, uma vez que a Administração Pública preferiu **prorrogar o prazo de validade** do concurso público e continuar com o **contrato de comissionados** para fazer as mesmas atribuições do cargo do certame.

Por fim, sobreleva notar ainda que a **nomeação** do **candidato** tem de ser feita em **caráter pessoal**, na medida em que não se revela razoável atribuir-lhe a obrigatoriedade de acompanhamento constante do *Diário Oficial*, outra não sendo a conclusão atingida pelo **Tribunal de Justiça do Distrito Federal**, como se vê:

> "(...) 1. Não pode a Administração exigir que o candidato aprovado em concurso público passe um, dois ou mais anos (a depender do prazo de validade do concurso) procedendo à leitura sistemática do DODF, à qual ninguém (salvo se por injunção do próprio ofício) está obrigado, para verificar se foi nomeado" (TJDFT, Conselho Especial, MS 507.095, rel. Des. Júlio de Oliveira, j. 09.04.1996, *DJU* 02.10.1996, p. 17393).

14.3.6.2. Da posse

Nesse particular, cumpre observar que o **ciclo de investidura**, dentro da Administração Pública, tem, no concurso público, apenas a sua primeira etapa, que **se completa com a nomeação e a posse**.

Essa **matéria**, aliás, não foi **disciplinada** pela Constituição Federal, mas sim pelo **legislador ordinário**.

Assim é que, ao disciplinar o tema, em relação à nomeação, a **Lei n. 8.112/90**, em seu **art. 9.º**, estabeleceu que ela pode ser concretizada em caráter efetivo, quando se tratar de cargo isolado ou de carreira, e em comissão para cargos de confiança livre de exoneração, sempre precedida de concurso público.

Nesse momento, **oportuno indagar** se o **candidato nomeado** em razão de sua aprovação em concurso **tem** ou **não direito subjetivo** a tomar **posse** no cargo para o qual concorreu. A resposta encontra-se localizada na **Súmula 16 do STF**:

542 Direito Administrativo Esquematizado **Celso Spitzcovsky**

SÚMULA 16 DO STF: Funcionário nomeado por concurso tem direito à posse.

A leitura do verbete reproduzido induz à conclusão segundo a qual a posse para aqueles funcionários nomeados através de concurso seria automática, o que, no entanto, não se sustenta em vista da **edição, posterior à súmula**, da **Lei n. 8.112/90**, que, neste particular, **relacionou exigências** que devem ser cumpridas para que o candidato nomeado possa **tomar posse no cargo, em seus arts. 13 e 14**.

Nesse sentido, estabelece o legislador que deverá ocorrer no **prazo de 30 dias**, contados da publicação do ato de provimento, quando então o **servidor** deverá **apresentar** sua **declaração** de **bens** e **valores e a declaração** quanto ao **exercício ou não de outro cargo, emprego** ou **função** pública incompatíveis com aquele para o qual se pretende tomar posse.

De se mencionar, também, que o ato de **posse dependerá** de **prévia inspeção médica oficial**, só devendo ser empossado aquele que for julgado apto física e mentalmente para o exercício do cargo, conforme o disposto no **art. 14** da lei.

Outrossim, nada impede que a **posse** possa ser feita **por procuração específica**, conforme se verifica da previsão estabelecida no **art. 13, § 3.º, da Lei n. 8.112/90**.

14.3.6.3. *Do efetivo exercício das atribuições*

Por outro lado, em que pese o **ciclo** de **investidura encerrar-se** com a **posse** no **cargo**, conforme previsão estabelecida no **art. 7.º** dessa lei, o **servidor** terá ainda **necessidade** de ingressar no **efetivo desempenho** das **atribuições** do cargo no prazo de **15 dias**, contados a partir da posse, sob **pena** de **exoneração**, consoante o disposto no **§ 2.º do art. 15** da mesma lei:

> **Art. 15.** (...)
> § 2.º O servidor será exonerado do cargo ou será tornado sem efeito o ato de sua designação para função de confiança, se não entrar em exercício nos prazos previstos neste artigo, observado o disposto no art. 18.

14.3.6.4. *Competência para apreciar ilegalidades na fase pré-contratual*

Por fim, oportuno dizer que qualquer sorte de **ilegalidade praticada** durante essa **fase pré-contratual**, vale dizer, até o momento da posse, se levada à apreciação do Judiciário, deverá ser **julgada pela justiça comum federal ou estadual**, conforme conclusão atingida pelo **STF**, em **5 de março de 2020**, quando do julgamento do **RE 960.429**, com repercussão geral reconhecida.

14.3.7. Extensão da regra geral para candidatos portadores de necessidades especiais e dos afrodescendentes

a) Dos candidatos portadores de necessidades especiais

De se mencionar, também, que a **regra geral** exigindo a realização de **concurso** público também deverá ser **aplicada** para as pessoas **portadoras** de **deficiência**, sendo necessário, contudo, o respeito à redação prevista no **inciso VIII do art. 37 da CF**:

14 ▣ Servidores Públicos 543

Art. 37. (...)

VIII — a lei reservará percentual dos cargos e empregos públicos para as pessoas portadoras de deficiência e definirá os critérios de sua admissão.

Destarte, a **regra constitucional**, diante disso, deve ser **compreendida** não de maneira isolada do contexto em que se insere, mas, ao revés, de **modo sistemático**, levando em consideração os princípios que norteiam o tema.

É que o **objetivo constitucional**, ao estabelecer regras próprias para os portadores de deficiência física, foi, inquestionavelmente, o de **impedir** que **fossem eles prejudicados em relação aos demais candidatos**.

Nesse sentido, estabeleceu a **Constituição** uma espécie de **reserva** de **mercado** como forma de permitir a eles a possibilidade de **acesso** aos **cargos** e **empregos** públicos, sendo necessária, entretanto, a aprovação em concurso público.

Em outras palavras, **demonstrada** a sua **aptidão** para ocupar o cargo ou emprego, por intermédio do **concurso** público ao qual se submeteram, **terão** eles a **prerrogativa** dos **cargos reservados** por imposição constitucional.

É a conclusão que se impõe, por ser a única que se compatibiliza com o princípio da eficiência relacionado no *caput* do **art. 37. Concluir de modo diferente conduziria** a **situação inaceitável** pela qual a **simples condição de deficiente**, por si só, já se revelaria **suficiente para assegurar cargos ou empregos** dentro da Administração, o que não se admite.

Nesse sentido, oportuna a reprodução de **precedente** do **STF**, em 06.09.2021, quando do julgamento da **ADIn 6.476, onde a Corte julgou inconstitucionais** interpretações do Decreto n. 9.546/2018 **que excluam o direito de candidatos com deficiência à adaptação razoável em provas físicas de concursos públicos**.

A Corte também considerou inconstitucional a submissão genérica de candidatos com e sem deficiência aos mesmos critérios em provas físicas, se não ficar demonstrada a sua necessidade para o exercício da função pública. O princípio da adaptação razoável designa as modificações e os ajustes necessários que não acarretem ônus desproporcional ou indevido.

De outra parte, o **constituinte deixou para** o **legislador** a tarefa de **estabelecer** o **percentual** de **vagas a serem reservadas para os deficientes**, sendo oportuno conferir a esse respeito a redação oferecida pelo **art. 5.º, § 2.º, da Lei n. 8.112/90**, que estabelece um percentual máximo de vagas:

> **Art. 5.º** (...)
>
> § 2.º Às pessoas portadoras de deficiência é assegurado o direito de se inscrever em concurso público para provimento de cargo cujas atribuições sejam compatíveis com a deficiência de que são portadoras; para tais pessoas **serão reservadas até 20% (vinte por cento) das vagas oferecidas no concurso**.

De outra parte, quanto ao **percentual mínimo de vagas**, foi fixado em **5% pelo Decreto Federal n. 9.508, de setembro de 2018**, em concursos públicos e processos seletivos no âmbito da administração federal direta e indireta, para provimento de cargos e empregos públicos em caráter efetivo e em processos seletivos para a contratação por tempo determinado para atender a necessidade temporária de excepcional interesse público.

Fosse **outro** o **entendimento** a ser adotado, estaríamos diante de uma **conclusão insustentável**, como mencionado, segundo a qual a simples condição de deficiente seria, por si só, suficiente para que o interessado pudesse titularizar cargos ou empregos públicos, o que não se justifica, mesmo diante das **Súmulas 377 e 552** do **STJ**:

SÚMULA 377 DO STJ: O portador de visão monocular tem direito de concorrer, em concurso público, às vagas reservadas aos deficientes.

SÚMULA 552 DO STJ O portador de surdez unilateral não se qualifica como pessoa com deficiência para o fim de disputar as vagas reservadas em concursos públicos.

A propósito, o **verbete da Súmula 377** restou fortalecido com a **edição, em 22.03.2021 da Lei n. 14.126/2021** que **classifica a visão monocular como deficiência sensorial, do tipo visual**, restando oportuna a reprodução dos seus dois únicos artigos:

Art. 1.º Fica a visão monocular classificada como deficiência sensorial, do tipo visual, para todos os efeitos legais. (*Vide*)

Parágrafo único. O previsto no § 2.º do art. 2.º da Lei n. 13.146, de 6 de julho de 2015 (Estatuto da Pessoa com Deficiência), aplica-se à visão monocular, conforme o disposto no *caput* deste artigo.

Art. 2.º Esta Lei entra em vigor na data de sua publicação.

Dentro desse contexto, **a título de regulamentação** do Diploma Legal citado, **foi editado em 22.03.2021, o Decreto n. 10.654, que dispõe sobre a avaliação biopsicossocial da visão monocular para fins de reconhecimento da condição de pessoa com deficiência**, destacando-se a previsão estabelecida em seu art. 2.º. Confira-se:

Art. 2.º A visão monocular, classificada como deficiência sensorial, do tipo visual, pelo art. 1.º da Lei n. 14.126, de 22 de março de 2021, será avaliada na forma prevista nos § 1.º e § 2.º do art. 2.º da Lei n. 13.146, de 6 de julho de 2015, para fins de reconhecimento da condição de pessoa com deficiência.

Nesse sentido, em vista da importância do tema e para uma melhor visualização, oportuno reproduzir os **artigos inaugurais da Lei n. 13.146/2015.**

Art. 1.º É instituída a Lei Brasileira de Inclusão da Pessoa com Deficiência (Estatuto da Pessoa com Deficiência), destinada a assegurar e a promover, em condições de igualdade, o exercício dos direitos e das liberdades fundamentais por pessoa com deficiência, visando à sua inclusão social e cidadania.

Art. 2.º Considera-se pessoa com deficiência aquela que tem impedimento de longo prazo de natureza física, mental, intelectual ou sensorial, o qual, em interação com uma ou mais barreiras, pode obstruir sua participação plena e efetiva na sociedade em igualdade de condições com as demais pessoas.

§ 1.º A avaliação da deficiência, quando necessária, será biopsicossocial, realizada por equipe multiprofissional e interdisciplinar e considerará: (Vigência)

I — os impedimentos nas funções e nas estruturas do corpo;

14 ◾ Servidores Públicos

II — os fatores socioambientais, psicológicos e pessoais;

III — a limitação no desempenho de atividades; e

IV — a restrição de participação.

Com efeito, ainda que os candidatos portadores dessas necessidades especiais sejam autorizados em tese a concorrer às vagas a eles reservadas, **nada impede sejam eles excluídos** do **certame** se **constatado** por **comissão multidisciplinar não apresentarem condições mínimas para** o **exercício das atribuições do cargo** colocado em disputa.

Ainda sobre esse tema o **precedente** do **STF**, quando do julgamento, em **08.03.2021**, da **ADIn 6.476**, em que **a Corte concluiu** através do voto do **Min. Luís Barroso, pela inconstitucionalidade da submissão genérica de candidatos com e sem deficiência aos mesmos critérios em provas físicas de concursos.**

No caso, questionou-se a validade do Decreto n. 9.546/2018, que desobriga os editais de concursos públicos federais a estipularem adaptações necessárias aos candidatos com deficiência durante a realização de provas físicas e estabelece critérios iguais de aprovação para todos os candidatos.

Segundo o ministro, a previsão genérica de submissão de pessoas com e sem deficiência aos mesmos critérios em provas físicas pode, na prática, resultar em burla à garantia de reserva de vagas prevista no art. 37, VIII, CF.

Nesse contexto, de **forma** a **evitar** a edição de **atos arbitrários** durante o certame, oportuno registrar que **todos os atos** realizados em um **concurso público** pela Administração deverão vir **acompanhados** das **razões** que deram origem a eles.

Essa conclusão assume importância ainda maior quando as decisões tomadas pela Comissão de Concursos implicarem a exclusão do candidato.

De resto, outro não foi o entendimento pacificado pelo **STF** por meio da edição da **Súmula 684**:

> **SÚMULA 684 DO STF:** É inconstitucional o veto não motivado à participação de candidato a concurso público.

Nesse particular, oportuna a referência para a decisão monocrática proferida pelo **Ministro Edson Fachin**, quando do julgamento, **em fevereiro de 2017**, do **MS 34.623/ DF**, reproduzida no *Informativo n. 854*, em que se discute, em sede de mandado de segurança, a exclusão de candidato com deficiência visual do concurso para procurador da República, com base em alterações promovidas pelo art. 2.º, *caput*, da Lei n. 13.146/2015:

> "Trata-se de mandado de segurança impetrado por Rafael Luis Innocente e Vanessa Maria Feletti em face de ato do Procurador-Geral da República que indeferiu recursos por eles interpostos contra decisão que os inabilitou a concorrer na condição de pessoa com deficiência no 29.º concurso público para provimento de cargos de procurador da república.
>
> Os impetrantes afirmam terem feito a juntada de laudo médico comprovando possuírem visão monocular irreversível. Narram, no entanto, que a autoridade impetrada, acatando parecer jurídico de Comissão Especial, indeferiu suas inscrições no concurso na condição de pessoas com deficiência (Edital PGR/MPF n. 27, de 09.11.2016), sob o argumento de que 'a visão monocular não se enquadra no conceito de deficiência previsto no art. 2.º, *caput*, da Lei n. 13.146/2015' (eDOC 1, p. 11)".

No **referido julgado**, o **Procurador-Geral** da **República argumentou** que a referida **Súmula 377** do **STJ** estaria **revogada** pelas **alterações supervenientes** nela inseridas na Convenção Sobre os Direitos da Pessoa com Deficiência **(Decreto n. 6.949/2009)**, aprovada com *status* **de emenda constitucional**, nos termos do **art. 5.º, § 3.º, da CF**, bem como na Lei Brasileira de Inclusão da Pessoa com Deficiência **(Lei n. 13.146/2015)**.

O **Ministro Fachin concluiu** pelo **acolhimento** do **pedido** deduzido pelo **impetrante**, uma vez que a **regulamentação** da avaliação dos impedimentos prevista na **Lei n. 13.146/2015 (art. 124) ainda não se encontra em vigor**:

> "Em que pese o reconhecimento da alteração conceitual, é preciso observar que a substituição do conceito biomédico não teve por condão impossibilitar que determinadas condições físicas sejam reconhecidas como deficiência. O que a Convenção e a Lei de Inclusão exigem é, na verdade, que se faça uma avaliação dos impedimentos de longo prazo que uma pessoa possui à luz da interação com uma ou mais barreiras".

Mais adiante, o **Ministro defere** o pedido de **liminar, entendendo** que, **sem** a **regulamentação** necessária da **Lei n. 13.146/2015**, impossível a revogação da **Súmula 377** do **STJ**:

> "Inexistente a regulamentação preconizada pelo art. 2.º, § 1.º, da Lei de Inclusão e avaliada a deficiência apenas à luz dos impedimentos de longo prazo, não há razão, *primo ictu oculi*, para que a jurisprudência consolidada desta Corte deixe de ter aplicação.
>
> Noutras palavras, o que se afiguraria ilegal, ao menos neste momento de análise processual, seria simplesmente afirmar, como fez o ato coator, que determinados impedimentos deixaram, com a promulgação da Convenção, de se configurar deficiência, dispensando-se o poder público, quando da avaliação da condição, de cotejá-la com as barreiras.
>
> Ante o exposto, defiro o pedido de liminar para garantir a ambos os impetrantes o deferimento provisório de sua inscrição, na qualidade de pessoa com deficiência, no 29.º Concurso Público para provimento de cargos de Procurador da República (Edital PGR/MPF n. 14/2016).
>
> Notifique-se a autoridade coatora, a fim de que, no prazo de 10 (dez) dias, preste informações (art. 7.º, I, da Lei 12.016/2009)".

b) Dos candidatos afrodescendentes

Ainda sobre esse tema, demanda comentários a situação relacionada aos **candidatos afrodescendentes**, que nada obstante a **inexistência** de **qualquer disposição expressa ao nível constitucional**, a exemplo do que se registrou em relação aos portadores de necessidades especiais, vem merecendo atenção especial por parte do legislador em mais uma **ação positiva de inclusão social**.

Nesse sentido, foi editada a **Lei n. 12.990/2014**, a chamada **Lei de Cotas, que reserva aos negros 20% das vagas oferecidas nos concursos públicos para provimento de cargos efetivos e empregos públicos no âmbito da Administração Pública federal direta e indireta**.

Diante de inúmeros questionamentos acerca da legitimidade do referido diploma legal, em vista dos princípios que comandam a atividade administrativa, foi apresentada, junto à **Suprema Corte**, a **ação declaratória de constitucionalidade n. 41**.

14 ■ Servidores Públicos

Nesse particular, **concluiu o Plenário do Supremo Tribunal Federal, em junho de 2017, pelo reconhecimento da validade da Lei n. 12.990/2014. A decisão foi unânime**.

O julgamento teve início em maio, quando o relator, ministro Luís Roberto Barroso, votou pela constitucionalidade da norma. Ele considerou, entre outros fundamentos, que **a lei é motivada por um dever de reparação histórica** decorrente da escravidão e de um racismo estrutural existente na sociedade brasileira.

Quando do início do julgamento, em maio de 2017, o relator também considerou compatível com a Constituição o modelo de controle da autodeclaração previsto na lei.

Como tese de julgamento, o ministro Barroso propôs a seguinte formulação:

> "É constitucional a reserva de 20% das vagas oferecidas nos concursos públicos para provimento de cargos efetivos e empregos públicos no âmbito da Administração Pública direta e indireta. É legítima a utilização, além da autodeclaração, de critérios subsidiários de heteroidentificação desde que respeitada a dignidade da pessoa humana e garantidos o contraditório e a ampla defesa".

Em relação ao **modelo** de **autodeclaração**, em que pese a clareza da ementa proposta como tese de julgamento, oportuno registrar a existência de **inúmeros problemas ocasionados** por decisões tomadas por bancas de concurso, excluindo candidatos da possibilidade de concorrer a essas vagas, através de critérios subjetivos.

Em setembro de 2020, o **Tribunal de Justiça de Santa Catarina**, quando do julgamento da **Apelação n. 5005299-29.2020.8.240000**, confirmou a **inscrição de candidata afrodescendente** para a disputa de cargo de auxiliar de professor em vagas reservadas a candidatos negros, anteriormente negada em primeira instância.

O **caso apresentou peculiaridade**, uma vez que o **irmão, por parte de mãe e pai**, também inscrito **no mesmo concurso, foi considerado afrodescendente** pela comissão do certame.

O relator do processo pontuou:

> "Penso que, ao **reconhecer apenas um dos irmãos como negro**, a comissão pode ter agido em **desconformidade com o princípio da igualdade**. Ele reconheceu ser **necessária a associação da autodeclaração a mecanismos de heteroidentificação** para evitar e controlar fraudes".

Por derradeiro, oportuno registrar que a **Lei n. 12.990/2014**, curiosamente, estabeleceu um **prazo de validade de 10 anos**, para essa política de cotas, que se esgotaria em junho de 2024, demandando atualização legislativa.

Nesse sentido, decidiu o **STF**, quando do julgamento, **em 14.06.2024**, da **ADI 7.654 MC-Ref/DF**, pela concessão de medida cautelar para a preservação dos efeitos da Lei n. 12.990/2014, em vista do final do seu prazo de vigência. Confira-se:

> "A Lei n. 12.990/2014 previu a duração da reserva de vagas em concursos públicos federais para pessoas negras por 10 anos. Ocorre que essa temporalidade teve por finalidade a criação de um marco temporal para avaliar a eficácia da ação afirmativa, possibilitar seu realinhamento e programar o seu termo final, caso atingidos os seus objetivos.

O fim da vigência da ação afirmativa sem a devida avaliação de seu impacto e eficácia na redução das desigualdades raciais, das consequências de sua descontinuidade e dos resultados já alcançados, além de contrariar os objetivos da própria lei — considerada a intenção do legislador ao elaborá-la — afronta regras da Constituição Federal que visam erradicar as desigualdades sociais e construir uma sociedade justa e solidária, livre de preconceitos de raça, cor e outras formas de discriminação.

Nesse contexto, as cotas deverão continuar sendo observadas até que se conclua o processo legislativo de competência do Congresso Nacional — na análise do Projeto de Lei n. 1.958/2021 — e, posteriormente, do Poder Executivo. Após essa conclusão, prevalecerá a nova deliberação do Poder Legislativo, de modo que o conteúdo da presente decisão cautelar poderá ser reavaliado".

c) Extensão para provimento inicial e remoção em atividades cartorárias

Nesse particular, impossível não estender a regra geral prevista no âmbito constitucional, que exige aprovação em concurso público, em relação a provimento e remoção em atividades cartorárias.

De resto, outra não foi a decisão do **STF**, **em 06.08.2024**, quando do julgamento da **ADI 4.300/DF**. Confira-se:

"(...) o art. 236, § 3.º, da Constituição Federal, deve ser interpretado sistematicamente, a fim de considerar que a natureza e a complexidade das atividades cartorárias demanda concurso público na modalidade de provas e títulos, seja para o provimento inicial, seja para a remoção. Portanto, ao declarar a vacância das serventias providas em desconformidade com a CF/1988, o CNJ apenas tornou efetivo o referido comando constitucional e balizou a atuação administrativa dos tribunais para organizarem e proverem seus serviços extrajudiciais".

14.3.8. Extensão para a Administração direta e indireta

Por derradeiro, cumpre observar que a **exigência** do **concurso** público **estende-se** para a investidura em cargos e empregos na **Administração Pública direta e indireta, ainda que** possamos aqui encontrar pessoas jurídicas que estejam **explorando atividade econômica**.

Destarte, a previsão contida no **art. 173, § 1.º, da CF**, mormente a estabelecida em seu **inciso II**, que exige a submissão das empresas públicas e sociedades de economia mista ao regime jurídico das empresas privadas, não afasta para elas a exigência de investidura por aprovação em concurso público em vista dos princípios relacionados no *caput* do art. 37 da CF, **conclusão** que **não restou afastada pela edição da Lei n. 13.303/2016**, que regulamentou a matéria.

Em outras palavras, a publicação do referido **diploma legal não afasta** a **necessidade** de as empresas públicas e sociedades de economia mista, exploradoras de atividade econômica, **abrirem concurso** para **preenchimento** de **vagas** existentes em seus quadros, em que pese encontrarem-se em regime de competição com a iniciativa privada.

Dessa forma, ainda que a previsão constitucional aponte para a necessidade de elas se submeterem ao mesmo regime jurídico das empresas privadas, **atribuir** a **elas** a

possibilidade de contratação sem concurso implicaria conferir um cheque em branco, o que não se admite, tendo em vista integrarem elas a estrutura da Administração Pública, submetendo-se aos princípios relacionados no art. 37, *caput,* da Constituição.

Dentro desse contexto, a título de encerramento deste item, cumpre deixar claro que o **ciclo de investidura**, vale dizer, de titularização de um cargo público, **não se esgota na aprovação em concurso público**, que representa apenas a primeira de três etapas a serem cumpridas.

Por derradeiro, de forma a confirmar a linha de raciocínio até esse passo deduzida, oportuna a reprodução de precedente do **STF**, quando do julgamento, em **11.11.2021**, do **RE 1.310.318/SE**, com tese de **repercussão geral reconhecida**. Confira-se:

"(...) 3. A jurisprudência desta Corte é pacífica no sentido de que, para a investidura em cargo ou emprego público, as empresas públicas e as sociedades de economia mista se submetem à regra constitucional do concurso público, nos termos do art. 37, II, da Constituição Federal."

14.3.9. Exceções à regra geral

Analisada a regra geral, para a titularização de cargos e empregos públicos, envolvendo aprovação em concurso público; nomeação e posse, passamos agora a tecer comentários acerca das exceções.

14.3.9.1. *Cargos em comissão*

A Constituição ressalva da regra geral as nomeações para **cargos em comissão** declarados, em lei, de livre nomeação e exoneração, a teor do disposto no art. 37, II, parte final.

Nesse sentido, importante observar que **em maio de 2022**, quando do julgamento do **ADI 6.655/SE**, o **STF** reafirmou sua jurisprudência dominante no sentido de que a criação de cargos em comissão somente se justifica para o exercício de funções de direção, chefia e assessoramento, não se prestando ao desempenho de atividades burocráticas, técnicas ou operacionais.

É preciso, contudo, que se diga que a nomeação para esses cargos, a partir da EC n. 19/98, deverá respeitar a diretriz estabelecida pelo **inciso V do art. 37**:

Art. 37. (...)

V — as funções de confiança, exercidas exclusivamente por servidores ocupantes de cargo efetivo, e os cargos em comissão, a serem preenchidos por servidores de carreira nos casos, condições e **percentuais mínimos previstos em lei**, destinam-se apenas às atribuições de direção, chefia e assessoramento.

A propósito da ausência de legislação, confira-se a decisão proferida pelo **STF**, em **17.04.2023**, quando do julgamento da **ADO 44/DF**, em que sinalizou pela não configuração de omissão legislativa. Confira-se:

"Não há omissão legislativa nem inércia do legislador ordinário quanto à edição de lei nacional que discipline a matéria do inciso V do art. 37 da Constituição Federal, cabendo a cada ente federado definir as condições e percentuais mínimos para o preenchimento dos cargos em comissão para servidores de carreira, a depender de suas necessidades burocráticas."

Em relação ainda ao provimento de **cargos em comissão**, em que pese a redação estabelecida na parte final do **art. 37, II, da CF**, quanto a serem eles de livre nomeação, cumpre observar que essa diretriz deve ser entendida à luz dos princípios que regem a matéria.

Com efeito, o provimento desses cargos não pode se realizar em desrespeito, por exemplo, aos princípios da moralidade, impessoalidade, isonomia, situação essa muito bem captada pelo **STF** quando do julgamento da **Adecon 12**, relatada pelo **Ministro Carlos Britto**, que reconheceu a **legitimidade** da **Resolução n. 7/2005** do **Conselho Nacional de Justiça contra o nepotismo**:

"(...) Noutro giro, os condicionamentos impostos pela Resolução em foco não atentam contra a liberdade de nomeação e exoneração dos cargos em comissão e funções de confiança (incs. II e V do art. 37). Isto porque a interpretação dos mencionados incisos não pode se desapegar dos princípios que se veiculam pelo *caput* do mesmo art. 37. Donde o juízo de que as restrições constantes do ato normativo do CNJ são, no rigor dos termos, as mesmas restrições já impostas pela Constituição de 1988, dedutíveis dos republicanos princípios da impessoalidade, da eficiência, da igualdade e da moralidade. É dizer: o que já era constitucionalmente proibido permanece com essa tipificação, porém, agora, mais expletivamente positivado" (Adecon-MC 12/DF, rel. Min. Carlos Britto, j. 16.02.2006, *DJU* 01.09.2006, p. 15).

De resto, essa **linha** de **argumentação** foi **consolidada** por meio da edição, pelo **STF**, da **Súmula Vinculante 13**, que proíbe o preenchimento desses cargos em comissão por parentes até o terceiro grau do administrador:

SÚMULA VINCULANTE 13: A nomeação de cônjuge, companheiro ou parente em linha reta, colateral ou por afinidade, até o terceiro grau, inclusive, da autoridade nomeante ou de servidor da mesma pessoa jurídica investido em cargo de direção, chefia ou assessoramento, para o exercício de cargo em comissão ou de confiança ou, ainda, de função gratificada na administração pública direta e indireta em qualquer dos poderes da União, dos Estados, do Distrito Federal e dos Municípios, compreendido o ajuste mediante designações recíprocas, viola a Constituição Federal.

A edição da súmula em boa hora demonstra que, nada obstante a CF estabelecer que cargos em comissão são de livre nomeação, essa diretriz **não autoriza a conclusão pela possibilidade de titularização desses cargos por qualquer pessoa**.

Ao revés, apenas permite concluir que a investidura nesses cargos independe de aprovação prévia em concurso público, algo totalmente diferente.

14 ■ Servidores Públicos 551

Em relação a tais cargos, importante destacar ainda a proibição estabelecida no art. 39, § 9.º, criada pela EC n. 103/2019, com relação à incorporação de vantagens nesse período adquiridas para a remuneração do cargo efetivo. Confira-se:

Art. 39. (...)

§ 9.º É vedada a incorporação de vantagens de caráter temporário ou vinculadas ao exercício de função de confiança ou de cargo em comissão à remuneração do cargo efetivo.

14.3.9.2. Contratações temporárias

Excepciona, de igual sorte, a **regra geral** da investidura por concurso público a **contratação** realizada por **prazo determinado, para a titularização de funções**, na forma preconizada pelo **art. 37, II, da CF**, que estende essa exigência apenas para cargos e empregos públicos.

Nesse sentido, importante esclarecer que essas contratações têm por objetivo atender a situação temporária de excepcional interesse público, a teor do disposto no art. 37, IX, da CF. Confira-se:

Art. 37. (...)

IX — a lei estabelecerá os casos de contratação por tempo determinado para atender a necessidade temporária de excepcional interesse público.

Com efeito, essas **contratações** terão lugar somente diante daquelas **situações imprevisíveis, que não podem aguardar o tempo necessário para a realização de concurso público**.

Nesse sentido, legítimo concluir que seu **prazo** de **duração** fica intimamente relacionado ao **término** do **concurso** a ser aberto visando à contratação de servidores em caráter permanente.

Em outras palavras, essas contratações, por dispensarem a realização de concurso público, têm de ser dotadas de começo, meio e fim, **não podendo**, pois, **prolongar-se** por **prazo indeterminado**.

Por derradeiro, importante deixar consignado que essas **contratações temporárias** foram disciplinadas pela **Lei n. 8.745/93**, em que se destacam, inicialmente, as hipóteses configuradoras de situações emergenciais, de excepcional interesse público, previstas no **art. 2.º**.

O referido **dispositivo** bem demonstra o **equívoco** cometido pelo **legislador**, uma vez que se percebe, com meridiana clareza, que muitas das **situações** ali **descritas não se revelam** configuradoras de **situações emergenciais**, de excepcional interesse público.

Outrossim, no referido diploma legal, oportuno destacar, também, por se tratar de situações que envolvem **contratações temporárias**, quais os **prazos-limite** relacionados pelo legislador (art. 4.º), com destaque para o prazo de 4 anos, admitida uma prorrogação, desde que não exceda 2 anos.

Percebe-se, uma vez mais, o equívoco praticado pelo legislador, ao fixar prazos, em geral, ao invés de privilegiar uma análise caso a caso, até que não se fizesse mais presente a situação de excepcional interesse público.

Em maio de 2020, o STF, quando do julgamento do **Recurso Extraordinário n. 1066.677/RN**, fixou a seguinte **tese de Repercussão Geral**:

"Servidores temporários não fazem jus a décimo terceiro salário e férias remuneradas acrescidas do terço constitucional, salvo (I) expressa previsão legal e/ou contratual em sentido contrário, ou (II) **comprovado desvirtuamento da contratação temporária pela Administração Pública, em razão de sucessivas e reiteradas renovações e/ou prorrogações**".

Nesse sentido ainda, oportuna a reprodução de **precedente** do **STJ**, quando do julgamento, em **04.05.2021**, do **RMS 65.757/RJ**, em que **a Corte concluiu pela legalidade de contratação temporária para o cargo de enfermeiro, por razões de urgência em detrimento de candidato aprovado para cadastro de reserva**. Confira-se:

"Concurso público. Enfermeiro. Cadastro de reserva. Direito à nomeação. Contratação temporária. Descaracterização. Contratação decorrente da pandemia causada pelo vírus SARS-COV-2. Determinação judicial para contratação temporária.

A **contratação temporária de terceiros** para o desempenho de **funções do cargo de enfermeiro**, em decorrência da **pandemia** causada pelo vírus Sars-CoV-2, e **determinada por decisão judicial**, **não configura preterição ilegal e arbitrária nem enseja direito a provimento em cargo público** em favor de candidato aprovado em cadastro de reserva. (...)".

Importante ainda registrar a decisão proferida pelo **STF**, em **20.05.2022**, quando do julgamento da **ADPF 915/MG**, vedando **convocação temporária de servidor sem prévio vínculo com a Administração**, para suprir **vacância de cargo efetivo**. Confira-se:

"É inconstitucional norma estadual que, de maneira genérica e abrangente, permite a convocação temporária de profissionais da área da educação sem prévio vínculo com a Administração Pública para suprir vacância de cargo público efetivo".

Da mesma forma, vale o registro quanto a não configuração de improbidade, desde que lastreada a contratação em legislação local, entendimento adotado pelo **STJ**, em **11.05.2022**, quando do julgamento do **REsp 1.913.638/MA**. Confira-se:

"A contratação de servidores públicos temporários sem concurso público, mas baseada em legislação local, por si só, não configura a improbidade administrativa prevista no art. 11 da Lei n. 8.429/1992, por estar ausente o elemento subjetivo (dolo) necessário para a configuração do ato de improbidade violador dos princípios da administração pública".

14.3.9.3. *Cargos políticos*

A **terceira exceção à regra geral**, que exige a **aprovação em concurso** para a **investidura em cargos públicos**, refere-se à **nomeação de parentes para cargos políticos**.

A dúvida consiste em saber se essa nomeação encontra-se ou não fora do alcance dos limites estabelecidos pela **Súmula Vinculante 13 do STF**.

14 ◼ Servidores Públicos

Nesse sentido, em que pese a inexistência de orientação única no nível da **Suprema Corte**, vale destacar o entendimento adotado quando do julgamento, em **setembro de 2018**, da **Reclamação n. 22.339/SP**, envolvendo a **nomeação do cônjuge do prefeito** para o cargo de **secretário municipal**. Confira-se o seguinte trecho:

> "A **jurisprudência do STF tem afastado a incidência da SV 13** nos casos que envolvem a investidura de cônjuges ou a **nomeação de parentes** em **cargos** públicos de **natureza política**, como ministro de Estado ou de secretário estadual ou municipal, desde que não se configurem hipóteses de fraude à lei ou no caso de ausência evidente de qualificação técnica ou de idoneidade moral para o desempenho da função pública".

Outrossim, sobreleva notar que a **Suprema Corte** debruçou-se mais uma vez sobre esse tema quando do **julgamento, em maio de 2019**, da **Reclamação n. 29.033 (AgR/RJ), relator o Ministro Roberto Barroso**.

Nesse **precedente** a **Primeira Turma** iniciou julgamento de agravo regimental em reclamação em que se alega **afronta ao Enunciado 13 da Súmula Vinculante**, em virtude de **prefeito ter nomeado seu filho** para o cargo de secretário executivo do seu gabinete.

O **Ministro Roberto Barroso** (relator) **desproveu o recurso**. Considerou precedentes, inclusive do Plenário, que **ressalvam da proibição constante do referido enunciado** a **nomeação para cargos políticos**, como o de secretário de Estado e o de ministro de Estado.

Em divergência, o Ministro Marco Aurélio deu provimento ao recurso. Entendeu que a vedação constante do enunciado em questão não excepciona o denominado cargo político e abrange parentes consanguíneos ou afins até o 3.º grau.

Por fim, essa orientação encontra-se também consolidada ao nível da Lei n. 8.429/92 que, em seu art. 11, § 5.º, não considera como hipótese de improbidade administrativa. Confira-se:

> § 5.º Não se configurará improbidade a mera nomeação ou indicação política por parte dos detentores de mandatos eletivos, sendo necessária a aferição de dolo com finalidade ilícita por parte do agente.

14.3.9.4. *Agentes de combates às endemias*

Nesse particular, permitiu a EC 51/2006 a admissão desses agentes por simples processo seletivo, demandando regulamentação para sinalizar quanto ao regime jurídico a eles aplicável, mesma orientação adotada pelo **STF**, em **24.04.2023**, quando do julgamento da **ADI 7.356/PE**. Confira-se:

> "A EC n. 51/2006, ao prever a admissão de agentes de combate às endemias por processo seletivo público, estabeleceu exceção constitucional à regra do concurso público, cabendo ao legislador ordinário definir o regime jurídico aplicável aos profissionais.
> (...)
> Ademais, a EC 51/2006 não vedou ou determinou a adoção de um regime jurídico específico (celetista ou estatutário), mas deixou essa escolha a cargo do legislador."

554 Direito Administrativo Esquematizado   *Celso Spitzcovsky*

O elenco de exceções tem natureza taxativa, sendo vedada sua ampliação, apresentando-se, a título ilustrativo, precedente do **STF**, quando do julgamento, **em 08.04.2024**, da **ADI 6.331/PE**, pela inconstitucionalidade da criação de procuradorias e de provimento de cargos sem concurso público. Confira-se:

> "É inconstitucional — por ofensa aos postulados da autonomia municipal (CF/1988, art. 30, I) e do concurso público para provimento de cargos (CF/1988, art. 37, II) — norma de Constituição estadual que obrigue a criação de Procuradorias nos municípios e permite a contratação, sem concurso público, de advogados para nelas atuarem".

Para melhor visualização deste item, verifique-se o quadro:

FORMAS DE TITULARIZAÇÃO DE CARGOS E EMPREGOS PÚBLICOS	
REGRA GERAL	▣ Aprovação em **concurso** público de provas ou provas e títulos, com prazo de validade de até 2 anos, admitida uma prorrogação (art. 37, III, da CF) ▣ **Nomeação** (direito assegurado apenas para os candidatos aprovados dentro do número de vagas previsto no edital, respeitada a ordem de classificação — Súmula 15 do STF) ▣ **Posse** (Lei n. 8.112/90, art. 7.º, Súmula 16 do STF, assegurada apenas para aqueles que preencherem os requisitos estabelecidos em lei: arts. 13 e 14)
EXTENSÃO	O cumprimento dessas etapas é exigido para qualquer investidura (originária ou derivada, na mesma carreira ou em outra — Súmula Vinculante 43), na Administração direta ou indireta das quatro esferas de governo
CANDIDATOS PORTADORES DE NECESSIDADES ESPECIAIS	Submetem-se às mesmas etapas, concorrendo entre si para as vagas reservadas no edital (Art. 37, VIII, da CF; art. 5.º, § 2.º, da Lei n. 8.112/90; Súmulas 377 e 552 do STJ; Convenção Sobre os Direitos da Pessoa com Deficiência — Decreto n. 6.949/2009 —, aprovada com *status* de emenda constitucional nos termos do art. 5.º, § 3.º, da CF; Lei Brasileira de Inclusão da Pessoa com Deficiência — Lei n. 13.146/2015)
EXCEÇÕES	▣ Cargos em comissão (art. 37, II, da CF) ▣ Funções de confiança, cargos em comissão para atribuições de chefia, direção e assessoramento (art. 37, V, da CF) ▣ Funções para situações de excepcional interesse público (cargos temporários) (art. 37, IX, da CF e Lei n. 8.745/93) ▣ Cargos políticos: contratação de parentes (Súmula Vinculante 13 e art. 11, § 5.º, da Lei n. 8.429/92) ▣ Agentes de combate às endemias: EC 51/2006 — Art. 198, § 4.º, da CF

14.3.10. Competência para a apreciação de ilegalidades na fase contratual

Como arremate dos comentários realizados, oportuno reiterar que apenas com a posse é que o candidato passa a titularizar cargo público, a teor do disposto no art. 7.º da Lei n. 8.112/90.

A partir desse instante, todas as questões que envolvam **ilegalidades praticadas pelo poder público** poderão ser levadas à **apreciação do Judiciário**, assumindo **destaque** a questão relacionada ao **órgão competente** para a sua análise.

Dentro desse contexto, abrindo-se a chamada **fase contratual**, a **solução** apresenta-se **diferenciada em relação** àquela vista para a **fase pré-contratual**, em que a competência foi centralizada na justiça comum, federal ou estadual, independentemente de envolver concursos para titularização de cargos ou empregos públicos.

14 ◼ Servidores Públicos

Nesse sentido, **se** a ilegalidade **envolver** o **regime jurídico administrativo**, vale dizer, o **estatutário**, a questão será apreciada pela **justiça comum**, merecendo destaque a previsão estabelecida no **art. 109, I, da CF**.

Por outro lado, se a **ilegalidade** foi **praticada** em relação aos **servidores** submetidos ao **regime Celetista**, o **foro competente** será o da **justiça do trabalho**, conforme previsão estabelecida no **art. 114, I, da CF**.

Nesse sentido, confira-se decisão do **STF**, proferida em **30.06.2023**, quando do julgamento do **RE 1.288.440/SP**, sinalizando para a competência da justiça comum, para julgar ação ajuizada por servidor celetista, pleiteando parcela de natureza administrativa, modulando-se os seus efeitos:

"1. A Justiça Comum é competente para julgar ação ajuizada por servidor celetista contra o Poder Público, em que se pleiteia parcela de natureza administrativa, modulando-se os efeitos da decisão para manter na Justiça do Trabalho, até o trânsito em julgado e correspondente execução, os processos em que houver sido proferida sentença de mérito até a data de publicação da presente ata de julgamento."

Confira-se ainda a orientação adotada pelo **STJ**, em **14.09.2022**, quando do julgamento do **CC 188.950/TO**, Confira-se:

"Compete à Justiça do Trabalho processar e julgar reclamação trabalhista ajuizada por servidor admitido sem concurso público e sob o regime celetista antes da CF/1988, mesmo que haja cumulação de pedidos referente ao período trabalhado sob o regime de contratação temporária."

Nesse sentido, oportuna a reprodução de **precedente** do **STF**, quando do julgamento, em **16.06.2021**, do **RE 655.283/DF**, em que **a Corte concluiu pela competência da Justiça Comum para apreciar demissão de empregado público, resultando na seguinte tese:**

"A justiça comum é competente para processar e julgar ação em que se discute a reintegração de empregados públicos dispensados em face da concessão de aposentadoria espontânea".

Em **13.05.2021**, o **STF**, reconheceu a **Repercussão Geral do Tema 1.143**, ainda sem julgamento do mérito, nos seguintes termos:

"RECURSO EXTRAORDINÁRIO. REPRESENTATIVO DA CONTROVÉRSIA. CONSTITUCIONAL. COMPETÊNCIA. JUSTIÇA COMUM E JUSTIÇA DO TRABALHO. DEMANDA ENTRE SERVIDOR PÚBLICO SOB REGIME CELETISTA E O PODER PÚBLICO. CRITÉRIO DEFINIDOR. MULTIPLICIDADE DE RECURSOS EXTRAORDINÁRIOS. RELEVÂNCIA DA QUESTÃO CONSTITUCIONAL. MANIFESTAÇÃO PELA EXISTÊNCIA DE REPERCUSSÃO GERAL."

Ao longo do voto proferido pelo relator, **Ministro Luiz Fux**, destaque para o seguinte trecho, que **delimina o objeto da ação**:

556 Direito Administrativo Esquematizado   *Celso Spitzcovsky*

"(...) competindo a esta Suprema Corte conferir a exata interpretação ao artigo 114, I, da Constituição Federal, notadamente quanto à definição da competência da Justiça Comum ou do Trabalho, para julgar ação em que servidor litiga contra o Poder Público. (...)"

14.3.11. Estágio probatório

Por força de expressa disposição legal, a **partir** da entrada em **exercício** é que se começa a computar o **prazo do estágio probatório**, conforme a previsão contida no **art. 20 da Lei n. 8.112/90**. Confira-se:

> **Art. 20. Ao entrar em exercício,** o servidor nomeado para cargo de provimento efetivo ficará sujeito a estágio probatório por período de 24 (vinte e quatro) meses, durante o qual a sua aptidão e capacidade serão objeto de avaliação para o desempenho do cargo, observados os seguintes fatores:

Da leitura do dispositivo reproduzido, um comentário inicial se faz necessário, no sentido de esclarecer que, nada obstante ter o legislador estabelecido um **prazo** de 24 meses para a **duração** do **estágio probatório**, a jurisprudência do STF consolidou-se quanto ao prazo de **3 anos**, a teor do disposto no **art. 41, *caput*, da Constituição Federal**. Confira-se:

> "(...) SERVIDOR PÚBLICO. ESTABILIDADE E ESTÁGIO PROBATÓRIO. PRAZO COMUM DE TRÊS ANOS. PRECEDENTES.
> 1. O Supremo Tribunal Federal assentou entendimento no sentido de que 'a Emenda Constitucional 19/1998, que alterou o art. 41 da Constituição Federal, **elevou para três anos o prazo para a aquisição da estabilidade** no serviço público e, **por interpretação lógica, o prazo do estágio probatório**' (STA 269, Rel. Min. Gilmar Mendes). Precedentes. (...)" **(STF, AgR AI 744121/DF, Rel. Min. Roberto Barroso, j. 09.06.2015, 1.ª T., *DJe*-126 30.06.2015).**

É **durante esse período**, como se viu, que a Administração Pública verificará a **aptidão** e a **capacidade** de **desempenho** do servidor **para** o **cargo**, avaliando, entre outros itens, de acordo ainda com a redação do mesmo dispositivo, os seguintes:

- assiduidade;
- disciplina;
- capacidade de iniciativa;
- produtividade;
- responsabilidade.

Ainda sobre o tema, importante destacar a **impossibilidade** de a **Administração demitir** ou **exonerar** o funcionário, nesse período, **sem** oferecer a ele **contraditório** e **ampla defesa**, conforme orientação pacificada **pelo STF**, por meio da **Súmula 21**:

SÚMULA 21 DO STF: Funcionário em estágio probatório não pode ser exonerado nem demitido sem inquérito ou sem as formalidades legais de apuração de sua capacidade.

14 ◼ Servidores Públicos

Nada impede, **outrossim**, que a **exoneração** recaia sobre o servidor em estágio probatório, desde que **decorrente** da **extinção** do **cargo**, conforme também decidiu nossa **Corte Suprema**, a teor do disposto em sua **Súmula 22**:

SÚMULA 22 DO STF: O estágio probatório não protege o funcionário contra a extinção do cargo.

Ainda sobre este tema oportuno destacar a agressão ao **princípio constitucional da Razoabilidade**, em se tratando de **estágio probatório**, quando a **avaliação negativa do servidor** resulta de **período único, e não global**, desconsiderando-se, ademais, as circunstâncias que contribuíram para tanto.

Não se trata de conclusão gratuita, eis que consolidada ao nível do **STJ**, consoante se verifica do **precedente** a seguir colacionado, datado de **19.11.2020**, quando do julgamento do AgInt no **Recurso Especial n. 1.515.145 — RS** (2015/0029392-8) Rel. Min. Napoleão Nunes Maia Filho, com publicação no *DJ* de 30.11.2020. Confira-se:

"**ADMINISTRATIVO E PROCESSUAL CIVIL. AGRAVO INTERNO NO RECURSO ESPECIAL. SERVIDOR PÚBLICO. ESTÁGIO PROBATÓRIO. A AVALIAÇÃO DO SERVIDOR DEVE LEVAR EM CONSIDERAÇÃO O DESEMPENHO DURANTE TODO O PERÍODO DE TRÊS ANOS, EM ATENÇÃO AOS PRINCÍPIOS DA PROPORCIONALIDADE E DA RAZOABILIDADE. AGRAVO INTERNO DO CEFET/RS DESPROVIDO.**"

Em outras palavras, se a aquisição da estabilidade no serviço público ocorre após o implemento de três anos no cargo e a aprovação na avaliação de estágio probatório, a **avaliação do servidor** deve levar em **consideração** o **desempenho durante todo o período de três anos**, em atenção aos princípios da proporcionalidade e da razoabilidade.

Portanto, a realização de **avaliações globais** durante o **estágio probatório** configura **direito subjetivo do servidor** e obrigação da Administração que, se desconsiderado, abre a **possibilidade de apreciação judicial**, por implicar descumprimento de princípio constitucional.

Ultrapassado o período de **estágio** probatório, o servidor cuja nomeação se verificar em caráter efetivo, vale dizer, precedida de concurso público, não poderá ainda almejar a aquisição da **estabilidade**, pelo menos **não de forma automática**, tema que será abordado em seguida, em tópico específico, devido à importância de que se reveste.

O quadro a seguir resume o assunto:

DEFINIÇÃO	Período de experiência pelo qual passa o servidor para apuração de sua eficiência para as atribuições do cargo
CONTEÚDO	Assiduidade, produtividade, disciplina, respeito à hierarquia, capacidade de iniciativa: Lei n. 8.112/90, art. 20
EXTINÇÃO DO CARGO	Conduz à exclusão do servidor dos quadros da Administração: Súmula 22 do STF
REPROVAÇÃO	Resulta de configuração de ilegalidade (demissão) ou não atendimento das outras exigências ali estabelecidas (exoneração), demandando a abertura de inquérito administrativo, assegurada ampla defesa: Súmula 21, do STF
DURAÇÃO	3 anos para as carreiras que atribuem aos servidores aprovados a aquisição de estabilidade: art. 41, *caput*, da CF

558 Direito Administrativo Esquematizado   *Celso Spitzcovsky*

14.4. ESTABILIDADE

14.4.1. Definição, aquisição e extensão

A **estabilidade** representa **garantia** de **permanência** no **serviço** assegurada aos servidores que preencherem os requisitos relacionados pela Constituição Federal, ao longo do *caput* do art. 41. Confira-se:

> **Art. 41.** São estáveis após três anos de efetivo exercício os servidores nomeados para cargo de provimento efetivo em virtude de concurso público.

O dispositivo reproduzido permite concluir quanto a obrigatoriedade de cumprimento, de forma cumulativa, dos seguintes requisitos:

■ aprovação em concurso público;

■ titularização de cargo público em caráter efetivo;

■ aprovação em estágio probatório de 3 anos.

Nesse quadro, impossível se cogitar de aquisição de estabilidade por aqueles nomeados para cargos em comissão, eis que não aprovados em concurso público e em razão da não titularização de cargo em caráter efetivo.

De outra parte, em regra, através de uma interpretação literal do dispositivo constitucional, a mesma conclusão se impõe para os titulares de empregos públicos.

Nesse particular, oportuno observar que, nada obstante tenha a Constituição Federal feito referência tão somente a cargos para a **aquisição de estabilidade**, existem aqueles que advogam a tese segundo a qual a possibilidade **também se estenderia para os que titularizam emprego**, eis que também aprovados em concurso público.

Essa tese apresenta forte sustentação na jurisprudência trabalhista, da qual se destaca a **Súmula 390 do TST**:

> **SÚMULA 390 DO TST:** Estabilidade. Art. 41 da CF/1988. Celetista. Administração direta, autárquica ou fundacional. Aplicabilidade. Empregado de empresa pública e sociedade de economia mista. Inaplicável (Conversão das Orientações Jurisprudenciais 229 e 265 da SDI-1 e da Orientação Jurisprudencial 22 da SDI-2. Res. 129/2005, *DJ* 20.04.2005).
>
> I — O servidor público celetista da administração direta, autárquica ou fundacional é beneficiário da estabilidade prevista no art. 41 da CF/1988 (ex-OJ 265 da SDI-1. Inserida em 27.09.2002 e ex-OJ 22 da SDI-2. Inserida em 20.09.2000).
>
> II — Ao empregado de empresa pública ou de sociedade de economia mista, ainda que admitido mediante aprovação em concurso público, não é garantida a estabilidade prevista no art. 41 da CF/1988 (ex-OJ 229. Inserida em 20.06.2001).

Assim, verifica-se que, mesmo com a extensão promovida pela **Súmula 390 do TST**, a possibilidade de **aquisição de estabilidade** por parte daqueles que titularizam **empregos** na Administração Pública **não se revela ilimitada**, pois **incidente apenas** sobre aqueles que se encontram na Administração indireta, nas **autarquias** e **fundações**, em que pese sua aprovação em concurso público.

14 ■ Servidores Públicos

Nesse quadro, importante anotar a orientação consolidada ao nível do STF, descartando a Súmula 390, do TST, por seu descompasso em relação a CF, consoante se verifica do precedente a seguir reproduzido:

"(...) **EMPREGADO PÚBLICO CONCURSADO. FUNDAÇÃO PÚBLICA MUNICIPAL. ADMISSÃO EM PERÍODO POSTERIOR AO ADVENTO DA EMENDA CONSTITUCIONAL 19/1998. AUSÊNCIA DE DIREITO À ESTABILIDADE DO ARTIGO 41 DA CONSTITUIÇÃO FEDERAL.** PRECEDENTES. DEVOLUÇÃO DOS AUTOS AO TRIBUNAL SUPERIOR DO TRABALHO PARA QUE REAPRECIE O FEITO A PARTIR DAS PREMISSAS FIXADAS" (**STF**, AgRg nos EDcl no RE 727.408 SP Rel. Min. Luiz Fux, *DJe* **16.05.2019**).

A propósito, o próprio **TST**, em 08.06.2022, quando do julgamento do **RR 7481620135100861**, concluiu, com base no posicionamento do **STF**, pela incidência da Súmula 390, apenas **para os empregados admitidos antes da EC 19/98**. Confira-se:

"(...) **ESTABILIDADE NO EMPREGO. FUNDAÇÃO PÚBLICA. EMPREGADA CONTRATADA APÓS A EMENDA CONSTITUCIONAL N. 19/1998, QUE ALTEROU A REDAÇÃO DO ARTIGO 41 DA CONSTITUIÇÃO FEDERAL. JURISPRUDÊNCIA PACIFICADA NO SUPREMO TRIBUNAL FEDERAL. INEXISTÊNCIA DO DIREITO.** TRANSCENDÊNCIA POLÍTICA CONSTATADA. (...) **É verdade que a jurisprudência cristalizada nesta Corte, expressa na Súmula n. 390, I, favorece a empregada, ao reconhecer que também os servidores celetistas fazem jus à estabilidade prevista no artigo 41 da Constituição Federal**. Veja-se, a propósito, que o aludido verbete é posterior à Emenda Constitucional n. 19/1998, o que permite concluir que já contempla a redação do artigo 41, com a alteração promovida por essa norma. **Não obstante, também é certo que a jurisprudência do Supremo Tribunal Federal se pacificou em direção oposta, ao afirmar que, mesmo na Administração Pública direta, autárquica ou fundacional, somente os empregados admitidos antes da aludida Emenda fazem jus à estabilidade em questão.** Precedentes. **Nesse contexto, há que se interpretar restritivamente a Súmula n. 390 do TST para**, à luz da tese sedimentada no âmbito do Supremo Tribunal Federal, **considerar que a estabilidade prevista no artigo 41 da CLT se aplica também aos empregados públicos da Administração Pública direta autárquica e fundacional, desde que admitidos antes da Emenda Constitucional n. 19/98**. (...)".

Importante destacar ainda que, com a edição da EC n. 19/98, a **passagem** para a **estabilidade** demanda a realização de uma **avaliação de desempenho**, na forma do disposto no **art. 41, § 4.º, da CF**:

Art. 41. (...)
§ 4.º Como condição para a aquisição da estabilidade, é obrigatória a avaliação especial de desempenho por comissão instituída para essa finalidade.

Embora expressamente prevista, a realização da **avaliação de desempenho depende** da edição de **regulamentação posterior** que **ainda não foi levada a efeito**, não pelo menos em âmbito nacional, de forma a manter uniformidade sobre a matéria.

560 Direito Administrativo Esquematizado   *Celso Spitzcovsky*

Com efeito, a referida regulamentação teria que contemplar itens como as matérias a serem cobradas do servidor; quem promoveria essa avaliação; a nota mínima a ser alcançada.

Sem embargo, por ter caráter obrigatório, essa avaliação de desempenho tem sido realizada de acordo com regulamentação prevista ao nível das 4 esferas de governo, respeitada a condição única estabelecida pela CF, vale dizer, que seja realizada por uma comissão e não por um servidor isolado.

Preenchidos todos esses **requisitos**, ou seja, nomeação em caráter efetivo, estágio probatório de três anos e aprovação em avaliação de desempenho, o **servidor adquire** a chamada **estabilidade**, que lhe garante a **permanência** no **serviço** público e não no cargo, como de maneira inadvertida alguns entendem.

14.4.2. Extinção do cargo do servidor estável

Diante desse cenário, uma vez que a estabilidade assegura apenas a permanência no serviço, tem-se, como consequência lógica, que a **extinção** do **cargo** e a **declaração** de sua **desnecessidade não fazem com que o servidor seja excluído da estrutura da Administração**, visto que a garantia assegurada ao que ostenta a condição de estável é a de permanência no serviço.

De resto, outra não foi a diretriz estabelecida pela **CF**, como se verifica na redação do seu **art. 41, § 3.º**:

Art. 41. (...)

§ 3.º Extinto o cargo ou declarada a sua desnecessidade, o servidor estável ficará em disponibilidade, com remuneração proporcional ao tempo de serviço, até seu adequado aproveitamento em outro cargo.

A redação desse dispositivo foi alterada pela EC n. 19/98, em especial quanto à **remuneração** atribuída ao servidor nessa condição, que **deixou** de **ser integral** para ser **proporcional ao tempo de serviço até seu reaproveitamento**.

14.4.3. Estabilidade x vitaliciedade

Cumpre alertar, para os cuidados que se deve ter em relação ao tema ora analisado, de modo a evitar confusões entre os conceitos de **estabilidade** e **vitaliciedade**.

Com efeito, enquanto a **estabilidade**, como visto, assegura efetivamente a **permanência** do **servidor** no serviço, a **vitaliciedade** assegura sua **permanência** no **cargo**, incidindo não sobre todas as carreiras, mas, tão-somente, em relação àquelas relacionadas pela própria Constituição.

Registre-se, também, a existência de **outras diferenças** entre os institutos, a começar pela constatação de que, embora tanto a estabilidade quanto a vitaliciedade demandem nomeação em caráter efetivo, ou seja, precedida de concurso público, o **estágio probatório** para a **estabilidade** é de **três anos**, enquanto o da **vitaliciedade** é de **apenas dois**. Enquanto a **perda do cargo** pelo **servidor vitalício**, outrossim, só poderá ocorrer mediante **sentença judicial com trânsito em julgado** ou de **deliberação do Tribunal ao**

14 ▪ Servidores Públicos

561

qual esteja o Juiz vinculado (antes do seu vitaliciamento), o **servidor estável** só perderá o **cargo** desde que caracterizada uma das hipóteses relacionadas no **art. 41, § 1.º**.

De outro giro, importante deixar consignado, uma vez mais, que as **carreiras** que **atribuem vitaliciedade** para seus integrantes serão tão **somente aquelas** que **tiverem expressa previsão constitucional**, surgindo como exemplos a **Magistratura (art. 95 da CF)** e o **Ministério Público (art. 128, § 5.º, I, da CF)**.

De outra parte, as demais **carreiras que não tiverem expressa previsão constitucional** só poderão oferecer a seus integrantes, pelo **critério residual**, àqueles aprovados em estágio probatório, a **estabilidade**.

Diante do cenário apresentado, de forma a facilitar a visualização das **diferenças** existentes entre os institutos da **estabilidade** e da **vitaliciedade**, conveniente a apresentação do seguinte **quadro comparativo**:

	ESTABILIDADE	VITALICIEDADE
OBJETO	Assegura a permanência no serviço	Assegura a permanência no cargo
REQUISITOS PARA A AQUISIÇÃO	▪ ser titular de cargo efetivo ▪ mediante concurso ▪ estágio probatório de 3 anos ▪ aprovação em avaliação de desempenho (CF, art. 41, § 4.º)	▪ ser titular de cargo efetivo ▪ mediante concurso ▪ estágio probatório de 2 anos
HIPÓTESES DE PERDA	Art. 41, § 1.º, c/c o art. 169, § 4.º	▪ sentença judicial com trânsito em julgado ▪ decisão proferida que o juiz esteja vinculado
CRITÉRIOS ADOTADOS PELA CF	Residual (somente quando não houver previsão expressa para a vitaliciedade)	*Expresso na Constituição.* *Exemplos:* ▪ art. 95, I (Magistratura) ▪ art. 128, § 5.º, I, *a* (Ministério Público)

14.4.4. Hipóteses de perda do cargo pelo servidor estável

As hipóteses de perda do cargo, como visto, encontram-se relacionadas, inicialmente, ao longo do art. 41, § 1.º. Confira-se:

> **Art. 41.** (...)
>
> § 1.º O servidor público estável só perderá o cargo:
>
> I — em virtude de sentença judicial transitada em julgado;
>
> II — mediante processo administrativo em que lhe seja assegurada ampla defesa;
>
> III — mediante procedimento de avaliação periódica de desempenho, na forma de lei complementar, assegurada ampla defesa.

Importante mencionar, ainda, a possibilidade de o **servidor público estável perder** o **cargo** por excesso de despesas, na forma do disposto no **art. 169 da CF, com redação alterada pela EC n. 109/2021, que acrescentou as despesas com pensionistas:**

> **Art. 169.** A despesa com pessoal ativo e inativo e **pensionistas** da União, dos Estados, do Distrito Federal e dos Municípios não pode exceder os limites estabelecidos em lei complementar.

Pela redação oferecida por esse dispositivo constitucional, conclui-se, com facilidade, que o **administrador não é livre para estabelecer o percentual de gastos com sua folha de pessoal** em relação a sua arrecadação, devendo, ao contrário, restringi-lo aos limites estabelecidos em lei complementar, diretriz válida tanto para os servidores em atividade, quanto para os aposentados e pensionistas.

Aqui, convém mencionar que, a título de regulamentação desse tema, está em vigor a **LC n. 101/2000**, denominada **Lei de Responsabilidade Fiscal**, que estabeleceu, em seu **art. 19**, para a **União**, o limite máximo de **50% de sua receita corrente** para gastos com folha de pessoal, em relação à arrecadação, e de **60% para os Estados, Municípios e Distrito Federal:**

Art. 19. Para os fins do disposto no *caput* do art. 169 da Constituição, a despesa total com pessoal, em cada período de apuração e em cada ente da Federação, não poderá exceder os percentuais da receita corrente líquida, a seguir discriminados:

I — União: 50% (cinquenta por cento);

II — Estados: 60% (sessenta por cento);

III — Municípios: 60% (sessenta por cento).

Trata-se de mais uma **previsão legal procurando conferir eficiência** para a Administração Pública, na medida em que traz como consequência a **possibilidade** de **investimentos** em **obras** e **serviços**, o que até então raramente se verificava em razão de a folha de pagamento consumir quase toda a arrecadação.

Nessa parte, ofereceu a Constituição ao administrador os **instrumentos** necessários **para o cumprimento dessas metas**, como se verifica na redação do § 3.º do art. 169:

Art. 169. (...)

§ 3.º Para o cumprimento dos limites estabelecidos com base neste artigo, durante o prazo fixado na lei complementar referida no *caput*, a União, os Estados, o Distrito Federal e os Municípios adotarão as seguintes providências:

I — redução em pelo menos vinte por cento das despesas com cargos em comissão e funções de confiança;

II — exoneração dos servidores não estáveis.

Tomadas as medidas propostas pela Constituição, sem que o administrador tenha alcançado os limites fixados na lei complementar, o próprio Texto Maior autoriza a **perda do cargo** pelo **servidor estável**, nos termos fixados pelo § 4.º do mesmo dispositivo, consoante se verifica:

Art. 169. (...)

§ 4.º Se as medidas adotadas com base no parágrafo anterior não forem suficientes para assegurar o cumprimento da determinação da lei complementar referida neste artigo, o servidor estável poderá perder o cargo, desde que ato normativo motivado de cada um dos Poderes especifique a atividade funcional, o órgão ou unidade administrativa objeto da redução de pessoal.

Dessa forma, a **perda** do **cargo** pelo **servidor estável** deverá se materializar por meio de **ato administrativo** devidamente **motivado**, principalmente por não derivar de nenhuma sorte de irregularidade.

14 ■ Servidores Públicos

A devida motivação integrada pelos itens apontados pelo próprio dispositivo constitucional impede, ou ao menos **dificulta**, a prática de **atos arbitrários** por parte do administrador.

O **não cumprimento das metas de gastos** impostas pela lei complementar, por si só, **não se revela suficiente** para **justificar a perda do cargo** concretamente, **sendo necessário**, outrossim, **que o servidor possa saber o porquê de a escolha** ter recaído sobre ele e não sobre outro, evitando-se perseguições por parte do administrador.

De se dizer, ainda, que essa **questão** foi objeto de **regulamentação** pela **Lei federal n. 9.801/99**, que dispõe sobre as normas gerais para a perda de cargo público por excesso de despesa:

> **Art. 1.º** Esta Lei regula a exoneração de servidor público estável com fundamento no § 4.º e seguintes do art. 169 da Constituição Federal.
>
> **Art. 2.º** A exoneração a que alude o art. 1.º será precedida de ato normativo motivado dos Chefes de cada um dos Poderes da União, dos Estados, dos Municípios e do Distrito Federal.
>
> § 1.º O ato normativo deverá especificar:
>
> I — a economia de recursos e o número correspondente de servidores a serem exonerados;
>
> II — a atividade funcional e o órgão ou a unidade administrativa objeto de redução de pessoal;
>
> III — o critério geral impessoal escolhido para a identificação dos servidores estáveis a serem desligados dos respectivos cargos;
>
> IV — os critérios e as garantias especiais escolhidos para identificação dos servidores estáveis que, em decorrência das atribuições do cargo efetivo, desenvolvam atividades exclusivas de Estado;
>
> V — o prazo de pagamento da indenização devida pela perda do cargo;
>
> VI — os créditos orçamentários para o pagamento das indenizações.
>
> § 2.º O critério geral para identificação impessoal a que se refere o inciso III do § 1.º será escolhido entre:
>
> I — menor tempo de serviço público;
>
> II — maior remuneração;
>
> III — menor idade.
>
> § 3.º O critério geral eleito poderá ser combinado com o critério complementar do menor número de dependentes para fins de formação de uma listagem de classificação.
>
> **Art. 3.º** A exoneração de servidor estável que desenvolva atividade exclusiva de Estado, assim definida em lei, observará as seguintes condições:
>
> I — somente será admitida quando a exoneração de servidores dos demais cargos do órgão ou da unidade administrativa objeto da redução de pessoal tenha alcançado, pelo menos, trinta por cento do total desses cargos;
>
> II — cada ato reduzirá em no máximo trinta por cento o número de servidores que desenvolvam atividades exclusivas de Estado.
>
> **Art. 4.º** Os cargos vagos em decorrência da dispensa de servidores estáveis de que trata esta Lei serão declarados extintos, sendo vedada a criação de cargo, emprego ou função com atribuições iguais ou assemelhadas pelo prazo de quatro anos.

564   Direito Administrativo Esquematizado   *Celso Spitzcovsky*

A **leitura** dos **dispositivos** reproduzidos bem **demonstra**, uma vez mais, a **importância** assumida pelo **princípio da motivação** em relação a todos os atos administrativos, principalmente para aqueles que impliquem a exoneração de servidores, uma vez que não precedida de qualquer sorte de irregularidade.

Outrossim, a **importância** dessa **legislação tem se ampliado** em vista das **reiteradas situações** em que a **Administração** Pública **tem superado os limites previstos na Lei de Responsabilidade Fiscal** em relação ao pagamento de folha de pessoal.

Dessa forma, por se tratar de hipótese de exoneração, para a qual não contribuiu o servidor, correta a previsão constitucional, estabelecida no § 5.º, de prescrever pagamento de indenização, nos seguintes termos:

§ 5.º O servidor que perder o cargo na forma do parágrafo anterior fará jus a indenização correspondente a um mês de remuneração por ano de serviço.

Ainda sobre este item, importante anotar que a **Constituição Federal**, de **forma** a **evitar perseguições** de natureza pessoal, **estipulou** a **impossibilidade** de efetivação de **novas contratações** para o exercício das **mesmas atribuições pelo prazo de 4 anos**, conforme se verifica do **art. 169, § 6.º**. Confira-se:

Art. 169. (...)
§ 6.º O cargo objeto da redução prevista nos parágrafos anteriores será considerado extinto, vedada a criação de cargo, emprego ou função com atribuições iguais ou assemelhadas pelo prazo de quatro anos.

Por fim, cumpre observar que nossa doutrina e jurisprudência tem rotulado essa hipótese, de perda do cargo por excesso de quadros ou excesso de despesa.

14.4.5. Estabilidade atípica

Nesse particular, importante deixar consignado que a exigência de aprovação em concurso público e a titularização de um cargo em caráter efetivo para a **aquisição da estabilidade** encontram **exceção** em relação às chamadas **agências reguladoras**.

Com efeito, seu **regime especial**, conforme já comentado anteriormente, **atribui a** seus **dirigentes estabilidade durante o período de vigência de seus mandatos**, conforme previsão estabelecida na legislação que as criou.

A concessão da referida estabilidade, como já se viu, tem por **objetivo aumentar o grau de autonomia dessas agências** em relação ao Poder Executivo responsável por sua criação.

De toda sorte, sobreleva notar que os cargos de ponta dessas agências, em que pese configurarem cargos em **comissão**, de livre nomeação, preenchidos, pois, **sem a aprovação em concurso, dotam** seus **integrantes de estabilidade** pelos motivos já apresentados, excepcionando a regra geral do **art. 41, *caput*, da Constituição**.

Trata-se, portanto, de uma **estabilidade atípica**, pois atribuída àqueles que titularizam mandato, por **prazo determinado**, cuja nomeação **não resulta de aprovação em concurso**, a teor do disposto no **art. 3.º da Lei Federal n. 13.848/2019**.

14 ■ Servidores Públicos   565

Art. 3.º A natureza especial conferida à agência reguladora é caracterizada pela ausência de tutela ou de subordinação hierárquica, pela autonomia funcional, decisória, administrativa e financeira e pela investidura a termo de seus dirigentes e **estabilidade durante os mandatos**, bem como pelas demais disposições constantes desta Lei ou de leis específicas voltadas à sua implementação.

14.4.6. Estabilidade extraordinária

Por fim, cumpre registrar a **estabilidade extraordinária** prevista no **art. 19 da ADCT**, cuja redação a seguir se reproduz:

Art. 19. Os servidores públicos civis da União, dos Estados, do Distrito Federal e dos Municípios, da administração direta, autárquica e das fundações públicas, em exercício na data da promulgação da Constituição, há pelo menos cinco anos continuados, e que não tenham sido admitidos na forma regulada no art. 37 da Constituição, são considerados estáveis no serviço público.

A leitura do dispositivo reproduzido permite concluir pela impossibilidade de extensão dessa estabilidade extraordinária para empresas públicas e sociedades de economia mista, independentemente da finalidade para a qual tenham sido criadas.

A propósito do tema, em **7 de agosto de 2019** o **Plenário do Supremo Tribunal Federal**, no julgamento do **Recurso Extraordinário n. 716.378**, com **repercussão geral reconhecida**, que envolveu o caso de um empregado dispensado sem justa causa pela Fundação Padre Anchieta — Centro Paulista de Rádio e TV Educativas, decidiu que a estabilidade especial do art. 19 do Ato das Disposições Constitucionais Transitórias não se estende aos empregados das fundações públicas de direito privado, devendo ser aplicada somente aos servidores das pessoas jurídicas de direito público.

A **tese para fins de repercussão geral** proposta pelo relator e aprovada por maioria tem a seguinte redação:

"1 — A qualificação de uma fundação instituída pelo Estado como sujeita ao regime público ou privado depende: I — do estatuto de sua criação ou autorização; II — das atividades por ela prestadas. As atividades de conteúdo econômico e as passíveis de delegação, quando definidas como objetos de dada fundação, ainda que essa seja instituída ou mantida pelo Poder Público, podem se submeter ao regime jurídico de direito privado.

2 — A estabilidade especial do artigo 19 do ADCT não se estende aos empregados das fundações públicas de direito privado, aplicando-se tão somente aos servidores das pessoas jurídicas de direito público".

Para melhor visualização do item, confira-se o quadro:

DEFINIÇÃO	Garantia atribuída ao servidor que lhe assegura a permanência no serviço
REQUISITOS PARA A AQUISIÇÃO: ART. 41, *CAPUT*, DA CF	■ aprovação em concurso ■ titularização de cargo em caráter efetivo ■ aprovação em estágio probatório de 3 anos
EXTINÇÃO DO CARGO	Leva o servidor a ser colocado em disponibilidade remunerada com vencimentos proporcionais ao tempo de serviço: art. 41, § 3.º, da CF

EXTENSÃO	Para os titulares de empregos públicos na Administração direta, autárquica e fundacional: Súmula 390 do TST
HIPÓTESES DE PERDA	**Art. 41, § 1.º, da CF** ◘ sentença judicial com trânsito em julgado ◘ processo administrativo, assegurada ampla defesa ◘ insuficiência de desempenho **Art. 169, *caput* e §§ 3.º e 4.º, da CF** ◘ por excesso de despesa no pagamento de folha de pessoal, superando os limites estabelecidos no art. 19 da LC n. 101/2000 (Lei de Responsabilidade Fiscal)
ESTABILIDADE ATÍPICA	Atribuída aos dirigentes de agências reguladoras durante a vigência de seus mandatos: Lei n. 13.848/2019, art. 3.º
ESTABILIDADE EXTRAORDINÁRIA	Art. 19 do ADCT e art. 18-A acrescido pela EC n. 110/2021

14.5. REMUNERAÇÃO

14.5.1. Sistemas de remuneração

Outro ponto importante a ser destacado em matéria de servidores públicos diz respeito ao **regime** de **remuneração**, que sofreu profundas **modificações** a partir da **EC n. 19/98**.

A partir da promulgação da referida emenda, passamos a encontrar dentro da Administração Pública **servidores remunerados com base no conceito de vencimentos** e **aqueles remunerados a partir do conceito de subsídio**.

A expressão **vencimentos, inclui** o vencimento (salário-base do servidor), acrescido das vantagens adquiridas ao longo do tempo, permanentes ou temporárias, conclusão que não se revela gratuita, eis que resultante de expressa previsão legal contida no art. 40 da Lei n. 8.112/90, que sobre essa matéria, lançou mão da expressão remuneração, para envolver a contrapartida financeira devida ao servidor titular de cargo público.

De outra parte, convém esclarecer qual o **conceito de subsídio** utilizado pela CF, matéria essa disciplinada pelo **art. 39, § 4.º**, cuja redação a seguir se reproduz:

> **Art. 39.** (...)
> § 4.º O membro de Poder, o detentor de mandato eletivo, os Ministros de Estado e os Secretários Estaduais e Municipais serão remunerados exclusivamente por subsídio **fixado em parcela única, vedado o acréscimo de qualquer gratificação, adicional, abono, prêmio, verba de representação ou outra espécie remuneratória**, obedecido, em qualquer caso, o disposto no art. 37, X e XI.

Esse dispositivo constitucional está a revelar que o **subsídio** pode ser traduzido como a **remuneração paga em parcela única, vedado qualquer acréscimo financeiro, tendo como destinatários** não qualquer servidor público, mas tão somente aqueles relacionados no dispositivo, a saber:

■ membro de Poder;

■ detentor de mandato eletivo;

■ Ministros de Estado;

■ Secretários Estaduais e Municipais.

14 ■ Servidores Públicos

Mencionamos ainda que, embora não relacionados expressamente no dispositivo, a **mesma diretriz** se apresenta para os **servidores policiais**, consoante a previsão estabelecida no **art. 144, § 9.º**, da própria **CF**:

> **Art. 144.** (...)
>
> § 9.º A remuneração dos servidores policiais integrantes dos órgãos relacionados neste artigo será fixada na forma do § 4.º do art. 39.

Também se aplica a remuneração por subsídio aos demais **servidores organizados em carreira**, só que agora em caráter facultativo, a teor do disposto no **art. 39, § 8.º, da CF:**

> **Art. 39.** (...)
>
> § 8.º A remuneração dos servidores públicos organizados em carreira poderá ser fixada nos termos do § 4.º.

Dentro desse contexto, de forma a afastar qualquer tipo de dúvida, importante deixar registrado que os **integrantes da Magistratura (art. 95 da CF)**, bem como os do **Ministério Público (art. 128, § 5.º, I, da CF)**, também são remunerados por meio desse sistema.

Ainda sobre esse tema, acerca do **sentido e o alcance** do que se deve atribuir ao modelo de retribuição por **subsídio**, instituído pelo art. 39, § 4.º, da Constituição Federal, o **Supremo Tribunal Federal**, em **agosto de 2019**, quando da apreciação da **ADI 4.941/AL** concluiu, por maioria, pela sua **improcedência** em face da Lei n. 7.406/2012 do Estado de Alagoas, que cuida da denominada "**Gratificação de Dedicação Excepcional**" devida aos servidores da Assembleia Legislativa local.

A Corte observou que, após a edição da EC n. 19/98, o **subsídio passou a reunir**, sob um único título genuinamente remuneratório, **todos e quaisquer valores pagos aos servidores como contraprestação pelo trabalho executado no desempenho normal de suas funções**.

Outrossim, asseverou que o objetivo da Constituição Federal ao introduzir esse sistema de remuneração foi muito claro: criar um padrão confiável de correspondência entre o que é atribuído e o que é efetivamente pago pelo exercício do cargo público. Assim, **elimina-se prática** corriqueira na **Administração Pública**, em que **aumentos salariais** são **concedidos de maneira artificiosa**, na forma de benefícios adicionais, instituídos mediante alíquotas de incidências caprichosas, confusas e sucessivas, cuja aplicação frequentemente conduz a excessos ilegítimos.

De outra parte, consignou que o **conceito de subsídio** a que se refere a EC n. 19/98 **não se aplica apenas a agentes políticos**, como ocorria anteriormente, **comportando extensão** a todas as categorias de **servidores organizadas em carreira**, nos termos do **art. 39, § 8.º**, da CF.

Concluiu ainda que uma **leitura isolada do art. 39, § 4.º, da CF pode sugerir** que o pagamento do **subsídio** há de ser feito de maneira absolutamente monolítica, ou seja, **sem o acréscimo de qualquer outra parcela**. Todavia, concluiu ser essa **compreensão equivocada**. Uma **interpretação sistemática** revela que a própria Constituição, no **art. 39, § 3.º**, assegura a todos os servidores públicos, sem distinção, a fruição de grande parte dos direitos sociais do **art. 7.º**, que envolve **pagamento de verbas adicionais, cumuláveis com as do subsídio**, tais como adicional de férias, décimo terceiro salário, acréscimo de horas extraordinárias, adicional de trabalho noturno, entre outras.

Portanto, não há, no entendimento da Corte, no art. 39, § 4.º, da CF, vedação absoluta ao pagamento de outras verbas além do subsídio.

A propósito, quando do julgamento do **RE 1.400.787/CE**, em **15.12.2022**, o STF concluiu, por unanimidade, que "o art. 7.º, XVII, da CF/1988 assegura ao trabalhador o gozo de férias anuais remuneradas com, pelo menos, um terço a mais do que o salário normal, sem limitar o tempo da sua duração, razão pela qual esse adicional deve incidir sobre todo o tempo de descanso previsto em lei", resultando na seguinte tese de repercussão geral:

> "O adicional de 1/3 (um terço) previsto no art. 7.º, XVII, da Constituição Federal incide sobre a remuneração relativa a todo período de férias."

Nesse sentido, são excluídos os valores que não ostentam caráter remuneratório, como os de natureza indenizatória e os valores pagos como retribuição por eventual execução de encargos especiais não incluídos no plexo das atribuições normais e típicas do cargo considerado.

Em suma, o que a norma constitucional impede, no art. 39, § 4.º, é a acumulação do subsídio com outras verbas destinadas a retribuir o exercício de atividades próprias e ordinárias do cargo.

Nesse sentido, oportuna a reprodução da decisão proferida pelo **STF**, em **1.º.09.2023**, quando do julgamento da **ADI 7.271/AP**, legitimando a concessão do chamado "auxílio-aperfeiçoamento" para Procuradores Estaduais. Confira-se:

> "É constitucional — quando caracterizada a natureza indenizatória da verba — a concessão de auxílio destinado ao aperfeiçoamento profissional de membros de procuradoria estadual, remunerados sob a forma de subsídio".

Desse julgamento resultou a seguinte tese:

> "O auxílio-aperfeiçoamento previsto na Lei Complementar n. 89/2015, do Estado do Amapá, tem caráter excepcional e não viola a regra remuneratória do subsídio em parcela única".

Sobre esse item, vale destacar decisão do **STF**, proferida em **03.03.2023**, quando do julgamento da **ADI 5.404/DF**, acerca do pagamento de **horas extras**. Confira-se:

> "O regime de subsídio não é compatível com a percepção de outras parcelas inerentes ao exercício do cargo, mas não afasta o direito à retribuição pelas horas extras realizadas que ultrapassem a quantidade remunerada pela parcela única."

Nesse particular, o **STF**, em **10.06.2023**, quando do julgamento da **ADI 3.834**, decidiu a seguinte tese de julgamento:

> "A incorporação de vantagens pessoais decorrentes do exercício pretérito de função de direção, chefia ou assessoramento, bem como o acréscimo de 20% ao cálculo dos

14 ■ Servidores Públicos   569

proventos de aposentadoria para aqueles que se aposentam no último nível da carreira, afrontam o regime constitucional de subsídio, determinando, por fim, a remessa de cópia da presente decisão ao Tribunal de Contas da União".

Ainda a propósito do tema, decidiu o **STF**, por unanimidade, **em 30.06.2023**, quando do julgamento da **ADI 5407/DF**, pela inconstitucionalidade do **auxílio aperfeiçoamento profissional** pago a **juízes de Minas Gerais**, para **compra de livros e material de informática**, por ter **caráter de indevido** acréscimo remuneratório, ao arrepio do art. 39, § 4.º, da CF.

A despeito disso, encontramos ainda os **servidores remunerados** pelo conceito de **vencimentos, expressão essa que envolve o vencimento (salário-base) acrescido das vantagens às quais fizerem eles jus,** por força de tempo de serviço, das características próprias da atividade desenvolvida etc.

14.5.2. Teto de remuneração

De toda sorte, **independentemente** do **regime** a que estiver submetido o servidor, a Constituição estabelece, com extrema clareza, o **limite máximo de remuneração** dentro da Administração Pública, isto é, **o que percebem os Ministros do STF a título de subsídio.**

Como integrantes de Poder, contudo, só poderiam ser remunerados dessa forma se feita uma interpretação sistemática que leve em consideração o conteúdo do art. 39, § 4.º, já analisado.

De resto, é exatamente essa a diretriz estabelecida no **art. 37, XI, da CF**, que, no entanto, teve sua **redação reformulada pela EC n. 41/2003**, que incluiu a figura dos **subtetos nos níveis estadual, municipal e distrital**, conforme se verifica da redação a seguir reproduzida:

> **Art. 37.** (...)
>
> XI — a **remuneração** e o **subsídio** dos ocupantes de cargos, funções e empregos públicos da administração direta, autárquica e fundacional, dos membros de qualquer dos Poderes da União, dos Estados, do Distrito Federal e dos Municípios, dos detentores de mandato eletivo e dos demais agentes políticos e os proventos, pensões ou outra espécie remuneratória, percebidos cumulativamente ou não, incluídas as vantagens pessoais ou de qualquer outra natureza, **não poderão exceder o subsídio mensal**, em espécie, dos **Ministros do Supremo Tribunal Federal**, aplicando-se como limite, nos Municípios, o subsídio do Prefeito, e nos Estados e no Distrito Federal, o subsídio mensal do Governador no âmbito do Poder Executivo, o subsídio dos Deputados Estaduais e Distritais no âmbito do Poder Legislativo e o subsídio dos Desembargadores do Tribunal de Justiça, limitado a noventa inteiros e vinte e cinco centésimos por cento do subsídio mensal, em espécie, dos Ministros do Supremo Tribunal Federal, no âmbito do Poder Judiciário, aplicável este limite aos membros do Ministério Público, aos Procuradores e aos Defensores Públicos.

Como se percebe, o **objetivo** da **Constituição** foi o de estabelecer um **teto** para a **remuneração** dos **servidores** públicos, **independentemente** do **regime remuneratório** ao qual estejam submetidos, para procurar mais eficiência no setor.

Nota-se, nessa direção, que, com o intuito de evitar situações que pudessem escapar da regra geral aqui estabelecida, a **Constituição procurou abranger não só o vencimento** do servidor, **mas**, também, **qualquer outra espécie remuneratória** a que possa ele fazer jus, o mesmo raciocínio aplicando-se para o recebimento de proventos, pensões e para as hipóteses envolvendo acumulação.

Em relação ao conteúdo do referido dispositivo, importante destacar, ainda, ter a **EC n. 41/2003 incluído no teto de remuneração as vantagens de caráter pessoal e de qualquer outra natureza percebidas pelo servidor**.

Essa **alteração** constitucional implicou a **necessidade** de a **Suprema Corte alterar posicionamento anterior**, em que sustentava que essas vantagens estariam excluídas do teto de remuneração.

Em **novembro de 2018**, quando do julgamento do **AgRg no MS 29.039**, o **STF**, por intermédio de sua 2.ª Turma, concluiu que "incide o **teto remuneratório** constitucional sobre os **substitutos interinos de serventias extrajudiciais**".

De resto, a mesma orientação foi ratificada em **agosto de 2020**, quando do julgamento do **RE 808.202**, resultando na seguinte tese de **Repercussão Geral**:

> "Os substitutos ou interinos designados para o exercício de função delegada não se equiparam aos titulares de serventias extrajudiciais, visto não atenderem aos requisitos estabelecidos nos arts. 37, inciso II, e 236, § 3.º, da Constituição Federal para o provimento originário da função, inserindo-se na categoria dos agentes estatais, razão pela qual se aplica a eles o teto remuneratório do art. 37, inciso XI, da Carta da República".

Ainda sobre o **teto**, o **STF** concluiu que ele se aplica sobre o recebimento de **honorários de sucumbência**, quando do julgamento, em **26 de agosto de 2020**, das **ADIs 6.162/SE e 6.159/PI**, resultando na seguinte **tese**:

> "É constitucional o pagamento de honorários sucumbenciais aos advogados públicos, observando-se, porém, o limite remuneratório previsto no art. 37, XI, da CF".

Sobre essa questão de honorários, confira-se a seguinte decisão exarada pelo **STF**, em **27.05.2022**, quando do julgamento da **ADI 5910/RO**:

> "É constitucional, desde que observado o teto remuneratório, norma estadual que destina aos **procuradores estaduais** honorários advocatícios incidentes na hipótese **de quitação de dívida ativa** em decorrência da utilização de meio alternativo de cobrança administrativa ou de protesto de título".

Em agosto de 2020, o **STF** também concluiu que devem se submeter ao **teto constitucional** os **proventos de aposentadoria e pensão por morte**, quando do julgamento do **RE 602.584**, resultando na seguinte **tese**:

14 ■ Servidores Públicos

"Ocorrida a morte do instituidor da pensão em momento posterior ao da Emenda Constitucional 19/1998, o teto constitucional previsto no inciso XI do artigo 37 da Constituição Federal incide sobre o somatório de remuneração ou provento e a pensão recebida por servidor".

14.5.3. Exceções ao teto

Nesse particular, importante observar que a própria **CF** se incumbiu de estabelecer **exceções ao teto de remuneração**.

Importante anotar inicialmente que o teto aplica-se para as **empresas públicas** e **sociedades de economia mista**, mas tão somente para aquelas **que receberem recursos** da **Administração direta para pagamento de pessoal**, conforme se verifica da redação do § 9.º do art. 37:

> Art. 37. (...)
> § 9.º O disposto no inciso XI aplica-se às empresas públicas e às sociedades de economia mista, e suas subsidiárias, que receberem recursos da União, dos Estados, do Distrito Federal ou dos Municípios para pagamento de despesas de pessoal ou de custeio em geral.

A redação do dispositivo reproduzido permite concluir, lançando mão de uma interpretação *a contrario sensu*, que as **empresas públicas e sociedades de economia mista que não forem dependentes de verbas do orçamento para pagamento de suas despesas com pessoal ou de custeio em geral poderão remunerar seus servidores acima do teto estabelecido pela Constituição**.

Em outras palavras, para **empresas públicas** e **sociedades de economia mista** que forem **autossuficientes**, vale dizer, que, com a arrecadação resultante das atividades exercidas, pagam seus compromissos, **permite-se que a remuneração ultrapasse o teto constitucional**.

De resto, essa é a **única interpretação** que se revela **possível** tendo em vista a redação apresentada pelo art. 37, § 9.º, que fez referência tão somente àquelas empresas públicas e sociedades de economia mista que não são autossuficientes.

Dentro desse contexto, **apresentam-se como exemplos a Caixa Econômica Federal, o Banco do Brasil e também a Petrobras**.

Nesse sentido, ainda, oportuna a reprodução de **precedente** do **STF**, quando do julgamento, em **21.05.2021**, da **ADI 6.584/DF**, em que **a Corte concluiu que o teto constitucional remuneratório não incide sobre os salários pagos por empresas públicas e sociedades de economia mista, e suas subsidiárias, que não recebam recursos da Fazenda Pública**.

Outrossim, que consoante o disposto no **§ 9.º do art. 37 da Constituição Federal**, a regra do teto remuneratório, previsto no **inciso XI do art. 37 da CF, aplica-se às empresas estatais que recebam recursos da Fazenda Pública para pagamento de despesas de pessoal e de custeio em geral**.

Nesse sentido, porquanto não se pretenda que a imposição restritiva — prevista no inciso XI do art. 37 da CF — seja estendida além da razão jurídica de ser da norma e da finalidade da definição constitucional, a **jurisprudência do Supremo Tribunal**

Federal firmou-se no sentido de que a limitação remuneratória se restringe aos servidores das empresas públicas e às sociedades de economia mista, e suas subsidiarias, que recebam recursos da Fazenda Pública.

Sobre esse tema, importante destacar decisão proferida pelo **Supremo Tribunal Federal, em 23.06.2022**, quando do julgamento da **ADI 3396**, ajuizada pelo **Conselho Federal da OAB**, segundo a qual os **advogados** empregados de **empresas públicas e de sociedade de economia mista exploradoras de atividade econômica, em regime concorrencial, devem seguir as regras previstas no estatuto da categoria** (Lei n. 8.906/94) referentes à jornada de trabalho, ao salário, ao recebimento dos honorários de sucumbência, submetidos ao teto remuneratório previsto no **art. 37, XI, da CF**.

No mesmo julgado, importante destacar a exceção para advogados de estatais, que não recebam recursos do Estado para pagamento de pessoal e custeio, nem exerçam atividade em regime monopolístico.

Outrossim, ainda sobre este tormentoso tema, cumpre anotar que se apresenta como **exceção ao teto** a percepção das chamadas **verbas indenizatórias**, a teor do **disposto no art. 37, § 11**, com a modificação estabelecida **pela EC n. 47/2005**, nos seguintes termos:

Art. 37. (...)
§ 11. Não serão computadas, para efeito dos limites remuneratórios de que trata o inciso XI do *caput* deste artigo, as **parcelas de caráter indenizatório previstas em lei**.

Correta a previsão constitucional, tendo em vista que verba indenizatória resulta de ressarcimento, compensação atribuída ao servidor, por força de gastos realizados relacionados as atribuições do cargo titularizado, não implicando em acréscimo patrimonial, o que diferencia esta verba das vantagens por ele percebidas.

Oportuno destacar ainda a decisão proferida pelo **STJ**, por **unanimidade**, em **19.04.2022**, quando do julgamento do **RMS 67.503/MG**, a respeito da submissão do **interventor de cartório ao teto constitucional**. Confira-se:

"A remuneração do interventor de Cartório de Registro de Imóveis, com base no art. 36, §§ 2.º e 3.º, da Lei n. 8.935/1994, não se submete ao teto previsto no art. 37, XI, da Constituição Federal de 1988".

14.5.4. Subtetos

Em relação aos **subtetos**, a Constituição, na **parte final** do inciso **XI** do **art. 37**, houve por bem estabelecer, no **nível estadual**, **três** deles, na forma a seguir discriminada:

1) para servidores lotados no Poder Executivo, o subteto passou a ser a remuneração percebida pelo Governador do Estado;
2) para servidores lotados no Poder Legislativo, o subteto passou a ser a remuneração percebida pelos Deputados Estaduais;
3) para servidores lotados no Poder Judiciário, o subteto passou a ser a remuneração percebida por um Desembargador do Tribunal de Justiça.

No **nível municipal**, referido dispositivo estabeleceu **subteto único**, vale dizer, o **subsídio** percebido pelo **Prefeito**.

Em relação ao subteto ao nível municipal, oportuno destacar importante **precedente do STF** quando do julgamento, **em 09.11.2021**, da **ADI 6.848**, ajuizada pela Procuradoria-Geral da República, em **que invalidou uma emenda à Constituição do Estado do Amazonas que instituiu como limite remuneratório único dos servidores públicos municipais o valor do subsídio dos desembargadores do Tribunal de Justiça estadual**. Por unanimidade, o colegiado entendeu que o teto remuneratório aplicável aos servidores municipais, excetuados os vereadores, é o subsídio do prefeito.

Assim, resulta clara a **intenção** da **Constituição**, ao criar esses **subtetos, de adaptar** o pagamento de **folha de pessoal às condições financeiras de Estados e Municípios**, em razão das enormes diferenças relacionadas ao orçamento de cada um dos entes federativos.

Vale também a referência para a decisão proferida pelo **STF**, em 26.11.2021, quando do julgamento das **ADIs 3.855/DF** e **3.872/DF**, que resultou na seguinte ementa:

> "A instituição de subtetos remuneratórios com previsão de limites distintos para as entidades políticas, bem como para os Poderes, no âmbito dos estados e do Distrito Federal não ofende o princípio da isonomia."

Por derradeiro, importante destacar que, na parte final do referido dispositivo constitucional, estabeleceu-se regra segundo a qual os **Desembargadores do Tribunal de Justiça** terão como **limite de remuneração 90,25% do subsídio mensal, em espécie, dos Ministros do Supremo Tribunal Federal, aplicável esse limite aos membros do Ministério Público, aos Procuradores e aos Defensores Públicos**.

Nesse sentido, o **Supremo Tribunal Federal**, por maioria, em **fevereiro de 2019**, quando do julgamento do **RE n. 663.696, com repercussão geral reconhecida, decidiu que o teto remuneratório dos procuradores municipais, por se tratar de função essencial à Justiça, é o subsídio dos desembargadores do Tribunal de Justiça e não o do Prefeito**.

Ainda sobre esse tema, importante destacar que a CF, no art. 37, § 12, com a redação oferecida pela **EC n. 47/2005**, com efeitos retroativos à data de vigência da EC n. 41/2003, **permitiu** que os **Estados e o Distrito Federal** estipulassem como **subteto único**, mediante emenda às respectivas Constituições e Lei Orgânica, o subsídio dos Desembargadores do Tribunal de Justiça, nos seguintes termos:

Art. 37. (...)

§ 12. Para os fins do disposto no inciso XI do *caput* deste artigo, fica facultado aos Estados e ao Distrito Federal fixar, em seu âmbito, mediante emenda às respectivas Constituições e Lei Orgânica, como limite único, o subsídio mensal dos Desembargadores do respectivo Tribunal de Justiça, limitado a noventa inteiros e vinte e cinco centésimos por cento do subsídio mensal dos Ministros do Supremo Tribunal Federal, não se aplicando o disposto neste parágrafo aos subsídios dos Deputados Estaduais e Distritais e dos Vereadores.

Oportuno registrar ainda que o **STF**, em **liminar** concedida em **2007** na **ADI 3.854, excluiu a submissão dos membros da magistratura estadual a esse subteto.**

Outrossim, em **dezembro de 2018**, o **Supremo Tribunal Federal** recebeu a **ADPF 554** apresentada pela Confederação Nacional das Carreiras Típicas de Estado, com pedido de liminar, a fim de **restabelecer a eficácia da Emenda n. 46/2018 da Constituição do Estado de São Paulo. A norma fixou o subsídio mensal dos desembargadores estaduais como subteto único para os vencimentos, pensões ou outra espécie remuneratória no âmbito do Estado e de seus municípios.**

Na **ADPF**, a confederação considerou **incorreta a decisão** do **TJ-SP que julgou inconstitucional a EC n. 46/2018 por suposto vício de iniciativa**, alegando que a emenda seguiu exatamente o que determina a Constituição Federal de 1988 e a Constituição do Estado de São Paulo. Segundo a entidade, o **§ 12 do art. 37 da Constituição Federal** faculta aos Estados, com a devida alteração em suas constituições estaduais, **adotar o subsídio mensal dos desembargadores** do respectivo Tribunal de Justiça como **teto máximo remuneratório**.

Pediu-se o deferimento de liminar para que seja restabelecida a eficácia da EC n. 46/2018 do Estado de São Paulo. No mérito, solicitou a procedência do pedido para dar interpretação conforme à Constituição Federal no sentido de que não há vício de iniciativa na emenda nem, por consequência, inconstitucionalidade.

Em **21 de agosto de 2019**, o **Ministro Luiz Fux não conheceu a ADPF**, com fundamento no **art. 4.º da Lei federal n. 9.882/99**.

Neste particular, ainda, oportuna a reprodução de **precedente** do **STF**, quando do julgamento, em **28.05.2021**, da **ADI 6.746/RO,** em que **a Corte decidiu ser incompatível com a CF, EC estadual que institui, como limite remuneratório único dos servidores públicos estaduais, o valor do subsídio dos ministros do STF.**

De acordo com o modelo constitucional vigente, os **estados-membros** devem observar o sistema dos subtetos aplicáveis no âmbito de cada um dos Poderes (**CF, art. 37, XI, na redação dada pela EC n. 41/2003**) ou **optar por instituir um limite remuneratório único para os servidores estaduais**. Ao optar por instituir um **limite único, os estados-membros devem adotar como parâmetro remuneratório máximo o subsídio mensal dos desembargadores do respectivo Tribunal de Justiça, que está limitado a 90,25% do subsídio mensal dos ministros do STF (CF, art. 37, § 12, incluído pela EC n. 47/2005)**.

O STF, em 07.12.2020, julgou, por maioria, procedentes duas ADIs (3854 e 4014) ajuizadas pela Associação dos Magistrados Brasileiros, e pela Associação Nacional dos Magistrados Estaduais, **para declarar que o estabelecimento de um subteto para juízes estaduais diferente do teto remuneratório da magistratura federal viola o caráter nacional da estrutura judiciária** brasileira previsto na Constituição Federal.

Sobre o mesmo tema, concluiu o **STF**, em **1.º.09.2023**, quando do julgamento da **ADI 4.216/TO**, pela constitucionalidade de lei estadual que considera as promoções entre entrâncias, para o escalonamento do subsídio da magistratura. Confira-se:

14 ■ Servidores Públicos   575

"É constitucional lei estadual que considera as promoções entre entrâncias para o escalonamento dos subsídios da carreira da magistratura.

O texto constitucional veda apenas a fixação de tetos remuneratórios distintos em relação a magistrados federais e estaduais, sem impedir a diferenciação dos valores dos subsídios.

A expressão 'conforme as categorias da estrutura judiciária nacional' (CF/1988, art. 93, V) deve ser interpretada de modo a prestigiar decisões políticas regionais que considerem as peculiaridades dos estados-membros, pois compete a eles, mediante leis de iniciativa dos respectivos tribunais de justiça, organizar o Poder Judiciário local, definir o número de entrâncias e fixar os subsídios de seus magistrados (CF/1988, art. 125, § 1.º)".

Do referido julgamento resultou a seguinte tese:

"Em respeito à autonomia federativa, não viola o art. 37, V, da Constituição a lei estadual que considera as promoções entre entrâncias para o escalonamento dos subsídios da carreira da magistratura."

14.5.5. Revisão da remuneração

Ainda sobre o assunto, oportuno lembrar que a Constituição também assegura aos **servidores públicos** uma **revisão geral**, **anual** e **sem distinção de índices**, e sempre na mesma data, a depender de lei de iniciativa do chefe do Poder Executivo, conforme previsão estabelecida nos **arts. 37, X, e 61, § 1.º, II, *a*:**

Art. 37. (...)

X — a remuneração dos servidores públicos e o subsídio de que trata o § 4.º do art. 39 somente poderão ser fixados ou alterados por lei específica, observada a iniciativa privativa em cada caso, assegurada revisão geral anual, sempre na mesma data e sem distinção de índices.

Art. 61. A iniciativa das leis complementares e ordinárias cabe a qualquer membro ou Comissão da Câmara dos Deputados, do Senado Federal ou do Congresso Nacional, ao Presidente da República, ao Supremo Tribunal Federal, aos Tribunais Superiores, ao Procurador-Geral da República e aos cidadãos, na forma e nos casos previstos nesta Constituição.

§ 1.º São de iniciativa privativa do Presidente da República as leis que: (...)

II — disponham sobre:

a) criação de cargos, funções ou empregos públicos na administração direta e autárquica ou aumento de sua remuneração.

Sobre esse tema, o **STF** decidiu, em novembro de **2019**, quando do julgamento da **ADIn 3.539** que:

"**A revisão geral, anual, prevista no art. 37, X**, da CF, é de iniciativa **privativa do chefe do Poder Executivo**, conforme preceitua o art. 61, § 1.º, II, *a,* da CF".

No mesmo sentido a decisão proferida pelo **STF em maio de 2020**, quando do julgamento da **ADI 3.543**:

"Ação Direta de Inconstitucionalidade. Lei n. 12.301/2005 do Estado do Rio Grande do Sul. Revisão Geral Anual de Vencimentos. Contrariedade aos arts. 37, inc. X, e 61, § 1.º, inc. II, al. 'a', da Constituição da República. Iniciativa Privativa do Chefe do Poder Executivo. Inconstitucionalidade Formal. Precedentes. Ação Direta Procedente" (Rel. Min. Sepúlveda Pertence, Redatora do Acórdão RISTF Min. Cármen Lúcia, Plenário, Sessão Virtual de 15.05.2020 a 21.05.2020).

Ainda no mesmo sentido, a decisão proferida em **junho de 2020 pelo STF**, quando do julgamento da **ADI 4.288**, com a seguinte ementa:

"O Tribunal, por maioria, julgou procedente o pedido formulado na ação direta para declarar a inconstitucionalidade da Lei n. 12.257/2006 do Estado de São Paulo, nos termos do voto do Ministro Alexandre de Moraes, Redator para o acórdão, vencidos os Ministros Edson Fachin (Relator), Cármen Lúcia e Dias Toffoli (Presidente). Plenário, Sessão Virtual de 19.06.2020 a 26.06.2020" (Ação Direta de Inconstitucionalidade n. 4.288, rel. Min. Edson Fachin, Redator do Acórdão Min. Alexandre de Moraes).

Ainda em **junho de 2020**, a **mesma orientação** foi adotada pelo **STF** quando do julgamento da **ADI 4.288**. Confira-se:

"Lei 12.257/2006, do Estado de São Paulo. Política de Reestruturação das Santas Casas e Hospitais Filantrópicos. Iniciativa Parlamentar. Inobservância da Exclusividade de Iniciativa do Chefe do Poder Executivo. Atribuição de Órgãos da Administração Pública e Destinação de Receitas Públicas. Reserva de Administração. Pedido Procedente. 1. A Lei Estadual 12.257/2006, de iniciativa parlamentar, dispõe sobre política pública a ser executada pela Secretaria de Estado da Saúde, com repercussão direta nas atribuições desse órgão, que passa a assumir a responsabilidade pela qualificação técnica de hospitais filantrópicos, e com previsão de repasse de recursos do Fundo Estadual de Saúde (art. 2.º). 2. Inconstitucionalidade formal. Processo legislativo iniciado por parlamentar, quando a Constituição Federal (art. 61, § 1.º, II, *c* e *e*) reserva ao chefe do Poder Executivo a iniciativa de leis que tratem do regime jurídico de servidores desse Poder ou que modifiquem a competência e o funcionamento de órgãos administrativos. 3. Ação Direta julgada procedente".

De outra parte, em **setembro de 2019**, quando do julgamento do **RE 565.089**, concluiu o **STF**:

"O **não encaminhamento de projeto de lei de revisão anual** dos vencimentos dos servidores públicos, previsto no inciso X, do art. 37 da CF, **não gera direito subjetivo a indenização. Deve o Poder Executivo**, no entanto, se **pronunciar**, de forma fundamentada, acerca das **razões pelas quais não propôs a revisão**".

Nesse julgado, oportuno ainda o destaque no seguinte trecho "**a exegese do termo 'revisão'** abarca entendimento no sentido de que o dispositivo em questão **exige** uma **avaliação anual, que pode resultar, ou não, em concessão de aumento**".

Em **maio de 2020**, no STF, quando da apreciação da **ADI 3.538**, o **Relator, Ministro Gilmar Mendes**, reafirmou a legitimidade do Chefe do Poder Executivo para a propositura de projeto de lei para a revisão de sua remuneração. Confira-se:

14 ▪ Servidores Públicos

"Plenário, Sessão Virtual de 15.05.2020 a 21.05.2020. Ação direta de inconstitucionalidade. 2. Lei 12.299 de 2005 do Estado do Rio Grande do Sul que concedeu reajuste de vencimentos aos servidores do Poder Judiciário. 3. Revisão Geral Anual. Iniciativa Privativa do Chefe do Poder Executivo. 4. Lei de iniciativa do Tribunal de Justiça local. Inconstitucionalidade. Violação aos arts. 37, X, e 61, § 1.º, II, *a*, da Constituição Federal. 5. Ação direta de inconstitucionalidade julgada procedente".

Ainda sobre esse tema, decidiu o **STF**, em **08.03.2024**, quando do julgamento da **ADPF 362/BA**, pela inconstitucionalidade da concessão de reajuste remuneratório sem a existência de lei formal, específica para esse fim. Confira-se:

"É incompatível com a Constituição Federal de 1988 a concessão de reajuste remuneratório a servidores do Poder Legislativo — e sua consequente extensão a servidores dos Tribunais de Contas do estado e dos municípios — com base em ato exclusivo exarado pela presidência do órgão, isto é, sem a existência de lei formal específica para esse fim (após a EC n. 19/1998) ou sem resolução previamente deliberada e autorizada pela respectiva Mesa Diretora (antes da EC n. 19/1998)".

14.5.6. Equiparação

Acerca dessa matéria, a **Constituição Federal** ainda **proibiu** a **vinculação** ou **equiparação** de **espécies remuneratórias**, a teor do disposto no **inciso XIII** do **art. 37**, para efeito de remuneração de pessoal, diretriz que justificou a edição, pelo **Supremo Tribunal Federal**, da **Súmula 339**:

SÚMULA 339 DO STF: Não cabe ao Poder Judiciário, que não tem função legislativa, aumentar vencimentos de servidores públicos sob fundamento de isonomia.

A ausência do caráter vinculante permitiu que ao longo do tempo fossem produzidas inúmeras decisões judiciais em sentido contrário a essa orientação, levando à necessidade de edição da **Súmula Vinculante 37**, com idêntica redação.

SÚMULA VINCULANTE 37: Não cabe ao Poder Judiciário, que não tem função legislativa, aumentar vencimentos de servidores públicos sob o fundamento de isonomia.

Nesse particular, oportuna reprodução de **precedente** do **STF**, quando do julgamento em 15.10.2021, do **ARE 1.341.061/SC**, em que a Corte por unanimidade, decidiu que o Poder Judiciário não pode, com fundamento no princípio da isonomia, estender o percentual máximo de 41% do adicional de compensação por disponibilidade militar, destinado às mais altas patentes, a todos os integrantes das Forças Armadas, resultando a seguinte tese de Repercussão Geral:

"Contraria o disposto na Súmula Vinculante 37 a extensão, pelo Poder Judiciário e com fundamento no princípio da isonomia, do percentual máximo previsto para o Adicional de Compensação por Disponibilidade Militar, previsto na Lei 13.954/2019, a todos os integrantes das Forças Armadas".

Por fim, cumpre ainda destacar a orientação estabelecida pelo STF, que resultou na edição da **Súmula Vinculante 42**.

> **SÚMULA VINCULANTE 42:** É inconstitucional a vinculação do reajuste de vencimentos de servidores estaduais ou municipais a índices federais de correção monetária.

Em **19.05.2023**, o **STF** concluiu, quando do julgamento da **ADI 7.264/TO**, pela **inconstitucionalidade de vinculação de remunerações de carreiras**, ao subsídio dos seus Ministros. Confira-se:

> "É inconstitucional, por violação ao art. 37, X e XIII, e ao art. 39, § 1.º, da CF, a vinculação de remunerações de carreiras pertencentes a entes federativos distintos ao subsídio de Ministros do Supremo Tribunal Federal."
>
> "A previsão legal que fixe subsídio em percentual determinado de um cargo paradigma deve ser interpretada conforme à Constituição, considerando-se como base o valor vigente no momento de publicação da lei impugnada, vedados reajustes automáticos posteriores."
>
> "Não ofende a Constituição o escalonamento de vencimentos entre cargos estruturados na mesma carreira pública ou entre conselheiros e auditores de Contas."

Em **13.04.2023**, o STF concluiu, quando do julgamento da **ADI 6.545**, com pedido de medida liminar, contra a **Lei estadual n. 17.671/2018** de **Santa Catarina**, que fixa os **subsídios** dos **deputados estaduais** em **75% do que recebe um deputado federal**, pela sua **inconstitucionalidade**, nos seguintes termos:

> "AÇÃO DIRETA DE INCONSTITUCIONALIDADE. LEIS DE SANTA CATARINA. VINCULAÇÃO DE SUBSÍDIO DE DEPUTADOS ESTADUAIS AOS DE DEPUTADOS FEDERAIS. INCONSTITUCIONALIDADE. AÇÃO JULGADA PROCEDENTE. 1. A Jurisprudência desta CORTE reconhece a inconstitucionalidade de leis que equiparam, vinculam ou referenciam espécies remuneratórias devidas a cargos e carreiras distintos, em desrespeito à vedação do art. 37, XIII, da CF, especialmente quando pretendida a vinculação ou equiparação entre servidores de Poderes ou níveis federativos diferentes (CF, art. 25). Precedentes. 2. Ação direta julgada procedente para declarar a inconstitucionalidade da Lei 17.671/2018 e, por arrastamento, das Leis 16.491/2014, 15.394/2010 e 13.912/2006, todas do Estado de Santa Catarina."

Em **10.03.2023**, o STF, concluiu, quando do julgamento da **ADI 570/PE**, que:

> "A vinculação entre os subsídios dos membros do **Ministério Público**, ou de **função essencial à Justiça**, e a **remuneração da magistratura é vedada** pelo art. 37, XIII, da Constituição Federal de 1988".

Em **30.05.2022**, o STF, por maioria, **julgou parcialmente procedente** o pedido formulado na **ADI 3697**, que questiona dispositivos da **Lei Complementar estadual n. 111/2006** do **Rio de Janeiro** que determinaram que a **remuneração dos procuradores do Estado** em classe final da carreira seria **equivalente a 90,25% do subsídio dos ministros da Corte**.

14 ■ Servidores Públicos

Assim, conferindo **interpretação conforme a Constituição** ao dispositivo impugnado, definiu que a retribuição estipendial da classe final da carreira de Procurador do Estado do Rio de Janeiro fixada no art. 47-A da LC n. 15/80 corresponde ao valor fixado pela Lei Federal n. 11.143/2005, em vigor no momento em que editada a LC n. 111/2006 do Estado do Rio de Janeiro.

Nesse sentido ainda, o **precedente** do **STF**, quando do julgamento, em **03.12.2020,** da **ADI 6.436,** em que **a Corte declarou** a inconstitucionalidade de dispositivos da Lei estadual n. 10.276/2015, de Mato Grosso, que vinculavam a remuneração do cargo de procurador legislativo da Assembleia Legislativa ao subsídio de ministro da Corte.

A norma previa que o subsídio do grau máximo da carreira no Legislativo estadual corresponderia a 90,25% da remuneração dos ministros, com escalonamento conforme as classes e diferença de 5% entre uma e outra.

O relator da ação, ministro Alexandre de Moraes, assinalou que a jurisprudência do Supremo é firme na censura a leis que equiparam, vinculam ou referenciam espécies remuneratórias devidas a cargos e carreiras distintos, em desrespeito à vedação do art. 37, XIII, da Constituição Federal, "especialmente quando pretendida a vinculação ou equiparação entre servidores de Poderes e níveis federativos diferentes".

Oportuna também, a referência a **precedente** do **STF**, em **07.12.2020,** quando do julgamento do **ADI 5.609/DF**, em que a **Corte** declarou a inconstitucionalidade do art. 1.º do Decreto n. 16.282/94, do Estado do Amazonas, fixando a seguinte **tese: "É inconstitucional a vinculação remuneratória entre servidores públicos."**

Na referida decisão, destaque para o seguinte trecho: (...) 3. **É vedada a vinculação de quaisquer espécies remuneratórias para efeito de remuneração do pessoal do serviço público (art. 37, XIII, da CF).**

Por fim, o **precedente** do **STF**, de **02.08.2021,** quando do julgamento da **ADI 6.468/ SE**, em que concluiu ser **inconstitucional norma estadual que vincule subsídios de agentes políticos de distintos entes federativos, de modo que qualquer aumento no valor dos subsídios de um resulte, automaticamente, aumento no de outro.**

Na referida decisão restou consignado que o **art. 37, XIII, da CF** proíbe que, salvo nas hipóteses expressamente elencadas pelo texto constitucional, **cargos assimétricos estabeleçam, entre si, relação que implique aumento remuneratório automático.**

Além disso, a **jurisprudência do Supremo Tribunal Federal** fixou-se no sentido de que o tipo de **vinculação vertical ou assimétrico entre deputados federais e estaduais viola também a autonomia federativa (CF, art. 25)**, porque retira do ente menor a prerrogativa de definir as remunerações de seus agentes políticos. Essas vedações também se aplicam a governadores e vice-governadores.

No mesmo sentido, **precedente** do **STF**, quando do julgamento, em **28.05.2021,** da **ADI 6.437/MT**, em que **a Corte concluiu que a vinculação do valor do subsídio dos deputados estaduais ao *quantum* estipulado pela União aos deputados federais é incompatível com o princípio federativo e com a autonomia dos entes federados (CF, art. 18, *caput*).**

Outrossim, que a **vinculação entre o subsídio dos deputados estaduais e dos deputados federais** acarreta o **esvaziamento** da **autonomia administrativa e financeira dos estados-membros**, pois destitui os entes subnacionais da prerrogativa de estipular o valor da remuneração de seus agentes políticos, impondo-lhes a observância do **quantum** definido pela União.

Por fim, que é vedada a vinculação ou a equiparação remuneratória em relação aos agentes políticos ou servidores públicos em geral.

Vale destacar, ainda, o **precedente** do STF, em **02.06.2021**, quando **do julgamento conjunto das ADPF 53 MC-Ref/PI; ADPF 149/DF; ADPF 171/MA; ADPF 325/DF**, em que se discutiu se a vinculação da remuneração de trabalhadores à variação do salário-mínimo viola o art. 37, XIII, da CF, que veda a vinculação de quaisquer espécies remuneratórias para efeito de remuneração no serviço público.

Em **23.02.2022**, o **Tribunal, por maioria, julgou parcialmente procedente** o pedido formulado, para atribuir interpretação conforme a Constituição ao art. 5.º da Lei n. 4.950-A/66, de modo a congelar a base de cálculo dos pisos profissionais nele fixados na data da publicação do julgamento.

14.5.7. Irredutibilidade de vencimentos

O **inciso XV do art. 37** estabelece a **regra geral** para a **irredutibilidade** do **subsídio** e dos **vencimentos** dos servidores públicos, **a menos** que, por óbvio, **estejam eles sendo percebidos** em **desacordo com a Constituição Federal**, quando, então, não poderão invocar em seu benefício o direito adquirido.

Acerca desse tema, assume importância a **orientação consolidada no nível do STF**, que em agosto de 2019, quando do julgamento da **ADI 2.238, declarou inconstitucional o art. 23, §§ 1.º e 2.º, da LRF** (Lei de Responsabilidade Fiscal), que permitia a redução da jornada de trabalho e do salário dos servidores quando a despesa total com pessoal do Poder ou órgão ultrapassar os limites ali previstos.

Acerca da mesma matéria, **precedente** do STF, quando do julgamento, em **25.05.2021**, do **RE 1.245.315**, em que **a Corte concluiu que a ampliação da jornada de trabalho do servidor público deve ser acompanhada da correspondente elevação da remuneração, sob pena de afronta ao princípio da irredutibilidade de vencimentos. Confira-se:**

> "AGRAVO REGIMENTAL NO RECURSO EXTRAORDINÁRIO. CONSTITUCIONAL E ADMINISTRATIVO. SERVIDORES DO PODER JUDICIÁRIO DA PARAÍBA. AUMENTO DA CARGA HORÁRIA SEM AUMENTO NA REMUNERAÇÃO: AFRONTA AO PRINCÍPIO DA IRREDUTIBILIDADE DE VENCIMENTOS. TEMA 514 DA REPERCUSSÃO GERAL. AGRAVO REGIMENTAL AO QUAL SE NEGA PROVIMENTO".

Sobre o mesmo tema, oportuna a referência a decisão proferida pelo **STF** em **setembro de 2019**, quando do julgamento da **ADI 4.736**, afastando a possibilidade da redução de vencimentos de servidores públicos que respondam a processo criminal, por agressão aos princípios da presunção de inocência e da ampla defesa, resultando na seguinte ementa:

> "1. A jurisprudência dessa Corte é pacífica no sentido de que não é recepcionada pela Constituição Federal norma legal que consigna a redução de vencimentos de servidores públicos que respondam a processo criminal. 2. Ofensa aos arts. 5.º, LIV, LV e LVII, e 37,

XV, da Constituição Federal, os quais abarcam os Princípios da Presunção da Inocência, da Ampla Defesa e da Irredutibilidade de Vencimentos. Precedentes:".

Por derradeiro, vale registrar, por implicar **redução indireta de vencimentos, em razão da ampliação da jornada de trabalho**, a decisão da **2.ª Turma do STF, em 25.05.2021** quando do julgamento do **RE. 1245.315**, que manteve determinação ao Estado da Paraíba referente ao **pagamento de horas extras a servidores em razão do aumento da jornada de trabalho** (de seis horas para setes horas). Por maioria, os ministros entenderam que a **ampliação da jornada de trabalho do servidor público deve ser acompanhada da correspondente elevação da remuneração**, condenando ainda ao pagamento referente aos valores atrasados.

14.5.8. Natureza da remuneração

Por fim, sobre esse tema, importante deixar consignado o entendimento adotado pelo legislador quanto à **natureza alimentar** dessa **remuneração**, o que impede, como regra geral, ser ela objeto de arresto, sequestro ou penhora, a teor do disposto na **Lei n. 8.112/90**, em seu **art. 48**:

> **Art. 48.** O vencimento, a remuneração e o provento não serão objeto de arresto, sequestro ou penhora, exceto nos casos de prestação de alimentos resultante de decisão judicial.

A leitura do dispositivo reproduzido permite concluir que a regra geral acima mencionada comporta **exceção**, para aquelas situações em que a **dívida contraída** pelo servidor também tenha **natureza alimentar**, e desde que tenha sido reconhecida pelo Judiciário.

14.5.9. Piso de remuneração

Importante também dizer que a Constituição preocupou-se com a fixação de um **piso** em relação à **remuneração** dos **servidores**, conclusão que se atinge através da redação do **art. 39, § 3.º**, que estende para eles as disposições contidas no **art. 7.º**, em especial aquela prevista nos **incisos IV e VII**, que estabelece garantia de salário nunca inferior ao mínimo para aqueles que recebem remuneração variável.

Sobre este item, oportuna ainda a reprodução das **Súmulas Vinculantes 4, 6, 16 e 42**:

> **SÚMULA VINCULANTE 4:** Salvo nos casos previstos na Constituição, o salário mínimo não pode ser usado como indexador de base de cálculo de vantagem de servidor público ou de empregado, nem ser substituído por decisão judicial.

> **SÚMULA VINCULANTE 6:** Não viola a Constituição o estabelecimento de remuneração inferior ao salário mínimo para as praças prestadoras de serviço militar inicial.

> **SÚMULA VINCULANTE 16:** Os artigos 7.º, IV, e 39, § 3.º (redação da EC 19/98), da Constituição, referem-se ao total da remuneração percebida pelo servidor público.

> **SÚMULA VINCULANTE 42:** É inconstitucional a vinculação do reajuste de vencimentos de servidores estaduais ou municipais a índices federais de correção monetária.

14.5.10. Redução de jornada e remuneração inferior ao salário mínimo

Sobre essa matéria, de importância inequívoca para os servidores, em especial em momentos de crise econômica, oportuna a reprodução de decisão proferida pelo **STF**, em **05.08.2022**, quando do julgamento do **RE 964.659/RS, proibindo a redução da remuneração, em patamar inferior ao salário mínimo**, mesmo que resultante de jornada de trabalho reduzida. Confira-se:

"É defeso o pagamento de remuneração em valor inferior ao salário mínimo ao servidor público, ainda que labore em jornada reduzida de trabalho."

Ao assim decidir, o **STF autoriza redução de remuneração** estabelecendo, como **limite, o valor do salário mínimo**, ratificando os termos da **Súmula Vinculante 16**.

Ainda sobre esse tema, concluiu o **STF**, quando do julgamento, em **16.12.2022**, do **RE 1.237.867/SP**, a aplicação por **analogia**, aos servidores públicos estaduais e municipais que são **pais ou cuidadores legais de pessoas com deficiência o direito à jornada de trabalho reduzida, sem necessidade de compensação de horário ou redução de vencimentos**, nos moldes previstos para os servidores públicos federais na Lei n. 8.112/1990.

O quadro a seguir resume o exposto:

SISTEMAS DE REMUNERAÇÃO	Sistema de subsídio (impede a percepção de vantagens): art. 39, § 4.º, da CF. Sistema de vencimentos ou remuneração: autoriza a percepção de vantagens: Lei n. 8.112/90, art. 40
TETO	O que ganham os Ministros do STF a título de subsídio: art. 37, XI, da CF
DESTINATÁRIOS	Todos aqueles que se encontram dentro da Administração titularizando cargos, empregos, funções e mandatos; os que acumulam cargos; os que recebem proventos; os pensionistas: art. 37, XI, da CF
EXTENSÃO	Inclui todas as vantagens percebidas pelo servidor, de natureza pessoal ou de qualquer outra natureza: art. 37, XI, da CF
EXCEÇÕES	▪ Empresas públicas e sociedades de economia mista e suas subsidiárias que não dependam de verbas orçamentárias para pagamento de despesas de pessoal ou de custeio em geral: art. 37, § 9.º ▪ As verbas indenizatórias: art. 37, XI, da CF
SUBTETOS	Objetivo: adaptação da folha de pagamento à realidade financeira de Estados e Municípios Estaduais: ▪ para servidores lotados no Poder Executivo: o subsídio do Governador ▪ para servidores lotados no Legislativo: o subsídio dos Deputados Estaduais ▪ para servidores lotados no Judiciário: o subsídio dos Desembargadores do Tribunal de Justiça, fixado em 90,25% do Subsídio dos Ministros do STF, considerado **inconstitucional** pela Corte (**ADIs 3854 e 4014**), por violação ao caráter nacional da magistratura ▪ Desembargadores; membros do Ministério Público; Procuradores e Defensores Públicos têm como limite 90,25% dos subsídios dos Ministros do STF Municipal ▪ para todos os servidores, o subsídio do Prefeito
REVISÃO	Por lei específica, geral anual na mesma data e sem distinção de índices: art. 37, X, da CF

REDUÇÃO	**Regra geral:** proibida na forma do art. 37, XVI, da CF **Exceção:** permitida quando percebida de forma inconstitucional e autorizada pelo STF, em razão de redução de jornada de trabalho, com limite no valor do salário mínimo
NATUREZA DA REMUNERAÇÃO	Alimentar, art. 48 da Lei n. 8.112/90
PISO	O valor mínimo da remuneração (somando-se salário e vantagens) não pode ser inferior ao do salário mínimo: art. 39, § 3.º, da CF, art. 7.º, IV, da CF e Súmula Vinculante 16

14.6. ACUMULAÇÃO REMUNERADA

De outra parte, cumpre estabelecer alguns registros em relação ao tema da **acumulação** de **cargos, empregos** e **funções**, matéria disciplinada inicialmente no **inciso XVI do art. 37**, cuja redação, alterada pela EC n. 34/2001, segue:

Art. 37. (...)

XVI — é vedada a acumulação remunerada de cargos públicos, exceto quando houver compatibilidade de horários, observado em qualquer caso o disposto no inciso XI:

a) a de dois cargos de professor;

b) a de um cargo de professor com outro técnico ou científico;

c) a de dois cargos ou empregos privativos de profissionais de saúde, com profissões regulamentadas.

O dispositivo constitucional autoriza a conclusão segundo a qual, **em princípio**, a **acumulação remunerada de cargos está proibida, autorizando-se a flexibilização** da regra quando respeitados os requisitos fixados nesse dispositivo.

Assim, em **primeiro lugar**, exige a Constituição a **comprovação** da **compatibilidade de horários**, visto que o servidor não pode estar em dois lugares ao mesmo tempo.

Esse requisito não se limita à situação descrita no parágrafo anterior, **podendo ser aplicado também** para aquelas **hipóteses** em que, embora aparentemente exista compatibilidade de horários, o **acúmulo** de **cargos implicaria queda total de rendimento do servidor** em relação às atividades que desenvolve.

Exige também a Constituição **que o resultado dessa acumulação remunerada não ultrapasse os limites estabelecidos no inciso XI do art. 37**, vale dizer, que não ultrapasse o valor do subsídio percebido pelos Ministros do STF.

Nesse particular, importante registrar **decisão** proferida pelo **STF** em 27 de **abril** de **2017**, por intermédio de seu órgão **pleno**, com **repercussão geral** reconhecida, em que, por 10 votos a 1, concluiu que o **cálculo** do **teto vale para cada salário isoladamente e não sobre a soma das remunerações**.

No referido julgamento, decidiu a **Suprema Corte, negando provimento** aos **Recursos Extraordinários n. 602.043** e **612.975**, que um servidor não pode ficar sem receber remuneração total pelo serviço prestado, se a própria Constituição autoriza a acumulação lícita dos cargos.

Sobre este tema, importante anotar a decisão atingida pelo **STF**, em **26 de março de 2020**, quando do julgamento do **ARE 1246685**, entendendo **viável o exercício de dois cargos acumuláveis, ainda que haja norma infraconstitucional limitando a**

jornada semanal. O único critério que se extrai da ordem constitucional é o condicionamento do exercício à compatibilidade de horários. Resultou na seguinte tese de Repercussão Geral:

"As hipóteses excepcionais autorizadoras de acumulação de cargos públicos previstas na Constituição Federal sujeitam-se, unicamente, à existência de compatibilidade de horários, verificada no caso concreto, ainda que haja norma infraconstitucional que limite a jornada semanal".

Sobre este item, oportuna a referência a decisão tomada pelo **STJ no REsp 1767955/ RJ, em 27 de março de 2019**. Confira-se:

"Administrativo. Recurso Especial. Servidor Público. Acumulação de Cargos Públicos Remunerados. Área da Saúde. Limitação da Carga Horária. Impossibilidade. Compatibilidade de Horários. Requisito Único. Aferição pela Administração Pública. Precedentes do STF. Recurso Especial a que nega provimento. 1. A Primeira Seção desta Corte Superior tem reconhecido a impossibilidade de acumulação remunerada de cargos ou empregos públicos privativos de profissionais da área de saúde quando a jornada de trabalho for superior a 60 (sessenta) horas semanais. 2. Contudo, ambas as Turmas do Supremo Tribunal Federal, reiteradamente, posicionam-se '[...] **no sentido de que a acumulação de cargos públicos de profissionais da área de saúde, prevista no art. 37, XVI, da CF/88, não se sujeita ao limite de 60 horas semanais previsto em norma infraconstitucional, pois inexiste tal requisito na Constituição Federal**' (RE 1.094.802 AgR, Rel. Min. Alexandre de Moraes, Primeira Turma, julgado em 11.05.2018, *Dje* 24.05.2018). (...)".

Outrossim, em relação ao mesmo dispositivo, importante destacar que a hipótese contida no **inciso III** foi objeto de alteração, por meio da **EC n. 34/2001, ampliando-se seus destinatários**.

Com efeito, antes da referida emenda constitucional, a hipótese de acumulação restringia-se aos cargos privativos de médico, sendo que a **redação atual ampliou para cargos e empregos privativos de profissionais da área da saúde, com profissões regulamentadas**.

Assim, pela alteração produzida, **possível**, agora, **que enfermeiros, dentistas, psicólogos possam também se beneficiar de acumulação** de cargos dentro da Administração Pública.

Cumpre observar, também, que as possibilidades de acumulação não se esgotam nesse dispositivo analisado, porque **outras exceções** foram previstas na própria Constituição.

Com efeito, não se pode esquecer que a possibilidade de acumulação remunerada de cargos também se estende, desde que comprovada a compatibilidade de horários, e que o resultado da acumulação não exceda o valor do subsídio dos Ministros do STF, para os **integrantes** do **Poder Judiciário e do Ministério Público**, conforme previsão estabelecida, respectivamente, pelos **arts. 95, parágrafo único, I, e 128, § 5.º, II, *d*, da CF**, como se observa:

Art. 95. (...)
Parágrafo único. Aos juízes é vedado:

14 ◼ Servidores Públicos   585

I — exercer, ainda que em disponibilidade, outro cargo ou função, salvo uma de magistério;

Art. 128. (...)

§ 5.º (...)

II — as seguintes vedações: (...)

d) exercer, ainda que em disponibilidade, qualquer outra função pública, salvo uma de magistério.

Convém lembrar que essa **proibição se estende para os servidores lotados na estrutura** da **Administração indireta**, independentemente da titularização de **cargos, empregos** e **funções**, conforme se verifica na redação do **inciso XVII** do **art. 37:**

Art. 37. (...)

XVII — a proibição de acumular estende-se a empregos e funções e abrange autarquias, fundações, empresas públicas, sociedades de economia mista, suas subsidiárias, e sociedades controladas, direta ou indiretamente, pelo poder público.

A **ampliação** dessa proibição constitucional assume uma lógica inafastável, na medida em que **procura evitar** possam surgir exceções que **desequiparem, de maneira injustificada, servidores** lotados na Administração direta e indireta.

Importante notar, também, ter a Constituição Federal estabelecido regras específicas acerca dessa proibição para os **detentores de mandato eletivo**, como se observa da redação do **art. 38:**

Art. 38. Ao servidor público da administração direta, autárquica e fundacional, no exercício de mandato eletivo, aplicam-se as seguintes disposições:

I — tratando-se de mandato eletivo federal, estadual ou distrital, ficará afastado de seu cargo, emprego ou função;

II — investido no mandato de Prefeito, será afastado do cargo, emprego ou função, sendo-lhe facultado optar pela sua remuneração;

III — investido no mandato de Vereador, havendo compatibilidade de horários, perceberá as vantagens de seu cargo, emprego ou função, sem prejuízo da remuneração do cargo eletivo, e, não havendo compatibilidade, será aplicada a norma do inciso anterior.

Percebe-se, pois, que, em se tratando de **mandato eletivo federal, estadual ou distrital**, não se vislumbra nenhuma alteração em relação ao até aqui observado, na medida em que a **possibilidade de acumulação** remunerada **não se apresenta**.

Nesse particular, confira-se decisão do **STJ**, em **06.06.2023**, quando do julgamento do **REsp 1.979.141/AC**:

"É prescindível a exigência de avaliação de desempenho para a ascensão funcional de servidores no período em que estiverem afastados do cargo para exercício de mandato eletivo federal."

De outra parte, não é o mesmo que se verifica em relação àqueles que ocupam **mandato eletivo municipal**, uma vez que a Constituição Federal introduziu modificações em vista das enormes diferenças existentes entre os Municípios, quer em razão de seus territórios, quer em vista de sua população.

É que, no **caso do Prefeito**, foi imposta a **necessidade de afastamento do cargo, emprego** ou **função** anterior, podendo, entretanto, optar ele pela remuneração que lhe for mais conveniente.

Para a situação envolvendo os **Vereadores**, a Constituição Federal estabelece duas variantes, todas elas girando em torno da **existência ou não de compatibilidade de horários**.

Desse modo, **havendo compatibilidade de horários**, o **Vereador poderá perceber as vantagens do cargo, emprego ou função, sem prejuízo da remuneração do cargo eletivo**.

Ao revés, não se verificando essa compatibilidade, realidade que se tem revelado comum nos Municípios de pequeno porte, deverá ele optar por uma das remunerações.

Ainda, em relação ao tema, importante lembrar que a Constituição proíbe, como regra geral, a possibilidade de **acumulação de proventos de aposentadoria com a remuneração de cargo, emprego ou função**.

Flexibiliza, contudo, essa regra geral, admitindo a possibilidade da acumulação para os cargos acumuláveis na forma por ela autorizada, em especial no **art. 37, XVI**, e para os cargos eletivos e os providos em comissão, como se verifica da redação do **§ 10 do art. 37**, a seguir reproduzida:

> **Art. 37.** (...)
> § 10. É vedada a percepção simultânea de proventos de aposentadoria decorrentes do art. 40 ou dos arts. 42 e 142 com a remuneração de cargo, emprego ou função pública, ressalvados os cargos acumuláveis na forma desta Constituição, os cargos eletivos e os cargos em comissão declarados em lei de livre nomeação e exoneração.

O estabelecimento dessa diretriz, por meio da EC n. 20/98, acabou por eliminar as dúvidas até então existentes em relação a esse tema em nossa doutrina e jurisprudência.

Importante observar, ainda, que a **acumulação** de cargos dentro da Administração **apenas se configura** a partir do instante em que o **servidor titularize mais de um cargo**, o que só se verifica **a partir da posse**.

Em outras palavras, antes desse momento não se vislumbra a menor possibilidade de acumulação de cargos e, como consequência, da aplicação de qualquer sanção.

Essa matéria foi alterada pela **Emenda Constitucional n. 101**, promulgada em **julho de 2019**, que acresceu ao **art. 42 o § 3.º**, nos seguintes termos:

> **Art. 42.** (...)
> § 3.º Aplica-se aos militares dos Estados, do Distrito Federal e dos Territórios o disposto no art. 37, inciso XVI, com prevalência da atividade militar.

A referida emenda, promulgada em julho de 2019, acresce § 3.º ao art. 42 da Constituição Federal, estendendo para os militares das esferas estadual e distrital as regras de acumulação de cargos relacionadas ao longo do art. 37, XVI.

14 ■ Servidores Públicos

A medida vem em boa hora, uma vez que acaba por oferecer o mesmo tratamento reservado para os militares federais sobre essa tormentosa questão, de forma a preservar os princípios constitucionais da impessoalidade e da isonomia.

Outrossim, oportuno deixar registrado que a importância atribuída a esse tema foi enorme, tendo em vista que, **configurada** a **acumulação ilegal**, a **pena prevista é a de demissão**, a teor do disposto no **art. 132, XII, da Lei n. 8.112/90**. Confira-se:

> **Art. 132.** A demissão será aplicada nos seguintes casos: (...)
> XII — acumulação ilegal de cargos, empregos ou funções públicas.

Nesse particular, ainda, oportuno anotar que, em seu **art. 133**, o mesmo diploma legal estabelece a **possibilidade** de o **servidor**, uma vez **notificado** acerca da **acumulação ilegal** de cargos, **optar por um deles**, de forma a evitar a continuidade do processo administrativo.

Em seu § 5.º, o legislador reitera que, **feita a opção** pelo servidor, até o **último dia de prazo para a defesa restará configurada sua boa-fé**, hipótese em que se converterá automaticamente em pedido de exoneração do outro cargo. Sem embargo, caracterizada a acumulação ilegal e comprovada a má-fé do servidor, aí então se configura a pena de demissão, a teor do disposto no § 6.º.

Por derradeiro, outro ponto importante diz respeito à **legalidade** da **acumulação**, por servidor público municipal, de **cargo** público **com** a **função** de **membro** do **Conselho** de **Administração** de **sociedade de economia mista, empresas públicas, autarquias e fundações**, em vista da previsão estabelecida no **art. 37, XVI e XVII, da Constituição** Federal.

A leitura dos dispositivos constitucionais mencionados autorizaria uma conclusão inicial, baseada exclusivamente em uma **interpretação literal**, quanto à **proibição** de acumulação de cargos com funções públicas e, como corolário, pela ilegalidade dessa situação.

Sem embargo, **não é a mesma conclusão** que se extrai quando levada a efeito uma **interpretação sistemática** do Texto Constitucional, considerando as razões que justificaram as diretrizes estabelecidas nos referidos dispositivos.

Com efeito, **o que procurou a Constituição foi evitar a acumulação de vínculos empregatícios** envolvendo servidores públicos, submetidos ao regime estatutário, celetista ou mesmo no exercício de funções.

Em outras palavras, o **alcance da regra constitucional** vem no sentido de abranger, tão somente, os **servidores** públicos que **mantenham duplo vínculo laboral**.

Assim, lançando mão de uma interpretação sistemática, conclui-se que a **proibição** para o **acúmulo de funções**, a que se refere o inciso XVII da Constituição, **alcança apenas** aquelas exercidas sob **vínculo empregatício**, acompanhando a proibição estabelecida para os regimes jurídicos estatutário (cargos públicos) e celetista (empregos públicos).

Portanto, estender essas proibições para aqueles que acumulam cargos com funções não submetidas a um vínculo empregatício, consoante se verifica com os Conselhos de Administração, configura conclusão que destoa das diretrizes estabelecidas pela Constituição.

De resto, a prevalecer a **linha de raciocínio ampliativa**, segundo a qual a vedação constitucional poderia atingir o exercício de qualquer tipo de função, e não somente aquelas em sentido estrito, isso **levaria a conclusões indesejáveis, contrárias ao interesse público**, o que não se pode admitir.

Dentro desse contexto, importante salientar não se tratar de conclusão gratuita a necessidade de promover uma interpretação restritiva dos dispositivos constitucionais que presidem a matéria.

Com efeito, sobreleva notar que essa linha de raciocínio vai ao encontro da previsão estabelecida na **Lei n. 8.112/90**, em especial em seu **art. 119**, parágrafo único, cuja redação a seguir se reproduz:

> **Art. 119.** O servidor não poderá exercer mais de um cargo em comissão, exceto no caso previsto no parágrafo único do art. 9.º, nem ser remunerado pela participação em órgão de deliberação coletiva.
>
> Parágrafo único. O disposto neste artigo não se aplica à remuneração devida pela participação em conselhos de administração e fiscal das empresas públicas e sociedades de economia mista, suas subsidiárias e controladas, bem como quaisquer empresas ou entidades em que a União, direta ou indiretamente, detenha participação no capital social, observado o que, a respeito, dispuser legislação específica.

A **leitura do dispositivo legal** reproduzido deixa entrever a **abertura** ali oferecida **para** a **remuneração** devida pela **participação** em Conselhos de **Administração e Fiscal** nas estatais ali relacionadas.

Nesse sentido, de se registrar que a constitucionalidade do referido comando legal foi questionada, no nível de nossa **Suprema Corte**, por meio da **ADI 1.485-4**, que teve por objeto a legitimidade da retribuição financeira atribuída a servidor integrante de Conselho de Administração e Fiscal dessas entidades.

A orientação adotada pelo Pleno, quando da apreciação da referida **ADI**, em **21.02.2020**, foi a seguinte:

> "CONSTITUCIONAL E ADMINISTRATIVO. SERVIDORES PÚBLICOS. ATUAÇÃO REMUNERADA EM CONSELHOS DE ADMINISTRAÇÃO E FISCAL DE EMPRESAS ESTATAIS. CONSTITUCIONALIDADE. 1. A autorização dada pela Lei 9.292/1996 para que servidores públicos participem de conselhos de administração e fiscal das empresas públicas e sociedades de economia mista, suas subsidiárias e controladas, bem como entidades sob controle direto ou indireto da União não contraria a vedação à acumulação remunerada de cargos, empregos e funções públicas trazida nos incisos XVI e XVII do artigo 37 da Constituição, uma vez que essa atuação como conselheiro não representa exercício de cargo ou função pública em sentido estrito. 2. Não é objeto da ação saber se a remuneração por esse exercício poderia ser recebida por servidores remunerados em regime de subsídio ou estaria sujeita ao teto remuneratório constitucional. 3. Ação direta julgada improcedente, mantido o entendimento ensejador do indeferimento da medida cautelar. (Rel. Min. José Néri da Silveira, 07.8.1996, DJ de 05.11.1999)".

Nesse particular, confira-se decisão proferida pelo STJ, em 23.05.2023, com base na orientação consolidada ao nível do STF, quando do julgamento da AC 46/RS:

14 ◼ Servidores Públicos

"O valor recebido por Ministros de Estado pela participação em conselhos de empresas públicas e sociedades de economia mista, e suas subsidiárias, não se submete ao teto remuneratório constitucional, salvo no caso de as estatais receberem recursos da União, dos Estados, do Distrito Federal ou dos Municípios para pagamento de despesas de pessoal ou de custeio em geral."

Assim sendo, conclui-se pela **impossibilidade** de promover um **alargamento** da **vedação estabelecida** na **Constituição**, para alcançar o exercício de funções, em sentido amplo, em que não se verifica nenhuma relação jurídica profissional estabelecida, vale dizer, nenhum vínculo empregatício.

Destarte, não se pode perder de vista que a **proibição constitucional**, como já se disse, **alcança**, por razões de cunho lógico, **tão somente** aqueles **servidores** que se **submetam** a um **duplo vínculo empregatício, e não aqueles que titularizam uma função** *lato sensu*.

Dessa forma, como corolário, não incidindo a vedação constitucional para situações como essa, de **secundária importância** a questão relacionada aos **valores percebidos**, em razão da licitude da acumulação.

Nesse sentido, oportuna a reprodução de **precedente** do **STF**, quando do julgamento, em **11.06.2021**, da **ADI 5.235/DF**, em que **a Corte** concluiu pela constitucionalidade das **restrições ao exercício da advocacia aos servidores do Poder Judiciário e do Ministério Público, previstas nos arts. 28, IV, e 30, I, da Lei n. 8.906/94 (1), e no art. 21 da Lei n. 11.415/2006.**

Na referida decisão a Corte asseverou que as **limitações ao exercício da advocacia são compatíveis com a Constituição, desde que a restrição profissional satisfaça os critérios de adequação e razoabilidade e atenda à finalidade de proteger a coletividade contra riscos sociais indesejados ou ao propósito de assegurar a observância de outros princípios constitucionais.**

Oportuna ainda, a referência a **precedente** do **STJ**, em **30.07.2021**, quando do julgamento do **REsp 1.672.212/SE**, em que a **Segunda Turma condenou professor por improbidade administrativa**, em razão do acúmulo da docência em regime de dedicação exclusiva no serviço público com atividade remunerada em colégio particular. Confira-se:

"ADMINISTRATIVO. IMPROBIDADE ADMINISTRATIVA. EXERCÍCIO DE ATIVIDADE DOCENTE EM REGIME DE DEDICAÇÃO EXCLUSIVA. CONCORRÊNCIA COM OUTRA ATIVIDADE REMUNERADA. CONFIGURAÇÃO DE ATO ÍMPROBO".

Para melhor visualização deste item, observe-se o seguinte quadro:

REGRA GERAL	Proibição: art. 37, XVI, da CF
EXTENSÃO	Cargos, empregos e funções na administração direta e indireta nas quatro esferas de Governo
EXCEÇÕES	Permitidas, desde que cumpridas as exigências estabelecidas no art. 37, XVI, da CF

REQUISITOS PARA A ACUMULAÇÃO	▣ comprovação de compatibilidade de horários: art. 37, XVI, da CF
	▣ que o resultado financeiro da acumulação não ultrapasse o teto de remuneração: art. 37, XVI, da CF (**STF, Pleno, RE 602.043 e 612.975:** o cálculo do teto vale para cada salário isoladamente e não sobre a soma das remunerações, **27.04.2017**)
HIPÓTESES	▣ dois cargos de professor: art. 37, XVI, da CF
	▣ um cargo de professor com outro técnico ou científico: art. 37, XVI, da CF
	▣ dois cargos ou empregos privativos de profissionais da área da saúde com profissões regulamentadas
	▣ Juízes com uma de magistério: art. 95, parágrafo único, da CF
	▣ Promotores com uma de magistério: art. 128, § 5.º, II, da CF
ACUMULAÇÃO DE CARGO COM MANDATO ELETIVO	Proibida em regra, exceção feita ao mandato de Vereador e se houver compatibilidade de horários: art. 38, III, da CF
ACUMULAÇÃO DE CARGO COM FUNÇÕES NÃO SUBMETIDAS A VÍNCULO EMPREGATÍCIO	Possível consoante se verifica com funções exercidas em Conselhos de Administração, de autarquias, fundações e sociedades de economia mista: art. 119, parágrafo único, da Lei n. 8.112/90 e STF, ADI 1.485-4

14.7. REGIME JURÍDICO ÚNICO

Quando de sua promulgação, em 1988, a CF estabeleceu, em seu art. 39, *caput*, regime jurídico único para os servidores da Administração direta, autárquica e fundacional.

A **EC n. 19/98**, alterando a redação do referido dispositivo, **eliminou a figura do regime jurídico único**, até então existente.

Pela **nova sistemática** adotada pela Constituição, portanto, **poderiam autarquias e fundações**, como podiam empresas públicas e sociedades de economia mista, **adotar regime jurídico diferenciado** do aplicado na Administração direta para os seus servidores.

Em **02.08.2007**, o **Plenário** do **STF** acabou por deferir cautelar, com efeito *ex nunc*, na **ADI 2.135**, declarando a **inconstitucionalidade da nova redação do art. 39, oferecida pela EC n. 19/98**, voltando a **vigorar** o chamado **regime jurídico único**.

Nesse sentido, por permanecer em vigor o RJU, vale destacar a decisão proferida pelo **STF**, em **21.08.2020**, quando do julgamento do **RE 1.023.750**, em que se concluiu que os servidores federais que migraram do regime da CLT para o RJU têm direito a diferenças sobre o adiantamento do plano de classificação de cargos e salários (PCCS) previsto na Lei n. 7.686/88, resultando na seguinte tese de repercussão geral:

> "Servidores que tiveram relação jurídica regida pela Consolidação das Leis do Trabalho, modificada considerado o regime jurídico único, têm direito à diferença remuneratória decorrente do plano de cargos e salários — PCCS".

Em **novembro de 2024**, o tema foi novamente pautado para a sequência do julgamento do mérito, resultando na declaração de constitucionalidade da EC n. 19/98, que flexibilizou o regime jurídico único dos servidores públicos, possibilitando a contratação pela modalidade celetista, mantendo-se, por expressa previsão constitucional (art. 37, II), a exigência de aprovação em concurso público.

14 ■ Servidores Públicos   591

No curso do julgamento, o Tribunal, considerando o extenso período transcorrido desde a concessão da medida cautelar pela relatora, que suspendia a emenda (2007), decidiu que a eficácia da decisão será *ex nunc* — isto é, válida apenas a partir desse momento —, visando garantir a segurança jurídica e preservar o interesse social.

Adicionalmente, foi determinada a vedação de mudanças de regime para os servidores atuais, visando evitar possíveis complicações administrativas e previdenciárias.

Verifique-se o seguinte quadro:

REDAÇÃO ORIGINAL: CF/88	Institui regime jurídico único para a Administração direta, autárquica e fundacional
EMENDA CONSTITUCIONAL N. 19/98	Elimina o regime jurídico único
2007: STF, ADI 2.135 / CAUTELAR	Declara a inconstitucionalidade da nova redação do art. 39, oferecida pela EC n. 19/98, resgatando o regime jurídico único
2020: STF, RE 1.023.750	Em razão da vigência do RJU, servidores federais que migraram do regime da CLT para o RJU têm direito a diferenças sobre o adiantamento do plano de classificação de cargos e salários
2024: STF, ADI 2.135 / MÉRITO	Declara a constitucionalidade da EC n. 19/98, viabilizando contratações pelo regime celetista, mediante aprovação em concurso público, modulando os efeitos da decisão para atingir situações daquele momento em diante (*ex nunc*), proibindo mudanças de regime para os servidores atuais

14.8. DIREITO DE GREVE E DE SINDICALIZAÇÃO

A **Constituição**, pela **primeira vez**, atribui aos servidores públicos a **possibilidade** de deflagração de **movimento grevista**, **bem como** de **sindicalização**, nos termos estabelecidos pelo **art. 37, VI e VII**, cuja redação a seguir se reproduz:

Art. 37. (...)

VI — é garantido ao servidor público civil o direito à livre associação sindical;

VII — O direito de greve será exercido nos termos e nos limites definidos em lei específica.

14.8.1. Do direito de greve

Como se vê, em relação ao **direito de greve**, se por um lado a Constituição inovou conferindo esse direito aos servidores, por outro tornou-o **dependente** da edição **de lei posterior**, esvaziando em muito a possibilidade de seu uso.

Dentro desse contexto, passados diversos anos sem que a referida e necessária lei tivesse sido editada, nossa **Suprema Corte passou a receber** uma enxurrada de **ações** propostas por servidores públicos **na tentativa de suprir essa omissão inconstitucional** praticada pelo Poder Público.

Assim, em **25.10.2007**, a **Corte Suprema** decidiu, por unanimidade, **acolher a ideia da omissão inconstitucional, determinando** a **aplicação**, no que **couber**, das **regras previstas para** o **setor privado** (**Lei n. 7.783/89**). A decisão foi tomada no julgamento dos **Mandados de Injunção n. 670, 708 e 712**, criando condições para o exercício desse direito.

De toda sorte, importante deixar consignada a **orientação** já **consolidada**, em especial nos **Tribunais, que proíbem** a deflagração de **greve total, em se tratando de prestação de serviços públicos**.

Referida **orientação diferencia**, de forma certeira, os **movimentos grevistas** deflagrados no **setor privado** e no **setor público**, em razão das consequências geradas.

Destarte, greve total no **setor privado**, implicando, pois, sua paralisação, acaba por prejudicar fundamentalmente o empregador, que é um particular.

Em contrapartida, **greve total** no **serviço público**, em especial incidindo sobre serviços de **caráter essencial**, implicaria interrupção indevida, **prejudicando diretamente a coletividade**, o que não se justifica.

Diante desse cenário, como se disse, os **Tribunais** têm entendimento consolidado, segundo o qual, em se tratando de **serviço público**, um **percentual** deve permanecer **à disposição da população**.

Nesse quadro, oportuna a reprodução de decisão proferida pelo **Des. Celso Ricardo Peel Furtado de Oliveira do TRT-2, em 29.09.2023**, atendendo a **pedido liminar** da **Companhia do Metropolitano de São Paulo, proibindo a greve total** de trabalhadores, em protesto contra as privatizações anunciadas pelo Governo do Estado.

> "(...) deve ser assegurada a circulação da frota desde a 00h do dia 03 de outubro até às 23h59 daquela data da seguinte forma: 100% nos horários de pico (das 6h às 9h, e das 16 às 19h) e 80% nos demais períodos, sob pena de multa de R$ 500 mil. (...)".

Por fim, o Relator considerou o **caráter essencial do serviço de trens** e que uma precária atividade no transporte afetaria outros ramos da sociedade, como hospitais, segurança pública e escolas.

Nesse sentido, percebe-se o acerto dessa orientação, pois inimagináveis as consequências da paralisação total de serviços como o de transporte coletivo, o de saúde, entre outros.

Neste particular, importante destacar **decisão** proferida pelo **STF**, em **agosto de 2017**, através do **Pleno**, quando do julgamento do **RE 846.854/SP**, com relatoria para o acórdão do Ministro Alexandre de Moraes, segundo a qual a **justiça comum**, Federal ou Estadual, **é competente para julgar a abusividade de greve de servidores públicos celetistas da Administração Pública direta, autarquias e fundações públicas**.

Assim, para preservação do interesse público, o **STF**, em **11.03.2022**, quando do julgamento da **ADI 4.857/DF**, autorizou o **compartilhamento, entre esferas de Governo, de serviços públicos essenciais**, para garantia de sua continuidade em situações de greve. Confira-se:

> "São constitucionais o compartilhamento, mediante convênio, com estados, Distrito Federal ou municípios, da execução de atividades e serviços públicos federais essenciais, e a adoção de procedimentos simplificados para a garantia de sua continuidade em situações de greve, paralisação ou operação de retardamento promovidas por servidores públicos federais."

14 ■ Servidores Públicos · 593

De resto, para alcançar o mesmo objetivo, decidiu o **STF**, em **04.04.2022**, quando do julgamento da **ADI 1.164/DF**, pela possibilidade de substituição de trabalhador privado por servidor público. Confira-se:

> "AÇÃO DIRETA DE INCONSTITUCIONALIDADE. MEDIDA CAUTELAR INDEFE-RIDA. LEI ORGÂNICA DO DISTRITO FEDERAL. PROIBIÇÃO DA SUBSTITUIÇÃO DE TRABALHADOR DA INICIATIVA PRIVADA EM GREVE POR SERVIDOR PÚBLICO. INICIATIVA PRIVATIVA DO CHEFE DO PODER EXECUTIVO. VIOLAÇÃO. AUSÊNCIA. RESTRIÇÃO DO PODER DE DIREÇÃO SUPERIOR DA ADMINISTRAÇÃO PÚBLICA. PRINCÍPIOS E BALIZAS CONSTITUCIONAIS. NORMA ENUNCIATIVA. RESSALVA EXPRESSA DA LEGISLAÇÃO FEDERAL. SITUAÇÕES DE EMERGÊNCIA E TRANSITÓRIAS. CONTINUIDADE DE ATIVIDADE ESSENCIAL. MANUTENÇÃO DA COESÃO SOCIAL."

Dentro desse contexto, também com o objetivo de preservação do interesse público, a **Lei n. 7.783/89**, que disciplina o **direito de greve no setor privado e que incide, no que couber, para greves no setor público**, ao menos até a edição de legislação específica, prescreveu a necessidade de a categoria que pretende deflagrar movimento dessa natureza de providenciar **aviso prévio**, com a **antecedência mínima** de **72 horas** para serviços ou atividades essenciais, a teor do disposto em seu **art. 13**. Confira-se:

> **Art. 13.** Na greve em serviços ou atividades essenciais, ficam as entidades sindicais ou os trabalhadores, conforme o caso, obrigados a comunicar a decisão aos empregadores e aos usuários com antecedência mínima de 72 (setenta e duas) horas da paralisação.

Portanto, conclui-se, sem nenhuma dificuldade, que movimentos grevistas que não atendam à exigência estabelecida no dispositivo reproduzido caracterizam-se como ilegais, abrindo a possibilidade de pedidos de indenização por parte daqueles que comprovarem a configuração de danos.

Nesse particular, importante deixar registrado que o **conceito** de **serviço essencial** não se revela aleatório, tendo em vista expressa disposição contida no **art. 10** do referido diploma legal:

> **Art. 10.** São considerados serviços ou atividades essenciais:
> I — tratamento e abastecimento de água; produção e distribuição de energia elétrica, gás e com-bustíveis;
> II — assistência médica e hospitalar;
> III — distribuição e comercialização de medicamentos e alimentos;
> IV — funerários;
> V — transporte coletivo;
> VI — captação e tratamento de esgoto e lixo;
> VII — telecomunicações;
> VIII — guarda, uso e controle de substâncias radioativas, equipamentos e materiais nucleares;
> IX — processamento de dados ligados a serviços essenciais;
> X — controle de tráfego aéreo;
> XI — compensação bancária.

Acerca do dispositivo legal reproduzido, importante deixar consignado tratar-se, pela redação utilizada, de **elenco taxativo**, que, portanto, não comporta ampliação.

Sem embargo, a nosso ver, nada impede que esse elenco possa ser ampliado, se configurada outra hipótese de serviço essencial que não esteja ali prevista, tudo para a preservação dos interesses da coletividade.

Destarte, não se pode esquecer que a referida legislação é de 1989, e que, ao longo do tempo, outras situações envolvendo a prestação de serviços públicos poderão surgir, justificando a possibilidade de **ampliação desse elenco** inicial, desde que acompanhada das respectivas justificativas para que se possa averiguar sua legalidade.

De toda sorte, para que essas alterações ocorram, o **instrumento único** a ser utilizado é a **lei**.

Importante ainda destacar que a possibilidade de **deflagração** de **movimentos grevistas não foi franqueada pela Constituição a todos os servidores**.

Com efeito, **servidores militares**, pela própria posição que ocupam, estão **proibidos** de deflagrar movimentos dessa natureza, consoante se verifica da redação estabelecida pelo **art. 142, § 3.º, IV**.

> **Art. 142.** As Forças Armadas, constituídas pela Marinha, pelo Exército e pela Aeronáutica, são instituições nacionais permanentes e regulares, organizadas com base na hierarquia e na disciplina, sob a autoridade suprema do Presidente da República, e destinam-se à defesa da Pátria, à garantia dos poderes constitucionais e, por iniciativa de qualquer destes, da lei e da ordem. (...)
>
> § 3.º Os membros das Forças Armadas são denominados militares, aplicando-se-lhes, além das que vierem a ser fixadas em lei, as seguintes disposições: (...)
>
> IV — ao militar são proibidas a sindicalização e a greve.

Neste particular, oportuna a reprodução de **precedente** do **STF**, quando do julgamento, **em 03.11.2021**, da **ADI 4.377**, ajuizada pelo governo de Santa Catarina, em que **declarou inconstitucional trecho da Lei n. 12.191/2010 que prevê anistia de infrações administrativas a policiais militares e bombeiros militares de oito estados e do Distrito Federal decorrentes da participação em movimentos reivindicatórios por melhorias de vencimentos e de condições de trabalho entre 1997 e 2010**. O relator da ação, ministro Gilmar Mendes, apontou que, nos julgamentos das ADIs 104 e 1.440, o STF firmou o entendimento de que a anistia de infrações disciplinares de servidores públicos estaduais está na esfera de autonomia dos estados-membros. Em relação à anistia de crimes, a competência é exclusiva da União, em razão da competência federal privativa para legislar sobre Direito Penal.

Ainda sobre este item, importante registrar decisão proferida pela **Suprema Corte**, em **abril** de **2017**, através do seu **órgão pleno**, dando provimento ao **Recurso Extraordinário** com **Agravo Interposto n. 654.432/GO**, relator o Ministro Alexandre de Moraes, que concluiu pela **possibilidade** de **extensão** aos **policiais civis** da vedação do **direito** de **greve** dos policiais militares, com **repercussão geral reconhecida**.

14 ■ Servidores Públicos   595

No referido julgado, importante destacar o seguinte trecho constante no *Informativo* **n. 860**, de **abril** de **2017**:

"Prevaleceu o voto do ministro Alexandre de Moraes. Para ele, a interpretação teleológica dos arts. 9.º, 37, VII, e 144 da Constituição Federal (CF) veda a possibilidade do exercício de greve a todas as carreiras policiais previstas no citado art. 144. Não seria necessário, ademais, utilizar de analogia com o art. 142, § 3.º, IV, da CF, relativamente à situação dos policiais militares".

Mais adiante, o Ministro Relator asseverou quanto à necessidade de oferecer às carreiras policiais um tratamento diferenciado em vista de seu posicionamento constitucional. Confira-se:

"Esclareceu que a Constituição tratou das carreiras policiais de forma diferenciada ao deixá-las de fora do capítulo específico dos servidores públicos. Segundo o ministro, as carreiras policiais são carreiras de Estado sem paralelo na atividade privada, visto que constituem o braço armado do Estado para a segurança pública, assim como as Forças Armadas são o braço armado para a segurança nacional. Diversamente do que ocorre com a educação e a saúde — que são essenciais para o Estado, mas têm paralelo na iniciativa privada —, não há possibilidade de exercício de segurança pública seja ostensiva pela Polícia Militar, seja de polícia judiciária pela Polícia Civil e pela Polícia Federal, na União. Em outras palavras, não há possibilidade de nenhum outro órgão da iniciativa privada suprir essa atividade, que, por si só, é importantíssima e, se paralisada, afeta ainda o exercício do Ministério Público e do próprio Poder Judiciário".

Diante desse cenário, esclareceu que, em vista da necessidade da manutenção da segurança e da paz social, essas carreiras não podem se valer do direito de greve:

"Portanto, a prevalência do interesse público e do interesse social na manutenção da ordem pública, da segurança pública, da paz social sobre o interesse de determinadas categorias de servidores públicos — o gênero servidores públicos; a espécie carreiras policiais — deve excluir a possibilidade do exercício do direito de greve por parte das carreiras policiais, dada a sua incompatibilidade com a interpretação teleológica do texto constitucional, em especial dos arts. 9.º, § 1.º; e 37, VII da CF".

Portanto, a partir desse julgado, por força da repercussão geral ali reconhecida, qualquer movimento grevista deflagrado por policiais civis será considerado inconstitucional, incluindo-se os integrantes das carreiras policiais penais federal, estadual e distrital, a quem cabe a segurança dos estabelecimentos penais a teor do art. 144, VI, c/c o § 5.º, introduzidos pela EC n. 104/19.

Ainda sobre essa matéria, importante destacar ainda a decisão proferida pelo **STF, por 6 x 5**, em **28.08.2023**, quando do julgamento da **ADPF 995**, **incluindo** a **guarda civil metropolitana** nas **carreiras relacionadas à segurança pública** e, como corolário, atribuindo a ela Poder de Polícia; possibilidade de policiamento ostensivo e prisões em flagrante, não se restringindo mais à proteção de bens públicos.

Conclusão idêntica foi atingida pelo **STJ**, quando do julgamento, **em 27.09.2023**, do **HC 830.530/SP**, com destaque para o seguinte trecho:

"5. O fato de as guardas municipais não haverem sido incluídas nos incisos do art. 144, *caput*, da CF não afasta a constatação de que elas exercem atividade de segurança pública. Isso, todavia, não significa que possam ter a mesma amplitude de atuação das polícias."

Ainda em relação a esse tema, vale a pena registrar que o **Plenário** do **Supremo Tribunal Federal**, em **outubro de 2016**, concluiu o julgamento do **Recurso Extraordinário n. 693.456**, com **repercussão geral reconhecida**, que discute a **constitucionalidade do desconto dos dias parados em razão de greve de servidor**.

Por 6 votos a 4, o **Plenário decidiu** que a **Administração** Pública deve **fazer o corte do ponto dos grevistas**, **mas admitiu** a possibilidade de compensação dos dias parados **mediante acordo**. Também foi decidido que o desconto não poderá ser feito caso o movimento grevista tenha sido motivado por conduta ilícita do próprio Poder Público.

Ao final do julgamento foi aprovada a seguinte tese de repercussão geral: "A administração pública deve proceder ao desconto dos dias de paralisação decorrentes do exercício do direito de greve pelos servidores públicos, em virtude da suspensão do vínculo funcional que dela decorre, permitida a compensação em caso de acordo. O desconto será, contudo, incabível se ficar demonstrado que a greve foi provocada por conduta ilícita do Poder Público".

Essa decisão significa que o Estado só pode pagar pelo serviço prestado. A regra deve ser aplicada pelos Juízes de todo o país, mas com uma **exceção**. Com efeito, **impede a incidência do desconto nas hipóteses em que a paralisação for motivada por quebra de acordo de trabalho, como o atraso no pagamento de salários**.

Assim, o **Supremo** decidiu que os servidores públicos que entrarem em greve podem ter o salário imediatamente cortado, como já acontece na iniciativa privada.

Nessa decisão, oportuna a reprodução do voto do **Ministro Ricardo Lewandowski**, que votou contra o corte do ponto, argumentando que só concordaria com a suspensão do pagamento depois que a Justiça considerasse a greve ilegal:

"Minha preocupação dá já a presunção da abusividade logo de início. Logo que se deflagra a greve, cortam-se os vencimentos, porque se entende que é abusiva em princípio. Até que sobrevenha uma decisão judicial. Eu penso que os vencimentos, em princípio, são devidos, até que o Judiciário se pronuncie e diga que é ilegal ou abusiva".

No **mesmo julgado**, oportuna também a reprodução de trecho do voto proferido pelo **Ministro Gilmar Mendes**, que votou a favor do corte, lembrando dos prejuízos que greves longas causam à população:

"Veja por exemplo a greve hoje dos peritos do INSS. Causa tumulto enorme. Nós vimos o custo das greves aqui. Os processos que não eram preparados. Agora, têm o direito essas pessoas de terem o salário assegurado? Isso é greve, é férias, o que é isso? Como que isso se enquadra? Nós assistimos aí às universidades públicas paradas por cinco meses e não se faz nada".

Ainda sobre este tema, oportuna a referência a decisão monocrática proferida pelo STF, por intermédio do **Ministro Luiz Fux**, em **29 de janeiro de 2020**, quando acolheu o pedido de **Suspensão de Tutela Provisória n. 163**.

14 ◼ Servidores Públicos   597

Nesse precedente, o ministro verificou que o movimento grevista não decorreu de conduta ilícita do poder público, permitindo o corte do ponto e o desconto dos dias de paralisação.

Ao contrário, a greve foi deflagrada para fazer frente a convocação extraordinária da Assembleia Legislativa do Rio Grande do Sul, para a análise de projetos de lei que reestruturaram carreiras estaduais.

Nesse quadro, oportuna a reprodução de precedente do **STJ**, no mesmo sentido, quando do julgamento, **em 27.09.2023**, da **Pet 12.329/DF**. Confira-se:

> "Vale ressaltar que a impossibilidade de obtenção dos registros acerca dos dias não trabalhados ou das horas compensadas não pode tornar-se um óbice para reconhecer o direito da parte autora em descontar os dias não trabalhados pelos servidores públicos, em decorrência da suspensão temporária do contrato de trabalho. Até porque o referido desconto somente será implantado após prévio procedimento administrativo em que será assegurado ao servidor o exercício do contraditório e da ampla defesa".

14.8.2. Direito de sindicalização

De outra parte, em relação ao **direito de sindicalização**, não resta a menor dúvida quanto a ser esta uma **expressiva conquista** atribuída pela Constituição aos **servidores**, uma vez que permitida a **defesa** de seus **direitos** por intermédio de **órgão** de **classe**.

Outrossim, importante deixar consignado que, na forma dos **arts. 37, VI, e 142, § 3.º, IV**, da **Constituição**, por redações diferenciadas, estabeleceu-se a **mesma diretriz**, segundo a qual esse direito, a exemplo do **direito** de greve, foi **franqueado tão somente para os servidores civis**. Confira-se:

Art. 37. (...)

VI — é garantido ao servidor público civil o direito à livre associação sindical;

(...)

Art. 142. (...)

§ 3.º (...)

IV — ao militar são proibidas a sindicalização e a greve;

Essa aquisição traz **importante reflexo** em vista das mudanças promovidas pela **Reforma Trabalhista, em 2017**, em especial quanto à **obrigatoriedade** ou **não do pagamento da contribuição sindical**.

Nesse particular, importante anotar que o término dessa exigência foi objeto de contestação no **STF**, através da ADI 5794/DF de **rel. Min. Edson Fachin, red. p/ o ac. Min. Luiz Fux**, que em relação ao tema, concluiu, em **junho de 2018**, através do seu **plenário**, pela sua **constitucionalidade**.

Assim é que decidiu serem **compatíveis** com a **Constituição Federal** os **dispositivos** da **Lei n. 13.467/2017** (Reforma Trabalhista) que extinguiram a obrigatoriedade da contribuição sindical e condicionaram o seu pagamento à prévia e expressa autorização dos filiados.

O Tribunal asseverou que a Constituição assegura a livre associação profissional ou sindical, de modo que **ninguém é obrigado a filiar-se ou a manter-se filiado a sindicato** (art. 8.º, V, da CF). O princípio constitucional da **liberdade sindical garante tanto ao trabalhador quanto ao empregador a liberdade de se associar** a uma organização sindical, passando a **contribuir voluntariamente** com essa representação.

Não se pode admitir que o texto constitucional, de um lado, consagre a **liberdade de associação**, **sindicalização** e **expressão** (arts. 5.º, IV e XVII, e 8.º, *caput*) e, de outro, **imponha** uma **contribuição compulsória** a todos os integrantes das categorias econômicas e profissionais.

Nesse sentido, oportuna a reprodução de **precedente** do **STJ**, quando do julgamento, em **24.03.2021**, do **CC 147.784/PR**, em que a **Corte analisou a competência para apreciar a questão relacionada ao Imposto Sindical envolvendo Servidores Públicos. Confira-se**:

> "Contribuição sindical compulsória (imposto sindical). Servidor Público. Art. 114, III, da CF. Adequação da jurisprudência do STJ. Tema n. 994/STF. RE 1.089.282/AM. Competência da Justiça Comum para servidor público com vínculo estatutário. Competência da Justiça do Trabalho para servidor público com vínculo celetista. Nova interpretação da Súmula 222 do STJ."

Ainda sobre esse tema, vale a lembrança para a decisão proferida pelo **STF**, em **30.06.2023**, quando do julgamento da **ADPF 486/RS**, sinalizando pela nulidade de decisões judiciais que condicionam rescisão de contrato de trabalho a prévia conclusão de negociação coletiva. Confira-se:

> "São nulas — por violarem os princípios da separação dos Poderes e da legalidade — as decisões judiciais que condicionam a rescisão de contratos de trabalho de empregados públicos não estáveis à prévia conclusão de negociação coletiva, de modo a impedir que o estado federado realize atos tendentes a descontinuar a atividade das fundações, sociedades de economia mista e autarquias estaduais."

Em **12.09.2023**, o **STF**, quando do julgamento do **ARE 1.018.459**, **altera** novamente seu **posicionamento, legitimando a contribuição assistencial**, sobre todos os empregados de categorias profissionais, resultando na seguinte tese de repercussão geral:

> "É constitucional a instituição, por acordo ou convenção coletivos, de contribuições assistenciais a serem impostas a todos os empregados da categoria, ainda que não sindicalizados, desde que **assegurado o direito de oposição**".

O quadro a seguir sintetiza o exposto:

FUNDAMENTO	Art. 37, VI e VII, da CF.
NATUREZA JURÍDICA DA NORMA	Inicialmente, entendeu a Suprema Corte tratar-se de norma de eficácia limitada, entendimento alterado para norma de eficácia contida.

14 ◼ Servidores Públicos

STF, 2007	Concluiu que, enquanto não editada a necessária legislação, aplicam-se, no que couber, as regras estabelecidas na Lei n. 7.783/89 (greve no setor privado).
STF, OUTUBRO 2016	Concluiu pela possibilidade de a Administração promover o corte no ponto dos servidores grevistas.
DESTINATÁRIOS	A CF autorizou a deflagração de greve somente para os servidores públicos civis, vedando-a para os militares: art. 142, § 3.º, IV.
STF, ABRIL DE 2017	Concluiu pela extensão da proibição para os servidores públicos civis integrantes de carreiras policiais relacionadas no art. 144, incluindo-se os integrantes das carreiras policiais penais, conforme a EC n. 104/2019.
STF, JUNHO DE 2018	Concluiu pela constitucionalidade do término da cobrança da contribuição sindical.

14.9. REGIME DE APOSENTADORIA

14.9.1. Regras gerais

Cumpre estabelecer algumas considerações em matéria de **regime de aposentadoria** dos servidores públicos, disciplinado o assunto no **art. 40 da CF**.

O referido dispositivo, que já tinha sofrido **inúmeras modificações** com a promulgação da **EC n. 20/98**, foi novamente alterado com a promulgação da **EC n. 41/2003** e agora pela **EC n. 103/2019**, sentidas logo em seu *caput*, cuja redação a seguir se reproduz:

Art. 40. O regime próprio de previdência social dos servidores titulares de cargos efetivos terá caráter contributivo e solidário, mediante contribuição do respectivo ente federativo, de servidores ativos, de aposentados e de pensionistas, observados critérios que preservem o equilíbrio financeiro e atuarial.

14.9.2. Critério: tempo de contribuição

Percebe-se, pois, que o critério para a aposentadoria **continuou** a **ser** o **"tempo de contribuição"**, o que faz com que só possam aposentar-se por essas regras os servidores que, em alguma medida, tenham contribuído para a seguridade social, quando em atividade.

De outra parte, oportuno consignar que a **Constituição permite** ao servidor **computar**, para efeito de aposentadoria, **todo o tempo de contribuição na Administração** Pública, independentemente da esfera de Governo em que tenha titularizado cargo público.

Assim é que, a título de exemplo, o servidor federal poderá computar o tempo de contribuição em Estados e Municípios, conclusão que se atinge por força da redação estabelecida no **art. 40, § 9.º**. Confira-se:

Art. 40. (...)
§ 9.º O tempo de contribuição federal, estadual, distrital ou municipal será contado para fins de aposentadoria, observado o disposto nos §§ 9.º e 9.º-A do art. 201, e o tempo de serviço correspondente será contado para fins de disponibilidade.

A **mesma conclusão** se atinge para o **servidor** que tenha **contribuído** durante determinado período para o **Regime Geral de Previdência**, hipótese em que haverá uma compensação financeira entre os dois regimes, consoante se verifica da redação do **art. 201, § 9.º, da CF**:

> **Art. 201.** (...)
>
> § 9.º Para fins de aposentadoria, será assegurada a contagem recíproca do tempo de contribuição entre o Regime Geral de Previdência Social e os regimes próprios de previdência social, e destes entre si, observada a compensação financeira, de acordo com os critérios estabelecidos em lei.
>
> § 9.º-A. O tempo de serviço militar exercido nas atividades de que tratam os arts. 42, 142 e 143 e o tempo de contribuição ao Regime Geral de Previdência Social ou a regime próprio de previdência social terão contagem recíproca para fins de inativação militar ou aposentadoria, e a compensação financeira será devida entre as receitas de contribuição referentes aos militares e as receitas de contribuição aos demais regimes.

Sobre este item, oportuna a referência à decisão proferida pelo **STF**, em **28 de agosto de 2020**, quando do julgamento do **RE 1.014.286**, em que concluiu pela **possibilidade de averbação de tempo de serviço prestado por servidores públicos em condições especiais**, nocivas à saúde ou à integridade física, e sua conversão em tempo comum, mediante a incidência de um fator multiplicador, para fins de concessão de benefício previdenciário.

14.9.3. Destinatários

O segundo ponto a ser registrado refere-se aos **destinatários da regra**, visto que não se aplica ela a qualquer **servidor** público, mas tão somente aos que sejam **titulares de cargos efetivos**.

Por exclusão, assim, **não serão destinatários os servidores** públicos **que** não **ocupem** cargos, mas **empregos**, e também os que não estejam investidos em cargos efetivos, vale dizer, aqueles cuja nomeação não tenha sido precedida de concurso público, o que se verifica nos **cargos em comissão**.

Outra não é, aliás, a orientação que se verifica mediante a leitura do **§ 13 do art. 40**:

> **Art. 40.** (...)
>
> § 13. Aplica-se ao agente público ocupante, exclusivamente, de cargo em comissão declarado em lei de livre nomeação e exoneração, de outro cargo temporário, inclusive mandato eletivo, ou de emprego público, o Regime Geral de Previdência Social.

A propósito, confira-se a seguinte decisão do **STF**, em **12.05.2023**, quando da análise conjunta das **ADIs 3.308/DF; 3.363/DF; 3.998/DF; 4.802/DF e 4.803/DF**, em que concluiu pela inclusão dos magistrados no regime próprio de previdência:

> "São constitucionais — formal e materialmente — os dispositivos incluídos pela EC 20/1998 e pela EC 41/2003, que instituíram uma ampla reformulação do regime previdenciário no setor público, na parte em que submetem os magistrados ao Regime de Previdência Social comum aos servidores públicos."

14 ▪ Servidores Públicos   601

De outro giro, vinculou-se a vigência das alterações promovidas, a partir da promulgação da **EC n. 103/2019**, a edição de Lei Federal Regulamentadora, para servidores da União.

Art. 10. Até que entre em vigor lei federal que discipline os benefícios do regime próprio de previdência social dos servidores da União, aplica-se o disposto neste artigo.

14.9.4. Ampliação de autonomia para as esferas de governo estadual, municipal e distrital

Ampliando a autonomia das demais esferas de governo, traço diferenciador em relação a EC n. 20/98 em que as regras eram uniformes para todas elas, condicionou-se a vigência das mudanças a edição de lei regulamentadora, nos termos do seu **§ 7.º**. Confira-se:

§ 7.º Aplicam-se às aposentadorias dos servidores dos Estados, do Distrito Federal e dos Municípios as normas constitucionais e infraconstitucionais anteriores à data de entrada em vigor desta Emenda Constitucional, enquanto não promovidas alterações na legislação interna relacionada ao respectivo regime próprio de previdência social.

Nesse sentido, vale a referência ao disposto no **art. 36, II**, da referida **Emenda n. 103/2019** que, detalhando o tema, estabeleceu a entrada em vigor das novas regras estipuladas, a partir da publicação de lei de iniciativa privativa do respectivo Poder Executivo. Confira-se:

Art. 36. Esta Emenda Constitucional entra em vigor:

(...)

II — **para os regimes próprios de previdência social dos Estados, do Distrito Federal e dos Municípios**, quanto à alteração promovida pelo art. 1.º desta Emenda Constitucional no art. 149 da Constituição Federal e às revogações previstas na alínea "a" do inciso I e nos incisos III e IV do art. 35, **na data de publicação de lei de iniciativa privativa do respectivo Poder Executivo que as referende integralmente**;

Por fim, cabe destacar que a autonomia dos Estados promovida pela EC n. 103/2019, não se revela ilimitada.

Assim, decidiu o **STF**, quando do julgamento, em **28.10.2022**, da **ADI 7198/PA**, pela inconstitucionalidade de lei estadual que crie regime previdenciário específico para os agentes públicos não titulares de cargos efetivos, por violação ao art. 40, § 13, da CF. O exercício dessa competência legislativa é sempre limitada aos servidores titulares de cargo efetivo.

14.9.5. Teto para o valor das aposentadorias

A questão relacionada ao teto para as aposentadorias encontra-se disciplinada nos arts. 37, XI, e art. 40, § 11, que, respectivamente, apontam como parâmetro os **ganhos dos Ministros do STF**, a título de subsídio.

14.9.6. Reajuste de proventos e pensões

Nesse particular, oportuno registrar a possibilidade de reajuste de proventos do servidor pelo mesmo índice de reajuste do RGPS, consoante orientação fixada pelo STF, quando do julgamento, **em 02.10.2023**, do **Recurso Extraordinário 1.372.723, Tema 1.224**, em que restou fixada a seguinte tese de repercussão geral:

> **"É constitucional o reajuste de proventos e pensões concedidos a servidores públicos federais e seus dependentes não beneficiados pela garantia de paridade de revisão, pelo mesmo índice de reajuste do regime geral de previdência social (RGPS), previsto em normativo do Ministério da Previdência Social, no período anterior à Lei n. 11.784/2008".**

14.9.7. Hipóteses de aposentadoria

Antes de adentrarmos as hipóteses de aposentadoria, importante observar qual **a natureza desse ato**, bem como a existência, ou não, de **prazo para a sua apreciação**, em especial pelas **Cortes de Contas**.

Nesse sentido, oportuna a reprodução de **precedente** do **STJ**, quando do julgamento, **em 02.03.2021**, do **REsp 1.506.932/PR**, em que **a Corte concluiu ser a aposentadoria um ato complexo e ainda pela existência de um prazo decadencial de 5 anos para sua apreciação pelo Tribunal de Contas. Confira-se:**

> "Aposentadoria. Ato complexo. Confirmação pelo Tribunal de Contas. Decadência. Readequação de entendimento. RE 636.553/RS, Tema n. 445/STF. Prazo de cinco anos. Marco inicial. Chegada do processo na corte de contas. Juízo de retratação.
>
> Os **Tribunais de Contas** estão sujeitos ao **prazo de 5 anos para o julgamento** da legalidade do ato **de concessão inicial de aposentadoria**, reforma ou pensão, a contar da chegada do processo à respectiva Corte de Contas".

14.9.7.1. *Aposentadoria por incapacidade permanente para o trabalho*

Nesse contexto, a primeira hipótese, denominada aposentadoria por incapacidade permanente para o trabalho, está prevista no **art. 40, § 1.º, I, da CF**, cuja redação a seguir se reproduz:

> **Art. 40. (...)**
>
> § 1.º (...)
>
> I — por incapacidade permanente para o trabalho, no cargo em que estiver investido, quando insuscetível de readaptação, hipótese em que será obrigatória a realização de avaliações periódicas para verificação da continuidade das condições que ensejaram a concessão da aposentadoria, na forma de lei do respectivo ente federativo;

Esse dispositivo constitucional demonstra que o primeiro **fato gerador** das hipóteses de aposentadoria é a **incapacidade permanente para o trabalho**, não sendo, assim, suficiente a simples incapacidade temporária para autorizar a aposentadoria com base nele.

14 ■ Servidores Públicos 603

Por outro lado, esta modalidade de aposentadoria experimentou importante alteração, uma vez que só terá lugar na hipótese em que se apresentar impossível levar-se a efeito uma readaptação do servidor, instituto positivado até então apenas no art. 24, da Lei n. 8.112/90.

Outrossim, a EC n. 103/2019 positivou a obrigatoriedade de realização de avaliações periódicas de forma a se verificar continuarem presentes as condições que levaram à aposentadoria, de forma a dificultar fraudes a diretriz constitucional.

14.9.7.2. *Aposentadoria compulsória*

A segunda hipótese de aposentadoria, denominada **compulsória**, está regulamentada na forma do **inciso II** do mesmo dispositivo constitucional, da seguinte forma:

> **Art. 40.** (...)
> § 1.º (...)
> II — compulsoriamente, com proventos proporcionais ao tempo de contribuição, aos 70 (setenta) anos de idade, ou aos 75 (setenta e cinco) anos de idade, na forma de lei complementar.

Como se observa, o **fato gerador** relacionado pela Constituição Federal revela-se extremamente objetivo, visto que, ao **atingir o limite de idade ali estabelecido**, traz como obrigação a aposentadoria do servidor, não se tratando de mera possibilidade para ele e muito menos de atividade discricionária por parte do Poder Público.

Atingido o limite constitucional de idade, referida aposentadoria gera para o servidor o **direito à percepção** de proventos que serão, como visto, **proporcionais** ao tempo de contribuição, tornando-se irrelevante, por exemplo, a existência de problemas anteriores em sua trajetória profissional.

Nesse particular, importante destacar a decisão proferida pelo **STF**, em **fevereiro de 2017**, no **RE 647.827/PR**, com relatoria do **Ministro Gilmar Mendes**, em que concluiu que não se aplica a aposentadoria compulsória aos titulares de serventias judiciais não estatizadas, desde que não sejam ocupantes de cargo público efetivo e não recebam remuneração proveniente dos cofres públicos.

Ainda sobre esse tema, vale destacar decisão proferida pelo **STF**, em **16.12.2022**, quando do julgamento da **ADI 5.378/DF**, declarando **inconstitucionalidade de lei estadual**, acerca **de extensão de idade para aposentadoria compulsória**. Confira-se:

> "É inconstitucional lei estadual que, editada no período entre a promulgação da EC 88/2015 (7.5.2015) e a publicação da Lei Complementar 152/2015 (03.12.2015), estende a idade de aposentadoria compulsória para cargos que não estejam expressamente indicados na Constituição Federal de 1988."

Outrossim, vale a referência para decisão proferida pelo STF, em 19.05.2023, quando do julgamento da ADI 5.430/DF, resultando na seguinte tese:

> "Não se submete a reserva de iniciativa a lei complementar nacional que, regulamentando a EC n. 88/2015, fixa em 75 (setenta e cinco) anos a idade de aposentadoria compulsória para todos os agentes públicos titulares de cargos efetivos ou vitalícios".

604 Direito Administrativo Esquematizado   *Celso Spitzcovsky*

Debruçando-se ainda sobre esse tema, decidiu o **STF**, quando do julgamento, **em 09.02.2024**, das **ADIs 5.298/RJ e 5.304/RJ**, pela inconstitucionalidade de fixação por lei estadual de limite etário para aposentadoria compulsória, distinto do fixado pela CF. Confira-se:

> "É inconstitucional norma de Constituição estadual que estabelece limite etário para aposentadoria compulsória diverso do fixado pela Constituição Federal".

14.9.7.3. *Aposentadoria voluntária*

A terceira hipótese de aposentadoria, chamada de voluntária, experimentou profundas alterações em razão da promulgação da **EC n. 103/2019**, nos seguintes termos:

> **Art. 40.** (...)
> § 1.º (...)
> III — no âmbito da União, aos 62 (sessenta e dois) anos de idade, se mulher, e aos 65 (sessenta e cinco) anos de idade, se homem, e, no âmbito dos Estados, do Distrito Federal e dos Municípios, na idade mínima estabelecida mediante emenda às respectivas Constituições e Leis Orgânicas, observados o tempo de contribuição e os demais requisitos estabelecidos em lei complementar do respectivo ente federativo.

Assim é que, para os servidores públicos, passou a contemplar como **idade mínima** para a aposentadoria **62 anos** para **mulheres** e **65** para **homens**.

Outrossim, a exigência de **25 anos de contribuição para ambos os sexos** e ainda a exigência de comprovação de **10 anos no serviço público e 5 no cargo**.

Nesse sentido, o **STF**, em **27 de agosto de 2020**, quando do julgamento do **RE 662.423**, fixou a seguinte **tese de Repercussão Geral**:

> "(i) Ressalvado o direito de opção, a regra de transição do art. 8.º, inciso II da Emenda Constitucional n. 20/98, somente se aplica aos servidores que, quando da sua publicação, ainda não reuniam os requisitos necessários para a aposentadoria; (ii) em se tratando de carreira pública escalonada em classes, a exigência instituída pelo art. 8.º, inciso II da Emenda Constitucional n. 20/98, de cinco anos de efetivo exercício no cargo no qual se dará a aposentadoria, deverá ser compreendida como cinco anos de efetivo exercício na carreira a que pertencente o servidor".

A mesma **Corte** decidiu em **08.04.2022**, quando do julgamento do **RE 1.322.195/SP**, que:

> "A promoção por acesso de servidor a classe distinta na carreira não representa ascensão a cargo diverso daquele em que já estava efetivado, de modo que, para fins de aposentadoria, o prazo mínimo de cinco anos no cargo efetivo, exigido pelo artigo 40, § 1.º, inciso III, da Constituição Federal, na redação da Emenda Constitucional 20/1998, e pelos artigos 6.º da Emenda Constitucional 41/2003 e 3.º da Emenda Constitucional 47/2005, não recomeça a contar pela alteração de classe."

14.9.7.4. *Aposentadorias especiais*

De se considerar, ainda, que essas **hipóteses** de **aposentadoria** experimentaram alteração significativa promovida pela EC n. 103/2019, nos termos a seguir reproduzidos:

14 ▪ Servidores Públicos

Art. 40. (...)

§ 4.º É vedada a adoção de requisitos ou critérios diferenciados para concessão de benefícios em regime próprio de previdência social, ressalvado o disposto nos §§ 4.º-A, 4.º-B, 4.º-C e 5.º.

§ 4.º-A. Poderão ser estabelecidos por lei complementar do respectivo ente federativo idade e tempo de contribuição diferenciados para **aposentadoria de servidores com deficiência**, previamente submetidos a avaliação biopsicossocial realizada por equipe multiprofissional e interdisciplinar.

§ 4.º-B. Poderão ser estabelecidos por lei complementar do respectivo ente federativo idade e tempo de contribuição diferenciados para **aposentadoria de ocupantes do cargo de agente penitenciário, de agente socioeducativo ou de policial** dos órgãos de que tratam o inciso IV do *caput* do art. 51, o inciso XIII do *caput* do art. 52 e os incisos I a IV do *caput* do art. 144.

§ 4.º-C. Poderão ser estabelecidos por lei complementar do respectivo ente federativo idade e tempo de contribuição diferenciados para **aposentadoria de servidores cujas atividades sejam exercidas com efetiva exposição a agentes químicos, físicos e biológicos prejudiciais à saúde, ou associação desses agentes**, vedada a caracterização por categoria profissional ou ocupação.

A leitura do dispositivo constitucional autoriza a conclusão segundo a qual a **criação das referidas aposentadorias especiais** depende da edição de **lei complementar do respectivo ente federativo**. Nesse sentido, enquanto não editada a necessária espécie normativa, o STF consolidou entendimento, através da **Súmula Vinculante 33**, de aplicação das normas do Regime Geral de Previdência. Confira-se:

> **SÚMULA VINCULANTE 33:** Aplicam-se ao servidor público, no que couber, as regras do regime geral da previdência social sobre aposentadoria especial de que trata o artigo 40, § 4.º, inciso III da Constituição Federal, até a edição de lei complementar específica.

Por outro lado, a EC n. 103/2019 estabeleceu regras específicas para a aposentadoria de **policiais federais**, legislativos, civis do Distrito Federal e agentes penitenciários, consoante o disposto em seu art. 5.º, cuja redação a seguir se reproduz:

Art. 5.º O policial civil do órgão a que se refere o inciso XIV do *caput* do art. 21 da Constituição Federal, o policial dos órgãos a que se referem o inciso IV do *caput* do art. 51, o inciso XIII do *caput* do art. 52 e os incisos I a III do *caput* do art. 144 da Constituição Federal e o ocupante de cargo de agente federal penitenciário ou socioeducativo que tenham ingressado na respectiva carreira até a data de entrada em vigor desta Emenda Constitucional poderão aposentar-se, na forma da Lei Complementar n. 51, de 20 de dezembro de 1985, observada a idade mínima de 55 (cinquenta e cinco) anos para ambos os sexos ou o disposto no § 3.º.

(...)

§ 3.º Os servidores de que trata o *caput* poderão aposentar-se aos 52 (cinquenta e dois) anos de idade, se mulher, e aos 53 (cinquenta e três) anos de idade, se homem, desde que cumprido período adicional de contribuição correspondente ao tempo que, na data de entrada em vigor desta Emenda Constitucional, faltaria para atingir o tempo de contribuição previsto na Lei Complementar n. 51, de 20 de dezembro de 1985.

Percebe-se, pois, que para ambos os sexos se exigiu a comprovação de **idade mínima de 55 anos** e **25 de contribuição no exercício da função** ou **30 como contribuinte**.

Nesse sentido, oportuno anotar a decisão proferida pelo **STF, em 12.12.2019**, vedando a inclusão de guardas civis municipais, por não se tratar de atividade de risco. Confira-se:

"(...) Art. 40, § 4.º, II, da Magna Carta. Redação dada pela Emenda Constitucional n. 47/2005. Alcance da Expressão 'Atividades de Risco'. Guarda Municipal. Ausência de Risco Inerente. 1. Ao julgamento do ARE n. 1.215.727, ocasião em que examinado o tema n. 1057 da repercussão geral, o Plenário desta Suprema Corte assentou a seguinte tese: 'Os guardas civis não possuem direito constitucional à aposentadoria especial por exercício de atividade de risco prevista no artigo 40, § 4.º, inciso II, da Constituição Federal'. 2. Na espécie, o impetrante é guarda municipal, integrando categoria cujo leque de atribuições específicas — proteção de bens, serviços e instalações do município a que funcionalmente vinculado (art. 144, § 8.º, da Magna Carta) —, por inconfundível com a atividade desempenhada pelos órgãos policiais elencados no art. 144, I a V, da Constituição da República, não permite, na esteira da jurisprudência desta Suprema Corte, direta ilação no sentido da presença de risco inerente, quadro a conjurar a concessão da ordem pretendida. 3. Agravo interno conhecido e não provido" (**MI 6.953 AgR**, rel. Min. Rosa Weber).

Sobre essa matéria, importante destacar ainda a decisão proferida pelo **STF, por 6 x 5, em 28.08.2023**, quando do julgamento da **ADPF 995**, incluindo a **guarda civil metropolitana** nas carreiras relacionadas à segurança pública e, como corolário, atribuindo a ela Poder de Polícia; possibilidade de policiamento ostensivo e prisões em flagrante, não se restringindo mais à proteção de bens públicos.

Igual entendimento foi adotado pela **Corte, em 14.10.2024**, quando do julgamento do **RE 1.468.558 AgR/SP**, em que legitimou busca pessoal e domiciliar realizadas pela Guarda Municipal quando configurada a situação de flagrante do crime de tráfico ilícito de entorpecentes, uma vez que desenvolvem atividade de segurança pública (CF/88, art. 144, § 8.º) essencial ao atendimento de necessidades inadiáveis da comunidade.

Conclusão idêntica foi atingida pelo **STJ**, quando do julgamento, em 27.09.2023, do **HC 830.530/SP**, com destaque para o seguinte trecho:

"5. O fato de as guardas municipais não haverem sido incluídas nos incisos do art. 144, *caput*, da CF não afasta a constatação de que elas exercem atividade de segurança pública. Isso, todavia, não significa que possam ter a mesma amplitude de atuação das polícias."

Em relação aos **professores**, as alterações promovidas pela EC n. 103/2019 também foram significativas, apresentadas no art. 40, § 5.º. Confira-se:

Art. 40. (...)

§ 5.º Os ocupantes do cargo de professor terão idade mínima reduzida em 5 (cinco) anos em relação às idades decorrentes da aplicação do disposto no inciso III do § 1.º, desde que comprovem tempo de efetivo exercício das funções de magistério na educação in-

14 ◼ Servidores Públicos

fantil e no ensino fundamental e médio fixado em lei complementar do respectivo ente federativo.

Assim é que a **idade mínima** para a aposentadoria passou a ser de **57 anos para mulheres** e **60 anos para os homens**, ainda com a necessidade de comprovação, para ambos os sexos, de **25 anos de tempo de contribuição**, e por fim **10 anos no serviço público, 5 dos quais no cargo**.

Outrossim, foi objeto de **súmula** do **STF**, que estabeleceu **não ser válido** o **tempo de serviço prestado fora de sala de aula**, como se vê:

> **SÚMULA 726 DO STF:** Para efeito de aposentadoria especial de professores, não se computa o tempo de serviço prestado fora da sala de aula.

Por outro lado, para os **Congressistas**, a EC n. 103/2019 prescreveu a **idade mínima de 65 anos para homens e 62 para mulheres** e ainda a comprovação de **20 anos de contribuição para homens e 15 anos para mulheres**.

Sobre este item, vale destacar outro precedente do **STF** de **20.08.2021**, quando do julgamento da **ADI 5.241/DF, analisando a inconstitucionalidade de dispositivo da Lei Complementar n. 144/2014, que prevê a aposentadoria compulsória do servidor público policial aos 65 anos, com proventos proporcionais ao tempo de contribuição, qualquer que seja a natureza dos serviços prestados**, resultando na seguinte ementa:

> "Ação direta de inconstitucionalidade. 2. **Lei Complementar 144/2014, que alterou a Lei Complementar 51/1985**. 3. Regras de aposentadoria específicas para servidores policiais. 4. Ação conhecida em parte. 5. **Ação direta julgada improcedente**."

Ainda sobre essa matéria, com relação a aposentadoria especial atribuída pela CF aos professores, vale conferir a decisão proferida pelo **STF**, em **1.º.09.2023**, quando do julgamento da **ADI 856/RS**, em que excluiu do benefício atividades administrativas, técnico-pedagógicas, que não se confundem com a de magistério. Confira-se:

> "É inconstitucional — por invadir a iniciativa privativa do chefe do Poder Executivo (CF/1988, art. 61, II, 'c' e 'e') e a competência privativa da União legislar sobre seguridade social e sobre diretrizes e bases da educação nacional (CF/1988, art. 22, XXIII e XXIV), bem como por violar o núcleo da norma que restringe a aposentadoria especial a funções de magistério (CF/1988, art. 40, § 5.º) — lei estadual, de iniciativa parlamentar, que estende essa modalidade de aposentadoria para atividades administrativas, técnico-pedagógicas e outras que não propriamente a de professor, inclusive a de representação associativa ou sindical".

Ainda sobre esse tema, decidiu o **STF, em 03.04.2024**, quando do julgamento da **ADI 7.494/RO**, pela inconstitucionalidade da inclusão como atividade de risco, análoga ao exercício da atividade policial, de diversas carreiras. Confira-se:

"São inconstitucionais dispositivos de Constituição estadual que definem como atividade de risco análoga ao exercício da atividade policial a atuação dos membros do Ministério Público, do Poder Judiciário, da Defensoria Pública e dos Procuradores do Estado e dos Municípios, dos Oficiais de Justiça e Auditores Fiscais de tributos estaduais, e a eles estendem benefícios previdenciários exclusivos dos servidores policiais, tais como a aposentadoria especial e a pensão por morte (...) Na espécie, nenhum dos cargos citados nas normas impugnadas constam no rol taxativo do aludido dispositivo constitucional, razão pela qual não fazem jus à aposentadoria especial dele decorrente".

14.9.7.5. *Acumulação de aposentadorias*

Em relação a este item, continua em vigor a regra geral proibitiva de acumulação, exceção feita às aposentadorias decorrentes de cargos acumuláveis nos termos da Constituição, conforme o disposto no art. 40, § 6.º, com a redação oferecida pela EC n. 103/2019. Confira-se:

Art. 40. (...)

§ 6.º Ressalvadas as aposentadorias decorrentes dos cargos acumuláveis na forma desta Constituição, é vedada a percepção de mais de uma aposentadoria à conta de regime próprio de previdência social, aplicando-se outras vedações, regras e condições para a acumulação de benefícios previdenciários estabelecidas no Regime Geral de Previdência Social.

A propósito, confira-se a **tese de repercussão geral** fixada pelo **STF**, quando do julgamento, em **03.02.2023**, do **RE 658.999/SC**. Confira-se:

"Em se tratando de cargos constitucionalmente acumuláveis, descabe aplicar a vedação de acumulação de aposentadorias e pensões contida na parte final do art. 11 da Emenda Constitucional 20/1998, porquanto destinada apenas aos casos de que trata, ou seja, aos reingressos no serviço público por meio de concurso público antes da publicação da referida emenda e que envolvam cargos inacumuláveis."

Oportuna ainda a referência à decisão proferida pelo **STJ**, **em 16.09.2024**, quando do julgamento do **AgInt no REsp 2.101.558/RJ**, concluindo **que a dependente não pode receber cumulativamente a pensão especial de ex-combatente do seu falecido pai com a pensão por morte do seu falecido marido**. Confira-se:

"2. O entendimento do Superior Tribunal de Justiça (STJ) é o de que o direito ao recebimento da pensão especial de ex-combatente prevista no art. 30 da Lei n. 4.242/63 (regramento utilizado para os casos em que o instituidor da pensão tenha falecido antes da promulgação da Constituição Federal de 1988 — hipótese dos autos) está condicionado ao preenchimento dos seguintes requisitos: (a) a comprovação de que as beneficiárias, mesmo casadas, maiores de idade e não inválidas, não possam prover os próprios meios de subsistência e (b) **que não percebam quaisquer importâncias dos cofres públicos**. Além disso, o STJ entende que os requisitos previstos no art. 30 da Lei n. 4.242/63 também devem ser exigidos dos dependentes do ex-combatente, que deverão provar o seu preenchimento".

14 ▪ Servidores Públicos

14.9.7.6. Rompimento de vínculo e complementação de aposentadorias

Estes dois temas foram positivados ao longo da Constituição Federal através da EC n. 103/2019, que adicionou ao art. 37 os §§ 14 e 15, a seguir reproduzidos:

> Art. 37. (...)
>
> § 14. A aposentadoria concedida com a utilização de tempo de contribuição decorrente de cargo, emprego ou função pública, inclusive do Regime Geral de Previdência Social, acarretará o rompimento do vínculo que gerou o referido tempo de contribuição.
>
> § 15. É vedada a complementação de aposentadorias de servidores públicos e de pensões por morte a seus dependentes que não seja decorrente do disposto nos §§ 14 a 16 do art. 40 ou que não seja prevista em lei que extinga regime próprio de previdência social.

Nesse sentido ainda, oportuna a reprodução de **precedente** do **STF**, quando do julgamento, em **16.06.2021**, do **RE 655.283/DF**, em que **a Corte concluiu pela possibilidade de acumulação de proventos de aposentadoria com remuneração de emprego**.

Na referida decisão, **destaque para o seguinte trecho:**

> **"A natureza do ato de demissão de empregado público é constitucional-administrativa e não trabalhista, o que atrai a competência da Justiça comum para julgar a questão. A concessão de aposentadoria aos empregados públicos inviabiliza a permanência no emprego, nos termos do art. 37, § 14, da Constituição Federal (CF), salvo para as aposentadorias concedidas pelo Regime Geral de Previdência Social (RGPS) até a data de entrada em vigor da Emenda Constitucional (EC) 103/09, nos termos do que dispõe seu art. 6.º"**

14.9.7.7. Manutenção aposentadorias e de pensão a ex-governadores, ex--prefeitos e a seus dependentes

Sobre este item, vale destacar **precedente** do **STF, em 30.8.2021**, quando do julgamento da **ADPF 764/CE, em que** analisando a **inconstitucionalidade de normas municipais, que dispõem sobre a concessão de pensão vitalícia a dependentes de prefeitos, vice-prefeitos e vereadores falecidos no exercício do mandato, a Corte Concluiu:**

> (...) "7. Os cargos políticos do Poder Legislativo e do Poder Executivo municipal têm caráter temporário e transitório, motivo pelo qual não se justifica a concessão de qualquer benefício a ex-ocupante do cargo de forma permanente, sob pena de afronta aos princípios da igualdade, impessoalidade, moralidade pública e responsabilidade com gastos públicos. 8. Não se revela compatível com o princípio republicano e o princípio da igualdade a outorga de tratamento diferenciado a determinado indivíduo, sem que não mais esteja presente o fator de diferenciação que justificou sua concessão na origem. (...)".

Consolidando o entendimento, decidiu o **STF**, em **03.03.2023**, quando do julgamento da **ADPF 783/ES**, resultando na seguinte tese:

"São incompatíveis com a Constituição Federal de 1988 a concessão e, ainda, a continuidade do pagamento de pensões mensais vitalícias não decorrentes do RGPS a dependentes de prefeitos e vice-prefeitos, em razão do mero exercício do mandato eletivo."

14.9.7.8. Acumulação de proventos com vencimentos

A matéria encontra-se positivada no art. 37, § 10, da CF que, como regra geral, veda essa possibilidade. Confira-se:

§ 10. **É vedada a percepção simultânea de proventos de aposentadoria** decorrentes do art. 40 ou dos arts. 42 e 142 **com a remuneração de cargo**, **emprego ou função pública**, **ressalvados** os cargos acumuláveis na forma desta Constituição, os cargos eletivos e os cargos em comissão declarados em lei de livre nomeação e exoneração.

No mesmo dispositivo, a própria Constituição excepciona a regra geral, para as seguintes situações:

a) cargos acumuláveis na forma desta Constituição;
b) cargos eletivos; e
c) cargos em comissão.

Para melhor visualização deste item, observe-se o quadro:

NATUREZA DO REGIME	Natureza contributiva, desde a EC n. 20/98: art. 40, *caput*, da CF.
CRITÉRIO DE APOSENTADORIA	Desde a EC n. 20/98: art. 40, *caput*, da CF, o critério é o tempo de contribuição.
EXTENSÃO DO CRITÉRIO	A CF permite a utilização de qualquer tempo de contribuição, tanto no setor público (art. 40, § 9.°) quanto no setor privado (art. 201, § 9.°), hipótese em que os sistemas se compensarão financeiramente.
DESTINATÁRIOS	Os servidores públicos que titularizem cargos efetivos (art. 40, *caput*, da CF), o que exclui os que titularizam cargos em comissão, empregos públicos, os temporários, que se aposentam pelo regime geral de previdência: art. 40, § 13, da CF.
MODALIDADES	Encontram-se previstas no art. 40, § 1.°, da CF: ■ **por incapacidade permanente para o trabalho** que impeça o exercício das atribuições do cargo, com proventos proporcionais em regra; ■ **compulsória**: pelo atingimento do limite máximo de idade previsto na Constituição (75 anos), com proventos proporcionais ao tempo de contribuição; ■ **voluntária**: por iniciativa do servidor, desde que preenchidos os requisitos estabelecidos na CF, pela EC n. 103/2019.
APOSENTADORIAS ESPECIAIS	Relacionadas no art. 40, § 4.°, de acordo com as regras estabelecidas pela EC n. 103/2019, exigem a aprovação de lei complementar e incidência apenas sobre as situações ali relacionadas. Art. 40, § 12, da CF Súmula Vinculante 33 Art. 57 da Lei n. 8.213/91 ■ **para professores**, de acordo com as exigências estabelecidas no art. 40, § 5.°, fixadas pela EC n. 103/2019; ■ **para os integrantes de carreiras policiais**, de acordo com as exigências estabelecidas no art. 5.° da EC n. 103/2019.

14 ◼ Servidores Públicos

TETO	Encontra-se previsto no art. 40, § 11, da CF, sendo o mesmo incidente sobre os servidores em atividade, vale dizer, o que ganham os Ministros do STF a título de subsídio.
CRITÉRIOS	Encontram-se previstos no art. 40, §§ 2.º e 3.º, da CF: ◼ não poderão exceder a remuneração do respectivo servidor, no cargo efetivo em que se deu a aposentadoria ou que serviu de referência para a concessão da pensão; ◼ as remunerações utilizadas como base para as contribuições do servidor aos regimes de previdência de que tratam este artigo e o art. 201, na forma da lei.
ACUMULAÇÃO DE APOSENTADORIAS	Permitida (art. 40, § 6.º, de acordo com a EC n. 103/2019) nas hipóteses de acumulação de cargos autorizadas pela Constituição: art. 37, XVI, da CF.
ROMPIMENTO DE VÍNCULO	Art. 40, §§ 14 a 16, da CF.
ACUMULAÇÃO DE PROVEN-TOS COM VENCIMENTOS	Art. 37, § 10, da CF.

14.10. DIREITOS E DEVERES INFRACONSTITUCIONAIS — LEI N. 8.112/90

A fixação, pela Constituição, das regras básicas relativas ao **regime dos servidores públicos** não esgota o tema, não impedindo o **legislador infraconstitucional** de discipliná-lo, inclusive, como se disse no início, inovando sobre ele, estabelecendo obrigações e direitos.

Sobre isso, importante atentar que a **matéria** relativa aos servidores públicos é daquelas **que comportam leis federais, estaduais, municipais e distritais**, cada qual, por óbvio, em seu campo de atuação.

Desse modo, perfeitamente possível que a matéria seja disciplinada de modo diferenciado nas diversas esferas de Governo, desde que respeitados os princípios estabelecidos pela Constituição Federal.

Tecidas as considerações iniciais, passaremos agora em revista alguns dos principais deveres e direitos atribuídos aos servidores, sendo necessário esclarecer que nossa análise se restringirá às previsões contidas na legislação federal.

14.10.1. Regime disciplinar

A matéria é disciplinada pela **Lei n. 8.112/90**, que, a partir de seu **art. 116**, trabalha com o regime disciplinar dos servidores, relacionando uma série de deveres, entre os quais destacamos o de observar as normas legais e regulamentares (inc. **III**), cumprir as ordens superiores, exceto quando manifestamente ilegais (inc. **IV**), guardar sigilo sobre assunto da repartição (inc. **VIII**), ser assíduo e pontual no serviço (inc. **X**).

Seguindo pelo tema, o legislador estabeleceu diversas proibições que incidem sobre o servidor na forma do disposto no **art. 117**, em que se destacam: retirar, sem prévia anuência da autoridade competente, qualquer documento ou objeto da repartição (inc. **II**), manter sob sua chefia imediata, em cargo ou função de confiança, cônjuge, companheiro ou parente até o segundo grau civil (inc. **VIII**), valer-se do cargo para lograr proveito pessoal ou de outrem, em detrimento da dignidade da função pública (inc. **IX**), receber propina, comissão, presente ou vantagem de qualquer espécie em razão de suas atribuições (inc. **XII**), utilizar pessoal ou recursos materiais da repartição em serviços ou atividades particulares (inc. **XVI**).

A caracterização do descumprimento de qualquer uma dessas situações relacionadas nos dois artigos abrirá ensejo para a aplicação de penalidades na forma prevista por essa lei.

Neste particular, oportuna a reprodução, uma vez mais do verbete da **Súmula 651 do STJ**, já apresentada no Capítulo 3, que atribui ao administrador e não ao magistrado a aplicação da pena de demissão pela prática de atos de improbidade administrativa. Confira-se:

> **SÚMULA 651 DO STJ:** Compete à autoridade administrativa aplicar a servidor público a pena de demissão em razão da prática de improbidade administrativa, independentemente de prévia condenação, por autoridade judicial, à perda da função pública.

14.10.2. Da responsabilidade

A **responsabilização do servidor** em vista das infrações por ele cometidas poderá verificar-se, em **caráter simultâneo**, nos campos **civil**, **penal** e **administrativo**, por serem independentes entre si, outra não sendo a orientação oferecida pelo legislador no **art. 125**:

> **Art. 125.** As sanções civis, penais e administrativas poderão cumular-se, sendo independentes entre si.

Por derradeiro, relevante anotar a previsão legal segundo a qual o **afastamento da responsabilidade administrativa** do servidor, em vista de **sentença penal que absolve**, só se verificará quando esta tiver por fundamento a **negativa** da existência **do fato ou da autoria**, a teor do disposto no **art. 126**:

> **Art. 126.** A responsabilidade administrativa do servidor será afastada no caso de absolvição criminal que negue a existência do fato ou sua autoria.

Observa-se, pois, que a **absolvição penal por si só não** tem o condão de **afastar** a **responsabilidade administrativa** do servidor, ficando na inteira dependência dos argumentos que a embasaram.

Com efeito, a **decisão** proferida pelo **Judiciário** absolvendo o servidor só terá **repercussão** na **esfera administrativa** se fundamentada pela **negativa** do **fato ou da autoria**, mas não se em vista de incidência de prescrição. Nesse sentido: STJ, AgInt na AR 6060 SP 2017/0140943-4, j. 16.11.2022, 1.ª S., *DJe* 22.11.2022; e STJ, REsp 1128572 SC 2009/0049041-1, Rel. Min. Sérgio Kukina, j. 20.04.2021, 1.ª T., *DJe* 28.04.2021.

Nesse contexto, cumpre registrar a **possibilidade** de o **Judiciário rever decisão** proferida pela **Administração** quando esta **afrontar princípios constitucionais**, em especial quando se revelar desproporcional.

Outra não foi a decisão proferida pelo **STF**, relatada pelo eminente **Ministro Carlos Britto**:

14 ◼ Servidores Públicos 613

"Embora o Judiciário não possa substituir-se à Administração na punição do servidor, pode determinar a esta, em homenagem ao princípio da proporcionalidade, a aplicação de pena menos severa, compatível com a falta cometida e a previsão legal" (STF, RMS 24.901, rel. Min. Carlos Britto, *DJU* 11.02.2005).

Quanto ao seu **perfil**, a responsabilidade do servidor é subjetiva, demandando a comprovação de culpa ou dolo, a teor do disposto no art. 122. Confira-se:

Art. 122. A responsabilidade civil decorre de ato omissivo ou comissivo, **doloso ou culposo**, que resulte em prejuízo ao erário ou a terceiros.

Nesse sentido, cumpre registrar que, posteriormente a edição dessa lei, em 2018, foi publicada a Lei n. 13.655 que, em seu art. 28, atribui responsabilidade ao servidor, por suas decisões, tão somente, em razão da configuração de dolo ou erro grosseiro. Confira-se:

Art. 28. O agente público responderá pessoalmente por suas decisões ou opiniões técnicas em caso de dolo ou erro grosseiro.

Por fim, nada obstante a diretriz constitucional de individualização da pena, art. 5.º, XLV, da CF, cumpre registrar que o mesmo dispositivo legitima a possibilidade de sua **extensão para os herdeiros**, no limite da herança recebida, mesma orientação adotada pelo legislador, no art. 122, § 3.º.

14.10.3. Penalidades

Sobre esse assunto, fixados os instrumentos previstos pelo legislador para a apuração de irregularidades praticadas pelos servidores, cumpre agora averiguar quais as **penalidades** que poderão incidir sobre eles.

Como se procurou demonstrar, a Constituição Federal atribuiu ao legislador ordinário a tarefa de estabelecer quais as espécies de **penalidades** a serem impostas aos **servidores**, podendo essa lista, assim, variar conforme a esfera de governo com a qual estivermos tratando, visto que a competência para legislar sobre a matéria pertence às quatro pessoas integrantes de nossa federação.

A título de exemplo, a **Lei n. 8.112/90** (Estatuto dos Servidores Públicos Civis da União) relaciona em seu **art. 127** as seguintes penalidades:

Art. 127. São penalidades disciplinares:

I — advertência;

II — suspensão;

III — demissão;

IV — cassação de aposentadoria ou disponibilidade;

V — destituição de cargo em comissão;

VI — destituição de função comissionada.

Importante mencionar que, em todas elas, a **aplicação de penalidades** deverá vir **acompanhada** dos **motivos** que lhe deram origem, **sob pena** de caracterização, nas hipóteses de **omissão** do administrador, de crime de **condescendência penal**, na forma do disposto no **art. 320 do CP**:

> **Art. 320.** Deixar o funcionário, por indulgência, de responsabilizar subordinado que cometeu infração no exercício do cargo ou, quando lhe falte competência, não levar o fato ao conhecimento da autoridade competente.

De resto, essa exigência derivada da **cláusula constitucional do devido processo legal** tem por objetivo permitir ao acusado a **ampla defesa** e o **contraditório**, encontrando-se materializada no **art. 128, parágrafo único**, da mesma lei:

> **Art. 128.** (...)
> Parágrafo único. O ato de imposição da penalidade mencionará sempre o fundamento legal e a causa da sanção disciplinar.

Oportuno também registrar que a aplicação de penalidades deverá ser antecedida de uma análise criteriosa por parte do administrador, que leve em consideração os itens relacionados no **art. 128** da lei ora em análise, cuja redação a seguir se reproduz:

> **Art. 128.** Na aplicação das penalidades serão consideradas a natureza e a gravidade da infração cometida, os danos que dela provierem para o serviço público, as circunstâncias agravantes ou atenuantes e os antecedentes funcionais.

Sem dúvida nenhuma, é **regra de extrema importância**, porque **impede** o administrador de **aplicar penalidades com ausência de critérios**, obrigando-o, ao contrário, a explicitar as razões que o levaram a aplicar ou deixar de aplicar penalidades diante das características que nortearam o caso concreto.

A leitura desse dispositivo legal revela tratar-se de uma **concretização dos princípios da razoabilidade, da proporcionalidade e da finalidade**, que devem nortear todas as atividades administrativas.

Assim, se a **pena aplicada** pelo administrador se revelar **incompatível** com a **situação concreta** colocada sob sua apreciação, se não levou ele em consideração os itens relacionados no **art. 128 da Lei n. 8.112/90**, a **sanção poderá ser anulada**, inclusive pelo Poder Judiciário, por tratar-se de aspectos relativos à legalidade do ato.

O mesmo cenário apresenta-se ao nível da Lei n. 13.655/2018 (LINDB), no seu art. 22, § 2.º. Confira-se:

> **Art. 22.** (...)
> § 2.º Na aplicação de sanções, serão consideradas a natureza e a gravidade da infração cometida, os danos que dela provierem para a administração pública, as circunstâncias agravantes ou atenuantes e os antecedentes do agente.

Nesse quadro, oportuna a reprodução, uma vez mais, da **Súmula 650 do STJ**, de **setembro de 2021**, apontando para a inexistência de discricionariedade do Administrador para aplicação de penalidades relacionadas ao longo do art. 132 da Lei n. 8.112/90. Confira-se:

14 ■ Servidores Públicos 615

> **SÚMULA 650:** A autoridade administrativa não dispõe de discricionariedade para aplicar ao servidor pena diversa de demissão quando caraterizadas as hipóteses previstas no art. 132 da Lei n. 8.112/90.

14.10.4. Prazos de prescrição

Nesse particular, cumpre observar que a **aplicação** dessas **sanções** disciplinares não fica ao livre critério do administrador também quanto ao prazo, devendo seguir, ao revés, as **regras de prescrição** estipuladas no art. 142.

Assim, para as infrações puníveis com demissão, cassação de aposentadoria ou disponibilidade e destituição de cargo em comissão, o legislador prevê prazo de **cinco anos**.

Por sua vez, para as infrações apenadas com suspensão, o prazo é de **dois anos**, e de **180 dias** para aquelas sancionadas com advertência.

Outrossim, quanto ao **marco inicial para a contagem desse prazo**, verifica-se aqui uma incongruência praticada pelo legislador, uma vez que abriu duas possibilidades distintas.

Assim é que, para as **infrações que não tenham implicações penais**, estabeleceu que o prazo começa a fluir a partir do instante em que o fato se tornou conhecido, na forma do **art. 142, § 1.º**, o que confere um caráter extremamente subjetivo a essa previsão.

Destarte, como é possível ter certeza acerca do exato momento em que a Administração tomou conhecimento do fato? Ainda se há de perquirir: basta que qualquer agente público tome conhecimento do fato ou somente por intermédio de uma autoridade?

De outra parte, em relação às **infrações que configurem também um ilícito penal**, a diretriz não foi a mesma, na medida em que se aplicam aqui as regras previstas no Código Penal, a teor do disposto no **§ 2.º**.

Por seu turno, no Diploma Penal, observa-se que o **prazo começa** a **fluir a partir do momento em que o fato se tornou conhecido**, o que confere alto grau de subjetividade, a ser apurado em cada caso concreto.

Dentro desse contexto, cumpre observar ainda que o **prazo** para apuração dessas irregularidades, em que pesem respeitáveis manifestações doutrinárias em sentido contrário, apresenta, por força da previsão estabelecida na **Lei n. 8.112/90, art. 142, § 3.º**, **natureza prescricional** e **não decadencial**, admitindo, pois, suspensão e interrupção. Confira-se:

> Art. 142. (...)
> § 3.º A abertura de sindicância ou a instauração de processo disciplinar interrompe a prescrição até a decisão final proferida por autoridade competente.

Por derradeiro, oportuno registrar que essa matéria foi objeto da **Súmula 635 do STJ**, editada em **junho de 2019**, com a seguinte redação:

> **SÚMULA 635 DO STJ:** Os prazos prescricionais previstos no art. 142 da Lei n. 8.112/1990 iniciam-se na data em que a autoridade competente para a abertura do procedimento administrativo toma conhecimento do fato, interrompem-se com o primeiro ato de instauração válido — sindicância de caráter punitivo ou processo disciplinar — e voltam a fluir por inteiro, após decorridos 140 dias desde a interrupção.

A edição dessa súmula promove **importante alteração no regime disciplinar** dos servidores públicos federais, em especial em sua parte final.

Com efeito, se por um lado não se visualiza nenhuma novidade quanto ao disposto no referido Diploma Legal, no que se refere ao marco inicial do prazo de prescrição, vale dizer, a data em que a autoridade toma conhecimento da irregularidade praticada, e nem quanto à **interrupção dos prazos prescricionais** a partir do primeiro ato de instauração válido quer da Sindicância ou do Processo Administrativo Disciplinar, o mesmo não se verifica quanto à **possibilidade de voltar ele a fluir, por inteiro, se ultrapassados 140 dias desde a interrupção**.

Trata-se de medida oportuna, uma vez que afasta a possibilidade, hoje recorrente, de os instrumentos voltados à apuração de irregularidades na esfera administrativa tramitarem de forma indefinida, muito além dos prazos de 30 e 60 dias fixados pela lei, por meio de infindáveis prorrogações, muitas sem justificativa, **colocando uma "camisa de força" no administrador negligente**.

Importante destacar ainda a decisão proferida em **07.09.2020**, pelo **STJ**, quando do julgamento do **AREsp 120.752**, em que concluiu que o **cerceamento de defesa em um PAD não impede a prescrição em ação de reintegração a cargo público**.

Assim, por maioria, entendeu que a ação de reintegração ao cargo foi proposta pouco antes do afastamento do funcionário completar uma década, e o prazo para a propositura da ação é de 5 anos, tendo ocorrido, assim, a prescrição.

14.10.5. Instrumentos para apuração de irregularidades: sindicância e processo disciplinar

De início, cumpre observar que as supostas **faltas** devem ser **apuradas** sempre **por intermédio** de **sindicância** ou de **processo** administrativo **disciplinar**, não se cogitando outra possibilidade.

Nesse particular, cumpre explicitar que a apuração de qualquer irregularidade praticada pelo servidor deverá ser permeada pelos princípios do **contraditório** e da **ampla defesa**, na forma disciplinada no **art. 5.º, LV, da CF**.

Com efeito, além de assegurar que ninguém será privado da sua liberdade e de seus bens sem o devido processo legal (inc. LIV), o constituinte assegurou, pela redação do inc. LV, o contraditório e ampla defesa na forma seguinte:

> **Art. 5.º** (...)
> LV — aos litigantes, em processo judicial ou administrativo, e aos acusados em geral são assegurados o contraditório e ampla defesa, com os meios e recursos a ela inerentes.

O dispositivo constitucional demonstra que a **regra** ali estabelecida deve ser **aplicada para** a **apuração** de **qualquer** sorte de **irregularidade** praticada pelos servidores, **seja qual for a sua natureza**, revelando-se oportuna a reprodução do seguinte precedente do **STF**, quando do julgamento, em **17.03.2023**, da **ADI 2.926/PR**. Confira-se:

> "É inconstitucional — por violar o devido processo legal (CF/1988, art. 5.º, LIV) e o princípio da não culpabilidade (CF/1988, art. 5.º, LVII) — norma estadual que prevê a supressão remuneratória de policial investigado em sede de sindicância. Não obstante, o

14 ■ Servidores Públicos

afastamento do acusado deve ser analisado à luz do caso concreto, com observância às garantias constitucionais do contraditório e da ampla defesa (CF/1988, art. 5.º, LV)."

Neste particular, importante deixar consignado que esses **requisitos** todos **também terão lugar** na **hipótese** de **flagrante** prática de qualquer sorte de ilegalidade.

Nesse sentido, oportuna a reprodução de precedente do **STJ**, em **9.8.2023**, quando do julgamento do **MS 22.750/DF**. Confira-se:

"A falta de intimação do servidor público, após a apresentação do relatório final pela comissão processante, em processo administrativo disciplinar, não configura ofensa às garantias do contraditório e da ampla defesa, ante a ausência de previsão legal".

Destarte, em situações dessa natureza, em que pese a impossibilidade de negativa por parte do servidor, tanto do ilícito praticado quanto de sua autoria, tem ele o **direito** de **justificar** a **conduta praticada**, com o **objetivo** de **alcançar** uma **desclassificação** da **sanção** inicialmente idealizada na portaria que inaugura o processo disciplinar.

Com efeito, por meio das justificativas apresentadas, o servidor pretende que se levem em consideração itens como as **atenuantes** e **agravantes** que **levaram** à **prática** do **ilícito**, que, aliás, resultam de expressa disposição legal, a teor do disposto no **art. 128 da Lei n. 8.112/90**, comportando exceção em relação a aplicação da pena de demissão, por força da Súmula 650 do STJ. Confira-se:

SÚMULA 650 DO STJ: A autoridade administrativa não dispõe de discricionariedade para aplicar ao servidor pena diversa de demissão quando caraterizadas as hipóteses previstas no art. 132 da Lei n. 8.112/1990.

Nesse sentido, de forma a concretizar ainda mais o direito ao **contraditório** e à **ampla defesa**, importante anotar a redação estabelecida no **art. 133 da Constituição Federal**, que representa talvez a maior conquista da OAB:

Art. 133. O advogado é indispensável à administração da justiça, sendo inviolável por seus atos e manifestações no exercício da profissão, nos limites da lei.

Nesse sentido ainda, oportuna a reprodução do **art. 156 da Lei n. 8.112/90**, que assegura ao servidor o direito de acompanhamento do processo por intermédio de procurador.

Art. 156. É assegurado ao servidor o direito de acompanhar o processo pessoalmente ou por intermédio de procurador, arrolar e reinquirir testemunhas, produzir provas e contraprovas e formular quesitos, quando se tratar de prova pericial.

Dentro desse contexto, cumpre observar que a **Suprema Corte** acabou por editar a **Súmula Vinculante 5**. Confira-se:

SÚMULA VINCULANTE 5: A falta de defesa técnica por advogado no processo administrativo disciplinar não ofende a Constituição.

Em relação a ela, a **Suprema Corte**, em **novembro** de **2016, rejeitou**, por 6 votos a 5, **proposta** de **cancelamento promovida** pela **OAB**, sob o argumento de que não haveria reiteradas decisões da Corte para a edição do verbete. Além disso, não seria possível aceitar que um leigo que não conhece o processo em sua complexidade pudesse ser incumbido de manejar ingredientes tão complicados de modo a promover um trabalho que seja minimamente eficiente e à altura dos postulados constitucionais.

Sobreleva notar que a **diretriz constitucional se aplica** também às apurações levadas a efeito por meio de **sindicância**, ainda que não se possa confundi-la com o conceito de processo administrativo disciplinar.

Destarte, ainda que a Constituição Federal nenhuma referência expressa tenha feito em relação à sindicância, também aqui se apresenta a necessidade de conferir contraditório e ampla defesa, na medida em que dela pode resultar a aplicação de sanções.

Outra não foi a orientação dada pelo próprio legislador, consoante se verifica na redação do **art. 143 da Lei n. 8.112/90**, a seguir reproduzida:

> **Art. 143.** A autoridade que tiver ciência de irregularidade no serviço público é obrigada a promover a sua apuração imediata, mediante sindicância ou processo administrativo disciplinar, assegurada ao acusado ampla defesa.

O **aspecto comum entre a sindicância e o processo** administrativo disciplinar está, portanto, no fato de que ambos surgem como instrumentos voltados à apuração de irregularidades praticadas pelo servidor.

Sem embargo, cumpre observar que o **campo** de **atuação** reservado pelo legislador para as **sindicâncias** é muito mais **restrito, uma vez que são voltadas a apurar infrações que comportem no máximo a suspensão por até 30 dias**.

Em outras palavras, o administrador somente poderá lançar mão da sindicância para a apuração de irregularidades de porte médio que comportem a sanção acima mencionada, a teor do disposto no **art. 145 da Lei n. 8.112/90**, que a seguir se reproduz:

> **Art. 145.** Da sindicância poderá resultar:
> I — arquivamento do processo;
> **II — aplicação de penalidade de advertência ou suspensão de até 30 (trinta) dias**;
> III — instauração de processo disciplinar.

Com relação ao **prazo para a conclusão da sindicância**, não poderá ele exceder os 30 dias, conforme se verifica da redação do **parágrafo único**:

> **Art. 145.** (...)
> Parágrafo único. O prazo para conclusão da sindicância não excederá 30 (trinta) dias, podendo ser prorrogado por igual período, a critério da autoridade superior.

Nesse contexto, resulta clara a conclusão segundo a qual o legislador delimitou o campo de atuação desses dois instrumentos, limitando a sindicância para aquelas infrações mais brandas e o **processo disciplinar** para as demais, em **caráter obrigatório**, a teor do disposto no **art. 146**.

14 ■ Servidores Públicos

Art. 146. Sempre que o ilícito praticado pelo servidor ensejar a imposição de penalidade de suspensão por mais de 30 (trinta) dias, de demissão, cassação de aposentadoria ou disponibilidade, ou destituição de cargo em comissão, será obrigatória a instauração de processo disciplinar.

Essa observação revela-se importante, uma vez que demanda a interpretação conjunta do dispositivo colacionado com o **art. 148**, cuja redação a seguir se reproduz:

Art. 148. O processo disciplinar é o instrumento destinado a apurar responsabilidade de servidor por infração praticada no exercício de suas atribuições, ou que tenha relação com as atribuições do cargo em que se encontre investido.

A leitura conjunta dos dois dispositivos deixa entrever a intenção do legislador de tornar **obrigatória** a **abertura** de **processo disciplinar** quando o ilícito ensejar **penalidade** de **suspensão superior** a **30 dias**, não descartando, no entanto, a possibilidade de sua utilização também para as hipóteses que comportam sindicância.

14.10.5.1. *Fases do processo disciplinar*

De outra parte, em razão da gravidade das ilicitudes que comportam **processo administrativo disciplinar**, sua estrutura de desenvolvimento revela-se mais complexa do que a prevista para a sindicância, comportando **três fases** diferentes, sintetizadas na redação do **art. 151**. Confira-se:

Art. 151. O processo disciplinar se desenvolve nas seguintes fases:
I — instauração, com a publicação do ato que constituir a comissão;
II — inquérito administrativo, que compreende instrução, defesa e relatório;
III — julgamento.

Dentro desse contexto, importante anotar que, no curso desse **processo disciplinar**, surge a obrigação do administrador de dar **cumprimento** a algumas **exigências** que resultam de princípios constitucionais, sumariadas da seguinte forma:

a) **obrigação de apuração dos fatos:** resulta ela do princípio da oficialidade;

b) **obrigação de oferecer devido processo legal:** resultante da regra estabelecida no art. 5.º, LV, da CF, a ser aplicada mesmo na hipótese de flagrante, uma vez que, ainda que o servidor não possa negar nem o fato nem sua autoria, tem o direito de apresentar suas razões, evitando-se, inclusive, a aplicação do princípio da verdade sabida;

c) **obrigação de produzir provas:** de forma a justificar a imposição de eventual penalidade em razão do princípio da presunção de inocência, estabelecido no art. 5.º, LVII;

d) **obrigação de decidir:** de forma a impedir que o processo possa ficar paralisado indefinidamente, colocando o servidor à mercê do administrador. Essa questão, inclusive, mereceu especial atenção na Lei n. 9.784/99, que regula os processos na área federal, em especial nos arts. 48 e 49;

e) **obrigação de motivar seus atos e decisões:** para que se possa estabelecer um controle de legalidade. A propósito, não será demasiado relembrar que motivar implica oferecer o fundamento legal e a causa da sanção disciplinar, conforme se verifica no art. 128, parágrafo único, da Lei n. 8.112/90;

f) obrigação de encerrar o processo em prazo razoável: considerando que este passou a ser um direito fundamental, a teor do disposto no art. 5.º, LXXVIII, da CF.

A propósito, confira-se decisão proferida pelo **STF**, em **02.05.2023**, quando do julgamento da **ADI 6.591/DF**:

> "É constitucional norma estadual que impede a exoneração a pedido e a aposentadoria voluntária de servidor que responde a processo administrativo disciplinar (PAD). Contudo, é possível conceder a aposentadoria ao investigado quando a conclusão do PAD não observar prazo razoável."

Dentro desse contexto, importante anotar, inicialmente, que a **fase de instauração** verifica-se com a **publicação** de uma **portaria** que deverá, no mínimo, em respeito ao princípio do devido processo legal, **descrever** detalhadamente a **suposta conduta irregular** praticada pelo servidor, **bem como seu enquadramento legal**, que poderá ser alterado no curso do processo, sem a configuração de ilegalidade, desde que oferecida a ampla defesa, entendimento consolidado no âmbito do **STJ**, com a edição, **em 11.09.2024**, da **Súmula 672**. Confira-se:

> **SÚMULA 672 DO STJ:** A alteração da capitulação legal da conduta do servidor, **por si só**, não enseja a nulidade do processo administrativo disciplinar.

A **publicação** da **referida portaria** e, como corolário, do processo administrativo disciplinar, em que pese o silêncio da Lei, **poderá se verificar como resultado de denúncia anônima** desde que apurada a sua consistência, tese consolidada ao nível do **STJ**, através da publicação, em **maio de 2018**, da **Súmula 611**. Confira-se:

> **SÚMULA 611 DO STJ:** Desde que devidamente motivada e com amparo em investigação ou sindicância, é permitida a instauração de processo administrativo disciplinar com base em denúncia anônima, em face do poder-dever de autotutela imposto à Administração.

Ainda em relação à portaria de instauração do processo administrativo disciplinar, oportuno destacar a edição, em **fevereiro de 2020**, da Súmula 641 do STJ, com o seguinte verbete:

> **SÚMULA 641:** A portaria de instauração do processo administrativo disciplinar prescinde da exposição detalhada dos fatos a serem apurados.

Outrossim, estabelece o legislador, em respeito aos princípios da impessoalidade e da segurança das relações jurídicas, que essa **comissão** será **conduzida apenas** por **servidores estáveis**, em número de três, de forma a diminuir pressões de todo tipo que possam vir de autoridades superiores, consoante a previsão estabelecida no **art. 149**.

Em relação a seu **presidente**, o mesmo dispositivo acrescenta que deverá ser ele ocupante de **cargo** efetivo **superior** ou de mesmo nível, ou ter **nível** de **escolaridade igual** ou **superior** ao do **indiciado**.

Importante observar ainda que, quando da **abertura** desse **processo**, possível determinar o **afastamento** do **servidor (art. 147)** se caracterizados os indícios de que sua manutenção no cargo possa comprometer a fase de produção de provas.

O **afastamento** cautelar se dá **até** o **final** do **processo**, sem prejuízo da remuneração.

De outra parte, em relação à fase denominada inquérito administrativo, como demonstra o legislador (art. 151), corresponde a etapa da instrução (produção de provas), defesa e relatório final apresentado pela comissão processante à autoridade competente para o julgamento.

A esse respeito, confiram-se as seguintes súmulas:

SÚMULA 591 DO STJ: É permitida a prova emprestada no processo administrativo disciplinar, desde que devidamente autorizada pelo juízo competente e respeitados o contraditório e a ampla defesa.

SÚMULA VINCULANTE 5: A falta de defesa técnica por advogado no processo administrativo disciplinar não ofende a Constituição.

Neste particular, oportuno registrar o **cancelamento** em **03.05.2021** da **Súmula 343 do STJ**, que tratava da presença de advogado no processo administrativo disciplinar. "É obrigatória a presença de advogado em todas as fases do processo administrativo disciplinar".

Importante, ainda, conferir decisão proferida pelo **STF**, em **09.12.2022**, quando do julgamento do **ARE 1.316.369/DF**, que resultou na seguinte tese:

"São inadmissíveis, em processos administrativos de qualquer espécie, provas consideradas ilícitas pelo Poder Judiciário."

Por fim, na **fase do julgamento** será proferida a decisão pela autoridade competente, nos termos estabelecidos pelo **art. 141:**

Art. 141. As penalidades disciplinares serão aplicadas:

I — pelo Presidente da República, pelos Presidentes das Casas do Poder Legislativo e dos Tribunais Federais e pelo Procurador-Geral da República, quando se tratar de demissão e cassação de aposentadoria ou disponibilidade de servidor vinculado ao respectivo Poder, órgão, ou entidade;

II — pelas autoridades administrativas de hierarquia imediatamente inferior àquelas mencionadas no inciso anterior quando se tratar de suspensão superior a 30 (trinta) dias;

III — pelo chefe da repartição e outras autoridades na forma dos respectivos regimentos ou regulamentos, nos casos de advertência ou de suspensão de até 30 (trinta) dias;

IV — pela autoridade que houver feito a nomeação, quando se tratar de destituição de cargo em comissão.

Nesse sentido, oportuno registrar que o **prazo** razoável para sua **conclusão** foi aquele estabelecido pelo legislador: **60 dias**, nos termos do **art. 152**, a seguir reproduzido:

Art. 152. O prazo para a conclusão do processo disciplinar não excederá 60 (sessenta) dias, contados da data de publicação do ato que constituir a comissão, admitida a sua prorrogação por igual prazo, quando as circunstâncias o exigirem.

Dessa forma, levando ainda em consideração que o legislador ofereceu **20 dias contados** do **recebimento do processo** para que a autoridade profira sua decisão **(art. 167)**, tem-se que o **prazo final** para a conclusão do processo **será de 140 dias**.

Por fim, uma questão ainda é merecedora de comentários: se o **julgamento ocorrer depois** de **expirado** o **prazo** estabelecido pelo legislador, qual será a consequência? A solução encontra-se prevista no **art. 169, § 1.º**, que a seguir se reproduz:

Art. 169. (...)
§ 1.º O julgamento fora do prazo legal não implica nulidade do processo.

Sem embargo, entendemos que esse dispositivo é de **constitucionalidade duvidosa**, em especial por afrontar a redação estabelecida no **art. 5.º, LXXVIII, da CF**, que, por sua vez, materializa os princípios da segurança e da estabilidade das relações jurídicas, bem como o da eficiência.

Destarte, o dispositivo legal acaba por permitir que o processo administrativo disciplinar possa se estender indefinidamente, gerando insegurança, instabilidade, contrariando a diretriz constitucional.

Nesse sentido, o **STJ** acabou por equacionar a questão ao editar, **em setembro de 2017**, a **Súmula 592**. Confira-se:

SÚMULA 592 DO STJ: O excesso de prazo para a conclusão do processo administrativo disciplinar só causa nulidade se houver demonstração de prejuízo à defesa.

A propósito, confira-se decisão proferida pelo **STJ**, em **09.05.2023**, quando do julgamento do **AgInt no RMS 69.803/CE**, legitimando prorrogação de PAD, frente a não demonstração de prejuízo:

"A prorrogação do processo administrativo disciplinar, por si, não pode ser reconhecida como causa apta a ensejar nulidade, porque não demonstrado o prejuízo consequente dessa prorrogação".

Outrossim, cumpre relembrar que, em nome desses princípios, a prescrição é que surge como direito fundamental e não o contrário. Assim, as **hipóteses de imprescritibilidade serão tão somente aquelas que tiverem expressa previsão constitucional**, consoante se verifica das situações descritas no art. 5.º, XLII (racismo) e XLIV (crimes contra o Estado Democrático de Direito), e no art. 37, § 5.º (para as ações de ressarcimento em face do agente responsável).

Entendemos que a situação descrita no **art. 169, § 1.º**, só se justificaria excepcionalmente e desde que em vista da complexidade do tema (necessidade de perícias, exames

14 ■ Servidores Públicos
623

de sanidade) ou de falta de lealdade, de boa-fé do servidor investigado (por meio de atitudes meramente protelatórias).

14.10.6. Procedimento disciplinar sumário

Necessário ainda estabelecer comentários acerca da previsão legal sobre a adoção de procedimento **disciplinar sumário** quando se tratar de apuração de irregularidade relacionada à acumulação ilegal de cargos, abandono de cargo e inassiduidade habitual.

Em relação a acumulação ilegal de cargos a matéria encontra-se disciplinada no **art. 133 da Lei n. 8.112/90**, nos seguintes termos:

> **Art. 133.** Detectada a qualquer tempo a acumulação ilegal de cargos, empregos ou funções públicas, a autoridade a que se refere o art. 143 notificará o servidor, por intermédio de sua chefia imediata, para apresentar opção no prazo improrrogável de dez dias, contados da data da ciência e, na hipótese de omissão, adotará procedimento sumário para a sua apuração e regularização imediata, cujo processo administrativo disciplinar se desenvolverá nas seguintes fases:
>
> I — instauração, com a publicação do ato que constituir a comissão, a ser composta por dois servidores estáveis, e simultaneamente indicar a autoria e a materialidade da transgressão objeto da apuração;
>
> II — instrução sumária, que compreende indiciação, defesa e relatório;
>
> III — julgamento.

Do dispositivo reproduzido destaca-se a **possibilidade atribuída ao servidor**, depois de devidamente notificado acerca da acumulação ilegal, de **optar por um dos cargos**, o que evitaria a abertura do procedimento sumário.

Exercendo ele o **direito de opção**, a questão será resolvida com a exoneração do outro cargo, a teor do disposto no § 5.º:

> § 5.º A opção pelo servidor até o último dia de prazo para defesa configurará sua boa-fé, hipótese em que se converterá automaticamente em pedido de exoneração do outro cargo.

Na **hipótese** de **omissão do servidor quanto à possibilidade de opção** que lhe foi atribuída pelo legislador, restará configurada a acumulação ilegal e comprovada sua má-fé, aplicando-se a **pena de demissão**, nos termos do § 6.º. Confira-se:

> § 6.º Caracterizada a acumulação ilegal e provada a má-fé, aplicar-se-á a pena de demissão, destituição ou cassação de aposentadoria ou disponibilidade em relação aos cargos, empregos ou funções públicas em regime de acumulação ilegal, hipótese em que os órgãos ou entidades de vinculação serão comunicados.

Por derradeiro, cumpre destacar que este **procedimento sumário apresenta prazo reduzido**, não podendo exceder sua conclusão a **30 dias**, comportando prorrogação, nos termos do § 7.º. Confira-se:

> § 7.º O prazo para a conclusão do processo administrativo disciplinar submetido ao rito sumário não excederá trinta dias, contados da data de publicação do ato que constituir

624 Direito Administrativo Esquematizado   *Celso Spitzcovsky*

a comissão, admitida a sua prorrogação por até quinze dias, quando as circunstâncias o exigirem.

Dentro desse contexto, como já noticiado, a adoção desse **procedimento sumário estende-se à hipótese de abandono de cargo e inassiduidade habitual**, nos termos do **art. 140**. Confira-se:

> **Art. 140.** Na apuração de **abandono de cargo ou inassiduidade habitual**, também será adotado o procedimento sumário a que se refere o art. 133, observando-se especialmente que:
>
> I — a indicação da materialidade dar-se-á
>
> a) na **hipótese de abandono de cargo**, pela indicação precisa do período de ausência intencional do servidor ao serviço superior a trinta dias;
>
> b) no **caso de inassiduidade habitual**, pela indicação dos dias de falta ao serviço sem causa justificada, por período igual ou superior a sessenta dias interpoladamente, durante o período de doze meses;
>
> II — após a apresentação da defesa a comissão elaborará relatório conclusivo quanto à inocência ou à responsabilidade do servidor, em que resumirá as peças principais dos autos, indicará o respectivo dispositivo legal, opinará, na hipótese de abandono de cargo, sobre a intencionalidade da ausência ao serviço superior a trinta dias e remeterá o processo à autoridade instauradora para julgamento.

A leitura do dispositivo reproduzido autoriza a conclusão segundo a qual a **configuração da irregularidade** ali descrita **exige a comprovação de intencionalidade** por parte do servidor, vale dizer, o dolo.

Nesse particular, oportuna reprodução de **precedente do STJ**, quando do julgamento, **em 10.05.2021**, do **AgInt nos EDcl no RMS 57.202/MS, em que a Corte apreciando questão envolvendo abandono de cargo decidiu:**

> "1. A jurisprudência desta Corte reconhece que para a tipificação da infração administrativa de **abandono de cargo**, punível com **demissão**, faz-se necessário investigar a **intenção** deliberada do servidor de **abandonar o cargo**. Precedentes".

14.10.7. Pedido de revisão

Proferida a decisão na esfera administrativa, importante ressaltar não ter ela força de coisa julgada, uma vez que terá o servidor a possibilidade de ingressar com **pedido de revisão**.

Para revisão dessa decisão, a lei prescreve o **pedido**, que **poderá** ser **formulado** a **qualquer tempo** em razão de **fatos novos** ou, ainda, por força da **inadequação da penalidade** aplicada **(art. 174 da Lei n. 8.112/90)**.

A **legitimidade** para a propositura desse pedido pertence ao próprio **servidor** ou a **qualquer pessoa da família**, em caso de falecimento ou ausência, a teor do disposto no **art. 174, § 1.º**.

14 ◼ Servidores Públicos 625

O pedido de revisão deverá ser **encaminhado** para o **Ministro** de **Estado** ou autoridade equivalente, que, se o deferir, encaminhará para julgamento pela mesma autoridade responsável pela decisão anterior **(arts. 177 e 181)**.

Por derradeiro, cumpre estabelecer que, se **julgada procedente** a **revisão**, será declarada sem efeito a penalidade anteriormente aplicada, restabelecendo-se todos os direitos do servidor **(art. 182)**.

Nesse contexto, sobreleva notar ainda que a **revisão** do **processo não poderá resultar no agravamento da penalidade** anteriormente imposta **(art. 182, parágrafo único)**, a menos que os fatos novos apresentados autorizem decisão em sentido contrário, conforme têm entendido os Tribunais, em especial o Superior Tribunal de Justiça.

Assim sendo, se por ocasião do pedido de revisão ficar demonstrado que a **irregularidade** praticada pelo servidor é muito **mais grave** do que aquela inicialmente apreciada, com certeza **o agravamento da sanção será possível**.

Como arremate deste tema, oportuna a reprodução de algumas das teses já consolidadas no nível do STJ:

1) O **controle judicial no processo administrativo disciplinar**: restringe-se ao exame da regularidade do procedimento e da legalidade do ato, à luz dos princípios do contraditório, da ampla defesa e do devido processo legal, não sendo possível nenhuma incursão no mérito administrativo, ressalvadas as hipóteses de flagrante ilegalidade, teratologia ou manifesta desproporcionalidade da sanção aplicada. **Súmula 665/STJ**.

2) **Aplicação subsidiária da Lei n. 8.112/90 a Estados e Municípios**: revela-se possível, nas hipóteses em que existam lacunas nas leis locais que regem os servidores públicos. **RMS 60.493/PR, Rel. Min. Herman Benjamin, Segunda Turma, julgado em 19.09.2019, *DJe* 11.10.2019**.

3) **Superação de irregularidades ocorridas durante a sindicância**: instaurado o competente processo administrativo disciplinar, fica superado o exame de eventuais irregularidades ocorridas durante a sindicância. **MS 20994/DF, Rel. Min. Mauro Campbell Marques, Primeira Seção, julgado em 25.05.2016, *DJe* 06.06.2016**.

4) **Substituição de membros da comissão processante**: é possível, desde que respeitados, quanto aos membros designados, os requisitos insculpidos no art. 149 da Lei n. 8.112/90. **MS 21.898/DF, Rel. Min. Regina Helena Costa, Primeira Seção, julgado em 23.05.2018, *DJe* 01.06.2018**.

5) **Imparcialidade de membro de comissão processante**: não fica prejudicada tão somente por este compor mais de uma comissão processante instituída para apuração de fatos distintos que envolvam o mesmo servidor. **MS 21.773/DF, Rel. Min. Benedito Gonçalves, Primeira Seção, julgado em 23.10.2019, *DJe* 28.10.2019**.

6) **Composição de comissão de processo administrativo disciplinar**: é possível a designação de servidores lotados em órgão diverso daquele em que atua o servidor investigado, não existindo óbice nas legislações que disciplinam a apuração das infrações funcionais. **MS 17.796/DF, Rel. Min. Napoleão Nunes Maia Filho, Rel. p/ Acórdão Ministra Assusete Magalhães, Primeira Seção, julgado em 25.09.2019, *DJe* 19.11.2019**.

7) **Decretação de nulidade no processo administrativo disciplinar**: depende da demonstração do efetivo prejuízo para as partes, à luz do princípio *pas de nullité sans grief.* **MS 24.672/DF, Rel. Min. Herman Benjamin, Primeira Seção, julgado em 10.06.2020,** *DJe* **05.08.2020**.

8) **Independência das instâncias administrativa e penal**: salvo quando reconhecida a inexistência do fato ou a negativa de autoria na esfera criminal. **AgInt no RMS 62007/SC, Rel. Min. Mauro Campbell Marques, Segunda Turma, julgado em 22.04.2020,** *DJe* **27.04.2020**.

9) **Discrepância entre a penalidade sugerida pela comissão disciplinar e a aplicada pela autoridade julgadora**: possível, desde que a conclusão lançada no relatório final não guarde sintonia com as provas dos autos e a sanção imposta esteja devidamente motivada. **MS 21.773/DF, Rel. Min. Benedito Gonçalves, Primeira Seção, julgado em 23.10.2019,** *DJe* **28.10.2019**.

10) **Discricionariedade**: a Administração Pública, quando se depara com situação em que a conduta do investigado se amolda às hipóteses de demissão ou de cassação de aposentadoria, não dispõe de discricionariedade para aplicar pena menos gravosa por se tratar de ato vinculado. **MS 17.054/DF, Rel. Min. Regina Helena Costa, Primeira Seção, julgado em 11.12.2019,** *DJe* **13.12.2019**, posição **ratificada** quando da edição, **em setembro de 2021, da Súmula 650 do STJ**.

11) **Abandono de cargo — dolo**: a demonstração do ânimo específico de abandonar o cargo público que ocupa (*animus abandonandi*) é necessária para tipificar conduta de servidor como prática de infração administrativa de abandono de cargo. **MS 22.566/ DF, Rel. Min. Napoleão Nunes Maia Filho, Primeira Seção, julgado em 27.11.2019,** *DJe* **29.11.2019**.

12) **Agravamento da sanção**: da revisão do PAD não poderá resultar agravamento da sanção aplicada, em virtude da proibição do *bis in idem* e da *reformatio in pejus*. **RMS 61317/MG, Rel. Min. Sérgio Kukina, Primeira Turma, julgado em 11.02.2020,** *DJe* **20.02.2020**.

Para melhor visualização deste item, observe-se o quadro:

DEVERES	Localizados no art. 116 da Lei n. 8.112/90.
PROIBIÇÕES	Localizados no art. 117 da Lei n. 8.112/90.
SANÇÕES	Localizadas no art. 127 da Lei n. 8.112/90: ⬛ advertência; ⬛ suspensão; ⬛ demissão; ⬛ cassação de aposentadoria ou disponibilidade; ⬛ destituição de cargo em comissão; ⬛ destituição de função comissionada.
MOTIVAÇÃO	A necessidade de motivação envolve o cumprimento dos quatro itens localizados no art. 128 da Lei n. 8.112/90. ⬛ natureza e gravidade da infração cometida; ⬛ os danos que causou; ⬛ as agravantes e atenuantes no caso concreto; ⬛ antecedentes do servidor.

14 ▪ Servidores Públicos

COMPETÊNCIA	A competência para a aplicação de sanções varia conforme a gravidade da infração cometida: art. 141 da Lei n. 8.112/90. ▪ pelo Presidente da República, pelos Presidentes das Casas do Poder Legislativo e dos Tribunais Federais e pelo Procurador-Geral da República, quando se tratar de demissão e cassação de aposentadoria ou disponibilidade de servidor vinculado ao respectivo Poder, órgão, ou entidade; ▪ pelas autoridades administrativas de hierarquia imediatamente inferior àquelas mencionadas no inciso anterior, quando se tratar de suspensão superior a 30 dias; ▪ pelo chefe da repartição e outras autoridades na forma dos respectivos regimentos ou regulamentos, nos casos de advertência ou de suspensão de até 30 dias; ▪ pela autoridade que houver feito a nomeação, quando se tratar de destituição de cargo em comissão.
RESPONSABILIDADE	A responsabilidade dos servidores encontra-se prevista nos arts. 121 a 126 da Lei n. 8.112/90, destacando-se os seguintes itens: ▪ extensão: nas esferas civil, administrativa e penal, independentes entre si, com a exceção do art. 126, *a*, para a hipótese de negação do ilícito ou de autoria em que a decisão judicial obriga a Administração; ▪ perfil: subjetiva; ▪ extensão para herdeiros: possível no limite da herança recebida.
PRESCRIÇÃO	Os prazos de prescrição encontram-se previstos no art. 142 da Lei n. 8.112/90, variando conforme a gravidade da infração, nos seguintes termos: ▪ 5 anos, quanto às infrações puníveis com demissão, cassação de aposentadoria ou disponibilidade e destituição de cargo em comissão; ▪ 2 anos, quanto à suspensão; ▪ 180 dias, quanto à advertência. **Início do prazo:** a partir do momento em que a Administração toma conhecimento da infração cometida (art. 142, § 1.º). **Interrupção do prazo:** com a abertura de sindicância ou processo administrativo disciplinar (art. 142, § 3.º).
INSTRUMENTOS PARA A APURAÇÃO DE IRREGULARIDADES	**Espécies:** sindicância e processo administrativo disciplinar: art. 143 da Lei n. 8.112/90. **Limite:** a sindicância só pode ser utilizada para a apuração de irregularidades que comportem a pena de suspensão por até 30 dias: art. 145 da Lei n. 8.112/90. **Fases do processo:** abertura (mediante portaria) de inquérito administrativo (produção de provas e julgamento). Art. 151 da Lei n. 8.112/90. **Requisito para aplicação de sanções:** oferecimento de contraditório e ampla defesa, mesmo na hipótese de flagrante. **Súmula:** Vinculante 5 do STF.
PEDIDO DE REVISÃO	**Fatos geradores:** fato novo ou inadequação da pena: art. 174. **Prazo:** a qualquer tempo: art. 174. **Legitimidade para a propositura:** o servidor, qualquer pessoa da família ou ainda o Ministério Público: art. 174, §§ 1.º e 2.º. **Competência:** será direcionado ao Ministro de Estado ou autoridade equivalente: art. 177. **Efeitos da decisão:** julgado procedente o pedido, proíbe-se o agravamento da pena: art. 182, parágrafo único.

14.10.8. Direitos e vantagens

De outra parte, se o legislador confere deveres, obrigações, em caráter cogente ao servidor público, também atribui a ele **direitos** traduzidos por meio de **vantagens pecuniárias ou não**.

A título de exemplo, o legislador federal, a partir do **art. 40 da Lei n. 8.112/90**, disciplina o tema, relacionando como direito maior aquele relativo à obtenção de **remu-**

neração e como demais **vantagens as gratificações adicionais, licenças e indenizações**, cada qual com fato gerador diferenciado, e podendo ser relacionada de maneira também diferenciada por esfera de governo.

Em relação à sua **remuneração**, importante destacar o conceito adotado pelo legislador (art. 41, *caput*), bem como a preservação da diretriz constitucional, garantindo sua **irredutibilidade** nos termos previstos no **art. 41, § 3.º**, como se vê:

> **Art. 41.** Remuneração é o vencimento do cargo efetivo, acrescido das vantagens pecuniárias permanentes estabelecidas em lei.
>
> § 3.º O vencimento do cargo efetivo, acrescido das vantagens de caráter permanente, é irredutível.

Ainda sobre a **remuneração**, nenhum **desconto** poderá incidir sobre ela, como regra geral, que só encontra exceção quando derivar de imposição legal ou mandado judicial **(art. 45)**.

Merece também destaque a questão referente a possibilidade, ou não, de **devolução pelos servidores, de valores percebidos de forma ilegal, demandando análise do art. 46.**

Nesse sentido, oportuna a reprodução de **precedente** do **STJ**, quando do julgamento, em **10.03.2021**, do **REsp 1.769.306/AL**, em que **a Corte, sobre a devolução de valores percebidos de forma ilegal, concluiu:**

> "Servidor público. **Devolução de valores recebidos. Artigo 46, *caput*, da Lei n. 8.112/1990. Revisão da tese definida no Tema repetitivo 531/STJ.** Ausência de alcance nos casos de pagamento indevido decorrente de erro de cálculo ou operacional da administração pública. Possibilidade de devolução. Salvo inequívoca presença da boa-fé objetiva. Tema 1009."

> "(...) impossibilitar a devolução dos valores recebidos indevidamente por erro perceptível da Administração Pública, sem a análise do caso concreto da boa-fé objetiva, permitiria o enriquecimento sem causa por parte do servidor, em flagrante violação do artigo 884 do Código Civil."

Estipulou ainda o legislador que a **remuneração não poderá ser objeto de arresto, sequestro ou penhora, salvo se hipótese de prestação de alimentos resultante de decisão judicial (art. 48)**.

De outra parte, além do vencimento, o legislador, também consagra **vantagens** para o servidor, algumas de caráter pecuniário, outras, não.

De início, cumpre observar aquelas que apresentam o perfil pecuniário, relacionadas no **art. 49**:

> **Art. 49.** Além do vencimento, poderão ser pagas ao servidor as seguintes vantagens:
> I — indenizações;
> II — gratificações;
> III — adicionais.

A leitura do dispositivo reproduzido permite visualizar o equívoco cometido pelo legislador, ao incluir no elenco de vantagens as indenizações, eis que não implicam nenhum acréscimo patrimonial, a exemplo das demais vantagens ali relacionadas.

14 ▣ Servidores Públicos

Com efeito, autorizam apenas o ressarcimento, a compensação do servidor, em razão de dispensas realizadas no exercício de atribuições do cargo.

De resto, a diferenciação entre vantagens e verba indenizatória foi estabelecida pela própria CF, ao incluir as primeiras no teto e excluir a última dele, a teor do disposto, respectivamente, nos arts. 37, XI, e 37, § 11.

De outra parte, as **vantagens** relacionadas nesse dispositivo legal apresentam **de comum entre si** o **caráter pecuniário**, e, pelas características particulares de cada um, somente as gratificações e os adicionais admitem incorporação ao vencimento do servidor, nos casos e condições indicados em lei **(art. 49, § 2.º)**.

O fato a ser ressaltado é que, ao estabelecer esses direitos, assim como visto para as obrigações, não pode o legislador ordinário deixar de reconhecer a relação mínima fixada pela Constituição Federal, só podendo, aliás, ir além dela se respeitados os princípios nela fixados.

Assim, no **âmbito federal**, surgem, entre outros, a **gratificação pelo exercício de função de direção, chefia e assessoramento (art. 61, I); adicional pelo exercício de atividades insalubres, perigosas ou penosas (art. 61, IV); adicional de férias (art. 61, VII)**.

A propósito do tema, oportuna a reprodução de trecho da obra de **Hely Lopes Meirelles**[1] em que o reconhecido administrativista estabelece uma comparação entre adicionais e gratificações:

"O que caracteriza o adicional e o distingue da gratificação é o ser aquele uma recompensa ao tempo do servidor, ou uma retribuição pelo desempenho de funções especiais que refogem da rotina burocrática, e esta, uma compensação por serviços comuns executados em condições anormais para o servidor, ou uma ajuda pessoal em face de certas situações que agravam o orçamento do servido. O adicional relaciona-se com o tempo ou com a função; a gratificação relaciona-se com o serviço ou com o servidor".

Entre as vantagens de caráter remuneratório, o legislador relacionou, também, as indenizações que podem ser discriminadas na forma seguinte:

a) ajuda de custo, destinada a compensar as despesas do servidor, quando transferido para uma nova sede no interesse da Administração (art. 53);

b) diárias, destinadas a compensar as despesas do servidor com o afastamento temporário da sede a serviço (art. 58);

c) indenização de transporte destinada a compensar as despesas do servidor com a utilização de meio próprio de locomoção para execução de serviços externos relacionados às suas atribuições (art. 60);

d) auxílio-moradia, que consiste no ressarcimento das despesas comprovadamente realizadas pelo servidor com aluguel de moradia ou com meio de hospedagem administrado por empresa hoteleira, no prazo de um mês após a comprovação da despesa pelo servidor (art. 60-A).

---

[1] *Direito administrativo brasileiro*. 24. ed. São Paulo: Malheiros, 1999, p. 432-433.

Acerca das diárias, oportuna a reprodução de **precedente do STJ**, quando do julgamento, **em 28.09.2021, do REsp 1.542.852-PE**, concluindo-se pela impossibilidade de atribuição dessa vantagem fora da circunscrição em que o agente titulariza o cargo. Confira-se:

> "Policial Federal. **Deslocamentos dentro da circunscrição. Exigência permanente do cargo. Diárias. Impossibilidade.**
> Policiais Federais fazem jus ao pagamento de diárias apenas no caso de deslocamentos que ultrapassem a circunscrição oficial da sua unidade de lotação, a título de indenização por despesas extraordinárias."

Por fim, cumpre registrar a **declaração de inconstitucionalidade** do "**salário-esposa**" pelo **STF**, quando do julgamento, em **06.02.2023**, das **ADPFs 860/SP e 879/SP**, nos seguintes termos:

> "O pagamento de 'salário-esposa' a trabalhadores urbanos e rurais, e a servidores públicos, viola regra expressa da Constituição de 1988 (art. 7.º, XXX e art. 39, § 3.º), e os princípios republicano, da igualdade, da moralidade e da razoabilidade."

14.10.9. Das licenças

Ao lado dessas vantagens de caráter pecuniário, o legislador relacionou também aquelas que não apresentam esse perfil, surgindo como exemplo a previsão das diversas **licenças**.

Nesse contexto, a partir do **art. 81**, destacou o legislador, entre outras: por motivo **de doença** em **pessoa da família** (art. 83); por motivo de **afastamento do cônjuge** ou **companheiro** (art. 84); para o **serviço militar** (art. 85); para **atividade política** (art. 86); para **capacitação** (art. 87); para **tratar de interesses particulares** (art. 91); e para o **desempenho de mandato classista** (art. 92).

Neste elenco de licenças relacionado pelo legislador, **algumas se apresentam como atos vinculados** para a Administração, que sobre elas não poderá exercer um juízo de valores, a exemplo do que se verifica para o **serviço militar**, para a **atividade política** ou para o **desempenho** de **mandato classista**.

A propósito dessa última modalidade, confira-se a seguinte decisão proferida pelo **STF**, em **17.04.2023**, quando do julgamento da **ADI 7.242/GO**:

> "É constitucional norma estadual que, ao regulamentar o afastamento de servidor público estável para o exercício de mandato sindical, assegura-lhe o direito de licença sem remuneração."

Confira-se, ainda, decisão proferida pelo **STJ**, em **18.04.2023**, quando do julgamento do **AgInt no RMS 70.020/SE**, atribuindo discricionariedade para a Administração, quanto a dispensa de servidores:

> "A definição da quantidade de servidores públicos que podem ser dispensados do cumprimento da carga horária do cargo público para o exercício de mandato classista faz parte do poder discricionário da administração pública."

14 ▪ Servidores Públicos   631

De outra parte, **outras** se apresentam como **atos discricionários** para a Administração, que sobre elas poderá exercer um juízo de valores, a exemplo do que se verifica para aquela relacionada à **doença em família**, para **capacitação**, ou ainda para **assuntos de interesse particular**.

Importante ainda registrar que, no nível da Lei n. 8.112/90, em capítulo distinto denominado "Dos benefícios", encontram-se positivadas as seguintes licenças: para **tratamento de saúde** (art. 202), de natureza vinculada, com base em perícia médica, sem prejuízo da remuneração; **à gestante, à adotante e da licença-paternidade** (art. 207); e a licença por acidente em serviço (arts. 211 a 214), também ato vinculado, sendo retirada com remuneração integral.

Com relação à **licença-gestante**, concluiu o **STF**, em **12.05.2022**, quando do julgamento do **RE 1.348.854/DF**, pela sua **extensão para o pai genitor monoparental**. Confira-se:

> "À luz do art. 227 da Constituição Federal, que confere proteção integral da criança com absoluta prioridade e do princípio da paternidade responsável, a licença-maternidade, prevista no art. 7.º, XVIII, da CF/88 e regulamentada pelo art. 207 da Lei 8.112/1990, estende-se ao pai genitor monoparental."

Ainda sobre essa modalidade, decidiu o **STF**, quando do julgamento, em **28.09.2022**, da **ADI 6.603/DF**, pela **impossibilidade de prazos distintos de afastamento, em razão de maternidade biológica e afetiva**. Confira-se:

> "É inconstitucional ato normativo que, ao disciplinar a licença maternidade no âmbito das Forças Armadas, estabelece prazos distintos de afastamento com fundamento na diferenciação entre a maternidade biológica e a adotiva, bem como em função da idade da criança adotada."

Em **agosto de 2023**, no curso do **Processo n. 1007164-91.2015.4.01.3400**, o **TRF-1**, por unanimidade, com lastro em tese consolidada no STF, concluiu pela concessão de licença-paternidade por adoção equivalente à licença-maternidade de 120 dias, prorrogados por mais 60 dias, totalizando 180 dias.

O **STF**, em **04.10.2023**, por unanimidade, quando do julgamento do **RE 842.844** garantiu direito à licença-maternidade e estabilidade provisória a gestante contratada pela administração pública por prazo determinado ou em cargo em comissão.

Os Ministros concluíram que a proteção ao trabalho da mulher gestante é medida justa e necessária, independentemente da natureza do vínculo empregatício.

Sobre o tema, foi fixada a seguinte tese:

> "A trabalhadora gestante tem direito ao gozo da licença-maternidade e à estabilidade provisória independentemente do regime jurídico aplicado, se contratual ou administrativo, ainda que ocupe cargo em comissão ou seja contratada por tempo determinado."

Ainda sobre esse tema, decidiu o **STF**, em **13.03.2024**, quando do julgamento do **RE 1.211.446/SP (Tema 1.072)**, pela extensão de licença-maternidade a servidora não gestante em união homoafetiva, em respeito aos princípios da dignidade da pessoa humana, da proporcionalidade e da razoabilidade e isonomia, resultando na seguinte tese de repercussão geral:

> "A mãe servidora ou trabalhadora não gestante em união homoafetiva tem direito ao gozo de licença-maternidade. Caso a companheira tenha utilizado o benefício, fará jus à licença pelo período equivalente ao da licença-paternidade."

De outra parte, em relação à licença-paternidade, o **STF**, em **05.10.2023**, quando do julgamento da **ADO 20**, determinou que o Congresso aprove lei garantindo sua implementação.

Por 7 votos a 1, a Corte entendeu que o Legislativo foi omisso quanto ao tema, já que a licença aos pais está prevista na CF, desde a promulgação, mas nunca foi regulamentada.

Os ministros entenderam que parlamentares terão 18 meses para criar regras do benefício. Se não for regulamentada, a proposta é de que a licença-paternidade siga parâmetros da licença-maternidade, que é de 120 dias.

Por derradeiro, é oportuno anotar que essa lista, em vista do **princípio federativo**, apresenta **variações entre** as diversas **esferas de governo**, surgindo como exemplo a licença para capacitação, que, no nível federal, substituiu a licença-prêmio ainda existente nas esferas estadual e municipal.

Ainda sobre esse tema, o **STF, em 16.09.2024**, quando do julgamento da **ADI 7.518**, assegurou aos servidores públicos civis e militares uma licença de 180 dias nos casos de paternidade solo, tanto biológica quanto adotante.

O Plenário também entendeu que, para casais homoafetivos de servidoras públicas mulheres, uma das mães terá direito à licença-maternidade e a outra, ao período equivalente à licença-paternidade. Servidoras civis temporárias ou em comissão também têm direito à licença-maternidade.

Para melhor visualização deste item, o quadro a seguir apresenta um resumo do assunto:

FATO GERADOR	Perfil
DOENÇA EM FAMÍLIA: ART. 83	Ato discricionário que, se atendido, autoriza a licença sem prejuízo da remuneração até 60 dias e sem remuneração por mais 90
AFASTAMENTO DO CÔNJUGE: ART. 84	Ato discricionário que, se atendido, autoriza a licença sem remuneração e por tempo indeterminado
SERVIÇO MILITAR: ART. 85	Ato vinculado que, atendido, autoriza a licença sem remuneração (vencimentos pagos pela arma em que o servidor presta o serviço militar) com prazo de volta até 30 dias depois de sua conclusão
ATIVIDADE POLÍTICA: ART. 86	Ato vinculado que, atendido, autoriza a licença sem remuneração (da escolha do nome na convenção do partido até o registro de sua candidatura) e com remuneração do registro de sua candidatura até 10 dias depois das eleições
LICENÇA PARA CAPACITAÇÃO: ART. 87	Ato discricionário que, se atendido, autoriza a licença sem prejuízo da remuneração e no máximo por três meses, desde que o servidor comprove um quinquênio de efetivo exercício no cargo
INTERESSE PARTICULAR: ART. 91	Ato discricionário que, se atendido, autoriza a licença sem remuneração por até três anos, desde que o servidor não se encontre em estágio probatório

MANDATO CLASSISTA: ART. 92	Ato vinculado que, atendido, autoriza a licença sem remuneração (vencimentos pagos pela entidade de classe onde o mandato é exercido) com prazo de volta quando do término do mandato
TRATAMENTO DE SAÚDE: ART. 202	Ato vinculado, com base em perícia médica, sem prejuízo da remuneração
À GESTANTE, À ADOTANTE E DA LICENÇA-PATERNIDADE: ART. 207	Será concedida por 120 (cento e vinte) dias consecutivos, sem prejuízo da remuneração
ACIDENTE EM SERVIÇO: ARTS. 211 A 214	Ato vinculado, sendo retirada com remuneração integral

14.10.10. Das hipóteses de provimento derivado de cargos públicos

Para melhor compreensão deste item, importante, de início, dizer que por **provimento** se entende a **titularização** de um **cargo público**.

Possui esse **provimento** duas **modalidades** distintas: **originário**, que não pressupõe a existência de uma relação jurídica anterior com a Administração que se inicia com a aprovação em concurso, passa pela nomeação e se encerra com a posse; já o provimento **derivado** é aquele que pressupõe a existência de uma relação jurídica anterior com a Administração, vale dizer, a titularização de um cargo.

Assim, aplica-se àquelas situações em que o servidor se transfere do cargo que já ocupava para outro, apresentando-se nas **modalidades vertical (com progressão** na **carreira)** e **horizontal (sem progressão** na **carreira)**.

A propósito, oportuno assinalar o entendimento consolidado ao nível do **STJ**, em **24.02.2022**, quando do julgamento do **REsp 1.878.849/TO**, quanto ao **direito subjetivo** do servidor quanto a **progressão funcional, atendidos os requisitos** exigidos, mesmo que superados os **limites da LRF**. Confira-se:

> "É ilegal o ato de não concessão de progressão funcional de servidor público, quando atendidos todos os requisitos legais, a despeito de superados os limites orçamentários previstos na Lei de Responsabilidade Fiscal, referentes a gastos com pessoal de ente público, tendo em vista que a progressão é direito subjetivo do servidor público, decorrente de determinação legal, estando compreendida na exceção prevista no inciso I do parágrafo único do art. 22 da Lei Complementar n. 101/2000."

Dentro desse contexto, apresenta-se ainda o **provimento derivado horizontal por reingresso**, aquele em que o servidor retorna ao cargo anteriormente ocupado, por razões diversas, que serão a seguir comentadas.

Assim é que as hipóteses de provimento derivado encontram-se relacionadas na **Lei n. 8.112/90**, podendo ser sumariadas da seguinte forma:

a) Promoção: trata-se da única hipótese de provimento derivado vertical, prevista no **art. 8.º**, uma vez que o servidor transfere-se do cargo que ocupava para outro com progressão na carreira, ou por razões de antiguidade ou de merecimento.

b) Readaptação: hipótese de provimento derivado horizontal prevista no **art. 24**, em que o servidor transfere-se do cargo que ocupava para outro, adaptado às deficiências físicas ou mentais que passou a experimentar, atendidas as exigências estabelecidas no art. 37, § 13, da Constituição Federal, criado pela EC n. 103/2019.

Confira-se:

Art. 37. (...)

§ 13. O servidor público titular de cargo efetivo poderá ser readaptado para exercício de cargo cujas atribuições e responsabilidades sejam compatíveis com a limitação que tenha sofrido em sua capacidade física ou mental, enquanto permanecer nesta condição, desde que possua a habilitação e o nível de escolaridade exigidos para o cargo de destino, mantida a remuneração do cargo de origem.

Ainda importante observar que, a partir da EC 103/2019, a comprovação da impossibilidade de readaptação se apresenta como requisito para a concessão de aposentadoria por incapacidade permanente para o trabalho.

c) Reversão: hipótese de provimento derivado horizontal por reingresso prevista no **art. 25**, em que o servidor aposentado retorna ao cargo que ocupava a pedido ou por iniciativa da Administração.

d) Reintegração: hipótese de provimento horizontal por reingresso prevista no **art. 28**, em que o servidor estável retorna ao cargo que ocupava por decisão administrativa ou judicial.

e) Recondução: hipótese de provimento horizontal por reingresso prevista no **art. 29**, em que o servidor estável retorna ao cargo por inabilitação em estágio probatório para outro cargo, ou por força da reintegração do antigo ocupante do cargo para o qual se transferiu.

f) Reaproveitamento: hipótese de provimento horizontal por reingresso prevista no **art. 30**, em que o servidor colocado em disponibilidade remunerada retorna por decisão tomada pelo administrador.

No mesmo dispositivo, estabeleceu o legislador **três modalidades de remoção, uma de ofício e duas a pedido do servidor**, nos seguintes termos:

Art. 36. (...)

Parágrafo único. Para fins do disposto neste artigo, entende-se por modalidades de remoção:

I — **de ofício**, no interesse da Administração;

II — **a pedido**, a critério da Administração;

III — **a pedido**, para outra localidade, **independentemente do interesse da Administração:**

a) para acompanhar cônjuge ou companheiro, também servidor público civil ou militar, de qualquer dos Poderes da União, dos Estados, do Distrito Federal e dos Municípios, que foi deslocado no interesse da Administração;

b) por motivo de saúde do servidor, cônjuge, companheiro ou dependente que viva às suas expensas e conste do seu assentamento funcional, condicionada à comprovação por junta médica oficial;

c) em virtude de processo seletivo promovido, na hipótese em que o número de interessados for superior ao número de vagas, de acordo com normas preestabelecidas pelo órgão ou entidade em que aqueles estejam lotados.

14 ▪ Servidores Públicos

Vale conferir, ainda, decisão proferida pelo **STJ**, em **09.05.2023**, vedando a aplicação do instituto, em caráter subsidiário, aos membros do MPU:

> "Membro do Ministério Público. Tratamento de familiar. Remoção. Estatuto dos servidores. Aplicação subsidiária. Impossibilidade. Remoção precária. Saúde de menor absolutamente incapaz. Proteção integral. Fato consumado. Excepcionalidade."
>
> "A norma do art. 36, III, 'b', da Lei n. 8.112/1990 não pode ser aplicada de maneira subsidiária aos membros do Ministério Público da União."

Ainda nesse sentido, reiterou o **STF**, quando do julgamento, **em 10.11.2023**, da **ADI 7.229/AC**, que é inconstitucional — por violar a exigência de provimento de cargos públicos por meio de concurso (CF/1988, art. 37, II) — norma de Constituição estadual que, a pretexto de promover uma reestruturação administrativa, aproveita e transforma cargos com exigências de escolaridade e atribuições distintas. Ao final, resultou na seguinte tese:

> "A transformação de carreira de nível médio em outra de nível superior, com atribuições distintas, constitui forma de provimento derivado vedada pelo art. 37, II, da CF/88".

Concluiu também o **STF**, **em 06.08.2024**, quando do julgamento da **ADI 7.177/PR**, pela inconstitucionalidade de aproveitamento de servidores titulares de cargos públicos diversos, por designação, para atuarem como advogados do Tribunal de Contas, por ofensa a diretriz constitucional de aprovação em concurso público, resultando na seguinte tese:

> "É constitucional a criação de órgão para assessoramento e consultoria jurídica de Tribunal de Contas, podendo, todavia, realizar a representação judicial da Corte exclusivamente nos casos em que discutidas prerrogativas institucionais ou a autonomia do TCE. 2. É inconstitucional, por violação ao art. 37, II, da CF/1988, o aproveitamento de servidores titulares de cargos públicos diversos, por designação, para atuarem como advogados do Tribunal de Contas".

Vejamos o quadro:

HIPÓTESES DE PROVIMENTO	PERFIL
PROMOÇÃO (ART. 8.º)	Transferência do servidor, por merecimento ou antiguidade, para cargo superior na carreira
READAPTAÇÃO (ART. 24)	Transferência do servidor para outro cargo, sem progressão na carreira, compatível com as limitações físicas e ou mentais que passou a experimentar
REVERSÃO (ART. 25)	Retorno à atividade, no mesmo cargo, do servidor aposentado no interesse da Administração ou por invalidez quando junta médica oficial declarar insubsistentes os motivos da aposentadoria
REINTEGRAÇÃO (ART. 28)	Retorno ao cargo do servidor estável por decisão administrativa ou judicial
RECONDUÇÃO (ART. 29)	Retorno ao cargo do servidor estável por inabilitação em estágio probatório para outro cargo ou por reintegração do antigo ocupante do cargo para o qual se transferiu por decisão judicial
REAPROVEITAMENTO (ART. 30)	Retorno ao cargo do servidor colocado em disponibilidade remunerada

14.10.11. Da remoção do servidor

A questão relacionada à **remoção** do servidor, em que pese estar incluída no **Título II da Lei n. 8.112/90**, não se confunde nem com as hipóteses de provimento derivado dos cargos públicos, vistas no item anterior, nem com as hipóteses de vacância, que serão analisadas no item posterior.

O instituto, que se encontra previsto no **art. 36**, lá é **definido** como o deslocamento do servidor, a pedido ou de ofício, no mesmo quadro, com ou sem mudança de sede, apresentando **três modalidades** a teor do previsto no **art. 36, parágrafo único**. Confira-se:

> **Art. 36.** Remoção é o deslocamento do servidor, a pedido ou de ofício, no âmbito do mesmo quadro, com ou sem mudança de sede.
>
> Parágrafo único. Para fins do disposto neste artigo, entende-se por modalidades de remoção:
>
> I — **de ofício**, no interesse da Administração;
>
> II — **a pedido**, a critério da Administração;
>
> III — **a pedido**, para outra localidade, independentemente do interesse da Administração:
>
> *a)* para acompanhar cônjuge ou companheiro, também servidor público civil ou militar, de qualquer dos Poderes da União, dos Estados, do Distrito Federal e dos Municípios, que foi deslocado no interesse da Administração;
>
> *b)* por motivo de saúde do servidor, cônjuge, companheiro ou dependente que viva às suas expensas e conste do seu assentamento funcional, condicionada à comprovação por junta médica oficial;
>
> *c)* em virtude de processo seletivo promovido, na hipótese em que o número de interessados for superior ao número de vagas, de acordo com normas preestabelecidas pelo órgão ou entidade em que aqueles estejam lotados.

Sobre este tema, oportuna a reprodução de **precedente** do **STJ**, quando do julgamento, **em 05.10.2021**, do **RMS 66.823-MT**, em que a Segunda Turma, por unanimidade, concluiu:

> "Servidor público. Transferência. Interesse da Administração. Remoção de companheiro(a) servidor(a) público(a). Ato vinculado. (...)
>
> **Havendo remoção de um dos companheiros por interesse da Administração Pública, o(a) outro(a) possui direito líquido e certo de obter a remoção independentemente de vaga no local de destino e mesmo que trabalhem em locais distintos à época da remoção de ofício.**"

A conclusão do colegiado baseou-se na linha de raciocínio segundo a qual a união estável é entidade familiar nos termos do **art. 226, § 3.º, da CF/1988 e do art. 1.723 do CC/2002**, razão pela qual deve ser protegida pelo Estado tal como o casamento.

Nesse particular ainda, oportuna a reprodução de outro **precedente** do **STJ** quando do julgamento, em 26.10.2021, do **REsp 1.937.055-PB**, em que a Primeira Turma, por unanimidade decidiu:

14 ■ Servidores Públicos 637

"Servidor público. Professor universitário. Remoção entre universidades federais distintas. Quadro único. Motivo de saúde em pessoa da família. Filho menor e dependente. Possibilidade. Art. 36, parágrafo único, III, *b*, da Lei n. 8.112/90. (...)

Para aplicação do instituto da remoção — art. 36 da Lei n. 8.112/1990 —, o cargo de professor universitário federal deve ser interpretado como pertencente a um quadro único, vinculado ao Ministério da Educação.

Segundo inteligência do art. 36, parágrafo único, III, *b*, da Lei n. 8.112/1990, o pedido de remoção de servidor para outra localidade, independentemente de vaga e de interesse da Administração, será deferido quando fundado em motivo de saúde do servidor, de cônjuge, companheiro ou dependente que viva às suas expensas e conste do seu assentamento funcional, condicionada à comprovação por junta médica oficial."

Para melhor visualização sobre o tema, confira-se o seguinte quadro:

LOCALIZAÇÃO	Título II da Lei n. 8.112/90, não se confundindo nem com as hipóteses de provimento derivado de cargos nem com as hipóteses de vacância
FUNDAMENTO LEGAL	Art. 36 da Lei n. 8.112/90
DEFINIÇÃO	É o deslocamento do servidor, a pedido ou de ofício, no mesmo quadro, com ou sem mudança de sede
MODALIDADES	Apresenta três modalidades: ■ de ofício, no interesse da Administração ■ a pedido, a critério da Administração ■ a pedido, para outra localidade, independentemente do interesse da Administração

14.10.12. Vacância dos cargos

Por fim, cabe uma palavra em relação às hipóteses de **vacância de cargos públicos**, relacionadas, em nível federal, no **art. 33 da Lei n. 8.112/90**, da seguinte forma:

Art. 33. A vacância do cargo público decorrerá de:

I — exoneração;

II — demissão;

III — promoção;

IV — (revogado);

V — (revogado);

VI — readaptação;

VII — aposentadoria;

VIII — posse em outro cargo inacumulável;

IX — falecimento.

O elenco de hipóteses relacionadas pelo legislador demonstra que variadas são as razões que levam à vacância dos cargos públicos.

Destarte, algumas surgem como resultado da saída do servidor dos quadros da Administração, como resultado da aplicação de uma sanção disciplinar, como é o caso da **demissão**, outras sem esse caráter de penalidade, como ocorre com a **exoneração**, a **aposentadoria**, e outras ainda de modo natural, como o **falecimento**.

A exoneração, por não implicar em ilícito cometido pelo servidor, poderá ser pedida de ofício pela Administração, ou a pedido do servidor, tendo como limite temporal a abertura de PAD (art. 172, da Lei n. 8.112/90).

A respeito do tema, oportuna a reprodução de precedente do **STJ**, em **22.08.2023**, quando do julgamento do **REsp 2.005.114/RS**. Confira-se:

> "Servidora pública que pede exoneração e fica inerte por mais de 3 anos até ingressar com ação judicial requerendo declaração de nulidade do ato administrativo e a consequente reintegração ao cargo, não tem direito à indenização de valores retroativos à exoneração, por configurar enriquecimento sem causa".

Temos ainda as hipóteses em que o cargo vaga em consequência da assunção de outro cargo pelo servidor por razões variadas, surgindo nesse contexto a **promoção**, a **transferência**, a **readaptação** e a **posse**.

Para melhor visualização deste item, verifique-se o quadro:

EXONERAÇÃO	Hipótese de vacância do cargo que não pressupõe a prática de ilícito pelo servidor
DEMISSÃO	Hipótese de vacância do cargo que pressupõe a prática de ilícito pelo servidor (exigindo a abertura de processo, com o oferecimento de contraditório e ampla defesa): Súmula 20 do STF
PROMOÇÃO	Hipótese de vacância do cargo que resulta da transferência do servidor para outro, por merecimento ou antiguidade, com progressão na carreira
READAPTAÇÃO	Hipótese de vacância do cargo que resulta da transferência do servidor para outro, sem progressão na carreira, adaptado a suas limitações físicas e ou mentais
APOSENTADORIA	Hipótese de vacância do cargo que resulta da transferência do servidor para a inatividade, por invalidez; em razão da idade (compulsória) ou de forma voluntária
POSSE	Hipótese de vacância do cargo que resulta da acumulação em outro cargo inacumulável
FALECIMENTO	Hipótese de vacância do cargo que resulta da morte do servidor

14.10.13. Regras sobre concursos públicos para a administração federal direta, autárquica e fundacional, estipuladas pelo Decreto n. 9.739/2019

Em **29 de março de 2019**, o Governo Federal editou o **Decreto n. 9.739**, que estabelece **regras sobre concursos públicos**, estabelecendo **maior rigor para a abertura desses certames** na esfera federal, atingindo apenas a **Administração direta, autárquica** e **fundacional**.

Portanto, mesmo no nível federal, **ficaram excluídas** do âmbito desse decreto as **empresas públicas, as sociedades de economia mista**, bem como o **Legislativo**, o **Judiciário**, o mesmo cenário envolvendo as **esferas estadual** e **municipal** na sua totalidade, consoante o disposto no art. 1.º.

14 ■ Servidores Públicos

Uma leitura mais apurada do referido decreto demonstra a preocupação do governo, correta diga-se de passagem, em promover um **controle dos gastos públicos**.

Nesse sentido, partindo-se das premissas anotadas nos parágrafos anteriores, destaca-se, inicialmente, a **exigência** contida no **art. 7.º** para que as propostas de **abertura de concurso**, que impliquem aumento de despesa, bem como a criação de cargos e o seu provimento, venham acompanhadas da **comprovação de dotação orçamentária** para suportá-las, o que não representa nenhuma novidade, uma vez que apenas repete previsão estabelecida, na **Constituição Federal**, ao longo do seu **art. 169, § 1.º, I**. Confira-se:

> **Art. 169.** A despesa com pessoal ativo e inativo da União, dos Estados, do Distrito Federal e dos Municípios não poderá exceder os limites estabelecidos em lei complementar.
>
> § 1.º A concessão de qualquer vantagem ou aumento de remuneração, a criação de cargos, empregos e funções ou alteração de estrutura de carreiras, bem como a admissão ou contratação de pessoal, a qualquer título, pelos órgãos e entidades da administração direta ou indireta, inclusive fundações instituídas e mantidas pelo poder público, só poderão ser feitas:
>
> I — se houver prévia dotação orçamentária suficiente para atender às projeções de despesa de pessoal e aos acréscimos dela decorrentes;

Mas não é só. Com efeito, ao longo do **art. 7.º** exige-se que a proposta que acarretar aumento de despesa venha acompanhada da **estimativa de impacto orçamentário** não só no exercício em que serão promovidas as contratações, mas, também, **nos dois exercícios subsequentes**.

Trata-se de medida de capital importância, que implica **maior segurança para os candidatos** a concursos públicos, que terão a certeza de que, se obtiverem um bom rendimento no certame, **não deixarão de ser nomeados** e empossados **por falta de verbas**.

No mesmo sentido, importante destacar, no **art. 4.º**, o estabelecimento de um prazo-limite para a apresentação dessas propostas **até 31 de maio de cada ano**, para efeito de sua **compatibilização** com a proposta de **orçamento** para o **exercício seguinte**, votada no segundo semestre.

Merecedora também de elogios a exigência contida no **art. 6.º** no sentido de que o **pedido de autorização** seja instruído com **informações** básicas acerca do **perfil** necessário **dos candidatos**, em vista das atribuições do cargo, o que apenas reflete o princípio constitucional da razoabilidade, evitando exigências, no edital, incompatíveis com essas atribuições, fenômeno frequente, infelizmente.

Também importante destacar que esse **pedido de autorização** deve discriminar o **número de vagas disponíveis**, praticamente eliminando a possibilidade, até então recorrente, de abertura de concurso sem que elas existam, vale dizer, apenas para **cadastro de reserva**, o que tem gerado enorme insegurança.

Nesse particular o decreto, se não elimina, pelo menos coloca uma "camisa de força" sobre a Administração no que se refere à abertura de concursos tão somente, para essa finalidade, uma vez que **tal procedimento só poderá se verificar em caráter excepcional** e com autorização do Ministério da Economia, a teor do disposto no **art. 29**.

Essa medida revela-se também importante, pois termina com a angústia dos candidatos aprovados, independentemente da sua colocação, e que não são chamados durante o prazo de validade do certame, uma vez que a nomeação não se apresenta como obrigação, mas, tão somente, como faculdade atribuída ao administrador, tese consolidada nos níveis doutrinário e jurisprudencial.

Outrossim, oportuno destacar que o **pedido de abertura de concurso**, na forma prevista no **art. 6.º**, deverá conter **informações** sobre a **evolução do quadro de pessoal** nos **últimos cinco anos**, com movimentações, ingressos, desligamentos e aposentadorias, bem como a estimativa de aposentadorias, por cargo, para os próximos cinco anos, exigência que claramente objetiva **racionalizar a estrutura da Administração**.

Por fim, ainda em relação ao **pedido de abertura de concurso**, importante observar que deverá ele vir acompanhado da **demonstração** de que os **serviços** que justificam a realização do concurso público, não podem ser prestados por meio da **execução indireta** de que trata o **Decreto n. 9.507/2018**.

Essa exigência gerou inúmeras **críticas** por parte daqueles que entendiam que ela seria responsável, em larga escala, por uma **onda de terceirização**, que, como reflexo, levaria a uma **estagnação** quanto à abertura de **concursos públicos**.

Não concordamos com essas críticas, entendendo que a exigência fortalece a posição daqueles candidatos aprovados em concurso público, que deixam de ser nomeados e empossados por força de terceirização, pela Administração, das atribuições dos cargos colocados em disputa, frustrando suas legítimas expectativas.

Nesse sentido, vale salientar que tal exigência fará com que o **órgão** ou **pessoa jurídica que pretende a abertura de concurso** tenha de **demonstrar** que os **serviços** a serem realizados pelos futuros servidores públicos a serem contratados **não poderão ser terceirizados**, oferecendo segurança aos candidatos aprovados.

De resto, as **atividades que não poderão ser terceirizadas** não ficam ao livre critério do administrador, uma vez que positivadas ao longo do **art. 3.º do Decreto n. 9.507/2018**, que restou inalterado. Confira-se:

Art. 3.º Não serão objeto de execução indireta na administração pública federal direta, autárquica e fundacional, os serviços:

I — que envolvam a tomada de decisão ou posicionamento institucional nas áreas de planejamento, coordenação, supervisão e controle;

II — que sejam considerados estratégicos para o órgão ou a entidade, cuja terceirização possa colocar em risco o controle de processos e de conhecimentos e tecnologias;

III — que estejam relacionados ao poder de polícia, de regulação, de outorga de serviços públicos e de aplicação de sanção; e

IV — que sejam inerentes às categorias funcionais abrangidas pelo plano de cargos do órgão ou da entidade, exceto disposição legal em contrário ou quando se tratar de cargo extinto, total ou parcialmente, no âmbito do quadro geral de pessoal.

A leitura do dispositivo reproduzido revela que a **proibição de terceirização recai**, corretamente, sobre **serviços públicos típicos**, vale dizer, aqueles que atribuem ao administrador prerrogativas indelegáveis para particulares.

14 ■ Servidores Públicos

Dentro desse contexto, sobreleva notar que a **regra geral** quanto à obrigatoriedade de elaboração de **pedido de abertura** de concurso público para o **Ministro da Economia** foi **excepcionada** para algumas carreiras, como Advocacia-Geral da União, Procuradoria da Fazenda Nacional, Procurador Federal, Diplomata e Polícia Federal, a teor do disposto no **art. 27, § 1.º**.

Por outro lado, o referido **decreto traz** mais **transparência** e **segurança para os candidatos**, o que se observa, principalmente, em relação às **provas** a que se submeterão.

Isso porque, em relação à **prova oral**, estabelece deva ela ser realizada em **sessão pública e gravada**, permitindo um correto acompanhamento de tudo o que se passou, **eliminando** a possibilidade de arbitrariedades e **perseguições pessoais** a candidatos, em especial aqueles que, excluídos do certame, conseguiram retornar por intermédio de medida judicial.

Em relação à **prova prática**, estabelece o decreto **deva ser apresentada a metodologia para avaliação** dos candidatos, **eliminando subjetividades** por parte da comissão de concurso, além da necessidade de comprovação de sua exigência em lei, situação já sumulada pelo STF.

Quanto à **avaliação psicológica**, está condicionada a idêntica **previsão** estabelecida em **lei**, matéria já sumulada pelo **STF (Súmula Vinculante 44)**. Outrossim, os **critérios** de avaliação devem ser **objetivos** e apontados previamente, oferecendo maior transparência e segurança para os candidatos.

Ainda em relação a essa avaliação, importantes novidades foram positivadas em benefício dos candidatos, tais como a possibilidade, estabelecida a partir do **art. 36**, de que os **recursos apresentados** possam ser instruídos com **parecer emitido por profissional** atuante na área, contestando as conclusões atingidas pela Comissão de Concurso.

Outrossim, a **impossibilidade** de o **recurso** apresentado ser **apreciado pelo mesmo profissional que aplicou a prova**, bem como a vedação para que, na hipótese de deferimento, seja aquele a aplicar a nova avaliação.

O decreto também permite melhor preparo para os candidatos e melhor planejamento para os cursos preparatórios, ao estabelecer um **prazo-limite de 6 meses entre a autorização e a publicação do edital e 4 meses entre esta e a realização das provas**.

Prevê ainda, corretamente, ao longo do **art. 42, § 1.º**, que o **momento para a exigência do prazo** de **experiência profissional** é o da **posse** e não está nas fases anteriores, matéria contida na **Súmula 266 do STJ**.

Merece destaque ainda a previsão estabelecida no **art. 35, § 2.º**, relacionada ao **número de participantes do curso de formação**, que não poderá exceder o número de vagas previsto no edital, o que evita a possibilidade de os aprovados não serem nomeados e empossados pela Administração, ressalvada a possibilidade de autorização prévia, nos termos do art. 28.

Portanto, sem prejuízo das demais previsões fixadas no referido decreto, sem dúvida promoverá **maior transparência nos certames, evitando decisões arbitrárias das Comissões de Concurso** e, como reflexo, inúmeras decepções para os candidatos que desenvolvem uma preparação séria para esses certames, concretizando os princípios da segurança das relações jurídicas e da boa-fé objetiva na Administração.

14.10.14. Novas regras para a nomeação de cargos e funções comissionadas

Em **março de 2019** foi publicado o **Decreto federal n. 9.727/2019**, disciplinando regras de nomeação para cargos e funções comissionados, bem como para cargos de direção e assessoramento superiores na Administração Pública Federal.

Como critérios gerais para a ocupação desses cargos, definiu-se que o seu **ocupante precisa preencher os requisitos** ali estabelecidos, vale dizer, **idoneidade moral** e **reputação ilibada**, **perfil profissional** ou **formação acadêmica compatível com** o **cargo** ou a **função para o qual tenha sido indicado** e não ser enquadrado nas **hipóteses previstas na Lei Complementar n. 64/90** (Lei das Inelegibilidades), **com as alterações promovidas pela Lei Complementar n. 135/2010** (Lei da Ficha Limpa).

Trata-se de **medida saneadora**, que em boa hora estabelece importantes limites para a **nomeação para esses cargos**, afastando, definitivamente, a ideia de que seria ela livre por força da previsão estabelecida na parte final do art. 37, II, da Constituição Federal.

Assim, além das **restrições** já estabelecidas pelo **STF** por meio da **Súmula Vinculante 13**, envolvendo parentes até o terceiro grau do administrador, em linha reta ou na colateral, bem como as nomeações cruzadas, outras passam a incidir, **restringindo a liberdade de escolha dos governantes**.

Destarte, as **nomeações** também **não poderão recair** sobre os membros do Congresso Nacional, governadores e vice-governadores, prefeitos e vice-prefeitos que tenham perdido seu mandato por infringência a uma das vedações constitucionais que lhes são atribuídas no art. 54 da Constituição Federal: firmar ou manter contrato com autarquia, empresa pública, sociedade de economia mista ou concessionária de empresa pública.

Da mesma forma, nos termos da **LC n. 64/90**, sobre qualquer pessoa que tenha representação julgada procedente pela Justiça Eleitoral, em decisão transitada em julgado ou decisão de 2.ª instância, além de toda e qualquer pessoa que tenha sido condenada, em decisão transitada em julgado ou decisão de 2.ª instância, pelos crimes ali relacionados.

Além dessas hipóteses, a **LC n. 64/90 contempla outras vedações** incidindo sobre os que forem demitidos do serviço público em decorrência de processo administrativo ou judicial, os que forem excluídos do exercício da profissão por decisão sancionatória do seu órgão profissional e até mesmo aqueles que tenham envolvimento com processo de liquidação judicial ou extrajudicial de estabelecimentos de crédito, financiamento ou seguro.

A **responsabilidade pela aferição dos critérios** caberá à autoridade responsável pela indicação.

Assim, o processo de nomeação ou designação será encaminhado a quem é responsável por promovê-lo, devidamente instruído com o currículo e com informações e justificativas que comprovem o cumprimento dos critérios.

Contudo, essas informações serão prestadas pelo **candidato** que pretende ser nomeado, **respondendo por sua veracidade e integridade**.

Importante salientar que a **seleção** desses **candidatos** poderá ocorrer pela realização de **processo seletivo**, mas a Administração Pública não se vinculará a esse resultado, por se tratar de cargos de nomeação precária.

14 ▪ Servidores Públicos

14.10.15. A Lei n. 14.965/2024

Em 09.09.2024, foi editada a Lei n. 14.965, dispondo sobre normas gerais relativas a concursos públicos, aplicáveis para as quatro esferas de governo, estabelecendo importantes novidades que, infelizmente, só terão aplicabilidade, **em regra**, a partir de 1.º de janeiro de 2028, proibindo-se sua utilização em caráter retroativo, a teor do disposto em seu art. 13. Confira-se:

> **Art. 13.** Esta Lei entra em vigor no dia 1.º de janeiro do quarto ano após a sua publicação oficial, podendo sua aplicação ser antecipada pelo ato que autorizar a abertura de cada concurso público.

Sem embargo, em respeito ao princípio federativo, nada impede que Estados, Municípios e o Distrito Federal possam editar suas próprias leis, consoante se verifica da redação do § 2.º do art. 13:

> § 2.º Alternativamente à observância das normas desta Lei, os Estados, o Distrito Federal e os Municípios podem optar por editar normas próprias, observados os princípios constitucionais da administração pública e desta Lei.

Outrossim, essas normas gerais não terão aplicabilidade para as hipóteses previstas ao longo do art. 1.º, § 3.º. Confira-se:

> § 3.º Esta Lei não se aplica aos concursos públicos:
> I — previstos no inciso I do *caput* do art. 93, no § 3.º do art. 129, no § 1.º do art. 134 e no inciso X do § 3.º do art. 142 da Constituição Federal;
> II — das empresas públicas e das sociedades de economia mista que não recebam recursos da União para pagamento de despesas de pessoal ou de custeio em geral;
> III — das empresas públicas e das sociedades de economia mista que não recebam recursos dos Estados, do Distrito Federal e dos Municípios para pagamento de despesas de pessoal ou de custeio em geral.

Nesse sentido, destaque para a possibilidade de aplicação facultativa para as hipóteses de contratação que não exijam a aprovação prévia em concurso público, nos termos do § 4.º. Confira-se:

> § 4.º É facultada a aplicação total ou parcial desta Lei, se previsto no ato que autorizar sua abertura, aos concursos a que se refere o § 3.º deste artigo, bem como aos processos relativos aos casos do inciso IX do *caput* do art. 37, do § 4.º do art. 198 e do § 1.º do art. 207 da Constituição Federal e a outros não sujeitos ao inciso II do *caput* do art. 37 da Constituição Federal.

Em seu art. 2.º, o diploma legal privilegia a seleção isonômica de candidatos, vinculando, corretamente, os conhecimentos e habilidades exigidos ao desempenho com eficiência das atribuições do cargo ou emprego público.

Outrossim, de forma a privilegiar inclusões sociais, o legislador veda qualquer sorte de discriminação ilegítima de candidatos, com base em aspectos como idade, sexo, estado civil, condição física, deficiência, etnia, naturalidade, proveniência ou local de origem.

De outra parte, impede a abertura de concurso público, sem o cumprimento das exigências mínimas ali estabelecidas, que, em razão de sua importância, se reproduz:

Art. 3.º A autorização para abertura de concurso público deverá ser expressamente motivada, contendo, no mínimo:

I — evolução do quadro de pessoal nos últimos 5 (cinco) anos e estimativa das necessidades futuras em face das metas de desempenho institucional para os próximos 5 (cinco) anos;

II — denominação e quantidade dos cargos e empregos públicos a serem providos, com descrição de suas atribuições;

III — inexistência de concurso público anterior válido para os mesmos cargos e empregos públicos, com candidato aprovado e não nomeado;

IV — adequação do provimento dos cargos e empregos públicos, em face das necessidades e possibilidades de toda a administração pública;

V — estimativa de impacto orçamentário-financeiro no exercício previsto para o provimento e nos 2 (dois) exercícios seguintes, bem como sua adequação à Lei Complementar n. 101, de 4 de maio de 2000 (Lei de Responsabilidade Fiscal).

Parágrafo único. Se houver concurso público anterior válido, com candidato aprovado e não nomeado, para os mesmos cargos ou empregos públicos, é autorizada a abertura excepcional de novo certame mediante demonstração de insuficiência da quantidade de candidatos aprovados e não nomeados diante das necessidades da administração pública.

O rigor corretamente adotado pelo legislador se estende para as informações mínimas que devem estar contidas no edital, destacando-se, ao longo do art. 7.º, entre os 15 incisos relacionados, os seguintes:

Art. 7.º O edital do concurso público deverá conter, no mínimo:

I — a denominação e a quantidade dos cargos ou empregos públicos a serem providos, com a descrição de suas atribuições e dos conhecimentos, das habilidades e das competências necessários, correlatos com as atividades a serem desempenhadas pelo servidor;

II — a identificação do ato que autorizou o certame, as leis de criação e os regulamentos dos cargos ou empregos públicos, bem como o vencimento inicial, com a discriminação das parcelas que o compõem;

(...)

VI — os tipos de prova e os critérios de avaliação, com especificação do conteúdo programático, das atividades práticas e, quando for o caso, das habilidades e das competências a serem avaliados;

VII — quando couber, os títulos a serem considerados e a sua forma de avaliação;

(...)

XI — os percentuais mínimos e máximos de vagas destinadas a pessoas com deficiência ou que se enquadrem nas hipóteses legais de ações afirmativas e de reparação histórica, com indicação dos procedimentos para comprovação;

14 ▪ Servidores Públicos

XII — as condições para a realização das provas por pessoas com deficiência ou em situação especial;

Por sua vez, o art. 8.º sinaliza a possibilidade de o concurso ser realizado total ou parcialmente à distância, de forma *online*, ou por plataforma eletrônica, item de capital importância, tendo em vista a dimensão territorial brasileira, ampliando a participação dos interessados.

Quanto ao curso ou programa de formação, o art. 11 assinala que sua realização, em regra, é facultativa, podendo assumir caráter eliminatório, classificatório ou eliminatório e classificatório.

Outrossim, em seu § 4.º, traz as hipóteses de reprovação, por não formalização da matrícula tempestivamente ou por não cumprimento de, no mínimo, 85% de sua carga horária.

Por fim, amplia o controle de legalidade dos atos praticados pelo Judiciário, privilegiando as consequências do ato praticado, com expressa invocação do art. 20 da LINDB.

14.11. QUADRO SINÓTICO

SERVIDORES PÚBLICOS	
LEGITIMIDADE PARA INGRESSO	Brasileiros e estrangeiros que preencham os requisitos estabelecidos em lei (CF, art. 37, I, e Lei n. 8.112/90, art. 5.º)
FORMA DE INGRESSO	Regra geral: a investidura em cargos e empregos depende de aprovação prévia em concurso público (CF, art. 37, II), completando-se com a nomeação e a posse
EXCEÇÕES À REGRA GERAL	▪ cargos em comissão (CF, art. 37, II, *in fine*) ▪ contratações temporárias (CF, art. 37, IX) ▪ quinto constitucional (CF, art. 94)
PRAZO DE VALIDADE DO CONCURSO	Até dois anos, prorrogável uma vez por igual período (CF, art. 37, III)
REFLEXOS IMPORTANTES	O candidato aprovado em um concurso tem apenas expectativa de direito quanto à nomeação, não podendo ser preterido por novos concursados durante o prazo de validade do certame (CF, art. 37, IV)
ESTÁGIO PROBATÓRIO	**Definição:** período de experiência pelo qual passa o servidor para apuração de sua eficiência em relação a itens práticos não apurados no concurso (Lei n. 8.112/90, art. 20) **Prazo de vigência:** três ou dois anos, em se tratando, respectivamente, de aquisição de estabilidade ou vitaliciedade
ESTABILIDADE	**Definição:** garantia atribuída ao servidor que lhe assegura a permanência no serviço **Aquisição:** CF, art. 41 **Hipóteses de perda do cargo:** CF, art. 41, § 1.º, c/c o art. 169, § 4.º
REMUNERAÇÃO	**Sistemas:** a) subsídio (CF, art. 39, § 4.º) b) vencimentos (Lei n. 8.112/90, art. 41) **Destinatários:** sistema de subsídio: só aqueles expressamente previstos na CF **Exemplos:** ▪ membros de Poder (CF, art. 39, § 4.º)

REMUNERAÇÃO	▪ detentores de mandato eletivo (CF, art. 39, § 4.º) ▪ ministros (CF, art. 39, § 4.º) ▪ secretários (CF, art. 39, § 4.º) ▪ carreiras policiais (CF, art. 144, § 9.º) **b)** Sistema de vencimentos: critério residual **Teto:** o que ganham os Ministros do STF (CF, art. 37, XI) **Subtetos estaduais:** CF, art. 37, XI **Subteto municipal:** CF, art. 37, XI **Revisão:** CF, art. 37, X **Redução:** impossibilidade como regra geral, nos termos do art. 37, XV, da CF **Piso:** Súmula Vinculante 16
ACUMULAÇÃO REMUNERADA	**Regra geral:** vedação, nos termos do art. 37, XVI, da CF **Extensão:** para cargos e empregos na Administração direta e indireta (CF, art. 37, XVII) **Exceções:** **a) Pré-requisitos:** compatibilidade de horários e impossibilidade de superar o teto (CF, art. 37, XVI) **b) Hipóteses** (CF, art. 37, XVI): ▪ dois cargos de professor ▪ um de professor e outro técnico ou científico ▪ dois cargos ou empregos privativos de profissionais da área da saúde **c) Outras:** ▪ Juiz de Direito e professor (CF, art. 95, parágrafo único, I) ▪ Promotor de Justiça e professor (CF, art. 128, § 5.º, II, *d*) **d) Acumulação de vencimentos com proventos:** possibilidade aberta pelo art. 37, § 10, da CF
REGIME JURÍDICO ÚNICO	Restaurado liminarmente, com efeito *ex nunc*, pela decisão proferida pelo STF na ADIn 2.135, de 02.08.2007, com início do julgamento do mérito em setembro de 2020
REGIME DE APOSENTADORIA	**Natureza do sistema:** contributiva (CF, art. 40, *caput*) **Tempo de contribuição:** pode ser aproveitado qualquer tempo de contribuição, tanto na esfera pública quanto na privada (CF, arts. 40, § 9.º, e 201, § 9.º) **Destinatários:** servidores titulares de cargo efetivo (CF, art. 40, *caput*) **Excluídos** (CF, art. 40, § 13): ▪ os que não são servidores (agentes políticos) ▪ os que não titularizam cargos (empregados públicos) ▪ os que titularizam cargos de forma provisória (cargos em comissão, temporários)
Modalidades	
INVALIDEZ	CF, art. 40, § 1.º, I
COMPULSÓRIA	CF, art. 40, § 1.º, II
VOLUNTÁRIA	CF, art. 40, § 1.º, III
TETO PARA O VALOR DAS APOSENTADORIAS	O que ganham os Ministros do STF (CF, art. 40, § 11)
ACUMULAÇÃO	Possibilidade, nos termos do art. 40, § 6.º, da CF
FORMA DE CÁLCULO DO VALOR DOS PROVENTOS	**Primeiro limite:** não poderá exceder a remuneração do cargo em que se deu a aposentadoria (CF, art. 40, § 2.º) **Segundo limite:** as remunerações utilizadas como base para as contribuições

Direitos e deveres infraconstitucionais	
REGIME DISCIPLINAR	**Localização:** Lei n. 8.112/90, art. 143 e s. **Instrumentos:** processo administrativo disciplinar e sindicância **Requisitos:** contraditório, ampla defesa (CF, art. 5.º, LIV e LV) e motivação (Lei n. 8.112/90, art. 128)
PEDIDO DE REVISÃO	**Prazo:** não existe (Lei n. 8.112/90, art. 174) **Hipóteses:** fatos novos ou inadequação da pena (Lei n. 8.112/90, art. 174) **Legitimidade:** servidor e/ou família e/ou Ministério Público (Lei n. 8.112/90, art. 174, § 1.º) **Decisão:** impossibilidade da *reformatio in pejus* (Lei n. 8.112/90, art. 182, parágrafo único)
VANTAGENS	▪ indenizações (Lei n. 8.112/90, art. 49) ▪ gratificações (Lei n. 8.112/90, art. 49) ▪ adicionais (Lei n. 8.112/90, art. 49)
VACÂNCIA DOS CARGOS (LEI N. 8.112/90, ART. 33)	▪ exoneração ▪ demissão ▪ promoção ▪ readaptação ▪ aposentadoria ▪ posse em outro cargo inacumulável ▪ falecimento
DECRETO N. 9.739/2019	Estabelece novas regras envolvendo a abertura de concursos públicos na esfera federal para a administração direta, autárquica e fundacional
DECRETO N. 9.727/2019	Disciplina regras de nomeação para cargos e funções comissionados, bem como cargos de direção na Administração federal

14.12. SÚMULAS SOBRE SERVIDORES PÚBLICOS

14.12.1. Súmulas do STF

▪ **Súmula 11:** A vitaliciedade não impede a extinção do cargo, ficando o funcionário em disponibilidade, com todos os vencimentos.

▪ **Súmula 15:** Dentro do prazo de validade do concurso, o candidato aprovado tem o direito à nomeação, quando o cargo for preenchido sem observância da classificação.

▪ **Súmula 16:** Funcionário nomeado por concurso tem direito à posse.

▪ **Súmula 17:** A nomeação de funcionário sem concurso pode ser desfeita antes da posse.

▪ **Súmula 19:** É inadmissível segunda punição de servidor público, baseada no mesmo processo em que se fundou a primeira.

▪ **Súmula 20:** É necessário processo administrativo com ampla defesa, para demissão de funcionário admitido por concurso.

▪ **Súmula 21:** Funcionário em estágio probatório não pode ser exonerado nem demitido sem inquérito ou sem as formalidades legais de apuração de sua capacidade.

▪ **Súmula 22:** O estágio probatório não protege o funcionário contra a extinção do cargo.

▪ **Súmula 24:** Funcionário interino substituto é livremente demissível, mesmo antes de cessar a causa da substituição.

■ **Súmula 26:** Os servidores do Instituto de Aposentadoria e Pensões dos Industriários não podem acumular a sua gratificação bienal com o adicional de tempo de serviço previsto no Estatuto dos Funcionários Civis da União.

■ **Súmula 27:** Os servidores públicos não têm vencimentos irredutíveis, prerrogativa dos membros do Poder Judiciário e dos que lhes são equiparados.

■ **Súmula 36:** Servidor vitalício está sujeito à aposentadoria compulsória, em razão da idade.

■ **Súmula 37:** Não tem direito de se aposentar pelo Tesouro Nacional o servidor que não satisfizer as condições estabelecidas na legislação do serviço público federal, ainda que aposentado pela respectiva instituição previdenciária, com direito, em tese, a duas aposentadorias.

■ **Súmula 38:** Reclassificação posterior à aposentadoria não aproveita ao servidor aposentado.

■ **Súmula 39:** À falta de lei, funcionário em disponibilidade não pode exigir, judicialmente, o seu aproveitamento, que fica subordinado ao critério de conveniência da administração.

■ **Súmula 46:** Desmembramento de serventia de justiça não viola o princípio de vitaliciedade do serventuário.

■ **Súmula 50:** A lei pode estabelecer condições para a demissão de extranumerário.

■ **Súmula 316:** A simples adesão a greve não constitui falta grave.

■ **Súmula 339:** Não cabe ao Poder Judiciário, que não tem função legislativa, aumentar vencimentos de servidores públicos sob fundamento de isonomia.

■ **Súmula 358:** O servidor público em disponibilidade tem direito aos vencimentos integrais do cargo.

■ **Súmula 647:** Compete privativamente à União legislar sobre vencimentos dos membros das polícias civil e militar do Distrito Federal.

■ **Súmula 671:** Os servidores públicos e os trabalhadores em geral têm direito, no que concerne à URP de abril/maio de 1988, apenas ao valor correspondente a 7/30 de 16,19% sobre os vencimentos e salários pertinentes aos meses de abril e maio de 1988, não cumulativamente, devidamente corrigido até o efetivo pagamento.

■ **Súmula 678:** São inconstitucionais os incisos I e III do art. 7.º da Lei 8.162/91, que afastam, para efeito de anuênio e de licença-prêmio, a contagem do tempo de serviço regido pela CLT dos servidores que passaram a submeter-se ao Regime Jurídico Único.

■ **Súmula 679:** A fixação de vencimentos dos servidores públicos não pode ser objeto de convenção coletiva.

■ **Súmula 680:** O direito ao auxílio-alimentação não se estende aos servidores inativos.

■ **Súmula 681:** É inconstitucional a vinculação do reajuste de vencimentos de servidores estaduais ou municipais a índices federais de correção monetária.

■ **Súmula 682:** Não ofende a Constituição a correção monetária no pagamento com atraso dos vencimentos de servidores públicos.

14 ■ Servidores Públicos   649

■ **Súmula 683:** O limite de idade para a inscrição em concurso público só se legitima em face do art. 7.º, XXX, da Constituição, quando possa ser justificado pela natureza das atribuições do cargo a ser preenchido.

■ **Súmula 684:** É inconstitucional o veto não motivado à participação de candidato a concurso público.

■ **Súmula 685:** É inconstitucional toda modalidade de provimento que propicie ao servidor investir-se, sem prévia aprovação em concurso público destinado ao seu provimento, em cargo que não integra a carreira na qual anteriormente investido.

■ **Súmula 686:** Só por lei se pode sujeitar a exame psicotécnico a habilitação de candidato a cargo público.

14.12.2. Súmulas vinculantes

■ **Súmula vinculante 4:** Salvo nos casos previstos na Constituição, o salário mínimo não pode ser usado como indexador de base de cálculo de vantagem de servidor público ou de empregado, nem ser substituído por decisão judicial.

■ **Súmula vinculante 5:** A falta de defesa técnica por advogado no processo administrativo disciplinar não ofende a Constituição.

■ **Súmula vinculante 6:** Não viola a Constituição o estabelecimento de remuneração inferior ao salário mínimo para as praças prestadoras de serviço militar inicial.

■ **Súmula vinculante 15:** O cálculo de gratificações e outras vantagens do servidor público não incide sobre o abono utilizado para se atingir o salário mínimo.

■ **Súmula vinculante 16:** Os artigos 7.º, IV, e 39, § 3.º (redação da EC 19/98), da Constituição, referem-se ao total da remuneração percebida pelo servidor público.

■ **Súmula vinculante 20:** A Gratificação de Desempenho de Atividade Técnico--Administrativa — GDATA, instituída pela Lei n. 10.404/2002, deve ser deferida aos inativos nos valores correspondentes a 37,5 (trinta e sete vírgula cinco) pontos no período de fevereiro a maio de 2002 e, nos termos do artigo 5.º, parágrafo único, da Lei n. 10.404/2002, no período de junho de 2002 até a conclusão dos efeitos do último ciclo de avaliação a que se refere o artigo 1.º da Medida Provisória n. 198/2004, a partir da qual passa a ser de 60 (sessenta) pontos.

■ **Súmula vinculante 33:** Aplicam-se ao servidor público, no que couber, as regras do regime geral da previdência social sobre aposentadoria especial de que trata o artigo 40, § 4.º, inciso III da Constituição Federal, até a edição de lei complementar específica.

■ **Súmula vinculante 34:** A Gratificação de Desempenho de Atividade de Seguridade Social e do Trabalho — GDASST, instituída pela Lei 10.483/2002, deve ser estendida aos inativos no valor correspondente a 60 (sessenta) pontos, desde o advento da Medida Provisória 198/2004, convertida na Lei 10.971/2004, quando tais inativos façam jus à paridade constitucional (EC 20/1998, 41/2003 e 47/2005).

■ **Súmula vinculante 37:** Não cabe ao Poder Judiciário, que não tem função legislativa, aumentar vencimentos de servidores públicos sob o fundamento de isonomia.

■ **Súmula vinculante 39:** Compete privativamente à União legislar sobre vencimentos dos membros das polícias civil e militar e do corpo de bombeiros militar do Distrito Federal.

650 Direito Administrativo Esquematizado   *Celso Spitzcovsky*

■ **Súmula vinculante 42:** É inconstitucional a vinculação do reajuste de vencimentos de servidores estaduais ou municipais a índices federais de correção monetária.

■ **Súmula vinculante 43:** É inconstitucional toda modalidade de provimento que propicie ao servidor investir-se, sem prévia aprovação em concurso público destinado ao seu provimento, em cargo que não integra a carreira na qual anteriormente investido.

■ **Súmula vinculante 44:** Só por lei se pode sujeitar a exame psicotécnico a habilitação de candidato a cargo público.

■ **Súmula vinculante 51:** O reajuste de 28,86%, concedido aos servidores militares pelas Leis 8.622/1993 e 8.627/1993, estende-se aos servidores civis do poder executivo, observadas as eventuais compensações decorrentes dos reajustes diferenciados concedidos pelos mesmos diplomas legais.

14.12.3. Súmulas do STJ

■ **Súmula 39:** Prescreve em vinte anos a ação para haver indenização, por responsabilidade civil, de sociedade de economia mista.

■ **Súmula 97:** Compete à Justiça do Trabalho processar e julgar reclamação de servidor público relativamente a vantagens trabalhistas anteriores à instituição do Regime Jurídico Único.

■ **Súmula 103:** Incluem-se entre os imóveis funcionais que podem ser vendidos os administrados pelas forças armadas e ocupados pelos servidores civis.

■ **Súmula 136:** O pagamento de licença-prêmio não gozada por necessidade do serviço não está sujeito ao Imposto de Renda.

■ **Súmula 137:** Compete à Justiça Comum Estadual processar e julgar ação de servidor público municipal, pleiteando direitos relativos ao vínculo estatutário.

■ **Súmula 147:** Compete a Justiça Federal processar e julgar os crimes praticados contra funcionário público federal, quando relacionados com o exercício da função.

■ **Súmula 172:** Compete a Justiça Comum processar e julgar militar por crime de abuso de autoridade, ainda que praticado em serviço.

■ **Súmula 173:** Compete a Justiça Federal processar e julgar o pedido de reintegração em cargo público federal, ainda que o servidor tenha sido dispensado antes da instituição do Regime Jurídico Único.

■ **Súmula 218:** Compete à Justiça dos Estados processar e julgar ação de servidor estadual decorrente de direitos e vantagens estatutárias no exercício de cargo em comissão.

■ **Súmula 266:** O diploma ou habilitação legal para o exercício do cargo deve ser exigido na posse e não na inscrição para o concurso público.

■ **Súmula 343:** Cancelada.

■ **Súmula 346:** É vedada aos militares temporários, para aquisição de estabilidade, a contagem em dobro de férias e licenças não gozadas.

■ **Súmula 377:** O portador de visão monocular tem direito de concorrer, em concurso público, às vagas reservadas aos deficientes.

■ **Súmula 378:** Reconhecido o desvio de função, o servidor faz jus às diferenças salariais decorrentes.

■ **Súmula 552:** O portador de surdez unilateral não se qualifica como pessoa com deficiência para o fim de disputar as vagas reservadas em concursos públicos.

■ **Súmula 591:** É permitida a prova emprestada no processo administrativo disciplinar, desde que devidamente autorizada pelo juízo competente e respeitados o contraditório e a ampla defesa.

■ **Súmula 592:** O excesso de prazo para a conclusão do processo administrativo disciplinar só causa nulidade se houver demonstração de prejuízo à defesa.

■ **Súmula 611:** Desde que devidamente motivada e com amparo em investigação ou sindicância, é permitida a instauração de processo administrativo disciplinar com base em denúncia anônima, em face do poder-dever de autotutela imposto à Administração.

■ **Súmula 635:** Os prazos prescricionais previstos no art. 142 da Lei n. 8.112/1990 iniciam-se na data em que a autoridade competente para a abertura do procedimento administrativo toma conhecimento do fato, interrompem-se com o primeiro ato de instauração válido — sindicância de caráter punitivo ou processo disciplinar — e voltam a fluir por inteiro, após decorridos 140 dias desde a interrupção.

■ **Súmula 650:** A autoridade administrativa não dispõe de discricionariedade para aplicar ao servidor pena diversa de demissão quando caraterizadas as hipóteses previstas no art. 132 da Lei n. 8.112/90.

■ **Súmula 651:** Compete à autoridade administrativa aplicar a servidor público a pena de demissão em razão da prática de improbidade administrativa, independentemente de prévia condenação, por autoridade judicial, à perda da função pública.

■ **Súmula 665:** O controle jurisdicional do processo administrativo disciplinar restringe-se ao exame da regularidade do procedimento e da legalidade do ato, à luz dos princípios do contraditório, da ampla defesa e do devido processo legal, não sendo possível incursão no mérito administrativo, ressalvadas as hipóteses de flagrante ilegalidade, teratologia ou manifesta desproporcionalidade da sanção aplicada.

■ **Súmula 672:** A alteração da capitulação legal da conduta do servidor, por si só, não enseja a nulidade do processo administrativo disciplinar.

14.13. QUESTÕES

QUESTÕES DE CONCURSOS
> http://uqr.to/1xgxn

15

DIREITO DE PROPRIEDADE

15.1. PERFIL CONSTITUCIONAL — LOCALIZAÇÃO E DEFINIÇÃO

O **direito de propriedade** está previsto na Constituição Federal em diversos pontos, destacando-se, em primeiro lugar, sua disciplina **entre os direitos e as garantias fundamentais**, incluindo-se, portanto, entre as denominadas cláusulas pétreas. É o que se verifica das previsões estabelecidas no **art. 5.º**, *caput*, **incisos XXII, LIV e LV**, a seguir reproduzidos:

> **Art. 5.º** (...)
>
> XXII — **é garantido o direito de propriedade**; (...)
>
> LIV — ninguém será privado da **liberdade ou de seus bens** sem o devido processo legal;
>
> LV — aos litigantes, em processo judicial ou administrativo, e aos acusados em geral são assegurados o contraditório e ampla defesa, com os meios e recursos a ela inerentes.

Sem embargo, cumpre esclarecer que no mesmo dispositivo a Constituição houve por bem demonstrar **não se tratar de direito a ser exercido de forma ilimitada** pelo proprietário, uma vez que se atribuiu a ele uma **restrição**, vale dizer, a necessidade de dar a ela uma **função social**, nos termos estabelecidos no **inciso XXIII**. Confira-se:

> **Art. 5.º** (...)
>
> XXIII — a propriedade atenderá a sua função social.

Percebe-se, pois, que o tema **propriedade** representa **simultaneamente** para o proprietário de bens um **direito** e um **dever fundamental**, este último gerando, na hipótese de descumprimento, sanções em razão da caracterização de inconstitucionalidade.

Nesse particular, poderia causar estranheza o fato de a Constituição ter inserido no art. 5.º uma restrição em se tratando de direitos e garantias fundamentais.

Trata-se apenas de uma primeira impressão desfeita quando se observa que o **art. 5.º** se localiza no Capítulo I do Título II da Constituição, denominado **"Dos Direitos e Deveres Individuais e Coletivos"**, de forma a demonstrar que ao longo dos 78 incisos existe espaço para a **presença também de restrições a direitos**.

A Constituição, outrossim, houve por bem inseri-lo como um dos **princípios** basilares de toda a sua **ordem econômica**, entre aqueles que estão, pois, no **art. 170**, como se vê:

654 Direito Administrativo Esquematizado · *Celso Spitzcovsky*

Art. 170. A ordem econômica, fundada na valorização do trabalho humano e na livre iniciativa, tem por fim assegurar a todos existência digna, conforme os ditames da justiça social, observados os seguintes princípios: (...)

II — propriedade privada;

III — função social da propriedade.

Para a **definição** do direito de propriedade, pode-se tomar por empréstimo aquela oferecida pelo **art. 1.228 do Código Civil**, na forma a seguir discriminada:

Art. 1.228. O proprietário tem a faculdade de usar, gozar e dispor da coisa, e o direito de reavê-la do poder de quem quer que injustamente a possua ou detenha.

Assim, esse **direito abrange bens móveis, imóveis, materiais e imateriais**, e a Constituição Federal não o garante de maneira absoluta — ao contrário, exige que o proprietário ofereça ao bem uma função social.

Nesse particular, oportuno dizer que pela primeira vez o constituinte se preocupou com uma **definição do conceito de função social da propriedade**, tanto para aquelas localizadas na **região urbana** quanto para as localizadas na **zona rural**.

Dentro desse contexto, resulta inequívoca a importância do conhecimento acerca do conceito de **função social** da propriedade. O proprietário que descumprir essa diretriz estará **descumprindo a Constituição**, gerando, como consequência, a possibilidade de **incidência de sanções**.

Para melhor visualização deste item, observe-se o quadro:

DEFINIÇÃO	**Código Civil, art. 1.228.** O proprietário tem a faculdade de usar, gozar e dispor da coisa, e o direito de reavê-la do poder de quem quer que injustamente a possua ou detenha.
EXTENSÃO	Bens móveis, imóveis, materiais e imateriais (propriedade sobre direitos autorais).
IMPORTÂNCIA	Incluído entre os direitos fundamentais (art. 5.º, *caput* e inciso XXII, da CF) e como princípio da ordem econômica (art. 170, II, da CF).
LIMITE	O proprietário deverá dar a sua propriedade uma função social (art. 5.º, XXIII, da CF).

15.1.1. Função social da propriedade

15.1.1.1. Da propriedade urbana

Assim, diz o Texto Constitucional que o **imóvel urbano** cumpre sua **função social** quando atende às exigências estabelecidas no **plano diretor**, conforme se verifica na redação do **art. 182, § 2.º**, a seguir reproduzida:

Art. 182. (...)

§ 2.º A propriedade urbana cumpre sua função social quando atende às exigências fundamentais de ordenação da cidade expressas no plano diretor.

A definição proposta pela Constituição Federal impõe, sem dúvida, averiguações acerca do **conceito de plano diretor**, uma vez que, como visto, a propriedade urbana deverá adequar-se às diretrizes por ele estabelecidas.

15 ▪ Direito de Propriedade 655

A própria Constituição Federal cuidou de estabelecer o conceito de plano diretor, fazendo-o no § 1.º do art. 182, como se vê:

Art. 182. (...)
§ 1.º O plano diretor, aprovado pela Câmara Municipal, obrigatório para cidades com mais de vinte mil habitantes, é o instrumento básico da política de desenvolvimento e de expansão urbana.

Resta claro, portanto, que a **propriedade urbana** só se considera cumpridora da **função social** se estiver compatibilizada com as regras fixadas no **plano diretor**, por meio das quais se tenta obter o desenvolvimento, a expansão urbana, a fim de garantir o bem-estar de seus habitantes, conforme regra estabelecida no *caput* do art. 182.

Assim, o **plano diretor** fica responsável por estabelecer, a título de exemplo, o **zoneamento das cidades**, vale dizer, aquelas regiões em que somente residências poderão ser construídas, aquelas que só comportam atividades comerciais, aquelas que só permitem a construção de edifícios, aquelas que não permitem a circulação de veículos, aquelas cujas construções deverão ser preservadas em sua forma original e aquelas em que nenhuma construção poderá ser realizada por representarem áreas de preservação ambiental.

Outrossim, oportuno consignar que a matéria relacionada ao **plano diretor** está também disciplinada na **Lei n. 10.257/2001** — **Estatuto da Cidade** — a partir do seu **art. 39**, merecendo destaque a regra estipulada no **art. 41**, que amplia as hipóteses previstas na Constituição nas quais a sua elaboração revela-se obrigatória. Confira-se:

Art. 41. O plano diretor é obrigatório para cidades:
I — com mais de vinte mil habitantes;
II — integrantes de regiões metropolitanas e aglomerações urbanas;
III — onde o Poder Público municipal pretenda utilizar os instrumentos previstos no § 4.º do art. 182 da Constituição Federal;
IV — integrantes de áreas de especial interesse turístico;
V — inseridas na área de influência de empreendimentos ou atividades com significativo impacto ambiental de âmbito regional ou nacional.
VI — incluídas no cadastro nacional de Municípios com áreas suscetíveis à ocorrência de deslizamentos de grande impacto, inundações bruscas ou processos geológicos ou hidrológicos correlatos
§ 1.º No caso da realização de empreendimentos ou atividades enquadrados no inciso V do *caput,* os recursos técnicos e financeiros para a elaboração do plano diretor estarão inseridos entre as medidas de compensação adotadas.
§ 2.º No caso de cidades com mais de quinhentos mil habitantes, deverá ser elaborado um plano de transporte urbano integrado, compatível com o plano diretor ou nele inserido.
§ 3.º As cidades de que trata o *caput* deste artigo devem elaborar plano de rotas acessíveis, compatível com o plano diretor no qual está inserido, que disponha sobre os passeios públicos a serem implantados ou reformados pelo poder público, com vistas a garantir acessibilidade da pessoa com deficiência ou com mobilidade reduzida a todas as rotas e vias existentes, inclusive as que concentrem os focos geradores de maior circulação de pedestres, como os órgãos públicos e os locais de prestação de serviços públicos e privados de saúde, educação, assistência social, esporte, cultura, correios e

656 Direito Administrativo Esquematizado   *Celso Spitzcovsky*

telégrafos, bancos, entre outros, sempre que possível de maneira integrada com os sistemas de transporte coletivo de passageiros.

Do dispositivo legal reproduzido, cumpre destacar a hipótese descrita no **inciso III**, uma vez que estabelece, de maneira cristalina, a **impossibilidade de aplicação das sanções** estabelecidas na Constituição Federal aos **imóveis urbanos** que **não cumprirem sua função social sem a aprovação da lei criadora do plano diretor**.

De outra parte, sobreleva notar que o **art. 40, § 3.º**, desse diploma legal preconiza a necessidade da **revisão** da lei que instituir o **plano diretor** pelo menos **a cada 10 anos**, precedido da realização de audiências públicas (art. 40, § 4.º), para lhe emprestar maior legitimidade.

No contexto, parece-nos claro que o **imóvel urbano** que não estiver afinado com essas diretrizes não cumprirá sua **função social**, ficando, por via de consequência, sujeito às **penalidades** relacionadas pelo Texto Constitucional, a teor do disposto no **art. 182, § 4.º**:

Art. 182. (...)

§ 4.º É facultado ao Poder Público municipal, mediante lei específica para área incluída no plano diretor, exigir, nos termos da lei federal, do proprietário do solo urbano não edificado, subutilizado ou não utilizado, que promova seu adequado aproveitamento, sob pena, sucessivamente, de:

I — parcelamento ou edificação compulsórios;

II — imposto sobre a propriedade predial e territorial urbana progressivo no tempo;

III — desapropriação com pagamento mediante títulos da dívida pública de emissão previamente aprovada pelo Senado Federal, com prazo de resgate de até dez anos, em parcelas anuais, iguais e sucessivas, assegurados o valor real da indenização e os juros legais.

Outrossim, cumpre observar que essa matéria foi disciplinada com maior riqueza de detalhes também pela **Lei n. 10.257/2001**, que, como visto, estabelece normas de ordem pública e interesse social para regular o uso da propriedade urbana em prol do bem coletivo, da segurança e do bem-estar dos cidadãos e do equilíbrio ambiental.

Dessa forma, entre os instrumentos da política urbana relacionados pelo legislador, oportuno destacar de início aqueles que regulamentam as **sanções relacionadas** pela **Constituição**, a começar pela questão do **parcelamento, edificação ou utilização compulsórios**.

Essa matéria está disciplinada nos termos estabelecidos nos **arts. 5.º e 6.º**. Confira-se:

Art. 5.º Lei municipal específica para área incluída no plano diretor poderá determinar o parcelamento, a edificação ou a utilização compulsórios do solo urbano não edificado, subutilizado ou não utilizado, devendo fixar as condições e os prazos para implementação da referida obrigação.

§ 1.º Considera-se subutilizado o imóvel:

I — cujo aproveitamento seja inferior ao mínimo definido no plano diretor ou em legislação dele decorrente;

15 ■ Direito de Propriedade 657

II — (Vetado)

§ 2.º O proprietário será notificado pelo Poder Executivo municipal para o cumprimento da obrigação, devendo a notificação ser averbada no cartório de registro de imóveis.

§ 3.º A notificação far-se-á:

I — por funcionário do órgão competente do Poder Público municipal, ao proprietário do imóvel ou, no caso de este ser pessoa jurídica, a quem tenha poderes de gerência geral ou administração;

II — por edital quando frustrada, por três vezes, a tentativa de notificação na forma prevista pelo inciso I.

§ 4.º Os prazos a que se refere o *caput* não poderão ser inferiores a:

I — um ano, a partir da notificação, para que seja protocolado o projeto no órgão municipal competente;

II — dois anos, a partir da aprovação do projeto, para iniciar as obras do empreendimento.

§ 5.º Em empreendimentos de grande porte, em caráter excepcional, a lei municipal específica a que se refere o *caput* poderá prever a conclusão em etapas, assegurando-se que o projeto aprovado compreenda o empreendimento como um todo.

Art. 6.º A transmissão do imóvel, por ato *inter vivos* ou *causa mortis*, posterior à data da notificação, transfere as obrigações de parcelamento, edificação ou utilização previstas no art. 5.º desta Lei, sem interrupção de quaisquer prazos.

De outra parte, a questão relacionada à incidência do **IPTU progressivo no tempo** sobre a propriedade que não cumpre sua função social está disciplinada no **art. 7.º**:

Art. 7.º Em caso de descumprimento das condições e dos prazos previstos na forma do *caput* do art. 5.º desta Lei, ou não sendo cumpridas as etapas previstas no § 5.º do art. 5.º desta Lei, o Município procederá à aplicação do imposto sobre a propriedade predial e territorial urbana (IPTU) progressivo no tempo, mediante a majoração da alíquota pelo prazo de cinco anos consecutivos.

§ 1.º O valor da alíquota a ser aplicado a cada ano será fixado na lei específica a que se refere o *caput* do art. 5.º desta Lei e não excederá a duas vezes o valor referente ao ano anterior, respeitada a alíquota máxima de quinze por cento.

§ 2.º Caso a obrigação de parcelar, edificar ou utilizar não esteja atendida em cinco anos, o Município manterá a cobrança pela alíquota máxima, até que se cumpra a referida obrigação, garantida a prerrogativa prevista no art. 8.º.

§ 3.º É vedada a concessão de isenções ou de anistia relativas à tributação progressiva de que trata este artigo.

Por seu turno, o **art. 8.º** do referido diploma legal disciplina o problema da **desapropriação** incidente sobre o imóvel urbano que não cumpre sua função social, detalhando melhor a previsão estabelecida no art. 182, § 4.º, III, da CF, nos seguintes termos:

Art. 8.º Decorridos cinco anos de cobrança do IPTU progressivo sem que o proprietário tenha cumprido a obrigação de parcelamento, edificação ou utilização, o Município poderá proceder à desapropriação do imóvel, com pagamento em títulos da dívida pública.

658 Direito Administrativo Esquematizado *Celso Spitzcovsky*

§ 1.º Os títulos da dívida pública terão prévia aprovação pelo Senado Federal e serão resgatados no prazo de até dez anos, em prestações anuais, iguais e sucessivas, assegurados o valor real da indenização e os juros legais de seis por cento ao ano.

§ 2.º O valor real da indenização:

I — refletirá o valor da base de cálculo do IPTU, descontado o montante incorporado em função de obras realizadas pelo Poder Público na área onde o mesmo se localiza após a notificação de que trata o § 2.º do art. 5.º desta Lei;

II — não computará expectativas de ganhos, lucros cessantes e juros compensatórios.

§ 3.º Os títulos de que trata este artigo não terão poder liberatório para pagamento de tributos.

§ 4.º O Município procederá ao adequado aproveitamento do imóvel no prazo máximo de cinco anos, contado a partir da sua incorporação ao patrimônio público.

§ 5.º O aproveitamento do imóvel poderá ser efetivado diretamente pelo Poder Público ou por meio de alienação ou concessão a terceiros, observando-se, nesses casos, o devido procedimento licitatório.

§ 6.º Ficam mantidas para o adquirente de imóvel nos termos do § 5.º as mesmas obrigações de parcelamento, edificação ou utilização previstas no art. 5.º desta Lei.

15.1.1.2. *Da propriedade rural*

A Constituição também tratou de definir o que é **função social da propriedade rural**, na forma do **art. 186**, a seguir reproduzido:

Art. 186. A função social é cumprida quando a propriedade rural atende, simultaneamente, segundo critérios e graus de exigência estabelecidos em lei, aos seguintes requisitos:

I — aproveitamento racional e adequado;

II — utilização adequada dos recursos naturais disponíveis e preservação do meio ambiente;

III — observância das disposições que regulam as relações de trabalho;

IV — exploração que favoreça o bem-estar dos proprietários e dos trabalhadores.

Como bem se observa, o dispositivo constitucional estabelece a necessidade de a **propriedade rural cumprir** não apenas um dos **quatro requisitos** ali relacionados, mas os quatro **simultaneamente**.

Não fosse essa uma grande dificuldade, em razão do conteúdo dos **quatro incisos**, sobreleva notar que todos eles foram **vazados** por intermédio de redação que abusou de **expressões subjetivas**, **dificultando a caracterização**, em cada caso concreto, das propriedades que não estejam cumprindo sua função social.

Nesse particular, cumpre observar que a matéria foi disciplinada pela **Lei n. 8.629/93**, que dispõe sobre a regulamentação dos dispositivos constitucionais relativos à reforma agrária, destacando-se, inicialmente, a previsão estabelecida em seu **art. 9.º**, em especial em seus parágrafos:

Art. 9.º A função social é cumprida quando a propriedade rural atende, simultaneamente, segundo graus e critérios estabelecidos nesta lei, os seguintes requisitos:

I — aproveitamento racional e adequado;

II — utilização adequada dos recursos naturais disponíveis e preservação do meio ambiente;

III — observância das disposições que regulam as relações de trabalho;

IV — exploração que favoreça o bem-estar dos proprietários e dos trabalhadores.

§ 1.º Considera-se racional e adequado o aproveitamento que atinja os graus de utilização da terra e de eficiência na exploração especificados nos §§ 1.º a 7.º do art. 6.º desta lei.

§ 2.º Considera-se adequada a utilização dos recursos naturais disponíveis quando a exploração se faz respeitando a vocação natural da terra, de modo a manter o potencial produtivo da propriedade.

§ 3.º Considera-se preservação do meio ambiente a manutenção das características próprias do meio natural e da qualidade dos recursos ambientais, na medida adequada à manutenção do equilíbrio ecológico da propriedade e da saúde e qualidade de vida das comunidades vizinhas.

§ 4.º A observância das disposições que regulam as relações de trabalho implica tanto o respeito às leis trabalhistas e aos contratos coletivos de trabalho, como às disposições que disciplinam os contratos de arrendamento e parceria rurais.

§ 5.º A exploração que favorece o bem-estar dos proprietários e trabalhadores rurais é a que objetiva o atendimento das necessidades básicas dos que trabalham a terra, observa as normas de segurança do trabalho e não provoca conflitos e tensões sociais no imóvel.

§ 6.º (Vetado)

Percebe-se do **dispositivo reproduzido** que, nada obstante a tentativa levada a efeito pelo legislador de melhor detalhar o tema, **manteve ainda expressões subjetivas**, abrindo campo para interpretação.

Nesse sentido, concluiu o **STF**, em 1.º.09.2023, quando do julgamento da **ADI 3.865/DF**, pela constitucionalidade do dispositivo, nos seguintes termos:

"São **constitucionais** os **artigos 6.º e 9.º da Lei 8.629/1993**, que **exigem a presença simultânea** do **caráter produtivo** da propriedade e da **função social** como requisitos para que determinada propriedade seja insuscetível de desapropriação para fins de reforma agrária".

Outrossim, também na tentativa de melhor detalhar as diretrizes constitucionais, informa o legislador que os **parâmetros** por ele utilizados **serão ajustados periodicamente, levando em consideração os avanços tecnológicos**. É o que se vê na redação estabelecida pelo **art. 11**. Confira-se:

Art. 11. Os parâmetros, índices e indicadores que informam o conceito de produtividade serão ajustados, periodicamente, de modo a levar em conta o progresso científico e tecnológico da agricultura e o desenvolvimento regional, pelos Ministros de Estado do Desenvolvimento Agrário e da Agricultura e do Abastecimento, ouvido o Conselho Nacional de Política Agrícola.

Ainda sobre esse item, de forma a balizar as ações deduzidas pelo Poder Público incidentes sobre as propriedades rurais, relacionou o legislador no **art. 10** as **áreas consideradas não aproveitáveis:**

Art. 10. Para efeito do que dispõe esta lei, consideram-se não aproveitáveis:

I — as áreas ocupadas por construções e instalações, excetuadas aquelas destinadas a fins produtivos, como estufas, viveiros, sementeiros, tanques de reprodução e criação de peixes e outros semelhantes;

II — as áreas comprovadamente imprestáveis para qualquer tipo de exploração agrícola, pecuária, florestal ou extrativa vegetal;

III — as áreas sob efetiva exploração mineral;

IV — as áreas de efetiva preservação permanente e demais áreas protegidas por legislação relativa à conservação dos recursos naturais e à preservação do meio ambiente.

De toda sorte, o **não cumprimento da função social** pelo proprietário rural também **implicará** a **possibilidade** de **incidirem** sobre sua propriedade as **penalidades** previstas na própria Constituição Federal, vale dizer, a **desapropriação para fins de reforma agrária**, nos termos apresentados pelo **art. 184:**

Art. 184. Compete à União desapropriar por interesse social, para fins de reforma agrária, o imóvel rural que não esteja cumprindo sua função social, mediante prévia e justa indenização em títulos da dívida agrária, com cláusula de preservação do valor real, resgatáveis no prazo de até vinte anos, a partir do segundo ano de sua emissão, e cuja utilização será definida em lei.

Por derradeiro, importante anotar ter a **Constituição excluído** da **incidência** em planos de **reforma agrária** a **pequena** e **média propriedade rural**, bem como a propriedade produtiva, a teor do disposto em seu **art. 185:**

Art. 185. São insuscetíveis de desapropriação para fins de reforma agrária:

I — a pequena e média propriedade rural, assim definida em lei, desde que seu proprietário não possua outra;

II — a propriedade produtiva.

Uma pequena passada de olhos pelo **dispositivo constitucional** demonstra que as duas hipóteses ali relacionadas apresentam uma **redação subjetiva**, demandando posterior **regulamentação**, promovida pela **Lei n. 8.629/93**, que em seu **art. 4.º** cuidou de relacionar os **conceitos** de **pequena**, **média** e **grande propriedade**. Confira-se:

Art. 4.º Para os efeitos desta lei, conceituam-se:

I — Imóvel Rural — o prédio rústico de área contínua, qualquer que seja a sua localização, que se destine ou possa se destinar à exploração agrícola, pecuária, extrativa vegetal, florestal ou agroindustrial;

II — Pequena Propriedade — o imóvel rural:

a) de área compreendida entre 1 (um) e 4 (quatro) módulos fiscais;

b) (Vetado)

c) (Vetado)

III — Média Propriedade — o imóvel rural:

a) de área superior a 4 (quatro) e até 15 (quinze) módulos fiscais;

b) (Vetado)

15 ■ Direito de Propriedade 661

Parágrafo único. São insuscetíveis de desapropriação para fins de reforma agrária a pequena e a média propriedade rural, desde que o seu proprietário não possua outra propriedade rural.

Por seu turno, o **conceito de propriedade produtiva** foi disciplinado em seu **art. 6.º**, que a seguir se reproduz:

Art. 6.º Considera-se propriedade produtiva aquela que, explorada econômica e racionalmente, atinge, simultaneamente, graus de utilização da terra e de eficiência na exploração, segundo índices fixados pelo órgão federal competente.

§ 1.º O grau de utilização da terra, para efeito do *caput* deste artigo, deverá ser igual ou superior a 80% (oitenta por cento), calculado pela relação percentual entre a área efetivamente utilizada e a área aproveitável total do imóvel.

§ 2.º O grau de eficiência na exploração da terra deverá ser igual ou superior a 100% (cem por cento), e será obtido de acordo com a seguinte sistemática:

I — para os produtos vegetais, divide-se a quantidade colhida de cada produto pelos respectivos índices de rendimento estabelecidos pelo órgão competente do Poder Executivo, para cada Microrregião Homogênea;

II — para a exploração pecuária, divide-se o número total de Unidades Animais (UA) do rebanho, pelo índice de lotação estabelecido pelo órgão competente do Poder Executivo, para cada Microrregião Homogênea;

III — a soma dos resultados obtidos na forma dos incisos I e II deste artigo, dividida pela área efetivamente utilizada e multiplicada por 100 (cem), determina o grau de eficiência na exploração.

§ 3.º Consideram-se efetivamente utilizadas:

I — as áreas plantadas com produtos vegetais;

II — as áreas de pastagens nativas e plantadas, observado o índice de lotação por zona de pecuária, fixado pelo Poder Executivo;

III — as áreas de exploração extrativa vegetal ou florestal, observados os índices de rendimento estabelecidos pelo órgão competente do Poder Executivo, para cada Microrregião Homogênea, e a legislação ambiental;

IV — as áreas de exploração de florestas nativas, de acordo com plano de exploração e nas condições estabelecidas pelo órgão federal competente;

V — as áreas sob processos técnicos de formação ou recuperação de pastagens ou de culturas permanentes

V — as áreas sob processos técnicos de formação ou recuperação de pastagens ou de culturas permanentes, tecnicamente conduzidas e devidamente comprovadas, mediante documentação e Anotação de Responsabilidade Técnica.

A título de encerramento deste item, cumpre registrar ter o **legislador excluiu** da **possibilidade** de **desapropriação** para fins de **reforma agrária** o **imóvel rural** que comprove estar sendo **objeto de implantação de projeto técnico** nos termos do **art. 7.º**:

Art. 7.º Não será passível de desapropriação, para fins de reforma agrária, o imóvel que comprove estar sendo objeto de implantação de projeto técnico que atenda aos seguintes requisitos:

I — seja elaborado por profissional legalmente habilitado e identificado;

II — esteja cumprindo o cronograma físico-financeiro originalmente previsto, não admitidas prorrogações dos prazos;

III — preveja que, no mínimo, 80% (oitenta por cento) da área total aproveitável do imóvel seja efetivamente utilizada em, no máximo, 3 (três) anos para as culturas anuais e 5 (cinco) anos para as culturas permanentes;

IV — haja sido aprovado pelo órgão federal competente, na forma estabelecida em regulamento, no mínimo seis meses antes da comunicação de que tratam os §§ 2.º e 3.º do art. 2.º.

Parágrafo único. Os prazos previstos no inciso III deste artigo poderão ser prorrogados em até 50% (cinquenta por cento), desde que o projeto receba, anualmente, a aprovação do órgão competente para fiscalização e tenha sua implantação iniciada no prazo de 6 (seis) meses, contado de sua aprovação.

Ainda oportuno registrar que, de acordo com entendimento consolidado no nível do **STJ**, o processo expropriatório para fins de **reforma agrária** será **suspenso** quando da ocorrência de **invasão ao imóvel**. É o que estabelece a **Súmula 354**. Confira-se:

SÚMULA 354: A invasão do imóvel é causa de suspensão do processo expropriatório para fins de reforma agrária.

Oferecido o desenho constitucional para o direito de propriedade por meio do qual se verificou não assumir ele um caráter absoluto, cumpre agora estabelecer algumas observações importantes em relação aos denominados **meios de intervenção na propriedade**.

Para melhor visualização deste item, verifique-se o quadro a seguir:

FUNÇÃO SOCIAL DA PROPRIEDADE	
FUNDAMENTO	Art. 5.º, XXIII, da CF
PROPRIEDADE URBANA	**Definição**: cumpre a função social quando atende às exigências contidas no plano diretor (art. 182, §§ 1.º e 2.º, da CF e arts. 39 e 41 da Lei n. 10.257/2001) **Sanções:** ▪ edificação ou parcelamentos compulsórios (art. 182, § 4.º, I, da CF e arts. 5.º e 6.º da Lei n. 10.257/2001) ▪ incidência de IPTU progressivo no tempo (art. 182, § 4.º, II, da CF e art. 7.º da Lei n. 10.257/2001) ▪ desapropriação (art. 182, § 4.º, III, da CF e art. 8.º da Lei n. 10.257/2001)
PROPRIEDADE RURAL	**Definição**: cumpre a função social quando atende às exigências contidas no art. 186 da CF no e art. 9.º da Lei n. 8.629/93 **Sanção**: desapropriação para fins de reforma agrária (art. 184 da CF) **Exclusão**: a pequena e média propriedade rural e a propriedade produtiva (art. 185 da CF e arts. 4.º, 6.º e 7.º da Lei n. 8.629/93)

15.2. MEIOS DE INTERVENÇÃO NA PROPRIEDADE

Sob essa rubrica serão analisados, em caráter comparativo, quanto às semelhanças e diferenças, os seguintes institutos:

- desapropriação;
- confisco;
- requisição;
- ocupação;
- limitação;
- servidão;
- tombamento.

Nesse particular, importante salientar que a **ordem em que foram relacionados** esses meios de intervenção na propriedade **não se revela aleatória**, uma vez que os **dois primeiros** (desapropriação e confisco) implicam a **transferência compulsória da propriedade**; os **dois seguintes** (requisição e ocupação) implicam a **transferência compulsória da posse**; por derradeiro, as **três últimas** (limitação, servidão e tombamento) implicam tão somente a incidência de **restrições quanto ao uso**.

O esquema a seguir resume o assunto:

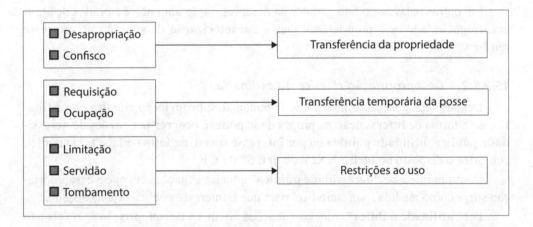

Relacionados os instrumentos por meio dos quais se pode cogitar de uma intervenção na propriedade, passaremos agora a examinar as características apresentadas por cada um.

15.2.1. Desapropriação

15.2.1.1. Definição e desdobramentos

A **desapropriação** surge como um **meio de intervenção** na **propriedade, de caráter compulsório**, por meio do qual o Poder Público a retira de terceiros por razões de interesse público ou pelo não cumprimento de sua função social, mediante o **pagamento de uma contrapartida, nos termos previstos pela CF**, sendo essa matéria disciplinada pelo **Decreto-lei n. 3.365/41** e pela **Lei n. 4.132/62**.

Da **definição oferecida**, o **primeiro ponto** a ser ressaltado é aquele que faz referência a surgir a desapropriação como um **meio de intervenção** na propriedade **de caráter compulsório**, vale dizer, por iniciativa unilateral do Poder Público.

664 Direito Administrativo Esquematizado   *Celso Spitzcovsky*

Nesse particular, importante observar que, em regra, essa **transferência compulsória** se dá **do patrimônio do particular para o patrimônio público**, o que não impede que, a título de **exceção**, possa ela incidir sobre **bens públicos**.

Neste caso, sobreleva notar que a **União** pode promover **desapropriação** de **Estados** e **Municípios**; os **Estados** poderão desapropriar **Municípios**, que, por sua vez, **não podem desapropriar nenhuma esfera de governo**, conforme se verifica da previsão estabelecida no **art. 2.º, § 2.º**, do **Decreto-lei n. 3.365/41**.

O **segundo aspecto** a ser enfrentado diz respeito aos motivos que podem dar ensejo a um processo de desapropriação, que são: a **caracterização do interesse público ou** o cometimento de **alguma irregularidade** pelo proprietário, não oferecendo a seu imóvel uma função social, em desrespeito a Constituição Federal.

A primeira possibilidade apontada, ou seja, a caracterização de **interesse público**, permite à **Administração suprimir** um **direito** constitucionalmente **assegurado**, sem que o **particular** possa fazer algo a respeito, **ainda que tenha** ele **cumprido todas as suas obrigações**.

Em outras palavras, o fato gerador da desapropriação aqui não é a prática de alguma irregularidade pelo proprietário, mas a **caracterização** de situação de **interesse público**.

15.2.1.2. *Desapropriação clássica ou ordinária*

Denominada pela doutrina e pelos Tribunais **desapropriação clássica** ou **ordinária**, essa forma de **intervenção** na propriedade **poderá ocorrer** por **razões** de **necessidade pública**, **utilidade pública** ou por **interesse social**, na forma estabelecida por lei, conforme o disposto no **inciso XXIV** do **art. 5.º da CF**.

Consideram-se de **"necessidade pública"** aquelas situações em que a desapropriação surge como medida imprescindível para que o interesse público seja alcançado.

Por **"utilidade pública"**, aquelas situações em que a desapropriação se revela não imprescindível, mas conveniente para o interesse público.

Por **"interesse social"**, aquelas situações em que a desapropriação tem lugar para efeito de assentamento de pessoas.

Seja qual for a situação entre as relacionadas no inciso XXIV do art. 5.º que deu ensejo ao processo expropriatório, **todas elas**, por não partirem do pressuposto do cometimento de irregularidades pelo proprietário, **demandam** uma **contrapartida** concretizada pelo **pagamento de indenização**. Esta, conforme a diretriz constitucional, deverá apresentar o seguinte perfil: ser **prévia**, **justa** e **paga** em **dinheiro**, uma vez que, repita-se, o proprietário que ora perde seu imóvel não contribuiu para que isso acontecesse com a prática de nenhuma irregularidade.

Dessa forma, ao oferecer à indenização a ser paga o perfil acima relacionado, vale dizer, prévia, justa e em dinheiro, procurou a Constituição demonstrar que **ao particular**, do qual foi subtraído compulsoriamente o bem, **deverá ser oferecida condição suficiente** para que possa ele **adquirir outro do mesmo padrão** e com as mesmas características.

15 ▪ Direito de Propriedade 665

Em outras palavras, se **por um lado não pode ele se insurgir contra** um **procedimento dessa natureza**, em razão da supremacia do interesse público sobre o seu, **por outro, não pode o Poder Público deixá-lo em condição pior** do que estava.

É o que ocorrerá, a título de exemplo, diante de uma situação peculiar em que o particular desapropriado, não recebendo o valor justo para efeito de indenização, coloque-se em situação financeira precária por não possuir outro imóvel para onde possa ir.

Diante desse cenário, oportuna a referência a decisão proferida pelo **Supremo Tribunal Federal**, em **novembro de 2015**, quando do julgamento do **Recurso Extraordinário n. 922.144**, com relatoria do **Ministro Luís Roberto Barroso**, em que o **plenário** reconheceu, por unanimidade, a **repercussão geral** do **tema** ali **discutido**, vale dizer, **se** a **indenização prévia em dinheiro** para a desapropriação por necessidade ou utilidade pública, prevista no art. 5.º, XIV, da CF, **compatibiliza-se** ou não com o **regime de precatórios** instituído pelo **art. 100**.

Em outras palavras, se o regime de precatórios se aplica ou não à verba indenizatória em caso de desapropriação, pois o processo deve ser precedido de indenização prévia justa em dinheiro.

Em **19.10.2023**, o Tribunal, apreciando o Tema 865 da repercussão geral, em voto médio, a) fixou, sob o regime da repercussão geral, a seguinte tese: "No caso de necessidade de complementação da indenização, ao final do processo expropriatório, deverá o pagamento ser feito mediante depósito judicial direto se o Poder Público não estiver em dia com os precatórios". Por maioria, b) limitou, todavia, a eficácia temporal desta decisão, para que as teses nela estabelecidas sejam aplicadas somente às desapropriações propostas a partir da publicação da ata da sessão desse julgamento, ressalvadas as ações judiciais em curso em que se discuta expressamente a constitucionalidade do pagamento da complementação da indenização por meio de precatório judicial; e, c) em virtude da modulação temporal acima fixada, deu provimento ao recurso extraordinário para que a diferença da indenização seja paga mediante depósito direto pelo Município de Juiz de Fora.

Ainda em relação ao tema **precatórios**, oportuna a reprodução da **Súmula 733 do STF**, que limita a apreciação judicial, suprimindo a possibilidade de propositura de Recurso Extraordinário.

> **SÚMULA 733 DO STF:** Não cabe recurso extraordinário contra decisão proferida no processamento de precatórios.

Esse verbete se apresenta como uma exceção ao princípio do duplo grau de jurisdição, retirando uma instância do Judiciário quando o objeto da controvérsia se refere ao processamento de precatórios.

15.2.1.3. *Desapropriação extraordinária*

Cumpre observar que outro totalmente **diverso** será o **perfil** da **indenização** em relação àquelas **propriedades que não estejam cumprindo** sua **função social**.

Com efeito, por ser outro o fundamento, ou seja, a prática de uma irregularidade, influenciará sobremaneira o perfil da indenização a ser paga ao proprietário.

Convém que fique claro, desde logo, que essa modalidade de **desapropriação**, denominada *extraordinária*, embora apresente outro fundamento, vale dizer, a prática de irregularidades pelo proprietário, **não deixa de permitir** que faça ele jus ao recebimento de **indenização**.

Sem embargo, ela **não apresentará**, por razões óbvias, o **mesmo perfil**, uma vez que **não será paga de maneira prévia, como também não será em dinheiro**.

Isso ocorre pelo fato de ela surgir em **decorrência da prática de irregularidades**, aparecendo, pois, como uma sanção, uma penalidade imposta ao proprietário, por não ter ele cumprido seus deveres constitucionais.

Assim, para o imóvel urbano, a **CF**, em seu **art. 182, § 4.º**, estabelece para a propriedade que não cumprir sua função social as seguintes penalidades, como já visto:

- parcelamento ou edificação compulsórios;
- imposto sobre a propriedade predial e territorial urbana progressivo no tempo;
- desapropriação com pagamento mediante títulos da dívida pública, de emissão previamente aprovada pelo Senado Federal, com prazo de resgate de até dez anos, em parcelas anuais, iguais e sucessivas, assegurados o valor real da indenização e os juros legais.

Dessa forma, o **pagamento em títulos da dívida pública, resgatáveis em até 10 anos**, representa inquestionavelmente uma **penalidade** imposta ao proprietário por não ter ele oferecido à sua propriedade uma **função social**.

No mesmo sentido, encontramos a diretriz constitucional oferecida para a **propriedade rural** que não estiver cumprindo sua função social, a teor do disposto no **art. 184**, cuja redação segue:

> **Art. 184.** Compete à União desapropriar por interesse social, para fins de reforma agrária, o imóvel rural que não esteja cumprindo sua função social, mediante prévia e justa indenização em títulos da dívida agrária, com cláusula de preservação do valor real, resgatável no prazo de até vinte anos, a partir do segundo ano de sua emissão, e cuja utilização será definida em lei.

Observa-se que, no caso da propriedade rural, sua desapropriação para fins de reforma agrária se verifica com **pagamento** por **meio de títulos da dívida agrária, com prazo de resgate superior ao previsto para os imóveis urbanos**.

Houve por bem a **Constituição Federal excluir** da possibilidade de **desapropriação** para **fins de reforma agrária** a **pequena e média propriedade rural**, desde que seu proprietário não possua outra, e a propriedade produtiva, tudo nos termos a serem estabelecidos por lei (**art. 185**), matéria regulamentada, como já visto, pela **Lei n. 8.629/93**, em seus **arts. 4.º, 6.º e 7.º**.

Extraídas as consequências importantes da definição de desapropriação, outro ponto que merece referência diz respeito à competência para legislar e para efetivar esse procedimento.

15 ■ Direito de Propriedade   667

Para melhor visualização do item, observe-se o quadro a seguir:

DEFINIÇÃO	Meio de intervenção na propriedade em que ela é transferida compulsoriamente para o patrimônio público
DESTINATÁRIOS	Em regra, incide sobre bens particulares, e excepcionalmente sobre bens públicos (Decreto-lei n. 3.365/41, art. 2.º, § 2.º)
FUNDAMENTOS	▫ razões de interesse público que se tripartem em necessidade pública, utilidade pública ou interesse social ▫ razões de inconstitucionalidade ligadas ao descumprimento da função social
MODALIDADES	▫ Ordinária: tendo por fundamento razões de interesse público ▫ Extraordinária: tendo por fundamento razões de inconstitucionalidade, por não cumprimento da função social
INDENIZAÇÃO	▫ quando por razões de interesse público será prévia, justa e em dinheiro (art. 5.º, XXIV, da CF) ▫ quando por razões de inconstitucionalidade será paga em títulos da dívida pública regatáveis em até 10 anos (imóveis urbanos, art. 182, § 4.º, III, da CF) ou em títulos da dívida agrária, resgatáveis em até 20 anos para imóveis rurais (art. 184 da CF)

15.2.1.4. *Competência para legislar e desapropriar*

A **competência para legislar** sobre o tema relativo à desapropriação pertence, em caráter privativo, à **União**, a teor do disposto no **art. 22, II, da CF**, sendo, pois, vedada aos Estados, Municípios e ao Distrito Federal a edição de normas sobre ele. Confira-se:

Art. 22. Compete privativamente à União legislar sobre: (...)

II — desapropriação.

Nesse sentido, toda a **legislação** sobre o tema é de **origem federal**, destacando-se o **Decreto-lei n. 3.365/41**, conhecido por **Lei Geral das Desapropriações**, e a **Lei n. 4.132/62**, que disciplina as hipóteses de desapropriação por interesse social.

Nesse particular, para que se possa melhor compreender os itens que serão abordados mais adiante sobre o tema, oportuno estabelecer alguns comentários acerca do momento em que a referida legislação foi editada, em especial o **Decreto n. 3.365/41**.

Cabe esclarecer que referido decreto foi **editado** durante a **vigência** do chamado "**Estado Novo**", **período ditatorial** em que a presidência era ocupada por Getúlio Vargas.

Nessa época, o então Presidente adotou uma série de medidas de caráter autoritário, dentre as quais se destaca o **fechamento do Congresso Nacional**, passando ele a legislar sozinho, através da edição de decretos.

Esse breve relato assume enorme importância, uma vez que **ajuda a compreender inúmeras** das **disposições** contidas no **referido decreto**, que, infelizmente, de acordo com o entendimento já consolidado em nossa **Suprema Corte**, foi integralmente **recepcionado** pelas **Constituições** que o sucederam, em especial a de 1988, encontrando-se em pleno vigor, em que pese sua origem autoritária.

Quanto à **competência para desapropriar**, se esse procedimento tiver por fundamento a **supremacia do interesse público sobre o do particular**, então podemos concluir que pertence às quatro pessoas integrantes da nossa Federação, vale dizer, **União, Estados, Municípios** e **Distrito Federal**, cada uma em seu campo próprio de atuação.

668 Direito Administrativo Esquematizado — *Celso Spitzcovsky*

Sobre isso, aliás, convém mencionar a **possibilidade** de a **União**, conforme já visto, **desapropriar bens de Estados, Municípios** e do **Distrito Federal**, na forma do disposto no art. 2.º, § 2.º, do Decreto-lei n. 3.365/41, cuja redação a seguir se reproduz:

Art. 2.º (...)

§ 2.º Os bens do domínio dos Estados, Municípios, Distrito Federal e Territórios poderão ser desapropriados pela União, e os dos Municípios pelos Estados, mas, em qualquer caso, ao ato deverá preceder a autorização legislativa.

Sem embargo, se o **fundamento** da desapropriação for a **prática** de **irregularidades** pelo proprietário, em razão do **não cumprimento** de sua **função social**, conforme determinação constitucional, então a **competência** para tanto **restringe-se à União, na esfera rural, e aos Municípios para os imóveis urbanos**.

Não se trata de conclusão gratuita, pois, no caso dos imóveis rurais, encontra fundamento no **art. 184 da Constituição**, que atribuiu somente à **União** a competência para promover desapropriações para fins de reforma agrária.

De outra parte, em relação aos **imóveis localizados na área urbana**, a conclusão pela competência dos **Municípios** justifica-se, uma vez que a desapropriação, como sanção, só poderá incidir sobre os bens que não cumprirem sua função social, vale dizer, que não atenderem às diretrizes fixadas no plano diretor, elaborado por essa esfera de governo.

Veja-se o seguinte quadro:

COMPETÊNCIA PARA LEGISLAR	Privativa da União (art. 22, II, da CF)
LEGISLAÇÃO	■ Decreto-lei n. 3.365/41 (norma geral de desapropriações) ■ Lei n. 4.132/62 (desapropriação por interesse social)
COMPETÊNCIA PARA DESAPROPRIAR	■ por razões de interesse público, pertence às quatro esferas de governo ■ por razões de inconstitucionalidade, pertence à União (se recair sobre imóveis rurais) ou aos Municípios (se recair sobre imóveis urbanos)

15.2.1.5. Fases da desapropriação

Esse procedimento expropriatório é dotado de **duas fases distintas:** uma delas denominada *fase declaratória* e a outra *fase executiva*, cada qual com características totalmente diferentes e se prestando a objetivos diversos.

15.2.1.5.1. Declaratória

A **fase declaratória consiste na declaração de necessidade pública, utilidade pública ou interesse social do bem a ser expropriado.**

A **titularidade** para essa declaração pertence ao **Poder Público**, a teor do disposto do art. 3.º do Decreto n. 3.365/41, admitindo-se, ainda, legitimidade para a **Aneel**, por meio da **Lei n. 9.074/95**; e para os **concessionários**, desde que devidamente autorizados pela Administração, idêntica previsão estabelecida na **Lei n. 8.987/95** (Concessõs e Permissões), em seus **arts. 18, XII, 29, VIII, e 31, VI**, como se verifica:

15 ◾ Direito de Propriedade

Art. 18. O edital de licitação será elaborado pelo poder concedente, observados, no que couber, os critérios e as normas gerais da legislação própria sobre licitações e contratos e conterá, especialmente: (...)

XII — a expressa indicação do responsável pelo ônus das desapropriações necessárias à execução do serviço ou da obra pública, ou para a instituição de servidão administrativa; (...)

Art. 29. Incumbe ao poder concedente: (...)

VIII — declarar de utilidade pública os bens necessários à execução do serviço ou obra pública, promovendo as desapropriações diretamente ou mediante outorga de poderes à concessionária, caso em que será desta a responsabilidade pelas indenizações cabíveis; (...)

Art. 31. Incumbe à concessionária: (...)

VI — promover as desapropriações e constituir servidões autorizadas pelo poder concedente, conforme previsto no edital e no contrato.

Essa possibilidade, diga-se de passagem, é prevista no **Decreto-lei n. 3.365/41**, em seu **art. 3.º**, cuja redação a seguir se reproduz:

Art. 3.º Os concessionários de serviços públicos e os estabelecimentos de caráter público ou que exerçam funções delegadas de poder público poderão promover desapropriações mediante autorização expressa, constante de lei ou contrato.

O já extenso elenco foi ampliado, inicialmente, para incluir os parceiros privados (Lei n. 11.079/2004); as entidades públicas; as entidades que exerçam funções delegadas pelo poder público; e as autorizatárias para a exploração de ferrovias como atividade econômica (Lei n. 14.273/2021).

Posteriormente, foram incluídos, nos termos da Lei n. 14.620/2023, os permissionários, autorizatários e arrendatários; e o contratado pelo poder público para fins de execução de obras e serviços de engenharia sob os regimes de empreitada por preço global, empreitada integral e contratação integrada.

Outrossim, oportuno registrar que a **responsabilidade** pelas **desapropriações** nos **contratos administrativos**, executados sob as **modalidades integrada** e **semi-integrada**, foi **atribuída ao contratado**, nos termos do **art. 46, § 4.º, da Lei n. 14.133/2021**. Confira-se:

§ 4.º Nos regimes de contratação integrada e semi-integrada, o edital e o contrato, sempre que for o caso, deverão prever as providências necessárias para a efetivação de desapropriação autorizada pelo poder público, bem como:
I — o responsável por cada fase do procedimento expropriatório;

Por sua vez, o **instrumento** a ser utilizado, como regra geral, para efetivar a declaração de desapropriação é o **decreto**, expedido pelo Poder Executivo, como se verifica do **art. 6.º do Decreto-lei n. 3.365/1941:**

Art. 6.º A declaração de utilidade pública dar-se-á por decreto do Presidente da República, Governador, Interventor ou Prefeito.

Sem embargo, cumpre observar que essa **regra geral** pode ser **excepcionada** mediante a edição de uma **lei de efeitos concretos**, possibilidade essa aberta pelo **art. 8.º** do mesmo diploma legal, como se vê:

Art. 8.º O Poder Legislativo poderá tomar a iniciativa da desapropriação, cumprindo, neste caso, ao Executivo, praticar os atos necessários à sua efetivação.

No contexto, esclarecidas as questões relativas ao instrumento e à titularidade, cumpre investigar agora qual deverá ser o **conteúdo** desse **decreto de desapropriação**.

Em primeiro lugar, representa ele a **manifestação compulsória** de vontade do Poder Público, **submetendo** determinado **bem** ao **regime de expropriação**.

Assim, **deverá** o decreto **explicitar** o **fundamento legal** da desapropriação para que o particular possa acompanhar seu desenvolvimento posterior e também para orientar eventuais medidas que sejam propostas posteriormente perante o Poder Judiciário.

É obrigação do decreto não só **identificar** o **bem** que está sendo desapropriado, mas também a **destinação** de **interesse público que será conferida a ele**.

Também deverá o decreto **apontar** os **recursos orçamentários** que subsidiarão o pagamento da indenização devida ao expropriado.

Por fim, o decreto, ao ser publicado, deverá **delimitar com precisão** a **extensão da área** a ser desapropriada, não só para que se possa **apurar** quais os **imóveis** que estão **incluídos** ou **excluídos**, mas também para resolver situação importante em que a desapropriação recaiu apenas sob parte de um imóvel, deixando a excluída sem nenhum tipo de possibilidade de aproveitamento, situação que autoriza o **pedido de extensão da desapropriação** para abranger a totalidade do bem, na fórmula estabelecida **pelo Decreto-lei n. 3.365/41**, no **art. 27**. Confira-se:

Art. 27. O juiz indicará na sentença os fatos que motivaram o seu convencimento e deverá atender, especialmente, à estimação dos bens para efeitos fiscais; ao preço de aquisição e interesse que deles aufere o proprietário; à sua situação, estado de conservação e segurança; ao valor venal dos da mesma espécie, nos últimos cinco anos, **e à valorização ou depreciação de área remanescente, pertencente ao réu**.

Preenchidos esses requisitos, oportuno agora consignar os **efeitos jurídicos** decorrentes da edição de um **decreto expropriatório**.

Em primeiro lugar, **fica o bem submetido ao regime jurídico próprio para essas situações,** não tendo mais, a partir desse momento, o proprietário os mesmos poderes que possuía antes sobre ele.

A edição do decreto expropriatório traz como desdobramento a **fixação do estado do bem**, inclusive quanto às **benfeitorias** nele existentes, o que, sem dúvida, gera reflexos no momento de calcular o montante a ser pago a título de **indenização**.

Só poderão, efetivamente, ser incluídas no valor da indenização as benfeitorias existentes no bem no momento da edição do decreto de desapropriação e aquelas consideradas **necessárias** ou ainda as **úteis** ou **voluptuárias**, desde que devidamente autorizadas pelo Poder Público.

15 ▪ Direito de Propriedade

Aliás, diga-se de passagem, o **pagamento** das **benfeitorias necessárias** e das **úteis**, quando devidamente autorizadas, será feito em **dinheiro**, consoante previsão contida no **art. 184, § 1.º, da CF** e no **art. 5.º, § 1.º, da Lei n. 8.629/93**, a seguir reproduzidos:

> **Art. 184. (...)**
> § 1.º As benfeitorias úteis e necessárias serão indenizadas em dinheiro.

> **Art. 5.º** A desapropriação por interesse social, aplicável ao imóvel rural que não cumpra sua função social, importa prévia e justa indenização em títulos da dívida agrária.
> § 1.º As benfeitorias úteis e necessárias serão indenizadas em dinheiro.

De se registrar, ainda, que, a partir da edição do decreto de desapropriação, passa o Poder Público a ter o direito de penetrar, sem abusos, no interior do bem para a realização de verificações e medições, hipótese essa que não pode ser confundida com a chamada "imissão provisória na posse", que será posteriormente analisada, nos termos do art. 7.º, com a alteração oferecida pela Lei n. 14.620/2023. Confira-se.

> **Art. 7.º** Declarada a utilidade pública, ficam as autoridades administrativas do expropriante ou seus representantes autorizados a ingressar nas áreas compreendidas na declaração, inclusive para realizar inspeções e levantamentos de campo, podendo recorrer, em caso de resistência, ao auxílio de força policial.
> Parágrafo único. Em caso de dano por excesso ou abuso de poder ou originário das inspeções e levantamentos de campo realizados, cabe indenização por perdas e danos, sem prejuízo da ação penal.

Por fim, a **edição do decreto faz iniciar o prazo de caducidade da declaração** e, por via de consequência, o início do prazo de prescrição e decadência das medidas e ações, visando a sua impugnação.

Nesse particular, **se** o fundamento da desapropriação for a "**necessidade pública ou utilidade pública**", o prazo de caducidade da declaração será de **cinco anos**, conforme regra estabelecida no **art. 10 do Decreto-lei n. 3.365/41**:

> **Art. 10.** A desapropriação deverá efetivar-se mediante acordo ou intentar-se judicialmente dentro de cinco anos, contados da data da expedição do respectivo decreto e findos os quais este caducará.

De outra parte, **se** o fundamento para a deflagração do procedimento expropriatório for o **interesse social**, esse prazo será de **dois anos**, na forma prevista no **art. 3.º da Lei n. 4.132/62**. Confira-se:

> **Art. 3.º** O expropriante tem o prazo de 2 (dois) anos, a partir da decretação da desapropriação por interesse social, para efetivar a aludida desapropriação e iniciar as providências de aproveitamento do bem expropriado.

Este tema apresenta enorme importância, uma vez que, como se verá no item seguinte, **se durante** o **prazo de validade** do decreto **ocorrer um desvio de finalidade (tredestinação), o expropriado passará a ter direito a um pedido de retrocessão.**

Para melhor compreensão do tema, sobreleva notar que a expressão "tredestinação" implica mudança de finalidade no bojo de uma desapropriação.

A **tredestinação**, segundo diretriz fixada pelos nossos Tribunais, **pode se apresentar como lícita ou ilícita**.

A **tredestinação lícita** é aquela que **implica uma mudança de finalidade depois de editado o decreto expropriatório, mantendo-se, ainda, uma situação de interesse público**.

É o que se verifica, a título de exemplo, quando, ao ser publicado, o decreto expropriatório aponta como destinação a ser atribuída ao bem a construção de uma escola, o que, de forma inequívoca, configura uma situação de interesse público.

Posteriormente, altera-se a destinação inicialmente fixada, para a construção de um hospital ou de uma delegacia, em vista da mudança de prioridades para aquela região.

Neste caso, mesmo diante da mudança da destinação inicialmente apresentada, o expropriado nada poderá fazer, desde que preservado o interesse da coletividade.

Em outras palavras, a questão não poderá ser levada à apreciação do Judiciário, tendo em vista a não configuração de nenhuma ilegalidade.

De outra parte, apresenta-se a **tredestinação como ilícita sempre que configurada uma mudança na destinação inicialmente apontada pelo decreto expropriatório, em que não se configure a preservação dos interesses da coletividade**.

Neste caso, caracteriza-se um **desvio de finalidade**, trazendo, como consequência, obrigações para o expropriante, nos termos da **Lei n. 14.620/2023**, com destaque para a alteração promovida no **art. 5.º, § 6.º, do Decreto n. 3.365/41**. Confira-se:

> **Art. 5.º** (...)
> § 6.º Comprovada a inviabilidade ou a perda objetiva de interesse público em manter a destinação do bem prevista no decreto expropriatório, o expropriante deverá adotar uma das seguintes medidas, nesta ordem de preferência:
> I — destinar a área não utilizada para outra finalidade pública; ou
> II — alienar o bem a qualquer interessado, na forma prevista em lei, assegurado o direito de preferência à pessoa física ou jurídica desapropriada.

Outrossim, como forma de **ilegalidade** que é, gera a possibilidade de sua apreciação pelo Judiciário, em razão dos argumentos já deduzidos no parágrafo anterior.

Em outras palavras, diante dessa situação, poderá o expropriado que se viu privado compulsória e unilateralmente da sua propriedade, sem que tenha contribuído para tanto, buscar seus direitos perante o Judiciário.

A título de exemplo, cite-se a situação em que o decreto expropriatório aponta para a construção de um parque (situação de interesse público) e, posteriormente, constata-se a construção de um hotel ou de um *shopping center*.

Nesse caso, inequívoco o **desvio de finalidade**, uma vez que as investidas do Poder Público no setor imobiliário ou de construção civil não refletem uma situação de interesse público que justifique a transferência compulsória da propriedade do particular, que, repita-se, em nenhuma medida contribuiu para que ela tivesse lugar.

15 ▪ Direito de Propriedade

Dentro desse contexto, resulta nítida a conclusão segundo a qual **nada mais justo**, diante de situações como as descritas anteriormente, **atribuir ao expropriado** a **possibilidade de pleitear de volta a propriedade que lhe foi subtraída de forma compulsória e unilateral, cenário em que aparece com destaque o instituto da retrocessão**.

15.2.1.5.1.1. *Da retrocessão*

Como anteriormente noticiado, é importante estabelecer algumas reflexões acerca do instituto da **retrocessão**, que nada mais é que **a obrigação atribuída ao Poder Público de oferecer o bem de volta ao antigo proprietário, caso não dê a ele uma finalidade de interesse público ou mesmo nenhuma finalidade**.

A matéria estava disciplinada pelo **art. 1.150 do Código Civil revogado**, cuja redação dizia:

> **Art. 1.150.** A União, o Estado ou o Município oferecerá ao ex-proprietário o imóvel desapropriado pelo preço que o foi, caso não tenha o destino para que se desapropriou.

Sem embargo, essa **diretriz** estabelecida pelo **Código Civil revogado encontrava forte obstáculo na previsão contida no art. 35 do Decreto-lei n. 3.365/41**, como se verifica em sua redação:

> **Art. 35.** Os bens expropriados, uma vez incorporados à Fazenda Pública, não podem ser objeto de reivindicação, ainda que fundada em nulidade do processo de desapropriação. Qualquer ação julgada procedente resolver-se-á em perdas e danos

Inquestionavelmente, é uma **regra merecedora de contestação quanto a sua constitucionalidade**, na medida em que a resolução do problema em perdas e danos, como propõe o dispositivo ora analisado, pode não satisfazer os interesses daquele que perdeu o bem de maneira compulsória.

Poderá ter ele, destarte, todo o interesse em obter o bem de volta pelo próprio valor sentimental que possa ter, e que, aliás, só perdeu em razão da alegação de supremacia do interesse público sobre o seu, o que ao final não se configurou.

Sem embargo, a **tendência** que tem **prevalecido** ao nível do **STF** é exatamente **aquela estabelecida pelo decreto-lei** ora em análise, como se verifica do **seguinte precedente**:

> "AGRAVO INTERNO NO RECURSO EXTRAORDINÁRIO COM AGRAVO. DIREITO ADMINISTRATIVO. **DESAPROPRIAÇÃO POR UTILIDADE PÚBLICA. DESVIO DE FINALIDADE**. TREDESTINAÇÃO. **INCORPORAÇÃO DO IMÓVEL AO PATRIMÔNIO PÚBLICO. INVIABILIDADE DE RETROCESSÃO**. INDENIZAÇÃO PELA EXPROPRIAÇÃO DO BEM CUMULADA COM NOVA INDENIZAÇÃO POR PERDAS E DANOS FIXADA EM AÇÃO ANULATÓRIA. BIS IN IDEM E COISA JULGADA. LEGISLAÇÃO INFRACONSTITUCIONAL. OFENSA REFLEXA. FATOS E PROVAS. REEXAME. IMPOSSIBILIDADE. PRECEDENTES" (STF, ARE: 1297279 PR 0023527-79.2004.8.16.0014, rel. Luiz Fux (Presidente), j. 01.03.2021, Tribunal Pleno, Data de Publicação: 19.03.2021).

No mesmo sentido, encontramos as conclusões de Diogenes Gasparini, consoante se verifica do excerto a seguir colacionado:

"A retrocessão nos tempos atuais já não tem esse sentido. Hoje, por força doutrinária e jurisprudencial é um direito pessoal que proporciona ao expropriado, tão só, perdas e danos, caso o expropriante não lhe ofereça o bem quando desistir de utilizá-lo num fim de interesse público".

De outra parte, cumpre consignar **que a mesma conclusão não se aplica para aquelas situações em que o Poder Público oferece ao bem expropriado destino diverso do declarado no decreto expropriatório, desde que mantida finalidade de interesse público**, como já visto, quando tem a Administração a possibilidade de promover alterações de percurso, e desde que, como visto, o interesse da coletividade esteja resguardado.

A título de exemplo, se o Poder Público declara um bem como de utilidade pública, visando à construção de uma delegacia, e, posteriormente, tem necessidade de construir uma escola, não terá o particular desapropriado direito a qualquer sorte de indenização, porque mantida a finalidade de interesse público.

De resto, outra não tem sido a **orientação** estabelecida pelos **nossos Tribunais**, como se vê das ementas a seguir reproduzidas:

"(...) A **jurisprudência** do **Superior Tribunal de Justiça** é **firme no sentido** de que **não há falar em retrocessão** se ao **bem expropriado** for dada **destinação que atende ao interesse público, ainda que diversa da inicialmente prevista no decreto expropriatório**. Precedentes. (...)" (STJ, AgInt nos EDv nos EREsp 1421618/RJ 2012/0017638-6, rel. Min. Og Fernandes, j. 27.11.2019, Primeira Seção, *DJe* 02.12.2019).

"(...) "A **retrocessão** (pretendida pelos recorrentes) é o direito de o particular exigir a devolução de seu **imóvel** expropriado. Essa **pretensão** somente é **válida** em caso de **tredestinação ilícita**, quando o expropriante deixa de dar ao bem destinação que atenda, genericamente, ao interesse público. O fato de atribuir ao **imóvel finalidade não prevista no momento da desapropriação não configura**, necessariamente, **tredestinação ilícita. Caso a área seja destinada a outro fim que atenda ao interesse público, ocorre simples tredestinação lícita, não surgindo o direito à retrocessão**" (TJ-SC, APL: 50038020820208240023, rel. Sérgio Roberto Baasch Luz, j. 09.08.2022, Segunda Câmara de Direito Público).

Dentro desse contexto, a **solução apresentada pelos nossos Tribunais, equacionando o problema da retrocessão em perdas e danos**, diante da previsão estabelecida no **art. 35 do Decreto-lei n. 3.365/41**, não poderia ser utilizada para aquelas hipóteses em que o administrador, incidindo no vício de desvio de finalidade, transfere o imóvel desapropriado para terceiros.

Com efeito, se assim fosse, estar-se-ia premiando o ato viciado, uma vez que, **embora caracterizada a ilegalidade** praticada, **não poderia o ex-proprietário ter de volta o bem** que perdeu compulsoriamente em razão de um interesse público que não se configurou.

15 ■ Direito de Propriedade 675

A transferência compulsória e unilateral da propriedade lastreou-se na supremacia do interesse público sobre o do particular, pois não faz sentido não possa ele pleitear a devolução do bem naquelas hipóteses em que o Poder Público não conferiu a ele nenhuma finalidade de interesse público.

Sem embargo, **nossos Tribunais, como visto em inúmeras oportunidades, não têm assim entendido, procurando embasamento na regra estabelecida no art. 35 do Decreto-lei n. 3.365/41, o qual impede que bens incorporados ao patrimônio público sejam objeto de reivindicação**.

■ O instituto no Código Civil de 2002

Por derradeiro, cumpre registrar que essa matéria mereceu nova redação **com a entrada em vigor do Código Civil**, a teor do disposto em seu **art. 519**, cuja redação a seguir se reproduz:

> **Art. 519.** Se a coisa expropriada para fins de necessidade ou utilidade pública, ou por interesse social, não tiver o destino para que se desapropriou, ou não for utilizada em obras ou serviços públicos, caberá ao expropriado direito de preferência pelo preço atual da coisa.

A redação oferecida pelo Código Civil de 2002 aperfeiçoou aquela estabelecida pelo Código revogado, na medida em que acrescentou, para efeito do exercício do direito de preferência, a hipótese de a coisa expropriada não ter sido utilizada em outras obras ou serviços públicos.

Dessa forma, o **legislador** acabou por sanar deficiência apresentada pela redação anterior, **reafirmando o que estava pacificado em doutrina e jurisprudência, vale dizer, que o expropriado não faz jus a nenhum direito por ter a Administração mudado a finalidade inicial, mantendo ainda uma situação de interesse público.**

Ao contrário, quando a **mudança de finalidade não preservar o interesse público**, configurando **ilegalidade**, o pedido de **retrocessão** terá lugar, resolvendo-se em **indenização por perdas e danos**.

Sobreleva notar, ainda, que, por força da regra estipulada no **art. 520**, esse **direito de preferência não se transfere para os herdeiros**, o que, de resto, era previsto no art. 1.157 do Código revogado.

Nesse contexto, cumpre ainda consignar que o **expropriado**, portanto, **só pode lançar mão** do direito de **retrocessão** quando houver **desvio de poder** rotulado de **tredestinação** ou **tresdestinação ilícita**, conforme visto anteriormente, revelando-se oportuna, nesse particular, a transcrição das lições de **Márcio Fernando Elias Rosa**[1]:

> "A tredestinação, para alguns 'tresdestinação', corresponde ao desvio de finalidade havido na desapropriação. É evidenciada pelo não uso do bem ou porque a destinação ulterior não corresponde à indicada no ato expropriatório. É fundamental que o destino não corresponda a nenhuma hipótese de necessidade ou utilidade pública, ou interesse social para que seja configurada a tredestinação".

---

[1] *Direito administrativo*. 6. ed. São Paulo: Saraiva, 2004 (Sinopses Jurídicas, v. 19), p. 164.

Em síntese conclusiva, tem-se que os **pedidos de retrocessão** deduzidos pelo expropriado que teve, de forma injusta, unilateral e compulsória, subtraída a propriedade de seu bem se resolvem **tão somente através de indenização por perdas e danos**, seguindo-se a diretriz estabelecida no **art. 35 do Decreto-lei n. 3.365/41**, que, como já se disse, segundo entendimento já consolidado pela nossa Suprema Corte, encontra-se ainda em vigor.

A propósito, acerca da questão relacionada a pedido de retrocessão, por força da caracterização de tredestinação, confira-se o seguinte julgado do **STJ**:

"PROCESSUAL CIVIL E ADMINISTRATIVO. ART. 535 DO CPC/1973. VIOLAÇÃO. INOCORRÊNCIA. **DESAPROPRIAÇÃO POR UTILIDADE PÚBLICA**. DECRETO MUNICIPAL. **DESVIO DE FINALIDADE PÚBLICA. TREDESTINAÇÃO. RECONHECIMENTO**. DECLARAÇÃO JUDICIAL ANTERIOR. EFICÁCIA PRECLUSIVA. COISA JULGADA MATERIAL. ART. 474 DO CPC. INTELIGÊNCIA. INDENIZAÇÃO POR PERDAS E DANOS. *BIS IN IDEM*. CONFIGURAÇÃO" (STJ, REsp: 1234476/PR 2011/0012490-0, rel. Min. Gurgel de Faria, j. 25.06.2019, Primeira Turma, *DJe* 06.08.2019).

Para melhor visualização deste item, veja-se o quadro:

OBJETO	Declarar um bem como sendo objeto de uma desapropriação
LEGITIMIDADE	Pertence ao Poder Público, que poderá transferi-la para concessionários e permissionários, de acordo com a previsão estabelecida no art. 3.º do Decreto-lei n. 3.365/41
INSTRUMENTO	Como regra geral, mediante decreto de desapropriação (art. 6.º do Decreto-lei n. 3.365/41) e excepcionalmente mediante lei (art. 8.º do Decreto-lei n. 3.365/41)
CONTEÚDO	Ao ser publicado, o decreto deverá apresentar as seguintes informações consideradas essenciais: ▪ a descrição da área a ser desapropriada ▪ o fundamento da desapropriação ▪ a destinação a ser conferida ao bem ▪ a rubrica orçamentária que vai subsidiar as despesas
TRESDESTINAÇÃO	Representa mudança na finalidade inicial atribuída ao bem, podendo se apresentar sobre duas modalidades: ▪ lícita: quando a mudança de destinação preserva o interesse público ▪ ilícita: quando a mudança de destinação não preserva o interesse público, configurando desvio de finalidade
RETROCESSÃO	**Definição:** pedido formulado junto ao Judiciário pelo proprietário do bem quando atingido por uma tresdestinação ilícita **Fundamento:** art. 519 do CC **Consequência:** julgado procedente o pedido, resolve-se em indenização por perdas e danos, segundo posição pacificada no STJ, com fundamento no art. 35 do Decreto-lei n. 3.365/41
CONSEQUÊNCIAS DA PUBLICAÇÃO DO DECRETO	▪ fixa o estado de conservação do bem para efeito de indenização ▪ autoriza o Poder Público a ingressar no bem para inspeções e levantamentos ▪ inicia o prazo de caducidade do decreto, que será de 5 anos, se o fundamento for o interesse público (art. 10, parágrafo único, do Decreto-lei n. 3.365/41), ou de 2 anos, se por razões de interesse social (Lei n. 4.132/62, art. 3.º)

15 ■ Direito de Propriedade

15.2.1.5.2. Fase executória: inicial e contestação

A **fase executória** da desapropriação tem por **objeto** a adoção das medidas necessárias para sua implementação, vale dizer, a **discussão do valor a ser pago a título de indenização.**

Sobre esse tema, importante registrar a publicação, em **27 de agosto de 2019, da Lei n. 13.867, que altera o Decreto-lei n. 3.365/41, em especial seu art. 10, possibilitando a opção pela mediação ou pela via arbitral para a definição dos valores de indenização nas desapropriações por utilidade pública.**

De acordo com o texto, o **particular poderá indicar um órgão ou instituição especializada em mediação ou arbitragem** previamente cadastrados pelo órgão responsável pela desapropriação.

A **mediação seguirá as normas da Lei n. 13.140/2015**, e, subsidiariamente, os regulamentos do órgão ou instituição responsável.

A norma também determina que o Poder Público deverá **notificar o proprietário, apresentando a ele oferta de indenização**, que deverá conter a cópia do ato de declaração de utilidade pública, planta ou descrição dos bens e suas confrontações e o valor da oferta. **O prazo para aceitar ou rejeitar** a proposta ficou fixado em **15 dias**, sendo o silêncio considerado rejeição.

Se essa fase for **desenvolvida perante o Poder Judiciário**, porque pode se resolver na **esfera administrativa**, consoante o disposto na parte inicial do **art. 10**, o **Decreto-lei n. 3.365/41** estabelece limites para as discussões, restringindo-as ao preço e a vícios existentes no processo.

Em outros termos, está o **Judiciário proibido de apreciar**, se caracterizadas ficaram as **hipóteses de utilidade pública**, conforme previsão contida no **art. 9.º**:

> **Art. 9.º** Ao Poder Judiciário é vedado, no processo de desapropriação, decidir se se verificam ou não os casos de utilidade pública.

Essa **previsão**, sem dúvida nenhuma, acaba gerando **polêmica** em torno de sua constitucionalidade, principalmente em vista da cláusula do devido processo legal, estabelecida no **art. 5.º, LV, da CF**:

> **Art. 5.º** (...)
> LV — ninguém será privado da liberdade ou de seus bens sem o devido processo legal.

Nesse sentido, o mesmo diploma legal, em seu **art. 20**, estabelece que a **contestação** a ser apresentada **só poderá versar** sobre **vícios do processo** judicial **ou impugnação do preço**, e, no contexto, qualquer outra questão deverá ser decidida por ação direta, como se vê:

> **Art. 20.** A contestação só poderá versar sobre vício do processo judicial ou impugnação do preço; qualquer outra questão deverá ser decidida por ação direta.

Sob esse aspecto, encontraremos aqueles que defendem a constitucionalidade dessas regras, visto que elas não impedem a apreciação de eventuais ilegalidades pelo Judiciário, mas tão somente no bojo da ação de desapropriação.

É o que se observa de decisão proferida pelo **TJSP**, cujo trecho da ementa a seguir se reproduz:

"2. A contestação **só poderá versar sobre** vício do processo judicial ou impugnação do preço; **qualquer outra questão deverá ser decidida por ação direta**" (TJ-SP, AI: 21780577420218260000/SP 2178057-74.2021.8.26.0000, rel. Décio Notarangeli, j. 29.09.2021, 9.ª Câmara de Direito Público, Data de Publicação: 29.09.2021).

Assim, se algum **vício de ilegalidade** for vislumbrado no decreto expropriatório, surge como melhor alternativa para sua discussão a **propositura** de uma **ação anulatória**, que tramitará pelo procedimento ordinário, com a plena **possibilidade** de **pedido de liminar ou antecipação de tutela**, a fim de **frear a tramitação da ação de desapropriação**, enquanto não apreciado o seu mérito.

Essa fase tramita pelo **procedimento ordinário**, apresentando, no entanto, algumas **características específicas**, a começar pela **petição inicial**, que, além dos requisitos exigidos pelo Código de Processo Civil, deverá conter a oferta do preço, ser instruída com um exemplar do contrato ou do *Diário Oficial* que houver publicado o decreto de desapropriação, e a planta do bem, contendo todas as suas características e confrontações **(art. 13)**.

15.2.1.5.3. *Da imissão provisória na posse*

Destaca-se também a possibilidade de o Poder Público solicitar **imissão provisória na posse**, vale dizer, a transferência da posse no início da lide proposta, desde que preenchidos os **requisitos** exigidos pelo legislador.

O fundamento para esse pedido está na caracterização de **situação de urgência**, e exige do Poder Público a **realização de** um **depósito** para permitir que o proprietário possa suportar o prejuízo em razão da perda da posse do bem, nesse momento conforme previsões estabelecidas no **art. 15 do Decreto-lei n. 3.365/41**. Confira-se:

Art. 15. Se o expropriante alegar urgência e depositar quantia arbitrada de conformidade com o art. 685 do Código de Processo Civil, o juiz mandará imiti-lo provisoriamente na posse dos bens;

§ 1.º A imissão provisória poderá ser feita, independente da citação do réu, mediante o depósito:

a) do preço oferecido, se este for superior a 20 (vinte) vezes o valor locativo, caso o imóvel esteja sujeito ao imposto predial;

b) da quantia correspondente a 20 (vinte) vezes o valor locativo, estando o imóvel sujeito ao imposto predial e sendo menor o preço oferecido;

c) do valor cadastral do imóvel, para fins de lançamento do imposto territorial, urbano ou rural, caso o referido valor tenha sido atualizado no ano fiscal imediatamente anterior;

d) não tendo havido a atualização a que se refere o inciso *c*, o juiz fixará independente de avaliação, a importância do depósito, tendo em vista a época em que houver sido fixado originalmente o valor cadastral e a valorização ou desvalorização posterior do imóvel.

§ 2.º A alegação de urgência, que não poderá ser renovada, obrigará o expropriante a requerer a imissão provisória dentro do prazo improrrogável de 120 (cento e vinte) dias.

15 ■ Direito de Propriedade 679

§ 3.º Excedido o prazo fixado no parágrafo anterior não será concedida a imissão provisória.

§ 4.º A imissão provisória na posse será registrada no registro de imóveis competente.

Art. 15-A. No caso de imissão prévia na posse, na desapropriação por necessidade ou utilidade pública ou na desapropriação por interesse social prevista na Lei n. 4.132, de 10 de setembro de 1962, na hipótese de haver divergência entre o preço ofertado em juízo e o valor do bem fixado na sentença, expressos em termos reais, poderão incidir juros compensatórios de até 6% a.a. (seis por cento ao ano) sobre o valor da diferença eventualmente apurada, contado da data de imissão na posse, vedada a aplicação de juros compostos.

§ 1.º Os juros compensatórios destinam-se apenas a compensar danos correspondentes a lucros cessantes comprovadamente sofridos pelo proprietário, não incidindo nas indenizações relativas às desapropriações que tiverem como pressuposto o descumprimento da função social da propriedade, previstas no art. 182, § 4.º, inciso III, e no art. 184 da Constituição.

§ 2.º O disposto no *caput* aplica-se também às ações ordinárias de indenização por apossamento administrativo ou por desapropriação indireta e às ações que visem à indenização por restrições decorrentes de atos do poder público.

§ 3.º Nas ações referidas no § 2.º, o poder público não será onerado por juros compensatórios relativos a período anterior à aquisição da propriedade ou da posse titulada pelo autor da ação.

Art. 15-B. Nas ações a que se refere o art. 15-A, os juros moratórios destinam-se a recompor a perda decorrente do atraso no efetivo pagamento da indenização fixada na decisão final de mérito, e somente serão devidos à razão de até seis por cento ao ano, a partir de 1.º de janeiro do exercício seguinte àquele em que o pagamento deveria ser feito, nos termos do art. 100 da Constituição.

A propósito do tema, oportuno mencionar a orientação oferecida pelo **Supremo Tribunal Federal** concluindo pela constitucionalidade desse dispositivo, consoante se verifica da **Súmula 652**, a seguir reproduzida:

SÚMULA 652 DO STF: Não contraria a Constituição o art. 15, § 1.º, do Decreto-lei 3.365/1941 (Lei da desapropriação por utilidade pública).

Ainda sobre esse dispositivo, importante anotar que, em **maio de 2018**, o **Plenário** do STF, quando do julgamento da **ADI 2.332/DF**, rel. Min. Roberto Barroso, **concluiu** pela sua parcial procedência para: i) em relação ao *caput* do art. 15-A do Decreto-lei n. 3.365/41, por maioria, reconhecer a constitucionalidade do percentual de juros compensatórios de 6% (seis por cento) ao ano para remuneração do proprietário pela imissão provisória do ente público na posse de seu bem; i-a) declarar a inconstitucionalidade do vocábulo "até"; i-b) dar interpretação conforme a Constituição ao *caput* do dispositivo, de maneira a incidir juros compensatórios sobre a diferença entre 80% (oitenta por cento) do preço ofertado em juízo pelo ente público e o valor do bem fixado na sentença; ii) por maioria, declarar a constitucionalidade dos §§ 1.º e 2.º do art. 15-A do Decreto-lei n. 3.365/41; iii) declarar a constitucionalidade do § 3.º do art. 15-A do

Decreto-lei n. 3.365/41; iv) por maioria, declarar a inconstitucionalidade do § 4.º do art. 15-A do Decreto-lei n. 3.365/41; v) declarar a constitucionalidade da estipulação de parâmetros mínimo e máximo para a concessão de honorários advocatícios e a inconstitucionalidade da expressão "não podendo os honorários ultrapassar R$ 151.000,00 (cento e cinquenta e um mil reais)" prevista no § 1.º do art. 27 do Decreto-lei n. 3.365/41.

A matéria vem regulamentada pelo **Decreto n. 1.075/70**, no qual se verifica que, se o valor arbitrado pelo Juiz for superior à oferta feita pelo Poder Público, o depósito deverá ser complementado para que atinja a metade do valor indicado.

Em contrapartida, se o valor arbitrado for inferior ou igual ao dobro do preço oferecido, então o proprietário poderá levantar 80% do valor oferecido, desde que preenchidos os requisitos estabelecidos pelo **art. 34 do Decreto-lei n. 3.365/41**, como se vê:

> **Art. 34.** O levantamento do preço será deferido mediante prova de propriedade, de quitação de dívidas fiscais que recaiam sobre o bem expropriado, e publicação de editais, com prazo de 10 dias, para conhecimento de terceiros.

Importante também destacar decisão proferida pelo **STJ**, em **28.02.2023**, quando do julgamento do **REsp 1.930.735/TO**, sintetizada da seguinte forma:

> "A ausência do depósito previsto no art. 15 do Decreto-Lei n. 3.365/1941 para o deferimento de pedido de imissão provisória na posse veiculado em ação de desapropriação por utilidade pública não implica a extinção do processo sem resolução do mérito, mas, tão somente, o indeferimento da tutela provisória."

15.2.1.5.4. *Fase de instrução*

A ação de desapropriação, portanto, é daquelas que admitem a produção de provas para auxiliar no livre convencimento do Juiz quanto ao efetivo valor a ser fixado para efeitos de indenização.

Nesse sentido, cumpre destacar que, em vista do objeto dessa fase executiva, vale dizer, o arbitramento do valor a ser pago a título de indenização, **assume relevo a produção de prova pericial** para o oferecimento de importantes subsídios para o magistrado, incluindo-se a questão das benfeitorias, nos termos do art. 96, do CC. Confira-se:

> **Art. 96.** As benfeitorias podem ser voluptuárias, úteis ou necessárias.
> § 1.º **São voluptuárias** as de mero deleite ou recreio, que não aumentam o uso habitual do bem, ainda que o tornem mais agradável ou sejam de elevado valor.
> § 2.º **São úteis** as que aumentam ou facilitam o uso do bem.
> § 3.º **São necessárias** as que têm por fim conservar o bem ou evitar que se deteriore.

Assim, quando da realização do **laudo pericial** que deverá ser entregue em cartório até cinco dias antes da data marcada para a realização da audiência, deve constar o valor a ser pago a título de indenização em relação às benfeitorias na forma do disposto no **art. 26, § 1.º**. Confira-se:

> **Art. 26.** No valor da indenização, que será contemporâneo da avaliação, não se incluirão os direitos de terceiros contra o expropriado.

15 ■ Direito de Propriedade

§ 1.º Serão atendidas as benfeitorias necessárias feitas após a desapropriação; as úteis, quando feitas com autorização do expropriante.

15.2.1.5.5. Da sentença

Encerrada a **fase de instrução,** o juiz proferirá a **sentença** fixando o prazo da indenização de acordo com as previsões estabelecidas nos **arts. 24 e 27 do Decreto-lei n. 3.365/41:**

Art. 24. Na audiência de instrução e julgamento proceder-se-á na conformidade do Código de Processo Civil. Encerrado o debate, o juiz proferirá sentença fixando o preço da indenização.

Parágrafo único. Se não se julgar habilitado a decidir, o juiz designará desde logo outra audiência que se realizará dentro de 10 dias afim de publicar a sentença.

Art. 27. O juiz indicará na sentença os fatos que motivaram o seu convencimento e deverá atender, especialmente, à estimação dos bens para efeitos fiscais; ao preço de aquisição e interesse que deles aufere o proprietário; à sua situação, estado de conservação e segurança; ao valor venal dos da mesma espécie, nos últimos cinco anos, e à valorização ou depreciação de área remanescente, pertencente ao réu.

Essa **indenização**, por seu turno, deverá ser **justa**, nos termos propostos pela Constituição Federal, **o que envolve os seguintes itens**, pacificados em nossa doutrina e em nossos Tribunais:

■ o valor do bem, incluindo-se aqui as benfeitorias nele existentes;
■ lucros cessantes e danos emergentes;
■ juros compensatórios;
■ juros moratórios;
■ honorários advocatícios;
■ correção monetária.

Sobre os juros compensatórios, considerando-se a redação oferecida pela Lei n. 14.620/2023, são devidos desde a antecipada imissão na posse, consoante a Súmula 164 do STF, mesma orientação adotada na Súmula 69 do STJ.

Quanto ao juros moratórios, vale o destaque para as Súmulas 416 do STF e Súmulas 12 e 70 do STJ.

Em relação aos honorários advocatícios, importante destacar a Súmula 617 do STF, segundo a qual a base de cálculo dos honorários do advogado em desapropriação é a diferença entre a oferta e a indenização, corrigidas, ambas, monetariamente, mesma orientação constante na Súmula 141 do STJ.

Ainda sobre essa questão, vale o destaque para o **precedente** do **STF**, quando do julgamento, em **16.05.2021,** da **RE 1.010.819/PR,** em que **a Corte** fixou a seguinte **tese:**

"I — O trânsito em julgado de sentença condenatória proferida em sede de ação desapropriatória não obsta a propositura de Ação Civil Pública em defesa do patrimônio público, para discutir a dominialidade do bem expropriado, ainda que já se tenha expirado o prazo para a Ação Rescisória;

II — Em sede de Ação de Desapropriação, os honorários sucumbenciais só serão devidos caso haja devido pagamento da indenização aos expropriados."

Nesse sentido, oportuna a reprodução das seguintes **súmulas** do **STF** e do **STJ**:

SÚMULA 164 DO STF: No processo de desapropriação, são devidos juros compensatórios desde a antecipada imissão de posse, ordenada pelo juiz, por motivo de urgência.

SÚMULA 416 DO STF: Pela demora no pagamento do preço da desapropriação não cabe indenização complementar além dos juros.

SÚMULA 561 DO STF: Em desapropriação, é devida a correção monetária até a data do efetivo pagamento da indenização, devendo proceder-se à atualização do cálculo, ainda que por mais de uma vez.

SÚMULA 562 DO STF: Na indenização de danos materiais decorrentes de ato ilícito cabe a atualização de seu valor, utilizando-se, para esse fim, dentre outros critérios, dos índices de correção monetária.

SÚMULA 617 DO STF: A base de cálculo dos honorários de advogado em desapropriação é a diferença entre a oferta e a indenização, corrigidas ambas monetariamente.

SÚMULA 12 DO STJ: Em desapropriação, são cumuláveis juros compensatórios e moratórios.

SÚMULA 56 DO STJ: Na desapropriação para instituir servidão administrativa são devidos os juros compensatórios pela limitação de uso da propriedade.

SÚMULA 67 DO STJ: Na desapropriação, cabe a atualização monetária, ainda que por mais de uma vez, independente do decurso de prazo superior a um ano entre o cálculo e o efetivo pagamento da indenização.

SÚMULA 69 DO STJ: Na desapropriação direta, os juros compensatórios são devidos desde a antecipada imissão na posse e, na desapropriação indireta, a partir da efetiva ocupação do imóvel.

SÚMULA 70 DO STJ: Os juros moratórios, na desapropriação direta ou indireta, contam-se desde o trânsito em julgado da sentença.

SÚMULA 102 DO STJ: A incidência dos juros moratórios sobre os compensatórios, nas ações expropriatórias, não constitui anatocismo vedado em lei.

SÚMULA 113 DO STJ: Os juros compensatórios, na desapropriação direta, incidem a partir da imissão na posse, calculados sobre o valor da indenização, corrigido monetariamente.

SÚMULA 114 DO STJ: Os juros compensatórios, na desapropriação indireta, incidem a partir da ocupação, calculados sobre o valor da indenização, corrigido monetariamente.

SÚMULA 119 DO STJ: A ação de desapropriação indireta prescreve em vinte anos.

SÚMULA 131 DO STJ: Nas ações de desapropriação incluem-se no cálculo da verba advocatícia as parcelas relativas aos juros compensatórios e moratórios, devidamente corrigidas.

15 ◼ Direito de Propriedade   683

SÚMULA 141 DO STJ: Os honorários de advogado em desapropriação direta são calculados sobre a diferença entre a indenização e a oferta, corrigidas monetariamente.

SÚMULA 354 DO STJ: A invasão do imóvel é causa de suspensão do processo expropriatório para fins de reforma agrária.

15.2.1.6. Modalidades

Em relação a este item, oportuno o registro acerca de três delas.

15.2.1.6.1. Desapropriação por zona

Também denominada **desapropriação extensiva**, está disciplinada no **art. 4.º do Decreto-lei n. 3.365/41**, nos seguintes termos:

Art. 4.º A desapropriação poderá abranger a área contígua necessária ao desenvolvimento da obra a que se destina, e as zonas que se valorizem extraordinariamente, em consequência da realização do serviço. Em qualquer caso, a declaração de utilidade pública deverá compreendê-las, mencionando-se quais as indispensáveis à continuação da obra e as que se destinem à revenda.

Em especial no **último caso**, os efeitos dessa modalidade de desapropriação, em vista da **valorização extraordinária experimentada pelo bem, acabam por se assemelhar aos da contribuição de melhoria**, com a agravante injustificável de implicar a perda da propriedade.

A nosso ver, não se justifica essa transferência compulsória apenas porque a área contígua experimentou **valorização imobiliária**, por não ser essa, cristalinamente, uma situação de **interesse público**.

De toda sorte, **essa previsão**, assim como todo o decreto ora em análise, segundo a orientação já consolidada no **STF**, **encontra-se em pleno vigor**, já que o respectivo diploma legal, segundo a Suprema Corte, foi recepcionado pela atual Constituição, em que pese sua origem autoritária, como já visto.

A esse respeito, oportuna a reprodução de decisão proferida pelo **STJ**, em **10.05.2022**, quando do julgamento do **REsp 1.577.047/MG**. Confira-se:

"Desapropriação. Extensão. Área contígua. Impossibilidade. Atualização monetária. Parâmetro. Último laudo judicial. Juros compensatórios. Incidência sobre o imóvel efetivamente expropriado. Cabimento".

15.2.1.6.2. Desapropriação para industrialização ou urbanização

Está disciplinada no mesmo **Decreto-lei n. 3.365/41**, agora em seu **art. 5.º, i,** consoante se verifica de sua redação a seguir reproduzida:

Art. 5.º Consideram-se casos de utilidade pública: (...)
i) a abertura, conservação e melhoramento de vias ou logradouros públicos; a execução de planos de urbanização; o parcelamento do solo, com ou sem edificação, para sua melhor utilização econômica, higiênica ou estética; a construção ou ampliação de distritos industriais.

684 Direito Administrativo Esquematizado *Celso Spitzcovsky*

Ainda no mesmo dispositivo legal, foram estipuladas as **exigências a serem cumpridas** para permitir a construção ou ampliação desses distritos, conforme se observa da redação dos §§ 1.º e 2.º:

> **Art. 5.º** (...)
>
> § 1.º A construção ou ampliação de distritos industriais, de que trata a alínea *i* do *caput* deste artigo, inclui o loteamento das áreas necessárias à instalação de indústrias e atividades correlatas, bem como a revenda ou locação dos respectivos lotes a empresas previamente qualificadas.
>
> § 2.º A efetivação da desapropriação para fins de criação ou ampliação de distritos industriais depende de aprovação, prévia e expressa, pelo Poder Público competente, do respectivo projeto de implantação.

15.2.1.6.3. Desapropriação indireta

É a modalidade de desapropriação que se processa sem a observância do procedimento legal estipulado, sendo por esse fato equiparada a um esbulho.

Deve ser **impugnada**, pois, por intermédio de **ação possessória** ajuizada no momento oportuno, ou seja, antes de se conferir destinação pública ao bem.

Em relação ao prazo de **prescrição** para a propositura de **medida judicial**, cumpre observar que o tema experimentou uma série de oscilações que foram muito bem sintetizadas por **Maria Sylvia Zanella Di Pietro**[2]:

> "Em termos de prescrição, entendia-se que na desapropriação indireta o prazo não é o quinquenal, previsto pelo Decreto 20.910 de 6.1.1932, para as ações contra a Fazenda Pública, e sim o prazo de 20 anos que o Código Civil de 1916 estabelecia para o usucapião extraordinário (*RTJ* 37/297, 47/134 e 63/232). Embora se pleiteie indenização, argumentava-se que o direito do proprietário permanece enquanto o proprietário do imóvel não perde a propriedade pelo usucapião extraordinário em favor do Poder Público; considerava-se o prazo desse usucapião e não do ordinário porque o Poder Público não tem, no caso, justo título e boa-fé, já que o apossamento decorre de ato ilícito. O direito à indenização, no caso, aparecia como um sucedâneo do direito de reivindicação do imóvel, ficando sujeito ao mesmo prazo prescricional.
>
> No entanto, com a redação dada ao art. 10, parágrafo único, do Decreto-lei 3.365/1941, pela Medida Provisória 2.183/2001, o direito de propor ação de indenização por apossamento administrativo ou desapropriação indireta extingue-se em cinco anos. Com essa norma, ficou derrogada a jurisprudência anterior sobre a matéria.
>
> Ocorre que essa Medida Provisória foi objeto da ADIn 2.260/DF, tendo sido acolhida liminar por acórdão publicado no *DOU* 02.08.2002, ficando, até julgamento final, restabelecida a jurisprudência anterior sobre a matéria. Só que hoje, o prazo para o usucapião é de 15 anos, conforme art. 1.238 do novo Código Civil".

---

[2] *Direito administrativo.* 18. ed. São Paulo: Atlas, 2005, p. 178.

A título de complementação da síntese levada a efeito pela eminente autora, cumpre registrar que, em 30 de junho de **2004**, a referida ação direta de inconstitucionalidade foi arquivada pelo **STF**.

Sobreleva notar que essa matéria, por força da decisão proferida pelo **STF**, longe está de encontrar-se pacificada.

Sem embargo, ao nível do **STJ**, parece já existir uma **tendência consolidada**, consoante se verifica do precedente a seguir colacionado, publicado em **2022**:

"PROCESSUAL CIVIL. ADMINISTRATIVO. **AÇÃO DE INDENIZAÇÃO POR DE-SAPROPRIAÇÃO INDIRETA**. DANOS MORAIS. **PRESCRIÇÃO DO DIREITO DE AÇÃO**. DECLARAÇÃO DE USUCAPIÃO. CASSAÇÃO DE SENTENÇA. DESPROVIMENTO DO AGRAVO INTERNO. MANUTENÇÃO DA DECISÃO RECORRIDA. I — Na origem, trata-se de ação de indenização por desapropriação indireta c/c dano moral contra município. Na sentença foi julgado extinto o feito com resolução de mérito diante da prescrição do direito à ação de indenização por desapropriação indireta e também aos danos morais. Quanto ao pedido, julgou-se procedente, em que se teve a declaração de usucapião em favor do município. No Tribunal a quo, a sentença foi cassada. II — **Verifica-se que a situação dos autos se amolda perfeitamente ao Tema n. 1.019 desta Corte, que definiu que o prazo prescricional, aplicável à desapropriação indireta, na hipótese em que o Poder Público tenha realizado obras no local ou atribuído natureza de utilidade pública ou de interesse social ao imóvel, é de 10 anos**. III — Nesse sentido, o seguinte entendimento em recurso especial representativo da controvérsia: REsp n. 1.757.352/SC, relator Ministro Herman Benjamin, Primeira Seção, julgado em 12.02.2020, *DJe* 07.05.2020. IV — Agravo interno improvido" (STJ, AgInt no AgInt no AREsp: 1245657/GO 2018/0021232-7, j. 30.05.2022, Segunda Turma, *DJe* 02.06.2022)

A propósito desse tema, cumpre observar que a jurisprudência de nossos Tribunais, em que pese reconhecer nessa modalidade de desapropriação uma forma de esbulho, tem se limitado a admitir apenas o direito do expropriado a uma indenização. Nesse sentido:

"REEXAME NECESSÁRIO. DESAPROPRIAÇÃO INDIRETA. JUSTA INDENIZAÇÃO. Pleito de declaração de desapropriação indireta de terreno de propriedade dos autores. Sentença de procedência na origem, para conceder a indenização pela desapropriação, nos termos do laudo pericial. Indenização devida. Laudo pericial conclusivo no sentido de que o esbulho ocorreu. (...) JUROS COMPENSATÓRIOS de 12% ao ano, com incidência a partir da ocupação, calculados sobre o valor da indenização, corrigido monetariamente. Incidência da Súmula 618 do STF. JUROS MORATÓRIOS de 6% ao ano, com termo inicial em 1.º de janeiro do exercício seguinte àquele em que o pagamento deveria ser efetuado, nos termos do art. 15-B do Decreto-Lei n. 3.365/41. HONORÁRIOS ADVOCATÍCIOS. Necessária a aplicação do art. 27, § 1.º do Decreto-lei n. 3.365/41, sendo o percentual da verba honorária de 5% e não de 8% conforme constou da r. sentença. Aplicação do princípio da especialidade. Sentença parcialmente reformada. Recurso oficial provido em parte" (**TJ-SP, Remessa Necessária Cível 00045044920088260655 SP 0004504-49.2008.8.26.0655**, Rel. Djalma Lofrano Filho, **j. 08.02.2021**, 13.ª Câmara de Direito Público, *DJe* 08.02.2021).

Acerca do prazo prescricional aplicável sobre a matéria, oportuna a reprodução de precedente do **STJ**, concluindo ser ele de **10 anos**, de acordo com a **regra de transição** do **CC/2002**. Confira-se:

"ADMINISTRATIVO E PROCESSUAL CIVIL. RECURSO REPRESENTATIVO DE CONTROVÉRSIA. ART. 1.036 E SEGUINTES DO CPC/2015 E RESOLUÇÃO STJ 8/2008. DESAPROPRIAÇÃO INDIRETA. DECLARAÇÃO DE UTILIDADE PÚBLI-CA. REALIZAÇÃO DE OBRAS E SERVIÇOS DE CARÁTER PRODUTIVO. PRES-CRIÇÃO. APLICAÇÃO DO PRAZO DE 10 ANOS PREVISTO NO PARÁGRAFO ÚNI-CO DO ART. 1.238 DO CC/2002. REDUÇÃO DO PRAZO. REGRA DE TRANSIÇÃO. APLICAÇÃO DO ART. 2.028 DO CC/2002. (...)

3. A Corte Especial, em Embargos de Divergência, pacificou a presente questão, **adotando a prescrição decenal, entendimento esse a ser seguido no Superior Tribunal de Justiça**: 'A jurisprudência do Superior Tribunal de Justiça se firmou no sentido de que, 'considerando que a desapropriação indireta pressupõe a realização de obras pelo Poder Público ou sua destinação em função da utilidade pública/interesse social, com base no atual Código Civil, **o prazo prescricional aplicável às expropriatórias indiretas passou a ser de 10 (dez anos)'**, observada a regra de transição do art. 2.028 do Código Civil de 2002. (...)'" (STJ, REsp 1757385 SC 2018/0199026-5, Rel. Min. Herman Benjamin, **j. 12.02.2020**, 1.ª S., *DJe* 07.05.2020).

Em relação a esse tormentoso tema, oportuna também a referência para a regra estabelecida na **Lei Complementar n. 101/2000** (Lei de Responsabilidade Fiscal), que em seu **art. 46** torna nulo de pleno direito o ato de desapropriação expedido em contrariedade ao art. 182, § 3.º, da CF. Confira-se:

Art. 46. É nulo de pleno direito ato de desapropriação de imóvel urbano expedido sem o atendimento do disposto no § 3.º do art. 182 da Constituição, ou prévio depósito judicial do valor da indenização.

Oportuno destacar que, em **31 de janeiro de 2020**, o **STJ**, a respeito do tema, quando do julgamento do **REsp 1.653.169-RJ**, decidiu:

"A ação de desapropriação indireta, ante seu caráter real, não seria adequada para a postulação de reparação decorrente de limitações administrativas, pretensão de natureza pessoal. No entanto, a pretensão à reparação encerrada na ação de desapropriação indireta resulta do esgotamento econômico da propriedade privada, cuja origem é, indubitavelmente, o agravo, pelo Poder Público, aos poderes decorrentes do direito real de propriedade dos particulares, que, nos termos do art. 1.228, *caput*, do Código Civil, compreendem 'à faculdade de usar, gozar e dispor da coisa, e o direito de reavê-la do poder de quem quer que injustamente a possua ou detenha'".

Para melhor visualização deste item, observe-se o seguinte quadro:

15 ■ Direito de Propriedade

OBJETO	Discussão do valor a ser pago a título de indenização
MODALIDADES	**Administrativa:** se houver acordo quanto ao valor a ser pago a título de indenização (art. 10 do Decreto-lei n. 3.365/41) ou **Judicial:** se não houver acordo quanto ao valor a ser pago a título de indenização (art. 10 do Decreto-lei n. 3.365/41)
PROCESSO JUDICIAL	**Instrumento:** ação de desapropriação proposta pelo Poder Público **Legislação:** Decreto-lei n. 3.365/41 e CPC, em caráter subsidiário **Petição inicial:** deverá atender aos requisitos estabelecidos no art. 13 do Decreto-lei n. 3.365/41 **Imissão provisória na posse:** possível desde que preenchidas as exigências estabelecidas no art. 15 do Decreto-lei n. 3.365/41: ■ configuração de urgência ■ efetivação de depósito a favor do expropriado **Contestação:** só poderá versar sobre impugnação do preço ou vícios processuais (art. 20 do Decreto-lei n. 3.365/41) **Instrução:** admitidas todas as provas produzidas por meios lícitos, com destaque para a perícia (arts. 14 e 23 do Decreto-lei n. 3.365/41) **Benfeitorias:** deverão ser computadas no valor da indenização, nos termos do art. 26 **Sentença:** tem por objeto único a fixação do valor da indenização (arts. 24 e 27 do Decreto-lei n. 3.365/41) **Apelação:** recebida no duplo efeito se promovida pelo Poder Público, e apenas no efeito devolutivo quando interposta pelo expropriado (art. 28 do Decreto-lei n. 3.365/41)
MODALIDADES DE DESAPROPRIAÇÃO	**Indireta:** sinônimo de desapropriação ilegal **Por zona:** abrange área contígua necessária para o desenvolvimento da obra e as áreas que experimentem valorização imobiliária (art. 4.º do Decreto-lei n. 3.365/41)

Estabelecidas as observações que nos pareceram pertinentes em relação à desapropriação, cumpre agora passar em revista os outros meios de intervenção na propriedade enumerados no início deste capítulo.

15.2.2. Confisco

A segunda forma de intervenção na propriedade a ser mencionada é o **confisco**. Ele implica sua transferência, sendo, como regra geral, proibido pela Constituição em razão das características que apresenta, com uma única exceção, apresentada pelo **art. 243**, cuja redação a seguir se reproduz:

Art. 243. As propriedades rurais e urbanas de qualquer região do País onde forem localizadas culturas ilegais de plantas psicotrópicas ou a exploração de trabalho escravo na forma da lei serão expropriadas e destinadas à reforma agrária e a programas de habitação popular, sem qualquer indenização ao proprietário e sem prejuízo de outras sanções previstas em lei, observado, no que couber, o disposto no art. 5.º.

Parágrafo único. Todo e qualquer bem de valor econômico apreendido em decorrência do tráfico ilícito de entorpecentes e drogas afins e da exploração de trabalho escravo será confiscado e reverterá a fundo especial com destinação específica, na forma da lei.

A redação oferecida por esse dispositivo constitucional bem está a revelar a razão para estar ele proibido, como regra geral, em nosso ordenamento jurídico.

Com efeito, o confisco terá lugar somente nas hipóteses descritas no dispositivo, não sendo, pois, suficiente a caracterização de uma situação de ilegalidade.

Em outras palavras, só poderá ser utilizado diante da caracterização de uma **plantação ilegal** de **psicotrópicos** ou pela **configuração de trabalho escravo**, quando, então, a Constituição estabelece a desapropriação do bem **sem que** seu antigo **proprietário faça jus a qualquer tipo de indenização**.

Em **17.05.2017**, o **STF**, quando do julgamento do **RE 638491/PR**, estabeleceu importantes balizas sobre o tema. Confira-se:

> "RECURSO EXTRAORDINÁRIO. PENAL. PROCESSUAL PENAL. REPERCUSSÃO GERAL RECONHECIDA. TEMA 647 DO PLENÁRIO VIRTUAL. TRÁFICO DE DROGAS. VEÍCULO APREENDIDO COM O SUJEITO ATIVO DO CRIME. DECRETAÇÃO DE PERDIMENTO DO BEM. CONTROVÉRSIA SOBRE A EXIGÊNCIA DE HABITUALIDADE DO USO DO BEM NA PRÁTICA CRIMINOSA OU ADULTERAÇÃO PARA DIFICULTAR A DESCOBERTA DO LOCAL DE ACONDICIONAMENTO. DESNECESSIDADE. INTERPRETAÇÃO DO ART. 243, PARÁGRAFO ÚNICO, DA CONSTITUIÇÃO FEDERAL. RECURSO EXTRAORDINÁRIO PROVIDO.
>
> 1. O confisco de bens pelo Estado encerra uma restrição ao direito fundamental de propriedade, insculpido na própria Constituição Federal que o garante (art. 5.º, *caput*, e XXII). (...)
>
> 6. O confisco previsto no artigo 243, parágrafo único, da Constituição Federal deve ser interpretado à luz dos princípios da unidade e da supremacia da Constituição, atentando à linguagem natural prevista no seu texto. (...)
>
> 9. Tese: É possível o confisco de todo e qualquer bem de valor econômico apreendido em decorrência do tráfico de drogas, sem a necessidade de se perquirir a habitualidade, reiteração do uso do bem para tal finalidade, a sua modificação para dificultar a descoberta do local do acondicionamento da droga ou qualquer outro requisito além daqueles previstos expressamente no artigo 243, parágrafo único, da Constituição Federal. 10. Recurso Extraordinário a que se dá provimento."

Ainda sobre este tema, oportuna a reprodução de **precedente** do **STJ**, quando do julgamento, em **25.09.2021**, do **RHC 135.617**, em que a **Corte concluiu que objetos para consumo próprio de maconha não justificam ação penal e, como corolário, a referida situação não autorizaria o confisco**.

No referido precedente, um homem foi denunciado por possuir instrumentos usados no plantio de maconha e na extração de óleo de haxixe.

Dentro desse contexto, decidiu a Corte que o **art. 34 da Lei n. 11.343/2006**, que pune a posse de equipamentos para a fabricação de entorpecentes, está vinculado ao narcotráfico e **não pode ser aplicado contra quem possui utensílios usados no cultivo de plantas destinadas à produção de pequena quantidade de droga para uso pessoal**.

Com base nesse entendimento, determinou o trancamento parcial da ação penal, eis que o paciente continuará a responder apenas pela posse de drogas para consumo próprio (art. 28 da lei de drogas), pois tinha em **depósito 5,8g de haxixe** e oito plantas de maconha.

15 ◼ Direito de Propriedade

Ao revés, **além da perda da propriedade**, o que por si só representa sanção grave, visto que **não haverá indenização**, fica também o proprietário **sujeito** às demais **sanções** pela **prática de** um **crime**.

A propósito, importante registrar a tendência consolidada em nossos Tribunais, de autorizar plantio de *cannabis*, para fins medicinais, sendo representativo o seguinte **precedente do STJ**. Confira-se:

> "(...) CULTIVO DOMÉSTICO DA CANNABIS SATIVA L. PARA FINS MEDICINAIS. SALVO-CONDUTO. POSSIBILIDADE. ATIPICIDADE PENAL DA CONDUTA. 1. No julgamento do REsp n. 1.972.092/SP, de relatoria do Ministro Rogerio Schietti Cruz, julgado em 14.06.2022, *DJe* de 30.06.2022, a Sexta Turma desta Corte entendeu que 'uma vez que o uso pleiteado do óleo da Cannabis Sativa, mediante fabrico artesanal, se dará para fins exclusivamente terapêuticos, com base em receituário e laudo subscrito por profissional médico especializado, chancelado pela Anvisa na oportunidade em que autorizou os pacientes a importarem o medicamento feito à base de canabidiol — a revelar que reconheceu a necessidade que têm no seu uso —, não há dúvidas de que deve ser obstada a iminente repressão criminal sobre a conduta praticada pelos pacientes/recorridos'. (...)" **(STJ, EDcl no AgRg no RHC: 157190 CE 2021/0369213-4, j. 07.02.2023, 6.ª T.,** *DJe* **10.02.2023).**

Assim, se de acordo com o precedente colacionado, na situação descrita configura-se atipicidade penal da conduta, de igual sorte impossível de se cogitar da possibilidade de confisco da propriedade em que foi localizado o plantio nessa circunstância.

De sua parte, o administrador não poderá conferir ao bem expropriado qualquer tipo de finalidade pública, porque o dispositivo constitucional o obriga a destiná-lo exclusivamente para o atendimento das situações ali relacionadas.

Como conclusão, verifica-se que, de todos os **meios de intervenção** na propriedade analisados, os únicos que importam **transferência da propriedade**, se bem que por razões diferentes, são a **desapropriação e o confisco**, e todos os demais, também por motivos diferenciados, importam tão somente restrições quanto ao uso, implicando ou não a perda da posse.

Por fim, cumpre registrar que alguns autores preferem o **enquadramento** do **confisco** como uma **modalidade** de desapropriação, uma vez que implica também sua transferência compulsória para o patrimônio público.

Optamos por não incluí-lo como modalidade de desapropriação, tendo em vista as **importantes diferenças** existentes em relação a esse meio de intervenção na propriedade, a começar pelos fatos geradores, passando pelas sanções que deles resultam, vale dizer, a possibilidade de incidência de sanções de natureza penal e sem oferecer direito a indenização.

De resto, outra não foi a orientação adotada pela **Suprema Corte** em **dezembro** de **2016**, quando da apreciação do **RE 635.336/PE**, relatado pelo Ministro Gilmar Mendes, matéria que consta no *Informativo* **n. 851**, de 1.º de fevereiro de **2017**.

Do referido julgado, destaca-se inicialmente a **ementa,** vazada nos seguintes termos:

690 Direito Administrativo Esquematizado   *Celso Spitzcovsky*

"Direito Constitucional — Expropriação. Cultivo ilegal de plantas psicotrópicas: expropriação e responsabilidade do proprietário".

Nesse julgado, destaca-se que a **responsabilidade do proprietário** pode ser afastada desde que comprovado que não incorreu em **culpa**. Confira-se:

"A expropriação prevista no art. 243 da CF pode ser afastada, desde que o proprietário comprove que não incorreu em culpa, ainda que 'in vigilando' ou 'in elegendo'. Com essa orientação, o Plenário negou provimento a recurso extraordinário em que se discutia a natureza jurídica da responsabilidade do proprietário de terras nas quais localizada cultura ilegal de plantas psicotrópicas".

Dentro desse contexto, deixou consignado o Ministro relator a necessidade de **oferecimento de ampla defesa**, por se tratar de direito fundamental:

"Prevaleceu o entendimento do ministro Gilmar Mendes (relator). Asseverou que a redação dada ao art. 243 pela Emenda Constitucional 81/2014, além de incluir a exploração de trabalho escravo como nova hipótese de cabimento do confisco, suprimiu a previsão de que a expropriação seria imediata e inseriu a observância dos direitos fundamentais previstos no art. 5.º, no que couber".

De outra parte, pontificou o relator a **impossibilidade de incluir o confisco como modalidade de desapropriação**, por força das características apresentadas:

"Salientou que o instituto previsto no art. 243 da CF não é verdadeira espécie de desapropriação, mas uma penalidade imposta ao proprietário que praticou a atividade ilícita de cultivar plantas psicotrópicas, sem autorização prévia do órgão sanitário do Ministério da Saúde. Portanto, a expropriação é espécie de confisco constitucional e tem caráter sancionatório".

Por fim, concluiu a Suprema Corte que o **dever de fiscalização** atribuído ao **proprietário não é ilimitado**, impondo-se a aplicação do **princípio da razoabilidade**:

"Dessa forma, a função social da propriedade impõe ao proprietário o dever de zelar pelo uso lícito de seu terreno, ainda que não esteja na posse direta. Entretanto, esse dever não é ilimitado, e somente se pode exigir do proprietário que evite o ilícito quando evitá-lo esteja razoavelmente ao seu alcance. Ou seja, o proprietário pode afastar sua responsabilidade se demonstrar que não incorreu em culpa, que foi esbulhado ou até enganado por possuidor ou detentor. Nessas hipóteses, tem o ônus de demonstrar que não incorreu em culpa, ainda que 'in vigilando' ou 'in elegendo'. Segundo o relator, em caso de condomínio, havendo boa-fé de apenas alguns dos proprietários, a sanção deve ser aplicada e ao proprietário inocente cabe buscar reparação dos demais".

15.2.3. Requisição

Trata-se de um **meio de intervenção na propriedade** que implica a **transferência compulsória e temporária da posse**, utilizada nas **hipóteses de iminente perigo público**, na forma descrita pela CF em seu **art. 5.º, XXV**, cuja redação a seguir se reproduz:

15 ■ Direito de Propriedade

Art. 5.º (...)

XXV — no caso de iminente perigo público, a autoridade competente poderá usar de propriedade particular, assegurada ao proprietário indenização ulterior, se houver dano.

A redação do dispositivo constitucional bem está a demonstrar tratar-se aqui de um meio de intervenção na propriedade que traz, temporariamente, **a transferência da posse**, em momento algum se cogitando da transferência da propriedade.

Essa **transferência da posse**, que se apresenta de modo **unilateral**, somente terá lugar naquelas **hipóteses** que **indiquem** a **proximidade**, a **perspectiva de um perigo público**, não sendo necessária a sua caracterização, podendo gerar indenização para o proprietário, mas tão somente se houver dano.

Perfeitamente **possível** que a requisição apresente **caráter não oneroso**, desde que durante o período de uso do bem o Poder Público não produza nenhum prejuízo para o imóvel.

De outra parte, cumpre observar que o **prazo da requisição**, por força do motivo que dá ensejo a ela, **estende-se enquanto estiverem presentes indícios de perigo público**.

Surgem como exemplos as situações em que a Administração Pública necessita da posse de determinado imóvel para combater um furacão, um incêndio de grandes proporções ou mesmo para efetuar reparos em uma ponte que esteja prestes a cair.

Nesse particular, cumpre registrar a impossibilidade de utilização do instituto em prejuízo de outra esfera de governo, consoante orientação adotada pelo **STF em 08.03.2021**, quando do julgamento da **ACO 3.463 MC/SP**, em que **decidiu ser incabível a requisição administrativa, pela União, de bens insumos contratados por unidade federativa e destinados à execução do plano local de imunização, cujos pagamentos já foram empenhados**.

Asseverou a Corte que a **requisição administrativa não pode se voltar contra bem ou serviço de outro ente federativo**, de maneira a que haja indevida interferência na autonomia de um sobre outro.

Sobre o mesmo tema, oportuno registrar a **decisão proferida pelo STF**, por unanimidade, **em 20.06.2022, julgando procedente a ADI 3454 reafirmando entendimento de que constitui ofensa ao Princípio Federativo a requisição administrativa de bens ou serviços por uma unidade federativa a outra**.

Em relação a esse julgado, importante destacar o **voto condutor** exarado pelo **Min. Alexandre de Moraes**, assinalando que "a possibilidade de requisição pela União de bens públicos afetados ao desempenho de competências dos entes federativos diversos **subverte a própria repartição constitucional de competências administrativas, em desfavor da autonomia e equilíbrio do pacto federativo**; sendo, portanto, flagrantemente inconstitucional".

Outrossim que, na linha da jurisprudência do **Supremo Tribunal Federal**, ressalvadas as situações fundadas no estado de defesa e no estado de sítio [Constituição Federal (CF), arts. 136, § 1.º, II; 139, VII), os **bens integrantes do patrimônio público estadual e municipal acham-se excluídos do alcance do poder que a Lei Magna outorgou à União** (CF, art. 5.º, XXV).

15.2.4. Ocupação

A ocupação também surge como **meio de intervenção na propriedade** que implica a **transferência compulsória e temporária da posse**, incidindo, como regra geral, sobre terrenos não edificados, **sem que haja necessidade da comprovação de situação de perigo público**.

Esse meio de intervenção é utilizado, via de regra, para **depósito de materiais** durante a realização de determinado serviço, de modo a evitar deslocamentos desnecessários da própria Administração quanto a seu **maquinário** ou mesmo quanto aos materiais que deverão ser transportados.

15.2.5. Limitação administrativa

A limitação administrativa pode ser traduzida como **meio de intervenção na propriedade** que traz **restrições quanto ao uso**, sem perda da posse, por meio de **imposição geral**, **gratuita** e **unilateral**.

Surgem como exemplos as posturas municipais que obrigam o proprietário que pretende construir a obedecer a certo recuo da calçada, a respeitar as restrições quanto à altura das construções, a impossibilidade de se construírem imóveis comerciais em áreas residenciais e vice-versa e a proibição de construção em áreas de proteção de mananciais.

Como se percebe, são **restrições impostas em caráter geral**, vale dizer, a todos aqueles que pretendam construir, razão pela qual **têm caráter gratuito**, não demandando o pagamento de nenhum tipo de indenização.

Sem embargo, em caráter excepcional, autorizou o **STJ**, em **05.08.2023**, quando do julgamento do **AREsp 551.389/RN**, a percepção de indenização, nos seguintes termos:

> "Tratando-se de limitação administrativa, em regra, é indevido o pagamento de indenização aos proprietários dos imóveis abrangidos em área delimitada por ato administrativo, **a não ser que comprovem efetivo prejuízo**, ou limitação além das já existentes".

Percebe-se que, ao contrário do que se verificou com a requisição e a ocupação, esse meio de intervenção na propriedade **não importa em transferência da posse**, **embora traga restrições quanto ao uso**.

Nesse particular, oportuna a reprodução de precedente do **STJ**, quando do julgamento, em **18.04.2023**, do **REsp 1.340.335/CE**, em que a Corte reconheceu que a suposta limitação administrativa, a bem da verdade, confira desapropriação, resultando dever de indenizar:

> "Criação do Parque Nacional de Jericoacoara. Imóvel inserido na área do parque. Limitação administrativa. Grau de esvaziamento econômico da propriedade. Atividades de turismo ecológico. Possibilidade de exploração econômica. Direito de propriedade que não é afetado em caráter substancial. Fundamento não aplicável ao caso. Aplicação da lei em sua literalidade. Hipótese de desapropriação. Dever de indenizar."

15 ▪ Direito de Propriedade

15.2.6. Servidão administrativa

As servidões administrativas se caracterizam também como **meio de intervenção na propriedade** que **traz restrições quanto ao uso**, sem perda da posse, traduzidas pela **imposição de um ônus real** para assegurar a realização e a conservação de obras e serviços.

As servidões administrativas representam **restrições de caráter específico**, na medida em que não incidem sobre todos os bens, mas apenas sobre alguns, o que lhes confere um **caráter oneroso**, ou seja, autorizando o pagamento de indenização proporcional ao prejuízo causado.

Surgem como exemplos de situações caracterizadoras de servidões administrativas a imposição compulsória pelo Poder Público da passagem de rede elétrica por uma ou por algumas propriedades determinadas, a passagem de uma rede de tubulação de água, gás ou petróleo.

Destarte, são **imposições que recaem de modo unilateral apenas sobre algumas propriedades**, podendo, assim, dar ensejo ao pagamento de indenização caso impliquem elas prejuízo ao proprietário.

Oportuno mencionar a existência de uma **exceção** representada pela **colocação** em imóveis de esquina de **placas indicativas** do nome da rua, uma vez **que não autorizam** pleito de **indenização**, ainda que possam levar a uma desvalorização.

15.2.7. Tombamento

O tombamento também pode ser definido como um **meio de intervenção na propriedade** que traz **restrições quanto a** seu uso, **por razões histórias, artísticas, culturais ou ambientais**.

Esse instituto encontra seu **fundamento** primeiro na própria **Constituição Federal**, no Capítulo relativo à Cultura, mais especificamente, no **art. 216, *caput* e § 1.º**. Confira-se:

Art. 216. Constituem patrimônio cultural brasileiro os bens de natureza material e imaterial, tomados individualmente ou em conjunto, portadores de referência à identidade, à ação, à memória dos diferentes grupos formadores da sociedade brasileira, nos quais se incluem:

I — as formas de expressão;

II — os modos de criar, fazer e viver;

III — as criações científicas, artísticas e tecnológicas;

IV — as obras, objetos, documentos, edificações e demais espaços destinados às manifestações artístico-culturais;

V — os conjuntos urbanos e sítios de valor histórico, paisagístico, artístico, arqueológico, paleontológico, ecológico e científico.

§ 1.º O Poder Público, com a colaboração da comunidade, promoverá e protegerá o patrimônio cultural brasileiro, por meio de inventários, registros, vigilância, tombamento e desapropriação, e de outras formas de acautelamento e preservação.

A palavra **"tombar"**, a propósito, **significa registrar**, **inventariar**, **inscrever nos arquivos do reino**, que eram guardados, em Portugal, na Torre do Tombo, resultando daí o nome que lhe foi conferido.

Ao contrário do que se poderia imaginar em um primeiro momento, portanto, o **tombamento não importa em transferência da propriedade, mas tão somente em restrições** quanto a seu **uso**, de modo a preservar o valor histórico ou artístico do bem.

Pode ou não assumir caráter oneroso na direta dependência dos prejuízos eventualmente impostos ao proprietário, que poderá inclusive alienar o bem, desde que prevista cláusula quanto à impossibilidade de modificação de sua arquitetura pelas razões expostas.

Essa modalidade de intervenção na propriedade traz como **primeiro efeito a obrigação do proprietário de preservar o bem, não podendo destruí-lo, demoli-lo ou mesmo alterar sua estrutura**.

Fica o **proprietário**, assim, **obrigado** a **aceitar** a **fiscalização** permanente por parte do **Poder Público**, nos termos previamente ajustados, para acompanhar o estado de conservação do bem.

Por derradeiro, cumpre observar que o **tombamento** também **traz restrições** quanto ao uso da **propriedade dos imóveis vizinhos** ao bem tombado, na medida em que não poderão eles fazer qualquer tipo de construção que impeça ou reduza sua visibilidade, nem colocar anúncios ou cartazes que possam conduzir à mesma situação.

A matéria é disciplinada pelo **Decreto-lei n. 25/37**, recepcionado que foi pelas Constituições que lhe seguiram.

Sem embargo, sua aplicabilidade para as 4 esferas de governo tem sido objeto de discussão por nossos tribunais, destacando-se precedente do **TJSP**, quando do julgamento, em **03.05.2021**, da **AC n. 1020936-69.2020.8.26.0053**. Confira-se:

> "(...) Processo de tombamento que tramitou de forma regular. Procedimento complexo, abrangendo, inicialmente, diversos imóveis, devidamente instruído com pesquisas, levantamentos, vistorias e pareceres. **Ausência de prazo peremptório na legislação estadual. Impossibilidade de se aplicar o prazo previsto no Decreto Lei n. 25/37, que possui regulação própria para o tombamento federal, e natureza procedimental completamente diversa**. Tentativa de intimação dos proprietários que se estendeu por anos. Falta de atualização da titularidade do imóvel, no cartório competente. Inexistência de ofensa aos princípios da publicidade e do devido processo legal. Ausência de direito líquido e certo. Recurso improvido."

No referido decreto, destaque para a previsão estabelecida em seu **art. 18**:

> **Art. 18.** Sem prévia autorização do Serviço do Patrimônio Histórico e Artístico Nacional, não se poderá, na vizinhança da coisa tombada, fazer construção que lhe impeça ou reduza a visibilidade, nem nela colocar anúncios ou cartazes, sob pena de ser mandada destruir a obra ou retirar o objeto, impondo-se neste caso a multa de cinquenta por cento do valor do mesmo objeto.

Resta observar que a **distância** do bem tombado em **que incide essa restrição** depende de regramento **estabelecido por cada município** em razão da competência a

15 ▪ Direito de Propriedade 695

eles estabelecido pelo **art. 30, VIII, da CF**, para o estabelecimento de regras para o uso e a ocupação do solo urbano.

Dentro desse contexto, em relação ao tombamento de bens pertencentes ao patrimônio de particulares, o referido diploma legal, em seu **art. 6.º**, estabelece que poderá assumir ele **duas modalidades**: a **voluntária** e a **compulsória**.

Quanto à **voluntária**, uma das possibilidades estabelecidas no **art. 7.º** é aquela em que o proprietário *notificado* concede sua anuência, por escrito, à inscrição do bem em um dos livros do tombo.

De outra parte, em relação ao **tombamento compulsório**, a característica marcante refere-se à recusa do proprietário em anuir à pretensão deduzida pela Administração.

De toda sorte, emerge cristalina a conclusão segundo a qual, independentemente da modalidade de tombamento, a **notificação do proprietário reveste-se de caráter fundamental até mesmo porque, inexistente ela, não terá ele como manifestar sua intenção de anuir ou não ao ato pretendido pela Administração**.

Mais adiante, levando em consideração que a decisão pelo tombamento ou não de um bem representa o ato final de um procedimento, o legislador, em seu **art. 9.º**, não só reiterou a necessidade de **notificação do proprietário** como, também, estabeleceu prazo para eventual impugnação. Confira-se:

Art. 9.º O tombamento compulsório se fará de acordo com o seguinte processo:

1) o Serviço do Patrimônio Histórico e Artístico Nacional, por seu órgão competente, **notificará o proprietário para anuir ao tombamento**, dentro do prazo de quinze dias, **a contar do recebimento da notificação**, ou para, si o quiser impugnar, oferecer dentro do mesmo prazo as razões de sua impugnação.

No mesmo sentido as conclusões atingidas pelo **Tribunal Regional Federal da 1.ª Região**:

"**ADMINISTRATIVO. TOMBAMENTO. ATO COMPLEXO. DEMOLIÇÃO** DE CONSTRUÇÃO ANTERIOR À HOMOLOGAÇÃO. IMPOSSIBILIDADE. 1. O artigo 9.º do Decreto-lei n. 25/37 dispõe que somente o **ato** formal de **tombamento** inscrito no livro próprio do Poder Público competente estabelece a afetação. Sendo assim a mera publicação do edital de **tombamento** não basta para a produção dos efeitos deste, que só se torna **ato** perfeito a partir da homologação. 2. Se de todas as provas produzidas no processo restou inequívoco que a **demolição** do antigo imóvel e a construção do outro ocorreram antes de se tornar perfeito o **ato** de **tombamento**, deve o pedido ser rejeitado. 3. Recurso provido" (REsp/MT 760.885, rel. Min. Luiz Fux, TRF-1.ª Região, Apelação Cível n. 1999.01.00.005008-4/MT).

Por derradeiro, em seu **art. 10**, o legislador estabelece que o **caráter provisório ou definitivo** do **tombamento** só poderá ser considerado com o início do processo através da necessária notificação:

Art. 10. O tombamento dos bens, a que se refere o art. 6.º desta lei, será considerado provisório ou definitivo, conforme esteja o respectivo processo **iniciado pela notificação** ou concluído pela inscrição dos referidos bens no competente Livro do Tombo.

Parágrafo único. Para todos os efeitos, salvo a disposição do art. 13 desta lei, o tombamento provisório se equipará ao definitivo.

Para melhor visualização deste item, observe-se o quadro:

CONFISCO	**Definição:** meio de intervenção na propriedade que implica sua transferência compulsória nas hipóteses previstas no art. 243 da CF **Hipóteses:** localização de culturas ilegais de psicotrópicos ou exploração de trabalho escravo **Sanções:** perda da propriedade, sem prejuízo de sanções de natureza penal. **Indenização:** não terá direito
REQUISIÇÃO	**Definição:** meio de intervenção na propriedade que implica a transferência compulsória e temporária da posse **Hipótese:** diante da caracterização de situação de iminente perigo público **Fundamento:** art. 5.º, XXV, da CF **Indenização:** terá direito, se houver dano
OCUPAÇÃO	**Definição:** meio de intervenção na propriedade que implica a transferência compulsória e temporária da posse **Hipótese:** diante da caracterização de interesse público **Indenização:** terá direito, se houver dano
LIMITAÇÃO ADMINISTRATIVA	**Definição:** meio de intervenção na propriedade que implica restrições ao uso, gerais (atinge a todos os bens) e gratuitas (sem direito a indenização)
SERVIDÃO ADMINISTRATIVA	**Definição:** meio de intervenção na propriedade que implica restrições ao uso, específicas (atinge apenas um ou alguns bens) e onerosas (com direito a indenização)
TOMBAMENTO	**Definição:** meio de intervenção na propriedade que implica restrições ao uso, específicas (atinge apenas um ou alguns bens) e onerosas (com direito a indenização), por razões históricas, artísticas, culturais ou ambientais **Fundamento:** art. 216, § 1.º, da CF e Decreto n. 25/37

15.2.8. Meios de intervenção na propriedade regulados pelo Estatuto da Cidade — Lei n. 10.257/2001

Além dos meios de intervenção na propriedade relacionados, cumpre consignar que o **Estatuto da Cidade, editado para regulamentar o capítulo da política urbana na CF**, criou outros instrumentos de intervenção urbana, o que justifica a referência a alguns deles.

15.2.8.1. Direito de superfície

É o **direito atribuído a terceiros de utilização do solo, subsolo, espaço aéreo**, respeitada a legislação urbana. Essa matéria foi abordada pelo **art. 21** do Estatuto da Cidade, nos seguintes termos:

Art. 21. O proprietário urbano poderá conceder a outrem o direito de superfície do seu terreno, por tempo determinado ou indeterminado, mediante escritura pública registrada no cartório de registro de imóveis.

§ 1.º O direito de superfície abrange o direito de utilizar o solo, o subsolo ou o espaço aéreo relativo ao terreno, na forma estabelecida no contrato respectivo, atendida a legislação urbanística.

15 ◼ Direito de Propriedade   697

15.2.8.2. Direito de preempção

É o direito atribuído ao Poder Público de preferência para a aquisição de imóvel urbano objeto de alienação. Esse instrumento de política urbana está regulamentado nos **arts. 25, 26 e 27**, na forma a seguir discriminada:

Art. 25. O direito de preempção confere ao Poder Público municipal preferência para aquisição de imóvel urbano objeto de alienação onerosa entre particulares.

§ 1.º Lei municipal, baseada no plano diretor, delimitará as áreas em que incidirá o direito de preempção e fixará prazo de vigência, não superior a cinco anos, renovável a partir de um ano após o decurso do prazo inicial de vigência.

§ 2.º O direito de preempção fica assegurado durante o prazo de vigência fixado na forma do § 1.º, independentemente do número de alienações referentes ao mesmo imóvel.

Art. 26. O direito de preempção será exercido sempre que o Poder Público necessitar de áreas para:

I — regularização fundiária;

II — execução de programas e projetos habitacionais de interesse social;

III — constituição de reserva fundiária;

IV — ordenamento e direcionamento da expansão urbana;

V — implantação de equipamentos urbanos e comunitários;

VI — criação de espaços públicos de lazer e áreas verdes;

VII — criação de unidades de conservação ou proteção de outras áreas de interesse ambiental;

VIII — proteção de áreas de interesse histórico, cultural ou paisagístico;

IX — (Vetado)

Parágrafo único. A lei municipal prevista no § 1.º do art. 25 desta Lei deverá enquadrar cada área em que incidirá o direito de preempção em uma ou mais das finalidades enumeradas por este artigo.

Art. 27. O proprietário deverá notificar sua intenção de alienar o imóvel, para que o Município, no prazo máximo de trinta dias, manifeste por escrito seu interesse em comprá-lo.

§ 1.º À notificação mencionada no *caput* será anexada proposta de compra assinada por terceiro interessado na aquisição do imóvel, da qual constarão preço, condições de pagamento e prazo de validade.

§ 2.º O Município fará publicar, em órgão oficial e em pelo menos um jornal local ou regional de grande circulação, edital de aviso da notificação recebida nos termos do *caput* e da intenção de aquisição do imóvel nas condições da proposta apresentada.

§ 3.º Transcorrido o prazo mencionado no *caput* sem manifestação, fica o proprietário autorizado a realizar a alienação para terceiros, nas condições da proposta apresentada.

§ 4.º Concretizada a venda a terceiro, o proprietário fica obrigado a apresentar ao Município, no prazo de trinta dias, cópia do instrumento público de alienação do imóvel.

§ 5.º A alienação processada em condições diversas da proposta apresentada é nula de pleno direito.

§ 6.º Ocorrida a hipótese prevista no § 5.º o Município poderá adquirir o imóvel pelo valor da base de cálculo do IPTU ou pelo valor indicado na proposta apresentada, se este for inferior àquele.

15.2.8.3. Outorga onerosa do direito de construir

É o **direito atribuído ao proprietário de construção acima do coeficiente de aproveitamento básico** (relação entre a área edificável e a área total do imóvel), normalmente permitido, mediante o **oferecimento de uma contrapartida ao Poder Público**. Essa matéria está regulada nos **arts. 28 a 31**. Confira-se:

Art. 28. O plano diretor poderá fixar áreas nas quais o direito de construir poderá ser exercido acima do coeficiente de aproveitamento básico adotado, mediante contrapartida a ser prestada pelo beneficiário.

§ 1.º Para os efeitos desta Lei, coeficiente de aproveitamento é a relação entre a área edificável e a área do terreno.

§ 2.º O plano diretor poderá fixar coeficiente de aproveitamento básico único para toda a zona urbana ou diferenciado para áreas específicas dentro da zona urbana.

§ 3.º O plano diretor definirá os limites máximos a serem atingidos pelos coeficientes de aproveitamento, considerando a proporcionalidade entre a infraestrutura existente e o aumento de densidade esperado em cada área.

Art. 29. O plano diretor poderá fixar áreas nas quais poderá ser permitida alteração de uso do solo, mediante contrapartida a ser prestada pelo beneficiário.

Art. 30. Lei municipal específica estabelecerá as condições a serem observadas para a outorga onerosa do direito de construir e de alteração de uso, determinando:

I — a fórmula de cálculo para a cobrança;

II — os casos passíveis de isenção do pagamento da outorga;

III — a contrapartida do beneficiário.

Art. 31. Os recursos auferidos com a adoção da outorga onerosa do direito de construir e de alteração de uso serão aplicados com as finalidades previstas nos incisos I a IX do art. 26 desta Lei.

15.2.8.4. Operações urbanas consorciadas

Nesse contexto, de se mencionar, também, a inclusão como **instrumento de política urbana** das chamadas operações urbanas consorciadas, cujo perfil consta nos **arts. 32 a 34**.

Art. 32. Lei municipal específica, baseada no plano diretor, poderá delimitar área para aplicação de operações consorciadas.

§ 1.º Considera-se operação urbana consorciada o conjunto de intervenções e medidas coordenadas pelo Poder Público municipal, com a participação dos proprietários, moradores, usuários permanentes e investidores privados, com o objetivo de alcançar em uma área transformações urbanísticas estruturais, melhorias sociais e a valorização ambiental.

§ 2.º Poderão ser previstas nas operações urbanas consorciadas, entre outras medidas:

I — a modificação de índices e características de parcelamento, uso e ocupação do solo e subsolo, bem como alterações das normas edilícias, considerado o impacto ambiental delas decorrente;

15 ■ Direito de Propriedade 699

II — a regularização de construções, reformas ou ampliações executadas em desacordo com a legislação vigente.

III — a concessão de incentivos a operações urbanas que utilizam tecnologias visando a redução de impactos ambientais, e que comprovem a utilização, nas construções e uso de edificações urbanas, de tecnologias que reduzam os impactos ambientais e economizem recursos naturais, especificadas as modalidades de *design* e de obras a serem contempladas.

Art. 33. Da lei específica que aprovar a operação urbana consorciada constará o plano de operação urbana consorciada, contendo, no mínimo:

I — definição da área a ser atingida;

II — programa básico de ocupação da área;

III — programa de atendimento econômico e social para a população diretamente afetada pela operação;

IV — finalidades da operação;

V — estudo prévio de impacto de vizinhança;

VI — contrapartida a ser exigida dos proprietários, usuários permanentes e investidores privados em função da utilização dos benefícios previstos nos incisos I, II e III do § 2.º do art. 32 desta Lei;

VII — forma de controle da operação, obrigatoriamente compartilhado com representação da sociedade civil.

VIII — natureza dos incentivos a serem concedidos aos proprietários, usuários permanentes e investidores privados, uma vez atendido o disposto no inciso III do § 2.º do art. 32 desta Lei.

§ 1.º Os recursos obtidos pelo Poder Público municipal na forma do inciso VI deste artigo serão aplicados exclusivamente na própria operação urbana consorciada.

§ 2.º A partir da aprovação da lei específica de que trata o *caput,* são nulas as licenças e autorizações a cargo do Poder Público municipal expedidas em desacordo com o plano de operação urbana consorciada.

Art. 34. A lei específica que aprovar a operação urbana consorciada poderá prever a emissão pelo Município de quantidade determinada de certificados de potencial adicional de construção, que serão alienados em leilão ou utilizados diretamente no pagamento das obras necessárias à própria operação.

§ 1.º Os certificados de potencial adicional de construção serão livremente negociados, mas conversíveis em direito de construir unicamente na área objeto da operação.

§ 2.º Apresentado pedido de licença para construir, o certificado de potencial adicional será utilizado no pagamento da área de construção que supere os padrões estabelecidos pela legislação de uso e ocupação do solo, até o limite fixado pela lei específica que aprovar a operação urbana consorciada

Art. 34-A. Nas regiões metropolitanas ou nas aglomerações urbanas instituídas por lei complementar estadual, poderão ser realizadas operações urbanas consorciadas interfederativas, aprovadas por leis estaduais específicas.

Parágrafo único. As disposições dos arts. 32 a 34 desta Lei aplicam-se às operações urbanas consorciadas interfederativas previstas no *caput* deste artigo, no que couber.

15.2.8.5. Estudo de impacto de vizinhança

Por derradeiro, importante relacionar, também, como **instrumento de política urbana**, o estudo de impacto de vizinhança **para a obtenção de licenças ou autorizações de construção**, nos termos dos **arts. 36 a 38**. Confira-se:

> **Art. 36.** Lei municipal definirá os empreendimentos e atividades privados ou públicos em área urbana que dependerão de elaboração de estudo prévio de impacto de vizinhança (EIV) para obter as licenças ou autorizações de construção, ampliação ou funcionamento a cargo do Poder Público municipal.
>
> **Art. 37.** O EIV será executado de forma a contemplar os efeitos positivos e negativos do empreendimento ou atividade quanto à qualidade de vida da população residente na área e suas proximidades, incluindo a análise, no mínimo, das seguintes questões:
>
> I — adensamento populacional;
>
> II — equipamentos urbanos e comunitários;
>
> III — uso e ocupação do solo;
>
> IV — valorização imobiliária;
>
> V — geração de tráfego e demanda por transporte público;
>
> VI — ventilação e iluminação;
>
> VII — paisagem urbana e patrimônio natural e cultural.
>
> Parágrafo único. Dar-se-á publicidade aos documentos integrantes do EIV, que ficarão disponíveis para consulta, no órgão competente do Poder Público municipal, por qualquer interessado.
>
> **Art. 38.** A elaboração do EIV não substitui a elaboração e a aprovação de estudo prévio de impacto ambiental (EIA), requeridas nos termos da legislação ambiental.

Finalmente, cumpre consignar que a importância dada a esse tema pelo Estatuto da Cidade levou o legislador a prescrever como **atos de improbidade administrativa**, nos termos da **Lei n. 8.429/92**, os atos praticados pelo Prefeito que **implicarem o descumprimento das regras ali estabelecidas**, a teor do disposto no seu **art. 52**:

> **Art. 52.** Sem prejuízo da punição de outros agentes públicos envolvidos e da aplicação de outras sanções cabíveis, o Prefeito incorre em improbidade administrativa, nos termos da Lei n. 8.429, de 2 de junho de 1992, quando:
>
> I — (Vetado)
>
> II — deixar de proceder, no prazo de cinco anos, o adequado aproveitamento do imóvel incorporado ao patrimônio público, conforme o disposto no § 4.º do art. 8.º desta Lei;
>
> III — utilizar áreas obtidas por meio do direito de preempção em desacordo com o disposto no art. 26 desta Lei;
>
> IV — aplicar os recursos auferidos com a outorga onerosa do direito de construir e de alteração de uso em desacordo com o previsto no art. 31 desta Lei;
>
> V — aplicar os recursos auferidos com operações consorciadas em desacordo com o previsto no § 1.º do art. 33 desta Lei;
>
> VI — impedir ou deixar de garantir os requisitos contidos nos incisos I a III do § 4.º do art. 40 desta Lei;

15 ◼ Direito de Propriedade 701

VII — deixar de tomar as providências necessárias para garantir a observância do disposto no § 3.º do art. 40 e no art. 50 desta Lei;

VIII — adquirir imóvel objeto de direito de preempção, nos termos dos arts. 25 a 27 desta Lei, pelo valor da proposta apresentada, se este for, comprovadamente, superior ao de mercado.

Importante salientar ainda ter o legislador relacionado, em seu **art. 52, novas hipóteses de improbidade administrativa** em razão do descumprimento das regras por ele estabelecidas.

Assim, a título de exemplificação, pode-se mencionar as seguintes situações:

a) utilização indevida das áreas obtidas como resultado do direito de preempção;

b) aplicação indevida de recursos obtidos com a outorga onerosa de uso;

c) aplicação indevida de recursos obtidos com operações urbanas consorciadas.

Para melhor visualização do item, verifique-se o quadro:

DIREITO DE SUPERFÍCIE	É o direito atribuído a terceiros de utilização do solo, subsolo, espaço aéreo, respeitada a legislação urbana (art. 21 da Lei n. 10.257/2001)
DIREITO DE PREEMPÇÃO	É o direito atribuído ao Poder Público de preferência para a aquisição de imóvel urbano objeto de alienação (arts. 25, 26 e 27 da Lei n. 10.257/2001)
OUTORGA ONEROSA DO DIREITO DE CONSTRUIR	É o direito atribuído ao proprietário de construção acima do coeficiente de aproveitamento básico. (arts. 28 a 31 da Lei n. 10.257/2001)
OPERAÇÕES URBANAS CONSORCIADAS	Conjunto de intervenções e medidas coordenadas pelo Poder Público municipal, com a participação dos proprietários, moradores, usuários permanentes e investidores privados, com o objetivo de alcançar em uma área transformações urbanísticas estruturais, melhorias sociais e a valorização ambiental (arts. 32 a 34 da Lei n. 10.257/2001)
ESTUDO DE IMPACTO DE VIZINHANÇA	Instrumento de política urbana para a obtenção de licenças ou autorizações de construção (arts. 36 a 38 da Lei n. 10.257/2001)

15.3. QUADRO SINÓTICO

DIREITO DE PROPRIEDADE	
PERFIL CONSTITUCIONAL	**1. Importância:** direito fundamental (CF, art. 5.º, *caput* e inciso XXII). **2. Perda:** somente com o devido processo legal (CF, art. 5.º, LIV). **3. Restrição:** atendimento à função social (CF, art. 5.º, XXIII). **4. Função social:** **a) Propriedade urbana:** atendimento às diretrizes do plano diretor (CF, art. 182, § 2.º). **Sanções** (CF, art. 182, § 4.º): ◼ edificação ou parcelamento compulsório; ◼ IPTU progressivo; ◼ desapropriação. **b) Propriedade rural:** atendimento às exigências do art. 186 da CF. **Sanção** (CF, art. 184): desapropriação para fins de reforma agrária.
Meios de intervenção na propriedade	
DESAPROPRIAÇÃO	Transferência compulsória da *propriedade*.

CONFISCO	Transferência compulsória da *propriedade* (CF, art. 243).
REQUISIÇÃO	Transferência compulsória da *posse* (CF, art. 5.º, XXV).
OCUPAÇÃO	Transferência compulsória da *posse* por interesse público.
LIMITAÇÃO ADMINISTRATIVA	Restrições *quanto ao uso*, genéricas e gratuitas. **Exemplos:** ◼ zoneamento; ◼ recuo mínimo da calçada; ◼ altura dos prédios.
SERVIDÃO ADMINISTRATIVA	Restrições *quanto ao uso* específicas e onerosas. **Exemplos:** ◼ passagem de rede elétrica; ◼ passagem de gasoduto; ◼ passagem de oleoduto.
TOMBAMENTO	Restrições *quanto ao uso* específicas e onerosas por razões históricas, artísticas e culturais.
MEIOS DE INTERVENÇÃO NA PROPRIEDADE REGULADOS PELO ESTATUTO DA CIDADE (LEI N. 10.257/2001)	◼ usucapião especial: art. 9.º; ◼ usucapião coletivo: art. 10; ◼ direito de superfície: art. 21; ◼ direito de preempção: art. 25; ◼ outorga onerosa: art. 28; ◼ operações urbanas consorciadas: art. 32.

15.4. SÚMULAS SOBRE DIREITO DE PROPRIEDADE

15.4.1. Súmulas do STF

◼ **Súmula 23:** Verificados os pressupostos legais para o licenciamento da obra, não o impede a declaração de utilidade pública para desapropriação do imóvel, mas o valor da obra não se incluirá na indenização, quando a desapropriação for efetivada.

◼ **Súmula 164:** No processo de desapropriação, são devidos juros compensatórios desde a antecipada imissão de posse, ordenada pelo juiz, por motivo de urgência.

◼ **Súmula 416:** Pela demora no pagamento do preço da desapropriação não cabe indenização complementar além dos juros.

◼ **Súmula 561:** Em desapropriação, é devida a correção monetária até a data do efetivo pagamento da indenização, devendo proceder-se à atualização do cálculo, ainda que por mais de uma vez.

◼ **Súmula 562:** Na indenização de danos materiais decorrentes de ato ilícito cabe a atualização de seu valor, utilizando-se, para esse fim, dentre outros critérios, dos índices de correção monetária.

◼ **Súmula 617:** A base de cálculo dos honorários de advogado em desapropriação é a diferença entre a oferta e a indenização, corrigidas ambas monetariamente.

◼ **Súmula 618:** Na desapropriação, direta ou indireta, a taxa dos juros compensatórios é de 12% (doze por cento) ao ano.

◼ **Súmula 652:** Não contraria a Constituição o art. 15, § 1.º, do Dl. 3.365/41 (Lei da Desapropriação por utilidade pública).

◼ **Súmula 733:** Não cabe recurso extraordinário contra decisão proferida no processamento de precatórios.

15 ■ Direito de Propriedade

15.4.2. Súmulas do STJ

■ **Súmula 12:** Em desapropriação, são cumuláveis juros compensatórios e moratórios.

■ **Súmula 56:** Na desapropriação para instituir servidão administrativa são devidos os juros compensatórios pela limitação de uso da propriedade.

■ **Súmula 67:** Na desapropriação, cabe a atualização monetária, ainda que por mais de uma vez, independente do decurso de prazo superior a um ano entre o cálculo e o efetivo pagamento da indenização.

■ **Súmula 69:** Na desapropriação direta, os juros compensatórios são devidos desde a antecipada imissão na posse e, na desapropriação indireta, a partir da efetiva ocupação do imóvel.

■ **Súmula 70:** Os juros moratórios, na desapropriação direta ou indireta, contam-se desde o trânsito em julgado da sentença.

■ **Súmula 102:** A incidência dos juros moratórios sobre os compensatórios, nas ações expropriatórias, não constitui anatocismo vedado em lei.

■ **Súmula 113:** Os juros compensatórios, na desapropriação direta, incidem a partir da imissão na posse, calculados sobre o valor da indenização, corrigido monetariamente.

■ **Súmula 114:** Os juros compensatórios, na desapropriação indireta, incidem a partir da ocupação, calculados sobre o valor da indenização, corrigido monetariamente.

■ **Súmula 119:** A ação de desapropriação indireta prescreve em vinte anos.

■ **Súmula 131:** Nas ações de desapropriação incluem-se no cálculo da verba advocatícia as parcelas relativas aos juros compensatórios e moratórios, devidamente corrigidas.

■ **Súmula 141:** Os honorários de advogado em desapropriação direta são calculados sobre a diferença entre a indenização e a oferta, corrigidas monetariamente.

■ **Súmula 354:** A invasão do imóvel é causa de suspensão do processo expropriatório para fins de reforma agrária.

■ **Súmula 408:** Nas ações de desapropriação, os juros compensatórios incidentes após a Medida Provisória n. 1.577, de 11.06.1997, devem ser fixados em 6% ao ano até 13.09.2001 e, a partir de então, em 12% ao ano, na forma da Súmula n. 618 do Supremo Tribunal Federal.

15.5. QUESTÕES

QUESTÕES DE CONCURSOS
> http://uqr.to/1xgxo

16

BENS PÚBLICOS

16.1. DEFINIÇÃO

O primeiro ponto a ser observado em relação ao tema diz respeito à necessidade de uma **definição** acerca de **bens públicos**, podendo-se tomar por empréstimo aquela oferecida pelo **CC** em seu **art. 98**, cuja redação a seguir se reproduz:

Art. 98. São públicos os bens do domínio nacional pertencentes às pessoas jurídicas de direito público interno; todos os outros são particulares, seja qual for a pessoa a que pertencerem.

Nesse particular, importante registrar que o **Código Civil considera pessoa jurídica de direito público interno** aquelas relacionadas no **art. 41**. Confira-se:

Art. 41. São pessoas jurídicas de direito público interno:

I — a União;

II — os Estados, o Distrito Federal e os Territórios;

III — os Municípios;

IV — as autarquias, inclusive as associações públicas;

V — as demais entidades de caráter público criadas por lei.

A **definição** oferecida pelo **legislador**, quer nos parecer, **padece de maior amplitude**, na medida em que acaba por **excluir** aqueles **bens** que, embora não pertencentes a essas **pessoas jurídicas de direito público**, vale dizer, **pessoas jurídicas de direito privado**, estejam **afetos à prestação de serviços públicos**.

O **critério que** se **poderia determinar** para a **definição desses bens** teria por base, portanto, a **natureza da atividade que estiver sendo desenvolvida**, o que, sem dúvida, acaba por gerar inúmeros desdobramentos, visto que os bens dessa natureza ficarão sujeitos a regime jurídico totalmente diferenciado, com regras próprias, em relação aos chamados bens particulares.

Nesse sentido, poderemos **definir bens públicos** como todos **aqueles pertencentes às pessoas jurídicas de direito público, integrantes da Administração direta e indireta, e aqueles que, embora não pertencentes a essas pessoas, estejam afetados à prestação de serviços públicos**, o que acabaria por abranger, também, os bens diretamente relacionados aos serviços públicos executados por concessionários e permissionários.

Nesse contexto, o **problema** resultante da **definição** oferecida pelo **Código Civil** é que ela **não atinge pessoas** que, embora integrantes da Administração indireta, **sejam dotadas de personalidade jurídica de direito privado**, caso das **empresas públicas** e **sociedades de economia mista**.

Destarte, a seguir pela **definição** oferecida pelo **Código Civil**, os **bens integrantes** do patrimônio **dessas pessoas não seriam considerados públicos**, mas particulares, o que não se pode admitir.

Nesse particular, importante a transcrição dos ensinamentos do jurista **Hely Lopes Meirelles**[1], quando da vigência do CC de 1916:

"Quanto aos bens das empresas estatais (empresas públicas e sociedades de economia mista), entendemos que são, também, bens públicos com destinação especial e administração particular das instituições a que foram transferidos para consecução dos fins estatutários. A origem e a natureza total ou predominante desses bens continuam públicas; sua destinação é de interesse público; apenas a sua administração é confiada a uma entidade de personalidade privada, que os utilizará na forma da lei instituidora e do estatuto regedor da instituição. A destinação especial desses bens sujeita-os aos preceitos da lei que autorizou a transferência do patrimônio estatal ao paraestatal, a fim de atender aos objetivos visados pelo poder público, criador da entidade. Esse patrimônio, embora incorporado a uma instituição de personalidade privada, continua vinculado ao serviço público, apenas prestado de forma descentralizada ou indireta por uma empresa estatal, de estrutura comercial, civil ou, mesmo, especial. Mas, *lato sensu*, é patrimônio público, tanto assim que na extinção da entidade reverte ao ente estatal que o criou, e qualquer ato que o lese poderá ser invalidado por ação popular (Lei Federal 4.717/1965, art. 1.º)".

O excerto doutrinário colacionado, embora anterior ao código ora em vigor, confirma a **necessidade** de **interpretar** com cuidado a regra estabelecida no **art. 98 do CC/2002**, de **maneira ampliativa**, para incluir na categoria de públicos, ainda que de uso especial, os bens integrantes do patrimônio das empresas públicas e sociedades de economia mista.

Essa conclusão revela-se de extrema importância, uma vez que **gerará inúmeros desdobramentos**, principalmente quanto à inclusão desses bens no regime jurídico especial que os preside e que será mais bem analisado ainda neste capítulo.

De outra parte, acaba por gerar **reflexos** também em **matéria eleitoral**, já que a questão relacionada aos bens públicos, no nível da **Lei n. 9.504/97**, disciplinadora das eleições, apresenta no mínimo três referências dignas de registro.

Assim é que em seu **art. 8.º, § 2.º, abre a possibilidade de oferecimento aos partidos políticos de realização de suas convenções em prédios públicos**.

Art. 8.º (...)
§ 2.º Para a realização das convenções de escolha de candidatos, os partidos políticos poderão usar gratuitamente prédios públicos, responsabilizando-se por danos causados com a realização do evento.

---

[1] *Direito administrativo brasileiro*. 30. ed. São Paulo: Malheiros, 2005, p. 501.

16 ◼ Bens Públicos   707

Assim, a depender do conceito de bens públicos adotado, essa utilização pode ser mais ou menos ampla.

Outrossim, oportuno registrar a **proibição** estabelecida pelo **legislador eleitoral** de **propaganda em bens públicos**, a teor do disposto no art. 37. Confira-se:

> **Art. 37.** Nos bens cujo uso dependa de cessão ou permissão do poder público, ou que a ele pertençam, e nos bens de uso comum, inclusive postes de iluminação pública, sinalização de tráfego, viadutos, passarelas, pontes, paradas de ônibus e outros equipamentos urbanos, é vedada a veiculação de propaganda de qualquer natureza, inclusive pichação, inscrição a tinta e exposição de placas, estandartes, faixas, cavaletes, bonecos e assemelhados.

Dessa forma, a depender do conceito de bens públicos utilizado, a proibição poderá assumir contornos diferentes.

Por fim, a proibição estabelecida no **art. 73, I, do mesmo diploma legal** para a **cessão** de **bens públicos** nos **três meses anteriores** à **realização das eleições**, no capítulo reservado para as condutas vedadas aos agentes públicos, com o objetivo de manter a igualdade entre os candidatos.

> **Art. 73.** São proibidas aos agentes públicos, servidores ou não, as seguintes condutas tendentes a afetar a igualdade de oportunidades entre candidatos nos pleitos eleitorais:
>
> I — ceder ou usar, em benefício de candidato, partido político ou coligação, bens móveis ou imóveis **pertencentes à administração direta ou indireta** da União, dos Estados, do Distrito Federal, dos Territórios e dos Municípios, ressalvada a realização de convenção partidária.

Percebe-se, do último **dispositivo reproduzido**, a adoção de **critério diferenciado pelo legislador eleitoral, em relação àquele adotado pelo Código Civil**, incluindo o conceito de bens públicos todos aqueles integrantes da Administração direta e indireta das quatro esferas de governo.

De toda sorte, é importante observar que essa **definição acaba abrangendo** os **bens móveis** e **também** os bens **imóveis**, que se submeterão, em vista de sua natureza, ao regime jurídico que lhes é peculiar.

Para melhor visualização deste item, acompanhe-se o quadro a seguir:

DEFINIÇÃO LEGAL	São públicos os bens do domínio nacional pertencentes à União, aos Estados ou aos Municípios. Todos os outros são particulares, seja qual for a pessoa a que pertencerem (**art. 98 do Código Civil**)
CRITÉRIO	Personalidade jurídica atribuída à pessoa
EXTENSÃO	◼ União ◼ Estados, Distrito Federal e Territórios ◼ Municípios ◼ autarquias, inclusive as associações públicas ◼ demais entidades de caráter público criadas por lei (**art. 41 do Código Civil**)
REFLEXOS	Exclusão das pessoas jurídicas de direito privado, ainda que integrantes da Administração Pública

708 Direito Administrativo Esquematizado   *Celso Spitzcovsky*

16.2. CLASSIFICAÇÃO

Os bens públicos apresentam **diversos critérios de classificação**, dentre os quais se destaca aquele previsto pelo **art. 99 do CC**:

> **Art. 99.** Os bens públicos são:
>
> I — os **de uso comum** do povo, tais como os mares, rios, estradas, ruas e praças;
>
> II — os **de uso especial**, tais como os edifícios ou terrenos destinados a serviço ou estabelecimento da administração federal, estadual, territorial ou municipal, inclusive os de suas autarquias;
>
> III — os **dominicais**, que constituem o patrimônio das pessoas jurídicas de direito público, como objeto de direito pessoal, ou real, de cada uma dessas entidades.
>
> Parágrafo único. Não dispondo a lei em contrário, consideram-se dominicais os bens pertencentes às pessoas jurídicas de direito público a que se tenha dado estrutura de direito privado.

O **dispositivo legal** reproduzido revela uma **redação deficiente**, na medida em que **traz apenas** como regra geral **exemplos** dessas categorias, **sem, no entanto, apresentar o conceito** de cada uma delas, o que se fará a seguir.

Os **bens de uso comum** são destinados ao uso indistinto de todos e podem assumir um caráter gratuito ou oneroso na direta dependência das leis estabelecidas pela União, Estados, Municípios e Distrito Federal, não sendo outra a redação oferecida pelo **art. 103 do CC**, como se vê:

> **Art. 103.** O uso comum dos bens públicos pode ser gratuito, ou retribuído, conforme for estabelecido legalmente pela entidade a cuja administração pertencerem.

Assim, enquanto, como regra geral, a **utilização das vias públicas** tem **caráter gratuito, algumas podem ser objeto de cobrança**, no caso das chamadas "zonas azuis", ou também como se verifica em relação às **estradas**, cujo uso pressupõe o pagamento de **pedágio**.

Percebe-se, portanto, ao contrário do que se poderia imaginar em um primeiro momento, que os **bens de uso comum estão**, sim, **afetados a uma finalidade específica**.

Essa circunstância, sem dúvida, gerará importantes **reflexos**, como se verá mais adiante, em particular quando estivermos tratando da **possibilidade ou não de alienação desses bens**, em especial quanto aos requisitos necessários para tanto.

Os **bens de uso especial**, como proposto pela definição oferecida pelo Código Civil, são aqueles afetados a determinado serviço ou a um estabelecimento público, surgindo como **exemplos repartições públicas, teatros, universidades, museus, escolas públicas, cemitérios, aeroportos, estádios de futebol e ginásios esportivos públicos**.

Esses bens, a exemplo dos de uso comum, também são de **utilização gratuita** ou **onerosa** na forma prevista pelo **art. 103 do Código Civil**.

Por seu turno, os chamados **bens dominiais ou dominicais** são denominados "próprios do Estado", uma vez que não apresentam nenhuma destinação pública definida.

Representam seu **patrimônio disponível**, por não estarem aplicados, ou melhor, afetados nem a um uso comum nem a um uso especial, e **em relação a eles o Poder Público**

16 ■ Bens Públicos

exerce poderes de proprietário, incidindo direitos reais e pessoais. São as chamadas **terras** vazias ou **devolutas**, às quais as pessoas comuns do povo não têm acesso.

Por força das características por eles apresentadas, são os **únicos** que **não necessitam de desafetação** no momento em que o Poder Público cogitar de sua alienação.

Portanto, o **critério adotado** para melhor **compreensão** da **classificação** apresentada pelo **Código Civil é o de sua destinação**, expressão que apresenta como **sinônimos técnicos afetação** ou **consagração**.

Assim, **afetar ou consagrar um bem significa conferir** a ele uma **destinação**, assim como **desafetar** ou **desconsagrar** implica **retirar dele** a **destinação** até então existente, **figuras que só poderão incidir sobre bens de uso comum e bens de uso especial**.

Os bens da **União** encontram-se relacionados no **art. 20 da CF**, cuja redação segue:

Art. 20. São bens da União:

I — os que atualmente lhe pertencem e os que lhe vierem a ser atribuídos;

II — as terras devolutas indispensáveis à defesa das fronteiras, das fortificações e construções militares, das vias federais de comunicação e a preservação ambiental, definidas em lei;

III — os lagos, rios e quaisquer correntes de água em terrenos de seu domínio, ou que banhem mais de um Estado, sirvam de limites com outros países, ou se estendam a território estrangeiro ou dele provenham, bem como os terrenos marginais e as praias fluviais;

IV — as ilhas fluviais e lacustres nas zonas limítrofes com outros países; as praias marítimas; as ilhas oceânicas e as costeiras, excluídas, destas, as que contenham a sede de Municípios, exceto aquelas áreas afetadas ao serviço público e a unidade ambiental federal, e as referidas no art. 26, II;

V — os recursos naturais da plataforma continental e da zona econômica exclusiva;

VI — o mar territorial;

VII — os terrenos de marinha e seus acrescidos;

VIII — os potenciais de energia hidráulica;

IX — os recursos minerais, inclusive os do subsolo;

X — as cavidades naturais subterrâneas e os sítios arqueológicos e pré-históricos;

XI — as terras tradicionalmente ocupadas pelos índios.

Em relação ao último item do dispositivo reproduzido, aquele relacionado no inciso XI, vale comentar ainda que, em relação às **terras** que **ocupam**, os **índios** têm **tão somente a posse, cabendo-lhes o usufruto exclusivo** das riquezas do solo, dos rios e dos lagos nelas existentes, conforme previsão estabelecida no **art. 231, § 2.º, da Constituição**.

Em relação a esses bens, oportuna a reprodução das **Súmulas 479, 480 e 650 do Supremo Tribunal Federal:**

SÚMULA 479 DO STF: As margens dos rios navegáveis são de domínio público, insuscetíveis de expropriação e, por isso mesmo, excluídas de indenização.

SÚMULA 480 DO STF: Pertencem ao domínio e administração da União, nos termos dos arts. 4.º, IV e 186, da Constituição Federal de 1967, as terras ocupadas por silvícolas.

SÚMULA 650 DO STF: Os incisos I e XI do art. 20 da CF não alcançam terras de aldeamentos extintos, ainda que ocupadas por indígenas em passado remoto.

Para melhor visualização deste item, vejamos o quadro a seguir:

CLASSIFICAÇÃO	
CRITÉRIO	Destinação atribuída ao bem
LOCALIZAÇÃO	Art. 99 do Código Civil
ESPÉCIES	▣ **Bens de uso comum** são destinados ao uso indistinto de todos e podem assumir caráter gratuito ou oneroso na direta dependência das leis estabelecidas pela União, Estados, Municípios e Distrito Federal ▣ **Bens de uso especial** são aqueles afetados a determinado serviço ou a um estabelecimento público, de uso gratuito ou oneroso ▣ **Bens dominiais ou dominicais** são denominados "próprios do Estado", uma vez que não apresentam nenhuma destinação pública definida. Representam seu patrimônio disponível por não estarem afetados nem a um uso comum nem a um uso especial, e em relação a eles o Poder Público exerce poderes de proprietário, incidindo direitos reais e pessoais. São as chamadas terras vazias ou devolutas, às quais as pessoas comuns do povo não têm acesso
USO	Gratuito ou oneroso (art. 103 do Código Civil)

16.3. REGIME JURÍDICO

Passado em revista o principal critério de classificação dos bens públicos, cumpre agora averiguar o aspecto talvez mais importante em relação a eles, aquele relativo ao **regime jurídico ao qual estão submetidos**.

Em outras palavras, a quais **regras especiais esses bens estão submetidos**, eis que diferentes daquelas aplicáveis aos bens particulares.

Nesse contexto, o regime jurídico ao qual estão submetidos esses bens lhes confere **quatro características** importantes, vale dizer: **inalienabilidade, impenhorabilidade, imprescritibilidade** e **não onerabilidade**, que serão a seguir analisadas.

16.3.1. Inalienabilidade

Como regra geral, essa característica **impede sejam** os **bens públicos alienados**, isto é, não podem ser eles vendidos, permutados ou doados, em vista dos interesses aqui representados, que são os da coletividade.

Sem embargo, essa **regra geral acaba sendo excepcionada**, desde que preenchidos os **requisitos** exigidos pelo legislador, consoante se verifica na redação dos **arts. 100 e 101 do CC**, a seguir reproduzida:

Art. 100. Os bens públicos de uso comum do povo e os de uso especial são inalienáveis, enquanto conservarem a sua qualificação, na forma que a lei determinar.

Art. 101. Os bens públicos dominicais podem ser alienados, observadas as exigências da lei.

Nesse sentido, os requisitos mencionados podem ser descritos da seguinte forma, nos termos do **art. 76 da Lei n. 14.133/2021**:

16 ◼ Bens Públicos

◼ caracterização do interesse público;

◼ necessidade de prévia avaliação para evitar que o bem público possa ser alienado por preços muito abaixo daqueles praticados pelo mercado;

◼ necessidade, como regra geral, de abertura de licitação na modalidade única de leilão, nos termos do art. 6.º, XL, c/c 76, I e II, da Lei n. 14.133/2021, que excluiu a possibilidade de utilização de concorrência;

◼ necessidade de autorização legislativa em se tratando de bens imóveis;

◼ necessidade de sua desafetação conforme sua natureza.

Nesse particular, oportuno observar, uma vez mais, que por **"desafetação"** ou **"desconsagração" se deve entender** a retirada do bem da destinação específica anteriormente a ele atribuída, o que, via de regra, ocorre no bojo da própria lei que autoriza sua alienação.

Importante deixar registrado que, **em vista da obrigatoriedade de lei** para promover a referida **desafetação, impossível** cogitar da possibilidade de sua **configuração de forma tácita, vale dizer, pela simples falta de uso**.

Em outras palavras, **impossível cogitar** da possibilidade de **transferência** de um **bem de uso comum ou especial para** a categoria de bem **dominical pela simples falta de uso** ao longo do tempo.

A **necessidade de desafetação** se apresenta para os chamados **bens de uso comum** e para os de **uso especial**, sendo **dispensada**, por razões óbvias, para os chamados **bens dominicais**, por não estarem eles atrelados a nenhuma finalidade específica.

Nesse sentido, oportuna a reprodução de **precedente** do **STF**, quando do julgamento, em **14.06.2021,** da **ADI 6.602/SP,** em que **a Corte analisou a constitucionalidade de dispositivo da Constituição do Estado de São Paulo que proíbe os municípios de promoverem a desafetação de loteamentos definidos como áreas verdes ou institucionais.**

Deste julgamento resultou a **conclusão pela inconstitucionalidade**, uma vez que:

> "(...) 2. Os **Municípios têm competência para legislar sobre assuntos de interesse local** compreendendo o ordenamento territorial, o planejamento urbano e a fiscalização de áreas de uso e ocupação do solo. Precedentes.
>
> 3. **É formalmente inconstitucional norma estadual pela qual se dispõe sobre direito urbanístico em contrariedade ao que se determina nas normas gerais estabelecidas pela União** e em ofensa à competência dos Municípios para legislar sobre assuntos de interesse local, sobre os quais incluídos política de desenvolvimento urbano, planejamento, controle e uso do solo. Precedentes. (...)".

Em relação aos **bens móveis**, exige-se a **caracterização do interesse público**, de **avaliação prévia**, além de **licitação na modalidade de leilão**.

De registrar-se, ainda, que o **legislador** houve por bem **dispensar a necessidade de licitação** nas hipóteses por ele relacionadas no **art. 17 da Lei n. 8.666/93**, em vigor até 30.12.2023, nos termos da Lei n. 14.133/2021.

Ao nível da **Lei n. 14.133/2021,** a questão da **dispensa de licitação** para a **alienação de bens** públicos, encontra-se disciplinada no **art. 76, I e II**. Confira-se:

Art. 76. A alienação de bens da Administração Pública, subordinada à existência de interesse público devidamente justificado, será precedida de avaliação e obedecerá às seguintes normas:

I — **tratando-se de bens imóveis**, inclusive os pertencentes às autarquias e às fundações, exigirá autorização legislativa e dependerá de licitação na modalidade leilão, **dispensada a realização de licitação nos casos de**:

a) dação em pagamento;

b) doação, permitida exclusivamente para outro órgão ou entidade da Administração Pública, de qualquer esfera de governo, ressalvado o disposto nas alíneas "f", "g" e "h" deste inciso;

c) permuta por outros imóveis que atendam aos requisitos relacionados às finalidades precípuas da Administração, desde que a diferença apurada não ultrapasse a metade do valor do imóvel que será ofertado pela União, segundo avaliação prévia, e ocorra a torna de valores, sempre que for o caso;

d) investidura;

e) venda a outro órgão ou entidade da Administração Pública de qualquer esfera de governo;

f) alienação gratuita ou onerosa, aforamento, concessão de direito real de uso, locação e permissão de uso de bens imóveis residenciais construídos, destinados ou efetivamente usados em programas de habitação ou de regularização fundiária de interesse social desenvolvidos por órgão ou entidade da Administração Pública;

g) alienação gratuita ou onerosa, aforamento, concessão de direito real de uso, locação e permissão de uso de bens imóveis comerciais de âmbito local, com área de até 250 m² (duzentos e cinquenta metros quadrados) e destinados a programas de regularização fundiária de interesse social desenvolvidos por órgão ou entidade da Administração Pública;

h) alienação e concessão de direito real de uso, gratuita ou onerosa, de terras públicas rurais da União e do Instituto Nacional de Colonização e Reforma Agrária (Incra) onde incidam ocupações até o limite de que trata o § 1.º do art. 6.º da Lei n. 11.952, de 25 de junho de 2009, para fins de regularização fundiária, atendidos os requisitos legais;

i) legitimação de posse de que trata o art. 29 da Lei n. 6.383, de 7 de dezembro de 1976, mediante iniciativa e deliberação dos órgãos da Administração Pública competentes;

j) legitimação fundiária e legitimação de posse de que trata a Lei n. 13.465, de 11 de julho de 2017;

II — **tratando-se de bens móveis**, dependerá de licitação na modalidade leilão, **dispensada a realização de licitação nos casos de**:

a) doação, permitida exclusivamente para fins e uso de interesse social, após avaliação de oportunidade e conveniência socioeconômica em relação à escolha de outra forma de alienação;

b) permuta, permitida exclusivamente entre órgãos ou entidades da Administração Pública;

c) venda de ações, que poderão ser negociadas em bolsa, observada a legislação específica;

d) venda de títulos, observada a legislação pertinente;

e) venda de bens produzidos ou comercializados por entidades da Administração Pública, em virtude de suas finalidades;

16 ◾ Bens Públicos   713

f) venda de materiais e equipamentos sem utilização previsível por quem deles dispõe para outros órgãos ou entidades da Administração Pública.

Verificados os **requisitos** necessários para a **alienação** de um **bem público**, cumpre passar em revista as diversas **modalidades**, que podem ser delineadas na forma seguinte:

a) Venda: contrato por meio do qual uma das partes transfere a propriedade de um bem a outra mediante preço certo e em dinheiro. Exige o cumprimento dos seguintes requisitos: autorização legislativa quando se tratar de bens imóveis, desafetação, avaliação prévia e licitação.

Em se tratando de bens móveis, serão necessários os mesmos requisitos, exceção feita à autorização legislativa, podendo surgir o leilão como modalidade de licitação a ser utilizada.

b) Doação: contrato pelo qual uma pessoa, por liberalidade, transfere bem de seu patrimônio para o de outra, que o aceita, podendo se dar com encargo ou não, quando recebe o nome de doação pura.

c) Dação: entrega de um bem, que não seja dinheiro, para equacionar dívida anterior, só se aperfeiçoando com o consentimento do credor em recebê-la em substituição à prestação devida e exigindo o cumprimento dos seguintes requisitos: lei autorizadora e prévia avaliação, sendo desnecessária a licitação por ter destinatário certo.

d) Permuta: modalidade de alienação por meio da qual as partes transferem e recebem um bem que se substitui reciprocamente em seu patrimônio, exigindo lei autorizadora e prévia avaliação, sendo também desnecessária a licitação, por razões óbvias.

e) Investidura: modalidade de alienação por meio da qual as partes promovem a incorporação de área pública isoladamente inaproveitável, para a iniciativa privada sendo definida pelo art. 17, § 3.º, da Lei n. 8.666/93, cuja redação a seguir se reproduz:

Art. 17. (...)
§ 3.º Entende-se por investidura, para os fins desta lei:
I — a alienação aos proprietários de imóveis lindeiros de área remanescente ou resultante de obra pública, área esta que se tornar inaproveitável isoladamente, por preço nunca inferior ao da avaliação e desde que esse não ultrapasse a 50% (cinquenta por cento) do valor constante da alínea *a* do inciso II do art. 23 desta Lei.

A Lei n. 14.133/2021 ampliou as hipóteses de investidura, nos termos do art. 76, § 5.º. Confira-se:

Art. 76. (...)
§ 5.º Entende-se por investidura, para os fins desta Lei, a:
I — alienação, ao proprietário de imóvel lindeiro, de área remanescente ou resultante de obra pública que se tornar inaproveitável isoladamente, por preço que não seja inferior ao da avaliação nem superior a 50% (cinquenta por cento) do valor máximo permitido para dispensa de licitação de bens e serviços previsto nesta Lei;
II — alienação, ao legítimo possuidor direto ou, na falta dele, ao poder público, de imóvel para fins residenciais construído em núcleo urbano anexo a usina hidrelétrica, desde que considerado dispensável na fase de operação da usina e que não integre a categoria de bens reversíveis ao final da concessão.

714 Direito Administrativo Esquematizado   *Celso Spitzcovsky*

Essa modalidade de alienação exige lei autorizadora e avaliação prévia, ficando dispensada a realização de licitação, a menos que exista mais de um interessado na aquisição.

f) Concessão de domínio: forma de alienação que recai sobre terras devolutas da União, dos Estados, dos Municípios e do Distrito Federal, conforme se verifica na redação do art. 188, § 1.º, da CF, que a seguir se reproduz:

> **Art. 188. (...)**
>
> § 1.º A alienação ou a concessão, a qualquer título, de terras públicas com área superior a dois mil e quinhentos hectares a pessoa física ou jurídica, ainda que por interposta pessoa, dependerá de prévia aprovação do Congresso Nacional.

Em razão da definição oferecida, torna-se claro que os requisitos a serem preenchidos para essa modalidade de alienação são: autorização legislativa e avaliação prévia.

g) Legitimação de posse: transferência de domínio de terra devoluta ocupada por longo tempo por particular que nela se instala, cultivando-a ou levantando edificação para seu uso.

Necessário frisar que **não se cogita aqui** da existência de **usucapião de bem público**, visto que vedada essa hipótese pela Constituição Federal, **mas**, sim, **de reconhecimento pelo Poder Público** quanto à conveniência **de se legitimar** esse tipo de **ocupação**.

De outra parte, quanto às **formas** de **aquisição de bens pela Administração Pública**, encontramos os seguintes instrumentos: **dação, compra, desapropriação, confisco, permuta, doação e usucapião**.

16.3.2. Impenhorabilidade

Essa característica dos bens públicos **impede** que eles sejam, **como regra geral, oferecidos em garantia para o cumprimento das obrigações contraídas pela Administração Pública**.

Em princípio, **impede que recaia** sobre eles a **penhora**, e essa regra não se apresenta de maneira gratuita, porque deriva diretamente da diretriz estabelecida pela **CF** em **seu art. 100**.

Destarte, o referido dispositivo constitucional estabelece que a **execução contra a Fazenda Pública** será feita por meio de sentença judicial, obedecendo-se à **ordem cronológica da apresentação dos precatórios**.

Pode-se concluir, portanto, que a **execução contra a Fazenda Pública** segue por um **procedimento específico, que em nada se assemelha** àquelas regras previstas no **Código de Processo Civil** em se tratando de entidades particulares.

Com efeito, a execução contra o Poder Público depende de **sentença judicial** que tenha seu **trânsito em julgado**, em virtude do qual são formados os chamados **precatórios**.

Estes, por seu turno, de acordo com a **previsão constitucional**, deverão ser **resgatados** não de maneira aleatória pelo administrador, mas, ao contrário, respeitando-se a **ordem cronológica** de **sua apresentação**.

Nesse contexto, **abrindo-se a possibilidade de serem os bens públicos oferecidos em garantia** para o cumprimento das obrigações contraídas pela Administração, a **regra constitucional** ora analisada **restaria letra morta**, o que não se admite.

Cogitando-se a possibilidade de garantirem eles essas obrigações, restaria inequivocamente **desrespeitada a regra** que determina a **observância** da **ordem cronológica** de **apresentação dos precatórios**.

A lógica dessa diretriz constitucional encontra, outrossim, **desdobramentos** no próprio **art. 100**, na medida em que se exige a inclusão no orçamento das entidades de direito público de verbas necessárias para seu resgate, a teor do disposto em seu § 5.º.

Seguindo-se pela letra da Constituição Federal, o **pagamento** desses precatórios **apresentados até o dia 1.º de julho de cada ano deveria ser feito, no máximo, até o final do exercício seguinte**, sob pena de incidência das sanções também previstas nesse dispositivo.

Sem embargo, oportuno registrar que o **prazo para o pagamento** desses **precatórios**, que representa um verdadeiro tormento para os credores da Administração, **foi novamente postergado** pela **EC n. 109/2021** para até **31.12.2029**, conforme alteração promovida no **art. 101 do ADCT**.

Outrossim, a referida **EC promoveu a revogação do § 4.º** desse dispositivo.

Nesse particular, cumpre registrar que o **pagamento** dos **precatórios fora da ordem cronológica** de sua apresentação pode **gerar**, por parte do **credor prejudicado**, um **pedido de sequestro** de quantia necessária à satisfação do débito, além da possibilidade de **intervenção federal** ou **estadual**, tese já consolidada ao nível do STF, em **23.06.2023**, quando do julgamento do **RE 597.092/RJ**, resultando na seguinte tese de repercussão geral:

> "É constitucional o sequestro de verbas públicas pela autoridade judicial competente nas hipóteses do § 4.º do art. 78 do ADCT, cuja normatividade veicula regime especial de pagamento de precatórios de observância obrigatória por parte dos entes federativos inadimplentes na situação descrita pelo *caput* do dispositivo".

Ademais, a propósito do tema, confira-se a decisão proferida pelo **STF**, quando do julgamento, em **22.09.2023**, do **RE 840.435/RS**, concluindo pela inconstitucionalidade do sequestro de verbas públicas para pagamento de crédito a portador de moléstia grave sem a observância das regras dos precatórios, resultando na seguinte tese de repercussão geral

Tese fixada: "O deferimento de sequestro de rendas públicas para pagamento de precatório deve se restringir às hipóteses enumeradas taxativamente na Constituição Federal de 1988."

Sem prejuízo, a autoridade responsável por essa quebra da ordem cronológica de pagamentos incorrerá na prática de **crime de responsabilidade**, conforme previsão estabelecida no § 7.º do mesmo artigo, que prevê ainda responsabilidade perante o CNJ, nos termos da EC n. 62/2009.

Ora, é bem de ver, **todas essas regras** estabelecidas no artigo em análise, muitas delas acrescentadas pela EC n. 30/2000, **acabam** por **impedir que os bens públicos**

possam ser oferecidos em garantia para o cumprimento de obrigações assumidas pela Administração.

Em relação aos **créditos** de **natureza alimentar**, a previsão está no **art. 86, § 3.º**, do Ato das Disposições Constitucionais Transitórias, com a redação dada pela EC n. 37/2002, a seguir reproduzida:

> **Art. 86.** (...)
> § 3.º Observada a ordem cronológica de sua apresentação, os débitos de natureza alimentícia previstos neste artigo terão precedência para o pagamento sobre todos os demais.

Assim, os **créditos dessa natureza dependem** de **precatórios** e **devem observar** a **ordem cronológica** de sua apresentação.

De resto, outra não foi a orientação pacificada pelo **STF** a teor do disposto na **Súmula 655**, cuja redação a seguir se reproduz:

> **SÚMULA 655 DO STF:** A exceção prevista no art. 100, *caput*, da Constituição, em favor dos créditos de natureza alimentícia, não dispensa a expedição de precatório, limitando-se a isentá-los da observância da ordem cronológica dos precatórios decorrentes de condenações de outra natureza.

A propósito, por **verbas alimentares**, foram elas enumeradas na **Constituição** ao longo do **art. 100, § 1.º**.

Por sua vez, o § 2.º do mesmo dispositivo experimentou ao longo do tempo inúmeras alterações, sendo a última resultado da promulgação da **Emenda Constitucional n. 94, de dezembro de 2016**. Confira-se:

> **Art. 100.** (...)
> § 2.º Os débitos de natureza alimentícia cujos titulares, originários ou por sucessão hereditária, tenham 60 (sessenta) anos de idade, ou sejam portadores de doença grave, ou pessoas com deficiência, assim definidos na forma da lei, serão pagos com preferência sobre todos os demais débitos, até o valor equivalente ao triplo fixado em lei para os fins do disposto no § 3.º deste artigo, admitido o fracionamento para essa finalidade, sendo que o restante será pago na ordem cronológica de apresentação do precatório. (Redação dada pela Emenda Constitucional n. 94/2016)

De outra parte, merece destaque a questão relacionada aos **créditos** considerados de **pequeno valor**, excluídos da regra geral estabelecida no *caput*, do dispositivo a teor do disposto nos §§ **3.º e 4.º**.

Ainda nesse tema, resta enfrentar uma questão importante que resulta da redação oferecida pelo art. 100 da CF, consistente em saber se essa regra da impenhorabilidade também se aplica para as empresas públicas e sociedades de economia mista.

Destarte, o **dispositivo constitucional** mencionado estabelece diretrizes para os pagamentos devidos pela **Fazenda Pública** em virtude de sentença judicial, o que **acaba por excluir de sua incidência pessoas jurídicas de direito privado, como alertado no início do capítulo**.

16 ◼ Bens Públicos

Sem embargo, a questão relacionada à **impossibilidade de incidência de penhora** sobre o patrimônio dessas entidades **relaciona-se** intimamente à **necessidade** de assegurar a **execução dos serviços públicos sem qualquer sorte de interrupção**.

Em outras palavras, a **penhora só poderá recair sobre o patrimônio dessas entidades se o bem escolhido não prejudicar a continuidade da prestação dos serviços públicos**, que deve ser mantida a qualquer custo.

Conclui-se, pois, que o **critério a ser utilizado** para **determinar** a **possibilidade** de **incidência** ou não **de penhora** sobre determinado bem integrante do patrimônio de pessoa jurídica de direito privado é o de sua **afetação à prestação de um serviço público**.

Com efeito, não se pode esquecer que as **empresas públicas e sociedades de economia mista** podem ser criadas para a exploração de **atividades econômicas**, quando então a **regra** da **impenhorabilidade acaba por não incidir**.

Nesse sentido, importante observar que a edição da **Lei n. 13.303, em julho de 2016, regulamentando o art. 173, § 1.º, da Constituição, em nada alterou essa situação**.

Em **13 de fevereiro de 2020**, quando da apreciação da **ADPF 556, o STF**, por maioria, julgou procedente o pedido para suspender as decisões judiciais nas quais se promoveram constrições patrimoniais por **bloqueio, penhora, arresto, sequestro** e determinar a sujeição ao regime de **precatórios** da Companhia de Águas e Esgotos do Rio Grande do Norte — CAERN.

> "**Arguição de Descumprimento de Preceito Fundamental**. Constitucional. Administrativo. Financeiro. Decisões Judiciais de **Bloqueio, Penhora, Aresto e Sequestro de Recursos Públicos** da Companhia de Águas e Esgotos do Rio Grande do Norte — Caern. **Sociedade de Economia Mista Prestadora de Serviço Público Essencial. Aplicabilidade do Regime de Precatórios.** Precedentes. Independência entre os Poderes. Legalidade Orçamentária. Arguição parcialmente conhecida e, nesta parte, julgada procedente".

Em **30 de junho de 2020**, quando do julgamento da **RCL 29.637** a **Primeira Turma do STF**, por maioria, deu provimento ao agravo regimental para julgar improcedente a Reclamação, em que se discutia o **pagamento de dívida do Metrô** do DF no valor de R$ 40 mi.

A **empresa de energia credora** argumentou que a empresa estatal, por ser empresa pública de direito privado, **não se submeteria à sistemática de execução prevista no art. 730 e seguintes do CPC/73 e 100 da CF**, pugnando, assim, por uma interpretação restritiva do dispositivo.

O **Metrô solicitou a execução por meio de precatórios**, consoante **precedente do STF** que diz respeito à **submissão das empresas estatais** (empresas públicas e sociedades de economia mista) **prestadoras de serviços públicos essenciais em regime de monopólio** ao regime de execução aplicável à Fazenda Pública, **regime de precatórios**, previsto no **art. 100 da CF**.

Em **20 de julho de 2020**, a **Primeira Turma do STF**, julgou procedente a **Reclamação (RCL) 42.141**, para garantir a autoridade da decisão do STF na Arguição de Descumprimento de Preceito Fundamental (ADPF) n. 556, quando se decidiu que **empresa de economia mista que explora serviço público** com exclusividade está **sujeita ao regime de precatórios**.

Assim, o Ministro **Alexandre de Moraes reconheceu** à Companhia de Águas e Esgotos de Rondônia (Caerd) o **direito de pagar uma dívida trabalhista por meio de precatório** e determinou que sejam aplicados à empresa os critérios de pagamento inerentes à fazenda pública.

Ainda segundo o Ministro **Alexandre de Moraes**, trata-se de **sociedade de economia mista que exerce serviço público essencial** sem competição. Para o **STF**, é **inconstitucional** a determinação judicial que **bloqueia, suspende** ou torna indisponíveis **bens** de **sociedades de economia mista** nessas condições.

No mesmo sentido, o **precedente** do STF, quando do julgamento, em **24.05.2021**, das **ADPFs 616/BA e 547/PA**, em que **a Corte** ratificou seu entendimento quanto a impossibilidade de bloqueio, arresto, penhora e sequestro de recursos de sociedade de economia mista (**ADPF 616**) e fundação pública de direito privado (**ADPF 547**) prestadoras de serviço público, sob a alegação de afronta aos preceitos fundamentais da divisão funcional de Poder, da legalidade orçamentária e do regime constitucional de precatórios (CF, arts. 2.º, 100 e 167, VI).

Assim, julgou parcialmente procedentes as ações propostas para determinar a suspensão das decisões judiciais que promoveram constrições judiciais por bloqueio, penhora, arresto ou sequestro e determinar a sujeição da Empresa Baiana de Águas e Saneamento — EMBASA ao regime constitucional de precatórios.

Nesse sentido, oportuna a reprodução de **precedente** do **STJ** quando do julgamento, em **14.09.2021**, do **REsp 1.878.051/SP**, em que a Corte concluiu pela **impenhorabilidade dos recursos públicos** recebidos por instituições privadas destinados exclusivamente ao **fomento de atividades desportivas**.

No referido precedente, oportuna a reprodução do seguinte trecho, que bem demonstra **a linha de raciocínio adotada**. Confira-se:

"Postas tais premissas, é certo que, para além do princípio da supremacia do interesse público, **o dinheiro repassado pelos entes estatais** — para aplicação exclusiva e compulsória em finalidade de interesse social — **não chega sequer a ingressar na 'esfera de disponibilidade' da instituição privada,** o que constitui fundamento apto a justificar a sua impenhorabilidade não apenas por força do disposto no inciso **IX do art. 833 do CPC** (que remete, expressamente, às áreas de educação, saúde e assistência social), mas também em virtude do **princípio da responsabilidade patrimonial enunciado nos arts. 789 e 790 do mesmo diploma.**"

A mesma orientação foi adotada pelo **STF**, quando do julgamento, em **16.08.2022**, do **AgRg na Rcl n. 53709/MS**; e da **ADPF 844/PB**. Confira-se:

"AGRAVO REGIMENTAL NA RECLAMAÇÃO CONSTITUCIONAL. TEMA 253 DA REPERCUSSÃO GERAL. ADPFs 387/PI, 427/CE e 556/RN. OFENSA CONFIGURADA. AGRAVO REGIMENTAL AO QUAL SE NEGA PROVIMENTO. I — A reclamante é sociedade de economia mista prestadora dos serviços públicos de abastecimento de água e esgotamento sanitário, assim, há consonância entre a tese defendida por ela de sujeição ao regime de precatórios e as decisões proferidas nos julgados indicados como paradigmas. Precedentes. II — Agravo regimental ao qual se nega provimento" (STF, Rcl: 53709/MS 0120631-15.2022.1.00.0000, rel. Ricardo Lewandowski, j. 16.08.2022, Segunda Turma, Data de Publicação: 22.08.2022).

16 ■ Bens Públicos

"ARGUIÇÃO DE DESCUMPRIMENTO DE PRECEITO FUNDAMENTAL. DIREITO FINANCEIRO E CONSTITUCIONAL. EMPRESA PARAIBANA DE ABASTECIMENTO E SERVIÇOS AGRÍCOLAS — EMPASA. JUSTIÇA DO TRABALHO. CONSTRIÇÃO JUDICIAL. VERBAS TRABALHISTAS DEVIDAS A EMPREGADOS PÚBLICOS. LEGALIDADE ORÇAMENTÁRIA. SISTEMA DE PRECATÓRIOS. EXECUÇÃO CONTRA A FAZENDA PÚBLICA. 1. A jurisprudência do STF é no sentido de que empresa pública que atua na ordem econômica prestando serviços públicos próprios do Estado, sem intuito de lucratividade ou caráter concorrencial, equipara-se ao conceito de Fazenda Pública e demais entidades de direito público com assento no art. 100 da Constituição da República. 2. Empresa pública que tem por objetivo executar e fiscalizar a política de abastecimento de gêneros alimentícios presta serviço público relevante sem intuito de lucro. Precedentes" (ADPF: 844/PB, rel. Edson Fachin, j. 22.08.2022, Tribunal Pleno, Data de Publicação: *DJe*-175 DIVULG 01.09.2022 PUBLIC 02.09.2022).

Em 28.05.2024, o **STF**, quando do julgamento da **ADPF 956/BA**, reiterou essa orientação, aplicável tanto a empresas públicas quanto a sociedades de economia mista, desde que preenchidos, cumulativamente, os três requisitos ali exigidos. Confira-se:

"4. A jurisprudência do Supremo Tribunal Federal orienta que a equiparação de empresa estatal à Fazenda Pública, para fins de atrair o regime dos precatórios, depende do preenchimento cumulativo de três requisitos: '(i) prestar, exclusivamente, serviços públicos de caráter essencial, (ii) em regime não concorrencial e (iii) não ter a finalidade primária de distribuir lucros' (ementa da ADPF n. 896-MC/MG, Rel. Min. Rosa Weber, Tribunal Pleno, j. 18.04.2023, p. 25.04.2023)" (STF, ADPF 956/BA, Tribunal Pleno, rel. Min. André Mendonça, j. 25.03.2024, DJe-s/n, Divulg. 27.05.2024, Public. 28.05.2024).

Estabelecidas as diretrizes acerca do regime jurídico aplicável para as dívidas contraídas pelo Poder Público, importante assinalar que o pagamento extemporâneo autoriza a incidência de juros legais, de forma a não prejudicar o credor, consoante entendimento adotado pelo **STF**, **em 06.08.2024**, quando do julgamento do **ARE 1.462.538 AgR/PR**, de que, quando não houver o pagamento das parcelas do precatório, podem incidir juros de mora durante o prazo de parcelamento estabelecido no art. 78 do ADCT, excluindo-se o "período de graça constitucional" (CF/1988, art. 100, § 5.º). Confira-se:

"Conforme decidido no Tema 132 da repercussão geral, uma vez calculado o precatório pelo valor real do débito, acrescido de juros legais, estes não incidem nas parcelas (anuais, iguais e sucessivas) em que o precatório é fracionado, desde que adimplidas a tempo e corrigidas monetariamente. Nesse contexto, a fluência dos juros moratórios é permitida quando ausente o pagamento das parcelas do precatório.

Entretanto, não cabe a imposição de juros de mora durante o 'período de graça constitucional' — aquele compreendido entre a expedição do precatório e o término do exercício financeiro seguinte —, de modo que a fluência desses juros durante o parcelamento deve ser iniciada somente após o referido lapso temporal".

720 Direito Administrativo Esquematizado — Celso Spitzcovsky

Oportuno destacar, ainda, a edição da **Súmula 733** pelo **STF**, que impede o ajuizamento de recurso extraordinário em matéria relacionada a precatórios, nos seguintes termos:

SÚMULA 733 DO STF: Não cabe recurso extraordinário contra decisão proferida no processamento de precatórios.

16.3.3. Imprescritibilidade

Essa característica impede recaia sobre os bens públicos, independentemente de sua natureza, a **usucapião**, encontrando **amparo** na **Constituição Federal** em vigor, **tanto para os imóveis urbanos quanto para os rurais**, como se verifica, respectivamente, dos dispositivos a seguir reproduzidos:

> **Art. 183.** (...)
> § 3.º Os imóveis públicos não serão adquiridos por usucapião. (...)

> **Art. 191.** (...)
> Parágrafo único. Os imóveis públicos não serão adquiridos por usucapião.

A redação idêntica dos dois dispositivos constitucionais tem aplicabilidade para os imóveis públicos urbanos e também para os imóveis públicos rurais, respectivamente, diretriz presente também no **STF** por meio da **Súmula 340**, cuja redação a seguir se reproduz:

SÚMULA 340 DO STF: Desde a vigência do Código Civil os bens dominicais e os demais bens públicos não podem ser adquiridos por usucapião.

A leitura da súmula reproduzida permite concluir que essa **diretriz** já se encontra **firmada** pelo STF mesmo antes da promulgação da Constituição de 1988, pois a **referência ali estabelecida aponta para o Código Civil de 1916**.

Em outras palavras, desde essa época **entende a Corte Suprema** ser **impossível que os bens públicos sejam adquiridos pela usucapião**.

De outra parte, a **referida súmula**, de forma a evitar qualquer tipo de dúvida a respeito, **ofereceu especial destaque para os bens dominicais, incluindo-os na regra que veda sua aquisição pela usucapião**.

Essa **preocupação** da **Suprema Corte** encontra **justificativa**, uma vez que, como já visto, os **bens dominicais** são aqueles que **não têm nenhuma destinação** específica incidindo, surgindo como exemplo as chamadas terras devolutas ou terras vazias.

Assim sendo, a **referida súmula**, através do destaque que fez, **deixou claro que mesmo sobre essas terras vazias não se pode cogitar de sua aquisição por meio da usucapião**.

De resto, a mesma previsão está no **art. 102 do CC**, como se vê:

> **Art. 102.** Os bens públicos não estão sujeitos a usucapião.

16 ◾ Bens Públicos

Percebe-se, portanto, que também aqui o **cenário** envolvendo os bens públicos revela-se **totalmente diferente** daquele que se apresenta em relação aos **bens particulares**, que **poderão ser adquiridos por meio de usucapião**, desde que **preenchidas** as **exigências estabelecidas em lei**, vale dizer, posse por **5 anos consecutivos; sem qualquer tipo de oposição; que o uso seja para fins próprios ou da família e que não tenha aquele que reivindica a propriedade nenhuma outra**.

Destarte, essa **possibilidade** franqueada pela lei acaba **atingindo** o **proprietário** de imóvel **particular, penalizando-o por sua negligência**, ao permitir que durante tanto tempo alguém pudesse ter a posse de um bem seu, sem qualquer tipo de oposição.

Por óbvio, **a mesma situação não poderia se apresentar em relação aos bens públicos**, uma vez que a possibilidade de sua aquisição pela usucapião **implicaria penalizar não o administrador negligente**, que se encontra ali temporariamente, até o final de seu mandato, **mas sim a coletividade**, o que não se pode admitir.

Reforça a tese da imprescritibilidade a orientação consolidada ao nível do **STJ**, em **29.11.2021**, quando do julgamento do **Resp 1.874.632/AL**. Confira-se:

"Usucapião. Bem público. Imóvel Abandonado. Sistema Financeiro da Habitação — SFH. Prescrição aquisitiva. Impossibilidade."

Sobre o tema, vale ainda a referência para a Súmula 619 do STJ, de outubro de 2018. Confira-se:

SÚMULA 619 DO STJ: A ocupação indevida de bem público configura mera detenção, de natureza precária, insuscetível de retenção ou indenização por acessões e benfeitorias.

16.3.4. A não onerabilidade

Essa característica **impede a incidência sobre bens públicos de qualquer ônus real**, cenário mais uma vez totalmente distinto daquele incidente sobre bens particulares, em razão dos interesses que devem ser preservados, vale dizer, os da coletividade.

Para melhor visualização deste item, o quadro abaixo traz um resumo do assunto tratado:

REGIME JURÍDICO	
CARACTERÍSTICAS	◾ **Inalienabilidade:** como regra geral, impede sejam os bens públicos alienados, isto é, não podem ser eles vendidos, permutados ou doados, em vista dos interesses aqui representados, que são os da coletividade. Excepcionalmente será ela permitida, atendidas as exigências estabelecidas nos arts. 100 e 101 do Código Civil
	◾ **Impenhorabilidade:** impede sejam os bens públicos oferecidos em garantia para o cumprimento das obrigações contraídas pela Administração Pública (art. 100 da CF, bem como para a preservação da continuidade da prestação de serviços públicos)
	◾ **Imprescritibilidade:** impede recaia sobre os bens públicos a usucapião, independentemente da natureza deles, encontrando amparo na Constituição Federal em vigor, tanto para os imóveis urbanos (art. 183, § 3.º) quanto para os rurais (art. 191, parágrafo único), bem como no Código Civil (art. 102) e na Súmula 340 do STF
	◾ **Não onerabilidade:** impede a incidência sobre bens públicos de qualquer ônus real

722 Direito Administrativo Esquematizado   *Celso Spitzcovsky*

16.4. USO DOS BENS PÚBLICOS

Oportuno passar em revista as **hipóteses de uso dos bens públicos**, que apresentam, obviamente, **regras próprias**, que serão a seguir analisadas.

De início, cumpre observar que os **bens públicos** são **administrados** pelas **pessoas políticas** que **detêm sua propriedade**, de acordo com as prescrições estabelecidas na Constituição Federal.

Como consequência, de um lado a elas é atribuído o **poder de administrá-los**, o que **compreende a faculdade de utilizá-los segundo sua natureza e destinação**, e de outro há também a obrigação de conservação e aprimoramento, consoante o disposto no **art. 23, I, III e IV, da CF**, cuja redação a seguir se reproduz:

> **Art. 23.** É competência comum da União, dos Estados, do Distrito Federal e dos Municípios:
>
> I — zelar pela guarda da Constituição, das leis e das instituições democráticas e conservar o patrimônio público; (...)
>
> III — proteger os documentos, as obras e outros bens de valor histórico, artístico e cultural, os monumentos, as paisagens naturais notáveis e os sítios arqueológicos;
>
> IV — impedir a evasão, a destruição e a descaracterização de obras de arte e de outros bens de valor histórico, artístico ou cultural.

Nesse contexto, com o intuito de criar melhores condições para a preservação do patrimônio público, a Lei Maior atribuiu aos Municípios a possibilidade de criação de **Guardas Municipais**, a teor do disposto no **art. 144, § 8.º**. Confira-se:

> **Art. 144.** (...)
>
> § 8.º Os Municípios poderão constituir guardas municipais destinadas à proteção de seus bens, serviços e instalações, conforme dispuser a lei.

Assim, a **omissão** dessas pessoas **quanto à correta utilização dos bens**, de igual sorte, permitindo sua deterioração, **importa em responsabilização**, na medida em que revela comportamentos incompatíveis com o princípio da indisponibilidade dos bens e interesses públicos.

Nesse particular, oportuno relembrar a **competência** atribuída aos **Municípios** pela **CF** para a **fiscalização** do **uso e ocupação do solo urbano** e para a proteção do patrimônio histórico cultural na forma estipulada, respectivamente, no **art. 30, VIII e IX**. Confira-se:

> **Art. 30.** (...)
>
> VIII — promover, no que couber, adequado ordenamento territorial, mediante planejamento e controle do uso, do parcelamento e da ocupação do solo urbano;
>
> IX — promover a proteção do patrimônio histórico-cultural local, observada a legislação e a ação fiscalizadora federal e estadual.

Dessa forma, por força dos dispositivos constitucionais reproduzidos, legitima-se a conclusão pela possibilidade de atribuir-se **responsabilidade** aos **Municípios** por

16 ▪ Bens Públicos 723

má fiscalização da **ocupação** do **solo urbano**, principalmente se causadora de prejuízos a terceiros.

Assim, se o Município permite a **construção** de um **loteamento** em **área de preservação ambiental** ou autoriza a **construção** de **prédios** que tirem ou **diminuam** a **visibilidade** de um **bem tombado**, gerando, como consequência, o embargo das obras e prejuízo aos adquirentes, é possível a sua **responsabilização**.

Importante salientar que o exercício das **atribuições quanto** ao **uso** e à **conservação independe** de qualquer **autorização legislativa** em respeito ao Princípio da Separação dos Poderes.

Nesse contexto, perfeitamente **possível** que o **Poder Público competente** estabeleça **regras** para a correta **utilização** dos **bens**, servindo como **exemplos** as leis de trânsito, o estabelecimento das áreas denominadas "zonas azuis", a proibição de circulação de veículos por determinadas regiões etc.

Da mesma forma, os **particulares** que **forem se utilizar desses bens**, em situações incomuns, também deverão solicitar **autorização do Poder Público**, surgindo como exemplo o transporte de cargas pesadas ou perigosas por meio de veículos longos, demandando uma autorização especial para que possam circular em horário específico sem prejudicar o trânsito, que já se apresenta extremamente difícil.

No mesmo sentido, encontramos a necessidade de **aviso prévio** ao **Poder Público** quando da **realização** de **comícios** ou **passeatas**, porque, embora não possa a Administração impedir sua realização, deve ser notificada para que possa tomar as providências necessárias em relação ao trânsito e à segurança, até mesmo para prevenir a responsabilidade por possíveis incidentes, a teor do disposto no **art. 5.º, XVI, da Constituição Federal:**

Art. 5.º (...)

XVI — todos podem reunir-se pacificamente, sem armas, em locais abertos ao público, independentemente de autorização, desde que não frustrem outra reunião anteriormente convocada para o mesmo local, sendo apenas exigido prévio aviso à autoridade competente.

De resto, a mesma orientação apresenta-se no **art. 39 da Lei n. 9.504/97**, que **disciplina** as **eleições**. Confira-se:

Art. 39. A realização de qualquer ato de propaganda partidária ou eleitoral, em recinto aberto ou fechado, não depende de licença da polícia.

§ 1.º O candidato, partido ou coligação promotora do ato fará a devida comunicação à autoridade policial em, no mínimo, vinte e quatro horas antes de sua realização, a fim de que esta lhe garanta, segundo a prioridade do aviso, o direito contra quem tencione usar o local no mesmo dia e horário

§ 2.º A autoridade policial tomará as providências necessárias à garantia da realização do ato e ao funcionamento do tráfego e dos serviços públicos que o evento possa afetar.

Feitas essas observações preliminares acerca do uso dos bens públicos, cumpre agora analisar os **instrumentos por meio dos quais pode a Administração repassar para terceiros o seu uso**, o que se fará a seguir.

724 Direito Administrativo Esquematizado   *Celso Spitzcovsky*

16.4.1. Autorização

Em primeiro lugar, surge a **autorização de uso**, definida como **ato administrativo**, **unilateral**, **discricionário** e **precário**, por meio do qual a autoridade administrativa faculta, no **interesse** do **particular**, **sem licitação**, o uso de um bem público para utilização em caráter episódico, precário, de curtíssima duração.

A **autorização de uso**, como se pode observar, tem como característica maior o seu **alto grau** de **precariedade**, além de ser **concedida** no **interesse** do **particular**, surgindo como exemplos o tráfego de veículos com características especiais, como visto anteriormente, o fechamento de uma rua para a realização de festas típicas por um fim de semana, a instalação de mesas e cadeiras em frente a estabelecimentos comerciais, a utilização de um terreno público por um circo, também por um tempo extremamente curto.

Dessa forma, em razão de sua **precariedade**, **pode** ela **ser desfeita** a qualquer momento **sem** pagamento de **indenização**.

16.4.2. Permissão

O segundo instrumento a ser investigado é a **permissão de uso**, definida como **ato unilateral**, **precário** e **discricionário**, pelo qual a Administração faculta a terceiros, **por meio** de **licitação**, o uso de um bem público para **fins de interesse coletivo**.

Estabelecendo-se um traço comparativo com a autorização de uso, percebe-se que as **três diferenças** importantes se referem ao **grau de precariedade** (aqui extremamente menor), **interesse**, que no caso não é exclusivamente do particular, mas sim da **coletividade** e, por fim, a necessidade de **abertura de licitação**.

Surgem como exemplos dessa modalidade de transferência de uso a instalação de banca de jornal, porque a calçada é um bem público, a instalação de barracas em feiras livres, de boxes em mercados municipais.

16.4.3. Concessão

O terceiro instrumento a averiguar é denominado **concessão de uso**, definido como **contrato administrativo** por meio do qual o Poder Público transfere, por **prazo certo** e **determinado, mediante licitação na modalidade única de concorrência pública**, o uso de um bem para terceiros, visando ao cumprimento de uma finalidade específica nos termos e condições fixados no ajuste.

Percebe-se que o **grau de precariedade** aqui é **inexistente**, uma vez que essa transferência, como visto, realiza-se por meio de contrato administrativo, que apresenta como característica comum a **existência** de **prazo certo e determinado**, o que impede seja ele desfeito, a qualquer momento, sem que se possa cogitar do pagamento de indenização e, por fim, **a necessidade de abertura de licitação na modalidade única de concorrência pública**.

Surgem como exemplos dessas circunstâncias a concessão para o uso de uma área de um aeroporto para um restaurante, um zoológico ou um parque municipal, para uma lanchonete ou um quiosque de flores em um cemitério, a exploração de equipamentos públicos em um parque público, bem como a exploração de um estádio de futebol ou ginásio poliesportivo etc.

16 ◼ Bens Públicos

16.4.4. Concessão de direito real

A quarta figura a ser analisada é a da **concessão de direito real de uso**, definida como **contrato** por meio do qual se **transfere**, como **direito real**, o **uso remunerado** ou **gratuito** de um **imóvel não edificado, mediante licitação na modalidade única de concorrência pública**.

Por via de consequência, a modalidade de transferência de uso **não se aplica a imóveis construídos** e **mesmo** em **relação a bens móveis**, sendo disciplinada pelo **Decreto-lei n. 271/67**, que estabelece quais os únicos objetivos possíveis de serem atingidos por essa via.

A concessão de direito real de uso só **poderá ter por objetivo** a edificação, a urbanização, a industrialização e o cultivo da terra, **revestindo-se** de **ilegalidade** sua utilização para qualquer outra finalidade.

16.4.5. Cessão

Por derradeiro, temos a figura da **cessão de uso**, que importa na **transferência** do **uso de certo bem de um órgão para outro, dentro da mesma pessoa política**, por **tempo certo** e **determinado**.

Essa forma de transferência **não** é **remunerada** e **dispensa autorização legislativa e licitação**, aperfeiçoando-se por simples termo de cessão.

Observe-se o quadro:

USO DOS BENS PÚBLICOS	
LEGITIMIDADE	São administrados pelas pessoas políticas que detêm a sua propriedade, de acordo com as prescrições estabelecidas na Constituição Federal
OMISSÃO	A omissão dessas pessoas quanto à correta utilização dos bens, permitindo sua deterioração, importa em responsabilização, na medida em que revela comportamentos incompatíveis com o princípio da indisponibilidade dos bens e interesses públicos
INSTRUMENTOS PARA A TRANSFERÊNCIA DO USO	◼ **Autorização de uso**: ato administrativo, unilateral, discricionário e precário, por meio do qual a autoridade administrativa faculta, no interesse do particular, sem licitação, o uso de um bem público para utilização em caráter episódico, precário, de curtíssima duração ◼ **Permissão de uso**: ato unilateral, precário e discricionário, pelo qual a Administração faculta a terceiros, por meio de licitação, o uso de um bem público para fins de interesse coletivo ◼ **Concessão de uso**: contrato administrativo por meio do qual o Poder Público transfere, por prazo certo e determinado, mediante licitação na modalidade única de concorrência pública, o uso de um bem para terceiros, visando ao cumprimento de uma finalidade específica nos termos e condições fixados no ajuste ◼ **Concessão de direito real de uso**: contrato por meio do qual se transfere, como direito real, o uso remunerado ou gratuito de um imóvel não edificado, mediante licitação na modalidade única de concorrência pública ◼ **Cessão de uso**: importa na transferência do uso de certo bem de um órgão para outro, dentro da mesma pessoa política, por tempo certo e determinado

16.5. ESPÉCIES DE BENS

16.5.1. Bens da União

Cada uma das pessoas integrantes de nossa Federação possui bens públicos que, aliás, como se viu, ficam sob sua responsabilidade.

Nesse contexto, trabalharemos apenas com as espécies de **bens pertencentes à União**, na medida em que a **Constituição** optou por relacioná-los de maneira expressa, a teor do disposto em seu **art. 20**, que mais uma vez se reproduz:

Art. 20. São bens da União:

I — os que atualmente lhe pertencem e os que lhe vierem a ser atribuídos;

II — as terras devolutas indispensáveis à defesa das fronteiras, das fortificações e construções militares, das vias federais de comunicação e a preservação ambiental, definidas em lei;

III — os lagos, rios e quaisquer correntes de água em terrenos de seu domínio, ou que banhem mais de um Estado, sirvam de limites com outros países, ou se estendam a território estrangeiro ou dele provenham, bem como os terrenos marginais e as praias fluviais;

IV — as ilhas fluviais e lacustres nas zonas limítrofes com outros países; as praias marítimas; as ilhas oceânicas e as costeiras, excluídas, destas, as que contenham a sede de Municípios, exceto aquelas áreas afetadas ao serviço público e a unidade ambiental federal, e as referidas no art. 26, II;

V — os recursos naturais da plataforma continental e da zona econômica exclusiva;

VI — o mar territorial;

VII — os terrenos de marinha e seus acrescidos;

VIII — os potenciais de energia hidráulica;

IX — os recursos minerais, inclusive os do subsolo;

X — as cavidades naturais subterrâneas e os sítios arqueológicos e pré-históricos;

XI — as terras tradicionalmente ocupadas pelos índios.

Em relação a previsão estabelecida no inciso XI, confira-se a decisão proferida pelo **STF**, em **25.02.2022**, quando do julgamento da **ADPF 709/DF**, em que estipulou o dever e não a escolha da União na demarcação de terras indígenas:

"É necessário que a União e a Fundação Nacional do Índio (FUNAI) executem e implementem atividade de proteção territorial nas terras indígenas, independentemente de sua homologação.
Nos termos do art. 231 da Constituição Federal (CF/1988) (1), a União tem o dever (e não a escolha) de demarcar as terras indígenas. No caso, a não homologação das demarcações dessas terras deriva de inércia deliberada do Poder Público, em afronta ao direito originário dos índios".

Em 27.09.2023 o **STF**, quando do julgamento do **RE 1.017.365**, **rejeitou** a possibilidade de adoção da data da promulgação da Constituição Federal (5 de outubro de 1988) como **marco temporal** para definir a ocupação tradicional da terra pelas comunidades indígenas.

16 ▪ Bens Públicos

Do referido julgamento, resultou tese de repercussão geral em que se destaca o item III:

> "(...) III — A proteção constitucional aos direitos originários sobre as terras que tradicionalmente ocupam independe da existência de um marco temporal em 05 de outubro de 1988 ou da configuração do renitente esbulho, como conflito físico ou controvérsia judicial persistente à data da promulgação da Constituição".

Como reação a referida decisão, foi aprovada, **em 20.10.2023**, a **Lei n. 14.701** que regulamenta o **art. 231 da Constituição Federal**, disciplinando, entre outros itens, o reconhecimento, a demarcação, o uso e a gestão de terras indígenas, com destaque para o **art. 4.º, que reconheceu o marco temporal**.

Ainda, **em 20.10.2023**, o **referido dispositivo foi vetado pelo Presidente da República**, com destaque para o seguinte trecho:

> "Em que pese a boa intenção do legislador, a proposição legislativa contraria o interesse público por introduzir a exigência de comprovação da ocupação indígena na área pretendida na data da promulgação da Constituição Federal, a saber, 5 de outubro de 1988, ou então de renitente esbulho persistente até aquela data, desconsiderando a dificuldade material de obter tal comprovação frente à dinâmica de ocupação do território brasileiro e seus impactos sobre a mobilidade e fixação populacional em diferentes áreas geográficas.
>
> Ademais, a proposição legislativa, ao apresentar a tese do marco temporal e seus desdobramentos, incorre em vício de inconstitucionalidade e contraria o interesse público por usurpar direitos originários previstos no *caput* do art. 231 da Constituição Federal, haja vista que tal tese já foi rejeitada pelo Supremo Tribunal Federal, em decisão proferida em 27 de setembro de 2023, que estabeleceu a tese de repercussão geral no Recurso Extraordinário (RE) n. 1017365, decisão essa que rejeitou a possibilidade de adotar a data da promulgação da Constituição Federal (5 de outubro de 1988) como marco temporal para definir a ocupação tradicional da terra pelas comunidades indígenas".

Por expressa previsão constitucional (art. 66, § 4.º) o veto aposto foi encaminhado para o Congresso Nacional resultando na sua confirmação.

16.5.1.1. *Modalidades*

Para facilitar sua visualização, resolvemos sistematizá-los da seguinte forma: bens terrestres, aquaviários e integrantes do subsolo.

16.5.1.1.1. *Bens terrestres*

a) Terras devolutas

A primeira figura relacionada pela Constituição compreende as chamadas terras devolutas, expressão sinônima de terras vazias, ou seja, aquelas que não estão afetadas nem a uma finalidade de uso comum, nem a uma finalidade de uso especial, razão pela qual foram inseridas na categoria de bens dominiais, representando, por esse aspecto, o patrimônio disponível do Estado.

As terras devolutas, que integram o patrimônio da União, são aquelas relacionadas no inciso II do art. 20, voltadas ao atingimento das seguintes finalidades: preservação ambiental e defesa de fronteiras, de fortificações militares e de vias federais de comunicação.

b) Terras tradicionalmente ocupadas pelos índios

Relacionadas no inciso XI do art. 20, pertencem ao patrimônio da União, que nessa qualidade é a responsável pela sua demarcação, restando para os índios apenas o seu usufruto, a teor do disposto no art. 231, § 2.º, da CF. Confira-se:

> **Art. 231.** São reconhecidos aos índios sua organização social, costumes, línguas, crenças e tradições, e os direitos originários sobre as terras que tradicionalmente ocupam, competindo à União demarcá-las, proteger e fazer respeitar todos os seus bens. (...)
>
> § 2.º As terras tradicionalmente ocupadas pelos índios destinam-se a sua posse permanente, cabendo-lhes o usufruto exclusivo das riquezas do solo, dos rios e dos lagos nelas existentes.

c) Faixa de fronteira

Compreende a faixa de terra com largura de 150 km voltada à defesa de nossas fronteiras, a teor do disposto no art. 20, § 2.º, da CF.

16.5.1.1.2. Bens aquaviários

a) Mar territorial

Corresponde a uma **faixa de 12 milhas**, contadas do litoral continental, sobre a qual o Estado exerce poderes de soberania (arts. 20, VI, da CF e 1.º da Lei n. 8.617/93).

b) Zona econômica exclusiva

É uma **faixa de 12 a 200 milhas**, sobre a qual o Estado exerce poderes de exploração dos recursos naturais do mar (arts. 20, V, da CF e 4.º da Lei n. 8.617/93).

c) Plataforma continental

É o prolongamento natural das terras da superfície sob a água do mar. Em outras palavras, trata-se da **porção de terras submersas** que apresenta a mesma estrutura geológica das terras do continente (arts. 20, V, da CF e 11 da Lei n. 8.617/93).

d) Lagos e rios

Pertencem ao patrimônio da União os **lagos** e os **rios** que **banharem mais de um Estado**, fizerem limite com outro país ou se estendam a território estrangeiro ou dele provenham (art. 20, III, da CF).

e) Terrenos de marinha

São formados pela porção de terras banhada pelas **águas dos rios navegáveis** ou pelas **águas do mar** (arts. 20, VII, da CF e 2.º e 3.º do Decreto-lei n. 9.760/46).

f) Ilhas

Esses bens, também relacionados como patrimônio da União, merecem destaque especial por força da alteração promovida pela **EC n. 46/2005**, que deu nova redação ao art. 20, IV, da CF, nos seguintes termos:

16 ▪ Bens Públicos

Art. 20. (...)

IV — as ilhas fluviais e lacustres nas zonas limítrofes com outros países; as praias marítimas; as ilhas oceânicas e as costeiras, excluídas, destas, as que contenham a sede de Municípios, exceto aquelas áreas afetadas ao serviço público e a unidade ambiental federal, e as referidas no art. 26, II.

16.5.1.1.3. Subsolo

Nessa categoria estão **todas as riquezas minerais**, além dos **sítios arqueológicos** e **pré-históricos**, a teor do disposto nos incisos IX e X do art. 20.

Por derradeiro, convém registrar a possibilidade franqueada à União, aos Estados, Municípios e Distrito Federal de participação na exploração dessas riquezas, desde que essa exploração esteja estabelecida e regulamentada por lei, conforme o disposto no art. 20, § 1.º, da CF, com a redação oferecida pela EC n. 102/2019. Confira-se:

§ 1.º É assegurada, nos termos da lei, à União, aos Estados, ao Distrito Federal e aos Municípios a participação no resultado da exploração de petróleo ou gás natural, de recursos hídricos para fins de geração de energia elétrica e de outros recursos minerais no respectivo território, plataforma continental, mar territorial ou zona econômica exclusiva, ou compensação financeira por essa exploração.

16.5.2. Bens estaduais e os integrantes do patrimônio nacional

De outra parte, quanto aos **bens públicos estaduais**, a **Constituição** os relacionou, por exclusão, em seu **art. 26**.

Importante, ainda, fazer referência aos **bens integrantes do patrimônio nacional** relacionados no **art. 225, § 4.º, da CF**. Confira-se:

Art. 225. (...)

§ 4.º A Floresta Amazônica brasileira, a Mata Atlântica, a Serra do Mar, o Pantanal Mato-Grossense e a Zona Costeira são patrimônio nacional, e sua utilização far-se-á, na forma da lei, dentro de condições que assegurem a preservação do meio ambiente, inclusive quanto ao uso dos recursos naturais.

Examine-se o quadro a seguir:

ESPÉCIES DE BENS PERTENCENTES À UNIÃO	
BENS TERRESTRES	▪ **Terras devolutas:** aquelas relacionadas no inciso II do art. 20, voltadas ao atingimento das seguintes finalidades: preservação ambiental e defesa de fronteiras, de fortificações militares e de vias federais de comunicação. ▪ **Terras tradicionalmente ocupadas pelos índios:** relacionadas no inciso XI do art. 20, pertencem ao patrimônio da União, que nessa qualidade é a responsável pela sua demarcação, restando para os índios apenas o seu usufruto, a teor do disposto no art. 231, § 2.º, da CF, (*Vide* **RE 1.017.365**, julgado pelo **STF**, em **21.09.2023**, derrubando a **tese do marco temporal** para a demarcação de terras indígenas). ▪ **Faixa de fronteira:** compreende a faixa de terra com largura de 150 km voltada à defesa de nossas fronteiras, a teor do disposto no art. 20, § 2.º, da CF.

BENS AQUAVIÁRIOS	■ **Mar territorial:** corresponde a uma faixa de 12 milhas, contadas do litoral continental, sobre a qual o Estado exerce poderes de soberania (arts. 20, VI, da CF e 1.º da Lei n. 8.617/93). ■ **Zona econômica exclusiva:** faixa de 12 a 200 milhas, sobre a qual o Estado exerce poderes de exploração dos recursos naturais do mar (arts. 20, V, da CF e 4.º da Lei n. 8.617/93). ■ **Plataforma continental:** é o prolongamento natural das terras da superfície sob a água do mar. Em outras palavras, trata-se da porção de terras submersas que apresenta a mesma estrutura geológica das terras do continente (arts. 20, V, da CF e 11 da Lei n. 8.617/93). ■ **Lagos e rios:** pertencem ao patrimônio da União os lagos e os rios que banharem mais de um Estado, fizerem limite com outro país ou se estendam a território estrangeiro ou dele provenham (art. 20, III, da CF). ■ **Terrenos de marinha:** são formados pela porção de terras banhada pelas águas dos rios navegáveis ou pelas águas do mar (arts. 20, VII, da CF e 2.º e 3.º do Dec.-lei n. 9.760/46). ■ **Ilhas:** pertencem ao patrimônio da União as ilhas fluviais e lacustres nas zonas limítrofes com outros países; as praias marítimas; as ilhas oceânicas e as costeiras, excluídas, destas, as que contenham a sede de Municípios, exceto aquelas áreas afetadas ao serviço público e a unidade ambiental federal, e as referidas no art. 26, II, da CF.
SUBSOLO	Pertencem ao patrimônio da União todas as riquezas minerais, além de os sítios arqueológicos e pré-históricos, a teor do disposto nos incisos IX e X do art. 20.
BENS ESTADUAIS	São aqueles relacionados no art. 26 da Constituição: ■ as águas superficiais ou subterrâneas, fluentes, emergentes e em depósito, ressalvadas, neste caso, na forma da lei, as decorrentes de obras da União; ■ as áreas, nas ilhas oceânicas e costeiras, que estiverem no seu domínio, excluídas aquelas sob domínio da União, Municípios ou terceiros; ■ as ilhas fluviais e lacustres não pertencentes à União; ■ as terras devolutas não compreendidas entre as da União.
INTEGRANTES DO PATRIMÔNIO NACIONAL	São aqueles relacionados no art. 225, § 4.º, da Constituição: ■ a Floresta Amazônica; ■ a Mata Atlântica; ■ a Serra do Mar; ■ o Pantanal Mato-Grossense; ■ a Zona Costeira.

16.6. QUADRO SINÓTICO

BENS PÚBLICOS	
DEFINIÇÃO	Os que integram o patrimônio das pessoas jurídicas de direito público (CC, art. 98).
CLASSIFICAÇÃO	**Principal critério:** CC, art. 99. **Bens de uso comum:** afetados a toda a população: **Exemplos:** ■ mares; ■ rios; ■ estradas; ■ ruas; ■ praças. **Bens de uso especial:** afetados a uma finalidade específica. **Exemplos:**

16 ■ Bens Públicos

CLASSIFICAÇÃO	■ repartições públicas; ■ aeroportos; ■ rodoviárias; ■ ginásios; ■ estádios; ■ bibliotecas; ■ escolas; ■ viaturas; ■ cemitérios. **Bens dominicais:** não estão afetados. **Exemplo:** terras devolutas (vazias).
Regime jurídico	
INALIENABILIDADE	**Regra geral:** não podem ser alienados. **Exceção:** alienação possível, desde que preenchidos os seguintes requisitos: ■ interesse público; ■ pesquisa prévia de preços; ■ licitação (concorrência ou leilão); ■ desafetação (bens de uso comum e especial); ■ autorização legislativa (bens imóveis).
IMPRESCRITIBILIDADE	Impossibilidade de aquisição por usucapião (CF, art. 183, § 3.º, e art. 191, parágrafo único; Súmula 340 do STF; CC, art. 102).
IMPENHORABILIDADE	Impossibilidade de serem oferecidos em garantia para o cumprimento de obrigações contraídas pela Administração. **Fundamento:** a possibilidade de penhora implicaria desrespeito à ordem cronológica de liquidação de precatórios prevista no art. 100 da CF, além da perspectiva de interrupção da prestação de serviços públicos.
USO DOS BENS PÚBLICOS	A fixação de regras para o uso de bens públicos foi partilhada entre União, Estados, Municípios e DF. **Conservação:** como corolário, foi ela atribuída às mesmas pessoas (CF, art. 23, I).
Instrumentos para a transferência do uso para particulares	
AUTORIZAÇÃO	Ato administrativo, unilateral e discricionário, por meio do qual a autoridade administrativa faculta, no interesse do particular, o uso de um bem público para utilização em caráter episódico, precário, de curtíssima duração. **Exemplos:** ■ fechamento de ruas; ■ utilização de terreno para eventos em finais de semana.
PERMISSÃO	Ato unilateral, precário e discricionário, pelo qual a Administração faculta a terceiros o uso de um bem público para fins de interesse coletivo. **Exemplos:** ■ instalação de banca de jornal; ■ instalação de barracas em feiras livres; ■ instalação de boxes em mercados municipais; ■ colocação de mesas e cadeiras em frente a estabelecimentos comerciais.
CONCESSÃO	Contrato administrativo por meio do qual o Poder Público transfere, por prazo certo e determinado, o uso de um bem para terceiros, visando ao cumprimento de uma finalidade específica nos termos e condições fixados no ajuste. **Exemplos:** ■ construção de restaurantes, quiosques ou lojas em aeroportos, rodoviárias etc.; ■ instalação de um restaurante em zoológico ou em parque municipal; ■ instalação de uma lanchonete ou de um quiosque de flores em um cemitério.

CONCESSÃO DE DIREITO REAL	Contrato por meio do qual se transfere, como direito real, o uso remunerado ou gratuito de um imóvel não edificado. **Finalidade:** a concessão de direito real de uso só poderá ter por objetivo a edificação, a urbanização, a industrialização e o cultivo da terra (Decreto n. 271/67).
Bens da União	
NOÇÕES GERAIS	Cada uma das pessoas integrantes de nossa Federação possui bens públicos que, aliás, como se viu, ficam sob sua responsabilidade. **Bens da União:** aqueles relacionados no art. 20 da CF.
MODALIDADES	**Bens dos Estados:** CF, art. 26. **Bens dos Municípios:** CF, art. 30, VIII e IX. **Bens integrantes do patrimônio nacional:** CF, art. 225, § 4.º.

16.7. SÚMULAS SOBRE BENS PÚBLICOS

16.7.1. Súmulas do STF

■ **Súmula 340:** Desde a vigência do Código Civil, os bens dominicais, como os demais bens públicos, não podem ser adquiridos por usucapião.

■ **Súmula 479:** As margens dos rios navegáveis são de domínio público, insuscetíveis de expropriação e, por isso mesmo, excluídas de indenização.

■ **Súmula 480:** Pertencem ao domínio e administração da União, nos termos dos arts. 4.º, IV e 186, da Constituição Federal de 1967, as terras ocupadas por silvícolas.

■ **Súmula 487:** Será deferida a posse a quem, evidentemente, tiver o domínio, se com base neste for ela disputada.

■ **Súmula 650:** Os incisos I e XI do art. 20 da CF não alcançam terras de aldeamentos extintos, ainda que ocupadas por indígenas em passado remoto.

16.7.2. Súmula do STJ

■ **Súmula 619:** A ocupação indevida de bem público configura mera detenção, de natureza precária, insuscetível de retenção ou indenização por acessões e benfeitorias.

16.8. QUESTÕES

QUESTÕES DE CONCURSOS
> http://uqr.to/1xgxp

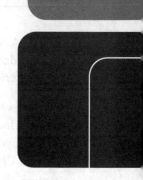

17
PROCESSO ADMINISTRATIVO FEDERAL

17.1. NOÇÕES GERAIS

A matéria está disciplinada, no âmbito da Administração Federal, direta e indireta, pela **Lei n. 9.784/99**, que, logo em seu **art. 1.º**, **define** seu **objeto** da seguinte forma:

Art. 1.º Esta lei estabelece normas básicas sobre o processo administrativo no âmbito da Administração Federal, direta e indireta, visando, em especial, à proteção dos direitos dos administrados e ao melhor cumprimento dos fins da Administração.

Nesse contexto, importante salientar que a **edição dessa lei não revoga** as **normas** que disciplinam os **processos administrativos específicos**, que continuarão, pois, em vigor, aplicando-se apenas em caráter subsidiário o seu conteúdo.

De resto, é o que se conclui por meio da leitura do **art. 69**, cuja redação diz:

Art. 69. Os processos administrativos específicos continuarão a reger-se por lei própria, aplicando-se-lhes apenas subsidiariamente os preceitos desta lei.

Para maior compreensão, observe-se o quadro:

LEGISLAÇÃO	Lei n. 9.784/99
OBJETO	Estabelece normas gerais sobre processos administrativos para a Administração federal direta e indireta (art. 1.º)
EXTENSÃO	Aplicabilidade para os órgãos Legislativo e Judiciário da União quando do desempenho de função pública (art. 1.º, § 1.º)
OBJETIVO	Proteção dos direitos dos administrados (art. 1.º)
LIMITE	Não se aplica a referida legislação para os processos administrativos específicos regidos por leis próprias (art. 69)

17.2. PRINCÍPIOS

Sem dúvida, outro aspecto importante a ser considerado diz respeito aos **princípios** que deverão nortear toda a atividade da Administração Pública Federal em **matéria** de **processos administrativos**.

Estão eles relacionados, de maneira exemplificativa, no **art. 2.º** dessa lei, cuja redação é:

Art. 2.º A Administração Pública obedecerá, dentre outros, aos princípios da legalidade, finalidade, motivação, razoabilidade, proporcionalidade, moralidade, ampla defesa, contraditório, segurança jurídica, interesse público e eficiência.

Como se observa da leitura do dispositivo legal transcrito, além de oferecer a essa **relação** de princípios um **caráter meramente exemplificativo**, o legislador houve por bem, desde logo, ampliá-la, se levarmos em consideração aqueles relacionados no art. 37, *caput*, da CF.

Realmente, surgem aqui, a título de inovação, os princípios da **finalidade, motivação, razoabilidade, proporcionalidade, ampla defesa, contraditório, segurança jurídica e interesse público**.

Neste particular, oportuno registrar que, em nome dos princípios do **contraditório** e da **ampla defesa**, importantes vertentes da cláusula do **devido processo legal**, nossa Corte Suprema editou a **Súmula Vinculante 21**, a qual veda a fixação de exigências de caráter financeiro para a propositura de recursos administrativos. Confira-se:

> **SÚMULA VINCULANTE 21:** É inconstitucional a exigência de depósito ou arrolamento prévios de dinheiro ou bens para admissibilidade de recurso administrativo.

Essa orientação revela-se de extremo acerto, uma vez que, além de **compatibilizar-se** com o **art. 5.º, XXXIV, *a*, da Constituição**, impede também que, em nome de aspectos financeiros, esvazie-se a diretriz da **ampla defesa** estabelecida no **art. 5.º, LV**.

Por igual, vale o destaque relacionado à Súmula 20/STF, que exige a abertura de processo administrativo, assegurando-se a ampla defesa, para a hipótese de demissão de funcionários públicos, admitidos por concurso. Confira-se:

> **SÚMULA 20:** É necessário processo administrativo com ampla defesa, para demissão de funcionário admitido por concurso.

Sem embargo, **não podemos concluir** que a **relação** de **princípios** é **exaustiva**, em vista da **expressão "dentre outros"** utilizada pelo legislador.

Também não podemos ignorar a necessidade de utilização dos princípios da publicidade e da impessoalidade, que, nada obstante não surgirem no dispositivo em análise, estão expressamente previstos no mencionado comando constitucional.

De toda sorte, importante mencionar que a presença desses princípios se fará sentir, a título de desdobramento, por toda a análise que se realizará em relação aos dispositivos presentes nesse diploma legal.

LOCALIZAÇÃO	Art. 2.º da Lei n. 9.784/99
NATUREZA	Elenco meramente exemplificativo

17 ◼ Processo Administrativo Federal

ESPÉCIES	◼ legalidade ◼ finalidade ◼ motivação ◼ razoabilidade ◼ proporcionalidade ◼ moralidade ◼ ampla defesa ◼ contraditório ◼ segurança jurídica ◼ interesse publico ◼ eficiência

17.2.1. Critérios de atuação e direitos dos administrados

No **art. 2.º** o legislador, depois de relacionar, como visto, os princípios norteadores da atividade administrativa, houve por bem, no **parágrafo único**, relacionar os **critérios de atuação** a serem observados. Confira-se:

> **Art. 2.º** (...)
>
> Parágrafo único. Nos processos administrativos serão observados, entre outros, os critérios de: (...)

Nesse quadro, no próprio **art. 2.º**, destaque para os conceitos de **proporcionalidade** ou **razoabilidade**, como se verifica da leitura do **parágrafo único, inciso VI**:

> **Art. 2.º** (...)
>
> Parágrafo único. (...)
>
> VI — adequação entre meios e fins, vedada a imposição de obrigações, restrições e sanções em medida superior àquelas estritamente necessárias ao atendimento do interesse público.

Não há dúvida de que essa **previsão legal** acaba, de maneira expressa, **impedindo** possa o **administrador tomar medidas** que **não se revelem adequadas**, que não demonstrem correspondência com os fatos que lhe foram trazidos para a apreciação e que não se revelem necessárias para o atendimento do interesse público.

Outrossim, **impede** a **aplicação** de **sanções** que **não tenham correspondência com os fatos apurados** no curso do processo e, portanto, em medida superior ao necessário para a preservação do interesse público.

A mesma situação se apresenta em relação ao **princípio da motivação**, uma vez que o legislador se preocupou em estabelecer seu conteúdo, a teor do disposto no **art. 2.º, parágrafo único, VII**:

> **Art. 2.º** (...)
>
> VII — indicação dos pressupostos de fato e de direito que determinarem a decisão.

Essa previsão legal, embora singela em seu conteúdo, **gera desdobramentos** importantíssimos, na medida em que **confirma** a **conclusão** atingida nos capítulos iniciais desta obra, em particular quando da análise dos princípios, **segundo a qual**, ao editar

um ato, **deve** o **administrador mencionar** não só o **dispositivo legal** no qual procurou amparo para sua decisão **mas também os fatos** que, concretamente, o levaram a aplicar o dispositivo genérico, abstrato e impessoal para o caso colocado sob sua apreciação.

A preocupação do legislador em assegurar os direitos dos administrados e balizar a atividade do administrador torna-se nítida, uma vez mais, com a abertura de capítulo específico voltado ao tema da **motivação**, **composto por** um **único artigo**, mas que traz uma riqueza enorme, como se verifica:

Art. 50. Os atos administrativos deverão ser motivados, com indicação dos fatos e dos fundamentos jurídicos, quando:

I — neguem, limitem ou afetem direitos ou interesses;

II — imponham ou agravem deveres, encargos ou sanções;

III — decidam processos administrativos de concurso ou seleção pública;

IV — dispensem ou declarem a inexigibilidade de processo licitatório;

V — decidam recursos administrativos;

VI — decorram de reexame de ofício;

VII — deixem de aplicar a jurisprudência firmada sobre a questão ou discrepem de pareceres, laudos, propostas e relatórios oficiais;

VIII — importem anulação, revogação, suspensão ou convalidação de ato administrativo.

§ 1.º A motivação deve ser explícita, clara e congruente, podendo consistir em declaração de concordância com fundamentos de anteriores pareceres, informações, decisões ou propostas que, neste caso, serão parte integrante do ato.

§ 2.º Na solução de vários assuntos da mesma natureza, pode ser utilizado meio mecânico que reproduza os fundamentos das decisões, desde que não prejudique direito ou garantia dos interessados.

§ 3.º A motivação das decisões de órgãos colegiados e comissões ou de decisões constará da respectiva ata ou de termo escrito.

Essas **exigências**, com toda a certeza, foram **inseridas** pelo legislador com o claro **objetivo** de **oferecer** maior **proteção aos direitos dos administrados**, na medida em que conferem a eles diversas possibilidades de defesa a partir do instante em que tomarem conhecimento das razões que levaram o administrador a agir daquela forma.

Sem embargo, como visto anteriormente, é exatamente **a partir do conhecimento dessas razões**, que nortearam a atividade do administrador, que o **Poder Judiciário terá condições**, desde que provocado por terceiros, de **estabelecer** um **controle de legalidade** dos atos.

Nesse contexto, poderemos mencionar, ainda, como **desdobramento** da previsão do **princípio da motivação**, nos termos propostos pelo art. 2.º, parágrafo único, VII, a regra estabelecida no **art. 38** dessa lei, em especial as relacionadas no **§§ 1.º e 2.º**, como se verifica:

Art. 38. O interessado poderá, na fase instrutória e antes da tomada da decisão, juntar documentos e pareceres, requerer diligências e perícias, bem como aduzir alegações referentes à matéria objeto do processo.

17 ■ Processo Administrativo Federal

§ 1.º Os elementos probatórios deverão ser considerados na motivação do relatório e da decisão.

§ 2.º Somente poderão ser recusadas, mediante decisão fundamentada, as provas propostas pelos interessados quando sejam ilícitas, impertinentes, desnecessárias ou protelatórias.

A **mesma realidade**, de resto, pode ser observada quando da leitura da redação do **art. 47** dessa lei, em que o legislador, a título de encerramento do capítulo relativo à instrução, esclarece quais os itens que deverão constar dessa decisão:

Art. 47. O órgão de instrução que não for competente para emitir a decisão final elaborará relatório indicando o pedido inicial, o conteúdo das fases do procedimento e formulará proposta de decisão, objetivamente justificada, encaminhando o processo à autoridade competente.

Em outro momento, o legislador, como desdobramento do **princípio da publicidade**, assegura para o administrado o **direito a ter ciência da tramitação de processos** e, como consequência, **vista dos autos, cópia de documentos**, para propiciar o **contraditório** e **ampla defesa**, oferecendo especial proteção aos seus direitos, conforme previsão estabelecida no art. 1.º dessa lei.

É o que também se verifica por meio da leitura do **art. 3.º, II**, cuja redação a seguir se reproduz:

Art. 3.º O administrado tem os seguintes direitos perante a Administração, sem prejuízo de outros que lhe sejam assegurados: (...)

II — ter ciência da tramitação dos processos administrativos em que tenha a condição de interessado, ter vista dos autos, obter cópias de documentos neles contidos e conhecer as decisões proferidas.

Ainda neste dispositivo, importante destacar a previsão estabelecida no **inciso IV**, em que o legislador relaciona como **direito do administrado** o de **fazer-se assistir por advogado**, nos seguintes termos:

Art. 3.º (...)

IV — fazer-se assistir, facultativamente, por advogado, salvo quando obrigatória a representação, por força de lei.

Percebe-se, pelo dispositivo reproduzido, que volta à cena a importância atribuída ao **advogado** para a concretização do **princípio do devido processo legal**, em especial em relação à **ampla defesa**.

Essa condição do advogado resulta, como já visto, da previsão estabelecida no **art. 133** da **Constituição**, e na **Súmula Vinculante 5**, que, pela oportunidade, uma vez mais a seguir se reproduz:

Art. 133. O advogado é indispensável à administração da justiça, sendo inviolável por seus atos e manifestações no exercício da profissão, nos limites da lei.

SÚMULA VINCULANTE 5: A falta de defesa técnica por advogado no processo administrativo disciplinar não ofende a Constituição.

Em relação a esta última, como já visto, foi ela objeto de pedido de cancelamento por parte da OAB, decidido pela **Suprema Corte** em **novembro** de **2016**, em que **concluiu** pela **manutenção de seu verbete**.

Nesse sentido, cumpre reiterar que a **aplicação dessa súmula**, em respeito ao princípio da ampla defesa, **só terá lugar para aquelas situações em que no curso de um processo administrativo o acusado, por mera liberalidade, abre mão desse direito**.

Ainda sobre este item, importante observar que de nada adiantaria o oferecimento de **defesa técnica por advogado** não tivesse ele **amplo acesso** a todo o **conteúdo** do **processo**.

Essa situação, que em um primeiro momento se apresenta óbvia, levou a **Suprema Corte** à necessidade de sumular a matéria, consoante se verifica do verbete da **Súmula Vinculante 14**, a seguir reproduzida:

SÚMULA VINCULANTE 14: É direito do defensor, no interesse do representado, ter acesso amplo aos elementos de prova que, já documentados em procedimento investigatório realizado por órgão com competência de polícia judiciária, digam respeito ao exercício do direito de defesa.

Por fim, oportuno anotar que essa situação não se confunde com aquela envolvendo os **terceiros interessados**, que poderão ter o **direito à vista do processo restrito** para situações que possam colocar em **risco** o **direito** à **privacidade**, à **honra** ou à **imagem**, conforme se verifica da previsão estabelecida no **art. 46** compatibilizado, por seu turno, com a CF (art. 5.º, X).

Art. 46. Os interessados têm direito à vista do processo e a obter certidões ou cópias reprográficas dos dados e documentos que o integram, ressalvados os dados e documentos de terceiros protegidos por sigilo ou pelo direito à privacidade, à honra e à imagem.

De outra parte, passados em revista os princípios básicos que norteiam todo o procedimento administrativo, além dos desdobramentos deles resultantes, dentro e fora dessa lei, passamos a averiguar algumas **noções importantes** em relação ao **processo administrativo propriamente dito**, em especial quanto às suas **etapas de desenvolvimento**, o que se fará a seguir.

Para melhor visualização deste item, observe-se o seguinte quadro:

CRITÉRIOS DE ATUAÇÃO DA ADMINISTRAÇÃO	Localização: art. 2.º, parágrafo único **Destaques:** ▪ razoabilidade (art. 2.º, parágrafo único, VI) ▪ motivação (arts. 2.º, parágrafo único, VII; 38; 47 e 50)

CRITÉRIOS DE ATUAÇÃO DA ADMINISTRAÇÃO	▪ garantia dos direitos à comunicação, à apresentação de alegações finais, à produção de provas e à interposição de recursos, nos processos de que possam resultar sanções e nas situações de litígio ▪ proibição de cobrança de despesas processuais, ressalvadas as previstas em lei ▪ interpretação da norma administrativa da forma que melhor garanta o atendimento do fim público a que se dirige, vedada a aplicação retroativa de nova interpretação
DIREITOS DOS ADMINISTRADOS	**Localização:** art. 3.º, parágrafo único **Natureza:** elenco meramente exemplificativo **Destaques:** ▪ ter ciência da tramitação dos processos em que tenha condição de interessado ▪ ter vista dos autos ▪ obtenção de cópias de documentos ▪ assistência facultativa por advogado, salvo quando obrigatória por força de lei

17.3. ETAPAS DO PROCESSO ADMINISTRATIVO

O **início do processo** pode verificar-se de acordo com a previsão contida no **art. 5.º**, de ofício ou a pedido do interessado, e o próprio legislador cuidou de relacionar aqueles que podem ser assim considerados por meio da redação do **art. 9.º**, a seguir reproduzida:

Art. 9.º São legitimados como interessados no processo administrativo:

I — pessoas físicas ou jurídicas que o iniciem como titulares de direitos ou interesses individuais ou no exercício do direito de representação;

II — aqueles que, sem terem iniciado o processo, têm direitos ou interesses que possam ser afetados pela decisão a ser adotada;

III — as organizações e associações representativas, no tocante a direitos e interesses coletivos;

IV — as pessoas ou as associações legalmente constituídas quanto a direitos ou interesses difusos.

A **competência** para abrir, desenvolver e encerrar o **processo administrativo** deve obedecer aos critérios previstos em lei, sendo ela, em regra, **irrenunciável**, conforme se verifica da redação do **art. 11**:

Art. 11. A competência é irrenunciável e se exerce pelos órgãos administrativos a que foi atribuída como própria, salvo os casos de delegação e avocação legalmente admitidos.

Observa-se que o dispositivo surge como **desdobramento** do denominado **poder hierárquico**, atribuído ao Poder Público, por meio do qual tem ele competência para estabelecer sua organização, sua estrutura interna.

Assim, torna-se claro que o **processo administrativo aberto, desenvolvido** e **encerrado por pessoa incompetente** para tanto é **nulo**, devendo, pois, ser desconsiderados todos os efeitos por ele gerados.

De toda sorte, como visto no **art. 11**, se a **regra geral** aponta para a **impossibilidade** de **delegação** das **competências** atribuídas ao administrador, excepcionalmente poderá fazê-lo, de forma legítima, nas hipóteses autorizadas por lei.

Dentro desse contexto, importante observar que, para concluir pela **possibilidade ou não de delegação de competências**, o legislador lançou mão do critério expresso, vale dizer, estabeleceu em quais situações **ela não poderá ocorrer**, a teor do disposto no seu **art. 13**, a seguir reproduzido:

Art. 13. Não podem ser objeto de delegação:
I — a edição de atos de caráter normativo;
II — a decisão de recursos administrativos;
III — as matérias de competência exclusiva do órgão ou autoridade.

Percebe-se, portanto, da orientação oferecida pelo legislador, que, exceção feita às hipóteses relacionadas no art. 13, **todas as demais podem ser objeto de delegação**, de forma legítima.

De resto, é a conclusão que se extrai da leitura conjunta dos arts. 11, parte final, e 13, já reproduzidos.

Assim, a título de exemplificação, não incide nessa proibição estabelecida no art. 13 a situação envolvendo a instauração de processo e mesmo a designação de membros integrantes da comissão processante, outra não sendo a orientação consolidada ao nível de nossa **Suprema Corte**, consoante decisão proferida em **abril de 2013**, no **RMS 31.207-DF**, relatado pelo **Ministro Dias Toffoli**.

"Recurso ordinário em mandado de segurança. Agente da Polícia Federal. Processo administrativo disciplinar. **Vício de incompetência da autoridade para instaurar processo e para designar membros da comissão processante. Não ocorrência**. Possibilidade de delegação de competência. Recurso não provido. 1. Delegação de competência para designar os membros de comissão disciplinar amparada na legislação pátria, na medida em que não há ressalva legal apta a impedi-la, além de ser evidente que a designação combatida não se caracteriza como exclusiva (arts. 11, 12 e 13 da Lei n. 9.784/99). Precedente. (...)".

Na referida decisão, a **Suprema Corte** concluiu pela **inexistência de vício de incompetência** de autoridade nas situações mencionadas no parágrafo anterior, vale dizer, para instauração de processo e para designação de membros da comissão processante.

De outra parte, ainda em relação ao tema relacionado à competência dentro do processo administrativo disciplinar, verificou-se, através da reprodução do art. 11, a possibilidade, ainda que em caráter excepcional, de se promover uma **avocação de competências**, desde que, por óbvio, **respeitados** os **limites** estabelecidos pelo referido **diploma legal**.

A matéria se encontra registrada no **art. 15**, cuja redação a seguir se reproduz:

Art. 15. Será permitida, em caráter excepcional e por motivos relevantes devidamente justificados, a avocação temporária de competência atribuída a órgão hierarquicamente inferior.

17 ◼ Processo Administrativo Federal   741

A leitura do dispositivo reproduzido permite inferir quais as **exigências** relacionadas pelo legislador **para legitimar a avocação de competências**, a começar pela necessidade de **motivação**, para que se possa apurar acerca da caracterização de situação de interesse público.

De outra parte, que essa avocação de competências só poderá ser promovida por **autoridade superior**, em relação a competências atribuídas a autoridade inferior, vedando-se, por óbvio, o contrário.

Por derradeiro, essa transferência de competências **não poderá vir em caráter permanente**, mas, ao revés, por prazo determinado.

Assim sendo, a título de conclusão, tem-se que a **avocação** promovida em **desrespeito** a uma dessas **exigências** fixadas pelo legislador **revela-se ilegal**, abrindo a possibilidade daquele que por ela foi atingido de buscar direitos lesados no Judiciário.

A título de exemplificação, observa-se a possibilidade de avocação de competências para aquelas situações em que o superior hierárquico percebe que a matéria que se encontra nas mãos de um de seus subordinados apresenta enorme importância, ou ainda para aquelas circunstâncias em que percebe ele que seu subordinado está postergando, de forma injustificada, a solução de um processo que se encontra em suas mãos.

De toda sorte, **ambas as figuras apresentam suporte no chamado poder hierárquico**, pois, para que se possa cogitar dessa transferência de competências, pressupõe-se a existência de uma relação de hierarquia e subordinação.

Da mesma forma, com o objetivo de assegurar o cumprimento do princípio da impessoalidade e de oferecer concretude ao disposto no art. 1.º dessa lei, o **art. 18 relaciona as pessoas** que estão **impedidas** de **atuar em processo administrativo:**

Art. 18. É impedido de atuar em processo administrativo o servidor ou autoridade que:
I — tenha interesse direto ou indireto na matéria;
II — tenha participado ou venha a participar como perito, testemunha ou representante ou se tais situações ocorrem quanto ao cônjuge, companheiro ou parente e afins até o terceiro grau;
III — esteja litigando judicial ou administrativamente com o interessado ou respectivo cônjuge ou companheiro.

Por óbvio, a **atuação** nesses processos **por pessoas atingidas por essas vedações** estabelecidas pela lei, no dispositivo reproduzido, **leva à nulidade dos atos** e decisões por elas proferidas, abrindo-se, uma vez mais, a perspectiva de seu controle pelo Judiciário.

Quanto ao **trâmite do processo administrativo**, frise-se que a **Lei n. 12.008/2009** acrescentou o **art. 69-A** à **Lei n. 9.784/99**, para prever a **prioridade** de **tramitação** dos **processos** em que figurem como parte ou interessado pessoas em determinadas situações, como segue:

Art. 69-A. Terão prioridade na tramitação, em qualquer órgão ou instância, os procedimentos administrativos em que figure como parte ou interessado:
I — pessoa com idade igual ou superior a 60 (sessenta) anos;
II — pessoa portadora de deficiência, física ou mental;
III — (Vetado)

742 Direito Administrativo Esquematizado   *Celso Spitzcovsky*

IV — pessoa portadora de tuberculose ativa, esclerose múltipla, neoplasia maligna, hanseníase, paralisia irreversível e incapacitante, cardiopatia grave, doença de Parkinson, espondiloartrose anquilosante, nefropatia grave, hepatopatia grave, estados avançados da doença de Paget (osteíte deformante), contaminação por radiação, síndrome de imunodeficiência adquirida, ou outra doença grave, com base em conclusão da medicina especializada, mesmo que a doença tenha sido contraída após o início do processo.

§ 1.º A pessoa interessada na obtenção do benefício, juntando prova de sua condição, deverá requerê-lo à autoridade administrativa competente, que determinará as providências a serem cumpridas.

§ 2.º Deferida a prioridade, os autos receberão identificação própria que evidencie o regime de tramitação prioritária.

17.4. FORMA, TEMPO E LUGAR DOS ATOS DO PROCESSO

Nesse particular, chama a atenção a regra estabelecida no **art. 22, § 1.º**, que determina, em linhas gerais, a necessidade de os **atos** integrantes do processo serem **exteriorizados por escrito**, como se vê:

Art. 22. Os atos do processo administrativo não dependem de forma determinada senão quando a lei expressamente a exigir.

§ 1.º Os atos do processo devem ser produzidos por escrito, em vernáculo, com a data e o local de sua realização e a assinatura da autoridade responsável.

Inquestionavelmente, a inserção dessa regra tem por **objetivo** cristalino **permitir o controle dos atos** praticados pela Administração, assegurando, por via de consequência, mais proteção aos direitos dos administrados, conforme previsão estabelecida no art. 1.º.

Com efeito, a **obrigação** de serem eles **exteriorizados por escrito**, aliada à necessidade de virem acompanhados dos **fundamentos de fato e de direito**, conforme previsão estabelecida no **art. 2.º, VII**, robustece o princípio do **contraditório e ampla defesa**, regra constitucional.

Aliás, não é outra a diretriz estabelecida pelo próprio legislador ao tratar da **comunicação dos atos aos administrados**, como se verifica do **art. 26, § 1.º, VI**, cuja redação a seguir se reproduz:

Art. 26. O órgão competente perante o qual tramita o processo administrativo determinará a intimação do interessado para a ciência de decisão ou a efetivação de diligências.

§ 1.º A intimação deverá conter: (...)

VI — a indicação dos fatos e fundamentos legais pertinentes.

Uma vez mais se verifica que o legislador, em nome dos princípios do **contraditório**, da **ampla defesa** e da **motivação**, estipulou a **necessidade** de os **atos** praticados em um processo administrativo virem **acompanhados** das **razões** que lhes deram origem, a fim de também permitir um controle efetivo de legalidade pelo Poder Judiciário.

17.5. DA INSTRUÇÃO DOS PROCESSOS ADMINISTRATIVOS

Sobre esse tema, cumpre destacar, em primeiro lugar, a regra estabelecida no **art. 30**, que, reproduzindo diretriz constitucional, torna **inadmissível** a **prova obtida por meio ilícito**.

Registre-se também a possibilidade de se abrir período de **consulta pública** para a manifestação de terceiros naquelas situações em que a matéria do processo envolver **assunto de interesse geral**, consoante o disposto no **art. 31**.

Curioso observar que, não obstante ser franqueada a terceiros a possibilidade de participação no processo, essa situação não os equipara às pessoas relacionadas no art. 9.º.

Sem embargo, assegura-lhes o direito à obtenção de respostas fundamentadas por parte da Administração, conforme previsão estabelecida no § 2.º do art. 31.

Oportuno consignar, ainda, a possibilidade de realização de **audiências públicas** para **matérias** consideradas **relevantes**, de forma a permitir mais debates **para a obtenção de subsídios** a nortear a decisão a ser tomada, visto que, conforme observado, deverá ela vir **acompanhada** das **razões**, dos **fundamentos que lhe deram origem**, conforme previsão estabelecida no **art. 32**.

17.6. DA OBRIGAÇÃO DE DECIDIR

Encerrada a fase de instrução, a lei reserva um capítulo apenas para asseverar o **dever** do **administrador** de **proferir** a **decisão**, conforme se verifica das previsões estabelecidas nos **arts. 48 e 49**.

Art. 48. A Administração **tem o dever** de explicitamente emitir decisão nos processos administrativos e sobre solicitações ou reclamações, em matéria de sua competência.

Art. 49. Concluída a instrução de processo administrativo, a Administração **tem o prazo de até trinta dias para decidir**, salvo prorrogação por igual período expressamente motivada.

A leitura dos dispositivos reproduzidos bem demonstra a **intenção** do legislador de **conferir celeridade** à **tramitação** desse **processo**, impedindo que perdure de forma indefinida a prejuízo do interesse público.

Oportuno referir que essa **diretriz**, inaugurada no nível administrativo por esse diploma legal, foi **ratificada** posteriormente com a inclusão do **inciso LXXVIII** no **art. 5.º da CF**, promovida pela Emenda Constitucional n. 45, promulgada em 2004. Confira-se:

Art. 5.º (...)

LXXVIII — a todos, no âmbito judicial e administrativo, são assegurados a razoável duração do processo e os meios que garantam a celeridade de sua tramitação.

De resto, sobreleva notar que o **descumprimento dessa orientação** legal abre a **possibilidade** de **propositura de mandado de segurança**, por descumprimento dos princípios da legalidade, da eficiência e do respeito aos direitos subjetivos da cidadania, conforme já decidiu o **STJ**, no **MS 26724/DF**, relatado pelo Ministro José Delgado em **10 de novembro de 2021**.

> "PROCESSUAL CIVIL. ADMINISTRATIVO. MANDADO DE SEGURANÇA. PEDI-DO DE ANISTIA POLÍTICA. PROCESSO ADMINISTRATIVO PARALISADO HÁ MAIS DE UM ANO. ATO OMISSIVO. DEMORA INJUSTIFICADA. RAZOÁVEL DU-RAÇÃO DO PROCESSO NÃO OBSERVADA. ORDEM PARCIALMENTE CONCEDI-DA PARA QUE A AUTORIDADE COATORA DECIDA O PEDIDO DE ANISTIA NO PRAZO DO ART. 49 DA LEI 9.784/1999" (STJ, MS: 26724/DF, 2020/0202214-8, rel. Min. Sérgio Kukina, j. 10.11.2021, Primeira Seção, *DJe* 01.02.2022).

17.7. DOS RECURSOS

Proferida a respectiva decisão, devidamente fundamentada, dela caberá **recurso administrativo** somente por **razões** de **legalidade** e de **mérito**, conforme a regra estabelecida no **art. 56**.

Esse **recurso**, que **não terá efeito suspensivo** como regra geral **(art. 61)**, deverá ser **encaminhado** para a **autoridade** que **proferiu** a **decisão (art. 56, § 1.º)**, apresentando **legitimidade** para fazê-lo as pessoas relacionadas no **art. 58**. Confira-se:

> **Art. 58.** Têm legitimidade para interpor recurso administrativo:
>
> I — os titulares de direitos e interesses que forem parte no processo;
>
> II — aqueles cujos direitos ou interesses forem indiretamente afetados pela decisão recorrida;
>
> III — as organizações e associações representativas, no tocante a direitos e interesses coletivos;
>
> IV — os cidadãos ou associações, quanto a direitos ou interesses difusos.

Importante consignar, ainda, que a propositura desse **recurso não pode sofrer barreiras** de **caráter financeiro** a teor do disposto na **Súmula Vinculante 21 do STF**.

> **SÚMULA VINCULANTE 21:** É inconstitucional a exigência de depósito ou arrolamento prévios de dinheiro ou bens para admissibilidade de recurso administrativo.

Finalizando esse item, importante registrar a possibilidade de agravamento da pena, em razão do recurso interposto, nos termos do art. 64. Confira-se:

> **Art. 64.** O órgão competente para decidir o recurso poderá confirmar, modificar, anular ou revogar, total ou parcialmente, a decisão recorrida, se a matéria for de sua competência.
>
> Parágrafo único. **Se da aplicação do disposto neste artigo puder decorrer gravame à situação do recorrente, este deverá ser cientificado para que formule suas alegações antes da decisão.**

A propósito, confira-se o seguinte precedente do **STF**, julgado em 2012.

17 ◾ Processo Administrativo Federal 745

"(...) Processo administrativo. Recrudescimento da sanção administrativa em recurso do administrado. Princípio da autotutela. Possibilidade. 1. Os municípios têm competência para regulamentar o atendimento ao público em instituições bancárias, uma vez que se trata de matéria de interesse local. 2. A jurisprudência da Corte sobre a matéria foi ratificada pelo Plenário desta Corte quando do julgamento do RE 610.221, da Relatoria da E. Min. Ellen Gracie, cuja Repercussão Geral restou reconhecida. 3. **A possibilidade da administração pública, em fase de recurso administrativo, anular, modificar ou extinguir os atos administrativos em razão de legalidade, conveniência e oportunidade, é corolário dos princípios da hierarquia e da finalidade, não havendo se falar em reformatio in pejus no âmbito administrativo, desde que seja dada a oportunidade de ampla defesa e o contraditório ao administrado e sejam observados os prazos prescricionais.** 4. Recurso ordinário desprovido. 5. Agravo Regimental no Recurso Extraordinário com Agravo a que se nega provimento" (ARE 641054 AgRg, rel. Min. Luiz Fux, 1.ª T., j. 22.05.2012).

17.8. DO PEDIDO DE REVISÃO

Nesse contexto, sobreleva notar que os processos administrativos dos quais resultem sanções, poderão ser revistos, a qualquer tempo, a pedido ou de ofício, quando surgirem fatos novos ou configurada inadequação da pena, a teor do disposto no **art. 65**. Confira-se:

Art. 65. Os processos administrativos de que resultem sanções poderão ser revistos, a qualquer tempo, a pedido ou de ofício, quando surgirem fatos novos ou circunstâncias relevantes suscetíveis de justificar a inadequação da sanção aplicada.

Outrossim, não poderão implicar **agravamento da penalidade** inicialmente imposta, conforme se verifica na regra estabelecida no **art. 65, parágrafo único**, cuja redação a seguir se reproduz:

Parágrafo único. **Da revisão do processo não poderá resultar agravamento da sanção**.

Para melhor visualização deste item, verifique-se o quadro a seguir:

ETAPAS DO PROCESSO ADMINISTRATIVO	
INÍCIO	De ofício ou a pedido de interessado (arts. 5.º e 9.º)
COMPETÊNCIA	É irrenunciável, salvo os casos de delegação e avocação legalmente admitidos (arts. 11, 13 e 15)
IMPEDIMENTOS	É impedido de atuar em processo administrativo o servidor ou a autoridade que: ◾ tenha interesse direto ou indireto na matéria ◾ tenha participado ou venha a participar como perito, testemunha ou representante, ou se tais situações ocorrerem quanto ao cônjuge, companheiro ou parente e afins até o terceiro grau ◾ esteja litigando judicial ou administrativamente com o interessado ou respectivo cônjuge ou companheiro (art. 18)

PRIORIDADE DE TRAMITAÇÃO	Terão prioridade os processos em que figure como parte ou interessado: ■ pessoa com idade igual ou superior a 60 anos ■ pessoa portadora de deficiência física ou mental ■ pessoa portadora de doença grave (art. 69-A)
FORMA, TEMPO E LUGAR	Os atos do processo devem: ■ ser produzidos por escrito (art. 22, § 11.º) ■ acompanhados da devida motivação (art. 2.º, parágrafo único, VII) ■ assegurada ampla defesa (art. 26)
INSTRUÇÃO	São inadmissíveis as provas admitidas por meios ilícitos ■ consulta pública: quando a matéria envolver assunto de interesse geral (art. 31) ■ audiência pública: diante da relevância da questão (art. 32) ■ cabe ao interessado a prova dos fatos que tenha alegado (art. 36) ■ elementos probatórios deverão ser considerados na motivação do relatório e da decisão (art. 38, § 1.º)
DECISÃO	A Administração tem o dever de emitir decisão em 30 dias, concluída a fase de instrução (arts. 48 e 49 e 5.º, LXXVIII, da CF)
RECURSO	■ Prazo: 10 dias (art. 59) ■ Competência: dirigido à autoridade que proferiu a decisão (art. 56, § 1.º) ■ Legitimidade (art. 58): I — os titulares de direitos e interesses que forem parte no processo II — aqueles cujos direitos ou interesses forem indiretamente afetados pela decisão recorrida III — as organizações e associações representativas, no tocante a direitos e interesses coletivos IV — os cidadãos ou associações, quanto a direitos ou interesses difusos ■ Caução: proibida a exigência (art. 56, § 2.º, e Súmula Vinculante 21 do STF) ■ Efeitos: em geral são recebidos apenas no efeito devolutivo (art. 61)
PEDIDO DE REVISÃO	■ Fundamentos: fato novo e inadequação da pena (arts. 65 e 2.º, parágrafo único, VI) ■ Prazo: a qualquer tempo (art. 65) ■ Efeitos da decisão: não poderá resultar em agravamento da sanção (art. 65, parágrafo único)

17.9. DA ANULAÇÃO, REVOGAÇÃO E CONVALIDAÇÃO

Nesse particular, em vista da importância deste tema, o legislador houve por bem reservar o Capítulo XIV da Lei n. 9.784/99 para disciplinar algumas de suas nuances.

Nesse sentido, **franqueou ao administrador a perspectiva de anular e rever seus próprios atos, na forma disposta no art. 53**, a seguir reproduzido:

Art. 53. A Administração **deve anular** seus próprios atos, quando eivados de vícios de legalidade, e pode revogá-los por motivo de conveniência ou oportunidade, respeitados os direitos adquiridos.

A leitura desse dispositivo deixa entrever a **obrigação** do **administrador de anular** seus próprios atos, em vista da ilegalidade que os reveste, e a **faculdade** de **revogá-los** em razão de sua conveniência ou oportunidade.

Ao assim proceder, o legislador nada mais fez do que **ratificar** a **tendência** pacificada em nosso ordenamento jurídico resultante da **Súmula 473 do STF**, como se vê:

17 ◼ Processo Administrativo Federal

SÚMULA 473 DO STF: A Administração pode anular seus próprios atos, quando eivados de vícios que os tornem ilegais, porque deles não se originam direitos, ou revogá-los, por conveniência ou oportunidade, respeitados os direitos adquiridos e ressalvada, em todos os casos, a apreciação judicial.

A reprodução da súmula revela a **adoção** de **maior rigor por parte do legislador**, uma vez que se percebe atribuir a ele o **dever** de **anular** seus próprios atos, quando ilegais, **enquanto** a **Suprema Corte apenas** atribuiu a **possibilidade de anulação**.

Outrossim, houve por bem estabelecer o **prazo de cinco anos para** a Administração **anular** atos de que decorram **efeitos favoráveis** aos **destinatários**, sendo de **natureza decadencial**, conforme previsão estipulada no **art. 54**:

> **Art. 54.** O direito da Administração de anular os atos administrativos de que decorram efeitos favoráveis para os destinatários decai em 5 anos contados da data em que foram praticados, salvo comprovada má-fé.

A propósito, confira-se a seguinte ementa:

> "ADMINISTRATIVO. ATO. REVISÃO. DECADÊNCIA. 1. Consoante o entendimento desta Corte, decai em 5 (cinco) anos o poder/dever da administração pública de anular, revogar ou modificar ato administrativo do qual decorram efeitos favoráveis, nos termos do art. 54 da Lei n. 9.784/1999, salvo comprovada má-fé do beneficiário, hipótese não demonstrada nos autos. 2. Agravo interno desprovido" (STJ, AgInt no REsp: 1938247 RN 2021/0146218-8, rel. Min. Gurgel de Faria, j. 14.03.2022, Primeira Turma, *DJe* 22.03.2022).

Essa **regra geral**, entretanto, foi **flexibilizada** pelo próprio dispositivo em análise, ao estipular, em sua parte final, a expressão **"salvo comprovada má-fé"**.

Assim sendo, **para aqueles** atingidos por atos administrativos que estejam **imbuídos de má-fé**, esse **prazo** de cinco anos, previsto no dispositivo legal reproduzido, **poderá ser mais extenso**, sem que o legislador tenha fixado qual seria ele.

Nesse sentido, concluiu o **STF**, em **16.10.2019**, quando do julgamento do **RE 817338/DF**, pela configuração de imprescritibilidade, em respeito a princípios constitucionais. Confira-se:

> "(...) 2. O decurso do lapso temporal de 5 (cinco) anos não é causa impeditiva bastante para inibir a Administração Pública de revisar determinado ato, haja vista que a ressalva da parte final da cabeça do art. 54 da Lei n. 9.784/99 autoriza a anulação do ato a qualquer tempo, uma vez demonstrada, no âmbito do procedimento administrativo, com observância do devido processo legal, a má-fé do beneficiário. 3. As situações flagrantemente inconstitucionais não devem ser consolidadas pelo transcurso do prazo decadencial previsto no art. 54 da Lei n. 9.784/99, sob pena de subversão dos princípios, das regras e dos preceitos previstos na Constituição Federal de 1988. (...)".

A mesma orientação foi consolidada ao nível do **STJ**, em **10.06.2020**, quando do julgamento do **EREsp 1518267/RN**. Confira-se:

"(...) ATO ADMINISTRATIVO NULO. IMPRESCRITIBILIDADE. ORIENTAÇÃO CONSOLIDADA NO STF E STJ. (...)

2. Consoante jurisprudência consolidada no Supremo Tribunal Federal e no Superior Tribunal de Justiça, as situações flagrantemente inconstitucionais não podem e não devem ser superadas ou estabilizadas com eventual decurso do tempo. Não havendo que se falar, assim, em consolidação do ato administrativo. (...)".

Acerca desse tema, importante também registrar o posicionamento consolidado no nível do **STJ** por meio da publicação, em **junho de 2019**, da **Súmula 633**, que autoriza a aplicação dessas regras sobre prazo decadencial a Estados e Municípios se inexistente legislação local. Confira-se:

SÚMULA 633 DO STJ: A Lei n. 9.784/1999, especialmente no que diz respeito ao prazo decadencial para a revisão de atos administrativos no âmbito da Administração Pública federal, pode ser aplicada, de forma subsidiária, aos estados e municípios, se inexistente norma local e específica que regule a matéria.

Dentro desse cenário, oportuno anotar não se tratar de uma exigência, mas, tão somente, de uma faculdade conferida às demais esferas de governo, de forma a evitar a configuração de lacuna sobre o tema.

Por fim, registre-se que o legislador consignou, expressamente, a **possibilidade de convalidação dos atos administrativos**, consoante se verifica da regra estabelecida no **art. 55**, cuja redação a seguir se reproduz:

Art. 55. Em decisão na qual se evidencie não acarretar nem lesão ao interesse público nem prejuízo a terceiros, os atos que apresentarem defeitos sanáveis poderão ser convalidados pela própria Administração.

Verifica-se, portanto, que a possibilidade de **convalidação** das decisões proferidas em processos administrativos revela-se plena, **desde que preenchidos** os **requisitos** aqui estabelecidos, vale dizer:

■ não tenham acarretado lesão ao interesse público;
■ não tenham acarretado prejuízo a terceiros;
■ seja o defeito sanável.

Nesse particular, em referência ao último item relacionado pelo legislador, importante deixar consignado que em algumas hipóteses o vício inicialmente apresentado pelo ato revela-se passível de correção, enquanto em outras a possibilidade não se apresenta.

Assim, a título de exemplo, tem-se que, se o **vício** inicialmente apresentado pelo ato estiver **radicado** na **falta de motivação**, claro está que a **possibilidade** de sua **convalidação** se apresenta, uma vez que o ato continuará sendo rigorosamente o mesmo, apenas agora acompanhado das razões necessárias que faltaram de início.

Em contrapartida, se o **vício** inicialmente apresentado pelo ato estiver **radicado em** seu **objeto, por ser ilícito, ou em sua finalidade**, por não configurar situação de interesse público, claro está que a **possibilidade de convalidação não se apresenta**.

17 ▪ Processo Administrativo Federal   749

Com efeito, ao se **alterar** o **objeto ou** a **finalidade**, o **ato** inicial **não será mais o mesmo**, o que impede, por razões lógicas, a perspectiva de sua correção.

Convém destacar, também, a necessidade de o ato de **convalidação** vir **acompanhado** das **razões**, dos **motivos** que deram origem a ele, seguindo, dessa forma, a regra geral aplicável a todos os atos administrativos.

É oportuno registrar a disposição expressa nesse sentido, estabelecida pelo legislador no **art. 50**, quando, ao observar que todos os **atos** administrativos deverão ser **motivados** com a indicação dos fatos e dos fundamentos jurídicos, incluiu no **inciso IV** a **hipótese** que **importe em convalidação**.

Oportuno reiterar a **impossibilidade de convalidação de atos impugnados ao nível administrativo ou judicial**, consoante **precedente do STJ**, quando do julgamento, em **08.05.2015**, do **AgRg no AREsp n. 403.231/ES**.

De outra parte, sobreleva notar a **possibilidade** franqueada às **outras esferas** de **Governo**, para a **edição de leis** relacionadas a este tema, desde que **respeitados** os **limites fixados pela legislação federal**.

Para melhor visualização deste item, verifique-se o quadro a seguir:

ANULAÇÃO	Por razões de legalidade, com efeito *ex tunc*, com prazo decadencial de cinco anos (arts. 53, 54 e Súmula 473 do STF)
REVOGAÇÃO	Por razões de conveniência ou oportunidade, com efeito *ex nunc* (art. 53 e Súmula 473 do STF)
CONVALIDAÇÃO	Possível, desde que cumpridas as seguintes exigências (art. 55): ▪ não tenha acarretado lesão ao interesse público e nem prejuízo a terceiros ▪ o vício apresentado possa ser corrigido ▪ não tenham sido impugnados administrativa ou juridicialmente

17.10. QUADRO SINÓTICO

PROCESSO ADMINISTRATIVO FEDERAL	
LEGISLAÇÃO	A matéria está disciplinada na Lei n. 9.784/99, aplicando-se, subsidiariamente, aos processos administrativos específicos (art. 69)
CAMPO DE INCIDÊNCIA	Administração direta e indireta da União
OBJETO	Proteção dos direitos dos administrados e melhor adequação aos fins da Administração (art. 1.º)
PRINCÍPIOS	Elenco exemplificativo e ampliado em relação ao art. 37 da CF (art. 2.º)
CRITÉRIOS DE ATUAÇÃO DA ADMINISTRAÇÃO	Elenco exemplificativo (art. 2.º, parágrafo único)
DIREITOS DOS ADMINISTRADOS	Elenco exemplificativo (art. 3.º)
ETAPAS DO PROCESSO ADMINISTRATIVO	▪ **início** (art. 5.º) ▪ **intimação** (art. 26) ▪ **delegação e avocação de competências** (arts. 11, 13 e 15) ▪ **impedimentos** (art. 18) ▪ **instrução** (art. 29 a 47), destacando-se: ▪ **provas admitidas** (art. 30)

ETAPAS DO PROCESSO ADMINISTRATIVO	▪ realização de consulta pública (art. 31) ▪ realização de audiência pública (art. 32) ▪ **decisão** (arts. 48 e 49) ▪ **anulação e revogação** (arts. 53 e 54) ▪ **convalidação** (art. 55) ▪ **recursos administrativos** (arts. 56 a 64) ▪ **revisão administrativa** (art. 65)

17.11. SÚMULAS SOBRE PROCESSO ADMINISTRATIVO

17.11.1. Súmulas vinculantes

■ **Súmula vinculante 5:** A falta de defesa técnica por advogado no processo administrativo disciplinar não ofende a Constituição.

■ **Súmula vinculante 14:** É direito do defensor, no interesse do representado, ter acesso amplo aos elementos de prova que, já documentados em procedimento investigatório realizado por órgão com competência de polícia judiciária, digam respeito ao exercício do direito de defesa.

■ **Súmula vinculante 21:** É inconstitucional a exigência de depósito ou arrolamento prévios de dinheiro ou bens para admissibilidade de recurso administrativo.

17.11.2. Súmulas do STJ

■ **Súmula 343:** É obrigatória a presença de advogado em todas as fases do processo administrativo disciplinar.

■ **Súmula 467:** Prescreve em cinco anos, contados do término do processo administrativo, a pretensão da Administração Pública de promover a execução da multa por infração ambiental.

■ **Súmula 633:** A Lei n. 9.784/1999, especialmente no que diz respeito ao prazo decadencial para a revisão de atos administrativos no âmbito da Administração Pública federal, pode ser aplicada, de forma subsidiária, aos estados e municípios, se inexistente norma local e específica que regule a matéria.

17.12. QUESTÕES

QUESTÕES DE CONCURSOS
> http://uqr.to/1xgxq

18

ORDEM ECONÔMICA

18.1. NOÇÕES GERAIS

A **ordem econômica**, que encontra seus **fundamentos** na **valorização** do **trabalho humano** e na **livre-iniciativa**, é presidida pelos **princípios** elencados no **art. 170**, em razão dos quais se legitima a conclusão segundo a qual apresenta ela um **perfil capitalista**, visto que calcada na apropriação particular dos meios de produção e na iniciativa privada.

Não se trata de **colocação** de natureza política ou ideológica, mas **decorrente** das **diretrizes** eleitas pela **Constituição**, o que traz **desdobramentos** de ordem jurídica.

Destarte, em vista da inserção da **livre-iniciativa** como **fundamento** da **ordem econômica**, tem-se que o **exercício** de **atividades** nesse setor é **assegurado a todos**, independentemente de autorização dos órgãos públicos, ao menos como regra geral, a teor do disposto no **art. 170, parágrafo único, da CF**.

Sem embargo, possível ao Poder Público, sem que implique agressão a esse princípio, estabelecer imposições para o exercício de atividades econômicas, para a preservação de direitos e valores constitucionais.

Nesse particular oportuno destacar a decisão proferida pelo **STF em 18.03.2021** quando do julgamento do **RE 627.432/RS** que resultou na seguinte **tese de Repercussão Geral**: "São constitucionais a cota de tela, consistente na obrigatoriedade de exibição de filmes nacionais nos cinemas brasileiros, e as sanções administrativas decorrentes de sua inobservância".

A denominada **"cota de tela"** promove intervenção voltada a viabilizar a efetivação **do direito à cultura**, sem, por outro lado, atingir o núcleo dos direitos à livre-iniciativa, à livre concorrência e à propriedade privada, apenas adequando as liberdades econômicas à sua função social.

No mesmo sentido, a decisão proferida pelo **STF em 18.03.2021** quando do julgamento do **RE 1.070.522/PE** que resultou na seguinte **tese de Repercussão Geral**: "São constitucionais os procedimentos licitatórios que exijam percentuais mínimos e máximos a serem observados pelas emissoras de rádio na produção e transmissão de programas culturais, artísticos e jornalísticos locais, nos termos do artigo 221 da Constituição Federal de 1988".

Destaque ainda para o **precedente** do STF, quando do julgamento, em 26.03.2021, do **RE 635.546/MG,** em que **a Corte fixou a seguinte tese: "A equiparação de remuneração entre empregados da empresa tomadora de serviços e empregados da** empresa contratada (terceirizada) fere o princípio da livre-iniciativa, por se tratar de agentes econômicos distintos, que não podem estar sujeitos a decisões empresariais que não são suas".

Outrossim, destacou a Corte que ofende os princípios da livre-iniciativa e da livre concorrência compelir empresa contratada para prestação de serviços terceirizados a pagar remuneração em padrões idênticos aos da empresa contratante (tomadora dos serviços), por serem titulares de possibilidades econômicas distintas.

Reiterou ainda que, no exame da **ADPF 324**, o **Supremo Tribunal Federal reconheceu a constitucionalidade da terceirização de atividade-fim e de atividade--meio**. A **terceirização** das atividades tem **amparo nos princípios constitucionais da livre-iniciativa e da livre concorrência**, que asseguram aos agentes econômicos a liberdade de decidir como estruturarão seus negócios. Esses princípios vedam que se imponha à empresa contratada as decisões empresariais da tomadora do serviço sobre quanto pagar a seus trabalhadores, e vice-versa.

De outra parte, cumpre consignar ter a nossa **Constituição** se preocupado também com a **vertente social de nossa ordem econômica**, ao estipular a **valorização** do **trabalho humano** como outro de seus **fundamentos** e preconizar que seu objetivo é assegurar a todos **existência digna**, conforme os ditames da **justiça social (arts. 1.º, III e IV e 170, *caput*, da CF)**.

Seguindo essa linha, permitiu-se a **participação do Estado na exploração da atividade econômica**, em caráter excepcional, mediante o cumprimento de determinadas balizas, com o claro intuito de **preservar os interesses da coletividade**, evitando assim uma concorrência desigual.

Nesse sentido, ainda, é que se justifica a presença, entre os **princípios** que serão analisados no tópico seguinte, de alguns com **forte apelo social**, caso da função social da propriedade **(art. 170, III)**, da defesa do consumidor **(art. 170, V)**, da defesa do meio ambiente **(art. 170, VI)**, da redução das desigualdades regionais e sociais **(art. 170, VII)**, da busca do pleno emprego **(art. 170, VIII)** e do tratamento favorecido para as empresas de pequeno porte **(art. 170, IX)**.

A importância do tema relativo à ordem econômica surgiu pela primeira vez em nosso país na Constituição de 1934, marcada fortemente pelas influências trazidas pela Constituição de Weimar de 1919, bem como pela Constituição Mexicana de 1917, de nítida tendência social.

Para melhor visualização, observe-se o quadro a seguir:

FUNDAMENTOS DA ORDEM ECONÔMICA	▪ valorização do trabalho humano (arts. 1.º, IV e 170, *caput*, da CF) ▪ livre-iniciativa (arts. 1.º, IV e 170, *caput*, da CF)
OBJETIVO	Assegurar a todos existência digna, conforme os ditames da justiça social (arts. 1.º, III e 170, *caput*, da CF)

18 ■ Ordem Econômica

18.1.1. Lei n. 13.874/2019 (Liberdade econômica)

Referida legislação, editada para **regulamentar os arts. 170 e 174 da CF**, instituiu a Declaração de Direitos de Liberdade Econômica, estabelecendo **normas de proteção à livre-iniciativa e ao livre exercício de atividade econômica** e disposições sobre a **atuação do Estado como agente normativo e regulador**.

Em seu **art. 2.º**, relacionou os **princípios** que vão presidir essa declaração de liberdade econômica, com destaque para o inc. III, em que assinala o caráter subsidiário e excepcional da intervenção do Estado. Confira-se:

Art. 2.º São princípios que norteiam o disposto nesta Lei:

I — a liberdade como uma garantia no exercício de atividades econômicas;

II — a boa-fé do particular perante o poder público;

III — a **intervenção subsidiária e excepcional do Estado** sobre o exercício de atividades econômicas; e

IV — o reconhecimento da vulnerabilidade do particular perante o Estado.

Parágrafo único. Regulamento disporá sobre os critérios de aferição para afastamento do inciso IV do *caput* deste artigo, limitados a questões de má-fé, hipersuficiência ou reincidência.

Em seu **art. 4.º** encontram-se previstas situações configuradoras de **abuso do poder regulatório do Estado** que levam à declaração de sua inconstitucionalidade, com destaque para as previsões estabelecidas nos incisos I, II, III, IV e VII. Confira-se:

Art. 4.º É dever da administração pública e das demais entidades que se vinculam a esta Lei, no exercício de regulamentação de norma pública pertencente à legislação sobre a qual esta Lei versa, exceto se em estrito cumprimento a previsão explícita em lei, evitar o abuso do poder regulatório de maneira a, indevidamente:

I — criar reserva de mercado ao favorecer, na regulação, grupo econômico, ou profissional, em prejuízo dos demais concorrentes;

II — redigir enunciados que impeçam a entrada de novos competidores nacionais ou estrangeiros no mercado;

III — exigir especificação técnica que não seja necessária para atingir o fim desejado;

IV — redigir enunciados que impeçam ou retardem a inovação e a adoção de novas tecnologias, processos ou modelos de negócios, ressalvadas as situações consideradas em regulamento como de alto risco;

(...)

VII — introduzir limites à livre formação de sociedades empresariais ou de atividades econômicas; (...)

Em seu **art. 7.º** a lei traz importante novidade, **separando o patrimônio dos sócios das empresas**, que não poderá ser utilizado para fazer frente às dívidas por elas contraídas. Outrossim, autoriza a **desconsideração da personalidade jurídica para a apuração de ilegalidades**. Confira-se:

Art. 7.º A Lei n. 10.406, de 10 de janeiro de 2002 (Código Civil), passa a vigorar com as seguintes alterações:

754 Direito Administrativo Esquematizado   *Celso Spitzcovsky*

"Art. 49-A. A pessoa jurídica não se confunde com os seus sócios, associados, instituidores ou administradores. (...)

Art. 50. Em caso de abuso da personalidade jurídica, caracterizado pelo desvio de finalidade ou pela confusão patrimonial, pode o juiz, a requerimento da parte, ou do Ministério Público quando lhe couber intervir no processo, desconsiderá-la para que os efeitos de certas e determinadas relações de obrigações sejam estendidos aos bens particulares de administradores ou de sócios da pessoa jurídica beneficiados direta ou indiretamente pelo abuso. (...)".

De outra parte, merece também destaque a previsão estabelecida em seu **art. 13**, que atribui **competência para o Conselho Administrativo de Recursos Fiscais, bem como à Procuradoria-Geral da Fazenda Nacional, para a edição de súmulas tributárias**. Confira-se:

Art. 13. A Lei n. 10.522, de 19 de julho de 2002, passa a vigorar com as seguintes alterações:

"Art. 18-A. Comitê formado de integrantes do Conselho Administrativo de Recursos Fiscais, da Secretaria Especial da Receita Federal do Brasil do Ministério da Economia e da Procuradoria-Geral da Fazenda Nacional editará enunciados de súmula da administração tributária federal, conforme o disposto em ato do Ministro de Estado da Economia, que deverão ser observados nos atos administrativos, normativos e decisórios praticados pelos referidos órgãos".

Por fim, em atenção ao tratamento diferenciado previsto no **art. 170, IX, da CF**, importante destacar a **eliminação da exigência de alvará de funcionamento para atividades de baixo risco**, matéria que, nada obstante exigir regulamentação, tem por alvo basicamente as micro e pequenas empresas, que deixarão de enfrentar a enorme burocracia hoje existente para que sejam constituídas.

Para melhor visualização dos itens desenvolvidos, confira-se o seguinte quadro:

LEI N. 13.874/2019	
Objeto: normas de proteção à livre-iniciativa e ao livre exercício de atividades econômicas	Art. 1.º
Princípios	Art. 2.º
Hipóteses configuradoras de abuso de poder regulatório	Art. 4.º
Separação do patrimônio dos sócios em face das dívidas da empresa	Art. 7.º
Competência para a edição de súmulas tributárias	Art. 13
Retirada da exigência de alvará de funcionamento para atividades de baixo risco	Art. 3.º, I

18.2. PRINCÍPIOS

O **rol** de **princípios** balizadores de toda a ordem econômica foi **ampliado** em relação à Constituição anterior, trazendo **alterações importantes**, incluindo temas candentes como os da **defesa do consumidor**, do **meio ambiente**, da **redução das desigualdades regionais e sociais** e da **busca do pleno emprego**.

18 ■ Ordem Econômica   755

Assim, a liberdade para o **exercício** de qualquer **atividade econômica** só será considerada **legítima** se e na medida em que estiver voltada ao **atingimento** da **justiça social e** ao atendimento dos **princípios** elencados nos incisos do **art. 170**.

Trata-se de dispositivo de **caráter cogente** tanto para a **Administração Pública**, direta e indireta, quanto para a **iniciativa privada**.

18.2.1. Princípio da soberania nacional

O princípio em tela surge como um **desdobramento** do previsto no **inciso I do art. 1.º** do **Texto Constitucional**, que coloca a soberania como um dos fundamentos da República Federativa do Brasil.

A intenção da Constituição surge cristalina, ou seja, é a de procurar **assegurar** a **autonomia econômica** do **Brasil** em relação aos demais Estados.

Essa **tendência**, de resto, vem demonstrada em outros passos de nossa Lei Maior ao se conferir, por exemplo, **tratamento favorecido** às **empresas** de **pequeno porte**, constituídas sob as leis brasileiras e que tenham sua sede e administração no País, consoante redação oferecida pela EC n. 6/95 ao **inciso IX do art. 170**.

Sem embargo, esse princípio deve ser entendido à luz da nova ordem internacional, que, sem dúvida, tornou obsoleto o conceito clássico de soberania nacional.

Com efeito, hoje é absolutamente ilusório pensar em soberania como a prerrogativa do Estado de, no **âmbito interno**, decidir de maneira incontrastável sobre todas as questões e, no **externo**, de manter uma **relação de coordenação com os demais Estados**.

Cada vez mais se torna **evidente a interferência internacional na gestão dos negócios internos dos Estados**, a dependência das nações subdesenvolvidas ou em desenvolvimento relativamente àquelas mais ricas e, inclusive, a intervenção armada, os embargos econômicos e o isolacionismo a que são condenados os Estados que se rebelam contra a dominação explícita a que os querem submeter.

Dessa forma, há que se entender o princípio da **soberania nacional** como aquele que **impõe ao Estado a necessidade de planejar as atividades econômicas de maneira a garantir a autonomia da Nação relativamente àqueles setores que são essenciais a sua continuidade**.

18.2.2. Princípio da propriedade privada e função social da propriedade

A preocupação com esse tema foi intensa, refletindo em diversos Capítulos do Texto Constitucional. Com efeito, o **direito de propriedade** surge regulamentado nos **incisos XXII a XXV do art. 5.º**, nos quais são fixados os seus contornos.

Nesse sentido, os princípios ora em análise não poderão discrepar do previsto no restante do Texto Constitucional. Assim é que o direito de **propriedade assume** uma **feição relativa** e **não absoluta**, já que **subordinado** ao **cumprimento** de sua **função social**.

Por seu turno, o princípio da **função social da propriedade** não se encontra marcado por um vazio semântico. É que suas balizas, tanto para a propriedade **urbana como** para a **rural**, estão claramente definidas, respectivamente, nos **arts. 182, § 2.º, e 186 do Texto Magno**, conforme já visto no capítulo 15.

756 Direito Administrativo Esquematizado   *Celso Spitzcovsky*

Assim, em síntese, tem-se que a **utilização** da **propriedade** é plenamente autorizada desde que voltada ao **cumprimento** dos **princípios** de **toda a ordem econômica**, da qual surge como um dos alicerces.

Desse modo, **fica proibida**, por exemplo, **a utilização da propriedade que resulte em agressão ao meio ambiente e à soberania nacional**.

18.2.3. Princípio da livre concorrência

O princípio da livre concorrência surge como um **desdobramento** da **livre-iniciativa**, inserido como um dos fundamentos da ordem econômica.

Tem por **objetivo impedir** a **formação de monopólio** no mercado, conforme se verifica do disposto no **art. 173, § 4.º**, assim redigido:

> **Art. 173. (...)**
> § 4.º A lei reprimirá o abuso do poder econômico que vise à dominação dos mercados, à eliminação da concorrência e ao aumento arbitrário dos lucros.

Nesse sentido, de forma a permitir a concessão de **igualdade de condições a todos os que venham a exercer atividade econômica** foi que a Constituição estipulou como regra geral "o livre exercício de atividade econômica, independentemente de autorização do Poder Público", conforme estipula o **art. 170, parágrafo único**.

De igual sorte, cuidou de **excepcionar** essa **regra geral** ao conferir, no **inciso IX do art. 170**, tratamento favorecido para as empresas de pequeno porte constituídas sobre as leis brasileiras e que tenham sua sede e administração no País. Também abriu **perspectiva** para que o **legislador** infraconstitucional possa relacionar **hipóteses** em que o exercício de atividade econômica **dependa de autorização do Poder Público (art. 170, parágrafo único)**.

Por fim, cumpre registrar que, em respeito a esse princípio, o **STF** houve por bem editar as **Súmulas Vinculantes 38 e 49**, e o **STJ**, a **Súmula 19**. Confira-se:

SÚMULA VINCULANTE 38: É competente o Município para fixar o horário de funcionamento de estabelecimento comercial.

SÚMULA VINCULANTE 49: Ofende o princípio da livre concorrência lei municipal que impede a instalação de estabelecimentos comerciais do mesmo ramo em determinada área.

SÚMULA 19/STJ: A fixação do horário bancário, para atendimento ao público, é da competência da União.

18.2.4. Princípio da defesa do consumidor

A nomeação desse princípio entre aqueles que direcionam a ordem econômica reflete a preocupação do Texto Constitucional em seguir a **tendência mundial** sobre esse tema.

Destarte, as **relações** de **consumo retratam** assunto relativo a **direitos difusos**, na medida em que somos todos, potencialmente, consumidores, inclusive o próprio Estado.

18 ■ Ordem Econômica   757

Outra não foi, aliás, a razão pela qual a Constituição trouxe previsão dessa matéria em outros Títulos, elegendo-a como **direito fundamental (art. 5.º, XXXII)**, o que resultou na edição da **Lei n. 8.078/90 (Código de Defesa do Consumidor)**.

Nesse sentido, **qualquer pessoa que pretenda atuar na área econômica, seja integrante da iniciativa privada ou o próprio Estado, deverá condicionar-se ao cumprimento dos direitos do consumidor**.

Nesse particular, serve de exemplo a previsão contida no **art. 150, § 5.º, da CF,** que determina o esclarecimento dos consumidores acerca dos impostos incidentes sobre mercadorias e serviços.

18.2.5. Princípio da defesa do meio ambiente

18.2.5.1. Diretrizes constitucionais

Elevado ao nível constitucional pela primeira vez, o princípio referido passa a **condicionar toda a atividade produtiva ao respeito ao meio ambiente**, nos termos do **art. 170, VI**, cuja redação foi alterada pela EC n. 42/2003:

Art. 170. (...)

VI — defesa do meio ambiente, inclusive mediante tratamento diferenciado conforme o impacto ambiental dos produtos e serviços e de seus processos de elaboração e prestação.

Dessa forma, **possibilita** ao **Poder Público** interferir, exercendo o **poder** de **polícia**, para que esse objetivo seja cumprido.

De outra parte, seguindo a mesma tendência, a Constituição nomeou a **preservação** do **meio ambiente** como uma das exigências caracterizadoras do **cumprimento** da **função social** da **propriedade rural**, como já visto no capítulo 15 **(art. 186, II)**.

Logo, a **propriedade** que **não seguir** essa **diretriz** ficará sujeita à **desapropriação** por interesse social para fins de **reforma agrária**, nos termos propostos pelo **art. 184**.

O **meio ambiente** foi **alçado** à **condição** de **bem de uso comum do povo**, e, portanto, qualquer atividade que provoque seu desequilíbrio abre oportunidade ao Poder Público para tomar as atitudes a ele permitidas pelo art. 225.

Nesse sentido, no mesmo dispositivo estabeleceu a Lei Maior, e nem poderia ser diferente, não só o **dever** do **Poder Público** de **defendê-lo** e **preservá-lo**, mas também os meios para tornar efetivo o cumprimento dessas diretrizes.

Dentro desse contexto, merecem destaque as previsões contidas nos **incisos I, III, IV e VII do art. 225, § 1.º, da Lei Maior**, em vista das características apresentadas:

Art. 225. (...)

§ 1.º Para assegurar a efetividade desse direito, incumbe ao Poder Público:

I — preservar e restaurar os processos ecológicos essenciais e prover o manejo ecológico das espécies e ecossistemas; (...)

III — definir, em todas as unidades da Federação, espaços territoriais e seus componentes a serem especialmente protegidos, sendo a alteração e a supressão permitidas somente através de lei, vedada qualquer utilização que comprometa a integridade dos atributos que justifiquem sua proteção;

IV — exigir, na forma da lei, para instalação de obra ou atividade potencialmente causadora de significativa degradação do meio ambiente, estudo prévio de impacto ambiental, a que se dará publicidade; (...)

VII — proteger a fauna e a flora, vedadas, na forma da lei, as práticas que coloquem em risco sua função ecológica, provoquem a extinção de espécies ou submetam os animais a crueldade.

De resto, os próprios **dispositivos constitucionais** invocados são, com apoio sólido em jurisprudência e doutrina, os **responsáveis** pela possibilidade de **obtenção** de medidas **liminares** para **paralisar atitudes** tomadas pelo **Poder Público** que possam **comprometer** o **equilíbrio ambiental**.

A **ausência** de atenção à **preservação ambiental** é razão jurídica suficiente a caracterizar o *fumus boni iuris*, tendo em vista as **diretrizes** fixadas pela **Constituição** Federal. De outra parte, o *periculum in mora* estará presente, quando evidente o **risco** de **danos irreparáveis** para o **meio ambiente**, o que se verifica, a título de exemplo, com a propositura de uma ação de desapropriação incidindo sobre área de preservação permanente.

Com efeito, o **prejuízo ambiental** restará não só **inequívoco**, mas de **difícil reversão**, ao passo que a concessão da medida liminar pleiteada não trará maiores prejuízos.

Não se pode perder de vista que a **não concessão** de medida **liminar** acabará por **atingir** o **princípio da preservação**, centrado no pressuposto de que mais vale prevenir a ocorrência de danos ambientais que simplesmente remediá-los.

Esse princípio encontra-se implícito, como já se disse, no **art. 225** da **Lei Maior**, através da exigência do cumprimento de diversos requisitos para a instalação de atividades que impliquem degradação ambiental, em especial pela exigência de apresentação de **Estudo Prévio de Impacto Ambiental**.

Essas diretrizes trazem, subjacente, a ideia de que, perante **incertezas** acerca dos **perigos** que determinada **atividade** causa, dever-se-á **acautelar** antes de mais acerca do **risco ambiental**.

Sobre o mesmo tema, confira-se a seguinte decisão proferida pelo **STF**, em **28.04.2022**, quando do julgamento da **ADI 6808/DF**:

> "É inconstitucional a concessão automática de licença ambiental no sistema responsável pela integração (Redesim) para o funcionamento de empresas que exerçam atividades de risco médio nos termos da classificação estabelecida em ato do Poder Público. O licenciamento ambiental dispõe de base constitucional e não pode ser suprimido, ainda que de forma indireta, por lei. Também não pode ser simplificado a ponto de ser esvaziado, salvo se a norma que o excepcionar apresentar outro instrumento apto a assegurar a proteção ao meio ambiente com igual ou maior qualidade."

No mesmo sentido, as conclusões da **Corte Suprema**, por meio do voto proferido pelo Ministro Carlos Britto em sede de **AgRg na Medida Cautelar em Ação Cível Originária n. 876-0-BA**, em 2007. Confira-se:

"A partir desse artigo, é que surgem vários princípios de caráter ambiental, como o princípio da precaução e o da prevenção, que embora coloquialmente sejam palavras sinônimas, sejam coisas iguais, tecnicamente não. Um, objetiva evitar riscos ao meio ambiente, com todas as medidas necessárias de prevenção; outro, que é o da Precaução, traduz-se no seguinte: em caso de dúvida, se há ou não há lesão ao meio ambiente, não se faz a obra. Estanca-se ou paralisa-se a atividade".

Dentro desse contexto, na **hipótese** de **dúvida**, *in dubio pro ambiente*, incorporando a ideia de **risco** no rol dos **princípios ambientais**, promovendo uma **inversão do ônus da prova**, no sentido de que é o potencial poluidor quem passa a ter de provar que sua atividade não causa danos ao meio ambiente.

De resto, outra não foi a orientação adotada pelo **Superior Tribunal de Justiça**, sustentando, com base nesse princípio da precaução, a **possibilidade de inversão do ônus da prova nas demandas ambientais**, carreando ao réu (suposto poluidor) a obrigação de provar que sua atividade não é perigosa nem poluidora. Confira-se:

"(...) Processual civil e ambiental — Ação civil pública — Dano ambiental — Adiantamento de honorários periciais pelo *Parquet* — Matéria prejudicada — Inversão do ônus da prova — Art. 6.º VIII da Lei 8.078/1990 c/c o art. 21 da Lei 7.347/1985 — Princípio da precaução
1. (...)
2. (...)
3. Justifica-se a inversão do ônus da prova, transferindo-se para o empreendedor da atividade potencialmente perigosa o ônus de demonstrar a segurança do empreendimento, a partir da interpretação do art. 6.º VIII da Lei n. 8.078/90 c/c o art. 21 da Lei n. 7.347/85, conjugada ao princípio ambiental da precaução" (REsp 972.902-RS, rel. Min. Eliana Calmon. j. 25.08.2009).

Nesse particular, importante ainda conferir o verbete da Súmula 618/STJ:

SÚMULA 618/STJ: A inversão do ônus da prova aplica-se às ações de degradação ambiental.

Confira-se ainda, decisão proferida pelo **STF**, em **28.04.2022**, quando do julgamento da **ADPF 651/DF**:

"São inconstitucionais as normas que, a pretexto de reestruturarem órgãos ambientais, afastam a participação da sociedade civil e dos governadores do desenvolvimento e da formulação de políticas públicas, bem como reduzem, por via de consequência, o controle e a vigilância por eles promovidos".

Por fim, vale a referência para a orientação consolidada ao nível do **STF** acerca da **imprescritibilidade da responsabilidade por danos ambientais**, conforme noticiado no **capítulo 13, item 13.4.3**.

18.2.6. Princípio da redução das desigualdades regionais e sociais

O princípio em análise aparece como **corolário** do **disposto** no **art. 3.º** do **Texto Constitucional**, que insere entre os objetivos fundamentais da República Federativa do Brasil a **erradicação** da **pobreza** e a **redução** das **desigualdades regionais** e **sociais**.

Assim, toda atividade desenvolvida pelo Poder Público, bem como pela iniciativa privada, que implique **exploração** de **atividade econômica** deverá levar em consideração o **respeito** não só a esse **princípio** como a todos os demais, **sob pena de inconstitucionalidade**.

Esse princípio autoriza a concessão, por exemplo, de incentivos fiscais, por parte do Poder Público, visando ao incremento da atividade econômica em certas regiões, de forma a reduzir as desigualdades.

18.2.7. Princípio da busca do pleno emprego

Esse princípio é de importância candente, na medida em que deve surgir como **balizador** das **políticas econômicas** a serem desenvolvidas e idealizadas pelo Estado brasileiro.

Assim é que qualquer **política** desenvolvida pelo Poder Público que **provoque efeitos recessivos**, gerando **desemprego**, estará em claro descompasso com o previsto nesse dispositivo da Constituição, podendo, pois, ser declarada **inconstitucional**, além de possibilitar a **responsabilização** de seus autores.

Sem embargo, reduzir a aplicabilidade desse princípio somente à ótica anteriormente analisada implicaria amesquinhar por demais a intenção do Constituinte ao inseri-lo na ordem econômica.

Na era da globalização em que vivemos e em razão da extrema competitividade existente no mercado de trabalho, dar **cumprimento a esse princípio** se traduz, também, na **obrigação** atribuída ao **Poder Público** de **preparar**, de forma adequada a sua **população** para o enfrentamento dessa acirrada disputa.

Em outras palavras, significa **oferecer as condições mínimas** para que o indivíduo possa sair do seu curso profissionalizante apto a **enfrentar** o **mercado de trabalho**.

Assim, significa a obrigação de o Poder Público **investir verbas** suficientes na área de **educação** de forma a abrir a um número cada vez maior de pessoas a possibilidade de **ingresso** nesse **mercado de trabalho**.

Com efeito, a busca desenfreada pela abertura de novos postos de trabalho para combater o processo recessivo que atinge a economia mundial, por si só não se revela suficiente para a resolução desse impasse se não vier acompanhada das medidas necessárias ao preparo do indivíduo para o ingresso nesse mercado.

Em síntese, pois, representa um **conjunto** de **obrigações** a serem **implementadas pelo Estado de forma a concretizar os fundamentos da ordem econômica, mas com íntima relação com a ordem social**.

Por fim, **em respeito** a **esse princípio**, justifica-se a possibilidade de o Poder Público atribuir aos chamados **serviços sociais autônomos** o benefício de **isenção** de **contribuição** para a **seguridade social**, tendo em vista executarem eles serviços de interesse público que levam à geração de empregos.

18 ▪ Ordem Econômica   761

É a situação em que se encontram as pessoas jurídicas integrantes do chamado "sistema S", vale dizer, Sesc, Senac, Senai, Sebrae.

A propósito, oportuna a reprodução do **art. 240 da Constituição Federal**:

Art. 240. Ficam ressalvadas do disposto no art. 195 as atuais contribuições compulsórias dos empregadores sobre a folha de salários, destinadas às entidades privadas de serviço social e de formação profissional vinculadas ao sistema sindical.

18.2.8. Princípio do tratamento favorecido para empresas de pequeno porte

Esse princípio, alojado no **inciso IX** do **art. 170**, cuja redação foi dada pela **EC n. 6/95**, teve o condão de oferecer maior grau de concretude aos fundamentos da ordem econômica, na medida em que **valoriza o trabalho**, **de acordo com os ditames da justiça social**.

É aí que surgem as **empresas de pequeno porte**, ao lado das **microempresas**, como as **maiores geradoras de emprego**. Pode-se mesmo afirmar que representam mais de 50% de todos os empregos oferecidos no País, constituindo-se em **base da economia nacional**.

Dessa forma, a atribuição de tratamento favorecido para as empresas de pequeno porte, constituídas sob as leis brasileiras e que tenham sua sede e administração no País, tem o intuito de **garantir-lhes condições mínimas** de **competição com as demais**.

Nesse sentido, cumpre observar que esse **tratamento favorecido**, embora carente de melhor delineamento, não poderá ser feito de forma arbitrária, mas, tão somente, **direcionado ao cumprimento das diretrizes eleitas pela Constituição**.

A título de **exemplo**, a própria Constituição autoriza a concessão de incentivos visando à **simplificação** de suas **obrigações administrativas**, **tributárias**, **previdenciárias** e **creditícias**, ou pela eliminação ou redução destas por meio de lei, consoante o disposto no **art. 179**. Confira-se:

Art. 179. A União, os Estados, o Distrito Federal e os Municípios dispensarão às microempresas e às empresas de pequeno porte, assim definidas em lei, tratamento jurídico diferenciado, visando a incentivá-las pela simplificação de suas obrigações administrativas, tributárias, previdenciárias e creditícias, ou pela eliminação ou redução destas por meio de lei.

Nesse sentido, o conteúdo da **Lei n. 9.317**, de 5 de dezembro de **1996**, que, ao dispor sobre o **regime tributário** das microempresas e das empresas de pequeno porte, instituiu o **Simples** (Sistema Integrado de Pagamento de Impostos e Contribuições). Passou a tratar, também, do assunto a **Lei n. 9.841**, de 5 de outubro de **1999**.

Em conclusão, os fundamentos da nossa ordem econômica indicam a presença de uma economia de mercado de natureza capitalista, que, entretanto, prioriza a valorização do trabalho humano.

De outra parte, cumpre salientar que a regra segundo a qual a Constituição Federal tem por fim assegurar a todos existência digna, conforme os ditames da justiça social, deve ser entendida como um superprincípio a nortear a interpretação de todos os demais esculpidos nos diversos incisos do art. 170.

762 Direito Administrativo Esquematizado   *Celso Spitzcovsky*

Para melhor visualização deste item, observe-se o quadro:

PRINCÍPIOS	
SOBERANIA NACIONAL	Assegura a autonomia econômica do Brasil em relação aos demais Estados (art. 170, I, da CF), apresentando-se ainda como um dos fundamentos da República Federativa do Brasil (art. 1.º, I, da CF).
PROPRIEDADE PRIVADA	■ Assegura a inviolabilidade da propriedade em face da execução de atividades econômicas (art. 170, II, da CF). ■ Reitera-se a regra estabelecida no art. 5.º, *caput* e inciso XXII, da CF.
FUNÇÃO SOCIAL DA PROPRIEDADE	Nenhuma atividade econômica poderá atentar contra a função social da propriedade (art. 5.º, XXIII, da CF), nos termos estabelecidos nos arts. 182, § 2.º, e 186 da CF. Previsto no art. 170, III.
LIVRE CONCORRÊNCIA	Garante a igualdade de condições entre os que exploram a atividade econômica (art. 173, § 1.º, II, e 173, § 2.º, da CF); inibe a formação de monopólios (art. 170, IV, da CF), e impede a edição de leis que restrinjam, de forma indevida, a instauração de competição (Súmula Vinculante 49).
DEFESA DO CONSUMIDOR	Nenhuma atividade econômica será legítima se afrontar direitos do consumidor (arts. 170, V, e 5.º, XXXII, da CF).
DEFESA DO MEIO AMBIENTE	Condiciona toda a atividade econômica ao respeito ao meio ambiente (arts. 170, VI, e 225 da CF).
REDUÇÃO DAS DESIGUALDADES REGIONAIS SOCIAIS	Condiciona o exercício da atividade econômica, surgindo como corolário do art. 3.º, III, da CF, que prevê como objetivo fundamental a erradicação da pobreza, da marginalização e a redução dessas desigualdades (art. 170, VII, da CF).
BUSCA DO PLENO EMPREGO	Condiciona o exercício de atividades econômicas, em especial aquelas que provoquem efeitos recessivos gerando desemprego (art. 170, VIII, da CF), autorizando ainda a concessão de benefícios para os serviços sociais autônomos (art. 240 da CF).
TRATAMENTO FAVORECIDO PARA EMPRESAS DE PEQUENO PORTE	Tem por objetivo fortalecer o princípio da livre concorrência, permitindo que essas empresas possam atuar no mercado, gerando mais empregos (arts. 170, IX, e 179 da CF), Lei n. 9.317, de 5 de dezembro de 1996, que dispõe sobre o regime tributário das microempresas e das empresas de pequeno porte e instituiu o Simples (Sistema Integrado de Pagamento de Impostos e Contribuições); e Lei n. 9.841, de 5 de outubro de 1999.

18.3. MODOS DE ATUAÇÃO DO ESTADO NA ECONOMIA

A Constituição reservou para o Estado a possibilidade de atuar na ordem econômica, em caráter excepcional, de quatro formas diferenciadas:

a) como explorador da atividade econômica (art. 173);

b) como prestador de serviços públicos (art. 175);

c) como executor de atividades monopolísticas (art. 177);

d) como agente normativo e regulador (art. 174).

18.3.1. Como explorador de atividade econômica

Quando da exploração da atividade econômica, tem como **destinatários** não só a **União**, mas de igual sorte as demais esferas de Governo integrantes da Federação, quais sejam, **Estados-membros**, **Municípios** e **Distrito Federal**, só poderá a Administração Pública atuar, como regra geral, para fazer frente às **hipóteses** descritas no **art. 173**, vale dizer, para a preservação da **segurança nacional** e diante de situações de **relevante interesse coletivo**.

Sem embargo, importante observar que em sua atuação **não poderá** ser **atribuída** ao Estado **nenhuma prerrogativa que não seja estendida para o setor privado** que com ele compete, por força dos princípios elencados no **art. 170**, em especial o da **livre concorrência**.

Com efeito, **não faria** o **menor sentido** o Estado explorar qualquer atividade econômica, em concorrência, pois, com a iniciativa privada, **gozando de privilégios** a ele inerentes, vale dizer, **imunidade tributária, imprescritibilidade, impenhorabilidade e inalienabilidade de seus bens**.

À evidência, surgem essas prerrogativas como instrumentos que devem ser utilizados pelo administrador de molde a atingir o interesse público, do qual é mero gestor e não proprietário.

Assim, não encontra o menor respaldo, quando da exploração de qualquer atividade econômica, a inserção desses **privilégios**, pois deixaria em **situação de** nítida **desvantagem** os setores da **iniciativa privada** que com a Administração viessem a concorrer.

De resto, cumpre observar que essa situação teria o condão de colocar em **derrocada** o **princípio** da **livre concorrência** e, como corolário, o da **livre-iniciativa**, do qual é fiel expressão e que surge como um dos fundamentos da nossa ordem econômica e financeira, nos termos do previsto no **art. 170**.

Assim, pois, cumpre salientar que a submissão a **regime idêntico** ao da **iniciativa privada só se aplica** quando o Estado **explorar atividade econômica**.

Importante salientar que **essa diretriz permanecerá** em vigor mesmo naquelas situações em que o Estado estiver atuando, na **atividade econômica, por meio de empresas públicas ou sociedades de economia mista**, o que mereceu preocupação especial da Constituição, consoante se verifica da redação do **§ 1.º do art. 173**, bem como de seus incisos, oferecida pela EC n. 19/98:

> **Art. 173.** (...)
> § 1.º A lei estabelecerá o estatuto jurídico da empresa pública, da sociedade de economia mista e de suas subsidiárias que explorem atividade econômica de produção ou comercialização de bens ou de prestação de serviços, dispondo sobre:
> I — sua função social e formas de fiscalização pelo Estado e pela sociedade;
> II — a sujeição ao regime jurídico próprio das empresas privadas, inclusive quanto aos direitos e obrigações civis, comerciais, trabalhistas e tributários;
> III — licitação e contratação de obras, serviços, compras e alienações, observados os princípios da administração pública;
> IV — a constituição e o funcionamento dos conselhos de administração e fiscal, com a participação de acionistas minoritários;
> V — os mandatos, a avaliação de desempenho e a responsabilidade dos administradores.

Nesse particular, cumpre relembrar que o referido **dispositivo constitucional** foi objeto de **regulamentação** por meio da edição da **Lei n. 13.303/2016**, que ficou conhecida como **Lei de Responsabilidade das Estatais**, matéria analisada no capítulo 6, itens 6.4.7 a 6.4.12.

764 Direito Administrativo Esquematizado · *Celso Spitzcovsky*

Sem embargo, sobre esse tema, importante destacar decisão proferida pelo **Supremo Tribunal Federal**, em **23.06.2022**, quando do julgamento da **ADI 3396**, ajuizada pelo **Conselho Federal da OAB**, segundo a qual os **advogados** empregados de **empresas públicas e de sociedade de economia mista exploradoras de atividade econômica, em regime concorrencial, devem seguir as regras previstas no estatuto da categoria** (Lei n. 8.906/94) referentes à jornada de trabalho, ao salário, ao recebimento dos honorários de sucumbência, submetidos ao teto remuneratório previsto no **art. 37, XI, da CF**.

No mesmo julgado, importante destacar a exceção para advogados de estatais, que não recebam recursos do Estado para pagamento de pessoal e custeio, nem exerçam atividade em regime monopolístico.

Para melhor visualização, verifique-se o quadro:

HIPÓTESES	A exploração de atividades econômicas pelo Estado só se legitima se recair em uma das hipóteses previstas no art. 173, *caput*, da CF ▣ segurança nacional ▣ relevante interesse coletivo
REGIME JURÍDICO	Submete-se o Estado ao mesmo regime jurídico das empresas privadas, inclusive quanto aos direitos e obrigações civis, comerciais, trabalhistas e tributários (art. 173, § 1.º, II, da CF)
PESSOAS	O Estado só poderá explorar atividades econômicas por intermédio de empresas públicas e sociedades de economia mista, disciplinadas por legislação específica (art. 173, § 1.º, da CF e Lei n. 13.303/2016)
PRIVILÉGIOS	As empresas públicas e sociedades de economia mista, em respeito ao princípio da livre concorrência, não poderão perceber nenhum privilégio que não se estenda para a iniciativa privada (art. 173, § 2.º, da CF)
REGIME DE TRABALHO DE SEUS ADVOGADOS	Submissão às regras previstas no Estatuto da Categoria (Lei n. 8.906/94), referentes à jornada de trabalho, ao salário, ao recebimento dos honorários de sucumbência, submetidos ao teto remuneratório previsto no art. 37, XI, da CF

18.3.2. Como prestador de serviços públicos

De início, cumpre enfrentar problema de difícil solução, consistente em saber a exata **conceituação** da expressão **"serviço público"**.

Com efeito, diversas incursões a esse tema foram feitas, chegando autores de nomeada a conclusões diversas.

Nesse sentido, ainda, levando em consideração a necessidade de interpretar as normas constitucionais não de forma isolada do contexto em que se inserem, mas, ao revés, de forma sistemática de molde a adequá-las aos demais preceptivos, preferimos adotar a **classificação proposta pelo ex-Ministro do STF Eros Roberto Grau**. O eminente jurista, abeberando-se em nossa forma federativa de Estado, partiu da premissa de que por serviços públicos se entendem **aqueles** que **devem ser exercidos, por expressa disposição constitucional**, pela União, Estados, Municípios e Distrito Federal. Confira-se:

"Cumpre distinguir, desde logo, os serviços públicos privativos dos serviços públicos não privativos. Entre os primeiros, aqueles cuja prestação é privativa do Estado (União, Estado-membro, ou Município), ainda que admitida a possibilidade de entidades do setor privado desenvolvê-los, apenas e tão somente, contudo, em regime de concessão ou permissão (art. 175 da Constituição de 1988). Entre os restantes — serviços públicos não privativos — aqueles que têm por substrato atividade econômica que tanto pode ser

18 ◼ Ordem Econômica   765

desenvolvida pelo Estado enquanto serviço público, quanto pelo setor privado, caracterizando-se tal desenvolvimento, então, como modalidade de atividade econômica em sentido estrito"¹.

Assim, em síntese, ficará o Estado sujeito a regimes jurídicos diversos na estrita dependência do tipo de atividade por ele levada a efeito.

Quando se tratar de exploração de **atividades econômicas**, atuará em **regime** de **igualdade** com os particulares, **sem** qualquer sorte de **privilégios**, consoante o disposto no § 2.º do art. 173 do Texto Magno e, se pública, com todas as prerrogativas inerentes à sua função de gestor do patrimônio público.

De outro giro, cumpre observar que a prestação do **serviço público**, conforme já observado no capítulo correspondente, tem sua **titularidade** sempre nas mãos da **Administração** com o intuito de proteger o interesse da coletividade.

Por sua vez, essa **prestação** poder-se-á verificar de forma **centralizada**, quando então será prestada **pela própria Administração**, por meio de órgãos seus ou **descentralizada**, quando sua execução será **repassada para terceiros**, integrantes de sua estrutura indireta (**autarquias, fundações, empresas públicas** e **sociedades de economia mista**) ou para particulares, por meio de **concessões, permissões** e **autorizações** de serviços, mediante regras previamente estabelecidas pelo **Poder Público**, o qual **manterá**, ainda, seu **poder** de **fiscalização** sobre o serviço, podendo, ainda, **aplicar penalidades** em razão de seu descumprimento.

É o que se depreende do conteúdo do **art. 175 da Constituição**, cuja redação a seguir se reproduz:

Art. 175. Incumbe ao Poder Público, na forma da lei, diretamente ou sob regime de concessão ou permissão, sempre através de licitação, a prestação de serviços públicos.

Como se verifica, a questão relativa às **concessões** e **permissões** demandou, por expressa disposição constitucional, regulamentação que se deu pela edição das **Leis ns. 8.987**, de 13 de fevereiro de **1995, 9.074**, de 7 de julho de **1995**, e **9.427**, de 27 de dezembro de **1996**, responsável, esta última, pela criação da Agência Nacional de Energia Elétrica (Aneel).

Observe-se o quadro a seguir:

FUNDAMENTO	Art. 175 da CF
LIMITE	A execução de serviços públicos, em razão da localização do art. 175 (ordem econômica), deverá respeitar os limites impostos pelo art. 170 da CF
TITULARIZAÇÃO	A titularização de serviços públicos pertence ao Poder Público, dividida entre as quatro esferas de Governo, por força de diretrizes constitucionais (art. 175 da CF)
FORMAS DE EXECUÇÃO	◼ direta: quando levada a efeito pela própria administração pública ◼ indireta: quando transferida, via concessão e permissão, para particulares que objetivam lucro (art. 175 da CF)
LICITAÇÃO	Necessária quando a execução do serviço for transferida, via concessão e permissão, para particulares que objetivam lucro (art. 175 da CF)

---

¹ GRAU, Eros Roberto. *A ordem econômica na Constituição de 1988*: interpretação e crítica. São Paulo: Malheiros, 1997, p. 149-150.

18.3.3. Como executor de atividades monopolísticas

A terceira forma de atuação do Estado na ordem econômica verifica-se por meio do **exercício de atividades monopolísticas**, a teor do disposto no **art. 177 da CF**:

Art. 177. Constituem monopólio da União:

I — a pesquisa e a lavra das jazidas de petróleo e gás natural e outros hidrocarbonetos fluidos;

II — a refinação do petróleo nacional ou estrangeiro;

III — a importação e exportação dos produtos e derivados básicos resultantes das atividades previstas nos incisos anteriores;

IV — o transporte marítimo do petróleo bruto de origem nacional ou de derivados básicos de petróleo produzidos no País, bem assim o transporte, por meio de conduto, de petróleo bruto, seus derivados e gás natural de qualquer origem;

V — a pesquisa, a lavra, o enriquecimento, o reprocessamento, a industrialização e o comércio de minérios e minerais nucleares e seus derivados, com exceção dos radioisótopos cuja produção, comercialização e utilização poderão ser autorizadas sob regime de permissão, conforme as alíneas *b* e *c* do inciso XXIII do *caput* do art. 21 desta Constituição Federal.

Essas **hipóteses**, que **representam**, por força de expressa disposição constitucional, **exceção** ao **princípio** da **livre-iniciativa** das atividades econômicas, foram objeto de regulamentação por meio da **EC n. 9/95**, que **acabou** por **flexibilizar** as **quatro primeiras hipóteses** de atividades monopolísticas, relacionadas ao **setor petrolífero**, abrindo oportunidade para que a União pudesse contratar a execução dessas atividades com empresas estatais ou privadas, desde que obedecidos os termos da lei na forma do § 1.º, cuja redação foi oferecida pela **EC n. 9/95**:

Art. 177. (...)

§ 1.º A União poderá contratar com empresas estatais ou privadas a realização das atividades previstas nos incisos I a IV deste artigo observadas as condições estabelecidas em lei.

De outra parte, cumpre consignar que a hipótese descrita no **inciso V** teve sua redação também alterada pela **EC n. 49/2006**, que **abriu para a iniciativa privada a possibilidade de produção, comercialização e utilização de radioisótopos sob o regime de permissão**.

Por fim, cumpre anotar que ao longo da Constituição, em especial em seu art. 21, verificam-se algumas **situações de monopólio implícito** relacionadas a serviços públicos, entre as quais se destacam a emissão de moedas (inciso VII) e o serviço postal (inciso X).

Em relação a este último, cumpre recordar que em **2009** o **STF** julgou improcedente a **ADPF 46**, mantendo em vigor os dispositivos da **Lei n. 6.538/78**, em especial o disposto em seu art. 9.º, que estabelece a **exploração** pela **União** dos seguintes serviços em **regime de monopólio**:

Art. 9.º São exploradas pela União, em regime de monopólio, as seguintes atividades postais:

18 ◼ Ordem Econômica

I — recebimento, transporte e entrega, no território nacional, e a expedição, para o exterior, de carta e cartão-postal;

II — recebimento, transporte e entrega, no território nacional, e a expedição, para o exterior, de correspondência agrupada:

III — fabricação, emissão de selos e de outras fórmulas de franqueamento postal.

De se destacar ainda a referência à atuação da União, por intermédio da EBCT, em regime de monopólio, estabelecida no **RE 601.392/PR**, julgado em **27.02.2019**, relatado pelo **Ministro Gilmar Mendes**, em que se contestava acórdão proferido pelo Tribunal Regional Federal da 4.ª Região, assim ementado:

"TRIBUTÁRIO. IMUNIDADE RECÍPROCA. EMPRESA BRASILEIRA DE COR-REIOS E TELÉGRAFOS. SERVIÇOS TIPICAMENTE POSTAIS ABARCADOS PELO **MONOPÓLIO**. 1. A ECT, empresa pública que presta serviços postais, os quais são de competência da União, está abrangida pela imunidade tributária prevista no artigo 150, inciso VI, letra *a* da Constituição Federal. 2. A imunidade aqui delineada, entretanto, restringe-se aos serviços tipicamente postais mencionados no art. 9.º da Lei n. 6.538/78, sendo lícito ao município na cobrança de ISS, relativamente aos serviços não abarcados pelo monopólio concedido pela União" (Fls. 462).

O quadro a seguir resume o tema em estudo:

FUNDAMENTO	Art. 177 da CF
TITULARIDADE	O art. 177 atribui essa possibilidade apenas para a União
HIPÓTESES	Apenas aquelas relacionadas no art. 177 da Constituição: ◼ a pesquisa e a lavra das jazidas de petróleo e gás natural e outros hidrocarbo-netos fluidos ◼ a refinação do petróleo nacional ou estrangeiro ◼ a importação e exportação dos produtos e derivados básicos resultantes das atividades previstas nos incisos anteriores ◼ o transporte marítimo do petróleo bruto de origem nacional ou de derivados básicos de petróleo produzidos no País, bem assim o transporte, por meio de conduto, de petróleo bruto, seus derivados e gás natural de qualquer origem ◼ a pesquisa, a lavra, o enriquecimento, o reprocessamento, a industrialização e o comércio de minérios e minerais nucleares e seus derivados, com exceção dos radioisótopos cuja produção, comercialização e utilização poderão ser autorizadas sob regime de permissão, conforme as alíneas *b* e *c* do inc. XXIII do *caput* do art. 21 desta Constituição Federal
HIPÓTESES IMPLÍCITAS	Envolvem alguns serviços públicos identificados ao longo da Constituição, em especial em seu art. 21, com destaque para a emissão de moedas e o serviço postal, este último já com reconhecimento pelo STF (ADPF 46/2009)

18.3.4. Como agente normativo e regulador

A atuação do Estado como **agente normativo e regulador** encontra-se disciplina-da nos termos estampados no **art. 174 da Constituição**, cuja redação a seguir se reproduz:

Art. 174. Como agente normativo e regulador da atividade econômica, o Estado exer-cerá, na forma da lei, as funções de fiscalização, incentivo e planejamento, sendo este determinante para o setor público e indicativo para o setor privado.

Assim, na qualidade de **agente normativo** e **regulador**, o **Estado**, no exercício do poder de polícia a ele conferido, **procura resguardar** o **cumprimento** pelos particulares, quando no exercício de atividade econômica, dos **princípios** elencados no **art. 170** do Texto Constitucional.

Dessa forma, vislumbram-se da redação do **art. 174** três diferentes funções para o Estado:

a) Fiscalização: em que ele acompanha o comportamento da iniciativa privada em relação aos princípios balizadores da ordem econômica, impedindo e sancionando aqueles que extrapolem esses limites, destacando-se a atuação não só de órgãos como o CADE e a Secretaria de Defesa Econômica, vinculados ao Ministério da Justiça para coibir o abuso do poder econômico (Lei n. 8.884/94), mas, também, a atuação das chamadas Agências Reguladoras.

b) Incentivo: aqui o Estado atua estimulando o implemento e o desenvolvimento de atividades econômicas por meio da concessão de benefícios, surgindo como exemplo as hipóteses relacionadas nos arts. 170, IX, e 179.

c) Planejamento: nesse particular, o Estado idealiza as diretrizes a serem implementadas quando do exercício de atividades econômicas, sendo elas determinantes tão somente para o Poder Público e apenas indicativas para o setor privado, sob pena de esvaziamento do princípio da livre-iniciativa.

Conforme o **art. 3.º da Lei n. 12.529/2011**, essa atuação passa a ser realizada de modo mais amplo pelo **Sistema Brasileiro de Defesa da Concorrência** (SBDC), que é formado pelo **CADE** e pela **Secretaria de Acompanhamento Econômico do Ministério da Fazenda**.

Nesse particular, pela oportunidade do tema, importante deixar consignado que o **CADE** apresenta **natureza jurídica autárquica**, encontrando-se **vinculado** ao **Ministério da Justiça**, conclusão que não se revela gratuita, pois resultante de expressa disposição contida no **art. 4.º da Lei n. 12.529/2011**. Confira-se:

Art. 4.º O CADE é entidade judicante com jurisdição em todo o território nacional, que se constitui em autarquia federal, vinculada ao Ministério da Justiça, com sede e foro no Distrito Federal, e competências previstas nesta Lei.

Visualize-se o quadro a seguir:

FUNDAMENTO	Art. 174 da CF.
COMPETÊNCIAS	■ **Fiscalização:** em que ele acompanha o comportamento da iniciativa privada em relação aos princípios balizadores da ordem econômica, impedindo e sancionando aqueles que extrapolem esses limites; destaca-se aqui a atuação não só de órgãos como o CADE e a Secretaria de Defesa Econômica, vinculados ao Ministério da Justiça para coibir o abuso do poder econômico (Lei n. 8.884/94), mas também a atuação das chamadas Agências Reguladoras. ■ **Incentivo:** aqui o Estado atua estimulando o implemento e o desenvolvimento de atividades econômicas por meio da concessão de benefícios, surgindo como exemplo as hipóteses relacionadas nos arts. 170, IX, e 179. ■ **Planejamento:** nesse particular, o Estado idealiza as diretrizes a serem implementadas quando do exercício de atividades econômicas, sendo elas determinantes tão somente para o Poder Público e apenas indicativas para o setor privado, sob pena de esvaziamento do princípio da livre-iniciativa.

18 ■ Ordem Econômica

18.4. QUADRO SINÓTICO

ORDEM ECONÔMICA	
Princípios	
SOBERANIA NACIONAL	Assegura a autonomia econômica do Brasil em relação aos demais Estados (art. 170, I)
PROPRIEDADE PRIVADA	■ Assegura a inviolabilidade da propriedade em face da execução de atividades econômicas (art. 170, II) ■ Reitera-se a regra estabelecida no art. 5.º, *caput* e inciso XXII
FUNÇÃO SOCIAL DA PROPRIEDADE	Nenhuma atividade econômica poderá atentar contra a função social da propriedade nos termos estabelecidos nos arts. 182, § 2.º, e 186 da CF. Previsto no art. 170, III
LIVRE CONCORRÊNCIA	Garante a igualdade de condições entre os que exploram a atividade econômica e inibe a formação de monopólios (art. 170, IV)
DEFESA DO CONSUMIDOR	Nenhuma atividade econômica será legítima se afrontar direitos do consumidor (arts. 170, V, e 5.º, XXXII)
DEFESA DO MEIO AMBIENTE	Condiciona toda a atividade econômica ao respeito ao meio ambiente (arts. 170, VI, e 225)
REDUÇÃO DAS DESIGUALDADES REGIONAIS SOCIAIS	Condiciona o exercício da atividade econômica, surgindo como corolário do art. 3.º, III, que prevê como objetivo fundamental a erradicação da pobreza, da marginalização e a redução dessas desigualdades (art. 170, VII)
BUSCA DO PLENO EMPREGO	Condiciona o exercício de atividades econômicas, em especial aquelas que provoquem efeitos recessivos gerando desemprego (art. 170, VIII)
TRATAMENTO FAVORECIDO PARA EMPRESAS DE PEQUENO PORTE	Tem por objetivo fortalecer o princípio da livre concorrência, permitindo que essas empresas possam atuar no mercado, gerando mais empregos (art. 170, IX)
Modos de atuação do Estado na economia	
COMO EXPLORADOR DA ATIVIDADE ECONÔMICA	Art. 173
COMO PRESTADOR DE SERVIÇOS PÚBLICOS	Art. 175
COMO EXECUTOR DE ATIVIDADES MONOPOLÍSTICAS	Art. 177
COMO AGENTE NORMATIVO E REGULADOR	Art. 174

18.5. SÚMULAS SOBRE INTERVENÇÃO DO ESTADO NA ORDEM ECONÔMICA

18.5.1. Súmulas vinculantes

■ **Súmula Vinculante 38:** É competente o Município para fixar o horário de funcionamento de estabelecimento comercial.

■ **Súmula Vinculante 49:** Ofende o princípio da livre concorrência lei municipal que impede a instalação de estabelecimentos comerciais do mesmo ramo em determinada área.

18.5.2. Súmulas do STJ

■ **Súmula 19/STJ:** A fixação do horário bancário, para atendimento ao público, é da competência da União.

■ **Súmula 618/STJ:** A inversão do ônus da prova aplica-se às ações de degradação ambiental.

18.6. QUESTÕES

QUESTÕES DE CONCURSOS
> http://uqr.to/1xgxr

19

FORMAS DE CONTROLE SOBRE A ADMINISTRAÇÃO

19.1. NOÇÕES GERAIS

Com o objetivo de assegurar que a Administração Pública atue estritamente para a **preservação dos interesses da coletividade**, e em consonância com os **princípios** que comandam sua atividade, em especial o da **legalidade**, segundo o qual ela só poderá editar atos se houver anterior previsão em lei, o **ordenamento jurídico abriu** a possibilidade de estabelecimento de **controle sobre seus atos**.

Esse **controle**, que poderá ser feito tanto pelo **Legislativo** quanto pela própria **Administração** e, ainda, pelo **Judiciário**, apresenta um **limite** de natureza objetiva, em especial quando se tratar de controle externo.

Com efeito, o **controle** realizado pelo **Legislativo** e pelo **Judiciário** deverá respeitar os **limites** impostos pelo princípio da **Separação entre os Poderes (art. 2.º da CF)**, restringindo-se ao aspecto de sua **legalidade, sem** a **possibilidade**, pois, de **incidir** sobre o **mérito** dos atos administrativos se forem eles legítimos, vale dizer, voltados à preservação dos interesses da coletividade.

Esse controle de legalidade poderá se estender para os chamados atos *interna corporis* sem representar qualquer agressão ao princípio constitucional da Separação entre os Poderes.

Dentro desse contexto, ainda que os atos editados pela Administração possam atingir direitos de terceiros, que nenhuma irregularidade tenham praticado, não poderão ser levados à apreciação desses dois Poderes, em **respeito** não só ao **princípio** da **Separação** como, também, ao da **supremacia** do **interesse público sobre** o do **particular**.

19.1.1. Lei de Introdução às Normas do Direito Brasileiro (LINDB)

De forma a aperfeiçoar o controle da legalidade dos atos administrativos, foi editada, em **25 de abril de 2018**, a **Lei n. 13.655**, que incluiu na LINDB disposições sobre **segurança jurídica** e **eficiência na criação e na aplicação do direito público**.

Para que se possa melhor compreender o contexto em que a referida Lei foi editada, importante relembrar que, em **dezembro de 2010**, a então conhecida **Lei de Introdução ao Código Civil (LICC)** foi objeto de **alteração** por meio da edição da **Lei n. 12.376**, passando a ser chamada de Lei de Introdução às Normas do Direito Brasileiro, ampliando seu campo de incidência para todos os ramos do Direito.

Diante desse cenário, é que foi editada a **Lei n. 13.655**, com o **objetivo** de **combater** as **limitações** até então existentes **no sistema de controle dos atos administrativos**, que se restringia a apontar nulidades, com base na Súmula 473, do STF e no art. 53 da Lei n. 9.784/99 (disciplinadora dos processos administrativos na área Federal) sem a preocupação com as consequências da anulação ou revogação.

Em outras palavras, o controle até então realizado não se preocupava com as consequências da retirada do ato do ordenamento jurídico, o que acabava por comprometer, de forma reiterada, o interesse público.

Desta forma, a **referida legislação**, como se verá melhor a seguir, **veio para consolidar tendência** já verificada há algum tempo, **de que o controle** dos atos administrativos **não poderia se limitar à aplicação automática de sanções, devendo buscar soluções mais eficientes**.

Assim é que, com o passar do tempo, a **busca por essas soluções trouxe novidades importantes**, como a previsão legal para a celebração de **termos de ajustamento de conduta**, a teor do disposto no **art. 5.º, § 6.º**, da **Lei n. 7.347/85** (que disciplina a ação civil pública), de forma a preservar o interesse público. Confira-se:

Art. 5.º (...)
§ 6.º Os órgãos públicos legitimados poderão tomar dos interessados compromisso de ajustamento de sua conduta às exigências legais, mediante cominações, que terá eficácia de título executivo extrajudicial.

Nesse particular, vale o registro para a previsão estabelecida no art. 17-B, da Lei n. 14.230/2021, que promoveu profundas alterações na Lei de Improbidade (8.429/92). Confira-se:

Art. 17-B. O Ministério Público poderá, conforme as circunstâncias do caso concreto, celebrar **acordo de não persecução civil**, desde que dele advenham, ao menos, os seguintes resultados:

O referido dispositivo, teve sua constitucionalidade questionada, acerca da legitimidade exclusiva atribuída ao MP, resultando na conclusão pelo **Pleno, em 31.08.2022**, pela sua inconstitucionalidade. Confira-se:

"CONSTITUCIONAL E ADMINISTRATIVO. CONSTITUCIONALIZAÇÃO DE REGRAS RÍGIDAS DE REGÊNCIA DA ADMINISTRAÇÃO PÚBLICA, PROTEÇÃO AO PATRIMONIO PÚBLICO E RESPONSABILIZAÇÃO DOS AGENTES PÚBLICOS CORRUPTOS PREVISTAS NO ARTIGO 37 DA CF. VEDAÇÃO À EXCLUSIVIDADE DO MINISTÉRIO PÚBLICO PARA PROPOSITURA DA AÇÃO POR ATO DE IMPROBIDADE ADMINISTRATIVA **E DO ACORDO DE NÃO PERSECUÇÃO CIVIL (CF, ARTIGO 129, § 1.º). LEGITIMIDADE CONCORRENTE E DISJUNTIVA ENTRE FAZENDA PÚBLICA E MINISTÉRIO PÚBLICO. (...)**".

Outrossim, a possibilidade para a **convalidação dos atos administrativos**, respeitadas as exigências estabelecidas no **art. 55, da Lei n. 9.784/99**, vale dizer, inexistência de prejuízos tanto para a administração quanto para terceiros, e a possibilidade de correção do vício apresentado. Confira-se:

19 ■ Formas de Controle sobre a Administração   773

Art. 55. Em decisão na qual se evidencie não acarretarem lesão ao interesse público nem prejuízo a terceiros, os atos que apresentarem defeitos sanáveis poderão ser convalidados pela própria Administração.

Nesse quadro, destaque ainda, para a tese sedimentada ao nível do STJ, acerca da impossibilidade de convalidação, em razão de questionamento administrativo ou judicial já configurados. Confira-se:

No mesmo diploma legal, digna de registro a previsão estabelecida no **art. 2.º, parágrafo único**, incisos **VI** e **VII**, que relacionou entre as diretrizes a serem seguidas pela administração o **significado de razoabilidade e motivação**. Confira-se:

Art. 2.º (...)

Parágrafo único. Nos processos administrativos serão observados, entre outros, os critérios de: (...)

VI — adequação entre meios e fins, vedada a imposição de obrigações, restrições e sanções em medida superior àquelas estritamente necessárias ao atendimento do interesse público;

VII — indicação dos pressupostos de fato e de direito que determinarem a decisão; (...)

Em síntese, **ao invés de multiplicar os problemas** através da utilização dos instrumentos legais até então existentes, **compreendeu o legislador** ser **imprescindível a busca por soluções mais eficientes**, com base nesses mesmos instrumentos.

Portanto, a **Lei n. 13.655 estabelece normas gerais de direito público**, inclusive quanto ao regime de nulidades dos atos e contratos administrativos, **de forma a aperfeiçoar** o **imprescindível controle sobre eles**.

Dentro desse contexto, o referido diploma legal **acabou por incluir na LINDB dez dispositivos**, todos com vigência imediata.

Assim é que o **art. 20**, seguindo a orientação geral de preocupação com os efeitos da anulação ou revogação dos atos administrativos, **prescreve regra** importante segundo a qual as **decisões tomadas nas esferas administrativa, controladora e judicial, não poderão se basear em valores jurídicos abstratos, sem que sejam consideradas suas consequências práticas**.

Outrossim, o **parágrafo único** do referido dispositivo reitera a diretriz estabelecida no art. 2.º, da Lei n. 9.784/99, asseverando não só a **necessidade de motivação** dessas decisões mas, também, sua **adequação em vista da necessidade de preservação do interesse público, concretizando os princípios da razoabilidade e da proporcionalidade**.

A mesma preocupação com as consequências jurídicas e administrativas da invalidação de ato, contrato, ajuste, processo ou norma administrativa encontra-se prevista ao longo do **art. 21**, que prescreve ainda, em seu **parágrafo único**, importantes itens que retratam o **princípio da proporcionalidade**. Confira-se:

Art. 21. A decisão que, nas esferas administrativa, controladora ou judicial, decretar a invalidação de ato, contrato, ajuste, processo ou norma administrativa **deverá indicar de modo expresso suas consequências jurídicas e administrativas**.

Parágrafo único. A decisão a que se refere o *caput* deste artigo deverá, quando for o caso, indicar as condições para que a regularização ocorra de modo proporcional e equânime e sem prejuízo aos interesses gerais, não se podendo impor aos sujeitos atingidos ônus ou perdas que, em função das peculiaridades do caso, sejam anormais ou excessivos.

Assim, a **título de exemplo**, torna-se ilegal, por desrespeito às diretrizes aqui estabelecidas, decisão que determina bloqueio total das contas de uma empresa, em sede de ação civil pública, uma vez que se revela excessiva por inviabilizar sua própria sobrevivência, eis que impossibilitada de pagamento de fornecedores, bem como de funcionários.

O **art. 22**, refletindo as preocupações do legislador com as consequências do ato, sua razoabilidade, **impôs** a **necessidade** de **observância** das **características de cada caso concreto**, bem como as circunstâncias **agravantes**, **atenuantes** e os **antecedentes** do **agente**, em se tratando de aplicação de sanções, positivando o instituto da **dosimetria da pena**. Confira-se:

Art. 22. Na interpretação de normas sobre gestão pública, **serão considerados os obstáculos e as dificuldades reais do gestor e as exigências das políticas públicas a seu cargo**, sem prejuízo dos direitos dos administrados.

§ 1.º Em decisão sobre regularidade de conduta ou validade de ato, contrato, ajuste, processo ou norma administrativa, **serão consideradas as circunstâncias práticas que houverem imposto, limitado ou condicionado a ação do agente**.

§ 2.º Na aplicação de sanções, **serão consideradas a natureza e a gravidade da infração cometida, os danos que dela provierem para a administração pública, as circunstâncias agravantes ou atenuantes e os antecedentes do agente**.

§ 3.º As sanções aplicadas ao agente serão levadas em conta na dosimetria das demais sanções de mesma natureza e relativas ao mesmo fato.

Percebe-se que a previsão estabelecida no **§ 2.º** ratifica aquela anteriormente estabelecida no **art. 128 da Lei n. 8.112/90** (Estatuto dos Servidores Públicos da União), enquanto que aquela fixada no **§ 3.º** procura promover uma **uniformização** para situações da mesma natureza e relativas ao mesmo fato, em respeito ao princípio da segurança das relações jurídicas.

De outra parte, em homenagem ao referido princípio, o **art. 23** impõe o dever de se estabelecer um **regime** de **transição em vista de interpretação ou orientação nova** sobre norma de conteúdo indeterminado, embora tenha pecado ao não estabelecer parâmetros seguros sobre ele.

Por sua vez, novamente o legislador procura fortalecer o princípio da segurança das relações jurídicas ao prescrever, em seu **art. 24**, que a **revisão quanto a validade de ato**, contrato, ajuste, processo ou norma administrativa, cuja produção já se houver completado, **leve em conta as orientações gerais da época**, **proibindo-se** também **interpretações retroativas** que alcancem situações já consolidadas ao longo do tempo.

Trata-se de medida importante, que ratifica aquela já prevista na **Lei n. 9.784/99**, em seu **art. 2.º, parágrafo único, inciso XIII**:

19 ■ Formas de Controle sobre a Administração

Art. 2.º A Administração Pública obedecerá, dentre outros, aos princípios da legalidade, finalidade, motivação, razoabilidade, proporcionalidade, moralidade, ampla defesa, contraditório, **segurança jurídica**, interesse público e eficiência.

Parágrafo único. Nos processos administrativos serão observados, entre outros, os critérios de: (...)

XIII — interpretação da norma administrativa da forma que melhor garanta o atendimento do fim público a que se dirige, **vedada aplicação retroativa de nova interpretação**.

Em seu **art. 26** o legislador, consolidando orientação prevista, como já visto, na **Lei n. 7.347/85**, em seu **art. 5.º, § 6.º**, franqueia a **possibilidade** de **celebração de compromisso** com os interessados, de forma a eliminar irregularidade, incerteza jurídica ou situação contenciosa, atendidas as exigências ali estabelecidas, de forma a preservar o interesse público.

Da mesma forma, o **art. 27** prescreve novamente a possibilidade de **celebração de compromisso**, **impondo compensação por benefícios indevidos** ou prejuízos anormais ou injustos obtidos pelos envolvidos.

Por seu turno, o **art. 28** reitera a **responsabilidade pessoal do agente público** por suas decisões ou opiniões técnicas em caso de dolo ou erro grosseiro, ratificando orientação já existente tanto na **Lei n. 8.112/90** quanto na **Lei n. 8.429/92**, quando a responsabilidade subjetiva, restringindo, porém, as situações configuradoras de dolo, eliminado a modalidade culposa.

Em seu **art. 29**, prescreve não a obrigação, mas a **possibilidade** da **edição de atos normativos ser precedida de consulta pública**, o que acaba por concretizar o princípio da publicidade.

Por derradeiro, em seu **art. 30**, o **legislador relaciona**, em caráter meramente exemplificativo, os **instrumentos** a serem utilizados pelo administrador, **de forma** a **promover segurança e uniformidade** na **aplicação das normas**, que terão caráter vinculante. Confira-se:

Art. 30. As autoridades públicas devem atuar para aumentar a segurança jurídica na aplicação das normas, inclusive por meio de regulamentos, súmulas administrativas e respostas a consultas.

Parágrafo único. Os instrumentos previstos no *caput* deste artigo terão caráter vinculante em relação ao órgão ou entidade a que se destinam, até ulterior revisão.

Como se verifica, trata-se de **legislação** que **veio em boa hora para promover a ampliação do controle das decisões administrativas e judiciais**, com a **nítida preocupação**, até então inexistente, **com** os **seus efeitos** e não somente com as causas, tudo de forma a preservar o interesse público.

Para melhor visualização dos itens desenvolvidos, confira-se o seguinte quadro:

OBJETO	Altera a LINDB, incluindo disposições sobre segurança jurídica e eficiência na criação e na aplicação do Direito Público.
JUSTIFICATIVA	Necessidade de ampliação do controle sobre atos e decisões nas esferas administrativa, controladora e judicial.

DESTAQUES	**Art. 20:** necessidade de se levar em consideração a adequação da medida e as consequências práticas da decisão. **Art. 21:** decisão deverá indicar de modo expresso suas consequências jurídicas e administrativas, não impondo ônus anormais ou excessivos. **Art. 22:** consideração das circunstâncias práticas que condicionaram a ação do agente. **Art. 23:** decisão que estabelece interpretação nova deve prever regime de transição. **Art. 24:** a revisão, quanto à validade do ato, não poderá ter caráter retroativo, atingindo situações já consolidadas. **Art. 26:** realização de consulta pública para eliminar irregularidades e incertezas jurídicas, viabilizando celebração de compromisso com os interessados. **Art. 27:** possibilidade de imposição de compensação por benefícios indevidos ou prejuízos anormais. **Art. 28:** estabelece responsabilidade do agente em casos de dolo ou erro grosseiro. **Art. 29:** possibilidade de a edição de atos ser precedida de consulta pública. **Art. 30:** previsão de instrumentos com caráter vinculante, dentro do próprio órgão, para preservar segurança jurídica.

19.2. DAS MODALIDADES

19.2.1. Controle interno

Esse controle pode ser **realizado de ofício**, vale dizer, pela própria **Administração**, ou mediante **provocação de terceiros**.

19.2.1.1. Controle de ofício

Trata-se do **poder atribuído** à **Administração** para, de **ofício**, **rever** seus **próprios atos**, em homenagem ao princípio da **autotutela**, sempre para a preservação do interesse público.

Dentro desse contexto, cumpre registrar que tal controle, ao contrário daquele realizado pelo Legislativo e pelo Judiciário, **não** se **restringe** ao **campo** da **legalidade**, **podendo atingir** também o **mérito** do ato, por razões de conveniência e oportunidade.

Assim, de forma a facilitar a visualização do tema, reproduzimos uma vez mais o quadro sinótico apresentado no capítulo relacionado aos atos administrativos, em especial quanto às formas de extinção:

	ANULAÇÃO	REVOGAÇÃO
FUNDAMENTO	Ilegalidade	Conveniência e oportunidade
TITULAR	Administração e Judiciário	Administração
EFEITOS DA DECISÃO	Ex tunc	Ex nunc
PRAZO	5 anos (Lei n. 9.784/99, art. 54), salvo comprovada má-fé	Não há

Nesse particular, de forma a sintetizar a questão relacionada à anulação e revogação dos atos administrativos, importante a reprodução da **Súmula 473** do STF:

SÚMULA 473 DO STF: A administração pode anular seus próprios atos, quando eivados de vícios que os tornam ilegais, porque deles não se originam direitos; ou revogá-los, por motivo de conveniência ou oportunidade, respeitados os direitos adquiridos, e ressalvada, em todos os casos, a apreciação judicial.

19 ■ Formas de Controle sobre a Administração

De resto, importante recordar que a **mesma previsão**, com **maior rigor**, encontra-se prevista no **art. 53 da Lei n. 9.784/99**, que disciplina processos administrativos na área federal. Confira-se:

Art. 53. A Administração deve anular seus próprios atos, quando eivados de vício de legalidade, e pode revogá-los por motivo de conveniência ou oportunidade, respeitados os direitos adquiridos.

Quanto à questão da **anulação**, oportuno recuperar a ideia da possibilidade de **convalidação** destes atos, desde que **satisfeitas** as **exigências** estabelecidas pelo legislador, a teor do disposto no **art. 55 da Lei n. 9.784/99:**

Art. 55. Em decisão na qual se evidencie não acarretarem lesão ao interesse público nem prejuízo a terceiros, os atos que apresentarem defeitos sanáveis poderão ser convalidados pela própria Administração.

De outra parte, importante consignar a existência de **restrições** quanto à **revogação** desses atos por razões de ordem lógica. **Assim, não podem ser objeto de revogação os atos consumados e os exauridos; os que constituem direitos adquiridos; os complexos, os compostos, os vinculados, bem como os chamados atos enunciativos ou declaratórios**.

Não será demasiado relembrar o aperfeiçoamento desse controle, através dos dispositivos integrantes da Lei n. 13.655/2018 (LINDB), com destaque para a preocupação, do legislador, com as consequências práticas da anulação e da revogação.

19.2.1.2. *Por provocação de terceiros*

O **controle** realizado pela **própria Administração** também pode ser **feito** por **provocação** de **terceiros**, encontrando um **duplo fundamento constitucional**, consoante se verifica, inicialmente, da previsão estabelecida no **art. 37, § 3.º**, que disciplina as formas de participação do usuário na Administração.

Art. 37. (...)
§ 3.º A lei disciplinará as formas de participação do usuário na administração pública direta e indireta, regulando especialmente:
I — as reclamações relativas à prestação dos serviços públicos em geral, asseguradas a manutenção de serviços de atendimento ao usuário e a avaliação periódica, externa e interna, da qualidade dos serviços;
II — o acesso dos usuários a registros administrativos e a informações sobre atos de governo, observado o disposto no art. 5.º, X e XXXIII;
III — a disciplina da representação contra o exercício negligente ou abusivo de cargo, emprego ou função na administração pública.

Da leitura do dispositivo reproduzido, percebe-se ter a **Constituição franqueado** ao **usuário três formas** importantes **de participação na Administração:**

■ apresentação de reclamações relacionadas à prestação de serviços públicos;

■ acesso dos usuários a registros administrativos e a atos de governo;

■ representação contra atos que configurem abuso de poder.

De outra parte, essa possibilidade de **controle** dos **atos administrativos** encontra também fundamento no **direito de petição**, previsto no **art. 5.º, XXXIV, *a*, da Constituição**, cuja redação a seguir se reproduz:

Art. 5.º (...)

XXXIV — são a todos assegurados, independentemente do pagamento de taxas:

a) o direito de petição aos Poderes Públicos em defesa de direito ou contra ilegalidade ou abuso de poder.

A leitura do dispositivo reproduzido permite concluir que esse direito atribui ao **administrado** a possibilidade de **peticionar** para a **Administração** Pública, nas **seguintes hipóteses:**

a) para defesas de direitos;

b) acerca de prática de ilegalidades;

c) acerca da prática de abuso de poder.

De outra parte, no mesmo dispositivo constitucional, destaca-se aspecto de fundamental importância para a **viabilização desse direito**, referente a ser ele utilizado **independentemente do pagamento de taxas**.

Sobre esse aspecto, importante a reprodução da **Súmula 373 do STJ** e da **Súmula Vinculante 21 do STF**, que confirmam a diretriz constitucional, nos seguintes termos:

SÚMULA 373 DO STJ: É ilegítima a exigência de depósito prévio para admissibilidade de recurso administrativo.

SÚMULA VINCULANTE 21: É inconstitucional a exigência de depósito ou arrolamento prévios de dinheiro ou bens para admissibilidade de recurso administrativo.

Percebe-se, pois, que qualquer **previsão legal** ou qualquer **ato administrativo** que **contrarie** essa **diretriz** abre a **possibilidade**, para aquele que se sentir lesado, de **buscar** seus **direitos** perante o **Judiciário**.

Ainda sobre o **direito de petição**, importante deixar consignado ter sido ele disciplinado pela **Lei n. 8.112/90**, pelos seus **arts. 104 a 115**.

Dentro desse contexto maior fixado pela Constituição, merecem destaque alguns **instrumentos previstos** no **nível infraconstitucional** para **viabilizar esse controle**, mediante provocação de terceiros.

Os primeiros a serem analisados, a **representação** e a **reclamação**, não pressupõem um processo administrativo em curso.

a) Representação: trata-se de **denúncia acerca** de **irregularidades feita perante** a **Administração Pública**, o Ministério Público ou o Tribunal de Contas, destacando-se, diante desse cenário, as seguintes hipóteses:

a) por abuso de autoridade (Lei n. 4.898/65, art. 3.º, § 4.º);

b) por abuso de autoridade no Judiciário (art. 103, *b*, § 4.º, III, da CF);

c) por abuso de autoridade no MP (art. 130, *a*, § 2.º, III, da CF);

d) por abuso de autoridade perante o Tribunal de Contas (art. 74, § 2.º, da CF).

19 ■ Formas de Controle sobre a Administração 779

b) Reclamação: trata-se de outra modalidade de controle dos atos administrativos, que **incide** nas **hipóteses** em que a **decisão proferida pela Administração contraria enunciado de súmula do Supremo Tribunal Federal**, matéria que se encontra disciplinada no **art. 103-A, § 3.º, da CF**.

Por derradeiro, importante registrar a restrição imposta pelo **STF** em relação à utilização desse instrumento, a teor do disposto na **Súmula 734**. Confira-se:

> **SÚMULA 374 DO STF:** Não cabe reclamação quando já houver transitado em julgado o ato judicial que se alega tenha desrespeitado decisão do Supremo Tribunal Federal.

Em que pese referir-se ela a atos judiciais, sua extensão para atos administrativos torna-se viável quando, a título de exemplo, expirado o prazo de 5 anos para a sua anulação.

Os demais instrumentos pressupõem a existência de um processo administrativo em curso, podendo assim ser sumariados:

c) Pedido de reconsideração: por meio dele, o interessado requer o reexame do ato à própria autoridade que o emitiu, sendo disciplinado nos arts. 106 e seguintes da Lei n. 8.112/90, que prevê um prazo de 30 dias para que seja proferida uma decisão.

De outra parte, em relação à **decisão proferida**, importante consignar **comportar** ela **recurso**, na forma do **art. 107, I**, do mesmo diploma legal, que será **dirigido** à **autoridade** imediatamente **superior**, a teor do disposto no § 1.º, podendo ser recebido com efeito suspensivo, a juízo da autoridade competente (art. 109).

Oportuno destacar, ainda, que, em caso de **provimento do recurso**, os **efeitos** da **decisão retroagirão à data do ato impugnado** (art. 109, parágrafo único).

Por fim, cabe assinalar que o **direito** de requerer **prescreve em 5 anos**, quanto aos atos de demissão e de cassação de aposentadoria, entre outros, na forma do **art. 110, I, e em 120 dias nos demais**. Pedido dessa natureza interrompe a prescrição (art. 111), sendo ela de ordem pública (art. 112).

d) Recurso administrativo hierárquico: é o **pedido** de **reexame dirigido inicialmente** à **mesma autoridade que proferiu a decisão**, que, se optar por sua não reconsideração, encaminhará o pedido à autoridade superior, tudo de acordo com o previsto na **Lei n. 9.784/99**, que disciplina os processos administrativos na área federal, em especial nos **arts. 56 a 65**.

Dentro desse contexto, na forma do **art. 56**, apresenta como **fatos geradores** razões de legalidade e de mérito. Sua interposição **independe de caução** (o que se encontra de acordo com as diretrizes constitucionais), salvo exigência legal (o que se torna questionável, pelos mesmos fundamentos), tudo na forma prevista pelo art. 56, § 2.º.

Têm **legitimidade** para sua interposição as pessoas relacionadas no **art. 58** do referido diploma legal:

Art. 58. Têm legitimidade para interpor recurso administrativo:

I — os titulares de direitos e interesses que forem parte no processo;

II — aqueles cujos direitos ou interesses forem indiretamente afetados pela decisão recorrida;

III — as organizações e associações representativas, no tocante a direitos e interesses coletivos;

IV — os cidadãos ou associações, quanto a direitos ou interesses difusos.

De outra parte, salvo disposição legal específica, o **prazo** para sua **interposição** será de **10 dias**, contados da ciência ou divulgação oficial da decisão recorrida **(art. 59)**.

Outrossim, importante deixar consignado que, salvo disposição legal em contrário, esse **recurso não apresenta efeito suspensivo**.

Por fim, cumpre registrar que, quando as **instâncias recursais** pertencerem a uma mesma estrutura, de um ente ou órgão, o **recurso hierárquico** é chamado de **próprio**, e sua propositura **independe** de **expressa previsão legal. Quando não pertencerem à mesma estrutura, recebe o nome de impróprio, exigindo a expressa previsão em lei**.

e) Pedido de revisão: trata-se de **espécie de controle dos atos administrativos**, levado a efeito, em especial, pelo servidor atingido, **objetivando** um **reexame da decisão**.

Pode ser apresentado a qualquer momento, tendo como hipóteses geradoras a configuração de fato novo e a inadequação da sanção.

A matéria encontra-se disciplinada nos **arts. 174 a 182** da **Lei n. 8.112/90**, bem como no art. 65 da Lei n. 9.784/99.

Como fecho deste item, oportuno tecer comentários acerca da possibilidade de a **decisão** proferida nesse **pedido** de **revisão importar** em **agravamento** da **situação** do **servidor**. Em outras palavras, a probabilidade de incidência da *reformatio in pejus*.

Nesse particular, importante a reprodução dos **arts. 182**, parágrafo único, da **Lei n. 8.112/90** e **65, parágrafo único**, da **Lei n. 9.784/99**, onde se vê que o legislador **impede** o **agravamento** da situação do servidor. Confira-se:

> **Art. 182.** (...)
> Parágrafo único. Da revisão do processo não poderá resultar agravamento de penalidade.

> **Art. 65.** (...)
> Parágrafo único. Da revisão do processo não poderá resultar agravamento da sanção.

Sem embargo, cumpre esclarecer que essa **conclusão prevalece, tão somente,** para aquelas **situações em que o cenário dentro do qual foi proferida a primeira decisão não tenha sido modificado por ocasião do pedido de revisão**.

Em outras palavras, que fatos novos não tenham sido apresentados, conduzindo à conclusão segundo a qual a **irregularidade praticada** pelo servidor teve natureza **muito mais grave do que a que se imaginava** em um primeiro momento.

19 ◼ Formas de Controle sobre a Administração   781

Para melhor visualização do assunto, o quadro a seguir será útil:

CONTROLE INTERNO	
LEGITIMIDADE	O controle interno é realizado pela própria Administração, de ofício ou por provocação de terceiros
CONTEÚDO	A Administração revê seus próprios atos, anulando-os, quando ilegais, ou revogando-os, por razões de conveniência ou oportunidade, duas vertentes do princípio da autotutela. Esse controle encontra-se materializado na Súmula 473 do STF, bem como no art. 53 da Lei n. 9.784/99
INSTRUMENTOS	O controle **interno** por **provocação** de **terceiros** é realizado por meio do **direito de petição** previsto no art. 5.°, XXXIV, *a*, da CF, independentemente do pagamento de taxas. Nesse sentido, as Súmulas 73 do STJ e Vinculante 21, e ainda a Lei n. 8.112/90, arts. 104 e 115. São variantes do direito de petição: ◼ **representação:** para denunciar ilegalidades ou abusos de poder ◼ **reclamação:** para reconhecimento de direitos ◼ **reconsideração:** para reexame de fatos pela própria autoridade que proferiu a decisão ◼ **recurso hierárquico:** para reexame de fatos por autoridade superior, que se apresenta sob as seguintes modalidades: **próprio**, quando a autoridade superior se encontra na estrutura do próprio órgão; e **impróprio**, quando se encontra fora da sua estrutura ◼ **pedido de revisão:** para reexame da questão diante de fatos novos ou por inadequação da pena

19.3. CONTROLE EXTERNO

Esse controle, levado a efeito pelo Legislativo e pelo Judiciário, em respeito ao princípio da **separação entre os Poderes**, **restringe-se**, tão somente, à **legalidade dos atos administrativos**, apresentando-se, em relação ao Legislativo na **modalidade política e financeira**.

19.3.1. Controle pelo Legislativo (político)

Nesse particular, cumpre esclarecer, de início, que, mesmo em respeito ao princípio da **Separação entre os Poderes**, a **Constituição** acabou por **fortalecer** imensamente o **Legislativo**, aumentando sobremaneira suas competências.

Esta **tendência se justifica**, em termos históricos, em razão da **perspectiva** idealizada por muitos dos constituintes à **implementação** de um sistema **parlamentarista** no Brasil **por ocasião** da elaboração da **Constituição de 1988**, o que acabou não ocorrendo.

Dessa forma, manteve-se um **sistema presidencialista**, **atípico**, pois com **inúmeras competências** atribuídas ao **Legislativo**, **próprias** de um **sistema parlamentarista**.

Dentro desse contexto, destacam-se as seguintes competências na modalidade política:

a) competência atribuída ao **Congresso Nacional** para apreciação, *a priori* ou *a posteriori,* dos atos editados pelo Poder Executivo, a teor do disposto nos diversos incisos do **art. 49 da CF**, destacando-se, a título de exemplo, os **incisos I, II, III, IV, XII, XIV e XVII**;

b) competências atribuídas ao **Senado Federal**, a teor do disposto no **art. 52**, em especial nos **incisos III, IV, V e XI**;

c) competência para a **convocação de autoridades** para a **prestação de informações**, a teor do disposto no **art. 50**, que prevê, para o não comparecimento sem justificativa, a configuração de **crime de responsabilidade**;

d) competência para pedir **informações**, a teor do disposto no **art. 50, § 2.º**, que deverá ser cumprida em um prazo de 30 dias, sob pena de configuração de **crime de responsabilidade;**

e) competência atribuída ao **Senado** para processar e julgar as autoridades ali relacionadas, pela prática de **crimes de responsabilidade (art. 52, I e II);**

f) competência atribuída ao **Congresso Nacional** para sustar atos normativos do Executivo, que exorbitem o poder regulamentar, na forma do **art. 49, V;**

g) competência atribuída às **Casas do Congresso**, de forma isolada ou conjunta, para a instalação de **Comissões Parlamentares de Inquérito (CPIs).**

Esta última previsão configura **competência** atribuída às duas Casas Legislativas, de **natureza investigativa**, às quais se conferiram **poderes próprios do Judiciário**, na forma prevista no **art. 58, § 3.º, da CF**.

Cumpre consignar ter a **Constituição** estabelecido um **limite** para a **atuação dessas comissões** ao determinar, no dispositivo referenciado, que só poderão ser instauradas para **apuração** de **fato específico**, por **prazo determinado**, desde que **não ultrapasse uma legislatura**, vale dizer, quatro anos.

De outra parte, sobreleva notar terem elas a **possibilidade** de **quebrar**, como corolário, diretamente e **sem autorização judicial**, sigilos **bancário** e **fiscal**.

Importante registrar que as **conclusões atingidas** por uma **CPI não possuem força suficiente para gerar a propositura de ações judiciais**, em razão dos limites impostos pelo **art. 58, § 3.º, da CF**.

Destarte, percebe-se, da leitura do dispositivo referenciado, ter a Lei Maior estabelecido um claro limite ao asseverar que suas **conclusões** serão **encaminhadas** para o **Ministério Público**, a fim de que promova a responsabilidade civil e penal.

Para melhor visualização, examine-se o quadro:

CONTROLE EXTERNO — LEGISLATIVO — POLÍTICO	
LEGITIMIDADE	Legislativo
LIMITE	Somente controle de legalidade, em respeito ao princípio da separação entre os Poderes
CONTROLE POLÍTICO — HIPÓTESES CONSTITUCIONAIS	▪ **competência** atribuída ao **Congresso Nacional** para apreciação, *a priori* ou *a posteriori*, dos atos editados pelo Poder Executivo, a teor do disposto nos diversos incisos do **art. 49 da CF**, destacando-se, a título de exemplo, os **incisos I, II, III, IV, XII, XIV e XVII**
	▪ **competências** atribuídas ao **Senado Federal**, a teor do disposto no **art. 52**, em especial nos **incisos III, IV, V e XI**
	▪ **competência** para a **convocação de autoridades** para a **prestação de informações**, a teor do disposto no **art. 50**, que prevê, para o não comparecimento sem justificativa, a configuração de **crime de responsabilidade**
	▪ **competência** para pedir **informações**, a teor do disposto no **art. 50, § 2.º**, que deverá ser cumprida em um prazo de 30 dias, sob pena de configuração de **crime de responsabilidade**
	▪ **competência** atribuída ao **Senado** para processar e julgar as autoridades ali relacionadas, pela prática de **crimes de responsabilidade (art. 52, I e II)**
	▪ **competência** atribuída ao **Congresso Nacional** para sustar atos normativos do Executivo, que exorbitem o poder regulamentar, na forma do **art. 49, V**
	▪ **competência** atribuída às **Casas do Congresso**, de forma isolada ou conjunta, para a instalação de **Comissões Parlamentares de Inquérito (CPIs)**

19 ◼ Formas de Controle sobre a Administração   783

19.3.2. Controle pelo Legislativo (financeiro)

Essa modalidade de controle conta, por expressa previsão constitucional, com a importante colaboração dos Tribunais de Contas, demandando comentários específicos em relação a esse órgão, sobre seu posicionamento constitucional e competências.

19.3.2.1. Dos Tribunais de Contas

a) Posicionamento constitucional e competências

Sob esse aspecto, todos os **atos** e **contratos celebrados** pela **Administração** são encaminhados para **análise** pelo **Legislativo, iniciando-se** esse exame pelo **Tribunal de Contas**, procurando extrair da **Constituição** algumas **diretrizes importantes**.

Assim é que a **Constituição Federal** de 1988 trouxe **inovações** significativas no que se refere à **fiscalização externa**, de natureza contábil, financeira e orçamentária **do Poder Público**, incluindo-se aqui a Administração direta e indireta.

O primeiro aspecto digno de registro diz respeito à **posição ocupada** pelos **Tribunais de Contas**, o que vem esclarecido pelo **art. 71 da Carta Magna**:

> **Art. 71.** O controle externo, a cargo do Congresso Nacional, será exercido com o auxílio do Tribunal de Contas da União, ao qual compete (...).

A leitura do dispositivo constitucional invocado não deixa margem a qualquer dúvida quanto ao **papel** a ser **desempenhado** pelos **Tribunais de Contas**, vale dizer, o de **auxiliares do Poder Legislativo**.

Assim, as **decisões** pronunciadas por esses órgãos assumem a feição de **pareceres** técnicos, que **deverão ser submetidos**, necessariamente, ao crivo do Poder **Legislativo**, que, por seu turno, **poderá fazer** com que **deixem de prevalecer**, caso atinja o *quórum* de **dois terços** exigido pela Constituição **(art. 31, § 2.º)**.

Emerge clara a conclusão segundo a qual, na qualidade de **órgão auxiliar, não terão** as **decisões** por ele proferidas a característica de **definitividade**, já que o Poder **Legislativo**, do qual surge como auxiliar, **poderá decidir em sentido contrário**, mesma conclusão que se atinge em **relação** ao **Poder Judiciário**, que terá plena competência para reapreciá-las quando configurada alguma sorte de **ilegalidade**, outra não sendo a razão de ser para previsão estabelecida no **art. 21, II, da Lei n. 8.429/92** (LIA), com a redação oferecida pela Lei n. 14.230/2021.

Outra conclusão importante pode ser sacada do *caput* do art. 71, da CF, no sentido de que, salvo a exceção expressamente configurada nos §§ 1.º e 2.º, para os casos de sustação de contratos, na qualidade de órgão auxiliar, **não poderão** os **Tribunais de Contas assinar** qualquer **prazo para que** o **Poder Legislativo se pronuncie** acerca de suas decisões, sob pena de subverter-se completamente a ordem dos papéis.

O **terceiro ponto** digno de registro diz respeito à **ampliação** significativa de suas **competências, não só** com **relação** ao seu **alcance mas, também**, no que se refere a seu **conteúdo**, como se verifica da leitura do **art. 70** e de seu **parágrafo único**:

> **Art. 70.** A fiscalização contábil, financeira, orçamentária, operacional e patrimonial da União e das entidades da administração direta e indireta, quanto à legalidade, legitimidade, economicidade, aplicação das subvenções e renúncia de receitas, será exerci-

784 Direito Administrativo Esquematizado · *Celso Spitzcovsky*

da pelo Congresso Nacional, mediante controle externo, e pelo sistema de controle interno de cada Poder.

Parágrafo único. Prestará contas qualquer pessoa física ou jurídica, pública ou privada, que utilize, arrecade, guarde, gerencie ou administre dinheiro, bens e valores públicos ou pelos quais a União responda, ou que, em nome desta, assuma obrigações de natureza pecuniária.

Por outro lado, ao exercerem seu poder fiscalizatório, não podem fazê-lo de forma arbitrária. Ao revés, deverão ater-se à análise dos aspectos contábeis, financeiros, orçamentários, operacionais e patrimoniais e somente quanto a sua legalidade, legitimidade e economicidade (art. 70).

A **representação** e a **defesa extrajudicial** nesses casos do **art. 70**, quando a parte for ente da Administração Pública federal direta ou indireta, **serão feitas** pela **Advocacia-Geral** da **União**, conforme o **art. 1.º do Decreto n. 7.153/2010**.

Como visto anteriormente, no que respeita às atribuições conferidas às Cortes de Contas, registra-se grande ampliação.

No **rol exaustivo de matérias** elencadas no **art. 71 do Texto Constitucional**, destaca-se a prevista no **inciso I**, assim redigido:

Art. 71. (...)
I — apreciar as contas prestadas anualmente pelo Presidente da República, mediante parecer prévio que deverá ser elaborado em sessenta dias a contar de seu recebimento.

Esse dispositivo **submete**, nitidamente, o **Tribunal de Contas**, quando no exercício desse mister, a **dois limites:** um de **ordem material** e outro de **ordem formal**.

Assim é que, quando da análise das contas do Executivo, deverá essa Corte, **quanto ao mérito**, ater-se aos **aspectos de legalidade, legitimidade e economicidade**, consoante o disposto no *caput* do **art. 70**.

De outra parte, terá de desempenhar essa tarefa em **prazo inferior** a **60 dias, sob pena** de incidir no **vício de inconstitucionalidade**.

O **inciso II**, ao estipular a competência das Cortes para julgar as contas dos administradores e demais responsáveis por dinheiro, bens e valores públicos da Administração direta e indireta, já **não coloca prazo** para que essas **providências sejam tomadas**.

A inserção da **expressão "julgar"** no **texto constitucional** nos parece **imprópria**, devendo ser **interpretada** de **forma restritiva**, sob pena de subverter-se a independência do Legislativo, ao qual se subordina. Isso porque, como auxiliar, o **Tribunal de Contas não julga, não exerce a jurisdição**, mas somente emite pareceres técnicos.

Nesse quadro, importante registrar que a **Suprema Corte**, levando em consideração que esses tribunais se apresentam como órgãos auxiliares do Poder Legislativo, **concluiu que a decisão pela rejeição de contas por eles proferida não seria suficiente para levar o administrador à condição de inelegível.**

Assim, por **maioria** de votos, o **Plenário decidiu**, no **RE 848.826**, que é exclusivamente da Câmara Municipal a competência para julgar as contas de Governo e as contas de gestão dos prefeitos, cabendo ao Tribunal de Contas auxiliar o Poder

19 ◼ Formas de Controle sobre a Administração 785

Legislativo municipal, emitir parecer prévio e opinativo, que somente poderá ser derrubado por decisão de 2/3 dos vereadores.

Por seu turno, quando do **julgamento do RE 729.744**, de relatoria do **Ministro Gilmar Mendes**, em 23.08.2017, o **Plenário decidiu, também** por maioria de votos, vencidos os Ministros Luiz Fux e Dias Toffoli, **que**, em **caso de omissão** da **Câmara Municipal, o parecer emitido pelo Tribunal de Contas não gera a inelegibilidade prevista no art. 1.º, I, g, da Lei Complementar n. 64/90.** Esse dispositivo, que teve sua redação dada pela Lei da Ficha Limpa, aponta como inelegíveis aqueles que "tiverem suas contas relativas ao exercício de cargos ou funções públicas rejeitadas por irregularidade insanável que configure ato doloso de improbidade administrativa, e por decisão irrecorrível do órgão competente, para as eleições que se realizarem nos oito anos seguintes, contados a partir da data da decisão, aplicando-se o disposto no **inciso II** do **art. 71** da **Constituição Federal**".

De acordo com o relator do recurso, Ministro Gilmar Mendes, **quando se trata de contas do chefe do Poder Executivo, a Constituição confere à Casa Legislativa, além do desempenho de suas funções institucionais legislativas, a função de controle e fiscalização de suas contas, em razão de sua condição de órgão de Poder, a qual se desenvolve por meio de um processo político-administrativo, cuja instrução se inicia na apreciação técnica do Tribunal de Contas.**

No **âmbito municipal**, o **controle** externo das **contas** do prefeito também constitui uma das prerrogativas institucionais da **Câmara de Vereadores**, que exercerá com o **auxílio** dos **Tribunais de Contas do Estado ou do Município, onde houver**:

"Entendo, portanto, que a **competência** para o **julgamento** das **contas** anuais dos **prefeitos** eleitos pelo povo **é do Poder Legislativo** (nos termos do **artigo 71, inciso I, da Constituição Federal**), que é órgão constituído por representantes democraticamente eleitos para averiguar, além da sua adequação orçamentária, sua destinação em prol dos interesses da população ali representada. **Seu parecer**, nesse caso, **é opinativo, não sendo apto a produzir consequências como a inelegibilidade** prevista no artigo 1.º, I, g, da Lei complementar 64/90", afirmou o relator, ressaltando que esse entendimento é adotado pelo Tribunal Superior Eleitoral (TSE).

De outra sorte, **ofereceu a Constituição à Corte de Contas**, para o exercício desses misteres, novos **instrumentos**, de molde a tornar mais ágil e eficaz o seu papel.

É o que se conclui da possibilidade a eles conferida de realizar, por iniciativa própria, **inspeções** e **auditorias** de **natureza contábil, financeira, orçamentária, operacional** e **patrimonial** nas unidades administrativas dos Poderes Legislativo, Executivo e Judiciário, bem como nas entidades paraestatais, consoante o disposto no **inciso IV** do **art. 71**.

A propósito, confira-se decisão proferida pelo **STF**, em **24.04.2023**, quando do julgamento da **ADI 7.002/PR**, acerca da disciplina de repasses federais por norma estadual, resultando na seguinte tese:

"1. É inconstitucional, por ausência de simetria com as competências do TCU e por afronta à separação de poderes, lei que condicione genericamente o repasse de recursos federais à prévia aprovação de projeto pelo Tribunal de Contas da unidade federativa destinatária das verbas. 2. É inconstitucional, por contrariedade ao art. 70 e incisos da CF/88 e por desrespeito à autonomia federativa, lei federal que atribua aos tribunais de contas estaduais competência para analisar contas relativas à aplicação de recursos federais."

Da mesma forma, encontram-se as competências previstas no **inciso IX** para **assinar prazo** para o **cumprimento** de suas **determinações**, bem como a expressa no **inciso X**, para **sustar**, se não atendidas suas determinações, a **execução do ato impugnado**, comunicando a decisão à Câmara dos Deputados e ao Senado Federal.

Nesse particular, a Constituição adotou **procedimento diverso para** os **contratos**, quando então a **sustação** ficará a **cargo** do próprio **Legislativo (art. 71, § 1.º)**.

Sem embargo, é bem de ver que, por expressa determinação constitucional, **não providenciadas** as **medidas** cabíveis no prazo ali estipulado, **prevalecerá** a **decisão** que os **Tribunais** tomarem a esse respeito **(art. 71, § 2.º)**.

Por derradeiro, importante registrar que as **decisões** proferidas por esses **Tribunais**, as quais impliquem imputação de débito ou multa, **terão eficácia de título executivo (art. 71, § 3.º)**.

As **disposições** aqui esmiuçadas **se aplicam**, **no que couber**, aos **Tribunais de Contas estaduais** e **municipais**, esses últimos onde existirem, em razão da disposição contida no **art. 31, § 4.º**, da **Constituição**, a partir do instante em que foi promulgada, vedando a criação de novos Tribunais, conselhos ou órgãos de contas municipais.

Assim, **hoje**, em nosso país, **apenas um reduzido número** de **Municípios** ainda **possui Tribunal de Contas próprio**.

Nesses casos, terão os **Municípios não incluídos nessa situação** todos os seus **atos apreciados**, inicialmente, pelo **Tribunal de Contas do Estado** ao qual pertencem, **que funcionará**, assim, na condição de **auxiliar** da **Câmara dos Vereadores**.

Dessa forma, a **reapreciação** das **decisões** tomadas pelos **Tribunais de Contas Estaduais**, se **relativas** às **contas** do **Estado**, será realizada pela **Assembleia Legislativa**; contudo, relativamente às **contas municipais**, será levada a efeito pela **Câmara de Vereadores**.

Por derradeiro, oportuno registrar que, em relação a esse tema, as **decisões** serão **precedidas de** abertura de **processo com ampla defesa**. A esse respeito, o **STF** editou a **Súmula Vinculante 3**. Confira-se:

> **SÚMULA VINCULANTE 3:** Nos processos perante o Tribunal de Contas da União asseguram-se o contraditório e a ampla defesa quando da decisão puder resultar anulação ou revogação de ato administrativo que beneficie o interessado, excetuada a apreciação da legalidade do ato de concessão inicial de aposentadoria, reforma e pensão.

b) Prerrogativas e impedimentos

Nesse particular, cumpre notar que os **integrantes** desses Tribunais são dotados das **mesmas garantias**, **prerrogativas**, **impedimentos**, **vencimentos** e **vantagens dos Ministros do STJ**, a teor do disposto no **art. 73, § 3.º**, da **CF**, que consagra situação mais restritiva, se comparada ao entendimento consolidado ao nível do **STF**, retratado pela **Súmula 42**. Confira-se:

19 ◼ Formas de Controle sobre a Administração — 787

Art. 73. (...)

§ 3.º Os Ministros do Tribunal de Contas da União terão as mesmas garantias, prerrogativas, impedimentos, vencimentos e vantagens dos Ministros do Superior Tribunal de Justiça, aplicando-se-lhes, quanto à aposentadoria e pensão, as normas constantes do art. 40.

SÚMULA 42/STF: É legítima a equiparação de juízes do Tribunal de Contas, em direitos e garantias, aos membros do Poder Judiciário.

Para melhor visualização deste item, observe-se o quadro:

CONTROLE EXTERNO — LEGISLATIVO — FINANCEIRO	
LEGITIMIDADE	Legislativo, com o auxílio dos Tribunais de Contas
LIMITE	Só controle de legalidade em respeito ao princípio da separação entre os Poderes
TRIBUNAIS DE CONTAS	**Posição:** órgãos auxiliares do Poder Legislativo **Decisões:** não são dotadas de força de coisa julgada, comportando reforma quer pelo Legislativo (art. 31, § 2.º, da CF), quer pelo Judiciário, quando ilegais **Prazo para o cumprimento das decisões:** salvo a exceção expressamente configurada nos §§ 1.º e 2.º, para os casos de sustação de contratos, na qualidade de órgão auxiliar, não poderão os Tribunais de Contas assinar qualquer prazo para que o Poder Legislativo se pronuncie acerca de suas decisões, sob pena de subverter completamente a ordem dos papéis **Alcance das decisões:** controle efetuado pelos Tribunais de Contas atinge todos os órgãos e pessoas integrantes da Administração, bem como os particulares que manuseiam verbas públicas (arts. 70, *caput* e parágrafo único) **Eficácia das decisões:** as decisões proferidas por esses Tribunais que impliquem imputação de débito ou multa terão eficácia de título executivo (art. 71, § 3.º) **Pressuposto para a tomada de decisões:** as decisões serão precedidas de abertura de processo com ampla defesa. Súmula Vinculante 3 **Composição:** o Tribunal de Contas da União é integrado por nove Ministros, nomeados entre os brasileiros que satisfaçam os requisitos estabelecidos no art. 73, § 1.º, da CF **Garantias atribuídas aos Ministros:** os integrantes do Tribunal são dotados das mesmas garantias, prerrogativas, impedimentos, vencimentos e vantagens dos Ministros do STJ (art. 73, § 3.º, da CF)

19.4. CONTROLE JUDICIAL — NOÇÕES GERAIS

Em relação ao **controle** feito pelo **Judiciário**, importante deixar consignado, uma vez mais, tratar-se **tão somente** de controle de **legalidade**, em homenagem ao princípio da **Separação entre os Poderes**.

Nesse sentido, em meio a reiteradas decisões dos nossos Tribunais, destaque para as conclusões atingidas pelo **STF**, quando do julgamento, em **30.06.2023**, do **RE 684612**, em sede de repercussão geral:

"1. A intervenção do Poder Judiciário em políticas públicas voltadas à realização de direitos fundamentais, em caso de ausência ou deficiência grave do serviço, não viola o princípio da separação dos poderes.

2. A decisão judicial, como regra, em lugar de determinar medidas pontuais, deve apontar as finalidades as serem alcançadas e determinar à Administração Pública que apresenta um plano e/ou os meios adequados para alcançar o resultado (...)".

Dentro desse contexto, importante relembrar que o ordenamento jurídico brasileiro adotou o sistema inglês, de **jurisdição una**, segundo o qual todos os atos e decisões da Administração podem ser revistos pelo Poder Judiciário, a teor do disposto no **art. 5.º, XXXV, da Constituição, exceção feita** aos **crimes** de **responsabilidade**, de competência do Senado Federal (art. 52, I e II), em razão de sua natureza política, no exercício de uma função atípica.

Como regra geral, o **Judiciário pode ser provocado** sempre que houver **violação de direitos ou ilegalidade** expressa ou implícita, permitindo anular o ato ou a decisão administrativa, quando o Juiz, em regra, apreciará a questão proferindo **decisão** de mérito, **substituindo** a **decisão administrativa**.

Importante deixar registrado que o **acesso ao Judiciário não depende**, ao menos como regra geral, do **esgotamento das vias administrativas**, apresentando-se como **exceção**, inicialmente, aquela relacionada à **Justiça Desportiva**, na forma do **art. 217, § 1.º, da Constituição:**

Art. 217. (...)
§ 1.º O Poder Judiciário só admitirá ações relativas à disciplina e às competições desportivas após esgotarem-se as instâncias da justiça desportiva, reguladas em lei.

A previsão constitucional encontra justificativa no fato de que a **justiça desportiva não integra a estrutura do Poder Judiciário**, tratando-se, pois, de justiça administrativa.

Oportuno o registro relacionado à **outra exceção**, que envolve a ação de *habeas data*, uma vez que, por força da **Súmula 2 do STJ**, o conhecimento dessa ação pelo Judiciário depende da comprovação de que a informação já foi solicitada na esfera administrativa, não se obtendo nenhuma resposta ou ao menos uma que fosse satisfatória, **mesma diretriz** apresentada pela **Lei n. 9.507/97** (Lei do *Habeas Data*), em seu **art. 8.º, parágrafo único, I**.

A última exceção apresenta-se para **as hipóteses de requisição de benefício previdenciário** em que o **Supremo Tribunal Federal**, em **12.05.2017**, em julgado submetido à repercussão geral, com relatoria do Ministro Alexandre de Moraes, reafirmou o entendimento no sentido de que *o segurado, antes de ingressar em juízo, deve requerer o benefício previdenciário administrativamente, nada mencionando quanto a necessidade de comprovação de esgotamento dessa via* (RE 631.240, sessão do dia 27.08.2014).

Ficou decidido, ainda, que nas ações judiciais já iniciadas, sem a precedência de requerimento administrativo à autarquia federal, nas quais o INSS contestou o mérito do direito ao recebimento do *benefício previdenciário* no curso do processo judicial, não há falar nesta instância em falta de interesse processual, uma vez que ficou demonstrada a resistência ao pedido pela autarquia. Comprovada a postulação administrativa, o INSS será intimado a se manifestar, no prazo de 90 dias.

19 ■ Formas de Controle sobre a Administração

Encerrados os comentários iniciais em relação ao controle judicial, cabe agora uma análise acerca das **principais garantias previstas** no **nível constitucional** para a defesa dos inúmeros direitos por ela assegurados, tanto em caráter preventivo quanto repressivo.

Dentro desse contexto, serão abordadas as seguintes ações, sem preocupação com aspectos de natureza processual, por refugirem ao objeto desta obra:

■ *habeas corpus*;
■ *habeas data*;
■ mandado de segurança;
■ mandado de injunção;
■ ação popular.

Verifique-se o quadro:

NOÇÕES GERAIS	
LIMITE	Somente controle de legalidade, em respeito ao princípio da separação entre os Poderes
EXTENSÃO	Esse controle de legalidade se estende aos atos *interna corporis*, sem que represente agressão ao princípio da separação entre os Poderes
SISTEMA ADOTADO	Jurisdição una, com fundamento no art. 5.º, XXXV, da CF, exceção feita aos crimes de responsabilidade, de competência do Senado Federal, no exercício de uma função atípica
ESGOTAMENTO DAS VIAS ADMINISTRATIVAS	Em regra, não é necessário, apresentando-se como exceções as questões envolvendo a Justiça Desportiva (art. 217, § 1.º, da CF) e o *habeas data* (Súmula 2 do STJ e Lei n. 9.507/97, art. 8.º, parágrafo único, I)
MOMENTO	Admite-se o controle preventivo e repressivo, com base no disposto no art. 5.º, XXXV, da CF

19.4.1. *Habeas corpus*

Trata-se de **garantia constitucional** regulada no **inciso LXVIII** do **art. 5.º da CF**, cuja redação a seguir se reproduz:

Art. 5.º (...)

LXVIII — conceder-se-á *habeas corpus* sempre que alguém sofrer ou se achar ameaçado de sofrer violência ou coação em sua liberdade de locomoção, por ilegalidade ou abuso de poder.

19.4.1.1. *Histórico*

Trata-se, historicamente, da **primeira garantia** de **direitos fundamentais**, concedida por João Sem Terra, monarca inglês, com a Magna Carta, em 1215, e formalizada pelo *Habeas Corpus Act,* em **1679**.

O conteúdo dessa garantia não sofreu grandes alterações no decorrer dos séculos. Confirma-se essa assertiva pelo cotejo entre o dispositivo do Texto Constitucional brasileiro supratranscrito e o artigo XXIX da Magna Carta, cujo teor era o seguinte:

Artigo XXIX. Nenhum homem livre será detido, nem preso, nem deportado ou exilado, nem privado de qualquer modo de sua liberdade ou de seus costumes livres, nem por tal modo o meteremos no cárcere; a não ser em virtude de julgamento legal de seus semelhantes e segundo a lei do país. Não venderemos, nem recusaremos ou retardaremos o direito ou a justiça.

No Brasil, já em 1821 (alvará emitido por Dom Pedro I em 23 de maio de 1821), assegurou-se a liberdade de locomoção, ainda que não se tivesse adotado a denominação de *habeas corpus*, só utilizada pelo **Código Criminal de 1830**.

Entre nós, o *habeas corpus* foi **alçado** à **categoria** de **garantia constitucional** na **Carta de 1891** e, daí por diante, foi mantido por todas as demais Constituições.

É relevante consignar que, no Brasil, o *habeas corpus* foi utilizado como forma de **garantir não só a liberdade física, mas também todos os demais direitos que tinham como pressuposto para seu exercício a liberdade de locomoção**.

A generosidade na utilização desse instituto recebeu o nome de **teoria brasileira** do *habeas corpus*. Fomentada pela doutrina e pela jurisprudência, só **retrocedeu** por virtude da **Reforma Constitucional de 1926**, que impôs fosse utilizada apenas para aqueles casos de lesão ou ameaça de lesão da liberdade de ir e vir.

Nesse sentido, oportuno conferir precedente do: **STJ**, datado de **03.05.2021 (HC 198242/DF**, rel. Min. Marco Aurélio).

19.4.1.2. *Objeto e partes*

Do que até aqui foi dito e mesmo da literalidade do comando constitucional esculpido no inciso LXVIII do art. 5.º, resulta claro que o *habeas corpus* **objetiva proteger a liberdade de locomoção**.

Pode pedir a ordem de *habeas corpus* **qualquer pessoa**, em defesa de sua liberdade física ou mesmo em favor de terceiro, o **Ministério Público ou** o próprio **Juiz, de ofício**, pode concedê-lo. Em razão da natureza da garantia, prescinde-se seja o **pedido formulado por advogado (art. 654 do CPP)**.

A **jurisprudência** de nossos Tribunais **tem admitido** a **impetração por pessoa jurídica**. Em qualquer hipótese, contudo, o **paciente** (aquele em favor de quem a ordem é solicitada) deverá ser, sempre, **pessoa física**.

O *habeas corpus* é meio idôneo a pôr cobro a restrições impostas à liberdade física, quer emane o ato ilegal ou abusivo de autoridade administrativa, policial, quer o constrangimento decorra de ato judicial.

Nada obstante, **tem-se reconhecido**, também, a **possibilidade** de sua utilização nas hipóteses em que a **coação ilegal** à liberdade de locomoção **decorrer de ato de particular**.

Nesse contexto, oportuno tecer algumas considerações sobre o que se entende por **violência** e por **coação ilegal**.

■ *Violência*: é o constrangimento físico efetivo ou iminente (exemplos: prisão ou expedição de mandado de prisão).

■ *Coação*: constrangimento por meios físicos ou morais a um *facere* ou *non facere* **(art. 648 do CPP)**.

19 ▪ Formas de Controle sobre a Administração   791

A coação será ilegal quando não houver justa causa; quando a prisão for determinada por autoridade incompetente; quando não for admitida a fiança nos casos em que a lei prevê a possibilidade; quando, extinta a punibilidade, o indivíduo for perseguido ou, estando preso, tiver sua liberação retardada por protelação burocrática.

Anote-se também que a **ação** de *habeas corpus* é **isenta** de **custas (art. 5.º, LXXVII)**.

De outra parte, tanto a lei quanto a jurisprudência admitem sua impetração, para **trancamento** de **ação penal** ou de **inquérito policial**.

Outrossim, a jurisprudência de nossos Tribunais tem também admitido sua **impetração** para **coibir decisões que possam, ainda que de forma indireta, levar a um comprometimento dessa liberdade de locomoção**.

Assim é que se tem **admitido** o *habeas corpus* para fazer frente a **decisões** que **comprometam** o **devido processo legal**, a exemplo daquela que indefira produções de provas, podendo conduzir à efetivação de uma prisão e comprometendo, dessa forma, a liberdade de ir e vir.

Nesse sentido, a jurisprudência do **STF**, através do **HC 82.354**, de relatoria do Ministro Sepúlveda Pertence, em que se concluiu que o cerceamento da atuação permitida à defesa do indiciado no inquérito policial poderá refletir-se em prejuízo de sua defesa no processo e, em tese, redundar em condenação à pena privativa de liberdade ou na manutenção desta.

Dentro desse contexto, a potencialidade de **danos causados** por **cerceamento** de **defesa legitima** o manejo do **HC**.

Conclui-se, pois, que o reconhecimento da possibilidade de utilização do **HC** para casos dessa natureza faz com que ele se transforme em um importante **instrumento** de **tutela** para a **preservação da cláusula do devido processo legal**.

19.4.1.3. *Competência*

A **competência** para conhecer do *habeas corpus* vai ser **determinada** pela **natureza** da **autoridade** que **praticou** o **ato ilegal ou abusivo**. É dizer, se o agente coator for autoridade federal, a competência é da Justiça Federal; se estadual, o julgamento caberá a Juízes ou Tribunais estaduais.

É importante consignar que o próprio **Texto Constitucional**, no capítulo relacionado ao Poder Judiciário, prevê expressamente a competência para processar e julgar o *habeas corpus*, nas hipóteses que discrimina.

Assim é que o **art. 102, I, *d* e *i***, dispõe competir ao **Supremo Tribunal Federal** processar e julgar, originariamente, *habeas corpus* em favor do Presidente e do Vice-Presidente da República, membros do Congresso Nacional, seus próprios Ministros, o Procurador-Geral da República, Ministros de Estado, membros dos Tribunais Superiores, os do Tribunal de Contas da União e os chefes de missão diplomática de caráter permanente e, também, aqueles cujo coator for Tribunal Superior ou quando o coator ou paciente for autoridade ou funcionário, cujos atos estejam sujeitos diretamente à jurisdição do Supremo Tribunal Federal, ou caso se trate de crime sujeito à mesma jurisdição em uma única instância (redação dada pela **EC n. 22/99**).

De igual sorte, compete, também, ao **Supremo Tribunal Federal** julgar em **grau de recurso ordinário** os *habeas corpus* decididos em única instância pelos Tribunais Superiores, mas apenas naqueles casos em que a ordem for denegada (**art. 102, II, *a*, da CF**).

A competência do **Superior Tribunal de Justiça** na matéria vem disciplinada no **art. 105, I, *c*; II, *a*;** a dos **Tribunais Regionais Federais, no art. 108, I, *d*, e II**; a dos **Juízes federais, no art. 109, VII**; a dos **Tribunais Regionais Eleitorais, no art. 121, § 3.º, V,** combinado com **art. 105, I, *c*.**

19.4.1.4. *"Habeas corpus" preventivo e liberatório*

Conclui-se, ainda, da dicção do inciso LXVIII do art. 5.º que o *habeas corpus* pode ser **preventivo ou liberatório**.

O **primeiro**, autêntico salvo-conduto, é cabível quando a **restrição** à **liberdade** de **locomoção ainda não se consumou**, mas há justo e fundamentado receio de que venha a ocorrer. O **liberatório**, por sua vez, é utilizável se a **lesão** ao direito de ir e vir **já é efetiva**.

19.4.1.5. *O caso Olga Benário Prestes*

Digna de registro a questão envolvendo o único pedido de *habeas corpus* levado a efeito em nosso país perante a **Suprema Corte** com o intuito de **garantir** que o **paciente permanecesse presa**.

Trata-se da questão envolvendo **Olga Benário Prestes**, que ingressou, por intermédio do seu **advogado, Heitor Lima**, com pedido de *habeas corpus* **para que não fosse ela entregue ao Governo alemão sob a acusação de vínculo com o comunismo**.

No pedido apresentado, a **argumentação** principal consistiu no fato de **estar ela grávida** de sete meses de um **brasileiro** e de que a pena transcenderia à pessoa da acusada.

Apenas para efeito de nota, cumpre registrar que o **pedido** foi **indeferido** por **unanimidade** pelos integrantes da **Corte Suprema**, nos seguintes termos:

> *"Habeas Corpus* n. 26.155. Estrangeira — Expulsão do território nacional — Quando se justifica. **ACÓRDÃO:** Vistos, relatados e discutidos estes autos de *habeas corpus* impetrado pelo Dr. Heitor Lima em favor de Maria Prestes, que ora se encontra recolhida à Casa de Detenção, a fim de ser expulsa do território nacional, como perigosa à ordem pública e nociva aos interesses do país.
>
> A Corte Suprema, indeferindo não somente a requisição dos autos do respectivo processo administrativo, como também o comparecimento da paciente e bem assim a perícia médica a fim de constatar o seu alegado estado de gravidez, e
>
> Atendendo a que a mesma paciente é estrangeira e a sua permanência no país compromete a segurança nacional, conforme se depreende das informações prestadas pelo Exmo. Sr. Ministro da Justiça:
>
> Atendendo a que, em casos tais não há como invocar a garantia constitucional do *habeas corpus*, à vista do disposto no art. 2 do decreto n. 702, de 21 de março deste ano:
>
> Acordam por maioria, não tomar conhecimento do pedido.
>
> Custas pelo impetrante.

19 ◼ Formas de Controle sobre a Administração

Corte Suprema, 17 de junho de 1936. — E. Lins, presidente. — Bento de Faria, relator.
(A decisão foi a seguinte: 'Não conheceram do pedido, contra os votos dos senhores ministros Carlos Maximiliano, Carvalho Mourão e Eduardo Espínola, que conheciam e indeferiam.')"

Observe-se o quadro a seguir:

DEFINIÇÃO	Trata-se de garantia constitucional regulada no inciso LXVIII do art. 5.º da CF
OBJETO	Objetiva proteger a liberdade de locomoção, atingida por ilegalidade ou abuso de poder. Trata-se também de direito líquido e certo, consoante se verifica da redação do art. 5.º, LXIX, da CF
SUJEITO ATIVO	◼ Pode pedir a ordem de *habeas corpus* qualquer pessoa em defesa de sua liberdade física ou mesmo em favor de terceiro, o Ministério Público, ou o próprio Juiz, de ofício, pode concedê-lo. Em razão da natureza da garantia, prescinde-se seja o pedido formulado por advogado (art. 654 do CPP) ◼ A jurisprudência de nossos Tribunais tem admitido a impetração de *habeas corpus* por pessoa jurídica. Em qualquer hipótese, contudo, o paciente (aquele em favor de quem a ordem é solicitada) deverá ser, sempre, pessoa física
SUJEITO PASSIVO	◼ O *habeas corpus* é meio idôneo a pôr cobro a restrições impostas à liberdade física, quer emane o ato ilegal ou abusivo de autoridade administrativa, policial, quer o constrangimento decorra de ato judicial ◼ Nada obstante, tem-se reconhecido, também, a possibilidade de utilização do *habeas corpus* nas hipóteses em que a coação ilegal à liberdade de locomoção decorrer de ato de particular
COMPETÊNCIA	A competência para conhecer do *habeas corpus* vai ser determinada pela natureza da autoridade que praticou o ato ilegal ou abusivo Assim: ◼ **Supremo Tribunal Federal:** art. 102, I, *d* e *i* (competência originária) ◼ **Supremo Tribunal Federal:** julgar em grau de recurso ordinário os *habeas corpus* decididos em única instância pelos Tribunais Superiores, mas apenas naqueles casos em que a ordem for denegada (art. 102, II, *a*, da CF) ◼ **Superior Tribunal de Justiça:** art. 105, I, *c*, e II, *a* ◼ **Tribunais Regionais Federais:** art. 108, I, *d*, e II ◼ **Juízes federais:** art. 109, VII ◼ **Tribunais Regionais Eleitorais:** art. 121, § 3.º, V, combinado com art. 105, I, *c*
CUSTAS	Isento de custas (art. 5.º, LXXVII, da CF)
MODALIDADES	Preventivo e liberatório (art. 5.º, LXVIII, da CF)
LIMITE	Não caberá *habeas corpus* a punições disciplinares militares (art. 142, § 2.º, da CF)

19.4.2. *Habeas data*

Entre as inovações introduzidas pela Constituição Federal de 1988 no campo das garantias aos direitos fundamentais figura o instituto do ***habeas data***, previsto no **inciso LXXII do art. 5.º**:

Art. 5.º (...)

LXXII — conceder-se-á *habeas data*:

a) para assegurar o conhecimento de informações relativas à pessoa do impetrante, constantes de registros ou bancos de dados de entidades governamentais ou de caráter público;

794 Direito Administrativo Esquematizado   *Celso Spitzcovsky*

b) para a retificação de dados, quando não se prefira fazê-lo por processo sigiloso, judicial ou administrativo.

Sua origem remonta, segundo alguns, a uma Convenção do Conselho da Europa para a proteção das pessoas em relação ao tratamento automatizado de dados de caráter pessoal, firmada em 28 de janeiro de 1981.

19.4.2.1. Objeto

Destina-se o *habeas data* a **garantir** ao indivíduo, fundamentalmente, o **direito de acesso aos registros ou bancos de dados de entidades governamentais ou de caráter público, para conhecimento, correção ou justificação de dados pessoais que deles constem**.

Essa garantia constitucional foi regulamentada pela **Lei n. 9.507**, de 12 de novembro de **1997**, que disciplinou o direito de acesso a informações e o rito processual do *habeas data*.

De outra parte, cumpre observar que **do direito** ao **conhecimento** de dados pessoais **decorrem vários outros** que lhe dão substância. Façamos uma breve análise de cada um:

a) direito de acesso: consistente na prerrogativa de obtenção desses dados. Tal direito é universal e abrange todos os dados pessoais constantes de registros ou banco de dados de entidades governamentais ou de caráter público;

b) direito ao esclarecimento: a entidade depositária dos dados deve informar com que objetivo os coletou;

c) direito de contestação: é a possibilidade de o impetrante discutir a veracidade das informações contidas nos registros ou bancos de dados;

d) direito de atualização: implica a possibilidade de supressão, inclusão ou retificação de dados que estejam desatualizados.

Aliás, outra não foi a tendência adotada pelo legislador ao prever, ao lado das duas hipóteses já consagradas pela Constituição, a possibilidade de concessão de *habeas data* **para a contestação ou explicação de dados**, consoante se verifica da redação do **art. 7.º, III, da Lei n. 9.507/97:**

Art. 7.º Conceder-se-á *habeas data*: (...)

III — para a anotação nos assentamentos do interessado, de contestação ou explicação sobre dado verdadeiro mas justificável e que esteja sob pendência judicial ou amigável.

Outrossim, ainda com relação ao seu objeto, importante salientar que a garantia do *habeas data* **não se aplica** ao **direito** esculpido no **inciso XXXIII do art. 5.º da CF**, nos seguintes termos:

Art. 5.º (...)

XXXIII — todos têm direito a receber dos órgãos públicos informações de seu interesse particular, ou de interesse coletivo ou geral, que serão prestadas no prazo da lei, sob pena de responsabilidade, ressalvadas aquelas cujo sigilo seja imprescindível à segurança da sociedade e do Estado.

19 ■ Formas de Controle sobre a Administração

Esse dispositivo, como se vê, trata da prerrogativa, a todos deferida, de obter dos órgãos públicos informações de seu interesse particular, ou de interesse coletivo ou geral, o que não guarda correlação alguma com o *habeas data*.

Destarte, enquanto esta última visa a **assegurar** o **direito** de **conhecimento** de **dados pessoais**, o **inciso XXXIII** do **art. 5.º** tem por escopo garantir o acesso a **informações de interesse particular, coletivo ou geral**.

A **Constituição da República**, ao proclamar o direito a esse tipo de informações, existentes em órgãos públicos, emprestou-lhe caráter limitado e relativo, pois **exonerou** o **Estado** do **dever** de **prestá-las**, nos casos restritos em que se tornasse **imprescindível** resguardar a **segurança** do **Estado** e da **sociedade**.

De outra parte, o direito garantido pelo *habeas data*, em razão das informações que poderão ser solicitadas, **não é relativo nem limitado**, tratando-se de prerrogativa que não admite se lhe oponha qualquer restrição. É dizer, **se os informes requeridos forem relativos à pessoa do impetrante (espécie) e não de seu interesse pessoal (gênero), o Estado está obrigado a, em resposta ao** *habeas data* **impetrado, fornecê-los integralmente**.

Ao revés, se o impetrante se utilizar dessa garantia constitucional para obter **informações acerca** de **outras pessoas, ainda que desaparecidas**, merecerá **indeferimento**, uma vez que **não caracterizadora** da situação descrita no **inciso LXXII** do **art. 5.º** da **Carta Magna**.

Assim, pois, em nosso entender, tal **situação comporta impetração de mandado de segurança com fundamento** na lesão ao direito previsto no **inciso XXXIII** do **art. 5.º**, pois se trata aqui de informação de interesse particular e não de caráter pessoal.

Dentro desse contexto, se alguém pretende obter informações acerca do paradeiro de uma terceira pessoa, ou acerca do proprietário de determinado veículo que se evadiu do local de um sinistro, ou, ainda, acerca da existência de planos de desapropriação para determinada área, e o pedido for indevidamente negado, não será hipótese de *habeas data,* mas de mandado de segurança, por não se tratar de informação personalíssima.

Apropriado consignar, ainda, que o direito à obtenção de uma informação personalíssima, por meio de *habeas data,* **também caracteriza direito líquido e certo em razão da redação apresentada pelo art. 5.º, LXIX, da CF.**

Com efeito, lá se verifica que o **mandado de segurança** será utilizado para **proteger direito líquido e certo não amparado por** *habeas corpus* ou *habeas data,* demonstrando que o direito de locomoção e o de obtenção de informações personalíssimas também se incluem nessa categoria.

19.4.2.2. Partes

A **legitimidade ativa** para a impetração de *habeas data* pertence a **qualquer pessoa física ou jurídica** que pretenda obter informações a seu respeito armazenadas nos bancos de dados descritos no **inciso LXXII** do **art. 5.º da Constituição** de 1988 e no **art. 1.º, parágrafo único, da Lei n. 9.507/97**.

De outra parte, merece algumas considerações a questão relativa à **sujeição passiva** em função da redação oferecida pelo **art. 5.º, inciso LXXII, da CF**.

Deveras, o dispositivo invocado faz referência às **entidades governamentais** e **àquelas de caráter público**.

No que se refere à primeira categoria, não se tergiversa com relação ao seu conteúdo, incluindo-se as **pessoas jurídicas componentes** da **Administração direta** e **indireta** do Estado.

Por outro lado, no que se refere às **pessoas jurídicas de caráter público**, cumpre observar que o **critério** que irá **identificá-las** não é o de sua **natureza** jurídica, mas sim **dos dados** por elas **armazenados**.

Se a natureza dos dados coletados for pública, ou seja, se estiverem franqueados a todos os que desejarem a eles ter acesso, então a negativa renderá ensejo à propositura do *habeas data*.

De resto, foi a mesma tendência adotada pela **Lei n. 9.507/97**, como se verifica do seu **art. 1.º, parágrafo único:**

Art. 1.º (...) (Vetado)

Parágrafo único. **Considera-se de caráter público** todo registro ou banco de dados contendo informações que sejam ou que possam ser transmitidas a terceiros ou que não sejam de uso privativo do órgão ou entidade produtora ou depositária das informações.

A título de **exemplo**, podemos citar o caso do Serviço de Proteção ao Crédito, entidade que, em que pese ser uma pessoa jurídica de direito privado, armazena seus dados com a finalidade de oferecê-los àqueles que, pertencentes ao comércio, desejarem obtê-los no intuito de verificar o histórico de eventual cliente.

No mesmo contexto, encontramos as entidades que armazenem dados relacionados a consumidores, conclusão que se baseia na previsão estabelecida no **art. 43 do CDC**, com destaque para os seus §§ 3.º e 4.º. Confira-se:

Art. 43. O consumidor, sem prejuízo do disposto no art. 86, terá acesso às informações existentes em cadastros, fichas, registros e dados pessoais e de consumo arquivados sobre ele, bem como sobre as suas respectivas fontes.

(...)

§ 3.º O consumidor, sempre que encontrar inexatidão nos seus dados e cadastros, poderá exigir sua imediata correção, devendo o arquivista, no prazo de cinco dias úteis, comunicar a alteração aos eventuais destinatários das informações incorretas.

§ 4.º Os bancos de dados e cadastros relativos a consumidores, os serviços de proteção ao crédito e congêneres **são considerados entidades de caráter público**.

Assim, temos para nós que, diante de situações como as descritas, a **recusa** da entidade a **fornecer** esses **dados** abrirá a oportunidade para ajuizamento do *habeas data*.

Em contrapartida, se a **natureza** dos **dados armazenados for privada**, é dizer, não voltada ao conhecimento público, como é o caso dos bancos privados, em que seu conhecimento só interessa à própria entidade e ao correntista, o **ajuizamento dessa garantia constitucional não terá lugar**.

19 ■ Formas de Controle sobre a Administração   797

19.4.2.3. Esgotamento das vias administrativas

Outro aspecto que merece destaque, sobre o qual já se deu notícia no início deste capítulo, é aquele que diz respeito à **necessidade** de **tentar resolver a questão no âmbito administrativo** antes da procura pelo Poder Judiciário.

Essa questão, em que pese a Constituição não ter estabelecido nenhuma restrição nesse sentido, ganha relevo em função da **Súmula 2** do **Superior Tribunal de Justiça**, nos seguintes termos:

> **SÚMULA 2 DO STJ:** Não cabe o *habeas data* (CF, art. 5.º, LXII, *a*) se não houve recusa de informações por parte da autoridade administrativa.

De forma a corroborar a orientação daquela Corte de Justiça, a **Lei n. 9.507/97**, em seu **art. 8.º, parágrafo único**, I, assim dispôs:

> **Art. 8.º** (...)
> Parágrafo único. A petição inicial deverá ser instruída com prova:
> I — da recusa ao acesso às informações ou do decurso de mais de dez dias sem decisão.

Assim, por ocasião do **ajuizamento** do *habeas data*, deverá o impetrante fazer **prova da recusa**, por parte da entidade que detém os dados, em fornecê-los, o que poderá ser feito acostando-se à peça preambular cópia do requerimento formulado administrativamente.

19.4.2.4. Competência

Nesse particular, a **Constituição Federal** estabeleceu, algumas hipóteses de forma expressa.

Nesse sentido, o **art. 102, I, *d*, e II, *a***, determinante da competência de nossa **Corte Suprema**, o **art. 105, I, *b***, estabelecedor da competência do **Superior Tribunal de Justiça**, o **art. 108, I, *c***, consagrador da competência dos **Tribunais Regionais Federais**, e o **art. 109, VIII**, determinante da competência dos **Juízes Federais**.

Essas regras de competência foram complementadas pelo **art. 20 da Lei n. 9.507/97**, tanto para propositura em caráter originário, quanto em sede recursal.

Importante observar, também, que os processos de *habeas data* terão **prioridade** sobre todos os demais, **exceção** feita ao *habeas corpus* e ao **mandado de segurança**, consoante previsão contida no **art. 19 da lei regulamentadora**.

Por derradeiro, cumpre registrar que o **procedimento** administrativo para acesso a essas informações e a ação de *habeas data* são **gratuitos**, conforme previsão contida no **inciso LXXVII do art. 5.º da CF** e no **art. 21 da Lei n. 9.507/97**.

Verifique-se o quadro a seguir:

DEFINIÇÃO	Trata-se de garantia constitucional regulada no inciso LXXII do art. 5.º da CF.
OBJETO	Garantir ao indivíduo o direito de acesso aos registros ou bancos de dados de entidades governamentais ou de caráter público, para conhecimento, correção ou justificação de dados pessoais que deles constem. Também caracteriza direito líquido e certo em razão da redação apresentada pelo art. 5.º, LXIX, da CF.

EXTENSÃO	De acordo com o disposto no art. 7.º da Lei n. 9.507/97, a extensão do objeto do *habeas data* abrange os seguintes itens: ■ **direito de acesso:** consistente na prerrogativa de obtenção desses dados. Tal direito é universal e abrange todos os dados pessoais constantes de registros ou banco de dados de entidades governamentais ou de caráter público; ■ **direito ao esclarecimento:** a entidade depositária dos dados deve informar com que objetivo os coletou; ■ **direito de contestação:** é a possibilidade de o impetrante discutir a veracidade das informações contidas nos registros ou bancos de dados; ■ **direito de atualização:** implica a possibilidade de supressão, inclusão ou retificação de dados que estejam desatualizados.
LIMITE	Importante salientar que a garantia do *habeas data* não se aplica ao direito esculpido no inciso XXXIII do art. 5.º da CF, que, se atingido, poderá ser combatido por meio de mandado de segurança.
SUJEITO ATIVO	Qualquer pessoa física ou jurídica que pretenda obter informações a seu respeito armazenadas nos bancos de dados descritos no inciso LXXII do art. 5.º da Constituição de 1988 e no art. 1.º, parágrafo único, da Lei n. 9.507/97.
SUJEITO PASSIVO	**Entidades governamentais** e aquelas de **caráter público:** ■ **entidades governamentais:** são as pessoas jurídicas componentes da Administração direta e indireta do Estado; ■ **pessoas jurídicas de caráter público:** considera-se todo registro ou banco de dados contendo informações que sejam ou que possam ser transmitidas a terceiros ou que não sejam de uso privativo do órgão ou entidade produtora ou depositária das informações (Lei n. 9.507/97, art. 1.º, parágrafo único). No mesmo contexto encontramos as entidades que armazenem **dados relacionados a consumidores**, conclusão que se baseia na previsão estabelecida no **art. 43 do CDC.**
ESGOTAMENTO DAS VIAS ADMINISTRATIVAS	Sim, de acordo com a previsão estabelecida na Súmula 2 do Superior Tribunal de Justiça e na Lei n. 9.507/97, em seu art. 8.º, parágrafo único, I.
COMPETÊNCIA	**Originariamente:** ■ ao **Supremo Tribunal Federal**, contra atos do Presidente da República, das Mesas da Câmara dos Deputados e do Senado Federal, do Tribunal de Contas da União, do Procurador-Geral da República e do próprio Supremo Tribunal Federal; ■ ao **Superior Tribunal de Justiça**, contra atos de Ministro de Estado ou do próprio Tribunal; ■ aos **Tribunais Regionais Federais**, contra atos do próprio Tribunal ou de Juiz Federal; ■ a **Juiz Federal**, contra ato de autoridade federal, excetuados os casos de competência dos Tribunais Federais; ■ a **Tribunais Estaduais**, segundo o disposto na Constituição do Estado; ■ a **Juiz Estadual**, nos demais casos. **Em grau de recurso:** ■ ao **Supremo Tribunal Federal**, quando a decisão denegatória for proferida em única instância pelos Tribunais Superiores; ■ ao **Superior Tribunal de Justiça**, quando a decisão for proferida em única instância pelos Tribunais Regionais Federais; ■ aos **Tribunais Regionais Federais**, quando a decisão for proferida por Juiz Federal; ■ aos **Tribunais Estaduais** e ao do **Distrito Federal** e **Territórios**, conforme dispuserem a respectiva Constituição e a lei que organizar a Justiça do Distrito Federal; **Mediante recurso extraordinário, ao Supremo Tribunal Federal, nos casos previstos na Constituição.**
CUSTAS	Gratuidade, conforme previsão contida no inciso LXXVII do art. 5.º da CF e no art. 21 da Lei n. 9.507/97.

19 ▣ Formas de Controle sobre a Administração

19.4.3. Mandado de segurança

O mandado de segurança foi **introduzido** em nosso sistema jurídico constitucional pelo **Texto de 1934**.

A **Constituição atual** manteve a previsão do mandado de segurança individual em seu **inciso LXIX e criou uma variação para a proteção dos direitos coletivos em seu inciso LXX**.

Em razão de apresentarem diferenças significativas, principalmente no que se refere a seu objeto e à sujeição ativa, serão abordados em separado.

19.4.3.1. Mandado de segurança individual

A redação oferecida pela Constituição a essa garantia não se afasta daquelas que vinham sendo adotadas pelos textos anteriores, como se verifica:

Art. 5.º (...)

LXIX — conceder-se-á mandado de segurança para proteger direito líquido e certo, não amparado por *habeas corpus* ou *habeas data*, quando o responsável pela ilegalidade ou abuso de poder for autoridade pública ou agente de pessoa jurídica no exercício de atribuições do Poder Público.

Sua disciplina infraconstitucional é feita pela **Lei n. 12.016/2009**, que consolidou a matéria, **aplicando-se subsidiariamente o Código de Processo Civil**.

19.4.3.1.1. Objeto

No que se refere a seu **objeto**, observa-se que o mandado de segurança não se destina à **proteção** de qualquer **direito líquido e certo**.

Com efeito, o próprio **comando constitucional exclui** do campo de **incidência** do **mandado de segurança de agressões à liberdade de locomoção (uma vez que protegida pelo *habeas corpus*), bem como a recusa indevida de acesso a informações de caráter pessoal constantes de registros ou bancos de dados de entidades governamentais ou de caráter público (protegida pelo *habeas data*)**.

Dessa forma, cumpre, em seguida, averiguar qual o entendimento predominante no que respeita ao **conceito** de **direito líquido e certo**.

É pacífico na doutrina e na jurisprudência que a **expressão "direito líquido e certo" é imprópria**, isso porque o direito é sempre líquido e certo. Os **fatos**, estes sim, é **que precisam ser demonstrados de plano**, no momento da impetração, para autorizarem a interposição do *mandamus*.

A necessidade de **comprovação, no momento da impetração, dos fatos** narrados pelo impetrante, caracterizadora do conceito de direito líquido e certo, **decorre da inexistência** de **fase probatória**.

Em outras palavras, o que se está a dizer é que as **provas** a serem utilizadas em **mandado de segurança somente poderão ser aquelas pré-constituídas**.

Nesse contexto, se houver **necessidade** de produção de **outras provas** para a comprovação do direito alegado, **terá a parte** interessada **que se valer de outro instrumento** que não o mandado de segurança. Nesse sentido:

■ **STF**, Primeira Turma, RMS 38533/DF, rel. p/ acórdão Min. Alexandre de Moraes, j. 13.06.2022;

■ **STJ**, 1.ª S., EDcl nos EAREsp 31084 MS 2012/0039881-1, Ministro Mauro Campbell Marques, j. 30.08.2022.

Sobre essa matéria, importante destacar a previsão estabelecida no art. 6.º, § 1.º, da Lei de Regência, autorizando o cabimento do *writ*, quando a prova encontrar-se de posse da Administração Pública. Confira-se:

Art. 6.º (...)

§ 1.º No caso em que o documento necessário à prova do alegado se ache em repartição ou estabelecimento público ou em poder de autoridade que se recuse a fornecê-lo por certidão ou de terceiro, o juiz ordenará, preliminarmente, por ofício, a exibição desse documento em original ou em cópia autêntica e marcará, para o cumprimento da ordem, o prazo de 10 (dez) dias. O escrivão extrairá cópias do documento para juntá-las à segunda via da petição.

Outrossim, **ainda em relação ao objeto,** cumpre anotar que o **cabimento do mandado de segurança** só terá lugar se a **agressão** ao **direito líquido** e **certo** não amparado por *habeas corpus* ou *habeas data* **resultar de ilegalidade ou abuso de poder**.

Destarte, pode-se perfeitamente imaginar uma **agressão** a **direito líquido** e **certo resultante** da necessidade de manutenção de um **interesse público, o que não gera,** portanto, a **possibilidade** de propositura de um **mandado de segurança**.

É o que se verifica, a título de exemplo, quando o Poder Público resolve transferir uma propriedade para a construção de uma escola sem que, portanto, o expropriado tivesse cometido qualquer sorte de irregularidade.

O STF vem aceitando mandado de segurança contra atos jurisdicionais irrecorríveis emanados de Ministros do próprio STF, como houve no *Caso Sean* **(MC em MS 28.524-DF, j. 21.03.2014)**.

Nesse sentido, oportuna, ainda, a reprodução de **precedente** do **STF**, quando do julgamento, em **09.06.2021,** da **ADI 4.296/DF,** em que **a Corte fixou a seguinte tese:** "não cabe mandado de segurança contra atos de gestão comercial praticados por administradores de empresas públicas, sociedades de economia mista e concessionárias de serviço público (Lei 12.016/2019, art. 1.º, § 2.º)"

O ajuizamento do mandado de segurança é cabível apenas contra atos praticados no desempenho de atribuições do Poder Público [Constituição Federal (CF) art. 5.º, LXIX]. **Atos de gestão comercial são atos estranhos à ideia da delegação do serviço público em si. Esses atos se destinam à satisfação de interesses privados na exploração de atividade econômica, submetendo-se a regime jurídico próprio das empresas privadas.**

Outrossim, destaque ainda para as Súmulas 266, 267 e 268 do STF:

SÚMULA 266: Não cabe mandado de segurança contra lei em tese.

SÚMULA 267: Não cabe mandado de segurança contra ato judicial passível de recurso ou correição.

19 ▪ Formas de Controle sobre a Administração   **801**

SÚMULA 268: Não cabe mandado de segurança contra decisão judicial com trânsito em julgado.

Ainda em relação ao objeto, importante citar a denominada **"Teoria da Encampação"**, que exige o cumprimento de determinados requisitos para a viabilização da propositura dessa garantia constitucional, matéria consolidada no nível do **STJ** por meio da edição da **Súmula 628**, com destaque para os requisitos a serem preenchidos. Confira-se:

SÚMULA 628 DO STJ: A teoria da encampação é aplicada no mandado de segurança quando presentes, cumulativamente, os seguintes requisitos: a) existência de vínculo hierárquico entre a autoridade que prestou informações e a que ordenou a prática do ato impugnado; b) manifestação a respeito do mérito nas informações prestadas; e c) ausência de modificação de competência estabelecida na Constituição Federal.

O extenso verbete reproduzido, relaciona requisitos cumulativos a serem preenchidos de forma a viabilizar a teoria da encampação em sede de Mandado de Segurança, pacificando o entendimento, no nível do STJ, em relação a essa controvertida matéria.

Superada a questão preliminar relativa aos requisitos de admissibilidade, constitucionalmente previstos, para ensejar o cabimento do mandado de segurança, ingressamos, agora, na análise da legitimidade ativa e passiva.

19.4.3.1.2. Partes

Para a impetração do mandado de segurança individual **estão legitimadas todas as pessoas, físicas, jurídicas ou mesmo universalidades de bens e direitos** (espólio, massa falida etc.), que tenham um direito individual líquido e certo lesado ou ameaçado de lesão por ato de autoridade pública ou de agente de pessoa jurídica no exercício de função pública, desde que esse ato seja ilegal ou abusivo, conforme se verifica da redação do **art. 1.º da Lei n. 12.016/2009**. Confira-se:

> **Art. 1.º** Conceder-se-á mandado de segurança para proteger direito líquido e certo, não amparado por *habeas corpus* ou *habeas data*, sempre que, ilegalmente ou com abuso de poder, qualquer pessoa física ou jurídica sofrer violação ou houver justo receio de sofrê-la por parte de autoridade, seja de que categoria for e sejam quais forem as funções que exerça.

No que respeita à **sujeição passiva**, a diretriz constitucional aponta para atos ou omissões de **autoridade pública** e de **agente** de **pessoa jurídica no exercício de atribuições do Poder Público**.

Cumpre registrar que **autoridade**, para efeito de mandado de segurança, é o **agente público investido de poder de decisão** para anular o ato atacado ou para suprir omissão lesiva de direito líquido e certo do impetrante, **não se confundindo**, portanto, **com o mero executor**, conclusão que se extrai da redação do **art. 1.º, § 2.º, III, da Lei n. 9.784/99**, que disciplina os processos administrativos na área federal. Confira-se:

Art. 1.º (...)

§ 2.º Para os fins desta lei, consideram-se: (...)

III — autoridade — o servidor ou agente público dotado de poder de decisão.

Outrossim, o **conceito de autoridade** encontra-se também disciplinado pela **Lei n. 12.016/2009**, em seu art. 1.º, § 1.º. Confira-se:

Art. 1.º (...)

§ 1.º Equiparam-se às autoridades, para os efeitos desta Lei, os representantes ou órgãos de partidos políticos e os administradores de entidades autárquicas, bem como os dirigentes de pessoas jurídicas ou as pessoas naturais no exercício de atribuições do poder público, somente no que disser respeito a essas atribuições.

Dentro desse contexto, cumpre registrar a disposição específica estabelecida pela **Lei n. 12.016/2009** em relação a **autoridade federal**, conforme previsão contida no seu **art. 2.º**:

Art. 2.º Considerar-se-á federal a autoridade coatora se as consequências de ordem patrimonial do ato contra o qual se requer o mandado houverem de ser suportadas pela União ou entidade por ela controlada.

De outra parte, seguindo pela previsão constitucional, por **agente de pessoa jurídica no exercício de atribuições do Poder Público deve-se entender o particular que esteja executando um serviço público por meio de uma das formas permitidas pelo nosso ordenamento jurídico**.

Nesse contexto é que surge, por **exemplo**, a possibilidade de impetração de mandado de segurança contra ato ou omissão ilegais ou abusivos praticados por diretor de estabelecimento particular de ensino.

Destarte, embora pertencente à iniciativa privada, exerce serviço público constitucionalmente delineado, vale dizer, a educação, consoante se verifica dos **arts. 205** e **209 da Constituição**.

Em síntese, pois, é **cabível** o **mandado** de **segurança** contra qualquer **particular** que se encontre no **exercício de atividades públicas**, possibilidade também franqueada pela **Súmula 510 do STF**. Confira-se:

SÚMULA 510 DO STF: Praticado o ato por autoridade, no exercício de competência delegada, contra ela cabe o mandado de segurança ou a medida judicial.

Sobre esse tema, decidiu o **STJ**, em **22.02.2022**, quando do julgamento do **REsp 1.348.503/SE**, pela ilegitimidade passiva, em relação aos dirigentes de entidades esportivas, por não desempenharem atividade pública delegada. Confira-se:

"Mandado de segurança. Dirigente de Federação Esportiva. Entidade privada que não desempenha atividade pública delegada. Art. 82 da Lei n. 9.615/1998 (Lei Pelé). Ilegitimidade passiva."

19 ▪ Formas de Controle sobre a Administração   803

"É inviável a subsunção de dirigentes, unidades ou órgãos de entidades de administração do desporto ao conceito de autoridade pública ou exercício de função pública, sobressaindo o caráter privado dessas atividades, declarando-se a ilegitimidade passiva a obstar o exame de mérito do mandado de segurança."

Sem embargo, sobreleva notar não se tratar de questão mansa e pacífica o ponto relativo à determinação do **sujeito passivo**, pois em sede doutrinária e jurisprudencial variadas são as formulações elaboradas.

Sem prejuízo dessas divergências, quer nos parecer terem perdido fôlego, por força da previsão contida no **art. 6.º da Lei n. 12.016/2009**, que exige a indicação não só da autoridade coatora, mas da pessoa jurídica que integra ou à qual se acha vinculada ou para a qual exerce atribuições:

Art. 6.º A petição inicial, que deverá preencher os requisitos estabelecidos pela lei processual, será apresentada em 2 (duas) vias com os documentos que instruírem a primeira reproduzidos na segunda e indicará, **além da autoridade coatora, a pessoa jurídica que esta integra, à qual se acha vinculada ou da qual exerce atribuições**.

Nesse sentido, ainda, não será demasiado reiterar o conceito de **autoridade coatora** estabelecido pelo legislador, a teor do disposto no **art. 6.º, § 3.º**, do referido diploma legal:

Art. 6.º (...)
§ 3.º Considera-se autoridade coatora aquela que tenha praticado o ato impugnado ou da qual emane a ordem para a sua prática.

19.4.3.1.3. Liminar

Outro ponto a merecer registro diz respeito à possibilidade, aberta pelo legislador, de **pedido de** medida **liminar** com o intuito de evitar que o direito pereça.

Para tanto, basta que o impetrante demonstre a ocorrência dos dois requisitos ensejadores do deferimento da medida, quais sejam, o *fumus boni iuris* e o *periculum in mora*, consoante disposto no **art. 7.º, III, da Lei n. 12.016/2009**:

Art. 7.º Ao despachar a inicial, o juiz ordenará: (...)
III — que se suspenda o ato que deu motivo ao pedido, quando houver fundamento relevante e do ato impugnado puder resultar a ineficácia da medida, caso seja finalmente deferida, sendo facultado exigir do impetrante caução, fiança ou depósito, com o objetivo de assegurar o ressarcimento à pessoa jurídica.

Sobre o tema, oportuno registrar que por *fumus boni iuris* **não se deve entender a certeza da existência do direito, o que se verificará por ocasião do julgamento do mérito, mas tão somente a existência de indícios.**

De outra parte, em relação ao *periculum in mora*, **deve o impetrante comprovar que a não concessão imediata da prestação jurisdicional poderá conduzir ao perecimento do direito por ocasião do julgamento do mérito.**

Nesse sentido, importante observar que a **concessão** ou **não** de **liminar não caracteriza ato discricionário, mas**, ao revés, ato **de subsunção**, não sendo outra a opinião esposada por **Lúcia Valle Figueiredo**[1]:

"Existentes os dois fundamentos, entendemos que o magistrado não faz juízo discricionário, no sentido comum em que a palavra é normalmente concebida. **Faz juízo de subsunção**. Avalia, por juízo técnico, se existem o relevante fundamento do *periculum in mora*. Se existentes ambos, consoante nosso entender, o juiz não pode negar a liminar".

Importante anotar, também, que a **concessão** da medida **liminar não vincula** o **Juiz** a, necessariamente, conceder a segurança por **ocasião** do **julgamento** do **mérito**.

O julgador fica absolutamente livre para, tendo concedido a liminar, cassá-la a qualquer momento ou, mesmo, para denegar a segurança.

De igual sorte, **negada** a **liminar, nada impede que o magistrado venha a concedê-la em outro momento processual**, reconsiderando a decisão anterior, ou ainda que, ao decidir o mérito, o faça favoravelmente ao impetrante.

Ainda no que respeita à **liminar, impõe-se denegá-la sempre que fundada nos mesmos argumentos que motivam a impetração ou** naqueles casos em que possui **caráter satisfativo**, ou seja, sua concessão produz os mesmos efeitos colimados com a impetração do *writ*. É que, nesses casos, estar-se-ia gerando a perda do objeto do mandado de segurança.

Sobre o tema, oportuno registrar a decisão proferida pelo **STF** em **23.02.2021** quando do julgamento da **ADI 4.296/DF** com a relatoria do **Min. Marco Aurélio**, julgando inconstitucionais os arts. 7.º, § 2.º, e art. 22, § 2.º, **da Lei n. 12.016/2009, cuja redação a seguir se reproduz:**

Art. 7.º Ao despachar a inicial, o juiz ordenará: (...)
§ 2.º Não será concedida medida liminar que tenha por objeto a compensação de créditos tributários, a entrega de mercadorias e bens provenientes do exterior, a reclassificação ou equiparação de servidores públicos e a concessão de aumento ou a extensão de vantagens ou pagamento de qualquer natureza.

Concedida ou denegada a liminar, caberá **agravo** de **instrumento**, a teor do disposto no **art. 7.º, § 1.º, da Lei n. 12.016/2009:**

Art. 7.º (...)
§ 1.º Da decisão do juiz de primeiro grau que conceder ou denegar a liminar caberá agravo de instrumento, observado o disposto na Lei n. 5.869, de 11 de janeiro de 1973 — Código de Processo Civil.

Outrossim, oportuno consignar a **possibilidade franqueada** pelo legislador **à pessoa jurídica de direito público ou ao Ministério Público** de **requerer** a **suspensão** da execução da liminar concedida, sendo que dessa decisão caberá agravo, sem efeito suspensivo, tudo a teor do disposto no **art. 15 do referido diploma legal**.

---

[1] *Curso de direito administrativo*. 5. ed. São Paulo: Malheiros, 2001, p. 367.

19 ◼ Formas de Controle sobre a Administração   805

De outra parte, importante estabelecer que a autoridade coatora apontada terá **prazo de 10 dias para apresentação** de **informações**, contados a partir de sua notificação, a teor do disposto no **art. 7.º, I. Findo esse prazo**, abre-se lapso temporal de **10 dias** para a manifestação do **Ministério Público**, a teor do disposto no **art. 12**.

Com ou sem a manifestação do Ministério Público, os **autos** serão **conclusos** ao **Juiz** para que profira, em **30 dias**, sua **decisão** na forma estabelecida no **art. 12, parágrafo único**.

De outra parte, da **sentença** que **concede ou denega** mandado de segurança cabe **recurso de apelação** nos **limites** impostos pelo **art. 14**, sendo que poderá ela ser executada provisoriamente nos termos do § 3.º.

19.4.3.1.4. Prazo

Embora **inexistente** qualquer **diretriz constitucional** nesse sentido, por expressa disposição legal, o direito de impetrar o mandado de segurança termina em **120 dias** a **contar** do **conhecimento**, pelo impetrante, da prática do ato ou omissão lesivos, conforme se verifica do disposto no **art. 23 da Lei n. 12.016/2009**:

> **Art. 23.** O direito de requerer mandado de segurança extinguir-se-á decorridos 120 (cento e vinte) dias, contados da ciência, pelo interessado, do ato impugnado.

Dentro desse contexto, cumpre observar tratar-se de **prazo de natureza decadencial**, cuja constitucionalidade já foi confirmada pelo **STF**, por meio da edição da **Súmula 632**. Confira-se:

> **SÚMULA 632 DO STF:** É constitucional lei que fixa o prazo de decadência para a impetração de mandado de segurança.

Não fosse suficiente o verbete reproduzido, vale o registro para a confirmação da tese, quando do julgamento, em 09.06.2021, da ADI 4296/DF. Confira-se o seguinte trecho:

> "3. **Jurisprudência pacífica da CORTE no sentido da constitucionalidade de lei que fixa prazo decadencial para a impetração de mandado de segurança** (Súmula 632/STF) e que estabelece o não cabimento de condenação em honorários de sucumbência (Súmula 512/STF)."

De outra parte, lógico que a **comprovação** da **ciência** do ato para que comece a fluir o prazo de **120 dias** para a impetração do mandado de segurança **não fica ao livre critério do impetrante**.

Dentre as diversas formas de cientificação, vale destacar a publicação do ato, a comunicação por correspondência e o momento a partir do qual o interessado, pessoalmente e de modo inequívoco, se dá por ciente.

Vale ainda a referência, para início desse prazo, para efeito de reclassificação em concurso público, nos termos da orientação fixada pelo **STJ**, em **04.10.2022**, quando do julgamento do **RMS 64.025/BA**. Confira-se:

806 Direito Administrativo Esquematizado   *Celso Spitzcovsky*

"A data do último ato administrativo reputado ilegal é o termo inicial do prazo decadencial para impetração de Mandado de Segurança com objetivo de reclassificação em concurso público em virtude de anulação de questões por decisão judicial após o encerramento do prazo de validade do certame."

19.4.3.2. *Mandado de segurança coletivo*

Conforme já noticiado, a Constituição em vigor criou uma **variante** do **mandado de segurança individual voltada** à proteção dos **direitos coletivos e difusos**, com a seguinte redação:

Art. 5.º (...)

LXX — o mandado de segurança coletivo pode ser impetrado por:

a) partido político com representação no Congresso Nacional;

b) organização sindical, entidade de classe ou associação legalmente constituída e em funcionamento há pelo menos um ano, em defesa dos interesses de seus membros ou associados.

A leitura desse dispositivo bem demonstra que as **diferenças** existentes **em relação ao mandado de segurança individual** referem-se a seu **objeto**, bem como à **legitimação para impetrá-lo**.

Quanto ao mais, aplicam-se ao mandado de segurança coletivo todas as disposições até aqui analisadas, inclusive quanto às regras processuais.

Feitas essas considerações iniciais, todas elas decorrentes da redação oferecida pela Constituição, passaremos agora à análise dos **pontos específicos** relativos a seu **objeto** e **legitimação ativa**.

19.4.3.2.1. *Objeto*

No que respeita ao mandado de segurança coletivo, seu **objeto continua sendo a proteção do direito líquido e certo**.

Dessa forma, também no mandado de segurança coletivo existe a necessidade de comprovação dos fatos narrados na inicial em razão da inexistência de fase probatória posterior.

O **direito líquido e certo aqui protegido é o coletivo**, vale dizer, aquele que **transcende a esfera individual**.

Por fim, existe a possibilidade estabelecida pelo legislador de **proteção, por meio dessa garantia constitucional**, dos chamados **direitos individuais homogêneos**, tudo de acordo com o disposto no **art. 21, parágrafo único, da Lei n. 12.016/2009**:

Art. 21. (...)

Parágrafo único. Os direitos protegidos pelo mandado de segurança coletivo podem ser:

I — coletivos, assim entendidos, para efeito desta Lei, os transindividuais, de natureza indivisível, de que seja titular grupo ou categoria de pessoas ligadas entre si ou com a parte contrária por uma relação jurídica básica;

19 ■ Formas de Controle sobre a Administração

II — individuais homogêneos, assim entendidos, para efeito desta Lei, os decorrentes de origem comum e da atividade ou situação específica da totalidade ou de parte dos associados ou membros do impetrante.

19.4.3.2.2. Legitimidade ativa, sentença e liminar

No que se refere à **legitimidade** para a propositura de mandado de segurança coletivo, a Constituição estipulou, de forma expressa, as pessoas competentes para o exercício desse mister:

Art. 5.º (...)

LXX — o mandado de segurança coletivo pode ser impetrado por:

a) partido político com representação no Congresso Nacional;

b) organização sindical, entidade de classe ou associação legalmente constituída e em funcionamento há pelo menos um ano, em defesa dos interesses de seus membros ou associados.

a) Partidos políticos

Em primeiro lugar aparecem os **partidos políticos** com **representação no Congresso Nacional**. Nesse sentido, diante do silêncio da Constituição quanto a essa representatividade, é de entender-se que a presença de um único parlamentar, na Câmara dos Deputados ou no Senado Federal, será suficiente para legitimá-los.

b) Organização sindical, entidade de classe ou associação

Embora alinhadas em conjunto pela Constituição, as **diferenças entre essas pessoas** está a demandar uma análise em separado.

Assim é que a Carta Magna estabeleceu, em seu **art. 8.º, III**, o papel a ser exercido pelos **sindicatos** em relação à categoria que representam:

Art. 8.º É livre a associação profissional ou sindical, observado o seguinte: (...)

III — ao sindicato cabe a defesa dos direitos e interesses coletivos ou individuais da categoria, inclusive em questões judiciais ou administrativas.

Em vista desse perfil adotado para os **sindicatos, deles não se exige** o **preenchimento de nenhum outro requisito, de forma a legitimá-los** para a impetração de mandado de **segurança coletivo**, que não seja estarem legalmente constituídos e na defesa de seus membros e associados.

Situação diferente é aquela prevista para as **entidades** de **classe** e **associações**, já que para estas a Constituição exige a **comprovação de três requisitos:**

■ estar legalmente constituída;

■ funcionar há pelo menos um ano;

■ defender os interesses de seus membros ou associados.

Dessa forma, resta claro que as associações e **entidades de classe não poderão ingressar** em juízo, por intermédio de **mandado de segurança coletivo**, para a **defesa de qualquer direito**. Ao contrário, só poderão exercer essa **competência para**

808 Direito Administrativo Esquematizado   *Celso Spitzcovsky*

salvaguardar interesses de seus membros ou associados e **que guardem pertinência com seu objeto social**.

No que respeita à necessidade de **autorização específica** para representarem, em juízo, seus associados ou filiados, reiteramos posição adotada quando tratamos do tema relativo à liberdade de associação.

Assim é que, existindo previsão expressa no estatuto, desnecessária autorização específica. Nesse sentido:

> **SÚMULA 629 DO STF:** A impetração de mandado de segurança coletivo por entidade de classe em favor dos associados **independe da autorização destes**.

Por fim, cumpre destacar que a **legitimidade** da **entidade** de **classe** para a propositura de mandado de segurança se mantém ainda que a **pretensão possa interessar** a apenas uma **parte da categoria**, conclusão que se lastreia na **Súmula 630 do STF**. Confira-se:

> **SÚMULA 630 DO STF:** A entidade de classe tem legitimação para o mandado de segurança **ainda quando a pretensão veiculada interesse apenas a uma parte da respectiva categoria**.

De resto, a matéria encontra-se disciplinada no **art. 21 da Lei n. 12.016/2009**:

Art. 21. O mandado de segurança coletivo pode ser impetrado por partido político com representação no Congresso Nacional, na defesa de seus interesses legítimos relativos a seus integrantes ou à finalidade partidária, ou por organização sindical, entidade de classe ou associação legalmente constituída e em funcionamento há, pelo menos, 1 (um) ano, em defesa de direitos líquidos e certos da totalidade, ou de parte, dos seus membros ou associados, na forma dos seus estatutos e desde que pertinentes às suas finalidades, dispensada, para tanto, autorização especial.

Nesse sentido, vale destacar a decisão do **STF**, em **07.02.2023**, quando do julgamento do **ARE 1.339.496 Agr/RJ**, acerca das chamadas **associações genéricas**, vale dizer, que não representam qualquer categoria econômica ou profissional específica. Confira-se:

> "Não se aplica às associações genéricas — que não representam qualquer categoria econômica ou profissional específica — a tese firmada no Tema 1.119 da sistemática da repercussão geral, sendo insuficiente a mera regularidade registral da entidade para sua atuação em sede de mandado de segurança coletivo, pois passível de causar prejuízo aos interesses dos beneficiários supostamente defendidos."

De outra parte, importante registrar que a possibilidade de concessão da **liminar apenas após a audiência do representante judicial da pessoa jurídica de direito público, prevista no art. 22, § 2.º**, foi **considerada inconstitucional**, pelo STF, quando do julgamento, em **06.09.2021**, da **ADI 4296/DF**.

19 ◼ Formas de Controle sobre a Administração 809

De outro giro, oportuno salientar que a **sentença** aqui **fará coisa julgada somente para os membros do grupo ou categoria substituídos pelo impetrante, a teor do disposto no art. 22,** *caput.*

19.4.3.2.3. Considerações finais

Decorre dos preceptivos constitucionais analisados que o **mandado de segurança**, quer o individual, quer o coletivo, pode ser utilizado para **pôr cobro** a **ações** ou **omissões** do **Poder Público**.

Ademais, **não é necessário que a lesão já se tenha efetivado**; basta o justo receio de que venha a ocorrer para que se possa ser impetrado, aqui, em **caráter preventivo**.

O que se objetiva, na verdade, é a proteção do próprio direito, pois, **não se admite**, por essa via, **indenização de direito já irremediavelmente lesado**. Nesse caso, busca-se a **reparação** por **perdas** e **danos por meio de ação própria**.

19.4.3.2.4. Principais enunciados das súmulas do Supremo Tribunal Federal

SÚMULA 266 DO STF: Não cabe mandado de segurança contra lei em tese.

Referido enunciado **impede** o ajuizamento do **mandado de segurança** para atacar a **lei genericamente considerada**, em vista da existência de ação específica em nosso ordenamento jurídico voltada para essa finalidade.

Trata-se da ação direta de inconstitucionalidade, que tem por objetivo a retirada do mundo jurídico de lei ou ato normativo inconstitucionais, bem como da arguição por descumprimento de preceito fundamental.

Sem embargo, anote-se a **possibilidade** de utilização do **mandado de segurança** para combater **ato normativo inconstitucional** de **efeitos concretos**. Cite-se como exemplo lei que declara de utilidade pública um bem imóvel.

SÚMULA 267 DO STF: Não cabe mandado de segurança contra ato judicial passível de recurso ou correição.

Esse enunciado **impede** a propositura de **mandado de segurança** naquelas hipóteses em que o **ordenamento jurídico** processual **prevê** a utilização de **recurso específico**. Não é óbice, contudo, a que o mandado de segurança seja utilizado para conferir efeito suspensivo a recursos que não o possuem.

SÚMULA 268 DO STF: Não cabe mandado de segurança contra decisão judicial com trânsito em julgado.

A redação desse **enunciado assume relevo** tendo em vista a existência em nosso ordenamento processual de ação específica voltada a desconstituir os efeitos de uma decisão judicial com trânsito em julgado.

Trata-se da **ação rescisória** prevista no **art. 966 do Código de Processo Civil**, a ser utilizada somente se caracterizada uma das hipóteses ali contempladas.

SÚMULA 429 DO STF: A existência de recurso administrativo com efeito suspensivo não impede o uso de mandado de segurança contra omissão da autoridade.

Nesse enunciado vê-se que o Supremo Tribunal Federal entende **cabível a impetração de mandado de segurança, ainda que exista recurso administrativo com efeito suspensivo**, uma vez que, em caso de omissão, tal recurso não tem o condão de fazer cessar a lesão ou ameaça ao direito líquido e certo.

Com efeito, a única forma de garantir o direito é determinando a prática do ato do qual a autoridade coatora está se omitindo, o que se revela impossível por meio do recurso administrativo.

O mesmo não ocorre quando se tratar de ato lesivo a direito líquido e certo. Nessa hipótese, se houver recurso com efeito suspensivo, será inviável a utilização do mandado de segurança.

SÚMULA 430 DO STF: Pedido de reconsideração na via administrativa não interrompe prazo para o mandado de segurança.

O **conteúdo** desse **enunciado perdeu relevo a partir da promulgação da Constituição em vigor, na medida em que não mais se exige o esgotamento das vias administrativas, nem mesmo seu acionamento, para ingressar com medida judicial**.

De resto, está ele compatibilizado com a natureza do prazo para ingressar com o mandado de segurança que, como visto, é decadencial.

SÚMULA 510 DO STF: Praticado o ato por autoridade, no exercício de competência delegada, contra ela cabe o mandado de segurança ou a medida judicial.

Esse enunciado surgiu em decorrência de previsão inserida na antiga Lei do Mandado de Segurança (art. 1.º, § 1.º, da Lei n. 1.533/51), agora elevada ao nível constitucional, como se verifica da redação do inciso LXIX do art. 5.º, em especial de sua parte final, em que se consagra a possibilidade de ingressar com mandado de segurança contra agente de pessoa jurídica no exercício de atribuições do Poder Público. A **Lei n. 12.016/2009**, atual Lei do Mandado de Segurança, traz semelhante previsão também no **art. 1.º**.

SÚMULA 625 DO STF: Controvérsia sobre matéria de direito não impede concessão de mandado de segurança.

A edição dessa súmula colocou um ponto-final em uma questão que, infelizmente, vinha se repetindo em larga escala, consistente no indeferimento de iniciais em mandado de segurança por força de suposta dificuldade jurídica no enfrentamento das questões ali veiculadas.

19 ■ Formas de Controle sobre a Administração   811

Dentro desse contexto, por meio dessa súmula a Suprema Corte reafirma a tese segundo a qual no mandado de segurança, sendo as provas pré-constituídas, a discussão só poderá girar em torno de questões de direito, independentemente de sua complexidade.

SÚMULA 626 DO STF: A suspensão da liminar em mandado de segurança, salvo determinação em contrário da decisão que a deferir, vigorará até o trânsito em julgado da decisão definitiva de concessão da segurança ou, havendo recurso, até a sua manutenção pelo Supremo Tribunal Federal, desde que o objeto da liminar deferida coincida, total ou parcialmente, com o da impetração.

A edição dessa súmula regulamenta a questão relacionada aos efeitos da liminar em mandado de segurança, em especial a hipótese de sua suspensão.

Com efeito, estabelece, em regra, que vigorará ela até o trânsito em julgado da decisão definitiva, o que se justifica para efeito de preservação do interesse público.

SÚMULA 629 DO STF: A impetração de mandado de segurança coletivo por entidade de classe em favor dos associados independe da autorização destes.

Em boa hora, como já se comentou, nossa Suprema Corte editou referida súmula, uma vez que a partir dela, ainda que não tenha efeito vinculante, **inibe-se a possibilidade** até então corriqueira **de Magistrados exigirem** das **entidades** de **classe**, por ocasião da impetração de segurança, **ata de assembleia geral extraordinária autorizando a propositura da medida**.

Essa situação trazia inequívocos problemas tanto para as grandes quanto para as pequenas entidades de classe, em razão da dificuldade de reunião de seus filiados ou mesmo em razão do aspecto financeiro, uma vez que a convocação para essas assembleias demanda publicação em órgão de imprensa de grande circulação.

Assim, a partir dessa súmula, a **simples previsão estatutária revela-se suficiente** para oferecer legitimidade para a ação proposta.

SÚMULA 630 DO STF: A entidade de classe tem legitimação para o mandado de segurança ainda quando a pretensão veiculada interesse apenas a uma parte da respectiva categoria.

Com a edição dessa súmula, a Suprema Corte **valoriza** ainda mais o **papel das entidades de classe**, na medida em que estabelece que a **questão veiculada** por meio do **mandado de segurança** proposto **não precisa ser de interesse de toda a categoria**.

Em outras palavras, basta que uma parcela da categoria tenha o interesse para que a legitimidade acabe se configurando.

Nesse sentido, ainda, oportuno destacar que o conteúdo dessa **súmula não estabelece qual o percentual da categoria** interessado na questão, o que abre espaço para variantes de acordo com as características de cada caso concreto.

812 Direito Administrativo Esquematizado · *Celso Spitzcovsky*

SÚMULA 631 DO STF: Extingue-se o processo de mandado de segurança se o impetrante não promove, no prazo assinado, a citação do litisconsorte passivo necessário.

Essa súmula acaba **estendendo** para o **mandado de segurança** regra geral que já se apresenta para as ações em geral, a teor do disposto no **art. 115, parágrafo único**, do **CPC**, segundo a qual a ação proposta é extinta sem julgamento do mérito, por força da não configuração da citação de litisconsorte passivo necessário.

SÚMULA 632 DO STF: É constitucional lei que fixa o prazo de decadência para a impetração de mandado de segurança.

Com a edição dessa súmula, a Suprema Corte encerrou a discussão até então existente acerca da **constitucionalidade** do **prazo** de **120 dias** para a propositura do mandado de segurança, previsto no art. 18 da antiga Lei do Mandado de Segurança (Lei n. 1.533/51), atual **art. 23 da Lei n. 12.016/2009**.

Com efeito, entendiam alguns que o legislador ordinário não poderia estabelecer esse limite, uma vez que implicaria restrição à utilização de uma garantia, ainda mais quando a própria Constituição não a estabeleceu.

Por fim, por intermédio dessa súmula, nossa Suprema Corte também confirmou a **natureza decadencial desse prazo**, o que traz como corolário a impossibilidade de sua suspensão ou interrupção.

Para melhor visualização deste item, verifique-se o quadro:

MANDADO DE SEGURANÇA	
DEFINIÇÃO	Garantia constitucional disciplinada no art. 5.º, LXIX e LXX, da CF.
LEGISLAÇÃO	Sua disciplina infraconstitucional é feita pela Lei n. 12.016/2009, que consolidou a matéria, aplicando-se subsidiariamente o Código de Processo Civil.
OBJETO	No que se refere a seu objeto, observa-se que o mandado de segurança se destina à proteção de direito líquido e certo, vale dizer, os fatos têm de ser comprovados de plano, no momento do ajuizamento da petição inicial.
EXTENSÃO	O próprio comando constitucional exclui do campo de incidência do mandado de segurança as agressões à liberdade de locomoção (protegida pelo *habeas corpus*), bem como a recusa indevida de acesso a informações de caráter pessoal constantes de registros ou bancos de dados de entidades governamentais ou de caráter público (protegida pelo *habeas data*).
SUJEITO ATIVO	Estão legitimadas todas as pessoas, físicas, jurídicas ou mesmo universalidades de bens e direitos (espólio, massa falida etc.), que tenham um direito individual líquido e certo lesado ou ameaçado de lesão por ato de autoridade pública ou de agente de pessoa jurídica no exercício de função pública, desde que esse ato seja ilegal ou abusivo, conforme se verifica da redação do art. 1.º da Lei n. 12.016/2009.
SUJEITO PASSIVO	**Autoridade pública e agente de pessoa jurídica no exercício de atribuições do Poder Público.** **Autoridade** é o agente público investido de poder de decisão para anular o ato atacado ou para suprir omissão lesiva de direito líquido e certo do impetrante, não se confundindo, portanto, com o mero executor, conclusão que se extrai da redação do **art. 1.º, § 2.º, III, da Lei n. 9.784/99**, que disciplina os processos administrativos na área federal.

19 ◾ Formas de Controle sobre a Administração 813

SUJEITO PASSIVO	**Agente de pessoa jurídica no exercício de atribuições do Poder Público** é o particular que esteja executando serviço público por meio de uma das formas permitidas pelo nosso ordenamento jurídico. Assim, cabível o mandado de segurança contra qualquer particular que se encontre no exercício de atividades públicas, possibilidade também franqueada pela **Súmula 510 do STF.**
LIMINAR	Possível, desde que se demonstre a ocorrência dos dois requisitos ensejadores do deferimento da medida, quais sejam, o *fumus boni iuris* e o *periculum in mora*, consoante o disposto no **art. 7.º, III, da Lei n. 12.016/2009.**
RECURSOS	Concedida ou denegada a liminar, caberá agravo de instrumento a teor do disposto no art. 7.º, § 1.º, da Lei n. 12.016/2009. Outrossim, oportuno consignar a possibilidade franqueada pelo legislador à pessoa jurídica de direito público ou ao Ministério Público de requerer a suspensão da execução da liminar concedida. Dessa decisão caberá agravo, sem efeito suspensivo, tudo a teor do disposto no art. 15 do referido diploma legal.
PRAZO	Por expressa disposição legal, o direito de impetrar o mandado de segurança termina em 120 dias a contar do conhecimento, pelo impetrante, da prática do ato ou omissão lesivos, conforme se verifica do disposto no art. 23 da Lei n. 12.016/2009. Trata-se de prazo de natureza decadencial, cuja constitucionalidade já foi confirmada pelo STF, por meio da edição da Súmula 632.
MANDADO DE SEGURANÇA COLETIVO	◾ **Fundamento:** art. 5.º, LXX, da CF. ◾ **Objeto:** voltado à proteção de direitos líquidos e certos, coletivos e difusos, e direitos individuais homogêneos, de acordo com o disposto no art. 21, parágrafo único, da Lei n. 12.016/2009. ◾ **Legitimidade ativa:** partidos políticos com representação no Congresso Nacional e organização sindical, entidade de classe ou associação legalmente constituída e em funcionamento há pelo menos um ano, em defesa dos interesses de seus membros ou associados. Entidades de classe não poderão ingressar em juízo, por intermédio de mandado de segurança coletivo, para a defesa de qualquer direito. Ao contrário, só poderão exercer essa competência para salvaguardar interesses de seus membros ou associados e que guardem pertinência com seu objeto social (Súmulas 629 e 630 do STF; art. 21 da Lei n. 12.016/2009).
ESPÉCIES	Admite-se mandado de segurança em caráter preventivo e repressivo.

19.4.4. Mandado de injunção

19.4.4.1. Objeto

Com o **intuito** de **minimizar** os problemas relativos às **omissões** do **Poder Legislativo**, ou mesmo dos **Poderes Executivo** e **Judiciário**, impedindo o uso de direito expressamente previstos, foi que a **Constituição** vigente **inseriu** em nosso ordenamento jurídico, entre as garantias fundamentais, o **mandado de injunção**, nos seguintes termos:

Art. 5.º (...)

LXXI — conceder-se-á mandado de injunção sempre que a falta de norma regulamentadora torne inviável o exercício dos direitos e liberdades constitucionais e das prerrogativas inerentes à nacionalidade, à soberania e à cidadania.

Outrossim, essa garantia constitucional foi alvo de **regulamentação** com a edição da **Lei n. 13.300/2016**, com destaque inicial para a previsão estabelecida em seu **art. 2.º:**

814 Direito Administrativo Esquematizado   *Celso Spitzcovsky*

Art. 2.º Conceder-se-á mandado de injunção sempre que a falta total ou parcial de norma regulamentadora torne inviável o exercício dos direitos e liberdades constitucionais e das prerrogativas inerentes à nacionalidade, à soberania e à cidadania.

Parágrafo único. Considera-se parcial a regulamentação quando forem insuficientes as normas editadas pelo órgão legislador competente.

Assim, o **mandado de injunção** pode ser **definido como a garantia constitucional destinada a assegurar o gozo de direitos e liberdades constitucionais, bem como as prerrogativas inerentes à nacionalidade, à soberania e à cidadania, sempre que não puderem ser exercidos por falta de norma regulamentadora**.

19.4.4.2. *Origem*

Muito se tem discutido sobre a **origem** e a fonte inspiradora dessa nova **garantia constitucional**. Para alguns, decorre ela da *injunction* do **direito inglês** e **norte-americano**, ainda que o *writ of injunction* apresente características diferenciadas, já que utilizado na jurisdição de equidade, para que o Juiz diga o direito aplicável para os casos de vazio normativo.

Em contrapartida, **outros afirmam** que **essa garantia já existia**, ainda que **de forma implícita**, em nosso ordenamento jurídico por disposição **expressa** da **Lei de Introdução às Normas do Direito Brasileiro** (antiga Lei de Introdução ao Código Civil), que em seu **art. 4.º** estipula:

Art. 4.º Quando a lei for omissa, o juiz decidirá o caso de acordo com a analogia, os costumes e os princípios gerais de direito.

No **mesmo sentido**, encontramos o **art. 140 do CPC**, vazado nos seguintes termos:

Art. 140. O juiz não se exime de decidir sob a alegação de lacuna ou obscuridade do ordenamento jurídico.

De toda sorte, a **inserção** no Texto Magno **de medida dessa natureza**, ao lado da ação direta de inconstitucionalidade por omissão, com a qual guarda alguma similitude, como se verá, **assume importância extrema, evitando que dispositivos constitucionais continuem inaplicáveis em face das omissões praticadas em geral pelo Poder Legislativo**.

19.4.4.3. *Pressupostos*

Em função do até aqui exposto, conclui-se que os **pressupostos** para o **cabimento** dessa garantia constitucional são basicamente os seguintes:

a) existência expressa de direitos e liberdades, bem como de prerrogativas inerentes à nacionalidade, à soberania e à cidadania, no Texto Constitucional;

b) estarem essas prerrogativas previstas em normas constitucionais programáticas;

c) falta de norma regulamentadora que habilite ao exercício dos direitos, liberdades e prerrogativas acima mencionados.

19 ■ Formas de Controle sobre a Administração   815

Sobre esse último ponto, oportunas as palavras de J. M. Othon Sidou[2]:

"Quando a Carta de Princípios reconhece ou erige um direito, uma liberdade ou uma prerrogativa, esse direito, essa liberdade ou essa prerrogativa impõe execução pronta. É da índole da lei, toda lei, ter efeito imediato, sem dilação. A lei não nasce do nada; tem, sempre, motivação superior ditada pela consciência coletiva, e, do mesmo modo não nasce para nada, como se fosse um objeto de adorno. A ausência de regulamentação para que direito, liberdade ou prerrogativa possa fluir e atingir seu intuito teleológico pode não configurar ilegalidade; pode não constituir abuso de poder, mas configura agravo de direito decorrente de negligência indesculpável, que ao direito incumbe curar. É para isto que se ergue a injunção, ou imposição, viabilizada pelo Poder Judiciário".

Esse requisito apresenta uma feição particular, já que, **se a redação do comando constitucional apontar para a edição de uma lei deixando ao critério do legislador o momento de editá-la, não será caso de mandado de injunção**.

Nesse sentido, oportuna a transcrição de trecho de **acórdão** da **Suprema Corte**, que não conheceu do mandado de injunção interposto exatamente por esse fato:

"(...) Conforme consabido, é inarredável, para o exame da demanda, a demonstração da presença dos dois pressupostos constitutivos: i) existência de uma omissão legislativa relativa a um direito ou liberdade garantidos constitucionalmente; ii) a efetiva inviabilidade do gozo de direito, faculdade ou prerrogativa pela ausência desta norma infraconstitucional regulamentadora" (STF, MI: 7274/DF 0033727-60.2020.1.00.0000, rel. Edson Fachin, j. 27.09.2021, Data de Publicação: 29.09.2021).

19.4.4.4. *Partes*

O **sujeito ativo** dessa garantia será **qualquer pessoa física** ou **jurídica**, **privada** ou **pública**, que se sentir impossibilitada de utilizar-se de direito já expressamente assegurado no Texto Magno pela ausência de norma regulamentadora, conforme se verifica da previsão estabelecida no **art. 3.º da Lei n. 13.300/2016**, que cuidou também de relacionar aqueles que comporão o **polo passivo** dessa ação. Confira-se:

Art. 3.º São legitimados para o mandado de injunção, como impetrantes, as pessoas naturais ou jurídicas que se afirmam titulares dos direitos, das liberdades ou das prerrogativas referidos no art. 2.º e, como impetrado, o Poder, o órgão ou a autoridade com atribuição para editar a norma regulamentadora.

19.4.4.5. *Competência*

A **competência** para conhecer de causas dessa natureza **não é concentrada em único órgão, oscilando em função da autoridade omissa**.

---

[2] *As garantias ativas dos direitos coletivos segundo a nova Constituição*: *habeas data*, mandado de injunção, *habeas corpus*, mandado de segurança, ação popular. 4. ed. Rio de Janeiro: Forense, 1992, p. 412.

Assim é que, quando a elaboração de norma regulamentadora for atribuição do Presidente da República, do Congresso Nacional, da Câmara dos Deputados, do Senado Federal, das Mesas de uma dessas Casas Legislativas, do Tribunal de Contas da União, de um dos Tribunais Superiores ou do próprio Supremo Tribunal Federal, competirá à nossa **Suprema Corte** conhecer da demanda **em caráter originário (art. 102, I, *q*)**.

De outra parte, quando a **atribuição** for de **órgão, entidade ou autoridade federal** da **Administração direta ou indireta**, excetuados os casos de competência do Supremo Tribunal Federal e dos órgãos da Justiça Militar, da Justiça Eleitoral, da Justiça do Trabalho e da Justiça Federal, a **competência** será do **Superior Tribunal** de **Justiça (art. 105, I, *h*)**.

19.4.4.6. *Natureza e efeitos da decisão*

Inquestionavelmente, era esse o ponto de maior polêmica dentro desse tema até a edição da **Lei n. 13.300/2016**, com destaque inicial para os **arts. 8.º, 9.º, 10 e 11**. Confira-se:

Art. 8.º Reconhecido o estado de mora legislativa, será deferida a injunção para:

I — determinar prazo razoável para que o impetrado promova a edição da norma regulamentadora;

II — estabelecer as condições em que se dará o exercício dos direitos, das liberdades ou das prerrogativas reclamados ou, se for o caso, as condições em que poderá o interessado promover ação própria visando a exercê-los, caso não seja suprida a mora legislativa no prazo determinado.

Parágrafo único. Será dispensada a determinação a que se refere o inciso I do *caput* quando comprovado que o impetrado deixou de atender, em mandado de injunção anterior, ao prazo estabelecido para a edição da norma.

Dentro desse contexto, oportuna a reprodução de precedente do **STF**, quando do julgamento, **em 13.06.2019**, do **Mandado de Injunção 4733/DF**, com destaque para trecho extraído do voto exarado pelo **Ministro Celso de Mello**. Confira-se:

"(...) Assim, entendo que **é absolutamente compatível com o ordenamento constitucional brasileiro a adoção de sentenças de perfil concretizador e aditivo, seja com fundamento na jurisprudência constitucional desta Corte, seja com arrimo na própria Lei 13.300, de 2016, que regulamentou o mandado de injunção**.

(...)

Não há dúvidas de que a conjuntura que se tem no Brasil, como já foi aqui descrito, é de inércia, de dificuldades e de não decisão por razões políticas várias. Esse cenário inevitavelmente impõe a necessidade de este **Tribunal Constitucional agir de forma concretizadora, sanando omissão inconstitucional** que implica violação direta a garantias individuais. E, por isso mesmo, restam rechaçadas as críticas de um suposto ativismo. (...)".

Em relação a **extensão dos efeitos da decisão**, oportuna a reprodução do art. 9.º, da lei de regência. Confira-se:

19 ▫ Formas de Controle sobre a Administração

Art. 9.º A decisão terá eficácia subjetiva limitada às partes e produzirá efeitos até o advento da norma regulamentadora.

§ 1.º Poderá ser conferida eficácia *ultra partes* ou *erga omnes* à decisão, quando isso for inerente ou indispensável ao exercício do direito, da liberdade ou da prerrogativa objeto da impetração.

§ 2.º Transitada em julgado a decisão, seus efeitos poderão ser estendidos aos casos análogos por decisão monocrática do relator.

§ 3.º O indeferimento do pedido por insuficiência de prova não impede a renovação da impetração fundada em outros elementos probatórios.

Com base nesse dispositivo, assim concluiu o **TJGO**, em julgamento realizado em **24.07.2020**:

> "(...) 2. De acordo com o artigo 9.º, § 1.º da lei 13.300 /2016 a decisão proferida em **mandado de injunção** tem eficácia subjetiva limitada as partes, podendo ser conferida eficácia *erga omnes* quando isso for inerente ou indispensável ao exercício do direito, da liberdade ou da prerrogativa objeto da impetração, **consoante a teoria concretista individual**. (...) (**TJ-GO** — Mandado de Segurança (CF; Lei 12016/2009): 01939705320208090000, Relator: MARCUS DA COSTA FERREIRA, **Data de Julgamento: 24.07.2020**, Órgão Especial, Data de Publicação: *DJ* de 24.07.2020)".

Ainda, sobre o tema, oportuna a reprodução dos **arts. 10 e 11**:

Art. 10. Sem prejuízo dos efeitos já produzidos, a decisão poderá ser revista, a pedido de qualquer interessado, quando sobrevierem relevantes modificações das circunstâncias de fato ou de direito.

Parágrafo único. A ação de revisão observará, no que couber, o procedimento estabelecido nesta Lei.

Art. 11. A norma **regulamentadora superveniente produzirá efeitos *ex nunc*** em relação aos beneficiados por decisão transitada em julgado, salvo se a aplicação da norma editada lhes for mais favorável.

Parágrafo único. Estará prejudicada a impetração se a norma regulamentadora for editada antes da decisão, caso em que o processo será extinto sem resolução de mérito.

19.4.4.7. *Do mandado de injunção coletivo*

Em relação a este item, em que pese **não ter a Constituição** dito uma só palavra, diferente da postura adotada em relação ao mandado de segurança, a **Lei n. 13.300/2016** ocupou-se deste tema, não só admitindo essa possibilidade, mas também disciplinando aqueles **legitimados para sua propositura**, vale dizer, o **Ministério Público; partido político com representação no Congresso Nacional; organização sindical, entidade de classe ou associação legalmente constituída e, em funcionamento há pelo menos 1 ano**; e por fim a **Defensoria Pública**, consoante se verifica da redação do **art. 12**.

Por fim, referido diploma legal acabou por equacionar o problema relacionado a **extensão dos efeitos da decisão** proferida nos termos previstos no **art. 13**. Confira-se:

Art. 13. No mandado de injunção coletivo, a sentença fará coisa julgada limitadamente às pessoas integrantes da coletividade, do grupo, da classe ou da categoria substituídos pelo impetrante, sem prejuízo do disposto nos §§ 1.º e 2.º do art. 9.º.

Parágrafo único. O mandado de injunção coletivo não induz litispendência em relação aos individuais, mas os efeitos da coisa julgada não beneficiarão o impetrante que não requerer a desistência da demanda individual no prazo de 30 (trinta) dias a contar da ciência comprovada da impetração coletiva.

19.4.4.8. Mandado de injunção e ação direta de inconstitucionalidade por omissão

Cumpre estabelecer uma **comparação**, ainda que singela, entre o **mandado de injunção** e a **ação direta de inconstitucionalidade** por **omissão**.

Ambas as garantias visam a dar efetividade às normas constitucionais carentes de regulamentação, cessando, contudo, aqui os pontos de similitude.

No que se refere ao **objeto**, enquanto a decisão do **mandado de injunção** apresenta **caráter constitutivo**, procurando oferecer **solução para o caso concreto**, aspecto corroborado pela decisão de nossa **Suprema Corte**, referida no item anterior, na **ação direta de inconstitucionalidade por omissão** a **decisão tem natureza declaratória** da mora e visa a introduzir no ordenamento jurídico a norma necessária a garantir a efetividade do comando constitucional, a teor do disposto no **art. 102, § 2.º**.

No que respeita ao **sujeito ativo**, enquanto o **mandado de injunção** poderá ser impetrado por **qualquer pessoa física ou jurídica**, impossibilitada de exercer direito, individual ou coletivo, já expresso, por falta de norma regulamentadora, na **ação direta de inconstitucionalidade por omissão** só estão titularizadas aquelas **pessoas** expressamente **arroladas** no art. 103 do Texto Magno.

Por derradeiro, cumpre observar que, com relação à **competência** para conhecimento de causas dessa natureza, uma vez mais a diferença se estabelece, pois, enquanto para o **mandado de injunção é ela difusa**, para a **ação direta de inconstitucionalidade por omissão** é **concentrada** nas mãos do **Supremo Tribunal Federal**.

Acompanhe-se o resumo no quadro:

MANDADO DE INJUNÇÃO	
DEFINIÇÃO	Garantia constitucional, disciplinada no art. 5.º, LXXI, da CF.
LEGISLAÇÃO	Essa garantia constitucional foi alvo de regulamentação com a edição da Lei n. 13.300/2016.
OBJETO	Garantia constitucional destinada a assegurar o gozo de direitos e liberdades constitucionais, bem como as prerrogativas inerentes à nacionalidade, à soberania e à cidadania, sempre que não puderem ser exercidos por falta de norma regulamentadora (art. 5.º, LXXI, da CF e art. 2.º da Lei n. 13.300/2016).
PRESSUPOSTOS	▣ existência expressa de direitos e liberdades, bem como de prerrogativas inerentes à nacionalidade, à soberania e à cidadania, no Texto Constitucional; ▣ estarem essas prerrogativas previstas em normas constitucionais programáticas; ▣ falta de norma regulamentadora que habilite ao exercício dos direitos, liberdades e prerrogativas acima mencionados.

19 ■ Formas de Controle sobre a Administração   819

SUJEITO ATIVO	Qualquer pessoa física ou jurídica, privada ou pública, que se sentir impossibilitada de utilizar-se de direito já expressamente assegurado no Texto Magno pela ausência de norma regulamentadora (art. 3.º da Lei n. 13.300/2016).
SUJEITO PASSIVO	Poder, órgão ou a autoridade com atribuição para editar a norma regulamentadora (art. 3.º da Lei n. 13.300/2016).

COMPETÊNCIA	Sua natureza não é concentrada em único órgão, oscilando em função da autoridade omissa. Assim:
	 ■ **Supremo Tribunal Federal**, em **caráter originário:**
	   ■ "q) O mandado de injunção, quando a elaboração da norma regulamentadora for atribuição do Presidente da República, do Congresso Nacional, da Câmara dos Deputados, do Senado Federal, das Mesas de uma dessas Casas Legislativas, do Tribunal de Contas da União, de um dos Tribunais Superiores, ou do próprio Supremo Tribunal Federal" (art. 102, I, *q*, da CF).
	   ■ "II — **Julgar, em recurso ordinário:** a) o *habeas corpus*, o mandado de segurança, o *habeas data* e o mandado de injunção decididos em única instância pelos Tribunais Superiores, se denegatória a decisão" (art. 102, II, *a*, da CF)
	 ■ **Superior Tribunal de Justiça:**
	   ■ "I — processar e julgar, originariamente: (...)
	   ■ h) o mandado de injunção, quando a elaboração da norma regulamentadora for atribuição de órgão, entidade ou autoridade federal, da Administração direta ou indireta, excetuados os casos de competência do Supremo Tribunal Federal e dos órgãos da Justiça Militar, da Justiça Eleitoral, da Justiça do Trabalho e da Justiça Federal" (art. 105, I, *h*, da CF):
	 ■ **TSE:**
	   ■ "§ 4.º Das decisões dos Tribunais Regionais Eleitorais somente caberá recurso quando: (...)
	   ■ V — denegarem *habeas corpus*, mandado de segurança, *habeas data* ou mandado de injunção" (art. 121, § 4.º, V, da CF).

DECISÃO	Quanto aos efeitos da decisão, a matéria encontra-se disciplinada na **Lei n. 13.300/2016**, em especial em seus **arts. 8.º, 9.º, 10 e 11:** "Art. 8.º Reconhecido o estado de mora legislativa, será deferida a injunção para: I — determinar prazo razoável para que o impetrado promova a edição da norma regulamentadora; II — estabelecer as condições em que se dará o exercício dos direitos, das liberdades ou das prerrogativas reclamados ou, se for o caso, as condições em que poderá o interessado promover ação própria visando a exercê-los, caso não seja suprida a mora legislativa no prazo determinado. Art. 9.º A decisão terá eficácia subjetiva limitada às partes e produzirá efeitos até o advento da norma regulamentadora. § 1.º Poderá ser conferida eficácia *ultra partes* ou *erga omnes* à decisão, quando isso for inerente ou indispensável ao exercício do direito, da liberdade ou da prerrogativa objeto da impetração. § 2.º **Transitada em julgado** a decisão, seus efeitos poderão ser estendidos aos casos análogos por decisão monocrática do relator. § 3.º O **indeferimento do pedido** por insuficiência de prova não impede a renovação da impetração fundada em outros elementos probatórios. Art. 10. Sem prejuízo dos efeitos já produzidos, a decisão poderá ser revista, a pedido de qualquer interessado, quando sobrevierem relevantes modificações das circunstâncias de fato ou de direito. Parágrafo único. A ação de revisão observará, no que couber, o procedimento estabelecido nesta Lei. Art. 11. A norma regulamentadora superveniente produzirá efeitos *ex nunc* em relação aos beneficiados por decisão transitada em julgado, salvo se a aplicação da norma editada lhes for mais favorável.

MANDADO DE INJUNÇÃO COLETIVO	**Possibilidade:** sim, de acordo com o art. 12 da Lei n. 13.300/2016.
	Legitimidade:
	I — pelo Ministério Público, quando a tutela requerida for especialmente relevante para a defesa da ordem jurídica, do regime democrático ou dos interesses sociais ou individuais indisponíveis;
	II — por partido político com representação no Congresso Nacional, para assegurar o exercício de direitos, liberdades e prerrogativas de seus integrantes ou relacionados com a finalidade partidária;
	III — por organização sindical, entidade de classe ou associação legalmente constituída e em funcionamento há pelo menos 1 (um) ano, para assegurar o exercício de direitos, liberdades e prerrogativas em favor da totalidade ou de parte de seus membros ou associados, na forma de seus estatutos e desde que pertinentes a suas finalidades, dispensada, para tanto, autorização especial;
	IV — pela Defensoria Pública, quando a tutela requerida for especialmente relevante para a promoção dos direitos humanos e a defesa dos direitos individuais e coletivos dos necessitados, na forma do inciso LXXIV do art. 5.º da Constituição Federal (art. 12 da Lei n. 13.300/2016).
	Efeitos da decisão:
	Produz coisa julgada limitadamente às pessoas integrantes da coletividade, do grupo, da classe ou da categoria substituídos pelo impetrante, sem prejuízo do disposto nos §§ 1.º e 2.º do art. 9.º (art. 13 da Lei n. 13.300/2016).

19.4.5. Ação popular

19.4.5.1. Conceito

A ação popular surge como garantia constitucional voltada a obter a invalidação de atos lesivos ao interesse público.

Seu **objetivo**, portanto, é **permitir** o **acesso** ao **Judiciário em defesa** não de direito próprio, mas da **coletividade**, já lesado ou em vias de o ser. Nesse sentido, surge, ao lado do voto, da iniciativa legislativa popular, do plebiscito e do referendo, como importante **instrumento** de **exercício da democracia direta**, concretizando a previsão contida no art. 1.º, parágrafo único, do Texto Constitucional.

19.4.5.2. Objeto

Introduzida pela primeira vez na **Constituição de 1934**, a ação popular teve seu perfil alterado pela Carta em vigor, conforme se verifica da redação do art. 5.º, **LXXIII:**

Art. 5.º (...)

LXXIII — qualquer cidadão é parte legítima para propor ação popular que vise a anular ato lesivo ao patrimônio público ou de entidade de que o Estado participe, à **moralidade administrativa**, ao meio ambiente e ao patrimônio histórico e cultural, ficando o autor, salvo comprovada má-fé, isento de custas judiciais e do ônus da sucumbência.

A leitura do dispositivo constitucional está a demonstrar que, em relação às Constituições anteriores, o **objeto** dessa garantia foi **alargado**, **passando a consagrar a imoralidade administrativa como elemento ensejador da nulidade do ato**, não sendo outra a lição de **Lúcia Valle Figueiredo**[3]:

---

[3] *Curso de direito administrativo.* 5. ed. São Paulo: Malheiros, 2001, p. 408.

19 ◼ Formas de Controle sobre a Administração

"Na atual ação popular constitucional, temos abertura com relação a que os atos lesivos não são apenas ao patrimônio público, mas também à moralidade administrativa. É dizer, a moralidade administrativa, encartada como princípio, como se verifica no art. 37 da Constituição da República, deve também poder contar com instrumental jurídico hábil a controlá-la. Pretende-se, é óbvio, que o patrimônio público não seja malbaratado. Que o administrador sirva à comunidade e não que se sirva desta".

Interessante anotar, também, que a **Constituição atribuiu** uma **extensão ampla** à **expressão "patrimônio público"**, preservável pela via da ação popular.

De fato, **incluem-se** na noção de patrimônio público **não apenas os valores em moeda** pertencentes à Administração direta, indireta e fundacional, **mas também** o daquelas **pessoas jurídicas de que o Estado participe, por exemplo, subvencionando-as**.

Demais disso, como já apontado, a **ação popular** é **eficiente, ainda, para evitar ou coarctar lesão ao meio ambiente, ao patrimônio histórico e cultural e para anular atos administrativos que atentem contra o princípio da moralidade, que deve, nos termos do art. 37, informar a atuação dos Poderes Públicos**.

A ação popular é **cabível** não apenas **para anular atos** que, **concretamente, estejam lesando** o **patrimônio público**, **mas também**, **preventivamente**, para evitar que a lesão se efetive.

O desejável é que esse remédio constitucional seja utilizado para evitar o dano irreparável ao patrimônio público cuja recomposição seja possível. No entanto, ainda que assim não seja, cabe a condenação em perdas e danos.

Por derradeiro, cumpre reiterar, uma vez mais, que desde outubro de 2021, com as modificações introduzidas na **Lei n. 8.429/92, através da Lei n. 14.230/2021**, com destaque para a previsão estabelecida nos **arts. 17-D e 17, § 6.º**, a ação popular não mais se presta a combater atos dessa natureza. A única ação cabível passa a ser a ação de improbidade administrativa.

19.4.5.3. *Pressupostos*

Da redação oferecida pela Constituição resta clara a **necessidade** de **preenchimento** de **dois pressupostos** de forma a viabilizar o ajuizamento da ação popular:

a) Lesividade: neste particular, o autor popular terá de demonstrar que a ação ou omissão do administrador ocasionou ou está ameaçando de lesão o patrimônio público ou a moralidade administrativa.

Outrossim, oportuno registrar que, em caráter exemplificativo, a **Lei n. 4.717/65**, reguladora da matéria, elencou **hipóteses caracterizadoras** de **atos lesivos** ao **patrimônio público**, nos **arts. 2.º, 3.º e 4.º**.

Assim é que situações tais como a admissão ao serviço público; a compra e venda de bens; a realização de concorrência pública e a concessão de vantagens durante a execução de um contrato administrativo, feitos de forma irregular, já caracterizam, por expressa disposição legal, atos lesivos ao patrimônio público.

b) Cidadania: tendo em vista tratar-se de um direito político, a ação popular é instrumento privativo do titular desse tipo de prerrogativa, ou seja, o cidadão.

822 Direito Administrativo Esquematizado   *Celso Spitzcovsky*

O termo "cidadão" é utilizado em sua significação técnica: o indivíduo, nacional (nato ou naturalizado), no gozo dos direitos políticos.

Em outras palavras, a **competência** para a defesa judicial do patrimônio público é **vedada aos estrangeiros, aos nacionais (natos ou naturalizados) que não tenham implementado as condições necessárias à aquisição dos direitos políticos e, também, aos nacionais (natos ou naturalizados) que tenham perdido ou estejam com seus direitos políticos suspensos**.

A **prova dessa condição** de cidadania será feita com a apresentação do **título de eleitor** e do comprovante de votação no último pleito ou da justificativa de ausência.

De resto, outra não é a regra adotada pelo legislador, como se verifica do **art. 1.º, § 3.º, da Lei n. 4.717/65**.

19.4.5.4. Partes

A **sujeição ativa da ação popular**, como já visto, não pertence a **qualquer** pessoa, mas somente ao **cidadão**, ou seja, aquele que está no pleno gozo dos direitos políticos.

Por via de consequência, as **pessoas jurídicas não terão legitimidade** para a propositura dessa garantia constitucional, entendimento que decorre não só do dispositivo constitucional, mas também da **Súmula 365 do Supremo Tribunal Federal**:

SÚMULA 365 DO STF: Pessoa jurídica não tem legitimidade para propor ação popular.

Da mesma forma, **não terá legitimidade o Ministério Público**, uma vez que o requisito de cidadania é inerente à pessoa física.

O **Ministério Público deve**, necessariamente, **funcionar** como **fiscal da lei** e **substituir o autor popular caso este venha a desistir de continuar na ação**, desde que entenda configurado o ato lesivo, a teor do disposto no **art. 9.º da Lei n. 4.717/65**.

No **polo passivo** devem figurar, obrigatoriamente, por força do disposto no *caput* do **art. 6.º** da lei reguladora da ação popular, o **agente que praticou o ato**, o **representante legal da pessoa jurídica** que teve seu patrimônio lesado e **terceiros** que, eventualmente, tenham se beneficiado com o ato praticado.

O **representante do órgão** que teve seu patrimônio lesado, outrossim, **pode abster-se de contestar e, até mesmo, passar para o polo ativo da ação, ao lado do autor popular**, a teor do disposto no art. 6.º, § 3.º, da Lei n. 4.717/65:

Art. 6.º (...)

§ 3.º A pessoa jurídica de direito público ou de direito privado, cujo ato seja objeto de impugnação, poderá abster-se de contestar o pedido, ou poderá atuar ao lado do autor, desde que isso se afigure útil ao interesse público, a juízo do respectivo representante legal ou dirigente.

19.4.5.5. Competência

O **critério determinante** para a fixação da competência para o julgamento da ação popular é o da **origem do ato ou omissão** a serem impugnados (**art. 5.º, *caput*, da Lei n. 4.717/65**).

19 ▣ Formas de Controle sobre a Administração

Assim, pois, se o patrimônio lesado ou ameaçado de lesão for da União, a competência será da Justiça Federal. Se estadual ou municipal, será da Justiça Estadual.

Ainda dentro desse tema, oportuno observar que, **em se verificando interesse simultâneo** das **pessoas mencionadas**, a questão será resolvida de acordo com a diretriz estabelecida no **art. 5.º, § 2.º, da Lei n. 4.717/65**:

> **Art. 5.º** (...)
> § 2.º Quando o pleito interessar simultaneamente à União e a qualquer outra pessoa ou entidade, será competente o juiz das causas da União, se houver; quando interessar simultaneamente ao Estado e ao Município, será competente o juiz das causas do Estado, se houver.

Nesse particular, importante destacar a **decisão** proferida pelo **STF**, quando do julgamento, em **19 de março de 2020**, da **Pet 8.504**, que aponta para a **inexistência de competência originária da Corte, por ausência de prévia previsão constitucional, para processar e julgar ação popular em face de autoridades e órgãos da União.** Confira-se:

> "(...). **INCOMPETÊNCIA DO SUPREMO TRIBUNAL FEDERAL**. AUSÊNCIA DE IMPUGNAÇÃO ESPECÍFICA AOS FUNDAMENTOS DA DECISÃO. ART. 317, § 1.º, DO REGIMENTO INTERNO DO SUPREMO TRIBUNAL FEDERAL. AGRAVO NÃO CONHECIDO. (...) **2. Não é da competência originária do STF conhecer de ações populares, ainda que o réu seja autoridade que tenha na Corte o seu foro por prerrogativa de função para os processos previstos na Constituição. Precedentes**. (...)."

19.4.5.6. Liminar

Nesse particular, cumpre apenas registrar a **possibilidade** de **sua concessão** na defesa do patrimônio público, **desde que presentes** os requisitos do *periculum in mora* e do *fumus boni iuris*.

De resto, essa perspectiva decorre da redação do § 4.º do art. 5.º da Lei n. 4.717/65:

> **Art. 5.º** (...)
> § 4.º Na defesa do patrimônio público caberá a suspensão liminar do ato lesivo impugnado.

19.4.5.7. Efeitos da decisão

A **sentença** que **julgar procedente** a ação **produzirá os seguintes efeitos:**

▣ decretação da nulidade do ato que lesa ou ameaça de lesão o patrimônio público, ou que atenta contra o princípio da moralidade administrativa;

▣ recomposição do patrimônio público lesado ou indenização;

▣ responsabilização penal, se for o caso, por meio de denúncia a ser oferecida pelo Ministério Público; e

▣ responsabilização administrativa, por exemplo, perda do cargo.

Em se tratando de omissão, a **decisão judicial deverá assegurar a realização do ato**.

824 Direito Administrativo Esquematizado _Celso Spitzcovsky_

A **ação popular submete-se ao duplo grau de jurisdição** obrigatório, se for julgada improcedente. O recurso, portanto, será de ofício, caso o autor popular, terceiro ou o Ministério Público não recorram. **Se**, no entanto, a ação foi **julgada procedente**, apenas aqueles **que ocuparam o polo passivo poderão recorrer**.

O **autor popular** está **isento** das **custas** e dos ônus da sucumbência, salvo se for comprovada a litigância de má-fé **(art. 5.º, LXXIII, da CF)**.

A **ação popular** prescreve no prazo de cinco anos, consoante o disposto no **art. 21 da Lei n. 4.717/65**.

Para melhor visualização desse tema, confira-se o seguinte quadro:

AÇÃO POPULAR	
DEFINIÇÃO	Garantia constitucional disciplinada no art. 5.º, LXXIII, da CF
LEGISLAÇÃO	A matéria encontra-se disciplinada na Lei n. 4.717/65
OBJETO	Anular ato lesivo ao patrimônio público ou de entidade de que o Estado participe, à moralidade administrativa, ao meio ambiente e ao patrimônio histórico e cultural
PRESSUPOSTOS	**Lesividade:** hipóteses caracterizadoras: arts. 2.º, 3.º e 4.º da Lei n. 4.717/65 **Cidadania:** condição comprovada pela apresentação do título de eleitor: art. 1.º, § 3.º, da Lei n. 4.717/65
SUJEITO ATIVO	Qualquer cidadão, ou seja, o nacional de um Estado que se encontre no pleno gozo dos direitos políticos Por via de consequência, as pessoas jurídicas não terão legitimidade para a propositura dessa garantia constitucional (Súmula 365 do STF) Da mesma forma, não terá legitimidade o Ministério Público, uma vez que o requisito de cidadania é inerente à pessoa física, embora tenha ele legitimidade para substituir o autor popular na hipótese de desistência da ação (art. 9.º da Lei n. 4.717/65)
SUJEITO PASSIVO	No polo passivo devem figurar, obrigatoriamente, por força do disposto no _caput_ do art. 6.º da lei reguladora da ação popular, o agente que praticou o ato, o representante legal da pessoa jurídica que teve seu patrimônio lesado e terceiros que, eventualmente, tenham se beneficiado com o ato praticado O representante do órgão que teve seu patrimônio lesado, outrossim, pode abster-se de contestar e, até mesmo, passar para o polo ativo da ação, ao lado do autor popular, a teor do disposto no art. 6.º, § 3.º, da Lei n. 4.717/65
COMPETÊNCIA	O critério determinante para a fixação da competência para o julgamento da ação popular é o da origem do ato ou omissão a serem impugnados (art. 5.º, _caput_, da Lei n. 4.717/65) Em se verificando interesse simultâneo das pessoas mencionadas, a questão será resolvida de acordo com a diretriz estabelecida no art. 5.º, § 2.º, da Lei n. 4.717/65
LIMINAR	Possibilidade da sua concessão, desde que presentes os requisitos do _periculum in mora_ e do _fumus boni iuris_ (§ 4.º do art. 5.º da Lei n. 4.717/65)
DECISÃO	A sentença que julgar procedente a ação produzirá os seguintes efeitos: ◾ decretação da nulidade do ato que lesa ou ameaça de lesão o patrimônio público, ou que atenta contra o princípio da moralidade administrativa ◾ recomposição do patrimônio público lesado ou indenização ◾ responsabilização penal, se for o caso, por meio de denúncia a ser oferecida pelo Ministério Público e ◾ responsabilização administrativa, por exemplo, perda do cargo (arts. 11 e 12 da Lei n. 4.717/65) **Eficácia:** a sentença terá eficácia de coisa julgada e, em regra, efeitos _erga omnes_ (art. 18 da Lei n. 4.717/65) **Exceção:** improcedência da ação por deficiência de prova (art. 18 da Lei n. 4.717/65)
CUSTAS	Fica o autor, salvo comprovada má-fé, isento de custas judiciais e do ônus da sucumbência (art. 5.º, LXXIII, da CF)
PRESCRIÇÃO	A ação popular prescreve no prazo de cinco anos, consoante o disposto no art. 21 da Lei n. 4.717/65

19 ◼ Formas de Controle sobre a Administração

19.4.6. Ação civil pública

19.4.6.1. Objeto

A matéria encontra-se disciplinada na Lei n. 7.347/85, que disciplina a responsabilidade por danos causados ao meio-ambiente, ao consumidor, a bens e direitos de valor artístico, estético, histórico, turístico e paisagístico, detalhando a **extensão do seu objeto ao longo do art. 1.º**.

Cumpre reiterar que desde outubro de 2021, com as modificações introduzidas na **Lei n. 8.429/92**, por meio da **Lei n. 14.230**, com destaque para a previsão estabelecida nos **arts. 17-D e 17, § 6.º**, a ação civil pública não mais se presta a combater atos dessa natureza. A única ação cabível passa a ser a ação de improbidade administrativa.

19.4.6.2. Partes

O art. 129 da CF que inseriu entre as funções institucionais do **Ministério Público** a propositura de **ação civil pública** para a proteção do patrimônio público e social, do meio ambiente e de outros interesses difusos e coletivos (inciso III):

Art. 129. São funções institucionais do Ministério Público: (...)

III — promover o inquérito civil e a **ação civil pública**, para a proteção do patrimônio público e social, do meio ambiente e de outros interesses difusos e coletivos.

Por sua vez, o § 1.º do referido dispositivo constitucional estabelece competência concorrente para a propositura de ações civis. Confira-se:

Art. 129. (...)

§ 1.º A legitimação do Ministério Público para as ações civis previstas neste artigo não impede a de terceiros, nas mesmas hipóteses, segundo o disposto nesta Constituição e na lei.

Ainda sobre esse tema, **importante a referência a duas outras súmulas editadas pelo STJ**, a segunda **em fevereiro de 2018**. Confira-se:

SÚMULA 329 DO STJ: O Ministério Público tem legitimidade para propor ação civil pública em defesa do patrimônio público.

SÚMULA 601 DO STJ: O Ministério Público tem legitimidade ativa para atuar na defesa dos direitos difusos, coletivos e individuais homogêneos dos consumidores, ainda que decorrentes da prestação de serviços públicos.

Por seu turno, a matéria também foi disciplinada pela **Lei n. 7.347/85**, em especial em seu **art. 5.º**, cuja redação, alterada pela **Lei n. 11.448**, de **15 de janeiro de 2007**, a seguir se reproduz:

Art. 5.º Têm legitimidade para propor a ação principal e a ação cautelar:

I — o Ministério Público;

II — a Defensoria Pública;

III — a União, os Estados, o Distrito Federal e os Municípios;

IV — a autarquia, empresa pública, fundação ou sociedade de economia mista;

V — a associação que, concomitantemente:

a) esteja constituída há pelo menos 1 (um) ano nos termos da lei civil;

b) inclua, entre suas finalidades institucionais, a proteção ao meio ambiente, ao consumidor, à ordem econômica, à livre concorrência ou ao patrimônio artístico, estético, histórico, turístico e paisagístico.

Em relação às pessoas jurídicas integrantes da Administração indireta, ainda que a Lei tenha sido silente, o **STJ**, quando do julgamento, em **22.03.2022**, do **REsp 1.978.138/SP**, concluiu pela necessidade de comprovação de pertinência temática. Confira-se:

> "A legitimidade ativa na ação civil pública das pessoas jurídicas da administração pública indireta depende da pertinência temática entre suas finalidades institucionais e o interesse tutelado."

No que se refere às associações, cumpre registrar a **desnecessidade de apresentação do rol de filiados**, nos termos da decisão provisão proferida pelo **STJ**, em **30.11.2021**, quando do julgamento do **REsp 1.325.857/RS**. Confira-se:

> "Ação civil pública. Legitimidade. Associações. Apresentação do rol de filiados. Substituição processual. Desnecessidade"

Vale também o destaque para a desnecessidade de juntada de autorização individual, de cada uma das pessoas interessadas, conforme orientação do **STJ**, quando do julgamento, em **22.08.2022**, do **AgInt no REsp 1.833.056/SP**. Confira-se:

> "Em ação civil pública ajuizada por associação civil, cujo estatuto prevê como finalidade a defesa de direitos humanos, em que se postula por indenização por danos morais decorrentes da prática de atos vexatórios em revistas íntimas para ingresso em centros de detenção, não é obrigatória a juntada de autorização individual de cada uma das pessoas interessadas."

De outro giro, **quanto a participação do MP** em ações dessa natureza, a questão encontra-se disciplinada, nos **§§ 1.º a 6.º do art. 5.º**. Confira-se:

§ 1.º O Ministério Público, se não intervier no processo como parte, atuará obrigatoriamente como fiscal da lei.

§ 2.º Fica facultado ao Poder Público e a outras associações legitimadas nos termos deste artigo habilitar-se como litisconsortes de qualquer das partes.

§ 3.º Em caso de desistência infundada ou abandono da ação por associação legitimada, o Ministério Público ou outro legitimado assumirá a titularidade ativa.

§ 4.º O requisito da pré-constituição poderá ser dispensado pelo juiz, quando haja manifesto interesse social evidenciado pela dimensão ou característica do dano, ou pela relevância do bem jurídico a ser protegido.

§ 5.º Admitir-se-á o litisconsórcio facultativo entre os Ministérios Públicos da União, do Distrito Federal e dos Estados na defesa dos interesses e direitos de que cuida esta lei.

19 ◼ Formas de Controle sobre a Administração

§ 6.º Os órgãos públicos legitimados poderão tomar dos interessados compromisso de ajustamento de sua conduta às exigências legais, mediante cominações, que terá eficácia de título executivo extrajudicial.

Dentro desse contexto, emerge cristalina a conclusão pela **impossibilidade de pessoas físicas** lançarem mão desse **instrumento**.

Quando ao **polo passivo**, serão incluídas as pessoas físicas ou jurídicas, responsáveis pelos danos causados.

19.4.6.3. Das decisões interlocutórias e da sentença

A abertura deste item justifica-se em vista das peculiaridades que permeiam o tema da improbidade administrativa, destacando-se em relação a sentença exarada em ação civil pública a previsão estabelecida no art. 16 da Lei n. 7.347/85. Confira-se:

Art. 16. A sentença civil fará coisa julgada *erga omnes*, nos limites da competência territorial do órgão prolator, exceto se o pedido for julgado improcedente por insuficiência de provas, hipótese em que qualquer legitimado poderá intentar outra ação com idêntico fundamento, valendo-se de nova prova.

A redação do dispositivo reproduzido, ao longo do tempo, foi objeto de **inúmeros questionamentos** acerca dos **limites da competência territorial** do órgão prolator da sentença, problema equacionado pelo **STF em 07.04.2021**, quando do julgamento do **RE 1.101.973/SP**, que resultou na seguinte tese de **Repercussão Geral**:

"**I — É inconstitucional o art. 16 da Lei 7.347/1985, alterada pela Lei 9.494/1997. II — Em se tratando de ação civil pública de efeitos nacionais ou regionais, a competência deve observar o art. 93, II, da Lei 8.078/1990. III — Ajuizadas múltiplas ações civis públicas de âmbito nacional ou regional, firma-se a prevenção do juízo que primeiro conheceu de uma delas, para o julgamento de todas as demandas conexas"**.

No curso desta decisão, destaque para os seguintes trechos:

"(...) É inconstitucional a delimitação dos efeitos da sentença proferida em sede de ação civil pública aos limites da competência territorial de seu órgão prolator. (...)".

"(...) Isso porque a alteração do art. 16 da Lei 7.347/1985 (1) promovida pela Lei 9.494/1997, fruto da conversão da MP 1.570/1997, veio na contramão do avanço institucional de proteção aos direitos metaindividuais e esbarra nos preceitos norteadores da tutela coletiva, bem como nos comandos pertinentes ao amplo acesso à Justiça e à isonomia entre os jurisdicionados. (...)".

De outra parte, destaque para a questão relacionada à possibilidade, ou não, de propositura de **Agravo de Instrumento em face de decisões interlocutórias**.

Nesse sentido, oportuna a reprodução de precedente do **STJ**, quando do julgamento, em **04.05.2021**, do **REsp 1.925.492/RJ**, em que **a Corte concluiu por esta possibilidade. Confira-se a ementa**:

828 Direito Administrativo Esquematizado   *Celso Spitzcovsky*

"Improbidade administrativa. Decisão interlocutória que indefere pedido de depoimento pessoal. Agravo de instrumento. Cabimento. Prevalência de previsão contida na Lei da Ação Popular sobre o art. 1.015 do CPC/2015. Microssistema de tutela coletiva."

No curso da decisão, concluiu ainda pela aplicabilidade à ação de improbidade administrativa o previsto no art. 19, § 1.º, da Lei da Ação Popular, segundo o qual das decisões interlocutórias cabe agravo de instrumento.

Outrossim, em matéria de **cumprimento de sentença**, vale destacar **precedente** do **STJ**, quando do julgamento, em **04.05.2021**, do **REsp 1.929.230/MT**, em que **a Corte concluiu pelo cabimento de medidas executivas atípicas de cunho não patrimonial no cumprimento de sentença proferida em ação de improbidade administrativa.** Confira-se:

"**Improbidade administrativa. Fase de cumprimento de sentença. Requerimento de medidas coercitivas. Suspensão de CNH e apreensão de passaporte. Previsão feita no art. 139, IV, do CPC/2015. Medidas executivas atípicas. Aplicação em processos de improbidade. Observância de parâmetros. Análise dos fatos da causa. Possibilidade.**

(...) **O Código de Processo Civil de 2015**, a fim **de garantir maior celeridade e efetividade ao processo**, positivou regra segundo a qual incumbe ao juiz determinar todas as **medidas indutivas, coercitivas, mandamentais ou sub-rogatórias necessárias para assegurar o cumprimento de ordem judicial**, inclusive nas ações que tenham por objeto prestação pecuniária (art. 139, IV)" (REsp 1.788.950/MT, Rel. Min. Nancy Andrighi, 3.ª T., *DJe* 26.04.2019).

Para melhor visualização desse tema, confira-se o seguinte quadro:

OBJETO	▣ Sem prejuízo da ação popular, promover a responsabilidade por danos morais e patrimoniais causados ao meio ambiente, ao consumidor, a bens e direitos de valor artístico, estético, histórico, turístico e paisagístico (art. 1.º da Lei n. 7.347/85)
	▣ Impossibilidade de combater atos de improbidade administrativa (Lei n. 14.230, arts. 17-D e 17, § 6.º)
SUJEITO ATIVO	▣ Ministério Público (art. 129, III, CF)
	▣ Defensoria Pública (art. 5.º da Lei n. 7.347/85)
	▣ União, Estados, Municípios, Distrito federal (art. 5.º, Lei n. 7.347/85)
	▣ Autarquias, Fundações, Empresas Públicas, Sociedade de Economia Mista (art. 5.º, Lei n. 7.347/85)
	▣ Associações que preencham os requisitos estabelecidos no art. 5.º da Lei n. 7.347/85
SUJEITO PASSIVO	▣ Pessoa física ou jurídica, responsável pelos danos causados
DECISÕES INTERLOCUTÓRIAS E DA SENTENÇA	▣ Inconstitucionalidade do art. 16, da Lei n. 7.347/85 (STF, RE 1.101.973/SP)
	▣ Agravo de Instrumento em face de decisões interlocutórias

19.4.7. Ação popular e ação civil pública

Como já visto, o **objeto** da **ação popular inclui** a possibilidade de sua utilização para o **combate** aos **atos lesivos** ao **meio ambiente**, assunto esse tipicamente caracterizado como **interesse difuso**.

19 ◼ Formas de Controle sobre a Administração 829

Dessa forma, teríamos uma **superposição**, já que a medida judicial cabível para a apuração de responsabilidades por danos causados ao meio ambiente, a bens e direitos de valor artístico, estético, histórico, turístico e paisagístico seria a **ação civil pública**.

A própria **Lei n. 7.347**, de 24 de julho de **1985**, entretanto, em seu **art. 1.º**, já trata de resolver esse impasse nos seguintes termos:

> **Art. 1.º** Regem-se pelas disposições desta Lei, sem prejuízo da ação popular, as ações de responsabilidade por danos causados:
> I — ao meio ambiente;
> II — ao consumidor;
> III — a bens e direitos de valor artístico, estético, histórico, turístico e paisagístico;
> IV — (Vetado)

Dessa maneira, por força de expressa disposição legal, conclui-se que essas duas medidas judiciais poderão ser utilizadas para combate a atos lesivos, nesse setor.

As **diferenças** circunscrevem-se, basicamente, à questão da **legitimidade ativa**, já que, enquanto para a **ação popular** a única pessoa legitimada para propô-la é o **cidadão**, o mesmo não se verifica para a **ação civil pública**.

Destarte, a Constituição prescreve a **legitimidade ativa** para o **Ministério Público** entre suas funções institucionais, consoante se verifica do seu **art. 129, III**:

> **Art. 129.** São funções institucionais do Ministério Público: (...)
> III — promover o inquérito civil e a ação civil pública, para a proteção do patrimônio público e social, do meio ambiente e de outros interesses difusos e coletivos.

É necessário mencionar que essa **legitimidade** ativa **não é exclusiva**, tendo em vista que não impede a de terceiros nas hipóteses discriminadas na Constituição e na lei **(art. 129, § 1.º, da CF/88)**.

Nesse sentido, o **art. 5.º da Lei n. 7.347/85 estende** essa possibilidade para, entre outros, a defensoria pública, autarquias, empresas públicas, fundações, sociedades de economia mista e também para associações constituídas há pelo menos um ano e que incluam entre suas finalidades institucionais a proteção a esses bens e valores.

> **Art. 5.º** Têm legitimidade para propor a ação principal e a ação cautelar:
> I — o Ministério Público;
> II — a Defensoria Pública;
> III — a União, os Estados, o Distrito Federal e os Municípios;
> IV — a autarquia, empresa pública, fundação ou sociedade de economia mista;
> V — a associação que, concomitantemente:
> a) esteja constituída há pelo menos 1 (um) ano nos termos da lei civil;
> b) inclua, entre suas finalidades institucionais, a proteção ao patrimônio público e social, ao meio ambiente, ao consumidor, à ordem econômica, à livre concorrência, aos direitos de grupos raciais, étnicos ou religiosos ou ao patrimônio artístico, estético, histórico, turístico e paisagístico.

§ 1.º O Ministério Público, se não intervier no processo como parte, atuará obrigatoriamente como fiscal da lei.

§ 2.º Fica facultado ao Poder Público e a outras associações legitimadas nos termos deste artigo habilitar-se como litisconsortes de qualquer das partes.

§ 3.º Em caso de desistência infundada ou abandono da ação por associação legitimada, o Ministério Público ou outro legitimado assumirá a titularidade ativa.

§ 4.º O requisito da pré-constituição poderá ser dispensado pelo juiz, quando haja manifesto interesse social evidenciado pela dimensão ou característica do dano, ou pela relevância do bem jurídico a ser protegido.

§ 5.º Admitir-se-á o litisconsórcio facultativo entre os Ministérios Públicos da União, do Distrito Federal e dos Estados na defesa dos interesses e direitos de que cuida esta lei.

§ 6.º Os órgãos públicos legitimados poderão tomar dos interessados compromisso de ajustamento de sua conduta às exigências legais, mediante cominações, que terá eficácia de título executivo extrajudicial.

Por derradeiro, oportuno registrar que a **sentença** proferida em sede de **ação civil pública** teria força de coisa **julgada** *erga omnes*, nos termos estabelecidos no art. 16. Confira-se:

Art. 16. A sentença civil fará coisa julgada erga omnes, nos limites da competência territorial do órgão prolator, exceto se o pedido for julgado improcedente por insuficiência de provas, hipótese em que qualquer legitimado poderá intentar outra ação com idêntico fundamento, valendo-se de nova prova.

Ao longo do tempo, o referido dispositivo foi objeto de **inúmeros questionamentos** acerca dos **limites da competência territorial** do órgão prolator da sentença, problema equacionado pelo **STF em 07.04.2021**, quando do julgamento do **RE 1.101.973/SP**, que resultou na seguinte **tese de Repercussão Geral**:

"I — É inconstitucional o art. 16 da Lei 7.347/1985, alterada pela Lei 9.494/1997.

II — Em se tratando de ação civil pública de efeitos nacionais ou regionais, a competência deve observar o art. 93, II, da Lei 8.078/1990.

III — Ajuizadas múltiplas ações civis públicas de âmbito nacional ou regional, firma-se a prevenção do juízo que primeiro conheceu de uma delas, para o julgamento de todas as demandas conexas".

No curso desta decisão, destaque para os seguintes trechos:

"(...) É inconstitucional a delimitação dos efeitos da sentença proferida em sede de ação civil pública aos limites da competência territorial de seu órgão prolator. (...)".

"(...) Isso porque a alteração do art. 16 da Lei 7.347/1985 (1) promovida pela Lei 9.494/1997, fruto da conversão da MP 1.570/1997, veio na contramão do avanço institucional de proteção aos direitos metaindividuais e esbarra nos preceitos norteadores da tutela coletiva, bem como nos comandos pertinentes ao amplo acesso à Justiça e à isonomia entre os jurisdicionados. (...)".

Sobre o controle da moralidade dos atos administrativos, para melhor visualização acerca dos instrumentos para o seu combate, confira-se o seguinte quadro:

19 ■ Formas de Controle sobre a Administração   831

	AÇÃO DE IMPROBIDADE ADMINISTRATIVA	AÇÃO POPULAR	AÇÃO CIVIL PÚBLICA
OBJETO	Destinada à aplicação de sanções de caráter pessoal previstas nesta Lei, e não constitui ação civil (art. 17-D)	Anular ato lesivo ao patrimônio público ou de entidade de que o Estado participe, à moralidade administrativa, ao meio ambiente e ao patrimônio histórico e cultural. (art. 5.º, LXXIII, da CF)	Sem prejuízo da ação popular, promove a responsabilidade por danos morais e patrimoniais causados ao meio ambiente, ao consumidor, a bens e direitos de valor artístico, estético, histórico, turístico e paisagístico (art. 1.º da Lei n. 7.347/85)
SUJEITO ATIVO	A legitimidade para propositura da ação para aplicação das sanções de que trata essa lei, por orientação do STF (ADIs 7042 e 7043), será concorrente e disjuntiva entre o Ministério Público e as pessoas jurídicas interessadas, declarando-se a inconstitucionalidade do art. 17, *caput*	Qualquer cidadão (art. 5.º, LXXIII, CF)	Ministério Público (art. 129, III, CF) Defensoria Pública (art. 5.º, Lei n. 7.347/85) União, Estados, Municípios, Distrito federal (art. 5.º, Lei n. 7.347/85) Autarquias, Fundações, Empresas Públicas, Sociedade de Economia Mista (art. 5.º, Lei n. 7.347/85) Associações que preencham os requisitos estabelecidos no art. 5.º da Lei n. 7.347/85
SUJEITO PASSIVO	Agentes Públicos (art. 2.º) e Particulares que induziram ou concorreram para a prática do ato. (art. 3.º, *caput* e parágrafos) Sucessores ou herdeiros, se pessoas físicas ou em razão de alteração contratual, transformação, incorporação, fusão ou cisão societária se pessoa jurídica (art. 8.º)	Pessoa física que praticou o ato ou terceiros que tenham se beneficiado (art. 6.º da Lei n. 4.717/65)	Pessoa física ou jurídica, responsável pelos danos causados

19.5. QUADRO SINÓTICO

FORMAS DE CONTROLE SOBRE A ADMINISTRAÇÃO	
Controle administrativo	
DE OFÍCIO	Autotutela (Súmula 473 do STF) e art. 53 da Lei n. 9.784/99
POR PROVOCAÇÃO: FUNDAMENTO: ART. 37, §§ 3.º E 5.º, XXXIV, *A*, DA CF	Instrumentos: ■ representação ■ reclamação ■ pedido de reconsideração ■ recurso hierárquico ■ pedido de revisão
Controle legislativo	
POLÍTICO	■ Competências do Congresso ■ Competências do Senado ■ Competências das Comissões para convocação para depoimentos e para fornecimento de informações ■ CPIs ■ Competência do Senado para julgar por crime de responsabilidade ■ Competência do Congresso, específica para sustar atos normativos
FINANCEIRO	Realizado pelo Legislativo, com o auxílio dos Tribunais de Contas (posição constitucional; competências; estrutura; natureza das suas decisões)

Controle judicial	
HABEAS CORPUS	Garantia constitucional voltada à proteção da liberdade de locomoção quando atingida por violência ou coação em razão de ilegalidade ou abuso de poder (art. 5.º, LXVIII)
HABEAS DATA	Garantia constitucional voltada a assegurar o direito de acesso, esclarecimento, contestação e atualização de informações de caráter personalíssimo armazenadas em bancos de dados de entidades governamentais ou de caráter público (art. 5.º, LXXII)
MANDADO DE SEGURANÇA	Garantia constitucional voltada a proteger direitos líquidos e certos não amparados por *habeas corpus* ou *habeas data* atingidos por ilegalidade ou abuso de poder (art. 5.º, LXIX)
MANDADO DE INJUNÇÃO	Garantia constitucional utilizada para assegurar o exercício de direitos e liberdades expressamente previstos na CF, inviabilizado pela ausência de norma regulamentadora (art. 5.º, LXXI)
AÇÃO POPULAR	Garantia constitucional voltada a combater atos lesivos ao patrimônio público, bem como à moralidade administrativa, ao meio ambiente e ao patrimônio histórico e cultural (art. 5.º, LXXIII), excluindo-se os atos de improbidade administrativa.
AÇÃO CIVIL PÚBLICA	Garantia constitucional voltada a promover a responsabilidade por danos morais e patrimoniais causados ao meio ambiente, ao consumidor, a bens e direitos de valor artístico, estético, histórico, turístico e paisagístico (art. 1.º da Lei n. 7.347/85), excluindo-se os atos de improbidade administrativa

AMPLIAÇÃO DO CONTROLE — LEI N. 13.655/2018 (LINDB)	
OBJETO	Altera a LINDB, incluindo disposições sobre segurança jurídica e eficiência na criação e na aplicação do Direito Público.
JUSTIFICATIVA	Necessidade de ampliação do controle sobre atos e decisões nas esferas administrativa, controladora e judicial.
DESTAQUES	**Art. 20:** necessidade de se levar em consideração a adequação da medida e as consequências práticas da decisão.
	Art. 21: decisão deverá indicar de modo expresso suas consequências jurídicas e administrativas, não impondo ônus anormais ou excessivos.
	Art. 22: consideração das circunstâncias práticas que condicionaram a ação do agente.
	Art. 23: decisão que estabelece interpretação nova deve prever regime de transição.
	Art. 24: a revisão, quanto à validade do ato, não poderá ter caráter retroativo, atingindo situações já consolidadas.
	Art. 26: realização de consulta pública para eliminar irregularidades e incertezas jurídicas, viabilizando celebração de compromisso com os interessados.
	Art. 27: possibilidade de imposição de compensação por benefícios indevidos ou prejuízos anormais.
	Art. 28: estabelece responsabilidade do agente em casos de dolo ou erro grosseiro.
	Art. 29: possibilidade de a edição de atos ser precedida de consulta pública.
	Art. 30: previsão de instrumentos com caráter vinculante, dentro do próprio órgão, para preservar segurança jurídica.

19.6. SÚMULAS SOBRE FORMAS DE CONTROLE SOBRE A ADMINISTRAÇÃO

19.6.1. Súmulas do STF

■ **Súmula 101:** O mandado de segurança não substitui a ação popular.

■ **Súmula 266:** Não cabe mandado de segurança contra lei em tese.

■ **Súmula 267:** Não cabe mandado de segurança contra ato judicial passível de recurso ou correição.

■ **Súmula 268:** Não cabe mandado de segurança contra decisão judicial com trânsito em julgado.

19 ▪ Formas de Controle sobre a Administração   833

▪ **Súmula 269:** O mandado de segurança não é substitutivo de ação de cobrança.

▪ **Súmula 271:** Concessão de mandado de segurança não produz efeitos patrimoniais em relação a período pretérito, os quais devem ser reclamados administrativamente ou pela via judicial própria.

▪ **Súmula 272:** Não se admite como ordinário recurso extraordinário de decisão denegatória de mandado de segurança.

▪ **Súmula 304:** Decisão denegatória de mandado de segurança, não fazendo coisa julgada contra o impetrante, não impede o uso da ação própria.

▪ **Súmula 319:** O prazo do recurso ordinário para o Supremo Tribunal Federal, em *habeas corpus* ou mandado de segurança, é de cinco dias.

▪ **Súmula 330:** O Supremo Tribunal Federal não é competente para conhecer de mandado de segurança contra atos dos Tribunais de Justiça dos Estados.

▪ **Súmula 365:** Pessoa jurídica não tem legitimidade para propor ação popular.

▪ **Súmula 383:** A prescrição em favor da Fazenda Pública recomeça a correr, por dois anos e meio, a partir do ato interruptivo, mas não fica reduzida aquém de cinco anos, embora o titular do direito a interrompa durante a primeira metade do prazo.

▪ **Súmula 392:** O prazo para recorrer de acórdão concessivo de segurança conta-se da publicação oficial de suas conclusões, e não da anterior ciência à autoridade para cumprimento da decisão.

▪ **Súmula 395:** Não se conhece de recurso de *habeas corpus* cujo objeto seja resolver sobre o ônus das custas, por não estar mais em causa a liberdade de locomoção.

▪ **Súmula 405:** Denegado o mandado de segurança pela sentença, ou no julgamento do agravo, dela interposto, fica sem efeito a liminar concedida, retroagindo os efeitos da decisão contrária.

▪ **Súmula 429:** A existência de recurso administrativo com efeito suspensivo não impede o uso do mandado de segurança contra omissão da autoridade.

▪ **Súmula 430:** Pedido de reconsideração na via administrativa não interrompe o prazo para o mandado de segurança.

▪ **Súmula 431:** É nulo o julgamento de recurso criminal, na segunda instância, sem prévia intimação, ou publicação da pauta, salvo em *habeas corpus*.

▪ **Súmula 474:** Não há direito líquido e certo, amparado pelo mandado de segurança, quando se escuda em lei cujos efeitos foram anulados por outra, declarada constitucional pelo Supremo Tribunal Federal.

▪ **Súmula 510:** Praticado o ato por autoridade, no exercício de competência delegada, contra ela cabe o mandado de segurança ou a medida judicial.

▪ **Súmula 511:** Compete à Justiça Federal, em ambas as instâncias, processar e julgar as causas entre autarquias federais e entidades públicas locais, inclusive mandados de segurança, ressalvada a ação fiscal, nos termos da Constituição Federal de 1967, art. 119, § 3.º.

▪ **Súmula 512:** Não cabe condenação em honorários de advogado na ação de mandado de segurança.

834 Direito Administrativo Esquematizado _Celso Spitzcovsky_

▪ **Súmula 606:** Não cabe *habeas corpus* originário para o Tribunal Pleno de decisão de Turma, ou do Plenário, proferida em *habeas corpus* ou no respectivo recurso.

▪ **Súmula 624:** Não compete ao Supremo Tribunal Federal conhecer originariamente de mandado de segurança contra atos de outros tribunais.

▪ **Súmula 625:** Controvérsia sobre matéria de direito não impede concessão de mandado de segurança.

▪ **Súmula 626:** A suspensão da liminar em mandado de segurança, salvo determinação em contrário da decisão que a deferir, vigorará até o trânsito em julgado da decisão definitiva de concessão da segurança ou, havendo recurso, até a sua manutenção pelo Supremo Tribunal Federal, desde que o objeto da liminar deferida coincida, total ou parcialmente, com o da impetração.

▪ **Súmula 627:** No mandado de segurança contra a nomeação de magistrado da competência do Presidente da República, este é considerado autoridade coatora, ainda que o fundamento da impetração seja nulidade ocorrida em fase anterior do procedimento.

▪ **Súmula 629:** A impetração de mandado de segurança coletivo por entidade de classe em favor dos associados independe da autorização destes.

▪ **Súmula 630:** A entidade de classe tem legitimação para o mandado de segurança ainda quando a pretensão veiculada interesse apenas a uma parte da respectiva categoria.

▪ **Súmula 631:** Extingue-se o processo de mandado de segurança se o impetrante não promove, no prazo assinado, a citação do litisconsorte passivo necessário.

▪ **Súmula 632:** É constitucional lei que fixa o prazo de decadência para a impetração de mandado de segurança.

▪ **Súmula 690:** Compete originariamente ao Supremo Tribunal Federal o julgamento de *habeas corpus* contra decisão de turma recursal de juizados especiais criminais.

▪ **Súmula 691:** Não compete ao Supremo Tribunal Federal conhecer de *habeas corpus* impetrado contra decisão do Relator que, em *habeas corpus* requerido a tribunal superior, indefere a liminar.

▪ **Súmula 692:** Não se conhece de *habeas corpus* contra omissão de relator de extradição, se fundado em fato ou direito estrangeiro cuja prova não constava dos autos, nem foi ele provocado a respeito.

▪ **Súmula 693:** Não cabe *habeas corpus* contra decisão condenatória a pena de multa, ou relativo a processo em curso por infração penal a que a pena pecuniária seja a única cominada.

▪ **Súmula 694:** Não cabe *habeas corpus* contra a imposição da pena de exclusão de militar ou de perda de patente ou de função pública.

▪ **Súmula 695:** Não cabe *habeas corpus* quando já extinta a pena privativa de liberdade.

▪ **Súmula 734:** Não cabe reclamação quando já houver transitado em julgado o ato judicial que se alega tenha desrespeitado decisão do Supremo Tribunal Federal.

19.6.2. Súmulas do STJ

■ **Súmula 2:** Não cabe o *habeas data* (CF, art. 5, LXXII, letra "a") se não houve recusa de informações por parte da autoridade administrativa.

■ **Súmula 41:** O Superior Tribunal de Justiça não tem competência para processar e julgar, originariamente, mandado de segurança contra ato de outros Tribunais ou dos respectivos órgãos.

■ **Súmula 105:** Na ação de mandado de segurança não se admite condenação em honorários advocatícios.

■ **Súmula 169:** São inadmissíveis embargos infringentes no processo de mandado de segurança.

■ **Súmula 177:** O Superior Tribunal de Justiça é incompetente para processar e julgar, originariamente, mandado de segurança contra ato de órgão colegiado presidido por Ministro de Estado.

■ **Súmula 202:** A impetração de segurança por terceiro, contra ato judicial, não se condiciona a interposição de recurso.

■ **Súmula 213:** O mandado de segurança constitui ação adequada para a declaração do direito à compensação tributária.

■ **Súmula 329:** O Ministério Público tem legitimidade para propor ação civil pública em defesa do patrimônio público.

■ **Súmula 333:** Cabe mandado de segurança contra ato praticado em licitação promovida por sociedade de economia mista ou empresa pública.

■ **Súmula 373:** É ilegítima a exigência de depósito prévio para admissibilidade de recurso administrativo.

■ **Súmula 376:** Compete à turma recursal processar e julgar o mandado de segurança contra ato de juizado especial.

■ **Súmula 460:** É incabível o mandado de segurança para convalidar a compensação tributária realizada pelo contribuinte.

■ **Súmula 628:** A teoria da encampação é aplicada no mandado de segurança quando presentes, cumulativamente, os seguintes requisitos: a) existência de vínculo hierárquico entre a autoridade que prestou informações e a que ordenou a prática do ato impugnado; b) manifestação a respeito do mérito nas informações prestadas; e c) ausência de modificação de competência estabelecida na Constituição Federal.

19.7. QUESTÕES

QUESTÕES DE CONCURSOS
> http://uqr.to/1xgxs

REFERÊNCIAS

ADC 12: DECISÃO HISTÓRICA DO SUPREMO PÕE FIM AO NEPOTISMO NO JUDICIÁRIO. Disponível em: <http://www.stf.jus.br/portal/cms/verNoticiaDetalhe.asp?idConteudo=115820>. Acesso em: 17 fev. 2017.

AMADO, Frederico Augusto Di Trindade. *Direito ambiental esquematizado.* 2. ed. São Paulo: Método, 2011.

BANDEIRA DE MELLO, Celso Antônio. *Conteúdo jurídico do princípio da igualdade.* 3. ed. São Paulo: Revista dos Tribunais, 1993.

_____. *Curso de direito administrativo.* 11. ed. São Paulo: Malheiros, 1999; 17. ed. 2004; 18. ed. 2005.

_____. *Grandes temas de direito administrativo.* 1. ed. 2. tir. São Paulo: Malheiros, 2009.

BARROSO, Luis Roberto. *Interpretação e aplicação da Constituição.* 2. ed. São Paulo: Saraiva, 1998.

BASTOS, Celso Ribeiro. *Comentários à Constituição do Brasil.* São Paulo: Saraiva. v. 2.

_____. *Curso de direito constitucional.* 19. ed. São Paulo: Saraiva, 1998.

CALMON DE PASSOS, J. J. *Mandado de segurança coletivo, mandado de injunção,* habeas data, *Constituição e processo.* Rio de Janeiro: Forense, 1989.

CAMMAROSANO, Márcio. Admissão de pessoal nas empresas estatais em face da Constituição. *RDP,* São Paulo, n. 91, [19--].

CARDOZO, José Eduardo Martins. As empresas públicas e as sociedades de economia mista e o dever de realizar concursos públicos no direito brasileiro. *Jus Navigandi,* Teresina, n. 17, ago. 1997.

CARVALHO FILHO, José dos Santos. *Manual de direito administrativo.* 15. ed. São Paulo: Lumen Juris, 2006.

DI PIETRO, Maria Sylvia Zanella. Concurso público na Administração indireta. *RDP,* São Paulo, n. 93, jan.-mar. 1990.

_____. *Direito administrativo.* 10. ed. São Paulo: Atlas, 1999; 15. ed. 2003; 18. ed. 2005.

FAGUNDES, Miguel Seabra. *Controle dos atos administrativos pelo Poder Judiciário.* 5. ed. Rio de Janeiro: Forense, 1979.

FERREIRA, Sérgio de Andrea. O direito administrativo das empresas governamentais brasileiras. *RDA,* Rio de Janeiro, v. 136, p. 1-33, [197-?].

FIGUEIREDO, Lúcia Valle. *Curso de direito administrativo.* 4. ed. São Paulo: Malheiros, 2000; 5. ed. 2001.

FIGUEIREDO, Marcelo. *Probidade administrativa.* 3. ed. São Paulo: Malheiros, 1998.

GASPARINI, Diogenes. *Direito administrativo.* 5. ed. São Paulo: Saraiva, 2000; 7. ed. 2002; 8. ed. 2003; 9. ed. 2004; 13. ed. 2008.

GONÇALVES, Carlos Roberto. *Responsabilidade civil.* 6. ed. São Paulo: Saraiva, 1995.

GRAU, Eros Roberto. *A ordem econômica na Constituição de 1988*: interpretação e crítica. São Paulo: Malheiros, 1997.

JUSTEN FILHO, Marçal. *Comentários à Lei de Licitações e Contratos Administrativos.* Rio de Janeiro: Aide, 1993.

MACHADO, Paulo Affonso Leme. *Direito ambiental brasileiro*. 16. ed. São Paulo: Malheiros, 2008.

MAZZILLI, Hugo Nigro. *Concurso público na Administração*. *RT*, São Paulo, n. 716, 1995.

MEIRELLES, Hely Lopes. *Direito administrativo brasileiro*. 24. ed. São Paulo: Malheiros, 1999; 25. ed. 2003; 30. ed. 2005.

_____. *Mandado de segurança*. 13. ed. São Paulo: RT, 1989.

MILARÉ, Édis. *Direito do ambiente*. São Paulo: RT, 2005.

MIRANDA, Jorge. *Manual de direito constitucional*. 2. ed. Coimbra, 1983. t. 2.

MORAES, Alexandre de. *Constituição do Brasil interpretada*. São Paulo: Atlas, 2002.

NERY JUNIOR, Nelson; NERY, Rosa Maria de Andrade. *Código de Processo Civil comentado*. 3. ed. São Paulo: Revista dos Tribunais, 1997.

OLIVEIRA, Luiz Duarte de. A prescrição das ações movidas em face da Fazenda Pública e o Código Civil de 2002. In: CIANCI, Mirna (Coord.). *Prescrição no novo Código Civil*: uma análise interdisciplinar. São Paulo: Saraiva, 2005.

PIOVESAN, Flávia. *Proteção judicial contra omissões legislativas*. São Paulo: RT, 1995.

PONTES DE MIRANDA, Francisco C. *Comentários à Constituição de 1967*. 3. ed. Rio de Janeiro: Forense, 1987. v. 3.

ROSA, Márcio Fernando Elias. *Direito administrativo*. 4. ed. São Paulo: Saraiva, 2003 (Sinopses Jurídicas, v. 19); 6. ed. 2004.

ROSAS, Roberto. *Direito sumular*. 9. ed. São Paulo: Malheiros, 1998.

SIDOU, J. J. Othon. *As garantias ativas dos direitos coletivos segundo a nova Constituição: habeas data,* mandado de injunção, *habeas corpus,* mandado de segurança, ação popular. 4. ed. Rio de Janeiro: Forense, 1992.

SILVA, José Afonso da. *Curso de direito constitucional positivo*. 15. ed. São Paulo: Malheiros, 1998.

_____. *Comentário contextual à Constituição*. São Paulo: Malheiros.

VARGAS, Alexis Galiás de Souza. *Organizações sociais e contrato de gestão*. Dissertação (Mestrado em Direito Administrativo) — Pontifícia Universidade Católica de São Paulo. São Paulo (no prelo).

VELLOSO, Carlos Mário da Silva. *As novas garantias constitucionais*: o mandado de segurança coletivo, o *habeas data*, o mandado de injunção e a ação popular para a defesa da moralidade administrativa. *RT,* v. 644, jun. 1989.